参与國際技能竞賽
向全世界展示我國工
人階级的風采

江澤民
一九九三年
五月廿四日

中共中央总书记、国家主席江泽民为首届中国青年奥林匹克技能竞赛题词。

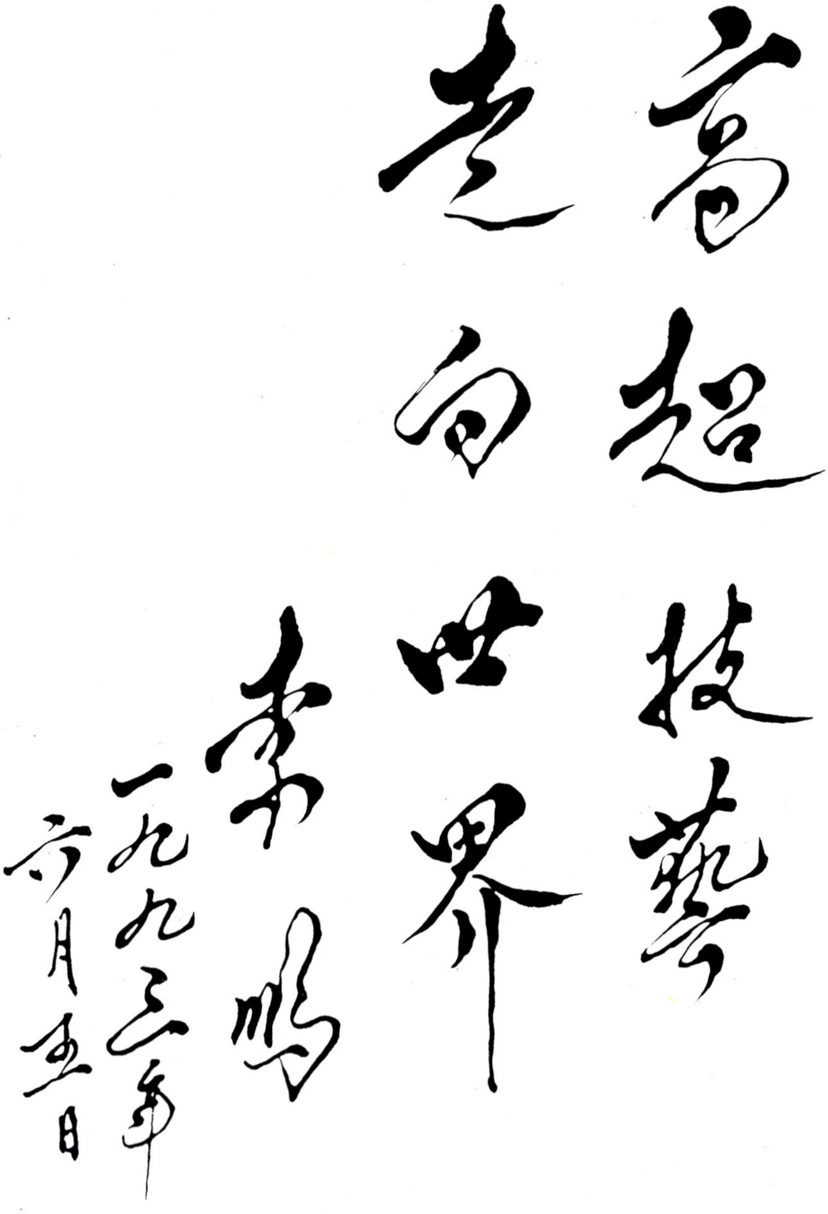

李鹏总理为首届中国青年奥林匹克技能竞赛题词。

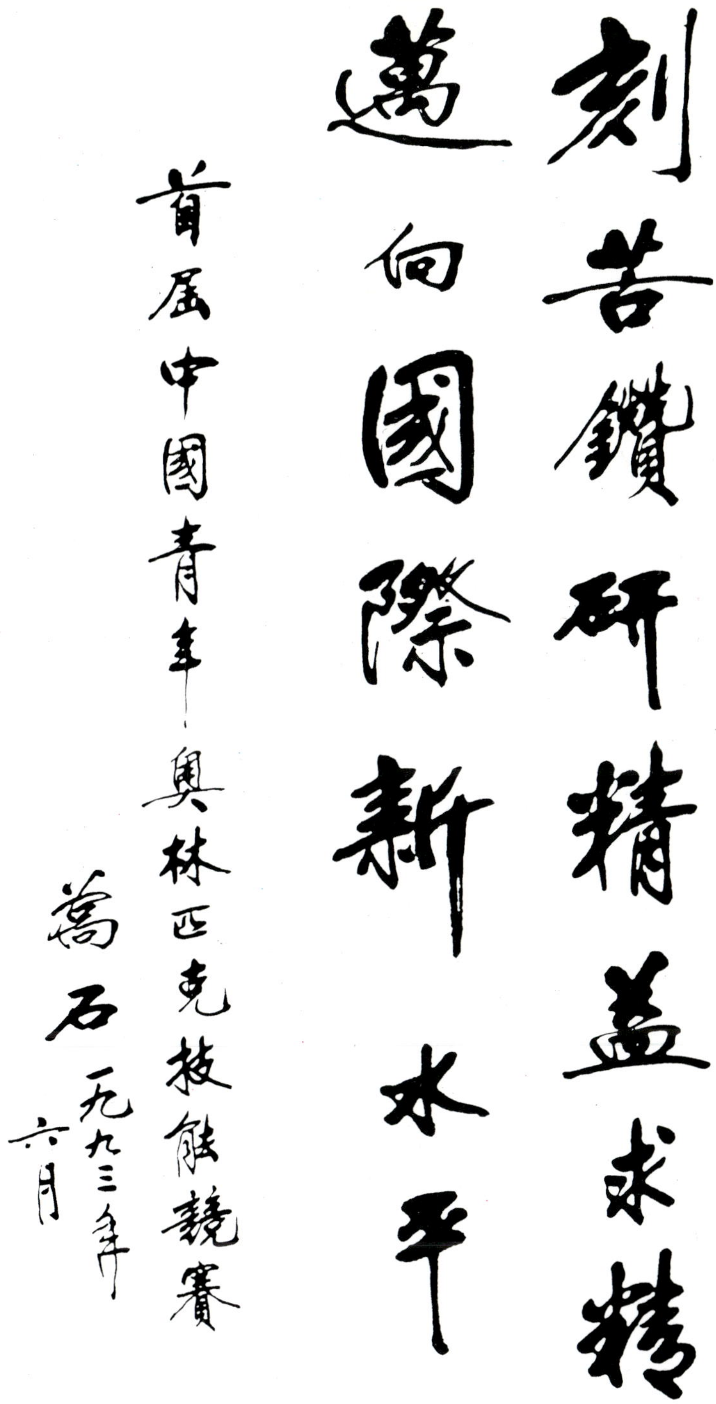

全国人大常委会委员长乔石为首届中国青年奥林匹克技能竞赛题词。

群星荟萃

李沛瑶

全国人大常委会副委员长李沛瑶为首届中国青年奥林匹克技能竞赛题词。

李鹏总理和首届中国青年奥林匹克技能竞赛获奖选手一一握手。

劳动部部长李伯勇向李鹏总理汇报首届中国青年奥林匹克技能竞赛情况。

劳动部部长李伯勇向首届中国青年奥林匹克技能竞赛女式服装制作冠军李燕春颁发奖杯。

1992年7月，国务院副总理朱镕基到洛阳视察期间，充分肯定了洛阳市社会保险制度改革工作，并亲笔题词："谢谢洛阳市社会保险事业管理处的同志。你们做了很好的工作。"

1994年9月4日在由劳动部召开的全国职业培训优秀教师和工作者表彰会上，国务院副总理邹家华等领导为首批国家重点技工学校授牌。 （王 进摄）

1994年9月5日，邹家华（中）副总理会见印度劳动部长桑玛。劳动部部长李伯勇（左）参加了会见。

（李仲青 摄）

1994年1月18日全国人大常委会副委员长李沛瑶、劳动部部长李伯勇、原湖南省省长陈邦柱为湖南省劳动厅培训中心大楼开业剪彩。

1994年1月19日，劳动部部长李伯勇、湖南省劳动厅厅长谷新珊在株洲玻璃厂考察。

全国城镇集体经济45周年暨劳服企业15周年成果展1994年7月12日在京举行。李沛瑶副委员长兴致勃勃地参观了展览。

1994年8月2日，劳动部在京召开学习贯彻《劳动法》工作会议，来自各省、自治区、直辖市的劳动厅局长、各计划单列市、区域综合配套改革试点城市的劳动局长出席会议。图为大会会场。

海南省职业介绍服务中心自1993年5月15日正式挂牌开业以来，受到各级领导的重视和支持。图为海南省委书记、省长阮崇武在海南省人事劳动厅厅长罗席珍同志的陪同下，前往该中心视察指导工作。

1992年4月24日，劳动部朱家甄副部长在广西南宁化学工业集团公司考察企业劳动三项制度改革和生产经营情况。（容小安　摄）

1994年10月，广西各级劳动部门开展《劳动法》咨询日活动，图为在南宁市咨询点职工前来咨询的情景。（容小安　摄）

◀ 1994年9月，刘雅芝副部长考察山东省泰安市劳动局技工学校。

济南市劳动保护教育中心经历了十年的艰苦创业。十年来，在邓小平建设有中国特色社会主义理论指引下，认真贯彻“安全第一、预防为主”的方针，坚持“为经济建设服务，为安全监察服务，为企业生产服务，为职工安全健康服务”的宗旨，不断加强自身建设。实现了单位人员专业化、工作制度化、检测标准化、档案规范化，取得了工作质量好、社会效益好的结果。1994年通过了山东省劳动厅首家资格认可。在宋传勇主任及中心领导一班人的带领下，不断开拓进取，发展壮大。

下图为山东省劳动保护科学技术学会暨济南市劳动保护教育中心科技进步年论文发布会。

▲ 1995年8月，林用三副部长考察哈尔滨市职业介绍所。

▲ 王建伦副部长在亚太地区社会保障财务会议上发言。

◀ 杭州市社会劳动保险委员会办公室在社会保险制度改革中，注重基础管理的科学化、规范化，在计算机的运用管理上，起步早、起点高，经五年多的实际应用和由专家鉴定，在计算机的硬件配置、软件环境和工具数据库的规模、子系统功能等方面，现处于国内的领先地位。

▼ 为使广大离退休职工在老有所养的基础上，老有所学、老有所乐，杭州市社会劳动保险委员会办公室创办了退休职工大学，开设了适合老年人特点的专业课程，充实和丰富了职工的晚年生活。

▲ 1994年10月，杭州市社会劳动保险委员会办公室成功地举办了全市离退休职工运动会，共有28个代表团1100多名运动员代表全市22万离退休职工参加了比赛。由社会保险部门举办如此大规模的运动会，这在全国尚属先例。

►“社会保险之夜”文艺晚会。

中国劳动年鉴

1992—1994

中国劳动出版社

图书在版编目（CIP）数据

中国劳动年鉴 1992～1994/王建新主编 .-北京：中国劳动出版社，1996.1

ISBN 7-5045-1739-9

Ⅰ.中… Ⅱ.王… Ⅲ.劳动经济-中国-年鉴-1992～1994 Ⅳ.F249.29-54

中国版本图书馆 CIP 数据核字（95）第 21110 号

中国劳动年鉴

1992～1994

主　编　　王建新

责任编辑　朱学敏　陆萍

中国劳动出版社出版

（北京市朝阳区惠新东街 1 号）

北京印刷二厂印刷

新华书店总店北京发行所发行

787×1092 毫米　16 开本　53 印张　彩页 1.5 印张　1180 千字

1996 年 1 月北京第 1 版　　1996 年 2 月北京第 1 次印刷

印数：3100 册

ISBN 7-5045-1739-9/Z・031　定价：100 元

编辑说明

《中国劳动年鉴》(1992～1994)刊登了从1992年到1994年中国劳动工作各方面，特别是劳动体制改革方面的重要资料，全面地反映了这3年劳动工作运行、发展、改革的情况，资料丰富，内容系统，翔实可靠。

本年鉴分为党和国家领导人的指示、劳动部领导的重要讲话和文章、全国劳动工作概况、地方劳动工作概况、工会与部分产业部门劳动工作概况、劳动体制改革专文、劳动科学研究及图书出版概况、国际合作与交流、重要劳动政策法规选编、劳动工资统计资料、附录共12部分。前两部分收录了党和国家领导人以及劳动部领导有关劳动工作指示、讲话、文章，集中反映了劳动工作的指导思想。全国劳动工作概况、工会与部分产业部门劳动工作概况由劳动部各司局、全国总工会及部分产业部门撰写，或按业务，或按产业概述劳动工作的情况。地方劳动工作，包括27个省、自治区、直辖市和15个城市的劳动工作概况。劳动体制改革专文反映的是劳动体制改革的典型经验，与工作概况互为补充。

本年鉴的编撰工作是在全国广大劳动工作者，特别是年鉴的特约撰稿人和特约编辑的大力支持下完成的。值此年鉴出版之际，特向他们表示衷心的感谢。

限于编辑力量和水平，年鉴肯定会有不少不足之处，欢迎大家批评指正。

《中国劳动年鉴》编辑部

1995年8月

目　录

党和国家领导人的指示

中共中央关于建立社会主义市场经济体制若干问题的决定（节选）
——中国共产党第十四届中央委员会第三次全体会议
1993 年 11 月 14 日通过 ……………………………………………………………（ 3 ）
邓小平同志在武昌、深圳、珠海、上海等地的谈话要点（节选）
（1992 年 1 月 18 日～2 月 21 日） ………………………………………………（10）
加快改革开放和现代化建设步伐　夺取有中国特色社会主义事业的更大胜利
——江泽民同志在中国共产党第十四次全国代表大会上的报告（节选）
（1992 年 10 月 12 日） ……………………………………………………………（14）
政府工作报告（节选）
——李鹏总理 1993 年 3 月 15 日在八届全国人大一次会议上……………………（20）
李鹏总理谈农村劳动力流动问题
（1994 年 7 月） ……………………………………………………………………（26）
李铁映国务委员在德阳座谈会上的讲话（节选）
（1993 年 8 月 13 日） ………………………………………………………………（26）
朱镕基副总理对矿山安全工作的批示
（1993 年 8 月 22 日） ………………………………………………………………（27）
邹家华副总理在全国三项制度改革经验交流会上对三项制度改革所作的指示
（1993 年 5 月 8 日） ………………………………………………………………（27）
邹家华副总理对劳动工作的重要指示
（1993 年 12 月 8 日） ………………………………………………………………（29）
邹家华副总理在全国安全生产工作电话会议上的讲话
（1994 年 3 月 8 日） ………………………………………………………………（30）
邹家华副总理强调加强调整劳动关系工作
（1994 年 4 月） ……………………………………………………………………（35）

李沛瑶副委员长谈就业工作
(1994年5月) ………………………………………………………………………… (35)
邹家华副总理在全国劳动工作会议上的讲话
(1994年12月11日) ………………………………………………………………… (37)

劳动部领导的重要讲话和文章

阮崇武 在劳动厅局长座谈会上的讲话(1992年8月21日) ……………………… (43)
令狐安 切实把农村劳动力开发就业工作提上议事日程
——在中国农村劳动力开发就业试点项目经验交流会上的讲话
(1992年9月20日) ……………………………………………………………… (47)
阮崇武 按照建立社会主义市场经济体制的要求转变劳动部门职能 深化劳动领域改革——在全国劳动厅局长会议上的报告
(1992年12月15日) …………………………………………………………… (50)
朱家甄 在全国劳动厅局长会议结束时的讲话(1992年12月17日) ………… (67)
阮崇武 在辽宁省锦西市实施养老保险、工伤保险暂行规定
动员大会上的讲话(1993年1月) …………………………………………… (71)
朱家甄 全国企业劳动人事、工资分配、社会保险制度改革
经验交流会开幕词(1993年5月6日) ……………………………………… (74)
朱家甄 在贯彻《关于劳动就业服务企业发展第三产业安置富余人员
若干问题的通知》电话会议上的讲话(1993年9月2日) …………… (75)
朱家甄 在全国企业工资工作会议上的讲话(1993年9月8日) ……………… (78)
李伯勇 努力开创劳动部门廉政勤政建设新局面(1993年10月27日) ……… (82)
朱家甄 在劳动监察工作会议上的讲话(1993年11月8日) ………………… (84)
朱家甄 关于个人收入分配和社会保障制度问题(1993年12月20日) ……… (89)
朱家甄 适应建立社会主义市场经济体制的要求
把社会保险制度改革推向新阶段——在全国社会保险工作会议上的讲话
(1993年12月2日) ……………………………………………………………… (102)
李伯勇 在梧州市改革基本养老金计发办法实施大会上的书面讲话
(1993年12月20日) …………………………………………………………… (110)
张左己 在鸡西矿务局特大瓦斯爆炸事故追查分析会上的讲话
(1994年1月28日) ……………………………………………………………… (113)
李伯勇 在1994年劳动体制改革研讨会上的讲话(1994年2月2日) ……… (116)
李伯勇 关于《中华人民共和国劳动法(草案)》的说明
(1994年3月2日) ………………………………………………………………… (122)
李伯勇 在全国安全生产工作电话会议上的讲话(1994年3月8日) ……… (125)
王建伦 在全国矿山安全卫生监察工作会议上的讲话(1994年4月8日) …… (129)

李伯勇 在全国劳动计划与工资工作会议开幕式上的讲话
(1994 年 5 月 12 日) …………………………………………………………… (134)
朱家甄 在全国劳动计划与工资工作会议闭幕时的讲话
(1994 年 5 月 14 日) …………………………………………………………… (136)
张左己 《劳动法》出台始末(1994 年 7 月 12 日) ………………………… (141)
李伯勇 抓住机遇,解放思想,加快社会保险改革步伐
——在西安市改革基本养老金计发办法实施大会上的讲话
(1994 年 7 月) ……………………………………………………………… (148)
朱家甄 学习贯彻《劳动法》,努力开创劳动争议处理工作的新局面
——在全国劳动争议处理工作会议上的讲话(1994 年 7 月 30 日) …… (151)
朱家甄 在全国劳动争议处理工作会议闭幕时的讲话(1994 年 8 月 1 日) …… (158)
李伯勇 新时期职业培训工作的新要求(1994 年 9 月) …………………… (162)
朱家甄 劳动监察工作任务的新要求(1994 年 10 月) …………………… (163)
李伯勇 切实抓好组织民工有序流动工作(1994 年 11 月) ……………… (165)
朱家甄 现代企业制度试点中劳动制度改革问题(1994 年 11 月) ……… (166)
张左己 当前劳动工作的形势和任务——在中国劳动学会
第四次会员代表大会的报告(摘要)(1994 年 11 月) ………………… (169)
李伯勇 着力抓好《劳动法》的贯彻实施 加快建立新型劳动制度的进程
——在全国劳动工作会议上的工作报告(1994 年 12 月 11 日) ……… (176)
朱家甄 在全国劳动工作会议上的总结讲话(1994 年 12 月 13 日) ……… (185)
李伯勇 在全国劳动工作会议结束时的讲话(1994 年 12 月 13 日) ……… (190)

全国劳动工作概况

劳动法制建设………………………… (195)
劳动计划与工资工作………………… (199)
  劳动计划与宏观管理……… (199)
  企业内部分配……………… (202)
  外商投资企业劳动管理…… (204)
劳动就业……………………………… (206)
劳动关系与监察……………………… (211)
  劳动争议处理……………… (211)
  劳动监察…………………… (214)
  劳动合同和集体合同……… (216)
职业技能开发………………………… (219)
职工社会保险………………………… (223)
锅炉压力容器安全监察
  检验工作…………………… (227)
职业安全卫生监察工作……………… (231)
矿山安全卫生监察…………………… (235)

地方劳动工作概况

北京市…………………………………… (243)
天津市…………………………………… (248)

河北省…………………………(253)
山西省…………………………(257)
辽宁省…………………………(269)
沈阳市…………………………(272)
大连市…………………………(274)
吉林省…………………………(278)
长春市…………………………(282)
黑龙江省………………………(286)
哈尔滨市………………………(290)
上海市…………………………(292)
江苏省…………………………(297)
南京市…………………………(301)
浙江省…………………………(303)
杭州市…………………………(307)
宁波市…………………………(313)
安徽省…………………………(316)
福建省…………………………(321)
厦门市…………………………(326)
江西省…………………………(329)
山东省…………………………(334)
济南市…………………………(342)
青岛市…………………………(346)
河南省…………………………(350)
湖北省…………………………(354)
武汉市…………………………(359)
湖南省…………………………(362)
广东省…………………………(368)
广州市…………………………(373)
深圳市…………………………(378)
广西壮族自治区………………(381)
海南省…………………………(388)
四川省…………………………(392)
成都市…………………………(397)
贵州省…………………………(402)
西藏自治区……………………(406)
陕西省…………………………(411)
西安市…………………………(417)
甘肃省…………………………(422)
青海省…………………………(426)
新疆维吾尔自治区……………(431)

工会与部分产业部门劳动工作概况

中华全国总工会………………(441)
农业部…………………………(443)
化学工业部……………………(447)
冶金工业部……………………(451)
煤炭工业部……………………(454)
电力工业部……………………(459)
中国纺织总会…………………(465)
中国建筑工程总公司…………(467)
中国石油化工总公司…………(471)
中国船舶工业总公司…………(475)

劳动体制改革专文

农村剩余劳动力转移的现状分析和对策建议……………………(483)
劳动体制改革进入区域综合配套改革新阶段……………………(488)
起步早　进度快　范围广　效果好——记辽宁省劳动制度综合配套改革…………(493)
企业学习贯彻《劳动法》要正确处理五个关系……………………(497)
黑龙江省深化劳动领域改革　推动建立现代企业制度的调查……………………(501)

温州市多渠道开展职业介绍　培育和发展劳务市场……………………………………（505）
上海市实施企业下岗待工人员再就业工程………………………………………………（509）
深圳市实行劳动合同制改革的几点做法…………………………………………………（512）
积极培育，不断完善海南产业化市场就业服务体系……………………………………（518）
积极实施再就业工程　促进就业局势的稳定……………………………………………（521）
江西省宜春地区乡镇劳动管理站建设……………………………………………………（523）
深化改革　发展生产是解决职工低工资问题的根本出路
——1994 年北京市城镇企业职工低工资情况调查报告 ………………………………（527）
山东省建设劳动工资宏观调控体系的探索………………………………………………（531）
济南市企业社会保险的现状、问题和对策………………………………………………（533）
深化养老保险制度改革　推进社会保险一体化进程
——福建省养老保险制度改革的回顾和前瞻……………………………………………（537）

劳动科学研究及图书出版概况

劳动科学研究……………………………………………………………………………（543）
中国劳动出版社图书出版概况……………………………………………………………（553）

国际合作与交流

国际合作与交流…………………………………………………………………………（557）

重要劳动政策法规选编

（以颁布时间先后为序）

国务院关于修改《国营企业实行劳动合同制暂行规定》
第二条第二十六条的决定（1992 年 5 月 18 日）………………………………………（563）
矿山劳动卫生监察程序和办法（1992 年 6 月 3 日） …………………………………（564）
中华人民共和国矿山安全法（1992 年 11 月 7 日） …………………………………（566）
国有企业职工待业保险规定（1993 年 4 月 12 日） …………………………………（570）
国有企业富余职工安置规定（1993 年 4 月 20 日） …………………………………（572）
中华人民共和国企业劳动争议处理条例（1993 年 7 月 6 日） ……………………（574）
劳动部关于颁发《职业技能鉴定规定》的通知（1993 年 7 月 9 日） ……………（577）
劳动部关于发布《劳动监察规定》的通知（1993 年 8 月 4 日） …………………（581）
劳动部关于发布《企业职工养老保险基金管理规定》的通知
（1993 年 9 月 2 日） ………………………………………………………………………（583）

劳动部关于颁发《社会保险统计管理规定》的通知
（1993 年 9 月 3 日） ………………………………………………………………………（586）
国务院办公厅转发劳动部《关于加强企业工资总额宏观调控的意见》的通知
（1993 年 10 月 8 日） ……………………………………………………………………（599）
劳动部关于颁发《劳动争议仲裁委员会办案规则》的通知
（1993 年 10 月 18 日） ……………………………………………………………………（601）
劳动部关于印发《企业最低工资规定》的通知（1993 年 11 月 24 日） …………（606）
劳动部关于印发《劳动部关于建立社会主义市场经济体制时期劳动体制改革总体设想》的通知（1993 年 12 月 21 日） ……………………………………………（610）
国务院关于职工工作时间的规定（1994 年 2 月 3 日） ……………………………（622）
中华人民共和国劳动法（1994 年 7 月 5 日） ………………………………………（622）
劳动部关于实施最低工资保障制度的通知（1994 年 10 月 8 日） ………………（630）
劳动部关于印发《职业指导办法》的通知（1994 年 10 月 27 日） ………………（631）
劳动部关于发布《劳动监察员管理办法》的通知（1994 年 11 月 14 日） ………（632）
劳动部关于印发《企业经济性裁减人员规定》的通知
（1994 年 11 月 14 日） ……………………………………………………………………（634）
劳动部关于颁布《农村劳动力跨省流动就业管理暂行规定》的通知
（1994 年 11 月 17 日） ……………………………………………………………………（635）
劳动部关于发布《企业职工患病或非因工负伤医疗期规定》的通知
（1994 年 12 月 1 日） ……………………………………………………………………（639）
劳动部关于印发《违反和解除劳动合同的经济补偿办法》的通知
（1994 年 12 月 3 日） ……………………………………………………………………（640）
劳动部关于印发《集体合同规定》的通知（1994 年 12 月 5 日） …………………（641）
劳动部关于印发《工资支付暂行规定》的通知（1994 年 12 月 6 日） ……………（644）
劳动部关于印发《就业训练规定》的通知（1994 年 12 月 9 日） …………………（646）
劳动部关于颁发《未成年工特殊保护规定》的通知（1994 年 12 月 9 日） ………（650）
劳动部关于印发《关于企业实行不定时工作制和综合计算工时工作制的审批办法》的通知
（1994 年 12 月 14 日） ……………………………………………………………………（654）
劳动部关于印发《职业培训实体管理规定》的通知（1994 年 12 月 14 日） ……（656）
劳动部关于印发《矿山安全监察员管理办法》的通知（1994 年 12 月 14 日） …（658）
劳动部关于印发《矿山建设工程安全监督实施办法》的通知
（1994 年 12 月 14 日） ……………………………………………………………………（660）
劳动部关于发布《企业职工生育保险试行办法》的通知
（1994 年 12 月 14 日） ……………………………………………………………………（662）
劳动部关于发布《违反〈中华人民共和国劳动法〉行政处罚办法》的通知
（1994 年 12 月 26 日） ……………………………………………………………………（664）

劳动工资统计资料

一、综　　合

全国劳动统计主要指标…………(669)
国民生产总值、指数及构成…………(670)
全国从业人员年末人数…………(671)
分行业从业人员年末人数…………(673)
分地区全部从业人员年末人数…………(674)
分地区城镇从业人员年末人数…………(675)
城镇新安置的就业人数…………(676)
城镇失业人数及失业率…………(676)
分行业城镇私营和个体从业人员年末人数…………(677)
分地区城镇私营和个体从业人员年末人数…………(678)
分行业乡村从业人员年末人数…………(679)
分地区乡村从业人员年末人数…………(680)
城镇居民消费价格总指数和零售物价总指数…………(681)
分地区居民消费价格总指数和零售物价总指数…………(682)
城镇居民家庭基本情况…………(683)
全国技工学校学生和教职工情况…………(683)
技工学校按行业分类学生情况…………(684)

二、就业与失业

分地区城镇失业人员人数及失业率…………(684)
分地区城镇失业人员变化情况…………(685)
分地区劳动就业服务企业基本情况…………(687)
分地区就业训练结业人数…………(689)

三、职工人数

分经济类型职工年末人数及构成…………(693)
分行业职工年末人数…………(694)
分地区全部职工年末人数…………(695)
分行业女职工年末人数…………(696)
分经济类型女职工年末人数…………(697)
分行业国有经济单位职工年末人数…………(698)
分地区国有经济单位职工年末人数…………(699)
分地区国有企业单位职工年末人数…………(700)
分地区地方国有企业单位职工年末人数…………(701)
分地区国有事业单位职工年末人数…………(702)
分地区国有机关单位职工年末人数…………(703)
分行业城镇集体经济单位职工年末人数…………(704)

分地区城镇集体经济单位职工年末人数……………………………………………………(705)
分行业其他各种经济单位职工年末人数……………………………………………………(706)
分地区其他各种经济单位职工年末人数……………………………………………………(707)
四、职工工资
分经济类型职工工资总额及指数……………………………………………………………(708)
分行业职工工资总额…………………………………………………………………………(709)
分经济类型职工平均工资及指数……………………………………………………………(710)
分行业全部职工工资总额和平均工资………………………………………………………(711)
分行业职工平均工资…………………………………………………………………………(713)
分行业职工平均货币工资指数………………………………………………………………(714)
分行业职工平均实际工资指数………………………………………………………………(716)
分地区全部职工工资总额……………………………………………………………………(718)
分地区全部职工平均工资……………………………………………………………………(719)
分行业国有经济单位职工工资总额…………………………………………………………(720)
分地区国有经济单位职工工资总额…………………………………………………………(721)
分行业国有经济单位职工平均工资…………………………………………………………(722)
分地区国有经济单位职工平均工资…………………………………………………………(723)
分地区国有企业单位职工工资总额…………………………………………………………(724)
分地区国有企业单位职工平均工资…………………………………………………………(725)
分地区地方国有企业单位职工工资总额……………………………………………………(726)
分地区地方国有企业单位职工平均工资……………………………………………………(727)
分地区国有事业单位职工工资总额…………………………………………………………(728)
分地区国有事业单位职工平均工资…………………………………………………………(729)
分地区国有机关单位职工工资总额…………………………………………………………(730)
分地区国有机关单位职工平均工资…………………………………………………………(731)
分行业城镇集体经济单位职工工资总额……………………………………………………(732)
分地区城镇集体经济单位职工工资总额……………………………………………………(733)
分行业城镇集体经济单位职工平均工资……………………………………………………(734)
分地区城镇集体经济单位职工平均工资……………………………………………………(735)
分行业其他各种经济单位职工工资总额……………………………………………………(736)
分地区其他各种经济单位职工工资总额……………………………………………………(737)
分行业其他各种经济单位职工平均工资……………………………………………………(738)
分地区其他各种经济单位职工平均工资……………………………………………………(739)
五、保险福利
历年全国离休、退休、退职人员年末人数…………………………………………………(740)
截至 1994 年年末分地区离休、退休、退职人员人数 ……………………………………(741)
历年全国保险福利费用总额…………………………………………………………………(742)
历年全国离休、退休、退职费………………………………………………………………(743)
分地区保险福利费用总额……………………………………………………………………(744)

全部职工保险福利费用构成情况……………………………………………………………（745）
分地区全部职工保险福利费用构成情况………………………………………………………（748）
全部离休、退休、退职人员保险福利费用构成情况…………………………………………（750）
分地区全部离休、退休、退职人员保险福利费用构成情况…………………………………（751）
历年国有经济单位保险福利费用总额及指数…………………………………………………（753）
历年国有经济单位保险福利费用构成情况……………………………………………………（754）
分地区国有经济单位保险福利费用总额………………………………………………………（756）
分地区城镇集体经济单位保险福利费用总额…………………………………………………（757）
分地区其他各种经济单位保险福利费用总额…………………………………………………（758）
六、劳动、工资、社会保险制度改革
分地区合同制职工年末人数……………………………………………………………………（759）
分地区国有经济单位合同制职工年末人数……………………………………………………（761）
分经济类型企业富余人员情况…………………………………………………………………（762）
分地区地方企业富余人员情况…………………………………………………………………（763）
分地区地方国有企业富余人员情况……………………………………………………………（764）
国有企业工资总额同经济效益挂钩情况………………………………………………………（765）
分地区地方国有企业工资总额同经济效益挂钩情况…………………………………………（766）
4个市（县）部分职工工资增长情况…………………………………………………………（770）
全国各类企业职工退休费用社会统筹基本情况………………………………………………（774）
劳动仲裁委员会受理案件情况…………………………………………………………………（774）
劳动仲裁委员会处理案件情况…………………………………………………………………（775）
七、安全生产
企业职工因工伤亡事故件数及伤亡人数………………………………………………………（776）
分地区企业职工因工伤亡事故件数及伤亡人数………………………………………………（778）
企业分事故类别职工因工伤亡人数……………………………………………………………（780）
企业分事故原因职工因工伤亡人数……………………………………………………………（781）

附　录

劳动部组织机构…………………………………………………………………………………（785）
劳动部大事记……………………………………………………………………………………（793）
1992年 ……………………………………………………………………………………（793）
1993年 ……………………………………………………………………………………（805）
1994年 ……………………………………………………………………………………（817）

党和国家领导人的指示

中共中央关于建立社会主义市场经济体制若干问题的决定（节选）

（中国共产党第十四届中央委员会第三次全体会议 1993 年 11 月 14 日通过）

为贯彻落实党的第十四次全国代表大会提出的经济体制改革的任务，加快改革开放和社会主义现代化建设步伐，十四届中央委员会第三次全体会议讨论了关于建立社会主义市场经济体制的若干重大问题，并作出如下决定。

一、我国经济体制改革面临的新形势和新任务

（1）在邓小平同志建设有中国特色社会主义的理论指导下，经过十多年改革，我国经济体制发生了巨大变化。以公有制为主体的多种经济成份共同发展的格局初步形成，农村经济体制改革不断深入，国有企业经营机制正在转换，市场在资源配置中的作用迅速扩大，对外经济技术交流与合作广泛展开，计划经济体制逐步向社会主义市场经济体制过渡。改革解放和发展了社会生产力，推动我国经济建设、人民生活和综合国力上了一个大台阶。在国际风云急剧变幻的情况下，中国的社会主义制度显示了强大的生命力。改革开放是党和人民在认真总结历史经验的基础上，作出的符合社会经济发展规律的战略决策，是我国实现现代化的必由之路。

以邓小平同志 1992 年年初重要谈话和党的十四大为标志，我国改革开放和现代化建设事业进入了一个新的发展阶段。十四大明确提出的建立社会主义市场经济体制，这是建设有中国特色社会主义理论的重要组成部分，对于我国现代化建设事业具有重大而深远的意义。在本世纪末初步建立起新的经济体制，是全党和全国各族人民在新时期的伟大历史任务。

（2）社会主义市场经济体制是同社会主义基本制度结合在一起的。建立社会主义市场经济体制，就是要使市场在国家宏观调控下对资源配置起基础性作用。为实现这个目标，必须坚持以公有制为主体、多种经济成份共同发展的方针，进一步转换国有企业经营机制，建立适应市场经济要求，产权清晰、权责明确、政企分开、管理科学的现代企业制度；建立全国统一开放的市场体系，实现城乡市场紧密结合，国内市场与国际市场相互衔接，促进资源的优化配置；转变政府管理经济的职能，建立以间接手段为主的完善的宏观调控体系，保证国民经济的健康运行；建立以按劳分配为主体，效率优先、兼顾公平的收入分配制度，鼓励一部分地区一部分人先富起来，走共同富裕的道路；建立多层次的社会保障制度，为城乡居民提供同我国国情相适应的社会保障，促进经济发展和社会稳定。这些主要环节是相互联系和相互制约的有机整体，构成社会主义市场经济体制的基本框架。必须围绕这些主要环节，建立相应的法律体系，采取切实措施，积极而有步骤地全面推进改革，促进社会生产力的发展。

（3）建立社会主义市场经济体制是一项前无古人的开创性事业，需要解决许多极其复杂的问题。十五年来，我们已经走出一条卓有成效的改革之路，积累了丰富经验。实践证明，毫不动摇地坚持邓小平同志建设有中国特色社会主义的理论，坚持党在社会主义初级阶段的基本路线，我们就能够经受各种考验，顺利实现改革开放和现代化建设的宏伟目标。

在建立社会主义市场经济体制的进程中，我们应当在党的基本理论和基本路线指引下，始终坚持以是否有利于发展社会主义社会的生产力，是否有利于增强社会主义国家的综合国力，是否有利于提高人民的生活水平，作为决定各项改革措施取舍和检验其得失的根本标准，注意把握好以下几点：

——解放思想，实事求是。要转变计划经济的传统观念，提倡积极探索，敢于试验。既继承优良传统，又勇于突破陈规，从中国国情出发，借鉴世界各国包括资本主义发达国家一切反映社会化生产和市场经济一般规律的经验。要警惕右，主要是防止“左”。

——以经济建设为中心，改革开放、经济发展和社会稳定相互促进，相互统一。发展是硬道理。只有抓住有利时机，深化改革，扩大开放，加快发展，才能巩固安定团结的政治局面。只有坚持四项基本原则，坚持两手抓，保持社会政治稳定，才能有力地保证改革开放和经济发展的顺利推进。在积极发展经济和改革开放的过程中，注意稳妥，避免大的损失和社会震动。

——尊重群众首创精神，重视群众切身利益。及时总结群众创造出来的实践经验，尊重群众意愿，把群众的积极性引导好、保护好、发挥好。在深化改革和发展经济的过程中，妥善处理积累和消费、全局和局部、长期利益和近期利益的关系，不断提高群众生活水平，使改革赢得广泛而深厚的群众基础。

——整体推进和重点突破相结合。改革从农村起步逐渐向城市拓展，实现城乡改革结合，微观改革与宏观改革相配套，对内搞活和对外开放紧密联系、相互促进，是符合中国国情的正确决策。重大的改革举措，根据不同情况，有的先制订方案，在经济体制的相关方面配套展开；有的先在局部试验，取得经验后再推广。既注意改革的循序渐进，又不失时机地在重要环节取得突破，带动改革全局。

二、转换国有企业经营机制，建立现代企业制度

（4）以公有制为主体的现代企业制度是社会主义市场经济体制的基础。十几年来，采取扩大国有企业经营自主权、改革经营方式等措施，增强了企业活力，为企业进入市场奠定了初步基础。继续深化企业改革，必须解决深层次矛盾，着力进行企业制度的创新，进一步解放和发展生产力，充分发挥社会主义制度的优越性。

建立现代企业制度，是发展社会化大生产和市场经济的必然要求，是我国国有企业改革的方向。其基本特征，一是产权关系明晰，企业中的国有资产所有权属于国家，企业拥有包括国家在内的出资者投资形成的全部法人财产权，成为享有民事权利、承担民事责任的法人实体。二是企业以其全部法人财产，依法自主经营，自负盈亏，照章纳税，对出资者承担资产保值增值的责任。三是出资者按投入企业的资本额享有所有者的权益，即资产受益、重大决策和选择管理者等权利。企业破产时，出资者只以投入企业的资本额对企业债务负有限责任。四是企业按照市场需求组织生产经营，以提高劳动生产率和经济效益为目的，政府不直接干预企业的生产经营活动。企业在市场竞争中优胜劣汰，长期亏损、资不抵债的应依法破产。五是建立科学的企业领导体制和组织管理制度，调节所有者、经营者和职工之间的关系，形成激励和约束相结合的经营机制。所有企

业都要向这个方向努力。

(5) 建立现代企业制度是一项艰巨复杂的任务，必须积累经验，创造条件，逐步推进。当前，要继续贯彻《全民所有制工业企业法》和《全民所有制工业企业转换经营机制条例》，把企业的各项权利和责任不折不扣地落到实处。加强国有企业财产的监督管理，实现企业国有资产保值增值。加快转换国有企业经营机制和企业组织结构调整的步伐。坚决制止向企业乱集资、乱摊派、乱收费。减轻企业办社会的负担。有步骤地清产核资，界定产权，清理债权债务，评估资产，核实企业法人财产占用量。从各方面为国有企业稳步地向现代企业制度转变创造条件。

(6)国有大中型企业是国民经济的支柱，推行现代企业制度，对于提高经营管理水平和竞争能力，更好地发挥主导作用，具有重要意义。现代企业按照财产构成可以有多种组织形式。国有企业实行公司制，是建立现代企业制度的有益探索。规范的公司，能够有效地实现出资者所有权与企业法人财产权的分离，有利于政企分开、转移经营机制，企业摆脱对行政机关的依赖，国家解除对企业承担的无限责任；也有利于筹集资金、分散风险。公司可以有不同的类型。具备条件的国有大中型企业，单一投资主体的可依法改组为独资公司，多个投资主体的可依法改组为有限责任公司或股份有限公司。上市的股份有限公司，只能是少数，必须经过严格审定。国有股权在公司中占有多少份额比较合适，可按不同产业和股权分散程度区别处理。生产某些特殊产品的公司和军工企业应由国家独资经营，支柱产业和基础产业中的骨干企业，国家要控股并吸收非国有资金入股，以扩大国有经济的主导作用和影响范围。实行公司制不是简单更换名称，也不是单纯为了筹集资金，而要着重于转换机制。要通过试点，逐步推行，绝不能搞形式主义，一哄而起。要防止把不具备条件的企业硬行改为公司。现有公司要按规范的要求加以整顿。

按照现代企业制度的要求，现有全国性行业总公司要逐步改组为控股公司。发展一批以公有制为主体，以产权联结为主要纽带的跨地区、跨行业的大型企业集团，发挥其在促进结构调整，提高规模效益，加快新技术、新产品开发，增强国际竞争能力等方面的重要作用。

一般小型国有企业，有的可以实行承包经营、租赁经营，有的可以改组为股份合作制，也可以出售给集体或个人。出售企业和股权的收入，由国家转投于急需发展的产业。

(7) 改革和完善企业领导体制和组织管理制度。坚持和完善厂长（经理）负责制，保证厂长（经理）依法行使职权。实行公司制的企业，要按照有关法规建立内部组织机构。企业中的党组织要发挥政治核心作用，保证监督党和国家方针政策的贯彻执行。全心全意依靠工人阶级。工会与职工代表大会要组织职工参加企业的民主管理，维护职工的合法权益。要加强职工队伍建设，造就企业家队伍。形成企业内部权责分明、团结合作、相互制约的机制，调动各方面的积极性。企业要按照市场经济的要求，完善和严格内部经营管理，严肃劳动纪律，加强技术开发、质量管理以及营销、财务和信息工作，提高决策水平、企业素质和经济效益。加强企业文化建设，培育优良的职业道德，树立敬业爱厂、遵法守信、开拓创新的精神。

(8) 加强企业中的国有资产管理。对国有资产实行国家统一所有、政府分级监管、企业自主经营的体制。按照政府的社会经济管理职能和国有资产所有者职能分开的原则，积极探索国有资产管理和经营合理形式和途径。加强中央和省、自治区、直辖市两级政府专司国有资产管理的机构。当前国有资产管理不善和严重流失的情况，必须引起高度重视。有关部门对其分工监管的企业国有资产要负起监督职责，根据需要可派出监事会，对企业的国有资产保值增值实行监督。严禁将国有资产低价折股，低价出售，甚至无偿分给个人。要健全制度，从各方面堵塞漏洞，确保国有资产及其权益不受侵犯。

(9) 坚持以公有制为主体、多种经济成份共同发展的方针。在积极促进国有经济和集体经济发展的同时，鼓励个体、私营、外资经济发展，并依法加强管理。随着产权的流动和重组，财产混合所有的经济单位越来越多，将会形成新的财产所有结构。就全国来说，公有制在国民经济中应占主体地位，有的地方、有的产业可以有所差别。公有制的主体地位主要体现在国家和集体所有的资产在社会总资产中占优势，国有经济控制国民经济命脉及其对经济发展的主导作用等方面。公有制经济特别是国有经济，要积极参与市场竞争，在市场竞争中壮大和发展。国家要为各种所有制经济平等参与市场竞争创造条件，对各类企业一视同仁。现有城镇集体企业，也要理顺产权关系，区别不同情况可改组为股份合作制企业或合伙企业。有条件的也可以组建为有限责任公司。少数规模大、效益好的，也可以组建为股份有限公司或企业集团。

三、培育和发展市场体系

(10)发挥市场机制在资源配置中的基础性作用，必须培育和发展市场体系。当前要着重发展生产要素市场，规范市场行为，打破地区、部门的分割和封锁，反对不正当竞争，创造平等竞争的环境，形成统一、开放、竞争、有序的大市场。

(11) 推进价格改革，建立主要由市场形成价格的机制。现在大部分商品价格已经放开，但少数生产资料价格双轨制仍然存在，生产要素价格的市场化程度还比较低，价格形成和调节机制还不健全。深化价格改革的主要任务是：在保持价格总水平相对稳定的前提下，放开竞争性商品和服务的价格，调顺少数由政府定价的商品和服务的价格；尽快取消生产资料价格双轨制；加速生产要素价格市场化进程；建立和完善少数关系国计民生的重要商品的储备制度，平抑市场价格。

(12) 改革现有商品流通体系，进一步发展商品市场。在重要商品的产地、销地或集散地，建立大宗农产品、工业消费品和生产资料的批发市场。严格规范少数商品期货市场试点。国有流通企业要转换经营机制，积极参与市场竞争，提高经济效益，并在完善和发展批发市场中发挥主导作用。根据商品流通的需要，构造大中小相结合、各种经济形式和经营方式并存、功能完备的商品市场网络，推动流通现代化。

(13) 当前培育市场体系的重点是，发展金融市场、劳动力市场、房地产市场、技术市场和信息市场等。

发展和完善以银行融资为主的金融市场。资本市场要积极稳妥地发展债券、股票融资。建立发债机构和债券信用评级制度，促进债券市场健康发展。规范股票的发行和上市，并逐步扩大规模。货币市场要发展规范的银行同业拆借和票据贴现，中央银行开展国债买卖。坚决制止和纠正违法违章的集资、拆借等融资活动。

改革劳动制度，逐步形成劳动力市场。我国劳动力充裕是经济发展的优势，同时也存在着就业的压力，要把开发利用和合理配置人力资源作为发展劳动力市场的出发点。广开就业门路，更多地吸纳城镇劳动力就业。鼓励和引导农村剩余劳动力逐步向非农产业转移和地区间的有序流动。发展多种就业形式，运用经济手段调节就业结构，形成用人单位和劳动者双向选择、合理流动的就业机制。

规范和发展房地产市场。我国地少人多，必须十分珍惜和合理使用土地资源，加强土地管理。切实保护耕地，严格控制农业用地转为非农业用地。国家垄断城镇土地一级市场。实行土地使用权有偿有限期出让制度，对商业性用地使用权的出让，要改变协议批租方式，实行招标、拍卖。同时加强土地二级市场的管理，建立正常的土地使用权价格的市场形成机制。通过开征和调整房地产税费等措施，防止在房地产交易中获取暴利和国家收益的流失。控制高档房屋和高消费游乐设施的过快增长。加快城镇住房制度改革，控制住房用地价格，促进住房商品化和住房建设的发展。

进一步发展技术、信息市场。引入竞争机制，保护知识产权，实行技术成果有偿转让，实现技术产品和信息商品化、产业化。

(14) 发展市场中介组织，发挥其服务、沟通、公证、监督作用。当前要着重发展会计师、审计师和律师事务所，公证和仲裁机构，计量和质量检验认证机构，信息咨询机构，资产和资信评估机构等。发挥行业协会、商会等组织的作用。中介组织要依法通过资格认定，依据市场规则，建立自律性运行机制，承担相应的法律和经济责任，并接受政府有关部门的管理和监督。

(15) 改善和加强对市场的管理和监督。建立正常的市场进入、市场竞争和市场交易秩序，保证公平交易，平等竞争，保护经营者和消费者的合法权益。坚决依法惩处生产和销售假冒伪劣产品、欺行霸市等违法行为。提高市场交易的公开化程度，建立有权威的市场执法和监督机构，加强对市场的管理，发挥社会舆论对市场的监督作用。

四、转变政府职能，建立健全宏观经济调控体系

(16) 转变政府职能，改革政府机构，是建立社会主义市场经济体制的迫切要求。政府管理经济的职能，主要是制订和执行宏观调控政策，搞好基础设施建设，创造良好的经济发展环境。同时，要培育市场体系、监督市场运行和维护平等竞争，调节社会分配和组织社会保障，控制人口增长，保护自然资源和生态环境，管理国有资产和监督国有资产经营，实现国家的经济和社会发展目标。政府运用经济手段、法律手段和必要的行政手段管理国民经济，不直接干预企业的生产经营活动。

目前各级政府普遍存在机构臃肿，人浮于事，职能交叉，效率低下的问题，严重障碍企业经营机制的转换和新体制的建立进程，要按照政企分开，精简、统一、效能的原则，继续并尽早完成政府机构改革。政府经济管理部门要转变职能，专业经济部门要逐步减少，综合经济部门要做好综合协调工作，同时加强政府的社会管理职能，保证国民经济正常运行和良好的社会秩序。

(17)社会主义市场经济必须有健全的宏观调控体系。宏观调控的主要任务是：保持经济总量的基本平衡，促进经济结构的优化，引导国民经济持续、快速、健康发展，推动社会全面进步。宏观调控主要采取经济办法，近期要在财税、金融、投资和计划体制的改革方面迈出重大步伐，建立计划、金融、财政之间相互配合和制约的机制，加强对经济运行的综合协调。计划提出国民经济和社会发展的目标、任务，以及需要配套实施的经济政策；中央银行以稳定币值为首要目标，调节货币供应总量，并保持国际收支平衡；财政运用预算和税收手段，着重调节经济结构和社会分配。运用货币政策与财政政策，调节社会总需求与总供给的基本平衡，并与产业政策相配合，促进国民经济和社会的协调发展。

(18) 积极推进财税体制改革。近期改革的重点，一是把现行地方财政包干制改为在合理划分中央与地方事权基础上的分税制，建立中央税收和地方税收体系。维护国家权益和实施宏观调控所必需的税种列为中央税；同经济发展直接相关的主要税种列为共享税；充实地方税税种，增加地方税收入。通过发展经济，提高效益，扩大财源，逐步提高财政收入在国民生产总值中的比重，合理确定中央财政收入和地方财政收入的比例。

实行中央财政对地方的返还和转移支付的制度，以调节分配结构和地区结构，特别是扶持经济不发达地区的发展和老工业基地的改造。二是按照统一税法、公平税负、简化税制和合理分权的原则，改革和完善税收制度。推行以增值税为主体的流转税制度，对少数商品征收消费税，对大部分非商品经营继续征收营业税。在降低国有企业所得税税率，取消能源交通重点建设基金和预算调节基金的基础上，企业依法纳税，理顺国家和国有企业的利润分配关系。统一企业所得税和个人所得税，规范税率，扩大税基。开征和调整某些税种，清理税收减免，严格税收征管，堵塞税收流失。三是改进和规范复式预算制度。建立政府公共预算和国有资产经营预算；并可以根据需要建立社会保障预算和其他预算。要严格控制财政赤字。中央财政赤字不再向银行透支，而靠发行长短期国债解决。统一管理政府的国内外债务。

(19) 加快金融体制改革。中国人民银行作为中央银行，在国务院领导下独立执行货币政策，从主要依靠信贷规模管理，转变为运用存款准备金率、中央银行贷款利率和公开市场业务等手段，调控货币供应量，保持币值稳定；监管各类金融机构，维护金融秩序，不再对非金融机构办理业务。银行业与证券业实行分业管理。组建货币政策委员会，及时调整货币和信贷政策。按照货币在全国范围流通和需要集中统一调节的要求，中国人民银行的分支机构为总行的派出机构，应积极创造条件跨行政区设置。

建立政策性银行，实行政策性业务与商业性业务分离。组建国家开发银行和进出口信贷银行，改组中国农业银行，承担严格界定的政策性业务。

发展商业性银行。现有的专业银行要逐步转变为商业银行，并根据需要有步骤地组建农村合作银行和城市合作银行。商业银行要实行资产负债比例管理和风险管理。规范与发展非银行金融机构。

中央银行按照资金供求状况及时调整基准利率，并允许商业银行存贷款利率在规定幅度内自由浮动。改革外汇管理体制，建立以市场为基础的有管理的浮动汇率制度和统一规范的外汇市场。逐步使人民币成为可兑换的货币。

实现银行系统计算机网络化，扩大商业汇票和支票等结算工具的使用面，严格结算纪律，提高结算效率，积极推行信用卡，减少现金流通量。

(20) 深化投资体制改革。逐步建立法人投资和银行信贷的风险责任。竞争性项目投资由企业自主决策，自担风险，所需贷款由商业银行自主决定，自负盈亏。用项目登记备案制代替现行的行政审批制，把这方面的投融资活动推向市场，国家用产业政策予以引导。基础性项目建设要鼓励和吸引各方投资参与。地方政府负责地区性的基础设施建设。国家重大建设项目，按照统一规划，由国家开发银行等政策性银行，通过财政投融资和金融债券等渠道筹资，采取控股、参股和政策性优惠贷款等多种形式进行；企业法人对筹划、筹资、建设直至生产经营、归还贷款本息以及资产保值增值全过程负责。社会公益性项目建设，要广泛吸收社会各界资金，根据中央和地方事权划分，由政府通过财政统筹安排。

(21) 加快计划体制改革，进一步转变计划管理职能。国家计划要以市场为基础，总体上应当是指导性的计划。计划工作的任务，是合理确定国民经济和社会发展的战略、宏观调控目标和产业政策，搞好经济预测，规划重大经济结构、生产力布局、国土整治和重点建设。计划工作要突出宏观性、战略性、政策性，把重点放到中长期计划上，综合协调宏观经济政策和经济杠杆的运用。建立新的国民经济核算体系，完善宏观经济监测预警系统。

（22）合理划分中央与地方经济管理权限，发挥中央和地方两个积极性。宏观经济调控权，包括货币的发行、基准利率的确定、汇率的调节和重要税种税率的调整等，必须集中在中央。这是保证经济总量平衡、经济结构优化和全国市场统一的需要。我国国家大，人口多，必须赋予省、自治区和直辖市必要的权力，使其能够按照国家法律、法规和宏观政策，制订地区性的法规、政策和规划；通过地方税收和预算，调节本地区的经济活动；充分运用地方资源，促进本地区的经济和社会发展。

五、建立合理的个人收入分配和社会保障制度

(23)个人收入分配要坚持以按劳分配为主体、多种分配方式并存的制度，体现效率优先、兼顾公平的原则。劳动者的个人劳动报酬要引入竞争机制，打破平均主义，实行多劳多得，合理拉开差距。坚持鼓励一部分地区一部分人通过诚实劳动和合法经营先富起来的政策，提倡先富带动和帮助后富，逐步实现共同富裕。

(24)建立适应企业、事业单位和行政机关各自特点的工资制度与正常的工资增长机制。国有企业在职工工资总额增长率低于企业经济效益增长率，职工平均工资增长率低于本企业劳动生产率增长的前提下，根据劳动就业供求变化和国家有关政策规定，自主决定工资水平和内部分配方式。行政机关实行国家公务员制度，公务员的工资由国家根据经济发展状况并参照企业平均工资水平确定和调整，形成正常的晋级和工资增长机制。事业单位实行不同的工资制度和分配方式，有条件的可以实行企业工资制度。国家制订最低工资标准，各类企事业单位必须严格执行。积极推进个人收入的货币化和规范化。

(25)国家依法保护法人和居民的一切合法收入和财产，鼓励城乡居民储蓄和投资，允许属于个人的资本等生产要素参与收益分配。逐步建立个人收入应税申报制度，依法强化征管个人所得税，适时开征遗产税和赠与税。要通过分配政策和税收调节，避免由于少数人收入畸高形成两极分化。对侵吞公有财产和采取偷税抗税、行贿受贿、贪赃枉法等非法手段牟取收入的，要依法惩处。

(26)建立多层次的社会保障体系，对于深化企业和事业单位改革，保持社会稳定，顺利建立社会主义市场经济体制具有重大意义。社会保障体系包括社会保险、社会救济、社会福利、优抚安置和社会互助、个人储蓄积累保障。社会保障政策要统一，管理要法制化。社会保障水平要与我国社会生产力发展水平以及各方面的承受能力相适应。城乡居民的社会保障办法应有区别。提倡社会互助。发展商业性保险业，作为社会保险的补充。

(27)按照社会保障的不同类型确定其资金来源和保障方式。重点完善企业养老和失业保险制度，强化社会服务功能以减轻企业负担，促进企业组织结构调整，提高企业经济效益和竞争能力。城镇职工养老和医疗保险金由单位和个人共同负担，实行社会统筹和个人帐户相结合。进一步健全失业保险制度，保险费由企业按职工工资总额一定比例统一筹交。普遍建立企业工伤保险制度。农民养老以家庭保障为主，与社区扶持相结合。有条件的地方，根据农民自愿，也可以实行个人储蓄积累养老保险。发展和完善农村合作医疗制度。

(28)建立统一的社会保障管理机构。提高社会保障事业的管理水平，形成社会保险基金筹集、运营的良性循环机制。社会保障行政管理和社会保险基金经营要分开。社会保障管理机构主要是行使行政管理职能。建立由政府有关部门和社会公众代表参加的社会保险基金监督组织，监督社会保险基金的收支和管理。社会保险基金经办机构，在保证基金正常支付和安全性流动性的前提下，可依法把社会保险基金主要用于购买国家债券，确保社会保险基金的保值增值。

邓小平同志在武昌、深圳、珠海、上海等地的谈话要点（节选）

（1992年1月18日～2月21日）

（一）

1984年我来过广东。当时，农村改革搞了几年，城市改革刚开始，经济特区才起步。八年过去了，这次来看，深圳、珠海特区和其他一些地方，发展得这么快，我没有想到。看了以后，信心增加了。

革命是解放生产力，改革也是解放生产力。推翻帝国主义、封建主义、官僚资本主义的反动统治，使中国人民的生产力获得解放，这是革命，所以革命是解放生产力。社会主义基本制度确立以后，还要从根本上改变束缚生产力发展的经济体制，建立起充满生机和活力的社会主义经济体制，促进生产力的发展，这是改革，所以改革也是解放生产力。过去，只讲在社会主义条件下发展生产力，没有讲还要通过改革解放生产力，不完全。应该把解放生产力和发展生产力两个讲全了。

要坚持党的十一届三中全会以来的路线、方针、政策，关键是坚持“一个中心、两个基本点”。不坚持社会主义，不改革开放，不发展经济，不改善人民生活，只能是死路一条。基本路线要管一百年，动摇不得。只有坚持这条路线，人民才会相信你，拥护你。谁要改变三中全会以来的路线、方针、政策，老百姓不答应，谁就会被打倒。这一点，我讲过几次。如果没有改革开放的成果，“六·四”这个关我们闯不过，闯不过就乱，乱就打内战，“文化大革命”就是内战。为什么“六·四”以后我们的国家能够很稳定？就是因为我们搞了改革开放，促进了经济发展，人民生活得到了改善。所以，军队、国家政权，都要维护这条道路、这个制度、这些政策。

在这短短的十几年内，我们国家发展得这么快，使人民高兴，世界瞩目，这就足以证明三中全会以来路线、方针、政策的正确性，谁想变也变不了。说过去说过来，就是一句话，坚持这个路线、方针、政策不变。改革开放以来，我们立的章程并不少，而且是全方位的。经济、政治、科技、教育、文化、军事、外交等各个方面都有明确的方针和政策，而且有准确的表述语言。这次十三届八中全会开得好，肯定农村家庭联产承包责任制不变。一变就人心不安，人们就会说中央的政策变了。农村改革初期，安徽出了个“傻子瓜子”问题。当时许多人不舒服，说他赚了一百万，主张动他。我说不能动，一动人们就会说政策变了，得不偿失。像这一类的问题还有不少，如果处理不当，就很容易动摇我们的方针，影响改革的全局。城乡改革的基本政策，一定要长期保持稳定。当然，随着实践的发展，该完善的完善，该修补的修补，但总的要坚定不移。即使没有新的主意也可以，就是不要变，不要使人们感到政策变了。有了这一条，中国就大有希望。

(二)

改革开放胆子要大一些，敢于试验，不能像小脚女人一样。看准了的，就大胆地试，大胆地闯。深圳的重要经验就是敢闯。没有一点闯的精神，没有一点“冒”的精神，没有一股气呀、劲呀，就走不出一条好路，走不出一条新路，就干不出新的事业。不冒点风险，办什么事情都有百分之百的把握，万无一失，谁敢说这样的话？一开始就自以为是，认为百分之百正确，没那么回事，我就从来没有那么认为。每年领导层都要总结经验，对的就坚持，不对的赶快改，新问题出来抓紧解决。恐怕再有三十年的时间，我们才会在各方面形成一整套更加成熟、更加定型的制度。在这个制度下的方针、政策，也将更加定型化。现在建设中国式的社会主义，经验一天比一天丰富。经验很多，从各省的报刊材料看，都有自己的特色。这样好嘛，就是要有创造性。

改革开放迈不开步子，不敢闯，说来说去就是怕资本主义的东西多了，走了资本主义道路。要害是姓“资”还是姓“社”的问题。判断的标准，应该主要看是否有利于发展社会主义社会的生产力，是否有利于增强社会主义国家的综合国力，是否有利于提高人民的生活水平。对办特区，从一开始就有不同意见，担心是不是搞资本主义。深圳的建设成就，明确回答了那些有这样那样担心的人。特区姓“社”不姓“资”。从深圳的情况看，公有制是主体，外商投资只占四分之一，就是外资部分，我们还可以从税收、劳务等方面得到益处嘛！多搞点“三资”企业，不要怕。只要我们头脑清醒，就不怕。我们有优势，有国营大中型企业，有乡镇企业，更重要的是政权在我们手里。有的人认为，多一分外资，就多一分资本主义，“三资”企业多了，就是资本主义的东西多了，就是发展了资本主义。这些人连基本常识都没有。我国现阶段的“三资”企业，按照现行的法规政策，外商总是要赚一些钱。但是，国家还要拿回税收，工人还要拿回工资，我们还可以学习技术和管理，还可以得到信息、打开市场。因此，“三资”企业受到我国整个政治、经济条件的制约，是社会主义经济的有益补充，归根到底是有利于社会主义的。

计划多一点还是市场多一点，不是社会主义与资本主义的本质区别。计划经济不等于社会主义，资本主义也有计划；市场经济不等于资本主义，社会主义也有市场。计划和市场都是经济手段。社会主义的本质，是解放生产力，发展生产力，消灭剥削，消除两极分化，最终达到共同富裕。就是要对大家讲这个道理。证券、股市，这些东西究竟好不好，有没有危险，是不是资本主义独有的东西，社会主义能不能用？允许看，但要坚决地试。看对了，搞一两年对了，放开；错了，纠正，关了就是了。关，也可以快关，也可以慢关，也可以留一点尾巴。怕什么，坚持这种态度就不要紧，就不会犯大错误。总之，社会主义要赢得与资本主义相比较的优势，就必须大胆吸收和借鉴人类社会创造的一切文明成果，吸收和借鉴当今世界各国包括资本主义发达国家的一切反映现代社会化生产规律的先进经营方式、管理方法。

走社会主义道路，就是要逐步实现共同富裕。共同富裕的构想是这样提出的：一部分地区有条件先发展起来，一部分地区发展慢点，先发展起来的地区带动后发展的地区，最终达到共同富裕。如果富的愈来愈富，穷的愈来愈穷，两极分化就会产生，而社会主义制度就应该而且能够避免两极分化。解决的办法之一，就是先富起来的地区多交点利税，支持贫困地区的发展。当然，太早这样办也不行，现在不能削弱发达地区的活力，也不能鼓励吃“大锅饭”。什么时候突出地提出和解决这个问题，在什么基础上提出和解决这个问题，要研究。可以设想，在本世纪末达到小康水平的时候，就要突出地提出和解决这个问题。到那个时候，发达地区要继续发展，并通过多交利税和技术转让等方式大力支持不发达地区。不发达地区又大都是拥有丰富资源的地区，发展潜力是很大的。总之，就全国范围来说，我们一定能够逐步顺利解决沿海同内地贫富差距的问题。

对改革开放，一开始就有不同意见，这是正常的。不只是经济特区问题，更大的问题是农村改革，搞农村家庭联产承包，废除人民公社制度。开始的时候只有三分之一的省干起来，第二年超过三分之二，第三年才差不多全部跟上，这是就全国范围讲的。开始搞并不踊跃呀，好多人在看。我们的政策就是允许看。允许看，比强制好得多。我们推行三中全会以来的路线、方针、政策，不搞强迫，不搞运动，愿意干就干，干多少是多少，这样慢慢就跟上来了。不搞争论，是我的一个发明。不争论，是为了争取时间干。一争论就复杂了，把时间都争掉了，什么也干不成。不争论，大胆地试，大胆地闯。农村改革是如此，城市改革也应如此。

现在，有右的东西影响我们，也有“左”的东西影响我们，但根深蒂固的还是“左”的东西。有些理论家、政治家，拿大帽子吓唬人的，不是右，而是“左”。“左”带有革命的色彩，好像越“左”越革命。“左”的东西在我们党的历史上可怕呀！一个好好的东西，一下子被他搞掉了。右可以葬送社会主义，“左”也可以葬送社会主义。中国要警惕右，但主要是防止“左”。右的东西有，动乱就是右的！“左”的东西也有。把改革开放说成是引进和发展资本主义，认为和平演变的主要危险来自经济领域，这些就是“左”。我们必须保持清醒的头脑，这样就不会犯大错误，出现问题也容易纠正和改正。

（三）

抓住时机，发展自己，关键是发展经济。现在，周边一些国家和地区经济发展比我们快，如果我们不发展或发展得太慢，老百姓一比较就有问题了。所以，能发展就不要阻挡，有条件的地方要尽可能搞快点，只要是讲效益，讲质量，搞外向型经济，就没有什么可以担心的。低速度就等于停步，甚至等于后退。要抓住机会，现在就是好机会。我就担心丧失机会。不抓呀，看到的机会就丢掉了，时间一晃就过去了。

我国的经济发展，总要力争隔几年上一个台阶。当然，不是鼓励不切实际的高速度，还是要扎扎实实，讲求效益，稳步协调地发展。比如广东，要上几个台阶，力争用二十年的时间赶上亚洲“四小龙”。比如江苏等发展比较好的地区，就应该比全国平均速度快。又比如上海，目前完全有条件搞得更快一点。上海在人才、技术和管理方面都有明显的优势，辐射面宽。回过头看，我的一个大失误就是搞四个经济特区时没有加上上海。要不然，现在长江三角洲，整个长江流域，乃至全国改革开放的局面，都会不一样。

从我们自己这些年的经验来看，经济发展隔几年上一个台阶，是能够办得到的。我们真正干起来是1980年。1981、1982、1983这三年，改革主要在农村进行。1984年重点转入城市改革。经济发展比较快的是1984年至1988年。这五年，首先是农村改革带来许多新的变化，农作物大幅度增产，农民收入大幅度增加，乡镇企业异军突起。广大农民购买力增加了，不仅盖了大批新房子，而且自行车、缝纫机、收音机、手表“四大件”和一些高档消费品进入普通农民家庭。农副产品的增加，农村市场的扩大，农村剩余劳动力的转移，又强有力地推动了工业的发展。这五年，共创造工业总产值六万多亿元，平均每年增长21.7%。吃、穿、住、行、用等各方面的工业品，包括彩电、冰箱、洗衣机，都大幅度增长。钢材、水泥等生产资料也大幅度增长。农业和工业，农村和城市，就是这样相互影响、相互促进。这是一个非常生动、非常有说服力的发展过程。可以说，这个期间我国财富有了巨额增加，整个国民经济上了一个新的台阶。1989年开始治理整顿。治理整顿，我是赞成的，而且确实需要。经济"过热"，确实带来一些问题。比如，票子发得多了一点，物价波动大了一点，重复建设比较严重，造成了一些浪费。但是，怎样全面地来看那五年的加速发展？那五年的加速发展，也可以称作一种飞跃，但与"大跃进"不同，没有伤害整个发展的机体、机制。那五年的加速发展功劳不小，这是我的评价。治理整顿有成绩，但评价功劳，只算稳的功劳，还是那五年加速发展也算一功？或者至少算是一个方面的功？如果不是那几年跳跃一下，整个经济上了一个台阶，后来三年治理整顿不可能顺利进行。看起来我们的发展，总是要在某一个阶段，抓住时机，加速搞几年，发现问题及时加以治理，尔后继续前进。从根本上说，手头东西多了，我们在处理各种矛盾和问题时就立于主动地位。对于我们这样发展中的大国来说，经济要发展得快一点，不可能总是那么平平静静、稳稳当当。要注意经济稳定、协调地发展，但稳定和协调也是相对的，不是绝对的。发展才是硬道理。这个问题要搞清楚。如果分析不当，造成误解，就会变得谨小慎微，不敢解放思想，不敢放开手脚，结果是丧失时机，犹如逆水行舟，不进则退。

从国际经验来看，一些国家在发展过程中，都曾经有过高速发展时期，或若干高速发展阶段。日本、南朝鲜、东南亚一些国家和地区，就是如此。现在，我们国内条件具备，国际环境有利，再加上发挥社会主义制度能够集中力量办大事的优势，在今后的现代化建设长过程中，出现若干个发展速度比较快、效益比较好的阶段，是必要的，也是能够办到的。我们就是要有这个雄心壮志！

经济发展得快一点，必须依靠科技和教育。我说科学技术是第一生产力。近一二十年来，世界科学技术发展得多快啊！高科技领域的一个突破，带动一批产业的发展。我们自己这几年，离开科学技术能增长得这么快吗？要提倡科学，靠科学才有希望。近十几年来我国科技进步不小，希望在九十年代，进步得更快。每一行都树立一个明确的战略目标，一定要打赢。高科技领域，中国也要在世界占有一席之地。我是个外行，但我要感谢科技工作者为国家作出的贡献和争得的荣誉。大家要记住那个年代，钱学森、李四光、钱三强那一批老科学家，在那么困难的条件下，把两弹一星和好多高科技搞起来。应该说，现在的科学家更幸福，因此对他们的要求会更多。我说过，知识分子是工人阶级的一部分。老科学家、中年科学家很重要，青年科学家也很重要。希望所有出国学习的人回来。不管他们过去的政治态度怎么样，都可以回来，回来后妥善安排。这个政策不能变。告诉他们，要做出贡献，还是回国好。希望大家通力合作，为加快发展我国科技和教育事业多做实事。搞科技，越高越好，越新越好。越高越新，我们也就越高兴。不只我们高兴，人民高兴，国家高兴。对我们的国家要爱，要让我们的国家发达起来。

加快改革开放和现代化建设步伐
夺取有中国特色社会主义事业的更大胜利

——江泽民同志在中国共产党第十四次全国代表大会上的报告（节选）

1992年10月12日

一、十四年伟大实践的基本总结

建设有中国特色社会主义理论的主要内容是：

在社会主义的发展道路问题上，强调走自己的路，不把书本当教条，不照搬外国模式，以马克思主义为指导，以实践作为检验真理的唯一标准，解放思想，实事求是，尊重群众的首创精神，建设有中国特色的社会主义。

在社会主义的发展阶段问题上，作出了我国还处在社会主义初级阶段的科学论断，强调这是一个至少上百年的很长的历史阶段，制定一切方针政策都必须以这个基本国情为依据，不能脱离实际，超越阶段。

在社会主义的根本任务问题上，指出社会主义的本质是解放生产力，发展生产力，消除剥削，消除两极分化，最终达到共同富裕。强调现阶段我国社会的主要矛盾是人民日益增长的物质文化需要同落后的社会生产之间的矛盾，必须把发展生产力摆在首要位置，以经济建设为中心，推动社会全面进步。判断各方面工作的是非得失，归根到底，要以是否有利于发展社会主义社会的生产力，是否有利于增强社会主义国家的综合国力，是否有利于提高人民的生活水平为标准。科学技术是第一生产力，经济建设必须依靠科技进步和劳动者素质的提高。

在社会主义的发展动力问题上，强调改革也是一场革命，也是解放生产力，是中国现代化的必由之路，僵化停滞是没有出路的。经济体制改革的目标，是在坚持公有制和按劳分配为主体、其他经济成分和分配方式为补充的基础上，建立和完善社会主义市场经济体制。政治体制改革的目标，是以完善人民代表大会制度、共产党领导的多党合作和政治协商制度为主要内容，发展社会主义民主政治。同经济、政治的改革和发展相适应，以“有理想、有道德、有文化、有纪律”为目标，建设社会主义精神文明。

在社会主义建设的外部条件问题上，指出和平与发展是当代世界两大主题，必须坚持独立自主的和平外交政策，为我国现代化建设争取有利的国际环境。强调实行对外开放是改革和建设必不可少的，应当吸收和利用世界各国包括资本主义发达国家所创造的一切先进文明成果来发展社会主义，封闭只能导致落后。

在社会主义建设的政治保证问题上，强调坚持社会主义道路、坚持人民民主专政、坚持中国共产党的领导、坚持马克思列宁主义毛泽东思想。这四项基本原则是立国之本，是改革开放和现代化建设健康发展的保证，又从改革开放和现代化建设获得新的时代内容。

在社会主义建设的战略步骤问题上，提出基本实现现代化分三步走。在现代化建设的长过程中要抓住时机，争取出现若干个发展速度比较快、效益又比较好的阶段，每隔几年上一个台阶。贫穷不是社会主义，同步富裕又是不可能的，必须允许和鼓励一部分地区一部分人先富起来，以带动越来越多的地区和人们逐步达到共同富裕。

在社会主义的领导力量和依靠力量问题上，强调作为工人阶级先锋队的共产党是社会主义事业的领导核心，党必须适应改革开放和现代化建设的需要，不断改善和加强对各方面工作的领导，改善和加强自身建设。执政党的党风，党同人民群众的联系，是关系党生死存亡的问题。必须依靠广大工人、农民、知识分子，必须依靠各民族人民的团结，必须依靠全体社会主义劳动者、拥护社会主义的爱国者和拥护祖国统一的爱国者的最广泛的统一战线。党领导的人民军队是社会主义祖国的保卫者和建设社会主义的重要力量。

在祖国统一的问题上，提出“一个国家、两种制度”的创造性构想。在一个中国的前提下，国家的主体坚持社会主义制度，香港、澳门、台湾保持原有的资本主义制度长期不变，按照这个原则来推进祖国和平统一大业的完成。

建设有中国特色社会主义的理论还有其他许多内容，还要在研究新情况，解决新问题的过程中，在实践检验中继续丰富、完善和发展。

在建设有中国特色社会主义理论的指导下，我们党形成了社会主义初级阶段的基本路线，这就是：领导和团结全国各族人民，以经济建设为中心，坚持四项基本原则，坚持改革开放，自力更生，艰苦创业，为把我国建设成为富强、民主、文明的社会主义现代化国家而奋斗。“一个中心、两个基本点”，是这条路线的简明概括。同这条路线相适应，我们党还形成了包括经济、政治、科技、教育、文化、军事、外交等各方面的一整套方针政策。这条路线和这些方针政策也都要在实践中继续丰富、完善和发展。

二、九十年代改革和建设的主要任务

第一，围绕社会主义市场经济体制的建立，加快经济改革步伐。

建立社会主义市场经济体制，要认真抓好几个相互联系的重要环节。

一是转换国有企业特别是大中型企业的经营机制，把企业推向市场，增强它们的活力，提高它们的素质。这是建立社会主义市场经济体制的中心环节，是巩固社会主义制度和发挥社会主义优越性的关键所在。通过理顺产权关系，实行政企分开，落实企业自主权，使企业真正成为自主经营、自负盈亏、自我发展、自我约束的法人实体和市场竞争的主体，并承担国有资产保值增值的责任。当前实行的经营承包制应当进一步完善。股份制有利于促进政企分开、转换企业经营机制和积聚社会资金，要积极试点，总结经验，抓紧制定和落实有关法规，使之有秩序地健康发展。鼓励有条件的企业联合、兼并，合理组建企业集团。国有小型企业，有些可以出租或出售给集体或个人经营。

二是加快市场体系的培育。继续大力发展商品市场特别是生产资料市场，积极培育包括债券、股票等有价证券的金融市场，发展技术、劳务、信息和房地产等市场，尽快形成全国统一的开放的市场体系。加强市场制度和法规建设，坚决打破条条块块的分割、封锁和垄断，促进和保护公平竞争。价格改革是市场发育和经济体制改革的关键，应当根据各方面的承受能力，加快改革步伐，积极理顺价格关系，建立起以市场形成价格为主的价格机制。

三是深化分配制度和社会保障制度的改

革。统筹兼顾国家、集体、个人三者利益，理顺国家与企业、中央与地方的分配关系，逐步实行利税分流和分税制。加快工资制度改革，逐步建立起符合企业、事业单位和机关各自特点的工资制度与正常的工资增长机制。积极建立待业、养老、医疗等社会保障制度，努力推进城镇住房制度改革。

四是加快政府职能的转变。这是上层建筑适应经济基础和促进经济发展的大问题。不在这方面取得实质性进展，改革难以深化，社会主义市场经济体制难以建立。转变的根本途径是政企分开。凡是国家法令规定属于企业行使的职权，各级政府都不要干预。下放给企业的权利，中央政府部门和地方政府都不得截留。政府的职能，主要是统筹规划，掌握政策，信息引导，组织协调，提供服务和检查监督。进一步改革计划、投资、财政、金融和一些专业部门的管理体制，同时强化审计和经济监督，健全科学的宏观管理体制与方法。合理划分中央与省、自治区、直辖市的经济管理权限，充分发挥中央和地方两个积极性。

第二，进一步扩大对外开放，更多更好地利用国外资金、资源、技术和管理经验。

对外开放的地域要扩大，形成多层次、多渠道、全方位开放的格局。继续办好经济特区、沿海开放城市和沿海经济开放区。扩大开放沿边地区，加快内陆省、自治区对外开放的步伐。以上海浦东开发开放为龙头，进一步开放长江沿岸城市，尽快把上海建成国际经济、金融、贸易中心之一，带动长江三角洲和整个长江流域地区经济的新飞跃。加速广东、福建、海南、环渤海湾地区的开放和开发。力争经过20年的努力，使广东及其他有条件的地方成为我国基本实现现代化的地区。

利用外资的领域要拓宽。采取更加灵活的方式，继续完善投资环境，为外商投资经营提供更方便的条件和更充分的法律保障。按照产业政策，积极吸引外商投资，引导外资主要投向基础设施、基础产业和企业的技术改造，投向资金、技术密集型产业，适当投向金融、商业、旅游、房地产等领域。经济技术开发区和高新技术产业开发区的建设，要合理布局，认真办好。

积极开拓国际市场，促进对外贸易多元化，发展外向型经济。扩大出口贸易，改善出口商品结构，提高出口商品的质量和档次，同时适当增加进口，更多地利用国外资源和引进先进技术。深化外贸体制改革，尽快建立适应社会主义市场经济发展的、符合国际贸易规范的新型外贸体制。赋予有条件的企业、科技单位以外贸自营权。积极扩大我国企业的对外投资和跨国经营。

第三，调整和优化产业结构，高度重视农业，加快发展基础工业、基础设施和第三产业。

根据我国经济的现实情况和发展趋向，应当着力提高第一产业即农业的质量，稳步增加产量；继续发展第二产业，积极调整工业结构；大力促进第三产业的兴起。

农业是国民经济的基础，必须坚持把加强农业放在首位，全面振兴农村经济。树立大农业观念，保持粮食、棉花稳定增产，继续调整农业内部结构、积极发展农、林、牧、副、渔各业，努力开发高产优质高效农业。坚持依靠科技、教育兴农，多形式、多渠道增加农业投入，坚持不懈地开展农田水利建设，不断提高农业的集约经营水平和综合生产能力。继续大力发展乡镇企业，特别要扶持和加快中西部地区和少数民族地区乡镇企业的发展。必须全面贯彻十三届八中全会的决定，深化农村经济体制和经营机制的改革。要把家庭联产承包为主的责任制，统分结合的双层经营体制，作为一项基本制度长期稳定下来，并不断充实完善。积极发展多种形式的农业社会化服务体系。从各地实际出发，逐步壮大集体经济实力。抓紧进行农产品价格和农村流通体制的改革，继续强化市场在农村经济中的调节作用。

加快交通、通信、能源、重要原材料和水利等基础设施和基础工业的开发与建设。这是当前加快经济发展的迫切需要，也是增强经济发展后劲的重要条件。集中必要的力量，高质量、高效率地建设一批重点骨干工程，抓紧长江三峡水利枢纽、南水北调、西煤东运新铁路通道、千万吨级钢铁基地等跨世纪特大工程的兴建。加强地质勘探。振兴机械电子、石油化工、汽车制造和建筑业，使它们成为国民经济的支柱产业。不失时机地发展高新技术产业。轻工、纺织等一般加工工业主要通过联合、改组和技术改造，提高素质和水平。高度重视节约能源和原材料，提高资源利用效率。固定资产投资的重点应当放在加强基础设施、基础产业，以及现有企业的技术改造和改建扩建上，尤其要重视老工业基地和大型骨干企业的技术改造。

第三产业的兴旺发达，是现代化经济的一个重要特征。目前我国第三产业在国民生产总值中的比重，大大低于发达国家和许多发展中国家。发展我国商业、金融、保险、旅游、信息、法律和会计审计咨询，居民服务等第三产业，不仅有利于促进市场发育，提高服务的社会化、专业化水平，提高经济效益和效率，方便和丰富人民生活，而且可以广开就业门路，为经济结构调整、企业经营机制转换和政府机构改革创造重要条件。要发挥国家、集体、个人三方面的积极性，加快第三产业的发展，使之在国民生产总值中的比重有明显提高。

第四，加速科技进步，大力发展教育，充分发挥知识分子的作用。

科学技术是第一生产力。振兴经济首先要振兴科技。只有坚定地推进科技进步，才能在激烈的竞争中取得主动。当前，我国经济正面临着加速发展、调整结构、提高效益的重大任务，尤其需要全社会提高科技意识，多方面增加科技投入，真正依靠科技进步。科技工作要面向经济建设主战场，在开发研究、高新技术及其产业、基础性研究这三个方面合理配置力量，确定各自攀登高峰的目标。在世界高科技领域中，中华民族要占有应有的位置。通过深化改革，建立和完善科技与经济有效结合的机制，加速科技成果的商品化和向现实生产力转化。不断完善保护知识产权的制度。认真抓好引进先进技术的消化、吸收和创新。努力提高科技进步在经济增长中所占的含量，促进整个经济由粗放经营向集约经营转变。

科技进步、经济繁荣和社会发展，从根本上说取决于提高劳动者的素质，培养大批人才。我们必须把教育摆在优先发展的战略地位，努力提高全民族的思想道德和科学文化水平，这是实现我国现代化的根本大计。要优化教育结构，大力加强基础教育，积极发展职业教育、成人教育和高等教育，鼓励自学成才。各级政府要增加教育投入。鼓励多渠道、多形式社会集资办学和民间办学，改变国家包办教育的做法。各级各类学校都要全面贯彻党的教育方针，全面提高教育质量。到本世纪末，基本扫除青壮年文盲，基本实现9年制义务教育。进一步改革教育体制、教学内容和教学方法，加强师资队伍的培养和建设，扩大学校办学自主权，促进教育同经济、科技的密切结合。

知识分子是工人阶级中掌握科学文化知识较多的一部分，是先进生产力的开拓者，在改革开放和现代化建设中有着特殊重要的作用。能不能充分发挥广大知识分子的才能，在很大程度上决定着我们民族的盛衰和现代化建设的进程。要努力创造更加有利于知识分子施展聪明才智的良好环境，在全社会进一步形成尊重知识、尊重人才的良好风尚。下决心采取重大政策和措施，积极改善知识分子的工作、学习和生活条件，对有突出贡献的知识分子给予重奖，并形成规范化的奖励制度。我们热情欢迎出国学习人员通过多种方式关心、支持和参加祖国的现代化建设。不论他们过去的政治态度如何，都欢迎回来参加社会主义建设，给予妥善安排，并实行出入自由、来去方便的政策。广大知识分子在社会主义现代化事业中已经做出巨大贡献，今后一定会不辜负国家和人民的厚望与重托，更加振奋精神，做出新的贡献。

第五，充分发挥各地优势，加快地区经济发展，促进全国经济布局合理化。

我国地域广阔，各地条件差异很大，经济发展不平衡。应当在国家统一规划指导下，按照因地制宜、合理分工、各展所长、优势互补、共同发展的原则，促进地区经济合理布局和健康发展。东部沿海地区要大力发展外向型经济，重点发展附加值高、创汇高、技术含量高、能源和原材料消耗低的产业和产品，多利用一些国外资金、资源，求得经济发展的更高速度和更好效益。中部和西部地区资源丰富，沿边地区还有对外开放的地缘优势，发展潜力很大，国家要在统筹规划下给予支持。这些地方应当根据市场经济的要求，加快对内对外开放的步伐，加强基础设施建设，促进资源的开发和利用，努力发展优势产业和产品，有条件的也要积极发展外向型经济，以带动整个经济发展。各地都要从国家整体利益出发，树立全局观念，不应追求自成体系，竭力避免不合理的重复建设和重复引进。积极促进合理交换和联合协作，形成地区之间互惠互利的经济循环新格局。要根据自然地理特点和经济的内在联系，充分发挥中心城市作用，努力发展各具特色的区域经济。

加快少数民族地区经济发展，对于加强民族团结，巩固边防，促进全国经济发展，具有极为重要的意义。贫困地区尽快脱贫致富，是实现第二步战略目标的重要组成部分。对少数民族地区以及革命老根据地、边疆地区和贫困地区，国家要采取有效政策加以扶持，经济比较发达地区要采取多种形式帮助他们加快发展。

第六，积极推进政治体制改革，使社会主义民主和法制建设有一个较大的发展。

同经济体制改革和经济发展相适应，必须按照民主化和法制化紧密结合的要求，积极推进政治体制改革。我们的政治体制改革，目标是建设有中国特色的社会主义民主政治，绝不是搞西方的多党制和议会制。我国宪法规定，中华人民共和国国家机构实行民主集中制的原则。这是我们的一项根本制度。人民民主是社会主义的本质要求和内在属性。没有民主和法制就没有社会主义，就没有社会主义的现代化。我们应当在发展社会主义民主、健全社会主义法制方面取得明显进展，以巩固和发展稳定的社会政治环境，保证经济建设和改革开放的顺利进行。

进一步完善人民代表大会制度，加强人民代表大会及其常委会的立法和监督等职能，更好地发挥人民代表的作用。完善共产党领导的多党合作与政治协商制度，巩固和发展新时期的爱国统一战线，充分发挥人民政协在政治协商和民主监督中的作用。坚持“长期共存、互相监督、肝胆相照、荣辱与共”的方针，加强同民主党派协商议事，支持民主党派和无党派人士在国家机关担任领导职务，进一步巩固我们党同党外人士的联盟。我国是统一的多民族国家，各民族的大团结是维护祖国统一、实现社会主义现代化的重要保证。全面贯彻党的民族政策，坚持和完善民族区域自治制度，坚持平等、互助、团结、合作，以促进各民族的共同繁荣。认真贯彻党的宗教政策、侨务政策，为社会主义现代化建设服务。

决策的科学化、民主化是实行民主集中制的重要环节，是社会主义民主政治建设的重要任务。领导机关和领导干部要认真听取群众意见，充分发挥各类专家和研究咨询机构的作用，加速建立一套民主的科学的决策制度。加强基层民主建设，切实发挥职工代表大会、居民委员会和村民委员会的作用。强化法律监督机关和行政监察机关的职能，重视传播媒介的舆论监督，逐步完善监督机制，使各级国家机关及其工作人员置于有效的监督之下。

高度重视法制建设。加强立法工作，特别是抓紧制订与完善保障改革开放、加强宏观经济管理、规范微观经济行为的法律和法规，这是建立社会主义市场经济体制的迫切要求。要严格执行宪 法和法律，加强执法监督，坚决纠正以言代法、以罚代刑等现象，保障人民法院和检察院依法独立进行审判和检察。加强政法部门自身建设，提高人员素质和执法水平。要把民主法制实践和民主法制教育结合起来，不断增强广大干部群众的民主意识和法制观念。

搞好社会治安，是关系广大群众切身利益，保证社会稳定和经济发展的大事。必须采取有力措施，认真改变有些地方治安不好的状况。要强化人民民主专政职能，依靠专门机关和广大群众的紧密结合，坚持综合治理，坚决打击敌对势力和各种刑事犯罪活动，伸张正义，保护人民。

第七，下决心进行行政管理体制和机构改革，切实做到转变职能、理顺关系、精兵简政、提高效率。

机构改革，精兵简政，是政治体制改革的紧迫任务，也是深化经济改革、建立市场经济体制和加快现代化建设的重要条件。目前，党政机构臃肿，层次重叠，许多单位人浮于事，效率低下，脱离群众，障碍企业经营机制的转换，已经到了非改不可的地步。各级党委和政府必须统一认识，按照政企分开和精简、统一、效能的原则，下决心对现行行政管理体制和党政机构进行改革。综合经济部门的工作重点要转到加强宏观调控上来。撤并某些专业经济部门和职能交叉重复或业务相近的机构，大幅度裁减非常设机构。精减机关人员，严格定编定员。机构改革、精兵简政是一项艰巨任务，必须统筹规划，精心组织，上下结合，分步实施，3年内基本完成。要把人员精减同提高工作效率和发展社会生产力结合起来，既改善机关人员结构，提高人员素质，又使大批人才转移到第三产业和其他需要加强的工作岗位上去，成为现代化建设的生力军。

加快人事劳动制度改革，逐步建立健全符合机关、企业和事业单位不同特点的科学的分类管理体制和有效的激励机制。这方面的改革要同机构改革、工资制度改革相结合。尽快推行国家公务员制度。

第八，坚持两手抓，两手都要硬，把社会主义精神文明建设提高到新水平。

改革开放和现代化建设，有力地推动着我国人民解放思想、开阔眼界、面向世界、走向未来，焕发出自强不息、奋力拚搏的精神，同时也对精神文明建设提出了更高要求。物质文明和精神文明都搞好，才是有中国特色的社会主义。精神文明建设必须紧紧围绕经济建设这个中心，为经济建设和改革开放提供强大的精神动力和智力支持。

精神文明重在建设，应当高度重视理论建设，保障学术自由，注重理论联系实际，创造性地开展研究，繁荣哲学社会科学，坚持和发展马克思主义。加强理论队伍建设，重视中青年理论工作者的培养和提高。坚持“为人民服务、为社会主义服务”的方向和“百花齐放、百家争鸣”的方针。积极推进文化体制改革，完善文化事业的有关经济政策，繁荣社会主义文化。要重视社会效益，鼓励创作内容健康向上特别是讴歌改革开放和现代化建设的具有艺术魅力的精神产品。加强新闻、出版、广播、电视和文学艺术等方面的工作。发挥思想政治工作的优势，激发广大群众投身社会主义建设的积极性。在全国各族人民特别是青少年中，进一步加强党的基本路线教育，爱国主义、集体主义和社会主义思想教育，近代史、现代史教育和国情教育，增强民族自尊、自信和自强精神，抵御资本主义和封建主义腐朽思想的侵蚀，树立正确的理想、信念和价值观。各行各业都要重视职业道德建设，逐步形成适合自身特点的职业道德规范，坚决纠正利用职权谋取私利的行业不正之风。加强社会公德教育，大力表彰具有时代精神的模范人物。搞好社区文化、村镇文化、企业文化、校园文化的建设，进一步开展军民共建、警民共建文明单位等群众性活动，把精神文明建设落实到城乡基层。精神文明建设要有相应的物质保障，要通过各种渠道增加投入，并把这方面的设施建设纳入城乡建设总体规划。

社会丑恶现象的滋长蔓延，毒害人们特别是青少年的身心健康，妨碍现代化建设和改革开放，损害社会主义形象，人民对此深恶痛绝。扫除各种丑恶现象，切不可手软，必须长期坚持，抓出成效。

各级党委要认真总结改革开放以来的新经验，加强和改进对精神文明建设的领导。我们要继承和发扬中华民族优良的思想文化传统，吸收人类文明发展的一切优秀成果，在生动丰富的社会主义实践中，创造出人类先进的精神文明。我们要为改革开放和现代化建设创造有利环境，培养一代又一代有理想、有道德、有文化、有纪律的新人。

第九，不断改善人民生活，严格控制人口增长，加强环境保护。

加快改革开放和经济发展，目的都是为了满足人民日益增长的物质文化需要。随着生产发展和社会财富的增加，城乡居民的实际收入、消费水平和生活质量要有明显提高。衣食住行尤其是居住条件，应有较多改善。文化生活更加丰富，体育、卫生事业进一步发展，人民健康水平继续提高。在我们这个占世界人口 1/5 的国家里，人民过上小康生活，是一件了不起的大事。同时应当指出，我国底子薄，目前处在实现现代化的创业阶段，需要有更多的资金用于建设，一定要继续发扬艰苦奋斗、勤俭建国的优良传统，提倡崇尚节约的社会风气。

认真执行控制人口增长和加强环境保护的基本国策。计划生育工作决不能放松，必须确保实现既定的人口控制目标，坚持优生优育，提高人口质量。重视研究人口老龄化问题，认真做好这方面的工作。要增强全民族的环境意识，保护和合理利用土地、矿藏、森林、水等自然资源，努力改善生态环境。

政府工作报告（节选）

——李鹏总理 1993 年 3 月 15 日
在八届全国人大一次会议上

二、争取国民经济再上一个新台阶

今后五年是实现我国现代化建设第二步战略目标的关键性五年。经济建设方面的基本任务是：全面贯彻党的十四大精神，抓住机遇，加快改革开放和现代化建设步伐，依靠优化结构、技术进步和改善管理、提高经济效益，努力保持社会供求总量基本平衡，使国民经济再上一个新的台阶。现在，国内发展条件具备，国际环境有利。根据新的形势，国务院对“八五”计划的国民经济和社会发展主要指标作了必要的调整，并将着手研究制定“九五”计划和到2010年的远景发展目标。关于“八五”计划指标的调整，已经印发给各位代表。按调整后的“八五”计划，国民经济增长速度由原定平均每年6%调高到8%～9%。就全国来说，保持这样的增长速度，在今后五年内，就能够实现原定2000年国民生产总值比1980年翻两番的宏伟目标。这对全国各族人民将是一个巨大的鼓舞。为此，在经济建设中我们要着重抓好以下工作：

加强农业的基础地位。农业是整个国民经济稳定和发展的基础，任何时候都要十分重视农业，下大力气全面繁荣农村经济。要调整农业生产结构，在保持产量稳定增长的基础上，积极发展高产优质高效农业。争取1997年粮食产量达到4.75亿吨，棉花、油料等作物和林牧副渔各业都有较大发展，农村其他产业的比重进一步提高。逐步增加农业投入，改善农业生产条件，加强农业基础设施建设。兴修农田水利，改造中、低产田，加强水土保持，建设草原，治理沙漠；发展农用工业，注重提高质量，降低成本；开展科教兴农，积极推广先进适用技术，发展生态农业；禁止乱占耕地，稳定粮、棉播种面积，大力推广良种，防治病虫害，提高单位面积产量。大力发展乡镇企业，特别要积极扶持中西部地区乡镇企业的发展。在合理规划指导下，逐步推进乡镇企业相对集中布局和加快小城镇建设。稳定农村经济政策，深化农村经济改革，促进农村市场经济发展。坚持和完善以家庭联产承包为主的责任制和统分结合的双层经营体制，积极发展多种形式的农村社会化服务体系，逐步壮大集体经济实力。进一步改革农产品流通体制，建立和完善农产品多级储备制度，对重要农产品实行保护价。现在农村经济形势是好的，但也存在不少不容忽视的问题，近年来工农业产品价格剪刀差有所扩大，农民收入增长不快，特别是相当普遍存在着不合理的收费、集资和摊派，农民负担过重，影响国家和农民的关系，必须引起各级政府高度重视，并采取切实有效的措施，认真加以解决，把农民负担严格限制在国家规定的范围内。

加快基础设施和基础工业建设。随着经济增长速度加快，基础设施尤其是交通运输已成为国民经济发展的主要制约因素。今后五年，要重点加快铁路建设，新建北京经九江至深圳、南宁至昆明、宝鸡至中卫等铁路干线，同时加强对现有铁路的挖潜和改造，提高限制口的通过能力。重点建设一批新港口，改造一批老港口，增加吞吐能力。加快高等级公路的建设，发展内河航运，增加远洋和沿海运输能力。进一步发展航空运输和制造业，加快机场现代化建设，开辟新的航线。加快邮电通信事业发展，加强邮政和城乡电话建设，采用卫星、光缆和程控等新技术，逐步建成四通八达、连接国内外的通讯网络。搞好淮河、太湖等大江大河大湖的综合治理，抓紧黄河小浪底水利枢纽和南水北调工程建设。三峡水利枢纽工程已经七届全国人大五次会议批准，要做好移民工作，积极创造条件，在适当时候开工。

加强能源建设，实行开发与节约并重的方针。煤炭工业，要改造东部老矿，积极开发和合理利用中西部资源，改造和提高地方矿和乡镇矿，1997年原煤年产量达到13亿吨左右。大力发展电力工业，五年新增装机容量6500万千瓦。石油工业，要采取“稳定东部，发展西部”方针，并积极开发天然气和海上油气田。我国能源特别是石油供应紧张，一定要注意节约和提高使用效益。加强原材料工业建设，1997年钢产量达到9400万吨，并努力提高质量，增加品种。要加强老工业基地和大中型企业的技术改造。轻工纺织和其他加工工业要积极提高档次和水平。振兴机械电子、石油化工、汽车制造和建筑业，使之成为国民经济的支柱产业。加强地质勘查工作，以适应国家建设的需要。

基础设施和基础工业建设需要大量资金，要通过改革形成新的投资机制，多渠道筹集。政府掌握的建设资金，主要用于重点建设。逐步理顺基础设施收费和基础工业产品价格，建立和完善专项建设基金制度。扩大市场融资，合理使用社会资金。拓宽开放领域，引导外资投向基础设施和基础工业。

积极发展第三产业。要使第三产业增长高于国民生产总值增长速度。在重点加强交通运输、邮电通信和科技教育的同时，积极发展商业、服务业、金融业、信息业、咨询业、旅游业，增加服务项目，拓宽服务领域。发挥多种经济成份的作用，依靠社会力量兴办第三产业。逐步使企事业单位和机关团体的服务设施社会化。现有公益型、福利型、事业型的第三产业单位，有条件的要逐步向经营型转变，实行自主经营，自负盈亏。

大力发展科学技术事业。要继续贯彻科学技术是第一生产力的指导思想，提高全民族的科技意识，经济建设必须依靠科学技术，科学技术工作必须面向经济建设。科技发展要面向经济建设主战场，把应用技术研究、发展高新技术、加强基础性研究三个方面结合起来，统筹规划，合理配置力量，为经济发展作出更大的贡献。科学技术的开发与应用，要重点解决发展高产优质高效农业，促进工业技术水平和产品质量提高，节能降耗和合理利用资源等经济建设中的迫切问题。高新技术研究，要跟踪世界科技革命进程，有重点地赶超世界先进水平，组织重大课题攻关，搞好引进技术的消化、吸收和创新，切实办好高新技术开发区，加快产业化步伐。把电子信息等高新技术放到重要位置，提高投资强度，努力在各个领域广泛推广应用。基础科学研究是科学技术发展的先导，关系科技进步和社会经济发展的未来，要给予特殊扶持，稳定队伍，重点抓好一批国家级的研究机构和实验室。继续深化科技体制改革，开拓技术市场，鼓励有条件的科研单位与企业联合、参加企业集团或转变为科技型企业。

开创教育事业的新局面。提高全民族素质是国家的根本大计。必须认真贯彻《中国教育改革和发展纲要》，把教育摆在优先发展的战略位置。要坚持“教育必须为社会主义现代化建设服务，必须与生产劳动相结合，培养德、智、体全面发展的建设者和接班人”的方针。教育要从小抓起。今后五年，各级政府都要采取切实措施，大力加强基础教育，在实行义务制教育、扫除青壮年文盲方面，取得明显进展。积极发展各具特色的职业教育和成人教育，使劳动者就业和上岗前受到合格的职业训练。高等教育要改革管理体制、教育结构、教学内容和教学方法，改革招生和毕业生就业制度，努力办好一批重点院校和学科。各级政府都要增加教育投入，多渠道筹集教育经费。积极探索建立以政府办学为主体、社会各界共同办学的新体制和多种办学模式。加强师资队伍建设，提高教师的政治素质和业务水平，提高教学质量和办学效益。

知识分子在现代化建设中具有特殊重要的作用。要在全社会进一步形成尊重知识、尊重人才的良好风尚，创造有利于充分发挥知识分子作用的社会环境。下决心采取重大政策和措施，积极改善知识分子的工作、学习和生活条件，解决知识分子收入偏低的问题。继续对有突出贡献的知识分子给予特殊津贴和奖励。改革人事管理制度，促进人才合理流动。加强知识产权保护，完善专利制度。鼓励知识分子面向实际，发扬奉献精神，在现代化建设事业中发挥自己的聪明才智。对出国留学人员实行支持留学、鼓励回国、来去自由的政策，欢迎他们采取多种方式参加祖国建设。

进一步扩大对外开放。要巩固和发展现已形成的全方位开放格局，进一步扩大对外开放领域。经济特区要在建立社会主义市场经济体制方面积累经验，发挥示范作用。经济技术开发区和高新技术产业开发区，要统筹规划，合理布局，有的要同老企业和老城市改造相结合，注重实效，不要盲目追求数量和滥占耕地。沿海开放城市和地区要重点发展外向型经济，增强参与国际竞争的能力。加快上海浦东以及广东、福建、海南、环渤海地区的开放开发。充分发挥沿江、沿边和内陆省会城市在对外开放中的作用，带动辐射地区的经济发展。

对外贸易要积极开拓国际市场，进一步提高出口商品质量和档次，调整出口商品结构，大力发展机电产品、成套设备和高科技商品出口，使进出口贸易进一步增长。继续深化外贸体制改革，建立符合我国国情和国际惯例的新型外贸体制。给予更多有条件的企业和科研单位外贸自主权。加快发展国际旅游业和对外工程承包。中国的关贸总协定缔约国地位必须得到恢复，把一个具有巨大市场潜力的大国排斥在这个国际经济组织之外，是不明智的。

要采取更加灵活的方式，拓宽利用外资的领域。继续改善投资环境，保障外商投资的合法权益。按照国家产业政策积极引导外商投资，促进产业结构优化和技术水平的提高。对外商投资企业进一步开放国内市场，同时依法加强税收管理。

在发展经济的基础上改善人民生活。今后五年，争取城镇居民人均生活费收入平均每年实际增长5%左右，农村居民人均纯收入平均每年实际增长4%～5%。城市要在提高衣、食质量的同时，注重解决住和行的问题，加强住宅和交通设施建设，使居住条件和交通状况有较大改善，增加家庭电话拥有量；农村在继续改善食、住条件的同时，着重提高穿和用的水平，提高家用电器普及率。实现共同富裕是社会主义制度的根本要求。要坚持允许一部分地区、一部分人通过辛勤劳动和合法经营先富起来的政策，继续克服平均主义，同时注意研究和采取具体政策措施，防止收入差距过分悬殊，带动和促进共同富裕。现在全国还有少部分地区温饱问题没有解决，解决这个问题是今后五年各级政府工作的一项重要任务。完成这项任务，首先要靠当地人民的艰苦努力。同时，国家要继续贯彻执行扶持少数民族地区、贫困地区、革命老根据地和边疆地区发展的各项政策，下大决心，采取强有力措施，增加投入，扩大以工代赈，组织人才交流、科技扶贫以及经济富裕地区对贫困地区的对口支援。我国是一个人口众多的发展中国家，只有发扬艰苦奋斗、勤俭建国、勤俭办一切事业的优良传统，经过几代人的埋头苦干，才能彻底改变经济落后面貌，使全国人民都过上富裕生活。

各位代表！1993年是全面贯彻落实党的十四大精神，巩固和发展大好形势，促进国民经济既快又好地向前发展的一年。目前经济发展和改革开放的形势都是令人鼓舞的。但是，我们也清醒地看到，在经济迅速增长中，还有一些薄弱环节和需要解决的问题，如固定资产投资增长较猛，投资结构不尽合理，交通运输、能源和部分原材料紧张，银行信贷和货币投放增长过快，通货膨胀的潜在压力加大。今年国民生产总值计划增长8%，是留有余地的。这个速度是就全国说的，不搞一刀切，有条件的地方可以而应当搞得快一些。各个地区条件不一样，不要攀比速度，要把注意力放到提高经济效益上来。今年经济工作的重点是：加快建立社会主义市场经济体制的改革步伐，进一步扩大对外开放；保持农业生产稳定增长，力争有一个好收成；努力搞好国有大中型企业，加强交通运输建设，增加能源和重要原材料生产；努力保持经济总量基本平衡，实现速度和效益的统一。要深入持久地开展增产节约、增收节支活动。现在国家财政仍然比较困难，各级政府都要努力增加收入，严格控制支出，使赤字不突破预算。今年计划安排的信贷规模和货币投放量，都有适当增长，但仍难以满足各方面的要求，各个部门和地方办事都要量力而行，从经济发展的大局出发，支持和服从国家的宏观调控，及时发现和解决经济生活中出现的困难和问题，保证整个国民经济健康发展。要保持固定资产投资适度增长，正确引导投资方向，保证重点建设，控制新开工项目，提高投资效益。1993年改革开放和经济建设的任务是繁重的。今后五年经济建设的任务，除个别事项外，都是今年就要开始做的。我们要把广大干部群众的积极性引导好、保护好、发挥好，积极完成各项任务，为今后的发展创造更加有利的条件。

三、加快建立社会主义市场经济体制的改革步伐

我国经济体制改革的目标，是建立社会主义市场经济体制。在90年代初步建立起新的经济体制，今后五年是关键时期。从今年开始，就要力争在以下几个方面取得突破性的进展：

加快转换国有企业经营机制。坚持以公有制包括全民所有制和集体所有制为主体，个体经济、私营经济、外资经济为补充，多种经济成份长期共同发展。各种经济成份都要与社会主义市场经济发展相适应。国有企业的改革，关键是政企分开，理顺产权关系，使企业真正成为自主经营、自负盈亏、自我发展、自我约束的法人实体和市场竞争主体。要认真落实《全民所有制工业企业转换经营机制条例》。当前实行的经营承包责任制要进一步完善。股份制是适应市场经济发展的一种企业组织形式，要使之健康发展。鼓励发展企业集团，有条件的可以跨行业跨地区或跨国经营。为了改善管理和提高效益，有些小型国有企业可以通过招标、投标，出租、出售给集体或个人经营。要完善国有资产管理制度，加强包括地产在内的资产评估，保证国有资产的保值增值，防止国有资产流失。全民所有制企业要充分发挥党组织的政治核心作用，坚持和完善厂长负责制，全心全意依靠工人阶级。

积极发展各类市场。要以建立健全市场法规，发展生产要素市场为重点，逐步建立比较完善的市场体系。继续发展各类商品市场，积极建立农产品和生产资料批发市场。在国家宏观调控下发展包括债券和股票在内的金融市场。发展劳务市场，促进劳动力资源的合理流动。发展技术市场，促进科技成果商品化和产业化。加快城镇土地使用制度改革，在各级政府统一管理下，建立规范化的房地产市场，克服目前房地产交易中的混乱现象。打破地区与部门的分割和封锁，促进商品合理流通。加强市场管理，维护市场秩序，打击制造和销售假冒伪劣商品的行为。加快社会公证机构建设，保护合法经营和公平竞争。

抓紧进行价格改革。在保持市场零售物价总水平基本稳定的前提下，继续扩大市场调节价格的范围，逐步理顺价格关系，建立健全以市场形成价格为主的价格机制和国家对市场物价的调控体系。逐步放开粮食购销价格，把国家补贴转为粮食风险调节基金，促进粮食生产稳定发展。生产资料“双轨制”价格逐步并轨，解决煤炭、电力、石油、铁路运输等基础产业价格偏低和企业政策性亏损问题，使企业增强自我发展能力。少数稀缺商品的价格和重要基础设施、公益事业的收费，还要由国家确定或批准，但要根据价值规律和供求关系及时进行调整。国家要通过建立价格调节基金、商品储备制度和其他经济手段，以及必要的法律手段和行政手段，对价格进行调控和监督。

进一步改革劳动工资制度。劳动就业制度改革，要在国家有关法律规范下，逐步实现企业自主用人，个人选择职业。国有企业要实行灵活的用工制度，推广合同用工制，逐步打破不同所有制企业职工的固定身份界限，促进劳动力资源合理配置。企业工资制度改革，要在总量控制和工效挂钩的前提下，实行符合企业特点的工资制度，体现按劳分配原则。政府机关实行公务员工资制度，执行国家统一工资标准。事业单位实行符合行业特点的工资制度，有条件实行自收自支、企业化管理的单位，可参照企业工资制度办理。结合价格、住房和医疗制度改革，把一部分福利性补贴纳入工资，实现收入货币化，增加收入的透明度。建立个人收入申报和银行帐户制度，严格个人所得税征管，开征一些新税种，避免个人最终收入过分悬殊。

大力推进社会保障和城镇住房制房改革。要逐步形成适应我国现阶段生产力水平的社会保障体系。着重健全待业保险和工伤保险，提高养老保险和医疗保险的社会化程度，建立合理负担的社会保险统筹基金制度。加快住房制度改革步伐，逐步实现城镇住房商品化，推行国家、单位、个人合理负担的住房建设投资体制，加快城镇住房建设。

改善和加强宏观经济管理。这是建立社会主义市场经济体制的重要组成部分。国家计划是宏观调控的重要手段之一，但计划工作要继续进行改革。今后主要任务是制定和实施中长期发展规划和年度计划，搞好经济发展预测、总量调控和重大项目建设，促进经济结构优化，使国民经济以较快速度稳步协调发展。要保持投资的合理规模，优化投资结构，提高投资效益。加强对投资的宏观调控，改革投资体制，充分发挥信贷、利率等经济杠杆的调节作用，加强建设项目的可行性论证和科学决策，增强投资者对投资效益和资金回收的责任。

要进一步改革财政税收体制，完善复式预算制度，强化财政预算约束。理顺中央与地方、国家与企业的分配关系，改革方向是实行中央与地方的分税制和国有企业的利税分流。要不断总结经验，逐步扩大试点范围。税收是国家财政收入的主要来源，现在国家财源流失严重，要积极改革和健全税制，充实税收人员队伍，提高人员素质，切实加强税收征管，不得越权减免。

深化金融体制改革是建立市场经济体制的重要环节。中国人民银行的职责是调节货币供给和信贷资金总量，稳定币值，抑制通货膨胀。工商银行、农业银行、中国银行和建设银行等专业银行，现在还要保持政策性与商业性双重职能，但要逐步向商业银行过渡。要成立政策性银行，从事专项贷款业务，并适当增加一些商业银行。认真办好保险公司、信托公司、财务公司、证券公司、租赁公司等金融机构。按照国际惯例和通行规则，改革银行和其他金融机构的业务制度与结算制度。积极推广通过金融机构转帐的结算办法，减少现金流通。

要综合运用各种经济手段，加强经济法制，并辅之以必要行政手段，发挥审计、监察、统计和工商行政管理等部门的作用，逐步形成比较完善的宏观调控体系。加强日常经济协调工作，保证国民经济的正常运转。

建立社会主义市场经济体制是一项开创性事业。尽管我们已经积累了一些宝贵经验，今后仍然需要在实践中探索前进。我们要以是否有利于发展社会主义社会的生产力，是否有利于增强社会主义国家的综合国力，是否有利于提高人民生活水平为标准，大胆实践，积极探索，努力完成今后五年深化改革的任务。

李鹏总理谈农村劳动力流动问题

（1994年7月）

最近，国务院总理李鹏在谈到做好扶贫开发工作时说，提高贫困地区的人才素质和科学技术水平，是一项非常重要的带有根本性的措施。

李鹏认为，这些年，我们搞贫困地区的人才培训，搞东西部干部交流，很有成效，今后要继续坚持，不断扩大。他指出，现在，全国范围有两种大规模的流动，值得重视。一是贫困地区的劳动力由西向东流动，劳务输出的规模不断扩大；二是发达地区的能工巧匠由东向西流动，已经遍布西部地区城乡的各个角落。劳务从西向东的流动，数量、规模之大是前所未有的。这既可以使贫困地区利用沿海发达地区创造大量就业机会，参与整个国民经济的发展过程，而且也可以提高贫困地区劳动者的素质。这是一种特殊的培训。能工巧匠由东向西流动，实际上也是一种技术输出，可以提高贫困地区的技术水平和层次，这是一种更有效果更实用的形式。这两种流动对于提高劳动者的素质和提高科学技术水平都有非常重要的意义，必须充分肯定，继续发展。李鹏同时强调指出，对于大规模的“民工潮”不能放任自流，要积极疏导，合理流动，有秩序地进行，以减少社会秩序的混乱和经济上的损失。

李铁映国务委员在德阳座谈会上的讲话（节选）

（1993年8月13日）

……。

第三，要加快社会保障制度的改革。这主要包括四个方面：住房、医疗、待业和养老。我为什么把住房也放在这里呢？因为我们把住房向来看成是和医疗、养老、待业保险一样的福利，因此也应进行改革。目前企业承担了大量的社会职能，包医疗、包住房、包就业、包退休等等，企业负担很重。这种福利制度不改革，平均主义、“大锅饭”的问题就难以真正解决，而且国有企业也不可能同其它企业平等竞争。住房制度改革要加快，首先是以企业为重点推动住房制度改革，解决企业负担。以卖为主，售、租、建并举，但卖价不能过低。要认真研究具体操作方法。医疗保险制度的改革也要加快。待业是我们的一个发明。但待业制度还要进一步改革，重点是使待业的劳动者经过培训后重新走向劳动岗位。退休职工也不应由企业完全包下来，要按市场经济的要求建立规范的养老保险制度。

朱镕基副总理对矿山安全工作的批示

（1993年8月22日）

国务院副总理朱镕基8月22日在劳动部副部长令狐安上报的《关于山东临沂罗庄龙山煤矿淹井事故抢救情况的报告》上批示：“要全力抢救，凡是山东省提出的要求中央解决的问题，急速及时予以解决，对忽视矿山安全、草菅人命的人员要严肃查处。”

邹家华副总理在全国三项制度改革经验交流会上对三项制度改革所作的指示

（1993年5月8日）

5月8日，邹家华副总理在中南海接见了参加全国三项制度改革经验交流会的部分代表。会议开始时，邹副总理说：朱部长和我说，应该到大会与代表同志见见面。我很愿意听听大家对企业三项制度改革方面的意见。需要给大家说明的是，因为在5点钟还有个外事活动，所以临时只好请部分代表来这里，很抱歉！在听取了朱家甄副部长代表四部委和全国总工会的汇报和四位企业代表（本钢、湘乡水泥厂、深圳石化、陕西一毛）的发言后，邹家华副总理作了指示，主要精神如下：

四个部委和全国总工会召开的全国企业三项制度改革经验交流会是一次很重要的会议，对我们国家经济发展，特别是对企业经营机制的转变有非常重要的意义。

刚才家甄同志的讲话、四部委和全国总工会领导同志的讲话，还有四个企业代表的发言，我认为都很好，我都同意。下面讲几点意见：

一、这次会议很有必要，开得是很好的。一年多之前，四个部委和全国总工会曾联合开过同样内容的会议，那次会议对推动全国企业劳动人事、工资分配、社会保险制度改革，对于促进企业转换经营机制起了很重要的作用。这一年多来各方面发生了很大的变化，大家做了很多的工作，使三项制度改革又出现了新的进展。据说全国已经有40%的企业进入到三项制度改革之中。在这种情况下，四个部委和全国总工会再次联合召开会议，进行总结交流，是很有必要的。通过这次会议，大家相互交流经验，提出了今后在新形势下深化三项制度改革的设想，我相信，只要各方面一年一年地不断努力，不断地总结三项制度改革的新经验、好经验，不断地推广开来，那么企业经营机制转换就可以一步一步地深入。

二、抓住机遇，加快改革和经济建设，使国民经济再上一个新的台阶。自从去年小平同志发表重要讲话，党的十四大召开，直到今年的八届人大之后，我们国家的政治经济形势发生了深刻的变化。特别是去年一年我们国家的经济发展非常之快，全国各条战线人民群众建设社会主义的积极性空前高涨，因此去年国民生产总值增长达12.8%。这种发展速度是非常可贵的。我们要按照小平同志提出的，抓住机遇加快经济的发展，把国民经济尽快搞上去。在这里，我要提出的另外一个问题，就是我们各级领导同志，在大好形势下一定要保持清醒的头脑。我们提出的加快的快是一个相对的概念，经济发展的快与慢是建立在必要的基础和条件之上的，全国各省的速度并不完全一样，假如我们超越了必需的基础和条件的可能，超越了国力的可能，就会欲速则不达，使经济的发展受挫折。小平同志去年在上海谈话时讲到这个精神，就是要我们经常回顾经济发展的情况，使经济不要受损失，特别是不要受大的损失。这就是说，一方面要抓住当前的机遇，加快经济的发展，另一方面也要做到使国民经济健康地发展。如果超过了可能，勉强地追求速度，社会就会出现问题。比如刚才讲到的社会保险基金被挪用（注：指令狐安同志汇报，有的地区违反国务院〔1991〕33号文件，擅自改变社会保险体制，把社会保险费用挪作他用的问题），将来退休人员没有养老基金，就会出现问题，这能不能做条规定，就是社会保险费用不能随便挪用(李世忠说，本来33号文件很明确，保险基金不许挪用，但现在“五龙治水”，以各种名义挪作他用)，你们劳动部门要查一下，那些地方随便挪用了，要报一些材料，我们要正式通报。劳动部门要从上到下把这个问题抓一下。对经济的发展速度，概括起来就是这么两句话：一句是量力而行，一句是尽力而为。量力而行的“力”就是指的基础和条件，尽力而为的“力”，讲的是主观能动性，就是说要通过自身的努力工作，积极创造条件，使国民经济保持正常的发展速度，避免大起大落。

三、三项制度改革是企业经营机制转换的重要内容。大家知道，我们国家国有大中型企业只有一万多个，但他们创造了全国近50%的产值和近80%的利税，是我国国民经济的命脉所在，国民经济的发展与国有大中型企业能否按照《条例》的要求尽快实现经营机制的转换，是一个很重要的问题。正因如此，我们反复强调各级党政领导要把主要精力放到贯彻落实《条例》上面，要千方百计地把搞好国有大中型企业作为全部工作的中心任务来抓。企业改革的根本问题，是如何调动职工的生产积极性，而进行三项制度改革就是要建立竞争激励机制，把职工的积极性充分调动起来。一年多来的实践已经证明，凡是三项制度改革搞得好的企业职工的积极性就会调动起来，经济效益就会得到提高，否则企业的效益就受到了影响。所以我们说，三项制度改革尽管不是转换经营机制的全部内容，但它是转换经营机制的重要内容，一定要紧抓不放。

四、紧紧依靠工人阶级，不断把改革推向深入。现在搞市场经济，有的人有些误解，好像搞市场经济什么都不要了，靠市场就行了，这是不全面的。市场经济是按照市场规律，按照价值规律来协调、指导经济的发展。

市场经济中应该有市场的机制、计划的机制，也应该有政府干预的机制。这与市场经济并不矛盾，过去是光有计划和政府机制，缺乏市场的机制，现在加强市场机制的部分，不等于说计划机制不要了，政府干预的机制不要了。而是干预的方式方法要改变，该集中权力的还要集中，该放的一定要放，这不是对立的。西方国家搞市场经济，但政府干预的程度也很大。我们搞的是社会主义的市场经济。这里面我认为有两条要注意，一条是在社会主义条件下实行市场经济，一条是实行市场经济的结果是建设社会主义。人是生产力中最重要的因素。这个认识下面，国有企业的发展，必须全心全意地依靠工人阶级，依靠职工群众。在企业内部，不管领导干部还是技术人员，都是工人阶级的一部分，在政治上是平等的关系，只是分工的不同，身份界限一定要打破。刚才有些同志介绍实行全员劳动合同制，打破干部与工人的身份界限是非常好的，要继续推广这方面的经验。同时，还要注意做好职工的思想政治工作，解决他们的一些实际问题。这里还有一个问题，就是不能把企业搞活与严格管理对立起来，要放权是对的，该由企业管的事要交给企业办，但决不是什么权都放，该集中的还要集中。希望大家注意这方面的问题。

五、关于扭亏增盈的问题。现在全国企业亏损面占一半以上，企业亏损面大、亏损额大，长期下去要把经济拖垮。资本主义国家企业亏损了就采取裁人的办法。我们不能多裁人，社会保障体系健全了，可以领取社会保险金，但也不能全部推到社会上去。对有些长期亏损企业，把扭亏工作作为经济工作的重点来抓。大家要把这个精神带回去，给省市领导汇报。

六、关于提高劳动生产率问题。改革的目的是为了促进生产力的发展，不断提高劳动生产率。现在在实际工作中已经出现了劳动生产率提高比较慢，而工资发放的速度超过劳动生产率提高的速度问题。一方面经济发展得很快，一方面财政收入增长慢。去年经济发展速度是12.8%，财政只提高7%，这样的结果必然是坐吃山空，是很危险的，希望大家注意这个问题。

七、关于搞好综合配套改革的问题。三项制度改革不但要内部配套，还要注意与其它有关的内容，特别是与财政、价格以及政府职能转变等相互配套，相互衔接，协调发展，共同推进。这方面，大家讲了很多好的意见，我完全赞成。只有这样，三项制度改革才能顺利进行。

三项制度改革总的方向是正确的，只要通过大家的坚持不懈的努力，一定能够取得更大的成绩。

（根据录音整理，未经本人审阅）

邹家华副总理对劳动工作的重要指示

（1993年12月8日）

1993年12月8日，邹家华副总理听取了劳动部李伯勇部长关于今年劳动工作情况和明年工作安排，以及劳动体制改革的总体设想框架等有关问题的汇报。在汇报中和汇报后，邹家华副总理作了重要指示。他说：“劳动工作要认真贯彻党的十四届三中全会的《决定》。我们要搞的是社会主义的市场经济，劳动工作如何适应社会主义市场经济需要是一个大问题。对劳动力市场要研究规范性措施。我们的市场经济是同社会主义制度紧密相联的，劳动问题不要忘记‘社会主义’四个字。劳动工作是做人的工作的，各项改革都涉及到人的利益的调整。因此，要注意稳妥地推进，可先认真研究，再进行试点，逐步规范，注意总结企业和群众中的经验。搞现代企业制度，企业三项制度改革还要往前走。这个改革是有效果的，是企业改革中重要的部分，搞好了，可以大大调动职工积极性，促进企业经济效益提高。真正要把企业搞好，企业家当然很重要，但归根到底还是要依靠职工群众。”

在谈到企业内部分配问题时，他说：“企业内部分配是个大问题，分配办法到底有几种？国家可以规范不同的办法，要有要求。不能亏损企业也照发奖金。要研究市场经济下工资如何运行，尤其是市场经济国家国有企业工资的管理办法。”

对职工培训问题他指出：技工学校培养四、五级工，实行双证制，要严格，要在全国通行。培训职工问题，我们要着眼于培训有社会主义觉悟，讲职业道德，又懂技术、掌握技能的技术工人，不能培训出只知挣钱，不讲职业道德的人。

邹家华副总理特别强调：要做好元旦、春节期间企业职工和离退休人员基本生活保障工作，这是关系到社会稳定的大事。要对困难职工进行一次救济，解决过节吃饺子问题，结合送温暖活动，帮助特困职工解决一点困难。对企业离退休人员近几个月拖欠的离退休费应该全额支付。请劳动部同全国总工会一起估算一下，救济要多大范围，需要多少钱，急事急办，抓紧发个通知给各地各部门。

他对劳动立法工作十分关心，在谈到《劳动法》时说：《劳动法》出台是建立社会主义市场经济体制的需要，一时不完善也不要紧，通过改革发展逐步完善，国务院将抓紧审议。

邹家华副总理在全国安全生产工作电话会议上的讲话

（1994 年 3 月 8 日）

同志们：

今天召开电话会议，主要是回顾 1993 年全国安全生产工作，对 1994 年的安全生产工作作一个安排，更直接的用意就是要接受去年的教训，不要等到下半年，甚至四季度再来抓，或者说，不要等到事态发展严重了再来抓，而是要未雨绸缪，在年初开始就要求各级政府、各部门重视安全生产工作，列入议事日程，做好具体安排。作为国务院负责管理全国劳动工作的职能部门，劳动部负责管理全国的安全生产工作。刚才，李伯勇同志对 1993 年的安全生产工作通报了情况，做了总结，特别是对各地区、各部门贯彻去年10月30日的全国安全生产电话会议精神和落实国务院关于加强安全生产工作几个紧急通知的情况作了总结和评价，并对今年的安全生产工作做了具体的部署。我同意他所讲的意见。请各地方、各部门结合本系统和地方的实际情况，进行具体安排。重要的是不要错过时机，在第一季度就把全年的安全生产工作安排好，尤其是重点行业和地区，如煤炭、交通运输等，更需要重点安排，要有专人负责，专门的计划，专门的检查，切实组织实施。

下面强调几点意见。

近年来，我国经济发展速度加快，大家都为此高兴，国际上也都刮目相看。但是安全生产的情况却不能令人满意。1993年，虽然在四季度事故多发状况得到一定程度的控制，但是从全年总的情况看，安全生产的问题相当严重。1993年在我国发生了在国际国内产生重大影响的多起特大、重大事故，特别是三季度，事故更加频繁，人员伤亡、财产损失都是建国以来罕见的。去年1～10月份，全国各类事故死亡超过了6万人，10人以上事故上升的幅度进一步加大。与历年相比，事故上升趋势严重，出现了事故高峰。

党中央和国务院历来十分重视安全生产工作，制定了一系列方针政策，1993年，针对严峻的安全生产形势，6月份以后，国务院接连发出了两个有关安全生产工作的通知，并指示劳动部召开了两次全国安全生产电话会议，布置全国安全生产工作，开展安全生产大检查；以后，又发出了《关于加强外商投资企业安全生产工作的紧急通知》，要求各地区、各部门对外商投资企业进行专门的安全检查。经过各地区、各部门的高度重视和共同努力，安全生产工作取得了一定的效果，去年四季度事故多发势头得到控制。事实证明，抓与不抓大不一样，只要我们真正认识安全生产的重要性，发动群众实实在在地常抓不懈，安全生产是可以取得效果的。为了扩大去年安全生产工作的成果，有必要召开今天这个电话会议，通报情况，明确下一步的安全生产任务，再接再厉，争取安全生产的形势进一步向好的方向发展，争取能有根本的好转，杜绝重大恶性事故，最大限度地减少一般事故。

要做到这一点，各级政府和各个部门的领导干部首先还是要提高对安全生产的认识，提高对安全生产的觉悟。中央提出“抓住机遇，深化改革，扩大开放，促进发展，保持稳定”，是今年全党工作的大局。抓安全生产正是贯彻中央“二十字”方针的重要内容，特别是为了保持政治稳定和社会稳定更需要抓好安全生产。“安全第一，预防为主”的方针是党和国家重要的经济政策。安全生产在经济建设中起着重要的保障和促进作用，经济的发展离不开良好的安全生产环境和秩序。安全生产体现了我们党为人民服务的根本宗旨，是保障职工生命安全和健康的重要措施，职工在为国家努力工作，做出贡献，我们就有责任做好安全生产，切实保护职工的生命安全和国家财产。如果安全生产搞不好，发生事故和职业病，就会造成家庭的不幸，引起群众的不满，在社会上就会有很大的政治影响。安全生产与经济发展紧密相联，安全生产不好，直接制约我国经济的发展。切不能事故多了，就紧抓一阵，事故少了，就搁置脑后。事实上，只有长年抓得紧，才能减少事故的发生。多年来，各行各业的安全生产的水平虽有提高，但离根本好转还有很大距离，还要做长期的努力。因此，必须要把它当成一件长期的、艰巨的工作来对待，并且要像抓其他重要工作一样认真做好。第二，各地区、各部门要对本地区、本部门的安全生产形势，进行检查和分析，提出重点地区、重点行业、重点问题、重点原因，采取重点措施，提出今年的安全生产工作的重点计划，明确要做几件实事。各部门要明确自己部门安全生产的重点的地区，各地区要明确自己地区安全生产的重点的行业。第三，要有专人负责。各地区、各部门一直到基层，都要指定专人负责抓安全生产，定期地实施安全生产计划，定期地检查安全生产状况。第四，充分发挥各级劳动部门以及有关部门和工会的作用，发动群众，依靠群众，共同做好安全生产工作。

从长远来说，扭转安全生产不好的状况，还必须进行综合治理，做好安全生产的基础工作。下面讲几点这方面的意见。

1. 严格执行国家安全生产方针政策，加强管理

在建立社会主义市场经济体制过程中，企业逐步走向市场。各级政府必须加强宏观调控，做好各方面的协调，对安全生产决不能放任不管。要把国家的安全生产法律法规贯穿到经济建设的各个领域。抓安全生产工作要实行领导负责制，各级领导要真正重视安全生产工作。要正确处理好安全与生产、安全与效益的关系。要保证安全，最重要的是要突出一个“严”字。各级领导要坚持严格管理，深入调查研究，采取有力措施，狠抓安全生产的落实工作。严格管理要从领导干部做起，严于律己，敢抓敢管。只有严格地按规章制度来办，严格操作，安全生产状况严峻的势头才有可能迅速得到扭转。

2. 加强立法，严格执法，强化监督工作

逐步建立完备的安全生产法规体系，是当前一个十分迫切的工作。要尽快制定《安全生产法》等法律法规和安全技术标准。只有把安全生产工作纳入法制的轨道，安全生产严峻的局面才会尽快改变。

加强立法，还要严格执法，对已出台的法规要严格执行，做到有法必依，执法必严，违法必究。对因官僚主义和忽视安全生产工作造成重大事故和经济损失的行为，要依法给以严肃处理。安全管理人员和安全监察人员要依法执行公务，要充实安全监察机构；同时安全生产监察部门要公正、权威地履行职责，把主要精力放在预防事故上。

3. 要加强对事故处理结案工作的领导

党中央和国务院对特大、重大事故的处理是十分严肃的。今后，对因严重官僚主义和忽视安全生产工作造成伤亡惨重、损失巨大或者影响恶劣的责任事故，一定要运用行政的、经济的、法律的手段，从严从重从快处理，不得姑息迁就。为了慎重严肃地进行事故处理，1994 年内，原规定省级政府和国务院各部门结案的重大事故的调查和处理结果，要及早报劳动部，并由国务院委托劳动部审定。各地区、各部门对超过期限尚未结案的事故，要尽快落实结案。

4. 切实治理事故隐患

安全生产欠帐太多，是长期以来没有解决的问题。我们应该清醒地认识到，解决隐患治理工作，很重要的是解决安全生产的资金投入，完善安全生产措施。否则，事故出现以后，造成的经济损失比安全生产资金投入要大得多。各地区、各部门要充分认识到这一点，做好组织、协调、规划、督促工作；每个企业都必须想方设法挤出资金进行隐患治理和安全技术措施的改造，摆正增产措施和安全措施的关系。

5. 大力开展安全生产检查

去年，各地区、各部门和各企业普遍开展了安全生产大检查，发现了问题，并及时予以解决。在目前，安全生产检查仍然是一种好的形式，对抑制各类事故的发生能够起到一定的作用。

安全检查工作要根据重点和薄弱环节来进行。应更多地对外商投资企业和乡镇企业进行检查，更多地对危险行业和事故多发地区、行业和企业进行检查。劳动部和有关部门也可以联合进行检查。对检查发现的问题，一定要下决心及时予以解决。除国家统一要求组织安全大检查以外，各地区、各部门也可以根据实际情况进行必要的检查。

6. 加强安全生产宣传教育，全面提高职工队伍素质

对安全生产知识和重要意义的宣传教育，是搞好安全生产工作的一个重要方面。各地区和各有关部门，要按照建立社会主义市场经济的要求，结合实际，采取多种形式，教育广大职工加强主人公责任感和职业道德，以高度负责的精神，自觉遵章守纪，做好本职工作。安全生产工作要深入到群众中去，长期地、经常性地去做，把安全生产意识深入到每个职工中去，变为全体人员的自觉行动。同时要加强安全的专门培训，使全体职工安全素质得到全面提高。

7. 逐步完善安全生产管理体制

我国安全生产工作实行“企业负责，行业管理，国家监察和群众监督”的安全生产管理体制，这是适应我国市场经济体制的客观要求，也是市场经济国家的普遍做法，是符合国际惯例的。当然，随着我国市场经济的发展，这个体制也要在实践中不断加以完善。

在政府转变职能和企业转换机制的过程中，要继续强调“管生产必须管安全”这个原则，企业要负起搞好安全生产的重任。企业经营自主权扩大的同时，企业在安全生产中的主体地位也相应确立，企业相应责任也就加重了。企业负责就是企业在其经营活动中必须对本企业安全生产负全面责任，企业法定代表人应是安全生产的第一责任人。各企业应建立安全生产责任制，在管生产的同时，必须搞好安全工作。这样才能达到责权利的相互统一。安全生产作为企业经营管理的重要组成部分，发挥着极大的保障作用。不能将安全生产与企业效益对立起来，片面理解扩大企业经营自主权。具体说，企业应自觉贯彻“安全第一，预防为主”的方针，必须遵守安全生产的法律、法规和标准，根据国家有关规定，制定本企业安全生产规章制度；必须设置安全机构，配备安全管理人员对企业的安全工作进行有效管理；企业还应负责提供符合国家安全生产要求的工作场所，生产设施，加强对有毒有害、易燃易爆等危险品和特种设备的管理，对从事危险物品管理和操作的人员，都应进行专门的训练，然后再上岗，否则领导有责任；要编制安全技术措施计划，进行定期的安全生产检查；杜绝违章指挥、违章作业和违反劳动纪律的现象，及时消除不安全因素；加强对职工的安全教育和培训，提高职工的业务素质和安全素质。在安全生产工作中，企业还要自觉接受行业管理、国家监察和群众监督。

党的十四届三中全会决定中指出，政府运用经济手段、法律手段和必要的行政手段管理国民经济，不直接干预企业的生产经营活动。为适应这种要求，政府在管理安全生产工作时，也要按政企分开，精简、统一、效能的原则，配备精干人员，进行有效的监督、监察和管理。目前政府管理安全生产的方式主要还是采取行业管理和国家监察相结合。行业管理职能主要体现在行业主管部门根据国家有关的方针政策、法规和标准，对行业的安全工作进行管理和监督检查，通过计划、组织、协调、指导和监督检查，加强对行业所属企业以及归口管理的企业安全工作的管理，防止和控制伤亡事故和职业病。行业的安全管理不能放松。一些特殊行业在某种程度上还将对安全生产工作行使监督职权。因此，行业管理的任务既不同于过去计划经济体制下，也不同于完全市场经济体制下的管理模式。希望各行业主管部门按照新的市场经济的要求，更好地探索如何搞好安全生产工作。

国家监察是根据国家法规对安全生产工作进行监察，具有相对的独立性、公正性和权威性。安全生产监察部门对企业履行安全生产职责和执行安全生产法律、法规、政策情况，依法进行监督检查，对不遵守国家安全生产法律、法规、标准的企业，要下达监

察通知书，做出限期整改和停产整顿的决定，必要时，可提请当地人民政府或行业主管部门关闭企业。劳动行政主管部门要建立健全安全生产监察机构，设置专职监察员。监察员要经常深入企业查隐患，查安全生产法律、法规、标准情况的落实，把事故消灭在萌芽之中。目前，国家监察尚未形成完善的体系，人员配备、设备手段也不健全，这是安全生产中急需强化解决的突出问题。国家监察主要指的是，从国家劳动部到各省、市、县的劳动机构代表国家进行监察任务。安全监察工作的任务十分繁重，劳动部必须开拓思路，很好研究。加强监察队伍的自身建设很重要，首先是要把这支监察队伍成立起来，真正发挥作用。全国的企业和职工人数在逐步增多，而监察队伍和监察人员没有相应的发展，是很难适应这种要求的。其次是监察手段不强，发挥不了国家监察的效力。还应加强法制建设和提高监察人员的技术业务素质，这是监察工作的法律依据和技术保障。行业管理和国家监察是相辅相成的，都是政府行为，都是为了做好安全生产工作。在建立社会主义市场经济的过程中，需要加强这两个方面的协作，保证经济持续发展和安全生产水平不断提高。

群众监督是安全生产不可缺少的重要环节，新的经济体制的建立，群众监督的内涵也在扩大。不仅是各级工会，而且社会团体、民主党派、新闻单位等对安全生产共同起监督作用。这是为了保障职工的合法权益，保障职工生命安全与健康和国家财产不受损失以及搞好安全生产的重要保证。

工会监督是群众监督的主要方面，是依据《工会法》和国家有关法律法规对安全生产工作进行的监督。在社会主义市场经济体制建立过程中，要加大群众监督检查的力度。各级党委和政府要全心全意依靠职工群众搞好安全生产，支持工会依法维护职工的安全与健康，维护职工的合法权益。各级工会要充分发挥自身优势和群众监督检查网络作用，履行群众监督检查职责，发动职工群众查隐患、堵漏洞、保安全，教育职工遵章守纪，使党和国家的安全生产方针、政策、法律法规落实到企业、班组和工作岗位。

社会各界对长期存在的重大、特大事故隐患或重大事故连续发生的地区和企业要进行社会监督，新闻媒介要对安全生产重大问题进行客观的报道，以引起全社会的关注，动员全社会的力量搞好安全生产。

同志们，安全生产工作是十分重要的工作，涉及到社会的各个领域，要动员全社会的力量，搞好安全生产。我们国家正处在建立社会主义市场经济的过程中，搞好安全生产对建立良好稳定的社会经济环境具有非常重要的意义。让我们共同努力，争取把1994年的安全生产工作做得更好，促进国民经济持续快速健康发展。

（根据录音整理）

邹家华副总理强调加强调整劳动关系工作

（1994 年 4 月）

在深化改革、扩大开放、发展社会主义市场经济的条件下，调整劳动关系的工作变得更加重要，迫切需要加强。去年以来，导致职工上访、罢工的一个重要原因，就是职工的合法权益得不到有效保护。这个问题，在一部分外商投资企业中显得尤为突出。在有些企业里，一方面不少工人从农村来就业，缺乏保护自己权益的意识；另一方面厂方忽视职工权利，存在着强迫工人超时加班、克扣工人工资、劳动条件恶劣、忽视安全生产等情况。在一些外商投资企业中，还不同程度地存在着外方管理人员对职工进行体罚、侮辱、打骂等现象。我们不能允许这种侵犯职工合法权益的现象继续下去。

第一，要加强劳动立法工作。《中华人民共和国劳动法（草案）》已经提请全国人民代表大会常务委员会审议。这是加强我国劳动立法的一个重大步骤。《劳动法》出台后，各地在认真组织实施的同时，还应结合本地区的实际情况，有针对性地制定一些地方性法规，真正做到劳动工作有法可依，有章可循。

第二，要加强劳动监察工作。劳动监察人员要深入到企业进行监督检查，同时动员社会各方面力量进行监督。要做到依法监察，违法必究。

第三，要积极支持外商投资企业的职工依据《中华人民共和国工会法》尽早建立企业工会组织，充分发挥工会组织在维护职工合法权益方面的作用。

为了有效调整劳动关系，去年国务院发布了《企业劳动争议处理条例》。各地区和有关部门应严格按条例规定办事，要建立健全劳动争议仲裁机构，充实劳动争议仲裁工作队伍，充分发挥劳动行政部门、企业主管部门和工会组织在调整劳动关系中的重要作用。

李沛瑶副委员长谈就业工作

（1994 年 5 月）

最近，李沛瑶副委员长参加劳动部召开的全国就业工作会议，并在会上发表了关于就业工作的讲话。

李副委员长说：最近两年全国平均每年

都要安排700多万人就业，城镇的失业率前年控制在2.4%，去年是2.6%，这是很不简单的成绩，为近两年来经济的高速发展准备了充分的劳动力资源，也为这两年来的改革提供了稳定的社会环境。劳动部门确实做了很多工作，取得了很大成绩，在此我向在劳动战线上的同志，特别是各地方和政府各部门的劳动工作者表示问候！

在谈到就业工作如何贯彻十四届三中全会和八届二次人大会议的精神，处理好发展、改革、稳定三者的关系时，他说：我们做就业工作，就是要解放劳动力，就是要把劳动力和生产资料相结合。小平同志说得很清楚，社会主义就是要发展生产力，解放生产力。中国劳动力那么多，要进行合理开发，《宪法》规定的每个公民的劳动权利需要充分实现，就业工作确实相当重要，这直接关系到我国经济是否能稳定和保持高速发展，关系到改革是否顺利进行。

在当前由计划经济向市场经济过渡的过程中，劳动就业方面有很多棘手的问题，比如说，建立现代化企业制度过程中对人员的精减、企业行使用工自主权后对职工的辞退、国有大中型企业富余劳动力的出路等，都是绕不过去的问题。现在失业率提高到2.6%，据了解主要是由于大中型企业开始往社会上排放冗员，加上“农转非”、“卖户口”增加的劳动力，预计今年失业率将达到3%。我们要为改革创造一个稳定的环境，就必须很好地控制失业率。

他认为潜在的更大的问题是农村的1.3亿农业剩余劳动力。一些材料反映农村犯罪率急剧上升，其中法制观念淡薄是一个原因，但有些农民外出打工无着落，“饥寒起盗心”也是一个原因，所以劳动部作为国务院主管劳动就业的政府部门，应当统筹城乡两个方面，不能只盯着城市，盯着国有企业，应该考虑到各种所有制企业，考虑农村，逐步做到全方位地指导就业。

他强调要有忧患意识，就是要看得远一点，看得广一点。在城乡差别、东西部差别拉大的情况下，再不解决好农村就业不充分问题，农民就会要“打扁担”了。劳动就业要广开渠道，最近常到各地去调查，各省领导的观念都在转变，提出要着重发展集体、个体、私营、三资企业。因为国有企业本身就背着很重的包袱，面临着改制问题，还要精减富余劳动力。“地方官”的思想都转变了，我们劳动部门的观念也应该转过来。

李副委员长就如何发展就业服务体系的四个支柱问题说：社会主义市场经济意味着实行竞争机制，同样，就业也要实行竞争机制。竞争就业靠什么？国外提出的是开发劳动力资源，提高劳动者的就业竞争能力。劳动者的素质提高了，整个国家的素质也就提高了，生产也就发展了，所以就业训练要进一步发展。我们劳动部门通过就业服务体系开展就业培训，不光要为城市培训，还要看到乡镇企业这个新的成长点，现在已有许多城镇的熟练工人、知识分子流向乡镇企业。劳动就业工作也要看到这一点，要把就业工作发展到农村，扩大就业渠道。发展乡镇企业和发展集体经济一样，既要防止回到计划经济的老路上去，也要防止把乡镇企业变成村干部的私有企业的倾向。劳服企业要按现代化企业的路子发展，不要搞成“二全民”。还有失业保险、职业介绍等都要很好发展，只有把就业服务体系搞好，才能像一匹马有了强壮的四条腿，我们的就业工作就会大踏步向前发展。

邹家华副总理在全国劳动工作会议上的讲话

（1994 年 12 月 11 日）

最近，中央经济工作会议刚刚结束，大家都忙着传达贯彻会议精神。前两天，李部长谈到全国劳动工作会议要总结今年工作、安排明年工作，希望我能来和大家见面。我认为这个意见很好。今天来参加这个会，主要是来看望大家。劳动工作是一项重要工作，是做人的工作，它和一般的经济业务工作不完全一样，既与经济工作密切相关，又要做人的工作，是一项非常重要，而且要很细致地去做的工作。关于劳动工作会议主要是听李部长的报告。我讲简单几句话。

首先，我想说劳动工作是国民经济和社会发展的一个重要组成部分，是十分重要的一项工作。劳动是我国人民的一项权利。我国是社会主义国家，做劳动工作本身就是要为人民服务。我们国家人民的劳动权利就是需要通过我们的工作不断地予以保证。从改革开放以来，各级劳动部门在党委和政府的领导下，坚持党的方针、路线，锐意改革，取得了很大的成绩，为国民经济的发展和社会进步做出了很大的贡献。我们有许多长期在劳动战线工作的同志，非常辛苦，把我们党在劳动工作方面的方针政策，落实到每一个劳动者身上。我国每年要新增 1500 万人口，从小长大，除了其他方面的社会安排以外，就业是很大一项任务。我们到国外去，人家都问，中国的失业率是多少？你们怎么安排呀？而且不仅是就业，到老了，退休了，也要安排。我们讲，我们国家每年就要安排七、八百万人就业，工作量是很大的。这个工作是很辛苦的。

党的十四大以来，围绕着培育和发展劳动力市场，按照社会主义市场经济的要求，从改革、发展、稳定的大局出发，深化劳动制度各项改革，有了新的发展。我们在第一个、第二个五年计划时期，即实行计划经济时期，由国家统一安排劳动就业。以后发生了变化，由国家统包分配就业的办法，不适应经济发展的要求了。后来就改变了劳动制度，除国家统一安排以外，还有集体和个人自谋职业。现在，在新的形势下，劳动制度改革如何适应社会主义市场经济的要求，还要不断研究、探索如何把劳动工作做得更好。请允许我代表国务院，向全国在劳动战线上工作的同志以及他们的家属致以亲切的慰问和衷心的感谢！

这次中央经济工作会议全面分析了当前的经济形势，确定了明年工作的指导思想、目标任务及政策措施，对于促进国民经济持续、快速、健康发展和社会主义市场经济体制的建立，都具有十分重大的意义。现在，各地方、各部委都在传达学习中央经济工作会议的精神，研究如何贯彻落实经济工作会议提出的措施。这次劳动工作会议的中心也是要研究贯彻落实中央经济工作会议的精神。

中央经济工作会议对明年经济工作强调提出，要以抑制通货膨胀为关键，加强农业，加强国有企业改革，加强整个综合配套改革，包括社会保险改革。要提高经济工作的质量和效率。从直接的关系上来讲，有些工作好像与劳动工作不那么直接，实际上，所有的经济工作都与我们劳动工作有密切关系。抑制通货膨胀，与劳动工作有很大关系。企业成本提高，就是推动通货膨胀的一个因素。企业效率不高，甚至亏损，更加影响我们做好各项工作；社会保险制度不健全，企业经营不好，开不出工资，这就影响到整个经济的发展和社会稳定；农村经济的发展，同劳动力的变化、劳动力流向有很大关系；经济发展得快或慢，对各类事故发生有很大影响，这又与劳动工作有关系；前一段时间，阜新发生了一场火灾，烧死二百多人，前几天在新疆克拉玛依，发生一场火灾，烧死三百多人。社会经济发展中许多工作，都与劳动工作与安全工作紧密相关。贯彻中央经济工作会议精神，落实明年的工作任务，劳动工作的任务是很重的。

明年整个改革任务中很重要的一项就是国有企业改革。劳动工作要围绕这个重点，加快养老、失业保险制度改革。过去我们在企业中有劳动保险。现在，随着形势的发展，过去的劳动保险制度已不完全适应了。社会经济的发展产生了一些新的情况，现有企业人员太多，为了提高效益，提高劳动生产率，劳动力要作出新的安排，要有新的保险制度，要改变过去完全吃“大锅饭”的现象，又要妥善安排好，这是很大的问题。还有，新生劳动力，怎样安排他们就业，无论国家安排，还是自谋职业，都要有个通盘考虑。我们是社会主义国家，要对劳动者负责。为了解决吃“大锅饭”的问题，有个别企业可能要破产。破产了，人员就要妥善安置。企业破产，国家已有了法律。在资本主义国家，破产是司空见惯的事。在我们国家，从经济上讲，实在经营不下去，只好破产。在我们社会主义国家，破产在形式上好像与资本主义国家一样，但在感情上不一样。资本主义国家是雇佣和被雇佣的关系，是资本和劳动的关系，企业破产了，劳动者被遣散，你自己找生路，与资本家无关。在我们国家，在社会主义国家，企业职工是社会主义国家的主人，根据经济原则，这些企业不能维持下去，破产了，但作为国家，对职工，我们不能不管，我们要对他们负责。我们的企业还是要全心全意依靠工人阶级。因此，同样一个破产，在感情上、在责任上，我们与西方国家是不完全一样的。这也是我们劳动工作与西方国家在本质上的不同。所以，我们在研究企业改革的过程中，要更多地研究我们社会主义国家如何更有效地组织劳动。

我曾接待过一个日本代表团。日本人问我：“你们搞市场经济，我们也是搞市场经济，你们为什么要在市场经济前面加四个字，叫社会主义市场经济呢？”我说：“社会主义这四个字是不能动的，社会主义是中国人民经过几十年的奋斗，最后作出的选择。我们现在要搞市场经济，是要在社会主义的原则前提下搞市场经济，不是旁的市场经济。”小平同志讲得很清楚，资本主义也有计划，社会主义也有市场，市场经济本身并不是决定社会制度的东西。市场经济资本主义可以用，我们也可以用，我们是在社会主义制度下建立市场经济。后来我又加了一句话，我说：“我们实行市场经济机制，最后还要实现社会主义。”我们要吸收世界上一切人类文明的成果，但最终目标还是要实现社会主义。在这样一个目标下，来进行企业改革，我们劳动工作的许多内容就要从整体来考虑。工资的宏观调控是很重要的一项工作。消费基金增长过快，就影响通货膨胀。我们说，工资、消费基金的增长要同经济增长相适应，前者的增长速度还要稍微低一些。经济增长10%，消费基金增长20%；劳动生产率提高10%，工资提高20%，那不就坐吃山空了吗？把增长部分吃掉了，还把原来的积累也吃掉一块，长期下去，还不吃空了吗？消费基金增长过快，最后不行了，就多发钞票，钞票发多了，就出现通货膨胀。因此，要对整个工资和消费基金进行宏观调控。昨天，我们研究这个问题时讲到，对总量调控是要掌握的，一定要进行很好的调控，消费只能在经济增长的基础上逐步提高。经济不发展，光增加工资，那不就只有坐吃山空吗？钞票本身是不值多少钱的，一张纸，加上点印刷费，加一点人工费。它所以值钱，是因为这钞票的后边有大量的财富支持，所以它才值钱。货币有黄金做后盾，一个国家有大量黄金储备，钞票才值钱。我们国家也要有黄金来支持，现在呢，不光有黄金支持，还有我们的物资来支持。过去，在建国前，在解放区，我们也有自己的货币，但那时我们没有那么多黄金，我们就用物资作支持。比如粮食，就是很大的支持。假如货币太多，一个人一个月发一万两万，十万二十万，最后没有东西支持它，货币成了一张废纸。过去，解放前，国民党统治时期，买一点东西，要用麻袋背了钞票去。很简单，这就是票子太多了，不值钱了。因此，总量一定要调控，要控制。不能超过经济发展，盲目增长。

除了总量控制以外，还有一个问题，就是社会分配不公的问题。现在有些企业很困难，有些县里工资发不出去，像一些煤矿，工资也发不出去。但有的地方，有的公司，工资非常高。有的公司职工工资已不是几十块，几百块，而是一个月工资一万，还有三万元的。当然，我们不能提倡大家平均主义地发工资，已经不是这个时候了。在解放战争、建国初期，那个时候，我们的经济基础很薄弱，在困难的情况下，实行军事共产主义。那时候，哪有什么工资呀，实行供给制，大家一起干革命，给饭吃，给衣服穿，定期发一点牙膏、牙刷，有的优待一点，抽烟的发一点烟钱，其他的大家都是一样。现在，我们经济条件大大改变了，所以要求完全平均主义是不对的。不过，悬殊过大，这也值得研究。我讲的意思，不是说马上就要改变，而是指需要研究。我们讲一部分人先富起来，还要讲共同富裕。我们讲不要搞大锅饭，但悬殊也不应该太大。这个事情，也是我们在工资分配方面遇到的问题。

我们在劳动工作中，在企业中，一个很大的问题，就是要提高效率，提高效益。为此，就会要提出来，有一部分职工要分流。分流的意思是要安排好，不是把多余的人员推出去不管。我国的许多产业的企业劳动效率确实比较低。人比较多，自然就提出来，为提高效率，人要重新分流。这个工作量很大，重新安排一个人的工作是不容易的。但这是我们的工作，是我们的责任。我听介绍，辽宁、沈阳有很好的经验，上海做得也比较好，搞了再就业工程。这项工作是必须要做的。企业改革后，更要求我们把它做好。

由于这些问题的发生，要求我们把工作做得更细，切实保障困难企业职工和离退休人员的基本生活。有些企业比较困难，还有很多离退休人员。我们在制度上，在实际工作中要很好地解决，保障他们的基本生活。也有人提出来，是不是可以成立一些商店，用于解决困难职工的生活，也就是说，这些商店东西可以便宜一点。这个想法是积极的，但具体怎么搞，还需要研究。总之，要把困难职工的事情放在我们心上。工资收入比较低的人，有困难，正是需要我们做工作去解决。举个例子说，新加坡在1982年，曾经由于通货膨胀，宣布全国工资冻结两年。这就会造成有些低收入职工的困难。物价涨得很高，对“大款”无所谓，对低收入职工来讲，就构成很大困难了。新加坡采取的办法，是组织职工办合作社，自己选出代表来管理。然后，国家就支持这种合作社，即提供一些比较便宜的商品。在合作社，只有入社之后才有资格去购买，解决会员的一部分困难。我举这个例子，不是说我们马上就要这样办，我的意思是说，做劳动工作的同志，一定要把困难职工的问题放在我们心上，帮助他们解决困难。至于采用什么形式，大家一起研究。现在，有的搞基金，有的搞补贴，有的根据市场需要发展生产等等，我们要找出一个好的办法，把这个事情办好。在产业上讲，我看现在最困难的是煤炭，当然，森工也很困难。煤炭行业不但生活困难，它本身的劳动条件就非常艰苦。

劳动工作还有许多其他方面的工作，如安全生产、职业卫生管理也是非常重要的。经济发展快的时候，往往注意发展速度，不注意安全生产的要求，结果造成许多事故。现在交通事故不少，火灾事故也不少，煤矿事故也不少，船舶事故也不少。在江河里，在海里，有船撞船的，有汽车翻到沟里的。冬天来了，城市里有煤气中毒的。这些事情都不少。保护人的劳动力，保护人民生命财产安全，都是非常重要的工作。

劳动工作是非常辛苦的工作，不仅是经济工作，还是直接关系到人的工作，要求我们更细心、更谨慎来做好。有些工作的出发点和愿望是好的，但由于方法不对头，反而产生不好的效果，就因为它是直接关系人的工作，因此要考虑得比较周到细致，还要注意工作方法。

除了这些外，明年一个很重要的工作就是《劳动法》的贯彻。明年1月1日开始，我们就要正式实施《劳动法》。过几天还要开一个电话会，动员实施《劳动法》。《劳动法》的宗旨就是保护劳动者的合法权益，稳定劳动关系，推进劳动制度改革。抓好《劳动法》的贯彻实施，不仅对推进劳动制度改革和劳动事业发展有直接的重要意义，而且对促进全国改革、发展和稳定具有长远的意义。贯彻《劳动法》，我们各级劳动部门都负有重大的责任。希望大家加强这方面的宣传，抓紧制订配套法规，认真开展监督检查工作，使《劳动法》的贯彻实施取得明显成效。

劳动部领导的重要讲话和文章

在劳动厅局长座谈会上的讲话

（1992年8月21日）

阮崇武

大家的发言对我们启发很大。这个稿子（指《劳动部关于〈全民所有制工业企业转换经营机制条例〉的实施办法》）是个急就章，部里还没有开部务会讨论，我们想先把东西亮出来，让大家看看可行不可行，哪些合适、哪些不合适，然后再正式讨论。各省市提了一些很好的建议，对起草好这个实施办法会起很大的作用。另外通过这次会议，也达到了统一思想、统一认识的目的。从会上看，大家对条例的研究还是比较深的，各省市都作了如何贯彻的准备，有些省市还拿出了具体贯彻的意见，已经有了一套想法，在认识上是一致的。有些问题需要推敲、研究，我们将按照大家所提的建议和意见，进行详细地修改，甚至可能重新写，比如：体例基本上是实施意见的体例，不是一个条例的体例，恐怕得动大手术。不管怎样，修改后，还要传给大家提意见。当然，我们需要尽量快一些，这也是大家的要求，作为一个出台的法规性文件，还需要与体改委、经贸办协商，我们近期发出的只能是一个征求意见稿，大家可以根据各自的情况抓紧在地方上把这件事情办起来，以免耽误时机。

现在改革的形势发展得相当快，去年12月份厅局长会议时，还估计不到今年这样的大好形势。今年上半年，劳动工资各方面改革都迈出很大的步伐，这有一个大环境问题，也有各厅局的努力。前一个时期，各个厅局包括基层确实相当辛苦，干得够累的，对于解放生产力，发展生产力，发挥了我们应有的作用。大环境对我们的工作推动很大，现在市场机制的作用日益加强，许多过去集中统一计划的方法、措施慢慢地不灵啦，过去指标控制的办法，已经在很多企业里实行不下去啦。经济发展的形势逼迫我们必须进行改革，企业想维持过去那种太平日子也困难了，因为市场竞争日益激烈，不把改革作为自己的自觉行动，老拖在后面，将来就没饭吃，就会被市场所淘汰，改革已成为不可阻挡的趋势。作为政府部门，劳动部门一定要适应经济体制上的大转变，改变我们自己的职能，否则也跟不形势，我们的工作也会逐渐被人抛弃。劳动部门既要保护企业自主权，保护企业的权益，也要保护职工的权益，我们要手托两边、平衡双方利益。我觉得这次贯彻意见里，对职工的权益说得欠缺一点。这方面欠缺，就会偏向企业权益方面，有可能伤害职工的权益，对劳动部门来说就不合适了。在市场经济条件下，政府部门必须照顾双方的权益。国际劳工组织一直强调三方原则，就是雇主、工会和政府三方，资本主义都是这样。今后我国市场机制加强后，政府这方面的作用也不能减弱，同样要照顾企业、职工两方面的利益，不能只顾一家。因此，企业应承担的义务也要说清楚，职工的民主参与权利也应说清楚，这样才能保护双方。这次在劳动制度改革中，企业里的职工确实有一些担心，这不能忽视。职工担心厂长的权力太大，想怎么着就怎么着，说不给饭吃就不给饭吃，那职工的权益就没法保证了。对厂长、企业的经营者来说，他既有权利，又有义务，不能随便就对职工采取这个措施、那个措施，虽然我们要保证他的自主权，但他还要承担在合同范围内保障职工应享有的权益，实施办法里这方面应该有所顾及。

关于控制力度问题。劳动部门不要太撒手，什么都不管了，这可不行。尤其是过渡时期，即机制转换时期，国家调控力度是和企业的约束机制相反相成的，是相关的因素，你的约束机制越强，我的调控力度就弱，你的约束机制根本没改变，还像过去一样，躺在国家身上吃“大锅饭”，那就对不起，我的调控就厉害点。所以，我们整个措施就要与企业的改革措施相配套，就是说，改革搞得好，我放权就放得多，改革搞得差，我放权就放得少。原来在讨论工资时，曾提出六种方式，就是根据不同企业来考虑放权，像三资、股份制、二纺机等，对这类企业在工资、招工方面我们就可放得更大一些；实行挂钩的企业，我们稍微多放一点，但还不能完全放，要控制基数和比例，贯彻“两个低于”的原则；有的企业根本没什么转变，那么计划也不能放弃，能包干的就实行包干办法；甚至有些还得用老办法，即指标控制。我们国家很大，地方差别很大，完全用一种模式控制所有东西是不可能的，讨论的结果虽然大家没有同意我们的六种分类，但这个大致思想是接受了的，即对于挂钩的放得开一些，对于亏损企业，就控制得紧一些，这个意思在条例里是写了的。基数与比例还要由劳动部门决定，这就是说，我们并没有放到底，什么都不管了，即使自由市场经济的国家，政府也不敢完全不进行干预。放到底的“底”是没底的，是要出事的。所以在条例里，我们对工资还是有控制的。

关于弹性计划，究竟写不写？在讨论过程中也有不同意见。有的主张写上去，有的同志认为写上去就必须与企业自主用人、自主分配衔接，这就不大容易说，这个稿子里没有说这些，当然还值得研究。总之，调控力度和约束机制必须配套，这是大家讨论中提出的问题，也是我们曾讨论过的问题。

还有一个就是劳动部门的职能问题，我们讨论过程中曾经斟酌再三。这个职能怎么写，既然要贯彻三方原则，即企业、职工、政府三方原则，政府只是一方，它既和保护职工权益有关，又和保护企业权益有关，政府的职能不写是不可能的，但写到什么程度，和企业关系不大的是不是要写？当然关系大的必须写。在新的形势下，劳动部门的职能转换已经提到非常紧迫的日程。现在有些地方劳动部门有失落感，主要在地县以下，不在省市，省市比较清楚，劳动部门不能没有，连资本主义社会都不能没有劳动部门，何况社会主义国家。因为它是调节企业、职工双方利益的，是不可能没有的。但作为地县的劳动部门，忽然手里的权力没有了，不知该干些什么，这容易理解。要是抱着过去的权不放，那企业就搞不活。今后关键是要抓就业服务，包括职业介绍、信息咨询、协助办理手续等，要把人员流动搞活，让劳务市场活跃起来。劳务市场不是机构，而是机制。当然我们一下子还做不到像日本、德国那样把所有的待业人员都储存在计算机里，全国调动查阅。招工有什么要求，求职有什么要求，都储存在计算机里，这个咱们一下子办不到。但我们可在本地区尽量做到供需见面。这方面的服务功能应赶快弄上去，加强职业介绍所的工作，加强信息工作。像长春市那样，把服务搞活，让老百姓知道要找活儿干就得到职业介绍所去，企业觉得到职业介绍所招工最方便。办事要公正，手续要简便，服务要周到，由行政指令性管理转变到以服务引导市场的管理，做到这一步，企业满意，职工也会满意，而且我们又可通过劳务市场来宏观调控整个就业工作。可以利用待业保险金、就业扶持资金等把服务工作落到实处，现在除了劳动部门之外，总工会也在搞职业介绍，妇联、人事部门也在搞。温州市甚至以个人职业介绍所为主，由当地的劳动部门发放许可证并实行监督，其实建筑行业包工头也是在搞职业介绍，如果我们不去规范他们的行为，包工头就会剥削得相当厉害。如果我们的工作开展得好，就可对这些东西有些抑制作用，若我们的工作办得不好，包工头就可大行其道。这方面的服务工作相当重要，这次实施办法中，我赞成强调一下通过职业介绍所进行招工。

关于社会保险问题。社会保险本来不是商业行为，是由企业和职工自己出钱，互相共济度过风险，保证公平竞争的环境。这个钱既不是哪一个企业的，也不是政府的财政，它是参加保险职工的公共财产，是退休人员的活命钱。因此，把这个钱拿走用做老本赚钱，用做风险投资是不应该的。劳动部门帮助退休人员管这个钱，就有责任使它能保值增值，不至于在职工生病或退休时没钱花。社会保险第一是强制的，不是自愿的，不是多投多保，少投少保，不投不保；第二是互济的，不是在每个人的帐户名下、互不可调剂。现在全国基金积累有一百多个亿，各地都在大干快上，就得找钱，这就是当前形成很多热点的原因。“热”无非是要弄点钱，慢慢地看到养老保险这一大块钱，它在银行里存着，进了银行的大笼子，贷款的额度受着控制，因此有些地方想把这钱从银行里拿出来，另搞投资公司、保险公司，使这个钱逃出银行的笼子，成为能自由调度的资金。拿着公共财产，给少数企业、个别企业去赚钱，这是不合理的，不公平的，但若这资金老这么摆着不让用，结果，地方政府就可能把钱拿走，所以要有一定限度的灵活办法，比如，买点国家债券、地方政府债券，支持地方的建设。也可用财政担保的方法，给政府协议借款，但是手续必须完备，必须要有借款合同，要有财政担保，受合同法保护，按计划还本付息。在有法律保证的情况下开一个口子，拿出一些积累基金，给政府运用，是不是可以，请你们考虑，如果我们搞得太死，地方政府就会背着你打主意。

劳动和社会保险本来是一体的，不可分割的，比如说养老保险和工资收入间的关系极大。现在计发的办法不改已经混不下去了，因为基本工资已经说不清楚了，得赶快解决，确实比较复杂，我们的改革办法出台之前要做很多准备工作。厦门的办法也不失为一种救急办法，就是按五年的交费工资算帐。计发退休金一定要采取措施，否则就会成为改革的障碍，现在企业有分配自主权，把工资提上来了，你统筹的养老金发还是不发？发就发不起，不发它就振振有辞。大家可以考虑，救急办法也不失为一种办法。但最终养老保险还是要和工资收入挂钩的。

待业和就业也是密切相关的，我们一直强调，待业的目的不是为了救济，而是为了促使再就业，因此待业保险无论如何不能离开就业服务，这是我们一直坚持的原则。还有工伤保险就要和劳动安全预防相结合，不同的事故频率就应该有不同的费率，应有适当的奖惩。你不发生事故，我一年一年地给你往下减，减到最低保证数；你一发生事故，咱们从头来起，从最高的数一年一年再减下来。这就对工伤事故的发生可以起一定的抑制作用。如果单单把工伤保险拿出去，与生产安全工作就无法结合。医疗保险和用工、招工、福利也是紧密结合的，所以我们一定要强调整个社会保险和劳动工作之间的紧密联系。我们要和工会配合搞好退休人员的服务工作。从保障职工权益这点讲，我们和工会是一致的，工会可从职工权益的角度帮助我们监督这个钱，不能随意抽走。我们以后还应该向政协和人大汇报这方面的工作，社会保险是全体人民很重要的福利，争取他们给予支持。社会保险是劳动部门一个很重要的职能，在条例中，能写的还是要写。

关于劳动监察问题。“监察”这两个字，在讨论矿山安全监察条例过程中有争议，我们坚持“监察”的提法，法制局不赞成。他们说，监察是对政府行政机构的，只有监察部才有这个权利，对企业不能叫监察。否则就会有交通监察、工商监察，还有土地管理监察、环境监察等，已经有十来个部门提出要求。我们说安全生产向来是国家监察、行业管理、群众监督。最后到国务院会议上，多数同志都赞成不要叫监察啦，叫监督检查吧，现在我们在矿山安全条例里改成“监督检查”，简化一下也是“监查”，但不是“察”了。条例里要写明监督检查。条例、法规，如果没有处罚、处置手段，那它就是空的，只是一个宣言。劳动方面的监督检查最终也是个处罚问题。

这次会议不想作什么决定，下什么结论，也不想作太多的部署，事先就说了，我们是交换意见，大家互相都有启发、收获，对各地区都有好处。

12月份开厅局长会，大家回去想想，提些建议，希望讨论什么。转变职能问题恐怕是下次必须要讨论的，这也是大家的要求。劳动部实际就是个劳动和社会保障部，职能转换包括工作任务、职责、方法等问题。包括劳动工作、培训工作、工资分配、计划管理、劳动安全、社会保障等方面，还包括科研、外事、信息工作等方面，大家好好研究一下。

我们要在交流先进经验、典型问题上互相通气，尽量在公开的报刊杂志上，在电视广播上，保持我们的宣传势头，要给大家鼓劲，凉下去会对改革造成一些精神阻力。

劳动服务公司是职能转换的物质基础。要搞服务，得有场地、资金、机构、人员，否则启动就困难。谁的劳动服务公司搞得红火，搞起服务来也灵活。山西大同办得不错，乌兰巴托最大的饭店就是大同劳动服务公司办的，株洲、烟台也不错。这个物质基础大家要注意、要加强，把劳动服务公司办好，它不光是个蓄水池，主要是个聚宝盆，是开展劳动服务工作的物质基础。顺便跟大家打招呼，一个是厅局长会的问题，一个是宣传工作的问题，一个劳动服务公司问题，这三件事，请大家注意一下。

（根据录音整理，作者当时为劳动部部长）

切实把农村劳动力开发就业工作提上议事日程

——在中国农村劳动力开发就业试点项目经验交流会上的讲话

（1992 年 9 月 20 日）

令狐安

同志们：

这次会议是在邓小平同志南巡重要谈话和江泽民同志在中央党校的重要讲话公开发表以后，全国人民欢欣鼓舞，掀起一个大胆改革开放的热潮和加快经济建设的大好形势下召开的，具有很重要的意义。一年多以前，劳动部、农业部和国务院发展研究中心在各地和有关部门的支持下，共同实施了中国农村劳动力开发就业试点项目。一年多以来，在各地党政领导的支持下，试点指导小组的同志和各地的同志做了大量的工作，使试点项目取得了明显的进展。很多试点经验都有大胆的突破，有重要的指导意义，说明同志们花费了大量的心血。在这里，我代表劳动部和中国农村劳动力开发就业试点项目指导小组，向试点单位的领导同志，向支持我们工作的各个部门，向具体开展这项工作的同志们表示真诚的感谢。下面我谈三个问题。

一、要充分认识农村劳动力开发就业工作的重大意义，进一步明确我们的奋斗目标

十一届三中全会以来，我国经济有很大发展，城乡就业工作也取得了突出的成绩。经过多方面努力，通过开拓多条渠道，在城镇安排了一亿多人就业，同时农村就业改变了固守农业的格局，以乡镇企业为依托，非农产业的就业取得重大进展，从农业内部转移出近 1 亿人。短短 12 年，国家、集体及劳动者个人共创造 2 亿个新岗位，不仅解决了许多人吃饭的问题，保证了社会稳定，并且推动了经济发展，这是非常了不起的成就。90 年代，劳动就业面临着新的形势。从总体上看，我国劳动力供大于求的局面不会改观，并且有增长趋势。在 90 年代中，城镇要安排 7000 多万新增劳动力，还要重新安置 1000 多万富余人员；在农村，则要为 2 亿富余劳动力开辟新的门路。城乡就业形势都不容乐观，对此必须有清醒的认识。

首先，从我国的国情来看，农村人口占 80%以上，在某种意义上说，只有真正解决农村的就业问题，才算从根本上解决了中国的就业问题。由于城镇实行计划生育，一对夫妻只生一个孩子，就业问题预计在 90 年代末期将得到一定程度的缓解。农村随着劳动生产率的提高和人口的较快增长，富余劳动力安置的问题会越来越尖锐，就业问题也会越来越突出，在一定程度上要超过城镇就业的难度。所以我们一定要把农村劳动力就业问题当作一个战略任务提到各级政府议事日程上来。

第二，我们应该把解决农村就业问题当

成巩固工农联盟，以及关系到全国人民能否实现小康这样一个重大原则问题来认识。就业问题是亿万农民始终关心的一个问题。建国几十年来，农民兄弟对我国经济建设的贡献是很大的，在某种程度上可以说是作出过牺牲的，我们的工业资金积累最早来源于农村，长期存在的工农产品剪刀差，给工业积累了资金，所以我们才有现在门类齐全的强大工业基础，城镇才有很大的发展。因此，城市和工人阶级有义务支持农村的发展，只有对农民兄弟有深厚的感情，才能真正重视农村的发展和积极解决农村的就业问题。

第三，必须在努力发展农村经济的同时，大力培育和发展劳务市场机制。我们的目标是打破劳动力在不同行业之间、不同所有制企业之间以及城乡之间合理流动的障碍，逐步建立一个全国统一的劳务市场。这是建设社会主义市场经济的需要。但是由于长期形成的二元经济结构所造成的问题，以及城乡经济发展的差距，实现这个目标是一个很长的过程，但我们的工作必须向这一方面努力。当然这个过程的实现就像建立一个成熟的市场经济一样，要经历一个从初级、中级到高级的发展阶段。在各个阶段中，我们采取的政策措施也不一样。

二、要大力推广农村劳动力开发就业试点项目和十年改革中创造的先进经验

这次会议交流的30多个经验，内容非常丰富，指明了我们下一步工作的努力方向。有这么几点值得大力提倡和宣传。

一是继续大力发展乡镇企业，特别是发展第三产业。乡镇企业产值现在超过了一万亿，就业人数达到1个亿，这是一个非常伟大的成就。在发展乡镇企业的过程中，我们特别要大力发展农村第三产业。发达国家第三产业的比例占国民生产总值60%～70%，发展中国家占35%～40%，我国占27%，我国农村仅占14%。如果我们把第三产业的发展作为一个重要任务提上日程，就会扩大农村劳动力就业容量和开辟更多的就业渠道，很可能维持甚至超过近10年间农村富余劳动力的转移速度。

二是要大力鼓励搞好综合性农业开发，向农业生产的深度、广度进军，大力发展生态型农业。现在农村有很多地方是精耕细作的，但有些地方还是粗放生产，山林改造、草原利用、滩涂开发等还大有潜力可挖，这在许多地区仍然是安置农村富余劳动力的主要渠道。

三是要大力发展有组织的劳务输出。据统计，现在每年有1500万农村劳动力到城镇务工，还有人估算至少是3000万以上。从我国的国情看，农村人口向城镇转移要有一个合理的速度，目前，为解决城镇仍然存在的比较重的就业任务，国家对农转非、乡进城还要有必要的限制。但是，我们应该看到，尽管对劳动工资制度进行了改革，城镇有些行业、工种，仍然不能招收到足够的城镇劳动力，还必须吸纳一部分农村劳动力。将来，随着城镇经济的发展，需要农村劳动力数量肯定会越来越多。当然，农村劳动力向城镇转移和到城镇务工，必须建立必要的、合理的管理办法。很多省、市都建立了劳务输出和劳务输入的管理机构，制订了相应的政策和办法，注意维护农村劳动者的合法权利。这一方面的经验，需要认真总结和推广。

四是要进一步推广农民自主创业和建设发展小城镇的经验。我读了龙港镇的经验，非常受教育。从目前看，就多数地方讲，离土不离乡，进厂不进城，是一条基本经验和方针，还要坚持。但是，也要实事求是，因地制宜，不能绝对化。在一些经济发达地区，随着乡镇经济的进一步发展，要求一部分农民既离土又离乡，进入城镇，建设城镇，成为新的城镇居民。三中全会以后，很多农民已经富裕起来，乡镇企业为了发展也需要相对集中，这就为发展小城镇提供了很好的条件。农民集资办镇、建镇，也不能一窝蜂，不能

长官意志，一拥而起，而要根据经济发展的需要，随着经济发展的步伐，有计划地进行。农民集资建镇很值得提倡，它与无原则的卖农转非户口和招工指标有根本区别。

三、劳动部门要切实履行和发挥在农村劳动力开发就业工作中的重要职责和作用。

第一，进一步强化服务观念，逐步建立健全覆盖城乡的就业服务体系。我国城镇已初步形成了以职业介绍和就业训练、待业保险、生产自救为四大支柱的就业服务体系，有1万多个职业介绍所，2000多所就业训练中心，积累了近20亿的待业保险金，建立了20多万个劳动就业服务企业。今后，除了要进一步强化服务功能，提高服务质量外，重要的任务之一，就是要使劳动就业服务体系向乡镇延伸，要扩大服务覆盖面。江苏、广东、安徽、山东、甘肃、四川、河北等农村劳动力开发就业的先进省区，都有一条重要经验，就是要在乡镇建立劳动就业服务体系。建设社会主义市场经济这个目标的提出，要求劳动部门的职能作出重大转变。国务院制订“三定”方案时确定的劳动部的基本职责并没有变，但是具体职能变了，调控方式变了，工作侧重点变了。在城镇，我们由过去的以计划管理为主，逐步向以市场调节为主的方向转变；管理手段正在从过去以行政手段为主向以经济手段和立法手段为主、行政手段为辅的方向转变。在农村，强调搞好服务和监督，这个任务比城镇更加突出。没有一个就业服务体系，就没有力量真正抓好农村的劳动就业工作。目前，我国城乡存在许多自发的劳务市场，即所谓“黑市”，你承认不承认，它都存在。许多城市围、追、堵、赶也禁绝不了。我们应改变这种消极的围、追、堵的做法，而应建立一整套城乡劳动就业服务体系，积极为劳动者服务。消极的围、追、堵在指导思想上就存在问题。没有一个正常合法的渠道进行引导，不能向劳动者提供信息和服务，所以才会形成“民工潮”。

第二，要积极协同有关部门共同研究及时制定农村劳动力开发就业政策。现在特别急需制定以下几个方面的政策。一是促进农村劳动力培训和职业技能开发的政策；二是农村第三产业发展中的劳动力安排和配置的政策；三是与农村经济发展相结合的劳动就业政策；四是与农村劳务输出、输入有关的劳动力流动和管理政策；五是农村人口向城市合理转移，以及与发展小城镇有关的资金筹集和户籍改革政策等。

第三，要进一步抓好劳动就业的城乡统筹工作。历史上人们一度说我们劳动部是城市国营企业劳动部，因为我们对其它所有制经济，对农村经济中的劳动管理、劳动立法关心得不够。10年改革以来，这方面有了较大进步，但是差距仍然很大，有相当多的劳动立法还是按照所有制分别制定的。现在形势变化了，方针政策也要随之变化，劳动管理要树立城乡统筹的观念，劳动就业工作也要充分考虑城乡两个方面。根据各地的经验来看，一是劳动工作规划应该包括城乡两部分的劳动力开发利用；二是在就业政策中，要做好城乡两个方面的协调；三是在就业服务中，逐步实行城乡一体化，开展双向服务；四是在劳动力管理中一定要把握好调控农村劳动力向城市合理转移的流量、流速，疏通渠道，防止过量集中和盲目流动产生的副作用。

第四，要特别加强劳务供需信息服务工作。我们要从向农村劳动者提供实现就业过程中间最需要的信息服务工作入手，加强培训、保险、资金和技术服务方面的工作，帮助农村劳动者提高就业能力和开辟就业岗位，同时，要加强对企业用工的监督检查。要大力开办职业介绍机构，扩大职业介绍服务面，引进和开展合同管理。我认为，除了劳动部门及其它社会团体开办的职业介绍机构以外，我们思想要更解放一点，特别是在农村，应该允许私人开办职业介绍，提供劳务中介服务。你不允许这个东西，实际上也大量存在。我们现在称之为“黑包工头”。有些确有严重的盘剥和违法行为，但是必须肯定大多数包工头在农村的富余劳动力转移中起了重要的中介作用，他们对农村的经济发展是有功劳的，对此应该给予充分肯定。同时我们应该明确这方面的政策，变非法为合法。对他们在劳务中介过程中的一些不良行为，要加强教育，加强引导，依法纠正，使其走上合法的轨道，而不应简单地打击和取缔。劳动部门的职责就是要建立一整套管理规章制度，定期检查他们的营业行为是否合法，经常违法者就取缔；有些毛病的帮助他纠正；方向正确的、合法的，大力鼓励、支持。现在有些省市不允许城镇办私人职业介绍所，有些省市允许。温州私人办的有40多所，生意兴隆，因为他服务态度好、效率高，企业愿意找他。从农村来看，政府、集体和个人的劳务中介或职业介绍机构可以同时并举，这样做，符合我国国情和农村的实际。在农村，你不可能办更多的吃皇粮的机构，包括乡镇一级。吃皇粮的机构越多，财政负担越大。在这个方面，我们的思想可以再解放一点，胆子更大一点，要想更多的办法。

第五，劳动部门要主动和有关部门搞好配合。农村的劳动就业问题决不是劳动部门一个部门能解决的问题，它是全社会各方面、政府各部门的共同任务。我们一定要主动和别人配合好。

最后，希望试点单位的同志和全国各地的同志，在当地党委、政府的正确领导下，继续大胆实验，大胆创新，进一步解放思想，转变观念，使我国农村劳动力开发就业工作能够取得更新、更多的成就。

（作者当时为劳动部副部长）

按照建立社会主义市场经济体制的要求
转变劳动部门职能　深化劳动领域改革

——在全国劳动厅局长会议上的报告

（1992年12月15日）

阮崇武

同志们：

今年的劳动厅局长会议，是在全党、全国认真学习、深入贯彻党的十四大精神的形势下召开的。党的十四大在我党、我国的历史上是一次具有里程碑意义的大会，大会总结了改革开放十四年的经验，阐明了邓小平同志建设有中国特色的社会主义理论，巩固和发展了安定团结的政治局面，确定了建立社会主义市场经济体制的改革目标。我希望，这次厅局长会议能够开成一个深入学习、领会十四大精神，促进各级劳动干部解放思想、转变观念的会议，希望这次会议能够成为全国劳动部门按照建立社会主义市场经济体制的要求，切实转变职能，推动劳动领域深化改革的一个新起点。

自去年厅局长会议以来的一年时间里，我国政治经济形势发生了巨大变化。年初邓小平同志视察南方发表重要谈话，七月份国务院颁布《全民所有制工业企业转换经营机制条例》，十月份召开党的十四大，以此为标志，我国的经济体制改革进入到一个新的阶段，我国的社会经济发展出现了令人鼓舞、让世界瞩目的新局面。在这一年中，劳动战线的广大干部解放思想，努力开拓，勤奋工作，使劳动领域的三项制度综合配套改革和各项事业发展取得了很大的成绩。在劳动就业方面，城镇新安排就业700多万人，农村劳动力开发就业也有新的发展，全国就业局势稳定，城镇待业率估计为2.3%左右，保持了上年的水平，为社会安定和经济发展创造了有利条件；就业政策进一步落实，就业服务体系逐步建立，职业介绍机构发展到1.3万个，全年为800多万人提供了就业服务；2200多所就业训练中心全年培训90万人次，今年一至九月待业保险为30万待业职工提供了生活救济，相当于前五年的总和，并通过多种形式累计帮助31万人实现了再就业；劳动就业服务企业已形成20万户企业、870万人的规模，年生产经营总额超过1000亿元，年上缴税利80多亿元，已累计吸纳训练了1600多万劳动力。在劳动制度改革方面，企业用人自主权进一步落实，劳动合同制有了较大进展，劳动合同制职工已达1700多万人，在6万多户企业实行了全员劳动合同制、劳动合同化管理和优化劳动组合，参加改革的总人数达3000万人以上。在职业培训方面，培训规模扩大，培训质量有所提高，各类技工学校在校生人数达143万人，动员和组织社会各方面开展职业技术培训，全年达270万人次，在职职工的培训量也达到3200万人次。在工资分配方面，10万户企业4000多万职工实行并改进完善了工效挂钩办法；与此同时试验探索了新的工资总量调控办法，13个省和2个计划单列市进行了地区劳动工资动态弹性计划管理体制的试点；进一步落实了企业的工资分配自主权，开展了岗位技能工资制的试点工作，全国各类试点企业职工已超过1000万人；还落实了分配向责任重、技能要求高和苦脏累险岗位倾斜的政策。在社会保险方面，养老保险社会统筹面继续扩大，预计到年底，全国40万户各类企业8500多万职工和1700多万离退休人员参加统筹，全年收缴保险基金270亿元，支出250亿元；已有11个省、自治区、直辖市实行了省级统筹，集体企业统筹面达到1400多个市县；养老金计发办法的改革取得了实质性的突破，为深化劳动、工资制度改革，实现劳动力的全社会流动创造了条件；退休人员的社会化管理体系逐步形成，许多地区建立了以社区为单位的退管机构；工伤保险确定了差别费率和浮动费率的改革目标，颁发了《评残标准》，全国有2000多个市县建立了劳动鉴定机构，为改革工伤保险制度奠定了基础；14个省80多个市县进行了大病医疗统筹试点，取得了新的经验。在劳动法制工作方面，劳动立法进度加快，立法内容突出了建立市场规则的重点，全国人大正式颁布了《矿山安全法》，国务院修订了《国营企业实行劳动合同制暂行规定》，审议并原则通过了《企业富余人员安置规定》和《企业职工待业保险规定》；劳动仲裁制度进一步健全，90%以上的劳动争议通过企业内部调解得到妥善解决，今年上半年各地劳动仲裁委员会受理的3420起案件中，已有95%结案，维护了企业和劳动者的合法权益；职业安全卫生监督检查得到加强，伤亡事故率有所降低。在这一年里，劳动统计信息网络建设和信息服务工作进一步加强；劳动领域的国际交流合作取得了新进展，在多边技术合作继续发展的基础上，双边合作有了较大进展，有些项目已经启动；劳动科学技术研究和宣传工作都取得了新成绩。过去的一年里，各级劳动部门在党委和政府的领导、支持下，解放思想，真抓实干，使三项制度改革深入发展，取得了前所未有的丰硕成果，得到了广大企业和职工群众的拥护，促进了社会经济发展，也为建立社会主义市场经济体制打下了基础。在此，我代表劳动部，向各级劳动部门和劳动战线的广大干部表示亲切的慰问。

在充分肯定过去一年工作成绩的同时，我们也要清醒地认识到，在建立社会主义市场经济体制过程中，摆在我们面前的转变政府职能、转换企业经营机制、深化三项制度改革的任务还十分繁重和艰巨。各级劳动部门一定要以邓小平同志建设有中国特色的社会主义的理论武装劳动工作干部的头脑，坚持党的"一个中心、两个基本点"的基本路线，按照建立社会主义市场经济体制的要求，更新观念，奋发进取，进一步推动劳动领域的三项制度的综合配套改革和各项事业发展。

下面，我就劳动部门如何按照建立社会主义市场经济体制的要求，转变职能、推动深化改革的问题讲几点意见。

一、把劳动工作的基点转到社会主义市场经济体制上来

劳动工作是社会经济活动的一个重要方面，要按照十四大确定的目标，尽快把劳动工作转到适应社会主义市场经济体制上来。

(一)发挥市场对劳动力资源配置的基础性作用，注重劳动政策调节经济、社会关系的双重功能

我国长期实行高度集中统一的计划经济体制。以计划手段为主配置资源，在一定时期、一定条件下，对于集中有限的力量办成几件大事，奠定我国经济建设的基础，有积极的作用。但随着社会经济的发展规模日益扩大，产业和产品结构日益复杂，需求日益多元化，单靠行政计划已经无法适应这个局面。为了适应社会经济的不断发展，进一步解放生产力，必须按照建立社会主义市场经济体制的要求，改变资源配置方式。

在市场经济体制中，劳务市场是最重要的要素市场之一。劳动力不是商品，但劳动力的流动要受价值规律的影响，劳动力资源的配置要适应市场供求关系的变化，企业招用人员和劳动者自主择业都要通过市场进行双向选择，通过价值规律的作用和竞争机制的功能，把劳动力资源配置到效益较好的环节中去，从而提高整个经济运行的效率和活力。党的十一届三中全会以来，在改革开放方针的指引下，各级劳动部门和企业始终重视改革的市场取向，创造出优化劳动组合、劳动合同制、社会待业保险、面向社会需求的多层次培训体系、搞活企业内部分配等等引入市场机制的多方面经验。党的十四大确定建立社会主义市场经济体制，为劳动领域的改革和发展指明了方向，计划和市场都是经济调节手段，而不是判别社会基本制度的标准。各级劳动部门要在就业、培训、劳动力管理、工资收入分配等各方面更大胆、更全面地引入市场机制。

把市场作为资源配置的基础性手段，就要充分发挥其反馈灵敏、鼓励竞争、追求效益的优势，同时也要看到，市场具有盲目性、自发性和滞后性等先天的弱点；而且市场运行自发地倾向于效率，鼓励强者，却不自发地追求公正和保护弱者，因此，需要政府通过社会经济政策和再分配手段加以引导和调节，保障公平和保护弱者。

劳动政策是政府经济政策和社会政策的集中体现，综合调节着特定的经济关系和社会关系。例如对全社会的收入分配状况进行宏观分析预测和规划，用税收等再分配杠杆调节各类社会成员的收入水平，以防止贫富悬殊，保证国民经济的综合平衡和协调发展。又如完全丧失或部分丧失劳动能力，以及暂时失去劳动岗位的劳动者，在市场中处于弱者的地位，政府必须通过工伤、医疗、失业、养老保险等社会政策予以支持和帮助，防止

两极分化，保持社会稳定。再如在劳动关系中，劳动者作为自然人，对劳动关系的另一方——法人来说，也处于相对弱者的地位，因此需要制订确立、变更、终止和解除劳动关系以及处理劳动争议的法律法规，保障双方的合法权益。在市场竞争中，作为单个的用人单位，从局部的、经济核算利弊的角度作出吸纳和使用劳动力的决策，是一种正常的必然现象，其中往往存在着排斥某些特殊群体（妇女、残疾人、少数民族人员等）的倾向，这也需要劳动政策从社会利益的角度，以国家立法的形式，规定用人单位必须承担的社会义务，以保障这些特殊群体的劳动权利。所有这些，都是为了保障市场顺利、有效地运行，促进社会关系的和谐，实现社会的公正与稳定。各级劳动部门和劳动工作干部，都应该十分清楚地认识到市场经济体制中劳动政策的经济和社会双重属性，并通过我们的宣传和实际工作，使各级政府、所有用人单位和广大劳动者都能加以了解。

（二）建立健全适应市场运行的劳动工资宏观调控体系

按照上述要求，劳动部门，特别是省级和中心城市以上的劳动部门，要把建立健全适应市场运行的劳动工资宏观（或区域的）调控体系作为一项重要任务。既把市场作为劳动力资源配置的基础性手段，同时用计划的全局性、长远性、前置性来弥补市场手段的不足。

1. 加强劳动工资的宏观分析、预测和规划。各级劳动部门都要认真贯彻《企业转换经营机制条例》的规定，落实、尊重和保护企业的用人自主权和工资分配自主权。要定期地对劳务市场状况进行综合分析，包括劳动力的供给总量和供给结构，劳动力的需求总量和需求结构，劳动力流动状况，工资分配总量及其与国民经济发展状况的比例关系，工资收入分配关系（产业关系、地区关系、城乡差别、基尼系数等）及其与劳动力流动的相关性。同时做出对劳务市场发展趋势的预测，评价其对国民经济和社会发展带来的影响。在此基础上，制定劳动事业发展的中长期规划，确定劳动工作的目标、任务和方法，从宏观上指导劳动力资源的开发利用、社会收入分配、职业技术培训、社会保险与职工福利、劳动安全卫生、劳动法制建设、劳动科学研究等项事业的协调发展。

为了保证宏观分析预测的准确性和规划的科学性，必须加强劳动统计、信息系统的建设。信息是市场的灵魂，也是政府部门自觉运用市场规律实施宏观调控的基础。要按照市场经济运行的要求调整补充劳动工资统计指标和统计口径，收集数据信息，建立评价地区、部门和企业经济效益的考核指标。要加快区域性和全国劳动统计信息的计算机联网，抓紧开发一批劳动信息分析、评价的专用软件，在此基础上，通过定期发布劳动统计信息，发挥统计信息的宏观监测、预警和引导作用。统计、信息系统在为政府宏观规划和决策服务的同时，也要面向社会，面向企业，面向劳动者，为企业招用人员和工资分配服务，为劳动者自主择业服务。

2. 实行劳动工资分级分类管理的体制。改革开放以来，我国所有制结构多元化的趋势十分明显，随着市场的建立和改革的深化，集体经济和非公有经济可能在数量上（资产总量、劳动者人数等）占相当大比重；与此同时，城乡之间的经济、社会交流将更加广泛。在这种情况下，劳动部门要对全社会的劳动事务实施统筹管理，包括城市与农村的劳动管理，公有经济与非公有经济的劳动管理，也包括协调企业与事业单位、国家机关之间的劳动政策。在管理范围扩大到全社会的同时，管理方法要实行分级分类的体制。从1993年起，劳动部对省、自治区、直辖市及计划单列市不再下达指令性的职工人数、工资总额和技工学校招生等计划指标，普遍实行动态调控的弹性劳动工资计划，通过调控工资总量间接调控职工人数。各地区可在动态调控的弹性劳动工资计划范围内，结合实际，对不同企业采用工效挂钩等不同的劳动工资调控方法。属于企业自主用人和自主分配权范围内的行为，由企业依据市场状况自主决策；而涉及重大经济政策和社会政策的行为，则必须用适当的经济、法律和行政手段加以调控，比如招用农民工，吸纳残疾人就业，安置复转军人等。

3. 加强和改善对工资收入的宏观调控。按劳分配是社会主义社会主体的分配方式。在市场发育成熟的条件下，个别劳动者的工资收入水平，在社会范围内是由同类劳动者社会平均的再生产费用和同类劳动力的市场供求状况决定的；在企业中是由劳动者提供劳动的数量和质量决定的；企业的工资总量，则是由企业按照平均利润率的规律，通过产品或劳务的市场交换取得收益后形成分配来源。政府在劳动者和企业的工资决定中所起的作用，一是用宏观经济政策调节劳动力供求关系，引导市场，从而间接地影响企业分配决策；二是直接用立法来规范企业的分配行为，包括用最低工资法保障劳动者的基本收益；三是用税收杠杆调节社会成员的收入关系。

当前，我国处于向市场经济体制过渡的时期，市场机制发育不够健全，各类产品和劳务比价关系不尽合理等影响平等竞争的因素很多；劳务市场开放程度低，使劳动力再生产费用缺乏公认的社会标准；各种要素流动困难，社会平均利润率难以形成；企业自我约束机制相当差。由此决定了政府还必须对企业，特别是国有企业工资总量进行必要的、适当的行政调控，调控的方式及力度与企业参与市场深度及自我约束程度相反相成。第一种方式是工资总额同经济效益挂钩，适应目前多数国有企业自我约束机制的实际状况，行之有效，因而要坚持实行，但具体办法要改进完善。会议上印发了《全民所有制工业企业工资总额同经济效益挂钩规定》，准备修改后作为贯彻《条例》的配套规章，其中包括了多年来被实践证明成功的作法，也包含了新的改进措施。第二种方式是工资总额包干，增人不增工资总额，减人不减工资总额。这种方式行政制约的力度大一些，但也包含了鼓励企业减少用人，提高劳动生产率，从而提高工资水平的激励机制，适用于由于各种客观原因暂未实行“工效挂钩”，但又有社会效益的企业。第三种方式是仍由国家计划指标控制工资总额，这种方式行政制约力度最大，主要是针对长期经营性亏损又严重缺乏自我激励、自我约束机制的企业。另外，对自我约束机制较健全的少数企业（如股份制或比照三资企业办法管理的企业），可以实行企业自定工资总额，劳动部门以经济效益和劳动生产率为标准来考核企业的增资幅度。

按照《条例》对企业约束机制的规定，无论采用哪一种工资总额调控方式，企业的工资总额增长都应当低于效益的增长，人均工资水平的增长都应当低于劳动生产率的增长。企业在确定和提取的工资总额内，都有自主分配和使用权。劳动部门对企业内部分配可以提供指导、咨询，但不能越俎代庖。岗位技能工资制是企业在工资改革实践中创造出来的基本的工资制度，也是对国际上有益经验的借鉴，要继续在有条件的企业中推行，但要防止统一模式、统一标准的僵化作法。凡是以劳动责任、技能、强度、条件等基本要素作为基础，以劳动数量和质量确定报酬的工资制度，都属于岗位技能工资制的范畴，具体的结构模式、单元设置、工资标准和工资关系，可以由企业在工资总额内自行确定和调整。要允许和支持企业继续大胆试验，积极创造，在按劳分配的原则下，探索符合自身特点的工资分配办法。

建立适应市场经济运行、符合国际惯例的企业人工成本核算制度，是涉及劳动、工资、社会保险三项制度改革乃至企业经营机制转变的一项急迫任务，劳动部门要充分重视。改革的方向是，结合企业财务会计制度改革，逐步将企业在生产经营活动中支付的全部人工费用，包括工资总额、各项福利支出、保险费用和培训费用，全部列入成本，为企业加强经济核算、参与国内国际市场竞争和政府宏观调控创造条件。

税收，特别是个人所得税，是调节分配关系的最重要的手段，劳动部门要予以高度重视，积极参与。以公有制法人为课税对象的工资性税收，从方向上看应当取消，或改造为对各类企业都适用的成本工资额的调控办法。个人所得税应当强化，以公正、有效地调节社会成员的收入关系，体现社会主义防止贫富悬殊、两极分化，实现共同富裕的经济原则，同时增强公民的纳税人意识，促使他们关心社会政治事务，这对推动社会主义民主与法制建设也是有利的。

二、加快培育和发展劳务市场

实现以市场作为劳动力资源配置的基础性手段，必须加快培育和发展劳务市场。要实行积极的劳务市场政策，在扩大就业门路，加强就业服务，改善劳动力供给结构，构造依法确定和调整的新型劳动关系方面下功夫。

（一）进一步改革就业制度，强化就业服务，实现国家政策指导下的市场就业

充分就业是世界各国社会经济运行的重要目标之一。我国人口众多，劳动力资源丰富，在很长的一段时间内，劳动力供大于求的矛盾相当突出。据预测，“八五”后三年，全国城镇需要安排就业的劳动力达2000多万，目前国有企业中富余职工大约有1000万人，农村还有上亿的剩余劳动力需要转移，而且随着市场的发育，出现了就业的流动性增强以及结构性待业等新的特点，也给就业工作提出了新的要求。各级劳动部门要认清基本国情，把稳定就业局势、充分开发和合理利用劳动力资源作为保障经济发展、维护社会安定的战略任务，在各级政府的领导下，坚持不懈地抓紧抓好，逐步建立起“国家宏观调控，城乡协调发展，企业自主用人，个人自主择业，市场调节供求，社会提供服务”的新格局。明年及今后一段时间，就业方面的重点任务是：

1. 抓住机遇，调整就业结构和政策，广开就业门路。

要坚持就业制度改革的市场取向，抓住当前社会经济发展的有利时机，及时调整就业政策，依托市场，开拓更多的新的就业门路。

——在就业的所有制结构上，要使发展多种经济形式与增加就业机会紧密结合。围绕国有企业经营机制转换，进一步破除统包统配制度，实行双向选择；同时，适应集体、个体、私营、外资企业和各种混合经济迅速发展的客观实际，实行鼓励性的政策措施，扩大集体经济和非公有经济的就业容量。

——在就业的产业结构上，要使调整、优化结构与扩大新兴产业的就业容量紧密结合。第三产业行业众多，共同的特点是以劳务为主，其中不少行业属于投资少、见效快、劳动密集型，因此，第三产业发展必将提供大量的就业机会。各级劳动部门要按照国家发展第三产业总体规划的要求，确定发展第三产业吸纳劳动力的目标和重点，落实扶持政策，总结推广成功经验，把第三产业，特别是新兴的第三产业作为今后新成长劳动力就业和富余人员安置的重要渠道。

——在就业的城乡结构上，要搞好城乡统筹，在保证城镇就业稳定发展的同时，把农村劳动力开发就业纳入议事日程。要积极开展农村劳动力开发就业试点，探索不同自然、社会和经济条件下农村劳动力开发就业的途径和相应政策，配合乡镇企业和第三产业的发展扩大非农产业就业渠道，并引导劳动力在农业向深度广度开发中实现就业。有

条件的地方要建立乡镇劳动服务站所，提供信息服务，培训指导和组织劳务输出。广东与四川、湖南等九省区，北京与河北省通过劳务协议，建立区域间劳务协作关系，引导城乡劳动力有序流动的经验，各地可以结合实际情况加以借鉴。鉴于我国二元经济结构的长期存在，对农村的剩余劳动力向城市转移的规模和速度，不能放任自流，不能单凭市场自发调节，以防止大量农村劳动力集中、盲目地涌入大城市。对农村劳动力进城务工、经商，原则上要坚持严格控制，确定招工行业工种范围，并通过发放许可证等办法进行疏导和调控。

——搞活就业形式。非全日性、临时性工作和“小时服务”等形式比较灵活，适应一些行业、工种、岗位的特点，既可以满足社会需要，又增加了就业机会，应当鼓励支持，并通过劳动合同和有关管理制度来加以规范。

——开拓新的就业领域。要十分重视我国对外开放程度不断提高的现实和趋势，实行更加开放的就业政策，积极开展境外就业服务试点，进一步拓宽境外就业渠道，并制定和完善有关法规制度，保护出境就业人员的合法权益；同时，对境外人员入境就业，要根据我国社会经济发展需要和劳动力结构状况统筹考虑，严格控制，依法加强管理。

——在就业工作方法上，要改变用计划指标和包分配手段强制安置的做法，充分尊重企业的用人自主权，同时对妇女、复转军人、少数民族人员和残疾人等特殊群体的就业，应指导企业依法履行义务，并采用适当经济政策加以调节。对就业难点的转化，要做好待业人员观念转变和技能培训工作，并采取一些特殊政策，鼓励和扶持他们自力更生，自谋职业。要保证就业经费的落实，开辟多种资金来源，扩大就业基金试点，增加就业投入。

2. 加强就业服务体系建设，发挥综合服务功能，建立劳务市场运行的良好条件。

以职业介绍、就业训练、待业保险和生产自救为主要内容的就业服务体系，是劳务市场运行的主要依托，是开展就业工作和深化劳动制度改革的重要手段，也是第三产业中的新兴行业，已被国务院正式列入第三产业的发展规划。各级劳动部门都要高度重视这一体系的建设，把它作为培育、发展劳务市场和劳动部门职能转变的一项重要任务。要确定发展就业服务体系的中长期目标，采取切实措施，加强就业服务体系各项工作及相互之间的有机联系，重点加强城镇基层服务组织建设，充实力量，建立更多的实体，使就业服务体系的整体功能充分发挥出来，为企业和劳动者提供主动的、全面的、便捷的服务。

——大力发展职业介绍机构，疏通劳动力供需渠道。职业介绍是劳务市场的中介，是劳动就业服务体系的关键环节。职业介绍的发展是劳动部门从用行政手段配置劳动力资源转向市场服务的一个重要标志。我国现有1.5亿城镇劳动力和4.2亿农村劳动力，这样一个广大的市场，要求职业介绍必须有一个很大的发展。因此，现在还没有职业介绍机构的地区要抓紧举办，已经有职业介绍机构的要扩大业务范围，加强服务功能。劳动部门对职业介绍机构要统筹规划，合理布局，建立固定场所，配备相应设施，健全规章制度，形成城乡结合的服务网络。各类职业介绍机构要面向企业和所有劳动者，开展求职登记和招聘登记、职业介绍、信息服务、就业预测预报、培训导向等工作，办理社会保险等有关手续；抓好劳务信息，建立劳动力资源和企业用人信息库，搞好信息的收集、汇总、交流和发布。要有针对性地开展对企业的招聘咨询和对劳动者的就业指导，帮助供求双方实现相互选择。要大力推广全方位服务，主动上门服务，一条龙办手续，有条件的地方，要推广微机管理和服务。努力做到：

信息及时准确，制度公开，规则公正，手续简便。可以允许社会各方面发展职业介绍服务，但要制定统一的管理规则，劳动部门要做好资格审查、批准、指导工作，并依法进行监督检查。

——加强就业和转业训练。要巩固和完善就业训练中心，坚持“先培训后就业、先培训后上岗”的原则，瞄准市场需求，重点抓好第三产业、集体经济和非公有经济从业人员的定向培训，加强对自谋职业者和农村劳动力转移的适用技能训练；要开展针对性强、见效快的转业训练，并在政策、资金上给予适当鼓励和支持，为待业职工再就业和企业富余人员转岗、转业提供服务。

——完善待业保险制度。在企业深化劳动制度改革和劳动力流动性增大的情况下，待业保险的作用更为重要。最近国务院常务会议原则通过的《企业职工待业保险规定》，已经把待业保险的范围从原来的四种人，扩大到关停企业被精减的职工，全员劳动合同制中解除和终止劳动合同的职工，所有被辞退的职工，被开除、除名的职工，以及各地根据改革进程自行确定的对象。各地劳动部门要结合实际，认真贯彻这个规定。要明确待业保险的双重功能，待业救济只是短期的保护措施，根本目的在于通过转业训练、职业介绍、生产自救等形式促进再就业。因此要特别注重在管理体制、实施政策和具体工作中保证待业保险与就业服务体系其他各项工作紧密结合，统筹安排，在劳动部门领导下，由劳动就业服务机构统一组织实施。要把待业保险与当前企业富余人员安置政策衔接起来，适当运用待业保险基金，支持企业在内部安置富余人员。

——努力办好劳动就业服务企业。劳动就业服务企业是我国城市改革的一大创举。十多年的实践证明，劳服企业在开辟新的就业门路、减缓就业压力方面具有重要作用。在劳动就业服务体系建设中，劳服企业的作用应得到进一步发挥。各级劳动部门要继续扶持、引导劳服企业的发展，坚持为劳动就业和劳动制度改革服务的方向，通过发展第三产业，鼓励劳服企业扩大为主办单位生产、生活服务的范围，在继续安置待业人员的同时，尽可能增大吸纳企业富余人员的比重，为国有企业转换机制铺平道路。要把国家的优惠政策用好用足，保持劳服企业灵活的经营机制，推动股份合作制，发展外向型经济，开发新产品、引进新技术，提高经济效益，增加积累，为劳动就业工作做出新贡献。

（二）努力发展职业培训，调整劳动力供给结构

发展职业培训，全面提高劳动者素质，是促进社会经济发展的一项战略任务，也是劳务市场建设的重要方面。我国劳动力的供求结构，从整体上看供大于求，但适应社会经济发展要求的高素质劳动力仍然十分短缺。为了满足实现国民经济发展“三步走”战略目标对高素质劳动力的急迫需求，为了适应市场经济体制中劳动者和用人单位双向选择的客观要求，必须下决心大力发展职业培训，扩大职业培训规模，调整教育培训结构，改革培训管理体制。

第一，进一步发展多层次、多形式的职业培训。要逐步调整计划经济体制下由政府为主的封闭式办教育培训的格局，面向市场，充分发挥企业办学积极性，并利用各类专业技术学校、社会团体以及私人办学的力量开展培训，作到长期正规培训与短期培训并重，就业前培训与在职培训并重。根据市场发育和改革深化的实际情况，积极开展失业人员转业训练和企业富余人员转岗培训，还要为乡镇企业培养技术工人。技工学校是培养技术工人的主要形式，应在巩固和发展的基础上，特别重视提高办学质量，争取办出国内名牌、世界名牌的学校，同时要改革学徒培训制度，认真组织好多种形式的技能竞赛活动。

第二，根据市场对劳动力的需求调整教育培训结构。教育培训的规模、专业（工种）设置和内容，必须适应市场对劳动力的需求。《企业转换经营机制条例》明确规定，对各类院校毕业生实行用人单位择优招收，这就要求各类教育培训机构要接受市场的检验和选择，正确把握市场供求关系，及时调整专业结构，提高教育培训质量，在竞争中谋求生存和发展。劳动行政部门既是技工学校的统筹管理部门，又是全社会劳动力的综合管理部门，因此，一方面要勇于把技工学校推向市场，参与竞争，国家逐步取消指令性的招生计划和包分配办法，由办学单位根据市场需求自主决定招生数量以及专业（工种）的设置；另一方面，又要根据国家产业政策和市场变化情况，分析预测劳动力供求结构，协调指导技工学校调整专业（工种）结构，并对其他专业技术学校的教育结构的调整提出建议。

第三，逐步实行社会化的职业技能资格鉴定制度。要随着市场经济体制的建立，从我国国情出发，学习借鉴国际先进经验，进一步完善国家职业分类和职业技能标准体系。在贯彻《工人考核条例》的基础上，逐步建立由国家制订职业技能标准，社会确认劳动者职业技能资格，用人单位决定使用和待遇的三结合模式。要建立社会化的职业技能鉴定（考核）机构，遵守统一的鉴定程序，考评组织（机构）的成员必须从社会各方面有声望的专家、技术人员和技师中聘请，以体现考核、鉴定的公正性、权威性和水平。同时，要继续在各类职业技术学校（中心）推行毕（结）业证书和技术等级证书“双证制”。经过社会职业技能鉴定机构鉴定、考核确认的职业技能水平，可以作为求职、上岗的凭证，但岗位安排和待遇确定仍由企事业单位自定。

第四，进一步强化职业培训的服务手段。要加强培训教材建设，逐步将技工培训教材推向市场，劳动部门不能靠行政命令指定教材，但可以推荐教材，要靠教材的高质量，树立在市场竞争中的权威地位。这就需要跟踪当今世界技术、工艺的改进，及时更新教材内容，使之经常保持先进水平。要加强师资、职业培训信息网络和生产实习等工作。在经费筹措上，除了政府和企业增加投入外，还可以通过社会集资建立培训基金，开展有偿培训，以及争取外国和国际组织的支持。

（三）坚持劳动合同制的改革方向，实现劳动关系法制化

在劳务市场中，劳动者作为自身劳动力的所有者，是劳动的主体；企业实行自主经营，是用人的主体。在这两个独立、平等的主体之间结成劳动关系，唯一形式就是依法订立劳动合同。劳动合同是两个主体之间在平等自愿协商基础上的产物，是体现劳动关系双方责权利相互协调和制约关系的法律依据。劳动合同制体现着市场经济中劳动关系法制化的必然要求。《企业转换经营机制条例》明确规定：“企业和职工按照劳动合同，享有权利和承担义务。”劳动合同制不是一般的用工形式，而是市场经济体制中确定和调整劳动关系的基本方式；它并不排斥企业用人的多种形式（如长期工、临时工、季节工等），它所替代的，是计划经济体制下劳动关系的行政决定模式。

实行劳动合同制是一个重新构造劳动关系的过程，涉及到各方面责任、权利、利益的调整。因此应当允许企业和劳动者有一个观察思考、提高认识、消除疑虑的过程，但劳动合同制的改革方向必须坚持，要通过大力宣传推广典型经验，用事实引导企业和劳动者走上劳动关系法制化的轨道。要实现用人主体的转换，变国家用人为企业自主用人，使企业在招收录用、安排岗位和确定、变更、终止、解除同职工劳动关系等方面享有充分的自主权；同时，要切实保障职工的合法权益，防止企业任意解除合同，随意开除职工；

与此相适应，要建立起完备的劳动关系调整体系，通过完善立法、政策指导、合同管理、调解仲裁等方式规范企业用人行为，指导企业和职工履行劳动合同，维护双方的合法权益，促进劳动关系的和谐发展。

以实行全员劳动合同制为主要内容的劳动制度改革，明年要迈出新的步伐，从试点转为推广。各级劳动部门要加强分类指导，对已经实行了全员劳动合同制的企业，要帮助他们认真总结经验，巩固和发展改革成果；对其他企业要逐步创造条件实行全员劳动合同制，条件尚不成熟的，可以先实行优化劳动组合和企业内部的合同化管理。劳动部门要指导和帮助企业搞好劳动制度改革的内部、外部的配套改革。内部配套，一是与分配制度改革配套，按照优化组合、竞争上岗的情况拉开工资差距，岗变薪变；二是与人事制度改革配套，打破干部、工人及各种用工形式的身份界线，平等竞争，人尽其才；三是与加强科学管理相结合，指导企业搞好内部定员定额等基础工作，合理调整劳动组织；四是与安置富余人员的政策措施相配套，坚持富余人员“内部消化为主，社会调剂为辅”的方针；要处理好劳动制度改革中难点和敏感问题，特别是对老职工、女职工采取必要的保护措施。外部配套主要是建立劳动力流动的市场调节机制，组织好企业富余人员的厂际交流和社会调剂，完善社会保障体系，加强劳动力宏观调控，健全劳动争议调解和仲裁制度，还要努力做好劳动合同制实施过程中的服务和管理工作，例如对企业和劳动者宣传咨询有关确定和调整劳动关系的法规政策，提供示范性的劳动合同样本，主动进行劳动合同鉴证服务等。

三、深化社会保险制度改革，完善社会保险体系

随着建立社会主义市场经济体制目标的确立，完善社会保险体系到了一个关键时期。社会保险是重要的再分配手段，通过政府、企业、个人共同筹资，建立基金，在企业之间、劳动者之间、上一代与下一代之间互助互济，共同解决劳动者的生老病死伤残和失业时的生活问题。因此，养老、待业、工伤、医疗等社会保险是政府的职责，是政府最重要的社会政策之一。各级劳动部门在转变职能时，必须大力加强管理社会保险的职能，推动社会保险制度改革的深化，完善社会保险体系，为建立统一、开放、公平的市场体系创造有利条件。在统一、开放的市场中，各种所有制企业参加竞争的条件和机会应该是均等的，因而要求社会保险必须不分所有制性质、不分职工身份、不分工资分配形式，实行统一的制度，以利于劳动力流动和合理配置，落实企业自主权，全面体现公平与效益相结合的原则。

（一）进一步深化养老保险制度改革

养老保险制度改革的目标是，国家立法，政府强制实施，费用三方合理负担，建立基金，互助互济，实行社会化管理，保障退休人员基本生活权益。按照这一目标，明年及今后一段时间的主要任务是：

第一，进一步扩大养老保险的社会覆盖面。建国初期建立的职工养老保险制度，原来是适用于各种所有制的。1956年以后，由于种种原因，养老保险制度逐渐演变为只在全民企业、事业和机关中对固定职工实行，区县以上集体和外商投资企业参照全民企业执行。全民和集体企业中的劳动合同制职工、临时工，区县以下集体企业、私营企业和新产生的股份制企业的职工以及个体劳动者，至今没有养老保险办法。近年来，随着经济体制改革的深入和横向经济联合的发展，行业、部门、地区和所有制的界限已被冲破；企业间的竞争、联合、兼并，出现了不同所有制经济互相渗透、转换，形成了一厂两制甚至多制。随着企业经营机制的转换，企业要走向市场，人员要在不同地区、不同所有制经济之间，在企业、事业单位和机关之间流动，单位和职工要双向选择。这种种情况，都迫切要求建立一个覆盖城镇所有企业、事业单位和机关，适用于各类职工的统一的养老保险制度，以解除职工的后顾之忧，实现劳动力在统一市场上的自由流动，同时也为企业经营机制转换创造良好的外部环境。各级劳动部门要从适应市场经济发展要求的角度，结合各地实际，尽快把养老保险的覆盖面扩大到所有城镇职工，并逐步实行统一制度、统一办法、一体化管理。首先要在国有企业固定职工和劳动合同制职工中建立统一费率、调剂使用的养老保险基金；其次，要进一步发展集体企业退休费用统筹，明年争取达到1600～1800个市县；同时要继续推动国有企业退休费用省级统筹，争取明年扩大到一半左右的省、自治区，以增强抵御风险的能力。

第二，继续推行职工个人缴纳养老保险费的办法。企业有义务为职工缴纳养老保险费，个人也有义务适量缴费，这对于提高职工的社会保险意识、减轻企业负担、加强对保险基金的群众监督都有积极作用。明年要在更大范围推进这一政策的落实。

第三，改革基本养老金计发办法。这个问题表面看来是个计算方法问题，实际上是养老保险的核心问题。企业有了分配自主权，可以实行各种分配方法和形式，而养老金计算如果仍维持“标准工资”概念，企业就不得不保留国家规定的“档案工资”，自主分配权就难以落实，还阻碍了劳动力流动。因此，养老金计发办法已经到了非改不可的时候，早改早主动。改革的方法是：基本养老金分为两部分，一部分与本地区的社会平均工资挂钩；另一部分与职工本人缴费工资和缴费年限挂钩。这个办法经过两年多的研究论证，又经过南昌、锦西等一些城市的试点，已经逐步成熟。各地在试点时应该根据本地区的具体情况，先测算、先“空转”，确有把握之后再进入实施。

第四，推动企业补充养老保险和个人储蓄性养老保险的开展。企业补充养老保险的作用，一是可以适当提高养老金的水平，二是能够增强企业的凝聚力，三是把一部分潜在的即期消费转化为未来消费，有利于宏观调控。劳动部门应积极推动企业实行补充养老保险，但也要避免盲目、无序状态，可以根据各地实际情况，制定必要的规章和程序。一个重要的原则是，企业要在按时足额缴纳基本养老保险费用之后，仍有经济承受能力的，可以实行补充养老保险。与此同时，社会保险机构要积极开办职工个人储蓄性养老保险业务，为职工提供便利。

第五，加强养老保险基金的管理。养老保险基金不是哪级政府的财产，不归哪个部门所有，它是全体职工的共同财产，是退休人员的“活命钱”。劳动部门有责任按照国务院〔1991〕33号文件的规定，为广大职工管理好这笔基金。同时，要会同有关部门和单位建立起有效的监督机构和监督办法，保证专款专用。要改进养老保险基金管理手段，积极推进微机管理，逐步实现管理规范化。

第六，推动建立退休管理的社会化服务体系。目前仍实行养老保险基金差额缴拨办法的地区，要尽快改为全额缴拨；仍实行由企业发放退休金的地区，要逐步实行委托银行代发或由社会保险机构直接发放，明年争取把这种发放办法扩展到1200个市县。有条件的地区，劳动部门要努力推动社区退休人员服务机构的建立，为退休人员学习、文娱、体育、家庭服务、患病就医等事务提供方便，并发挥退休人员的余热，为经济建设继续作出贡献。劳动部门要加强组织协调，给社区服务机构以必要的支持。

（二）继续改革待业保险制度

要完善待业保险制度，健全待业保险基金管理办法和监督检查制度，合理确定基金的支出结构，加强对待业职工的组织管理和再就业服务；同时，积极探索集体经济和非公有经济中实行待业保险的办法，使其与国有企业的制度衔接一致，以适应建立统一、开放的劳务市场的要求。

（三）推进工伤保险制度改革

工伤保险改革总的原则是，通过社会化管理，基金统筹调剂，储备应急，分散企业和职工的工伤和职业病风险，实行生活保障与工伤预防、治疗康复相结合。重点是建立社会统筹的工伤保险基金，实行差别费率和浮动费率，即按照行业和企业工伤风险程度、伤亡事故发生频率来确定和调整保险费率。在差别费率的基础上，实行浮动费率。每年按照企业的生产安全状况调整一次，安全生产搞得好的，不发生事故的，费率要逐步降低，直到最低；经常发生事故的，费率要逐步提高，直到最高，用法律手段和经济手段促进企业做好安全生产工作。同时要适当提高工伤待遇。对于因工致残的，要按照新制定的十个等级评残标准进行鉴定，按等级发给伤残抚恤金和一次性补助金；尚有一定劳动能力的，应安排适当工作。对于因工死亡的，要提高丧葬费和供养直系亲属抚恤费标准，还要增发一次性补助金。工伤保险的目的，是为职工在遇到职业伤害时提供可靠的生活保障，运用社会统筹调剂费用的方式减轻企业负担，增强抵御工伤风险的能力。明年要扩大工伤保险改革试点范围，为全面实施工伤保险改革做准备。

（四）积极探索医疗保险制度改革的路子

医疗保险直接关系到职工的切身利益，是十分敏感的问题。这一改革涉及企业、财政、病员、医院、药厂等诸方面，由于尚未形成医疗费合理增长机制和医患双方的制约机制，改革难度比较大。近几年各地搞了一些改革的试点，下一步，要认真总结经验，把工作重点放在建立医疗费用三方合理负担，保证基本医疗需求，充分利用医疗卫生资源，控制不合理费用增长的医疗管理运行机制上。要积极推动中小企业实行大病医疗费用社会统筹和退休人员医疗费用社会统筹工作。要继续探索新的、行之有效的改革办法。

（五）进一步加强社会保险管理机构建设

随着退休费用社会统筹工作的开展，遵照国务院规定，各级劳动部门成立了事业性质的社会保险管理机构，负责社会保险管理工作。但有的地区未经国务院批准，自行决定改变社会保险管理体制。对此，朱镕基同志最近批示："劳动部门应该监督，报告国务院。立法再好，不执行也等于零。"我们要按照国务院领导同志的批示，认真进行监督；同时要理直气壮地宣传国务院决定的精神，维护国务院决定的严肃性，制止和纠正一些地区自行改变社会保险管理体制的做法。劳动部门要主动加快改革步伐，加快社会化管理的进度，才不致被动。

社会保险与劳动、工资、职业安全等工作关系密切，尤其是在建立社会主义市场经济体制过程中，劳动、工资分配和社会保险三项制度更需要相互配套，同步进行。待业保险应形成保障待业职工基本生活与促进再就业相结合的社会化管理服务网络；工伤保险应实现生活保障与工伤预防、安全生产相结合的体制；养老保险与招工、分配、退休等劳动工资管理工作密不可分。因此，社会保险必须与劳动、工资、劳动安全卫生等工作密切结合统筹考虑，否则就会变成单纯的社会救济，失去社会保险的积极意义和核心功能。各级劳动部门在转变职能过程中，应加强社会保险管理机构建设，提高社会保险干部的素质，保证社会保险制度改革的顺利进行。

四、大力加强劳动法制建设，完善立法，严格执法，强化监督检查

培育和发展劳务市场，必须大力加强劳动法制建设，以形成健全的市场运行规则，维护正常的市场秩序。劳动法制工作，无论是劳动立法、执法，还是监督检查，都要从全社会的角度，兼顾经济政策和社会政策，兼顾企业和劳动者双方的权益，兼顾效率和公平的原则。今后一段时间的主要任务是：

（一）加快建立劳动法律法规体系

劳动法律法规体系，要以《宪法》为依据，以《劳动法》为母法，形成就业促进、劳动关系、职业培训、收入分配、社会保险、劳动保护、劳动管理、劳动争议处理等子系统。在体系结构上，形成法律、行政法规、部门规章、地方法规、规范性文件等层次。在法规适用范围上，要从主要调整全民所有制单位劳动关系，向调整全社会所有劳动关系扩展，无论是全民、集体、私营、个体、三资以及混合经济成份，凡是发生劳动关系、产生劳动行为的，都要纳入劳动法规的调整范围，以形成统一、公开、公正的规则。在立法内容上，要按照社会主义市场经济的发展要求，把重点放在基本劳动标准、调整劳动关系的基本规范和国家调节市场的规则方面。基本劳动标准包括工时制度、休息制度、最低劳动报酬标准、社会保险的基本标准、劳动条件和劳动保护的基本标准、女工和未成年工的保护标准以及基本的培训标准等。调整劳动关系的基本规范包括确立、变更、解除和终止劳动关系的规则和程序，用人单位和劳动者各自的权利和义务，处理劳动争议的规则和程序等。国家调节市场的规则包括政府对企业自主权的保护，企业应承担的社会义务，劳务市场运行规范，政府宏观调控劳动力供求关系和收入分配关系的规则和程序，政府对劳动法规执行情况实施监督检查的规则和程序等。在立法层次上，中央和有立法权的地方要一齐努力，有些要全国统一立法，有些也可以先搞地方法规，条件成熟后再形成全国性法规。在立法步骤上，要排出轻重缓急，优先制定建立市场经济体制最急需的法律法规。

（二）坚持依法行政，加强劳动行政部门的监督检查

要在劳动部门干部中普及法律知识，不仅专门从事劳动法规工作的人员要熟知有关法律，所有劳动行政机关的公务人员都在直接、间接地参与着立法或执法过程，都要了解基本的法律常识，这是政府公务人员应具备的基本素质，也是依法行政的基础。各级劳动部门都要制定具体的普法计划并认真实施。

劳动部门要自觉接受社会和群众对劳动行政行为的监督。最近，劳动行政复议和诉讼案件有所增加，对此要有正确的认识。民敢于告“官”，这是社会进步的表现，反映了人民群众对社会主义民主与法制建设的信心。劳动部门的具体行政行为被提起诉讼或复议，无论复议和判决结果是维持、变更还是撤销原行政行为，都可以促使我们正确履行政府对社会、对公众的责任。劳动部门受理行政复议案，要公正、公允，不分亲疏，不偏袒，不护短，坚持以事实为根据、以法律为准绳的办案原则；同时有责任督促下级劳动部门更加严格认真地依法行政，尽量减少诉讼的发生。

劳动部门有责任面向社会广泛开展劳动法规政策的宣传咨询。现在劳动法规政策普及不够，用人单位和劳动者往往不大懂得用法律武器保护自身权益和尊重对方权益。因此，各级劳动部门，特别是市县基层劳动部门，要把面向社会进行劳动法规政策宣传咨询作为加强劳动法制建设的一项重要任务，也可以举办劳动法规政策咨询服务机构。

（三）加强对执行劳动法规政策情况的监督检查

劳动立法解决有法可依问题，监督检查解决有法必依、执法必严、违法必究的问题，二者不可偏废。劳动部门既要健全执法监督机制，维护法律的尊严和政策的严肃性，又要按照《条例》的规定，杜绝乱检查乱评比，防止干扰企业正常的生产经营活动。

劳动安全卫生的监督检查涉及面广、技术性强，是劳动执法监督的重点。对劳动的安全卫生状况实施国家监督检查，既是对生

产力的保护措施，又体现着社会主义制度关心人、尊重人的社会本质，经济越是增长，生产越是发展，越要加强劳动安全卫生的监督检查。要加强劳动安全卫生的专项法规、标准建设，尽快形成统一协调、完整配套的法规、标准体系；要综合运用法律强制和经济杠杆，建立起制约和诱导机制，推动企业认真执行劳动安全卫生的法规和标准。要坚持和完善行之有效的各项制度和程序，包括对某些特殊行业和特殊设备的安全认证制度、特种作业人员的专业培训和持证操作制度、特殊企业安全生产“三同时”制度，坚持安全生产第三方监督检查的原则。《矿山安全法》是建国以来颁布的第一部劳动安全卫生专项法律，标志着我国劳动安全工作向法制化的方向迈出了重要一步，对保障矿山安全生产，防止矿山事故，保护矿山职工生命安全必将起到重要作用。要认真组织学习，广泛深入宣传，抓紧制定实施条例、实施办法及相关规定，广泛开展宣传培训工作，为明年的正式实施做好准备。要继续落实《锅炉压力容器安全监察暂行条例》，对锅炉和压力容器，从设计、制造、安装、使用、检验、修理、改造七个环节实行全方位的监督检查。

要利用多种形式，大力宣传劳动安全卫生知识，加强对企业安全生产教育的规划和指导，以提高企业和职工安全生产、遵纪守法的自觉性，特别是要加强对企业厂长（经理）、特种作业人员的安全卫生知识教育。对安全监督人员要定期进行法制和业务知识的培训，提高执法、监督水平。要注意推广有利于安全卫生的技术措施、技术手段，开发应用劳动保护的新产品。

为了适应市场经济发展的要求，必须深化在用设备检测检验体制的改革。改革的原则是：有利于落实企业自主权，有利于转变政府职能，有利于提高设备完好率和保障安全生产，有利于促进检验单位技术进步和提高素质，有利于与国际通行管理方法相衔接。改革的方向是：坚持劳动部门统一管理劳动安全卫生监督检查的职责，实行社会化检测检验体制，检验单位的资格由劳动行政部门确认，使用设备的单位可以自主选择有资格的检验单位进行检验，检验单位必须严格执行有关检验规章和国家标准，并对检验结果负责；为保证第三方检验的公正性，不允许检验单位从事与被检验产品有关的生产经营活动；劳动行政部门对检测检验机构负有监督检查责任，对检测检验结果有处置权。实行社会化的检测检验体制，必须打破条条块块的分割和封锁，劳动部门和各有关管理部门都应放手让各检验单位平等竞争，促使技术水平和服务水准提高。由于这项改革牵涉的面大，协调工作复杂，所以要逐步慎重地进行，现在可以做些准备工作。在新的经济体制中，劳动部门安全卫生监督检查的任务更重，责任更大，要按照国务院的要求和规定，切实履行综合管理全国劳动安全卫生工作的职责。

（四）健全劳动争议处理制度

在培育劳务市场，确定劳动关系双方主体地位的过程中，劳动关系出现多样化、复杂化的趋势，劳动争议案件呈上升趋势，预防和处理劳动争议的任务日益繁重。要按照国家劳动争议处理的有关法规，健全劳动争议调解和仲裁制度，扩大仲裁受理范围，完善仲裁组织和办案程序，全面推行仲裁员、仲裁庭制度，严格依法办案，提高办案质量和办案效率。要加强仲裁队伍的建设和人员培训，积极主动地为企业和职工提供法律咨询服务，维护劳动关系双方合法权益，维护和发展和谐的劳动关系。

与此同时，要继续做好劳动信访工作。随着企业各项自主权的落实，群众直接对劳动部门的来信来访逐渐减少，但现在全国每年仍要处理 250 万人（件）左右，而且集中了一批长期遗留的复杂问题。劳动信访干部为此进行了辛勤的、默默无闻的劳动。各级领导要重视和关心这项工作，加强指导，发挥信访工作联系群众、宣传咨询、信息反馈、协调矛盾和社会监督的作用，并注意把信访工作与劳动争议调解、仲裁工作衔接起来，探索适应市场经济发展的劳动信访工作的新方法。

五、明确职责，转变职能，全面促进劳动工作的发展

建立社会主义市场经济体制，要求实行政企职责分开，企业转换经营机制，政府转变管理职能。各级劳动部门要把握经济体制改革的方向，积极、全面、切实地转变职能，建设一支适应市场经济运行和管理要求的，精干、高效、廉洁的劳动干部队伍，促进劳动工作的全面发展。

（一）认清职责，明确任务，抓紧工作

劳动行政管理是政府不可缺少的部分。市场上有千万个独立的用人单位，有亿万个独立的劳动者，需要政府加强协调服务，维护平等竞争，促进和谐关系，保持正常秩序。世界上所有国家，包括市场经济国家都设有劳动行政管理机构，许多发达国家劳动部门的编制、人员和经费按比例远远超过我国。无论从国内实际需要看还是从普遍的国际经验看，在市场经济中劳动部门自身改革的关键是转变职能，而不是撤销和削弱。当前关键的任务是，赶快把工作开展起来，不要观望等待。

1993年的主要任务是：

第一，继续稳定就业局势，把城镇待业率控制在较低的水平，并且促进城乡劳动就业的协调发展。这是建立市场经济体制过程中维护社会安定、保证改革顺利推进的基本条件，也是各级劳动部门的硬指标，要竭尽全力完成好。

第二，大力举办职业介绍机构。这是劳动就业服务体系的关键环节，是劳动部门面向市场的一个窗口和基地，通过它来了解劳动力供求信息，为求职的劳动者和用人的单位提供咨询服务，指导和帮助劳动关系双方依法订立劳动合同，并办理养老、待业、工伤等各项社会保险手续。这些方面是劳动部门举办职业介绍所的特殊优势，劳动部门一定要十分珍视和很好利用这个优势，赶快把职业介绍机构办起来，成为用人单位和劳动者双向选择的主渠道，成为劳动部门了解市场、指导市场发展的一个重要手段。这件事办得越早越快，工作就越主动。如果有的市县劳动部门对改革后的职责任务还不十分明确，可以先从这件事做起，通过举办职业介绍机构，把劳动信息网络建设、劳动就业服务、劳动合同管理，社会保险等等工作带动起来。

第三，完善待业保险制度。要认真贯彻国务院即将颁布的《企业职工待业保险规定》，扩大待业保险实施范围，除了《规定》中明确的几种对象外，各地还可以根据改革的进程自行确定一些对象，也可以根据保险基金支付、结存情况，确定社会接纳待业职工的适当比例。针对今明年形势的发展，要特别注意做好促进再就业工作，提高待业职工再就业率。要把社会待业保险主动延伸到企业内部，支持和帮助企业安置富余人员。

第四，努力发展劳动就业服务企业。劳服企业要在巩固现有阵地的基础上，争取明年有新的发展。一是扩大规模，举办更多的实体；二是通过发展第三产业，更多地容纳待业人员，并且吸纳企业富余人员；三是在讲求社会效益的同时，努力提高经济效益。

第五，进一步推行全员劳动合同制。这是劳动制度改革的主要内容。明年，在全国范围，这一改革要从试点转入推广，初步形成劳动关系法制化的雏型。与此相配套，要加快建立健全劳动合同管理制度、合同鉴证服务、劳动争议调解和仲裁等一整套体系。

第六，加强职业培训。从明年起，劳动部不再下达指令性的技工学校招生计划，由各类技校根据劳动力需求状况，自行确定招生数量和专业（工种）设置。要依靠企业和社会的力量，进一步发展多种形式的职业培训。需要强调的是，明年，应该把建立社会化的职业技能鉴定和颁证制度作为一项重要任务，这是落实企业用人和分配自主权，实现劳动力全社会流动的必然要求，也是广大劳动者十分关心的事情，有条件的地区可以开始着手试点。明年，还要下力量组织好首届全国奥林匹克技能竞赛活动。

第七，普遍实行动态调控的劳动工资弹性计划。这一计划不是指令性的，而是依据各地综合效益情况动态调控的；这一计划只下达到地区，不下达给企业。

第八，健全企业工资总额的调控机制，推进企业工资制度改革。要改进完善工效挂钩办法并使之规范化，同时区别情况，对不适于实行工效挂钩的企业，分别实行工资总额包干和工资计划指标调控等办法。要按照《条例》规定，充分落实企业分配自主权，并继续推行以岗位技能工资制为主要形式的企业工资分配制度，指导企业搞好内部的工资制度改革。

第九，深化养老保险制度改革。明年的重点，一是改革养老金计发办法，要按照部里提出的原则，参考一些地区成功的经验，早做方案，细致测算，周密配套，广泛宣传，把这项改革大大推进一步。二是加快养老保险的社会化步伐，从招工开始就主动办好社会保险手续，养老保险改为全额拨缴，养老金支付改由银行代发或者社会保险机构发放，对退休人员实行社区组织管理服务，在各个环节上尽量减轻企业的社会负担，为职工和退休人员提供便利。这些工作做好了，劳动部门就能受到企业的欢迎，就能与广大职工建立更紧密的联系，开展工作也就有了坚实的群众基础。

第十，推进工伤保险制度改革。明年要选择一些地区和行业，着手进行按差别费率和浮动费率确定工伤保险缴费的试点。

第十一，加快劳动立法，完善劳动执法的监督检查体系。明年的重点，是把目前尚在劳动法规约束之外的一些非公有经济成份纳入到劳动法规和标准的规范范围。要进一步加强职业安全卫生、矿山安全、锅炉压力容器安全的监督检查。

第十二，扩大劳动领域的国际交流合作。明年有几个全国性大项目要启动，希望各有关方面通力协作，保证项目顺利实施；还要进一步拓宽劳务输出、境外就业的渠道，搞好有关立法，提供服务。

（二）加强劳动科学研究和宣传工作

劳动领域的科学研究工作，近年来取得了成效，三项制度改革的一些基本思路和方法的形成，首先有赖于各级劳动部门和企业在实践中的艰苦探索，同时也与劳动科研工作人员的辛勤努力分不开。现在，劳动科学研究的任务更加艰巨。社会主义市场经济体制下的劳动关系和劳动管理，需要理论的概括、解释和指导，希望所有从事劳动科学研究的同志，更加注重超前性研究，为政府的决策提供参考。研究的视野要更加开阔，要在整个经济运行和社会发展的大系统中分析研究劳动状况和劳动管理对策。研究方法要更加注重实证性，注重定量分析。

劳动保护领域的科学研究，要抓重点课题、急需课题，提高科研水平，继续组织好国家“八五”科技攻关项目的实施；要加速科技成果的推广应用，实现商品化、产业化，尽快转化为生产力；要开展劳动科学技术咨询服务工作，组织好队伍，面向社会开展服务。

今年以来，劳动领域的宣传工作成效突出。对三项制度改革和劳动工作发展的报道篇幅增加，系统性增强，特别是中央、省两级重要新闻单位的报道量比往年成倍增长，对于三项制度改革的宣传发动、改革方向的引导和典型经验的推广，都起到了积极作用。希望各级劳动部门进一步重视劳动宣传工作，继续办好自己的报纸、刊物，加强同新闻界的联系，使劳动领域的宣传工作更上一层楼。明年工作的重点是，宣传推广企业经营机制转换的新经验，介绍劳动部门职能转变的新机制，及时反映改革中的新情况、新问题，充分发挥市场经济体制建立过程中的舆论导向作用。要面向企业、面向广大职工群众，有针对性的开展宣传，引导他们充分理解和积极参与改革。同时要慎重把握宣传的分寸，力求客观和全面。

(三)努力扩大劳动领域的国际交流与合作

改革开放以来，劳动领域的国际交流与合作日益活跃，合作渠道增多，范围扩大，与国际组织和众多国家的劳动部门建立和发展了关系。要进一步全方位、多元化地开展劳动领域的国际交流与合作，充分发挥我国在国际劳工组织中的作用，积极参与其事务，利用国际会议扩大我国影响，争取更广泛的国际支持，同时也要加强同世界银行、国际货币基金组织等其他国际组织的联系。劳动部门要把劳动外事工作作为劳动工作的一个方面，纳入正常工作轨道，努力开拓多边和双边交流与合作渠道，既重视同发达国家的关系，又要发展同第三世界国家的关系，既重视政府间的关系，又要大力发展民间关系。通过多层次、多形式的国际交流合作，扩大对外宣传，展示我国劳动领域改革开放和发展的成果，同时广泛学习借鉴劳动管理方面的国际经验，引进项目、资金、技术，提高我国就业、培训、社会保险和劳动保护的管理水平。要大力培养外事人才，建立一支政治立场坚定，业务素质精良，既精通外语、具有外事工作经验，又熟悉劳动业务的劳动外事干部队伍。

(四)加强学习，更新观念，转变作风，提高效率

建立社会主义市场经济体制，是一项前无古人的伟大事业，新事物、新情况、新问题将不断涌现，对各级劳动部门的干部来说，都有一个重新学习，提高认识，更新观念"换脑筋"的任务。要认真学习十四大的精神，学习邓小平同志关于建设有中国特色的社会主义的理论，增强执行党的基本路线的自觉性。这是劳动部门深化改革、转变职能的思想基础。要转变工作作风，强化服务意识，简化手续，提高效率，方便企业和劳动者。要坚持"两手抓"，两手都要硬，加强精神文明建设，各级劳动部门的干部要经得起改革开放的考验，保持为政清廉的好传统，自觉抵制不正之风的影响，抵御资产阶级思想和生活方式的侵蚀，树立起劳动部门公正、高效、廉洁的好形象。

同志们，党的十四大指明了我国改革和发展的方向，各级劳动部门和全体劳动工作干部要振奋精神，解放思想，真抓实干，勇于开拓，积极创造新经验，努力作出新贡献。

(作者当时为劳动部部长)

在全国劳动厅局长会议结束时的讲话

（1992年12月17日）

朱家甄

同志们：

全国劳动厅局长会议在大家的共同努力下，今天就要结束了。三天来，与会同志围绕阮部长的报告，进行了认真、热烈的讨论。大家一致认为，虽然全国劳动厅局长会议每年召开一次，但今年的厅局长会议与往年不同，今年是在全党、全国认真学习小平同志视察南方重要谈话，深入贯彻党的十四大精神的形势下召开的，有着特殊的意义。阮部长的报告在充分肯定近年来劳动领域三项制度改革和所取得的成绩的基础上，紧紧围绕党的十四大精神，按照建立社会主义市场经济体制的要求，从理论和实践的结合上，阐明了今后一个时期劳动领域深化改革和劳动部门转换职能的基本目标及主要任务。报告主题明确、思路清晰、重点突出，是今后劳动工作的一个重要指导性文件。大家表示要结合本地的实际情况，认真传达贯彻报告中提出的各项任务，把劳动工作不断地推向一个新阶段。这次会议会期虽短，但大家都感到思想更加解放，任务更加明确，深化改革和转变职能的信心更足了。会议达到了预期的目的。

现在，我结合会议讨论的情况再讲七点意见。

一、把解放思想、更新观念作为深化改革、转变职能的思想基础

阮部长在报告中已明确指出劳动工作要按照十四大确定的目标，尽快地把工作基点转到社会主义市场经济上来。这就要求各级劳动部门的同志面对新形势、新任务，认真地、反复地学习十四大精神，切实用邓小平同志建设有中国特色的社会主义理论武装我们的头脑，树立起适应社会主义市场经济体制的新思想、新观念。针对劳动工作的实际，要把计划经济体制下的传统观念转变为市场的观念，把以计划指标管理为主转变为协调、指导、服务、监督为主要职责；把国家作为用人和分配主体转变为企业为用人和分配主体、劳动者为劳动主体，协调双方劳动关系；把主要管理国有企业劳动工作转变为统筹管理全社会劳动工作；实事求是、一切从实际出发，大胆、广泛地学习借鉴全国各地和世界各国劳动管理的一切有益的经验。只有实现了以上这些观念的转变，完成新时期深化改革和转变职能的任务才有坚实的思想基础。我建议大家在传达、贯彻这次会议的时候，把进一步解放思想、更新观念、转变职能、转变作风作为主要任务。

二、继续坚定不移地推进三项制度综合配套改革

劳动人事、工资分配、社会保险三项制度改革是整个经济体制改革的重要组成部分，是转换企业经营机制的重要内容。去年底劳动部会同国务院经贸办、国家体改委、人事部和全国总工会联合召开了全国企业三项制度改革经验交流会,壮大了改革的声势,有力地推动了改革的进程。各级党政领导高度重视劳动领域的三项制度改革，各地普遍制定了三项制度改革的方案，而且特别注重各项改革之间的综合配套措施，广大企业和职工也以空前高涨的热情投入改革，使改革取得了突破性的进展，形成了不可逆转的改革局面。这一切都与各级劳动部门的积极推动、精心组织和广大劳动干部的勤奋工作分不开。按照十四大确定的目标，三项制度改革任务更繁重、更艰巨，希望各级劳动部门要抓住当前有利时机，认真总结经验，继续抓好三项制度综合配套改革。深化三项制度综合配套改革要突出重点，当前的重点是建立符合市场经济发展要求的劳动力流动、竞争和优化配置的机制，工资分配的激励和约束机制，社会保险的社会化保障机制。推动三项制度综合配套改革要针对实际情况，因地制宜，不断总结推广被实践证明行之有效的新经验、新方法。我们这次改革没有搞“一刀切”,而是采取企业自愿，一切通过试点的办法。我们各级劳动部门也不是放弃领导,而是用典型引路的办法引导更多的企业和职工投入改革,吸引大家参加到改革的行列中来。相信通过形势的发展和深入贯彻十四大精神，大家都会走上改革之路。继续深化三项制度改革，要在综合配套改革上下更大的功夫，特别是工资分配与劳动合同制、优化劳动组合的配套,养老金计发办法与工资制度、劳动制度改革的配套，劳动者的培训、考核与使用、待遇制度的配套改革，实行全员劳动合同制过程中有关政策的调整和衔接等等，把这些环节抓好了，三项制度改革才能协调同步推进。在此基础上，还要注意劳动领域改革与财税、物价、金融等其他领域的改革的衔接配套。

三、正确地衔接动态弹性计划和“工效挂钩”办法

今年年初，劳动部提出了动态调控的弹性劳动工资计划的方案，这是对劳动工资计划体制的一项重大改革，目的是适应向市场经济体制过渡时期劳动工资宏观管理的要求，也是为今后劳动工资管理更多地引入市场机制和采用经济手段所做的准备。目前已有一些地区进行了试点,并取得了初步成效,明年要在各地区普遍实行这一方法。动态弹性计划，是国家根据投入产出原则，对省级地区劳动工资采用的一种宏观调控办法，省级劳动部门也可以参照同样原则，对所属地市实行这种调控办法，但对企业不采用这种办法。对企业，应当依据其生产经营特点、自我约束机制健全程度等实际情况，分别采取工效挂钩、工资总额包干、工资计划指标控制等方法。在一个地区内，企业的工资总量(基数和增量)要尽可能地包容在本地区动态弹性计划的总量之内。为此，各地区要按照动态弹性计划的原则和方法，经过细致的测算分析，确定全地区工资总量，并对各类企业工资基数、浮动比例、包干或者计划控制数进行尽可能准确的核定,按照“两低于”的原则进行动态调整。

四、正确认识行业劳资部门的职责

无论是地区劳动部门，还是行业劳动部门，都是劳动战线的组成部分，共同承担着整个劳动工作任务，共同推进着整个劳动制度的深化改革和劳动事业的发展。在向社会主义市场经济体制过渡中，行业劳动部门较之于地方劳动部门，有其特殊性，它侧重于从行业的角度来开展劳动工作，行业劳动部门的主要职责大体是：针对本行业实际特点研究制定行业的劳动定员定额标准、技术业务等级标准、岗位规范、劳动保护有关标准等，供本行业企业参考或参照执行；做好行业劳动工作的信息引导、先进经验的交流推广等服务工作；此外，有直属企业的行业劳动部门，还要根据“政企分开、宏观管好、微观放开”的原则，继续对所属企业依法行政，做好调控工资总额，对企业劳动法规和标准的实施进行监督检查，开展劳动就业服务等项工作。需要强调的是，无论是地区劳动部门，还是行业劳动部门，都要十分注意相互之间的协同配合，提倡互相协商、协作、协调，共同完成劳动领域深化改革和事业发展的任务。

还有一点要特别讲一下，就是军办企业的劳动工资工作问题。我们劳动部门同军队一直保持着良好的关系，请各地区劳动部门进一步支持军队的工作，加强联系，指导军办企业的劳动工作和三项制度改革。

五、按照国务院的决定，理顺社会保险体制

这个问题阮部长在报告中已经讲得很明确。为保证社会保险体系的建立与完善，近年来国务院多次发文，明确劳动部是综合管理企业职工社会保险的主管部门，不但要搞好社会保险制度改革的立法、规划、协调、监督、服务工作，而且要负责社会保险基金的筹集、支付和管理工作，并建立起相应的归口劳动部门领导的事业性质的社会保险管理机构。但是，今年以来，有的地区自行决定改变了社会保险的管理体制，还有的地区按照所有制性质来划分社会保险的管理部门，给企业三项制度改革和政府的劳动工作造成了困难。这些作法直接违背了国务院〔1986〕77号文和〔1991〕33号文等有关规定，也是与建立社会主义市场经济体制的目标相违背的。在此，有必要重申，各地没有权力改变国务院关于社会保险管理体制的规定而自行其是。各级劳动部门要共同维护国务院文件的权威性和严肃性，要向党政领导详详细细地说明情况，要按照朱镕基副总理关于社会保险管理问题“劳动部门应该监督，报告国务院。立法再好，不执行也等于零”的重要批示，理直气壮地认真进行监督。对一切违背国务院决定的作法要坚决抵制，及时报告部里，由部里向国务院报告并提出改正的建议。

当前社会保险的工作重点要抓好两条：一是按照部里对养老、工伤、待业三个条例草案的精神，尽快推动社会保险体制的改革进度，主动向省委省政府汇报改革方案，争取改革能尽快实施；二是要加快社会保险社会化管理、社会化服务的工作进度，尽量给企业和职工提供方便，提供可靠的保障，减轻企业和职工的风险和负担，这既是我们办社会保险的根本目的，也是依靠企业和职工排除各方面干扰的重要基础。只有靠我们积极进取的工作，才能使社会保险沿着正确的方向不断前进，避免倒退。

六、1993年的主要任务

阮部长的报告中已经就明年及今后一段时间劳动领域深化改革、劳动部门转变职能、劳动工作全面发展的各项任务，做了明确的阐述，我在这里重申一下1993年的主要任务。

第一，继续稳定就业局势，适应经济体制改革、产业结构调整、社会经济发展的客观要求，调整就业政策，拓宽就业门路，把城镇待业率保持在较低的水平，并推动城乡劳动就业的协调发展。

第二，大力举办职业介绍机构，扩大服务范围，健全服务功能，简化服务手续，建立统一的劳务中介规则，并监督实施。

第三，完善待业保险制度，适应企业走向市场的要求，扩大保险范围，用好保险基金，实现保证待业职工基本生活和促进再就业相结合，支持企业内部消化富余人员，并推进集体企业和非公有企业的待业保险。

第四，加强劳动就业服务企业建设，以发展第三产业为重点，巩固现有企业，举办更多的实体，为发展经济、更好地解决劳动者就业和富余人员安置问题创造条件。

第五，积极推进以企业劳动合同制为主要内容的劳动制度改革，多数地区要由试点转入推广，完善合同管理和劳动争议调解、仲裁制度，建立健全劳动关系调整体系，保障用人单位和劳动者双方的合法权益。

第六，加强职业培训，提高技工学校质量，发展多种培训形式，调整培训结构，建立完善社会化的技能鉴定制度，组织好职工技能竞赛。

第七，普遍推行对地区的动态弹性劳动工资计划。

第八，进一步改进完善工效挂钩办法，对不同企业实施不同的工资总量调控办法，落实企业内部分配自主权，继续推行以岗位技能工资制为主要形式的工资分配制度。

第九，深化养老保险制度改革，重点任务是改进养老金计发办法，理顺保险体制，健全保险基金管理制度，推动建立退休人员的社会化惯例服务体系。

第十，工伤保险制度改革，重点是实行差别费率和浮动费率办法，贯彻落实《评残标准》。

第十一，加快劳动立法，建立健全监督体系，依法行政、依法保障劳动关系双方权益。特别是要加强职业安全卫生、矿山安全、锅炉压力容器安全的监督检查工作。

第十二，继续扩大劳动领域的国际交流合作。劳动部的外事司要尽可能地为各地区劳动部门的对外开放服务。同时也希望各地方劳动部门共同努力，推进劳务输出、境外就业和国际交流合作事业的发展。

希望各级劳动部门按照这些任务，结合本地区本行业实际情况，制定具体的工作目标、步骤和方法，逐项加以落实。

七、真抓实干、积极进取，把劳动工作推向一个新阶段

这次会议，大家对劳动工作如何适应社会主义市场经济体制有了共识，而且各地劳动部门还对如何转变政府职能、简政放权互相交流了经验，进行了有益的探讨。但也有些同志对劳动部门，特别是基层劳动部门今后在机构改革中的去、留或变化表示忧虑。阮部长在报告中已经非常明确地讲到：无论从国内实际需要还是从普遍的国际经验看，在市场经济中劳动部门自身改革的关键是转变职能，而不是撤销和削弱。

我认为，当前各级劳动部门在解放思想、更新观念的基础上，要进一步建立起责任感、使命感、紧迫感，抛弃一切被动、等待、观望的态度，继续发挥近几年劳动部门在改革中奋发进取的精神，主动地、创造性地开展工作。有的同志说得好，下一步劳动领域的改革和发展关键要看 1993 年，而 1993 年的关键在上半年。劳动工作的改革方向已经明确，改革目标已经确定，重要的在于行动。各地劳动部门要冲破各种阻力，首先是自己思想上的阻力，尽快将宏观调控、劳务市场、劳动立法与监督、社会保险这四大体系建立健全起来。要真心实意地为社会服务，为企业服务，为劳动者服务，为经济建设服务，创造和健全服务手段和措施，同时大力宣传劳动领域的各项工作。把这些工作做好了，我相信劳动部门就一定能够在政府、在企业、在广大劳动者中，确立自己应有的地位。

同志们，当前，我国的改革正处于一个关键时期，经济体制的深入改革为劳动工作既提出了新的课题，又为发展创造了极好的契机。随着企业经营机制的转换和政府职能的转变，客观地讲，劳动部门的行政控制权力小了，但任务更重了、工作更多了、方法更新了、难度更大了。我希望各级劳动部门按照党的十四大确定的路线、方针、目标，努力开拓、不断进取，把劳动领域的改革和发展推向一个新的阶段。希望大家回去后抓紧传达阮部长报告，抓好这次会议的传达贯彻。

最后祝大家在新的一年里，各项工作取得新的成就。

（作者为劳动部副部长）

在辽宁省锦西市实施养老保险、工伤保险暂行规定动员大会上的讲话

（1993年1月）

阮崇武

同志们：

党的十四大要求我们必须加快社会保险制度改革的步伐，建立和完善社会保险体系。因为在这样一个形势下，再用老办法，已经“混”不下去了。特别在三项制度改革的大潮当中，它对工资改革已经不适应了，因为“标准工资”逐步被替代。另外，它对企业和职工的“双向”选择和劳动力的合理流动造成了阻碍。因为不是全社会统一的办法，那么市场就被分割，难以进行流动。另外，老的办法给企业增加了很多社会负担。所以养老保险、工伤保险改革对整个经济体制改革和社会稳定都是十分重要的。锦西市劳动局在市委、市政府的直接领导下，在有关部门的配合下，制定了适用整个城镇所有职工，包括全民、集体和私营企业职工，以及外商投资企业中方职工和事业、机关职工的养老金计发试行办法，符合社会主义市场经济发展的客观要求，也有利于保障退休职工的基本权益。

劳务市场是社会主义市场当中最重要的生产要素之一。无论机关、事业，还是企业，招用人员和劳动者自主择业，都要通过市场进行“双向”选择。按照价值规律和竞争机制，把劳动力吸引到效益比较好的岗位上，从而提高整个经济运行的效率和活力，使各类人员能够在不同地区、不同所有制之间，在企业、事业和机关之间合理的流动，形成一个统一的劳务市场。为适应这个统一的劳务市场的要求，迫切需要建立起一个覆盖整个城镇所有企业、事业和机关的各类职工统一的社会保险制度，以解除职工的后顾之忧。我们现行的养老保险制度很不完善，覆盖面不够全，管理还相当分散，办法也不一致，不适应目前的改革。这种格局已经严重阻碍人员的合理流动和多种就业渠道的畅通，必须进行改革。锦西市劳动局在制定养老保险制度办法过程中，对这个问题进行了有益的探索和尝试，迈出了可喜的一步。这个工作是在锦西市委、市政府的大力支持和关怀之下进行的。刚才，赵祥市长和梁胜予副市长都讲得非常好，对这两个保险改革办法，讲得也非常明确，说明了他们在社会保险问题上，确确实实下了相当大的力气。锦西市两个保险制度，改革起点很高。就是说，它不是一个修修补补的改良办法，是一个比较彻底地、能够在几十年可以管用的办法，为今后打下一个很好基础。另外，它又是一个经过充分论证、实事求是的办法。所以我觉得，锦西市这个经验，给我们提供了一个很好的学习榜样，希望大家都能够在这里取得相应的经验。

社会保险制度的改革要按照“公平与效率”两个互相照顾的原则进行。社会主义市场经济，以公有制和按劳分配为基础，企业和劳动者在竞争中，既有机遇又有风险。市场经济自发地向效率倾斜，保护竞争和鼓励强者，但它不能自发地实现社会公平和保护弱者、保障平等竞争。因此，这就要求政府通过建立社会保险制度来保障公平和保护弱者。完全丧失和部分丧失劳动能力，以及失业者，在市场中处于弱者的地位，政府必须通过工伤、医疗、失业、养老保险等社会政策，予以保护和帮助。社会保险在全世界140个国家和地区实行的经验表明，它不仅仅是社会政策的组成部分，而且是市场经济良性运行的重要条件。市场机制和竞争机制的形成，势必加大社会成员之间的收入差距，甚至可能造成两极分化。因而，必须通过社会保险对社会收入进行再分配，形成必要的“安全网”、“减震器”，以保证社会收入公平和全社会的安定。

社会保险是政府的职责，是重要的社会政策之一；社会保险是一项社会事业，是建立统一、开放、公平的劳务市场的重要保证，是劳动管理的重要内容，与劳动工资、职业安全卫生等工作关系密切，在深化改革中，劳动、工资分配和社会保险三项制度改革更需要相互配套，同步进行。如失业保险与就业服务不可分割，要通过就业服务控制待业率，促使失业人员尽快实现再就业，形成失业救济、转业训练和促进再就业三位一体的社会化管理服务网络。工伤保险应实现工伤补偿与工伤预防、职业康复相结合。养老保险改革中，退休年龄的确定要考虑劳动力资源和就业状况以及劳动岗位的艰苦程度，养老金的水平和计发办法要与工资制度的改革相适应，与招工和劳动工资管理密不可分。因此，社会保险制度的改革必须与劳动、工资、劳动安全卫生工作的改革统一规划、统筹考虑，否则就会变成单纯的社会救济，失去了社会保险的积极意义和核心功能。国务院去年发布的《国务院关于企业职工养老保险制度改革的决定》(国发〔1991〕33号)，明确了城镇企业职工的养老保险由劳动部门管理。但是，个别省市政府未经国务院同意，自行改变养老保险管理体系，影响了养老保险制度改革的正常进行，给社会保险事业的发展带来不利的影响。

基本养老金计发办法的改革，表面看来是个计算方法问题，实际上对于转换企业经营机制，关系重大。企业有了分配自主权，可以实行各种分配方法和形式，而养老金计算仍维持“标准工资”概念，企业就不得不保留国家规定的“档案工资”，自主分配权就难以落实。因此，养老金计发办法已经到了非改不可的时候，早改早主动。改革计发办法，第一部分与社会平均工资挂钩，第二部分将基本养老金与在职期间缴纳基本养老保险费的缴费工资和缴费年限挂钩，并且要随物价的调整而适当调整，形成一个自然增长机制。这样，所有城镇职工的基本养老办法与职工本人整个工作期间的缴费工资挂了钩，使“最佳年龄、最佳贡献、最佳待遇”在养老金中得到体现，激励了职工提高生产的积极性，对提高企业素质和经济效益，促进国民经济更好更快地发展将起到重要作用。基本养老金计发办法的改革，涉及到亿万职工的切身利益和国家、企业的承受能力，关系到职工群众积极性的提高和社会的安定。因此，必须从我国生产力水平低、人口多且老龄化发展迅速、人民生活水平还不高的国情出发，兼顾国家、企业和个人三者利益，兼顾目前利益和长远利益，既要适应经济体制改革和社会发展的总体要求，又要考虑现行基本养老金水平的实际情况；既要保障职工退休后的生活，又要有利于生产发展和社会安定。从这样一个指导思想出发，我们在设计方案时，一定要把握不要把养老金计发标准定得太高。养老待遇刚性很强，无论从我国的实际情况还是国际的经验教训都表明，这个标准上去了就下不来。基于这种考虑和反复测算，基本养老金第二部分的计发标准，对缴纳基本养老保险费满15年及其以上的，可以按照缴费每满一年，发给职工本人月平均缴费工资的1.3%，满10年的1.1%。对于社会平均工资偏低的地区，根据测算的情况，可以在此基础上，上调0.1或0.2个百分点。考虑到新的计发办法实施范围扩大到全部职工，人员结构比较复杂，基本养老金的第一部分不宜对缴费5年以上的职工均采用一个计发标准，可以考虑按照职工缴费年限分段计发。即企业和职工缴纳基本养老保险费满15年以上的，可以按照职工退休时本省、自治区、直辖市上一年月平均工资的25%计发，缴费年限满10年的为20%，满5年的为15%。对获得模范等荣誉称号的职工，可以由奖励单位实行一次性重奖或为其办理补充养老保险，退休时不再另外提高计发标准；从事井下、高空、高温等特别繁重体力劳动和有毒有害工作的职工，由于工资分配已经向这些工作岗位倾斜，从事这些工作时工资水平高，缴费多，退休时计发的第二部分基本养老金也多，为避免重复计算，产生新的不合理因素，在退休时不宜采取另外提高计发标准的做法。锦西市的基本养老办法中已经对这两个问题进行了改革。希望同志们在改革过程中不断探索研究，使基本养老金计发办法日趋合理和规范化。基本养老金计发办法的改革，不是一件容易的事情，在思想上、观念上和具体工作上，都存在着不少阻力，但我们必须克服困难，坚决把这件事办好。我相信，随着社会主义市场经济体制的建立和完善，这项改革一定会越来越被人们所接受并引起社会的普遍关注和支持。据了解，全国目前已有40多个市县正在按照国家改革养老保险的总体思路，进行调查研究，摸底测算。

锦西市人民政府在决定改革退休费计发办法的同时，对工伤保险制度也进行改革，使整个社会保险制度改革工作向前大大推进了一步。目前，从全国来讲，企业安全生产形势严峻，工伤保险制度改革迫在眉睫。最近，经国务院批准，劳动部对外公布了1991年事故伤亡情况。1991年，全国企业职工伤亡事故死亡人数达到14686人，重伤10809人，万人死亡率为0.8，万人重伤率为0.6，相对数虽然比1990年有所下降，但伤亡绝对数仍然比较高。而且，历年积累下来的工伤和职业病工人数多，他们的医疗和生活保障问题，需要劳动部门通过工伤保险制度的社会化来解决，这项工作非常重要而又细致复杂。对于工伤问题，我国历来采取两项基本对策：一是积极预防，坚持“安全第一、预防为主”的方针；二是建立和完善工伤保险制度，做好医疗保障、生活保障、经济补偿和职业康复工作。近年来，劳动部在经济体制改革中，积极搞好三项制度的配套改革。其中，包括职工工伤保险制度改革。我们一面抓紧搞好立法工作，一面推动各地开展改革试点工作。目前，这两方面的工作都取得了可喜的进展。工伤保险立法已上报国务院审议，工伤评残标准已发布试行，全国共有17个省市约200个市县相继开展了改革试点，取得了良好的效果。据反映，辽宁省7个地市和大连开发区已出台改革办法，说明了辽宁省的工伤保险改革工作是做得好的。工伤保险是强制性的社会保险，因为，没有强制就保证不了职工的合法权益。改革要坚持“无责任补偿”的原则，工伤补偿与工伤预防、职业康复相结合的原则，以及实行社会化管理等原则。在建立工伤保险基金的机制上，实行差别费率和浮动费率。就是说，根据各行业和企业工伤风险和事故频率的高低，确定不同档次的费率，在此基础上还要对企业上年度的安全情况进行考核，事故增多的费率就提高，事故减少的，费率就降低。为了做到收费合理和互相调剂，目前要规定最高费率和最低费率，进行必要的限制。采取这些改革原则和措施，加上安全监察的政策措施，我们劳动部门就可以运用法律的、行政的、经济的手段，把职业安全卫生工作和工伤保险工作做得更好，进一步搞好工伤预防，保障职工的安全健康和他们受到职业伤害后享受合法的权益。锦西市为这项制度改革出台做了很多准备工作，健全了劳动鉴定机构和工作制度，完成了伤残评定，解决了一批工伤职工长期住院的问题。据反映，企业和职工对这项工作是支持和欢迎的，政府各部门和工会组织应给予积极支持和配合。我们相信，改革办法出台后，大家继续努力，通力合作，认真细致地把各项配套措施办法搞好，在工作过程中总结经验、逐步完善，一定能完成工伤保险制度改革，为转换企业经营机制和发展社会主义市场经济创造有利的条件。

贯彻落实试行办法，要紧密依靠广大职工群众，把政策交给大家，增强透明度。劳动部门与有关部门互相配合，互相支持，做好宣传教育工作，提高广大职工的思想认识，使职工明白改革有什么好处。在大家理解的基础上，解除思想顾虑，取得支持和监督，保证实施工作顺利进行。

（作者当时为劳动部部长）

全国企业劳动人事、工资分配、社会保险制度改革经验交流会开幕词

（1993年5月6日）

朱家甄

同志们：

经国务院批准，劳动部、经贸委、体改委、人事部和全国总工会联合召开的第二次“全国企业劳动人事、工资分配、社会保险制度改革经验交流会”今天开幕了。参加这次会议的有各省、自治区、直辖市和计划单列市劳动、经贸、体改、人事部门和总工会的负责同志，部分企业代表以及国务院有关部委、公司劳动人事部门的负责同志，新闻单位的同志也应邀参加了会议。在此，请允许我代表劳动部、经贸委、体改委、人事部和全国总工会，向与会同志表示热烈的欢迎！

当前，全党、全国人民正在按照党的十四大确定的建立社会主义市场经济体制的要求和八届人大一次会议提出的目标和任务，抓住有利时机，加快改革开放和现代化建设的步伐，使国民经济再上一个新的台阶。国有大中型企业作为国民经济的重要支柱和国家财政的主要来源，对整个国民经济的稳定发展，特别是对提前实现翻两番的宏伟目标具有决定意义。充分发挥国有大中型企业的作用，除了政府部门需要切实转变职能，努力改善外部条件，为企业落实各项自主权创造良好的环境外，还要求企业内部加强管理、转换经营机制，而深化劳动人事、工资分配和社会保险制度改革则是转换经营机制的中

心环节。只有把这两方面有机地结合起来，才能使国有大中型企业增强活力。正因为如此，我们五部门在1991年12月根据中央工作会议精神，联合召开了全国企业三项制度改革经验交流会，那次会议对企业深化内部改革，促进经营机制转换起到了积极的推动作用。一年多来，我们国家的政治经济形势又发生了深刻的变化，特别是在小平同志南巡重要谈话精神的鼓舞下，各地和企业按照《条例》的要求，加快了深化改革和转变政府职能、转换经营机制的步伐，使企业内部三项制度改革又取得了新的进展。我们这次会议就是要认真总结、交流各地和企业在建立社会主义市场经济体制过程中，创造出的新经验，以更好地发挥典型经验的示范作用，使企业认清新形势下企业三项制度改革的方向，为促进国民经济再上一个新台阶做出贡献。

对这次会议的召开，劳动部和经贸委、体改委、人事部及全国总工会进行了积极认真的筹备。各省、自治区、直辖市、计划单列市和国务院有关部委，由下而上地总结经验。在较短的时间里，会议筹备组就收到160多份材料，这些材料内容丰富，从不同侧面总结了在社会主义市场经济条件下，企业劳动人事、工资分配、社会保险制度改革的新经验、新思路。由于时间所限，会议只能介绍和印发其中一部分，其余材料我们将通过其它适当方式予以介绍和使用。

同志们，国务院领导和全国企业对这次会议寄予很大希望，我们一定要发扬团结协作、谦虚谨慎、互相学习、取长补短的作风，集中精力，共同努力，把这次会议开得圆满成功。

谢谢！

（作者为劳动部副部长）

在贯彻《关于劳动就业服务企业发展第三产业安置富余人员若干问题的通知》电话会议上的讲话

（1993年9月2日）

朱家甄

同志们：

劳动部、国家计委、国家经贸委、国家体改委、人事部、建设部、中国人民银行、国家税务总局、国家工商行政管理局、国家国有资产管理局等10个部委局联合发布了《关于劳动就业服务企业发展第三产业安置富余人员若干问题的通知》（以下简称《通知》）。这是继1990年国务院颁布《劳动就业服务企业管理规定》之后，又一个指导和促进劳服企业发展的重要文件。《通知》适应深化改革和加强宏观调控的要求，提出了劳服企业在新时期的任务和使命，并按照国家调整产业结构，大力发展第三产业的战略部署，确定了劳服企业90年代发展的方针、政策和措施，体现了国家、社会各方面对劳服企业的关心和支持，对促进劳服企业发展具有重要意义。认真贯彻

《通知》精神，全面落实有关政策措施，是在新形势下大力发展劳动就业服务事业，进一步做好就业工作的重大举措。

下面，我就贯彻落实《通知》精神讲几点意见。

一、培育和发展劳动力市场，必须进一步发挥劳服企业的作用。

劳服企业自1979年创办以来，在各级政府和社会各界的大力支持和帮助下，依靠国家政策扶持，从组织生产自救和进行劳动积累开始，经过14年的艰苦奋斗，至今已发展成为我国城镇集体经济的主要支柱和劳动就业的重要基地。到1992年底，全国已有20万个劳服企业，从业人员900万人。当年实现国民生产总值1220亿元，利税总额101亿元。1979～1992年累计安置了2000万城镇待业人员，吸纳国有企业富余人员160多万人，并为国有企业和其它单位输送了800多万合格劳动力。劳服企业通过国家政策扶持，劳动积累财富，以及边生产边培训的方式，走出了一条创业式的就业道路，在扩大就业，调节劳动力余量方面发挥了积极作用。近14年中，我国曾出现两次待业高峰，劳动力供求矛盾十分突出，由于大力发展劳服企业，吸纳待业人员，有效地平抑了失业率，保证了就业局势的稳定和社会的安定。同时实现了就业的分流，减轻了国有大中型企业就业压力，为深化经济体制的改革创造了良好的社会环境。

我国劳动力资源丰富，经济发展水平比较低，劳动力供大于求的矛盾长期存在。"八五"后三年，我国城镇需要安置就业的劳动力约2000万人，企业富余人员约1000万人，同时，农村还有1.2亿剩余劳动力需要转移，就业任务十分繁重。社会主义市场经济的确立，决定了对劳动力资源的配置必须发挥市场机制的基础作用，实行企业自主用人，个人自主择业，供求双向选择和劳动力合理流动。这就需要健全对劳动力的宏观调控，完善就业服务体系和社会保障体系。国家对市场就业进行宏观调控的一项主要内容，是解决大量剩余劳动力的出路，将失业率控制在社会可承受的范围内。这也是保证社会稳定和深化改革顺利进行的基本条件。中国的国情现状决定了我们不能在社会上保留一支庞大的失业队伍，劳服企业发展的实践表明将剩余劳动力组织到生产自救中去，是中国平抑失业率行之有效的办法之一。江泽民总书记曾经指出：消化大中型企业和党政机关事业单位多余的人，办法还是有的，比如大力发展第三产业，成立劳动服务公司，建立劳动保险制度等等，都是一些可行的重要途径和办法。劳服企业在解决城镇待业人员就业的同时，帮助大中型企业和党政机关消化富余人员，符合社会主义市场经济要求，不仅必要，并且可行。去年，在劳服企业安排的101万人中，就有20多万是国有企业的富余人员。同时，劳服企业还通过承担失业人员的生产自救、转换职业者的临时安排以及对流动劳动力的积极储备，进一步开拓了就业服务领域，与职业介绍、就业训练、待业保险四位一体，有机结合，协调运作，形成我国就业服务体系的四大支柱，促进了劳动力市场的培育和发展。中外人士都说劳服企业具有中国特色，符合我国国情，主要是指劳服企业既发展生产、创造财富，又承担了安置就业和吞吐调节劳动力的任务，既以经济效益为中心，又以社会效益为已任。这次10部门联合下达的文件就是给劳服企业就业工作赋予新的内容，并在政策上予以扶持的文件，它是指导市场就业的一项重要措施，希望各地一定认真落实好。

二、抓住机遇，迎接挑战，加快发展。

新形势下，安置企业富余人员的使命和国家发展第三产业的决策，为劳服企业提供了新的发展契机。我们一定要抓住时机，加快劳服企业发展步伐，努力在90年代形成强大的实力，使它在就业安置容量和经济效益方面有更大的发展，成为我国城镇集体经济的主体力量。

要从发展第三产业着眼，确立劳服企业发展的目标。劳服企业生产经营范围涉及第一、二、三产业各个领域，其中从事第三产业的企业占70%以上，在商业、饮食服务业、信息咨询、社会综合化服务、交通运输、金融、旅游、教育、卫生、科技等行业的发展尤为突出。目前，劳服企业在从事三产方面积累了一定的经验，培养了一批经营管理人才；加上它点多、面广、核算单位小、经营灵活，在第三产业发展方面有独特的优势；今年，就业服务业已被国家列入第三产业发展总体规划，作为其中重要组成部分的劳服企业将会得到统筹规划、协调发展。要按《通知》的要求，指导劳服企业第三产业的发展，重点应放在投资少、见效快、就业容量大、与经济发展和人民生活关系密切的行业，以及适应社会经济发展要求的新兴三产项目。

与此同时，我们也必须看到，劳服企业的发展面临严重挑战：就业的巨大压力，市场的激烈竞争，政策环境的不宽松，以及本身机制的不健全，都是影响其发展的因素。但是根本问题是要解决劳服企业的经营机制问题。目前，劳服企业集体所有制经济的活力还不能很好的显示出来，尤其在劳动分配、保险福利和经营自主权等方面，一些企业仍照搬全民企业模式，违背了集体经济属性，严重制约了劳服企业的发展；还有的是主办单位及其主管部门干涉企业生产经营自主权，干涉企业内部改革。当前在贯彻《通知》过程中，要指导劳服企业转变观念，树立市场经济意识，按照市场经济规律改革和完善经营机制，充分发挥劳服企业集体经济“五自主”、机制灵活、应变能力强的特点，建立适合自己发展的模式。

当前，要加快劳服企业推行股份合作制的步伐。股份合作制既不同于一般的合作制，也不同于目前企业改革中出现的股份制，它是兼有股份制和合作制两种制度的特点，适应中、小企业生产力发展水平的一种新的企业制度。劳服企业实行股份合作制的基本原则是以合作为基础，实行劳动合作和资本合作相结合。坚持按劳分配和按股分红相结合，利益共享、风险共担。这也是劳服企业加强民主管理、贯彻劳动分配、防止侵权行为的有效机制。目前已经开展股份合作制试点的劳服企业，普遍经营效益好、发展速度快、安置人员多，取得了很好的效果。我们要在认真总结经验，调研论证基础上广泛开展试点工作。

三、认真学习，广泛宣传，全面贯彻《通知》精神。

10部委《通知》的发布，是劳服企业发展建设的一件大事，各级劳动部门、行业管理部门、主办单位及劳服企业都要把学习、宣传、贯彻落实《通知》精神作为一项重要工作来抓，通过学习，明确方向，掌握政策；通过多种形式大力开展宣传，动员全社会来关心和支持劳服企业发展。各地、各产业系统劳动部门应按照《通知》的要求，在当地人民政府和有关部门的领导下，结合实际，协调有关部门尽快制定劳服企业进一步发展第三产业、安置富余人员的具体措施，认真贯彻落实《通知》中有关扶持劳服企业发展的政策，加强对劳服企业管理、指导、服务。切实维护企业合法权益，依法制止各种侵权行为。同时还要深入研究社会主义市场经济体制下劳服经济的理论与实践问题；充分发挥各级协会组织的作用，开展培训及经济、法律、信息咨询，协调和社会各方面关系，保证劳服企业健康发展。

同志们，劳服企业的创办和发展，始终得到各级人民政府、各有关部门的大力支持，得到了新闻界朋友们的普遍关注。在此一并表示衷心感谢。希望在贯彻落实10部委《通知》精神，推进劳服企业发展中，继续得到大家的关心和帮助。

谢谢大家！

（作者为劳动部副部长）

在全国企业工资工作会议上的讲话

（1993年9月8日）

朱家甄

同志们：

全国企业工资工作会议今天就要结束了。在开幕式上，工资司刘杰三司长作了很好的报告，我完全赞同。大家在对报告和有关文件的讨论中，思想十分活跃，讨论非常认真，尽管对某些问题看法、观点不尽一致，甚至于有的完全对立，我认为这是一种好的现象。通过讨论，对我们辨明方向，进一步深化企业工资改革非常有利。在会议结束之前，我谈点个人意见，这些意见没有经过部党组的讨论，供同志们工作时作为内部参考。主要讲四个问题：

一、当前劳动三大制度改革的形势

到目前为止，劳动三大制度改革的进展情况很好。在劳动制度改革方面，全国已有3000多万名企业职工参加了各种形式的劳动制度改革。其中，全员劳动合同制发展比较迅速，实行合同制的工人已达2452万人，占全国企业职工总数的22.7%。为什么发展这么快呢？主要是大家认识到，要搞好社会主义市场经济，劳动关系必须通过劳动合同来确定。由于这一思想已日益深入人心，所以劳动制度改革发展非常快。

在工资制度改革方面，工效挂钩办法进一步完善，挂钩面不断扩大。目前，全国实行各种形式工效挂钩办法的企业已达10多万户，职工4100多万人，占全国企业职工总数的60%以上。不仅盈利企业实行工效挂钩，还发展到亏损企业的减亏挂钩。全国岗位技能工资制试点工作进展也比较快，已有2500多户企业，1200多万职工实行了岗位技能工资制。在试点问题上，我们不搞一刀切，不搞统一的模式，而是采取了灵活多样的办法。根据企业特点，凡是包含了岗位和技能两个内容的，我们都承认为岗位技能工资制。

在社会保险改革方面，全国已有50多万户企业、8500多万职工和1700多万离退休职工参加了退休费用的社会统筹。有22个省市实行了职工个人缴费的养老保险办法。待业保险进一步得到了加强和完善。今年上半年有65.6万名职工享受了待业保险，其人数超过前6年的总和。发放待业救济金1.05亿元，相当于前6年的80.3%。同时，帮助17.2万人实现了再就业，救济了企业内停待工人员39.9万人，另外给企业提供了部分流动资金，协助企业搞好生产自救，使待业保险走上了由单纯救济型向救济安置型转变的道路，体现了中国特色。目前，全国已有待业保险机构2100所，同1万多所职业介绍机构、2220所就业训练中心形成比较完善的劳动就业服务体系。待业保险金和养老保险金的运转状况也是好的。

在处理劳动关系上，也取得了新的进展。全国现有各种劳动调解争议委员会22万个，地方劳动仲裁机构2800多个。到目前为止，已处理劳动争议案件100万件，对社会安定、劳动制度改革和经济发展起到了很大作用。其中，通过调解委员会调解处理的71万件，经过仲裁委员会处理的24万件。可以看出，多数是通过调解来解决的，仲裁的结果也很好。对仲裁不服上诉后，经过法院裁决，与仲裁结果不一致的，只占10%左右。

关于工资改革，我想再强调一个问题。通过前几年的努力，企业工资工作取得的一个主要成绩，就是建立了一套新的调控机制，这一点很不简单。大家知道，企业自我发展、自我调控、自我约束机制的形成，还要有一个过程。因此，当前我们对企业的工资必须有一套调控办法，中央领导同志反复强调，工资总额必须控制。在原来体制下，所有的工资都靠计划，各省市靠指标管理，实际执行结果和工资总额增长计划都是成番的突破，既没有管住，也束缚了企业手脚。《条例》颁布后，旧的机制被打破了，实际情况要求建立新的机制。这几年，经过反复研究，提出了以弹性计划宏观调控和企业工效挂钩等四种办法微观调控相结合的调控机制。这两个办法，应当是紧密结合、互相衔接的，否则形不成机制。这就是花了很大力气推行弹性计划的原因，并已得到了全国八届一次人大会议的批准。通过弹性计划控制宏观和中观，通过工效挂钩和工资总额包干对企业微观工资总量进行调控，然后把两者有机地结合起来。当每个企业的工资总量加起来和弹性计划矛盾的时候，怎么办？我们想还是用工资储备金的办法进行调控。这样做是否违背了企业自主权？应该说每一项宏观调控的办法都是涉及到企业切身利益的，这样做，只是从计划上进行调控，没有干涉企业的具体使用，是可行的。这样才能保证企业的工资总量不失控。从今年上半年执行的情况看，应该说是好的，基本实现了“两个低于”，全国工资总额扣除物价因素增长了6%多一点。问题是要继续完善，要把劳动计划工作和劳动工资工作紧密结合在一起。企业工资离不开弹性计划的宏观调控，并且以工资的弹性调控来间接调控新增职工人数，因此必须把两者紧密结合起来，形成一个新的机制。这也是机构改革中为什么把工资和计划工作结合在一起的原因，形势的发展决定了两者是不可分的。希望各地区、各部门认真研究两者的结合，研究这一新的调控机制，并不断完善。尽管它是一种过渡措施，但在目前不失为一种好办法。如果没有这一办法，在《条例》出台后，就会出现工资宏观管理上的混乱。这一情况也说明企业工资还有很多工作要做，那种认为工资总额不要管了，劳动部门的工资部门可以撤消了的观点是错误的。

二、当前企业工资分配上存在的问题

当前企业工资分配方面总的看是好的，但是在企业工资收入分配上也出现了一些现象值得注意。一是从全国看，城乡居民收入差距进一步扩大，也就是剪刀差在扩大，这一现象须引起我们注意。新华社记者曾写了一篇很好的文章，文中指出，1985年城乡居民收入的差距仅仅为1.7倍，这是因为实行承包以后，农业有了大的发展，使剪刀差开始缩小；到1992年城乡居民的收入差距扩大到2.33倍，而且还在继续扩大。这一情况对研究分配的人说，不得不考虑。因为农产品的价格，除了收购价外，很多农产品的价格已经达到或超过国际市场价格，再靠价格调整来缩小差距已经难以做到。因此，农村劳动力的转移问题摆在了我们面前。如果仍然是目前的生产率，那么农民的生活水平就很难提高。可职工的收入每年在增长，特别是工资外收入的增长还很迅速。所以，对整个企业的工资水平增长要有所节制，不然将来是灾难。二是地区间收入差距加大。应该承认各地物价水平是不一样的，但收入超过一倍，而且目前仍在通过非按劳分配的手段在增加收入，则须引起警惕。否则，无法实现共同富裕的目标。三是从企业来看：第一，不同所有制之间的收入差距在拉大。如1986年人均工资收入，全民所有制企业1414元，三资企业1629元，后者只高出15%；1991年人均工资收入，全民所有制企业2477元，三资企业3468元，高出40%。个体户收入，1986年平均每户3000元，1991年达到7000元，收入增长也是过猛。第二，行业间收入差距也在扩大。第三，职工收入来源呈现多元化。据国家统计局匡算，1985年职工工资外收入人均208元，1990年增加到773元，增长了2.7倍，平均每年增长30%。工资外收入约占了职工总收入的40%～50%。工资外收入来源如何呢？部里在1990年做过调查，约有67.53%来自本单位。因此，如果企业工资工作做好了，工资外收入问题可以解决大部分。第四，全民所有制企业平均主义仍然严重，阻碍着分配制度的改革。据北京市介绍，全市企业职工平均工资收入1986年是1566元，1990年是2820元，增加了1254元，其中基本按人头增加的为846元，占了76.6%。这样就造成了一种危险，即按人均分配的成份达到一定比例时，反正干不干都是一人一份，那么谁还劳动呢？按劳分配如何贯彻呢？这种状况必须扭转。我讲这些问题的目的，是希望大家不仅要看到成绩，而且要看到存在的问题。有些差距是合理的，是我们提倡的，有些差距并非劳动上的差距，而是乱发钱物造成的差距。平均主义严重也不是按劳分配的结果。一方面需要职工更新观念，另一方面也提醒我们要严格掌握企业工资分配政策。我们要建立社会主义市场经济，因此就要坚持公有制经济的按劳分配原则，尽快形成具有中国特色的企业分配制度，既鼓励效率又维护社会公平。只有这样，才能走向共同富裕的道路。希望大家注意这个问题，再不要从本地区本单位的利益出发，出台一些不是按劳分配的政策，这样是有碍大局的。

三、关于企业工资改革的总体设想

经过会议讨论，大家提了很多好的意见。总的看，大家赞成有一个总体设想。我们之所以搞一个企业工资分配的设想就是为了建立起一个大通道，指出一个方向，将来的企业工资改革就是要按着这个方向改，沿着这个大通道前进。实践中可能会有曲折、反复，但大方向是明确的。既然是设想，就说明它很不完善，是供讨论研究用的。有，总比没有强。

大家对"三句话"的表述提了很好的意见。我个人看法，总的目标模式是正确、合理的。因为，它指出了企业工资要按市场经济的要求办，要遵循价值规律、竞争规律和供求规律。既然是劳动力市场，劳动力作为一个特殊生产要素，是有价格的，在进行分配时不考虑劳动力在市场上的价格是不符合社会主义市场经济需要的。简单地说，如一个工程师在市场上的价格是月薪500元，企业要聘用，就必须支付这一价格。到企业后，再结合企业效益和本人业绩进行按劳分配，应该说两者是不矛盾的。受供求规律的影响，高素质的劳动力由于缺乏，价格肯定偏高；相反，低素质的劳动力，肯定价格偏低，这些都是符合市场经济规律的。设想中唯一的缺点是，没有指出国有企业分配问题的决定还要符合剩余价值规律，即有利润，就有剩余价值和剩余劳动，就要让职工分享，单纯用工资体现按劳分配是不完全的。所以，还要按剩余价值规律办事，这样才能实行完全的按劳分配。设想中指出政府、企业、市场三者在企业工资方面的关系，我看写得是好的。应当说，这三句话，概括的内涵还是全面和必要的。问题就是大家提出的，什么时候实行。我们说，企业工资的改革单方面突进是不可能的，在总体设想中明确提出了实现目标模式的基本条件，并且提出了实现这一目标模式还要有过渡期。在过渡时期以培育劳动力市场为主线，政府通过立法来调节企业的分配行为。我认为过渡时期实行起来是困难的，因为起码要建立两个体系。一是协商体系，即国家有关部门、专家、学者通过协商制定一个工资增长指导线，参与部门越多，协商起来越困难，部门越少，非议就会越多。协商体系是很难建立的。另一个体系是企业如何根据国家提出的工资增长指导线进行工资自我决定，总体设想中提出集体谈判的办法。对这个办法，大家意见较多。有的同志认为，这是资本主义的做法，不适合我国国情，也有的同志认为可以试一试。这里确实有如大家所提出的，集体谈判要有对手等问题。在资本主义国家，企业谈判是两方，一个是雇主，一个是工会。而在我国，公有制经济缺乏雇主，非公有制经济缺乏工会。有的说是厂长可以作为公有经济的雇主代表，但目前的状况是厂长和职工结成一个联合体，一块要求增加工资，没有对立面，没法谈判。三资企业中，约90%缺乏代表职工利益的工会。全社会的按劳分配如何实现，仍值得研究。我们建立的企业的分配制度一定是符合社会主义本质的分配制度，这一点在总体设想中应当体现。什么是社会主义本质？邓小平同志指出，社会主义的本质就是解放生产力，发展生产力，消灭剥削，消除两极分化，最后达到共同富裕。所以，我们的分配制度要体现促进生产力发展，消灭剥削的原则。这就是和资本主义分配制度的根本区别。由于这个问题比较复杂，执行起来也很困难，既涉及到经济体制改革，还涉及到培育一个什么样的雇主，一个什么样的工会。这些都需要在理论和实践中探讨。经过研究，部里准备近期搞点试点，逐步来摸索、探讨。拟首先在成都和深圳进行，深圳是以市场经济为主的城市，85%是非国有经济；成都市正好相反，80%是国有经济。

四、当前企业工资工作的几个问题

(一)机关事业单位和企业的工资差距问题，特别是今年10月份机关事业单位工资改革方案出台后，企业怎么办？从1992年完成情况看，企业工资和机关工资基本上是合理的。1992年，扣除农业企业后，企业人均工资是3039元，事业单位2758元，机关是2783元，企业比机关高出256元。因为，企业中有艰苦岗位津贴、加班工资等不可比因素。根据工资司测算，这些因素约占到工资总额的12%。现在，大家议论比较多，感到企业与机关工资有差距。主要是两条：一是今年以来各地对机关自行出台了一些补贴政策，同时一部分企业经济效益不好，出现了明显的反差；二是机关公务员工资制度改革。对这个问题，部里从4月份就已开始研究，我们考虑：1. 企业和机关的工资增长机制和分配办法是不同的，必须彻底脱钩，但水平应接近和相当，差距大了不行，按一般规律，机关工资水平应比企业略低一些。2. 建立正常的企业工资增长机制。3. 企业要靠提高经济效益来增加工资，即增加工资后不能调整承包基数。4. 增加的工资要坚持企业自主分配，反对平均主义。我们设想分三个层次来解决这个问题：凡是经济效益好的企业，实行工效挂钩后，工资储备金比较多的，可用自己的钱来解决；经济效益不太好的企业，可增加部分工资基数；亏损企业，在扭亏增盈的前提下，在减亏指标中解决。至于如何下达，待请示国务院后确定。

(二) 关于企业离退休人员的待遇问题。现在企业的离退休人员和机关离退休人员的待遇有一定差距，应当予以调整。这个问题，我们已多次向国务院汇报。机关和企业的离退休人员的待遇问题必须通盘考虑。原来企业和机关离退休人员的待遇有差距是事实，但如果完全 执行国家政策规定，差距不会这样大。问题是各地自定政策，给机关现职人员增加工资或补贴，有的相应提高了离退休人员的待遇，造成了攀比，使矛盾越来越集中，上访事件时有发生。当然，上访这种做法是不对的。国家有关部门正在积极研究采取措施。已经有了一个意见，现在没有出台，主要是想建立企业离退休人员待遇的正常增长机制。为此部里专门成立了小组来研究这个问题。希望各地区不要自行出台政策，否则容易引起混乱，反而不利于问题的解决。

（三）关于经营者收入问题。对这个问题，大家提了很多很好的意见，划类型是不合适的，我是反对企业升级的。大家发言中表示，同意把经营者收入和其他职工的收入分开，这个想法是对的，办法还要修改。最近，我接待了一些国家的劳工部长，我曾问过他们，在你们国家中，国有企业谁是雇主？他们回答：雇主是以经营者为首的管理层，他们的收入由劳动仲裁委员会在确定公务员工资时一起确定。一般低于私有企业。国有企业经营者收入由国家发放但全部进成本，而且不允许再有其他的收入。企业内部其他人员的待遇由经营者决定，这样，经营者就能代表国家所有制的利益。

有的省、市打算把一些大企业的经营者收入由劳动厅（局）管理，这个办法很好。经营者欢迎，工人也满意。经营得好，拿得无愧。这个办法是否可行，还有什么意见，希望大家继续研究。但大方向是可以的，欢迎各地搞一些试点以便进一步完善。

（根据录音整理，作者为劳动部副部长）

努力开创劳动部门廉政勤政建设新局面

（1993年10月27日）

李伯勇

最近，劳动部部长李伯勇在部分省市劳动部门廉政建设座谈会上，就认真贯彻落实党中央、国务院关于反腐败斗争的部署，加强劳动部门廉政勤政建设问题作了重要讲话。

李部长在讲话中，首先肯定了劳动部门在廉政勤政建设工作中所取得的成绩。他说，从1990年6月劳动部召开部分省市劳动部门廉政建设座谈会以来，各级劳动部门在各级党委、政府的领导下，普遍重视廉政勤政建设。坚持“两手抓，两手都要硬”的方针，积极探索在新形势下，搞好劳动部门廉政建设、纠正行业不正之风的新路子、新方法。在廉政勤政建设中做了大量工作，取得了一定的成效，保证和促进了劳动领域各项改革的顺利进行。国务院纠风办近两年对全国的廉政建设和纠风工作情况进行了三次社会调查，他们认为劳动部门行业风气大有好转，行业不正之风的位次在国家机关各部门中有所下降，纠风成果明显。广东省政府1992年对纠正行业不正之风情况进行的问卷调查也表明，群众认为劳动部门是行业风气“有很大好转”或“略有好转”的13个部门之一。这些都说明各级劳动部门对廉政勤政建设和纠风工作是很重视的，工作是有成绩的。

李部长指出，我们在充分肯定劳动部门

廉政勤政建设工作取得成绩的同时，必须清醒地认识到，我们的工作离党中央、国务院的要求还有一定的差距，还不能完全适应市场经济发展的需要。法制建设还很不健全，还存在一些漏洞。如在劳动力市场管理，“两金”的收缴、管理和使用，资格认证等方面还存在一些问题；在行政性收费上面，有的任意扩大收费项目，提高收费标准，甚至将行政性的服务转到下属企事业单位，搞有偿服务。另外，个别干部见利忘义，不给好处不办事，给了好处乱办事，有的甚至发展到利用手中权力谋取私利，搞权钱交易、贪污受贿，在群众中造成恶劣影响，严重损害了劳动部门的形象。这些问题尽管发生在个别单位和极少数人身上，但影响很坏。对此，各级劳动部门的领导和广大职工必须引起高度重视，要采取切实有效的措施加以解决。

结合当前的形势，李部长提出了开展反腐败斗争的三条具体意见：

第一，认真学习江泽民同志在中纪委二次全会上的讲话，全面落实党中央、国务院近期反腐败斗争部署。党中央、国务院近期抓好反腐败斗争的各项要求和重大措施，充分体现了全党深入开展反腐败斗争和推进党风廉政建设的决心，体现了坚持党的基本路线，坚持“两手抓，两手都要硬”的方针，顺乎党心民意，各级劳动部门的领导要加强对这场斗争重要性的认识，并认真组织干部职工学习贯彻江泽民同志的重要讲话和中纪委二次会议精神。要针对干部职工的一些模糊认识和对反腐败斗争信心不足的问题，加强思想教育，要通过切实有效的工作，努力克服腐败现象的实际行动，鼓舞干部、职工，增强信心。各级领导干部要严格要求自己，带头执行中央提出的五条廉洁自律的要求，在反腐败斗争中起模范表率作用。要把着眼点继续放在抓机关建设上来，认真修改、完善廉政勤政制度，强化制约监督机制，继续坚持“两公开一监督”和“一条龙服务”等办理制度，加快劳动工作中的法制建设。结合机关职能转变，改进机关作风，增强服务意识，深入调查研究，为企业和群众办实事，要认真解决“不给钱、不送礼、不办事”和工作效率低下，工作拖拖拉拉的旧衙门的腐败作风。各级劳动部门要结合本地区、本部门的实际，抓住突出问题，在近期内切实抓出成效来，取得阶段性成果。

第二，积极开展专项治理，认真纠正行业不正之风和群众不满意的热点问题。近几年来，由于各级劳动部门重视廉政勤政建设工作，行业不正之风得到了一些遏制，但纠风工作还不尽人意，有些问题又纠而复生，有些以权谋私的不正之风又有所滋生。据国务院纠风办的调查，认为劳动部门不正之风没有好转的仍占 31.3%，更严重的占 13.4%，在治理乱收费问题上国务院仍把劳动部门列为重点部门之一，对此，必须引起我们高度重视，我们要按照中央的要求，近期下大力气抓好以下工作：一是治理纠正乱收费问题。各级劳动部门要对收费项目、收费范围、收费标准、收费的使用和管理等进行认真清理，坚决制止擅自出台收费项目，提高收费标准，放宽收费审批权限的现象。对国务院指出的几种乱收费行为要坚决刹住。对虽经国家批准的行政性收费，不合理的也要进行调整，该降的要降下来，该取消的要取消。要建立健全行政性收费许可证，坚持亮证收费，收费资金实行收支两条线；二是要认真执行国务院《关于严禁用公费变相出国（境）旅游的规定》，严格审批制度，严格出国（境）费用的管理，刹住以考察、培训为名，用公款出国（境）旅游的不正之风；三是禁止举办没有实质性内容的培训班和办班中乱收费问题。这个问题重点在部和省厅两级，特别是部机关要认真加以清理和纠正；四是要认真查处劳动系统中的各种违反党纪政纪的案件。

第三，加强对市场经济条件下出现的新

情况新问题的研究，努力探索劳动部门廉政勤政建设、纠风工作的新途径。现在我们正处于由计划经济向市场经济转换时期，建立社会主义市场经济体制要经历一个艰难的新旧体制转换过程。在这个过程中，由于各种约束机制还不健全，工作中难免存在一些漏洞和薄弱环节，加上一些政策界限不清，人们的思想也在千变万化，这就给廉政建设带来很大难度，在新的形势下，各级劳动部门要加强这方面的研究，比如，随着劳动部门职能的转变，过去劳动工作中的八个环节，有些内容已经发生变化，过去的重点环节，现在不一定是重点了，过去不突出的问题，现在突出出来了。据各地反映，技校招生、资格认证、合同鉴定、劳动与安全监察、“两金”的使用与管理、安全监察技措经费的管理与使用等已成为劳动部门的重点问题。因此，有必要对上述的一些环节加强监督和检查，建立起一套监督机制。总之，廉政建设要不断适应新情况，研究新问题，在方法上要有所创新，在思路上要勇于探索。

部分省市劳动部门廉政建设座谈会是10月27日在京召开的。来自北京、辽宁、吉林、广东、山东、陕西、湖南、四川、上海、山西、浙江等11个省市劳动部门的同志参加了会议。

（作者为劳动部部长）

在劳动监察工作会议上的讲话

（1993年11月8日）

朱家甄

同志们：

劳动监察工作会议历时三天就要结束了。这次会议之所以开得很成功，主要是与全国各地劳动部门的重视，广东省劳动局、深圳市政府、市劳动局的大力支持和帮助，和在座各位的共同努力分不开的。代表们反映，我们这个会议开得很及时，主要是大家感到，通过这次大会和兄弟单位介绍的经验，在社会主义市场经济条件下劳动工作遇到的许多新问题得到了解决。尤其是深圳市劳动监察工作的经验，给了大家很大启发。下面，我再讲四个问题，仅供同志们参考。

一、要充分认识社会主义市场经济条件下处理劳动关系的艰巨性、复杂性和劳动监察工作的重要性。

在建立社会主义市场经济体制的初期，企业的劳动关系日趋紧张，最近一段，表现得愈发突出。仅据十五个省市的不完全统计，集体上访和罢工事件三季度比二季度又增加了50%。预计明年还要高于今年。不但如此，一些事件还具有恶性的、突发的性质，有的事件破坏力比较强，社会影响比较大。例如某地的一个上访事件，最后发展到冲击政府，殴打执勤武警。有的事件从一个企业向多个企业蔓延，像珠海某机电公司的事件就是这样。还有，最近我们发现，有的地区发生的集体上访和罢工事件有比较严密的自发组织，搞不好可能由经济事件向政治事件发展。根据初步分析，这些事件大部分是由于劳动关系不协调引起的，因此必须引起我们高度重视。再比如，自从我们进行劳动制度改革以来，企业的劳动争议案件不断上升。六年来，已经发生了各类劳动争议案件一百多万件。为此，我们不得不建立了22万个企业的劳动争议调解委员会，2800多个地方仲裁机构。通过他们的努力，企业和地方调解解决了95万件，还有5万件是经过仲裁委员会立案裁决的，它涉及到职工9万人，其中还有集体劳动争议2000件，涉及职工4万人。由此看来，最近一段时间，我们的劳动关系是变得复杂了、紧张了，劳动争议案件上升了，涉及的人数增加了。

正因为如此，中央和国务院对调整劳动关系问题十分重视，中央领导同志多次指示我们要认真研究解决。我们部党组认为，劳动关系的调整已经上升为劳动工作的主要工作之一，必须加强力量，配备人员，高度重视。因此在机构改革中，尽管机构、编制极为紧张，部党组仍然决定成立劳动关系与监察司，并且得到了国务院领导同志和中编办的支持。不但如此，正如大家讲的，我们这次在深圳能够开这样一个会也证明了部里对这项工作是十分重视的。要想抓好劳动关系调整工作，必须解放思想，更新观念，对这项工作要有一个正确的认识。我们抓劳动关系与劳动监察，当然不仅仅是因为出了几起事件，更重要的是这项工作是社会主义市场经济发展的需要。那么在以前计划经济时代，有没有劳动关系调整和劳动争议问题呢？我们说也有，只不过那个时候，主要是国营经济，集体经济、私营经济都很少，国家在劳动用工、工资分配等方面实行统一的计划管理，企业不能自主用工，劳动者没有选择职业的自由，劳动关系表现为个人和组织的关系、个人和国家的关系，因此行政关系就掩盖了劳动关系，表现出的都是行政关系。即便发生了劳动争议，也是个人向组织上提出申请，找组织、找领导、找上级，由组织上决定，按照行政办法来解决。

进入社会主义市场经济以后，这种被掩盖了的劳动关系显露出来了，企业现在成了用工的主体，而且在以公有制经济为主体、多种经济成分并存的情况下，又出现了用工主体多元化的趋向，因此使我们的劳动关系复杂化了。请大家看一下我们发给大家的《关于我国现阶段劳动关系调整工作的研究报告》，上面讲了现在有七种劳动关系表现形式，用工主体是多元化的，劳动关系就复杂了。现在，职工也有了选择职业的自由。因此，劳动关系双方之间的关系就再也不是组织和个人的关系，而是用工单位和劳动者用劳动合同确定的一种契约关系。目前，非公有制经济发展很快，但非公有制经济的法制又很薄弱，这也是劳资纠纷日渐增多的主要原因之一。我们的目的，就是要通过加强劳动关系调整和劳动监察工作，化解这些矛盾，调解纠纷，依法监察，依法仲裁，积极使这种日益严峻的劳动关系不致于对生产力造成大的破坏。

在实行社会主义市场经济的初期，和西方市场经济一样，现实生活中的劳动纠纷会增多，这是不容回避的事实。西方市场经济国家在建立市场经济的初期，劳资矛盾非常尖锐，各种斗争风起云涌，那个时候的劳动关系比我们现在紧张得多，但是通过工作、通过努力，劳动关系缓和一些了。加强劳动关系调整和劳动监察工作是发展社会主义市场经济的需要。为什么要成立劳动关系和监察司，原因就在这里。可以肯定地讲，建立市场经济的初期，劳动关系会紧张，这是事实。不是说，建立市场经济了，劳动关系越来越好了，所以我们要开展劳动关系调整工作，就是这个道理。

二、要正确分析劳动关系紧张的根源，抓

住源头，防患于未然。

我们不是希望劳动关系越紧张、案件越多越好，我们是希望通过努力工作，把劳动争议消灭在萌芽状态，减少劳动争议案件，造就和谐的劳动关系，这是我们的目的。那么为什么当前劳动争议案件越来越多呢？恐怕主要有这么几个原因：

第一个原因是劳动关系趋向协商建立。目前我们在进行劳动制度改革过程中，劳动关系发生了很大变化。通过劳动合同来确定劳动关系的国有和集体企业的职工达到了3500万人。在签订和履行劳动合同过程中都会发生劳动纠纷。还有一个问题，就是我们新体制和老体制的接轨问题。在一些地方，企业实行全员劳动合同制，但是原来是所谓的固定工、全民工，对旧体制遗留的很多问题要进行妥善的处理。在新旧体制转换过程中，由于劳动法规还不完善，比如我们的工资问题、工龄问题、退休金的计算问题等等，都有新老交接问题，所以纠纷就比较多。

第二个原因是外资企业发展迅速。根据初步统计，去年末我国的外商投资企业已经达到了90710户，其中去年一年就新建了48757户。从1980年第一个外商投资企业建立以来，仅仅十几年的时间，发展如此迅速。在外商投资企业从业的人员正式职工有400多万，如再包括三来一补、临时工、农民工，加在一起，据有的材料报道已经达到1046万。由于我们的非公有制经济的法规不健全，有的投资者就钻空子，克扣、盘剥工人的事情时有发生，劳动者享有择业自由后违反合同、侵犯投资者利益的事情也屡有发生。我国发生的劳动争议案件，很大一部分在外资企业。

第三个原因是私营经济发展很快。1992年底，雇工8个人以上的私营企业的注册数已经达到13.9万户，从业人员231.9万人。这些企业和外资企业差不多，有很多雇主对工人进行盘剥，有的不注意起码的劳动保护和职工福利。当然劳动者也有问题，这方面的劳动争议案件也很多。

第四个原因是当前有些公有制企业经营不善，亏损严重，不是企业不愿意履行各种义务，而是无力履行义务。根据全国总工会提供的情况，全国发工资比较困难，只发生活费的大约有700万人。对这些问题的解决，必须从解决实际问题入手，光说不行。还有一些行业比较困难，如纺织、森工、军工、煤矿。据纺织行业反映，纺绽每年在减少。因此，很多工人是富余人员，据测算，到1995年要富余160万人。

第五个原因是在非公有制经济中，工会等组织不健全，因此缺乏沟通劳资关系的渠道，也没有反映工人要求的渠道。究竟有多少三资企业有工会，没有确切的统计数字，有的资料说有20%，有的说有30%多，深圳市大概有50%左右的企业有工会，有一半还没有工会。由于没有工会，就没有联系劳资双方的渠道，因此一遇矛盾马上激化，引发事端。

第六个原因是劳动法制不健全。我们在立法上仍然存在很多问题，大家在讨论中都讲到了，我不重复了。还有在执法上，缺乏强有力的劳动监察，很多地方有意违法和行为偏差还处在无人检查、无人纠正的状态。

在分析了造成劳动关系紧张的根源之后，我们就要抓住根源、抓住源头，防患于未然，从根上解决这个问题。

三、切实把调整劳动关系和实施劳动监察的工作抓紧抓好。

改善劳动关系，实施劳动监察，从根本上来讲要注意以下三个问题。

第一，要培育和发展劳动力市场，建立劳动关系调节体系。在培育和发展市场方面，政府要做四件事，即要完善市场规则，实施市场监督，开展市场服务和实行宏观调控。劳动力市场也不例外，一是建立劳动力市场的规则，也就是劳动立法；二是实行市场监督，也就是大家讲的劳动监察；三是开展市场服务，也就是我们要求建立的劳动就业服务体系、社会保障体系、劳动关系协调体系等提供的服务；四是实行宏观调控，加强社会分配和劳动关系等方面的调控工作。劳动力市场发育完善了，劳动关系逐渐理顺了，争议事件就会减少。目前，从某种意义上说，劳动关系方面存在的一些问题是我们的市场不完善造成的。

第二，要吸取国外的先进经验。西方市场经济国家的劳动关系，一般都经历了一个由紧张到缓和的过程。在由紧张到缓和的过程中，他们有很多好的做法，我们必须把他们合理的东西吸收过来，为我所用。包括他们在企业内部实行民主管理、强调行为科学、建立企业和职工之间的利益共同体等等一系列的先进管理经验。大家回忆回忆，在六十、七十年代的时候，新闻报道日本的劳资关系相当紧张，经常发生罢工，现在劳动关系很缓和，据他们介绍，一年争议案件才几十件。我们也提倡要把职工和企业的关系处理好，因为这样做对发展生产力有利。

第三，要充分发挥社会主义制度的优越性。我们社会主义是提倡社会主义民主、提倡社会公平、提倡充分就业、提倡帮助弱者、帮助穷人。我们搞社会主义市场经济，更得认清社会主义的本质，把社会主义的基本制度和市场经济结合起来。我们的劳动关系、劳动监察工作更需要注重这一点，要发挥社会主义制度的优越性。譬如说，在劳动关系调整工作中，要充分发挥我们党团思想工作的威力，客观合理地多做思想工作；还要协调、联合企业主管部门、工商、公安、工会、妇联等组织实行综合治理。很多劳动争议问题，靠我们劳动部门一家是解决不好的，必须大家一起共同做工作，综合治理。

近期，在调整劳动关系、实施劳动监察工作方面要做好的几项工作：一是更新观念，提高认识。我们要反复宣传调整劳动关系、实施劳动监察工作在当前社会主义市场经济建立过程中的重要性，使我们各级领导对这个问题有一个充分的认识。这个问题，我在后面还要提到。二是加强立法，也就是建立市场规则。加强立法工作，当前来看，要分头去做，不要一棵树上吊死。我们当然希望我们的法规具有最高的法律效力，最好是人大通过的法律，起码也是国务院的规定。但是现在大家得现实一点，人大立法据我们了解，队排得很长，现在是法制年代，各种法都等着上。当务之急，必须全力以赴力争《劳动法》先出台。在这种情况下，是等呢，还是先干？我们的想法是能发部门规章的，我们就发部门规章，能够地方立法的，就请大家争取地方立法，有总比没有好。可能我们部门搞的、地方搞的不够完善，将来我们再完善嘛，所以希望大家分清层次，抓紧工作，力争有关适应社会主义市场经济的劳动法规早出台。今年我们抓紧了法规的起草和部颁规章的制定工作，有的已经发了，如劳动监察、经营者的收入；有的正在征求意见，如《最低工资条例》等。我们千方百计地努力工作，把我们能下发的文件尽快发下去，希望各地方也这样，能够由地方立法的，你们抓紧由地方立法。三是初步形成劳动关系调整体系。要做到劳动关系的建立和运行规范化、法制化，劳动关系双方根据自愿原则订立劳动合同，劳动合同书规范化，并且大多数是经过鉴证，具有法律效力；劳动纠纷有人调解，把一些问题消灭在初始萌芽状态，劳动争议能得到公正合理地仲裁，保护企业和职工双方的合法权益；劳动法规的执行有人去监察，依法纠正劳动关系主体的行为偏差；处理大规模的劳动争议案件有制度、有预案。

四、近期劳动监察工作任务

前面，我们从劳动关系运行过程谈了劳动关系调整和劳动监察工作，下面，我想对劳动监察工作再着重讲几句。

第一，还是要强调更新观念，提高认识。

提高社会、提高各级领导对劳动监察工作的认识，要靠我们大家做工作，特别要靠我们各地劳动部门向地方政府领导做工作。在市场经济条件下，要建立劳动力市场政府做四件事，劳动监察是这四件事中的一个。要宣传开展劳动监察工作是必然的，必须得做，早做早主动，要讲清楚。同时讲清楚这也是政府转变职能的一个重要组成部分。我们部里为什么抓得这么紧，就是我们看到了这是事物的必然，早抓早主动。以前，很多事我们讲了，好多人不信，最后，慢慢慢慢就走到这上面来了。全员劳动合同制，我们总讲你要赶快搞，好多地方不紧不慢，到现在一看是市场经济发展的必然，要确立劳动关系就得签合同，用工主体与劳动者之间的关系是合同关系，劳动合同制不搞不行，所以今年我们没怎么吵吵，进展很快。现在说劳动监察非干不可，也是这个道理。

第二，劳动监察工作，我提倡先干起来再说，我们各级劳动部门先干起来，没有编制你也先干起来，没有机构你也先干起来，在工作中去完善、去发展、去充实。有的地方劳动部门现在还在观望，缩手缩脚，我们希望通过这次大会解决一个问题，大家都干起来。

第三，我提倡认真学好深圳市的经验和广东省的经验，特别是深圳市的经验，为什么，因为深圳市开展劳动监察工作有四年的历史了，一套办法比较成熟。从这四年多的历史来看，劳动监察工作在促进市场经济的建立过程中发挥了积极作用，得到了企业的欢迎、工人的欢迎、政府的欢迎，所以我看经验比较成熟。要学好深圳的经验就要注意经验的基本点，深圳经验的基本点是什么?一是叫做“强化监督、及时介入、教育疏导、快速处理、就地解决”。二是国家暂时没有的法规，充分利用深圳市的立法权，自己完善。深圳在搞地方立法方面是很积极的，它的最低工资规定早出台了，深圳能搞为什么我们不能搞，要充分利用自己的立法权限，自己完善。三是监察人员宁缺勿滥，重视执法人员素质的提高，只有这样，才能做到清正廉洁，秉公执法，依法监察，依法处罚。四是在执法中，注意发挥公安、工商、工会、妇联、共青团等组织的作用，齐抓共管。刚才我们讲了，还是要发挥社会主义制度的优越性，这是我们的特色。五是在工作方法上，实行经常性的监察与突击性的检查相结合，处罚和教育相结合。监察工作，就像我们搞卫生一样，得突击性的与经常性相结合，不突击不行。六是在罚没款上注意收支两条线，才能够保持清正廉洁，罚没收入有标准，全部交上去，然后办案经费由财政拨给。深圳市的经验很好，请大家照这个样子结合本地的实际，先做起来，然后，再创新提高，不断完善。不是说深圳的经验就完善了，而是说深圳的经验可操作、可学。

第四，谈几个具体问题。关于机构、编制问题。大家在会议讨论当中，提出部里对机构设置、人员编制问题应说得硬一点。好像我们说得硬一点就能解决似的。恰恰相反，我想说得软一点。在当前机构改革当中，我们没有权力指挥下边成立这个、成立那个，不能讲得那么硬。但是我们要强调这项工作符合建立社会主义市场经济的需要，必须有人来做，不做就要出问题，不做可能要破坏生产力的发展，可能不利于社会主义市场经济的建设。能不能讲得再具体一点，再具体就不能讲了。可是有一条，劳动部给大家作了样板，我们有机构，有编制，有人员，而且把“三定”方案给大家发下去了。劳动部有个样板，深圳市有个榜样，我们为什么不能学着做呢？我们如果真的感到这个问题很重要，真感到劳动监察很重要，那么会照着做的。可能比部里、比深圳做得还好。另外，我相信不过多说这个问题也能解决，因为对深圳市我们从来没说过话，对广东省我们也没有说过话。今年，深圳市在监察大队 30 人编制的基础上，又加了15人。我们没说话，都解决得很好。因此在机构、编制、经费问题上，你们回去自己研究，有样板可以参照、可以学习。从某种意义上说，你的机构、编制问题解决得好不好是你工作的结果。你工作得好，自然就有人重视，到时自然而然就有人给你编制。

关于劳动监察与吸引外资的问题。讨论当中有的同志提出来，有的地方的领导担心开展劳动监察活动会不会把外商投资企业都吓跑了，你老査，他不来投资了。我看，只要我们工作做好了，不会。我在北京经常参加一些给外商投资企业介绍情况的会，外商投资企业对这个问题很关心，有时问得很细。前些日子，我参加了英国《经济学人报》组织的世界上大公司的老板到中国了解投资环境，给我们提了不少问题，讨论一小时还没完。他们不是不要你去检查，而是要求法律很清楚，执行起来也很清楚，就怕你们什么法律都没有，到时随意性很大，谁说了都算，那就糟了。他们对依法监察没有多大反感，就怕你没法律，或法律不健全，随便乱来。这个我们可以向领导同志解释清楚，我看不会有太大的问题。

关于专、兼职监察员的培训问题。这个问题，大家也提到了。劳动监察是一项新工作，有的同志提出，专兼职监察员，要有点标志，有的提出还要搞点培训。我们搞点培训是必要的。将来部里可以和大家一起组织一些培训的教材。必要的话也可以组织一些小规模的培训班。通过开展培训，不断提高监察员的素质，使我们的工作逐步走向正轨。

同志们，我们劳动部门在前一阶段的改革当中有一个比较好的经验，就是看准了的事情，一切通过试点，先干起来再发展，再完善，所以我们劳动制度改革进行得比较顺利。劳动监察工作是一项新生事物，我们也希望各地大胆试点、大胆实践，结合我们国家社会主义市场经济的实际，创出一条符合我国国情的劳动监察的道路来。

（作者为劳动部副部长）

关于个人收入分配和社会保障制度问题

（1993年12月20日）

朱家甄

根据中宣部的安排，让我讲讲建立合理的个人收入分配和社会保障制度问题，也就是十四届三中全会中的第五个问题的标题（第23至28条）。

大家知道，当前社会上收入分配中的平均主义和个人收入相差过份悬殊并存，社会分配不公的矛盾十分突出，而且成了人人瞩目，相当一部分人不满意的社会问题。其原因不但由于国家、集体、个人三者关系尚未理顺，而且存在着城乡之间、机关和企业之间的不合理差距（例如1989～1991年农民人均收入只平均增长0.7%），目前收入分配秩序上的某些混乱现象还败坏了社会风气。造成这种状况的原因是多方面的，需要综合治理，但是今天我们只能谈谈学习三中全会文件中建立合理个人收入分配和社会保障制度的体会，不谈大的国民收入分配。

三中全会决定中很多方面都涉及到个人收入分配和社会保障问题，不仅仅是第五部分的第23至28条。如第二条提出“建立按劳分配为主体，效率优先，兼顾公平的收入分配制度，鼓励一部分地区、一部分人先富起来，走共同富裕的道路，建立多层次的社会保障制度，为城乡居民提供同我国国情相适应的社会保障，促进经济发展和社会稳定”。这就为我们建立个人收入分配和社会保障制度规定了总体目标。又如，决定的第13条第一次鲜明地提出了要“改革劳动制度，逐步形成劳动力市场”，这在我国还是第一次，这意味着社会主义市场经济体制改革出现了重大突破。本来，劳动力作为生产要素，在市场经济条件下形成自己的市场是没有问题的，只不过因为劳动力是附着在劳动者身上的特殊生产要素，就引发出许多障碍，出现了劳动力要形成市场，是否把劳动者也出卖了，劳动人民还是企业的主人吗，甚至我国的劳动人民的劳动是否也成了雇佣劳动这样的问题。现在搞明白了，劳动力和劳动者是应该分离的，劳动力是可以形成市场的，劳动者仍是企业的主人，国家的主人翁。从确定劳动力市场的角度看，起码可以说明四个问题。1. 劳动力既然成为市场，那主体必须明确，即由国家是用人主体变成了企业是用人主体，职工有了择业自由，二者经过双向选择通过市场来配置劳动力资源。2. 既然是市场就要以价值规律、竞争规律和供求关系调节劳动力流动，确立劳动力价格。3. 国家将通过法制的、行政的、经济的手段进行宏观调控，维护市场秩序。4. 建立劳动力市场服务体系，其中很主要的就是要建立社会保障制度，为市场主体双方提供保护条件。

劳动力市场的建立对个人收入分配极为主要，它说明劳动力是有价格的，价格的确定同样要遵循价值规律、竞争规律和供求规律，这是确定个人收入的基础，劳动力市场的建立也决定了必须建立社会保障，保护那些相对技能低下或没有抓住机遇的弱者。

下面我们分别谈谈个人收入分配问题和社会保障问题，这纯粹是个人学习的体会，仅供同志们参考。

一、关于建立合理的个人收入分配制度问题。

根据以上分析，我们可以看出，由于劳动力市场的建立，个人收入分配制度本应是“市场取向决定，企业自主分配，国家宏观调控”的，也就是说应该是由市场机制决定的。可是十四大和三中全会决定中都提出要建立以按劳分配为主体的收入分配制度。因为这是社会主义市场经济的基本特征之一。这就告诉我们，国有企业的个人收入分配不但要考虑市场原则还要考虑投入产出原则，必须与自己的劳动成果相联系，这就有一个在社会主义市场经济条件下能否实行按劳分配和如何实行按劳分配的问题，这个问题从理论到实践都还未解决，原因很简单，市场经济，世界上比比皆是，可以借鉴、学习。市场经济条件下的按资分配，也到处皆是可以学习，可是市场经济条件下的按劳分配却史无前例，必须依靠我们自己，按照马克思主义的基本原理去创造。一方面是马克思讲的按劳分配，一方面是现实的发达的市场经济，把二者结合在一起绝非易事。如何在社会主义市场经济条件下实现按劳分配呢？想分十个小节来谈这个问题。

（一）要走出思想上的困惑

江泽民同志在党的第十四次代表大会上指出，社会主义市场经济体制是同社会主义基本制度结合在一起的，在所有制结构上以公有制为主体……，在分配制度上以按劳分配为主体……。这就在分配方面具备了以按劳分配为主体的基本条件，因为私有制只能按资分配,所以我们是可以实行按劳分配的。可是十四大以后，也有一些人反对实行按劳分配，认为按劳分配是“皇帝的新衣”，是荒唐的，他们说“我们从来没有按劳分配过”，“将来也不存在按劳分配”，因为“我们的社会不具备马克思所说的按劳分配的前提条件”。但是反对按劳分配的人终究是少数，我们许多理论工作者和实际工作者则进入一种困惑状态，他们发现我们现在实行的“工资制度是一种与劳动者所提供的劳动量、劳动成果以及企业的经营收入不联系的，在劳动之前就已经确定并且发生的，而且是数量相对固定的这样一种分配方式”,也就是说我们现在的工资制度没有充分体现按劳分配的原则。因此，他们认为目前的工资制度体现不了按劳分配。有的人提出，社会主义市场经济的一个主要内容就是建立劳动力市场，劳动力市场的平均劳动价格的形成，是通过劳动力市场供求关系决定的，全社会和企业工资的升降水平是通过集体谈判决定的，这些与人们的劳动成果没有必然联系。现在既要实行市场经济，实行工资制，又要实行按劳分配，究竟怎么搞呢?他们感到困惑不解，看来我们不从困惑下解脱出来，在社会主义市场经济条件下的按劳分配就无法解决。

（二）实现按劳分配要解决的问题

当前，应当承认，我们的现实社会的确不具备马克思提出按劳分配时所说的：劳动者的劳动是直接的社会劳动，不必经过价值转换过程，劳动者就可以用等量劳动换取等量产品这样一些条件，在这种情况下是没有商品没有货币的。而我们现在实行的是社会主义市场经济，有复杂的价值转换过程，因此我们说的按劳分配和马克思原意义上的按劳分配是有区别的。如果把马克思的关于按劳分配的经典论述完全照搬过来肯定是不行的，最终只能导致我们全社会吃大锅饭。但是也绝不是说在市场经济条件下就无法实现按劳分配只能实现按资分配了，我们要解决的就是怎样用马克思主义基本原理结合我国社会主义市场经济的实际，实现公有制经济在市场条件下的按劳分配。既然按劳分配是体现社会主义基本制度的，所以就应是符合社会主义本质的分配制度。什么是社会主义本质呢？邓小平同志指出，社会主义本质就是解放生产力，发展生产力，消灭剥削，消灭两极分化，最终达到共同富裕。邓小平这段论述非常精辟，因此社会主义市场经济条件下的按劳分配应当是能够保证生产力发展，能够促进公有制经济发展，消灭剥削，并且逐步达到共同富裕的分配制度。我认为，要实现按劳分配，必须解决三个问题。第一，劳的客观量化问题，即什么是多劳，什么是少劳。不同行业或者不同群体的劳动用什么来衡量。例如，一个国家主席的劳动相当于一个普通工人劳动的多少倍，怎么衡量呢？化工企业和机械企业群体劳动的大小又怎样衡量呢？第二，要解决分什么的问题。按劳分配分什么，这是按劳分配的核心和关键。是否把工资分好了，差距拉开了，就是按劳分配了呢？如果是这样，那么资本主义国家的企业，其工资岂不是分得比我们还好吗？那么资本主义企业的工资分配是不是也是按劳分配制度呢？显然不是。第三，要解决如何分的问题。即分配的形式问题。下面我们分别探讨这些问题。

（三）市场经济条件下“劳”的客观量化问题

我国的公有制经济大致分两类，一是直接创造利润的群体，简称利润群体，二是非直接创造利润的群体，简称非利润群体。由于利润群体中公有制经济的企业和非公有制经济的企业处在同一个社会主义市场经济当中，而且这个市场是个开放的市场，是和国际市场对接的市场，这就决定了他们的劳动只能以社会平均必要劳动来衡量，这个劳动必须是社会的有效劳动，也就是必须能生产具有使用价值的商品。因此，不管什么经济性质的利润群体，其劳动的多少只能用市场经济的同一个规则，即平均利润率规则来衡量。当然，这个标准只能在市场环境公平的情况下，才能衡量出来，否则就要进行调整，看来企业创造的利润越多，说明企业付出的劳动越多，因此，必须建立一种让公有制经济的群体成员去追逐利润的机制，就是我们现在提出的提高经济效益。为此，必须给企业以利润分配的自主权，否则让他们去讲求经济效益、追逐利润就是一句空话（我们这里和今后指的都是毛利润）。因为谁也不会尽心尽力地去追逐属于别人的利润。现在问题是我们没有建立起一个正确的国有企业的利益机制，这是国有企业搞不活，以致于出现非公有化倾向的原因之一。那么利润群体里面每个成员的劳动如何衡量呢？首先，随着劳动力市场的完备，劳动力在市场上同其它生产要素一样是有价格的。所以国有企业聘用市场上的劳动者，也必须按价付酬。我们在确定群体里每个成员劳动多少的时候，一要看劳动力市场价格；二要和其在企业中的劳动成果挂钩，来支付其劳动报酬。非利润群体（如机关、事业单位）不存在群体劳动量衡量问题，它只有非利润群体每个成员单个劳动的衡量问题，一般来说，其劳动是参照利润群体里边相应成员的分配水平，制定出一定的标准来衡量的。就像我们现在实行的“公务员制”这样。

（四）利润应该归谁所有

既然创造利润的多少是衡量企业劳动付出大小的指标，那么国有企业创造的利润是谁的？是归生产资料所有者所有？还是归商品的生产者、经营者所有？这是按劳分配的一个关键问题。马克思在以商品为细胞，分析了整个资本主义经济以后，创造了著名的剩余价值理论，按照这个理论，利润来源于剩余价值，剩余价值又是制造这些商品的经营者和生产者的剩余劳动所创造的。因此，马克思认为利润应属于创造它们的经营者和生产者所有。而资本家认为，利润应归生产资料所有者所有，应按资分配。马克思认为这是资本家攫取了属于商品生产者的利润，这是剥削，所以马克思从政治经济学的观点再次说明是劳动创造了一切，而不是资本创造了一切。那么工资又是怎么一回事呢？工资是不是企业主偿付给劳动者的报酬呢？马克思说，“表面上，工人的工资表现为劳动价格，表现为对一定量劳动支付的一定量货币”。实质上，由于支付了工资，“在雇佣劳动下甚至剩余劳动或者无酬劳动也表现为有酬劳动”。所以马克思说“货币关系掩盖了雇佣工人的无偿劳动”。这说明，只要有剩余劳动创造的利润，工资就不是劳动者的真正价值，劳动者创造的价值比他得到的工资要多得多，正由于他们付出了大量的剩余劳动，是无酬劳动，才形成了利润，也正是在这种工资的掩护下，资本家才攫取了劳动者创造的利润，因此工资分得再好，也不可能是按劳分配的有效形式，工资仅仅是对劳动者和经营者付出的活劳动的部分补偿。由此看出，不管是按资分配还是按劳分配，分的是什么呢？实际上是利润，我们现在实行的是社会主义市场经济，存在着商品生产，存在着价值转换，存在着利润，也存在着商品生产者和经营者的剩余劳动，应当承认这些和资本主义市场经济都是一样的。因此在当前社会里，公有制经济同样存在着把利润分给生产资料所有者，还是分给商品生产者和经营者的问题，国有企业要真想坚定不移地实行按劳分配，就首先要承认，利润是由生产者和经营者的剩余劳动创造的，应当属于企业商品的生产者和经营者。以前有些人（包括前苏联）曾设想，把利润交给所谓全民，然后由全民进行二次分配，这样搞行不行？这首先要搞清楚为什么把利润交给全民。如果说为了维护社会的公平，国家机器的运转，需要把一部分利润给全民，也就是给国家，然后国家进行二次分配，这是必要的，但这也绝不是因为生产资料是国有的，才把一部分利润交给国家。因为同样非公有制经济也要把一部分利润交给国家，即缴纳税费。所谓要把全部劳动成果都交给全民，由全民再进行二次分配，这种理想只存在于这样的时代，也就是马克思说的生产者并不交换自己的产品，耗费在产品生产上的劳动在这里也不表现为这些产品的价值，只有在这种情况下才能实现，也就是说在这时候没有商品交换，每个劳动者耗费在产品上的劳动也不表现为产品的价值，而是把产品全部变为社会产品，社会产品按每人一份来分配，只有在这时才能实现。在现在商品经济正在逐步发展，商品交换很发达的情况下，绝不会出现把所有产品交给全民，否则就是不要效率的最大的大锅饭。我们以前实行计划经济时，最严重的弊端也在这里。如果说非公有制经济的利润由资本所有者和国家共享，那么公有制经济的利润就应当由商品的生产者、经营者和国家共享。

（五）利润的有效扣除

我们说利润归国有企业的生产者和经营者所有，当然不是全部归他们所有，也不是要分光吃光。我们从来不赞成英国欧文主义者提出的，"让劳动者获得和自己付出的劳动量相等的报酬"和"工人有获得全部劳动产品的权利"这样的主张。相反我们主张分给劳动者的利润必须是进行了各种有效扣除以后的利润。我们也不赞成庸俗的社会主义者仿效资本主义经济学家提出的把分配当作事物的本质，把社会主义的目标和重点放在分配问题上的论点。我们则把注意力放在发展生产力上，但这绝不意味着忽视分配的反作用，忽视利益分配对发展生产力的促进作用。社会的本质是为了发展生产力，不是为了分配而分配，但是合理利益机制的确定对发展生产力是有很大促进作用的，否则就是另外一种形式的见物不见人。分给劳动者的利润应当进行哪些合理扣除呢？马克思在《哥达纲领批判》中提出，社会总产品应当扣除：1. 用来补偿消费掉的生产资料部分；2. 用来扩大生产的追加部分；3. 用来应付不幸事故、自然灾害等后备资金或保险资金，剩下的在进行个人分配之前还得从中扣除：(1) 和生产没有关系的一般管理费用；(2) 用来满足共同需要的部分；(3) 为丧失劳动能力的人设立的资金。这些扣除虽然马克思讲的是共产主义社会，即集中了全社会产品以后的扣除，但是现在看来其中每个分项的扣除原则上也适用于当前每个企业利润的扣除。结合我国当前实际和维护社会公平，企业利润还要扣除：第一，由于国家重大政策调整，如物价调整等使企业得到的非劳动收入。第二，由于国家为企业提供的生产环境基础设施不同而形成的企业级差收入。第三，有进出口权企业在进出口贸易中由于国家提供特殊服务而得到的非劳动收入。第四，国家提供固定资产和流动资金的价值收入。为了解决社会分配不公和共同富裕，还可做一些扣除。总而言之，不是分光吃光，全部分给劳动者，而必须进行有效扣除，这些扣除完全可通过税收等办法及建立各种基金形式来进行。目前可通过这些扣除使国家收入不减少。但是应该强调的是，不管国家扣除怎么多，留给企业的多么少，剩余利润是属于商品生产者和经营者的，企业有分配剩余利润的自主权，它们可以留在企业里公有也可以分给劳动者和经营者，最终通过剩余利润的分配来实现按劳分配目的。

（六）国有资产的作用和收益

大家会问，利润分给劳动者，那么生产资料所有者应该得到什么？如果生产资料所有者什么都得不到，那谁还来投资？谁还来建厂？马克思指出，资本作为一种会产生利润的特殊货币，不但具有一般货币所具有的使用价值，又有一种"作为资本来执行职能的使用价值"。因此市场经济中的每一份资本，都应分成货币资本和具有执行职能的资本两种职能。所以马克思指出，“资本的使用者即使是自有的资本从事经营，也具有双重身份，即资本的单纯所有者和资本的使用者；他的资本本身，就其提供的利润范畴来说，也分成资本所有权，即处在生产过程以外的、本身提供利息的资本，和处在生产过程以内的，由于在过程中活动而提供企业者收入的资本”。所以马克思说，每个资本的利润都“被割裂成两个不同质的互相独立的互不依赖的部分，即利息和企业者收入。二者都由特殊的规律来决定”。资本的本身是一分为二的，马克思原理讲得很清楚，按照以上原则分析，在社会主义市场经济条件下，国有企业的资本也分成了两大部分：1. 国有企业的资本，在市场经济条件下也是有价值的货币资本，我这个资本不管用到哪去，哪怕是存到银行，或者放到别处去，我起码可以得到利息，这利息就是它的价格，因此，利息应归资本的所有者所有，也就是归国家所有。2. 国有资本，又是具有执行职能的资本，执行职能的资本有被运用来产生利润的作用。劳动者利用它可以获得扣除资本利息以后的利润。这样，国有企业整个收入也分成了两部分，一部分是利息，另一部分是扣除利息以后的利润，与资本主义企业不同的是这部分利润不能再归生产资料所有者所有，而应当归劳动者也就是马克思说的归执行者所有。这说明，在社会主义市场经济条件下，在国有企业中国家拥有资本的所有权和劳动者运用资本的经营权，本来就是分离的，拥有国有企业资本的国家的收益，是这些资本的利息，而运用、经营资本的执行者，即劳动者的收益应是作有效扣除以后的利润。正因为如此，国家在企业的利益是否概括起来，只应关心五个方面的内容：1. 国家资产不能流失；2. 及时收缴国有资产的利息；3. 决定国有资产的折旧提取和使用方向；4. 决定国家是否继续向这个企业投资；5. 对损害上述国家利益的经营者和管理者是否解聘和处分。因此国家只要在企业设一个监事会对上述国家利益和经营者监督就可以了，至于企业的经营、生产、管理那完全是企业的事，国家不应当干预。所有权和经营权应该是分开的。

（七）关于按劳分配的形式

既然企业的经营者和生产者除了得到工资以外，还应该分得有效扣除以后的利润，这就决定：将来国有企业按劳分配的形式是工资加分红的分配形式，工资的确定应体现劳动力市场的价格，作为付出活劳动的部分补偿，由于企业的经营者和劳动者付出活劳动是不同的，因此，工资也应当是有差别的。工资的确定，一个是要根据劳动者的技能素质、工作条件与工作环境、劳动力市场的价格来确定。具体体现在企业和职工签定的劳动合同等基数工资（底数工资）上，这个基数工资即体现了劳动者的技能素质、工作环境、劳动力市场价格。另一方面，工资要随着每年社会因素的变化而变化，也就是每年国家和各地方根据经济发展、物价、劳动就业、外贸等因素，按集体谈判的三方原则，提出工资指导线。现在西方很多国家就是这样做的。企业内由经营者和管理层和工会在国家工资指导线的指导下来确定本企业的工资增长水平，工资就是这样定的。还有一部分是在年终每人都可以分得一份进行有效扣除以后的利润，也就是红利。这种红利，最终是体现按劳分配的，经营者工资可以由聘任者确定，应与生产者的工资分离，但是经营者和企业职工应一起分红利，并要占有相当的比重，具体比例由职代会确定，这里既要运用劳动合同与工资基数机制，也利用集体谈判工资增长的机制，还要给企业分配自主权，合理按劳动多少分配红利，即有效扣除以后的利润。

（八）关于利润分享的理论与实践

我们前面讲的这些好像和美国经济学家魏茨漫的分享经济的内容相同，其实二者有着本质的区别。市场经济下的按劳分配，是按马克思主义劳动创造一切的原理构筑的，主张劳动者不但应分工资而且应分利润，从而消灭剥削，实行按劳分配。因而主张利润应归企业的经营者和劳动者所有，利润只能在国家和劳动者之间分配；而分享经济主张资本和劳动者在创造利润时都出了力，所以他们认为二者都应当分享劳动成果，也就是主张资产所有者应当把攫取的利润施舍一部分给生产者和经营者，在他们看来，劳动和资本同样创造剩余价值，所以，他们主张利润应在国家、资本家、劳动者三方分享。当然我们承认分享经济比原来虚伪的资本主义工资制度已经是一种进步，但本质上和我们社会主义按劳分配有根本的区别。目前，我国有的外资企业实行利润分享制。事实证明，它对调动经营者和职工的积极性，提高经营效益起很好的作用。例如，大连开发区一个皮革公司，在企业亏损情况下，董事会决定实行劳方和资方利润五五分成，所以，当年这个公司扭亏为盈，总经理得到劳方应得利润的10%，大概六七万，职工也得到几千元，所以劲头很大，企业越办越好。深圳蛇口区1991年推行剩余收益制，也就是剩余利润分配，其主要内容：各企业以行业平均利润率作为基准利润率向国家和总公司上缴，剩余利润归企业，由经营者和职工进行分配。由于职工工资和企业的利润相联系，经营者的收入和剩余收入相联系，所以也调动了各方面的积极性，效果比较显著。其实，我们国家早就实行了把利润归劳动者所有这种分配方式，最突出的是农村的联产承包责任制，其中，生产资料土地是公有的，交给农民进行农业生产，劳动所得扣除所交农业税、村提留和完成订购任务以后，完全留给了农民，所以农村实行的是真正的按劳分配。由于实行这么一种办法，极大地调动了劳动者的积极性，才使我国农业生产不断的跃上新台阶。因此，这个办法并不新鲜，我们想这个办法如按马克思原理结合我国实际用到国有企业中，国有企业会变得更好。看来只要承认利润是劳动者的，并且由劳动者和国家分享，那效果就会很好。我们的工业战线也曾这样实行过，企业留利制就是利润分享，只不过这种分享很不彻底，分到职工手里的那点奖金很少一点点，而且犯了平均主义的毛病，没有调动起群众的积极性而已。

(九)实行市场经济条件下按劳分配的优越性

第一，这种办法可以形成工资的自我约束的机制，当职工认识到分红利比长工资更合算的时候，那么企业在进行工资水平谈判的时候，就不会尽可能的增加工资，而有可能尽量地降低工资，减少工资支出，以便减少人工成本，使产品更有竞争力，才能尽可能获得利润，这时候劳动者和经营者分红才能更多，通过分红来抵消工资增长少带来的损失。上面讲大连开发区皮革公司就是这样，职工工资比国营还低，但职工都拥护，工资够日常花的就行了，然后主要来分红。第二，有利于降低人工成本。实行按劳分配后，由于企业可以形成工资的自我约束机制，将非常有利于降低人工成本。我国虽从表面来看，人工成本1991年只占总成本9.4%左右，但是加上各种工资外的补贴后，我们的人工成本就占15%左右，如果把住房这些暗补都加上去，人工成本占22%，所以现在外国投资大量涌入中国，当然和我们对外开放的政策有关系，但很主要一条，外国看中我们的人工成本比较低，世界上的人工成本大概占35%至40%，高科技人工成本占70%，所以我们要控制好人工成本，使它不要增长过快，否则对我国的发展战略是不利的，我们的国有企业只有保持一个相对很低的人工成本，才会更有活力、有生命力。第三，按劳分配可以形成企业盲目增加投资的自我约束机制。因为增加投资以后，按现在会计两则和税利分流规定，要实行税后还贷，其直接结果就是减少利润，也就是减少经营者和劳动力的红利。因此，今后企业出于自身的考虑，他们对于固定资产投资就会慎重，只有当固定资产投资的新增效益和长远利益远远高于分红的时候，才会很认真地审查，再上这个项目。不然投资效益很低，企业是不会干的，因为直接影响到分红。第四，和资本主义经济相比，由于这种分配制度把被资本家攫取的利润分给了劳动者，因此这种分配办法肯定是优于资本主义按资分配的制度，它可以使经营好的企业职工先富起来，尤其是经营者可以先富起来，而使经营差的企业迅速自觉的关停并转，进行调整，否则没有出路，所以自然而然地形成一种企业产生消亡的机制。第五，这种分配制度有利于公有制经济为主体的体制更加巩固。由于分配上的优越性，必然体现公有制经济的优越性，很可能将来我们劳动者愿意到国有企业去，因为国有企业职工既能得到工资，又能得到利润，优于按资分配企业，所以现在化大公为小公，化小公为私，化国有为股份，国有民营的趋势就可被遏制。

（十）实现市场经济条件下按劳分配还要积极创造条件

第一，要做到市场经济条件的按劳分配必须上下统一思想，做到几个承认：要承认我们社会主义市场经济不但要遵循价值规律、竞争规律，而且要遵循剩余价值规律。要承认剩余价值在社会主义市场经济条件下也是起作用的，只不过我们要按马克思主义的基本观点来处理好剩余价值的归属问题，剩余价值不能归生产资料所有者，而归劳动者所有，所以我们认为，真正实行社会主义市场经济按劳分配，首先就形成全体职工追逐利润，提高经济效益的机制，这种机制肯定能促进生产力的发展。第二，要加强企业内部经济核算，要有一个很精确的计算体系，能够衡量出每人劳动量的大小，因此首先要搞劳动制度三项改革，使我们每个岗位劳动者都经过测算以后再上岗，每个劳动者的劳动量都能进行衡量，然后都能和他的经济效益挂上钩。第三，要实行这种办法，恐怕对我们的财税制度都要进行改革，首先是税收制度，税收制度应是灵活的、有效的，能够调节各方利益的制度。这个制度建立起也是有难度的，必须很灵活的把各种非劳动收入都能进行扣除，这个制度应当非常有效，要进行扣除的东西那么多，都要靠税收和各项社会保障制度。第四，各项基金都得完善起来，不然社会形成新的不公平，也只有这样，才能做到既要把剩余利润分给劳动者，又能使国家财政收入不降低，甚至于今后稳步提高。我们剩余利润要归劳动者分配，对我们广大企业还有一个提高经济效益的过程，使我们的国有企业有剩余利润可供分配，如果广大的国有企业没有剩余利润可供分配，那也没有意义。可是现在实行会计两则以后，我们很多省份的国有企业非常困难，有的预测明年实行两则以后，要亏损70%左右，有的现在亏损50%几、40%几。还要对财会制度进行改革，这都是很复杂的事情。第五，还要在物价改革大体完成，市场环境大体公平的情况下来进行，如果市场改革没有完成，需要调整的因素就很多，甚至调整不过来，那么也失去了按劳分配的意义。第六，对国有资产的管理必须规范，保证国家该得到的必须得到，国有资产不能流失，否则公有经济为主体也就成为一句空话了，并且要保证国家对国有资产的一切使用和运用有绝对的控制权，换句话说我们不能因为实行按劳分配而影响到国有资产的保值，如果我们的按劳分配是侵犯了国有资产的利益，把国有资产的利益拿来分配，那就错了。

这里再强调一下，马克思从来不认为分配是社会的本质，社会的本质是发展生产力，但是马克思又充分重视分配对生产力发展的促进作用，所以才提出著名的按劳分配理论。当前，要实行按劳分配，必须结合市场经济这一条件，结合我国实际。我们相信，经过我们的努力，一定可以实现在市场经济条件下的按劳分配。但是头脑要清醒，目标要明确，不能把一些多劳多得的分配方式都冠以按劳分配的标签，有些只带有按劳分配的性质或某一特征，并不完全是按劳分配。当然，更不能认为按劳分配是不可能的，从而反对按劳分配。我们相信，公有制经济肯定优越于私有制经济，按劳分配必将优于按资分配，展现在我们面前的必将是一个活力充沛，职工有极高工作效率，企业有着极高效益的国有企业。

归根结底，企业的集体劳动成果是由市场来确定和承认的，个人收入分配的一部分也是按劳动力市场价格确定的，这充分体现了市场的作用。同时个人收入分配又是和他们创造的劳动成果相联系的，劳动成果为社会承认的越多，个人分到的也越多，这样就形成了一个由市场调节收入水平与劳动成果确定收入水平相结合的个人收入分配制度，这就是社会主义市场经济条件下的按劳分配制度。

关于机关、事业单位的收入分配，三中全会的决定也已说明。机关事业单位是社会经济整体的组成部分，公职人员的流动同样受制于整个劳动力市场的变化。公职人员的收入水平应根据国家经济发展状况，并参照企业平均分配水平确定和调整，形成正常的升级和工资增长机制。这有利于保证公职人员的素质，保持公务人员的相对稳定。机关事业单位的分配与企业不同的是国家起主导作用，即要由国家制定统一的工资政策和工资标准。在参照企业平均工资水平时，既要考虑公务员比工人知识结构高，平均收入水平应较高的特点，也要考虑工人收入总额中包含了夜班费、加班费、艰苦岗位津贴等不可比因素。

事业单位的工资制度则不同，凡实行企业化经营，经费可以自主的事业单位可以实行企业的分配制度，其它单位可采用事业单位工资标准。

国家在个人收入分配中的作用主要是综合运用经济的、法律的和必要的行政手段进行宏观调控。例如，可以运用财政手段调控中央与地方、国家与企业、不同地区间、以至城乡间的收入分配以影响个人收入分配。通过税收手段可以调节个人收入。如建立个人应税收入申报制度，设计适合我国国情的财产税、遗产税、赠与税等，防止财富向少数人集中，同时打击偷漏税，避免产生两极分化。还可以运用法律手段建立完整的个人收入分配规则。如可用《最低工资法》保障职工的合法权益，避免雇主盘剥，通过《经营者年薪条例》使国有企业经营者的收入与企业职工分离，而与企业国有资产保值、增值情况、企业的利润增长挂钩，从而为实行集体谈判制度奠定基础。国家对个人收入分配还要建立监督体系，抓好综合配套改革，因为个人收入分配制度的改革与企业制度改革、物价改革、住房制度改革、社会保障制度改革、劳动用工和人事制度改革都密切相关，必须统筹考虑，整体配套，不能掉以轻心。

当前我国对国有企业实行的工资制度基本有三种形式：1. 工资与经济效益挂钩的办法。2. 工资总额包干的办法。3. 在工资总额增长率低于企业经济效益增长率，职工平均工资增长率低于本企业劳动生产率前提下，根据劳动就业供求变化和国家有关政策规定自主决定工资水平的试点。三种方式都实行企业内部自主分配。在宏观上则实行与地区的国内生产总值、资金利税率、工资利税率、劳动生产率挂钩的弹性工资计划。今年由于实行工效挂钩的企业已达企业总数60%，我们正在建立“弹挂一体”的新体制，把微观的工资总额争取纳入弹性计划宏观的范畴内。

我们设想，在“八五”计划后期，“九五”计划前期，把上述办法落实完善，使更多的大中型企业在经营机制基本转移到位的情况下，实行自主决定工资水平。对非国有企业要积极试行集体谈判制度和工资指导线制度，并且要与国有企业的工资衔接好。在少数地区和企业则要试行市场机制与投入产出相结合的办法,即完全按劳分配的机制。同时要通过法律的、行政的、经济的手段，限制过高收入，保障劳动者的基本收入，按照效率优先、兼顾公平的原则调节社会分配,维护绝大多数劳动者的合法权益。

二、关于建立多层次社会保障体系问题。

十四届三中全会决定指出:“社会保障体系包括社会保险、社会救济、社会福利、优抚安置和社会互助、个人储蓄积累保障”。但是,其中最重要、最核心的还是社会保险。因此下面我们主要谈谈社会保险问题。

谈社会保险，首先要搞清楚为什么要建立社会保险，社会保险的特点，与商业保险的区别和社会保险的体制、模式等一系列问题，想分十一个小节来阐述。

(一)社会保险是维护社会公平的手段和方法。西方资本主义市场经济建立社会保险由来已久,许多国家都有一百多年的历史,现在已在140多个国家实行。其目的就是在市场经济自发地向效率倾斜的同时，必须保护弱者以缓和阶级矛盾,维护起码的社会公平。从资本主义的发展史来说，在某种意义上是工人阶级斗争的结果，激烈的阶级冲突使政府迫不得已必须拿出一部分社会收入进行再分配，以维持社会安定，因此有人称社会保险是社会的“减震器”。

(二)市场经济优胜劣汰的竞争机制使企业和劳动者有机遇也有风险，这种风险随着工业化进程的加速而大大增加，其中包括失业、工伤、疾病、年老、企业破产等等，因此就要建立一定的基金，以备不测和年老时使用，因此有人讲它是社会的安全网。

(三)我们是社会主义国家，建立的是社会主义市场经济，社会主义最关心工人阶级的疾苦，关心劳动者的基本生活保障，这不但是工人阶级的切身利益也是劳动者的基本权利。因此社会保障也是保证全民族共同富裕的需要，对于社会主义来讲，建立和完善社会保障体系不仅是方法也是目的，这是与资本主义社会保障的根本区别。

(四)发展市场经济的一个关键问题是尽快建立现代企业制度,实现企业公平竞争,这就要使企业从不公平的社会负担下解脱出来。也需要给脱离企业的人以公平待遇，这些都需要社会保障，因此建立社会保障也是建立现代企业制度的需要，是深化改革的需要。

(五)社会保障是由政府运用收入再分配的手段为劳动者提供物质帮助和社会服务的制度。因而组织社会保障是政府的基本职能之一，而不是个别企业、个别地区、个别单位的行为，因此“决定”第十六条明确指出，组织社会保障属政府管理经济的职能。

(六)既然实施社会保障是政府行为，那就必须政策统一，实行管理法制化，如果不统一那势必造成各地各行其是,互相攀比,待遇失控。由于保障水平上去就下不来，严重时会影响整个国民经济发展。因此，凡涉及社会保险根本方向、管理体制、主导模式和基本政策等重大问题，都必须由国务院统一决策,各地和企、事业单位严格贯彻执行。对于成功的改革措施和政策还要适时用法律形式固定下来，以形成社会保障法律体系和执法监督体系。这就是决定中提出“社会保障政策要统一，管理要法制化”的原因。

(七)“决定”提出，“社会保障水平要与我国社会生产力发展水平以及各方面的承受能力相适应”。这是完全正确的。

现在世界上的社会保险大体有三种形式，一是全积累式；二是半积累式；三是现收现支式。我国现在采用的半积累式，主要就是基于我国社会生产力水平还不高而确定的。全积累式的典型国家就是新加坡，他们制定法律，规定每个职工每月都要积累一定的养老基金，并完全计在个人帐户上，这笔钱在退休后按规定逐步作为养老金返回个人，个人逝世前用不完的可转移给亲属。在积累阶段，基金组织可用这笔钱进行非风险性投资以保值、增值。后又规定本人也可用这笔钱购置房产。老人的养老金（没有积累的）则由国家拿钱发放。由于在职职工的个人养老金帐户的积累是由国家、企业和个人支付的，没有积累的老人的养老金也是国家支付的，因此国家负担非常重。我国按此办法测算，养老金部分要占到工资总额的40%以上，虽然几十年后这个比例就可以下降，但目前支付不起。目前我国养老金提取比例只占工资总额20%左右，很多企业都已感到非常困难。这样我们不得不采取半积累方式，目前我们的积累率大约占工资总额的3%左右。经过几年实践，证明这种方法是可行的。目前已有7141万职工和1595万离退休人员参加了养老金的社会统筹。并以个人分担缴费义务为享有保障的前提，实行了养老金与社会平均工资水平挂钩，与上缴费挂钩新的计发办法，将来个人缴费水平还要随着个人收入的增加而逐步增加。

社会保障水平要与我国社会生产力发展水平相适应还表现在保险金的发放水平不能太高，太高了国家承受不起，这已为欧洲某些福利国家的实践所证明。以养老金为例，国外通行的水平是养老金相当于人均工资水平的60%左右，这一方面是发多了国家承受不了，另一方面，职工退休后一般已不承担赡养责任，支出减少，因此也应少发一些。我国目前养老金发放水平相当平均工资的80%～85%，个别地区还要高，从长远看，这是我国国力所承担不起的，但目前由于我国实行低工资制，通货膨胀影响也较大，一时降不下来，但我们在新的计发办法中已考虑了这个因素，力争在不影响离退休人员生活的前提下，逐步降到正常水平。

（八）社会保险既然是政府行为，它就具有明显的强制性、互济性、集中性，其不以盈利为目的，由国家承担最后责任。这是其与商业保险的根本区别。商业保险是自愿投保，自负盈亏，大利大保，无利不保。前者属政府行为，后者属企业的商业行为，在概念上二者不可混淆，在实践中不宜交叉经办。但是商业保险可以成为社会保险的补充形式，在普遍实行社会保险的基础上，可以允许商业保险开办某些人身保险险种，以满足部分人员更高层次的需求，发挥其对社会保险拾遗补缺的作用。

（九）关于社会保险的模式问题。“决定”指出，社会保险要“重点完善企业养老和失业保险制度”；还指出，“城镇职工养老和医疗保险金由单位和个人共同负担，实行社会统筹和个人帐户相结合”。整个第27条都是讲的要按照社会保险的不同类型，确定其资金来源和保障方式。今天主要谈谈养老和医疗保险的模式问题。我们前面讲到，由于我国国情决定，我们不可能实行完全积累式，即完全的个人帐户，只能实行半积累式，否则国力无法负担。现在上海、广东的基本养老保险实行社会统筹与个人帐户相结合的试点，这不但因为上海、广东的特殊性（如上海的基本养老保险提取比例高达28%，这是其它地区承受不了的），而且即便这样，上海、广东也没有脱离在职职工积累，退休人员花钱的部分积累的状况，以至到目前个人帐户仍是空帐户。现在我国大多地区执行的都是按国务院33号文件规定的方案，即养老保险分成三个层次即基本养老保险、企业补充养老保险和个人储蓄养老保险，其中：基本养老保险实行完全的社会统筹，个人少量积累，发放办法与个人积累挂钩；企业补充养老保险实行完全的个人帐户；个人储蓄养老保险是属于商业性质的养老保险，当然也是个人帐户。这说明国务院33号文件早就提出了养老保险实行社会统筹与个人帐户相结合的模式，国务院33号文件规定与十四届三中全会的精神是完全一致的，有些人企图把二者对立起来，那只能把我国现已步入正轨的养老保险打乱。至于医疗保险，目前国务院正在按照大病社会统筹，一般医疗采用个人帐户的模式设计，不日即可出台。

(十)关于三中全会决定指出的改革社会保障体制，“建立统一的社会保障管理机构”问题。

以前我国的社会保障机构“五龙治水”比较混乱，因此三中全会提出的统一的社会保障管理机构的目标是完全正确的。尤其社会保障工作和劳动工作密不可分，因此与劳动工作结合建立统一的劳动社会保障部门是完全必要的。但是现在国务院的机构改革方案已经制定，各部门的三定方案刚刚批准，基本上都是按民政部门负责农村保险和社会救济、优抚、社会福利，劳动部门负责城镇保险、企业福利，人事部门负责公务员的福利和保险设计的，这种三龙治水的方案比原来已有较大进步，目前可多做些统一思想、统一政策的工作，逐步达到统一管理，统一机构。

(十一)关于“决定”中提出的政事分开，“实行社会保障行政管理与社会保险基金经营分开”的问题。

“决定”中第28条的论述是完全正确的，正是基于这一思想，劳动部已分设保险司和保险事业管理局，前者主要负责制定方针政策、长远规划，后者主要负责基金的收支、运营和管理。“决定”中指出“在保证基金正常支付和安全性、流动性的前提下，可依法把社会保险基金主要用于购买国家债券，确保社会保险基金的保值增值。”我们现在支付的安全贮备约为三个月，在此情况下积累的保险金，只要财政能予以保值贴现，就可以主要用于购买国债。

由于基金是受保人的公共财产，是广大职工的活命钱，因此对这笔基金的管理还要建立由政府有关部门、缴费单位及社会公众代表参加的监督机构和监督机制（即监事会)，社会保险机构还要开展“一条龙”管理服务，从办手续、收缴费用、核拨各种保险、到离退休人员的生活服务都管起来，实现管理服务社会化，以减轻企业负担。

下面重点介绍一下我国养老保险的情况。

我国参加养老保险社会统筹的企业已达50.8万户，覆盖率为81.5%，其中国有企业34.5万户，覆盖率为93.7%(最高的1990年曾达97.5%)，未参加统筹的主要是银行、保险公司和部分部属单位。城镇集体企业参加统筹的占75.4%，为13.8万户，其它各种经济成分参加统筹的只占34.8%，为2.5万户。

今年参加统筹的职工比上年底增加31.5万人，其中国有企业职工减少22万人，减少0.4%，而其它经济成分却增加了，其中集体企业增长3%，其它成分增长30.6%。出现这种状况的主要原因是随着劳动制度改革的深入，今年上半年国有企业职工减少了112万人，临时工减少6万人。几年来，职工增长缓慢，与离退休人员的迅速增长，已成鲜明对照。如1990年至1992年企业固定职工和合同制职工每年递增6.3%，而离退休人员每年递增10.5%，相差4.2个百分点。也就是赚钱人的增长速度远没有花钱人的增长速度高。今年上半年，全国企业职工与离退休人员之比是4.48：1，其中国有企业是4.73：1，集体企业是3.46：1，其它企业是12.2：1，看来集体企业最困难。现在这个比例还是逐步下降的趋势。以国有企业为例，1989年时这个比例是5.39：1，现在则是4.66：1。从负担系数看，今年上半年是0.223，其中也是集体企业最重为0.289；从地区看负担也不均衡，最高的是上海为0.433，最低的省只有0.146，二者相差2.97倍。由以上可以看出，我国人口老龄化速度在加快，现职职工的负担越来越重，实际是国家和企业的负担越来越重，越重越需要社会统筹，否则一些企业将不堪重负。

几年来，我国社会保险机构、人员不断扩大，现在全国有养老保险机构 3518 个，工作人员 33000 人。但是与参加统筹的职工比例为 1：2163，与参加统筹的离退休人员比是 1：483，即一个工作人员要管理 2646 人的基金，为 483 个老人服务，任务十分繁重，也远远满足不了需要。

这几年，养老保险做到了收支平衡，略有结余，今年上半年收入养老保险金 190.9 亿元，支出 169.3 亿元，累计结余 233.7 亿元，上半年养老保险收入增幅为 33.7%，没有支出增幅大（49%），随着每年离退休待遇的逐步提高和收缴率的下降（今年上半年收缴率只有 88.2%，比去年同期下降 7.4 个百分点），吃老本已在所难免。

下一步社会保险的任务就是要按照十四届三中全会的精神，建立覆盖城乡所有职工，社会化管理程度高，各种险种齐全，基金统一调剂使用，政事分开的社会保险体系。

“八五”后期的阶段性目标是：

1. 养老保险。1994 年实现大部分省、市、自治区的国有企业省级统筹，城镇集体企业的市县级统筹，进而发展成各类城镇职工统一的养老保险制度和保险费率，实行基本养老金计发办法改革，推动企业补充养老保险和社会化服务体系的建立，整个基本养老保险实行半积累方式。

2. 失业保险。近期要扩大覆盖面，由目前的 7000 万人扩大到 9000 万人，在各种所有制企业建立统一的失业保险制度，健全基金管理和监督检查制度。实行以支定收，略有节余的调节费率。

3. 医疗保险要进行和扩大大病统筹和个人帐户相结合的试点，力争到 1995 年底建立正常的医疗保险。医疗保险实行现收现付方式。

4. 工伤保险。要建立基金，实行按行业事故频率制定差别费率和浮动费率，建立工伤保险促进安全生产的机制，同时加强劳动鉴定机构建设，争取 1995 年底有 50%的市县实行工伤保险制度改革。

5. 女职工生育保险。建立保险基金制度，平衡企业负担，维护女职工权益，近期搞好试点。

6. 管理服务方面。“八五”期间推广社会网点发放养老金的办法，使全国各市、县基本实现由银行或社会保险机构发放。实现以社会组织为主对离退休人员进行管理服务。“九五”期间全面落实十四届三中全会提出的目标，建立一个集中、完善、覆盖全社会的社会保险体系。

以上讲的主要是个人学习三中全会决定的体会，有不正确的地方请同志们批评指正。

（作者为劳动部副部长）

适应建立社会主义市场经济体制的要求 把社会保险制度改革推向新阶段

——在全国社会保险工作会议上的讲话

(1993年12月2日)

朱家甄

这次社会保险工作会议是在全国上下深入贯彻党的十四届三中全会精神，认真学习《邓小平文选》第三卷，按照建立社会主义市场经济体制的目标深入进行各项改革的形势下召开的。会议的主要任务是，总结交流一年来社会保险制度改革的情况和经验；按照三中全会提出的建立多层次的社会保障制度的要求，研究部署1994年社会保险工作；贯彻落实劳动部关于养老金计发办法改革、医疗保险制度改革、社会保险基金管理等几个文件；加快改革步伐，促进职能转变，为转换企业经营机制和建立社会主义市场经济体制创造有利条件。

下面，我就社会保险工作的形势、任务和队伍建设等问题讲几点意见。

一、认真学习《中共中央关于建立社会主义市场经济体制若干问题的决定》，加快社会保险制度的改革

党的十四届三中全会通过的《中共中央关于建立社会主义市场经济体制若干问题的决定》(以下简称《决定》)，是建立社会主义市场经济体制的总体规划，是90年代推进经济体制改革的行动纲领。《决定》中明确提出要“建立多层次的社会保障制度，为城乡居民提供同我国国情相适应的社会保障，促进经济发展和社会稳定。”因此，学好三中全会文件对我们搞社会保险工作的同志来说极为重要。

在建立社会主义市场经济体制的过程中，建立社会保障制度的重点是建立社会保险制度。劳动部门的一项十分重要的工作就是要深化社会保险制度改革，抓紧建立和完善社会保险体系。这项工作已成为推进改革，实现计划经济体制向市场经济体制转变的重要环节。建立社会保险体系是建立统一的劳动力市场的需要，是转换企业经营机制的需要，也是维护社会公平和稳定，对社会收入实行合理再分配的需要，同时还是解决人口高峰和人口老龄化问题的需要。

三中全会的《决定》对社会保障制度改革提出了一系列基本原则和要求：

第一，《决定》第16条指出，政府管理经济的职能之一是组织社会保障。这就是说，组织社会保障是政府行为，是政府的工作。劳动部门作为政府主管城镇企业职工社会保险的职能部门，应该理直气壮地、积极主动地履行自己的职责，做好社会保险工作。

第二，《决定》第26条提出，建立多层

次的社会保障体系，社会保障政策要统一，管理要法制化，社会保障水平要与我国社会生产力发展水平以及各方面的承受能力相适应。各地在进行社会保险制度改革时，应该在国务院和劳动部确定的改革原则、思路、框架、目标、模式的大前提下，结合各地的实际提出改革实施方案，而不能自行其是，另搞一套。社会保险水平要与我国社会生产力发展水平和各方面的承受能力相适应，既要考虑眼前利益，又要考虑长远利益。从国内外的长期实践经验看，由国家强制实施的基本社会保险只能保证基本待遇，而不能盲目追求高水平。否则，势必影响整个社会经济发展的效率和活力。这是一个基本的原则，从事劳动、社会保险工作的同志要在这一点上尽快统一认识。养老、失业、医疗、生育保险的改革，主要是扩大覆盖面和建立新的机制，而不是提高待遇标准。对于待遇标准过低的工伤保险的改革，既要建立新的机制，又要适当提高待遇标准。

第三，《决定》第 27 条阐述了社会保险制度改革的框架，指出重点是完善企业养老和失业保险制度，强化社会服务功能；养老和医疗保险金实行社会统筹和个人帐户相结合。关于养老保险，国务院 1991 年发布的 33 号文件已经提出建立多层次养老保险制度，并明确规定基本养老保险实行社会统筹，企业补充养老保险和个人储蓄性养老保险实行个人帐户。国务院 33 号文件的规定与《决定》的基本精神是完全一致的，各地在改革养老保险制度时也基本上是这样做的。基本养老保险和企业补充养老保险都属于基本的社会养老保险范畴，在这个范畴内，基本养老保险实行社会统筹，企业补充养老保险实行个人帐户制度，再加上养老金计发与职工缴费年限和缴费多少挂钩，这就有利于实现公平与效率相结合的原则。当前，基本养老保险的模式绝对不能搞乱，不能把三中全会《决定》精神与国务院 33 号文件对立起来。我们的服务对象是 2600 万离退休人员和几千万参加养老保险统筹的职工，不能因为对基金模式有不同看法而影响安定的政治局面，更不能影响这些离退休人员的基本生活。关于医疗保险制度，不久前我们根据国务院领导同志指示精神提出的医疗保险制度改革的思路，与《决定》的精神也是一致的，就是实行医疗保险的社会统筹与个人帐户相结合的制度。我们应该按照《决定》的精神进行养老、失业、医疗、工伤保险制度改革。

第四，《决定》第 28 条提出建立统一的社会保障管理机构，社会保障管理机构主要是行使行政管理职能，社会保障行政管理和社会保险基金的经营要分开。这次国务院机构改革之初，原设想成立劳动与社会保障部，统一管理社会保障工作，后因种种原因未能实现。八届人大一次会议通过的国务院机构设置方案，基本维持劳动、人事、民政三个部门分管社会保障的格局，目前国务院正在按这种格局审定三个部的“三定方案”。这次三中全会也没有提出调整国务院机构设置的建议。因此，我们仍应按照国务院审定的“三定方案”，综合管理企业职工社会保险工作，搞好社会保险制度改革。劳动部的机构改革方案在考虑内部机构设置时，决定设立社会保险司、社会保险事业管理局和社会保障研究所。社会保险司是政府行使管理社会保险职能的行政机构；社会保险事业管理局是受政府委托依法管理各项社会保险基金的社会保险事业机构；社会保障研究所是社会保险的科研机构。这样设置机构是完全符合《决定》精神的。

第五，《决定》第 45 条提出要搞好立法规划，抓紧制定完善社会保障的法律。目前，除失业保险外，其他社会保险还没有新的法律、法规，社会保险立法明显滞后。社会保险制度改革已进行了 10 多年，具有中国特色的社会保险制度的原则、思路、框架、主要内容已比较清晰，社会保险立法的条件已基本具备。因此,《决定》提出了要抓紧制定社会保障法律的任务。

社会保险制度改革的意义是十分重要的。但是目前改革的广度和深度相对于建设社会主义市场经济的需要还有不小差距，还不能适应整个经济体制改革和社会经济发展的要求。这表现在社会保险的实施范围还比较窄，社会化程度还不高，保障功能还比较弱，社会保险立法滞后，管理体制还需要进一步理顺，等等。这些问题如不尽快解决，就会影响整个改革的进程。对此，我们必须有紧迫感和责任感，根据《决定》精神，进一步解放思想，实事求是，加大改革力度，加快改革步伐，制定出各项社会保险制度改革的具体方案，大胆探索，勇于实践，采取实际步骤，取得新的突破，开创社会保险工作的新局面。

二、当前社会保险制度改革的形势

一年多来,社会保险制度改革在党中央、国务院以及各级党委与政府的重视和支持下，通过同志们的不懈努力，各个方面都不同程度地取得了新的进展和成效。

(一) 养老保险制度改革继续深化

主要表现在4个方面：

1.基本养老金计发办法的改革试点进展较快。在去年南昌、锦西两市试点的基础上，今年全国已有江苏、山西、四川、河北、湖北、湖南、山东、河南、福建、辽宁、江西、黑龙江、广东、吉林、广西、浙江等16个省(自治区)的100多个市县先后实行了新的计发办法。这项制度的改革不仅适应了改革工资制度、落实企业分配自主权的需要，也较好地体现了公平与效率、权利与义务相结合的原则，同时为退休人员适当分享社会发展成果，建立起基本养老金自动调整的机制奠定了基础。这项改革得到了各级人民政府和广大职工的理解和支持。目前，还有一批市县正在抓紧拟定改革试点方案。

2. 退休费用社会统筹的范围进一步扩大，社会化水平逐步提高。各地在基本实现国有企业退休费用社会统筹的基础上，注意提高统筹的层次和扩大统筹的覆盖面。湖南省政府于今年6月发布了省级统筹办法，并于9月开始试运行。青海省于11月实现了省级统筹。目前全国实行省级统筹的省、自治区、直辖市已经达到13个。集体企业职工统筹也发展较快，预计到今年年底将增加到1800个市县，占全国市县总数的76%。许多改革基本养老金计发办法的地区，还积极进行了养老保险管理一体化的试点。新办法一般都覆盖了国有企业、集体企业、外商投资企业和私营企业的各类职工，打破了所有制界限和职工身份界限，为劳动力的合理流动创造了条件。

3.初步建立了个人缴费制度和补充养老保险制度。截止今年6月底，实行基本养老保险个人缴费的省市已有22个，参加职工达到6000多万人。四川、山西、湖北、福建、湖南、辽宁、广西等省(自治区)的4000多个企业、60多万职工还实行了企业补充养老保险或企业补充与个人储蓄性养老保险相结合的办法。

4. 养老保险基金管理工作进一步加强。1992年，全国养老保险基金收入366亿元，支出322亿元；今年上半年，养老保险基金收入191亿元，支出169亿元。为了管好用好这笔离退休人员的共有财产，我们集中力量抓了基金的建章立制工作。今年，劳动部先后制定了全国统一的《社会保险财务制度(试行)》、《社会保险会计制度(试行)》、《企业职工养老保险基金管理规定》和《社会保险统计规定》;各地也根据实际情况，建立完善了养老保险基金的管理制度，使这项工作向制度化、规范化的轨道迈进了一步。

(二) 医疗保险制度改革进一步深化

今年以来，各地以推广职工大病医疗费用社会统筹和离退休人员医疗费用社会统筹为重点，进一步扩大了医疗保险制度改革试点范围。截止今年6月底，全国已有19个省、自治区、直辖市的110个市县的150万职工参加了大病统筹，有19个省、自治区的100多个市县的40多万离退休人员参加医疗费用社会统筹。同时，一些地方开始建立对医患双方的制约机制。四川、湖南、湖北、河南、天津、江苏、辽宁等省、市打破过去“定点医疗”办法，进行了医疗合同管理试点，有的地方还实行了职工在不同的医疗单位就诊，自付不同比例医疗费用的办法，从而改变了过去单纯用行政手段管理的状况，提高了医疗服务质量，控制了医疗费用的不合理增长。

今年7月，国务院领导同志亲自听取了职工医疗制度改革方案的汇报，并作了重要指示，指出职工医疗制度的改革要以社会主义市场经济的原则为指导，拓宽改革思路，一方面要借鉴市场经济国家的经验和教训，不能搞纯福利型的办法；另一方面，一定要考虑中国的特色。我国是一个人口众多的发展中国家，多种所有制和多种经济形式并存，不应实行统一的医疗保险办法。对三资企业、私人企业可推行强制保险办法，以保护工人的权益。对现行的公费医疗、劳保医疗也不应再统包下去。国务院领导同志还提出了建立职工个人医疗保险基金与大病医疗保险基金相结合的改革设想。根据这一设想，劳动部印发了《关于职工医疗保险制度改革试点意见的通知》。这个《通知》只是个基本思路，提供给大家作参考，可能还有不够完善的地方，这次会议请大家集思广益，多提意见。医疗保险制度改革的难度很大，它关系到每个职工的切身利益，希望各地按照国务院领导同志的指示精神，切实抓好这项制度的改革。

（三）失业保险制度改革取得喜人进展

到1992年底，参加失业保险的单位已有43.7万个，职工7123万人，累计筹集失业保险基金26亿元，建立了2100多个失业保险机构。今年上半年，全国共发放失业救济金1.08亿元，相当于前6年发放救济金总数的80.3%；救济失业职工65.5万人，超过了前6年失业职工人数的总和。同时，各地劳动部门还积极开展职业介绍、转业训练，并大力发展劳服企业，利用失业保险基金帮助失业者寻找新的就业门路，在流动资金等方面予以贴息贷款等方式，共帮助17.2万名失业职工实现再就业。总之，失业保险基金的使用效果是好的。国务院今年4月12日颁布《国有企业职工待业保险规定》后，进一步推动了失业保险事业的发展，各地都在抓紧制定实施细则。山东、湖北、浙江、福建、安徽、海南、上海、天津等地对国有企业和非国有企业实行了全方位失业保险制度，河南、河北、四川、云南、北京等地也准备将失业保险范围扩大到全部非国有企业。以上这些工作，帮助企业解决了产业结构调整和深化改革中遇到的难题，受到了地方政府、企业和广大职工的欢迎。

（四）工伤保险制度改革试点步伐加快

到目前为止，全国已有19个省、自治区、直辖市的400个市县进行了工伤保险制度改革试点工作，其中海南、广东在全省实行了改革，湖北、上海全面调整了工伤保险待遇，有51个省辖市实行了工伤保险费用统筹。据统计，参加这项改革的企业达7万家，职工900多万人。

（五）女职工生育保险制度改革开始起步

目前，江苏、江西、山东、河南、浙江、云南、湖北等16个省的153个市县开展了女职工生育保险制度的改革，实行了生育保险基金的社会统筹。这项改革保证了女职工和婴幼儿的身体健康，均衡了企业之间生育保险费用的负担，在一定程度上促进了妇女就业问题的解决。

（六）社会保险“一条龙”管理服务工作受到欢迎

做好“一条龙”管理服务工作，是提高社会保险社会化程度的一个重要内容。今年以来，许多地方在兴办劳务市场或职业介绍机构时，都开办了社会保险窗口，为企业和职工提供方便。同时，进一步加强了离退休人员的管理服务工作，实行“人、钱、事”统一管理。目前，离退休费用由社会保险机构和银行发放的市县已有1076个，减轻了企业事务性负担。许多地方还建立了规模不同的退休人员活动场所及医疗门诊部，定期组织离退休人员开展各种形式的文化体育活动和初级保健、送医送药上门等服务，还组织有技术特长、身体条件好的离退休人员兴办各类经济实体和社会福利事业，受到企业和离退休人员的欢迎。

(七)社会保险管理机构的建设进一步加强

经过多年来的努力，社会保险的管理网络已初步形成，从组织上保证了社会保险制度改革的顺利开展。目前，全国已建立部、省、市、县四级社会保险事业管理机构3518个，配备专职管理人员33000人，较好地保证了各项社会保险基金的收缴、支付和管理。从总体上看，我们这支队伍的政治、业务素质是好的，有较强的开拓创业精神，涌现出许多锐意改革，敢于坚持原则，热心为企业服务，为离退休人员服务的好人好事。希望大家继续发扬积极进取、勤奋敬业的精神，使社会保险工作再上一个新台阶。

社会保险工作在取得上述成绩的同时，也遇到了一些困难，存在一些不容忽视的问题。

第一，养老保险基金收缴困难，收缴率下降幅度较大。上半年，全国国有企业养老保险基金收缴率仅为89%，其中山西、贵州、黑龙江等8个省、自治区的基金收缴率不到80%。集体企业的基金收缴率则更低。预计下半年养老保险基金的收缴率还将进一步下降。出现这一情况的主要原因，是部分地区亏损企业增多，又缺乏强有力的收缴手段。与此同时，养老保险费用的开支却明显增加。一是落实国务院29号文件，提高了离退休待遇；二是离退休人员自然增长150万人，使养老金开支加大；三是机关公务员工资制度改革出台，企业离退休人员也需要相应提高待遇。对此，各地感到压力很大，统筹工作面临着严峻的考验。目前，基金收、支方面的严峻形势，需要我们认真对待，努力研究解决办法。首先要做好宣传工作，强调社会保险的强制性和互济性，只有强制收缴才能做到互助互济；其次要和兄弟单位一起配合共同做好收缴工作，比如通过银行实行强制扣缴等。总之要研究和提出一些办法，来保证收缴率的提高。

第二，一些地区自行改变管理体制，妨碍了社会保险制度改革顺利进行。在我国，社会保险历来是劳动工作的一项重要内容，国务院曾多次作出决定，由劳动部门负责综合管理社会保险。应该说，社会保险的管理体制是清楚的、明确的，只要认真贯彻国务院的有关文件，这方面本来是不成问题的。但是仍有些地区由于多种原因，自行改变社会保险管理体制，这些做法不符合国务院规定，不利于社会保险制度改革的健康发展。因此，希望各地劳动部门的同志要向政府领导宣传、汇报社会保险是政府职能，政府行为，劳动部门主管社会保险工作是国务院赋予的一项重要职责，要争取各地政府领导同志的大力支持。

第三，随意挪用养老保险基金的现象依然存在。据不完全统计，到1992年底，各地政府和有关部门动用基金尚未归还的达21亿元。另外，一些地方劳动部门动用基金的现象也是存在的。出现上述情况的外部原因是，近年来各地计划外工程上得太多，建设资金紧张；而内部原因则是社会保险基金的管理制度不严格、不规范，还有漏洞，特别是对地方没有一个权威性的约束手段。对此，国务院、劳动部曾多次发文，强调养老保险基金是职工的“活命钱”、“血汗钱”，任何部门和个人都无权挪作他用。今年我们就社会保险基金的管理问题连续发了几个文件。今后，我们将对基金的管理开展经常性检查，凡违反规定的，要通报，直至追究责任，否则我们就会自己把自己搞垮。

另外，国务院最近批准六个中央部门对其直属国有企业职工养老保险直接组织统筹，部门统筹的范围将由5个扩大到11个。各地对此反应比较大，认为对地方的统筹工作将产生不同程度的冲击。对此，我们曾多次征求各方面意见，并把大家意见向国务院做了全面汇报。现在国务院已经作出决定，我们就要认真贯彻执行。当然有些省在执行国务院决定中确实有具体困难，我们还要和有关部门一起研究，找到解决问题的妥善办法。在这次会议上，我们要将可能发生的各种情况分析透彻，并研究相应的措施，以保证地方和部门的统筹工作都能顺利进行。

三、关于明年社会保险制度改革的几点意见

今年下半年以来，劳动部在社会保险工作方面先后下发了几个重要文件，主要是《企业职工养老保险基金管理规定》、《关于职工医疗保险制度改革试点意见》和《关于基本养老金计发办法改革试点工作的通知》。贯彻好这三个文件，是明年深化社会保险制度改革的重点。同时，还要继续推进工伤、失业、生育保险制度改革。

(一)扎扎实实地搞好基本养老金计发办法改革

实行基本养老金与社会平均工资、与缴费多少“双挂钩”的计发办法，是养老保险制度改革的关键环节之一，它涉及到亿万职工的切身利益，关系到能否真正实现效率与公平相结合的原则。因此，试点工作一定要有领导、有计划、扎扎实实地进行，不能自行其是，各搞一套。各大中城市制定的试点方案，要经劳动部同意后报政府批准实施；各市、县的试点方案要由省、自治区、直辖市劳动厅（局）审核同意后报政府批准实施并报劳动部备案。已经实行新的计发办法的地区，要认真抓落实，使各项措施尽快到位。这样，既有利于早日发挥新机制的积极效应，激励职工勤奋劳动，又有利于借助利益机制，促进收缴率的提高。需要特别强调的是，改革计发办法，目标不是调整提高待遇，而是建立新的机制。所以，一定要严格控制待遇水平的增长幅度，改革后的待遇水平一般应控制在工资收入的60%左右，增量不能超过原待遇水平的2%，以免给今后的改革和经济发展带来困难。在这方面，国际上的经验教训值得借鉴，如北欧一些国家由于社会保障费用支出过大、标准过高，结果使经济停滞或发展缓慢。当前，我国正处于社会主义现代化建设的重要时期，“发展才是硬道理”。我们一定要正确处理好眼前利益和长远利益的关系，既要保障离退休人员的基本生活，又要有利于促进生产的发展，使改革在健康的轨道上进行。

(二)积极稳妥地推进医疗保险制度改革

医疗保险制度改革是社会保险制度改革中的一个重点，也是一个难点，它涉及到医、患、药三方，关系到亿万职工的身体健康和切身利益，因此既要积极，又要十分慎重。现在，国务院正在制定医疗保险改革方案。这项改革要以社会主义市场经济的原则为指导，拓展思路。要在有计划地试点的基础上，建立医疗保险基金制度，实行大病统筹、小病分流的方法，逐步建立起对医患双方都有约束的医疗费用制约机制。在这方面，各省、自治区、直辖市当前的主要工作是，总结已有的经验，探索改革思路，进行摸底测算，做好必要的准备工作。在此基础上，我部将选择一、二个地区先在企业劳保医疗范围内进行改革试点，以取得经验，待国务院医疗保险制度改革方案下发后再扩大试点。非试点地区可继续进行职工大病医疗费用统筹和离退休人员医疗费用统筹的改革工作。

（三）进一步加强社会保险基金的管理

要认真调查和及时掌握宏观调控措施到位后企业出现的新情况，采取有效措施，加强社会保险基金收缴的强制性，保证应收缴的基金及时足额到位，保证应支付的社会保险金及时足额支付。要抓紧研究制定停产半停产企业离退休人员生活保障的对策和方案。特别要在政策上、资金上预先做好准备，保证破产或关闭企业职工和离退休人员失业救济金和养老金的及时发放。要扩大失业、养老保险基金的调剂范围，切实保证在职职工的稳定和离退休人员的基本生活。要加强养老、失业保险基金的管理，切实保证基金的专款专用，积累金大部分要用于购买国库券。同时，为了切实保障广大职工和离退休人员的切身利益，我们要向各级政府认真汇报，同有关部门相互协调，形成共识，即认购的国库券要保值增值；要根据退休费用支出情况能够随时兑现；认购政策要始终如一。要按照中央关于整顿金融秩序的精神，对基金管理情况进行一次认真检查清理。在这个问题上，我们要约法三章：一是任何部门都无权随意挪用和借用基金，已被挪用或借用的必须限期收回；二是各地社会保险机构不得动用基金经商办企业，不准去炒股票，炒房地产，也不得为其他企、事业单位的经济活动提供担保；三是建立基金监督机制，主动配合审计、财政等部门进行检查监督，确保基金严格的管理和安全运营。

（四）大力推行社会保险的“一条龙”管理服务

社会保险的“一条龙”管理服务就是在社会保险方面对职工从就业到死亡的连续化、全面性的服务，是社会保险体系在实际工作中的具体化。“一条龙”服务包括在职业介绍机构的社会保险窗口办理社会保险手续、收缴各类社会保险费用、核发各项社会保险金、提供各种咨询、做好失业人员和离退休人员的管理服务工作等主要方面。在所有这些方面，劳动部门都负有义不容辞的职责。当前，“一条龙”服务的一项重要工作就是逐步实现离退休人员管理服务工作的社会化。各地应认真贯彻劳动部《关于做好离退休人员管理服务工作的通知》精神，加强领导，与社区组织和有关部门、单位密切配合，建立健全各类离退休人员管理服务组织，切实为离退休人员办实事，办好事，逐步把那些企业不应承担也难以承担的社会性事务从企业分离出来。这是建立现代企业制度的一项重要保证措施，希望各地及早动手，周密组织实施。

当前，各方面改革已经进入到综合配套改革的阶段。社会保险制度作为一个重要领域，要特别注意同劳动工资制度改革、同社会经济其他领域的改革综合配套。而首先要使社会保险领域内的各项改革自己互相配起套来。养老、失业、医疗、工伤、生育等项保险相互关系十分密切，各地在组织试点、推进改革时要通盘考虑。单项的改革还可以继续搞，但我们应当把注意力更多地放在综合配套改革方面。

四、搞好职能转换，加强团结协作，抓好社会保险干部队伍的建设

劳动部在这次机构改革中，社会保险方面的力量明显加强。为了强化社会保险的统一管理，加强社会保险的社会化服务和理论研究，劳动部分别成立了社会保险司、社会保险事业管理局和社会保障研究所。社会保险司主要负责制定政策；社会保险事业管理局主要是对基金进行管理；社会保障研究所对社会保险问题进行研究。三个机构负责协调的是社会保险司。今后，一个十分重要的问题就是单位之间要加强团结，密切配合。各级劳动部门的保险福利行政机构和社会保险事业管理机构也同样要明确分工，各司其职，并努力搞好配合。社会保险工作是涉及到多方面复杂利益关系的工作，这就要求从事社会保险工作的同志还要千方百计地与有关部门、有关方面搞好团结协作。团结就是力量，团结奋斗才能推动社会保险事业的繁荣与发展。相反，搞不好团结，形不成合力，工作起来别别扭扭，相互掣肘，就会削弱我们的力量，就会贻误社会保险制度改革的大好时机。这是不能允许的。当然，讲团结协作是与坚持原则统一的，二者不能偏废。社会保险工作的基本原则就是党的十四届三中全会的精神，是国务院的有关规定，特别是国务院 33 号文件精神。我们要以实际行动维护中央和国务院决定的严肃性。全体从事社会保险工作的同志，一定要自觉从大局出发，以事业为重，相互理解，相互支持，经常通气，搞好团结，共同为社会保险事业的发展而奋斗。

在此，我要特别强调一点，就是劳动部门和社会保险干部队伍一定要加强勤政、廉政建设。党中央最近对加强党风廉政建设和开展反腐败斗争做了部署，我们一定要坚决贯彻执行。社会保险机构是管钱的单位，必须要做到“常在河边走，就是不湿鞋”。各级劳动部门的领导干部更要严格自律，以身作则，带领社会保险部门的全体同志认真贯彻中央关于廉政建设的各项规定，提倡节约，反对讲排场和铺张浪费，自觉抵制各种不正之风，防止发生各种经济问题。只有这样，才能不辜负国家和人民对我们的重托，才能经受住改革开放和发展市场经济对我们的考验。

希望同志们认真研究、分析社会保险工作的形势，明确下一步改革的目标、步骤和方法，统一思想，振奋精神，努力开拓，把社会保险的各项改革推进到一个新阶段。

（作者为劳动部副部长）

在梧州市改革基本养老金计发办法实施大会上的书面讲话

（1993年12月20日）

李伯勇

同志们：

梧州市人民政府召开改革基本养老金计发办法的实施大会，我谨代表劳动部向大会表示热烈的祝贺，向全市辛勤工作在第一线的全体职工，以及劳动部门的同志致以亲切的问候，向支持社会保险改革的自治区、市各级政府领导、有关部门以及企业的同志们表示衷心的感谢！

党的十四大确定我国经济体制改革的目标是建立社会主义市场经济体制，十四届三中全会通过的《决定》为建立社会主义市场经济体制制定了总体规划，这就为企业进入市场参与平等竞争创造了条件和机会。在市场经济条件下，劳动力的配置和流动必然要受到价值规律和供求规律的调节和影响。市场自发地向效率倾斜，鼓励竞争，保护强者，但它不能自发地实现社会公平和保护弱者。因此，政府制定的劳动政策和法规不仅要调节经济关系、促进生产的发展，还要调节社会关系，维护社会稳定。所以，对因年老退休，处于弱者地位的职工，政府必须通过养老保险的社会政策予以保护和帮助。这是经济发展、社会安定所必需的政府行为，是政府必须负起的责任，也是市场经济良性运行的重要条件。

我国养老保险制度自五十年代初期建立以来，经过几次修改和完善，对保障职工生活、促进生产发展和维护社会安定发挥了重要的作用。但是，现行根据工龄长短和退休时标准工资的一定比例确定养老金的办法是在计划经济体制下建立和发展起来的，随着市场经济的发展，企业分配自主权的落实和劳动力的合理流动，职工身份和标准工资都将淡化以至取消，现行企业职工养老金计发办法与劳动、工资制度改革互不配套，已越来越不适应改革形势的要求。第一，阻碍了职工在不同所有制单位间的合理流动。在社会主义市场经济运行机制中，劳动力市场是最重要的生产要素市场之一，在劳动力市场中，劳动力资源配置上，企业与劳动者之间，企业之间，劳动者之间都是平等的。职工可以在不同地区、不同所有制单位之间合理流动自主择业，企业可以根据生产需要和变化，自主招工和用工，从而形成一个全国统一的劳动力市场。为了实现这一目标，当前迫切需要建立一个适用于各类企业、各类职工的统一的养老保险制度。但是，目前的基本养老金计发办法仅仅局限于国家机关、事业单位和国有企业，集体企业只是参照执行。养老金计发办法如果仍按所有制和职工身份来确定，职工的所有制身份将难以破除，劳动力部门所有、单位所有以及“一等公民”、

"二等公民"的不合理现象就会长期存在。这种状况显然不适应社会主义市场经济条件下对职工能进能出、能上能下、合理流动、双向选择的客观要求。第二，已不适应工资制度改革的新形势，影响了企业工资分配自主权的落实。企业实行工资总额和经济效益挂钩以后，可以根据生产、经营和职工劳动特点等实际情况，自行选择工资制度和分配形式,如果仍以标准工资为养老金计发基数,必将影响职工退休之后的待遇，企业也不得不保留所谓的"档案工资",从而影响了企业分配自主权的落实。第三，现行办法中缺乏正常的待遇调整机制，职工退休后领取的养老金一经核定就不再变动，使退休人员的生活水平受到影响。不难看出，现行基本养老金计发办法已经成为制约整个养老保险制度改革的"瓶颈"问题之一，对企业内部劳动工资制度改革牵制很大，拖了经济体制改革的后腿，已经到了非改不可的时候了。早改早有利，早改早主动，停滞和后退是没有出路的。

基本养老金计发办法的改革，涉及到亿万职工的切身利益和国家、企业的承受能力，关系到广大职工群众生产积极性的提高和社会的安定。这项改革必须从我国生产力水平低、人口多且老龄化趋势发展迅猛、人民生活水平还不高的国情出发，兼顾国家、企业和个人三者利益,兼顾目前利益和长远利益,既要保障职工退休后的生活，又要有利于生产发展和社会安定。根据这个指导思想，我们在总结各地经验和参考国外有益做法的基础上，对这项改革进行了认真的研究。首先，提出了基本养老金与社会平均工资和职工个人缴费工资挂钩，并且还要与社会平均工资增长适当挂钩的办法，形成一个基本养老金自然增长的机制。这样，就可以把养老保险制度的三个原则，即"效率与公平"、"权利与义务"和"分享社会发展成果"有机地结合起来。其次，科学合理地确定基本养老金的计发标准。从我国的实际情况和从国际的经验教训来看，养老保险待遇都具有很强的"刚性"，标准上去了就下不来。按照国际劳工组织102、108号公约的规定，缴费满30年的，退休养老金一般不低于在职时平均工资收入的40%～45%。现在国际上超过70%的国家不多，如意大利为69%、瑞典68%、法国66%、日本54%、德国49%、美国44%、瑞士37%、加拿大34%、英国31%。我们经过对世界各国基本养老金水平的反复研究和论证，并对我国城镇人口的老龄化发展趋势和养老保险费用情况进行详细测算，确定了基本养老金的计发标准第一部分为省、自治区、直辖市职工平均工资的25%，第二部分为每缴费一年按1%计算，两部分相加大体在工资收入的60%左右。为了保证所有实行新计发办法的退休人员不降低待遇，并且使一部分人员的待遇有所提高，在计发标准之外可以经过测算适当发给过渡性补贴。这样做比较符合我国国情。再次，对获得模范等荣誉称号的职工，可以由奖励单位实行一次性重奖和为其办理补充养老保险、在退休时不再提高计发标准；对从事井下、高空等特别繁重体力劳动和有毒有害工作的职工，由于实行岗位技能工资后，工资分配已向这些岗位倾斜，从事这些工作时工资水平高，缴费工资多，退休时计发的第二部分基本养老金也多，因此也不宜另外再采取提高计发标准的做法，以避免产生新的不合理因素。这样，新的基本养老金计发办法就能够实现科学合理和规范化。

基本养老金计发办法的改革是养老保险制度改革的核心问题，直接关系到企业的经济负担和退休人员的生活水平。它是经济体制改革深化，企业经营机制转换和劳动、工资制度改革的迫切需要，是保障和改善职工生活，维护社会安定的一项重要措施。梧州市在深化经济体制改革的过程中，从本地情况出发，克服困难创造条件，总体规划，精心测算，不失时机地加快社会保险改革步伐，完善社会保险体系，取得了较好的社会效果。在基本养老金计发办法改革方面，按照劳动部的改革思路，在市委、市政府的领导下，进行了认真的调查研究、分析测算和论证，所确定的改革方案符合市场经济发展的客观要求；有利于促进企业经营机制的转换，有利于劳动力的合理流动，有利于保障退休人员的合法权益。我预祝这项重大改革成功，并能为广西和全国的养老保险制度改革提供新鲜经验。

实行新的养老金计发办法有五个方面的好处：一是以职工本人工资收入为基数，可以适应不同所有制、不同企业的需要，适应多种经济形式和劳动力合理流动的客观要求。二是基本养老金的第一部分以本省（自治区、直辖市）月社会平均工资为计发基数，可以与现行养老金最低保障数相衔接，有利于保障退休人员的最低生活需要。三是基本养老金的第二部分与职工本人的缴费工资挂钩，可以使职工在职期间的劳动贡献，特别是“最佳年龄、最佳贡献、最佳待遇”得到充分的体现，避免职工的基本养老金因企业恰在职工退休前一段时期经济效益不佳而跌入“低谷”的现象。四是实行基本养老金与缴费工资多少和缴费年限挂钩，有利于职工关心社会保险事业，有利于从内在机制上实现社会保险基金的收缴和管理的民主监督。实行个人缴费后，职工虽然缴钱不多，但与个人的利益直接联系在一起，缴费基数的大小直接决定退休时计发养老金基数的大小，而且，每缴费一年增加一定的标准，少缴费一年就会少一定标准的基本养老金，这样，自然就会促使每个职工关心未来的养老保险待遇，增强社会保险的责任感，积极参与社会保险的管理与监督。五是基本养老金每年调整一次，可以体现适当分享社会发展成果和减轻物价上涨对退休人员生活的影响。

改革基本养老金的计发办法，是一件大好事，能够使职工退休后得到更合理的待遇：但也不是一件容易的事，在思想上、观念上和具体工作上都会遇到不少问题和困难。改革成功与否，除了我们本身要解放思想、积极开拓、努力工作以外，还有两个至关重要的因素，一是领导支持，二是广大群众理解。这都需要我们做好宣传工作和群众思想工作。这次梧州市改革养老金计发办法实施大会，市委、市政府的领导及有关部门负责人都参加大会，正是领导重视、支持社会保险工作的一个有力证明。我相信，随着社会主义市场经济的发展，这项改革一定会越来越被人们所接受和支持。

目前，全国已有近300个市县实行了新的计发办法，还有几个省正在按照国家改革养老保险的总体思路，进行调查研究、摸底测算，在全省统一实施这项改革。从各地的试点情况看，运行很好，得到了企业和职工的支持和拥护。10月中旬我们在认真研究总结各试点地区的办法和经验的基础上，下发了一个改革基本养老金计发办法试点工作的通知，在全国范围内积极推进这项改革。希望你们根据我部试点工作的通知精神，不断总结经验，进一步完善改革方案，加快改革步伐，争取明年有一个更大的发展。

在这里，我还要向参加大会的企业领导说几句话。一是希望你们理解支持这项改革。这项改革表面上看是比原办法要复杂一些，但它革除了用标准工资计发养老金的种种弊端，并建立了一个内在的激励机制，必将调动起职工在职期间的生产积极性，促进企业生产效率的提高。二是欢迎你们多提意见，社会保险改革不单是哪个人的事，也不是单凭劳动部门的努力就能干得了的。改革是千百万人的事，是市场经济的必然要求，你们身处生产经营的第一线，最有实践经验，最了解职工的劳动和生活，因此你们在改革养老金计发办法的原则和方案上，也应该最有发言权。劳动部门的同志要注意虚心听取企业的意见，不断改进、完善办法。

同志们！党的十四大指明了我国社会保险改革和发展的方向。劳动部门作为国务院授权综合管理社会保险的职能部门，一定要抓住有利时机，进一步解放思想，加快改革步伐，真抓实干，努力为企业、为职工办好事、办实事，为社会主义市场经济的发展做出更大贡献。

（作者为劳动部部长）

在鸡西矿务局特大瓦斯爆炸事故追查分析会上的讲话

（1994年1月28日）

张左己

今天，我们在这里召开事故追查分析会，是十分必要的。这次事故引起了上下震动，全国关注。从全国来说，这是继1991年山西省的三交河煤矿发生死亡148人事故之后，最大的一起煤矿事故。就全省来讲，是黑龙江省建国以来，最大的一次矿山事故。这次事故是《中华人民共和国矿山安全法》颁布以来发生的最大的一起矿山事故，造成了惨重的人身伤亡和严重的经济损失，给社会造成了极坏的影响，给死亡者家属带来了极大的乃至终生的痛苦。特别值得注意的是，我们这个企业正处于相当困难的时期，长期拖欠职工工资，现在又临近年关，发生这样惨痛的事故可以说是雪上加霜，必须严肃及时处理，给广大煤矿职工和人民群众一个明确负责的交待。借这个机会，我代表1·24事故综合调查领导小组，同时代表国家劳动部对在这次事故中遇难的职工表示哀悼，对遇难者的家属表示慰问。

1·24事故发生以后，得到国务院领导同志的高度重视和密切关注，朱镕基副总理经请示李鹏总理作出批示，要求劳动部派出一位副部长亲临现场调查处理事故。邹家华副总理在24日、25日、27日连续批示，同时指示煤炭部部长王森浩同志亲赴现场组织抢救，悼念死者，慰问伤员及其家属，妥善处理善后事宜，并且要了解事故原因，采取必要措施防止这种重大特大事故继续发生。森浩同志、宝明同志（煤炭部副部长）都先期到达了，工作是有成效的。几个部门到齐以后，组成了调查处理领导小组调查处理这件事。这次事故发生以后，黑龙江省政府、鸡西市政府及有关部门包括东煤公司、鸡西矿务局在内，及时的赶赴事故的现场，组织和指挥抢救工作，做了大量的有效的工作。我认为，从目前的情况看，这次事故的抢救和善后处理工作是做得积极的稳妥的。这次事故发生以后，确实是体现了一方有难、八方支援的精神。所以，我想借这个机会代表劳动部，向有效地组织这次事故的抢救和善后处理工作的省、市两级政府以及有关部门的领导同志表示敬意和感谢；向事故一发生就迅速进入现场抢救的救护队的同志以及目前仍然在现场挖找矿友的职工表示敬意和感谢；向在死难工友家中耐心做思想工作和善后处理工作的同志，表示敬意和感谢；向强忍悲痛，顾全大局，在生活非常困难的情况下还能理解支持政府和企业，关心煤炭事业发展的矿工家属们，表示敬意和感谢；向不畏艰险，深入现场，细致有效工作的事故调查组、技术鉴定组的同志表示敬意和感谢；向矿区的广大职工，向不被困难和事故所压倒，保持稳定，振奋精神，团结一致，坚持战斗在生产第一线的工人同志们表示崇高的敬意和衷心的感谢。

昨天以来，开始听取各部门关于事故的分析报告，今天我们又召开事故追查分析会，感到事故是特大的，但原因是简单的，而且是完全可以避免的。事故就出在我们企业和单位天天喊、天天管而又没有完全落实的环节上，是一些重复发生的问题，不能不令我们深思。全国的安全生产形势很严峻，1993年是安全生产形势最严峻的一年，大事奇事都在这一年发生。仅煤炭工业来说，重大的矿山事故也是连续不断的发生。就在这个地区，一个局平均一年发生几起10人以上的事故，这怎么得了？如果不很好地追查分析这起事故，不从事故中猛醒，吸取百十个矿工的生命和鲜血的教训，还不能引起有关部门和企业的重视，那么，我们的共产党员、我们的领导干部何以面对江东父老？何以面对广大人民群众？实际上，我们现在就很惭愧。各个部门和两级政府的同志到遇难者及其家属中去慰问，确实是硬着头皮，对全社会、对新闻界我们还得缩着脑袋。昨天，森浩同志走之前我们还在一起商量，这个事情不宜公开见报。当前，造成我国生产性事故频繁发生的原因是多方面的，有由传统的计划经济向社会主义市场经济转变过程中安全生产的管理体制、方式方法上不适应跟不上的问题，更有在安全生产工作上有法不依，违法不究，执法不严方面的严重问题。如果现在还在那里说法制不健全是过不去的。国家的矿山安全法有了，地方的安全法规也在不断地完善，现在的关键就是要把这些法规在实际工作中逐条地落实下去。比如女工下井的问题，防爆措施的问题，矿井安全装备问题都有规定，通过这次事故的分析看，在这些方面我们都存在着违法、违章、违纪的问题。就一个具体问题，我们可能说出很多理由来，但是，从全局上从整体上从法制上说，就说不通了。从刚才的分析看，违章指挥，违章操作，你们自己也说比比皆是。这可能有点太苛刻了，但认真检查起来，走一走，看一看也确实如此。有些事情我们是屡见不鲜，习以为常。这样的话，你今天不出事故，明天也要出事故。我们在观念上，在思想上一定要这样看。

对安全生产问题，党和国家是非常重视的，在市场经济的条件下，特别是在经济快速增长，有些地方很热的情况下，党和国家更重视安全生产工作，仅1993年国务院就召开了两次紧急电话会议，邹家华副总理亲自到会讲话。在全国经济工作会议上，李鹏同志的报告里面，专门讲了一大段安全生产问题，这是在以往的经济工作会上所不曾出现的。此外，国务院还发了关于加强安全生产工作的通知，并且先后几次发了明传电报，其重视程度可谓高矣。应当说，国家的有关部门和各级政府在安全生产方面也确实做了不少工作，但是，从目前重大、特大的事故屡屡发生来看，也还确实有个贯彻落实不认真、不到位、不得力的问题。安全管理和安全生产，首先应该落实在企业，落实在企业负责人身上。大家讲，企业负责人是本企业安全生产的第一责任者，这一点不错，最近准备提交给国务院审议的生产安全条例，专门要写这一条。应当说，我们的东煤公司也好，鸡西矿务局也好，在经营十分困难的情况下，上下一心，共同努力，确实是给国家做了贡献的。就说我们多种经营公司，对解决矿工子女就业问题，在缓解社会就业压力，安置企业的富余职工方面，在发展煤炭生产繁荣社会主义市场经济方面，也是做出了很大努力的。东煤公司和鸡西矿务局在生产安全方面，实事求是地说，也是做了大量的工作，但是，从1·24特大事故发生来看，我们企业生产安全管理混乱的问题是相当严重的，暴露了我们安全生产方面的问题不少，隐患不小。这就要求我们企业的上级管理部门，帮助指导企业发现和解决这些问题。所以我想，东煤公司本身作为企业的上级主管部门，也应该认真地总结，吸取教训。出事故的矿井，不是你东煤公司授予的A级质量标准化矿井吗？这1·24事故把你这块牌子吹得无影无踪。我希望企业和企业的主管部门，都应该认真分析这次事故发生的原因，总结经验教训，不再发生类似的事故。

对于这次事故的处理工作，黑龙江省政府以及有关部门给予了大力支持，做了大量工作。马副省长亲临现场，组织抢险和救护。事故调查组的同志不辞辛苦，昼夜奋战，在短时间内拿出了情况分析，工作效率是高的，做出的技术鉴定意见是符合实际的。我个人原则同意这个事故调查的初步意见和技术鉴定的结论。在今天事故分析会的基础上，我们劳动部将会同煤炭部、全国总工会、黑龙江省政府对这起事故调查处理的下一步工作还要进一步协商和研究，最后形成报告，经事故调查处理领导小组讨论同意后，建议以黑龙江省政府的名义，正式上报国务院审批。

事故的调查处理，根本目的是要执行国家法律法规，总结事故的教训，采取措施，改进工作。我感到矿务局也好，多经公司也好，刚才的检查还是真诚的。这次事故的查处也必然要涉及对事故的有关责任者，进行纪律处分的问题，这是正常的，也是对人民负责。我们当前安全生产方面的事故屡屡发生的一个很重要原因，刚才全总的同志讲得对，就是有法不依，违法不究，执法不严。这次1·24事故的处理要从严从快，从严就是严肃认真实事求是，从快就是在事故原因分析清楚以后，应该迅速做出处理，以便尽快恢复生产，保持社会稳定。我希望，可能受到处理的人员，能够深刻地总结、吸取教训，端正态度，振奋精神，把今后的工作做好，以实际行动来弥补自己行为给党和人民造成的损失。

对于如何做好下一步的安全生产工作和善后工作，宝明同志刚才讲了，讲的很全面，讲的也很好，我完全赞成，这里就不多说。而且现在也不是说的时候，主要是干，我希望鸡西矿务局及所属的多经公司，能够像你们在检查中说的那样做，使安全工作在新的一年里有一个大的改观。

（作者当时为劳动部副部长）

在 1994 年劳动体制改革研讨会上的讲话

（1994 年 2 月 2 日）

李伯勇

今天，围绕区域配套改革这个主题，大家发表了很好的意见，特点是理论联系实际，做到了重点突出，目标明确，步骤要求提得也比较合适。对这个试点意见，再进一步修改补充后，作为区域配套改革的指导性文件。

方才朱部长讲的观点，我都非常赞成。下面我讲四个问题。

一、认真研究和吸收国际上的经验教训，认真分析发展趋势，使我国的劳动工作更好地走自己的路

学习国外的经验，千万不能照搬。自然科学也好，社会科学也好，这是一个老问题。学习国外的东西，首先一定要搞清楚他们这些作法，所得出的结论的边界条件和适用条件的差别，集体谈判也好，养老金调节机制的挂钩办法也好，他们很可能走来走去，走来走去转圈的也有，我们掐了一段拿过来了，用了，结果说不定他们走错了，并且改正了。所以一定要把当时得出结论和适用的边界条件弄清楚才行。这对我们在劳动工作中吸取国际经验非常重要。口头上大家也都会说，但做起来，很难。往往一提出来，美国怎么样，人家怎么样。它的条件怎么样？谁也不问，谁也不说，结果一与国际接轨，就接差了，根本接不上。另外，一定要和中国的实际和可能结合起来。小平同志文选第三卷，大家感觉非常有用，我感觉最有用的一点就是它结合中国的实际。我们搞的这个东西也是一样，绝对不能在吸取国际经验时，从主观愿望出发，或从某种概念出发，更不能赶时髦、赶浪头。我们搞实际工作的同志一定切忌。所以一定要认真主动地收集资料、分析资料，结合实际谈出我们的看法。各个司局，特别是劳动科学院、国际劳工所，有很大责任作这些事情。应该针对我们当前要解决的问题，一定要弄清人家是怎么走的？有什么经验教训？我们应该怎么弄？这方面还得下点功夫。

另外还可以走出去，把人家的东西弄明白，学到手。弄明白是第一步，结合我们的实际情况能够用上去，才叫真正学到手。

下面我讲几个观点：

第一，国家基本养老保险部分的待遇、水平、标准只能保证离退休人员的基本生活水平，不能高出国家和企业的承受能力和经济发展水平，这些在三中全会决定中已经说明白了。保证基本生活水平不下降，需要有个调节机制，调节机制到底怎么弄好，还需要进一步论证，主观愿望是同社会平均工资相联系的，我是同意这个观点，但是还要进一步推敲推敲，如果别人提出问题来，我们如何回答这个问题。

基本养老金的水平应该能够分享社会发展的成果。同时还要加一句，在特殊条件下也要分担国家的困难，不能涨起来就不变了，丑话要说在前头。其它保险也是一样，不能水平一成不变，压得再低也有入不敷出的时候。两句话都要说，而且要说清楚一点。这是第一个观点。

第二，国家和企业负担的费用只能是逐步减少，而个人的负担一定是逐步增加，这是发展趋势，不能所有的东西全靠国家，这个观念一定要转变，一定要逐步转移到靠自己。上海的养老保险有一个可取之处就在于个人的负担利用工资增长一点点的增加，每年增加0.5。欧洲的国家基本上是各一半，个人一半，企业一半。我们的改革应该向这个方向走。

第三，社会保险一体化是必由之路。不能犹豫，越早走越主动。当然，它和省级统筹有矛盾，各有各的帐。作为劳动部，我们要坚决走一体化这条道，有什么矛盾，解决什么矛盾。国家和省里都要有一定的基金调节能力。国家那么大，省里要有点调节能力，国家也要有点调节能力，现在看来，这个非常需要。有的地方，省里自己就是解决不了这个问题，靠别的省行吗？就得靠中央有点调节能力。有的一个省很大，下面有的地方解决不了，靠别人行吗？省里就得要有点调节能力。看准了，要向这个方向走。

第四，商业化保险，作为一个补充，我们要给予足够的重视，起码思想上不能排斥。以前由于各种原因，一提保险公司，气就不打一处来，不对的和对的都打回去。但是，国际上，商业保险比重越来越大。我们在研究和制定社会保险政策时要予以考虑，要把它作为一个真正的补充，有力的补充。

第五，保险基金的有效运营是通用的国际经验。我们劳动部有个基金管理局，对这一点要看清楚，必须抓紧筹措我们管的那部分基金，而且要合理合法符合国家的法规要求投入运转。只要合理合法搞，保证它保值增值，不要往口袋里揣，保证我们国家的整体利益就行。我们原来想搞一个劳动银行，好多问题就解决了。当然，现在目标实现不了，但如果真正工作需要的话，搞个劳动银行也得要。基金运作，要抓紧进行，甚至包括和国外合起来运作，我认为不是什么问题。

第六，中央调节基金制度要尽早落实，以适应当前形势的迫切需要。刚才家甄同志讲了，今年是很难过的一年，各地离退休保险金打赤字的肯定比较多，如果不早点集中这点基金就没有办法。只要有了基金就可以为国家分忧解难，这是很关键的。我建议，我们还是要分析分析形势，打个报告，哪怕开个小口子，也行，这个要着手干。

第七，多层次养老保险制度，国家基本养老保险，企业补充养老保险，个人储蓄养老保险相结合，这是一个非常好的制度，各方面情况都能适应。不同的企业，不同的所有制，用这个办法都能解决。我们要大力推广宣传这个制度。比如说，企业与企业不一样，好企业要求水平高，不好的企业水平要低，甚至保证不了，搞企业补充养老保险，可以把国家基本养老保险压下来，但职工本人不受影响。不同的企业有不同的待遇水平，不同所有制企业也有不同的水平，像集体所有制企业和国有企业不一样，基本保险可以一样，但企业补充这一块可以不一样，个人水平高可以在本企业里弄。这样都能抓住。我们搞基本养老金计发办法，光出这一个是很难推的，一定要把补充养老保险赶快一同推出去，有利于基本养老保险金改革的推动，要不断发展，不断完善。这个三结合的养老保险制度可以立于不败之地，应该坚持。

第八，社会保险要统筹考虑。当前有几个保险首先要站住脚，一个养老保险，一个失业保险，一个医疗保险，这三个保险要站住脚。还剩下工伤和生育保险，你现在不干，它也跑不了。原来想五个保险一齐上，但一麻烦就不好弄了。

现在养老保险站住没站住脚，我也把握不太大。虽然搞了计发办法，到处去宣传，但是有些地方是不是还有空子可钻呀？失业保险也有好多可改进的地方，医疗保险刚刚开始，我们一定要先把这三个东西站住脚，至于基金怎么统筹使用，可以再商量。

第九，社会保险社会化管理是个大方向。都认为是对的，要采取一切组织措施快点干。我们有个保险事业管理局，可以组织来搞这件事。有好多事情完全靠企业开始弄可能不行，这件事如果不快点弄，搞不好还要出毛病。

社会化管理，当前可以两结合，一点点退也可以。如果有条件拿到社会来管有好处，对保险事业管理局也非常有好处。

第十，关于工资总额。从发展方向看是应该全面放开，但当前的问题是应该进行间接有效的宏观调控。要有一套措施，如，最低工资、经营者收入、税收政策、工资增长指导线、谈判机制，这些零零碎碎都有，但怎么把它们拧到一块，弄成一个大笼子，让你跑也跑不出去，这方面还应该下点功夫。我们能不能用现在的这几种办法编个笼子。设计的几种手段，可以找个地方仿真模拟算一下，搞个数学模型不是太困难，我们拿不出来，可以找系统科学研究所算一下，按这种办法控制究竟能出多大的漏子，误差究竟多大，起码可以看一下，我们搞的东西到底有效没效。可能对国外有效，对我们是不是有效？这个课题值得着手研究一下。

第十一，明确要进行的宏观调控指标，非常关键。

讨论总体设想的时候，大家提了不少的意见。我想除了他们讲的之外，我很赞成上午同志们讲的，劳动力质量是我们宏观调控的一个目标，很重要的一个目标。劳动力质量提高了，对解决就业问题是很有好处的。我们应该逐步向培养高素质劳动力的方向发展。另外，保险基金应该是一个控制指标，以保证用。其它五个指标，我都很赞成。

第十二，一定要抓紧建立和完善全面的劳动监察体制，我们现在搭起架子来了，社会主义市场经济条件下的劳动部门一个很重要的职能就是搞劳动监察。就像公安，要有一批人巡逻，包括劳动政策、安全生产，将来发展方向应该合起来，现在不行，只能先分开。落实监察体制是一个很重要的事，这个不落实，工作没法开展，再好的政策也不行。好多企业也知道该怎么办，但就是不办，得有人管才行。

第十三，劳动部门抓劳动力素质的提高是我们的一个长远战略目标，但目前老是软指标。既然是战略目标，就应该把软指标变成硬指标。通过提高劳动力素质解决就业是一个很重要的途径。比如向国外输出劳动力，据我了解，菲律宾、泰国输出的劳动力素质是比较低的，但国外也需要一批高级工人，非常需要熟练工人、高素质工人。

第十四，集体谈判问题争论比较大。国务院讨论劳动法的时候，虽然没有否这件事，但总感觉目前不宜很强调这件事。我认为是很对的。但不强调，不等于不做准备。从国际上看，集体谈判也是调节劳动关系一个比较有效的手段。大的思路是对的，但是要有中国特色。所谓中国特色，就是中国有大量的国有企业，国有企业完全照搬西方那套不行，我们自己走什么道呢？现在说的不是很清楚。我主张，这件事也可以搞个试点，做个模拟，看情况究竟怎么样。我认为，能够对话，能够谈，这是一件比较好的事。我们这种谈和国外的谈性质是不一样的，可以借助它这个方法。

我们怎么走？经过讨论，哪些东西可以在区域配套改革和百家试点中尽量试试，可以考虑考虑。

三、当前劳动工作应当注意的几个问题

今年劳动工作应该是稳定第一、预防为主、统筹兼顾、积极参与。

稳定第一。今年中共中央工作要点是：抓住机遇、深化改革、促进发展、扩大开放、保持稳定。

稳定，很值得我们注意。对今年的严重形势，困难形势一定要有足够的估计。我认为想得更复杂一些，更严重一些对我们工作有好处，稳定压倒一切。

今年要干的事也很简单，就是家甄刚才讲的，保证我们管的这一块无论如何不能出事。一部分职工半年发不了工资，你劳动部负不负责？我们今年一定要保护职工的根本利益，工资要想办法发，离退休人员的生活水平不能下降，要保证生活，这样才能稳定职工，国家才能稳定（朱副部长插话：难在哪儿呢?今年发不出工资不是说谁有钱没钱，发不出工资是受整个宏观影响。昨天下午我参加煤炭会议，煤炭系统 20 天增加三角债 107 亿，谁受得了呢?货款回不来，没钱开支，现在叫银行现调款，贷款开支都调不过来）。所以，我们劳动部保证职工利益不是一句空话，一个工资，一个就业，不是坐在部里发个文件发个电报就没事了，我们应该下去，大声疾呼，到处想办法，解决这个问题，这个解决不了，你劳动部就没存在必要了。我们昨天跟全总讲，联合起来呼吁。

还有一个，改革出台的力度和时间应该从稳定角度出发。改革的力度、出台时间应该看看承受能力，关键是要关心职工的疾苦，职工不能丢掉既得利益。

预防为主。安全生产就是安全第一，预防为主，我们的劳动工作要稳定也是预防为主。等事情出来了，再采取措施就晚了，就比较被动。搞理论工作要有预见性，预测出前景如何，比如百家试点，区域性配套改革，要争取主动，把工作做在前头。最近，社会科学院到德国有个代表团，座谈时说，外国人也提出来这个问题，你说保险金不够，失业有危险，应该早点想办法别让他失业。这个道理是很对的。你那个钱不够，应该早点想办法。搞安全生产，预防为主做得不好，就天天出事故，现在根本不预防，就在那儿混日子。

今年对物价上涨、生活水平下降、失业率上升等不稳定的因素要估计到。要想得到这些信息，一定要有一个完善有效的统计信息系统，现在的统计信息置信度小于 0.5，不可信，没什么用，我们是聋子、瞎子。所以，加强基础工作，建立有效的统计信息系统在当前是非常非常需要的。我们大会小会讲了半年了，就是没落实。信息中心还是要下决心弄弄这个，不然，拿来数据也是假的，搪塞搪塞，唬一唬。应该搞个明确计划，缺钱？缺人？该怎么弄？赶快弄！否则，我们已经行不通了。原来还可以拿指标唬人家，不报数就不给指标，人家就给你报个数，报个假数吧。现在连假数都没了，这是当前最危机的一件事，还谈不上统计指标体系，根本没有数，还谈什么指标体系？

预防为主的第二件事，就是解决就业措施。今年预测是失业 490 万，城镇失业率 3%，我认为实际比这个数可能要多得多。因此在就业问题上要想点招了，要在原来三结合就业、劳服企业、发展三产基础上有个新招。我非常赞成上午何光同志讲的，要在所有制结构调整上下功夫，特别在集体经济和集体合作经济上下点功夫。从《统计年鉴》上看，集体所有制的人，1988 年是 3527 万，1989 年是 3502 万，降了 20 万，1990 年 3549 万，1991 年是 3628 万，1992 年又到了 3621 万，这几年是磨磨蹭蹭，上上下下徘徊，基本不动，略有下降。要是能增加 1%就是 30 万，能解决不少问题。在集体企业上下功夫，要害是制定政策上。何光同志讲，没人管这件事。我们劳动部应该从就业角度做点文章。不光是集体所有制，私营个体增长的幅度也不大。到 1992 年私营个体才 838 万，1991 年是 760 万，涨了一年还不到一百万。

对集体、私营、个体要下点功夫，制订点政策。从就业角度强调发展集体所有制企业，符合国家长远方向。要大作文章，特别是在发展中小企业上，我们大有可为。因为国有企业肯定是向外推人了，大的集体企业也没什么希望，理论家提出，在中小企业上能不能做点突破，我认为这个观点是很对的，应该抓抓这件事。

现在我们有些个别的理论家的想法是只有私有化才能救中国。我认为，对中国来说私有化是死路一条，不能走这条道。当前还是要大力发展集体企业，适当发展私营、个体是可以的。

另外，在开发第三产业上，还是有油水可挖。现在发展的第三产业是低层次的，搞几个修理业，搞几个看澡塘子的，解决富余职工，这个东西容量有限，再发展也容纳不了多少人。我们劳动部门应该开发高层次的第三产业。从《统计年鉴》上看，高层次的第三产业就业人数这几年发展并不快。像交通、邮电，老是在六百多万上晃，1990 年是 606 万，1991 年 625 万，1992 年 635 万，这是全民的。像商业，贮存业，物资业也都是在一千万左右来回晃。集体的交通邮电是 180 多万，商业、公共饮食、饭店、物资等也是八百万左右，从统计数上来看，还是很有潜力可挖的。我们应发展高层次的第三产业，从解决就业角度出发，能多高就多高，不然老是在低水平上也发展不上去。

统筹兼顾。一个是我们内部。如失业保险和就业的关系；提前退休和养老保险金关系，一个是人晚进和早出，这是从就业角度。从养老金角度整好相反，希望早进来，晚退，这些都要协调。

另一个是和有关部委的配套改革要配合起来。

在统筹兼顾上，第三个很重要的问题是宏观经济政策和劳动工作的关系。张小建他们搞了十一条，提的都对，还要想办法落实。我们就是要在宏观经济政策上，解决劳动就业上下点功夫。现在外贸政策、这个那个政策，人家都不理你，好象和你没关系，实际上有很大关系，只是认识不到。

积极参与。条件肯定不具备，缺什么，补什么，即使我说了不算，也要大声呼吁，像个人所得税一样。削尖了脑袋，不是要升官发财，是要解决劳动问题。因为以前他那工作不理你，但问题还要你负责，所以对宏观政策还要关心，包括：税收、财政、结构调整、所有制调整、外贸政策等等，都要主动参与。我们主动参与也不是不可以，比如民工潮的问题，又涉及铁路，又涉及公安，我们这件事做得还比较主动，自然而然就由我们来协调。应该是有点效果，做的准备比较好（朱副部长插话：最后罗干同志定了，这件事，就是由劳动部主要负责）。不是说我们还嫌官不够大，老想管人家，而是从解决劳动工作角度出发。不知这个思想你们赞成不赞成，如果你们赞成，就是为国家排忧解难做了很大一件事。分工不可能分得特别清楚，我们就要积极主动一点，从解决问题出发。积极主动参与国家有效的宏观调控，特别是在就业、工资、保险基金、安全事故以及社会分配不公等问题上。社会分配不公的问题，劳动部一家肯定说了不算，但是告你劳动部一告一个准，你也说不清道不白。所以在社会分配不公这个问题上，我们应该拿点意见。社会分配不公，几家都不管，出了事我们又负责，我们比较冤，与其这样，还不如我们积极主动参与（朱副部长插话：今天我还跟计划司讲，我们要抢跟我们有关系的经济杠杆，没有经济杠杆，我们说了不算）。积极参与，你要老是说话说在点上，人家自然而然就一点点开始来找你。我们当领导的也是这样，他说的老在点上，有事跟他商量商量。你老也不说，躲得远远的也不行呀。现在，劳动部想过得很安逸，也可以，低头过日子就行了。想过得很难，也很容易，自己加点担子，为国家分忧解难，我们还是有这个责任。

三、我们这个区域性综合配套改革方案尽管很不成熟，还要修改，但我们还是要积极地大胆地谨慎地试验

小平同志讲了，要大胆地试，大胆地闯。

有些事情看起来很难，大胆地闯过去，也不像想象的那么严重。老在那儿等着，恐怕不行。指导思想应该是以攻为守，才能把事情弄得更明白。

第一，要争取在真实的条件下大胆地实践，经过调研，看准了的，想透了的东西，一定要去试验。

第二，要想充分暴露问题，关键是充分试验，不能弄好多优惠条件去试验，试了以后根本就不解决问题，那没有用，将来没法推广，就会有遗留问题，白做试验。

通过试验，应该弄清楚，什么条件下可行，什么条件下不可行，把边界条件找出来。

第三，在总结推广试点经验时，一定实事求是，留有余地，不要尽说好的，留有余地就是要考虑不可预见的因素。盖房子还有不可预见费呢。你是十分，顶多说八分，留二分回旋余地。

还有一个观点，我们做试验，要尽量引用现代软件科学发展成果。比如仿真模拟计算，在我们这个领域里还是大有可为的。在我们劳动领域里应该用点先进的软件科技成果，好多数学模型可以用，不一定要精通，但一定要知道在哪里用，想办法用上，只有这样才能有定量的分析，比如发展集体企业到底能容纳多少人？就应该算一算，把统计科学规律，把软件应用到我们这里来，这是很关键的一件事。我主张，我们搞政策的人应该多和搞软件的系统科学研究所多联系联系，听听他们的，现在他们有好多成果可以帮助我们。

四、讲讲关于整体决策的研究

世界是一个整体，需要整体管理才能产生整体效益，所以需要整体决策。

这些年来，我们劳动系统的一些决策有很大的偶然性和随意性，严格来说这是很可怕的，科学性民意性都不够，谈不到整体决策。我们有些决策就是被某些个处长大人们、某些个主任科员们牵着部长的鼻子往前走，也可能干得很不错，也可能很不怎么样。特别是这半年，在社会保险问题上感到特别被动。根本问题上还是整体决策上根基不足，有必要探索一下劳动部门整体决策的体制和程序，决策的框架，包括信息、咨询、决策层、决策的执行、监督、反馈系统。决策的基本程序还是要有个说法，到底应该怎么弄比较好。比如，国务院来个电话，我们有些事考虑到了，有些没考虑到，就临时应付，叫个司长来一齐商量一下，赶快准备个材料，这种事，我经过好几次。这说明我们考虑问题不周到。我们应该想什么，上头想什么，我们做什么，不挂钩。我们有些问题还抓不准，急需要决策整体框架和程序，需要有个班子要想想，现在发展究竟有什么问题。我刚才说的问题都是有了苗头了，要做工作做到家就要往前想一想，做个准备。

我们想找几家，政策法规司是改革的总体设计部，综合计划司是搞综合平衡的，办公厅里还有个小班子和各方面联系，出出主意，还有一个最大的思想库就是劳动科学研究院，逐步建立这么个系统，就是想主动一点，不要说三年早知道，那怕一年早知道也主动一点，现在一个月早知道也做不到，为什么有的外单位出了好多馊主意，我们管不了？因为我们没有足够的根据说人家，没有储备，这样对付下去，很危险。

劳动科学院这个事应该抓一抓，也不要想得太复杂，比不上兰德、野村、伦敦战略，但起码一点点地抓，争取主动，在劳动领域里还是比较简单。也许明年搞这个研讨会时，在整体决策上可以拿出一套东西来，用到劳动工作上去，就有点进步了。

研讨会上大家平等，我不是以部领导身份说话，不对的地方大家可以反驳。

（作者为劳动部部长）

关于《中华人民共和国劳动法（草案）》的说明

（1994 年 3 月 2 日）

李伯勇

委员长、各位副委员长、各位委员：

我受国务院的委托，现就《中华人民共和国劳动法（草案）》作如下说明。

一、制定《劳动法》的必要性

1978 年底，根据邓小平同志在中央工作会议上关于制定《劳动法》的指示，原国家劳动总局会同有关部门开始着手起草《劳动法》。十几年来，经过大量的调查研究，反复论证，先后形成了三十余稿。党的十四大以后，根据建立社会主义市场经济体制的要求，国务院法制局会同劳动部、全国总工会对草案进一步作了研究、论证、修改。今年 1 月 7 日，国务院第十四次常务会议审议通过了《劳动法（草案）》。当前，各方面均认为制定《劳动法》十分必要和迫切，条件也已成熟。

制定《劳动法》是保障劳动者的合法权益、维护用人单位与劳动者之间稳定和谐的劳动关系的需要。改革开放以来，我国非公有制经济成分有了很大发展，公有制企业也在加快转换经营机制，由此带来了劳动关系的复杂化、多样化。在这种深刻变化过程中，如何正确调整和维护劳动关系双方的合法权益，解决用人单位与劳动者之间的矛盾，客观上需要健全和完善劳动法制建设，通过立法保障劳动者的合法权益不受侵犯，十分迫切。事实上，近些年来由于缺少比较完备的对劳动者合法权益加以保护的法律，在一些地方和企业，特别是在有些非公有制企业中，随意延长工时、克扣工资，拒绝提供必要的劳动保护，甚至侮辱、体罚工人的现象时有发生，以至酿成了像深圳一家企业发生火灾，烧死 83 名职工的恶性事件。有的外商投资企业公开以中国没有劳动法为由损害劳动者利益，恶化了劳动关系，影响了社会安定。历次人大、政协会议都有许多代表、委员提出议案、建议，要求加快制定《劳动法》。

制定《劳动法》是社会主义市场经济发展的迫切需要。市场经济体制要求以市场作为劳动力资源配置的基础性手段。随着市场经济的发展和劳动领域改革的不断深入，我国劳动体制逐步向市场配置劳动力方向发展和完善，劳动力开发、配置和使用的商品化、社会化程度明显提高，开放性、竞争性日益明显，客观上要求将各方面劳动关系纳入市场运行的轨道。劳动关系主体的行为和权利、义务，劳动力市场秩序，都需要用法律来规范和维护。因此，急需制定《劳动法》。

二、立法的指导思想

（一）充分体现宪法原则，突出对劳动者权益的保护

我国宪法对劳动者的权利、义务以及对劳动者权益的保护都作出了原则规定。《劳动法》要充分体现宪法有关规定的精神，把劳动者享有的合法权益明晰化、具体化，并保

证宪法赋予劳动者的权益得以实施，同时，从维护和发展稳定和谐的劳动关系出发，《劳动法》也要对保护用人单位的权益做出相应的规定。

（二）有利于促进生产力发展

我国社会主义建设的中心任务是发展社会生产力，提高综合国力。《劳动法》在坚持以保护劳动者合法权益为宗旨的同时，把有利于解放和发展生产力作为重要原则，注意与《企业法》、《公司法》等有关法律相衔接，明确规定了企业自主用人、自主分配工资、非过失性辞退职工等权利，以达到促进经济建设和社会进步的目的。

（三）规定统一的基本标准和规范

根据建立统一的劳动力市场规则和劳动标准，坚持劳动关系主体平等地受法律保护的原则，草案从我国各地区经济发展不平衡，地区之间、产业之间、企业之间、不同所有制经济组织之间及改革进程上差异的实际出发，规定了各方面都可以接受的基本标准和规范。

（四）坚持从我国国情出发，尽量与国际惯例接轨

迄今为止，国际劳工组织通过的国际公约共有172个，我国已批准的有17个。今后，我国还将陆续批准一些国际公约，承担更多的国际义务。《劳动法》既要参考国际劳工公约的规定，吸收国外有益的做法，又不可能立即全部达到世界统一的标准，对有些目前尚不具备条件的，根据我国国情做出适当规定，逐步与国际惯例接轨。

三、《劳动法》若干问题的说明

（一）关于本法适用范围问题

《劳动法》的适用范围问题，主要考虑了三个方面的因素：一是考虑劳动法是调整劳动关系的一部综合性法律，涵盖面要大，凡是建立劳动关系的劳动主体，原则上都应当纳入《劳动法》。二是考虑《劳动法》不仅调整劳动关系，而且是劳动者实现劳动权利，履行劳动义务和在劳动过程中的行为规范，只要进入了劳动过程，实现劳动行为，就应该受到《劳动法》的规范和约束。考虑到我国的具体国情和劳动领域的复杂因素及不同的劳动关系行为一些特殊性，《劳动法》在调整所有劳动关系，适用全体劳动者的前提下，对一些特殊劳动关系，如家庭保姆，特殊的劳动主体如农民，以及劳动关系的一些特殊方面，如国家公务员的招用、工资等，可以由专门的法律来调整。因此，草案规定：“在中华人民共和国境内的企业、事业单位、国家机关、社会团体、个体经济组织和与之形成劳动关系的劳动者，适用本法。”“法律、法规对国家机关、事业单位、社会团体与其工作人员的劳动关系有特殊规定的，从其规定。”这样规定，既符合我国实际情况，具有可操作性，又与国际惯例大体衔接。

（二）关于劳动合同问题

劳动合同是用人单位和劳动者建立劳动关系时所订立的契约，是世界各国普遍采用的建立劳动关系的方式。我国从1986年起，对新招职工实行了劳动合同制。目前，全国劳动合同制职工约有3000多万。近年来，随着劳动制度改革的深入发展，不少企业陆续实行了全员劳动合同制或合同化管理，劳动合同作为建立劳动关系的形式已经为企业和广大劳动者所普遍接受。为了适应市场经济发展的需要，确认和发展劳动制度改革的成果，消除两种用工形式长期并存的弊端，草案总结了实行劳动合同制的实践经验，借鉴市场经济国家的做法，把以劳动合同作为建立劳动关系的基本形式上升为法律规范，作了明确规定。同时，对劳动合同订立的原则、形式、内容、期限以及解除劳动合同的条件等，都作出了相应的规定。

（三）关于集体合同问题

集体合同，是由工会代表劳动者与企业之间就职工劳动报酬、工作条件、生活福利等方面的问题通过协商谈判而签订的契约。

集体合同和劳动合同都是调整劳动关系的重要形式，但两者有明显区别，集体合同和劳动合同订立的主体、内容、程序、效力都是不同的，因而又不能相互代替。由工会代表职工与企业组织签订集体协议，可以从整体上维护劳动者的合法权益，发挥工会在稳定劳动关系中的作用，同时为在市场经济条件下协调劳动关系建立了一种新的机制。关于集体协议制度，世界各国都有成功的经验，我国建国初期也在一些企业中实行过，近年来，一些外商投资企业经过尝试，收到了很好的效果。因此，草案在对个人劳动合同作出规定的同时，又对集体合同作了原则规定。从我国当前的实际情况出发，集体合同制度目前重点在非公有制企业实行，国有企业随着产权关系的明晰和组织结构的变化，也可以逐步推行这一制度。

（四）关于裁减职工问题

在市场经济体制下，市场对劳动力资源配置起着基础性作用。企业要按照市场规律，根据生产经营的需要自主用人，以增强活力，提高经济效益。因此，草案规定，企业在濒临破产法定整顿期间或者因生产经营不善发生严重困难，确需裁减人员时，可以裁减人员。这不仅从法律上进一步确认了企业的经营自主权，而且有利于企业公平竞争，有利于促进劳动者素质的提高，加速培育和发展劳动力市场。由于我国劳动力供大于求的状况在短期内不会改变，劳动就业压力较大，且目前国有企业富余职工普遍较多，为了防止大量裁减职工带来失业率上升，影响社会不安定的问题，草案对非过失性辞退职工作了一定限制，规定非过失性辞退职工需征得本单位工会同意或与本单位全体职工协商，并规定了允许裁减职工的范围和程序。

（五）关于工作时间问题

关于工作时间，草案主要涉及标准工作时间和延长工作时间两个方面。标准工作时间，国际劳工组织 1919 年 1 号公约规定每天 8 小时、每周 48 小时，1935 年的 47 号公约又缩减至每周 40 小时，尽管这两个国际公约我国都未批准，但缩短工时已成为一种趋势。我国一直没有工时立法，现行的每天 8 小时、每周 48 小时工时制度是沿用《中华人民共和国政治协商会议共同纲领》的规定。近年来，一些企业和职工都提出过缩短工作时间的要求。从调研论证的情况看，目前一些地区和企业已经自行缩短了工作时间，实行每周 44 小时或者 40 小时工作制，并取得了较好的效果。从全国范围看，统一缩短工作时间的条件也已基本成熟。因此，草案将标准工作时间规定为每日不超过 8 小时、平均每周不超过 44 小时，即实行五天半工作制。对延长工作时间，即加班加点的限定，国际公约规定每天不得超过一小时，是相当严格的。但从我国目前的实际情况看，一方面，企业生产任务不均衡，劳动生产率普遍不高，完全按照国际公约的标准限制太严，难以行得通；另一方面，非公有制企业超时工作现象十分严重，每天加班三四小时已成惯常现象，有的甚至长达六七小时，严重影响了劳动者的身体健康，也导致了伤亡事故的发生。草案根据这一实际，对延长工作时间做了限制性规定。

以上说明，请审议。

（作者为劳动部部长）

在全国安全生产工作电话会议上的讲话

（1994 年 3 月 8 日）

李伯勇

同志们：

今天，我代表劳动部通报 1993 年全国安全生产工作情况，布置 1994 年安全生产工作的重点。

一、1993 年全国安全生产工作情况

1993 年，全国的安全生产形势相当严峻，各类事故明显上升，重大、特大恶性事故也呈现上升的趋势。对此，党中央、国务院十分重视，李鹏总理在去年全国经济工作会议上特别强调："近来企业和交通事故时有发生，不少是重大事故，暴露了管理工作中存在的问题。各级政府和企业一定要引起高度重视，贯彻预防为主的方针，采取切实措施，迅速扭转这种局面"。受国务院委托，劳动部分别在 6 月和 10 月召开了全国安全生产工作电话会议和紧急电话会议，邹家华副总理到会作了重要讲话，并对搞好安全生产工作作了具体指示。7 月 12 日，国务院下发了《关于加强安全生产工作的通知》，10 月 27 日，国务院又发出《关于控制重大、特大恶性事故的紧急通知》的明传电报。这些会议和文件，对新形势下的安全生产工作提出了明确的要求，特别是提出了"企业负责，行业管理，国家监察和群众监督"的安全生产管理体制。各地区、各部门根据会议和文件的精神，结合本地区、本部门的实际情况，采取了很多具体措施，取得了一定的实效。

在过去的一年里，劳动部下大力气，抓了特大事故的调查处理和批复工作。8 月 5 日，深圳市清水河化学危险品仓库发生特大爆炸火灾事故，造成 15 人死亡，141 人受伤住院治疗，其中重伤 34 人，直接经济损失 2.5 亿元。事故发生后，党中央、国务院十分关切，国务院副总理邹家华亲临现场，劳动部组织了"8·5"事故国家调查专家组，查清了此次事故的原因、责任，并就这次事故向各地区、各部门发出通报，要求认真吸取事故教训，防止同类事故的发生。针对去年底发生的两起外商投资企业的特大火灾事故，劳动部向全国发出"关于加强外商投资企业安全生产工作的紧急通知"，并要求各地区和有关部门，对外商投资企业进行安全生产检查。对于其他几起特大事故，劳动部也及时追踪了事故调查处理情况，督促有关地区和部门严肃查处，并对深圳致丽工艺制品厂事故和"向阳红 16"号船沉船事故进行了批复。

为贯彻落实国务院《关于控制重大、特大恶性事故的紧急通知》和邹家华副总理在去年全国安全生产工作紧急电话会议上的讲话精神，劳动部在去年 11 月份联合公安部、铁道部、交通部、煤炭部、化工部、民航总局、兵器总公司、天然气总公司、石化总公司等部门，分别对消防、铁路、水上交通、煤矿、化工、民用航空、兵器、石油天然气、石油化工等重点行业进行了安全生产大检查。全国各省、自治区、直辖市也都专门组织了安全生产检查。这次检查对于企业执行国家安全生产方针、政策情况，提高各级领导的安全生产意识，落实安全生产责任制，加强安全管理，严肃重大事故的处理，重视事故隐患的整改，起到了积极的推动作用。通过检查，我们发现很多国有大中型企业的安全生产工作措施比较得力，企业领导干部对安全工作也比较重视，同时也发现存在的一些问题。这次检查是有成效的。同时也表明，安全检查是搞好安全生产工作的一项有效的措施，今后仍然需要经常开展这种活动。

一年来的安全生产工作表明，安全生产工作重在落实，重在有人管，有人抓。由于国务院采取了一系列措施，安全生产状况不好的趋势得到了一定的控制。但是，安全生产形势还很不稳定，国有大、中型企业安全生产工作也存在问题，地方中小型企业和部分外商投资企业、乡镇小煤矿的安全生产问题还相当严重。

1993 年，全国工业企业的安全生产形势严峻，据初步统计全国工业企业因工伤亡事故的死亡人数为 8902 人，比上一年上升 22.1%，受伤人数比上一年上升 7%。全年共发生一次死亡 10 人以上的重大事故 84 起，比 1992 年上升 5.0%。

1993 年全国矿山企业共发生职工伤亡事故 9181 起，死亡 10818 人，与 1992 年相比，事故起数上升 5.61%，死亡人数上升 11.72%。其中，国有矿山死亡 2949 人，集体矿山死亡 5453 人，个体矿山死亡 768 人，分别比上一年上升 5.51%、11.72%和 43.43%。

全国道路交通事故居高不下，1993 年上半年每月死亡人数比上年同期均增加 10%以上。下半年，死亡人数大幅度上升的势头有所缓解，11 月份全国共发生交通事故 22356 起，死亡 5729 人，伤 12227 人，直接经济损失 9943 万元，与 1992 年同期比较死亡人数、受伤人数分别减少 4.1%和 5.6%，事故起数、直接经济损失分别增加 1.8%和 5.0%。1993 年 1～11 月，全国道路交通事故死亡人数已达到 57065 人，经济损失 89769 万元，分别比上一年同期增加 7.6%、55.6%。

1993 年，全国共发生火灾 38094 起，死亡 2467 人，比上一年增加 27.4%。伤 5977 人，比上一年增加 76.4%。经济损失 11.2 亿元（不含森林火灾），比上一年上升 62.3%，是建国以来火灾损失最严重的一年。

1993 年全国铁路共发生行车事故 3175 件，其中重大事故 22 件，较 1992 年减少 17 件，降低 43.6%；险性事故 148 件，比 1992 年减少 26 件，下降 14.9%。列车冲突重大事故 3 件，列车冲突险性事故 4 件，分别比 1992 年减少 9 件和 8 件。1993 年全路因行车事故造成的直接经济损失为 4678.1 万元，比 1992 年下降 9.2%。1993 年全国铁路发生路外伤亡事故 16353 件，比 1992 年增加 1346 件，上升 9%；死亡 9989 人，比 1992 年增加 906 人，上升 10%。

1993 年交通部所属大型骨干船运企业、地方交通部门运输船、乡镇运输船和渡船发生一般以上船舶交通事故 2008 件，与 1992 年 2461 件比较下降 18.4%；死亡 557 人与 1992 年持平；沉船 377 艘，与 1992 年 386 艘比较下降 2.3%；经济损失 14707 万元，与 1992 年 12996 万元比较上升 13.2%。

1993 年，全国民航发生运输飞行一等事故 3 起，运输飞行二等事故 1 起。通用航空发生一等飞行事故 2 起，二等飞行事故 2 起，是民航历史上发生事故最多的一年。此外，还发生了事故征候 121 起，事故征候万时率为 1.60。其中属于机组原因的52起，占42.6%；属于机械、机务原因的 46 起，占 37.7%；属于航空管制原因的 9 起，占 7.37%；属于地面保证原因的6起，占4.91%。

从上述统计数据可以看出，1993年全国安全生产状况是不好的。虽然四季度安全生产严重状况有所缓解，但是全年各类事故普遍上升，特别是重大、特大事故的发生频率较高，是建国以来从未有过的，在国内外造成了重大的影响。安全生产形势不好的原因是多方面的，主要原因是：

1. 领导不力，管理不严，责任制不落实。"安全第一，预防为主"的方针未能真正落到实处。出了事故讲安全，不出事故忘安全，存在着严重的短期行为和侥幸心理。重生产轻安全，或者说是重效益轻安全；重经营轻安全管理，放松了安全工作。领导不力，管理不严表现在，领导贯彻规章不严，执行纪律不严，处理违章事故不严，不敢抓，不敢管。安全生产的常规检查流于形式，安全生产工作还缺乏总体考虑，一些地区、部门和企业没有把安全生产作为本地区、本部门整个工作的一个重要组成部分来对待，安全生产工作的具体问题没有引起足够的重视。部分企业在转换经营机制和机构改革中错误地合并或撤消了安全机构，削弱了安全管理、监督、检查的力量。

2. 部分企业纪律松弛、管理滑坡。去年接二连三的重大恶性事故已经充分地证明了这一点。安全管理包括人员的管理和设备的管理，首先是人员的管理，过去一些行之有效的规章制度执行不严，有些好传统和好作风丢掉了，加之一些人不能正确看待社会大环境的影响，致使企业纪律松弛，职工思想不稳定、责任心不强，技术素质差，规章制度不落实，职工安全意识淡薄，冒险蛮干严重，缺乏处理突发事故的能力和应有的训练，企业的安全教育工作开展不力，各级干部安全管理乏力。企业在转换经营机制中，安全工作"以包代管"、"包而不管"，承包者拼人力、拼设备的现象比较严重，尤其是车船承包中由于经营作业流动分散，承包车船实际上处于失管失控状态，事故接连不断。

3. 对经济发展中出现的安全问题，缺乏深入系统的研究，未能及时采取有效对策。近年来，外商投资企业、乡镇企业和乡镇煤矿的迅猛发展与之生产条件、技术水平和管理办法不相适应的矛盾非常突出，由此造成的事故接连不断。深圳市龙岗区葵涌镇致丽工艺制品厂发生特大火灾造成84人死亡的事故，充分暴露了这一类企业在安全生产工作中存在着一些带有共性的问题。

4. 安全生产的法制建设跟不上社会主义市场经济发展的需要。当前法律、法规还不完善、不配套，已有的法规贯彻执行得不力，有法不依，执法不严，违法不究的现象还相当严重。监督、监察体系不完善，机构、人员数量和素质与所承担的繁重任务不相适应，特别是在当前各类事故增多的情况下，矛盾更为突出。

二、1994年安全生产工作的重点

1994年，全国安全生产形势仍然不容乐观，因此，安全生产工作要全面贯彻"安全第一，预防为主"的方针，坚持安全生产与经济建设相统一的原则。为尽快扭转安全生产工作被动局面，今年要重点开展以下几项工作。

1. 加快安全生产立法，完善安全生产的法规体系。

目前，我国安全生产法规由于缺乏统一的规划和设计，总体层次不高，法规本身也存在漏洞，特别是在社会主义市场经济新形势下，这个问题显得更为突出。解决这个问题的根本出路在于，必须真正依靠法律和经济的手段。因此，迫切需要加快安全生产的立法，完善安全生产的法规体系。今年，我们将重点加快安全生产的立法工作，着手起草"安全生产法"，并对已有的法规、条例进行补充和完善，以适应社会主义市场经济发展的需要。各地方要根据实际情况加紧立法。

2. 抓好安全生产责任制的落实。

几年来，各地区、各部门在落实安全生产责任制方面做了很多工作，通过层层签定安全生产责任书，把安全生产的责任落到了实处，取得了很大的成效。但是，还存在一些问题，有些领导只把安全生产停留在口头上，一出问题，只强调这样或那样的客观原因，不从主观上找问题，致使安全生产管理流于形式，事故不断。在社会主义市场经济条件下，我们要继续抓好安全生产责任制的落实，从上到下，遵循“管生产必须管安全”的原则，制定科学的、实事求是的目标，并加强监督检查，严格考核，确保目标的实现。今年，从二季度开始劳动部要会同有关部门对一些重点地区和部门进行安全生产责任制落实情况的抽查。

3. 强化安全生产的监察职能。

安全生产的监督、监察工作，是搞好安全生产工作的重要一环。各级劳动部门要认真履行好综合管理本地区安全生产工作的职责，加强对安全生产的监督、监察工作，要认清新的形势，充分认识自己身上的责任，通过加强学习，不断提高自身素质；充实安全监察力量，加强队伍建设。监察人员要深入基层，掌握情况，对事故隐患严重的单位，要限期整改；对发生事故的单位，按照“三不放过”原则，严肃查处。对超过期限仍未结案的，要采取强硬措施督促结案。安全生产监察工作要努力取得各级政府的支持，这一点很重要。有关部门也要从大局出发，互相配合，共同做好这项工作。

4. 开展隐患普查，着力隐患整改。

1988年，全国安委会办公室为了解全国重大事故隐患情况，曾对可能造成死亡人数众多，经济损失严重，社会影响大的事故隐患进行过调查，在此之后，不少地区积极筹措资金，进行整改，消除了一批重大事故隐患，收到了很好的效果。但是，近几年来，由于种种原因，事故隐患趋于严重，分布情况也发生了很大的变化，对重大事故隐患的治理工作应是今年工作重点。首先是开展重大事故隐患的普查工作，各地区、各部门今年上半年要搞完这项工作，查清本地区、本部门的事故隐患，并根据具体情况，采取切实可行的措施，尽快消除，以减少各类事故的发生，真正把安全生产工作重心转移到预防为主的轨道上来。

5. 继续抓紧安全生产的宣传教育和职工的安全培训工作。

安全生产的宣传教育是一项长期的、艰巨的工作，我们必须要持之以恒。要动员全社会的力量，来共同关心安全生产工作，提高全社会的安全意识。今年5月16日至22日，要在全国三次“安全生产周”取得成效的基础上，继续开展第四次“安全生产周”活动，通过各种新闻媒介，利用各种宣传工具，加大安全生产宣传力度，教育广大群众，提高职工的安全意识，形成一个人人关心安全，事事注意安全的良好社会风气。同时，我们还要加强安全培训工作，特别是对农民工、临时工、轮换工，更应加强这方面的工作，使所有上岗人员都具备基本的安全生产知识和技能，提高全体职工的安全素质。

同志们，1994年是改革之年，有很多重大的改革措施将要陆续出台。安全生产工作的好坏，不仅关系到国家和人民的生命财产的安全，而且影响我们社会主义国家的声誉，关系到改革举措的顺利实施。从以往的规律来看，春季是事故多发季节，我们要认清安全生产的严峻形势，积极行动起来，下大决心，花大力气，齐心协力，为尽早实现安全生产形势的根本好转，共同努力。

（作者为劳动部部长）

在全国矿山安全卫生监察工作会议上的讲话

（1994年4月8日）

王建伦

全国矿山安全卫生监察工作会议，今天就要结束了。会上，刘光义同志作了"以贯彻《矿山安全法》为中心，抓紧完善配套法规，加大执法力度，全面履行矿山安全监察职责"的讲话，同时还有6个单位的同志介绍了起草《矿山安全法实施办法》的情况和一些重点工作经验。参加会议的同志结合本地区的实际情况，认真地进行讨论、交流，大家统一了思想，提高了认识，明确了今后一个阶段我们的工作任务，也振奋了要把矿山安全卫生监察工作做好的精神，鼓舞了士气。大家一致认为，这次会议是在矿山安全卫生监察工作面临着一个关键时刻召开的，刘光义同志的报告总结了过去的工作，分析了当前的形势，是符合我们当前实际的，提出了今年的工作任务也是可行的。在这个基础上，大家提出了很多建议和意见，反映了同志们对安全卫生监察工作认真负责的态度和精神。我认为这次会议大家精力集中，情绪饱满，会开得很成功。相信通过这次会议，矿山安全卫生监察工作一定会在过去做了大量工作的基础上做出新的成绩。下面我想重点讲四个问题。

一、十几年来，矿山安全监察工作取得了很大的成绩

采矿工业是一个特殊的行业，工作环境恶劣，事故十分频繁。为了保障千百万矿工的安全和健康，1982年国务院颁布了《矿山安全条例》和《矿山安全监察条例》，国家开始建立起矿山安全监察制度，在座的同志都亲身经历了这个建立矿山安全监察体制的过程。十多年来，在各级劳动部门的共同努力下，全国广大的矿山安全监察人员经历了一个从无到有的艰苦的探索过程，大家团结奋斗逐步建立起了各级矿山安全监察机构，并初步形成了一支既懂专业知识，又敢于战胜困难的队伍。在任何困难的时候和困难的地方都有我们矿山安全监察的同志在那里工作，同志们不畏艰苦，不怕困难，长年工作在第一线，秉公执法，忠于矿山安全监察事业，为矿山安全工作做出了贡献，应该说这支队伍的素质是比较高的。通过十多年的工作实践，我们也基本上形成了一套有效的工作制度，越来越得到了社会上的公认，成为矿山安全工作的一个重要环节。

为了加强矿山安全工作，使矿山安全工作走上法制化的轨道，1992年11月7日人大常委会通过了《矿山安全法》。这部法是全国第一部劳动安全的法律，也是劳动部门的第一部法律。为了行之有效地贯彻好《矿山安全法》，一年多来，大家克服困难，做了大量的工作，取得了很大的成绩，特别是在抓紧制定配套的法规方面有了实质性的进展。通过大家的努力，目前我们已经将全国的

《矿山安全法实施条例》报送到国务院；已经有4个省、市正式颁布施行了《矿山安全法实施办法》；有12个省、自治区已经把制定的《矿山安全法实施办法》报送到省、自治区政府；有两个省、自治区的实施办法报送省、自治区人大。这样一个进度，这样一个形势是很喜人的，特别是从这次会上介绍的已经出台的四个实施办法来看，都是结合了当地的实际，突出了各个地区的特点，具有各个地区自己的特色，应该说这四个办法都是很成功的。从我们了解到的其他省、市情况来看，制定《矿山安全法实施办法》的进度和情况也是好的。各地在抓紧法规建设的同时，还加强了执法监察工作，使矿山安全监察的执法工作在过去工作的基础上有了新的进展，这些都是我们在今后的工作中应该进一步巩固和发扬的。可以说我们现在做了大量的工作，已经使矿山安全监察纳入了法制的轨道，虽然这个法规体系还没有最后完善,可是矿山安全监察法律依据已经有了。但是，我们也应看到各个地区的发展情况、进度也不平衡，在一些地方遇到的困难还比较多。比如，我们还有一个进一步理顺协调各方面关系的问题，也有一个如何加强安全监察手段的问题，等等。这类例子很多，情况也很多，在讨论过程当中大家都讲了，我认为这都是前进当中的困难。如果说我们前一阶段主要做的工作是从没有矿山安全监察条例，也没有矿山安全监察体系，到解决从无到有的问题，那么今后我们要做的工作主要是解决从有到好的问题,如何把它做得更好，切实起到作用。这是两个完全不同性质的问题。本来没有法，没有监察体系，我们通过十多年的努力把它建起来了，解决了第一个问题。现在我们有了法，就要通过一个阶段的努力把已经有的东西做得更好，使之能够符合社会主义市场经济发展的需要，解决好第二个问题。这正是我们前进当中需要解决的问题。只要我们大家努力，千方百计，特别是要争取各个方面对我们工作的支持，那么这些困难应该说是可以克服的。

二、转变观念，理顺关系，切实搞好安全监察

矿山安全监察工作在今后相当长的一段时期内要在预防性监察上下功夫。要做好预防性的工作，必须坚持“安全第一、预防为主”的指导思想，这个指导思想不仅适用于矿山企业，也适用于矿山安全监察。矿山安全工作现在处在一个关键时期。我的看法是安全生产，包括矿山安全生产，应该放在大的经济环境中来分析、来认识。如果单纯就安全说安全，不顾周围的环境，不顾经济等各方面的状况，或者是说还用原来的计划经济的模式来说安全，不考虑也不分析关于建设市场经济的安全生产管理体制，就会限制我们的思路，也会找不到矿山安全监察工作在新形势下应该站在什么位置，找不到我们安全监察工作和管理应该在哪个部位把它结合起来。

关于要从大环境中说安全的问题，我们不能就安全讲安全。我觉得刚才彭省长讲的山西省的做法就是个非常好的例子。他分析了整个山西省矿山的构成,存在着什么问题，采取什么措施，说了三条意见。一是要整顿个体矿。采矿要规模经营，没有投入就没有效益。要有一定的实力，包括矿井抗灾能力，要走规模经营发展的道路。《矿山安全法》颁布一年多来，山西省整顿了2700多个个体矿。第二是加强安全生产管理，向管理要安全,这是从矿山企业的现状和实际提出来的，符合当前矿山安全管理工作的实际。第三是要加强矿山企业的技术改造，发展科技生产力的作用。从把安全工作放在大的经济环境中来讲，应该说山西省这些措施和做法是最好的一个例子。所以我觉得，只有这样认识我们才能把管理和监察的关系处理好。大家现在都说安全生产的形势严峻，特别是矿山安全生产的形势严峻，对这个“严峻”如何去分析、如何去看呢？我们应该客观地、实事求是地来分析、来看待。去年下半年以来，中央发了6号文件，关于经济形势的发展，如何搞经济，进一步深化经济体制改革，采取了一系列措施和手段，改革的力度从今年开始逐步加大，并且推向更深的层次。深入到一定的层次，涉及到国家、地方、企业和劳动者几个方面的利益格局的调整。在这种情况下，我们的安全生产如何找准自己的位置，寓管理于服务之中，需要我们来分析、来研究，需要下功夫。这就是要从大环境中讲安全。

还有一个问题是大家都知道的，目前大中型企业十分困难，虽然国家发布了《企业转换经营机制条例》，但是困扰大中型企业的一些问题还没有得到根本的解决。大中型企业在转换经营机制过程中，在步入市场经济的竞争过程中，首先有个位置的转换问题，所谓位置的转换就是从政府的附属位置在进入市场经济中转换到竞争主体的位置。在这个位置转换过程中，大中型企业各种制约因素较多，许多大中型企业还没能从计划经济体制中完全解脱出来，仍有许多的困难。在这种状况下，如何找到影响安全生产问题的关键所在，如何在这个转换过程中帮助企业搞好生产，做好服务，切实解决他们的困难，保证安全，是需要我们迫切解决的问题。这就要求我们在工作中去找准位置，找准矿山安全监察的位置，要转变观念，理顺关系，这是一个关键。

再一个想说的是，从今年开始国家在七个方面出台了重大经济改革的措施，这些措施的力度都很大，不仅涉及到国家和地方的利益关系问题，也涉及到国家和企业的利益关系问题。比方说税制的改革、汇率的改革、投资体制的改革，这些都涉及到国家和企业的利益格局的重新调整。企业和劳动者个人也处在调整关系的阶段，过去劳动者是国家的职工，一生下来国家就承担到底，这是计划经济下造成的结果。那么现在建立社会主义市场经济体制，职工成为企业的职工，职工和企业是通过劳动合同来确定劳动关系，这就带来一些新的利益和体制的调整。在这种状况下，主管安全的劳动部门，要分析新的形势，以法律和规章规范各方的行为，其中包括规范我们行政部门的行为，安全监察行为也需要依法进行规范。安全生产更重要的是依法规范企业的行为。依法规范企业的行为是什么含义呢？安全生产管理体制中的“企业负责”，明确了企业在生产中的责任，就是说企业要在生产过程当中做到安全生产，安全和生产两者是不可分的。还要依法规范劳动者的行为，就是要明确怎么做是对的，怎么做是不对的，不能为所欲为地去做。

在当前新时期下，安全监察有许多新的课题。如何正确地分析当前的经济形势？认识企业在转换经营机制过程中的困难？此外，还有我刚才讲的寓服务于监察之中，建立起服务的观念。应该说现在是我们搞好安全监察非常有利的时机，特别是在矿山安全监察方面我们有了法律依据，也有了可以制定规范各方行为规范的条件，基本上是一张白纸让我们来描绘。如何充分地利用好这个时机，在《矿山安全法》的原则指导下，制定好矿山安全法规体系，完善法制，就要看我们能不能抓住这个时机，能不能正确地分析形势，能不能突破一些旧的观念的束缚，把这项工作做好。这是相当重要的一项工作，要切实转变观念、理顺关系、搞好监察。

监察不同于管理，监察是在管理基础上的监察，监察应当在管理的过程中进行监察，同时监察也应当进行全方位的监察。我的看法不知道对不对。我们前一阶段注重于事后的处理，我在企业里工作过，当过厂长，也处理过工伤事故，发生事故以后“三不放过”，但再怎么处理人也死了。刚才彭省长讲得非常好，要预防在前。所以我觉得今后相当长的一段时间，应该把预防性的监察放在重要的位置上，应该在这方面下功夫。这次会上，在讨论的过程中，大家提出一手抓法制建设，一手抓监察，特别是在预防性的监察工作上下功夫，我认为这是非常对的。《矿山安全法》已经赋予我们劳动部门矿山安全监察的职责和执法的权力，有权力就有责任。在监察过程当中如何处理好管理和监察的关系上有责任，我看最重要的责任是在监察过程中如何把安全生产切实管到位。通俗一点讲，企业和主管部门管什么呢？企业生产过程中要管安全。那么我们劳动监察部门管什么呢？就看企业管安全没有，管到什么程度，管得对不对，按什么条件来管理。我们要制定行为规范，如果企业管得不好，管理不对，确实出现了不安全的行为，造成了隐患，那么就应采取措施来处理，这是我们监察工作要干的。切实搞好监察，为什么一再强调转变观念的问题，反复地说就是这个意思。在相当长的一段时间内，我们劳动行政管理部门做了一些管理性的工作，但不能干了人家的活，荒了自家的地。我们要做的事情是根据国家法律，制定好规章，出好政策，要画好框框，定好条条，监督检查企业落实了没有。预防性监察是检查在先，这方面还欠一步，今后我们得努力做这方面的工作。特别是当前执行《矿山安全法》，十分重要的一件事就是要把事故防患于未然，以预防为主，要把预防放在前面，把预防性的监察放在很重要的位置上，全面履行《矿山安全法》赋予我们的职责。当前，常说执法力量不足，实际是把大部分精力都放在处理事故上，形成恶性循环，因为前期监察不足，所以老出事故，总去处理事故，就没有能力去做前期的监察工作。如果我们在管理的基础上做监察，在管理过程中进行监察，在生产的前期做好预防性监察和全过程监察，并突出在预防性监察上，工作这就主动的多了。这里有一个问题首先要分清楚，就是到底谁干什么事情？企业干什么事情，凡是该企业管理的事情都交给企业管。我们是安全监察，安全监察就是看企业干得对不对。特别是当前矿山不安全事故上升势头比较猛，需要加大执法的力度，要防止重大事故，更需要监察在前头，重点放在前期的监察工作上。现在有一个现象，一些重大特大事故的处理结案比较拖拉，各方面互相掣肘，办事比较拖拉。有法不能说不依，但不全依，执法也不能说不严，但不很严，执法力度不够。我们要做到有法必依，执法必严，违法必究。我们执法人员也要守法，依法，不能贪赃枉法。

三、加快立法速度，完善矿山安全法规体系

社会主义市场经济就是法制经济，市场经济行为要受法制的约束。这次会议突出了以贯彻《矿山安全法》为中心的思想，实质是在落实上，我认为这个思路是对的。要落实好《矿山安全法》，就要完善法规体系，《矿山安全法》比较原则，只确定了大的框架，要切实贯彻执行，还必须有一整套配套法规、规章来保证。

国家的《矿山安全法实施条例》和地方的《实施办法》是完善矿山安全监察法规体系的重要一环。几天来，大家围绕如何制订《实施办法》和完善法规体系，进行了热烈的讨论，北京、黑龙江、贵州的同志还在大会上作了经验交流。大家认识到制订《实施条例》和《实施办法》的迫切性和重要性，态度是积极的，工作是认真的，但必须坚持不懈。已经颁布了《实施办法》的省、市、区，要看到我们的法规体系还不完善，还有很多工作要做，没有颁布《实施办法》的地方，要继续努力，抓紧工作，争取早日出台。

各地制订《实施办法》不要等，也不要担心与《实施条例》会有冲突。制订《实施条例》和《实施办法》，从大的方面看，都必须符合《矿山安全法》的规定。《实施条例》主要是反映共性的问题，虽然有具体规定，但仍比较原则。《实施办法》是反映个性的，各地有各地的情况，不可能统一规定成一个模式，在具体条文上有较大的自由度和伸缩性。《矿山安全法》赋予我们的职责和我们过去长期坚持下来的工作，都应该有法规保证。各地有各地特色，制订出来的《实施办法》势必有所不同。例如，北京的《实施办法》，体现了加强乡镇政府的监督管理职能；黑龙江省侧重规范了企业安全生产的行为，加强了监督检查的职责，加重了经济处罚；贵州突出了加强乡镇矿山的“两证”审查和“严禁无证开采”，以及技措费提取使用等等。模式不同，但行之有效。这无疑将为推动矿山企业安全生产，强化矿山安全卫生监察，完善矿山安全法制迈出了重要一步。因此，各地要统一思想，提高认识。特别是还没有动手起草《实施办法》的地方，要打消顾虑，排除干扰，扎扎实实真抓实干，加快法规体系建设步伐。

《实施条例》和《实施办法》只是法规体系中的重要环节之一，还不是全部，还有个完整的构成，大家提了很多建议，要在今后的工作中认真予以考虑。特别是一些大家工作中遇到的问题，矿山局要很好研究，及时互通信息，上下配合，共同解决。关于这次会议上大家提出的尽快建立《矿山安全法》法规体系的问题，我昨天晚上和矿山局的同志一直研究到深夜。这项工作过去矿山局已经在着手研究，现在看来要加快，要把大的框架列出来，层次分出来。然后大家就在这个框架内逐步充填、完善。这样，我们的工作才能完全纳入法制化的轨道，这里也包括规范政府的行为和我们每个执法者的行为，做到依法行政。有了规范，还要搞好培训，提高执法者的素质。培训工作要作为各级劳动部门的一项重要工作来抓，要有计划，有措施，不能流于形式。落实《矿山安全法》，提高矿山企业广大干部、工人的素质同样是非常重要的，如果矿山企业干部、工人的安全素质很低，守法意识很差，落实《矿山安全法》搞好安全生产也是一句空话。因此，我非常赞成今年的工作任务要把监督企业对职工的安全教育、培训工作作为一项重要工作，突出出来，进行认真安排，予以落实。通过我们的监督检查，推动企业安全培训工作进一步落实。

四、组织好安全执法大检查，扼制重大恶性事故上升势头

当前安全生产形势不好，特别是矿山自去年10月份以来事故多发势头居高不下。不仅给国家造成重大的经济损失，也给人民群众带来巨大的痛苦，影响到社会的稳定。为了扼制重大恶性事故上升的势头，3月8日国务院召开了全国安全生产电话会议，会上邹家华副总理、李伯勇部长分别讲了话，提出了要求。矿山安全监察工作要根据这次会议精神，开展好已经决定的《矿山安全法》执法大检查。我部与国务院法制局的联合通知已经发到了各省政府和国务院有关部门。这次会议之后，各级矿山安全监察机构要立即行动起来，根据通知要求，在政府的领导下，精心组织，配备得力人员，全力以赴开展好这项活动。6月份，我部将与国务院法制局组织人员重点抽查。执法大检查要同春季安全大检查有机地结合起来，通过检查，一方面推动《矿山安全法》的进一步落实，另一方面要确实查出矿山的安全工作上存在的问题和事故隐患，把那些不关心职工安全与健康，只想生产，不讲安全，只求经济效益，忽视安全的责任人员，给予必要的处罚。对生产中的事故隐患和违反《矿山安全法》的行为，责令限期改正，切实保证法律法规落到实处，从而有效地扼制住矿山事故上升的势头。

同志们，矿山安全卫生形势严峻，矿山数量大，分布广，监察人员少，因而全国各级矿山安全卫生监察机构肩负的责任是非常重大的。部党组对矿山安全卫生监察工作非常重视，对大家的工作非常关心，借此机会，我代表部党组向参加会议的全体同志们，并通过你们向全国矿山安全卫生监察人员致以亲切的慰问。

（作者现为劳动部副部长）

在全国劳动计划与工资工作会议开幕式上的讲话

（1994 年 5 月 12 日）

李伯勇

非常高兴和大家见面，欢迎大家参加这次工作会议。

今天我主要讲三个问题。

一、加强劳动领域的宏观调控是培育和发展劳动力市场的内在要求

大家都知道，市场经济有它自身的弱点和消极的方面，因此，必需由政府进行宏观调控。事实上，完全自由的市场经济体制是不存在的。因为，市场经济的特征之一就是企业和劳动者都是市场的主体，都拥有充分自主权，微观经济行为主要受到市场机制的调节。而市场机制本身功能上是有缺陷的，比如竞争机制有利于强者，而不利于弱者，不能实现公正的收入分配。市场调节的本身有其自发性、盲目性和滞后性，单纯依靠市场机制还不能实现劳动力资源的合理配置。所以，必需通过政府以制定劳动经济政策法规为主，配合必要的行政管理以及政府和社会的经济监督等手段来弥补市场机制的不足，使劳动力资源配置更加有效、更加合理。

十四届三中全会《关于建立社会主义市场经济体制的若干问题的决定》中明确指出："社会主义市场经济必须有健全的宏观调控体系"；还指出："政府管理经济的职能，主要是制定和执行宏观调控政策，……同时，要……调节社会分配和组织社会保障"；"要通过分配政策和税收调节，避免少数人收入畸高，形成两极分化"。

政府进行宏观经济调控的目标总体上说有五个方面，即：适度的国民经济增长率、基本稳定的物价水平、可以为社会接受的较低的失业率、公平的收入分配和稳定的对外经济关系等。进行宏观调控的基本手段包括财政、信贷调节，产业、就业政策及一些中长期计划、规划进行宏观调控。

劳动领域的宏观调控是劳动体制改革的一个重要组成部分，也是整个国民经济宏观调控的一个重要组成部分。如劳动就业、居民收入分配及社会保险是任何国家（包括发达国家和不发达国家）都非常关注的热点问题。

另外，从现在国际上经济发展的趋势我们可以看到，宏观调控也是协调国家间经济发展工作的一个重要组成部门。世界上各国特别是发达国家，不仅在国内有一个发达的宏观调控体系，而且随着经济生活国际化的影响越来越大，都很重视加强能发挥国际间经济协调作用的宏观调控工作。如一些国际间经济组织，从诞生起就在某种程度上发挥着宏观协调的作用。还有国际条例和协定的签订、各种国际会议特别是各国政府首脑会议等，都在不同程度上发挥着宏观经济协调的作用。上述事实表明，宏观调控日趋国际化。

总而言之，无论是从改革的需要来看，还是参照国际惯例，宏观调控体系的建立都是势在必行的。

二、劳动领域的宏观调控工作要加快进行，抓出实效

改革开放十几年来，劳动部对原体制下的劳动计划体制进行了不懈的改革探索和实践，特别是近几年，积极开展市场取向的改革，做了大量工作。但是，劳动领域的宏观调控工作还很难适应社会主义市场经济体制建设的需要，还满足不了党中央、国务院领导对劳动部宏观调控工作的要求。如对工资总额的调控，虽一再强调要做好这件工作，但目前还满足不了中央的要求。当然，这件事也不是我们劳动部门一家能抓好的。无论如何，这些工作需要继续做下去。要认真总结并加以改进，以适应当前的需要。我们把劳动领域宏观调控作为一个重要组成部分写到了去年在全国劳动厅（局）长会议上通过的《劳动部关于建立社会主义市场经济体制时期劳动体制改革总体设想》中。建立健全劳动领域宏观调控体系，是摆在劳动部门面前的一项非常重要的任务。当务之急，是从全党、全国的大局出发，抓住机遇，进一步深化改革，加快宏观调控体系的建设步伐，尽快抓出实效。

劳动领域宏观调控是部里今年一个非常重要的课题，按计划要在今年底完成。形势要求我们要加快。部里决定提前拿出一个意见（具体见“抓住机遇，深化改革，努力建立劳动领域宏观调控体系——王东岩同志在全国劳动计划与工资工作会议上的讲话”），供大家讨论。对调控手段也要进行研究，要有有效的调控手段。我们希望通过这次会议对劳动领域宏观调控体系能够形成切实可行又能解决问题的思路和办法。

三、当前宏观调控的主要任务

一是要加强对城镇居民收入总量和结构的调控，抑制消费基金的过快增长。

当前居民收入分配领域存在的主要问题是：城镇居民收入增长过快；工资外收入增长快于工资增长；农民收入增长过缓，城乡居民收入差距扩大；社会分配不公的情况加剧。今年以来，职工工资增长比较快，一季度，职工工资总额比去年增长了28.9%，是近年来增长最快的。预计今年上半年增长速度将保持在25%。这里有两个问题要弄清楚：(1) 消费基金增长是否过快？(2) 如果增长快，其原因是什么？只有真正弄清了问题，找出内部和外部的影响因素（真正原因），才能采取真正有效的措施加以解决。否则，不对“症”下“药”，治不好“病”。这是当前最紧迫的问题。会上请大家集中精力研究一下。如果原因清楚了，弄清了思路，这就是会议的一个很重要的贡献。

二是要加强对劳动就业的宏观调控，把失业率控制在社会能够承受的范围之内。我国劳动力供大于求，素质偏低，就业压力将长期存在。据统计，1993年，全国劳动力资源达8.2亿人，到年底从业人员达60590万人；年末，全国城镇还有待业人员420万人，失业率为2.6%。初步预测，1994年失业人员将达到490万人，1995年达到500万人，失业率均为3%。1995～2010年，全国城镇需要安排的劳动力总量是2.8亿人，到2010年底，城镇失业人员将为1450万人，农村内部结存需转移的劳动力约6000万人。因此，把对劳动就业的宏观调控作为一项长期的重要任务，大家的认识是一致的。问题是如何解决。如果劳动部门真正能够参与研究制定国家宏观经济政策和就业政策，也许问题就能够在一定程度上得到解决。对“民工潮”的引导和调控，由于总结近几年的经验，今年工作做得很好，明年要继续做好这方面的调

控工作。

三是对劳动关系的宏观调控。1993年劳动争议案件数量上升51.6%，全年共受理12358件；集体争议的案件及人数均有增加，1993年有684件，涉及职工19468人，其中，罢工、怠工244起。从趋势上看，今后还要增加。这也是当前一个很重要的问题。

四是对劳动安全的调控。

无论是长远调控，还是解决当前的紧迫任务，一个很重要的基础工作就是要加强统计信息工作。现在劳动统计工作还不能满足劳动领域宏观调控的要求，部里很重视这件事。希望大家不要等，自己奋斗，如果能闯出一条道，把统计工作做好，那就是一大贡献。省市工作上去了，部里的工作也就好做了。

总而言之，就整个劳动部门的工作而言，加强劳动领域宏观调控是一项非常重要的任务。我们要集中精力解决好当前面临的问题，而且一定要抓出成效；同时又要安排长远，做好顶层设计，逐步实施。使我们的宏观调控工作，既有当前紧迫任务，又有长远打算。经过一段时间，真正把我们的劳动领域宏观调控体系逐步建立起来。

（作者为劳动部部长）

在全国劳动计划与工资工作会议闭幕时的讲话

（1994年5月14日）

朱家甄

全国劳动计划与工资工作会议开了三天，就要结束了。这次会议的中心议题是研究建立劳动领域宏观调控体系问题。大家对部里提出的主报告、若干配套文件，尤其是李部长在开幕式上的重要讲话，进行了认真的讨论，提出了很多很好的意见。劳动领域的宏观调控是一个课题，年末才结束。现在拿出一个“毛坯”，让大家讨论。有许多问题需要我们会后继续研究、讨论。希望大家不吝赐教，帮助我们完成这一课题。为什么“毛坯”也拿出来呢？主要是客观需要。现在需要我们边调查、边研讨、边调控。

许多同志提到，宏观调控是做什么的，是调控谁的？这个问题要搞清楚。宏观调控是调控国民经济运行的。一旦国民经济运行出现问题，就动用调控手段进行调控。正像李部长所讲的，宏观调控是市场经济发展的内在要求。宏观调控要解决的问题是市场经济所不能解决的问题。市场自身能解决的问题，就交给市场去解决。但是很多调控手段却可以通过市场发挥作用。国民经济的很多领域既可作为宏观调控的对象，又可作为调控的手段，如金融信贷、物价、税收等等。劳动领域也不例外。凡属国民经济范畴的，都有一个总量控制和结构优化的问题。劳动领域的宏观调控首先要把劳动工作放在整个国民经济中去考虑。因此，要搞好劳动领域的宏观调控，首先要把整个国民经济的形势分析透，把其已经或将要给劳动领域带来的影响分析透；然后确定适当的调控力度；第三步选择适当的调控手段，需轻度调控的可采用间接调控手段，情况严重时可采用直接调控手段，发生危机时，可采用非常手段；第四步是做好监控和预测分析，争取宏观调控达到预期的效果。当然宏观调控不是一次调控就一劳永逸了，而是要经常、反复地进行，不断分析形势，不断进行调控。另外，宏观调控也不是一家的事，绝不是计划部门一家可以完成的，需要各家紧密配合；宏观调控要实行分级调控，国家负责宏观，省、市负责中观调控，中观调控的任务是比较重的。

下面，我想结合当前经济工作的实际，谈谈当前劳动领域宏观调控问题，供同志们参考。

一、当前国民经济发展概况

1993 年和 1994 年一季度我国国民经济继续处于高速运行状态。1993 年国内生产总值（GDP）增长 13.4%，高于 1991 年增长 8.2%和 1992 年增长 13%的水平，为世人所瞩目。但同时 1993 年全国零售物价指数也上升了 13%，特别是 35 个大中城市居民生活费价格指数上涨了 19.6%，这是一个破记录的水平。说明国民经济中的通货膨胀越来越明显。

进入今年一季度，这一形势仍然在继续，没有明显改变。一季度按不变价计算的工业总产值增长了 18.5%，GDP 增长 12.7%，而全国零售物价指数比去年同期上升了 20.1%，不但高于去年一季度的增长幅度，甚至高于产生通货膨胀的 1988 年同期的上涨幅度。35 个大中城市的消费品价格指数比去年同期上涨 24.6%，再度创出较高水平。与此同时，伴随着一些使人忧虑的经济现象相继出现。主要表现在：(1) 企业资金紧张，相互拖欠严重。据统计，1993 年末，全国企业相互拖欠达 6600 亿元，甚至把一些好企业也拖垮了，严重影响了企业生产经营活动的正常进行。(2) 国有企业处在非常困难的境地。今年一季度，国有工业企业产值只增长 2.2%，部分省市是负增长；而非国有企业工业产值却增长了 42.5%。据有关同志分析，占全部工业产值 48%的国有工业对新增产值的贡献仅占 6.5%，而占工业产值 52%的非国有企业对新增产值的贡献却占 93.5%，国有企业的经营状况由此可略见一斑。(3) 企业亏损现象日趋严重，一季度预算内企业的亏损面达到 49.1%，中央企业亏损面达 65.7%，比去年一季度增加了近 70%。(4) 许多企业处于停产半停产状态，因此不能正常兑现工资，据初步统计，涉及职工达 500 万人。对上述问题，也有不同看法。5 月 14 日人民日报发表文章指出，目前企业亏损面的增加与实行新的会计核算方法有关，若按实施“两则”前的口径计算，国有企业实现利润是大幅度增加的，亏损面在减少，改革发展势头良好。它提醒我们要从不同的角度看问题。同时国家已采取措施支持有市场、有效益的生产，对亏损企业职工的生活也将在社会保障之外予以贷款照顾。因此，这些问题都可以逐步得到缓解。不管认识上有什么差距，有一点是可以肯定的，即通货膨胀已经是当前经济生活中值得引起我们注意的一大问题。

对产生通货膨胀的原因，说法不一。有的说是固定资产投资拉动和消费基金增长过快造成的；有的说是固定资产投资过猛与经济发展速度过快造成的。其中，固定资产投资增长过猛是主要原因。1993 年我国固定资产投资高达 11829 亿元，比上年增长 50.6%，相当于 1991 年 5509 亿元两倍还多，二年翻一番，增长速度是惊人的。其中国有单位的投资在去年增长了 57.8%的基础上，今年一季度又增长了 36.2%。按照公认的说法，固定资产投资中有 40%最终要转化为消费基金。那去年新增的近 4000 亿元投资中就有 1600 亿元要逐步转移到消费基金里。因此，如果说，消费基金增长也是影响通货膨胀的一个因素的话，其根子也是投资过大造成的。据统计资料分析，去年工资增长并不快，实际人均工资增幅不高，全国职工平均实际工资仅增长2.8%。工资外收入人均1000多元，相当于工资总额的33.1%，比1992年的32%只增加1个百分点。然而，去年末银行存款和居民手持现金达到了18000亿元左右，银行统计的货币支出增长了40%多，这都是事实。总之，我们要正确分析、认清当前的形势，从当前形势来看劳动领域的问题和宏观调控的任务。

二、当前国民经济形势给劳动部门提出的课题

目前的国民经济形势给劳动部门提出了什么课题？其说法不一。综合各位专家的见解，起码有以下几个问题要引起我们的注意。

1. 一些同志认为，去年通货膨胀率为13%，GDP的增长率为13.4%，二者同步。今年一季度通货膨胀率达到20.1%，而GDP只增长12.7%，通膨率已高于经济增长。在这种情况下，国民经济存在的问题就不仅仅是通货膨胀问题，而且会出现较严重的失业问题（零售物价指数增长5%以下为正常，5～10为轻度膨胀，10～20为中度膨胀，20以上为严重通货膨胀）。还有的同志认为，为了治理通货膨胀，政府往往采取一些严厉的措施。如1988年出现通货膨胀后，国家采取了紧缩银根的措施，结果，到了1989年，通货膨胀率仅比1988年下降0.7个百分点（由18.5%下降为17.8%），而城镇失业人口却由1988年的296万猛增为1989年的398万，增幅达28%，失业率由前五年的平均2%上升为2.6%。

总之，当前的经济形势给我们的第一个信号就是通货膨胀将要给我们的就业工作带来新的困难，不仅出现通货膨胀会给就业问题带来影响，而且治理通货膨胀也要给就业带来影响。对此，我们要早有准备，研究宏观调控对策。

2. 有些同志认为，由于出现通货膨胀和投资热，过高的投资必将首先引起投资品的价格上升，并最终转移到消费品价格中去，进而造成企业生产成本大幅度上升。企业赢利减少，亏损上升，因而使正常的分配秩序出现问题，相当一部分人的生活受到影响，二次分配也受到影响。如各种保险金的收缴率下降，离退休人员的生活将受到影响。因此也必须及早采取措施，研究宏观调控对策。

3. 还有一部分同志认为，由于通货膨胀带来价格上涨过猛，使一部分人从改革、开放中得到的好处减少，个人收入的增长被冲销，一些人的生活水平将有下降，尤其是农民、低收入阶层和贫困地区的生活将更加困难。因此，面对开放的劳动力市场，预期“民工潮”规模将会更大，农村劳动力转移将会更急迫。我们从现在起就要做好应对准备。

4. 还有的同志担心，由于价格上涨还会带来居民的不正常的消费行为，如抢购、原材料生产者的惜售行为、流通环节的人为紧张，以至影响整个经济秩序，影响社会稳定。我们对社会稳定是负有很大责任的。因此值得引起我们注意。

根据上述分析，我们面对当前的经济形势，要认真研究下半年劳动领域要做好那些宏观调控工作。总的原则是，当前应以搞好劳动就业为中心，搞好宏观调控工作。具体应从以下几个方面着手：

1. 首先抓好减少失业、增加就业方面的间接调控。

我们要支持现代企业制度试点企业既开前门又开后门，实行自主用人、自由择业，提倡劳动力的合理流动，允许企业按照合同解雇、辞退富余人员，交给社会；同时，对大多数企业还要坚持企业富余人员以企业安置为主，社会安置为辅的方针，尽可能减少在通货膨胀情况下失业带来的压力。同时，我们要尽量增加就业岗位。下半年我们首先要抓好劳服企业实行股份合作制的试点，种好我们的“自留地”，提高它在安排就业方面的“蓄水池”功能。经过去年一年的工作，上下反复协调，现在劳服企业实行股份合作制试点已经具备了条件。劳服企业的试点可以从三个方面有所突破。第一，产权关系上有所突破，就是股份合作制试点进一步明确了：(1) 国家减税让利以前形成的固定资产可以作为集体股；(2) 允许劳服企业集资入股，但股权不得转让出售，个人离开企业时股权由企业收购；(3) 原来无偿支持的资产作为国有股。第二，劳服企业政策有了新的突破。在有关部门的支持下，再次肯定我们原来安置待业青年60%以上实行“免二减三”的政策继续有效，并把范围扩大到企业富余人员，为解决企业富余人员再就业提供了条件。第三，分配制度上有了突破。肯定劳服企业可以采用工资加劳动分红的政策，打破了假定工资、计税工资的做法。有了这几个突破，劳服企业的股份合作制试点很快就可以开展起来，然后可以推广到所有的劳服企业去。通过劳服企业，解决一部分失业人员的问题。我们希望各地区、各部门尽快研究劳服企业政策落实问题，尽快抓好劳服企业的股份合作制试点工作。通过它，作为解决我们就业问题的一个主要渠道。以后设想经过各方面的努力，将对劳服企业的政策由特惠制变为对所有企业的普惠制，通过政策引导，间接调控，解决我们增加就业岗位的问题。这是一项很主要的工作，希望大家回去认真抓一抓这项工作。

2. 实行对“民工潮”有序流动的直接调控。

“民工潮”涉及的是农民的就业问题。我们要支持其合理的部分，控制其不合理的部分，力争做到按需、有序流动。为此，下半年打算采取发务工许可证的办法，进行直接调控，进一步做好供需衔接。面对越来越大的“民工潮”，我们要早做预案，加强领导，注重供需衔接，强调基础设施的承受能力，避免盲目流动。这个问题也很重要，要有一套调控的办法。

3. 要建立好安全网，在当前通货膨胀的情况下保持社会稳定。

首先，要充分发挥已有的社会保障功能，同时要控制好消费基金的过快增长。工资及工资外收入一定要做到增长有依据，资金有来源，注意左邻右舍，留有足够的储备，以防万一，以丰补歉。应当讲，我们现行的工资调控办法是发挥了作用的，尽管存在一些问题，但有一套办法比没有强，要继续并完善坚持。在社会保险方面，当前除了抓好养老保险、失业保险以外，还要抓好医疗保险试点。要扩大保险的覆盖面。中直企业要按规定参加统筹。要保证收缴率的不断提高。

其次，要注意抓好工资发放的安全网。对亏损企业、流动资金周转困难企业的工资发放，在尽可能发挥保险作用的同时，建立由银行贷款、财政贴息发工资这样一个安全网，以保证职工的基本生活。

4. 加强宏观调控的综合工作。宏观调控是由各部门共同完成的，但计划部门负有综合平衡的任务，有综合职能。各地区要建立自己的中观调控体系，如建立必要的失业警戒线，探索利用保险基金促进就业的途径等。综合工作困难多，但国民经济运转急需，不能随意削弱，尤其在当前的形势下，更要加强综合工作。综合部门要经常分析本地区国民经济形势和对劳动工作的要求，不断提出中观调控的设想。为此，要加强统计信息等各项基础工作，保证数据的及时、齐全、准确。这个问题还要专门研究。

5. 注意协调劳动关系，保持社会稳定。做好劳动监察工作，注意保护资产所有者和劳动者双方的合法权益。

以上是对下半年劳动领域宏观调控工作提出几点建议。希望各地研究确定适合本地区实际的宏观调控的手段、力度和措施。

三、关于代表讨论中的几个具体问题

1. 大家反映会议不解渴。许多代表来时带了许多具体问题，想寻找答案。这里要指出，我们这次会议议题是研究宏观调控，不是专门的社会保险工作会，也不是专门的分配工作会。所以也就没准备回答具体问题。但有一点情况要讲清楚，就是现在企业的劳动、分配制度与公务员制度有了很大差别，公务员制基本上是全国统一的工资标准，统一制度和办法，而企业的工资已经有一套自主分配、逐年增长的机制，与机关不一样，不能与公务员制简单攀比。其次，现在企业状况差别很大，地区差别、行业差别也日益明显，再搞一个全国统一的标准极为困难。因此，今后主要的办法应当是中央决定大的原则，由各地根据实际情况加强中观调控，在国家确定的范围内发挥中观调控的作用，不能一切都等着中央决定。希望从事计划、工资工作的同志要转变观念，既成为中央政策的执行者，同时也是地方政策的制定者，发挥自己的能动性。

当然，部里的工作也存在问题，主要是深入基层、深入实际不够，不了解下面迫切需要解决的问题，因而搞出来的东西概念性、理论性太强，存在着脱离实际的倾向。因此，从上到下都要注意更新观念，不断改进我们的工作。

这个问题说清楚了，具体问题也就好解决了。关于劳部发〔1994〕72号文件，中央只能这么定，各地区、各部门可以根据本地区、部门弹性计划的执行情况适当做些变通。关于劳部发〔1994〕123号文件与劳薪字〔1992〕8号文件的冲突问题，主要是文件执行中出现偏差造成的（如实行岗位技能工资制企业的人均增资超过了文件的规定），解决问题的根本办法是尽快推行新的养老保险计发办法。关于国发〔1994〕9号文件，文件是国务院定的，要执行，有什么问题自己根据实际情况解决。

2. 关于企业分配制度问题。

尽管现行的弹性计划、工效挂钩办法存在一些问题，但在过渡时期有这一套办法比没有强。而且从去年的实践看，效果是不错的。因此，当前我们还要坚持。至于微观调控办法如何同弹性计划相衔接，只要按现行四种办法确定的企业工资总额不超过弹性计划核定的地区工资总额，就不存在问题，如果高于弹性计划核定的工资总额，就要发挥宏观调控作用，让企业留一部分储备金。当然，现行办法是过渡时期的办法，一旦企业的工资自我决定、自我约束机制都形成了，现行办法就可以取消了。现在中财委正在组织几项课题研究，其中一个课题就是“企业的收入分配制度”，由劳动部牵头研究。将来可能会提出几种可供选择的企业分配模式，以适应我国经济发展和改革的形势，逐渐实现企业的三个“自主”，即自主确定工资总额、自我约束、自主分配，最终达到企业分配制度改革的终极目标。

（作者为劳动部副部长）

《劳动法》出台始末

（1994年7月12日）

张左己

1994年7月5日，是一个不平凡的日子。人们多年期盼的以保护劳动者合法权益为基本宗旨的《中华人民共和国劳动法》诞生了。

上午九时正，第八届全国人大常委会第八次会议，由乔石同志主持，在人民大会堂会议厅隆重举行最后一次大会，对《劳动法》等3部法律的颁布付诸表决，会场格外庄严肃静。

劳动部部长李伯勇，作为《劳动法》的起草主持者严肃端正地坐在"提案说明人"席上，他所率领的《劳动法》起草班子的核心成员坐在他的身后，静静地等待着投票结果。

当大会工作人员宣读《劳动法》投票结果"121票赞成，1票反对，3票弃权，1人未按表决器"之后，乔石同志立即高声宣布"通过"，会场响起了热烈的掌声。作为《劳动法》起草工作和审议过程的亲历者，我们心里"一块石头落了地"。连续几天答辩、修改所带来的疲惫为之一扫，全被激动和喜悦所代替。李伯勇部长更喜形于色，兴奋地接受了中央电视台的现场采访，流利地回答了记者提问。然后，又非常愉快地和与会的起草工作人员在庄严的国徽下，在《劳动法》通过的地方合影留念，记录下这件历史性的大事。

《劳动法》以121票赞成、5票非赞成的绝对优势通过，这是出乎意料的，因为在八届人大常委会第六次会议上常委们审议时智者见智，仁者见仁，辩论激烈；有些表示理解的委员也只是说"有比没有好"，显然是低调支持；就是赞成这部法律的一些委员也坚持以明年人大全会通过为好。

我们的紧张心情可想而知。实际表决结果表明，赞成通过《劳动法》的是绝大多数，提交会议审议的草案是成熟的，总体形象是好的。在以往通过的赞成票最多的法律中，《劳动法》赫居其一，这不能不使人欣慰。

一、《劳动法》出台的重要意义

对《劳动法》出台的意义，报刊上已经讲了很多。现在，我换一个角度，从没有《劳动法》时的困境说起。

在那时，劳动者说："野生动物都有保护法，高级动物的人怎么没有保护法？"这实在让我们这些以保护劳动者权益为己任的劳动工作者汗颜。

投资者说："你说我违犯中国的劳动法律，你们的《劳动法》在哪里？恐怕还没出娘胎呢！"这又常常让我们的劳动监察人员语塞。

西方人权主义者以我们没有《劳动法》为口实，指责我国有所谓人权问题。这又使富有经验的外交官也感到尴尬。

凡此种种，不制定和颁布《劳动法》，何

以面对亿万职工？何以制止一些投资者屡屡侵害劳动者合法权益的行为？何以回答西方对我人权的指责？出路只有一条：不管付出多么大的辛劳，不管经历多少曲折，也要出台《劳动法》。

《劳动法》出台的意义，千言万语可以汇成一句话：我们终于有了中华人民共和国自己的《劳动法》。

首先，《劳动法》是劳动者保护法。《劳动法》的基本宗旨是保护劳动者的合法权益，同时也考虑到企业权益的保障。这将有利于建立稳定和谐的劳动关系，维护经济和社会秩序稳定，可以有效地防止一些企业特别是“三资”和私营企业随意延长工时，克扣工资，拒不提供必要劳动保护，甚至侮辱、体罚职工等侵犯劳动者合法权益的现象发生。对违反劳动法律、侵害劳动者合法权益的行为和人员，可以依法予以纠正和处罚。

其次，《劳动法》总结了45年来劳动工作的成功经验，肯定了15年来劳动体制改革的丰硕成果，进一步明确了劳动体制改革的方向，以法律的形式肯定了劳动者的择业自主权和企业的用人自主权、分配自主权，对于进一步深化经济体制改革，完善劳动力市场，建立现代企业制度，将会起到强有力的推动作用。

再次，这次颁布的《劳动法》，是建国以来第一部全面调整劳动关系、确定劳动标准的“基本法”，结束了我国45年来没有《劳动法》的历史，填补了我国法制建设中的空白，有助于加快社会主义法制建设和劳动法制建设的进程。那种担心没有《劳动法》而在人权问题上授人以柄的局面也一去不复返了。

最后，《劳动法》也是全面规范劳动工作，明确劳动部门职责、权力和义务的一部法律，对于今后进一步做好劳动工作，在本世纪末建立起适应社会主义市场经济要求的新型劳动体制具有非常重要的意义。

二、《劳动法》出台的经过

如果不算上“文革”前那个阶段起草、审议《劳动法》半途而废的过程，《劳动法》从1978年开始重新起草到颁布也历经了十五载，易稿数十遍。一波三折，好事多磨。可谓“千呼百唤始出来”。《劳动法》的颁布集中了各族劳动人民的智慧，耗费了全体劳动工作者的心血，体现了党和政府对劳动群众的深切关怀，表达了人民代表殷切的愿望。就参与起草的同志来说，也同样感受过因《劳动法》难产带来的困惑和失落，因小平同志南巡谈话的鼓舞而看到光明前景的快乐。现在一切都成为过去，简要地回顾一下《劳动法》出台始末，是不无裨益的。

首先，《劳动法》的制定，源于邓小平同志复出之后的首倡，成于邓小平同志南巡谈话的推动。1978年底，为给党的十一届三中全会作准备，中央召开了工作会议。在这次会议上，复出后的邓小平同志发表了《解放思想，实事求是，团结一致向前看》的讲话，从此拉开了中国改革开放的序幕。就是在这篇讲话中，邓小平同志强调，要加快社会主义法制建设，明确提出要尽快制定包括《劳动法》在内的十部法律。这次颁布的《劳动法》的起草就是从那时开始的。可是，在修改了29稿之后，于1989年搁置起来，出现了三年多的停顿。现在看，主要是立法原则难以确定，经济改革的市场取向还不够明确的客观环境使然。1992年小平同志南巡，发表了重要谈话。党的十四大又确立了建立社会主义市场经济体制的目标，进一步明确了劳动体制改革的方向和《劳动法》的立法原则，终于使《劳动法》的制定“起死回生”，走出困境，从此进入了最后冲刺阶段。因此，在一定意义上我们可以说，《劳动法》的出台，是始亦小平，成亦小平。

我们专门查阅了邓小平同志1978年在中央工作会议上的讲话，当时他提出了要制定包括《劳动法》在内的十部法律，除《人民公社法》已无需制定外，其它八部都已在《劳动法》之前陆续颁布完成。可以说，这次《劳动法》的出台，完成了邓小平同志当时提出的立法构想，实现了老一辈无产阶级革命家多年的愿望。

其次，《劳动法》也是在人大代表、政协委员的积极推动下产生的。近年来，历届人大、政协会议期间，代表、委员们都呼吁《劳动法》尽快出台，提出大量的提案和议案，有力地推动了《劳动法》的立法进程，也增强了我们制定好这部法律的信心。在这次审议过程中，我们亲身经历到了。尽管天气炎热、时间过长，但年事已高的人大常委们，在审议法律时，表现了可敬的认真和慎重。他们思想清楚，提问犀利，字斟句酌，一丝不苟，提出了许多重要的指导性意见，使这部法律的草案更加完善和成熟，得以顺利通过。

再次，这部法律还得到有关部门、地方、工会和法学界、劳动学界专家学者的大力支持，他们积极参与了起草过程的论证、调研、修改工作，从不同方面、不同角度提出了大量建设性意见，使这部法律体现和反映了劳动者和企业以及社会各界的愿望和呼声，具有良好的群众基础。

最后，《劳动法》的出台，是劳动部门的同志付出了15年心血和汗水的结果。仅从“文革后算起”，15年来，劳动部换了几届领导班子，但起草《劳动法》始终摆在每届班子的主要议事日程上。应当说，《劳动法》今天能够出台，是劳动部门集体智慧的结晶，老前辈、老领导功不可没。以李伯勇部长为首的这届领导班子是在历届领导班子卓有成效的工作基础上，接过制定《劳动法》“长跑”中的最后一棒，完成了最后的冲刺。一年多来，在李伯勇部长的领导和亲自主持下，起草人员抓住机遇，全力以赴，加快速度，采取“倒计时”方式安排《劳动法（草案）》的修改日程，完成了最后阶段的工作。借此机会，我们向人大常委会和国务院有关部门的工作人员以及一切关心、支持、参与《劳动法》制定的同志们表示崇高的敬意和衷心的感谢。古人云，“十年磨一剑”，我们是“十五年磨一法”，的确是来之不易。《劳动法》的产生伴随着改革开放15年，它是亿万劳动者参与中国改革伟大实践的硕果，是一把百炼成钢的法律之剑。

三、《劳动法》的特点和主要内容

《劳动法》的制定，始终坚持依照母法——《中华人民共和国宪法》的原则，把《宪法》确立的劳动者的权利和义务具体化，形成一部针对性强、能操作的劳动基本法。《劳动法》的基本宗旨就是保护劳动者的合法权益，同时也考虑到劳动者与用人单位之间双方权利和义务的对等，体现公平竞争的市场经济的通行原则。《劳动法》的起草，是在我国由计划经济向市场经济转轨过程中进行的，我们既要从劳动关系和劳动标准的现状出发，同时又要坚持改革方向，为具体问题的实施留有回旋余地，为今后改革留有广阔空间。《劳动法》的制定，既要借鉴外国成功的经验，承担起我国已经批准的国际劳工公约所应履行的义务，为逐步同国际惯例对接创造条件，同时又要从我国国情出发，不能生搬硬套，一步到位。《劳动法》的贯彻实施，既要明确法律的统一性、严肃性，同时又要照顾到地域和经济水平的差异，允许地方根据本区域实际确立具体实施步骤。此外，还要注意吸收工会组织、企业主管部门等方方面面的意见。在上述原则指导下，起草人员较好地处理了纷繁的意见和复杂的关系，终于得到了各方面认同，为《劳动法》草案趋于完善和成熟，奠定了基础。

以此形成的《劳动法》具有两个显著的特点：一是明显的市场取向，二是鲜明的时代特征。所谓市场取向，就是把劳动力市场改革成果变成立法条文，打破了不同所有制企业和职工不同身份的界限，体现了公平竞争的市场经济共同原则，开始与国际惯例对接。所谓时代特征，就是国情、现状和我国社会主义初级阶段的生产力发展水平的特征。所以，我们可以说，这是一部具有中国特色的适应社会主义市场经济体制需要的劳动法。

《劳动法》的内容，共十三章一百零七条，是丰富详尽的。《劳动法》章节设置是依据劳动关系确定的逻辑顺序安排的，专家认为这种布局科学，结构合理。它对劳动者权利和义务，劳动关系的确立和调整，劳动标准的制定和执行，劳动部门的职责和规范等，都作了明确的规定。

首先，《劳动法》的基本宗旨是保护劳动者的合法权益。这是贯穿这部法律的一条主线。《总则》第一条，开宗明义就表述了这一点。既然劳动者和用人单位是平等的，为什么《劳动法》还要特别强调保护劳动者？这是因为，法律上的平等不等于事实上的平等，市场经济下的劳动者在用人单位面前，往往处于势单力薄、易受损害的弱者地位，在我国劳动力供大于求、劳动力处于买方市场的情况下更是如此。《总则》第三条，在《宪法》基础上，又进一步规定了劳动者八项权利和四项义务，即“劳动者享有平等就业和选择职业的权利、取得劳动报酬的权利、休息休假的权利、获得劳动安全卫生保护的权利、接受职业技能培训的权利、享受社会保险和福利的权利、提请劳动争议处理的权利以及法律规定的其他劳动权利”，“劳动者应当完成劳动任务，提高职业技能，执行劳动安全卫生规程，遵守劳动纪律和职业道德。”这就使《宪法》规定的劳动权利更加具体化。这样的规定在我国尚属首次。此外劳动者的权利在第七、八条也有体现，即“劳动者有权依法参加和组织工会”和“参与民主管理或者就保护劳动者合法权益与用人单位进行平等协商”。

《劳动法》除汇总了我国对劳动者保护的一般规定外，还增加了新的法律条款。值得提出具有特殊意义的是，第三章《劳动合同和集体合同》第二十条第二款规定“劳动者在同一用人单位连续工作满10年以上，当事人双方同意续延劳动合同的，如果劳动者提出订立无固定期限的劳动合同，应当订立无固定期限的劳动合同。”这一规定可以避免用人单位用完职工“黄金年龄段”即行辞退的不合理用人行为，有利于保护老职工职业稳定。第二十七条第二款规定，用人单位因经济原因裁减人员，“在6个月内录用人员的，应当优先录用被裁减的人员。”这一规定，使因“经济性辞退”而非“过失性辞退”的职工，在一定时期内享有再就业的优先权。第三十条规定，“用人单位解除劳动合同，工会认为不适当的，有权提出意见。如果用人单位违反法律、法规或者劳动合同，工会有权要求重新处理；劳动者申请仲裁或者提起诉讼的，工会应当依法给予支持和帮助。”第四章《工作时间和休息休假》第四十一条规定，延长工作时间每日一般不超过一小时，每月不得超过36小时，这是在审议中经过两次缩减，即从48小时减到44小时，又从44小时减去8小时而最终形成的规定，它有利于保护劳动者身心健康。第五章《工资》中第五十条规定，“工资应当以货币形式按月支付给劳动者本人。不得克扣或者无故拖欠劳动者的工资。”这条规定的针对性是显而易见的。

对劳动者的保护除了职业安定、工时缩短、工资保障之外，还有社会保险和福利，使劳动者在年老、患病、工伤、失业、生育等情况下获得帮助和补偿。对此，在第九章《社会保险和福利》中都作了明确规定。《劳动法》关于社会保险的有关规定充分体现了党的十四届三中全会关于社会保险制度改革的精神，明确了逐步实现社会统筹的方向，规定了用人单位为劳动者缴纳社会保险费的义务和法律责任。这样规定可以保障社会保险基金来源稳定可靠，以确保劳动者享受的社会保险金按时足额发放。

其次，《劳动法》的核心是调整劳动关系。主要是作为实体法的第三章《劳动合同和集体合同》和作为程序法的第十章《劳动争议》。第三章是本法中条款最多、规定最具体的一章，共二十条，最具突破性的有四条。第十六条第二款规定，“建立劳动关系应当订立劳动合同。”这是总结1986年国务院关于推行劳动合同制的四项规定以来劳动制度改革的成功经验，以法律形式确立了劳动者和企业在劳动力市场中的主体地位的重大改革步骤。《劳动法》的颁布实施，必将大大加快全面推行劳动合同制的进程，为社会主义市场经济下的新型劳动关系的确立奠定法律基础。第二十七条第一款规定，“用人单位濒临破产进行法定整顿期间或者生产经营状况发生严重困难，确需裁减人员的”，通过一定的法定程序可以裁减人员。在我国允许用人单位可以进行“经济性辞退”，是从未有过的法律规定。这完全是按着市场经济规律的要求，为国有企业转换经营机制和建立现代企业制度而制定的。第三十一条、三十二条规定，在一般情况下，“劳动者解除劳动合同，应当提前30日以书面形式通知用人单位”，但是“有下列情形之一的，劳动者可以随时通知用人单位解除劳动合同：（一）在试用期内的；（二）用人单位以暴力、威胁或者非法限制人身自由的手段强迫劳动的；（三）用人单位未按劳动合同约定支付劳动报酬或者提供劳动条件的。”这就赋予了劳动者以辞职权，以法律形式保证了劳动者的择业自主权。以上几条关于老板可以“炒职工的鱿鱼”，职工也可以“炒老板的鱿鱼”的规定是对等的，使用人单位用人自主权和劳动者择业自主权以法定形式同时一步到位，解开了过去劳动管理的两大难题。第三十三条中规定，“企业职工一方与企业可以就劳动报酬、工作时间、休息休假、劳动安全卫生、保险福利等事项，签订集体合同。”这是借鉴国际通行做法，总结部分企业试点经验，把集体合同作为调整劳动关系的重要机制和签订个人劳动合同的依据而规定的，也是在《工会法》有关规定的基础上的一个新的突破。集体合同最重要的内容之一是工资分配。在《工资》章第四十七条规定，“用人单位根据本单位的生产经营特点和经济效益，依法自主确定本单位的工资分配方式和工资水平。”这是对传统工资管理的一个重大突破，以法律形式确定了用人单位工资分配自主权。当然这种自主权还要受到集体合同的制约，这就不能不考虑劳动生产率因素和社会就业状况。在这种情况下，劳动部门制定的工资指导线就是十分必要而又迫切的了。

第十章《劳动争议》，是对国务院颁布的《企业劳动争议处理条例》的提炼和浓缩，除第八十二条申请时效，由6个月改为60天外，其它没有变化。《劳动法》作这样改动，主要是考虑到，过去规定的申请时效过长，不利于劳动者合法权益保护；《劳动法》颁布后，劳动关系双方运用法律保护各自权益的意识也会增强，时效提前是有条件的；这样也有利于仲裁部门提高工作效率，及时解决劳动争议。

再次，《劳动法》的重点是确定劳动标准。主要体现在第四章《工作时间和休息休假》，第五章《工资》，第六章《劳动安全卫生》，第七章《女职工和未成年工特殊保护》，第八章《职业培训》。具有特殊意义的是工时和休假制度。第三十六条和第四十五条，首次以法律形式分别确定了“五天半”工作制和带薪年休假制度。劳动者在元旦、春节、国际劳动节和国庆节等节日可以休假。这虽已成惯例，但作为法律规定还是首次，至此这些节日才成为名副其实的“法定节假日”。同时，第四十八条规定，“国家实行最低工资保障制度，最低工资的具体标准由省、自治区、直辖市人民政府规定，报国务院备案。用人单位支付劳动者的工资不得低于当地最低工资标准。”《劳动法》还规定实行职业技能标准制度，第六十九条规定，“国家确定职业分类，对规定的职业制定职业技能标准，实行职业资格证书制度，由经过政府批准的考核鉴定机构负责对劳动者实施职业技能考核鉴定。”此外，在劳动安全卫生以及女职工和未成年工特殊保护中也都确定了相应的劳动标准。对此，现行法律、法规比较具体和完善，第六章和第七章基本上承袭了现行法规，择其要点写入了《劳动法》。

最后，《劳动法》还规定了劳动行政部门的职责和劳动工作规范。主要表述在第一章《总则》，第十章《劳动争议》，第十一章《监督检查》，第十二章《法律责任》里边。《总则》第九条规定，“国务院劳动行政部门主管全国劳动工作”。“县级以上地方人民政府劳动行政部门主管本行政区域内的劳动工作。”作为《总则》规定，效力涵盖全篇。劳动工作的范围，是和《劳动法》的内容规定相一致的，所以，劳动行政部门职责十分重大。第十章《劳动争议》中规定劳动行政部门负责劳动争议仲裁委员会的工作，执行劳动争议仲裁职责。第十一章《监督检查》第八十五条中规定，“县级以上各级人民政府劳动行政部门依法对用人单位遵守劳动法律、法规的情况进行监督检查，对违反劳动法律、法规的行为有权制止，并责令改正。”这就明确地赋予了劳动行政部门执法监察权。第二十章《法律责任》中则详细规定了劳动行政部门在执法监察中的具体权限。这一章明确规定，对可能出现的十七种违反劳动法律的行为可以进行处罚，其中包括了十种处罚方式：由劳动行政部门给予警告，责令改正，处以经济赔偿或连带赔偿，罚款或加滞纳金；由地方政府责令停产整顿；由工商部门吊销营业执照；由公安部门对责任人员处以 15 日以下的拘留、罚款，或者警告；构成犯罪的，对责任人员依法追究刑事责任。违法必究，执法必严。劳动行政部门和有关部门及其工作人员在行使权力的时候也要履行义务，遵守纪律，秉公办事，依法行政。为此，第一百零三条、一百零四条专门对此分别作出规定：“劳动行政部门或者有关部门的工作人员滥用职权、玩忽职守、徇私舞弊，构成犯罪的，依法追究刑事责任；不构成犯罪的，给予行政处分。”“国家工作人员和社会保险基金经办机构的工作人员挪用社会保险基金，构成犯罪的，依法追究刑事责任。”今后劳动行政部门或者有关部门的工作人员触犯了这两条就决不姑息，勿谓言之不预、法之不究也。

此外，还值得注意的是前面没有提到的就业问题，即第二章《促进就业》。从国外劳动法看，一般不设专章，有关内容散见在其它条款中。我国《劳动法》打破这个国际惯例，不仅列出专章，而且在章序上紧放在《总则》之后为第二章。这是因为我国就业任务太重了，就业工作太重要了。把“促进就业”专章列入《劳动法》，可以从法律角度引起全国的高度重视，进一步动员各级政府切实做好就业工作。

四、制定《劳动法》的经验体会

《劳动法》起草历时多年。在经过了长期的“攀登”和最后的“冲刺”之后，回顾这一段历程，我们深切地感到，制定《劳动法》的经验教训和心得体会对后续法律的制定，有一定的借鉴作用。

1.“倒计时”工作法。立法工作是辛苦的，每部法规的制定，起草人员都要付出巨大艰苦的劳动，但这也许还不是最重要的成功因素。立法，关键是抓住机遇。《劳动法》的出台就是抓住了最好的机遇：邓小平同志南巡谈话，十四大和三中全会召开、市场经济体制的确立，这是机遇；人大代表、政协委员提案激增，呼声日高，这是机遇；三资企业、私营企业严重损害劳动者权益的问题越来越突出，工会、新闻媒介通过多种渠道披露、曝光和向上反映，这也是机遇。如何抓住机遇，使《劳动法》得以在今年上半年出台，最关键的一步是要赶上提交即将召开的人大常委会审议。一旦今年错过，就会耽误至少一年的时间。既然起草人员面对的是火箭发射前一样的分分秒秒，办法只有一个——“倒计时”：在起草人员的工作进度表上，把工作时间从提交人大审议的最后程序开始往前推，留出国务院审议的时间、劳动部通过的时间，和各方面协调的时间，最后属于起草人员自己论证、调研、修改、完善的时间已经不多，只能日夜兼程，加班加点，全力以赴。这样，终于完成了最后阶段的工作。

2. 申请提前介入。一部法律通过要经过严格的审议程序，最重要的是国务院法制局代表国务院所进行的法审，人大法工委代表人大法律委所进行的法审。为了节约时间，缩短审议周期，也为了早点统一认识，争取理解、支持，我们在国务院审议前，就打破惯例提请国务院法制局和人大法工委派员提前介入，共同组成修改小组，一起论证、调研和修改。步调一致，思想也很快统一在一起。参与了修改小组的全总法律委的同志风趣地把这一工作方法叫“一体化”工程、“一条龙”立法。从国务院和人大常委会角度说，这种审议方式也是打破常规的，法制局和人大法工委都将这次审议《劳动法》的做法，作为一条经验进行了总结。

3. 争取工会的支持。《劳动法》涉及劳动者的根本利益，同《工会法》有着密切的联系，同全总的关系重大。所以，起草人员在起草过程中，特别尊重工会的意见，注意反映他们的愿望。这次无论在《劳动法》修改还是审议中，所遇到的几个关键性的重大问题，诸如在立法宗旨、工资支付、劳动部门监察权限，特别是集体合同和延长工时等问题上，工会都起到了不可替代的作用。其实，劳动行政部门和工会组织的密切关系，不仅体现在立法上，而且还体现在执法上，劳动行政部门在《劳动法》实施过程中，也要注意同工会的协作配合，要尽力争取他们的支持。

4. 做好审议前的各项准备工作。对提交审议的法律要十分熟悉，诸如起草背景，所参考的国内国际资料，条款确定的意图及其论据，本法与他法的关系等等，都要了如指掌，成竹在胸，使回答代表提问时应对自如，简单明了。其目的是让代表更广泛更深入地了解被审议的法律的起草情况，成熟程序，便于审议顺利进行。

当然，一部法律在人大通过，说一千道一万，还得功夫到家，火候到家，所谓瓜熟蒂落，水到渠成。衷心希望，我们的另外九部法律，经过劳动部全体同志的努力，都能尽快达到这个境界，并顺利通过国务院和人大的审议。

五、认真学习、深入宣传《劳动法》

一部好的法律的颁布，关键在于贯彻实施。如果《劳动法》的制定颁布是一场攻坚战，那么贯彻的任务就更加艰巨。当前摆在各级劳动部门面前“第一号”的任务，就是认真学习、深入宣传《劳动法》，切实保证《劳动法》如期顺利实施。

1. 宣传。《劳动法》关系到亿万劳动者的切身利益，与广大职工群众的日常工作和生活密切相关。要依法保护劳动者的合法权益，前提就必须知法懂法。当前要在全社会首先是广大职工群众中广泛开展《劳动法》的宣传活动，让广大群众都了解《劳动法》的主要内容。要充分利用新闻媒介和各种宣传手段，开展生动活泼、形式多样的宣传活动，让《劳动法》熟悉劳动者“家门”，早日走进车间、班组，走进店堂、柜台，走进千家万户。做到家喻户晓，人人明白，使劳动者和用人单位都善于用《劳动法》保护自己的合法权益。

在宣传上，要有个科学正确的解释，这个解释一定要有权威，并尽快通过新闻媒介推出去。如果权威性的解释推出来慢了，说法不一，老百姓就难以分清真假“王麻子”，造成混乱。因此，正确的解释应尽快跟上去。

2．学习。劳动行政部门是《劳动法》的执行监察部门，责任重大。不全面准确地理解、掌握《劳动法》，就很难开展《劳动法》的实施工作。作为执法者的劳动行政部门工作人员，更要自觉遵守《劳动法》。《劳动法》第十一章《监督检查》、第十二章《法律责任》，在明确劳动行政部门职权的同时，也规定了劳动工作人员的纪律。劳动工作者要忠于职守、秉公执法、依法行政，以廉政勤政的形象，取信于劳动者和用人单位。

3．研究。《劳动法》如何实施还有许多问题要研究，要在下半年搞清楚，做好实施准备工作，为明年元月一日开始实施打好基础。劳动部决定8月初召开有各省劳动厅局长参加的贯彻实施《劳动法》的工作会议，将作进一步研究和部署。

4．立法。要使《劳动法》真正得到贯彻落实，还要制定一系列与之配套的法律法规，如《促进就业法》、《劳动合同法》、《职业技能开发法》、《工资法》、《社会保险法》、《劳动保护法》、《安全生产法》、《劳动监察法》、《劳动争议处理法》等子法。后续子法的制定要趁《劳动決》出台的时机迅速跟进。要运用制定《劳动法》的经验，集中人力、集中时间、全力以赴、艰苦奋斗。成熟一个，推出一个。

5．反馈。一部法律颁布和实施，涉及方方面面的关系和利益的调整，反映会很强烈。要特别注意倾听基层的反映和群众意见，为做好实施工作提供信息和建议。

（作者为劳动部副部长）

抓住机遇，解放思想，加快社会保险改革步伐

——在西安市改革基本养老金计发办法实施大会上的讲话

（1994年7月）

李伯勇

在西安市人民政府召开改革基本养老金计发办法实施大会之际，我谨代表劳动部向大会表示热烈祝贺，向全市辛勤工作在第一线的全体职工，以及劳动部门的同志致以亲切的问候，向支持社会保险改革的省、市各级政府领导、有关部门以及企业的同志们表示衷心的感谢！

党的十四大确定我国经济体制改革的目标是建立社会主义市场经济，十四届三中全会通过的《决定》对建立社会主义市场经济制定了总体规划，这就为企业进入市场参与平等竞争创造了条件和机会。在市场经济条件下，劳动力的配置和流动必然要受到价值规律和供求关系的调节和影响。市场将自发地向效率倾斜，鼓励竞争、保护强者，但它不能自发地实现社会公平和保护弱者。因此，政府制定的劳动政策和法规不仅要调节经济关系、促进生产的发展，还要调节社会关系，

维护社会稳定。所以，对因年老退休，处于弱者地位的职工，政府必须通过养老保险的社会政策予以保护和帮助。这是社会发展、社会安定所必需的政府行为，是政府必须负起的责任，也是市场经济良性运行的重要条件。

我国养老保险制度自五十年代初期建立以来，经过几次修改和完善，对保障职工生活，促进生产发展和维护社会安定发挥了重要的作用。但是，根据企业性质、工龄长短和退休时标准工资确定养老金的现行办法是在计划经济体制下建立和发展起来的。随着市场经济的发展，企业分配自主权的落实和劳动力的合理流动。职工身份和标准工资都将淡化以至取消，致使现行企业职工养老金计发办法与劳动、工资制度改革互不配套，已越来越不适应改革形势的要求。第一，影响了职工在不同所有制单位间的合理流动。目前的基本养老金计发办法仅仅局限于国家机关、事业单位和国有企业，集体企业只是参照执行。养老金计发办法如果仍按所有制和职工身份来确定，职工的所有制身份将难以破除，劳动力部门所有，单位所有以及“一等公民”、“二等公民”的不合理现象就会长期存在。这种状况显然不适应社会主义市场经济条件下对职工能进能出、能上能下，合理流动、双向选择职业的客观要求。第二，已不适应工资制度改革的新形势。企业实行工资总额和经济效益挂钩以后，可以根据生产、经营和职工劳动特点等实际情况，自行选择工资制度和分配形式，如果仍以标准工资为养老金计发基数，必将影响职工退休之后的待遇，企业也不得不保留所谓的“档案工资”，从而影响了企业分配自主权的落实。第三，现行办法中缺乏正常的待遇调整机制，职工退休后领取的养老金一经核定就不再变动，使退休人员的生活水平受到影响。不难看出，基本养老金计发办法的改革已经成为制约整个养老保险制度改革的“瓶颈”问题之一，对企业内部劳动工资制度改革牵制很大，已经到了非改不可的时候了。

基本养老金计发办法的改革，涉及到亿万职工的切身利益，关系到广大职工群众生产积极性的提高和社会的稳定，也关系到国家和企业的承受能力。这项改革必须从我国生产水平低、人口多且老龄化趋势发展迅猛、人民生活水平还不高的国情出发，兼顾国家、企业和个人三者利益，兼顾目前利益和长远利益，既要保障职工退休后的生活，又要有利于生产发展和社会稳定。根据这个指导思想，劳动部在总结各地经验和参考国外有益做法的基础上，对这项改革进行了认真的研究。首先，提出了基本养老金同职工平均工资的增长适当挂钩，形成一个自然增长机制的办法。这样，就可以把养老保险制度的三个原则，即“效率与公平”、“权利与义务”和“分享社会发展成果”有机地结合起来。第二，科学合理地确定基本养老金的计发标准。从我国的实际情况和从国际的经验教训看，养老保险待遇都具有很强的“刚性”，标准上去了就下不来。按照国际劳工组织102、103号公约的规定，缴费满30年的，退休养老金一般不低于在职时平均工资收入的40%～45%。现在国际上超过70%的国家不多，如意大利为69%、瑞典68%、法国66%、日本54%、德国49%、美国44%、瑞士37%、加拿大34%、英国31%。我们经过对世界各国基本养老金水平的反复研究和论证，并对我国城镇人口的老龄化发展趋势和养老保险费用情况进行了详细测算，确定了基本养老金的第一部分为省、自治区、直辖市职工平均工资的25%，第二部分为每缴费一年按个人指数化缴费工资的1%计算，两部分相加大体在工资收入的60%左右。为了保证所有实行新计发办法的退休人员不降低待遇，并且使一部分人员的待遇能够适当有所提高，在计发标准之外可以经过测算发给过渡性补贴。这样做，符合我国国情，有利于实现新老办法的衔接。第三，对获得模范等荣誉称号的职工，可以由奖励单位实行一次性重奖和为其办理补充养老保险，在退休时不再提高计发标准。这样，新的基本养老金计发办法就能够科学合理和实现规范化。

基本养老金计发办法的改革是养老保险制度改革的核心问题，直接关系到企业的经济负担和退休人员的生活水平。它是培育统一完善的劳动力市场的需要，是转换企业经营机制和深化劳动、工资制度改革的迫切需要，是保障和改善职工生活，维护社会稳定的一项重要措施。实行新的养老金计发办法有五个方面的好处：一是以职工本人工资收入为基数，可以适应不同所有制、不同企业的需要，适应多种经济形式和劳动力合理流动的客观要求，有利于养老保险的一体化。二是基本养老金的第一部分以本省(自治区、直辖市）月职工平均工资为计发基数可以与现行养老金最低保障数相衔接，有利于维持退休人员的最低生活需要。三是基本养老金的第二部分与职工本人的缴费工资挂钩，可以使职工在职期间的劳动贡献，特别是“最佳年龄、最佳贡献、最佳待遇”得到充分的体现，避免职工的基本养老金因企业恰在职工退休前一段时期经济效益不佳而跌入“低谷”的现象。四是实行基本养老金与缴费工资多少和缴费年限挂钩，有利于职工关心社会保险事业，有利于从内在机制上促进社会保险基金的收缴和社会保险管理的民主监督。实行个人缴费后，职工虽然缴钱不多，但与个人的利益直接联系在一起，缴费基数的大小和缴费年限的长短直接决定退休时计发养老基数的大小及标准的高低，这样，自然就会促使每个职工关心未来的养老保险待遇，增强社会保险的责任感，积极参与社会保险的管理与监督。五是基本养老金每年调整一次，可以体现适当分享社会发展成果和减轻物价上涨对退休人员生活的影响。

改革基本养老金的计发办法，是一件大好事，能够使职工退休后得到更合理的待遇；但也不是一件容易的事，在思想上、观念上和具体工作上都会遇到不少问题和困难。改革成功与否，除了我们本身要解放思想、积极开拓、努力工作以外，还有两个至关重要的因素，一是领导支持，二是广大群众理解。这都需要我们做好宣传工作和群众思想工作。这次西安市改单养老金计发办法实施大会，省政府的领导，市委、市政府的领导及有关部门负责人都来参加了大会，正是领导重视、支持社会保险工作的一个有力证明。在基本养老金计发办法改革方面，按照劳动部的改革思路，在市委市政府的领导下，努力克服困难，进行了认真的调查研究、分析测算和论证，所确定的改革方案符合市场经济发展的客观要求，有利于劳动力的合理流动，有利于保障退休人员的合法权益。我预祝这项重大改革成功，并能为全省和全国，特别是西北地区的养老保险制度改革提供新鲜经验。我也相信，随着社会主义市场经济体制的建立和发展，这项改革一定会越来越被人们所接受和支持。

目前，全国已有600多个市县实行了新的计发办法，其中福建、广东、海南、辽宁、浙江五省人民政府和山东、山西、湖北、四川省劳动厅按照我部的改革思路制定了方案并发文在全省范围内普遍实行新的计发办法。北京市人民政府已批准于今年下半年实行新的计发办法。还有几个省正在按照国家改革养老保险的总体思路，进行调查研究、摸底测算，准备在全省统一实施这项改革。从各地的试点情况看，运行情况很好，得到了企业和职工的支持与拥护。去年10月中旬我们在认真研究总结各试点地区的办法和经验的基础上，下发了改革基本养老金计发办法试点工作的通知，今年又发出了一个补充通知，在全国范围内积极推进这项改革。希望陕西省和西安市的同志根据我部试点工作的通知精神，不断总结经验，进一步完善改革方案，加快改革步伐，争取今明两年有一个更大的发展。

在这里，我还要向今天参加大会的企业领导说几句话。一是希望你们理解支持这项改革。这项改革表面上看是比原办法要复杂一些，但它革除了用标准工资计发养老金的种种弊端，并建立了一个内在的激励机制，必将调动起职工在职期间的生产积极性，促进企业生产效率的提高。二是欢迎你们多提意见。社会保险改革不是哪个人的事，也不是单凭劳动部门的努力就能干得了的。改革是千百万人的事，是确立、发展市场经济体制过程中的必然要求。企业家们身处生产经营的第一线，你们最有实践经验，最了解职工的劳动和生活。因此，你们在改革养老金计发办法的原则和方案上，也应该最有发言权。劳动部门的同志要注意虚心听取企业的意见，不断改进、完善新办法。

党的十四大指明了我国社会保险改革和发展的方向。劳动部门作为国务院授权综合管理社会保险的职能部门，一定要抓住有利时机，进一步解放思想，加快改革步伐，真抓实干，努力为企业、为职工办好事、办实事，为社会主义市场经济的发展做出更大的贡献。

（作者为劳动部部长）

学习贯彻《劳动法》，努力开创劳动争议处理工作的新局面

——在全国劳动争议处理工作会议上的讲话

（1994年7月30日）

朱家甄

同志们：

在《中华人民共和国劳动法》正式颁布即将实施,《中华人民共和国企业劳动争议处理条例》发布实施一周年，我国劳动争议处理制度正式恢复七周年并进入一个重要发展时期之际，由劳动部、国家经贸委和中华全国总工会在这里共同召开全国劳动争议处理工作会议是非常必要和很有意义的。

召开这次会议的目的概括来讲就是为贯彻《劳动法》作准备，解决在贯彻《企业劳动争议处理条例》中遇到的问题，研究进一步发展完善社会主义市场经济条件下的劳动争议处理制度，更好地保障广大用人单位与劳动者的合法权益，发展良好、和谐的劳动关系，促进改革、开放和社会主义市场经济建设。

自1987年劳动争议处理工作恢复以来，政府劳动部门、工会组织和企业代表三方配合处理劳动争议的机制已经初步形成，取得了很好的效果，并为《劳动法》等法律法规所肯定。今天我们三个方面又共聚一堂，共商劳动争议处理工作，研究这项工作的发展大计，我们相信，只要我们三方一如既往，相互配合，共同努力，就一定能把这次会议开

好，共同开创出劳动争议处理工作的新局面。下面我讲三个问题：

一、七年来劳动争议处理工作的问题

1987 年 7 月国务院发布《国营企业劳动争议处理暂行规定》以来，在国务院和各级政府的领导下，经过劳动部门、工会和经济综合管理部门相互配合，共同努力，劳动争议处理工作逐步恢复发展起来，并取得了可喜的成绩：

（一）初步建立了劳动争议处理法律体系。

7 年来，我们紧紧围绕社会主义商品经济和市场经济发展的要求，大胆实践、积极探索，在努力贯彻《国营企业劳动争议处理暂行规定》的基础上，制定了《中华人民共和国企业劳动争议处理条例》及三个配套规章。并积极配合《中华人民共和国劳动法》的起草工作。目前在我国已初步建立起以《劳动法》为基本法律，《企业劳动争议处理条例》，《企业劳动争议调解委员会组织及工作规则》，《劳动争议仲裁委员会组织规则》，《劳动争议仲裁委员会办案规则》以及各省、自治区、直辖市人民政府颁发的《企业劳动争议处理条例实施办法》等法律、法规、规章组成的，多层次的劳动争议处理法律体系，为劳动争议处理工作的开展奠定了基础，提供了必要的法律依据。

(二)初步形成了劳动争议处理的组织网络。

7 年来在各地人民政府的领导和关怀下，在有关方面的支持和帮助下，在各级劳动部门、工会、经济综合部门的共同努力下，已建立起企业劳动争议调解委员会 29 万个；劳动争议仲裁委员会 2800 多个；初步建立起一支专兼职人员组成的劳动争议处理工作队伍，现有专、兼职企业调解委员 156.9 万余人，专、兼职仲裁员 7200 人。

为了适应队伍建设工作的需要，各地劳动争议处理机构、工会组织和经济综合管理部门举办了各种类型的培训班，据不完全统计，七年来参训人数达到 380 多万人次。这些培训使企业经营者、劳动人事工作者、工会工作者，特别是劳动争议调解和仲裁工作者的思想、理论水平和业务、政策水平有了较大提高，有力地保证了劳动争议处理工作的顺利开展。

（三）广泛开展劳动争议的预防工作。

7 年来，劳动争议处理工作，坚持预防为主的方针，开展了大量预防劳动争议的工作。

首先是发挥企业劳动争议调解委员会建立在基层的优势，及时发现争议苗头，主动介入开展工作，把相当数量的劳动争议消灭在萌芽状态。其次是各级劳动部门、工会和企业主管部门坚持开展劳动政策、法规和劳动争议处理的宣传和咨询活动，如北京、辽宁、广西、湖北、西安等地进行了大规模的劳动争议处理知识竞赛，并进行了电视实况转播，收到了很好的效果。许多地区还采取拍摄电视片，组织大规模街头咨询服务，设立长期的咨询服务部门等形式，向广大经营者和劳动者进行劳动法制宣传教育，提供劳动法律咨询服务，努力提高他们的法律意识，有效地预防和减少了劳动争议的发生。第三是各级劳动部门的劳动争议处理机构，还通过劳动合同鉴证，保证劳动合同双方当事人依法签订劳动合同，对预防劳动争议发挥了十分积极的作用。仅 1993 年，全国共鉴证劳动合同 9217703 份，其中纠正违法无效合同 299776 份，督促补签合同 469427 份，督促补交职工养老保险和待业保险金 152707 人；督促补发 15%工资性补贴 57489 人，制止招用童工 2183 人。几年来的实践表明，通过上述工作，有效地预防了大量劳动争议的发生。

（四）积极开展了劳动争议的处理工作。

7 年来各地劳动争议处理机构积极贯彻执行《暂行规定》，特别是贯彻《条例》以来努力建立和完善劳动仲裁员、仲裁庭办案制度，在人员编制普遍紧缺的条件下，克服困难尽力按《条例》规定扩大受案范围，坚持依法处理劳动争议。截止1993年底，全国各级劳动争议仲裁委员会立案处理劳动争议62861件，已处理结案59755件，结案率为95%，其中以调解方式结案的为52952件，占89%；采用裁决方式结案的为6763件，占11%，当事人不服裁决向法院起诉的为1461件，占总案件处理数的2.4%。这些数字表明，劳动争议处理工作在化解人民内部矛盾，促进劳动关系的和谐稳定，维护社会的安定，保障改革开放和经济建设的顺利进行方面发挥了重要作用。劳动争议仲裁委员会在工作中坚持秉公办事，依法处理，及时裁决，有效地维护了企业和职工双方的合法权益，得到广大劳动者和企业的信任和赞扬。

（五）坚持进行工作调查和理论研究。

7年来，各级劳动争议处理机构始终坚持调查研究的工作作风，特别是在结合社会主义市场经济的发展需要，加强了理论研究工作。1992年劳动部组织17个省、自治区、直辖市的劳动争议处理方面的专家学者开展了"发展有中国特色的劳动争议处理制度"的课题研究，在湖南召开了有劳动部门、工会和经济综合管理部门代表参加的全国首届劳动争议处理理论研讨会，1993年完成了《关于我国劳动争议处理制度的研究报告》，并通过了科学技术成果鉴定。1994年配合贯彻《条例》全面开展了《劳动争议处理法》起草调研工作，与此同时还在广西召开了全国第二届劳动争议处理理论研讨会。《劳动争议处理与研究》杂志的创办，为理论研究工作开辟了新的园地。上述工作的开展，有效地推动了劳动争议处理工作与理论的研究。几年来调查研究的成果为相关的劳动立法和政策制定奠定了基础，提供了依据，有力地促进了我国劳动争议处理制度的发展与完善。

通过回顾7年的历程，我们有以下几点体会：

（一）必须为改革、开放、发展和稳定的大局服务。

现行的劳动争议处理制度既是劳动制度改革的产物，又是有关改革顺利进行的重要保证。7年来，它之所以能够得以发展，正是由于它以改革开放、发展为大局，紧紧围绕着促进劳动关系良好发展保障社会稳定这个中心来开展工作，及时解决了建立社会主义市场经济，深化改革中影响劳动关系稳定的问题，调解处理了大量的劳动争议，较好地发挥了劳动争议处理工作服务和保证功能，得到了社会各方面的肯定与支持。今后只有继续把劳动争议处理工作摆在适当的位置，坚持为改革开放、发展、稳定服务的方向，才能使劳动争议处理制度得到不断完善和发展。

（二）必须实行三方原则，不断完善三方机制。

劳动争议仲裁实行三方原则是我国劳动关系和劳动争议的特性所决定的，劳动争议仲裁委员会是政府劳动部门、工会和经济综合管理部门劳动争议处理工作的组织形式，是符合我国国情的。7年来的实践证明，哪些地方贯彻三方原则比较好，那里的仲裁工作就开展得比较顺利。虽然从整体看现行的三方机制还有待进一步完善，不能因此而忽视三方在处理劳动争议中的重要作用，应努力创造条件，坚持三方原则，并不断完善三方机制。

（三）必须坚持双维护的宗旨，努力提高办案质量。

7年来，由于劳动争议处理工作始终坚持依法维护用人单位和劳动者双方合法权益的宗旨，不断提高办案质量，所以劳动争议处理机构的作用得以较好地发挥，得到了社会的肯定。今后随着劳动仲裁员、仲裁庭制度的不断完善，对仲裁员提出了更高的要求，所以每一位仲裁员都必须信守仲裁是依法办事、代表公正的信条，坚持双维护的宗旨，才能做到准确公正地处理每一起劳动争议，维护并不断提高劳动争议仲裁机构的威信。

（四）必须密切与有关方面的联系，争取社会支持。

密切与有关方面的联系，首先是经常主动向党委、人大和政府领导汇报、请示工作，让各方面的领导了解真实情况；其次是在仲裁委员会内部，注意密切三方之间的联系和协作，相互理解、相互尊重、相互支持；其三是在仲裁委员会外部，注意加强与法院、高等院校和法学理论界的联系。这样才能赢得各方面领导的理解、重视和支持，增强仲裁委员会内部和外部的团结，为开展劳动争议处理工作创造良好的环境和条件。

（五）必须重视劳动争议调解和仲裁队伍的思想建设。

7年来，各级劳动争议处理部门注意引导调解和仲裁工作人员，明确指导思想，摆正劳动争议处理工作的位置；学习马克思主义哲学，用辩证的方法处理劳动争议、观察认识问题；养成勤于思考、善于研究问题的习惯；做到勤政、廉洁，秉公执法，养成刚正不阿的作风；讲团结、守纪律，同心同德，一心一意从事本职工作。从而保证了劳动争议处理工作的顺利发展。

（六）必须加强理论研究，广泛宣传劳动法规、政策。

7年来，特别是近几年来，我们十分注意理论与实践，理论工作者与实际工作者的紧密结合，注意及时发现并研究市场经济条件下劳动关系与劳动争议的新变化与新特点，因而取得了劳动争议处理工作的主动权。同时从上到下重视并下大力气对劳动政策法规进行了比较广泛的宣传，对提高劳动关系双方的法制观念起到了推动作用，从而在一定程度上为劳动争议处理工作创造了较好的环境。

总之，7年来在各级党政的领导下，有关方面的支持帮助下，在劳动部门、工会和经济综合管理部门的共同努力下，通过全体劳动争议处理工作者的艰苦奋斗，我国的劳动争议处理制度已走过了创业阶段，进入了一个新的发展时期。《暂行规定》和《条例》的贯彻实施，劳动争议处理制度的恢复和发展，为促进社会主义市场经济条件下新的劳动体制的建设，保证劳动、工资、保险三项制度改革，保护劳动关系双方的合法权益，促进社会稳定和劳动关系的良好发展，发挥了积极作用。我们在肯定过去，汲取经验的基础上，应重点研究当前面临的形势和任务，进一步把劳动争议处理工作推向前进。

二、当前劳动争议处理工作面临的形势和任务

今年中央提出“抓住机遇、深化改革、扩大开放、促进发展、保持稳定”，各项工作都要服从和服务于这个大局。劳动争议处理工作当前和今后一个时期也要紧紧围绕这个大局来进行。

在建立社会主义市场经济的社会变革中，出现了一些新的矛盾和问题，保持劳动关系和谐稳定的环境并不宽松。从目前我国劳动关系发展变化的情况来看，总的是和谐稳定的，但也需要引起高度重视，近年来劳动争议的发生数量一直呈上升趋势。最近一些企业经济效益不好，有的长期亏损，导致停产、半停产，违反合同，拖欠职工工资的情况比较多；有的企业在关停并转中没有把职工安置好，这些都使职工生活得不到保障。部分企业离退休人员养老保险不落实，离退休费不能按时发放，使他们生活遇到了困难。随着我国利用外资规模的扩大，部分外商投资企业经营者侵犯职工合法权益的问题日益突出，劳资纠纷趋于紧张。还有一些国有、集体企业领导严重脱离群众，分配不公，甚至以权谋私，引起职工强烈不满。如果这些问题处理不好，不但会引起劳动关系的冲突，进而会影响到社会的稳定。去年各级仲裁委员会受理劳动争议案件12358起，比上年上升了51.6%。今年以来仍呈上升趋势，仅一季度各地受理的劳动争议案件就达3104起，比去年同期上升了66.4%。由于劳动争议得不到有效解决，一些地方职工集体上访和罢工的情况时有发生，今年以来据不完全统计，全国发生职工集体上访和罢工1104起，特别是今年二季度集体上访和罢工事件明显增多，与一季度相比，集体上访增加了3.8倍，罢工增加了2.2倍。这些情况的存在直接影响到社会安定和经济建设，引起了中央和国务院的高度重视，中央和国务院领导曾多次批示，要求我们要注意发展的动向，要及早研究采取措施。

面对新的形势，我们要根据社会主义市场经济的发展需要，全面开展劳动关系的调整工作。总的指导思想是：首先要通过劳动法律法规来规范劳动关系的建立、运行、终止和解除，使劳动关系的发展纳入法制管理的轨道。当前要大力推行劳动合同用人制度，全面实施《劳动法》关于用人单位与劳动者应通过订立劳动合同来确定劳动关系的规定，建立起新的劳动用人制度。其次要进一步建立完善劳动关系自我调节机制，使劳动者与用人单位自主协商建立劳动关系，并在劳动关系运行过程中做到自我调整。同时，还要依法在外商投资企业和私营企业促进工会组织建设，倡导劳动者与用人单位通过集体谈判、订立集体合同的形式确定双方的权利和义务，以对话的方式协商解决双方的纠纷。第三要建立劳动监督检查制度，县以上各级劳动行政部门要依法对用人单位遵守劳动法律、法规的情况进行监督检查，对违反劳动法律、法规的行为及时制止，各级劳动部门要会同工会和经济综合管理等有关部门逐步建立起社会监督机制，在各自的职责范围内来共同维护好劳动者和企业的合法权益，使违反劳动法规的问题得到及时解决和纠正。第四要建立完善劳动争议处理制度，进一步建立健全企业劳动争议调解委员会，使大多数争议能就地就近解决在基层，同时要进一步完善各级劳动争议仲裁委员会，充分发挥劳动、工会和经济综合管理部门在处理劳动争议中的作用。要全面推行仲裁员、仲裁庭办案制度，使劳动争议一发生就能依法得到迅速处理。

按照上述思路，当前劳动争议处理工作的主要任务是：进一步健全和发展劳动争议处理制度，全面开展劳动争议的预防、调解和仲裁工作，依法维护劳动者和用人单位的合法权益，及时化解深化劳动人事、工资、保险等与劳动关系有关的各项改革中出现的矛盾和问题，缓解当前劳动争议不断增长的趋势，促进劳动关系的和谐发展，为保持社会稳定创造条件。为此要重点研究解决几个问题：

（一）更好地把劳动争议预防和处理工作结合起来。要针对当前劳动争议增多的情况，从预防和处理两个方面采取措施。一方面要加强劳动争议的预防工作，争取把问题解决在萌芽状态。企业劳动争议调解委员会和劳动争议仲裁委员会，要把劳动争议的处理与预防工作结合起来，要经常收集了解情况，通过处理劳动争议发现问题，及时反馈给有关方面，共同配合做好工作，尽量减少劳动争议的发生。另一方面要根据预防工作中反映的情况，企业劳动争议调解委员会和有关方面应及时发现矛盾和问题，提前介入开展调解工作，调解不成要由劳动争议仲裁委员会迅速依法受理和仲裁，使劳动争议一发生就能得到及时解决，避免久拖不决引发事端。

（二）研究促进劳动争议调解制度的发展。当前除了按照《企业劳动争议处理条例》扩大受案范围外，要依据《劳动法》把集体谈判、订立和履行集体合同发生的争议纳入劳动争议处理工作范围，不断完善全方位处理劳动争议的机制。根据新的工作发展要求，现行的劳动争议处理体制需要有新的发展，要加快建立劳动争议调解制度。除了发展和完善企业劳动争议调解委员会外，要强化国家和地方的行政调解职能，对因签订集体合同发生的争议依法进行调解，集体争议发生后，当事人自行协商不成，在采取过激行为前，必须按规定向集体合同送审地的调解机构申请调解处理，改变当前对罢工和闭厂行为缺少必要管理的情况。同时要研究和完善集体合同争议仲裁处理机制，针对集体合同争议的特点提出工作程序和解决办法，以便有效快捷地解决问题。这次会上就此问题，我们提供了一个意见稿，请同志们修改。

（三）依法强化劳动争议处理工作。提高处理劳动争议的法律权威性，是社会主义市场经济发展对劳动争议处理工作提出的新的要求，也是解决当前劳动争议处理工作存在突出问题的需要。湖南、上海等地在这方面进行了积极的探索，收到了一定的效果。提高劳动争议处理工作的法律权威性，除了人民法院依法审理劳动争议案件外，各地劳动争议处理机构可以从以下两个方面进行探索。首先是加强与人民法院的工作联系，对劳动法律法规共同进行研究，形成比较统一的认识，增加对法律法规理解和执行的一致性，从而提高处理劳动争议的准确性和权威性。其次是各地劳动争议仲裁委员会加强与人民法院的配合，探索在劳动部门联合建立法院的派出机构，执行生效的劳动仲裁裁决，解决仲裁裁决执行难的问题。

三、近期工作

今年是各项改革进入关键性的一年，随着《劳动法》的发布实施，劳动争议处理工作进入了一个新的发展阶段，为了做好近期劳动争议处理工作，我讲几点意见供同志们参考。

（一）认真学习贯彻《劳动法》

《劳动法》既是保护劳动者合法权益的基本法，又是规范劳动工作的基本法。与劳动争议处理工作也有十分密切的关系。为此，近期劳动争议处理工作的首要内容就是认真学习、贯彻《劳动法》。广大劳动争议处理工作者一定要带头学习好《劳动法》，逐条逐句地领会《劳动法》，努力做到熟悉、精通《劳动法》，能够准确地依据《劳动法》来开展劳动争议处理工作。同时还要积极投入宣传《劳动法》的活动，充分利用各种宣传手段进行生动活泼、形式多样的宣传，让《劳动法》早日走进车间、班组，走进店堂、柜台，走进千家万户。同时，作好对以前法规的清理工作，理顺劳动法律体系内的关系，特别是把《企业劳动争议处理条例》与《劳动法》的相关内容有机地衔接好，作好1995年1月1日实施劳动法的准备。我们要围绕着贯彻《劳动法》继续把《条例》的贯彻引向深入，通过贯彻《条例》，不断落实《劳动法》。从而全面展开劳动争议处理工作，更好地保护劳动关系双方的合法权益，维护社会的稳定。

（二）大力加强劳动争议处理机构的建设

目前，劳动争议处理机构不健全，编制人员缺乏与劳动争议数量急剧上升，处理难度不断增大的矛盾日益突出。因此，大力加强劳动争议处理机构的建设已成当务之急。劳动部门要主动与工会、经济综合管理部门配合，共同努力，争取在近期内落实机构，增配人员，改善培训，稳定队伍。当前要结合贯彻《条例》促进地方劳动争议仲裁委员会的建立，对薄弱的区、县仲裁委员会应有具体的指导计划。到1995年底，使仲裁委员会的组建率由90%上升至95%以上，人员配齐比例争取达到98%，使绝大多数薄弱区、县仲裁委员会建立仲裁员、仲裁庭制度，正常开展劳动争议仲裁工作。同时要共同加强劳动仲裁员队伍的建设。根据《劳动争议处理专业人员培训大纲》和《劳动仲裁员管理办法》，以及劳动争议处理专业培训教材，结合各地的实际情况，建立规范化的培训制度，利用足够的时间对仲裁员进行系统的专业培训。于1995年底，使现有的仲裁员参训率达80%，培训内容除专业知识外，还应有廉政勤政方面的内容，要重视仲裁员队伍的思想建设，使每一名仲裁员都能秉公执法，廉洁办案。在加强培训，保证质量、巩固队伍的基础上应逐步扩大仲裁员队伍，特别注意将具备条件，具有劳动争议处理工作经历的工会、企业主管部门的人员聘请为兼职仲裁员。

（三）深入做好预防劳动争议的工作

预防劳动争议的工作是一项社会综合性的工作，在当前劳动关系发生很大变化，劳动争议不断上升的情况下，尤其显得重要。劳动部门要主动配合经济综合管理部门和工会组织遵循预防为主的方针，作好劳动争议的预防工作。首先，要协同有关方面，如企业家协会，各企业主管部门等，重点做好对企业经营者的宣传、教育和培训工作，使他们增强法律意识，自觉学法、守法，依法制定企业规章，与劳动者签订和履行劳动合同，增强自觉维护劳动关系和谐稳定的意识。其次，要重点抓好指导基层工会和企业劳动争议调解委员会预防劳动争议和处理劳动争议的工作。增强基层工会和企业劳动争议调解委员会预防和处理劳动争议的能力，把劳动争议更多地消除在萌芽，解决在基层，增强职工的法律意识，使他们知法、守法，学会用法律手段保护自已的合法利益。第三，劳动部门应重点做好劳动合同鉴证工作。按照“完善制度、依法鉴证、保证质量、体现服务”的原则，于1995年底之前，及时将劳动合同的鉴证服务范围扩大到各类企业，指导企业经营者与劳动者依法签订劳动合同，自觉履行劳动合同；纠正违法和无效合同。从而主动及时消除和减少劳动争议的隐患。第四，积极开展宣传和法律咨询活动。特别是要创造条件，设立法律咨询服务电话，建立长期咨询服务机构。通过宣传和咨询服务预防和减少劳动争议。

（四）继续加强办案工作，不断提高办案水平

劳动部门要与工会、经济综合管理部门相互配合，在改善培训，逐步提高人员素质的同时，切实抓好企业调解和劳动仲裁的办案工作。特别是劳动争议仲裁工作，要重点做好因集体劳动争议而引发的突发案件的处理工作。在提高办案质量的前提下，不断提高办案效率。于1995年底，力争使调解及其他方式处理案件的比率由目前的82%回升至90%，使结案率由目前的73%回升到85%以上。与此同时，还要注意按照《劳动争议仲裁委员会办案规则》，《劳动争议仲裁委员会仲裁文书样本》实现规范办案。对不符合立案条件的劳动争议，若进行案外调解，应建立统计制度。于1995年底之前各地应普遍确立规范化的仲裁办案制度。

（五）加强理论研究，促进劳动立法

在调整劳动关系、处理劳动争议的过程中，新情况、新问题不断出现，因此劳动争议处理工作及理论研究活动一刻也不能停止。各地要经常采取工作交流会、理论研讨会、案例分析会等多种形式广泛开展工作及理论研究。通过这些活动取得的成果，及时为各地政府和劳动部制定政策服务，促进劳动立法不断完善。特别是要重点为探索劳动争议处理制度发展方向服务，为《劳动争议处理法》的起草工作奠定基础。

同志们，过去7年我们通过艰苦的努力，开创了一项新的事业，取得了很大的成绩，积累了成功的经验，为人民做出了贡献。今后赋予我们发展劳动争议处理工作的任务更加繁重而艰巨。因此，我们一定要同心协力，学习贯彻好《劳动法》，进一步开拓劳动争议处理工作的新局面，为发展良好的劳动关系，维护社会的稳定，促进改革和发展做出更大的贡献。

（作者为劳动部副部长）

在全国劳动争议处理工作会议闭幕时的讲话

（1994年8月1日）

朱家甄

同志们：

这次由劳动部、国家经贸委、全国总工会联合召开的全国劳动争议处理工作会议，经过与会代表的共同努力，已经达到了预期目的。它将作为劳动争议处理发展史上的一次重要会议载入史册，其重要意义将随着社会主义市场经济的发展日益显现出来。会议今天就要结束了，经过征求三方的意见，今天由我代表三家做个小结，下面我想讲两个问题。

一、关于对这次会议的评价问题

这次会议听取了劳动部、国家经贸委和全国总工会三方领导的工作报告，有8个省市代表在大会上发言交流了经验，另有26份书面经验交流材料和会议参阅文件，使这次会议的内容比较丰富。代表们在分组讨论中，发言十分踊跃、热烈，一致认为这次会议有四个显著特点：

一是这次会议召开时机选择得好。我们这次会议是在《中华人民共和国劳动法》正式颁布即将实施，贯彻《劳动法》有关劳动争议处理的工作急需部署；我国劳动争议处理制度正式恢复7周年期间，积累了丰富的经验，需要总结；随着社会主义市场经济体制的逐步建立和企业转机建制进程的加快，劳动争议大幅度上升、处理难度日益加大，劳动争议处理工作面临一系列紧迫问题的情况下召开的，因此，显得非常必要，十分及时。有的同志说，“我们年年盼、月月盼，盼了7年，总算盼来了这次三方共同召开的重要会议”。因此大家在讨论中发言争先恐后，十分积极，气氛也十分热烈，这是其它会上很少见的。

二是代表们认为：这次会议召开的形式采取三方原则非常好。有的同志说，“按照法律规定，劳动争议处理工作是政府、用人单位方面和工会共同的职责。由劳动部、国家经贸委和全国总工会共同召开全国性的会议，三个系统的同志为共同的目标坐在一起，共商改革思路，研究劳动争议处理制度和工作的发展大计，在我国还是第一次，无论从长远还是现实看，对劳动争议处理三方机制的不断完善都将起到推动作用，这次会议召开的形式非常好。”也有的同志说，开幕式三方领导都出席了，规格很高，今天闭幕式，国家经贸委副秘书长朱焘同志、总工会书记处书记肖振邦同志又参加会，气氛很隆重，使我们很受鼓舞，如果基层的同志们了解到这一情况，一定会倍增斗志。还有的同志说，这种形式可以使三方互相取长补短，感到收获不小。许多省的三方代表在会议上就进行研究，准备回去后也采取这种形式向政府汇报这次会议情况，也要共同由三方召开会议来进行贯彻。比较一致的看法是，这次会议是一次三方相互配合、相互支持、取得共识、增强团结的大会。

三是三方的工作报告好，讨论中普遍反映：三方的工作报告分别从不同的角度客观地回顾了7年走过的路程，实事求是地肯定了成绩，总结了经验和教训；切合实际地提出了发展思路、工作任务，既规划了劳动争议处理制度的发展方向，也部署了近期的具体工作。许多省市的代表表示，回去后要结合本地的实际情况加以贯彻、实施。大家还一致认为8个会上的交流发言很好，经验丰富，可学性很强。

四是会议的筹备工作比较充分。大家对会议的筹备工作比较满意，认为会议文件材料比较充实，会务工作也不错。

总之，大家认为，这次会议基本达到了预期目的，它将对我国的劳动争议处理事业，带来深远影响。

二、关于会议提出的几个主要问题

讨论中大家提出许多劳动争议处理工作面临的困难和问题，在这里不可能一一列举，因此仅就其中的五个主要问题谈些意见，供大家参考。

(一)关于对劳动争议处理中的一些认识问题。

劳动争议处理是一个完整的工作体系，既不能偏重调解，也不能放松仲裁，二者相辅相成，缺一不可。但从整体工作来讲，要从源头抓起，即从企业、从基层抓起，做到防患未然。因此要强调建立调解委员会的重要性、必要性。基层工作就是劳动争议处理的基础工作，要动员尽可能多的企业、尽可能多的人参与和支持这项工作。

有的代表提出劳动争议处理要倾向劳动者，因为劳动者是弱者。我们认为，劳动争议处理还是要坚持“双维护”的方针，法律、法规可能有所侧重，如《劳动法》是侧重维护职工权益的，《全民所有制工业企业转换经营机制条例》是维护企业经营自主权的，但我们劳动争议处理工作必须把公正放在第一位，坚持“双维护”的方针。几年来实践证明我们在这方面做的是对的，希望大家要坚持。

还有一个问题是关于罢工问题。大家讲，我们劳动争议处理经常涉及罢工事件，可是我们就是没有法律依据，怎么办。关于这个问题谈一点个人看法。会议上，一些代表认为，罢工问题是回避不了的现实问题，应当制定相应的法律、法规。我们的意见，罢工方面的法律规定的形成要有个渐进的过程。目前可依据《劳动法》第八十四条的规定：“因签订集体合同发生争议，当事人协商解决不成的，当地人民政府劳动行政部门可以组织有关各方协调处理”，作些相应的规定。因此我们在这次下发的讨论文件《签订集体合同争议协调处理办法》中就明确了，因签订集体合同发生争议，当事人协商解决不成，应向政府劳动行政部门劳动争议处理机构申请调解，不申请调解而采取罢工、闭厂等行为的，要依据《中华人民共和国治安管理处罚条例》等法律和法规予以处理。在申请调解和调解处理期间，签订集体合同争议当事人不得采取罢工、闭厂等行为。总之应形成一种处理罢工等突发事件的机制。这些做法在世界上许多市场经济国家都运用得比较普遍，这也是我们建立社会主义市场经济劳动关系调整体制的一个探索。

总之，还有好多认识问题需要我们共同讨论加深理解，但是对一些原则问题，根本性的问题必须坚持。

(二)处理好依靠地方领导办案与反对干扰办案的关系。

会上不少同志提出，仲裁委员会的办案工作时常受到来自各方面的干预太多，在一定程度上影响了劳动争议处理工作的开展。某地仲裁委员会对一起劳动争议案件正准备裁决，由于厂长找了专员，专员指示仲裁委员会不能裁企业败诉，此案也就不了了之。有一个市，南韩一家独资企业侵犯职工合法权益，职工迫不得已集体提出要与厂方对话解决问题，但我们的地方领导怕影响外商投资环境，以职工不再要求对话来换取外商不撤走投资，造成的影响很坏。在这个问题上我们一定要坚持原则，不能拿职工的利益去换取投资环境。从国际投资情况看，外商到哪个国家都不得侵犯劳动者的合法权益，我们邀请外商座谈时，他们说：不怕按有关规定来处理劳动争议，担心的是你们没有法，不知该怎么办，或者你们不依法办事。现在依法处理劳动争议这是许多国家的通行做法，这也是外商习惯的做法，不会因此给外商投资环境带来影响。正相反，把劳动争议处理好了，促进了劳动关系和谐稳定，是投资环境改善了的表现。今后对这类问题，我们应当坚持法律高于一切的原则。劳动争议仲裁委员会是国家授权、依法独立处理劳动争议案件的专门机构。因此，政府对仲裁委员会的领导应当是方针、政策的领导，而不能干预具体案件的处理。对劳动争议处理同样存在权大还是法大的问题，今后，工作中遇到干预，要发挥我们三方机制的作用，共同说服干预者，坚持依法办案、公正裁决，以共同维护法律的尊严，保障职工和企业的合法权益。与此同时，三方要经常向领导汇报工作，做好向领导的宣传工作，讲清在市场经济新形势下转变观念、转变职能，相信和依靠劳动争议处理机构的重要性，在这方面天津、上海、北京、河南的同志做得不错。

（三）进一步完善三方机制的问题。

讨论中大家对三方机制不完善的问题也谈了许多。有的同志说："虽然劳动争议仲裁委员会是三方组成，但如何更好地体现三方原则，还需要不断实践和探索"，有的同志谈到，综合经济管理部门对这项工作还顾不上，要求用人单位方面的代表要增强参与意识与参与能力，要有专门的机构和人员参加这项工作。大家的意见是对的，但用人单位方面还有些具体困难要解决。不管怎样，我们认为，在完善三方机制的问题上，各地劳动部门应多承担责任，要经常主动地与工会、经济综合管理部门多多协商，仲裁委员会办公室应定期向仲裁委员会汇报工作，并在实践中创造实行三方原则的新方式、新做法。在工作中出现分歧和问题，三方要相互理解、相互妥协、相互补台、相互支持，不断增强相互的团结。按照法律规定，劳动部门作为政府一方的代表在劳动争议仲裁委员会中应发挥主导作用，一旦出现分歧意见相持不下的情况，应充分尊重政府一方的意见，最后还是少数服从多数。三方的代表应在法律规定的职责范围内发挥各自的作用。

（四）贯彻《劳动法》有关劳动争议处理法律规定的问题。

在讨论中，结合学习《劳动法》也提出了一些有关劳动争议的问题，主要是《劳动法》与《企业劳动争议处理条例》的关系问题。要掌握两个原则：第一，1995年1月1日前发生的劳动争议按《条例》执行，1月1日以后发生的劳动争议按《劳动法》执行；第二，《条例》有规定，《劳动法》有明确新规定的按《劳动法》执行，《劳动法》没有明确规定的继续按《条例》执行。这些问题归纳起来主要有以下几个：

1.《劳动法》对职工奖惩问题没有规定，是否意味着现行的《企业职工奖惩条例》即将废止？

这个问题劳动部还要进一步研究，并作出明确规定。初步意见，《劳动法》实施后，若出现《企业职工奖惩条例》与《劳动法》有关规定相悖的情况，哪一条相悖哪一条就按新规定办。《企业职工奖惩条例》目前还不能废止，等新的法规替代之后，方能废止。否则在奖惩职工问题上企业会无所遵循，劳动争议仲裁也将无法可依，对劳动关系的稳定十分不利。

2.《劳动法》第八十一条规定中的"用

人单位方面的代表”是指的哪个部门？

这个问题，按照现行的《企业劳动争议处理条例》第十三条规定是很明确的，是指“政府指定的经济综合管理部门”，也就是指各级经贸委或经委等部门。谁能代表经贸委请国家经贸委来定。

3.《劳动法》第八十二条规定中的“劳动争议发生之日”应如何理解？

我们的意见，对“劳动争议发生之日”的理解应按照《企业劳动争议处理条例》第二十三条的规定理解，即是指“当事人知道或应当知道其权利被侵害之日”。

4.《劳动法》与《企业劳动争议处理条例》规定的申诉时效不一致，两者应如何衔接？

这个问题，自然应当是《条例》服从《劳动法》。我们的意见，1995年1月1日之前发生劳动争议，按照《条例》规定的6个月执行；1995年1月1日以后发生的劳动争议，按照《劳动法》规定的60日执行。

5.无工会的企业设立劳动争议调解委员会，仲裁员、仲裁庭办案制度等，《劳动法》与《条例》应如何衔接？

《条例》第九条对没有建立工会组织的企业设立调解委员会的方式作出明确的规定，第十四条对仲裁员、仲裁庭制度作了规定。而《劳动法》对这两方面均无规定。我们认为，《劳动法》应当规定得比较原则，而《条例》相对来讲规定得具体一些，只要《条例》规定不与《劳动法》相抵触，就是有效规定。因此《条例》第九条、第十四条规定都是有效的，应当继续执行。

6.劳动争议受理范围问题，《劳动法》与《条例》如何衔接？

《劳动法》第二条规定：“国家机关、事业组织、社会团体和与之建立劳动合同关系的劳动者，依照本法执行。”与《条例》中的国家机关、事业单位、社会团体与本单位工人之间的劳动争议，参照《条例》执行的规定不一致。这就是说，根据《劳动法》规定，劳动争议处理机构的受理范围，对国家机关等部门来说，不再按工人、干部来划分，例如，实行企业化管理的事业单位若实行全员合同制，则其全体职工与单位发生的争议均属受理范围。另外，根据《劳动法》第三条和第八十四条的规定，劳动争议处理机构受理劳动争议范围应继续向全方位扩大，除因劳动者所有的劳动权利和义务发生的争议外，因履行集体合同发生的争议也属受理范围。《条例》的规定应服从《劳动法》的规定。

（五）机构、人员、编制、经费问题。

在这次会议上，大家反应最强烈、最主要的问题，是劳动争议处理机构、人员、编制问题。比较突出的如上海、天津、内蒙、吉林反映的情况。有的地方由于工作人员太少而且不稳定，就用刚毕业的高中生来帮忙，这怎么行？总之，机构、人员、编制问题，已成为严重阻碍劳动争议处理工作正常发展的一个大问题。目前劳动部正在积极努力与中央编委协商，准备以下比例的方式为各地解决总编制问题。同时也希望各地不等不靠，从各地的实际出发，积极争取上下配合解决好这个问题。如河北省仲裁委员会经过自己的努力，基本解决了人员、编制问题，全省配备劳动争议处理专职人员434人。在这方面，也要发挥三方机制的作用，互相配合共同来努力争取。有的省劳动部门在成立仲裁委员会的问题上一度受阻，后来与省总工会通力合作，共同向政府作工作，终于达到了目的。这说明三方合作解决机构、编制、人员问题的必要性和重要性。

另外，不少同志反映，人员问题数量不足，还存在质量不高的问题。对此，我们要尽快编写出版劳动争议处理专业人员培训教材，出台《劳动争议处理人员培训大纲》，各地要根据当地实际，建立规范化的培训制度，借《劳动法》正式颁布之机，努力推动人员培训工作，不断提高人员素质。

还有一个经费问题，这也是个老大难问题，这次会议又重新提出来了。有的同志建议上面与财政部协商给点政策。对这个问题，以前劳动部曾做过多次努力。但是在以前分灶吃饭和现在实行了分税制以后，由于劳动争议处理属地方事权，因此中央财政部门不便下文让地方财政部门具体划拨经费，行政经费只能由地方财政解决，只有靠各地自力更生，在解决编制、解决人头费的基础上，在积极作好劳动争议处理工作的基础上，三方共同配合向地方政府做工作。如山东省、北京市、云南省等地，都是靠自己的努力从地方财政争取到一部分经费的。

同志们，这次大会讨论的问题很多、很广，为研究、探讨劳动争议处理工作的发展作了很多有益的工作。大会以后，各地应及时抓紧向政府汇报，并及时传达贯彻会议精神，按照大会的部署，动员全体劳动争议处理战线的同志，为开创劳动争议处理工作的新局面而努力奋斗。

（作者为劳动部副部长）

新时期职业培训工作的新要求*

（1994 年 9 月）

李伯勇

对新时期做好职业培训工作提出了四点要求：

第一，要树立依法施政的观念。对职业培训工作的管理要从过去依靠行政手段转变到依法施政上来，除了运用经济的和必要的行政手段外，更重要的是要运用法律的手段，而且经济和行政也应在规范之下，与法律手段相结合综合运用，要依据《劳动法》制定涵盖所有劳动者在内的职业培训政策法规，并切实加强规则、指导与监督检查。

第二，要树立市场观念。随着社会主义市场经济体制的逐步建立和劳动力市场的培育和发展，职业培训必须适应市场需求。从事职业培训管理工作的同志必须转变观念，要研究掌握职业培训自身的规律和职业培训在社会主义市场经济条件下的运行、发展规律。特别是要通过加强对本地区经济建设和劳动力市场对各类劳动者的需求预测，制定职业培训工作的宏观规划，使职业培训管理工作既体现法律的严肃性，又体现按职业培训规律和市场法则运行的科学性。

第三，要树立社会化管理的思想。搞好职业培训，仅靠劳动部门一家是绝对行不通的，必须要在各级政府领导下，在有关部门的支持配合下，依靠行业、部门、企业、民主党派、社会团体以及劳动者个人等方方面面的力量。只有这样，才能真正有效地推进职业培训事业的大发展。要做到这一点，从

* 本文是李伯勇部长在全国职业培训工作会议上的讲话摘录。

事职业培训管理工作的同志不仅要积极争取政府的重视和有关部门的配合支持,同时,还要学会善于调动社会各方面的力量，取得社会各方面的支持与配合。

第四，要强化服务意识。通过制定职业培训政策法规，为其发展提供政策法律保障是服务；加强劳动力市场的需求预测，制定职业培训规划，对职业培训的发展规模、速度、水平进行宏观调控是服务；开展技能鉴定，加强师资队伍和教材建设，以及研究解决职业培训工作中的新情况、新问题，还是服务。总之，要树立为全体劳动者服务的思想和作风，为职业培训的发展提供综合性服务，树立起政府劳动部门加强和改善职业培训管理的良好形象。

（作者为劳动部部长）

劳动监察工作任务的新要求

（1994年10月）

朱家甄

日前，劳动部副部长朱家甄在全国劳动监察工作会议上，就近期劳动监察工作任务提出要求。

（一）加强领导，强化监察职能。

领导重视是作好劳动监察工作的关键。实践也证明，领导重视的地方劳动监察工作开展得就好。这里还是个更新观念、转变职能的问题。按照市场经济的要求，我们应把属于企业管理的事权还权于企业，同时还应认识到劳动行政部门在市场经济条件下不是无所作为的，而是大有作为的。世界上市场经济发达的国家,很重视劳动行政管理工作,也包括重视劳动监察工作。劳动监察的发明权属于英国资产阶级政府。在马克思的《资本论》中就曾描述过十九世纪的英国政府工厂视察员的工作。国际劳动组织也制定了《工商劳工监察公约》等文件，很多国家把国际劳工监察公约的内容引入国家劳动法中。英国、法国、澳大利亚、日本等国家有健全的劳工监察体制。今年春天，我们到澳大利亚考察劳资关系问题，了解到澳把劳工监察作为调整劳动关系的一个重要手段,在联邦、在各州都有专门的劳工监察工作机构。联邦设有劳工监察司，行政管理人员30人，还配备了155名专职劳工监察员。香港的劳工监察体制也比较健全。现在有些人错误地认为,加强劳动管理、开展劳动监察工作影响投资环境。据了解，真正愿意在中国开拓市场扩大事业的外商很重视中国依法管理。外商在我国投资尊重所在国法律，这是常识。开展劳动监察是国际惯例，对不愿意遵守我国劳动法律的外商，我们是不欢迎的。一般讲，外商对我们依法监察没有多大的反感，过去他们反映我们没有《劳动法》。现在我们有了法，开展监察工作就更顺理成章了。这个问题不但我们要认识清楚，还要向有关领导解释清楚。《劳动法》的颁布和实施，给我们发展劳动监察事业提供了一次机遇。抓住机遇，发展自己。一定要把劳动监察工作搞起来。否则，《劳动法》的实施就可能落空，我们的各项劳动改革措施就不能在现实中得到落实，就会影响整个劳动事业的发展。去年，部分地区劳动监察会上曾提出要克服观望、等待和缩手缩脚的思想，要先干起来，在干中去完善去发展去充实。同年12月份全国劳动厅局长会对监察工作进一步提出了明确的要求。大多数地区按要求开展了劳动监察工作，但仍有一些地区没有开展起来，或者工作做得很不够，如有的地方用工大检查时临时抽调人员开展工作，工作结束后，人员归队，这项工作又处于停滞状态。这次会后，各地都要按照《劳动法》的规定，推动劳动监察工作上一个新的台阶，做到监察活动经常化、制度化，监察行为规范化。

（二）加强劳动监察机构建设。

《劳动法》规定县级以上劳动行政部门行使劳动监督检查和行政处罚职权。这里讲的监督检查和行政处罚，就是国务院批准劳动部三定方案中的劳动监察职责。劳动监察是劳动行政部门的一项新职责。按照《劳动法》规定和国务院的有关规定，各级劳动行政部门都要设立专门的劳动监察机构，专司劳动监察工作。关于建立地方劳动监察机构问题，经与中编办半年多的协商，最近，我们准备联合发文，要求各地尽快建立劳动监察机构，配备专职劳动监察员开展工作。请各地积极与地方编委协商，借实施《劳动法》的东风，把劳动行政部门的执法机构建立起来。建立机构的工作力争在1995年1月1日前完成，为明年实施《劳动法》做好组织上的准备。劳动监察机构主要负责执法监察工作，包括制定劳动监察制度，承办上级领导交办案件的查处工作，接受群众的投诉，参与处理突发事件，负责对违法行为提出行政处罚意见和督促当事人执行处罚决定等。

（三）建立一支高素质的劳动监察队伍。

劳动行政部门代表国家行使劳动监察权。劳动监察人员具体负责执法活动。劳动监察人员的一言一行、一举一动直接关系着劳动行政部门的形象问题。因此，我们在任命监察员时，一定要严把政治素质和业务素质关。最近，劳动部要制定颁发《劳动监察员管理办法》。各级劳动行政部门应按《办法》规定加强监察员的管理工作。首先，要把好入门关，选拔优秀的干部当劳动监察员。劳动监察员必须经过劳动监察专业培训合格后，持证上岗。其次，对劳动监察人员要严格管理，对严格执法、文明执法、成绩显著的予以奖励，对以权谋私、违法乱纪的要从严惩处。《劳动法》一开始实施，就要树立起好的形象。

（四）要正确地完整地理解劳动监察工作。

我们开展劳动监察的目的，是保障劳动法律法规实施，保护劳动者也保护用人单位的合法权益。在劳动监察活动中，要注意培养和扶植典型，对遵守劳动法律好的单位进行表扬，对违法行为进行制止和处理。不能把监察简单地理解为就是“罚”。即使对违法行为的处理，也应坚持教育为主，处罚为辅的原则。因此，我们的工作要立足“教”和“帮”字，“教”是进行劳动法制教育，使用人单位和劳动者知法守法，“帮”是帮助用人单位完善内部管理制度，提高劳动管理水平。抓两头带中间，对违法的用人单位和劳动者进行严肃处理，对严重违法行为处理后还要进行新闻曝光，起到一定的威慑作用；对模范遵守劳动法律法规的用人单位和劳动者进行表彰，并可考虑给予一定的物质奖励、赏罚分明，教育用人单位自觉地遵守劳动法律法规。

（作者为劳动部副部长）

切实抓好组织民工有序流动工作

（1994年11月）

李伯勇

日前，在国务院召开的专门研究和部署1995年春运期间组织民工有序流动工作会议上，劳动部部长李伯勇就认真贯彻国务院的工作部署，切实抓好组织民工有序流动问题，强调当前要着重做好以下六方面的工作：

第一，把大力组织民工有序流动作为今冬明春劳动部门一项主要任务抓紧抓好。劳动部将就贯彻落实国务院的部署发出紧急通知，要求各输入、输出地劳动部门在当地政府领导下，结合实际制定工作方案，层层建立目标责任制，并在春运期间在民工流动的重点部位建立值班制度，切实保证各项任务和措施的落实。在即将召开的全国劳动工作会议上，要把这项工作作为今冬明春劳动部门的一项主要工作，进行重点部署和安排。

第二，抓紧实行全国统一的流动就业管理制度。劳动部在最近制定发布的《农村劳动力跨省流动就业管理暂行规定》中，要求对农村劳动力跨地区流动就业实行统一的流动就业证管理，也就是由输入地根据用人单位的实际需求发放流动就业证；输出地根据准确的需求信息签发外出就业登记卡。通过证卡合一，达到供求结合。持证的劳动者还可以享受流动就业的服务和得到相应的权益保障。对没有证卡的人员，要说服、教育他们不要盲目外出。劳动部门要加强监督检查，禁止用人单位招用无证卡的外来人员，对乱招滥雇的行为进行必要的处罚，逐步在全国形成“信息导向、按需流动、凭证管理、全程服务”的新制度。春运期间，我们只给老民工换发流动就业证，节后一个月，对新民工一律不发外出就业卡。同时，准备与铁路部门合作，对返乡返岗民工试行凭证售票的办法；与公安部门合作，试行凭证办理暂住证的办法，实现国务院关于严格控制新民工外出的要求，对于这项制度的推行，希望各级政府和有关部门大力支持。

第三，大力加强输出和输入地劳动部门的协作，共同做好组织民工有序流动工作。过去两年，广东、四川等9个输出、输入省区建立的省际劳务协作，对引导民工有序流动发挥了积极作用。现在，上海、北京、海南等主要输入地也分别与输出地建立了协作关系。在这方面，我们将按国务院的要求，进一步加强工作指导。一是抓紧建设华南、华东、华北劳动力市场信息网络，及时收集、传递劳务信息，为组织有序流动创造条件，提供服务。同时，利用这个网络，在春运期间使输出、输入地能互相通报民工流动的有关情况和疏导措施，及时协调行动。二是输入地劳动部门根据各地政府的统一安排，向用人单位和民工做好留在当地过节的宣传动员工作，并帮助安排好春节期间民工的生产、生活和娱乐活动；输出地劳动部门要组织对未返乡民工家属的慰问和服务工作。通过做工作，确保60%以上民工稳定在当地的目标得以实现。三是要求各地驻广东、上海、北京、海南的200多个跨省劳务工作站，配合做好回家过节民工返乡的组织工作。四是要求有关地区劳动部门对重点县、乡和车站、码头派出工作组，与乡镇劳动服务站共同配合，做好疏导、劝阻和控制新民工外出的工作。

第四，加强监督检查，保证各输入地用人单位在节后一个月内不招收外地新民工。节后一个月内输入地不得招收外地新民工的规定，是春运期间组织民工有序流动的一条重要措施。劳动部门要作为一项重点工作来抓，切实加强用工管理，加强监督检查，保证这一规定的有效执行。如个别项目、个别企业确属急需用人，可采取提前招聘或由劳动部门在城市内进行调剂的办法解决。输入地的各级劳动就业服务机构要深入企业，了解用人需求情况，并沟通与输出地的联系，待春运高峰过后，即帮助企业做好生产补员工作。

第五，当好各级政府的参谋和助手，加强与有关部门的协作配合。各级劳动部门要在当地政府领导下，会同有关部门制定疏导措施和应急方案，主动承担政府交给的有关具体工作。同时，准确掌握本地区劳动力市场动态，了解和分析民工流动状况，及时向政府报告并通报有关部门，努力为铁路、公路合理安排运力提供情况。要与公安、民政等部门加强配合，共同做好疏导工作；与宣传部门配合，搞好组织有序流动政策措施的宣传。

第六，从现在起，采取一些中长期的治本措施。一是配合农村经济发展，比如对农村经济的深度广度开发、发展乡镇企业、加快小城镇建设等，做好就地就近消化农村劳动力的工作。劳动部与农业部、国务院发展研究中心已在8个省、50个县开展了“农村劳动力开发就业试点”并取得一定成果，下一步要总结经验，加以推广。二是发展城乡劳动力市场，完善市场规则，建立信息系统和服务网络。这方面，劳动部已开始实施“农村劳动力跨地区流动有序化”工程，提出输出有组织、输入有管理、流动有服务、调控有手段的工作目标。希望各级政府和有关部门对这些工作给予支持和帮助。

（作者为劳动部部长）

现代企业制度试点中劳动制度改革问题*

（1994年11月）

朱家甄

现就积极推进劳动工资和社会保险制度改革，促进现代企业制度的建立问题谈三点

* 本文是劳动部副部长朱家甄同志在国务院召开的全国现代企业制度试点工作会议上的讲话摘录。

具体意见。

一、建立与现代企业制度相适应的新型用人制度和工资制度

劳动用人和工资分配制度始终是企业制度的重要内容。十几年来劳动制度改革虽然取得了相当大的进展，但是，按现代企业制度的要求看，仍有很大距离，必须进一步加大改革力度，建立起与现代企业制度要求相适应的新型劳动用人制度和工资分配制度。

关于企业劳动用人制度改革，实行劳动制度改革以来，特别是随着《转机条例》的颁布，企业用人自主权正在逐步落实到位。在这次现代企业制度试点中，应当按照《劳动法》的规定达到更高的要求：

第一，要全面落实企业各项用人自主权，彻底完成用人主体从国家到企业的转换。同时要切实保障劳动者择业自主权，允许劳动者自主选择职业和自主流动。但是，我们赞成企业用政策吸引、工作吸引的办法，与职工建立比较稳固长期的劳动关系。

第二，在市场经济条件下，企业和劳动者是平等的供求主体。企业自主用人、劳动者自主择业，双方之间建立劳动关系就应当订立劳动合同，以劳动合同这种法律的形式确立劳动关系、明确双方的权利和义务。对此，《劳动法》已经作出了明确规定。企业的全体员工都必须与企业签订劳动合同（其中经理、副经理和财务负责人按照《公司法》可以与董事会签订合同），这是现代企业制度对劳动用人制度的基本要求。

第三，要从根本上破除职工之间的身份界限。长期以来，职工之间存在各种身份界限，不仅影响职工积极性的发挥，而且严重地妨碍劳动力合理配置的流动。这种状况与建立现代企业制度的要求显然是不相适应的，这次试点应当将竞争机制真正引入企业劳动人事管理，取消企业管理人员和技术人员的国家干部身份，打破不同所有制之间职工的身份界限。企业全体职工一律称作企业员工，身份一律平等，在岗位竞争中机会均等，以充分调动职工积极性，促进劳动力合理配置和流动。

第四，有条件的试点企业可以实行集体合同办法，即由工会代表职工与企业通过集体协商就劳动报酬、工作时间、休息休假、劳动安全卫生、保险福利等达成协议，签订集体合同。这是实现劳动关系自我调节的一种有效方式，要积极稳妥、有条件、有步骤地推行。

关于企业工资制度改革。在现代企业制度条件下，企业作为独立的法人，应当享有充分的、完全意义上的工资分配自主权，即不仅有权决定企业内部分配，而且有权决定工资水平。但国家要对工资总量实行宏观调控。企业工资制度改革的目标模式，就是要逐步建立起以按劳分配为主体的“市场机制决定、企业自主分配、政府监督调控”的分配体制。现在多数国有企业的状况是，内部分配已经完全由企业自主决定了，但大多数企业的工资总额仍由政府通过工效挂钩等办法进行控制。这种过渡办法对多数企业来讲还不能一下子取消，但在百家现代企业制度试点企业，我们认为有条件的企业可以实行企业自主分配的新方式、新办法，即在职工工资总额增长率低于企业效益增长率、职工平均工资增长率低于本企业劳动生产率增长的前提下，根据本地区就业供求变化和国家有关政策规定、自主决定工资水平和内部分配方式。但是，亏损企业应当实行工资总额同减亏指标挂钩办法。试点企业所在地区的劳动部门可以制定和发布工资增长指导线，作为企业自主决定工资增长水平和集体协商的依据。

试点企业要结合建立现代企业的管理制度，进一步深化内部分配制度改革。一是改革企业经营者现行工资收入管理办法，实行经营者年薪制，将经营者的收入与职工工资分离，与企业生产经营成果（以利润为主要依据)、责任和国有资产保值增值相联系。二是根据生产经营特点和市场竞争需要，建立充分体现按劳分配原则的企业内部分配制度、形式和办法，自主确定企业内部各类人员工资标准和工资关系。三是调整现行的职工工资构成，将应纳入正常劳动报酬的各种津贴、补贴等逐步全部纳入工资，使工资收入货币化、规范化。四是探索试行将企业职工利益与资产所有者收益相联系的办法。比如，可以将企业职工的全部工资收入分为列入成本费用的工资和从税后待分配利润中分享的劳动分红两部分，这样可以引导职工关心本企业的整体经济效益。

二、着力解除试点企业的历史包袱，允许试点企业依法裁减富余职工，让企业轻装走向市场

企业走向市场，富余人员问题是历史形成的一大难题。这一问题不解决，建立现代企业制度是不可能的。解决这个问题，不能采取“一刀切”的办法，应当区别不同企业的具体情况，分别采取不同的分流方式和相应的配套措施。大致说来，可以分为三种类型。

第一种类型是生产经营正常的企业。解决这类企业中富余人员的分流问题，还是应当实行企业自行安置为主、社会帮助安置为辅、保障富余职工基本生活的原则。许多企业的经验表明，生产经营正常的企业是有能力通过开辟多种生产经营门路、创造新的就业岗位来自行消化安置一部分或大部分富余人员的。需要防止和注意解决的问题：一是要防止加重企业办社会的现象，不能一方面分离企业办社会的职能，另一方面却又为安置富余人员而办一些新的本应由社会举办的事业。二是要逐步发挥出社会帮助安置的辅助作用，对于那些企业确实无力自行消化安置的富余人员要在行业之间、企业之间进行合理调剂。有条件的企业在调剂出富余人员时，也可实行带资安置，具体办法可互相协商。

第二种类型是濒临破产法定整顿期间或生产经营发生严重困难的企业。这类企业靠自身的能力是很难解决富余人员分流问题的，应当允许企业裁员。对这类企业裁员问题，《劳动法》规定，用人单位濒临破产进行法定整顿期间或者生产经营状况发生严重困难，确需裁减人员的，应当提前30日向工会或者全体职工说明情况，吸取工会或者职工的意见，经向劳动行政部门报告后，可以裁减人员。这一规定可以说是一个相当大的突破。允许裁员，意味着一部分富余人员要从企业流向社会，从隐性失业变为公开失业，失业率的上升当然是不可避免的。因此，要采取措施，合理控制失业率。对失业人员，劳动部门要采取措施，包括进行转业训练、组织生产自救、介绍新的就业门路等，促使其重新就业。考虑到随着失业率的上升，失业救济金发放量增大，可能会出现失业保险基金不足的情况，各地可以根据实际需要适当提高失业保险费的收缴比例，或在入不敷出时按规定从地方财政给予适当补贴。

第三种类型是破产企业。从已经破产的企业情况来看，职工生活救济和再就业是企业破产后的最大难题。各地应当采取余缺调剂、转岗培训、介绍就业、生产自救、劳务输出等各种有效措施，妥善安置破产企业职工，以保持社会稳定。处置破产企业的破产财产所得，包括出让土地使用权所得，应当优先用于安置破产企业的职工。破产企业职工失业期间，按规定享受失业救济。对破产企业职工自谋职业，应当予以鼓励，政府可以根据当地的实际情况自行确定具体办法。

三、加快建立和完善社会保险制度，为建立现代企业制度提供保障和服务

建立现代企业制度，需要社会保险制度改革与之配套进行。社会保险制度改革内容十分广泛，从建立现代企业制度的角度看，主要涉及到以下几个问题：

一个问题是，我们要建立什么样的社会保险制度？这是推进社会保险制度改革必须解决的关键问题。我们认为，根据建立社会主义市场经济体制的要求，参照国外通行的做法，在推进社会保险制度改革过程中，应当把握好以下几个原则：(1) 社会保险必须一体化，养老、失业、工伤、医疗等各项社会保险要覆盖城镇各类企业全体职工，统一制度、统一标准、统一管理、统一实施。(2) 社会保险费用应当由国家、企业、个人三方合理分担，当前可按国家有关规定执行。(3) 要建立多层次的养老保险制度，即国家基本保险、企业补充保险、个人储蓄性养老保险相结合，既要保证离退休人员的基本生活，又要照顾不同企业经济效益高低不同的情况。(4) 社会保险水平要与经济发展水平和各方面的承受能力相适应，防止因水平过高而影响经济发展后劲。

另一个问题是，试点企业在社会保险制度改革中应当怎么做？社会保险不同于商业保险，它具有强制性，互济性，所有企业都必须参加。因此，我们要求，试点企业尚未参加养老、失业、工伤、医疗等项社会保险费用统筹的，要按规定积极参加社会统筹。试点企业应积极为本企业职工建立补充养老保险，鼓励职工个人开展储蓄性养老保险。

第三个问题是减轻企业在社会保险方面的负担问题。这里讲的负担主要是指养老金发放、离退休人员管理服务等社会性的事务负担。要尽快实行由社会保险机构按标准直接向企业离退休人员支付养老金，有条件的地区实行由银行代发养老金。同时，要积极以社区组织为主开展对离退休人员的管理服务。

15 年改革的经验表明，企业改革每前进一步，都必然伴随着劳动、工资、社会保险制度改革的深化。因此，试点企业和试点企业所在地区劳动部门，一定要充分认识劳动、工资、社会保险制度改革在现代企业制度试点中的重要作用，采取有力的措施和扎实的步骤，不失时机地推进劳动工资和社会保险制度改革，促进现代企业制度的建立。

（作者为劳动部副部长）

当前劳动工作的形势和任务

——在中国劳动学会第四次会员代表大会的报告（摘要）

（1994 年 11 月）

张左己

很高兴出席中国劳动学会第四次会员代表大会，首先我代表劳动部党组和李伯勇部长对大会的召开表示热烈的祝贺。向奋战在生产第一线的宝钢职工表示亲切的慰问！

受李伯勇部长的委托，我介绍一下当前劳动工作的形势和任务，请大家研究指正。

一、劳动制度改革取得的新突破

近几年，特别是邓小平同志南巡讲话和党的十四大以来，我国的改革和发展进入了一个新的历史阶段，在此期间，我国的劳动制度改革无论是在理论上、实践上，还是法制建设上都取得了重大的、突破性的进展。

首先，在理论上，经过十几年的探索、实践，党的十四届三中全会《关于建立社会主义市场经济体制若干问题的决定》明确指出："改革劳动制度，逐步形成劳动力市场"。这是党中央以决定的形式，第一次鲜明地提出了中国搞市场经济要有劳动力市场，并且要求把培育劳动力市场作为培育市场体系的重点工作之一来抓。劳动力市场的提出，从根本上解决了在社会主义市场经济条件下国家、企业、劳动者在劳动关系中的地位问题，明确了企业和劳动者是劳动关系中平等的主体，劳动力市场要依法运行，国家成为市场运行的监管者、协调者和服务者。劳动力市场的提出，是对改革开放以来劳动领域改革实践的科学总结，冲破了计划经济体制和观念的束缚，给各项劳动工作提出了新的目标和任务，明确了劳动制度改革的方向，给整个劳动工作带来深刻的变革。据此，劳动部提出，把培育和发展劳动力市场作为劳动制度改革的中心任务，并提出了劳动制度改革的总体设想，从此，劳动制度改革进入了整体推进、重点突破的新阶段。

其次，在实践上，按照培育和发展劳动力市场的要求推进劳动制度改革，取得了可喜的成绩：

——劳动力市场的一个基本要求是，通过市场实现充分就业和劳动力合理流动。根据这一要求，近几年我们从建立市场服务机构和场所、完善有关法规、培育用人单位和劳动者双向选择的就业机制等方面大力推动了劳动力市场的建设，促进了就业和劳动力流动的市场化。同时，进一步完善了以职业介绍、就业训练、失业保险和劳动服务企业为"四大支柱"的就业服务体系，调整就业结构，扩大了就业容量。

——建立适应社会主义市场经济的企业劳动用人制度是劳动力市场的又一项重要内容。在这方面，我们逐步扩大了企业用人自主权和劳动者择业自主权，广泛实行了劳动合同制度。国有企业和集体企业参加劳动制度改革的职工人数达到5500万人，实行劳动合同制和劳动合同化管理的职工人数已占职工总数的40%左右；全国已有200多个市县全面推行劳动用人制度改革。完善了劳动争议处理制度，建立了劳动监察制度，加强了劳动关系调整工作。

——劳动力市场的一个核心是"市场机制决定，企业自主分配，政府实行监督和调控"的工资分配制度。按照这一目标，我们初步建立了工资总量的宏观调控机制，对省、市、自治区实行了弹性计划，对部分直属总公司和部门实行了总挂钩。企业的工资分配方式和工资水平，已开始由企业根据自身的生产经营特点和经济效益依法自主确定，逐步建立了企业工资的正常增长机制，根据企业的不同情况，全国10万多户国有企业实行了不同形式的工效挂钩办法，少数企业按"两低于"的原则进行了自主确定工资增长的试点，非国有企业集体谈判决定职工工资水平也已在深圳、成都等地区开始试点。

——劳动力市场要求高素质的劳动力，要求把培训工作摆到重要位置。为促进劳动者通过市场就业，改革和完善了技工学校等职业技能培训体系，建立了工人考核、技能鉴定与技师评聘制度。初步形成了以技工学校培训为主体、以企事业单位办学为依托、以社会各方面办学为补充的职业技术培训网络。

——建立健全社会保险体系，是劳动力市场正常运行的重要保证。各地大力推进了以"覆盖城镇所有职工、基金统一调剂使用、社会化管理程度较高"为目标的社会保险制度改革。基本养老保险、企业补充保险、个人储蓄性保险三个层次的养老保险的新格局正在形成。医疗、工伤、女工生育等项社会保险改革政策已陆续推出，并在数百个市县进行试点。

第三，在劳动法制建设上，以《劳动法》出台为标志，取得了突破性的进展。经过新老几代劳动工作者的不懈努力，在今年的7月5日，《劳动法》经过全国人大常委会第八次会议审议通过，并将于明年1月1日开始实施。

《劳动法》以保护劳动者和企业的合法权益、调整劳动关系、建立和维护适应社会主义市场经济的劳动制度为基本宗旨，明确规定了劳动者的权利和义务，规定了与市场经济相适应的新型劳动制度的基本原则和内容，明确了改革的目标和任务，同时规定了劳动部门监督检查的责任。《劳动法》的颁布，为保护劳动者合法权益提供了强有力的法律保障，将大大扼制一些用人单位，特别是私营、外资企业侵害劳动者合法权益的势头；为调整劳动关系提供了有力的法律依据，将大大推动和加强劳动行政部门对劳动关系的调整工作，更好地保护双方的合法利益，为劳动制度改革提出了明确、具体的改革目标，使整个劳动工作和劳动制度改革有法可依，这将有力地推动劳动体制改革深入发展，对全面规范劳动工作，把劳动工作纳入法制化轨道，建立适应社会主义市场经济要求的新型劳动体制，具有十分重大的意义。

二、劳动工作面临的新形势

发展社会主义市场经济，是一项前无古人的事业。在传统计划经济向社会主义市场经济转轨的过程中进行劳动制度改革，对于我们这样一个曾经长期实行高度集中统一的计划经济的国度，是一项难度较大而又极富挑战性的工程，既要培育和发展劳动力市场，又要保持社会的稳定，我们面临的形势是复杂的，任务是艰巨的。

从现实情况看，劳动工作总的形势是好的，但困难和矛盾不少，我想就此谈点看法：

1. 当前城镇劳动力的供需矛盾十分突出，就业形势相当严峻。

当前和今后几年，我国的劳动就业面临着来自三个方面的压力：一是城乡新增劳动力以每年1200万人以上的高速度递增；二是大量农村剩余劳动力进城，目前农村有1.3亿剩余劳动力亟待寻找更广阔的就业门路；三是城镇企业中现有的1500万富余人员中无法自我消化的部分将逐步走向社会，需要重新安置。这三潮合一，可谓来势汹涌。现在，国有经济吸纳就业的能力从整体上看已趋于饱和，甚至已经超负荷；城镇集体经济发展又面临诸多困难，吸纳城镇劳动力的潜力不大；个体、私营、外资经济和混合经济发展很快，但近期内的就业容量也是有限的；近年来，乡镇企业发展迅速，但使用的主要是农村劳动力，目前尚无力大量吸纳城镇劳动力。由此看来，就业工作的压力不可谓不大。

近几年失业率逐年增高，1992年底为2.4%，1993年底为2.6%，预计1994年底将达3%，城镇失业人员将接近500万（不包括实际上已处于失业、半失业状态的企业内富余人员及其他不充分就业的人员），到本世纪末城镇失业率可能达到5%～7%。另外，随着市场的发育，结构性失业也将日益增多。由于失业人员普遍年龄偏大、素质较低、技能单一等因素，再就业难的问题日益突出。这一严峻的就业形势已对社会的稳定和经济的健康发展构成了潜在的威胁。

2. 劳动关系趋于复杂化。

改革开放以来，随着市场经济的发展，经济成分趋于多元化，劳动关系也趋于复杂化。从目前我国劳动关系的发展变化的情况看，总的来说，是和谐稳定的，但在建立社会主义市场经济的过程中，必将出现而且现在已经出现了一些新的矛盾的问题，值得引起高度重视。一些企业经营困难，长期亏损，处于停产、半停产状态，正常工资发放出现困难，甚至违反合同，拖欠职工工资，职工生活不稳定；有的企业在关停并转中没有妥善处理好职工安置问题，使得职工工作和生活得不到应有保障；部分企业离退休人员养老保险不落实，离退休费不能按时发放，在通货膨胀严重的条件下，其生活困难；一些国有、集体企业经营者严重脱离群众，与职工收入差距悬殊，甚至以权谋私，引起职工强烈不满；相当部分私营、外资企业资方侵犯职工合法权益的问题日益突出，劳资纠纷增多，劳资关系趋于紧张等等。劳动关系的这些新变化，引发劳动争议案件大幅度增加，一些地方职工集体上访和罢工事件明显增多。这些问题如得不到很好的解决，将直接影响到社会安定和经济体制改革的顺利进行。

3. 工资收入宏观调控任务艰巨。

目前，大多数国有企业工资分配的自我约束机制尚未形成，相当部分企业的经营者还不能自觉地控制本企业工资的增长。由于企业制度特别是企业产权制度改革相对滞后，国有企业的经营者对企业国有资产的保值增值的责任不落实，缺乏自觉控制人工成本、保障国有资产利益的主动性，虽然大多数有事业心、有责任感的国有企业经营者在这方面做了大量工作，但由于没有制度上的保证，来自各方面的阻力很多。另外，企业工资分配领域工资外收入增长过快等问题依然存在，而且由于工资外收入在统计上很难全部反映出来，给我们的工资宏观调控增加了很大的难度。

在一些私营、外资企业，由于对资方没有有效的制约，随意压低、克扣工人工资的问题时有发生，有些企业工人工作时间很长，但工资相对却很低。之所以会出现这些问题，一是缺乏法律约束，有些地区到目前仍没有规定最低工资标准，对雇主压低工人工资没有相应的法律法规和政策加以约束。也有一些地区则是怕影响本地区的吸引外资和经济发展速度，执法不严，听之任之；二是没有制度上的保障，劳动者在自己工资水平的确定上没有发言权，工资由资方单方面决定，不与工人或工会进行集体协商。这些情况表明，现在企业的工资分配机制很不健全，工资增长既不反映企业经济效益和劳产率，也未成为反映劳动力市场供求状况的信号。

在这种情况下，工资收入宏观调控的任务十分艰巨，一方面，要推动微观企业分配自我约束机制的建立，从企业内部分配制度上保证工资增长适度，既不过快而超过企业经济效益的提高，也不过慢而影响职工生活的稳步提高；另一方面，又要在保证企业分配自主权的前提下，加快适应社会主义市场经济的宏观调控体系的建设，矛盾不少，难度很大。

4. 社会保险还不适应改革的需要，矛盾突出。

当前，我国经济体制改革已进入攻坚阶段，无论是以建立现代企业制度为标志的企业制度改革，还是以建立劳动力市场为核心的劳动制度改革，都迫切需要建立起较为完善的社会保险体系。现在的社会保险制度还很不适应社会主义市场经济的要求，主要表现在：

——在改革思路上还存在一些不同认识，影响了改革的推进。

——社会保险的覆盖面小，实施范围窄。

——社会化管理程度低。

——社会保险基金收缴困难。

——社会保险基金的保值增值问题，也还没有找到稳定、有效的办法和渠道。

在就业、劳动关系、工资调控、社会保险几个方面，比较突出的问题是社会保险改革问题。

三、劳动部门肩负的新使命

近期的劳动制度改革和劳动工作的指导思想是，从全党全国的大局出发，以贯彻实施《劳动法》为统领，切实把握好改革、发展、稳定的关系，进一步培育和发展劳动力市场，完善宏观调控措施，保持就业局势的稳定，促进劳动关系的良好发展，深化劳动制度各项改革，特别是社会保险制度改革，改变社会保险制度改革相对滞后的状况，加快建立新型劳动制度的进程。

明年1月1日，《劳动法》将正式实施。现实情况表明，我们是在相当复杂的情况下贯彻实施《劳动法》的，一些困扰经济正常运行和可能带来社会不稳定的因素仍然存在，如，物价涨幅较大，一些地区就业压力大，部分企业劳动关系紧张，相当数量的企业经营困难甚至发不出工资等等，都给《劳动法》的贯彻实施增加了难度。这就需要我们做大量深入细致的工作：首先，是要大力开展普法宣传，使《劳动法》家喻户晓。《劳动法》是调整劳动者与用人单位劳动关系的法律，要使广大劳动者知法、懂法，能自觉运用法律保护自身合法权益，同时，也要使用人单位明确自身的权利和义务，自觉承担起保障劳动者合法权益的法律责任。其次，是加快与《劳动法》配套的法律、法规的立法工作。《劳动法》作为劳动法律法规体系的母法，有些规定还需要通过单项法律使其具体化。这些法律包括《就业促进法》、《劳动合同法》、《工资法》、《社会保险法》、《职业技能开发法》、《劳动保护法》《安全生产法》、《劳动争议处理法》、《劳动监察法》等。目前，部里正在抓紧起草修改《社会保险法》和《安全生产法》两部法律草案，争取今年年内报送国务院审议，其余法律草案也正在积极地起草。三是要加强劳动监察。要通过加强劳动监察和劳动争议处理工作，及时、有效地防止和纠正违法行为，维护法律的严肃性，确保《劳动法》得以真正贯彻落实。

现阶段，贯彻实施《劳动法》为我们全面推进劳动领域的各项改革提供了一个大好的时机。我们的目标是，抓住这一机遇，以贯彻实施《劳动法》为龙头，全面深化劳动制度改革，为建立适应社会主义市场经济的新劳动体制打下坚实的基础。劳动制度改革千头万绪，在这里我主要讲五个方面：

1. 关于就业工作。

今后一个时期，就业工作的基本思路是：深化改革，加快形成劳动力市场新机制；促进发展，以发展集体经济和第三产业为重点，扩大就业；保持稳定，努力解决好城乡就业中失业、“民工潮”等难点、热点问题，有效控制失业率。

——促进就业岗位的增加，扩大对劳动力的需求总量。结合产业结构的调整，促进比第一、二产业更能吸纳劳动力的第三产业的发展。

——加强就业服务，减少结构性失业。

——引导农村剩余劳动力的合理转移和有序流动，调节城镇劳动力的供给总量。

2. 关于社会保险工作。

社会保险制度改革总的指导思想是，从我国实际出发，借鉴国际上的成功经验，按照建立社会主义市场经济体制的目标，为全体劳动者提供与我国经济发展水平相适应的社会保险。争取到本世纪末，在农村，初步建立以乡村为单位的互助合作型养老、医疗保险体系；在城镇，基本形成结构多层次、资金来源多渠道、费用基金化、管理服务社会化的社会保险体系，建立适用于多种经济成分中各类劳动者的统一制度、统一标准、基金调剂使用、统一管理的一体化的基本社会保险制度。在实施步骤上，首先是将养老、失业保险的实施范围扩大到城镇各类劳动者，并建立起费用由国家、用人单位和职工个人三方共同负担、基金全社会统一调剂使用的社会保险基金制度；然后再逐步扩大工伤、医疗和生育保险的实施范围；最终在全国建立起统一的基本社会保险制度。

从目前看，社会保险制度改革中最主要、也是最迫切的是养老保险和失业保险制度改革。

在养老保险方面，对基本养老基金筹资模式，我国几年前就进行了深入的讨论，确定采用在现收现付基础上的部分积累模式，也就是国务院《关于城镇企业职工养老保险制度改革的决定》（国发〔1994〕33号文件）中规定的“以支定收，略有节余，留有部分积累”。当今世界上大多数国家采用的是以“现收现付”为主的模式，我国之所以要留有部分积累，主要是考虑我国人口老龄化的发展趋势很猛，如果现在不预留积累，将来企业和社会的负担会十分沉重。关于计发办法，要继续大力推行养老金计发办法改革，进一步巩固企业职工个人缴纳部分基本养老保险费的制度，建立养老待遇与缴费挂钩，养老金调整与社会平均工资增长相联系的机制。同时，推动企业补充养老保险、个人储蓄性养老保险和社会化服务体系的建立。

在失业保险方面，现在政府面临着一个“两难”的问题，目前失业人员大量增加、再就业难，失业保险基金将越来越不能满足需要，如果提高征缴比例，有一个企业承受能力的问题；而不提高比例又入不敷出，无力保证大量增加的失业人员基本生活和再就业的需要。为解决这一问题，国务院有关部门在调研的基础上提出，为了维护职工的权益和社会的稳定，在破产企业清偿债务过程中，应当优先考虑企业离退休人员的基本生活保障费用和在职职工的失业救济及再就业补偿费。

3. 关于劳动关系调整和劳动监察工作。

进一步深化劳动用人制度改革，根据《劳动法》的规定，全面推行劳动合同制度，将劳动关系的建立、变更与调节纳入法制化、规范化、市场化轨道。属《劳动法》调整范围的劳动者与用人单位均通过签订劳动合同确定劳动关系，实现劳动关系的法制化；在非国有企业实行集体谈判制度，使之成为劳动关系调整和自我调整的基础和主要手段；在实行现代企业制度的国有企业中推行集体谈判制度；完善富余职工安置政策，使富余职工的安置、转业训练和经济补偿制度化、法制化，做好富余人员的安置工作。在劳动争议处理方面设立专门的协调劳动关系的组织机构，强化预防、调解工作，形成对劳动关系的协调、监督和对劳动争议进行仲裁的一体化劳动争议处理制度。

加强劳动监察机构和队伍建设。

4. 关于工资总量的宏观调控工作。

从长远看，国家对工资的宏观调控主要应该表现在：通过规定最低工资标准，保障职工的最低生活；运用个人所得税调节收入分配关系；通过工资指导线指导工资水平的增长等几个方面。当然，对于国有企业，不同于其它所有制企业，即使在市场机制完善的情况下，国家对其工资总额还是要调控的，只不过调控方式不同于现在而已。

从近期看，则主要是结合建立现代企业制度等改革，加快建立适应社会主义市场经济的居民收入、工资总额宏观调控体系，使居民收入、工资总额增长与国民经济发展保持合理协调的比例关系：

——通过制定工资指导线，指导工资适度增长；通过集体谈判试点，探索建立企业工资增长机制与约束机制；通过《最低工资规定》和探索建立“工资保障基金”，保障劳动者的基本生活，保护弱者和维护社会公平。

——目前国家对地区部门继续全面实行弹性工资计划管理办法，地区、部门企业工资总额的增长应控制在国家批复下达的弹性工资计划之内，并不断扩大弹性工资计划的覆盖面，完善弹性工资计划的考核指标体系，协调地区之间、行业之间的工资关系。

——在目前多数国有企业经营机制尚未转换的情况下，要求企业继续全面实行工资总额同经济效益挂钩，不断改进和完善工效挂钩办法，加强企业间各种效益指标的横向比较，促使企业工资分配中市场工资率的逐步形成，减少企业工资分配的差距。

——从改革企业经营者的收入分配办法入手，实行企业经营者年薪制，将经营者的工资收入与企业生产经营成果、经营责任、风险以及企业资产的保值、增值相联系，通过调控企业经营者收入，建立国有资产收益与企业职工工资收入的制衡机制，使经营者工资收入制度化、规范化。

5. 关于职业培训工作。

今后的职业培训工作，主要是提高劳动者的技能水平和竞争能力，改善劳动力结构，促进充分就业和经济发展。同时，建立职业技能鉴定机构，大力推进政府指导下的职业技能鉴定社会化管理工作，促进职业培训工作的新发展。

四、劳动学会工作的新起点

中国劳动学会自成立以来，特别是近几年，围绕着劳动领域的各项改革开展了一系列的学术活动，动员和组织社会各界的专家、学者，共同研究劳动制度改革的热点、难点问题，取得了丰硕的成果；学会根据自身的特点，适应推动改革的需要，通过研讨会、培训班等多种形式培训了一大批劳动工资干部，为提高劳动战线干部的理论修养和业务素质做出了很大的贡献；同时大力开展了对外学术交流与合作，通过这些交流与合作，使我们的理论工作者和实践工作者开阔了视野，拓宽了思路。中国劳动学会这几年卓有成效的工作得到了劳动战线广大同志的充分肯定。尤其值得敬佩的是，一些德高望重的老专家、老同志，虽然年事已高，但仍热心致力于劳动理论与政策的研究，为劳动制度改革和劳动事业的发展默默地耕耘着、奉献着。在这里，请允许我代表劳动部向你们致以最崇高的敬意和衷心的感谢。

这次会员代表大会是一次继往开来的大会，一些老领导将不再担任学会的领导工作，将选出学会新的领导集体，同时也将讨论在发展社会主义市场经济的新形势下学会工作的方针和任务。相信这次大会能够成为学会工作的新起点，相信学会今后的工作将在前三届理事会卓有成效的工作基础上，百尺竿头更进一步。

当前，在发展社会主义市场经济和新旧体制转轨的过程中，出现了很多新情况、新问题，给我们劳动工作提出许多新的研究课题，也对我们学会工作提出了更高的要求。有很多情况和问题是我们以前从来没有碰到过的，有些是有中国特色的，国外也没有现成的经验可以借鉴，需要我们用新思维去思考，用新标准去评判，用新方法去解决。在这种新形势下，作为学术研究团体，劳动学会的地位不是降低了，而是提高了；任务不是减轻了，而是加重了；作用不是削弱了，而是增强了。另外，随着政府行政部门的职能转变，很多工作（如宣传、培训等）需要学会等社会团体去做，学会发挥作用的空间也更广阔了。

从劳动学会的特点来看，我觉得学会工作的重点可以用“研究、宣传、咨询、服务”八个字来概括。“研究”，就是积极进行劳动理论与政策的研究，结合新形势（特别是《劳动法》实施后的新形势），研究新情况，解决新问题；“宣传”，就是通过编辑出版书刊、开展对外交流等多种形式，使更多的劳动者和国外人士了解、熟悉我国的劳动政策；“咨询”，就是针对劳动制度改革的大政方针和改革实践中出现的难点、热点问题，进行课题研究，提出政策建议；“服务”，就是面向社会、面向企业和劳动工作者，就劳动政策的有关问题进行有针对性的培训、服务。

中国劳动学会是我国劳动战线上的“第一学会”，是学术造诣和社会影响很高的学会，也是一个办实事、有作为的学会。学会里聚集了几代长期从事劳动工作、经验丰富、威望很高的老同志，有一批年富力强的理论工作者和实践工作者，有一批很有实力、很有声望的企业家。劳动学会能否发挥出自身的特殊作用，对整个劳动制度改革和整个劳动工作能否取得进展和成绩，关系重大，全国劳动战线和劳动部对中国劳动学会寄予了深切的希望。希望中国劳动学会充分发挥自身的长处和独特作用，在新形势下，发挥出更大的作用，为中国劳动制度改革和新型劳动体制的建立做出更大的贡献。

（作者当时为劳动部副部长）

着力抓好《劳动法》的贯彻实施 加快建立新型劳动制度的进程

——在全国劳动工作会议上的工作报告

（1994 年 12 月 11 日）

李伯勇

同志们：

今年全国劳动工作会议，是在中央经济工作会议刚刚结束、《劳动法》即将实施的情况下召开的。中央经济工作会议，是一次非常重要的会议。会议分析了我国经济形势，提出了明年经济工作的指导思想、主要任务和政策措施，对于统一全党全国对经济形势的认识，保持国民经济持续、快速、健康发展，加快建立社会主义市场经济体制，具有十分重要的意义。这次全国劳动工作会议，要以党的十四届三中全会、四中全会精神为指导，从改革、发展、稳定的大局出发，分析劳动力市场培育发展的状况和贯彻实施《劳动法》面临的工作形势，按照中央经济工作会议的部署和建立新型劳动制度的要求，明确明年劳动工作的指导思想、主要任务和政策措施，把劳动制度改革推向一个新阶段。下面，我讲三个问题。

一、1994 年劳动工作的基本情况

1994 年是建立社会主义市场经济体制、深化改革的关键性一年。构筑社会主义市场经济体制基本框架的重要改革措施，相继出台。为了保证这些改革措施顺利实行，中央提出了“抓住机遇，深化改革，扩大开放，促进发展，保持稳定”的方针。劳动工作一方面负有为改革创造稳定社会环境的任务，同时，还要积极培育发展劳动力市场，深化劳动制度各项改革。一年来，各级劳动部门从全党全国的大局出发，正确处理改革、发展、稳定的关系，按照建立新型劳动制度总体设想的要求，坚持全面推进和重点突破相结合的改革方针，一手抓改革，一手抓稳定，劳动制度改革进一步深化，一些地区劳动力市场已见雏型，职工队伍基本稳定，为国民经济的持续增长和社会稳定做出了应有的贡献。

——劳动法制建设取得突破性进展。《劳动法》的颁布，使劳动法制建设进入了一个

新阶段。几个月来，各级劳动部门会同有关方面，大力开展学习宣传活动，抓紧制定配套法规，积极建立监察机构，为明年1月1日实施《劳动法》做了较充分的准备。

——就业工作，在产业结构调整、企业改组和劳动力流动大的情况下，保持稳定发展。今年城镇新就业人数预计达700万人，失业率可望控制在2.8%左右。在25个试点城市和辽宁、上海实施了再就业工程，为解决长期失业者和企业富余职工再就业创出了新路。通过实施农村劳动力跨地区流动有序化工程，使无序状态有所缓解。以职业介绍、就业训练、失业保险和劳服企业为主要支柱的就业服务体系进一步发展。许多地区创造出了一些好的经验，如上海市全面加强劳动力市场建设，一年内健全了所有区县的职业介绍所；广东等九省区发展区域劳动力市场，提高了省际劳动力流动的有序程度；辽宁省推进再就业工程等，对促进劳动力市场的发展，都具有积极意义。

——社会保险制度改革，按照十四届三中全会《决定》精神，对各项社会保险制度改革方案进行了反复比较研究，形成了符合市场经济要求和中国国情、比较切实可行的改革方案。基本养老保险、企业补充养老保险、个人储蓄性养老保险制度开始实行。基本养老保险坚持费用由单位和个人共同承担，按照公平与效率相结合的原则，改进和完善了基本养老金计发办法。有1031个市县，实行了养老金与职工平均工资及本人缴费工资挂钩的计发办法，其中海南、广东、福建、山西、北京已在全部市县实行。全国已有29个省、自治区、直辖市实行了基本养老保险个人缴费制度。6000多户企业的200多万职工建立了补充养老保险。海南省社会保险制度改革全面推进，取得了很大成功，为我国的社会保险制度改革创造了宝贵的经验。上海、深圳、广东等地对社会统筹与个人帐户相结合的基本养老保险模式进行了积极探索，提供了很好的经验。失业保险改革，26个省市根据国务院颁布的国有企业失业保险规定，制定了实施办法，其中25个省市把失业保险的范围扩大到城镇所有企业的全部职工。今年救济失业人员达150万以上，相当于建立失业保险制度前7年的总和，帮助其中80万人实现了再就业。医疗保险制度改革，国务院确定的镇江、九江两个试点城市的改革方案基本形成，其它地区的改革也在向 前发展。工伤、生育保险制度改革正在抓紧进行。社会保险管理，在制度建设、监督检查、社会服务等方面，都有了不同的进展。

——工资总量宏观调控措施得到改进和完善。积极探索实行集体协商决定工资、工资增长指导线、国有企业经营者年薪制等新的调控办法。大力推进最低工资保障制度，根据去年出台的《企业最低工资规定》，一些地区制定颁布了最低工资标准。按照中央控制消费基金过快增长的要求，认真开展了企业分配制度调研和消费基金大检查，抑制了一些行业和单位超效益分配的现象。

——用人制度改革，力度明显加大。通过劳动合同方式确定劳动关系，已被越来越多的用人单位和劳动者所理解和接受。北京、福建等13个省市全面推行劳动合同制度，广东、安徽、海南等省政府已下发了全面实行劳动合同制度的通知，其它地区改革范围也在扩大。全国城镇实行劳动合同制度的职工已达4000多万人。5个省市开展了集体协商订立集体合同的试点。这些都有力地促进了企业经营机制的转换，为明年全面推进劳动合同制度打下了良好基础。劳动监察工作虽然起步较晚，但进展较快，一年来，已从少数省市扩展到全国。现有10个省级劳动部门和近1000个市县劳动部门建立了劳动监察机构，配备了专职监察人员。通过开展用工大检查，查处了违犯劳动法律法规的行为。劳动争议仲裁工作扩大了受案范围，加强了仲裁机构和队伍建设，提高了办案质量。今年共受理劳动争议案件 15000 多起。

——职业技能开发工作,有了新的发展。职业资格证书制度开始实行。完成了修订工人技术等级标准工作，形成了我国新的工人技术等级标准体系。职业技能鉴定社会化管理试点逐步扩大。劳动部职业技能鉴定中心及 19 个省、部门的职业技能鉴定中心已经建立，部分行业成立了行业特有工种的职业技能鉴定指导中心。完成了首批国家级重点技工学校的评估，技工学校等培训实体的改革不断深化。职工培训和职业技能竞赛活动也得到广泛开展。

——劳动安全卫生工作，突出抓了安全生产领导责任制的落实。通过开展安全大检查,基本摸清了重大事故隐患的分布情况,加强了安全监察,对重大事故及时调查处理。积极开展了职业安全卫生预防性监察，特别是加强了对重点项目“三同时”的审查，继续开展了劳动条件分级工作。改革了工时制度,新的工时制度实施顺利。对锅炉压力容器检验单位进行了资格审查，审核、上报了有关气瓶安全的 7 项行业标准和 9 项国家标准。根据《矿山安全法》，开展执法监察，积极制定相应的配套法规,全国已有 16 个省市颁布了《矿山安全法》的实施办法。进行了煤矿安全分级监察试点，加大了矿山安全监察力度。

——根据全国推进与重点突破相结合的改革方针，组织实施了劳动制度区域综合配套改革试点。部里抓了两省 12 市的试点，各地从实际情况出发，也进行了试点。

——劳动统计信息工作，研究提出了与国际惯例接轨的比较系统的劳动统计指标体系。制定了就业与失业、人工成本统计抽样调查实施方案，并布置实施。加强了劳动事业发展的年度、季度分析。

——劳动科研，结合当前劳动工作中的难点问题，组织进行重点研究，一些成果已应用于劳动工作实践。积极开展学术交流和科研合作，为劳动事业发展和劳动制度改革做出了新的贡献。

——国际交流与合作，积极拓展交流领域和合作项目,有针对性地开展国际交流,开拓了社会保险立法等一些新的技术合作项目，促进了我国同亚太周边国家和劳工组织之间友好合作关系的发展。大力开展对外宣传，扩大了我国劳动工作的国际影响。

这些成绩的取得，是各级劳动部门在党委、政府的领导下，认真贯彻党中央、国务院的方针政策，努力工作的结果。我代表劳动部，对劳动战线上的全体同志表示衷心的感谢。

二、1995 年劳动工作的指导思想，主要任务及政策措施

中央经济工作会议已经明确，明年经济工作，要从全党全国的大局出发，把握好改革、发展、稳定的关系，完善业已出台的各项重大改革措施，重点是深化企业改革，加强宏观调控，抑制通货膨胀，保持物价稳定，促进国民经济持续、快速、健康发展和社会进步。这种形势既为劳动工作提供了新的发展机遇，同时又提出了新的任务和要求。明年的经济发展和改革赋予劳动部门的任务非常艰巨。

——就业压力进一步加大。一是城镇新增劳动力数量不减，明年需就业的劳动力将达 1000 万人;二是农村剩余劳动力跨地区流动的规模将进一步扩大，预计将达 3000 万人;三是国有企业 1000 多万富余职工的分流安置问题，在《破产法》实施、部分国有企业停产半停产、现代企业制度试点的情况下，矛盾会更加突出。而作为就业主渠道的国有企业，吸纳就业的能力已趋饱和，城镇集体经济发展又面临诸多困难，非公有经济虽发展较快，但总量上就业容量有限。对此必须有清醒的认识。

——劳动关系存在着许多不稳定的因素。一些企业生产经营困难，长期亏损，拖

欠工资现象严重。部分企业离退休人员的离退休金不能按时发放，生活出现困难。私营、外资企业侵害职工合法权益现象突出，劳资纠纷增多，劳资关系紧张。据不完全统计，截止今年9月，停发减发工资的职工有314万人，停发、少发离退休金的人员49万人，发生职工集体上访事件1528起。这些直接影响职工队伍的稳定。

——工资分配调控缺乏有效措施。在企业改革过程中，国有企业经营者对国有资产保值增值的责任不落实，缺乏控制人工成本的自觉性。许多企业工资水平增长过快，影响了企业发展，助长了通货膨胀。

——社会保险制度改革相对滞后，亟须加快改革步伐。多层次的养老保险制度，建立的速度不够快，社会保险的覆盖面窄，社会化管理程度较低。保险费收缴困难，基金贬值、被挪用现象比较严重。养老待遇上，企业与机关差距较大，使企业离退休人员意见很大。加快社会保险制度改革，需要付出更加艰苦的努力。

——劳动安全卫生，存在着企业片面追求效益、忽视安全的倾向，安全生产投入减少，事故隐患得不到及时整改，重大恶性事故频繁发生，给职工群众的生命健康造成极大危害，使国家财产遭受巨大损失。

——职业培训，企业培训动力不足，职工学技术的积极性不高，职工队伍技术素质下滑，需要引起注意。

以上问题，都直接关系到国家的改革、发展、稳定，各级劳动部门一定要高度重视，认真研究解决。从全党全国的大局出发，按照中央经济工作会议的部署，明年劳动工作的指导思想是，以实施《劳动法》为统领，切实把握好改革、发展、稳定的关系，加快建立新型劳动制度的进程，促进国民经济的持续、快速、健康发展。主要任务是，围绕深化企业改革，加大社会保险制度改革力度，加强工资分配宏观调控，妥善安置富余职工，保障职工基本生活。

《劳动法》明年1月1日实施。实施《劳动法》，对于保护劳动者合法权益，稳定劳动关系，推动劳动制度改革，建立适应社会主义市场经济要求的劳动制度，具有直接的决定意义。同时，对于促进改革、发展、稳定具有长远的重要作用。《劳动法》颁布实施前，许多劳动工作处于改革探索和试点状态，而现在是通过贯彻《劳动法》来推进各项劳动工作。贯彻《劳动法》，是明年和今后做好劳动工作的根本所在。因此，要把劳动制度各项改革的思路统一到《劳动法》的规定上来，把各项工作重点转移到《劳动法》的贯彻落实上来，依法行政，依法改革，开创劳动事业的新局面。

(一)社会保险制度改革要有实质性进展

建立完善的社会保险体系，是深化企业改革最重要的配套措施。各级劳动部门要以高度的社会责任感，把社会保险制度改革作为劳动制度改革的重点，创造性地开展工作。当前，社会保险制度改革，特别是养老保险制度改革，已成为社会各方面关注的焦点。党中央、国务院已将其列入重要的工作日程。前不久国务院总理办公会议，研究确定了今后改革的原则思路。基本精神是，基本养老保险要实行社会统筹和个人帐户相结合；劳动部门统一监督指导全国城镇企业社会保险制度改革。中央经济工作会议，进一步明确了社会保险制度改革的原则、内容及实施步骤。这些精神在今后改革中要认真贯彻执行，积极试验，抓紧立法，逐步推广。

十几年来，劳动部门在社会保险制度改革中坚持费用社会统筹、单位和个人共同承担，基金部分积累，扩大覆盖面，推进一体化，养老保险实行基本养老保险、企业补充养老保险、个人储蓄性养老保险相结合，养老金计发办法兼顾公平与效率，思路是正确的。当然，在改革中，允许有不同的办法，以互相补充完善，逐步形成更加切实可行的统一模式。当前，基本养老金计发办法改革，要按照第45次总理办公会和即将召开的全国城镇企业养老保险工作会议的精神，继续进行。已改革的地区要及时总结经验，不断改进完善；还没有改革的地区，要按照国务院的要求抓紧进行。劳动部门要根据国务院确定的管理体制，把城镇企业社会保险制度改革统一管理起来，加强对各种改革模式试点的监督指导。要结合计发办法改革，积极推进养老保险一体化，破除用人单位之间、所有制之间的界限，扩大覆盖面，逐步实行城镇各类劳动者统一制度、统一标准、统一管理的养老保险制度。要继续实行并完善养老保险费用的省级统筹。认真探索并推进企业补充养老保险和个人储蓄性养老保险，并逐步使其规范化。失业保险要扩大到城镇所有企业职工，完善基金筹集及管理制度，在保证失业人员基本生活的同时，促进其再就业。按照国务院的批复，抓好镇江、九江两个城市医疗保险制度改革试点，总结经验，逐步推广。工伤、生育保险改革，也要有新的进展。要制定并完善各项社会保险工作的管理制度，加强对社会保险基金的管理和监督，保证基金收缴和及时足额支付离退休金，严禁挪用社会保险基金，积极着手建立省级和中央调剂金。积极探索社会保险基金保值增值的办法。从实际出发，提高社会保险的社会化服务水平。

（二）改进完善工资总量调控办法，加强对工资分配的宏观调控

工资分配的宏观调控是劳动部门对劳动力市场进行宏观调控的主要方面，也是国家对国民经济进行宏观调控的重要内容。近一个时期，收入分配过分向个人倾斜，消费基金增长过快，通货膨胀加剧，已明显地影响了国民经济的健康发展。中央经济工作会议明确提出，要加强宏观调控，抑制通货膨胀。劳动部门的重点是加强工资分配的宏观调控，运用经济、法律和必要的行政手段，理顺工资关系，继续深化改革，真正使企业职工工资的增长低于经济效益和劳动生产率的增长。

为有效控制工资收入过快增长，拟向国务院建议采取以下措施：要建立重大分配措施出台逐级申报制度，凡各级政府出台增加职工工资的各项措施，必须报上一级政府批准。要严格执行国家下达的弹性工资总额计划，对于年度超过弹性工资总额计划的地区、部门，要予以通报批评；对工资超发严重的，由财政部门等额增加其上缴中央财政的数额，或等额减少中央财政补贴。进一步改进完善工效挂钩办法，严格按照国家政策核定企业工效挂钩方案，加强清算工作，亏损企业一律不得擅自增加工资和发放奖金。重点加强对工资水平偏高、增长过快的流通领域各类公司、垄断性经营公司和商业性金融公司工资总额的控制，将这类单位一律纳入劳动行政部门的工资管理范围，对其中的国有单位，原则上都要实行工效挂钩或实行工资总额包干。加强并完善《工资总额使用手册》管理和联审制度。

继续探索符合社会主义市场经济要求的宏观调控新思路。在经济发展程度高，劳动力市场发育比较好的地区，实行通过建立工资增长指导线，引导工资水平合理增长。试行企业经营者年薪制，实行集体协商决定工资的办法，建立企业工资分配内在约束机制。进一步做好对企业内部分配的指导，引导企业实行符合自身特点的工资制度和分配形式。

当前，要全面实行最低工资保障制度，规范企业工资支付行为，保障职工获得劳动报酬的权利。对生产基本正常但发放工资暂时困难的企业，经有关部门审定，可通过银行贷款、地方政府或主管部门贴息的办法，确保发放工资不低于当地的最低工资标准。对发放工资确有困难而又一时难以破产、撤销和解散的停产、半停产企业，要采取多种形

式，积极筹措资金，发放职工生活费，以保障职工的基本生活。

（三）扎实抓好再就业工程的实施，加强对农村劳动力流动的组织引导，促进就业岗位的增加，强化就业服务，妥善安置富余职工，把城镇失业率控制在3%左右

就业工作事关亿万劳动者的切身利益，是人民群众有没有饭吃的根本问题。明年就业形势相当严峻，各级劳动部门更要把稳定就业局势当作劳动工作的一件头等大事来抓。要及时向同级政府汇报就业形势，会同有关部门制定扩大就业的政策和办法，合理调节劳动力供求关系，着重解决好国有企业富余职工的分流安置和农村剩余劳动力的有序流动，保持就业局势稳定，将失业率控制在3%左右。

要采取法律、经济和必要的行政手段，合理调节企业富余职工流向社会的规模和速度。发挥政府、企业和职工三个积极性，实行由企业安置、个人自谋职业和社会帮助安置相结合。要多渠道筹措失业保险经费，妥善安置因企业破产、国有资产出售、产业结构调整等需向社会分流的职工。所需经费，要同“破产企业所欠职工工资和劳动保险费用”一样，列为破产清偿第一序列，并确保落实。对自谋职业的富余职工，由企业一次性发给一定数额的安置费。要扩大失业保险的覆盖范围，搞好失业救济，用好“转业训练费”和“生产自救费”，为失业人员的转业训练和再就业提供服务。实施再就业工程是妥善安置企业富余职工的一个新发展，要总结经验，推向全国。

加强区域劳务协作，建立城乡一体的就业服务网络。在农村劳动力主要输入地区及大中城市，实行流动就业证等制度，加强城市用人单位招收农村劳动力的管理。对春节期间可能出现的“民工潮”，加强疏导。国务院已就此做出了部署，关键是抓好落实。通过以上措施，逐步实现农村剩余劳动力向城市流动的有序化。

开发新的就业岗位，根本措施是发展经济。要大力发展集体合作经济和其它民营经济，进一步发展劳服企业。发展乡镇企业和农村第三产业，引导农村剩余劳动力就地消化。就业服务要在已有的基础上，扩大服务范围，提高服务质量，进一步加强职业介绍、就业训练、失业保险和劳服企业等项工作，以适应培育劳动力市场和促进就业的需要。

（四）全面推行劳动合同制度，实现劳动关系法制化

实行劳动合同制度，是劳动制度各项改革的基础，是实施《劳动法》的重点，贯彻《劳动法》首先要从这里做起。经过十几年的企业用人制度改革，特别是随着市场经济的发展，全面实行劳动合同制度的条件已基本成熟。各地要根据《劳动法》的规定和部里的统一部署，结合实际情况，解放思想，积极工作，全力推进劳动合同制度的实施。基本具备条件的地区应在明年全面实行劳动合同制度，其它地区明年底应有80%以上的企业及其职工实行。要加强与有关部门和工会的合作，共同研究解决实行劳动合同制度中的难点。处理好固定职工在转制过程中的各种问题，尤其要合理保护女职工和老职工的利益，使改革平稳到位。要积极稳妥地试行集体合同制度，在制定有关集体协商规则的基础上，先在非国有企业和进行现代企业制度试点的企业中试行，积累经验，为今后推开创造条件。

（五）保护劳动者合法权益，加强劳动监察与劳动争议处理工作

劳动监察是《劳动法》赋予劳动部门的重要职责，做好劳动监察工作，是贯彻实施《劳动法》取得预期效果的重要措施之一。要抓住《劳动法》明年实施的机遇，抓紧建立劳动监察体制：一是制定劳动监察法规和有关工作程序制度；二是建立专门机构，配备具有较高素质的监察人员，在明年底前形成

全国劳动监察组织体系；三是搞好与有关部门和工会的协作，协调一致，依法进行监督检查；四是重点检查与常规监察相结合，使监察工作制度化；五是建立举报制度，发挥职工群众的监督作用。通过监督检查，促进《劳动法》规定的劳动基本标准的落实，使侵害职工合法权益的现象得到明显遏制。

进一步加强劳动争议处理工作，建立健全企业调解委员会，充实劳动争议处理机构力量，完善仲裁庭、仲裁员制度，提高办案效率和质量，力争明年劳动争议的结案率达到85%以上。要特别注意集体劳动争议的处理，进一步做好信访工作，及时化解矛盾，维护正常生产秩序和职工队伍稳定。

（六）全面推进职业技能开发体系建设

切实履行国务院赋予劳动部门综合管理职业培训的职责，全面、深入地开展职业培训工作。要引导企业充分重视职工培训工作，着力提高职工队伍技术素质。深化技工学校等培训实体的改革，继续落实办学自主权，重点是改革技工学校招生办法、教学大纲。要增强各类培训实体的办学水平和自我发展能力，拓展培训领域，开展对企业富余职工、失业人员及农村非农产业劳动力的培训。加快国家职业分类工作，对技术复杂、涉及人民生命财产安全的一批工种，制定职业技能鉴定规则，推行职业资格证书制度。扩大职业技能鉴定社会化的试点，总结经验，逐步展开。协调好与行业、部门之间的关系，发挥各方面的力量和积极性，促进职业技能鉴定工作的顺利发展。

（七）认真履行劳动安全卫生国家监察职能，下大气力，抓好劳动安全卫生工作

进一步落实"企业负责、行业管理、国家监察、群众监督"的安全管理体制，理顺、协调好与有关方面的关系。要突出抓好监察机构和队伍建设，切实加强监察力量。加大安全监察力度，严格执法，从严从快处理事故。要督促企业增加安全生产投入，及时治理、消除事故隐患。

劳动部门要切实履行综合管理安全生产工作和国家监察的职责，抓好安全生产责任制的落实，真正做到安全工作层层有人负责。加强安全生产管理，及时开展安全生产检查，对发现的问题，特别是重大事故隐患，要督促企业制定整改计划，限期解决。要加强事故的调查处理，抓住典型事故进行分析、曝光，部里要继续组织特别重大事故调查，严肃事故处理，把特别重大事故发生率压下来。

职业安全卫生，要在预防和监察上下功夫，监察人员要深入企业，查处事故隐患，完善"三同时"审查验收，全面执行锅炉压力容器等特种设备和劳动防护用品安全检验和认证制度。重点加强对建筑、化工和乡镇、外资等事故发生频率较高的行业、企业的安全监察，把伤亡事故和特种设备事故压下来。大力开展劳动安全卫生的宣传教育，严格特种作业人员培训、考核上岗制度。

矿山安全监察，各级劳动部门要以贯彻《矿山安全法》为中心，认真履行矿山安全监察职责，扩大煤矿安全和粉尘危害分级监察试点，开展尾矿设施危害程度以及其他危害的分级监察，加强对煤矿，特别是乡镇煤矿的安全监察，坚决控制煤矿瓦斯以及采石场等事故。

（八）积极开展国际交流，提高国际合作水平

继续巩固和加强与国际劳工组织及亚太周边国家、发达国家和经济转型国家的双边交流与合作。加强对已启动的技术合作项目的管理，开拓新的合作渠道。围绕劳动工作的中心任务，有针对性地学习和借鉴发达国家的先进经验。要注重综合性考察和有针对性的政策比较研究，加强与国际金融组织和国际基金组织的联系，发展与国外研究机构的合作，吸引他们对中国劳动问题的重视与资助，扩大我国劳动工作的国际影响。要把发展劳动力市场作为开展国际合作的重

点，在劳动政策比较研究、劳动立法等方面有新的突破。

（九）进一步加强劳动领域的基础工作

劳动统计信息是劳动决策科学化和管理现代化的基础。各级劳动部门要从科学决策的高度，提高对劳动统计信息工作的认识，转变观念，在机构编制、人员经费等方面提供必要的保障。加快劳动统计指标体系、统计调查方法的改革步伐，结合贯彻《劳动法》，重点加强对劳动制度改革中的热点、难点问题的统计分析研究，为劳动部门决策、企业劳动管理及劳动者提供服务。进一步强化统计人员培训，不断提高统计人员的思想水平和业务素质，保证统计数据的及时、准确和全面。要重视政务信息工作，充分调动政务信息人员的积极性，发挥政务信息在决策中的重要作用。

劳动宣传工作是普及劳动政策法规，争取社会各方面理解、关心、支持劳动工作的一项重要手段。建立新型劳动制度过程中，不断有新的政策法规出台，把这些政策法规变成企业和劳动者的自觉行动，宣传工作的作用不可低估。各级劳动部门要对宣传工作给予应有的人力和经费支持，加大力度，扩大影响，发挥其政策导向和舆论监督作用。明年，要根据中央经济工作会议赋予劳动部门的任务，重点抓好贯彻实施《劳动法》、社会保险制度改革、工资分配宏观调控、富余职工的安置及其生活保障等工作的宣传。

劳动科研是为劳动制度改革提供理论基础、分析比较和实际应用的工作。各级劳动科研机构，要发扬理论联系实际的学风，加强综合性和应用性研究，为劳动制度各项改革的深化提供理论依据和应用指导。劳科院要起到引导和带头作用，进一步加强学术交流，扩大劳科院和劳动系统科研单位的合作。地方劳动科研机构要发挥与实际工作结合密切的优势，对劳动制度改革提出的新情况、新问题作出理论分析和实践导向。要通过培训、学术交流等方式，培养科研骨干，壮大科研队伍，改善科研条件，宣传和推广科研成果，更好地为劳动制度改革和劳动事业发展提供服务。

《劳动法》的颁布实施，为完善劳动法律体系提供了法律基础，同时也要求加快配套法规的制定。《社会保险法》、《安全生产法》争取明年提请人大常委会审议；《劳动合同法》已列入本届人大的立法规划，也要尽早提请人大常委会审议。《企业职工工伤保险条例》、《劳动安全卫生条例》、《企业职工年休假条例》、《〈矿山安全法〉实施条例》、《劳动监察条例》已于今年报送国务院，要继续抓紧工作，争取明年颁布施行。《城镇职工养老保险条例》、《失业保险条例》、《医疗保险条例》已列入国务院法制局立法计划，要进一步做好论证修改工作，以便早日审议出台。各地也要根据实际，抓紧制定地方性法规，保证《劳动法》的顺利贯彻实施。法规清理工作，要在今年工作的基础上，继续抓紧抓好，使明年法制建设取得新的进展。

在深化改革中，要指导企业加强劳动基础管理工作，完善规章制度，搞好劳动定员定额，严肃劳动纪律，促进企业内部管理水平的提高。

三、加强思想作风建设，建设一支高效廉洁的干部队伍

在社会主义市场经济体制建立过程中，劳动部门担负着保护劳动者合法权益，协调稳定劳动关系，培育发展劳动力市场，建立新型劳动制度的重任。劳动工作在国家改革、发展、稳定中具有重要的地位和作用。劳动部门的同志一定要认清使命，奋发有为，把工作做好。这里的关键是，建立一支思想作风、业务素质过硬的劳动干部队伍。

（一）认真学习，进一步提高劳动干部队伍的思想理论水平和业务素质

建立社会主义市场经济体制，对劳动工作提出了许多新任务、新要求。在培育发展

劳动力市场，建立新型劳动制度的过程中，如何充分发挥在国家宏观调控下市场机制配置劳动力资源的基础作用，在这方面我们不懂的东西还很多。过去我们熟悉的一些知识，已经不能适应新形势、新任务的要求；过去我们掌握的一些管理方法、管理手段，迫切需要转变，特别是劳动行政部门职能、观念的转变，是开拓工作的关键；我们面临的一些新事物、新问题，要求我们用新思想、新观念、新手段去思考、解决。这些都需要不断地学习。邓小平同志建设有中国特色社会主义理论，是我国改革开放的理论基础，也是搞好劳动工作的指南。劳动干部理论水平和业务素质的提高，最重要的是学习和掌握这一理论，用这一理论武装劳动部门全体干部的思想，以把握劳动工作的正确方向。当前，各级劳动部门要组织干部认真学习《邓小平文选》一、二、三卷，系统掌握其基本内容和精神实质。同时，还要加强社会主义市场经济理论和劳动工作业务的学习。

学习一定要联系改革实践。要把解放思想和实事求是有机统一起来，推进本地区、本部门的改革事业。既要解放思想，从建立社会主义市场经济体制的战略目标来设计和规划劳动制度改革的任务、目标，大胆探索，勇于实践；又要实事求是，从本地区、本部门的实际情况出发，确定劳动制度改革的具体任务、步骤，积极稳妥地推进改革。

明年是《劳动法》实施的第一年，学好《劳动法》对于劳动部门的同志至关重要。要把学习与研究结合起来，对《劳动法》实施中出现的或可能出现的问题进行重点研究，及时提出可行的对策和措施。

（二）统一认识，团结一致，做好工作

新时期劳动工作的任务异常繁重艰巨，需要把各方面的智慧集中起来、积极性调动起来，统一认识，统一行动，这对做好劳动工作是非常重要的。如果工作起来相互掣肘，形不成合力，就会影响工作的开展，贻误劳动制度改革的进程。一个单位的团结，关键是领导班子的团结，领导班子团结了，齐心协力做工作，就能带出一个好的风气、好的作风。一个单位内部各个处（科）室之间也要搞好团结，这样才能避免扯皮，步调一致地开展工作。上下级之间更要搞好团结，保证政令畅通。

在搞好劳动部门内部团结的同时，加强与其他部门的团结协作，越来越重要。劳动工作是社会和经济工作的重要组成部分，与各个方面有着密切的联系，要经常沟通，征求意见，取得理解和支持。特别是贯彻实施《劳动法》，靠劳动部门一家是做不好的，必须团结其他部门，取得他们的支持，齐心协力，共同把这项工作做好。在实际工作中，对怎样做好劳动工作，各方面可能有一些不同的看法，这是正常的。劳动部门的同志要正确对待这一现象，视野再开阔一些，虚心听取不同的意见，注意吸收正确的意见，讲究工作方法，做好不同意见部门的工作。当然，讲团结协作是与坚持原则统一的，二者不能偏废。

（三）反腐倡廉，改进作风，真抓实干

在加强廉政建设方面，中央和地方已有很多规定，有些要求也很具体，关键在于提高认识，身体力行。从现实情况看，劳动战线绝大多数同志是兢兢业业、勤勤恳恳为党和人民工作的。当前，有些同志认为劳动部门没有什么权力了，无腐可反，这是错误的。实际上，劳动部门还掌握一定的权力，还管理着不少的资金，社会上也反映有滥收费以及挪用、动用社会保险基金等问题，各级劳动部门对此要有清醒的认识。特别是管钱的部门和同志，要带头艰苦奋斗，廉洁奉公，不辜负广大职工群众的重托，履行好党和政府赋予我们的职责，切实把这部分钱管好、用好，树立起劳动部门全心全意为人民服务的良好形象。

不勤政也是腐败的表现。反腐倡廉，重

要的是要真抓实干。做工作不能只停留在口头上、纸面上，要提倡务实、深入、严谨的工作作风，为群众、为基层办实事。一是要不空谈，讲实效，一步一个脚印，不搞形式主义，不搞花架子，更不能虚报浮夸。当前，劳动制度改革的总体思路、基本原则、方向目标已经确定，今后一个时期的主要任务是抓好落实。明年是《劳动法》实施的第一年，各级劳动部门要针对《劳动法》实施中面临的困难和问题，结合实际，制定可行的对策和措施。深化社会保险制度改革，加强工资分配宏观调控，全面推行劳动合同制度，扩大就业，稳定劳动关系等任务都很艰巨，要求我们必须踏踏实实、兢兢业业地工作。劳动工作的各个方面，都涉及到劳动者的切身利益，有些工作也很具体，必须下功夫一项一项地做好，工作不到位，就会出现疏漏，就会影响到劳动者权益的落实。我们要特别注意用全心全意为人民服务这个宗旨来指导工作。二是要大兴调查研究之风。深入实际，深入基层，深入群众，开展系统周密的调查研究，是克服官僚主义、主观主义的有效方法。近几年来，中央领导同志一再要求开展调查研究，号召全党大兴调查研究之风。从实际工作看，我们提出的一些重大决策建议，大都是在调查研究的基础上形成的，是切实可行的。各级劳动部门的领导同志，要从繁重的日常事务中尽量解脱出来，带头进行调查研究。要有针对性，真正深入下去，摸到真实情况，掌握第一手材料，并进行分析、综合、整理，提出建设性的意见和措施，使调查研究的成果真正发挥作用。

同志们，我们的工作取得了很大成绩，今后的任务更加艰巨。各级劳动部门要认清形势，统一思想，在党中央、国务院的正确领导下，按照中央经济工作会议的要求，实事求是、谦虚谨慎、再接再厉、埋头苦干，依靠各级党委和政府的领导以及有关部门的大力支持，把各项工作做得更好，使明年的劳动工作再上一个台阶。

（作者为劳动部部长）

在全国劳动工作会议上的总结讲话

（1994年12月13日）

朱家甄

同志们：

全国劳动工作会议，今天就要结束了。这次会议是贯彻落实中央经济工作会议精神，部署明年《劳动法》实施工作，研究具体改革措施，全面推进劳动制度改革的一次重要会议。邹家华副总理亲临会议，并做了重要指示，充分肯定了改革开放以来，特别是十四大以来劳动制度改革的成绩，根据中央经济工作会议的精神，对明年的劳动工作提出了要求。这是对我们极大的鼓励和鞭策，代表们听了以后都感到十分振奋。会上，我们还听取并充分讨论了李部长的工作报告，研究了明年劳动工作要点，有10个地区的代表作了专题发言，交流了社会主义市场经济条件下劳动工作的经验，开拓了思路。大家一致认为，李部长的工作报告很有特点，一是从全党全国的大局出发，围绕中央经济工作会议对劳动工作提出的要求，分析提出了劳动工作的指导思想、主要任务和政策措施；二是明确了以实施《劳动法》为统领，用基本法律来推动劳动制度改革，开展劳动工作；三是工作重点突出，注重抓好落实，提出了改革的具体措施；四是坚持“两手抓”，把劳动下部队伍建设提到重要位置。报告既符合中央经济工作会议精神，又适应了我国劳动工作的实际情况，是做好明年劳动工作的一个重要指导性文件。讨论中，同志们提出了很多、很好的建议和意见，我们将尽量吸收、修改到李部长的工作报告和明年劳动工作要点中去。

下面，我想针对会议的讨论情况，就同志们在讨论中提得比较多的几个问题，讲几点意见：

一、关于贯彻实施《劳动法》与培育发展劳动力市场问题

讨论中，有的同志提出，去年的全国劳动工作会议，根据党的十四届三中全会《决定》精神，提出了以培育发展劳动力市场为中心，建立社会主义市场经济条件下新型劳动制度的总体设想。今年的全国劳动工作会议提出，要以实施《劳动法》为统领，加快建立新型劳动制度的进程。这是否意味着指导思想的变化？其实这是一种误解，我们所以要以实施《劳动法》为统领，是因为《劳动法》全面总结了十几年来劳动制度改革的经验，以法律的形式明确了今后劳动制度改革的基本原则和方向目标。可以说，《劳动法》是上升到法律形式的“总体设想”。其有关劳动制度改革的各项规定，与培育发展劳动力市场的目标是完全一致的。所以，全面实施《劳动法》就是全面推进劳动制度改革，就有利于加快建立劳动力市场的进程。

《劳动法》从明年1月1日起就要实施了，抓紧制定实施《劳动法》的配套法规非常重要。配套法规跟不上，《劳动法》就会束之高阁，就不能真正发挥作用。这项工作，重点在部里，各地也要根据实际，继续抓紧地方性配套法规的制定工作。贯彻《劳动法》的规定必须严肃认真，一丝不苟，绝不能走样。但是在实施步骤上也要从实际出发，不能搞一刀切，更不能认为，《劳动法》一实施，一切问题就解决了。总的精神是，《劳动法》的各项规定，明年能到位的，要坚决到位；一时不能到位的，要积极创造条件，抓紧到位。如基本条款中的劳动合同制度，必须全面实行，这是劳动制度其他各项改革的基础。要抓住企业改革的机遇，以贯彻《劳动法》为契机，全面推行。其中，特别困难的地区、企业，可以根据实际和当地政府的安排，在方法、步骤上灵活一些。集体合同的试点工作既要积极，又要稳妥，明年先在非国有企业和现代企业制度试点企业中试行。对具体条款中的最低工资标准，大家反映，部分企业生产经营困难，全面实行难度较大。我们的意见是，必须全面实行，不能犹豫。是否制定最低工资标准是政府的问题，是否执行最低工资标准是企业的问题，对这项关系到职工有没有饭吃的工作，各地一定要高度重视，确保落实。对《劳动法》的其他条款，如工时制度等，各地可以从总的规定要求出发，根据实际情况掌握。

二、关于工资分配的宏观调控问题

近一个时期，工资分配领域的问题比较突出，一是企业工资水平增长过快。今年1至9月份，全国企业职工工资增加了780个亿，增长28%，是近几年来增长速度最高的。二是不同地区、行业、企业之间职工收入差距进一步拉大，特别是一些垄断性行业、企业工资水平失控，一些单位用各种名目发钱，现在不是几百、几千的发，甚至是上万的发，已经不得了。我们不反对给职工增加工资，问题是工资的增长是否建立在“两个低于”的基础上。特别是有些企业经营者收入增长过快。三是职工工资外收入缺乏规范管理，成为推动消费基金过快增长的重要因素。四是部分困难企业拖欠职工工资，一些非国有企业故意压低、克扣职工工资。这些情况影响了国民经济的健康发展和社会稳定。中央经济工作会议提出，明年要下大力控制消费基金的过快增长，抑制通货膨胀。加强工资分配的宏观调控，是其中一项重要措施。李部长在报告中已专门讲了这个问题，提出了若干措施。讨论中，大家认为措施很好，但不够有力，难以操作。工资分配的宏观调控，难度确实很大。这里需要强调的是，宏观调控，是社会主义市场经济体制的重要组成部分，是一个经常性的手段，它与市场的作用是不可或缺的、相辅相成的。在目前经济体制转轨过程中，工资分配非常复杂，这个问题也牵扯到很多方面，需要综合治理。这不是劳动部门一家能解决的事，但劳动部门负有重大责任，并且要尽力负好这个责任，一切放弃工资管理和宏观控制的想法都要不得，要树立信心，知难而进。在新的有效的宏观调控措施没有出台之前，现在的办法还要坚持，并不断改进完善。同时，还要加强监督检查。

三、关于深化企业改革，建立现代企业制度与妥善安置企业富余职工问题

明年，我国经济体制改革的重点是深化企业改革，进行建立现代企业制度试点。建立现代企业制度，为深化企业劳动用人、工资分配、社会保险制度改革，提供了一个很好的机遇。但同时，也对劳动工作提出了更高的要求。在现代企业制度试点中，对中央确定的试点企业，劳动制度改革要按照《劳动法》的规定达到更高的要求。主要是：全面实行劳动合同制度，落实企业的用人自主权，依照《劳动法》规定，允许企业进行经济性裁员；落实企业的分配自主权，允许按“两低于”原则，自主决定工资水平和内部分配方式；试点企业必须参加养老、失业、工伤、医疗等社会保险，并要积极建立企业补充养老保险；鼓励支持企业通过开辟各种生产经营门路，创造新的就业岗位消化安置富余职工；其中，通过开办三产安置富余职工的，要把产权界定清楚，劳服企业资产要保住，富余职工相应的工资总额也要划出来。对地方的试点企业，希望各地也按这一精神执行。顺便说一点，军队企业的管理体制已开始理顺，在深化企业改革的过程中，也要注意加快劳动制度改革的进程。

当前，妥善安置企业富余职工和调控农村劳动力跨地区流动，已成为劳动力市场建设的两个重点。特别是失业人员的再就业和基本生活的保障问题，是企业改革赋予劳动部门一项最重要的任务。这项工作关系到企业改革能否顺利进行，关系到职工队伍能否稳定，关系到《劳动法》能否顺利实施。各级劳动部门一定要认真研究，采取切实可行的措施，促进就业岗位的增加，妥善安置企业向社会分流的富余职工，保障他们的基本生活，合理控制城镇失业率，努力保持就业局势的稳定。

在社会主义市场经济条件下，企业在生产经营发生严重困难时，依法裁减人员，分流富余职工，是一件正常的事情。对裁员问题，《劳动法》已做了明确规定。劳动部门必须支持用人单位行使《劳动法》赋予的权利。但是，由于我国就业环境不宽松，裁减人员是一件十分敏感、容易引发问题的事情。为了防止用人单位超越法律规定，损害劳动者的利益，最近，劳动部对裁员程序问题做了规定，包括用人单位执行裁员的条件、时机、数量、程序，以及支付职工经济补偿等。各地要按照规定，加强监督检查，制约用人单位大量裁员。目前，最紧迫的是如何对停产整顿和生产经营严重困难企业进行界定，各地劳动部门要会同有关方面抓紧制定标准。要采取切实措施，通过鼓励自谋职业，兴办第三产业，加强就业训练和转业培训，强化职业介绍等措施，促进失业人员再就业。

要充分发挥失业保险在保障失业人员基

本生活方面的作用。提高失业保险基金的使用效率，进一步做好失业保险基金的筹集工作。考虑到随着失业率的不断上升，失业救济金发放量增大，可能会出现失业保险基金不足的情况。各地可根据实际需要对失业保险费收缴比例进行调整，或在入不敷出时，按规定地方财政给予适当补贴。这里需要强调的是，各级劳动部门要注意抓好基金管理，把过高的管理费压下来，明年要制定管理费标准，限额不得突破。

农村劳动力进城务工要实现有序、按需流动。这项工作的关键是抓好落实，而且常抓不懈。不仅春节期间要采取措施，保证有序，其他时间也不能放松。不能因为春节期间的严格控制，造成其他时间民工的无序流动。最近，国务院专门召开了关于组织民工有序流动的会议，各地劳动部门要按照国务院会议的要求，以及劳动部紧急通知的精神，积极采取措施，通告所有用人单位，严格执行国务院关于节后一个月内一律不招外地新民工的规定；落实国务院关于稳定60%以上民工留在当地过节的要求。

四、关于劳动监察机构建设、人员配备和工作开展问题

劳动监察机构、编制问题，部里已与中编办联合发了文件，提出了明确要求。目前各地正在进行机构改革，要抓住这个有利时机，积极宣传劳动监察工作的重要性，抓紧落实，尽快把劳动监察机构建立起来。要处理好劳动监察机构与劳动系统内部其他行政部门的关系。劳动系统的其他行政部门也负有监督检查的责任，发现问题，要及时提出建议，监督改正，并提请监察人员进行处理。

劳动监察，重点是检查劳动标准的落实情况，特别对直接涉及劳动者合法权益的基本标准，严重危害劳动者合法权益的违法行为，如劳动报酬、最低工资标准等，要从严查处。各地区、各部门《劳动法》贯彻实施得怎么样，很重要的一条是，严重侵犯劳动者合法权益的行为是否有明显减少。要通过劳动监察，促进劳动基本标准的落实。明年劳动监察的任务很重，要一边建机构，抓队伍建设，一边抓好工作。监察工作对监察人员的要求很高，各级劳动部门要努力提高监察人员政治素质、业务素质和法律政策水平。

五、关于劳动争议和职工队伍稳定问题

职工队伍能否稳定，核心是职工的合法权益能否得到保障。目前，一些用人单位，特别是部分私营、外资企业侵害职工合法权益的问题比较突出，劳动争议案件大量增加，集体上访、罢工事件呈上升趋势，影响了职工队伍的稳定。与此同时，劳动争议案件的结案率大大下降。我们估计，一段时期内，劳动争议还会有所增加。对此，我们要有充分的思想准备，予以高度重视。

要进一步加强劳动争议处理工作，充实机构、人员，完善调解、仲裁制度。要注意充分发挥企业调解委员会的作用，尽量做到通过调解解决大部分劳动争议，把争议解决在基层。同时，劳动争议仲裁机构要认真履行职责，提高办案效率和质量，保证劳动争议特别是集体劳动争议案件得到及时、有效地解决，防止劳动争议的升级。针对频发的集体上访和罢工事件，要制定预案，及早介入，争取主动。要注意做好深入细致的疏导、处理工作，及时解决问题，化解矛盾，避免矛盾激化。

元旦、春节将近，要做好“两节”期间困难企业职工和离退休人员生活保障工作。各级劳动部门要把这项工作当作为群众办实事和促进社会稳定的大事来抓。要主动配合有关部门，调动各方面的积极性，把国家已有的各项保障职工基本生活的政策落到实处。各地要依照《劳动法》等有关规定，监督检查企业对职工工资支付情况，禁止企业克扣和无故拖欠职工工资。各级社会保险管理机构要做好养老保险基金的收缴、管理和发放工作，保障离退休人员的基本生活。切实保障职工队伍和社会稳定。

六、关于切实履行好法律赋予劳动部门的各项职责问题

《劳动法》规定，“国务院劳动行政部门主管全国劳动工作，县级以上地方人民政府劳动行政部门主管本行政区域内的劳动工作”。劳动部门要按照这一规定，切实履行好职责。在建立社会主义市场经济体制的过程中，由于各项改革措施进展不一，特别是国有企业自我约束机制还没有真正建立起来，宏观调控的作用就显得更加重要。劳动领域的宏观调控，主要运用法律和经济手段，当然，必要的行政手段也不能放弃。劳动监察是行政执法，是社会主义市场经济条件下劳动部门管理劳动工作的重要行政手段。即使将来市场经济发展比较成熟了，政府部门的行政管理手段也还要继续使用。比如，现阶段对工资分配的调控，还需要采取必要的行政手段。如果完全放开，就会导致很大的混乱。对这个问题我们要统一认识，要向有关方面，特别是向企业讲清楚。再如，在劳动力配置方面，对农村剩余劳动力向城市转移的规模和速度，还需要采用一定的行政手段进行必要的调控。在企业富余人员向社会分流这个问题上，也要根据职工和社会的承受能力，综合采取经济、法律和必要的行政手段加以调控。

总之，在怎样履行劳动部门职责这个问题上，我们应在坚持改革方向的前提下，根据实际需要，选择适当的管理手段。哪种方式有利于社会主义市场经济体制下的宏观调控，就用哪种方式，地区之间也没有必要攀比。凡是符合改革方向的，该放的权一定要放。同时，要综合考虑各方面情况，处理好放权与加强宏观调控的关系，掌握好放权的力度与时机，通过政府职能的转变，实现对全社会劳动事务的有效管理。

这里我还要说一下管理体制的问题。理顺管理体制，对于进一步做好各项劳动工作至关重要。国务院“三定”方案确定后，总的来说，劳动管理体制是顺的，如就业、保险、监察等体制已基本理顺。但实际执行中也还存在一些职能交叉的问题，如用人制度改革、工人技术等级考核等。对于这些问题，我们的意见，要理直气壮地指导企业执行正确的改革方案，凡是符合“三定”方案，符合改革方向，有法律依据的，我们一定要尽职尽责地管起来，不能因为有干扰就放弃责任。同时，要在实践中积极协商，尽快统一到法律法规和“三定”方案上来。

七、关于劳动部门廉洁自律问题

劳动部门是政府的重要职能部门，在建立社会主义市场经济体制时期，首先要树立两个意识，一是改革的意识，二是服务的意识。劳动工作越是重要，越要廉洁自律。党的十一届三中全会以来，劳动部门积极推进劳动制度各项改革，取得了很大成绩，有力地促进了其他经济体制改革，特别是企业改革的进行，在全社会也树立了劳动部门的改革形象。正像邹家华副总理讲的，劳动工作的主要对象是劳动者，为劳动者服务，是我们工作最重要的出发点，这一条必须始终如一地坚持。总体上看，各级劳动部门和广大劳动干部坚持了改革和服务，形象是好的。但是，在一些单位和少数人当中，确实存在着这样或那样的问题，个别的还很严重。一是养老保险金和失业保险金的管理方面存在着挪用、乱支等问题。二是存在乱收费现象，如山西运城地区劳动局严重违法乱纪的做法，在社会上造成极坏的影响，败坏了劳动部门的声誉。这种现象决不允许再发生。对其它违法乱纪的现象，一经发现，必须严肃查处。三是培训班、研讨会太多太滥，影响了正常工作秩序，甚至有人不顾质量，借机搞创收，这是很不应该的。各级劳动部门要对开会办班计划严格审查，可办可不办的班，可开可不开的会，坚决不办、不开。劳动部机关要带头做起，一定要严格限制办班、开会，集中精力、聚精会神地抓好工作。劳动部门的职责除了管理以外，很重要的就是服务，要设身处地的为用人单位和广大劳动者着想，急他们所急，为他们服务。特别是一些“窗口”单位，如信访、争议仲裁等，更要竭诚地提供服务，对能解决的问题要立即解决，决不能推诿扯皮；对暂时不能解决的问题，要耐心细致地说清楚，不能置若罔闻。四是要规范劳动监察行为，树立秉公执法形象。劳动监察是《劳动法》赋予劳动行政部门的一项重要职责，从明年开始，各级劳动部门要全面履行起这项职责。监察机关和监察人员要端正执法行为，严格执法程序。从一开始就使这项工作走上健康发展的轨道。这里最重要的是选派思想作风过硬、业务素质较高的同志从事这项工作。

同志们，明年的劳动工作责任重大，任务艰巨。大家回去后，要向本地区、本部门的领导汇报这次会议的情况，特别是邹家华副总理的重要指示，请他们加强对劳动工作的领导，对做好明年劳动工作给予大力支持。同时，要向劳动系统干部认真传达，结合本地区、本部门的实际，落实这次会议的精神，做好《劳动法》的贯彻实施和劳动制度各项改革的推进工作。在贯彻实施《劳动法》和推进劳动制度改革的过程中，有什么经验，出现什么问题，要及时向部里通报，以便随时掌握情况，抓紧研究，做好工作。

（作者为劳动部副部长）

在全国劳动工作会议结束时的讲话

（1994年12月13日）

李伯勇

同志们：

刚才家甄同志做了一个很好的总结，我完全同意。这里，我再强调三个问题。

一、认真学习贯彻邹家华副总理讲话精神

邹家华副总理在劳动工作会议上的讲话，我们已经整理出来，他同意作为记录稿发给大家。这个讲话，充分肯定了改革开放以来劳动工作所取得的成绩，论述了劳动工作作为做人的工作，在国民经济发展和社会进步中的重要作用，从建设有中国特色社会主义市场经济的高度，按照中央经济工作会议的精神，提出了做好劳动工作的基本要求和各项主要任务。同时，对如何解决好当前社会上普遍关注的问题，如工资分配的宏观调控、社会分配不公、企业富余职工的分流、提高企业的生产效率、加强安全生产，以及就业、培训、贯彻《劳动法》等，都提出了明确要求、思路和办法。这些内容涉及劳动工作的各个方面，内涵丰富、深刻。这个讲话，是对全国劳动战线上全体同志的极大鼓励和鞭策，对于做好劳动工作具有十分重要的指导意义。我们一定要认真学习、深刻领会，并切实贯彻到今后的劳动工作中去。

二、关于实施《劳动法》问题

明年是实施《劳动法》的第一年，一定要在实施上下功夫，切实抓出成效。

第一，各项劳动制度改革要在新的一年里迈出更大的步伐。这里，特别强调要加速实现劳动合同制度。这项改革，是对实行了几十年的固定工制度的历史性的改变，涉及到社会心理等多方面的承受能力，难度相当大，决不是发几个文件和通知就能解决问题，可能会遇到多方面的阻力。在非国有企业，用人单位可能不太情愿，在国有企业，部分职工可能有顾虑。所以，我们要加强宣传，深入企业，做细致的思想工作和组织工作，区别不同情况，分类指导，把握好步骤，确保这项改革顺利平稳到位。要通过努力，使这项制度在《劳动法》实施的第一年，在全国基本确立起来。

第二，要抓劳动基本标准的落实，使劳动者权益受侵犯的现象得到明显遏制。劳动者的合法权益，主要体现在工作时间、延长工时、休息休假、最低工资保障、工资支付、社会保险、劳动安全卫生等基本标准方面。这里我特别强调，对涉及到职工最基本的生产、生活条件的那些标准，如最低工资保障、最基本的安全卫生条件，必须落到实处，执行这些规定不能含糊，要理直气壮。大家反映，实施《劳动法》，有许多困难，确实是这样。《劳动法》规定的劳动标准，也是最基本的劳动标准，在经济发展正常的情况下，这些标准是可以落实的。在企业生产经营困难的情况下，存在一些困难。比如，工资支付问题，《劳动法》规定，企业不得克扣和无故拖欠职工工资，这是非常必要的。但现在要求所有企业都按月足额支付，还做不到，对一些生产经营严重困难企业，应允许有筹措的时间。

总之，对贯彻实施《劳动法》的困难要有充分的认识和准备。我们要知难而上，超前考虑，搞好服务，力争主动。在贯彻实施上要有实招，要讲实际效果，不搞形式主义。要看看我们的工作是不是做到家了，尽到最大努力了，要坚信事在人为。

三、关于社会保险问题

大家非常关注这个问题，会上提的意见很多。党中央、国务院对社会保险制度改革的思路、方法、步骤基本明确。当务之急，要把我们的思想认识尽快统一到党中央、国务院的改革思路上来。要做到这一点，最重要的是转变观念。例如，在养老金计发办法上，要把基本养老保险不能引入个人帐户的观念转变过来。这一点非常重要。改革的过程也是不断探索的过程，需要不断地对以往的改革进行修正和完善，很多问题的认识，是在不断实践和探索中逐步提高的。社会保险改革更是如此。这项改革既是经济改革，也是社会改革，涉及到社会各个方面，涉及社会成员的切身利益，在任何国家从来都不是一帆风顺的，建立起一套完善的体系要经历很长一段时间。我国目前正在进行的这场改革，是一项极为复杂庞大的社会工程，需要经过反复的试验，反复的比较，才能找到一种好模式。劳动部门一定要站在全局和战略的高度，对其重要性、艰巨性和复杂性有足够的认识。我们要解放思想，实事求是，只有这样，才能正确对待目前改革和工作中遇到的复杂情况，才能正确理解和执行党中央、国务院目前采取的决策。

关于如何深化下一步改革。本月底，国务院要专门召开会议，研究并部署。我在这里就不讲了。现在我强调一下当前具体工作中亟待解决的两个问题。

一是要着重研究解决困难企业、破产企业职工的社会保险费用和离退休人员的基本生活问题。从现在情况看，明年退休人员的稳定问题将变得十分突出。各级劳动部门一定要以高度的政治责任感，认真对待。先要摸清情况，是哪些人？原因是什么？要求合理不合理？然后分别采取措施。要按照劳动部最近发出的471号文件《关于解决部分困难企业离退休人员基本生活问题的通知》的要求，与有关部门一起做好工作。各级社会保险基金管理机构要采取积极措施，商请银行等有关部门支持，强化基金扣缴。要监督检查离退休金的发放情况，保证养老保险基金专款专用。对确因经济效益差而没有能力继续缴纳养老保险费的企业，可允许缓缴。但在缓缴期间，仍要按时向这些企业足额拨付离退休金。目前仍实行差额拨付的地区，要认真监督企业及时足额发放。对因破产、撤销、解散等原因已无法继续履行缴费义务的企业，要按照财政部、劳动部、国家经贸委〔94〕财综字第101号文件精神执行，同时，应继续支付参加退休费用社会统筹的离退休人员的基本生活费用。要尽快实行原固定工人和劳动合同制职工养老保险基金统一比例提取，合并调剂使用。在基金支付遇到困难的紧急情况下，对用基金购买的有价证券，要商有关部门提前变现，基金出现赤字时，要请求当地政府给予补贴。当前，最重要的是，一定要采取一些有效措施，保证困难企业的职工和离退休人员过好元旦、春节。这一点非常重要，要舍得花钱。

二是要强化各项社会保险基金的管理和监督，首先要保证劳动部门自身不出问题，现在不少地方和部门反映社会保险基金被挪用、占用，其中部分是被劳动部门自己挪用、占用的。这是职工的活命钱，决不允许挪用，这个问题影响比较大，非解决不可。现在遇到这样大的困难，如果我们自身在管理上出问题，就对不起广大职工的信任，对不起政府的重托，就是渎职，也是犯罪。请大家务必重视对基金的严格管理和监督。

最后，借这个机会，我代表劳动部党组，向与会代表特别是地方党委和政府，党中央、国务院有关部委、直属机构对劳动工作的支持和帮助表示感谢！祝大家在新的一年里取得更大的成绩。

（作者为劳动部部长）

全国劳动工作概况

劳动法制建设

1992～1994 年，是我国建立、发展和逐步完善社会主义市场经济体制的重要时期。这个时期的劳动法制建设的目标是，建立起完备的劳动法律体系，使各项劳动工作有法可依、有法必依、执法必严、违法必究，充分发挥法律手段调整劳动关系的作用。

一、关于劳动立法

劳动法制建设的首要任务是劳动立法。三年来，劳动立法工作紧紧围绕经济建设这个中心，服从和服务于社会主义市场经济的要求和改革、发展、稳定这个大局，抓住时机，突出重点，步入了前所未有的“黄金”时期，取得了长足的进展。

1. 颁布《中华人民共和国劳动法》

《劳动法》以保护广大劳动者的合法权益为基本宗旨，是一部全面调整劳动关系、确定劳动标准的“基本法”。1991 年 4 月，《劳动法（草案）》第 27 稿报送国务院后，由于当时经济体制改革的市场取向尚不十分明确，《劳动法》的立法原则难以确定，所以被搁置了一段时间。1992 年 7 月，劳动部会同国务院法制局进行了调研，对《劳动法（草案）》作了一次较大的修改，并分别向党中央、国务院呈送了请示报告。

1993 年初，根据国务院的指示，由劳动部会同国务院法制局和全国总工会，共同组成《劳动法》起草小组，李伯勇部长任组长。在党的十四届三中全会精神的指引下，按照建立社会主义市场经济体制的要求，以“倒计时”方法，紧张而有序地开展了《劳动法》的制定工作。起草小组首先针对《劳动法（草案）》送审稿提出了 15 个难点问题，尔后在北京先后分别组织了国务院综合部门、产业部门和社会团体、理论界专家学者和实际工作者近 200 人参加的论证会 4 次，全面总结和分析了建国 45 年来劳动工作的历史和现状，尤其是改革开放 15 年来劳动体制改革的经验和教训，并对市场经济国家的通行原则、国际惯例以及可供借鉴的成功经验进行了深入探讨和研究，整理了劳动法背景材料 14 份。8、9 月份，张左己副部长率领起草小组的同志，先后分赴华南、中南、西北 6 省、8 个城市，就《劳动法》制定中的难点和重点问题进行广泛的调查研究，召开了 14 次共 300 多人参加的座谈会，征询了地方、部门、工会和各类企业及其职工的意见，向国务院有关领导报送了《劳动法（草案）》若干难点问题的请示报告。经过反反复复的补充修改，研讨论证，终于使这部《劳动法（草案）》逐步完善和成熟，1994 年 1 月 7 日，国务院常务会议审议通过，报送到全国人大常委会。在第八届全国人大常委会第六次会议上，李伯勇部长受国务院委托作了《中华人民共和国劳动法（草案）》的说明。1994 年 7 月 5 日，全国人大常委会第八次会议审议通过了《劳动法》。同时，江泽民主席签署第 28 号主席令，颁布《中华人民共和国劳动法》，自 1995 年 1 月 1 日起施行。

《劳动法》总共 13 章 107 条。各章的内容依次为：总则、促进就业、劳动合同和集体合同、工作时间和休息休假、工资、劳动安全卫生、女职工和未成年工特殊保护、职业培训、社会保险和福利、劳动争议、监督检查、法律责任、附则。《劳动法》对劳动者的权利和义务，劳动关系的确立和调整，劳动标准的规定和执行，劳动行政部门的职责和规范等，都作了比较详细明确的规定。《劳动法》的颁布，填补了我国劳动基本法律的空白，是我国广大劳动者期盼已久的大事，是我国劳动法制建设历程中的一座重要的里程碑。

2.研究制定社会主义市场经济劳动法律体系

党的十四届三中全会作出的《关于建立社会主义市场经济体制若干问题的决定》中，明确提出了要在本世纪末初步建立起适应社会主义市场经济的法律体系。劳动部根据这一总体要求，结合劳动体制改革的主要任务和目标，在充分调查研究和论证的基础上，于1994年2月制定了社会主义市场经济劳动法律体系（见附件），分别上报国务院和下发各省、自治区、直辖市劳动厅、局。这对充实和完善社会主义市场经济法律体系，科学和有序地指导劳动立法工作，都具有重要的作用。

社会主义市场经济劳动法律体系分为以下五个层次：

第一个层次是《宪法》，这是我国的根本大法，处于最高的法律层次，是制定劳动法律的基本依据。

第二个层次是《劳动法》，这是我国的劳动法典，是一部调整劳动关系、规范劳动力市场行为、调控劳动力市场运行的基本法律，是劳动法律体系的母法，是制定劳动法律、法规的依据。

第三个层次是由全国人大常务委员会制定的劳动法律，共10部：《劳动合同法》、《工资法》、《就业促进法》、《社会保险法》、《职业技能开发法》、《安全生产法》、《劳动保护法》、《矿山安全法》、《劳动监察法》、《劳动争议处理法》。

第四个层次是由国务院制定的劳动法规，共有条例和规定34件。

第五个层次是由劳动部或劳动部与有关部委共同制定颁布的行政规章。部门行政规章数量大，但研究制定的周期短，它相对劳动法律、法规而言，既可以拾遗补漏，又可以为制定高层次的法律做准备。

3.一系列重要的劳动法律、法规和部颁规章陆续出台

《劳动法》的制定和颁布以及社会主义市场经济劳动法律体系的制定，有力地加快了劳动法律、法规和部颁规章的出台。1992年至1994年上半年，在抓紧研究修改《劳动法（草案）》的同时，就研究制定了一批急需的重要劳动法律、法规和规章：《矿山劳动卫生监察程序和办法》、《中华人民共和国矿山安全法》、《国有企业职工待业保险规定》、《国有企业富余职工安置规定》、《企业职工养老保险基金管理规定》、《中华人民共和国企业劳动争议处理条例》、《职业技能鉴定规定》、《劳动监察规定》、《社会保险统计管理规定》、《关于加强企业工资总额宏观调控意见》、《劳动争议仲裁委员会办案规则》、《企业最低工资规定》、《国务院关于职工工作时间的规定》。1994年7月5日《劳动法》颁布至年底的半年时间里，先后出台了17个部颁规章：《关于实施最低工资保障制度的通知》、《职业指导办法》、《劳动监察员管理办法》、《企业经济性裁减人员规定》、《农村劳动力跨省流动就业管理暂行规定》、《企业职工患病或非因工负伤医疗期规定》、《违反和解除劳动合同的经济补偿办法》、《集体合同规定》、《工资支付暂行规定》、《就业训练规定》、《未成年工特殊保护规定》、《关于企业实行不定时工作制和综合计算工时工作制的审批办法》、《职业培训实体管理规定》、《矿山安全监察员管理办法》、《矿山建设工程安全监督实施办法》、《企业职工生育保险试行办法》、《违反〈中华人民共和国劳动法〉行政处罚办法》。

上述法律、法规和部颁规章的迅速出台，为《劳动法》自1995年1月1日起顺利实施

创造了有利条件。

二、关于劳动行政执法监督

加强劳动行政执法监督工作，保障劳动法律、法规的有效实施，是劳动法制建设的一项重要任务。

1. 大力开展劳动法律的宣传普及工作，使企业和劳动者知法、懂法，达到自觉守法。根据国家“二五”普法规划的要求，1992 年 10 月编辑发行了《劳动法规知识讲话》这本劳动系统“二五”普法教材；及时向劳动系统发出了关于开展学习劳动专业法的通知；先后举办了两期“劳动法规知识培训班”，培养了劳动法制宣传骨干，从而推动了劳动法规知识的深入和普及。1994 年 7 月 5 日《劳动法》颁布到年底的半年时间里，先后通过广播电视、报刊杂志等多种新闻媒介以及宣传周、咨询日等方式，广泛进行了劳动法的宣传，并由下而上地开展了有 3000 多万职工参加的全国劳动法知识竞赛活动。年底，30 个省代表队汇集北京，决出了前六名，最后决赛的结果：山东队获一等奖，天津、河南队获二等奖，福建、湖北、新疆队获三等奖。

2. 组织开展了劳动执法检查。通过对执法情况的检查，督促用人单位和劳动者遵守法律、法规，及时纠正违法行为，减少劳动纠纷，维护正常的劳动和经济秩序。1992 年 5 月，劳动部参加全国人大内务司法委员会组成的检查组，赴云南、浙江、江苏三省，检查了《残疾人保障法》的贯彻执行情况，掌握和了解了残疾人劳动就业的状况，发现了存在的问题，研究提出了进一步贯彻落实《残疾人保障法》的意见和措施。1994 年，重点参与组织了对《矿山安全法》的执行情况检查，针对存在的问题提出了相应的建议。

3. 受理劳动行政复议案件。做好劳动行政复议案件的处理，是加强劳动法制建设的一项重要内容。1992 年，受理了广州铁路局第二桥隧大修工程公司不服湖南省劳动厅《关于沅陵县鸳鸯大桥 7.18 重大死亡事故处理结案的批复》，申请行政复议的案件，迅速组织了我部有关单位人员参加，对案卷详细审阅，对案件细节逐一进行核实分析，并对这一案件的重大技术问题聘请有关专家做鉴定后，以劳动部行政复议机关的名义，作出维持湖南省劳动厅对此案处理批复的复议决定，“二桥”公司在法定期限未起诉，已结案。1994 年，受理了天津市某厂工人对天津市劳动行政部门对其劳动能力所作鉴定不服的申诉，也及时按复议程序进行了处理。

（劳动部政策法规司　屈应亮）

附件：

社会主义市场经济劳动法律体系

- 宪法—劳动法
  - 劳动合同法
  - 集体协议条例
  - 集体谈判规则
  - 工资法
    - 最低工资条例
  - 就业促进法
    - 职业介绍条例
    - 劳服企业管理规定
    - 残疾人就业条例
  - 社会保险法
    - 失业保险条例
    - 企业工伤保险条例
    - 职工医疗保险条例
    - 职工养老保险条例
    - 女职工生育保险条例
    - 社会保险机构组织条例
    - 社会保险基金管理条例
  - 职业技能开发法
    - 职业技能开发法实施条例
    - 企业职工培训条例
    - 职业技能鉴定条例
    - 学徒培训条例
  - 安全生产法
    - 安全生产法实施条例
    - 锅炉压力容器安全监察条例
    - 特别重大事故调查程序规定
  - 劳动保护法
    - 劳动保护法实施条例
    - 职业安全卫生监察条例
    - 职工工作时间规定
    - 企业职工伤亡事故报告规定
    - 女职工劳动保护规定
    - 未成年工劳动保护规定
    - 职工带薪年休假条例
    - 禁止使用童工规定
  - 矿山安全法
    - 矿山安全法实施条例
    - 石油天然气开采安全条例
    - 矿山安全监察条例
  - 劳动监察法
    - 劳动监察法实施条例
  - 劳动行政执法监督检查条例
  - 劳动争议处理法
    - 劳动争议处理法实施条例

劳动计划与工资工作

劳动计划与宏观管理

1992～1994年，劳动计划与宏观管理工作紧紧围绕邓小平同志南巡重要谈话和党的十四大提出的建立社会主义市场经济体制的精神，进一步深化劳动计划体制改革，加强和不断完善宏观管理，在积极培育和发展劳动力市场，努力构筑劳动领域宏观调控体系等方面进行了有效的探索。通过各级劳动部门的艰苦努力，劳动计划与宏观管理工作取得了显著的成绩。

一、按照建立社会主义市场经济体制的要求，进一步深化劳动计划体制改革，加强和改善宏观管理

（一）适应新形势，更新计划意识，增强劳动计划体制改革的紧迫感

党的十四大明确提出的建立社会主义市场经济体制和党的十四届三中全会《关于建立社会主义市场经济体制若干问题的决定》，为劳动计划体制改革和加强改善宏观管理指明了方向，增强了对传统劳动计划体制改革的意识和紧迫感，其主要体现在以下几方面。

1. 计划与市场不是社会性质的体现，计划和市场都是经济手段，计划多一点还是市场多一点，不是社会主义与资本主义的本质区别。邓小平南巡谈话关于计划与市场关系的精辟论断，从根本上解除了把计划经济和市场经济看作属于社会基本制度范畴的思想束缚，从而确立了劳动计划与宏观管理工作紧紧围绕建立社会主义市场经济体制总体目标来进行改革，这是劳动计划与宏观管理在理论上、认识上的重大突破。

2. 党的十一届三中全会以后，根据中央和国务院关于经济体制改革的部署和要求，尽管对劳动计划体制进行了有益的探索和试验，但从总体上看，劳动计划体制改革的进程，仍跟不上改革的新形势，各级劳动行政部门特别意识到必须加快改革的步伐。

3. 社会主义市场经济体制的确立和国家重大改革措施的出台，迫切要求劳动计划体制改革与整个经济体制改革的进程协调配套，只有加快劳动计划体制改革，加强和改善劳动领域的宏观管理工作，才能适应新形势的需要，促进社会经济的协调发展。

（二）明确劳动计划体制的改革方向、目标和近期改革的任务

劳动计划体制改革，是一项复杂的系统工程，既要符合建立社会主义市场经济体制的总体要求，又要结合劳动计划工作的现实情况；既要循序渐进，又要逐步突破，因而制定切实可行的改革方案是十分重要的。从1991年底到1992年初，劳动部会同各级劳动行政部门和国务院有关综合部门，围绕深化劳动计划体制改革的总体设想和近期推出的改革方案，进行了大量的调查研究和论证工作，对改革的基本思路基本形成了共识，使劳动计划体制改革具有突破性的推进。

1. 劳动计划体制改革的方向

1992年全国劳动计划工作会议明确提出，按照发展社会主义市场经济的要求，建立计划与市场两种调节手段有机结合的运行机制，是深化劳动计划体制改革的方向。同时还提出，要正确把握改革方向应当遵循以

下原则：第一，坚持发挥计划与市场两者的优势和长处；第二，坚持宏观调控和微观搞活的有机结合；第三，坚持必要的集中和适度的分散，统一性与灵活性相结合。

2. 劳动计划体制的改革目标

劳动计划体制改革的目标是"逐步建立起国家宏观调控，分级分类管理，企业自主用人和自主分配"的运行机制和管理体制，有效地实现对全社会劳动力资源的最优配置和劳动成果的合理分配。这个目标体现了宏观、中观、微观三个层次改革的有机结合，既强调了市场的作用，也强调了国家宏观调控、国家计划指导的必要性，当然计划的内容、形式、手段必须进行改革。

3. 劳动计划体制改革的任务

为了逐步达到上述目标，1992 年提出劳动计划体制改革的主要任务是实现四个方面的转换：一是逐步实现由比较单一的指令性劳动计划，向以指导性计划为主体，充分发挥市场调节作用的机制转换；二是逐步实现由国家集中过多的劳动计划决策和管理体制，向分级决策、分类管理的体制转换；三是逐步实现对企业的用工与分配由行政手段为主的直接管理，向以经济、法律手段为主的间接调控机制转换；四是计划工作的重点由侧重对全民所有制单位年度计划指标的管理，转到对全社会劳动力、收入分配以及其它各项劳动事业的发展进行宏观预测、规划指导、协调服务、监督检查等方面来。在坚持宏观调控的同时，支持改革开放，服务于改革开放。

同时提出近期改革的主要任务是，从 1992 年起，国家对地区（指省、自治区、直辖市和计划单列市，下同）、部门（包括计划单列的企业集团，下同）逐步推行动态调控的全民所有制企业弹性劳动工资计划（以下简称弹性劳动工资计划），初步建立企业工资总量调控下自主用工与分配的机制。同时，在综合改革试验地区，继续实行并完善指导性计划和市场调节相结合的体制；在经济特区，继续实行并完善在计划指导下以市场调节为主的体制；深入探索不同所有制企业在用工、分配上实行市场调节的方式途径以及相应的立法监督措施。

（三）劳动计划体制改革和加强宏观管理的主要政策措施

1. 改革了劳动计划的内容和指标体系，把以指令性计划为主的计划体制，改为以预测性、政策性、指导性为基本特征的计划体系。从 1993 年起，劳动部对各省、自治区、直辖市及计划单列市不再下达指令性的年度职工人数、工资总额和技工学校计划，将这些指标均改为指导线性计划。与此同时，加强中长期发展规划的研究制定，在中长期发展规划中，主要是确定劳动事业发展的战略目标和方针政策，包括人力资源的开发利用、社会收入分配、职业技能培训、社会保险、劳动安全与卫生、劳动科学研究和劳动法制建设等。1994 年，劳动部研究提出了《劳动事业发展 2010 年长远规划和第九个五年计划的基本思路》（征求意见稿），下发各地区、各部门，以指导各地区、各部门劳动计划的制定。在年度计划内容和方法的改革方面，劳动部从 1994 年起，试行劳动事业年度发展报告制度。年度发展报告，在综合分析国民经济发展形势和预测市场变化的基础上，合理确定年度劳动事业发展的宏观调控指标，提出各项劳动工作的年度任务和相应的政策措施，以发挥劳动计划的科学预测性和指导性作用。

2. 改革了劳动计划的方法和形式，改变过去通常采用的基数法、水平法、经验法，大力采用现代化的预测分析方法和手段，增强计划的科学性和有效性，以适应市场经济发展的要求。

1992 年劳动部对全国 15 个地区试行了弹性劳动工资计划，把劳动工资计划的绝对量控制变为相对量的调控，把静态控制变为动态调控，把指令性的指标分解的计划，变为有弹性的、可随经济效益状况按一定比例自行调节的计划。弹性劳动工资计划，通过用体现投入产出效益的相关经济指标，调控地区、部门的企业工资总量，并用企业工资总量间接调控职工人数。弹性劳动工资计划是劳动计划体制的重大改革，是劳动计划在计划内容、计划方法和形式上的重大变革。到1994底，全国30个地区、8个国家计划单列的中央部门实行弹性劳动工资计划办法。

3. 切实转变劳动计划职能，强化经济调控手段，加快劳动法制建设，进一步加强和改善了劳动工资的宏观调控。三年间主要制定了以下政策法规：

(1) 1992年1月，劳动部会同国家经贸委（原国务院生产办公室）、国家体改委、人事部、全国总工会制定并发布了《关于深化企业劳动人事、工资分配、社会保险制度改革的意见》，明确提出，企业人事制度改革要打破干部和工人的身份界限，推行全员劳动合同制；在企业工资分配上，进一步落实企业工资分配的自主权，改进完善工资总额同经济效益挂钩办法，国家加强工资总额的管理，特别要注重对国有资产保值、增值的考核，在企业内部，贯彻按劳分配原则，实行岗位技能工资制，调整工资收入结构；在社会保险制度改革方面，逐步建立国家基本保险、企业补充保险和个人储蓄性保险相结合的多层次养老保险体系，以及失业保险体系；加快劳动工资计划体制改革，落实企业用人和工资分配的自主权，逐步实行按相关比例调控的弹性劳动工资计划。这些改革的意见，对加强和改善劳动领域的宏观管理，无疑起了促进的作用。

(2) 根据《全民所有制工业企业转换经营机制条例》以及其它有关法律、法规，1993年6月劳动部会同国家经贸委、国家体改委制定了《〈全民所有制企业工资总额管理暂行规定〉的通知》，从而规范了企业工资的确定、使用及其它行为，明确了加强企业工资宏观调控、检查监督的政策措施。

(3) 1993年7月，报经国务院同意并授权，劳动部会同有关部门发布了《国有企业工资总额同经济效益挂钩规定》，规范了企业工效挂钩办法，强化了工效挂钩的管理。

(4) 1993年10月，国务院办公厅转发劳动部《关于加强企业工资总额宏观调控意见的通知》和劳动部《关于加强企业工资总额宏观调控的实施意见》，对于加强企业工资宏观调控，确保企业工资总额增长与国民经济发展保持合理、协调的比例关系；控制消费基金的过快增长起到了重要的作用，同时有利于促进劳动工资宏观调控体系的建立。

(5) 1994年为配合贯彻实施《劳动法》，先后发布了《企业最低工资规定》和《工资支付暂行规定》，规范了企业工资分配行为，保护了劳动者的合法权益。

二、劳动计划体制改革和宏观管理的成效与问题

（一）劳动工资总量调控目标基本实现

1. 劳动就业

1994年底，全国从业人员61469万人，比1991年底的58360万人增加3109万人，平均每年增加1036万人。其中，城镇从业人员16798万人，比1991年增加1530万人，城镇失业率三年都控制在3%以内。到1994年底，全国已建立2.5万个职业介绍机构，就业训练中心2600多个，劳动就业服务企业18.8万户，从业人员达876.2万人。

2. 工资分配

1994年全国企业职工货币平均工资4408元，比1991年的2364元增加2044元，平均每年增长23.1%，扣除物价因素后，实际平均工资平均每年增长5.8%，是改革开放以来工资增长最快的时期。企业工资增长较快的原因：一是由于国民经济持续高速增长和企业经济效益不断提高；二是城镇物价、住房和社会保险制度改革使得相应增加补偿

性工资；三是国家改革政策中有不断提高职工工资水平的意识；四是少数企业、行业工资增长过快的带动。

尽管企业职工工资增长较快，但仍符合工资增长“两低于”的要求，从1991年至1994年，企业职工实际工资总额的年均增长率与同期国内生产总值的年均增长率的比例关系为1：0.53（以国内生产总值年均增长率为1）；企业职工实际平均工资年均增长率与社会劳动生产率的年均增长率相比为1：0.57（以劳动生产率增长为1）。

（二）存在的矛盾和问题

三年来企业工资增长较快，从总体上看与国民经济发展基本适应，但也存在着一些矛盾和问题，主要是近年来企业工资增长速度呈加快的趋势，特别是预算外国有企业工资成本上升较快，工资外收入大大快于工资增长，这不仅对消费基金增长和总需求与总供给的平衡造成压力，而且加剧了企业分配秩序的混乱，企业工资分配差距拉大过快，结构性矛盾逐渐显露，存在着分配不公现象，这些问题需要引起足够的重视并不断加以改进和完善。

（劳动部综合计划与工资司　明瑞锋）

企业内部分配

按照国务院《全民所有制工业企业转换经营机制条例》的精神，进一步扩大了企业内部分配制度并提出了改革措施。主要做法是：

一、向企业推荐了岗位技能工资制

1992年1月7日，我们下发了《劳动部关于进行岗位技能工资制试点工作的通知》（劳薪字［1992］8号），并确定下达了第一批共100户试行岗位技能工资制重点联系企业名单。此后，各地区、各部门结合自己的实际情况，积极稳妥地开展了试点工作。为了加强对试点企业的指导，我们于1992年5月20日下发了《关于搞好岗位技能工资制试点工作有关问题的意见》（劳薪字［1992］30号），各地区、各部门坚持以转换企业经营机制、增强企业活力、提高经济效益为中心，统筹规划，精心组织，使试点工作取得了显著的效果。

实行以岗位技能工资制为主要形式的内部分配制度是改革开放以来企业工资改革的成果和继续。岗位技能工资制是以按劳分配为原则，以加强工资宏观调控为前提，以劳动技能、劳动责任、劳动强度和劳动条件为基本劳动要素评价为基础，以岗位工资、技能工资为主，以职工实际劳动贡献（劳动的质量和数量）来确定劳动报酬的企业基本工资制度。它是企业内部分配制度的主体和基础。结合实行岗位技能工资制，有计划地逐步调整职工工资收入结构，结合价格、住房制度和医疗保险制度的改革，把一部分福利性补贴逐步纳入职工工资。企业实行岗位技能工资制以后，还可以根据生产经营特点辅以灵活多样的具体分配形式，如计件工资、定额工资、浮动工资、提成工资、奖金等，把基本工资制度与具体分配形式有机地结合起来。

在实行岗位技能工资制的过程中应当遵循的原则：一是积极而又稳妥的原则；二是自主自愿的原则；三是企业自己挣出钱来为主搞改革的原则；四是综合配套进行改革的原则；五是加强宏观调控的原则；六是以提高企业经济效益为中心的原则；七是不断完善的原则。

企业实行了岗位技能工资制以后，对加强企业的基础管理工作，鼓励职工学习技术，合理拉开工资差距，提高企业的经济效益起到了积极的作用，企业内部分配中技术等级与工资等级脱节、劳动报酬与劳动贡献脱节以及平均主义等问题得到了一定程度的缓解。到目前为止，全国已有约3万户企业、2770万职工实行了岗位技能工资制。

二、提出了国有企业试行经营者年薪制的意见

(一)改革现行国有企业经营者收入制度的必要性

改革开放以来，为适应城市经济体制改革的需要，推行企业经营承包责任制，充分发挥企业经营者在生产经营过程中的作用，根据责、权、利相一致的原则，国家在1986年制定的《关于深化企业改革增强企业活力的若干规定》(国发[1986] 103号)中对经营者收入问题作出了原则规定，即“凡全面完成任期内年度责任目标的，经营者的个人收入可以高于职工平均工资的一至三倍。”1992年，我部和原国务院经济贸易办公室联合下发了《关于改进完善全民所有制企业经营者收入分配办法的意见》,对有关问题进一步作出了具体明确的规定。上述政策的实施对调动企业经营者的积极性，促进企业生产经营发展，起到了重要作用。

随着改革的深入，特别是党的十四大和十四届三中全会关于建立社会主义市场经济体制和建立现代企业制度的决定的提出，对企业改革提出了新的要求，同时对企业经营者赋予了新的职责，也提出了更高的要求。而现行对经营者收入的管理办法已不能适应新形势下改革的需要。原办法存在的主要问题，一是在基本报酬的形式上延续了月薪制，并纳入企业统一的工资标准，既没有充分考虑经营者的劳动特点，也没有在工资分配上突出经营者的重要作用；二是经营者收入与职工收入紧密捆在一起，无法在企业内部形成利益制衡机制，不利于现代企业制度的发育和完善；三是原办法不规范，可操作性差，在实践中产生了不少问题。

为此，1994年3月30日，劳动部、国家经贸委、财政部联合向国务院报送了《关于请审定〈国有企业经营者年薪制试行办法〉(送审稿)的报告》(劳部发[1994] 151号)。就此报告，国务院办公厅分别征求了国家体改委、国务院法制局、煤炭部、中国有色金属工业总公司等11个中央部委和总公司的意见，综合各方面的意见，我们对原文件作了进一步修改。

(二)经营者年薪制的基本内容和主要特点

企业经营者系指具有法人代表资格的企业厂长、经理。经营者年薪制是以年度为单位确定经营者的基本收入，并视其经营成果分档浮动发放风险收入的工资制度。实行年薪制后，经营者的收入主要由基本收入和效益收入两部分组成，其实际收入主要根据其经营成果以年度为单位考核浮动发放。

年薪制的主要特点是：

1. 能较好地体现企业经营者的工作特点。以年为单位考核确定经营者收入水平，可以使经营者收入与其工作业绩更紧密地联系起来。

2. 从工资分配制度上突出了经营者的重要地位，增强了经营者的责任感，强调了其生产经营成果和所负责任的统一性，同时也使其承担一定的经营风险。有利于培育高素质职业化的企业家队伍。

3. 有利于克服经营者收入与本企业职工收入互相拉动的缺陷，有利于促进企业产权明晰化和现代企业制度的建立。

三、实行了最低工资保障制度

为了适应社会主义市场经济发展的需要，保护劳动者个人及其家庭成员的基本生活和劳动者的合法权益，促进劳动者素质的提高和企业公平竞争，1993年11月24日，我们制定了《企业最低工资规定》(劳部发[1993] 333号)，1994年10月8日，我们又根据《劳动法》第四十八条关于“国家实行最低工资保障制度”的规定，下发了《关于实施最低工资保障制度的通知》(劳部发[1994]409号)，要求各地劳动行政部门尽快拟定出本地区最低工资标准，以保证这项制度的顺利实施。《通知》指出，建立最低工资

保障制度是适应社会主义市场经济要求，推动劳动力市场建设与工资分配法制化，充分保障劳动者合法权益的一项重要举措。《通知》还根据《劳动法》有关规定，对《企业最低工资规定》作了一些修正和补充。

最低工资制度是国家通过一定的立法程序所规定的、为保障工薪劳动者履行必要的劳动义务后，相应获得维持劳动力再生产的最低工资收入的一种法律形式。我国实行最低工资制度的基本原则是：一要同我国现阶段经济发展水平相适应；二要维护社会公平；三要有利于调动劳动者生产积极性，促进生产和经济的发展。

最低工资是指职工在履行了正常劳动义务的前提下，由其所在单位支付的最低劳动报酬。最低工资不包括加班加点工资、特殊岗位津贴及国家法律、法规和政策规定的劳动者保险、福利待遇。

截止到1994年底，全国30个省、自治区、直辖市已将本地区制定的最低工资标准报送我部并全部审核完毕。其中有18个省、自治区、直辖市已正式发布实施了本地区的最低工资标准，它们是：北京、上海、天津、山东、福建、浙江、江苏、安徽、云南、贵州、广东、海南、吉林、辽宁、山西、陕西、新疆、宁夏。

四、制定了工资支付暂行规定

为配合《劳动法》的贯彻实施，充分保障劳动者通过劳动获得劳动报酬的合法权益，规范用人单位的工资支付行为，1994年12月6日，我们制定了《工资支付暂行规定》(劳部发［1994］489号文)。这是为实施《劳动法》制定的单项行政法规，其中包括了工资支付的时间、工资支付项目、工资支付形式、工资支付对象以及特殊情况下的工资支付等项内容。该规定要求：用人单位必须书面记录支付劳动者工资的数额、时间以及劳动者签字等内容并保存两年以上；劳动者在法定工作时间内依法参加社会活动应被视同提供了正常劳动；劳动者依法休婚、丧、探亲、年假等，可按劳动合同规定的标准取得工资；非因劳动者原因造成停工停产在一定时间内，用人单位应按劳动合同规定的标准支付工资；用人单位代扣代缴个人所得税等项内容不视为克扣工资；劳动者给用人单位造成经济损失要赔偿的可从工资中扣除；各级劳动行政部门有权监察用人单位的工资支付情况，等等。

(劳动部综合计划与工资司　马幼华)

外商投资企业劳动管理

中国外商投资企业是在党的十一届三中全会以后，逐步兴办和发展起来的。十六年来，中国外商投资企业的发展速度是举世瞩目的。截止到1994年底，全国累计批准外商投资项目22万多个，实际使用外资金额955.77亿美元。已经开业投产的约10万家，从业人数达到1400多万人。已开业投产的外商投资企业，绝大部分经营情况良好，销售额和利润额逐年增加，进出口增长很快。1994年，外商投资企业进出口总值达876.5亿美元，占全国进出口总值的37%。

随着外商投资事业的发展，外商投资企业劳动管理体制逐步形成。目前，全国各省、自治区、直辖市、计划单列市，都设有外商投资企业劳动管理的专门机构或专管人员。为了加强外商投资企业的劳动管理工作，中国劳动学会组建了中国外商投资企业劳动管理专业委员会，不少地区还成立了外商投资企业劳动管理研究会或劳动管理学会，作为群众性的学术团体成为企业与政府联系的纽带，积极开展工作，为外商投资企业劳动工作的管理、劳动法规的制定和贯彻，做出了贡献。

对外商投资企业的各项劳动工作，从中央到地方的各级领导都非常重视。1991年11月，田纪云副总理在答复美中贸易委员会成员提出的工资问题时指出，“1990年劳动部发表的关于合营企业职工工资问题的意见……，其目的主要是为了限制那些经济效益较差的合营企业，仍发高工资，使合营企业丧失了廉价劳动力的优势。实际上，对那些经济效益好的企业，是允许突破上限的”。衡量企业经济效益“唯一的标准是不赔钱”。1992年，李沛瑶副部长在全国“三资、乡镇和私营企业职工安全卫生工作研讨会”上，就三资企业职工劳动职业安全卫生工作发表了重要讲话，他指出：在我国的外商投资企业必须执行我国的有关劳动保护规定，不能例外。引进外资不能以工人的生命和健康作为代价，以牺牲工人的利益来换取。

为切实搞好外商投资企业的劳动管理工作，三年来，结合外商投资企业的特点，劳动部组织地方、部门和企业进行了大量的调查研究和课题研讨工作。1992年、1993年，劳动部先后组织地方和企业对外商投资企业的人才资源与开发、考核与评估、使用与培训、企业内部工资分配、中方职工工资水平宏观调控、女职工和未成年工劳动保护现状与对策等问题，以及部分省市外商投资企业人工成本情况、境外人员来华就业状况和存在的问题等进行了调查，相继写出了《“三资”企业劳动管理工作的调查与思考》、《搞好饭店企业内部工资分配的一点尝试》、《人力资源开发中的激励机制》、《走向社会的双向选择》、《人工成本调查与分析》、《关于部分省市境外人员来华就业情况报告》等论文和报告，并刊登在中国劳动学会外商投资企业劳动管理专业委员会的会刊上。这些论文、报告和材料，对指导、推进外商投资企业劳动管理工作起到了积极的作用，也为新建外商投资企业确定人工费用、机构设置、人员编制等提供了参考依据。

1993年，针对当时外商投资企业劳动管理工作中存在的问题，下发了《进一步改进和加强外商投资企业劳动工作的通知》，对强化和规范外商投资企业劳动管理、保护职工合法权益，起到了积极的作用。

为了积极开展对外交流，学习借鉴国外的先进管理经验，1992年和1993年，劳动部还相继组织上海、天津、大连、青岛、深圳及中国迅达电梯有限公司、上海联合毛纺织有限公司等地区和企业，赴美国、新加坡、泰国、菲律宾、巴基斯坦等国家，对其跨国企业劳动管理进行考察。考察报告发表以后，在外商投资企业引起较大反响，对改进和加强外商投资企业劳动管理工作，起到了很好的促进作用。

1994年，针对部分外商投资企业违反我国用工制度、打骂体罚职工、随意延长工作时间、克扣拖欠职工工资、违反国家劳动安全卫生标准等行为，劳动部在调查研究、反复论证和多年酝酿的基础上，起草了《外商投资企业劳动管理规定》。在1994年3月召开的全国外商工作座谈会上，这个《规定》作为会议文件广泛征求了有关方面的意见，得到肯定，同时也得到江泽民、李鹏、李岚清等党和国家领导人的支持。李鹏总理指出：最近外资企业发生几起严重的安全事故，说明一些外资企业劳动安全条件很差，有的甚至侵犯职工的权益。保护外资企业职工合法权益，应该提到各级政府和工会的议事日程上来。

同年5月份，该《规定》作为全国劳动工资工作会议文件，在会上又征求了各地劳动部门和国务院有关部门的意见，与会代表认为基本可行。在此基础上再次进行了修改，于1994年8月11日由劳动部、对外贸易经济合作部联合颁发。这个《规定》是外商投资企业与职工建立和谐稳定的劳动关系、正确处理劳动争议纠纷、切实保障企业和职工双方合法权益的法律依据。《规定》的颁发，受到广大外商投资企业职工的欢迎，取得了很好的社会效果。

为配合我国现代企业制度改革，经过调

查研究，我们起草了“关于外商投资企业建立集体谈判机制试点的指导意见”、“外商投资企业谈判规则”，于 1994 年 3 月在珠海召开的“（94）全国外商投资企业劳动管理工作研讨会”上，专门进行了研究和讨论，这对指导外商投资企业开展集体协商签订集体合同试点工作起到了积极的作用。

1992 年至 1994 年颁布的法规、规章及复函目录

1992 年：

1. 劳动部对北京市劳动局关于《外商投资企业中发生不与职工签订劳动合同等三种情况时的劳动争议是否受理问题》的复函

2. 劳动部对广西壮族自治区劳动厅关于执行劳动人事部劳人劳［1984］年 1 号文件遇到的问题的批复

3. 国家体改委、劳动部关于加强外商投资企业中方职工社会保障工作的通知

1993 年：

1. 劳动部对北京市劳动局《关于外商投资企业行政雇用外籍员工有关问题的请示》的复函

2. 劳动部关于进一步改进和加强外商投资企业劳动管理工作的通知

3. 劳动部、全国总工会《关于切实保障企业职工合法权益的通知》

1994 年：

1. 劳动部对大连市劳动局《关于同时用中外文书写的两种劳动合同文本法律效力问题的请示》的复函

2. 劳动部、公安部、全国总工会《关于加强外商投资企业和私营企业劳动管理切实保障职工合法权益的通知》

3. 劳动部、对外贸易经济合作部关于印发《外商投资企业劳动管理规定》的通知

（劳动部综合计划与工资司　杨懋睦）

劳动就业

1992 年、1993 年和 1994 年，我国正处于由计划经济体制向市场经济体制的转轨时期，与社会经济发展密切相关的劳动就业制度也随着经济结构、所有制结构、产业结构的调整而进行了根本性的变革。三年中，我国劳动力供大于求的矛盾虽然十分突出，但在各级政府的领导和社会各界的支持下，经过劳动战线上广大干部的共同努力，全国就业工作取得了显著成绩。三年中，共安置城镇劳动力 2150 多万人，城镇失业率始终保持在 2.8%以下。

在这三年中，我们主要做了以下几方面的工作：

一、以劳动力市场为中心，建立就业新制度

党的十四届三中全会第一次提出建立社会主义市场经济要形成劳动力市场，并把它作为发展生产要素市场的一个重点。加快培育统一、开放、竞争、有序的劳动力市场已被列为深化经济体制改革的一个重要内容，并在 1993 年全国劳动工作会议上，被正式确定为劳动体制改革的中心任务。劳动力市场是按照价值规律和竞争规律，通过劳动力供求双方相互选择实现劳动力资源配置的一种机制。根据培育和发展劳动力市场的要求，劳动部确定了进一步深化劳动就业制度改革的

目标模式为：以充分开发利用劳动力资源为出发点，以实现充分就业和劳动力合理配置为目标，建立起国家宏观调控、城乡协调发展、企业自主用人、劳动者自主择业、市场调节供求、社会提供服务的新格局，实现充分就业和劳动力的合理配置，即实行国家政策指导下的市场就业。按照这一目标，就业制度也相应地进行了改革。首先，确立市场主体。恢复劳动力供求双方的主体地位，通过建立双向选择、合理流动的机制，实现劳动者自主择业，企业自主用人。其次，更新市场机制。在就业中引入竞争机制，通过竞争使劳动者树立就业凭竞争，上岗凭能力的意识，增强就业能力；使企业合理使用劳动力，不断提高企业效益和凝聚力，吸引优秀人才。同时，通过建立对特殊困难群体及竞争弱者提供保护的制度，促进其实现再就业。第三，建立市场规则。通过建立一整套法律法规来规范市场的行为和秩序。三年中，先后出台了《国有企业职工待业保险规定》、《职业指导办法》、《农村劳动力跨地区就业管理规定》、《训练与转业训练规定》、《劳动就业服务企业股份合作制规定》、《职业介绍管理规定》、《境外就业服务机构管理规定》、《关于进一步做好外国人在华就业管理工作的通知》、《关于民办职业介绍机构管理问题的通知》等。这些法律法规的实施，为劳动力市场的正常运行提供了可靠的法律保证。第四，加强市场工作载体建设。通过建立健全大批功能健全、行为规范的市场中介组织和服务实体，特别是就业服务的工作组织和手段，发挥其综合效能，为市场主体实现最佳配置创造了良好的条件。

二、广开就业门路，扩大就业容量

1992 年至 1994 年，我国劳动力供大于求的矛盾更加尖锐。一方面，城乡劳动力资源数量仍然较大，总体素质较低；另一方面，社会生产的增长仍不能满足劳动力充分就业的要求，国有企业吸纳就业的能力趋于饱和，并且要加快精减企业冗员，城镇集体经济发展又面临诸多困难，扩大就业的潜力不大，非公有经济虽发展较快，但总量上就业容量有限。与此同时，在企业中有 1000 多万企业富余职工需分流安置；农村有 1 亿多剩余劳动力需向非农产业转移。面对这一严峻的就业形势，劳动部根据国民经济发展的需求和所有制结构、产业结构调整及企业重组的需要，及时调整就业的所有制结构和产业结构，合理布局就业的企业结构和城乡结构，并寻求和探索扩大就业的新的生长点。经过反复论证，提出了大力发展以传统和新兴第三产业为主导，以中小型企业为基础的劳服、区街、民营、乡镇等新型集体经济，带动私营、个体、外资等其他经济成分和产业形式，扩展就业新领域的思路。同时，争取国家对集体企业资金、税收、场地等方面的支持，帮助集体经济建立吸引人才的机制和从业人员的社会保险制度，促进集体企业推行股份合作制和分配制度改革，落实劳服企业各项优惠政策并将其扩大到所有担负就业任务的集体企业。劳动部还要求运用就业服务的各项手段为发展集体经济服务：职业介绍机构要优先和重点为集体企业推荐人才；就业训练中心要侧重开展对集体企业从业人员培训；失业保险要扩大到集体企业从业人员，并为发展第三产业吸收就业的企业贷款贴息；加快劳服企业内部机制的改革，使其在发展集体经济，扩大就业中发挥作用。以上措施的实施，使集体经济和非国有经济在扩大就业中发挥了重要作用。

三、实施“再就业工程”，促进失业职工再就业和企业富余职工的分流安置

随着劳动力市场的发展和企业改革的深化，失业职工再就业和企业富余职工的分流安置问题越来越突出。主要表现为：失业职工逐年增多，1992 年失业职工为 34 万人，1993 年为 103 万人，1994 年达到 186 万人，相当于前七年的总和；由于相当一部分失业职工年龄偏大、素质较低、体质较差，在市场竞争中处于劣势，致使失业周期延长；约有300万特困企业的职工由于半年以上没有领到工资或待岗放长假，生活相当困难。这些问题严重阻碍着改革的进程，同时也影响着社会的稳定。

针对这一问题，劳动部1993年底推出了“再就业工程”，旨在充分发挥政府、企业、劳动者和社会各方面的积极性，综合运用政策扶持和就业服务手段，实行企业安置、个人自谋职业和社会帮助安置相结合，重点帮助失业6个月以上的职工和生活困难的企业富余职工尽快实现再就业。“再就业工程”先后在沈阳、上海、青岛等城市进行了试点工作，并取得了明显的成效，得到了地方政府、企业和职工的肯定，也得到了社会各界的支持和帮助。实践证明，“再就业工程”是促进失业职工再就业和企业富余职工分流安置的有效途径。

为积极配合企业深化改革，保持社会稳定，劳动部在总结试点城市经验的基础上，决定在全国推广实施“再就业工程”，并提出从1995年开始，在5年内组织800万失业职工和企业富余职工参加“再就业工程”，帮助其尽快实现再就业。目前，“再就业工程”的实施工作已得到了国务院领导的高度重视和各部门的大力支持，并已在全国广泛推开。

四、实施“农村劳动力跨地区流动有序化工程”，引导农村剩余劳动力有序地向非农产业转移

1992年至1994年，跨地区流动就业的农村劳动力逐年增多，1994年春运期间铁路运送民工达2100万人次，公路仅华南方向500万人次。农村劳动力向城市转移，既符合市场经济规律，又促进了沿海地区经济的发展和农村的脱贫致富。但民工流动中的盲目无序问题也带来了许多弊端。一是外出农村劳动力增长速度过快，大部分自发盲目出来的农村劳动力，由于缺少信息，徒劳往返，部分人长期工作无着，给社会治安带来很大的压力，同时一些农村也出现了农田撂荒的现象；二是用人单位、劳动者就业及中介服务都缺乏规范，劳动者受骗上当，合法权益得不到保障的问题比较严重；三是每年春运期间，大批民工返乡，形成集中时间、集中方向的大规模流动，给交通带来巨大压力，极易引发重大社会问题。针对一年一度的“民工潮”，劳动部及农村劳动力流出、流入地的劳动部门采取了积极的措施，取得了一定成效。但由于输出地流出量过大，民工无序流动的问题仍难以控制。

1994年11月底，国务院专门召开了会议，对组织民工有序流动工作进行了部署和安排。会上，劳动部吸取了往年春运期间组织民工有序流动的经验，汇总各部门的意见，提出了一整套做好民工有序流动工作的预案、措施和思路，得到了国务院的充分肯定。国务院领导据此确定了组织民工有序流动的对策措施。为落实会议精神，劳动部还制定发布了《农村劳动力跨省流动就业管理暂行规定》，要求对农村劳动力跨地区流动就业实行统一的流动就业证管理制度，也就是由输入地根据用人单位的实际需求发放流动就业证，输出地根据准确的需求信息签发外出就业登记卡，通过证卡合一，达到供求结合，以逐步在全国形成“信息导向、按需流动、凭证管理、全程服务”的新制度。

在1995年春运期间，劳动部门通过抓紧建立和实行全国统一的流动就业管理制度，大力发展区域性劳动力市场和乡镇服务站建设，加强输出和输入地劳动部门的协作，加强监督检查，保证各输入地用人单位在节后一个月内不招收外地新民工等有力措施，使春运期间民工流动的状况有了明显的改观：民工流动的规模得到控制，高峰压力缓解，交通和社会秩序明显好于往年，车站滞留、积压旅客的现象大大减少，铁路客运中未发生民工重大伤亡事故。

在引导农村劳动力有序向城镇转移的同时，劳动部还确定了城乡统筹协调的就业管理体制，要求通过农村劳动力开发就业试点工作，加强对试点地区的指导，努力把开发农村劳动力就业工作纳入培育和发展劳动力市场的大盘子中，统筹规划城乡就业，完善农村就业服务网络，并采取更多的有效形式，开拓农村就业渠道，扩大城镇劳动力市场对农村劳动力的开放程度，加强对农村劳动力流动的指导与服务，使城乡就业协调发展。在这三年中，劳动部所采取的主要措施是：支持农民开办生产、经营、服务网点，或引导并帮助他们以乡镇企业为依托，集资建设小城镇，发展第三产业，为农村劳动者自己创造就业岗位疏通一条稳定的渠道；根据城市生产、生活需要和劳动力供求变化，及时调整劳动力市场政策，采取灵活的用工形式，扩大城镇对农村劳动力需求的数量，并将用工数量、职业、技能要求等信息传递给农民，使他们能够根据这些信息决定是否外出务工及动身去向、时间，减少和避免盲目性；支持小城镇户籍制度改革，逐步缩小城乡差别，引导农村劳动力就地就近向非农产业转移等等。

五、完善就业服务体系，促进劳动力市场发展

三年来，以职业介绍、就业训练、失业保险、劳服企业生产自救为支柱的就业服务体系得到了进一步发展和完善。截止 1994 年底，全国共有职业介绍机构 2.5 万所，其中劳动部门举办的有 2.0 万所，仅 1994 年就有 1329 万人次通过职业介绍机构实现了就业和再就业；就业训练中心有 2600 多所，1994 年培训结业人员 323.7 万；三年中全国共接收救济失业职工 320 多万，其中仅 1994 年就达 187 万人，通过再就业服务已使其中 106 万人当年实现了再就业；劳服企业也得到进一步巩固和发展，近 20 万个劳服企业从业人员近 900 多万人，1994 年生产经营总产值达 1718 亿元。

健全了职业介绍服务机构。通过制定《职业介绍管理规定》，规范了职业中介行为，初步建立了以劳动部门开办为主体、以社会开办为补充、覆盖大部分城乡和用工单位及劳动者的职业介绍网络，并在全国近 2000 个乡镇建立了劳动就业服务机构。城市的职业介绍机构基本实现了“一条龙”服务，并逐步完善了职业介绍工作手段和技术方法。一些省市还开展了职业指导制度和信息微机管理系统试点工作。

就业训练和转业训练工作初步走上了法制化轨道，全国的县、市、区基本建立了就业和转业训练基地。就业和转业训练基地面向市场，根据市场的需求设置培训项目，重点开展对失业职工、企业富余职工和农村剩余劳动力的培训，并对部分劳服企业的职工开展轮训，对城镇中小企业经营者提供开业指导和经营培训。一些基础工作较好的训练中心还在提高培训质量的同时，积极探索就业训练工作与职业介绍工作相结合的有效途径。

失业保险工作取得了突破性进展。1993 年，国务院颁布了《国有企业职工待业保险规定》。这个规定在实施范围、基金的筹集和管理、基金的使用、监督机制的建立等方面，都比 1986 年颁布的《国营企业职工待业保险暂行规定》有了较大的突破和进一步的完善。《规定》的出台，标志着我国失业保险制度由初创阶段进入了发展阶段。《规定》颁布后，全国已有 26 个省、自治区和直辖市扩大了失业保险的实施范围，其中有 18 个省由地方政府颁发了新的法规，扩大了失业保险范围，改进了基金的收缴管理，强化了失业救济与再就业服务的联系，并按此进一步理顺了工作体制，使失业保险工作逐步向着建立“覆盖城镇全部职工，基金三方合理负担，救济与再就业紧密结合，管理和服务社会化的新型失业保险制度”的目标发展。截至 1994 年底，参加失业保险的职工总人数达9500万人。在这三年中，失业保险坚持将失业救济与促进再就业相结合，通过开展转业训练和生产自救，帮助失业职工组织起来就业和自谋职业，使失业率和平均失业周期有所降低，既从根本上解决了失业职工的出路，也相应地节省了救济金的支出。在1992年至1994年的春节期间，各地劳动部门还为360万企业特困职工发放了一次性困难补助；一些地方还使用失业保险金，对企业分流安置富余职工给予扶持。与此同时，失业保险还给予“再就业工程”以强有力的资金支持，保证了“再就业工程”的顺利推行。然而，我国的现行失业保险制度仍存在着覆盖面窄、统筹程度低、救济水平低等问题，已不能适应深化改革的要求。目前，劳动部正在抓紧研究制定新的《失业保险条例》。

劳动就业服务企业是劳动部门扩大就业岗位、调控失业率的重要手段。三年来，劳服企业得到了较大的发展。它通过广开就业门路，以劳动积累创造财富、创造就业岗位的经验和做法，不仅安置了城镇新增劳动力，而且还承担了组织失业职工和企业富余职工开展生产自救的重任。同时，劳服企业也加快了改革步伐，1994年，劳动部发布了《劳动就业服务企业实行股份合作制规定》，指导100家企业进行股份合作制的试点工作，并在一些城市开展了劳服企业区域性综合配套改革的试点工作，使劳服企业在经营方式上，以股份合作制为主，集体、合作、多种联营、联合；在产业发展上，以第三产业为主，重点发展劳动密集型的企业；在企业规模上，以小型企业为主，大中小结合，推动劳服企业健康发展。

为了进一步完善就业服务体系建设，拓展服务领域，提高服务质量和工作效率，促进其各项工作的协调发展，1994年劳动部制定了《促进劳动力市场发展，完善就业服务体系建设的实施计划》，明确了近三年就业服务体系建设的工作目标和具体措施，为就业服务事业的发展奠定了基础。

与此同时，各级劳动部门将促进妇女就业和残疾人就业问题作为就业工作的一个重要内容。通过创造适合妇女特点的就业岗位，开辟临时工、小时工、弹性工作、阶段性就业等新的就业形式，开展对妇女的就业训练与转业训练，为女青年尤其是失业女职工就业和再就业提供信息服务和职业指导，帮助其提高就业的竞争能力，尽快实现就业；通过开展残疾人按比例就业的试点工作，千方百计地创造条件，帮助残疾人从事力所能及的工作和自谋职业。

六、联通国际劳动力市场，积极开展境外就业服务

根据国务院关于劳务输出、境外就业工作管理的分工意见和促进此项事业发展的要求，劳动部于1992年开展了境外就业的试点工作，制定了《境外就业服务机构管理规定》，并先后批准了30多个试点单位。三年中，这些境外就业试点单位都相应地成立了境外就业服务机构，配备了专业人员，制定了境外就业的政策和规章制度，为境外就业工作走上规范化、法制化轨道奠定了基础。这些试点单位通过交流、合作、建立信息网络点等多种形式，掌握境外就业信息，扩展境外就业渠道。同时，他们还发挥劳动部门掌握劳动力资源、具有中介服务、合同鉴证、劳动仲裁、就业培训、社会保险等管理服务手段，并能使其协调一致的优势，先后组织6000多人到30多个国家和地区就业。境外就业的实践，打开了一条公民个人出境就业的新渠道，开拓了中国劳务输出的新领域；联通了国际劳动力市场，拓展了就业工作的新途径；使就业服务向境外就业延伸，建立了市场就业下的境外就业新方式。

三年来，我国就业工作之所以能够取得如此的成效，主要有以下几点经验：一是我们将就业工作与深化改革、扩大开放、保持稳定的大局相结合，并根据这一大局来确定就业工作的方针、目标和任务。这样，就使就业工作中的热点、难点问题摆上了各级政府工作的议事日程，引起了各级领导的高度重视，因而也就得到了各部门的密切配合和全社会的大力支持。我部推出的“再就业工程”和“农村劳动力跨地区流动有序化工程”的实施及所取得的成效充分证明了这一点。二是深化改革、勇于探索，建立与市场经济相适应的就业新机制。三年来，我们不断深化就业制度的改革，并根据劳动力市场发展的需要和我国的国情，提出了市场经济条件下促进就业的，企业安置、个人自谋职业与社会帮助安置相结合的就业方针和市场就业的新机制。这一方针和机制，为我们做好新形势下的就业工作，较好地解决市场经济条件下出现的就业困难群体人员的就业问题，并逐步把失业职工再就业和企业富余职工的分流安置工作纳入正常的工作轨道提供了强有力的保证。三是强化就业服务体系建设，搞好市场服务。在三年的就业工作中，就业服务实体在不断壮大，服务领域在不断拓宽，服务设施和手段在不断更新，服务质量和效率在不断提高，这些都为做好就业工作提供了可靠的基础保证。四是全社会的理解和支持。就业问题是关系亿万群众切身利益的社会问题，为此，我们始终将为国分忧、为民解难作为就业工作的一个出发点，扎实工作、开拓创新、无私奉献，千方百计地解决就业工作中的难点问题，解决广大人民群众所关心和所面临的困难，并积极争取社会各方面的支持与协助，为做好就业工作而共同努力。

（劳动部就业司　贾丽）

劳动关系与监察

劳动争议处理

1992年至1994年是劳动争议处理工作大发展的重要时期。这一时期，劳动争议处理工作在各个方面都取得了显著的成绩，主要表现在以下几个方面：

一、初步建立了劳动争议处理法律体系

1987年7月31日，国务院发布了《国营企业劳动争议处理暂行规定》(以下简称《暂行规定》)，标志着我国劳动争议处理制度中断32年之后正式得以恢复，并对劳动争议处理工作的开展起到了重要作用。然而，由于改革的形势发展很快，《暂行规定》也存在一些不足，所以从1988年就开始了对《暂行规定》的修改工作。1993年7月6日，国务院以117号令发布了《企业劳动争议处理条例》(以下简称《条例》)。在此期间，劳动部抓紧起草并论证了《条例》的三个配套规章。与《暂行规定》相比，《条例》扩大了受案范围，完善了处理程序，确立了仲裁员、仲裁庭办案制度，明确了处理争议的一般原则。《条例》的发布，标志着我国的劳动争议处理制度得到了进一步完善，并进入了一个新的发展时期，对推动民主与法制建设，维护劳动关系双方的合法权益具有重要意义。

为了学习贯彻《条例》，劳动部于1993年9月23日印发了《〈企业劳动争议处理条例〉若干问题解释》，就各地普遍提出的22个问题作了明确的答复和规定，为贯彻《条例》扫除了一些障碍。1993年10月18日，劳动部颁发了《劳动争议仲裁委员会办案规则》，对仲裁的管辖、参加人、一般程序、特别程序、期间、送达、归档、仲裁费用等作了具体规定。1993年11月5日，劳动部颁发了《劳动争议仲裁委员会组织规则》，就仲裁委员会及其办事机构的组成、职责，仲裁员的选拔、条件、职责，仲裁庭的组成等作了进一步的规定。同日，劳动部又颁发了《企业劳动争议调解委员会组织及工作规则》，就企业劳动争议调解委员会的组成、职责、工作程序等作了具体规定。

在劳动部抓紧制定《条例》的配套规章和文件的同时，各省、自治区、直辖市纷纷起草制定各自的《条例》实施办法。截止到1994年底，已有8个省、自治区、直辖市人民政府发布了《条例》实施办法。

1994年7月5日第八届全国人民代表大会常务委员会第八次会议通过并发布了《中华人民共和国劳动法》，其中第十章对劳动争议作了专章规定，原则规定了处理劳动争议的基本方式、一般原则、组织机构，以及体制和程序等。这样一来，以《劳动法》为龙头，以《条例》及其配套规章和地方的《条例》实施办法为主体的、多层次的劳动争议处理法律体系则初步建立起来。

二、初步形成了劳动争议处理的组织网络

1992年在各地继续加强劳动争议预防工作的情况下，劳动争议仲裁委员会立案的劳动争议数量却比1991年的7633件挺升了500余件。随着1993年《条例》的颁发，劳动争议受案范围的全方位扩大，劳动争议案件大幅度上升。然而，少数地区却出现了在机构调整时撤销劳动争议处理机构的情况，使劳动争议发生后，不能按《条例》规定及时就地解决，既影响了《条例》的贯彻，也不适应社会主义市场经济的需要。为此，经国务院同意，1994年2月19日劳动部向各省、自治区、直辖市人民政府发出《关于加强基层劳动争议仲裁委员会建设的通知》，要求各地在机构改革过程中，要保持劳动争议处理机构的相对稳定和必要的人员配备，没有建立仲裁委员会的县、市、市辖区要按照《条例》规定尽快建立，已撤销的要尽快恢复。1994年11月11日，劳动部与中央机构编制委员会办公室联合发布了《关于建立劳动监察机构配置劳动监察和劳动争议处理人员编制意见的通知》，要求各地应设未设的，要抓紧成立劳动争议处理机构，已设机构的要抓紧配备和充实劳动争议处理人员。随后，1994年11月23日劳动部又发出《关于进一步加强劳动争议处理工作的通知》。经过贯彻《条例》以来的积极努力，在前几年工作的基础上，全国已初步形成了以29万个企业劳动争议调解委员会为基础，2800多个地方劳动争议仲裁委员会为骨干的劳动争议处理组织网络。初步建立起一支专兼职人员组成的劳动争议处理工作队伍，其中专、兼职企业调解委员156.9万余人，专、兼职仲裁员7200余人。

三、在全国范围内实行了劳动仲裁员、仲裁庭制度

在1991年扩大试点劳动仲裁员、仲裁庭制度的基础上，1992年4月22日至24日劳动部在上海市举办了劳动仲裁员、仲裁庭制度试点观摩活动。通过试点和交流，初步明确了选拔仲裁员应拓宽渠道，仲裁员的职责要划在办案范围内，仲裁庭的组成人数应根据案情来确定，仲裁庭处理案件既要规范程序又要力求简便，对仲裁庭应建立监督机制，仲裁委员会、仲裁委员会办事机构和仲裁庭三者之间的联系与区别。总之，初步形成了仲裁员、仲裁庭制度的基本框架，推动试点工作向纵深发展。这些经验与成果，陆续写入了《条例》及其配套规章。1993年《条例》颁发后，各地普遍反映仲裁员的素质亟待提高，仲裁庭办案亟需规范。于是劳动部于1993年8月至9月间，连续举办了三期学习贯彻《条例》培训班，有力地推动了《条例》的执行，特别是在全国范围内仲裁员、仲裁庭制度的实行。为了配合劳动仲裁员、仲裁庭制度的全面实行，劳动部于1993年底至1994年初，统一监制了《劳动仲裁员资格证书》、《劳动仲裁员执行公务证》和《中华人民共和国劳动仲裁员》胸卡。1994年6月30日，劳动部还印发了统一的《劳动争议仲裁委员会仲裁文书样本》。劳动争议处理专业的四本教材：《劳动争议处理法学基础》、《劳动法学基础》、《企业劳动管理学基础》和《劳动争议处理概论》，于1994年12月由中国劳动出版社正式出版，并发往各地用于仲裁员的培训工作之中。自1993年下半年至1994年底，全国多数省份都举办了较为正规的仲裁员资格培训班，都普遍实行仲裁员、仲裁庭的办案制度。

四、抓紧规范了劳动合同鉴证并做好预防劳动争议的工作

在1991年国务院清理“三乱”的基础上，1992年6月10日财政部、国家物价局印发了《关于发布中央管理的劳动部门行政事业性收费项目和标准的通知》，保留了劳动争议仲裁和劳动合同鉴证两个收费项目，并调整了鉴证收费标准。这对促进劳动合同鉴证工作，保证劳动争议仲裁工作的顺利进行，具有提供经费支持的重要意义。1992年10月22日，劳动部同时颁发了《劳动仲裁费和劳动合同鉴证费管理办法》和《劳动合同鉴证实施办法》。前一个规章主要规范各地的收费行为，进一步做好收费的填报、统计工作，防止违法乱纪和滥用、乱用两费的现象；后一个规章主要规范了劳动合同鉴证的性质、范围、审查的内容、须办的手续等等，从而使劳动合同鉴证工作有了专门的部门规章作依据，逐步走向规范化。1994年12月15日，劳动部发出《关于开展劳动合同鉴证工作有关问题的通知》，要求各地紧密配合《劳动法》的实施，劳动合同制的全面实行，积极开展劳动合同鉴证工作；在实行“一条龙”综合服务中，不能将鉴证工作简单地转移到其他机构和部门管理，保证鉴证工作的连续性和严肃性。由于劳动合同鉴证工作的不断规范和加强，仅1994年全国26个省、自治区、直辖市共鉴证劳动合同9288019份，其中纠正违法无效合同222386份，督促补签合同542539份；督促补交养老保险和待业保险金183116人，督促补发工资性补贴67913人，制止招用童工2245人。这就较好地保证了劳动合同的依法签订，对预防劳动争议发挥了十分积极的作用。

此外，这一时期企业劳动争议调解委员会发挥建在基层的优势，及时发现争议苗头，主动介入开展工作，把相当数量的劳动争议消灭在萌芽状态。各级劳动部门、工会和企业主管部门坚持开展劳动政策、法规和劳动争议处理的宣传和咨询活动，向广大经营者和劳动者进行劳动法制宣传教育，提供劳动法律咨询，努力提高他们的法律意识，有效地预防和减少了劳动争议的发生。

五、积极开展劳动争议处理工作

加快劳动争议处理立法步伐，加强劳动争议处理机构的组织建设，改进劳动争议处理的办案制度，其目的和落脚点都是为了处理好劳动争议。因此，从某种意义上说，劳动争议处理机构的主要职责就是处理劳动争议。为此，这一时期各地在做好劳动争议预防工作的同时，大力加强了劳动争议的处理工作。

三年来，各地经常举办案例分析研讨活动，及时将新情况新问题向劳动部请示。劳动部对各地的请示基本做到有问必答，有力地推动了劳动争议处理工作。劳动部与各地共同加强了劳动争议处理情况的统计及其分析工作，特别是1993年以来，每年都能比较及时地将各地的报表汇总，并写出详尽的分析报告，以劳动部的名义向各地印发专门的通报，不仅为领导决策，也为各地工作提供可靠的参考资料。

三年来，全国各级劳动争议仲裁委员会立案受理劳动争议 39606 件，案外受理劳动争议 80642 件；企业劳动争议调解委员会受理 189530 件，两类合计受理劳动争议 309778 件。从这三年劳动争议仲裁委员会处理劳动争议的情况看，劳动争议案件的主要特点是：

（一）劳动争议案件总量持续大幅度上升。劳动争议仲裁委员会 1992 年立案受理争议 8150 件，比上年增加了 6.7%；1993 年立案受理争议 12358 件，比上年增加 51.6%；1994 年立案受理 19096 件，比上年又增加 54.5%。

（二）集体劳动争议案件数量及涉及人数持续增加。仲裁委员会 1992 年受理集体争议 548 件，涉及职工 9100 人，分别比上年增加 78%、2%，平均每件争议涉及职工 17 人。1993 年受理集体争议 684 件，涉及职工 19468 人，平均每件争议涉及职工 28.5 人，分别比上年增加 24.8%、113.9%、71.7%；1994 年受理集体争议 1482 件，涉及职工 52637 人，平均每件争议涉及职工 35.5 人，分别比上年增加 120%、170%、25%。

（三）劳动争议案件处理难度持续加大。1992 年以前，仲裁委员会以调解方式解决劳动争议的比例约在 60%以上，以裁决方式结案的比例在 10%左右，当事人不服裁决向法院起诉的案件只有 2%。而 1992 年调解结案率为 59.7%，裁决结案率为 14.9%，向法院起诉率为 2.8%；1993 年调解结案率为 53%，裁决结案率为 15%，向法院起诉率为 2.9%；1994 年调解结案率为 52.1%，裁决结案率为 19.3%，向法院起诉率为 3.8%。可见由于劳动争议案件的复杂程度逐年加大，致使劳动争议的处理难度持续增加。

劳动争议案件出现上述主要特点的原因主要有五个：一是随着社会主义市场经济的发展，我国的劳动争议多发时期已经到来；二是随着《条例》的实施和《劳动法》的出台，劳动争议受案范围不断扩大；三是劳动立法的不断完善，促使劳动关系双方当事人依法保护自己合法权益的意识增强；四是劳动关系运行中，违法现象还大量存在；五是一些国有企业在转机建制过程中经济效益较差。

分析三年来劳动争议处理情况，劳动争议处理工作面临的主要问题和困难：一是预防劳动争议的手段不多。二是案件量大幅度上升与劳动争议处理机构不适应的矛盾日益突出。劳动争议处理机构不适应的具体表现是：人员编制少、机构不健全；处理劳动争议的渠道单一、环节较多；现行体制的司法性不足，致使有些处理结果难以执行。这些问题需要在今后研究解决。

（劳动部劳动关系与监察司　范战江、陈岚）

劳动监察

随着社会主义市场经济体制的逐步建立，劳动力市场逐步发育完善。面对市场经济新的情况，劳动部门积极转变职能，不断探索调控和监督劳动力市场的方法，使劳动监察工作从无到有，并有了较大的发展。

劳动监察是劳动行政部门对用人单位和劳动者遵守劳动法律、法规的情况（对劳动安全法规的监察除外）进行监察，发现违法行为，依法采取措施加以制止的具体行政行为。《劳动法》规定了各级人民政府劳动行政部门的监督检查职责，使劳动监察工作真正走上了依法行政的轨道。

我国的劳动监察工作是伴随着社会主义市场经济体制的建立而逐步发展起来的。

随着改革开放的深入和社会主义市场经济的发展，在市场经济发展较快的经济特区、沿海开放地区，劳动力市场十分活跃，出现了一些新的情况，这些地区的劳动部门根据发展市场经济的需要，率先开展了劳动监察工作。如广东省的深圳、珠海市 1989 年就成立了专门机构，在全市范围内开展了包括劳动用工、合同管理、工资分配、社会保险、职业技能开发等方面内容在内的全方位的劳动监察工作，并取得了成功的经验。随后，北京、浙江、四川、湖南、河南、广西、辽宁、吉林等省（区）的部分地区也开展了这项工作。

1992 年，国家提出要建立社会主义市场经济体制。与此相适应，劳动部加快了劳动体制改革步伐，积极建立劳动监察制度。1992 年，劳动部总结推广了深圳、珠海、厦门等地开展劳动监察工作的经验。1993 年初，劳动部转发《广州市劳动监察规定》。1993 年 8 月，劳动部在总结各地开展劳动监察工作经验、借鉴国际劳工监察公约的基础上制定了《劳动监察规定》。随后，在全国范围内开展了劳动监察工作。

为适应培育和发展劳动力市场的需要，1993 年底，在政府机构改革中劳动部新组建了劳动关系与监察司。劳动关系与监察司设专门的劳动监察处，具体负责劳动监察工作。

1994 年，《劳动法》的颁布大大推进了劳动监察体制建设步伐，劳动监察工作得到了较大的发展。

1994 年是全国劳动监察工作的第一个大发展之年，劳动监察体制建设有了长足的进步：一是初步建立了劳动监察工作的法规制度；二是机构建设取得了可喜成绩；三是劳动监察执法监察活动取得了丰硕的成果。

1. 继 1993 年劳动部发布《劳动监察规定》之后，一系列的劳动监察规章制度先后建立起来。一是建立了举报制度。1994 年 1 月，劳动部发出了《关于开展受理群众举报劳动违法案件工作的通知》，要求各级劳动行政部门重视群众举报劳动违法案件工作，尽快建立举报制度，公布举报电话，设立举报信箱，指定专人负责，认真做好群众举报受理和查处工作。截至 1994 年底，全国很多地区都建立了举报制度，广东、福建、河南等省还建立了全区域范围内的三级举报网。二是建立了劳动监察证件发放管理制度。劳动部为此专门发出了《关于劳动监察证件发放管理问题的通知》，强调所有劳动监察人员要先培训、后上岗，并要求各级劳动行政部门加强劳动监察证件管理，按要求发放证件，严禁滥发证件。三是建立了劳动监察的统计报表制度，实行年报和半年报两次报送劳动监察统计情况，以加强基础工作，强化工作指导。四是发布了《劳动监察员管理办法》，对劳动监察人员的任职条件、职责、权利、义务和管理、教育培训等项工作做了具体规定。五是发布了《违反〈中华人民共和国劳动法〉行政处罚办法》，对各项违反《劳动法》行为制定了处罚措施。《劳动监察规程》也在制定起草之中。

地方劳动监察规章制度建设有了较大进展。广东、福建、深圳等省市人大发布了保护职工合法权益的地方法规，为劳动监察机构依法查处违法侵权案件提供了依据；福建、云南、海南、上海、青岛等地发布实施了地方劳动监察规定和劳动监察程序制度、工作守则等，规范了劳动监察人员执法行为。

2. 开展了巡视监察、举报专查和劳动用工大检查，纠正了违反劳动法律法规的行为，保护了劳动者的合法权益。劳动行政部门监察机构除进行常规巡视监察，还积极做好群众举报劳动违法案件的受理查处工作。

根据国务院领导同志的指示，劳动部于 1994 年 3 月部署了 4～7 月在全国范围内开展企业劳动用工大检查工作。这是第一次在全国范围内开展声势浩大的劳动用工大检查活动，各地劳动行政部门认真组织开展了劳动用工大检查工作。这次企业劳动用工大检查的特点是时间长、范围广、声势大、效果好。很多地方的政府领导亲自部署用工检查工作，参加了对企业的检查活动。据对广东、福建、江苏、海南、北京、天津、浙江、湖北、吉林、河南、青海、厦门、重庆、大连、青岛等15个省市的不完全统计，劳动行政部门会同政府有关部门和工会组织参加用工检查的人员近50000人，检查企业13.74万户，涉及职工1374.76万人；共补签劳动合同261.9万人，补办用工手续78.9万人；查出用人单位克扣拖欠50.27万职工工资3亿多元；查出超时加班企业9000余户，补发加班工资数亿元；责令5165户企业补交社会保险金7891万元；对3387户企业给予了警告、通报批评，对严重违法的用人单位处以罚款153.7万元，责令5554户企业进行了整改。总之，依法纠正了大量劳动违法行为，维护了职工的合法权益。

3. 加强了劳动监察组织机构建设。1994年中央机构编制委员会办公室、劳动部联合发出了《关于建立劳动监察机构配置劳动监察和劳动争议处理人员编制意见的通知》，要求各地要按照《劳动法》和国务院有关规定，劳动行政部门应建立专门从事劳动监察工作的机构，负责劳动监察执法工作，并尽早完成这项工作，以便为1995年1月1日实施《劳动法》做好组织准备。根据中编办、劳动部通知精神，各地结合本次政府机构改革，加快了组建劳动监察机构的步伐，很多地区纷纷成立了机构，配备了人员，开展了工作。到1994年底，广东、海南、天津、湖北等省市已在全区域内建立了完备的劳动监察机构，全面开展了劳动监察工作。其他省市也在本地区部分区域内建立了专职劳动监察机构，配备了劳动监察人员，初步建立起劳动监察队伍。1993年，还只是在少数几个省份和一些市县开展劳动监察工作，到1994年，已在全国范围内广泛地开展起来。许多地方在条件不完全具备的情况下边工作边完善，建立起常规劳动监察制度；同时加强了劳动监察人员和企业有关人员劳动法律法规知识培训，提高了劳动监察人员的政治、业务素质，增强了企业依法用工的自觉性。

总之，劳动监察工作在我国虽然开展时间还不长，但发展是非常快的，劳动监察体制和劳动监察网络在全国已初步建立起来，积极开展了执法监察活动，纠正了大量劳动违法行为，保护了劳动者的合法权益，维护了社会稳定。

（劳动部劳动关系与监察司劳动监察处）

劳动合同和集体合同

1992年至1994年三年的时间，为适应企业经营机制的转换，实现由依靠行政手段向依靠法律手段规范劳动关系的转变，逐步在全国范围内实行了劳动合同制度，并且在部分地区的企业单位开展了集体协商签订集体合同的试点工作，并取得明显成效。

一、实行劳动合同制度

三年来，实行劳动合同制度的企业和职工人数逐年增加。据统计，全国签订劳动合同的职工，1992年为2000多万人，1993年为3000多万人，1994年底达到4500多万人。实行劳动合同制度呈现出以下特点：

（一）实行劳动合同制度的覆盖面逐步扩大

劳动合同制度不仅在国有企业普遍推行，在城镇集体企业、外商投资企业、私营企业、乡镇企业和个体工商户也逐步展开。据统计，到1994年底，全国已有300多个市县的各类企业职工全部实行劳动合同制度。

（二）劳动制度改革向深层次发展

在推行劳动合同制工作中，各地根据国务院、中央军委关于军转干部、复退军人随企业用工制度改革实行劳动合同制的决定，对大中专毕业生的接收安排也做了相应改革，把统包统配人员纳入劳动合同制的轨道，解决了1986年以来在企业用人制度上双轨并行问题，为企业所有职工都用劳动合同确立劳动关系创造了条件。

（三）搞好配套改革，保证改革的顺利发

展

1. 妥善安置富余人员。各地和有关部门根据国家的有关规定，制定了安置富余人员的相应政策。这些政策着眼于充分发挥企业、政府和个人三方的积极性，实行企业、行业内部消化，社会帮助调剂和个人自谋职业相结合的办法，多渠道分流消化富余人员，同时保障其合法权益。主要办法有：①结合产权转让，由兼并企业接收被兼并企业职工；②鼓励富余人员自谋职业，政府给予政策扶持；③结合产业、企业结构调整，由政府出面组织跨地区、跨行业调剂安置富余人员；④由政府、企业和个人集资举办集体（或股份合作）经济实体，开展生产自救；⑤由政府和社会中介机构组织转业训练，推荐就业。通过这些措施，使一大批企业富余人员得到了妥善安置。据统计，1993、1994 年共安置 400 万富余职工。福建按已实行劳动合同制的国有企业中的富余人员统计，1994 年全省富余职工总数为 6.48 万人，当年安置 2.51 万人，占 38.7%；广东实行改革的 5647 家企业的 29881 名富余人员中，已安置 12499 人，占 41.8%；煤炭行业三年分流安置 47 万人；纺织总会两年分流安置 60 万人。

2. 加强了劳动合同管理。为了把劳动合同纳入规范化、科学化的管理轨道，促进劳动合同制度的进一步完善，劳动部和各地多次下发文件，对劳动合同制的实施范围、合同的订立与变更、解除与终止以及管理机构职责均作出了明确规定，并采取具体措施，保证这些规定的严格履行。

3. 深化工资保险福利制度改革。在工资分配制度改革方面，与劳动用人制度改革紧密配合。如浙江省规定，推行岗位技能工资必须同时实行劳动合同制。广东结合实行劳动合同制，指导企业按“要素确定岗位技能工资，合理拉开分配档次”的原则。在社会保险改革方面，各地在全面实行国有企业、集体企业养老保险社会统筹的基础上，积极推行全方位、一体化社会保险制度，为劳动力的合理流动扫除了“壁垒”，也为全面实行劳动合同制度准备了条件。

4. 完善劳动力市场，促进劳动力合理流动。为了使用人单位和劳动者真正成为劳动力市场的两个主体，许多省市规定，企业招聘省内城乡劳动力，原则上不受行政区域和所有制限制，自主招聘；企业职工也可以在不同所有制企业单位之间合理流动。

（四）完善立法，使劳动合同制度依法建立运行

在 1992 年至 1994 年的三年时间中，劳动合同立法取得了重大进展。劳动部 1992 年制定下发的《关于进一步扩大试行全员劳动合同制的通知》和《关于实行劳动合同制若干问题的解答意见》有利地配合了全民所有制转换经营机制条例，明确了劳动用人制度改革目标和方向，并对有关政策进行了规定，为各地制定实行劳动合同制度的法规提供了政策依据。1993 年下半年到 1994 年初，海南、吉林、辽宁、福建、广东、山西等省政府发布和批转全面实行劳动合同制度的通知，提出在企业内部打破干部和工人的身份界限，要求在全省境内的各类企业进行劳动合同制度的实践，极大地推动了劳动合同制度的建立，并为全国其他省市提供了经验，同时，借助《劳动法》的颁布实施，使 1994 年合同制职工的人数增长了 1500 万人。《劳动法》发布后，按照《劳动法》关于各省、自治区、直辖市制定实施劳动合同制度步骤的规定，各地劳动部门积极向政府汇报，及时报告情况，到 1994 年底，有 13 个省制定下发了结合本地实际的劳动合同制度实施方案，为保证劳动合同制度在一定的时间内全面建立打下了良好的基础。

劳动者与用人单位通过订立劳动合同确立劳动关系是市场经济发展的必然趋势，通过三年的实践，进一步显示了劳动合同制的优越性。

第一，建立了适合现代企业制度的用人机制。劳动合同制的推行，消除了职工的身份差别，劳动关系双方可以根据其生产经营需要或个人意愿相互选择，并灵活确定合同期限，从而基本解决了计划经济体制下职工一次分配定终身、能进不能出的问题，促进了劳动力的有序流动和用人新机制的形成。

第二，有利于建立和谐稳定的劳动关系。劳动合同是在“平等自愿、协商一致”的基础上订立的，充分体现了双方的真正意愿，也要求双方严格遵守。任何一方违约都要承担违约责任，并作相应的经济赔偿。在劳动合同制工作搞得较好的地区，企业克扣工人工资和任意延长工作时间等违法现象得到了有效控制；而职工不遵守劳动合同、合同期未满离开企业的情况也大大减少。双方的劳动关系趋于和谐与稳定。

第三，有利于提高企业的经济效益。随着劳动合同制的实行，职工的积极性大大增加，企业的经济效益也得到了提高。

二、开展企业集体协商签订集体合同工作

集体合同试点工作主要在非国有企业和进行现代企业制度试点的国有企业进行。目前劳动部已确定北京、广东、福建、大连、青岛、成都、厦门、深圳等三省五市作为集体合同试点。已经有70余家企业开展了集体合同的试点，其中15家已正式签订了集体合同。其他地区也根据自己的实际情况，选择一些企业进行试点。已经进行试点的企业，工作进展都比较顺利。企业和职工都认为建立集体合同制度有利于稳定双方的劳动关系，维护双方的合法权益，适应了市场经济发展的需要。

在进行集体合同试点工作中，各地的做法主要是：

(一) 制定有关集体合同的指导性文件，并报政府审定。

(二)劳动部门会同地方工会及有关职能部门联合选点，并对其进行协调指导服务，如帮助试点单位搞好宣传发动、完善集体合同内容、协调处理各方面关系。

(三)依靠各级工会，大力开展宣传工作，重点向企业领导和广大职工宣传，激发他们建立企业集体合同制度的热情。

(四) 抓紧制定有关配套文件，如集体合同的签订程序、集体合同的内容、集体合同的报送和审查以及签订集体合同发生争议的协调处理办法等。

企业进行集体协商签订集体合同试点工作，是一项涉及面广、政策性强的重要工作，对社会经济和职工队伍会产生很大影响。试点地区认为，这项工作重点应放在非国有企业进行；至于国有企业，主要是在进行现代企业制度试点的单位进行。这些企业产权明晰，便于开展集体合同制度试点工作。劳动部门在试点工作中，注意了以下几点：

第一，把试点目的、意义、内容以及制定的试点方案，及时向政府汇报，取得政府的重视和支持。

第二，劳动行政部门是企业集体协商签订集体合同试点工作的主管机关，对试点工作依法进行指导和监察，切忌放任自流，一哄而起。在试点工作中注意发现问题，总结经验，使试点工作稳步前进。

第三，与有关部门尤其是与同级工会密切配合，发挥工会在进行集体协商签订集体合同中的积极作用。在实际工作中，可与工会共同研究和分析情况，解决试点工作中出现的问题。同时可以通过工会进行宣传教育，提高广大职工的法律意识。

(劳动部劳动关系与监察司劳动合同处)

职业技能开发

1992年以来，随着生产的发展和社会主义市场经济体制的建立，职业培训工作进行了一系列改革，形成了由“职业培训”到“职业技能开发”的转变，工作范围不断拓展，逐步建立了以全社会劳动力为对象，以开发和提高劳动者的职业技能为宗旨，包括职业技能需求预测、职业分类、职业技能标准制定、职业技能培训、职业资格证书和技能鉴定、职业技能竞赛、职业指导与咨询等为核心内容的职业技能开发体系。

一、职业技能开发立法与政策法规建设

1992年至1994年加强了职业技能开发政策法规建设。

为配合《劳动法》的贯彻实施，不断完善职业技能开发体系，劳动部制定颁发了《职业技能鉴定规定》、《职业资格证书规定》、《职业培训实体管理规定》等；同时完成了第三次修订工人技术等级标准工作，制定了48个工种的鉴定规范。各地劳动行政部门和国务院有关行业主管部门也制定颁布了一批法规、规章。

二、修订工人技术等级标准与制定职业技能标准

（一）全国第三次修订工人技术等级标准

1992年，劳动部颁布并出版了我国第一部《中华人民共和国工种分类目录》。到1994年，通过国务院各行业主管部门的共同努力，历时6年的全国第三次修订工人技术等级标准的工作基本结束。从总的来看，全国第三次“修标”工作在三个方面取得了成绩，一是改变了技术等级标准与工资标准紧密联结的关系，形成了我国工人技术等级标准的独立体系；二是简化等级结构，建立了初、中、高三级制，完善了我国工人技术等级标准体系；三是打破了部门界限，强化了我国工人技术等级标准体系社会化。到目前为止，41个行业已全部完成了第一次“修标”工作，新修订工种4000多个。

（二）制定《职业技能鉴定规范》

为了进一步完善我国职业技能标准体系，为职业技能鉴定提供科学、规范的依据，促进职业技能鉴定社会化管理工作的开展，经调查研究和专家论证，劳动部决定选择部分社会需求大、通用性强、覆盖面广的工种，在工人技术等级标准的基础上，制定《国家职业技能鉴定规范》，并于1994年4月下发了《关于制定〈国家职业技能鉴定规范〉的通知》。《国家职业技能鉴定规范》是针对某一工种的特点和性质，根据职业技能鉴定工作的要求，在《标准》的基础上进一步细化和量化的考核纲要。它既是编制考核试题的依据，也是进行技能培训的参考大纲，对于促进鉴定行为的科学性和规范性，保证鉴定质量等都具有重要意义。首批制定《国家职业技能鉴定规范》的50个工种涉及国内贸易、电子、机械、交通、农业、兵器、技术监督等行业。在行业主管部门的大力支持下，截止到年底基本完成了规范的编写工作。

三、职业技能鉴定

1992年至1994年，我国工人考核和技师评聘制度进一步发展完善，逐步形成了客观公正、标准统一、科学规范的职业技能鉴定社会化管理体制。

（一）实行工人技术考核

1990年经国务院正式批准，由劳动部颁发《工人考核条例》，各地区、各部门和企业、事业、机关单位认真贯彻《工人考核条例》，组织制定实施办法和规章制度，建立健全工人考核领导组织和专业考评组织，开展工人考核和技师、高级技师考评工作。到1994年底，全国共考核技术等级3000万人，评聘技师34万名，考评高级技师2000多名。考核对推动工人钻研技术和企业生产技术进步以及企业、事业单位劳动、工资制度改革起到了积极作用。

（二）开展职业技能鉴定

随着我国社会主义市场经济体制的确立，为了培育和发展劳动力市场和建立现代企业制度，为劳动者择业和单位用人提供社会化服务，需要建立客观评价劳动者技能水平的社会评价机制。劳动部在贯彻《工人考核条例》的基础上，于1993年制定颁布了《职业技能鉴定规定》，实行政府指导下的职业技能鉴定社会化管理体制，即：由政府劳动部门按照国家法律、法规进行综合管理，通过中介机构——职业技能鉴定指导中心组织实施，职业技能鉴定站（所）具体承担对劳动者的职业技能鉴定。

1994年2月，劳动部和人事部颁布了《职业资格证书规定》，对劳动者从业资格和执业资格做了明确规定，还明确了劳动部负责以技能为主的职业资格鉴定和证书的核发与管理。

1994年4月，劳动部在广东召开了全国职业技能鉴定社会化管理试点工作会，印发了《关于实行职业技能鉴定社会化管理试点工作的通知》。经劳动部和国务院有关行业主管部门商定，首批确定了50个与国家财产和人民生命安全密切相关，涉及广大消费者利益和身心健康的社会通用、技术复杂的工种，进行国家职业技能鉴定试点。各省、自治区、直辖市劳动行政部门和国务院有关行业主管部门劳动工资机构，认真贯彻《职业技能鉴定规定》，组织制定职业技能鉴定实施办法，组织建立各级职业技能鉴定机构。劳动部于1993年6月建立了劳动部职业技能鉴定中心。到1994年底，已有27个省、自治区、直辖市制定和颁布了《职业技能鉴定实施办法》及配套文件，5个国务院行业主管部门制定了《行业特有工种职业技能鉴定实施办法》；13个省、自治区、直辖市劳动行政部门组建了职业技能鉴定指导中心，70个地市级劳动行政部门组建了职业技能鉴定指导中心，10个国务院有关部门组建了行业特有工种职业技能鉴定指导中心；全国共审批建立职业技能鉴定站（所）722个，其中国家职业技能鉴定所578个。

四、职业技能培训实体

1992年～1994年，各类职业技能培训实体的办学规模和办学质量得到了一定提高。为了规范各类职业培训实体的管理工作，在征求国务院有关各部门意见和各地劳动部门意见后，于1994年下发了《职业培训实体管理规定》，就各类职业培训实体的对象，开办应具备的条件、审批程序及招生、师资、教材等方面的工作做了明确规范。

技工学校为适应社会主义市场经济体制的建设，加大改革力度，以改善办学条件，扩大培训规模，提高培训质量，适应市场需要为目标，重点进行了招生制度改革、重点技校评估、试办高级技校、加强师资队伍建设及鼓励校办企业发展等工作。到1994年底，全国技工学校共4430所，在校生达187万人。经劳动部批办的高级技工学校11所，在校生1200多人。

（一）深化改革

为适应计划经济向市场经济的转变，进一步增强技工学校的办学活力，劳动部从改革技工学校招生制度入手，进行了一系列改革。从1992年起，技工学校招生计划由指令性计划改为指导性计划；招生组织形式进行了学校自行招生试点的改革；命题方法由以往人工命题改为试题库命题；考试内容根据技工学校培养目标的特点，加强人与职业的双向选择，适当缩减了文化课考试科目，增加了职业能力测试，并进行了标准化考试试点；一些城镇生源紧张的工种（专业），招生对象扩大到农村青年。国家劳动部、国家计委、公安部、国内贸易部为此联合向国务院写了报告。1993年10月为了贯彻《中国教育改革和发展纲要》，使技工学校尽快适应改革需要，进一步增强办学活力，劳动部下发了《关于深化技工学校教育改革的决定》。文中对技校的发展方向、办学形式、学校自主权以及招生、教学改革、学校内部管理等方面提出了要求，是今后一个时期技工学校工作的指导性文件。

（二）重点技校评估

按照有关评估文件规定，在各省及有关部门评选出省（部）级重点技工学校的基础上，1993年劳动部组织有关人员开展了国家级重点技校评估工作。至1994年底全国共评出356所省（部）级重点技校、130所国家级重点技校。1994年10月5日130所国家级重点技校校长参加了有有关国家领导人出席，在人民大会堂举行的授牌仪式。评估工作极大地推动和促进了学校工作全面发展、提高，毕业生质量达到了历史最好水平。

（三）试办高级技工学校

经劳动部批准，山东省试办了两所高级技工学校，首届毕业生于1992年毕业。劳动部组织了有教授、高级工程师、高级技师和职业培训专家参加的两个评审团，分别对两所高级技校进行了综合评审。评审结果表明，举办高级技工学校培养高级技工是可行的，它改变了以往高级工自然成长的状况，闯出了一条培养高级工的新路子。为适应经济发展和企业对高级技术工人的需求，劳动部下发了《关于扩大高级技工学校试点工作的通知》。到1994年底，经劳动部批准，全国已建立了11所高级技工学校。

（四）加强师资队伍建设

职业技能开发事业的发展对师资提出了迫切的要求。劳动部着重加强了师资培训基地建设。1994年由日本政府提供无偿资金援助，在天津职业技术师范学院正式建立了中国劳动部职业培训指导教师进修中心。同时注重对河南、广东、黑龙江、北京等地师资培训院校工作的指导服务，使师资培训基地逐步形成网络。为选拔、任用、考核和培训技校校长提供基本依据，劳动部印发了《技工学校校长任职要求（试行）》，并要求“八五”后四年，按该要求对所有技工学校校长进行一次培训。1992年～1994年劳动部还组织了部分国家级重点技工学校校长赴美国、英国、韩国培训考察。1994年，劳动部为表彰在发展和改革职业培训事业中做出突出成绩和贡献的职业培训教师和工作者，在人民大会堂对216名全国技工学校、就业训练系统优秀教师和204名全国优秀技工教育工作者、就业训练系统先进工作者进行了表彰。

（五）大力发展技工学校校办企业

1992年为统筹规划、指导全国技工学校勤工俭学工作，劳动部成立了技工学校勤工俭学办公室。同年在河南焦作召开的首次全国劳动部门技工学校工作会议上，成立了旨在为技工学校校办企业发展服务的中国技工学校校办企业协作基金会。

（六）加强综合管理，增强服务意识

1. 1992年劳动部与财政部共同下发了《关于调整技工学校经费标准的通知》。通知规定，各省、自治区、直辖市或国务院有关行业主管部门会同财政部门根据技工学校实际需要和国家财力可能负责制定本地或部门技工学校生均经费标准，解决了技工学校经费标准一直延用1978年旧标准的问题。

2. 1994年劳动部与人事部联合印发了技工学校贯彻《事业单位工作人员工资制度改革方案》实施意见，解决了技校教职员工的待遇问题。

五、职工培训

1992 年至 1994 年，我国企业职工培训认真贯彻党的十四届三中全会《关于建立社会主义市场经济体制的决定》，进一步创造人尽其才，人才辈出的环境与条件，采取多种形式与途径，培养大量的熟练劳动者与专业人才，认真加强职工培训、职业技能竞赛和富余人员的转岗转业训练，为企业调整产业、产品结构，提高产品质量，提高经济效益，促进经济发展服务。据对全国 26 个省、自治区、直辖市 1.114 亿职工的统计，每年参加各类培训的职工达到 4000 多万人，占职工总数的 35％～38％。其中，参加岗位培训的 3500 多万人，占职工总数的 31.9％，参加高等教育学习的 198.28 万人，参加中等教育学习的 160 万人。

配合在全社会开展学先进、学英模热潮，总结首届青奥赛金牌选手事迹，劳动部下发了《关于在技工学校开展学先进、比思想、练技能、作贡献的通知》，在技工学校树立先进典型，开展学、比、练、赛活动。1994 年劳动部与国家经贸委、团中央下发文件，联合在全国企业开展“青年岗位能手活动”，全国有近千万青年职工积极参加岗位练兵、技术比赛、拜师学艺、职工培训活动，努力提高自身技术业务水平，争当跨世纪合格劳动者。

六、职业技能竞赛

为提高工人的技术业务素质和社会地位，增强其主人翁责任感、荣誉感和敬业精神，引导全社会重视职业技能，尊重技能型人才，增强对技能竞赛和职业培训的关注和重视，促进群众性岗位练兵和技能竞赛活动的深入开展，激励广大工人刻苦钻研技术业务岗位成才，加速我国技术工人走向世界，参与国际技能竞赛的进程，劳动部、全国总工会、团中央、国家教委、机电部、建设部、商业部、国家旅游局、轻工总会等九个部门于 1993 年 9 月至 11 月举办了首届中国青年奥林匹克技能竞赛。

这次竞赛包括车工、钳工、木模工、泥瓦工、瓦工、珠宝制作、西餐烹饪、餐厅服务、女式服装制作、女式理发 10 个工种，涉及机械、建筑、轻工、商业、旅游等行业。全国 30 个省、自治区、直辖市，动员上百万青年工人参加岗位练兵，5000 多名青工参加省级选拔赛，300 多名青工进入全国决赛。全体参赛选手本着“团结、参与、求精、创新”的精神，赛出了水平，赛出了风格。

9 月 1 日，在湖北十堰市东风汽车公司举行了首届中国青年奥林匹克技能竞赛暨机械行业三工种决赛开幕式。东风汽车公司席强、罗海波，天津电机总厂刘锐分获车工、木模工、钳工冠军。9 月 17 日建设行业决赛在天津城建学院举行，山东烟台四建公司段会斌、河北国防工业建筑公司安文华分获泥瓦工、砌砖工第一名。10 月 6 日珠宝制作工种决赛在上海老凤祥首饰总厂举行，广西桂林金属工艺总厂毛彦明获得冠军。北京红都时装公司李燕春在北京华表服装公司举行女子服装制作决赛中夺得第一。11 月 23 日西餐烹饪、餐厅服务、女子理发工种决赛在北京长城饭店、五洲大酒店、皇苑饭店举行，北京贵宾楼饭店杨大成、长城饭店田涛、上海绮华万宝美容造型有限公司严志荣分获第一名。经过近 3 个月的角逐，百名优秀青工脱颖而出。11 月 26 日大赛组委会在北京人民大会堂举行总结表彰大会，授予各工种前三名金、银、铜牌和奖杯，获金牌的选手由团中央授予“新长征突击手”称号，其中席强等 6 名选手由全国总工会授予“五一劳动奖章”。百名获奖青工由劳动部授予“全国技术能手”称号。北京、上海、东风汽车公司、天津、山东、湖北获得团体总分前六名。

这次竞赛得到党和国家领导的关怀，江泽民总书记、李鹏总理、乔石委员长分别为大赛题词：“参与国际技能竞赛，向全世界展示我国工人阶级的风采”；“高超技艺，走向世界”；“刻苦钻研，精益求精，迈向国际新水平”。倪志福、孙起孟、李沛瑶、杨纪珂同志担任大赛组委会顾问，李沛瑶副委员长还多次亲临竞赛现场指导。李鹏、邹家华等领导同志亲切接见了全体获奖选手。李鹏总理在讲话中指出：优秀的技术工人是国家建设的中坚力量和重要人才，社会主义现代化建设需要一批又一批的青年源源不断地加入技术工人队伍，掌握过硬本领，成为合格劳动者。社会主义市场经济体制的建立和现代化的实现最终取决于国民素质的提高和人才的培养。我们要建立现代企业制度，必须要有大量的与经济发展和现代社会生产相适应的科技人员、管理人员，有大量的技术精湛的劳动者。尊重知识，尊重人才，包括尊重技术精湛的劳动者。技术精湛的劳动者也是人才。

1992 年劳动部与中华全国总工会、机械工业部联合举办了全国焊接技术比赛。1994 年劳动部和中国轻工总会、总工会、团中央联合举办了全国足金首饰设计制作比赛。1994 年 8 月劳动部和国家民委、国内贸易部在沈阳联合举办了首届全国清真烹饪技术大赛，全国有 14 个民族 300 多名选手参赛。通过这次大赛交流了技艺，增强了民族团结，促进了清真烹饪事业的发展。

（劳动部职业技能开发司　王竞）

职工社会保险

1992 年至 1994 年是我国社会保险事业迅猛发展的三年，特别是 1993 年党的十四届三中全会通过的《中共中央关于建立社会主义市场经济体制若干问题的决定》对社会保险提出了一系列的基本原则和要求，明确了社会保险制度改革和事业发展的方向。三年来，我国各项社会保险制度改革均取得了新的进展和成效。

一、养老保险

1. 大力推广养老金计发办法的改革。随着国有企业分配自主权的贯彻落实和各类非国有企业的兴起，标准工资在职工收入中所占比重大幅度下降，有的企业甚至没有标准工资的概念。职工退休后以什么为基数来计发退休费，已成为企业在改革中急需解决的一大难题。为此，我们在借鉴国外经验的基础上，设计了新的养老金计发办法，并于 1992 年首先在南昌、锦西市进行了试点，取得了较好的效果。为了进一步完善养老金计发办法，劳动部在总结各地改革经验的基础上，于 1993 年 10 月向各地下发了《关于基本养老金计发办法改革试点工作的通知》。各省劳动厅局根据《通知》精神，结合本省的情况抓紧测算，拟定改革办法，到 1993 年底试点工作已扩大到山西、四川、湖北、湖南、山东、江苏、河南、福建、辽宁、江西、黑龙江、河北、宁夏、陕西、广西、吉林、甘肃、浙江、海南、广东等 20 个省的 600 多个市县。到 1994 年底新的养老金计发办法又进一步扩展到 22 个省的 1300 个市县。其中海南、广东、福建、山西、四川、浙江、山东、宁夏、北京等省市已在全部市县实行。

随着养老保险改革的不断深入，养老金计发办法不断完善和更具科学性。党的十四届三中全会的《决定》，在借鉴国外经验，结合中国国情，总结近年改革实践的基础上，提出养老保险实行社会统筹和个人帐户相结合的原则，其基本精神就是要实行公平与效率的结合，社会互济与自我保障的结合。三中全会以后，党中央、国务院非常重视社会保险制度，特别是养老保险制度的改革。1994年底，国务院召开了全国城镇企业职工养老保险制度改革试点工作会议，会议对养老保险改革中的一些重要问题进行了研究分析，会后下发了《国务院关于深化企业职工养老保险制度改革的通知》。这个《通知》是社会保险制度改革的又一个重要的指导性文件，是党的十四届三中全会《决定》中有关建立健全社会保障制度内容的具体体现。

2. 退休费用社会统筹的范围进一步扩大，社会化水平逐步提高。各地在基本实现国有企业退休费用社会统筹的基础上，注意提高统筹的层次和扩大统筹的覆盖面。1992年、1993年、1994年城镇集体企业实行基本养老保险费用社会统筹的市县分别达到1500个、1800个、2024个。三年中各类企业实行退休费用社会统筹的基本情况见下表：

	1992年	1993年	1994年
参加统筹职工	6000多万人	7941万人	8494.1万人
离退休人员	1600万人	1800万人	2079.7万人
收缴养老基金	366亿元	439亿元	707.4亿元
支付养老基金	322亿元	408亿元	661.1亿元

几年来养老保险基金累计结余304.8亿元，部分积累的筹集模式已初步形成。为了保证退休费用社会统筹工作的顺利开展，全国共建立了劳动部门所属的省、市、县三级社会保险管理机构3955个，配备了社会保险干部41000人，微机3490台。为了减轻企业负担，方便离退休职工，提高统筹工作的社会化程度，各省、自治区、直辖市在1500多个市县开展了由银行、邮局或社会保险管理机构发放离退休金的试点。一套自下而上的社会保险管理网络已经形成。

一些地区在养老保险制度改革中，破除企业之间的所有制界限、劳动者的身份界限、企业的隶属关系界限，为建立适用于城镇企业所有劳动者的养老保险体系进行了有益的尝试。海南、上海、大连、烟台、温州等地区建立了包括城镇所有从业人员在内的统一制度、统一标准、统一调剂使用基金、统一管理的一体化基本养老保险制度，从而有利于所有劳动者都享受到基本生活保障权利，有利于劳动者在劳动力市场中合理流动。

3. 普遍实行城镇企业职工个人缴纳养老保险费制度。1992年以来，全国绝大多数地区普遍实行了个人缴纳基本养老保险费制度，参加个人缴费的职工已达6000万人以上。个人缴纳比例一般为本人工资的2%～3%，天津为4%，北京已达5%。这一改革，增强了职工的自我保障参与意识，减轻了企业负担，使养老保险由过去的仅仅是国家和企业的责任，变为国家、企业和职工个人的共同责任。四川、山西、湖北、福建、湖南、辽宁、广西等省（自治区）的6000多户企业，1838万职工还实行了企业补充养老保险或企业补充与个人储蓄性养老保险相结合的多层次保险办法。

4. 为离退休职工增加离退休金，并建立调整机制。1994年，职工工资水平有了较快的增长，人民生活水平进一步提高，但同时也出现了物价上涨过多的问题。为了保障企业离退休人员的基本生活，同时与机关、事业单位工资改革及调整离退休待遇的政策相衔接，在国家财政十分困难的情况下，国务院决定提高了企业离退休人员的离退休金。为使企业离退休人员不致因物价上涨等因素影响待遇水平，一些地区已开始研究建立基本养老金随职工平均工资增长率的一定比例逐年增加的正常调整机制。

二、医疗保险

1992年以来，各地以推广职工大病医疗

费用社会统筹和离退休人员医疗费用社会统筹为重点，进一步扩大了医疗保险制度改革试点范围。1993年底全国已有19个省、自治区、直辖市的110个市县的150万职工参加了大病医疗费用社会统筹，有19个省、自治区的100多个市县的40多万离退休人员参加医疗费用社会统筹。1994年底又发展到22个省、自治区、直辖市的380个市县的500万职工参加大病医疗费用社会统筹，比上年增长43%，当年收缴基金2.6亿元，比上年增长1倍多，基金收缴率由上年的74.3%提高到90.1%；19个省、自治区、直辖市的50万离退休人员参加医疗费用社会统筹，比上年增长26.1%，当年收缴基金0.6亿元，增长52.2%，基金收缴率为86.5%，比上年增长16.8个百分点。

一些地方还开始建立对医患双方的制约机制。如四川、湖南、湖北、河南、天津、江苏、辽宁等省、市，打破过去"定点医疗"办法，进行了医疗合同管理试点；有的地方还实行了职工在不同的医疗单位就诊，自付不同比例医疗费用的办法，从而改变了过去单纯用行政手段管理的状况，提高了医疗服务质量，控制了医疗费用的不合理增长。

党的十四届三中全会《决定》明确提出了医疗保险实行社会统筹和个人帐户相结合。1994年1月第22次总理办公会议研究了医疗保险改革问题，4月经国务院批准，劳动、卫生、财政、体改委四部委发出了《关于职工医疗保险制度改革的试点意见》，提出了改革的指导思想、目标、原则、内容和一系列的改革配套措施，有力地促进了各地医疗保险制度改革。

为了保证这项改革按照中央确定的目标，有计划、有步骤、有组织、有秩序地进行，国务院确定在九江、镇江两市进行医疗保险制度改革试点。在国务委员彭佩云同志的直接领导下，劳动部与卫生、财政等有关部门一起，对这两个城市试点进行指导。通过几个月的努力，两个城市按时提出了改革方案，经国务院正式批准，组织实施。与此同时，烟台、平顶山、盐城等城市以及山西、四川一些市县按照四部委的试点意见，也积极主动地进行社会统筹与个人帐户相结合的医疗保险改革试点。海南省和其他一些地区也正在组织改革试点。

三、工伤保险

1992年3月，劳动部、卫生部、中华全国总工会联合颁发《职工工伤与职业病致残程度鉴定标准(试行)》，供各省、自治区、直辖市开展工伤保险改革试点和伤残鉴定普查之用。该标准将职工工伤与职业病致残程度区分为十个等级，作为待遇补偿的鉴定依据，其中1～4级为完全丧失劳动能力，5～6级为大部分丧失劳动能力，7～10级为部分丧失劳动能力。1992年9月，劳动部、财政部和中华全国总工会联合发出《关于调整企业工伤全残职工护理费标准的通知》，对1986年规定的六类工资区按月发给51元的护理费标准进行调整，按照完全、大部分、部分护理依赖程度，规定新的护理费标准。

至1992年底，全国有200多个市县试行工伤保险改革，其中海南、广东省由省人民政府发布行政法规实行新的工伤保险办法。由于颁布试行了《职工工伤与职业病致残程度鉴定标准》，劳动鉴定工作改变了建国以来全国没有统一的因工伤残鉴定标准的状况，取得突破性进展，全国有80%的市县健全了劳动鉴定委员会，开展了工伤评残工作。

1993年，随着经济体制改革的深化，工伤保险改革进一步扩大试点面，特别是党的十四届三中全会《决定》指出"普遍建立企业工伤保险制度"，使各级人民政府加大了工伤保险改革的力度。至1993年底，全国有20个省、自治区的552个市县进行了改革，试点的市县比1992年增加了一倍多。参加工伤保险的企业有11.7万户，职工1130万人。其中，海南省和深圳市的地方人大将当地工伤保险行政法规修改为立法，颁布实施。先行改革的地区增强了处理特大事故的能力。例如，1993年11月19日，深圳市致丽工艺厂发生特大火灾事故，伤亡130人。劳动局和社会保险管理局组成9个工作组，仅用11天就基本处理完善后工作，支付工伤保险基金136万元，相当于该厂缴纳工伤保险费的400多倍。工伤保险改革，明显地发挥了迅速处理事故、保障职工合法权益、减轻企业负担的作用。

各省、自治区、直辖市为贯彻实施《劳动法》，进一步加快了工伤保险改革。至1994年底，有25个省、自治区的868个市县实行了工伤保险改革，参加工伤保险的企业有17万户，职工1820万人。其中，由省人大或政府发布地方法规普遍实行改革的有海南、广东、辽宁、福建、广西五个省区；由劳动厅(局)会同有关部门发出文件的有浙江、江西、甘肃三省；计划单列市和省会城市实行改革的有深圳、大连、厦门、广州、沈阳、海口、南昌、长沙、银川等；四川、湖北、河南、山西等省已有一半以上的市县实行了改革。

四、生育保险

生育保险是对符合国家计划生育政策的生育女职工实行必要的补偿和医疗保健，对于促进妇女就业，均衡企业负担，具有积极的意义。

1992年，全国有156个市县开展生育保险改革的试点工作，占全国市县数的6.5%；1993年发展到262个市县，占全国市县数的10.9%；1994年底进而发展到522个市县。《劳动法》对女职工的生育保险提供了法律依据，其中第73条明确规定，劳动者在生育的情况下，依法享受社会保险待遇。《劳动法》颁布以后，生育保险覆盖率上升为21.7%。

1994年12月，劳动部颁布了《企业职工生育保险试行办法》。这是配合《劳动法》的贯彻实施，规范生育保险办法，使之纳入法制化轨道的重要劳动法规，旨在通过建立生育保险基金，扩大生育保险统筹范围，使生育保险由企业管理过渡到社会化管理，为企业均衡负担、分散风险创造条件，并解决新形势下妇女就业出现的新问题。

在几年的改革过程中，劳动部门在各级政府的领导下进行了积极的探索，四川、江苏、浙江、福建、山东、江西、河南、河北等省市，都相应制定了一系列地方法规，对当地开展生育保险制度改革起到了积极的指导作用。目前改革试点范围正在进一步扩大。

五、职工福利

我国的企业，特别是国有大中型企业，自建国以来就有举办职工集体福利的传统。统计数字表明，历年来用于职工福利的费用逐年增加，这体现了党和国家对广大职工群众的关怀。

随着社会主义市场经济的发展，一些地区和单位围绕企业改革，重点是在职工集体福利社会化方面，做了一些改革探索和尝试。如采取多种形式，把福利型的后勤生活服务单位与生产经营主体分离，使其自主经营、面向社会，由福利型转变为经营服务型。实践证明，这是职工福利事业自我发展、自我完善的一种改革措施，可以使企业从繁重的生活福利事务中解放出来，使生产经营者能够全力以赴致力于生产经营的发展，提高企业经济效益；同时，在多种经济成分和多种用工形式并存的条件下，这样做也有助于较好地解决不同所有制单位和不同用工形式的职工之间，在福利待遇上的矛盾，从而更好地促进经济的发展和劳动用工制度的改革。

近年来，职工保险福利费用和离休、退休、退职人员保险福利费用均有较大增长。1993年，全国保险福利费用总额达1658.2亿元，比上年增长27.5%；其中离休、退休、退职人员保险福利费用已达901.7亿元，比上年增长31.5%(不包括民政部门支付的离退休退职费)。1994年，全国保险福利费用总额达 1865.4 亿元，比 1993 年增长 11.7%；离休、退休、退职人员保险福利费用已达 1153.4 亿元，比 1993 年增长 26.2%。

（劳动部社会保险司）

锅炉压力容器安全监察检验工作

1992、1993、1994 年正处在我国建立社会主义市场经济，企业转换经营机制，政府转变职能，深化改革的重要时期，各级劳动部门认真贯彻中央"抓住机遇、深化改革、扩大开放、促进发展、保持稳定"的方针，以及国务院领导关于安全工作的指示精神，转变观念，转变职能，强化安全监察意识，树立为企业服务的思想，以适应社会主义市场经济的需要。

三年来，锅炉压力容器安全监察、检验工作把检查已公布的行政规章的贯彻执行情况，继续抓好使用、检验、制造环节的监督检查作为工作重点，在各级锅炉压力容器安全监察、检验人员的共同努力下，取得了扎实的成绩。

一、进一步加强安全监察检验工作的规范化、制度化建设

（一）积极配合国务院法制局做好《锅炉压力容器安全监察暂行条例》的修订工作。1993 年，成立了《条例》修订工作小组，经广泛进行调查研究，征求意见，几经修改，形成了《锅炉压力容器安全监察条例》（代拟稿），并在 1994 年 4 月份，在北京召开的全国职业安全卫生与锅炉压力容器安全监察工作会议上再次征求了意见，完成了《条例》修订工作。

（二）三年内，劳动部共制定、修订了 9 项规章。各级劳动部门也制定了一系列适合本地实际的安全监察、检验地方法规。到 1994 年底，劳动部制定的行政规章共 33 项，基本形成了锅炉压力容器安全监察、检验法规体系，使安全监察、检验工作有法可依、有章可循。法规的制、修订工作是十分必要的，而更重要的在于组织实施。我们采取法规的制定与实施并重的做法，把加强基础工作与采取有针对性措施结合起来，督促检查法规的贯彻执行情况，使安全监察、检验工作规范化、制度化。

二、进一步做好在用锅炉压力容器使用环节的安全监察

（一）完成锅炉房综合治理的收尾工作，使用环节的安全监察工作转入正常化管理。自 1988 年起在全国范围内开展了锅炉房综合治理工作，历经 6 年，截止到 1993 年，全国绝大多数省、自治区、直辖市基本完成了第一轮锅炉房综合治理工作。锅炉总数为 24.3 万座，已治理 21.4 万座，治理率为 89%，其中合格锅炉房为 20.5 万座，占治理数的 82%。几年来开展的锅炉房综合治理改变了锅炉房的落后面貌，督促使用单位完善了各项规章制度，使安全状况有了明显好转。

锅炉定期检验率是考核安全监察检验工作的一项重要指标，1994 年，全国共有在用锅炉 48.32 万台，定检率已达 92.66%。

（二）加强对锅炉水处理工作的监督指导，提高锅炉水处理管理水平和效果。因锅炉水质不良及水处理效果不好而造成的事故占有较大的比率。1992 年 8 月，在兰州市召开了全国水处理工作座谈会，提出了下一步开展锅炉水处理工作的意见。经过一年的工作，于1993年6月，又在江西九江市召开了全国水处理工作座谈会，交流了水处理工作经验，提出有效的水处理方法及措施，并于1993年底完成了《锅炉水处理管理规则》(试行）的制定颁发工作。

1994年各地认真贯彻《锅炉水处理管理规则》，推广新工艺、新技术，提高锅炉水处理的实际效果。浙江、内蒙，宁夏等省、自治区还制定了本地锅炉水处理管理规定。各地普遍对从事水处理工作的人员进行了培训，坚持持证上岗，加强了对化学清洗单位的审查及对锅炉水处理工作的监督指导，提高了锅炉水处理管理水平和效果。

(三)继续抓好在用压力容器的安全监察与管理。在用压力容器治理整顿工作已告一段落，从1992年起已转入以提高定期检验率和降低事故率为主要考核指标的正常监察与管理阶段。为巩固几年来的治理成果，又重点抓了压力容器的级别转换工作，抓紧对安全状况等级为四、五级的压力容器的处理与更新工作，该升级的升级，该降压的降压使用，该报废的坚决报废，把好质量关，消除事故隐患。

1994年9月在山东肥城市召开了《压力容器使用登记管理规则》、《超高压容器安全监察规程》(试行）和《液化气体汽车罐车安全监察规程》三项规程的宣传贯彻会，要求积极开展定期检验工作，提高定检率，同时大力推广微机管理，开展压力容器整治、评定先进单位的工作。1994年，压力容器定检率为81.55%，气瓶定检率为65.63%。

三、继续加强锅炉压力容器检验单位的建设和改革

(一)劳动部门及非劳动部门的锅炉压力容器检验单位资格认可工作已基本完成。自1988年开始对全国劳动部门及非劳动部门的锅炉压力容器检验单位进行资格认可，历时6年，到1994年这项工作已基本完成。截止到1994年底，全国共有劳动部门检验单位535个，已在劳动部注册的524个；全国共有行业检验单位395个，已注册的342个。从1995年起，无检验资格的单位，不准从事检验工作。

几年来，劳动部门对检验单位的资格认可工作，大大促进了检验单位正规化建设，使检验单位的管理水平、人员素质及检验工作质量都有了较大提高，工作作风也有所改进。

(二)认真贯彻《锅炉压力容器检验单位监督考核办法》，抽查检验工作质量，狠抓监察与检验工作的正规化管理。1993年10月，在劳动部颁布的《锅炉压力容器检验单位管理考核办法》的推动下，加强了检验单位正规化建设。如江苏、湖南在调查和充分协商的基础上，合理分配检验任务，基本消除了检验单位之间因争夺检验任务而产生的矛盾。江苏还建立了检验工作质量监督检查制度，省锅炉处还组织不定期抽查。辽宁省自1988年以来，每年都组织开展全省检验单位检验报告质量的评比活动。内蒙在办所方向、人员素质、检验质量等方面进行了全面监督、考核。吉林注意处理好监察与服务的关系，为企业提供服务。

四、继续抓紧气瓶充装站的注册登记与气瓶检验站的资格认可工作

气瓶发生爆炸的主要原因是过量充装所致，为此，从1991年开始对气瓶“两站”进行整顿。对气瓶“两站”的整顿工作采取分类指导的办法，充分发挥省、自治区、直辖市劳动部门和锅炉压力容器检验所的积极性，针对薄弱环节采取相应措施，起到了使气瓶“两站”整顿工作上水平和为企业服务的双重作用。有的地区，如内蒙对气瓶“两站”严格按条件审查，对不具备条件的气瓶充装单位一律不予注册。为防止过量充装，要求增加了自动切断气源的充装设备及自动报警装置。江苏省精心组织，具体指导，对发现的问题进行通报，并有针对性地提出不同要求。通过对气瓶“两站”的整顿，使人员素质有所提高，充装设备和充装手段进一步得以完善，保证了充装环节的安全，为压力容器使用环节的安全打下了基础。1994 年完成了 140 家气瓶检验站的编号工作，办理了 91 份气瓶设计文件审查批准手续。

五、狠抓频发事故的快开门式压力容器的整顿治理

快开门式压力容器事故的发生率很高，约占压力容器事故总数的 1/3。1992 年开始对快开门式压力容器进行整顿治理。治理工作重点放在化工、建材、纺织等行业。采取的措施是:推广新型的安全联锁保护装置,培训操作人员，督促帮助企业建立必要的规章制度。9 年来,对快开门式压力容器进行重点整顿收到了较好的效果。

六、继续做好锅炉压力容器设计、制造单位许可证发证及换证工作

(一) 对设计制造环节进行改革，以适应社会主义市场经济发展的需要。我国实行锅炉压力容器设计、制造许可证制度以来，产品质量普遍提高。为适应社会主义市场经济发展的需要，对设计、制造单位实行质量控制，而不限定数量。许可证不搞终身制，扩大许可范围，可上可下，可升可降。延长核证周期，简化手续，减轻企业负担。

对在经济体制改革中出现的新问题，如持证锅炉厂异地办分厂问题；与其他企业联合生产承压部件问题；锅炉厂超级别试制锅炉产品问题；零、部件专业制造厂制造资格问题等，经广泛调查研究，已在“关于加强锅炉制造监督管理的通知”(劳锅字［1993］1 号) 中作出了明确规定,从而促进了改革的发展，使企业既受控于国家监察，又满足了生产发展的需要。

(二)完成了对压力容器设计质量的抽查工作。1994 年,对化工部等 10 家压力容器设计单位质量结合设计单位升类、换证审查工作进行了质量抽查。针对抽查中发现设计质量上存在的问题，根据《压力容器设计单位资格管理与监督规则》采取了相应措施加以改进。完成了 80 家第三类压力容器设计单位的备案工作。

(三) 三年内完成了 96 家第三类压力容器制造单位换证审查和 31 家一、二类压力容器制造单位升三类的审查发证工作。

(四) 进行 C、D 级锅炉厂升级、换证审查工作。劳动部与机电部联合组成 6 个组次，检查了需换证升级的厂家，其余制造厂家也由各省级劳动部门和主管部门进行了检验。1992 年已完成了 187 家 C、D 级锅炉厂升级、换证工作。

(五) 基本完成了 120 余家 E1 级锅炉制造厂资格审查工作，并开展有机热载体锅炉制造厂资格审查工作。各地根据劳动部《关于 E1 锅炉制造许可证审查发放工作的通知》(劳部发［1993］376 号) 的要求，受劳动部委托对 E1 级锅炉制造厂进行了资格审查。1994 年，全国申请 E1 级的企业 180 家，有 150 家通过资格审查，予以发证，尚有 30 家需进行整改后再行审查。

通过审查，对这些企业在生产条件、技术力量、质量管理等方面的提高都有很大的促进作用。

在对企业进行资格审查工作中，四川省制定了《一、二类压力容器制造单位资格审查与换证审查办法》等规定，坚持依法行政，简化程序，提高工作效率，为安全生产服务。江苏省积极帮助、督促企业完善条件，提高管理水平，为保证安全、发展生产、增加效益创造条件。

在进行以上几项工作的同时，对无证或超范围设计、制造，以及严重的安全质量事故进行了严肃查处。

七、进行对医用氧舱安全状况的调查和处理

目前医用氧舱事故频发。根据国务院领导关于要求劳动部门要像管压力容器一样管好医用氧舱的指示，劳动部组织开展了一系

列工作，及时发出了《关于开展医用氧舱安全检查的紧急通知》（劳部发［1994］433号），与公安消防、卫生、医药管理等部门对在用的医用氧舱进行了一次安全检查，摸清了氧舱的数量及安全状况，发现有20%的氧舱存在事故隐患。对不能保证安全使用的氧舱责令停止使用。根据检查情况，拟定了近期工作安排，力争用大约一年的时间，加强对医用氧舱的安全管理，使医用氧舱安全管理工作走上制度化、规范化的轨道。

八、加强培训考核工作

为提高锅炉压力容器监察、检验人员及特种作业人员的业务素质，几年来，坚持开展了多层次、多类别的培训工作。

三年来，举办了劳动部门锅炉压力容器检验所技术负责人研讨班和地、市级劳动部门局长、科长研讨班共5期，人数200人；还举办了一期行业主管部门压力容器检验站技术负责人研讨班。协助锅炉压力容器无损检测考核委员会举办了4期无损检测人员资格考核，对考核合格的270人办理了核发资格证书手续。协助锅炉压力容器检验员考核委员会举办了3期锅炉压力容器和气瓶检验员资格考试，对合格的250人办理了核发资格证书手续。

通过对各类人员的培训、考核发证工作，提高了人员的素质，加深了他们对安全法规的理解，提高了依法开展锅炉压力容器安全监察、检验的自觉性。

现将1992、1993、1994三年全国各类人员培训、发证情况列表如下：

	年	锅炉压力容器检验员		锅炉压力容器监察员	焊工	无损检测人员	司炉工	锅炉水质化验员	锅炉房管理人员
		劳动部门	其他部门						
培训期数	1994	34	17	5	1349	95	2811	626	196
	1993	34	110	5	1304	92	2777	613	224
	1992	45	9	3	1346	83	3351	665	340
	小计	113	136	13	3999	270	6939	1904	760
培训人数	1994	1373	986	162	31283	5600	186816	32640	9396
	1993	2097	3804	349	39593	5676	194641	27652	11252
	1992	2246	1602	362	33491	5974	226230	35948	21367
	小计	5650	6392	873	104367	17250	607687	96240	42015
发证个数	1994	1255	756	221	32658	6702	184415	31706	6657
	1993	1783	3984	197	37617	5612	203095	25238	9047
	1992	1925	1137	518	30777	5357	224259	31825	15297
	小计	4963	5877	936	101052	17671	611769	88769	31001

三年来，锅炉压力容器安全监察、检验工作在社会主义市场经济中起了重要的保障和促进作用。但是，主要由于乡镇企业的锅炉压力容器安全管理和监察工作没有跟上生产发展的需要，锅炉压力容器事故仍比较多，今后要认真贯彻《劳动法》，堵塞漏洞，进一步加强安全监察工作。

（劳动部职业安全卫生与锅炉压力容器监察局　关世杰）

职业安全卫生监察工作

在深化改革、扩大开放的形势下，1992年至1994年，职业安全卫生监察工作围绕着加强法制建设，努力探索适应形势发展的监察工作方式，为贯彻《劳动法》作好准备，有重点有步骤地开展工作，取得了一些成绩。

一、加强法规建设、完善法规体系

1992年至1994年，职业安全卫生法规工作的重点是，根据经济形势的发展和职业安全卫生监察的需要，加强有关法规的起草工作，充实完善法规体系，为减少伤亡事故和职业病，贯彻实施《劳动法》奠定基础。

根据安全生产形势的需要，劳动部颁发了《关于建设项目（工程）职业安全卫生设施和技术措施验收办法》、《客运架空索道安全运营与监察规定》、《有毒作业分级监察规定》等项规章，同时起草了《兵器弹药企业外部安全距离规定》，于1992年由国务院办公厅颁发。为积极做好《劳动法》配套法规的制定工作，根据《劳动法》有关章节和国务院的规定，劳动部颁布了《未成年工特殊保护规定》和《关于企业实行不定时工作制和综合计算工时工作制的审批办法》。

近几年来，在职业安全卫生技术标准的制定和宣传贯彻方面，劳动部和国家技术监督局做了大量的工作，组织制定了《危险化学品标签编写导则》、《起重机械危险部位与标志》、《静电喷枪及其辅助装置安全技术条件》等9项国家标准，并已颁布实施。目前，国家职业安全卫生标准体系已初步形成，已颁布国家标准近200项、行业标准50项，为职业安全卫生监察工作走向科学化、规范化奠定了良好的基础。

二、工时制度改革

建国以来，我国一直沿用“每日8小时，每周工作6天”的工作时间制度。为了促进工作时间制度的改革，在多年来大量研究的基础上，1993年1月，劳动部向党中央、国务院呈报了《关于缩短工作时间的调查报告》。1994年1月，劳动部和人事部向中央财经领导小组呈报了《关于建议实行每周5天半工作制的报告》。同年2月，国务院颁发了《国务院关于职工工作时间的规定》。《规定》中规定，“职工实行每日工作8小时，平均每周工作44小时的工时制度”。为了贯彻国务院的《规定》，劳动部和人事部又颁发了《〈国务院关于职工工作时间的规定〉的实施办法》，各地区、各部门也分别制定了相应的实施办法或发出了通知，各企业积极调整工作班制。从全国整体情况来看，新工时制度实施顺利。工时制度的改革在全国广大职工和干部中引起强烈反响，得到拥护，极大地调动了工作热情，提高了劳动生产率，促进了第三产业的发展；同时，为今后进一步的工作时间制度改革积累了经验和创造了条件。

三、职业安全卫生监察工作

（一）职业安全监察工作

1992年至1994年，根据伤亡事故发生的特点，职业安全监察工作通过加强伤亡事故的统计和分析，采取全面检查、重点监察和对特种设备安全监检的专业监察相结合的方式来控制事故。

1.企业伤亡事故的统计和分析是控制伤亡事故，指导安全监察的基础性工作。为进一步提高并完善这项工作，1992年和1993年，劳动部分别发出了《关于实施〈企业伤亡事故统计报表制度〉有关事项的通知》和《企业职工伤亡事故统计问题解答》。上述文件使全国事故统计工作统一了口径，为做好工作提供了重要依据。

2. 开展安全大检查活动，是监察工作的重要内容之一。1994年，结合安全生产周的活动，各地劳动部门对企业进行了全面检查，并责令存在隐患的企业进行整改。例如，新疆维吾尔自治区在安全大检查活动中，共查出事故隐患3852项，企业整改了3005项，整改率为78%；深圳市先后7次组织了全市的安全大检查，仅在冬季的大检查中，就派出560多个小组，出动了5000多人次，检查企业8615家，查出隐患16580处，发出各种"整改指令书"4825份，后经复查，85%的隐患都得到治理。

3. 对伤亡事故高发的行业进行重点监察，是行之有效的手段。建筑事故在整个伤亡事故中占有很大比重。因此，1994年5月，劳动部发出了《建筑施工安全大检查的通知》。各地劳动部门根据劳动部的《通知》精神，全面开展了检查工作。如，湖南省各级劳动部门对本省内的1000多家建筑公司的1800多个建筑工地进行了检查，对发现的9000多处事故隐患提出了整改意见；广东省组织了114个专业检查组，对607个建筑工地进行了检查，共查出隐患2200起，有效地控制了伤亡事故，减少了伤亡人数。

4. 开展对特种设备的专业监察是职业安全工作的重要内容。根据1991年劳动部颁发的《起重机械安全监察规定》，劳动部又于1992年和1993年发出了《关于加强电梯安全管理的通知》和《关于颁布〈起重机械安全检验大纲〉的通知》。各地根据劳动部的文件精神，积极开展工作。1994年，湖南省各地、州、市对近2000台起重设备进行了检验，同时对起重设备的制造、维修、操作人员进行了培训。山东省在1992年至1994年间，对16个地、市的184个单位进行审查，其中164个单位取得了《安全认可证》。为加强客运索道的安全工作，1992年，劳动部颁发了《关于发放客运索道〈安全使用许可证〉的通知》。为贯彻落实《通知》精神，劳动部职业安全卫生与锅炉压力容器监察局和国家客运索道中心举办了两期客运索道站长学习班，并于1993年和1994年分别组织对河北、山东、福建、辽宁、北京的19条索道和广东、湖南、四川、湖北的16条客运索道进行了检验，并颁发了《安全使用许可证》。上述工作对规范起重机械和客运索道的安全管理，防止伤亡事故的发生，起到促进作用。

5. 在保证劳动保护防护用品质量工作方面，1992年至1994年，全国劳动防护用品生产许可证发证办公室对生产安全帽等11种产品的企业进行了审查，共颁发了228份生产许可证。

（二）职业卫生监察工作

近几年，职业卫生监察工作的重点是加强工程项目职业安全卫生"三同时"监察，通过企业劳动条件分级和统计，确定监察重点，促进企业职工劳动条件的改造。

1. 职业安全卫生"三同时"监察工作

职业安全卫生"三同时"工作是一项基础性工作，体现了"安全第一、预防为主"的方针。1992年以来，全国各地劳动部门在当地政府领导下，深入贯彻落实劳动部颁发的《关于生产性建设工程项目职业安全卫生监察的暂行规定》，针对在建立社会主义市场经济、政府职能转变、企业转变经营机制给工作带来的新问题，深化"三同时"审查验收工作，努力做好"三同时"评价工作，使职业安全卫生监察工作进一步发展。在完善行政法规和技术规定方面，主要做了以下工作：一是1992年，劳动部颁发了《建设项目（工程）职业安全卫生设施和技术措施验收办法》，进一步明确了建设项目职业安全卫生验收条件、验收程序、验收内容和分级管理权限等。《办法》颁布后，各地区和各部门进行了转发，同时进一步提出了贯彻要求。二是，在组织冶金、纺织、建材、有色金属等部门制定12个职业安全卫生设计规定的基础上，又组织电力、兵器、核工业、交通等部门制定了7项职业安全卫生设计规定。职业安全卫生“三同时”工作已走上制度化、规范化、科学化的轨道。

根据分级管理的原则，劳动部职安局参加了秦山核电站、亚运会工程、仪征化纤工程、大庆30万吨乙烯等32项国家重点工程项目的验收和评价工作。据对上海、天津、吉林、山西、福建等18个省、自治区、直辖市的统计，1991年至1993年间，各级劳动部门共参加18552项工程项目的初步设计、竣工验收的职业安全卫生审查和验收。其中，黑龙江省劳动部门共参加1436项审查，提出增补职业安全卫生措施1436项；山东省各级劳动部门审查验收2393项工程项目，提出增补职业安全卫生措施421项，追加职业安全卫生经费10845万元。上述工作有力地保证了新建项目投产后，具备安全卫生的劳动条件。

2. 企业劳动条件分级和统计工作

继1991年劳动部颁发《粉尘危害分级监察规定》后，1992年劳动部又颁发了《关于建立劳动条件分级统计报告制度的通知》，1994年又颁发了《有毒作业危害分级监察规定》。根据劳动部的要求，各地区在积极开展劳动条件分级的同时，逐步建立和完善劳动条件统计和报告制度。

1993年，根据贵州、新疆、上海、甘肃、天津、山西、辽宁、黑龙江、山东、福建等10个省、市的统计，已完成3062家企业的粉尘、毒物、体力劳动强度、高温分级工作，涉及职工总数为3134649人。分级结果表明，接触尘毒作业的职工人数为946654人，占职工总数的30%，其中，在4级危害条件下工作的职工为67270人，占职工总数的2%；在3级危害条件下工作的职工为128732人，占职工总数的4%；在2级危害条件下工作的职工为219083人，占职工总数的6%；在1级危害条件下工作的职工为339545人，占职工总数的11%；在0级（达到卫生标准）条件下工作的职工为192024人，占职工总数的7%。上述数字表明，在恶劣条件下工作的职工人数还是较多的，因此，需要进一步加强监察力度，督促企业制定规划，改善职工的劳动条件。

3. 企业劳动条件的改善

劳动部每年拨专款用于改善企业劳动条件的试点工作。1992年至1994年，用于职业安全卫生的专款达2400万元，化工、水泥、石棉、医药等行业的200多个企业进行了试点工作。取得经验后在全国范围推广。

各地根据分级结果，要求企业限期进行改造。如，湖北省襄樊市自1993年开始每年按计划要求对10个危害严重的企业进行改造；重庆市1994年抽查了20个限期改造的企业，结果表明，尘毒危害基本得到解决。

四、女职工劳动保护工作

我国现有职工14000万，其中女职工5640万，约占职工总数的38%。党和政府一贯重视女职工的劳动保护工作，加强了法规建设、社会宣传和监督检查。女职工劳动保护工作有了很大进展。

（一）加强了监督检查，女职工劳动保护工作有了很大进展。为了进一步贯彻执行1988年国务院颁布的《女职工劳动保护规定》，1992年至1993年，根据劳动部的要求，各级劳动部门会同工会和妇联对各企业、各单位执行国家有关女职工劳动保护的情况进行重点监督检查和调查研究。从全国反映的情况来看，女职工劳动保护工作在深度和广度上取得很大进展，逐步走上法制化、制度化的轨道。

1. 女职工劳动保护设施和措施得到加强。大部分企业都能够按要求建立“四室”

(即淋浴室、孕妇休息室、哺乳室、卫生室)。全国抽样调查表明，“四室”的建设率已达60%以上，对提高女职工保健水平，提高身体素质起了重要作用。

2.大多数企业能够执行女职工禁忌劳动范围的规定。

3.定期体检和妇科病检查在大部分企业基本形成制度。

4.女职工在经期、孕期、产期和哺乳期的“四期”保护的规定得到比较普遍执行。

(二)为进一步推动工作的开展，劳动部和全国总工会于1993年组织召开了《女职工劳动保护规定》发布五周年纪念会。全国人大常委会副委员长倪志福、全国政协副主席钱正英、国务院副秘书长徐志坚等领导人出席了会议。劳动部李伯勇部长作了重要讲话。李伯勇部长指出，自国务院《女职工劳动保护规定》颁布以来，各地工作取得很大进展，但还存在一些问题，今后要进一步加强配套法规的建设，加强宣传和监察工作。会议的召开，对女职工劳动保护工作起到积极的推动作用。

五、宣传教育和培训工作

近几年来，职业安全卫生宣传教育工作取得很大进展，有力地促进了《劳动法》以及各项职业安全卫生法规的贯彻实施。宣传教育采用多层次、多渠道的方式，具有广泛性、形式多样性的特点。各地通过广播、电视、报刊、标语、咨询活动、安全知识竞赛、演讲、文艺活动等方式进行广泛的职业安全卫生宣传。例如，1993年，劳动部、公安部和中国人民保险公司共同举办了“全国安全生产知识竞赛”，全国共有35万职工参加了竞赛。广西、深圳、广东、青海等地拍摄了关于安全生产的专题录像片。广西专门编排了一台以“勿忘安全，珍惜生命”为主题的文艺节目，巡回演出27场，受教育职工达33万人。湖南省在全国第四次安全周活动中，采用多种形式进行宣传，受教育职工群众达3000万人次。

为了宣传近年来职业安全卫生的科研成果，提高劳动保护新产品水平，加强国际间的交流，劳动部和中国贸易促进委员会于1994年11月在北京举办了为期5天的“第二届国际安全防护及预警技术展览会”。美国、德国、日本、法国、香港等13个国家和地区的137个企业和公司参加了展览。全国人大副委员长雷洁琼、全国政协副主席万国权、劳动部部长李伯勇和副部长王建伦参加了开幕式。此次展览会取得了良好的社会效益和经济效益。展览会期间参观人数近10万人，推动了劳动保护工作的发展。

通过培训，提高企业干部、职工和劳动安全卫生监察人员的素质，是降低伤亡事故、减少职业病的重要途径。1992年至1994年间，全国各级劳动部门的职业安全卫生监察机构和教育培训中心努力开展工作，共培训企业干部、职工和特种工种操作人员约400万人次。

回顾1992年以来的职业安全卫生工作，虽然取得很大成绩，但必须看到，企业职工的劳动条件依然很差，伤亡事故和职业病仍比较严重。在经济快速发展过程中，在政府转变职能，企业转换经营机制的形势下，现行的工作体制和工作方式与形势的要求还有很大的差距，需要我们不断探索和总结经验，进一步完善法规和加强监察，不断提高管理水平和干部素质，使全国的职业安全卫生工作登上新的台阶。

(劳动部职业安全卫生与锅炉压力容器监察局　林肖宁)

矿山安全卫生监察

三年来，矿山安全卫生监察工作已由原来的依据行政经济法规监察，上升到依据《中华人民共和国矿山安全法》进行统一监督。《矿山安全法》是我国社会主义法制建设的重要成果之一，也是矿山安全工作的第一部专项法律，已受到了采矿工业界的普遍重视，它也确立了劳动部门对矿山安全统一监督的法律地位。

一、第一部劳动安全专项法律

对于矿山安全工作，国务院1982年发布了《矿山安全条例》和《矿山安全监察条例》，各矿山主管部门也据此制定了一系列规章、制度，这些都对矿山安全工作起到了重要作用。随着改革开放的深入，矿山企业也发生了极大变化，沿海地区还出现了一些“三资”采石场，条例作为行政经济法规，有的部分已不能适应新的形势。1987年3月，由劳动部牵头，各矿山主管部门参加，开始了《矿山安全法》的起草工作。经过5年多的努力，1992年8月正式报请国务院讨论。经国务院10次常务会议讨论通过，报送全国人大常委会，提请审议。8月中旬，张世德同志陪同人大法工委房维廉同志到四川、重庆、新疆、大同等地，就《矿山安全法（草案）》中的问题，进行专门调查。8月28日，七届全国人大常委会第27次会议一致通过将审议《矿山安全法（草案）》列入议程，会议听取了劳动部部长阮崇武受国务院委托所作的说明。后又经全国人大法律委员会和全国人大法制工作委员会多次调查、论证、修改。1992年11月2日，顾明副主任委员在七届全国人大常委会第28次会议上作了审议结果的报告。11月2日至4日，全国人大法律委员会逐条研究了常委委员的意见，对草案修改稿又进行了修改。11月6日，宋汝棼副主任委员作了“关于《矿山安全法（草案修改稿）》修改意见的汇报”。1992年11月7日，七届全国人大常委会第28次会议举行全体会议，表决通过了《中华人民共和国矿山安全法》，并以中华人民共和国主席令第65号公布，1993年5月1日起施行。

《矿山安全法》是我国颁布的第一部劳动安全卫生专项法律，是保障矿山安全生产、保护矿山从业者的人身安全和预防矿山事故发生的重要法律。《矿山安全法》共分总则、矿山建设的安全保障、矿山开采的安全保障、矿山企业的安全管理、矿山安全的监督和管理、矿山事故处理、法律责任、附则8章50条。《矿山安全法》对矿山建设、开采和管理中的安全事项都做了明确规定，采矿工作应严格遵照执行。《矿山安全法》还规定县级以上各级人民政府劳动行政主管部门对矿山安全工作行使统一监督的职责，这些职责是法律授予的，各级矿山安全监督人员要对国家负责，对人民和对矿工的安全负责，认真履行职责。对矿山发生事故后的处理和法律责任也作出了明确规定。附则中规定了《矿山安全法》的实施条例和实施办法的制定和开始施行日期。

《矿山安全法》公布后，自1993年11月起至1994年12月，全国已有北京、山西、内蒙古、辽宁、黑龙江、山东、安徽、江西、福建、湖南、广东、广西、云南、贵州、西藏、陕西和新疆等17个省、自治区、直辖市的人民代表大会常务委员会，根据《矿山安全法》和本地区的实际情况，通过并公布了《中华人民共和国矿山安全法》实施办法。这对在全国各地贯彻实施《矿山安全法》起到了推动和保证作用。1994年5月13日，劳动部组织召开了《矿山安全法》实施一周年座谈会，全国人大财经委、法工委和国务院法制局、监察部、经贸办和高检院等单位参加，李沛瑶副委员长、李伯勇部长到会讲话。

二、矿山安全监督活动

（一）开展矿山安全大检查

1993年4至5月份，劳动部组织5个检查组，到山西等10个省（区）检查《矿山安全法》学习宣传贯彻情况。7月5日将《关于检查山西等十省（区）学习宣传贯彻〈矿山安全法〉情况的报告》报送全国人大法工委和国务院法制局。

1993年11月5日，劳动部发出《关于开展矿山安全大检查的通知》，邀请最高人民检察院和全国总工会参加。自11月11日起至11月底，分7个组对山东、江苏、山西、河南、辽宁、内蒙、浙江、湖北、河北、四川和甘肃的矿山和胜利油田、中原油田的两个厂、四川一个天然气站，进行了安全大检查。

1994年6月中旬，劳动部会同国务院法制局联合组成5个检查组，分赴黑龙江、吉林、安徽、江苏、贵州、云南、河北、河南、甘肃、宁夏和青海等地，抽查其对《矿山安全法》的执行情况。

通过检查，了解到各地对贯彻《矿山安全法》都极为重视。领导带头宣讲，通过报纸、电视和广播进行广泛宣传。矿区还出动宣传车，发放材料，使《矿山安全法》的宣传做到家喻户晓。江西省还在全省开展了《矿山安全法》知识竞赛，最后在省电视台直播了决赛实况。各地在贯彻《矿山安全法》时，都加强了对乡镇矿山的安全整顿。山西省政府采取果断措施，关掉2700多个不符合安全条件的小矿。

检查中还发现一些矿山企业安全状况不好，除了安全工作基础不牢、装备条件差等客观原因外，主要是矿山企业领导安全意识不强，安全责任制不落实。特别是企业进入市场后，经济效益普遍不好，资金紧张，领导只重视经济效益，忽视安全，侥幸蛮干时有发生。

（二）煤矿分级安全监察试点

《矿山安全法》第四条规定“县级以上地方各级人民政府劳动行政主管部门对本行政区域内的矿山安全工作实施统一监督。”为了确定县级、地市级和省级劳动行政主管部门的具体任务和职责，矿山局于1993年4月7日和9月23日两次报告部领导关于煤矿分级安全监察的试点计划，李伯勇部长、令狐安副部长分别作了重要批示。

1993年矿山局首先确定在唐山、大同、晋城、鸡西、辽源、锦西、淮南、焦作、重庆和乌鲁木齐等10个重点产煤地市进行试点。通过两年的试点，解决了各级劳动部门监察对象、监察内容和如何监察等问题，取得了投资少、时间短和见效快的效果。通过试点也初步确定了各级劳动部门监察机构必须的图纸、资料、仪器和仪表等。在10个试点地市中有8个地市的煤矿事故下降幅度较大。

1994年9月5日至8日，矿山局在辽宁省锦州市召开煤矿分级安全监察工作会议。会议要求各地创造条件，逐步实现监察工作法制化、规范化。刘光义同志到会讲话。9月14日，王建伦同志在会议汇报上作了批示。

（三）整顿乡镇煤矿

几年来国营煤矿事故已基本得到控制，其中统配煤矿事故连续下降。影响煤矿事故居高不下的主要原因之一是乡镇煤矿事故接连不断。1992年3月21日，山西省吕梁地区孝义县兑镇镇，两个无证开采的小煤矿在井下挖通处发生煤尘爆炸事故，死亡65人；6月17日，湖南省怀化地区辰溪县田文区方田乡一无证煤矿发生瓦斯爆炸事故，死亡43人；7月12日，江西省丰城市淘沙乡煤矿和秀石乡无证楼前煤矿挖通透水，水涌入洛市矿务局龙溪煤矿井下，巷道被淹，死亡26人，经济损失1500万元。

根据朱镕基副总理指示，劳动部、能源部、农业部、全国总工会、煤矿地质工会和统配煤矿总公司等单位和组织派出9人，组成联合调查组，于9月23日至29日对江西省洛市矿务局龙溪煤矿事故及洛市地区小煤矿乱采滥挖问题进行调查。调查发现，仅龙溪煤矿井田范围内就有97个小煤矿乱采滥挖，严重干扰了煤矿正常生产秩序。据统计，全国103个统配矿务局的井田范围内，小井多达11200处，其中5800处为无证非法乱采。

1992年12月30日，由劳动部牵头起草《关于制止小煤矿乱采滥挖确保煤矿安全生产的意见（代拟稿）》，报请国务院批转。1993年1月3日，国务院批转了劳动部、经贸办、地矿部、农业部、能源部、全国总工会和统配煤矿总公司联合拟定的《关于制止小煤矿乱采滥挖确保煤矿安全生产的意见》，要求各级人民政府和有关部门对此问题要高度重视，下决心依法整顿。凡在国营煤矿井田范围内危害严重的小井，要立即关闭。要严格审批小井开采。通知还指出，此问题点多面广，政策性强，难度也大，各有关部门要各司其职，密切配合，国营煤矿要支持地方发展经济，大小矿问题应依靠地方政府，妥善解决。

（四）矿山防尘工作新进展

随着采矿工业的发展，接尘人数的不断增加，粉尘危害严重状况更难得到根本的控制。要控制尘肺病的发生，就必须采取有效措施，对导致尘肺的呼吸性粉尘加以控制，引导企业把有限资金用来控制呼吸性粉尘。矿山局决定对部分矿山企业进行呼吸性粉尘监测试点。经过三年多的努力，劳动部于1992年12月19日发布《矿山个体呼吸性粉尘测定方法》、《作业场所空气中呼吸性煤尘接触浓度标准》、《呼吸性粉尘个体采样器技术条件》和《作业场所空气中呼吸性岩尘接触浓度标准》等4项劳动安全标准，使这项工作向标准化迈进了一步。

1993年3月25日，劳动部发出《关于印发〈矿山呼吸性粉尘危害程度分级实施方案〉的通知》，要求11个省的24个试点单位按照要求，认真做好试点工作。为此，在4月19日至21日，矿山局在河北省涿州市召开矿山呼吸性粉尘危害程度分级试点工作会议，韩俊同志到会讲话。

1994年5月10日至17日，矿山局在河北省涿州市举办呼吸性粉尘危害程度分级试点工作培训班，参加培训的有153人。培训班上总结了前一段的工作，介绍了经验，研究了存在的问题及解决办法，布置了下一步工作安排。刘光义同志到班讲话。

（五）尾矿库安全管理纳入正轨

尾矿库是利用地形，围筑堤坝，形成一定的容积，将矿山企业选矿厂（车间）及其他生产过程中产生的尾矿（矿渣）贮入的设施。围筑的堤坝称尾矿坝。对尾矿库（坝）的安全性能，国内外都十分重视。尾矿库实质上是一种人造的具有高势能的泥石流形成区，一但发生溃坝，将对下游地区的人民生命财产造成巨大损失。

矿山局通过对我国尾矿库的调查了解，于1994年7月21日在北京召开了尾矿设施研讨会，冶金部、化工部、有色金属总公司、核工业总公司和国家建材局等单位共14人参加。会上就目前我国尾矿库的状况和存在问题进行了讨论，并对劳动部起草的《尾矿设施安全监督办法（草案）》提出了修改意见。王建伦同志接见了与会专家代表。

1994年10月12日至19日，矿山局在安徽省黄山市太平区举办了“尾矿设施安全技术培训班”，各地劳动部门共有93人参加了学习。培训班上除由中国金属学会尾矿设施专业委员会专家讲授尾矿设施安全技术外，还到黄石铝矿的尾矿库进行实习。学员们还对劳动部的《尾矿设施安全监督办法（草案）》提出了修改意见。刘光义同志到班讲话。

三、提高监督人员素质

鉴于县级矿山安全卫生监察机构的加强，提高县级监察人员的素质十分迫切。矿山局于1992年5月6日至6月5日，在江苏省苏州市举办两期县级矿山安全监察员培训班，共有180多人参加学习。最高人民检察院、全国总工会和矿山局有关同志到班授课。经过培训，很多同志在县、区监察工作中发挥了作用。为了提高地市劳动局长的矿山安全监察水平，矿山局于1992年10月，在北京举办全国地、市劳动局长法规培训班，共有50多人参加。会上介绍了《矿山安全条例》和《矿山安全监察条例》，还介绍了《矿山安全法（草案）》的立法进度。刘光义、韩俊、张世德等同志到班授课。

由于各地在矿山事故处理上存在一些问题，矿山局于1993年9月13日至17日在吉林省长春市举办了煤矿事故调查处理研讨班，有关部门和各地代表90多人参加了研讨。为了严肃处理煤矿事故，1994年2月5日，劳动部与监察部、高检院和全总联合下发《关于必须严肃查处煤矿重大事故的通知》，要求各地依法报批结案，维护国家法律权威，提高劳动部门在查处事故中的权威性。

为了提高矿山伤亡事故统计工作的质量，矿山局于1993年、1994年连续召开两次统计信息会议，江西等8个统计工作先进单位受到表彰。目前伤亡事故统计数字和速度都有很大提高。

四、矿山安全检测检验健康发展

三年来，矿山安全卫生检测检验工作已逐步展开。为了规范这一工作，1992年9月11日至13日，矿山局在辽宁省大连市召开了矿山安全卫生检测检验工作会议，全国各地有89人参加。会议就检测检验方法、项目、手段等都进行了研究。刘光义同志主持了会议。

鉴于煤矿瓦斯爆炸事故多数由矿灯失爆引起，矿山局于1992年11月10日至17日，在湖北省黄石市举办了矿灯安全技术检验培训班，各地有65人参加学习。1994年10月11日至18日，矿山局在河南省洛阳市举办了矿用绞车安全检测检验培训班，全国共109人参加了学习，其中93人为检测检验机构的专业人员。培训班上主要学习2米以下绞车的检测检验方法。

五、典型重大责任事故分析

（一）黑龙江省鸣西矿务局二道河子煤矿多种经营公司七井特大瓦斯爆炸事故

1994年1月24日11时25分，二道河子煤矿多种经营公司七井在井下掘进上山时，由于停电停风造成瓦斯积聚，达到爆炸浓度，此时放炮员违章用电煤钻电源明火放炮，引起瓦斯爆炸，冲击波摧毁了与六井相通的隔爆门，使事故扩大到六井。事故造成两井井下共有99人遇难，其中六井19人，直接经济损失450万元。事故发生后，朱镕基、邹家华副总理对这起事故的调查处理多次做了重要指示。劳动部副部长张左己，煤炭部部长王森浩、副部长张宝明，全国总工会经济工作部副部长高明岐，黑龙江省副省长马淑洁和省各有关部门领导先后赶到现场，进行调查处理、抢险救灾和善后处理工作。

事故直接原因就是停风后违章放炮引起，但反映了该井安全管理混乱。首先，职工队伍素质低，放炮员、瓦检员等特殊工种没有培训更没有持证上岗。其次，井下通风管理混乱，没有执行停风撤人，瓦检员的假检现象严重，局部扇风机随开随停，也没有使用瓦斯报警设备，放炮员不使放炮器。以上种种，煤矿安全规程都有严格规定，该井没有执行，也没有人检查。工程技术管理、作业组织管理混乱，是造成事故灾害扩大的重要原因。二道河子煤矿及其主管部门放松了对小井的安全管理，也是事故发生的原因。

事故防范措施。切实贯彻《矿山安全法》，认真落实《煤矿安全规程》。理顺多种经营公司系统安全和生产管理体制，切实加强对矿务局所属小井的安全管理，不得擅自降低安全标准；切实搞好特殊工种的培训工作，提高素质，做到持证上岗；做好小井的生产技术、通风、瓦斯、煤尘的安全管理工作，树立防灾意识。

1994年2月8日，劳动部批复了黑龙江省政府对事故的处理意见。

(二)吉林省辽源矿务局泰信四井煤尘爆炸事故

1994年11月13日12时15分，泰信四井暗副井绞车道因超载提拉矿车，在－200米处发生跑车，摩擦产生火花，引起暗副井中煤尘爆炸，死亡79人，伤129人，直接经济损失320万元。事故发生后，劳动部党组成员王建伦，煤炭部部长王森浩、副部长张宝明，全国总工会书记处书记李永安等领导和吉林省委书记何竹康、省长高严、常务副省长刘希林、副省长王国发、魏敏学及省、市领导先后赶到现场，组织抢险救灾，对受伤住院的同志进行慰问。

事故直接原因是暗副井中煤尘堆积严重，且煤粉细小干燥；超载拉车使矿车连接断裂跑车，暗中滚动的矿车扬起煤尘；矿车连接装置断裂时，销子与连接班摩擦，销子、钩头链与矿车、铁轨撞击摩擦产生火花，引起煤尘爆炸。间接原因是安全生产工作领导不力，重大隐患长期得不到解决；井下运输管理混乱，经常超载拉车得不到制止，对矿车连接装置也不能及时检修，暗副井中也未设防跑车装置；暗副井轨道中托绳轮缺失较多，也增加了煤尘飞扬。灾害防范措施也不落实，当班入井270人中只有79人佩带了自救器，扩大了受害程度。

事故防范措施。切实贯彻《矿山安全法》，认真落实《煤矿安全规程》。在全局范围内，深入开展安全思想、安全管理的整顿。实行承包的矿井，重点解决好“以包代管”的短期行为，安全上不降低标准、不放松。严格现场管理，全面解决机电运输、瓦斯煤尘管理混乱问题。全方位搞好瓦斯煤尘综合治理。加强安全培训教育，扎实开展三不伤害(不伤害自己、不伤害他人、不被他人伤害)教育活动，提高职工安全生产素质。组织全省煤炭企业认真吸取此次事故教训，组织好全省安全质量大检查。

(劳动部矿山安全监察局　宋立正　施佩华)

地方劳动工作概况

北 京 市

北京市1992～1994年的劳动工作主要以培育和发展劳动力市场为中心，深化劳动领域的各项改革，主要是：(1) 简政放权，还权于企业。仅1992年市劳动局就下放权力52项，占过去行使权力总数的52.5%，同时还废止一批按计划经济要求制定的规范性文件，加速了企业经营机制的转换，促使企业内部劳动、工资、保险制度不断向纵深发展。(2) 推进企业优化劳动组合和实行全员劳动合同制。全市实行劳动合同制的职工已达110万人。(3) 完成了企业自行清算核定工资的转轨工作，研究制定了劳动就业服务企业发展第三产业、安置富余人员的措施。(4) 为顺利实施新的财会制度，对全市劳服企业的3802名财会人员进行了培训。(5) 加大了社会保险制度改革的力度，全面推行新的养老金计发办法，建立了企业离退休金的正常调整机制；扩大养老保险覆盖面，全市参加养老保险的职工205万人，退休人员72万人，保证了离退休人员的基本生活；实施了城镇企业职工失业保险规定，全市参加失业保险的职工达210万人；开展了对全市停产企业的长期跟踪监测和企业富余人员的预测分析，并利用失业保险基金对212户停产整顿企业职工和企业下岗人员进行了救济，有效地维护了首都的稳定。(6) 加强了劳动力市场体系建设，规范了劳动力市场运行秩序，实现了全市76个职业介绍服务机构的微机联网，累计接待求职人员45万人次，为2.04万家单位提供了服务，有14.4万人被介绍到新的岗位上工作。(7) 实施了北京市最低工资规定，为保障职工的基本生活提供了法律依据。(8) 组建了北京市职业技能鉴定中心，对20个工种（专业）的近万人次职工进行社会化的职业技能鉴定；建成了北京市技校实习指导教师培训中心。(9) 组建了北京市劳动监察大队，结合《劳动法》的宣传，按照劳动部的统一部署，开展了全市劳动用工大检查，共检查用工单位12544个，查出违纪单位4101个，有效地维护了劳动者的合法权益。(10) 扩大了劳动争议的受理范围，结案率达97%。此外安全生产也进一步得到加强，全市因工死亡事故连续7年下降，尘毒治理有所好转，确保锅炉压力容器爆炸事故控制在指标内。

一、劳动力市场与劳动就业

(一) 改革就业制度，建立竞争机制

三年来，北京市不断改革就业制度，建立竞争机制，积极推行动态优化劳动组合，实行平等竞争、双向选择、择优上岗、合理流动。在坚持动态优化劳动组合的基础上，推行全员劳动合同制，进一步明确企业和职工的责、权、利，依法保护双方的合法权益。为了促进农村劳动力的有序化流动，建立了区域间的劳务协作关系，实行用工的基地化管理。现已与外省市建立劳务基地249个，从基地招工36万人，约占使用外地务工人员总数的75%，为实现劳动力跨省市有序流动，防止“民工潮”起到了积极作用。同时严格实行了外地进京务工人员的《做工证》管理制度。

为了规范劳动力市场，对职业介绍机构为用人单位招工发布广告信息进行了管理，要求经市、区（县）劳动局审批，并不得以

任何理由对求职者索取报名费、培训费。同时加强了对外省市用工单位来京招工招聘的管理和监察，对不符合国家法律、法规和劳动行政部门有关规定的招工招聘行为予以制止。

（二）把社会失业率控制在1%以内

北京市充分发挥市、区、县职业介绍服务机构的作用，做好信息的收集工作，有针对性地开展就业指导和职业介绍工作，并采取多层次、多形式的就业方法，使社会失业率连续11年控制在1%以内。

为了支持企业转换经营机制安置富余人员，安排了贷款贴息资金。凡发展商业、服务业，安置一名富余人员贷款数额控制在1万元以内者；发展工业、建筑等行业，安置一名富余人员贷款数额控制在1.5万元以内者，均按照安置富余人员的比例高低和安置富余人员的平均贷款额计算支付贴息金额。三年来，市劳动局为新开办的908户企业，贴息2129.3万元。

二、工资工作

（一）改革工资制度，打破“大锅饭”

北京市全面推行企业工资总额和经济效益挂钩，克服企业吃国家大锅饭的问题。企业内部工资制度改革突破了全国统一模式的框框，从企业的实际出发，按照劳动条件、繁重程度、责任大小、技能高低和劳动业绩五个要素，确定每个职工的工资，由企业自主决定实行符合各自特点的内部分配办法，在不同程度上克服了职工吃企业“大锅饭”的问题。经过这两个层次的改革，调动了企业和职工的两个积极性，既加强了工资分配宏观调控，增强了企业自我约束的能力，又搞活了企业内部分配。在提高经济效益和劳动生产率的基础上，职工实际工资大幅度增长。

从1992年起，对经批准新建的企业，其工资总额基数，由市劳动局按有关政策核定，其职工不再建立档案工资，市劳动局不再审批工资标准，职工工资发放办法由企业根据按劳分配原则，自主决定。

市劳动局制发了《关于下放北京市地方所属国营企业工资分配自主权实施办法》。凡具备条件的企业，实行职工工资总额增长幅度低于本企业经济效益增长幅度；职工实际平均工资增长幅度低于本企业劳动生产率增长幅度的“两率控制”办法。暂不具备条件的企业继续实行工效挂钩办法。挂钩企业本年度以后效益基数和挂钩工资总额基数，由企业自行清算确定。

（二）建立多种工资分配形式

1993年，全市有2372户国有企业突破“等级工资加奖金”的单一工资分配形式，建立多种分配形式。这些企业占市属国有企业总数的46.5%，主要分配形式有四种：岗位技能工资、结构工资、计件工资、提成工资。其中实行岗位技能工资和结构工资的比例最大，两者合计职工人数达85.2万人，占职工总数的48.5%。

（三）规定最低工资

为适应社会主义市场经济发展的需要，保障劳动者的基本生活，北京市人民政府1994年11月16日以第25号令发布了《北京市最低工资规定》，自1994年12月1日起执行。规定共17条，明确规定了最低工资的适用范围、管理权限，最低工资标准的确定、发布、给付以及最低工资的保障、监督和罚则。最低工资标准按小时、月确定，每小时不低于1.1元人民币，每月不低于210元人民币。

（四）对人工成本进行调查

1994年市劳动局对本市人工成本进行了调查，被调查单位261个，职工35.6万人。其中地方国有企业205个，31.5万人，约占全部地方国有企业职工的17.3%；外商投资企业56个，职工4.1万人，占地方外商投资企业职工的47.1%。通过典型调查，1993年我市地方国有制造业企业平均人工成本为7720元，占企业总成本的14.5%，占企业销售收入的12%。在年平均人工成本中，工资占61.7%，劳动保险费用占20.2%，福利费用占9.1%，住房费用占1.6%，劳动保护费用占3.1%，教育费用占0.8%，其他人工成本占3.5%。

三、社会保险与职工福利

(一) 调整退休统筹基金提取比例，提高企业离退休人员待遇

自1994年1月1日起，北京市调整了企业和个人缴纳基本养老保险费的比例。国有企业缴纳基本养老保险费的比例由现行的按职工工资总额的18%调整到19%；外商投资企业由16%调整到17%；劳动就业服务企业由14.5%调整到19%；集体企业、联社企业仍为工资总额的27%。上述各类企业中职工个人缴纳基本养老保险费的比例由现行职工个人工资总额的2%调整到5%。临时工缴纳基本养老保险费的比例由现行按个人月工资总额的3%调整到5%。

自1992年1月1日起，北京市企业离退休人员增加了离退休金。调整后，全市离退休人员人均增资36.86元。其中，离休人员人均增加34.89元(不含1991年7月1日起发给离休人员的30元生活补贴)，退休人员人均增加38.51元，退职人员人均增加31.57元，按月领取退养费的退养人员人均增加16.02元，按月领取养老生活补助费的临时工养老人员人均增加16.06元。1994年为贯彻《国务院关于调整企业离退休金的通知》，我市再次调整了城镇企业1993年12月31日前离退休人员的离退休金。调整后，离休人员月人均增加74元离休金，退休人员月人均增加34元退休金。

(二) 集体企业实行退休养老基金统筹

1992年，北京市劳动局、税务局制发了《北京市建立健全城镇集体企业职工退休养老制度和退休养老基金实行全市统筹的暂行办法》，从8月起，全市生产服务合作总社和市劳动服务公司所属企业实行退休养老基金统筹。

(三) 实行新的基本养老金计发办法，建立基本养老金正常调整制度

经市政府批准，《北京市城镇企业职工计发基本养老金暂行办法》自1994年1月1日起在全市城镇企业中实行。按新办法计发的基本养老金由两部分组成，第一部分按职工缴纳基本养老费的年限，以职工退休时上一年北京市职工月平均工资为基数计发；第二部分按职工缴纳基本养老保险费的年限，以本人指数化月平均缴费工资为基数计发。按新办法计发基本养老金后，95%的人员增加了养老金，月人均增加28元。

北京市从1994年10月起建立城镇企业离退休人员养老金正常调整制度。1993年12月31日前已离退休的人员，按照参加革命工作年限，每人每月分别增加40元、50元、65元离休金；退休人员每人每月增加30元退休金；退职、退养人员每人每月增加20元退职退养生活费。今后，企业职工在离退休的下一年起所领取的基本养老金每年下半年根据北京市职工平均工资增长率的一定比率进行调整。

(四) 发放职工物价补贴

北京市劳动局、财政局、人事局联合发出了《关于发放职工等有关人员蛋菜肉价格补贴的通知》，规定从1992年12月1日起，本市企业在职职工，离休、退休、退职人员，城市生产服务合作总社和劳动服务公司企业退养人员，临时工，领取待业救济金的城镇待业人员每人每月发给蛋菜肉价格补贴12元。自1993年5月1日起，对上述人员每人每月增加粮油补贴10元。

(五)厂内待业人员享受待业保险救济金

1992年～1993年对停产整顿或关闭的63家企业的18982名厂内待业职工发放了待业保险救济金，每人每月领取待业救济金标准为本人月标准工资的75%，同时加发各种价格补贴38元(1992年为28元)。本人月

标准工资按75%计发不足65元的，按待业救济金最低标准65元计发，同时加发各种价格补贴32元(1992年为22元)。职工在领取待业救济金期间患病，其医疗费用，由待业保险基金给予适当补助。1992年～1993年，市劳动局共支付待业救济金和此项医疗补助费1374.12万元。

(六) 被精减的老职工获生活补助

1993年6月，本市对1957年底以前参加工作、60年代被精减退职的老职工，按月发给生活困难补助费。其标准是：抗日战争时期参加革命工作的每人每月60元；解放战争时期参加革命工作的每人每月50元；建国后参加革命工作的每人每月35元。生活困难补助费由原来精减单位支付。

(七) 试行大病医疗费统筹

在区、县属48个二级公司试行大病医疗费用统筹的基础上，市劳动局于1993年12月起在西城区区属企业中试行大病医疗费用统筹。自1994年11月起将试行范围扩大到驻区的市属企业。至1994年12月底全市参加试行大病医疗费用统筹的职工达17.2万人。

(八) 进一步完善失业保险制度

1994年6月6日，北京市人民政府发布了《北京市企业职工失业保险规定》。新的失业保险制度解决了原待业保险制度存在的覆盖范围窄、享受对象少、救济水平低、基金承受能力弱、强制性不足等问题。在实施范围上，已覆盖到本市城镇各类经济成分的企业及职工；在享受对象上，由原来的四类人员扩大为七类九种人；在发放救济标准上，由按本人月标准工资的65%～75%，改为按民政部门规定的城镇困难户救济标准的120%～150%发放；在筹集失业保险费方面，由过去按全部职工年平均标准工资总额1%改为按全部职工年工资总额1%收缴；在执法监督方面，对拒缴、欠缴失业保险费行为，制定了行政和经济处罚规定。截至到1994年12月31日，全市已实行失业保险费核定收缴的机关、企业、事业单位8114个，核定个人缴纳失业保险费218万人，占全市城镇职工总数的90%以上。

四、技能开发与职业培训

(一) 颁发工人技术培训许可证

为了搞好工人技术等级培训，提高职工技术水平，北京市劳动局对向社会招生进行技术等级培训的单位进行了审核，并为经审核合格的163家社会办学单位颁发了《北京市工人技术培训许可证》，于1993年2月9日向社会公布。

1994年劳动局对已经颁发《北京市工人技术培训许可证》的163家社会办学单位的办学条件、培训情况及教学质量等情况进行了年度检查，合格单位为155家。

(二) 建成生产实习指导教师培训中心

北京市技工学校生产实习指导教师培训中心，于1994年11月19日在北京市计划劳动管理干部学院内落成，并正式投用。该中心总建筑面积8100平方米，建有机、钳、电等生产实习指导教师、职业培训教师和高级工以上技术工人的培训设备。

(三) 加强就业前培训工作

为了向劳动力市场和企业输送合格的劳动力，3年来本市采取各种形式开展就业前培训，参加培训的共63579人，占新招工人68462人的92.9%。

五、劳动关系与监察

(一) 继续推行全员劳动合同制

为了全面推行劳动合同制，实现劳动关系法制化，使全市所有企业和职工通过劳动合同确定劳动关系，1992年北京市劳动局、人事局共同制定了《关于〈企业全员劳动合同制试行办法〉的补充意见》，进一步推进了劳动合同制度的实施。至1994年底，全市已有110万职工实行了劳动合同制，其中实行全员劳动合同制的职工有60万人。

三年来，市、区、县各级劳动仲裁部门

按照国家有关规定，本着服务于企业的宗旨，采取多种形式，认真开展劳动合同鉴证工作。至 1994 年底，全市共鉴证劳动合同 544091 份。其中：新招合同制工人劳动合同 53910 份，农民合同制工人合同 32400 份，临时工劳动合同 527 份，外商投资企业劳动合同 25742 份。通过鉴证，纠正了无效或违法合同，促进企业进一步完善劳动合同管理和健全企业的规章制度，为预防和减少劳动争议的发生起到了积极的作用。

（二）开展综合性劳动监察

1994 年，北京市劳动局首次开展对各种经济类型的用人单位执行劳动用工、工资、社会保险福利、职业培训、女职工和未成年工特殊保护、工作时间和休息休假、劳动合同签订和履行厂规厂纪等内容进行综合性检查。共检查了 12544 个单位，其中违章违纪单位 4101 个。按检查项目分类：劳动合同订立和履行违反规定的单位 3558 个；应参加我市退休养老统筹而未参加的单位 392 个，少报漏缴养老统筹基金 691.1 万元；厂规厂纪违反国家规定的单位 289 个；违法使用童工的单位 6 个；违反职业介绍规定，擅自开办职业介绍机构的单位 3 个；侵犯职工利益的单位 122 个。对上述违章违纪单位，分别给予警告、通报批评、社会曝光、责令停业整顿等处理。

（三）依法处理劳动争议

三年来，北京市共立案受理劳动争议案件 1674 起。其中，因开除、除名、辞退引发的争议 205 起；因劳动报酬引发的争议 330 起；因劳动保险福利待遇引发的争议 211 起；因变更、终止、解除劳动合同引发的争议 329 起。单位胜诉的 322 起，职工胜诉的 695 起，双方部分胜诉的 591 起。不服裁决向法院起诉的 34 起。1994 年，全市还受理集体劳动争议 118 起，涉及职工 2673 人。劳动仲裁机构通过对劳动争议案件的处理，依法维护了劳动者和用人单位的合法权益，促进了职工队伍的稳定和社会安定。

（四）受理群众来信来访

三年来，市劳动局共受理群众来信来访 20754 件。其中，来信 3645 件，来访 11743 人（次），电话咨询 5336 个。5 人以上集体来信来访 181 件、3601 人。反映的主要问题有：退休退职问题 2388 件、工资问题 1088 件、保险福利问题 1099 件、知青问题 3470 件、精减职工问题 837 件。三年来共立案 93 件，为 85 名群众解决了实际困难，化解了矛盾，维护了社会稳定。

六、安全生产与职业卫生监察

（一）普及劳动保护知识

1992 年 5 月至 11 月，市劳动局和北京人民广播电台经济台，联合举办“安全在我心中”广播征文节目。该节目每周二、四以经济新闻形式播出，介绍有关劳动保护的法规、安全生产知识、安全生产状况及先进人物事迹。节目期间，共播出专题采访 10 件、消息 86 条、事故案例分析 6 例、通讯 15 篇、知识 19 篇、经验介绍 10 篇。使广大群众普遍受到劳动保护知识教育。

（二）培训锅炉压力容器操作工，综合治理锅炉房

为了提高锅炉压力容器操作工的技能，减少事故，仅 1992 年本市就对 17660 名锅炉压力容器操作工进行培训。其中，锅炉司炉工 10080 名，压力容器操作工 470 名，锅炉压力容器焊工 2536 名，无损探伤人员 198 名，锅炉水处理化验员 3113 名，锅炉房管理人员 1263 名。

三年来，北京市坚持综合治理锅炉房，至 1994 年底，全市 8653 个锅炉房，达标的有 8337 个，占 96.3%，为保证首都安全奠定了基础。

（三）严格“三同时”审批制度

市劳动局对新建、改建、扩建等生产性建设项目，坚持劳动保护设施与主体工程同时设计、同时施工、同时投产使用的“三同

时”审批制度。三年来共审查312个项目，验收83个项目，组织有关专家对20个重点大型项目进行评估，共提出建议和整顿措施323条。

（四）开展安全生产周活动

每年五月的第三周是北京市的安全生产周。三年来，在市政府的统一部署下，全市各企业普遍开展了“四个一”活动，即：举办一次企业法定代表人的安全生产讲座；组织一次外地农民工的安全知识教育；召开一次领导班子分析安全生产的工作会议；进行一次由领导带队的安全检查，增强了广大群众的安全意识。

（五）开展医用高压氧舱安全检查

1994年，根据邹家华副总理和市领导的指示精神，市劳动局会同消防、卫生部门，聘请中华医学会北京分会高压氧学会专家，于12月12日至27日对52个医疗单位的54台高压氧舱进行了安全检查，共查出隐患400余处，要求使用单位立即整改。

（北京市劳动局办公室）

天　津　市

天津市的劳动工作始终坚持以邓小平同志建设有中国特色的社会主义理论和党的基本路线为指导，解放思想、更新观念，按照“以培育和发展劳动力市场为中心，建立和完善新型劳动工作体制”的思路，积极实行目标管理责任制。经过三年的努力，我市劳动工作取得了很大进展。

一、劳动就业服务体系建设日趋完善

我市从1992年开始就以逐步实现国家政策指导下的市场就业为指针，及时调整就业政策，广开就业门路，扩大就业容量。

（一）建立和完善劳动力市场体系

1992年，在全市原有18个职业介绍所的基础上，天津市劳动力市场和部分区县劳动力市场相继开业。市劳动力市场与全市156个街、镇（乡）的劳动服务公司（站）相衔接，初步形成了天津市劳动力市场网络。到1994年全市各级各类职业介绍机构已发展到52家，形成了以市、区（县）劳动部门开办的职业介绍机构为主体，行业和民间职业介绍机构为补充，联通城乡，覆盖全市的市场服务网络。在劳动力市场机制运行过程中，市劳动力市场着重把握了以下两点：1. 完善市场功能，强化服务手段。通过建立“人才库”、“企业库”、“档案库”和实施市区“一体化办公”，加强了各项工作间的有机联系，实现了为企业和求职人员提供从信息收集、发布，招聘，培训，办理录用手续，提取和保存档案，流动，合同鉴证到养老、失业保险等“一条龙”式的服务。2. 根据供需双方自主对接这一劳动力市场机制的特点，注意把信息作为启动市场的关键。在采取增加信息的预先显示时间、扩大传播面积、更新传递方式的同时，深化了发布手段，创办了《天津劳动力市场报》，每期发行量达4万份之多。

通过不断完善和健全市场规则，强化中介服务能力，使市场交流更加活跃。1992～1994年的三年间进入市场的求职者达100多万人次，有近40万求职者通过市场达成了就业意向。

（二）努力发展劳动就业服务企业

1992年以来根据市场经济的要求，充分利用国家优惠政策，积极鼓励和大力支持劳动就业服务企业发展。我市劳动就业服务企业以狠抓企业内部机制转换手段，提高企业市场竞争力，增强企业经济实力为目的，逐步增强企业吸纳失业人员的能力。到1994年底，全市劳动就业服务企业已发展到3721家，从业人员12.9万人，三年内共实现利税9.48亿元，经济效益和社会效益都上了一个新台阶。

（三）积极开拓国际就业市场

1993年我市成立了天津市国际劳务技术服务公司。自成立以来，该公司积极开拓境外就业渠道，先后与新加坡、韩国、日本、以色列、澳门等国家和地区建立起较为稳固的劳务合作关系，为我市劳动就业开拓了一个崭新的领域。

（四）完善失业保险制度

1993年起扩大了失业保险的覆盖面，强化了基金收缴手段，对失业保险基金的管理、使用进行了有效的监督检查，更好地保证了失业保险的社会保障功能。经过多渠道、多形式的安置，1992～1994年的三年里我市共安置失业人员18.9万人，城镇失业率控制在3%以下。

二、工资分配调控体系进一步增强

1992～1994年，我市的工资分配调控体系着重从“工效挂钩”和工资总额的分级分类管理两方面入手。

（一）进一步完善工资总额与经济效益挂钩办法

1992年的工资制度改革着重完善了工资总额与经济效益挂钩办法。一是实行了定基定比挂钩办法，一定三年不变。这一办法促进了企业生产和经济效益的提高，有利于承包经营责任制的稳定发展。二是把1992年以前出台的价格补贴纳入挂钩工资总额基数，净化工资总额提取渠道，加强宏观调控。三是增强工效挂钩政策透明度，简化审批手续，由市逐户核定改为由主管局汇总集中核定。四是建立了工资储备金制度，增强了企业自我约束机制。五是在效益工资提取和实现利税确定等方面，制定了有关政策，保证了职工收入的稳定增长。

（二）实行工资总额的分级分类管理

在1992年工资宏观管理工作的基础上，1993年开始，我市国有企业普遍实行了工资总额的分级分类管理，到1994年取得初步成效。

1. 分级管理。市劳动部门通过向区、县、局下达弹性工资总额计划，来调控地区和行业所属企业的工资总量，实现工资总额的分级管理。分级管理打破了工资的计划管理模式，变指令性计划为指导性计划；变直接管理为间接管理；变绝对数控制为相对数控制；变静态控制为动态控制。

2. 分类管理。在弹性工资总额计划范围内，对不同企业采取不同工资形式的工资管理办法。根据试行“税利分流”和贯彻《企业财务通则》、《企业会计准则》的情况，1993年我市制定了《全民企业工资总额分类管理暂行办法》。这个《办法》将企业工资总额管理分为三类，一是生产经营正常的企业实行工资总额与经济效益挂钩的办法；二是对暂不具备实行“工效挂钩”条件的企业和新建未达产的企业，实行工资总额包干办法；三是经批准实行股份制、比照合资企业经营管理实行新机制试点的企业，按照企业工资总额增长幅度低于经济效益增长，人均实际工资增长速度低于劳动生产率增长速度的原则，自主确定工资总额。《办法》还规定，要强化《企业工资基金管理手册》制度，以提高对企业工资总额宏观管理的有效性。由于工资总额分类管理办法引进了市场机制，体现了“效率优先、兼顾公平”的原则，因而调动了企业和职工的积极性，提高了企业的劳动生产率和经济效益。

（三）内部分配放权于企业

在企业内部分配问题上，政府职能部门切实做到简政放权。1993 年我市将职工晋升档案工资、建立特岗岗龄工资等 7 项权力都还给了企业；企业也积极探索适合本企业特点、又能较好地体现按劳分配原则的岗位技能工资、计件工资、提成工资、含量工资、质量工资等多种分配形式。企业内部分配制度改革合理拉开了职工之间收入的差距，使广大职工的主动性和创造性得到了充分发挥。

三、社会保险体系建设取得新突破

（一）进一步深化养老保险制度改革

1. 扩大养老保险统筹覆盖面。1992 年开始我市将国有企业、集体企业和外商投资企业中的固定工、合同制工人及各种临时工的养老保险全部纳入统筹。到 1994 年末，我市参加养老保险社会统筹的企业职工已达 178 万人，占全市企业职工 237 万人的 76%。

2. 统一征缴比例。我市已将国有企业和集体企业职工养老保险费的统筹项目和比例统一起来，在统筹项目和比例上均按职工工资总额的 20%收缴。

3. 建立多层次的养老保险。从原来只有基本养老保险一个层次发展到基本养老保险、企业补充养老保险和职工个人储蓄性养老保险三个层次。

4. 实行个人缴费制度。从 1993 年 1 月 1 日起企业职工需按本人上年月平均工资的 4%缴纳养老保险金。这个制度的实行在增加了统筹积累的同时，也树立了职工的自我保障意识。

5. 建立职工养老保险手册制度。职工养老保险手册主要记载企业和职工缴费情况，以此作为计发养老保险金的依据。

（二）失业保险制度得到进一步完善

1. 制定新的失业保险办法。1992 年我市拟定了《天津市职工待业保险暂行办法》和《天津市外商投资企业中方职工待业保险暂行办法》，并于 1993 年 1 月 1 日开始实施。新的暂行办法规定：享受失业保险的范围由国有企业扩大到集体所有制企业和外商投资企业的中方职工；职工享受失业救济金的标准为本市民政部门规定的社会救济标准的 120%～170%；享受期限为 4～24 个月。1994 年，我市还拟定了《私营企业职工失业保险办法》，年内完成了操作实施的准备工作。同时加强了待业保险基金的征缴与合理使用。1992～1994 年共给 29061 名失业人员发放待业救济金 2214.63 万元。

（三）积极探索医疗保险制度改革

1. 1994 年，市劳动部门会同市经济体制改革委员会等部门提出了《天津市医疗制度改革方案》，经市政府常务会议讨论通过，已在我市塘沽区部署了试点工作，并取得了初步经验。

2. 为保障广大职工的合法权益，1993 年我市恢复了劳动鉴定委员会的工作。到 1994 年底，该委员会共进行了 8300 例劳动鉴定工作，使职工的合法权益得到了保障。

四、职业技术培训全面发展

（一）技工学校管理工作

1. 从 1992 年开始，市劳动部门对全市 143 所技工学校开展了重点技校的评估工作，到 1994 年我市已有国家重点技校 2 所、市（省、部）级重点技校 13 所、一级技校 38 所。

2. 继续对我市技工学校毕业生实行“双证”（毕业证、技术等级证）制度。1992～1994 年的三年间，我市共有 117 所技工学校的 32040 名毕业生参加了双证考试，有 30904 名毕业生取得了“双证”。

3. 改革技工学校招生工作。1993 年起，我市技工学校招生计划由指令性计划改为指导性计划。这一改革措施打破了过去由计划部门下达计划的招生模式，而直接由学校根据供需情况自主确定招生专业和人数，从而解决了毕业生供求不对路的矛盾。

（二）在职职工的培训工作

1. 建立健全培训考核制度。1992 年，结合劳动制度改革，我市进行了职工培训考核制度的配套改革，制定了《关于企业工人考核工作的实施意见》。这个意见将职工的思想表现、日常工作业绩和技术业务水平纳入全面考核。

2. 积极开展职工技能竞赛活动。一是1993年，市经委、市劳动局、市总工会等部门联合组织了我市工业系统的80多个工种青工的技术比赛活动，全市有30多万青工参加了比赛。二是在全市范围内开展“学绝技、创高招、争创技术明星活动”，每年有100多万名职工参加这项活动。三是1993年举办了首届“天津市青年奥林匹克技能竞赛”，并选派了12名优秀选手参加了全国青年奥林匹克技能竞赛，获团体总分第4名的好成绩，有9名选手在单项比赛中获得个人前10名。

3. 加强各级就业训练中心的建设，开展多层次，多形式的培训工作。目前我市共有各级就业训练中心19所，其中2所为全国重点训练中心。

4. 继续抓好技师、高级技师的评聘工作。一是在技师评聘管理工作的基础上，我市于1992年进行了首批高级技师评聘试点工作。二是在严格技师、高级技师资格考核的监督、管理的基础上，实行了考评与聘任分离制度，允许企业突破比例限额考评技师与高级技师，并自主确定聘任人员的数量和待遇。截止到1994年底，我市已累计考评技师8600名、高级技师168名。

5. 加快职业技能鉴定管理社会化步伐。在1993年对职业学校和高教等系统职业技能鉴定试点工作的基础上，1994年建立了市职业鉴定指导中心。目前全市25个职业技能鉴定所正在积极筹建，近期陆续开展工作。

五、劳动关系调整体系进一步完善

(一) 以法律手段确定和调整劳动关系

1992年开始，我市的劳动用工制度改革扩大了试验范围，突破了仅限于在国有大中型企业实行全员劳动合同化管理的界限，在全市工业、商业、交通等系统大范围进行了合理劳动组合、岗位合同化管理、全员劳动合同制等形式的用工制度改革。其中尤以体现两种用工制度(劳动合同制和固定工制)并轨的全员劳动合同制的改革力度大。1993年我市出台了《天津市国有企业实行全员劳动合同制暂行办法》。这个办法对劳动合同的订立和履行，劳动合同内容，劳动报酬，合同的续订、变更、解除和终止、违约责任，合同管理等作出了明确规定。这样，使职工与企业能够在平等自愿、协商一致的基础上依法确定劳动关系。同时打破了干部与工人的身份界限，企业既可以从优秀的工人中选聘管理、技术人员；不称职的管理、技术人员也可以被企业安排到生产服务岗位工作，初步形成了竞争和激励机制。到1994年末全市实行劳动合同制职工达71万人，占企业职工总数的30%。这样，“国家包揽，行政隶属，身份差别，终身固定”的用工制度正被以法律手段确定和调整劳动关系的新型用工制度所取代。

(二) 加强劳动争议调解、仲裁工作

1. 建立和完善仲裁员、仲裁庭制度。我市劳动部门在1992年仲裁员、仲裁庭试点的工作基础上进一步加强了对劳动仲裁工作的领导，调整完善了市劳动争议仲裁委员会，加强了各级劳动仲裁机构的组织建设，帮助和指导各级仲裁委员会进一步健全完善了仲裁员、仲裁庭制度。到1994年底，我市已有仲裁员146人，仲裁庭11个。

2. 积极做好劳动合同鉴证工作。在以往工作的基础上，1993年按照劳动部颁布的《劳动合同鉴证实施办法》积极做好我市的劳动合同鉴证工作。这一办法的实施使我市的劳动合同管理走上规范化、法制化的轨道，有效地预防了一些劳动争议案件的发生。

3. 到1994年底我市共发生劳动争议案件7757件。其中，调解结案的7622件；仲裁结案的71件；当事人撤诉的55件；当事人不服仲裁，起诉到人民法院的9件。

六、加强劳动保护，强化安全监察

(一)进一步加强职业卫生安全教育与监察

1. 在1992年我市推行安全生产目标管理试点的基础上，制定了《安全生产目标管理对照表》，并下发到企业，指导企业开展安全生产工作。

2. 积极抓好安全生产宣传培训等工作。一是每年坚持对50多个区、县、局的1000余个企业的厂长、经理、车间主任及安技干部开展安全生产宣传活动，组织他们参加各种形式的安全生产知识竞赛及培训班。二是1993年向全市范围内印制发放了天津市劳动保护条例图解1500余套。三是加强对特种作业人员的安全培训、考核、发证和特种设备的检测工作。三年里检测起重设备、电梯和企业内机动车辆等设备21100台。

3. 为扭转安全生产被动局面，遏制安全管理滑坡，我市坚持对因工死亡事故隐瞒不报的企业依法进行公开处理，有效地抑制了因工死亡事故上升的趋势。

(二)严格锅炉压力容器安全监察和管理

我市的锅炉压力容器安全监察，始终坚持控制设备的使用、检验、设计、制造及安装等各环节，并以锅炉房综合治理为重点，搞好锅炉压力容器的安全监察工作。在资格审查方面，经严格审查，到1994年底有60个设计单位、48个制造单位、87个安装单位取得了定点生产经营许可证书。同时，认真抓好锅炉压力容器工作人员的培训工作。

七、加强劳动立法与执法监察

(一) 劳动立法

1992～1994年，我市的劳动法制建设注重了劳动法规、规章和规范性文件的“立、改、废”工作。一是对1980～1994年底的252件文件进行了清理。确认继续有效的规范性文件181件，应予修改的16件，应予废止的55件。二是在清理法规的基础上，加快了劳动立法步伐，并着重提高立法的效力层次和立法质量，先后制定了26个地方法规和规范性文件。逐步建立了较为完备的地方劳动法规体系，为维护用人单位和劳动者双方合法权益提供了较好的法制环境。

(二) 建立健全执法监察体制，强化劳动监察

1. 1992年以来，我市逐步加强了劳动行政执法的规范化、法制化、制度化进程，分别制定了《天津市劳动监督检查暂行规定》、16种劳动监察法律文书及相关的配套法规，为开展劳动监察提供了法律依据。

2. 为提高劳动行政执法人员的专业素质，制定了劳动行政执法人员的管理办法、执法守则和工作纪律；并先后举办干部培训班7期，培训劳动执法干部490人，有240名执法干部取得了行政执法证件。

(三) 完善劳动监察的社会监督

1. 建立行政复议、行政诉讼和行政投诉制度，预防和减少了行政失职、越职及滥用职权现象。

2. 建立并实施了6项行政执法监督制度，依法开展监察。对私招滥雇、非法使用童工、不为职工办理各种劳动保险等违法行为予以及时制止；对情节严重或不按期整改的企业，根据有关规定给予了行政处罚，从而保证了劳动法规的贯彻实施，维护了劳动关系双方的合法权益。

八、积极学习宣传《劳动法》，加强劳动事业宏观管理

(一) 积极学习宣传劳动法

为全面贯彻《劳动法》，我市结合我市实际情况研究提出了贯彻实施《劳动法》的具体意见和措施；积极利用报纸、广播、电视等多种宣传媒体开展了《劳动法》宣传教育；组织千余名劳动干部上街开展政策咨询，并举办多层次、多形式的《劳动法》知识竞赛，参赛的干部职工逾100万人。在全国《劳动法》知识竞赛中，我市获得了特别组织奖和

复赛一等奖的好成绩。

（二）加强劳动事业宏观管理

1992年开始，我市加强了劳动事业宏观管理工作，到1994年已取得了阶段性成效。一是市劳动信息中心正式起步运行，《天津市劳动管理信息系统总体设计方案》已通过评审，建立数据库和文献法规库的前期准备工作已经完成，并实现了与劳动部信息中心联网。二是组织力量就“我市劳动力供需状况、发展趋势及对策”等12个课题进行了调研，提出了对策，为宏观决策提供了理论依据。三是加强劳动事业发展的宏观预测和规划，提出了“九五”期间至2010年我市劳动工作的总体设想。

经过全市劳动战线广大干部职工的积极开拓和辛勤工作，使我市1992～1994的劳动工作在劳动就业、社会保险、工资分配与调控、劳动关系调整及劳动事业宏观管理等方面取得了突破性进展，初步建立起符合社会主义市场经济要求的新型劳动管理体制的基本框架，向建立新型劳动制度的目标迈进了一大步。

（天津市劳动局　高玉柱）

河　北　省

1992年至1994年是我省劳动工作的基点开始转向社会主义市场经济体制上来并取得明显成效的重要阶段。全省各级劳动部门认真学习贯彻邓小平同志视察南方的重要谈话和党的十四大精神，贯彻实施《劳动法》，进一步解放思想，转变职能，开拓进取，加快了劳动、工资和保险制度改革步伐和各项劳动事业的发展。

一、转变职能，简政放权

为了认真贯彻落实《全民所有制工业企业转换经营机制条例》，帮助企业尽快实现“四有”机制，给企业下放了四个方面21项自主权：

（一）在劳动用工方面。一是企业有权自主确定劳动计划。劳动部门不再下达指令性的职工人数计划和招工计划。企业可以根据生产经营需要，自行确定用工计划。二是企业有权自主招工。按照“面向社会、公开招收、全面考核、择优录用”的原则，自行办理录用手续，向当地劳动行政部门备案。三是企业有权自主确定用工制度。企业在做好定员定额、考试考核、择优上岗、合理劳动组合的基础上，可实行全员劳动合同制，条件暂不具备的可先实行合同化管理。四是企业有权自主决定用工形式。企业可根据工作需要和岗位特点，使用有固定期限、无固定期限和以完成特定生产任务为期限的合同制职工，也可以使用临时工和轮换工。五是在本市、县范围内流动的职工由企业自行办理调动手续。取消职工的所有制身份界限，允许不同所有制企业间的劳动力合理流动。六是企业有权依照法律、法规和企业规章，与职工解除劳动合同，辞退、开除职工。

（二）在工资分配方面。一是企业有权自主确定工资计划。今后国家不再下达指令性工资计划。在企业职工平均实际工资增长幅度低于本企业劳动生产率增长幅度的前提下，企业有权决定工资总额的发放。二是改进完善工资总额同经济效益挂钩办法。企业有权自主选择以实现税利为主的复合指标挂钩或其它经济效益指标挂钩；可以实行环比法，也可以实行限额环比法或定比法。三是经济效益好、发展潜力大、自我约束力强的企业，可在“两低于”的前提下，经省批准，自主确定应提取的工资总额。四是企业有权自主确定工资制度，可以实行岗位技能工资制，也可以实行其它适合本企业特点的工资制度。五是企业有权自主确定本企业的工资标准和工资构成，自主安排各类人员的工资关系。六是企业有权自主选择适合本企业特点的工资分配形式。如：计件工资、奖金、岗位津贴等。七是企业有权制定职工晋级增薪、降级减薪的办法；自主决定晋级增薪、降级减薪的条件和时间。八是企业有权根据职工的劳动技能、劳动强度、劳动责任、劳动条件和实际贡献，决定工资、奖金的分配档次。鼓励职工到责任重、技能要求高和苦脏累险的岗位工作。九是企业有权自主使用工资储备金。

（三）在机构编制方面。一是企业有权根据生产工作需要，自主确定和调整内部机构设置。二是企业有权在定员定额的基础上，自主确定人员编制。

（四）在职业培训方面。一是企业有权自主决定职工培训计划。企业可根据生产经营和技术发展要求，自主制定本企业职工技术业务培训计划、培训内容和培训方式，进行业务、技术考核。二是企业有权自行聘任技师。对按照国家规定，经劳动部门组织考核取得技师、高级技师资格的人员，企业可根据实际需要，自主决定聘任数额、职务、时间、方式和有关待遇。三是企业可按照国家规定制定技工学校招生计划。企业可根据生产工作需要，自行调整技校的工种（专业）、自行确定招生数额。

在贯彻《条例》、落实企业自主权的同时，按照政府转变职能的目标要求，各级劳动部门在简政放权后，开始将管理职能向规划、协调、监督、服务的方向转变；管理手段向以经济和法律手段为主的方向转变；管理范围向确定和调整全社会所有劳动关系的方向转变。同时，还加强了宏观调控体系建设，实行了弹性劳动工资计划；加强了劳务市场体系建设，运用市场机制调节劳动力的供求关系；加强了劳动就业服务体系和社会保障体系建设，强化了社会保障和服务功能，努力为企业搞好服务。

二、劳动就业

1994 年，全省城镇新安排就业 33.6 万人，年末失业人员 16.4 万人，城镇失业率为 2.3%，完成了省政府确定的宏观调控目标。到 1994 年底，全省就地转移农村劳动力累计达 1000 万人，劳务输出 100 万人。全省有各级各类职业介绍机构 2405 个，比上年增加 598 个，秦皇岛、石家庄、沧州、保定、承德、唐山等地市的职业介绍服务中心达到或接近省提出的四项规范指标，各市地确定的 21 个县（市、区）试点中的清河、武安、磁县、大名、邯郸县和山海关、峰峰矿区等 7 个县（市、区）市场建设进展较快，达到或接近规范指标。各个就业训练中心面向市场，同企业用人和劳动输出紧密结合，使城镇失业人员就业训练率达 85%。劳服企业在安置失业人员和吞吐劳动力方面发挥了积极作用。失业保险发挥失业救济和促进再就业的双重功能，共为失业人员发放救济金 2442 元，两节期间为 10 万特困职工发放生活救助金 930 万元，全年共安置 6000 名失业人员重新就业。

1994 年，全省劳动力资源总数为 4211.8 万人，其中城镇 685.5 万人；农村 3526.3 万人。全省从业人员为 3210.4 万人，其中城镇 760.9 万人；农村 2449.5 万人。全省职工人数为 699.2 万人，比上年减少 4.5 万人，其中国有单位 533.2 万人，减少 5.5 万人；城镇集体单位 141.4 万人，减少 10.0 万人；其他所有制单位 24.6 万人，增加 11.0 万人。城镇个体劳动者和私营企业从业人员 44.5 万人，比上年增加19.3万人。

职工人数出现负增长，是1984年以来从未有过的，与1983年因清理压缩计划外用工使职工人数减少不同。1994年职工人数减少的主要原因，一是随着市场经济体制的建立与企业改革力度的加大，企业使用劳动力的自我约束机制逐渐增强，尽量做到多增产不增人或少增人；二是在转换企业经营机制过程中，随着用工自主权扩大，一些企业提前办理退休手续的人员多于往年；三是一些企业出于降低人工成本费用或由于生产不景气，尤其是一些棉纺企业因原料供应不足、部分建筑企业因建筑市场资金短缺，辞退了一大批临时工、季节工；四是核工业部第二十三建筑公司等中央单位成建制迁往外省使职工人数减少。

三、职工工资

1994年，我省职工工资总额达到289.6亿元，按可比口径计算，比上年增长31.9%，其中国有单位239.1亿元，增长31.9%；城镇集体单位38.8亿元，增长15.5%；其他所有制单位11.7亿元，增长158.8%。

1994年我省城镇职工工资总额增长较快的主要原因是受政策性增资因素的影响。政策性增资因素包括：机关事业单位工资改革兑现工资；企业工资标准提高；增发各种津贴、物价补贴；企业实行工效挂钩，推行岗位技能工资制增资；企业效益提高增发奖金；增人、转正定级、行政事业单位工龄津贴自然增长增资等。

随着职工工资总额的增长，职工工资水平增长加快。1994年，职工平均工资达到4185元，按可比口径计算（下同）比上年增加1025元，增长32.4%，其中国有单位4531元，增加1121元，增长32.9%；城镇集体单位2762元，增加523元，增长23.4%；其他所有制单位4896元，增加1349元，增长38.0%。1994年城镇居民消费品价格指数为124.9%，扣除价格因素，职工平均实际工资增长6.0%。

随着企业经营机制的转换，工资制度改革稳定推进，1994年，全省地方国有企业实行"工效挂钩"的达到7377户，职工213.2万人，分别占国有企业和职工总数的82.0%和90.0%；集体企业和职工总数的63.0%和42.9%。未实行"工效挂钩"的企业，在部分实行了工资总额包干办法。实行岗位技能工资制的累计达到1337户，职工85万人，分别占企业和职工总数的7.4%和21.4%。同时，经省政府批准，顺利进行了企业增资工作，到1994年底，有63.0%的企业兑现了工资。

四、社会保险

1994年，社会保险制度改革进一步深化。国有企业养老保险金省级统筹实行了"一体化"管理，参加省级统筹的国有企业在职职工达到320万人，离退休人员52万人，均占应参加数的98%。各市县实行了集体企业退休费用社会统筹。通过有效措施，保证了养老保险金的收缴，全省收缴率为87.0%，保定市、衡水地区等收缴率达到95.0%。基本养老金计发办法已出台并逐步到位。全省38个县（市）开展了工伤保险基金社会统筹试点，承德市实行了市级工伤保险制度改革，在全市建起了工伤保险基金制度。27个县（市）开展了职工大病医疗费社会统筹试点。40个县（市）进行了离退休人员医疗费社会统筹试点。29个县（市）推行了女职工生育保险金社会统筹试点。2.3万个单位、390万人参加了失业保险，收缴失业保险金10203万元。社会保险工作在制度建设、监督检查、社会服务等方面有了新的进展。

全省保险福利费用支出有较大增长。1994年，全省职工保险福利费用总额32.5亿元，按可比口径计算，比上年增加8.2亿元，增长33.8%。离退休职工116.1万人，比上年增加8.6万人；离退休费用总额57.7亿元，比上年增加19.6亿元，增长51.4%。

五、职业技能开发

全省职业技能鉴定工作已经起步，各项基础建设进展顺利，省职业技能鉴定中心及唐山、秦皇岛、邯郸市和衡水地区的职业技能鉴定中心已建立。技工学校改革进一步深化，省级以上重点技校达到20所。技校规模有所扩大，办学水平显著提高，全省技校招生3.56万人，比上年增加3016人，增长9.3%。工人考核和技师评聘工作步入正常，对40万职工进行了技术等级考核认定，新评聘技师4577人。成功地组织了首届青工技级培训和青工大比武活动，对132万名职工进行了岗位技级培训，提高了职工队伍素质。职业技术师范学院加强了技校师资的教育和培训，提高了职工队伍素质，提高了教学质量，办学条件得到改善。

六、劳动安全

全省安全生产和劳动安全卫生工作得到加强。各级安全委员会重点抓了安全生产目标管理和安全生产责任制的落实，开展了以“勿忘安全，珍惜生命”为主题，以控制事故为目的，以“三不伤害”为主要内容的全省第四次安全生产周活动，进行了全省重大事故隐患普查建档工作，从而摸清了重大事故隐患的分布情况，并以省政府名义开展了两次全省安全大检查，极大地推动了全省的安全生产工作。加强了安全监察工作，对重大事故及时进行了调查处理；开展了职业安全卫生预防和监察，特别加强了对重点建设项目的“三同时”审查；强化了对事故多发的建筑行业和起重机械、电梯等特种设备的劳动保护和安全管理，对特种作业人员开展了安全技术培训；女职工劳动保护工作被评为“全国妇女权益保障先进单位”。对锅炉压力容器制造、安装、检验、充装单位进行了资格审查、复核、上报等工作，全面铺开了对发电锅炉的监察管理，开展了对小锅炉制造的整顿。进一步深入宣传贯彻《矿山安全法》，组织了全省执法大检查，开展了矿山安全技术资格审查、复审，加强了对职工培训教育和矿山事故处理情况的监督，加大了矿山安全监察力度。

企业职工伤亡事故升中有降。1994年，全省企业职工发生伤亡事故674起，比上年上升0.3%，死亡621人，下降13.27%，重伤303人，上升228人，下降35.8%，重伤181人，上升1.69%，其中国有企业发生219起，下降3.9%，死亡133人，重伤125人，分别上升8.6%和66.6%。矿山企业发生事故347起，死亡393人，重伤122人，分别上升9.1%、8.86%和22.0%，其中国有企业发生190起，死亡131人，重伤104人，分别上升6.1%、19.1%和18.2%。在全省企业职工死亡人数中，因锅炉压力容器事故死亡8人，比上年下降20.0%。

七、处理劳动争议

劳动争议仲裁工作扩大了受案范围，全年共受理劳动争议案件673起，比上年增加24.9%，结案626起，占立案数的93.0%，其中仲裁机关调解结案323起，仲裁裁决143起，其他方式结案160起，分别占立案数的51.6%、22.8%和25.6%。加强了仲裁机构和队伍建设，全省建立劳动争议仲裁委员会186个，共有仲裁员1434人，省对1307名仲裁员进行了资格审查和发证工作。各级劳动争议仲裁机构对55万份劳动合同进行了鉴证，纠正违法无效合同8629份，督促补签合同52987份。

八、综合配套改革

根据全面推行与重点突破相结合的改革方针，1994年组织实施了劳动体制区域综合配套改革试点，保定、唐山、邯郸、秦皇岛、张家口5个省辖市和21个县（市）的区域综合配套改革进入运行阶段。保定市的区域综合配套改革取得了突破性进展，已被列入国家改革试点城市。

劳动制度改革取得较大进展，保定、石

家庄、秦皇岛、沧州、承德经市政府批准在全市范围内实行了劳动合同制，省冶金、邮电、贸易、石油、物产集团、汽车集团和供销社系统在各行业实行了劳动合同制。到1994年底，全省国有企业进行劳动制度改革的达到7170户（其中实行全员劳动合同制的职工184万人），分别占国有企业和职工总数的39.9%和71.2%，有力地促进了经营机制的转换，为全面推行劳动合同制打下了良好基础。

劳动监察工作开始起步，大多数市、县配备了专职和兼职监察人员，开展了劳动监察工作。通过开展劳动用工大检查，查处了违反劳动法律法规的行为。

九、认真学习宣传贯彻《劳动法》

《劳动法》颁布后，全省各级劳动部门把学习好、宣传好、贯彻好《劳动法》作为头等大事，我们会同有关方面，积极开展了三个阶段的学习宣传活动。全省举办各种类型的学习班、培训班和研讨班800多期，参加培训的劳动干部10万多人次。各地利用各种新闻媒介和多种方式开展了有声势、有内容、有效果的宣传活动。在"咨询日"和"宣传周"活动中，全省出动干部职工10万人次，咨询接待50万人次。我们积极参与了全国《劳动法》知识竞赛活动，获得了全国最佳组织奖和复赛第二名的好成绩。省厅和部分市地研究制定了一批与《劳动法》相配套的法规、规章，还认真抓了清理政策法规工作。所有这些，都为《劳动法》的正式实施奠定了扎实的思想基础和良好的舆论环境。

十、劳动生产率

全省国内生产总值1994年达到2130亿元，按不变价格计算，比上年增长15.1%，平均每一社会劳动者创造国内生产总值6675元。独立核算工业企业增加产值达到610.0亿元，增长13.5%；全员劳动生产率为16009元，比上年提高17.0%。

（河北省劳动厅　李元河）

山　西　省

1992～1994年，在邓小平同志南巡重要谈话和党的十四大、十四届三中全会精神指引下，山西省的劳动工作以建立适应发展社会主义市场经济的新型劳动体制为目标，以培育和发展劳动力市场为中心，全面推进了劳动体制改革，取得了很大的成绩，为促进社会、政治、经济的发展，起到了重要作用。

在三年中，全省各级劳动部门努力完成了担负的劳动领域"改革、发展、稳定"的各项任务。1992、1993年以组织推进企业"三项制度"改革为龙头，各项工作都取得显著绩效。1994年，认真组织实施了"1510工程"，即：紧紧围绕一个中心，抓住五个重点，实现十个突破。一个中心就是培育和发展劳动力市场机制。五个重点是全员劳动合同制、社会保险、工资分配、劳动力市场建设、劳动就业。十个突破就是建立完善动态调控的弹性劳动工资计划管理体系；县以上劳动力市场服务机构达到100个，乡镇、街道建立劳动服务站1000个；转移消化农村富余劳动力40万人；全省地方国有大中型企业，全部列入三项制度改革范围，其中半数以上实行全员劳动合同制，1/3的国有企业实行岗位技能工资制；全省至少建立15个职业等级鉴定站；实行医疗、工伤和生育保险制度改革的市县分别达到50个；重大事故发生率降至10年来最低水平，初步建立起劳动监察队伍；省与地市实现统计信息与劳动力市场微机联网。经过上下左右团结一致、奋力拼搏，都圆满完成了任务。1994年度，山西省劳动厅被省政府评为一类先进单位，在13个实现目标责任制的厅局中名列榜首，并获晋级指标和奖金。劳动部在1995年1月向山西省人民政府对山西省劳动厅1994年劳动工作评议意见的函中认为，山西省劳动工作在全国处于先进行列。

一、“三项制度”改革成为主旋律

1992～1994年，推动企业进行劳动人事、工资分配、社会保险三项制度的改革，成为全省劳动工作的重中之重，成为劳动体制改革的主旋律和整个经济体制改革的“牛鼻子”。

1992年初，省委、省政府推出了进行企业深层次改革，转换企业经营机制的重大举措，下发了关于《大力推广太原橡胶厂等先进企业经验，进一步深化企业劳动、人事、工资制度改革的决定》，“三项制度”改革的浪潮在三晋大地迅速兴起。比较全省劳动领域十几年来的改革，这一次“三项制度”改革的规模、范围之广，力度、份量之大，是前所未有的，是全新的综合配套改革。

改革的基本任务和内容是：打破“铁交椅”，打破干部、工人界限，实行职务聘任制，实现干部能上能下；打破“铁饭碗”，建立全员劳动合同制，实现职工能进能出；打破“铁工资”，建立以岗位技能工资制为主要形式的内部分配制度，实现工资能升能降；变企业保险为社会保险。重点建立国家基本养老保险和企业补充保险、职工个人储蓄性养老保险相结合的制度和失业保险制度，逐步实现社会保险的多层次、全方位、一体化。通过选岗、竞争上岗、择优聘任、动态优化劳动组合、签订劳动上岗或聘任合同，确定上岗工资，妥善安置下岗人员，健全社会保险等，稳妥地推进改革。

省主要领导对此项工作一开始就非常重视，给予亲自指导。省委、省政府成立了领导组，省劳动厅抽调25名业务骨干与处室日常工作脱钩，组建了省三项制度改革领导组办公室（以下简称“三改办”）。根据省委、省政府安排，首先在占全省国有大中型企业三分之一，条件具备的90户企业中进行试点。各地、各部门在重点抓好首批试点的同时，也选择少量条件成熟的企业进行试点。未确定为试点的企业，尤其是亏损和微利企业，根据实际情况，把学习推广太原橡胶厂等先进企业经验，作为转换企业经营机制，提高经济效益的契机，在做好基础管理工作的前提下，积极进行三项制度改革。各地市、部门和试点企业都建立了领导包点负责制和专业干部蹲点负责制，全省有60多名地市和厅局主要领导带头包了点。省委宣传部、劳动厅、人事厅下发了宣传提纲，省劳动厅编印了《经验集萃》、《政策汇编》、动态信息等；新闻单位进行了大量的宣传报道、政策解答，促进社会各界关注改革，支持改革。1992年省劳动厅先后4次组织企业、主管部门和地市厅局领导举办培训班，培养改革骨干队伍，培训企业干部近千人。省“三改办”逐户对试点企业改革方案研究完善，先后组织800多人次深入企业指导服务或现场办公。省领导组订了对试点企业检查验收的6条标准，当有的企业领导对改革存有疑虑，进展缓慢时，各级领导和劳动部门的同志亲自做工作，共同解决难点问题，使企业改革步伐明显加快，健康运行。在试点企业改革中，我们又同样采取了及时发现总结新的典型经验突破难点的做法，先后推广了长治轴承厂、太原制药厂、五一百货大楼、杏花村汾酒厂、太钢、太化等企业实行全员劳动合同制做法，矿机和长治市照顾女职工，古交钢铁厂动态优化组合，太化公司妥善安置富余人员等先进经验。

改革实践中，又涌现出一大批新的先进企业。

按照企业经营机制转换的内在要求，全省实现了各项劳动制度改革综合配套，衔接同步，协调促进，全面发展，克服了单项突进中的互相摩擦、掣肘的问题。重点是三项制度，涉及培训、劳动保护等各个方位，是整体改革的全面深化。省劳动厅下发了《关于贯彻落实省委、省政府晋发［1992］10号文件的实施意见》及6个配套性文件，在优化劳动组合，全员劳动合同制，岗位测评，培训考核，岗位工资，社会保险以及如何解决女职工、老职工、下岗人员等特殊群体的利益问题上，都明确提出了相应的原则、程序、措施和有针对性的指导意见，不仅较好地解决了三项制度改革的有机衔接，而且科学性、操作性也较强，受到企业和社会各方面的好评。

我们实行了“一个目标，多种模式”。一个目标就是以提高经济效益为中心，多种模式是企业改革的路子、形式不强求一律。改革办法切合本企业实际，因地制宜，学中有创，各具特色。各地区、各企业按照先点后面，先易后难，先简后繁的原则进行，从分析自己实际情况入手，找出影响职工积极性和经济效益的主要矛盾，制定了切实可行的改革方案，有计划、有步骤地组织实施，一项一项落到实处。

合理安置下岗人员是难点，关系职工切身利益，是社会普遍关注及关系到社会稳定和改革成败的一个重要问题。对此，我们采取“先挖渠、后放水”的办法，即先找好下岗人员的出路，然后本着“照顾老年职工、依靠中青年职工”的原则，妥善进行安置。具体办法是：“采取企业或系统内余缺调剂、转岗培训、发展第三产业、举办多种经营等方式妥善安置；可以停薪留职、退职、自谋职业、老职工提前退休或退养，建立厂内劳务市场、厂内待业制度。”各地、各部门、各企业在实践中创造了许多宝贵经验。

我们坚持了依靠群众，全员参与的原则，充分发挥工人阶级在改革中的主力军作用，各试点企业始终贯彻宣传群众、依靠群众的精神，坚持了“全员参与、全员制定、全员执行”。对广大职工做深入细致的思想工作，增强职工的改革承受能力，把职工自发的改革意识变为自觉行动。保证了三项制度改革积极稳妥，顺利进行。

1992年第一年的改革实践，省首批90户工业试点企业普遍进行了优化劳动组合，实行了干部聘任制和合同化管理，其中，有47户企业，25万名职工实行了全员劳动合同制；有42户企业，189万名职工实行岗位技能工资制。其它企业都根据自身特点，采用了灵活多样的内部分配形式，进一步理顺企业内部各类人员的分配关系。在省首批试点企业的带动下，全省有1931户工商企业，66万名职工进行了三项制度改革，分别占到地方全民企业总户数和总人数的20%和42%，其中有80户企业、44万名职工实行了全员劳动合同制，40户企业，20万名职工实行了岗位技能工资制。精减富余人员近4万名，有7500名管理人员走上生产岗位；在基本养老保险、企业补充养老保险、个人储蓄性养老保险、待业保险以及工伤、大病、女工生育费用统筹方面取得了重大突破，从而在试点企业，初步形成了优化用人的新机制。职工在定员、定编、定岗、定责的基础上，按照“公开、平等、竞争”的原则，进行了管理人员的层层聘任和生产人员的优化组合，干部能上能下，职工能进能出，有的管理人员走上生产岗位，有的具有管理能力的优秀工人走上管理岗位。企业富余人员实行了分流，并使“一线紧、二线松、三线肿”的顽症初步得到根治。全员劳动合同制实现了劳动关系由人治向法治的根本转变。试点企业在对劳动岗位的责任、强度、条件及职工技能科学测评的基础上，普遍实行了岗位技能工资制或适合企业不同岗位特点的20多种内部分配形式，较好体现了工资分配向苦、脏、累、险和高技术、关键岗位倾斜，体现了社会主义按劳分配原则，行政命令一直解决不了的问题在建立工资激励机制后迎刃而解，并在工资分配上适当体现了照顾老职工、女职工等特殊群体的利益。比如有的实行了一线多增资，老职工不减资，划出女工岗位等；有的采取了把工资作为投入与经济效益挂起钩来，把目标成本层层分解，落实到人。改革为企业注入了生机和活力，促进了企业经营机制转换，调动了广大职工群众的积极性，经济效益也有了明显增长。省首批 90 户工业试点企业产值增长 11%，销售收入增长 26.1%，实现利税增长 35.4%，与全省地方预算内工业企业的平均增长水平相比，分别高出 3.2 个、9 个、10 个百分点。

1993 年年初，省政府下发了《关于进一步解放思想，真抓实干，继续推进企业三项制度综合配套改革的意见》，从高起点发动，大大扩大了改革范围。全省预算内 264 户大中型企业全部列入，并且在长治、阳泉两市和 10 个县区（古交、阳城、阳泉、原平、孝义、和顺、临猗、翼城、朔州地区、大同市南郊区）进行区域性三项制度改革，各地、市、县、区和部门都选择了 1/3 的骨干企业进行改革。改革的综合配套性更强，强调三项制度改革内部配套，企业改革与政府转变职能配套，时效明显加快，力度明显加大，显现出更加稳定的强劲发展势头，并以“四制一化”（全员劳动合同制、职务聘任制、持证上岗制、岗位技能工资制，劳动保险社会化包括改革现行养老金计发办法）的具体要求作为衡量标准。实行劳动合同制是中心内容，所有改革企业都抓好定员定额，职工技术业务培训考核，持证上岗，开展动态优化劳动组合，实行职务聘任制等基础和配套工作。工资分配制度改革，在全面推行弹性计划、完善工效挂钩的基础上，大力推进以岗技工资制为主要形式的内部分配制度，有的企业被确定为在“两低于”前提下自主决定工资的试点。社会保险制度改革进一步完善了国有企业养老保险基金省级统筹办法，重点在区域改革中全面推开集体企业养老保险县（市）统筹；普遍实行养老金计发办法改革；改革企业都要参加职工退休费用社会统筹和失业保险；按时足额上缴保险费用；实行多层次保险；试行全方位保险。省里重点抓了长治、阳泉两市，地市抓了县市区，县里抓了县营国有企业。一是抓了包点领导的工作标准，继续对包点实行目标责任制，要求包点领导参与改革方案起草、制定、实施全过程，对企业指导、督促、帮助，定期通报了 100 户重点企业领导包点进展情况。二是抓了改革宣传和骨干培训，省委宣传部和省劳动厅联发了《关于加强三项制度改革宣传报道的意见》，在全省形成了深化三项制度改革的浓厚氛围。省地两级培训改革骨干 6000 人。三是抓了典型引路，召开了改革经验交流会，树起长治轴承厂、大同同风肉制品厂、古交钢铁厂、五一百货大楼等几面旗帜，推广 26 家的典型经验，重点是阳泉、长治、潞城、和顺区域性改革经验和晋城市社会保险制度改革、榆次市养老金计发办法改革等经验。四是抓了重点指导。“三改办”人员深入基层调查研究，督促指导；省政府批转了省“三改办”的《关于继续推进三项制度配套改革的意见》。分管省长、省三项制度改革领导组组长刘泽民先后 7 次到劳动部门一起研究深化三制改革问题。省劳动厅薄越亮厅长、李顺通副厅长等多次深入阳泉、长治等地指导工作。省委组织巡视组，由部分省级领导带队，深入地市县区督促检查三制改革情况，带回问题由省主要领导参加研究解决。

1993 年，全省参加“三制”改革企业 3150 户，职工 94 万人，比 1992 年分别增加 63%、42%。其中，实行全员劳动合同制的企业 1147 户，职工 49 万人；实行职务聘用制的企业 2010 户，职工 12.7 万人；实行岗位技能工资的企业789户，职工27万人；实行持证上岗制的企业576户，职工44.8万人。

1994年，山西省劳动部门认真组织实施了“1510工程”，推进企业“三项制度”改革仍然是重点内容，对每一项任务都进行了严格分解，提出考核要求，层层制定目标责任制，并逐级予以签约。在前两年奋力改革的基础上，三项制度改革的组织实施措施更趋于成熟，取得了大跨度前进的突出成绩。全省进行三项制度改革的地方国有企业4285户，职工102.9万人，分别占地方国有企业户数和职工人数的51%和64%；区域性三项制度综合配套改革扩大到长治、阳泉、朔州、晋城4个省辖市和71个县（市、区）；在全省地方国有企业中，实行全员劳动合同制的企业2807户，职工73.9万人，分别占总户数的34%和46%。其中地方国有大中型企业166户，完成年计划的136%，职工达24.1万人；实行持证上岗制企业2269户，职工69.5万人，分别占总户数和总人数的27.5%和43.3%；实行岗位技能工资制的企业2076户，职工65.4万人，分别占地方国有企业总户数和总人数的25.1%和40.9%。下半年，又根据《劳动法》和劳动部制定的一系列配套规章，由省政府颁发了《关于在全省全面实行劳动合同制的意见》和《山西省企业最低工资暂行规定》等规章，三项制度改革有了更明确具体的法律原则和实施办法。企业劳动人事、工资分配、社会保险工作已基本纳入了法制化轨道。

二、下放“两权”，加强宏观调控

1992年国务院《全民所有制工业企业转换经营机制条例》颁布以后，省劳动厅及时提出了《关于落实全民所有制工业企业用人和工资分配自主权的实施意见》，出台了一系列政策措施，并以《条例》为准，对与企业有关的文件进行了认真清理和“立改废”工作，把“两权”放还企业。(1) 在落实企业劳动用人自主权方面，规定企业有权自主招收录用职工，选择用工形式，自主决定招工时间、条件和方式，自行补充自然减员。在西山矿务局进行的农民合同制用工试点，受到劳动部有关领导的重视。大力推进全员劳动合同制，确立新型劳动关系，实行了企业自主用工。根据三交河煤矿等事故教训，在试点的基础上，全省县营以上煤矿用工整顿工作，取得较好效果，进一步完善了农民轮换工制度，落实企业和劳动者的权利、义务，提高了农民轮换工的待遇，稳定了井下一线工人队伍。劳动行政部门转变职能迈出较大步伐，集中精力搞好规划、协调、监督、服务，在职工招收、使用、流动中取消了一系列行政干预措施，对应办的有关手续予以减化，尽量方便企业，提供服务，逐步建立城乡劳动力综合调节机制，促进劳动力合理流动，相对稳定。(2) 在落实企业工资奖金分配自主权方面，规定企业有权自主地选择工效挂钩的形式和办法，挂钩指标可以根据行业和企业特点，由企业自行选择；企业有权自主使用自我积累的工资储备金和历年节余的奖励基金，有权选择适合本企业特点的内部分配形式，自主确定实行岗位技能工资制或其它基本工资制度，自主安排各类人员的工资关系，在基本工资总量内自主制定本企业职工晋级增薪办法和实施条件、时间等。

为改变劳动工资计划“年初刚性，年底认帐”的状况，改革国家用绝对数控制全民企业职工人数工资总额办法，我们以改善宏观调控手段，落实好企业两权为出发点，根据劳动部的部署，及时提出了实行动态调控的弹性劳动工资计划的实施意见。各地市根据省里的安排，普遍进行了摸底测算等大量准备工作，为1993年全面推行打下了基础。

1993年，省和劳动部对《全民所有制工业企业转换经营机制条例》的《实施办法》和《实施意见》分别下达后，全省各级劳动部门更具体地抓了企业用工和工资分配自主权的落实，明确规定把属于企业的18项权力完全还给企业，制定采取了强有力的措施。全省从1993年起不再下达指令性的职工人数、工资总额和技校招生计划。对地区、部门试行了动态调控的弹性劳动工资计划；除招用农民工和跨地区招工外，企业招聘职工劳动部门不再审批等。1993年两期省委巡视组经认真检查的结果表明，企业的这两项自主权基本落实，省、地劳动部门和大多数县级劳动部门下放“两权”很彻底。

1994年，省政府进一步以晋政办发[1994]6号文件转发了省劳动厅等部门关于贯彻《国务院办公厅转发劳动部关于加强企业工资总额宏观调控意见的通知》的实施办法的通知。按照通知要求，全省对11个地市24个主要工业部门，地市对118个县（市、区)全面推行动态调控的弹性劳动工资计划；在弹性工资计划总量内坚持了以工效挂钩为主要形式的分级分类管理办法。同时积极开展了按“两低于”、“增加值工资含量”确定工资总额试点工作。加强了工资基金宏观调控的力度，使全省地方国有企业工资总额的发放控制在国家下达的非农国内生产总值工资含量指标之内。同时，认真贯彻劳动部等三部委《关于深化企业工资改革适当解决部分企业工资问题的意见的通知》（劳部发[1994]72号)，对企业部署进行了职工和已退休人员的调资工作。1994年全省职工工资总额182.68亿元，比上年增长32.8%，职工平均工资3997元，比上年增长32.1%，扣除职工生活费用价格指数涨幅，职工实际工资总额和平均工资分别增长5.46%和4.95%。职工的工资水平有了提高，对稳定职工情绪、社会安全、促进生产发展起了积极作用。

三、就业局势平稳，职业介绍、培训工作较快发展

1992～1994年，全省各级劳动部门认真贯彻国家就业方针，把搞好劳动就业工作当作发展国民经济、稳定社会的一件大事来抓。并实行城乡劳动力统筹规划，使农村剩余劳动力得到积极有效、合理有序的转移。

1992年全省共安置城镇待业人员12.39万人，1993年安置16.7万人，1994年安置16.7万人，安置率均在70%以上。年末城镇失业率1992年为1.2%，1993年为0.8%，1994年为1.2%，均在2%以下，都实现了控制目标。安置城镇待业人员、稳定就业局势的主要措施是：(1）大力创办劳动就业服务企业，扩大安置能力。至1994年底，全省已有各类劳服企业8106个，第三产业占71%，从业人员383955人，年生产经营总额达60.60亿元，年上缴利税达5.37亿元，成为我省国民经济的重要支柱之一和安置待业人员的重要渠道。(2）多方拓宽劳务输出，省际间劳务输出逐年增加，境外劳务输出有良好的开端。(3)加强教育，转变择业观念，待业人员自谋职业和到外商投资、私营、乡镇企业就业的日益增加。1992年省政府开展了声势浩大的“劳动就业杯”竞赛活动，取得了良好效果。(4)政策上向就业难点倾斜，先后制定和贯彻了解决特困户子女就业措施、残疾人就业政策、安置企业富余人员规定等，引起较大反响，获得群众普遍赞誉。(5）坚持先培训，后就业。安置就业时，待业青年必须持有职业培训证书。就业培训制度为缓解就业压力，提高劳动者素质，促进就业，起到了显著作用。

为了转移消化农村富余劳动力，1993年省政府下发了《关于认真做好农村富余劳动力统筹安排工作的通知》。在省委、省政府的领导下，各级政府大力发展乡镇企业和农村第三产业，大搞多种经营，扩大了就地安置农村劳动力的能力；积极鼓励农民进城兴办第三产业，同时加强了对盲目进城务工农村劳动力的宏观调控，城镇各单位招用工，较好地坚持了“先城镇后农村，先省内后省外”的原则，保证了我省农村劳动力的合理转移。各级劳动部门加强了农村劳动力的专业技能培训，提高了农村劳动力的技能和竞争能力。通过全省有关部门的共同努力，1993年转移消化农村富余劳动力32万人，1994年转移消化61万人，都超额完成计划任务。1994年完成计划的153%：乡镇企业安排28.96万人，劳动部门安排10.6万人，私营和个体企业安排21.64万人，其中向省外输出11.6万人，总数均超额完成全年计划。

在大力培育和发展劳动力市场中，作为劳动力市场中介服务机构的职业介绍机构，三年来获得重大发展。1992年，全省开始形成了省、地（市）、县（区）、乡（镇）四级松散的就业管理机构网络，构成行业、企业、社会团体举办的多层次、多形式的“劳务市场”框架。1993年初，按照省领导对发展劳动力市场的指示，省劳动厅组织人员到东北三省，京、津两市和省内部分地市又进行了调查。在此基础上，根据全省实际提出了加快培育和发展劳动力市场的意见。省政府办公厅下发了137号文件，明确提出要以省与太原等6个省辖市和5个地区所在市（县）及33个重点产煤县为重点，首先建立和发展一批设施、功能较完备的市场服务机构。至1993年底，太原、晋城、大同、朔州、长治、阳泉、忻州、临汾等25个劳动力市场服务机构已经运转。这些职业介绍所等中介服务机构，积极开展求职登记、用工服务、职业介绍、劳务输出、政策咨询、信息服务等“一条龙”服务，至年底共交流成功18万人，成功率为87%。开业较早的太原市职业介绍机构，软硬件都过硬，做到机构人员、服务场所、基础设施、规章制度、工作任务五落实，得到国家试点城市考察组的充分肯定。市职业介绍机构面积1000多平方米，投资30多万元安装8平方米的大型电子屏幕，随时向供求双方显示各类信息。他们除坚持天天营业外，逢“8”日举办劳动力交流洽谈会，逢“6”日为招工、招聘信息发布日。市场与各新闻单位建立了用工信息发布网络，开辟了人才交流热线，随时解答群众提出的问题。全市共建立各级职业介绍机构和劳务站36个，信息员队伍发展到1349人。1994年，全省各级劳动部门进一步把建立完善劳动力市场服务机构作为培育和发展劳动力市场的重点，省劳动厅下发了《全省劳动力市场发展规划及安排意见》。将全省以上劳动力市场服务机构及乡镇（街道）劳动服务站建设目标和农村剩余劳动力转移消化任务分解落实到各地（市）、县（区），着力抓了就业服务机构向乡镇的延伸和农村劳动力有序流动及规范管理乡镇企业劳动力。原山西省职业介绍所扩展改建为山西省劳动力交流中心，扩大业务范围，加强服务功能，经劳动部批准，取得了境外就业审批权，并在北京、上海以及万家寨等地建立了劳务管理处，推动了我省的劳务输出工作。从全省已建立的劳动力市场服务机构建设情况看，普遍建立了规章制度，完善了管理体制，明确了工作职能，配备了专职工作人员，通过培训学习，提高工作人员的业务素质，较好开展了工作。截止到1994年底全省已建立县以上劳动市场服务机构122个，完成计划122%；乡镇（街道）劳动服务站1601个，完成计划160%；初步形成了省、地、县、乡四级劳动力市场服务网络。各级市场服务机构积极拓宽服务范围，大力推行“一条龙”服务，全年总计登记各类求职人员40万，交流成功24.9万人，为广大企业和劳动者提供了便捷的中介服务。到1994年全省已有107所技校，其中地方办技校71所，在校生总数4.7万人，教职工总数9800人。办学单位根据市场需求自主决定招生数量及专业设置。841个就业训练中心（点、站），一次培训能力7.4万人。开展了多层次、多形式的职业技能培训工作，培训工种涉及各种行业产业。1994年培训人数达到了24.9万人。其中就业前培训13万人，转岗培训0.6万人，在职培训7.3万人，农村剩余劳动力培训4万人。各地、各部门、各单位充分利用已有的训练基地，扩大培训规模，努力提高培训质量，另外在饮食服务等4个行业、33个通用工种进行了职业技能鉴定社会化管理试点。全省已建立起22个国家职业技能鉴定站（所）。同时，在机械电子行业的四个企业进行了首批高级技师评聘的试点。

四、社会保险制度改革大跨度前进

1992～1994年，全省劳动部门在简政放权、转变职能中，大力加强了对社会保险的管理，推动了社会保险制度改革的深化，在建立完善"全方位、多层次、一体化"的社会保险体系中，上了一个大台阶。

1992年，全民所有制企业职工养老保险基金省级统筹得到发展，运转基本正常。参加统筹的在职职工1776万人，占应参加人员的96.4%；统筹基金的收缴率达到94.9%；合同制职工养老保险基金收缴率达到94.2%。集体企业职工退休费用社会统筹的市县已达三分之一，不少县、市还开展了临时工、外商投资企业中方职工和私营企业职工、城镇个体劳动者的养老保险基金社会统筹。全省实行了职工个人缴纳基本养老保险金制度，初步改革了职工养老保险完全由国家和企业包干下来的方法。进行企业补充养老保险和个人储蓄性养老保险的100户试点企业，工作进展顺利。改革基本养老保险金计发办法的试点，在榆次、河津、忻州三个县（市）进行。在陵川、灵丘、阳厅、河津、榆次等县市开展了离退休职工医疗费统筹和在职职工大病医疗统筹试点。实行统筹后，不仅保障了离退休职工病有所医的问题，而且医疗费支出降低25%。工伤保险制度改革在雁北地区和原平、阳城、宁武、霍州等工矿集中的地县进行了试点。其中阳城、原平两县已按出台改革方案征发工伤保险基金。河津县进行了女工生育保险金社会统筹试点工作，初步解决了企业之间生育费用负担不均衡的矛盾。职工待业保险制度改革有了新的进展。全省参加待业保险的全民企业12260个，职工200多万人，累计享受待业保险的职工达2700多人，发放待业救济金和医疗费200多万元。建立60多个待业训练和生产自救基地，为促进待业职工再就业发挥了重要作用。按照离退休职工人、钱、事统一管理的目标，全省已有35个县市实行了养老保险金由社会保险管理机构直接发放。兴办退休职工活动中心53个，普遍开展离退休职工文体活动。此外，晋城市在全省率先开始建立全方位、一体化的社会保险体系，这一重大举措为全省社会保险制度改革起了示范作用。

1993年，养老保险制度改革继续深化。国有企业职工养老保险基金省级统筹得到了进一步的巩固和完善，参加省级统筹的国有企业7095户，占应参加的96.92%；参加统筹的固定职工和城镇劳动合同制工人170.68万人，占应参加职工人数的97.64%；参加统筹的离休人员36.87万人，占应参加统筹人员的98.9%；收缴养老保险基金54720.46万元，占同期应收缴基数总额的74.1%。同时各地还积极开展了非国有企业劳动者的养老保险工作，扩大了养老保险的覆盖面，全省70个县市1977户城镇集体所有制企业，13.6万名在职职工，2.2万名离退休人员实行了市县级统筹。太原、阳泉、忻州等地市开展了外商投资企业中方职工的社会养老保险。晋城、临漪等市县开展了私营企业、城镇个体劳动者的社会养老保险。全省全面建立了职工个人缴纳基本养老保险费制度，收缴基金4093.47万元，改变了养老基金完全由国家与企业包下来的办法。37个县市的108户企业、8191名职工实行了企业补充养老或企业补充与个人储蓄性养老保险相结合的办法。基本养老金计发办法由试点走向推广。全省已有53个县市实行了新的养老金计发办法，居全国前列。养老保险基金管理工作进一步加强，健全了管理制度，规范了基金的缴拨、管理行为。对拖欠养老金的地市和企业，经常督促，重点进行清欠，保证了省级调剂基金的正常拨付。失业保险制度改革取得新的成果。参加失业保险的国有企业达到8781个，职工202.2万人，占职工总数的97%。全年累计享受失业救济金的职工22530人次，发放失业救济金562.5万元。

医疗保险制度改革方面，省政府组织人员对省内外劳保医疗制度改革进行了一系列调查研究，拟订企业职工医疗制度改革方案，并指导各地采用“大病统筹、小病分清”办法，扩大了试点范围，已在陵川、绛县、垣曲、和顺、沁水、祁县、河津十县试点。

工伤保险的试点面也有扩大，沁水、阳城、垣曲、绛县等全面实施运转，参加改革的企业317户，职工2.9万人。长治、阳泉、宁武、柳林、洪洞、霍州、平陆等二十三个市县出台了改革方案。

女工生育保险制度改革在孝义、灵丘、河津、永济、祁县、和顺、平陆、沁水、垣曲、绛县十市县试点，进展顺利。

在大力推进社会保险各项制度改革的同时，全省各级劳动部门，本着“诚挚关怀，热情服务”的原则，实行“人、钱、事”统一管理，进一步加强了离退休人员管理服务工作。全省已有33个县（市、区）实行了养老保险金由社会保险管理机构直接发放或通过银行试发，减轻了企业事务负担。建立离退休职工活动中心208个，开展多种形式文体活动，受到企业和离退休人员欢迎。

1994年，省委、省政府将建立新型社会保险制度列入了贯彻中央《决定》的《实施意见》和1994年的重点突破目标责任制，确定了当年要实现的六项主要任务：即“一个巩固、二个全面、三个50”。一个巩固就是要进一步巩固完善国有企业职工养老保险基金省级统筹，二个全面，就是在全省全面推行新的基本养老金计发办法，城镇集体企业职工养老保险基金全面实现市县级统筹；三个50，就是医疗、工伤、生育保险制度改革分别在50个以上的市、县试行。按照省确定的六项任务，统筹的范围由过去的固定工、合同制职工，扩大到国有企业的全部职工，打破了劳动者的身份界限，实现了统一的缴费比例和保险待遇。截止到1994年底前，全省参加省级统筹的国有企业1254户，占应参加企业的97.9%；参加统筹的职工171.1万人，占应参加人数的95%；参加统筹离退休人员39万人，占应参加人数的98.5%，理顺了城镇集体企业职工养老保险的管理体制。省劳动厅与省人民保险公司共同行文将原由人民保险公司经办的部分集体企业职工的养老保险业务，全部移交劳动部门所属的社会保险经办机构，并实现了市县级统筹。私营企业职工、外商投资企业中方职工和个体劳动者的养老保险，也在部分市县开始试点。截止到1994年底我省已有177户企业为32327名职工建立了企业补充养老保险；365户企业的29296名职工建立了个人储蓄性养老保险。新的基本养老金计发办法改革，在总结榆次、忻州、河津等试点经验的基础上，在全省全面推开。新的养老金计发办法的核心内容，是离退休人员的基本养老金要与本人在职时的缴费年限、缴费数额以及社会平均工资挂钩。建立了逐年随社会平均工资增长，按一定比例调整离退休金的增长机制。截止到1994年底这项改革已在全省106个县、市正式启动运行。失业保险制度在国有企业和部分集体企业中建立。参加失业保险的国有企业13513个，职工222万人；集体企业391个，职工3万人。为23162人发放失业救济金241万元，帮助2.1万名失业职工重新就业。医疗、工伤、生育保险制度改革有了突破性进展。全省11个地市的改革方案已全部出台，部分市县已启动运行。其中，开展“大病统筹、小病分流”医疗保险制度改革的市县78个，工伤保险制度改革的市县80个，生育保险制度改革的市县84个。超额完成了省政府年初确定的“三个50”的目标任务。

五、安全监督检查不断强化，伤亡事故逐年下降

1992～1994年，随着劳动体制改革的深入，我省的劳动安全卫生工作进入了一个新的发展阶段，主要标志是：加强了安全生产法制建设，强化了国家监察和安全生产综合管理，劳动条件有了大的改善，创出伤亡事故逐年下降的可喜局面。

1992年，我们认真汲取“4.21”和“9.24”特大事故（1991年4月21日洪洞县三交河煤矿瓦斯爆炸特大事故，1991年9月24日迎泽公园灯展死伤惨重特大事故）的沉痛教训，进一步加强了安全监督检查。根据省委、省政府《关于在全省县级以上领导干部中进行反对官僚主义，加强安全工作教育的通知》，对省政府与各地市和省直有关部门签订的1992年安全目标责任书，依法及时检查落实情况。全省普遍开展了“4.21”反思周，“安全知识竞赛”和“万人安全大检查”活动。省对87座军办煤矿进行了检测检验，帮助这些煤矿进行了整改。同时非煤矿山矿（场）安全资格审查工作在全省全面铺开，县级矿山安全监察机构建设有了长足进步，怀仁、阳城、平鲁、沁水四个县受到劳动部的表彰，荣获了铜牌，清徐县受到劳动部的全国通报表扬。同时加强了生产性工程项目“三同时”的审查验收工作，加强了锅炉的综合治理，提高了锅炉、压力容器的定检率。通过各项安全措施的落实，全省出现了伤亡事故下降的好势头，超额完成了年初提出下降10%的目标。截止到1992年12月底，全省工矿企业发生因工伤亡事故896起，比1991年同期下降14.2%；死亡1222人，比1991年同期下降12.8%；其中煤矿事故死亡1017人，比1991年同期下降13.6%；重大事故61起，死亡391人，比1991年同期下降10.3%。

1993年，省政府在年初召开了全省安全工作表彰会，与各地市和省直有关部门签订了安全目标责任书，并多次召开各种形式的会议，督促指导全省的安全工作。按照省政府的部署，全省上下认真贯彻《矿山安全法》、国务院《关于制止小煤矿乱挖滥采的决定》等法规，开展了“安全宣传月”、“4.21反思周”活动和多种形式的安全大检查，严肃查处了事故。同时，加强了生产性工程项目“三同时”审查验收工作，完成了锅炉房的综合治理，提高了锅炉、压力容器的定检率。安全生产形势又明显好于往年。工矿企业、道路交通、消防等各类事故死亡人数比上年又下降4.6%，煤矿企业死亡人数由四位数降至三位数；重特大事矿减少8起，下降14%，工矿企业死亡数比上年下降3.9%。

1994年，全省上下组织开展了《矿山安全法》、《山西省劳动保护暂行条例》执法大检查和重点行业抽查工作，严肃查处了重特大事故。进一步开展了起重机械安全认证和劳动防护用品、锅炉压力容器的定点生产、检验工作，完成了气瓶充装单位注册和气瓶检验单位资格认证工作，加强了“三同时”的设计审查、竣工验收工作和矿井安全条件、特种设备、电梯、起重机械等检测检验工作。按照国务院第146号令《国务院关于职工工作时间的规定》和劳动部、人事部“关于颁发《〈国务院关于职工工作时间的规定〉的实施办法》的通知”，积极推行了新的工时制度。全省各类事故死亡人数为2829人，比上年下降7.97%。其中工矿企业死亡1137人，在连续两年下降的基础上，又下降7.6%，超额完成了省政府下达的控制指标数，创造了历年来我省安全生产的最好水平。矿山安全工作以围绕贯彻《矿山安全法》遏制重大事故为中心，突出消除煤矿瓦斯和煤尘事故隐患为重点，通过强压监督、依法治矿等十项工作，实现1994年因工死亡人数较上年下降3%的奋斗目标，整个矿山企业死亡人数，十年来第一次降到三位数。据统计，1994年全省矿山死亡955人，较上年下降6.04%，其中，煤矿死亡938人，较上年下降6.01%；非煤矿山死亡57人，较上年下降6.57%。发生三人以上重大事故57起，死亡376人，较上年下降1.3%；发生一次死亡6人以上事故20起，死亡237人，较上年下降14.4%；发生一次死亡10人以上重大事故11起，死亡237人，较上年下降8%；百万吨死亡率达2.88人，低于全国平均数，受到省政府和劳动部表扬。山西省是矿产资源大省，抓好矿山安全工作是全省安全工作的重心。1994年9月19日，山西省第八届人民代表大会常务委员会第十一次会议通过了《山西省实施〈中华人民共和国矿山安全法〉办法》。这个实施办法是根据《矿山安全法》的有关规定，遵照《劳动法》的原则，吸取了《山西省劳动保护暂行条例》的有关内容，总结了我省矿山安全工作的改革成果和正反经验，经过充分调查研究而制定的，具有明显的地方特色，既可行又便于操作。《实施办法》共分八章42条，对矿山建设、矿山开采的安全保障，矿山安全管理、监督，矿山事故处理，法律责任等方面作了明确规定，成为我省第一部专门规范矿山安全的地方法规，立法质量较好，许多方面有所创新，受到国家劳动部的充分肯定，《中国劳动报》予以全文刊登，在全国起到了示范作用。

六、大力加强劳动法制建设

1992～1994年，是全省劳动工作加强法制建设取得显著成绩的时期。在宣传贯彻国家法律、法规，完善地方立法，严格执法，强化劳动监督检查等方面，都进行了大量卓有成效的工作，为培育和发展劳动力市场起到了重要的保证作用。

（一）努力宣传贯彻《劳动法》

1994年7月5日，新中国成立以后第一部全面调整劳动关系和规范劳动行为的基本法律《中华人民共和国劳动法》颁布了，我省迅速及时地组织开展了声势浩大的学习宣传贯彻活动，并逐步引向深入，为保证《劳动法》1995年1月1日顺利实施作了细致充分的准备工作。全省各级党委、人大、政府、工会给予高度重视，以多种形式共同参加了组织工作。刘泽民副省长、省劳动厅薄越亮厅长作了专题电视讲话，省、市共同召开了“省城各界庆祝《劳动法》颁布大会”，省委宣传部、省人大财经委、省劳动厅、省工会、省法制局等十三家单位发出了宣传贯彻《劳动法》的《通知》，省劳动系统、省工会系统层层举办了培训班，已培训劳动、工会干部、企业厂长经理、劳资人员6000多人，有262万名职工参加了《劳动法》知识竞赛，占到全省职工总数的56%。省劳动厅、省电台联合举办了《劳动法》专题讲座，各地、市、各部门都利用电视、电台、报刊及其他生动活泼的宣传形式广泛进行了宣传，全省劳动部门在层层举办比赛的基础上，选拔出比赛选手组队参加了全国《劳动法》知识竞赛，获得劳动部、全国总工会授予的“最佳组织奖”和参赛优胜队奖。群众一致反映说，《劳动法》是一部一经颁布便得到最及时、最广泛宣传贯彻的法律之一。与此同时，省法制局、省劳动厅等有关部门，还根据《劳动法》的规定，对与其抵触或不一致的地方法规、规章和规范性文件进行了认真的清理整顿，废止或修改了一部分规范性文件和规章，同时及时制定了《劳动合同制实施办法》、《企业最低工资规定》等规章和推进劳动体制改革的文件。

（二）加快了地方劳动立法步伐

1992～1994年，伴随着劳动力市场的培育、发展和劳动体制改革的深化，为了形成健全的劳动力市场运行规则，巩固改革成果，使劳动政策法规结合本省实际得到具体贯彻，我省明显加快了地方劳动立法步伐，出台了一系列法规、规章、规范性文件，为建立劳动法律、法规体系做出了贡献。

三年来，颁布了《中共山西省委、山西省人民政府关于大力推广太原橡胶厂等先进企业经验，进一步深化企业劳动、人事、工资制度改革的决定》、《山西省人民政府关于深化企业劳动、人事、工资制度改革意见的通知》、《山西省人民政府关于推进区域性三项制度综合配套改革的意见》等一系列推进劳动人事、工资分配、社会保险三项制度改革的规章性文件、规范性文件。制定出台了《山西省劳务市场管理暂行规定》、《山西省人民政府关于进一步做好安置农村富余劳动力工作的通知》、《山西省全民所有制企业招用农民合同制工人实施细则》、《山西省国有企业富余职工安置实施办法》、《山西省实施〈工人考核条例〉办法》、《山西省人民政府办公厅转发省劳动厅等部门关于贯彻国务院办公厅转发劳动部〈关于加强企业工资总额宏观调控意见的通知〉的实施办法的通知》、《山西省人民政府关于推行劳动合同制的意见》、《山西省企业最低工资规定》、《山西省失业保险条例》、《山西省实施〈中华人民共和国矿山安全法〉办法》、《山西省实施〈劳动争议处理条例〉办法》、《山西省劳动监察暂行规定》等法规、规章。

（三）加强劳动争议仲裁、劳动监察、劳动行政复议工作

为了加强全省劳动行政部门的依法行政和监督检查，我们首先加强了劳动行政机关公务人员自身法律知识的学习培训，除了举办各级各类培训班对劳动政策法规进行了比较认真系统的学习外，还采取自学、辅导结合和举行阶段性知识竞赛、书面测试等进行了其他法律知识的普法教育，为依法行政奠定了基础。再是劳动部门自觉接受社会和群众对劳动行政机关的监督。各级劳动部门认真做好来信来访处理工作，省劳动厅一直坚持了领导轮流值班处理来信来访制度。纪检监察、行业“纠风”、群众建议答复、人大政协代表提案答复、行政复议等工作在全省劳动部门普遍得到了强化，基本做到了件件落实，认真办理，正确履行政府对社会、对公众的责任和促进勤政、廉政建设。

为了有效维护劳动者和用人单位的合法权益，从1993年起全省劳动部门建立了劳动监察制度。至1994年底全省建立县以上劳动监察机构67个，配备劳动监察员401名，除坚持日常监察外，1994年6月，在全省范围集中时间、集中力量，统一开展了全面的劳动用工大检查。大检查中，全省受理举报296人次，督促企业补办用工手续和补签劳动合同18.4万份，补办务工许可证1032个，清退童工91人，补缴社会基金162.8万元，对119户企业给予了警告或通报批评，13户企业被吊销了营业执照，对2307户企业下发了整改通知书，两起案件交由公安部门处理。对无理阻挠劳动监察人员检查并动手打人的太原市丹翎企业文化方略公司经理王××予以行政拘留，对该公司予以经济处罚。黄河电视台对此进行了系列报道，其他新闻媒介都予以公开曝光，维护了开展劳动监察的法律尊严，推进了劳动监察的顺利进行。

1992～1994年，面对预防处理劳动争议的任务比较繁重的情况，全省各级劳动部门认真宣传贯彻《中华人民共和国企业劳动争议处理条例》，并制定了山西省的实施办法，各地普遍调整、充实了劳动仲裁委员会，全省建立企业调解委员会3142个，11个地市普遍试行了仲裁员、仲裁庭制度。全省已建立仲裁庭114个，仲裁员250余人。完善仲裁组织和办案程序，提高了办案质量和办案效率。受理和立案处理劳动争议案件逐年有所增加，平均每年受理600件左右，立案处理300件左右，结案率均超过80%。每年平均鉴证劳动合同20万人（份）以上，其中鉴证非国有企业的劳动合同的份数已由占全年鉴证总数的1/5、1/4上升到1994年的近1/3。

（山西省劳动厅　兰治文）

辽 宁 省

1992、1993、1994年辽宁省认真贯彻执行国务院颁布的《全民所有制工业企业转换经营机制条例》和党的十四大提出的建立和完善社会主义市场经济的总体目标，积极建立和发展劳动力市场，各项劳动工作取得了可喜的成绩，为辽宁“第二次创业”，重振老工业基地雄风，做出了积极的贡献。

一、劳动制度综合配套改革工作取得突破性进展

1992年，是我省劳动战线的深化改革年，为了不失时机地推进劳动制度综合配套改革，促进企业经营机制的转换，我们提出要把改革作为全年劳动工作的主题。我们总结了全省93户试点企业实行劳动制度综合配套改革的成功经验和做法，进一步修改了改革方案，提出要进一步扩大试点范围，并将鞍山、丹东两市列为省的区域性劳动制度综合配套改革试点城市，同时，对新建企业要求一律实行新的劳动管理制度。在政策的制定上提出了试点企业内部配套改革和外部配套改革相结合，试点企业和面上企业改革相结合，使劳动制度综合配套改革在全省全面推开。1月底，本溪钢铁公司召开了企业职工劳动合同签字大会，10.6万名职工与企业签订了劳动合同，开创了我国大企业正式告别“大锅饭”、“铁饭碗”的历史。六月中旬，省政府召开了全省劳动制度改革工作会议，省政府领导对全省劳动制度改革工作做了具体部署，提出了深化劳动制度改革，放开大企业进行特别试点的意见。这次会议成功地把全省劳动制度综合配套改革工作推向了新的阶段。到年底，全省投入劳动制度综合配套改革的企业已达552户，涉及职工近百万人。1993年，党的十四届三中全会的召开，标志着我国的改革开放进入了新的历史阶段。这一年，我省企业劳动用工制度改革大面积推进，全省投入劳动用工制度改革的企业达5100户，211万职工告别了固定工制度，实行了全员劳动合同制。有1723户企业实行了劳动制度综合配套改革，投入改革的职工达146.3万人。在此基础上，我们及时调整了改革策略，提出把企业改革迅速推向区域性改革的意见，将区域性改革试点城市由原来的2个扩大到5个，同时增加10个县（区）推行区域性劳动制度改革，使全省劳动制度综合配套改革形成了新的高潮。1994年围绕着培育和发展劳动力市场这个中心，劳动制度综合配套改革步伐不断加快。全省实行综合配套改革的企业已达2859户，涉及职工175.8万人。用工制度改革又有新发展，全省实行全员劳动合同制的职工已达342万人，占全省地方国有、集体企业职工总数的50%，沈阳、大连市已达80%以上。劳动制度综合配套改革促进了企业内部经营机制的转换，为企业走向市场打下了坚实的基础。

二、劳动就业工作成效显著

我省历年沉淀劳动力资源和新增资源较多，就业压力一直很大，加之企业各项改革不断深化，富余人员不断增加，就业形势十分严重。省政府高度重视就业工作，提出积极发展生产，广开就业渠道，解决就业难点的方针，使我省就业工作取得显著成效。三年来，失业率始终控制在3%以下，1992年城镇新安置就业18万人，全年为130万人提

供了就业服务，为企业调剂富余人员4万人。1993年全省实现新增劳动就业14万人，调剂安置富余职工5.5万人。1994年城镇新安置就业15万人，调剂安置富余职工12万人，全省有4.8万失业职工实现了再就业。

劳动就业服务体系不断完善，整体功能有了明显增强。到1994年底，全省职业介绍机构由1992年的672所发展到1060所，初步形成了多形式、多层次、城乡一体的职业介绍网络。1994年，在各级职业介绍机构登记的劳动力数量达151万人次，介绍成功115万人次。强化就业训练，积极探索就业训练和职业介绍工作有机结合的模式，特别强调扩大定向培训的规模。我们注意将就业训练从城市向农村延伸，为向非农产业转移的农村剩余劳动力服务；注意将就业训练从社会向企业内部延伸，为转业转岗和企业富余人员服务；注意将就业训练从一般失业人员向特殊群体延伸，为残疾人和妇女就业服务。三年共培训就业人员50多万人次。大力发展劳动就业服务企业，到1994年底，全省劳动就业服务企业已达1.4万户，吸收劳动力108万人，生产经营总额达到171亿元，接收富余人员7万余人。

随着企业各项改革的不断深化，富余人员成为困扰企业的一个突出矛盾。1994年初，我们选择了沈阳、鞍山、锦州三个市在全省率先实施了"再就业工程"。省政府及时总结了他们的经验，并在全省铺开。经过各级劳动部门卓有成效的努力，使全省再就业工程取得阶段性成果。到1994年底，全省已有4.8万名失业职工实现了再就业，12万名企业富余人员找到了新的就业门路，3.5万名失业职工和富余人员接受了转业转岗训练。我省的"再就业工程"为保持社会稳定作出了积极贡献。劳动部将我省"实施再就业工程意见"转发全国，推广我们的做法。

三、劳动工资计划宏观调控机制不断完善

从1993年开始，全省取消了指令性的职工人数和工资总额计划，全面实行弹性劳动工资计划，按照投入产出的综合经济效益指标调控地区工资总量。从执行的情况来看，效果很好，1993年全省工资总额比1992年增长21.7%，1994年比1993年增长25.5%，与我省经济发展速度相适应。

不断改进和完善工效挂钩办法。提出了适应不同企业情况，多种形式的挂钩办法供企业选择，实施了亏损企业工资总额同减亏指标挂钩的政策规定，使全省实行工资挂钩的企业不断增加。1992年，全省实行工效挂钩的全民企业达5500户，职工达257万人，占全省地方全民企业职工总数的70%；1993年达到7196户，职工达287.3万人。集体企业工效挂钩面也不断扩大，到1994年集体企业实行工效挂钩的有6441户，职工102.9万人。进一步落实了企业分配自主权，全省万余户企业实行了计件、浮动、承包、联产联销计酬等50余种灵活多样的内部分配办法，建立了工资分配的激励机制。

四、社会保险制度改革不断深入

一是养老保险有了新的突破。1993年，经省政府批准，在全省范围内坚决地改革了企业职工退休费计发办法，下发了《关于改革城镇企业职工基本养老金计发办法的通知》，这是建国以来我省社会保险制度改革的重大突破。新的养老金计发办法，跳出了过去在计划经济体制下形成的老框子，建立起企业不分性质，职工不论身份，流动不受限制的统一的缴费办法和待遇标准。1994年省政府又发布了《辽宁省城镇企业职工养老保险规定》，新的养老金计发办法全面进入实质性运转。社会保险范围不断扩大，截止到1994年底，全省参加社会养老保险的企业达4.4万户，职工538万人，占全省应参保人数的83%，全年收缴养老保险基金38.4亿元，收缴率达90%。二是企业职工工伤社会保险大面积展开。1992年全省有7个市实行工伤

社会保险，到1994年省政府下发《辽宁省城镇企业职工工伤保险规定》后，全省已有12个市出台了工伤保险改革的办法，10个市已投入运转。职工医疗保险制度改革也在鞍山市进行试点，女职工生育保险办法也已在试点和筹备之中。三是职工失业保险不断发展。1993年，经省人大批准，我省发布了《辽宁省城镇企业职工待业保险条例》，这是我省第一部职工社会保险的地方法规，它的发布和实施，促进了全省失业保险工作的开展。到1994年底，全省地方国有企业已全部参加了失业保险，集体企业参加失业保险也达到70%以上。失业保险已扩大到县区以下集体和私营企业及其职工。

五、职业培训工作又有新起色

三年来，各级劳动部门从贯彻“工人考核条例”入手，以抓技能大赛为动力，全面开展职业技术培训工作，增强职工的职业荣誉感和责任感。1992年组织了4个行业6个工种的全省第二届工人技能大赛，参赛职工达100多万人；1993年，我们又成功地组织了全省首届青年奥林匹克技能竞赛。我省参加了全国11个工种中7个工种的首届全国青年奥林匹克技能竞赛，三人获国家青年技术能手称号。同省烹饪协会等部门联合组织参加了全国第三届烹饪大赛，一举夺得39块单项金牌、二项团体竞赛金牌和团体总分第一名。1994年我省选派选手参加了日本第三十二届奥林匹克技能竞赛，成为全国首次。还成功地承办了全国清真烹饪技能大赛。通过比赛，推动了培训，激发了职工学技术业务的积极性，提高了工人队伍素质。职业技能鉴定工作开始试点，全省11个工种的职业技能鉴定所（站）即将在全省正式运行。

六、劳动安全监察进一步强化

三年来，劳动安全监察工作主要是针对事故逐年增多的形势开展的，1993年出现了全省乃至全国建国以来第四次事故高峰。为了进一步强化劳动安全监察工作，1993年省人大颁布了《辽宁省职工因工伤亡事故处理条例》，1994年省人大又发布了《辽宁省实施〈矿山安全法〉办法》，省政府颁发了《辽宁省劳动保护规定》，省劳动厅又出台了与之相配套的一系列规范性文件，为全面开展执法监督提供了法律依据。劳动安全监察工作全面展开，特别是加强了对重点行业和特种设备的安全监察。针对全省煤炭、建筑行业事故严重的问题，与省煤炭局、省建委共同组织了对60多个建筑施工现场和近70个煤矿进行的安全大检查，狠抓了重大事故隐患的治理工作。同时加强了对重大事故的调查处理工作，省政府组织召开了规模空前的重大事故公开处理大会，严肃处理了一批事故责任者，在全省产生了很大影响。安全生产宣传教育常抓不懈，1992～1994年，连续三年，开展了安全宣传周活动，提高全社会的安全意识，收到了良好的效果。

1992年全省工矿企业共发生因工死亡事故428起，死亡494人，与上年基本持平；一次死亡3人以上事故17起，死亡91人，比上年分别下降15%和16.5%。1993年在经济体制改革中，一些部门和企业放松了安全管理，事故大幅度上升。全省工矿企业共发生因工死亡事故834起，死亡981人，比上年分别上升21.93%和25.2%；一次死亡3人以上重大事故27起，死亡133人，比上年分别上升58.8%和46.15%。1994年全省工矿企业共发生因工死亡事故824起，死亡986人，与上年相比，事故起数减少10起，下降1.2%，死亡人数增加5人，上升0.51%，一次死亡三人以上的重大事故31起，死亡141人，比上年分别上升14.8%和6%。经过努力，全省事故急剧增加的势头得到了一定的控制，为全省安全生产形势的进一步好转打下了基础。

（辽宁省劳动厅　许晓青）

沈　阳　市

1994 年，沈阳市劳动工作坚持以培育和发展劳动力市场为中心，一手抓稳定，一手抓深化改革，正确处理了改革、发展与稳定的关系，按照建立新型劳动体制总体框架的设计和要求，以稳定为前提，推动改革的深化；以改革为重点，推动整个劳动工作的开展。

一、全面推进区域性劳动制度综合配套改革

沈阳市作为辽宁省实行区域性劳动制度综合配套改革的试点城市，在改革的深度和广度上都有较大的突破，一方面强化了政策和舆论导向作用，另一方面深入企业抓好操作环节，使改革健康有序地向前发展。

1. 用人制度改革继续在广度和深度上拓展。全市改革涉及职工累计达 170 多万人，占全市职工人数的 84.2%，其中 1994 年达 23.25 万人。全市裁减企业富余人员 5.9 万人，有 4.8 万人通过各种途径得到安置，安置率达 81.4%。

2. 工资分配宏观调控体系进一步强化，企业内部分配更加灵活。制发了《沈阳市企业工资总额宏观调控办法》，完成了 1801 户国有企业和 2501 户集体企业的工效挂钩的核定与年终结算工作。开展了工资基金检查和核定工资手册工作，为控制消费基金的过快增长，对流通、金融、房地产等工资偏高的行业进行检查，纠正了不合理开资等问题，使工资分配的宏观调控体系逐步完善。与此同时，进一步增强企业内部分配的指导力度，重新修订了实施岗位技能工资制的办法，指导 300 户企业实行岗位技能工资，并已全部正式运行。

3. 保险制度改革进一步深化。首先，代市政府拟定了《沈阳市城镇企业职工养老保险暂行规定》，提出了改变现行的现收现付式的养老保险办法，建立社会统筹和个人帐户相结合的养老保险新模式的改革设想，并在建工局、大东区、开发区等 7 个系统和区域进行了模拟测算试点。第二，失业保险制度进一步完善。发布实施了《沈阳市城镇企业职工失业保险办法》，扩大了保险覆盖面，并根据全市经济发展和物价上升幅度的实际情况，重新调整了收缴比例和发放标准，并较好地完成了全年的收缴任务，为实施失业保险奠定了物质基础。全年接收失业职工 14073 人，及时足额发放了救济金，受到了社会的广泛赞誉。第三，工伤、医疗、生育保险制度改革继续深化。扩大了工伤保险统筹项目，建立起了工伤医疗管理、劳动鉴定、工伤康复和补偿功能器具配置一体化的管理体系。配合有关部门制定了医疗保险制度改革方案，开展了女职工生育保险的调研论证工作。

二、围绕劳动工作中的“难点”和“热点”问题，全力做好社会稳定工作

1994 年，沈阳市的经济和社会形势偏紧，劳动工作面临的社会“难点”和“热点”问题也显得十分突出。对此，必须运用经济、行政和法律等手段，及时处理社会难点问题，化解社会热点矛盾。

1. 以解决失业人员再就业和企业富余职工再安置问题为重点，把保持社会稳定作为头等大事来抓。一是成立了“再就业工程”领导小组和工作班子，制发了《沈阳市再就业工程实施方案》，并实行了目标管理。二是大造舆论，进行广泛深入的发动。除了利用各种新闻媒体进行宣传外，还印发 1.5 万份《致失业人员的一封信》和 5 万份宣传提纲，动用了 1200 人开展了宣传日活动，并召开了专业会、座谈会等，据不完全统计，有 158 个街道和乡镇召开了 186 次各种会议，使“再就业工程”家喻户晓，人人皆知。三是采取有力措施，广开门路，妥善安置失业人员和企业富余职工。首先，通过各种途径对失业

人员状况进行了摸底调查，同时发挥职业介绍中介机构的作用，广泛收集传递用工和择业信息，收到了较好效果。其次，召开了全市停产半停产企业放假人员、失业人员、富余职工调剂交流大会，有1031家企业和5万余名求职者参加了这一盛会，洽谈会为4508名求职者找到了合适的岗位；各县区也组织了不同规模的劳动力交流大会、夜市等，并结合各自特点，采取了“一街一市”等多种形式，形成了全市多管齐下、多方安置的格局。第三，积极开展转业转岗培训。各县区就业训练中心接收1469名失业职工和2782名企业富余人员，开展了转业、转岗培训，为失业职工和企业富余人员再就业和再安置，提供了职业技能服务。

经过全市上下的多方努力，“再就业工程”取得了显著成果。全市有就业要求的失业人员10289人，已有9747人得到了妥善安置，占失业人员中有就业要求者的95%；调剂安置企业富余职工70237人。

2. 以调整劳动关系为重点，努力做好劳动监察和劳动信访仲裁工作。一是组建了劳动监察队伍，完善政策，培训人员。制发了《沈阳市劳动监察规定》，建立工作制度，完善了从举报、立案、监察到处理的一整套工作程序和办法，并制定了相应的工作人员行为准则，为正式实施监察，打下良好的基础。二是广泛宣传，扩大劳动监察知名度，进而在全社会形成工作影响力。举办了劳动监察新闻发布会，并在报刊发布了监察通告，利用新闻媒介形成了良好的监察舆论氛围。三是开展了以外商投资企业为重点的劳动监察活动。监察各类用工单位14480户，处罚企业40户，督促企业补办各类保险4.6万余人、金额277.7万元，补办临时工手续6.3万余人，补办合同鉴证4.3万余人。四是以贯彻国家《企业劳动争议处理条例》为契机，积极开展信访仲裁工作。首先，加强了信访接待工作，大力宣传了劳动政策法规，积极疏导并化解矛盾，特别是对集体上访和重访户认真听取他们的意见，帮助他们解决实际困难，调解争议。其次，运用法律手段严肃办案，依法公正仲裁。全年共接待处理来信1万余件次；接待集体上访63起，1236人次；受理劳动争议案件178起，结案141起，从而为稳定社会，维护正常的生产和生活秩序起到了重要作用。

3. 积极贯彻落实国家出台的增资政策，稳定在职职工和离退休人员的思想情绪。一方面在职工增资中，针对亏损企业兑现增资难等问题，采取空调两级工资，待有支付能力时再兑现的办法，使亏损企业职工心理得以平衡；另一方面，在做好离退休职工提高待遇工作中，提出了筹措资金的意见，下发了《关于调整缴纳基本养老保险金比例的通知》。针对离退休老干部工资待遇偏低的情况，提出了解决这一问题的办法。

4. 以稳定职工队伍为着眼点，保障特困职工的基本生活。针对我市部分企业不能正常支付工资的实际情况，会同有关部门确定了亏损企业特困职工救济标准及特困救济金管理办法，并调整了困难职工补助标准，从而稳定了职工队伍。

三、强化基础建设，各项劳动工作蓬勃展开

1. 以培育发展劳动力市场为中心，进一步加强劳动就业服务体系建设。一是不断完善市场建设，兴建了市职业介绍中心、皇姑区职业介绍中心、铁西区就业训练中心、大东职校等一批高起点、现代化的就业服务机构，加强了对全市各类职业介绍机构的管理。市政府发布了《沈阳市职业管理暂行办法》等文件，加强了农村、外埠劳动力及零工市场的管理。二是扎实开展就业前训练，招生注册7047人，结业8492人，并对初、高三在校生进行了分流，同时招收农业户口生925人。三是劳服企业转换内部经营机制，深化改革全面起步。劳服企业推行股份合作制已达120户，参与职工达1.8万余人。同时推行劳动制度综合配套改革，已有80户企业，6500名职工参加了这项改革。四是深入企业上门服务，做好合同鉴证工作。现场办理鉴证160余户，共完成合同鉴证11万余人，为依法进行用工制度改革奠定了基础。

2.职业技能开发以市服务为目标迈出新步伐。一是在技工学校、职业高中毕业生中首次试行了职业技能鉴定制度，共对3002人进行了鉴定，同时配套制定了16个标准，组建了试题库，建立了考评员队伍。二是举办了第二届奥林匹克技能竞赛。有近3万人参加竞赛，并在全省技能大赛中取得较好名次，优秀选手代表辽宁省参加了日本举办的国际大赛，进而在全市掀起了学技术争状元的热潮。三是技工学校改革继续深化。为53个企业招收培训了农业户口学生2652人，并完善了教学管理，提高了教学质量。与此同时，建立了13所复合型技术管理学校，停办了6所不具备办学条件的办学单位，促进了技校的发展。四是进一步强化社会职业技能培训管理。加强培训班管理，从广告审批、办班管理到考评聘任、考核等都制定了严格的规定。共考核学员3675人；评审技师1214人，评审高级技师57人；为高等专科学校进行等级考核376人。

3.外商投资企业劳动工资管理工作进一步加强。一是举办了4期外商投资企业劳动管理培训班，培训劳动工资管理人员400余人。并印发了《外商投资企业劳动管理文件选编与问题简答》，加强了外商投资企业劳动管理。二是为外商投资企业招工3126人，审批临时工近3.5万人，办理合同鉴证近5万份；处理劳动纠纷10起，同时还加强了中方职工的技术培训和晋升工资等基础性工作。

4.安全生产管理工作进一步加强。安全生产形势平稳。一是，安全生产目标管理工作得到全面落实。开展了目标管理情况大检查活动，调整了全市安全生产工作的各项量化指标，代表市政府与各县、区、局、中央和省在沈工矿企业签订了安全生产责任状。同时，加强了安全监察，特别是对建筑安装企业的安全监察的力度，查出并堵塞了隐患漏洞，纠正了违反安全法规的行为，避免了重大事故的发生。二是，锅炉压力容器安全监察又有新的起色，完善了安全管理办法。开展了锅炉压力容器的注册登记工作，对管理人员实施了持证上岗制度，对锅炉的安装、修理、制造等实施资格认证，清理整顿了瓶装气体市场，有力地控制了事故的发生，保持了锅炉连续7年未发生爆炸事故。三是，以贯彻落实《矿山安全法》为重点，强化矿山安全监察，矿山安全形势明显好于上年。重点对事故多发单位进行跟踪监察，对煤尘、瓦斯、淹井、塌方等进行重点治理，有效地控制了死亡3人以上特大事故的发生，矿山伤亡事故和死亡人数均比上年下降50%。由于采取了积极措施，增强了安全监察力度，使沈阳市安全生产形势基本保持平稳。全年共发生死亡事故79起，死亡99人，按可比口径计算，与上年相比，死亡人数下降31.9%；重伤事故33起，伤37人，比上年下降47.1%。

（沈阳市劳动局办公室　王志彭）

大　连　市

1992～1994年，大连市的劳动工作，紧紧围绕“抓住机遇、深化改革、扩大开放、促进发展、保持稳定”这个大局，按照建立社会主义市场经济体制的要求和构建新型劳动工作体制的总体要求，坚持一手抓改革，一手抓稳定，重点突破，全面推进，积极稳妥地深化劳动制度改革，推动了劳动工作的全面开展。

一、实现了区域性劳动制度综合配套改革

我市的企业劳动制度改革，在总结前2

年试点经验的基础上，从1992年起，转向全面推进，到1994年末，全市实行劳动制度综合配套改革的企业已达2736户，职工79.24万人，占市属以下企业职工总数的95.6%，基本实现了区域性劳动制度综合配套改革的目标。改革中，破除干部与工人的界限，全面推行企业职工劳动合同制，择优上岗，干部实行聘任制，工人实行合理组合。全市有75.86万名职工签订了劳动合同，占参加改革职工总数的95.7%；有7962名干部到工人岗位工作，有4968名工人被聘到管理和技术岗位工作；管理机构减少了27.7%，管理人员压缩了21.2%；共精减富余职工12.8万人，其中10.7万人得到妥善安置，占84%。通过劳动制度综合配套改革，在企业内部初步建立了职工能进能出、干部能上能下、工资能升能降的新机制，进一步落实了企业用人与分配自主权，加速了市场主体的形成，促进了企业经营机制的转换，为建立现代企业制度奠定了良好的基础。

二、劳动力市场建设取得了实质性进展

三年来，针对大连市就业形势严峻的问题，我们适时调整政策，强化服务手段，改善就业环境，以培育和发展劳动力市场为中心，不断完善以职业介绍、就业训练、失业保险和劳服企业为主要内容的就业服务体系，促进了市场就业。

按照市政府《培育和发展劳动力市场规划》，建立了市中心、开发区和10个区、县(市)职业介绍机构，以及外来劳动力、境外就业、残疾人、妇女、建筑工等8个专业性职业介绍所；全市204个街道、乡镇建立了基层职业介绍组织劳动就业服务站，从而形成了覆盖全市城乡的职业介绍网络。劳动力市场场所建设已初具规模，运行良好。占地3000平方米封闭式的大连市职业介绍中心和外来劳动力市场大楼已于1994年9月投入使用，并被辽宁省劳动厅评为全省第一家示范职业介绍机构。各区、(市)县和开发区职业介绍机构经过改扩建也已达到规划标准。市劳动部门自筹资金兴建的13000平方米、22层市职业介绍综合楼于1994年10月封顶。场所建设推动了市场就业。1994年全市职业介绍机构共接纳28万人次和9800个用工单位，推荐介绍了18138名城镇待业人员就业。

加强劳动力总量的宏观调控和失业率的宏观监测，深化各类职业介绍机构和劳务公司的综合管理；适度控制外来劳务工，企业招用外来劳务工实行申报、审批制度，外来劳务工进市务工实行《务工许可证》制度，较好地防止了外来劳动力的盲目流动。由于措施得力，保证了劳动力有序流动，保持了劳动力供需平衡，促进了就业局势的稳定和社会安定。三年来，全市共安置67547人就业，失业率连续三年稳定在2.6%以下。

就业训练内涵进一步拓展。1992年全市就业前培训共11000多人，从1993年起，根据就业工作新形势、新特点，在继续抓好城镇待业人员的就业培训的同时，重点抓了企业富余职工和失业职工的转岗训练；向乡镇农村延伸，抓农村务工前的职业培训。两年间共对18910名失业职工和富余职工进行了转岗训练，促进了再安置和再就业工作的开展；培训农村各类人员15818人，较好地保证乡镇企业用人的需要。同时加强了外来劳务工上岗前的培训工作，共培训了34100人。

落实了国家发展劳服企业的优惠政策，劳服企业成果显著。到1994年底，全市共兴办劳服企业727家，职工总数93667人，其中：1992年至1994年，新安置19184人。1994年在全国劳服企业产品展示会上，有5个劳服企业获成果奖。

实施再就业工程初见成效。1994年，在贯彻市政府国有企业职工安置规定的基础上，根据劳动部和省政府实施“再就业工程”的意见，制定了《大连市实施再就业工程方案》，全面推进实施再就业工程。1992年

～1994年，调剂安置企业富余人员和失业人员25327人，其中1994年调剂安置17000人。大连色织布总厂于1994年下半年破产，由于措施得力，使1901名职工在较短的时间内得到妥善安置，实现无震荡破产。

三、初步建立了统一制度、统一标准、统一管理、统一调剂的社会保险体系

经过9年的努力，到1994年底，已在全市建立了覆盖城镇各类企业、个体经济组织，劳动者都参加的，制度、政策、标准、管理统一，基金统一调剂使用，管理法制化，政、事分开的养老、失业、工伤保险体系。

为加快社会保险制度改革进程，1992年至1994年，着重抓了4项工作。

（一）加强社会保险的法制建设

市政府先后制定实施了10个规章，其中，养老保险7个、失业保险2个、工伤保险1个；制定实施了一个地方性法规，即1993年11月26日经省人大常委会批准的《大连市城镇职工养老保险条例》，从1994年1月1日起实施。由于加强了法制建设，使我市社会保险工作走上法制化、规范化的轨道。

（二）完善养老保险体系，不断提高保险的社会化水平

1.进一步扩大统筹面，提高了社会化程度。1992年初，修改完善了大连市临时工及私营企业、个体工商户从业人员养老保险办法；改革了养老保险金缴纳制度，在部分企业实行了个人缴费，并从1993年1月起在全市全面实行；还在全市219个企业中建立了补充养老保险制度。至此，一个资金来源多渠道、构成多层次、全方位统筹、一体化管理、政策统一的养老保险体系基本建立。截止到1994年底，全市已有8208个单位，近90万名在职职工、27万名离退休职工参加了社会养老保险；90万名在职职工全部实现个人缴费；有219户企业为近5万名职工建立了补充保险。

2.成立了养老保险基金委员会和养老保险基金监事会，建立了比较完善的监督制约机制。

3.组织实施了退休费用计发办法改革，结束了企业职工的标准工资由国家直接管理的历史。

4.积极推进了社会化管理服务工作，开展了统支试点，对15个企业离退休人员的离退休费实行了由各级劳动保险公司直接发放的办法。

5.建立了清欠制度。先后为124个停产、半停产企业和特困企业拖欠11912名离退休人员的离退休金进行清欠并全部兑现，保证了离退休费用按时足额发放。

6.强化养老保险金的收缴工作。采取法律、行政和经济的手段，强化基金收缴，在部分企业经济效益不好、资金紧张的情况下，全市养老保险的收缴率连续3年保持在96%以上。由于强化了收缴，不仅保证了离退休费用按时足额支付，杜绝了拖欠，而且在1992年和1994年先后两次为全市离退休人员提高待遇，做到按时、按标准兑现。两次提高待遇，共增加支出2亿元。

（三）强化失业保险的保障功能，促进了再就业工程的顺利实施

1993年7月，失业保险范围从城镇企业职工扩大到个体经济组织的从业人员，覆盖面已达到98%。全市已有9967个单位、108万名职工参加了失业保险。三年间共向13633名失业职工发放了失业救济金，对541户停产整顿或长期拖欠职工工资企业的141026名特困职工给予定期或一次性救济，向119户次企业投放生产自救费3490万元，投入转岗训练费1836万元，兴建培训场所6处。失业保险工作的开展，不仅保障了失业职工的基本生活，促进了再就业，稳定了职工队伍，而且为帮助企业渡过难关，支持企业深化改革做出了贡献。

（四）强化工伤保险运作和管理功能，工伤保险实施顺利

工伤保险起步于1994年。年初制定了《大连市城镇职工工伤保险办法》并于5月1日开始实施。在实施中，强化“差别费率”和“浮动费率”的运作，强化工伤医疗管理。虽起步较晚，但进展快，效果好。截至1994年末，全市已有6278个企业、850921名在职职工参加了工伤保险，统筹率达99%，收缴率达97.5%。在全市10个区、（市）县确定了13家工伤医疗医院，按照保证医疗、克服浪费的原则，共同制定了工伤医疗管理办法，签订了协议，使工伤保险工作顺利实施。

四、宏观调控体系建设逐步完善

1992年，为适应劳动工资由微观管理转向宏观调控的需要，制定实施了大连市弹性工资计划和管理办法。根据企业产权关系、自我约束机制的不同，分别采取不同的工资总量调控办法。按照“效益优先、兼顾公平”的原则，逐步完善了大连市企业工资总额同经济效益挂钩的办法，对部分产权关系明确，自我激励、自我约束能力较强的企业，实行了按照工资总额的增长幅度低于企业经济效益增长幅度，职工实际平均工资的增长幅度低于本企业劳动生产率增长幅度的要求，由企业自主决定工资水平。加强了对《工资总额使用手册》的管理。对亏损企业工资的发放，实行审批制度。在经济效益提高的前提下，职工的工资有了较大幅度的增长，扣除物价因素，1992年～1994年，平均每年递增水平为4%～5%左右，使大连市的工资水平控制在国家的弹性计划之内。

五、职业技能开发的社会化管理迈出新步伐

我市的职业技能开发体系建设，按照《关于实行职业技能鉴定社会化管理试点工作的通知》精神，正在逐步完善。建立了社会化鉴定的管理机构和专业评审委员会，加强了社会化鉴定的各项基础工作，选聘了245名考评员，组织编制了140余个工种的1000余套试题。职业技能开发由企业走向社会，1992年～1994年，先后审查批准了46个工种的职业培训班702个，培训35035人。1993、1994两年有21883人参加了社会技能鉴定考核。为促进技术工人岗位成才，推动企业生产和技术进步，积极开展技师评聘工作，三年间共评出技师2219名，高级技师105名，为920名技师的2218名家属办理了农转非手续。广泛开展了群众性的技术竞赛活动。1992年在首届中国烹调世界大赛上，我市选手取得了2金1银的好成绩。改革了技工学校的管理体制，改进了招生办法，扭转了技工学校招生不足局面。加强社会职业技术培训班的管理，整顿了社会办班秩序，坚持实行办班许可证制度和教师资格认定工作。1994年对20个申办单位发了办班许可证。

六、安全生产综合管理和监察工作进一步强化

三年来，我们不断完善安全生产目标管理责任制，积极推行安全生产目标管理和安全评价等现代化管理方法。在全市广泛开展了“安全就是效益”，“安全就是保护生产力”，“勿忘安全、珍惜生命”等不同主题的安全生产周活动，狠抓了事故隐患治理整顿和各类人员的培训，强化了安全意识。以贯彻落实《矿山安全法》为重点，加强了安全立法、执法宣传和事故监察工作，重点对外商投资、乡镇和私营企业以及建筑、矿山、易燃易爆等重点部位、薄弱环节实行安全监察。1994年对伤亡事故严重的14名法人代表分别追究刑事责任和给予行政处分，对遏制伤亡事故率的上升起到一定的作用。我市国有及城镇集体企业因工千人死亡率连续3年控制在省下达的0.043‰的指标以下。民用爆破器材生产连续18年无死亡事故；在册运行锅炉连续18年消灭爆炸事故。加强了尘、毒、噪的治理，1994年全市粉尘和毒物点的零级率分别为81.4%和89.9%，职工的劳动条件得到进一步改善。

七、强化劳动争议和劳动监察，维护和

促进了劳动关系的稳定

完善了劳动争议调解、仲裁、审判的劳动争议处理体制和仲裁员、仲裁庭制度，加强了仲裁机构和队伍建设，扩大了受案范围。1992年～1994年，共接待来信来访17936人次，处理劳动争议案件465起，依法对105万份合同进行了鉴证。为保障《劳动法》的顺利实施，强化劳动行政监察，1994年12月正式成立了大连市劳动监察大队。全市11个区、(市)县劳动行政部门都建立了劳动监察机构，全市两级劳动监察网络已经形成并已全面开展工作。为了规范监察行为，先后制定了《大连市劳动监察规定》等7项规章和规范性文件。先后对4190个用工单位进行了全面检查，检查用工人数10万余人，补办用工手续和务工许可证43816人，责令97个用工单位为720名职工补发拖欠工资170.4万元，受理上访投诉48起，为262名外来劳务工追回被克扣的劳动报酬近9万元，处罚了36个违法用工单位，维护了劳动力市场秩序和劳动者的合法权益，促进了劳动关系的和谐稳定。

八、广泛、深入开展学习、宣传《劳动法》，积极做好实施前的准备工作

1994年7月5日《劳动法》正式颁布以来，我市把学习、贯彻《劳动法》作为头等大事来抓，进行了周密的安排和具体的部署，成立了领导小组，先后培训各级劳动部门工作人员及企业法人、劳资干部12000多人。组织了20多万名职工参加了《劳动法》试题答卷，促进了《劳动法》的普及；通过召开动员大会，请企业、职工代表座谈，召开新闻发布会，举办《劳动法》知识竞赛，组织全市《劳动法》咨询日和宣传周活动，取得了明显的宣传效果。与此同时，加强劳动立法，加快制定实施《劳动法》的配套措施，清理了1978年以来与《劳动法》相抵触、自然失效、部分条款需要修改的文件近50件，为《劳动法》正式实施做了充分准备。

(大连市劳动局)

吉 林 省

1992～1994年，吉林省劳动工作在邓小平同志南巡谈话和党的十四大精神指引下，按照建立新型劳动制度总体设想的要求，加大改革力度，在构造劳动工资宏观调控体系、劳动力交流与就业服务体系、职业技能培训体系、社会保险体系、劳动立法和监督检查体系等方面进行了积极探索。特别是1994年，全省各级劳动部门从改革、发展、稳定的大局出发，坚持全面推进和重点突破相结合的改革方针，使劳动制度改革从单项、在部分企业推行进入到区域综合配套阶段，在促进企业转换经营机制、提高经济效益方面发挥了重要作用。

一、劳动就业与劳动力市场建设

1992年至1994年，全省城镇失业人员年均在20万人左右，其中，每年新增劳动力近12万人；上年结转失业人员7万人左右。1993年以来，随着企业经营机制的转换，失业职工逐年增加，1994年失业职工总数近1.5万人。针对出现的“新增劳动力数量不减，失业职工大量增加”的新情况，全省各级政府及劳动部门采取了一系列措施，改革就业制度。从1992年起取消了计划经济体制下形成的“包安置”办法，实行了国家政策指导下的市场就业，积极贯彻“三结合”就业方针，制定优惠政策，广辟就业渠道。同时，大力加强失业职工转业训练、生产自救工作，帮助、指导失业职工再就业。经过努力，三年间全省城镇共就业35万余人，年均就业约12万人。就业结构也发生了变化，从就业去向看，国有企业接收人数逐年下降，组织起来就业，在区街、外商投资、私人企业就业和自谋职业人数上升。1992年非国有企业就业人数仅占就业总数的42%，1994年上升为58%。从产业结构看，1992年从事第三产业人数占就业总数的48%，1994年则为54.15%。三年间，全省城镇失业率年均保持在2.5%以内。

适应建立社会主义市场经济体制的要求，吉林省投入相应的力量，培育发展劳动力市场机制，加强劳动力市场基础设施建设。从1992年初起步到1994年，全省已创办各类职业介绍机构961所。其中：劳动部门办综合性市场67所，专业性市场54所；乡镇街办就业服务站747个；民办职业介绍机构93所，已实现了“县县有劳动力市场，较大乡镇有就业服务站”的目标，基本形成了一个覆盖全省、面向全国、城乡统一的劳动力市场服务网络。在职业介绍场所设立多个服务窗口，从求职登记、招工录用、劳动合同鉴证到办理社会保险手续等，实行“一条龙”办公制度，为用人单位和求职者提供“全程跟踪”服务。三年间，全省各类职业介绍机构共接待用工单位2万多个，为80多万人办理了求职登记，促成用工50余万人，发挥了市场对劳动力资源配置的基础性作用。

吉林省把推行劳动合同制度作为构造新型劳动制度的重点，从1992年起，逐步扩大推行范围，由在部分国有企业中实行发展到在全部各类企业实行。特别是《中华人民共和国劳动法》颁布后，抓住有利时机，适时加大力度，采取典型示范、政策引导、依法推动等措施，突出抓外商投资、私营企业的推行工作，着力解决经营困难企业的矛盾，探索全面实行劳动合同制的路子，取得了突破性进展。到1994年年末，全省实行劳动合同制度的企业达到20493户，占全部企业总数的69%；签订劳动合同的职工283.2万人，占全部企业职工总数的70.5%。新的用工制度为实现企业和职工的“双向选择”、劳动力的合理流动奠定了基础，对保护劳动关系双方的合法权益，实现劳动关系法制化创造了条件。

二、工资分配制度改革

1992～1994年，为适应经济体制改革需要，加强和改善了对工资总量的宏观调控。1993年取消工资总额指令性计划，省对各地普遍实行了动态调控的弹性工资总额计划，企业工资总额按照“两低于”原则进行分类调控。1994年继续完善调控办法，扩大覆盖面，由调控国有企业扩展到调控国有、城镇集体、外商投资、股份制企业；在部分企业进行了按照“两低于”原则自主确定工资总额的试点；全省范围内继续推行工资总额与经济效益挂钩的办法。全省实行各类调控办法的企业达到7000余户，职工近200万人。

在深化企业内部工资分配制度改革方面，坚持效率优先、兼顾公平的原则，普遍推行以岗位技能工资制为主要形式的工资分配制度；分配向一线、苦脏累险岗位及高技术关键岗位倾斜，合理拉开工资收入差距；企业普遍建立了职工工资的正常增长机制。1994年，按照国家有关政策，积极稳妥地安排了企业职工增资工作，有23000户企业、310.14万名职工增加了工资，分别占全省企业户数和职工人数的82.7%和90.2%。1994年，全省职工工资总额为188.05亿元，比1993年增长32.1%；全省职工年人均工资3665元，比1993年增长35.69%，剔除物价因素，年人均实际工资为2975元，比上年增长10.1%，与全省经济发展比例关系适度。

三、社会保险制度改革

1992～1994 年，吉林省社会保险制度改革在养老保险实现省级统筹后，扩大了养老保险覆盖面。养老保险退休费用从国有企业职工统筹扩展到城镇集体企业、外商投资企业中方职工，参加社会统筹的企事业单位占全省应参加统筹单位总数的 95%，参加统筹的职工占应参加统筹职工的 98%。普遍实行了职工个人缴纳养老保险费制度，部分企业为职工建立了补充养老保险，向国家、集体、职工个人三方合理负担养老保险费用迈进了一大步。珲春市还实行了退休费社会发放办法。全省有 24 个市、县基本养老金计发办法的测算工作已基本完成。全省国有、外商投资、城镇集体企业普遍实行了失业保险市、县级统筹，保险范围逐步扩大，同时加强了对失业职工的管理、转业训练、生产自救和再就业工作。三年间，共为 3 万余名失业职工办理了失业登记，其中一部分人员接受了转业训练，有的在生产自救基地从业，近 2 万余名失业职工实现了再就业。全省有 21 个市、县进行了工伤保险改革；12 个市、县开展了大病医疗统筹；7 个市县进行了女工生育保险改革。

四、职业技能开发工作

1992 年以来，吉林省职业技能开发工作以提高劳动者政治思想和技能素质，培养经济建设技能型人才为出发点和落脚点，大力开展职业技能培训。就业前培训以市场需求为导向，各级劳动部门充分利用现有就业训练设施，并鼓励社会多方办学，采取定向培训、委托培训等形式，突出实际操作技能的培训。三年间，就业前培训率均达到 80%以上，使大部分人掌握了一技之长，增强了就业能力。巩固发展技工教育，深化了技校招生、毕业生分配制度改革。从 1993 年起，全面取消了技校指令性招生计划，由学校根据社会和企业需求，自主确定培养目标、专业设置和招生人数。取消了技校毕业生包分配政策，实行有培训录用合同的按合同就业，无合同的通过劳动力市场双向选择、竞争就业。打破了技工学校只收城镇青年的惯例，为解决企业某些工种招工难的问题，有计划地招收了农村考生，1993、1994 两年，招收农村生 6000 人。全省 150 所技校普遍实行了“双证制”，还在部分高等院校学生中进行试点。1994 年，有 63 名大学生领取了中级技术等级证书。技工学校办学实力增强，年招生能力达到 2.5 万人，在校生 7 万余人。有 4 所技校为国家级重点校，6 所技校为省（部）级重点校。

在职工人培训以企业为主体，结合企业生产实际开展岗位练兵、技术竞赛活动。培训考核工作持续进行，全省技术工人考核累计发证率达到 60%。继续推行工人技师资格评、聘分开的试点，全省工人技师总数超过 1 万人，高级技师达到 130 人。1994 年，全省有 500 多个工种的 150 万名职工参加了技术明星竞赛，涌现出一批技术能手。

职业技能鉴定工作开始向社会化管理过渡。1993 年在吉林市进行了部分工种工人技师资格的社会化鉴定、评聘分开试点。1994 年，全省大部分市、县已开始筹建职业技能鉴定中心和职业技能鉴定站。

五、劳动关系与监察

1992～1994 年，吉林省从发展社会主义市场经济、稳定社会的大局出发，积极开展了劳动监察和劳动争议仲裁工作。根据实际需要，加强了劳动监察机构建设。到 1994 年底，全省建立劳动监察机构 63 个，占应建机构的 92%，配备专兼职劳动监察员 450 人。开展劳动监察工作，依法对部分企业的劳动用工情况进行了检查。绝大部分企业能够自觉执行国家劳动法律、法规和政策，内部规章制度健全，劳动管理比较规范，劳动关系比较和谐，职工的各项劳动权利基本得到保障。存在的问题是，个别企业无故拖欠职工工资，随意延长工时，违法用工。针对存在的问题，依法做出处理：补签劳动合同50630份；补办用工手续10440人；补发职工工资2200万元；对126户企业提出了警告；责令108户企业停产整顿。

认真贯彻《中华人民共和国劳动争议处理条例》，加强劳动争议仲裁工作。全省各地普遍建立了劳动争议仲裁委员会，指导、帮助企业建立健全了劳动争议调解委员会及有关规章制度。通过宣传法律、法规，培训骨干，设立仲裁庭，公开办案等措施，使劳动争议仲裁工作逐步走向规范化、法制化的轨道。全省各市、县全部设立了仲裁庭，共评聘专兼职仲裁员近700人。认真受理各类劳动争议案件，三年间劳动争议案件结案率均达到95%以上。

六、职业安全卫生监察

1992～1994年，吉林省采取措施加强安全生产和劳动保护工作。一是持续开展安全生产法律、法规的宣传教育。按照国家统一部署，认真组织开展了每年一度的“安全生产周”活动，并注意搞好经常性的宣传，把提高企业和广大职工的安全意识作为重点，与落实安全生产责任制，检查整改事故隐患、查处事故结合起来，使宣传教育贯穿于安全生产管理工作的全过程。二是强化安全生产责任制。全省普遍实行了各级政府和企业主要负责人为安全生产第一责任者制度，从省到县，从主管部门到企业，层层签订安全生产责任状。企业内部实行严格的奖惩制度，把安全作为重要考核指标。三是从本省实际出发，统一组织开展安全生产检查。1992年，组织了对《吉林省劳动保护管理条例》执行情况的检查；1993年，省人大组成检查团，深入矿山企业检查《矿山安全法》执行情况，清理整顿乡镇及个体小煤矿；1994年，全省开展了对建筑企业、乡镇企业、煤炭企业的安全检查。同时，加强新、改、扩建工程项目的审查验收，培训特种作业人员。三年间，全省各级劳动部门发出事故隐患整改通知书近3万份，企业按期整改率接近90%。1992～1994年，全省安全生产形势基本稳定，年均千人死亡率为0.11‰。

七、农村劳动力转移

1992～1994年，吉林省农村劳动力向城镇转移的规模呈逐年增加的趋势，全省农村劳动力进城务工经商的人数由1992年的15万左右增加到1994年的20万。为防止盲目流动，推进农村劳动力合理转移、稳定就业，全省各级劳动部门加强了劳动力流动管理和就业服务体系建设，规范劳务中介机构，组织富余劳动力进行技能培训。在省内外、国外多方寻求劳务信息，建立劳务协作点，有组织地输出农村富余劳动力。三年间，相继与韩国、俄罗斯、匈牙利等近10个国家、地区以及国内沿海省、市建立了劳务合作关系。1994年，经劳动部门办理的劳务输出人数达到5.6万人，其中输出到国内各地的劳务人员5.15万人，向国外输出劳务4500人，向国外输出劳务的人数比1993年增长114.3%。

八、劳动立法与实施

1992年以来，吉林省加快劳动法制化步伐，根据国家出台的劳动法律、法规，结合本省实际，相继制定颁布了多个地方劳动法规。全省认真贯彻执行国家和省颁布的劳动法律、法规，加强宣传，普及法律知识，把企业和广大职工作为宣传重点，增强全社会的法制观念。认真组织实施各项劳动法规，依法行政。制定具体实施办法，开展经常性的执法检查，严肃查处违法案件。三年间，先后组织了对未成年工特殊劳动保护、特殊群体人员就业、矿山安全法贯彻落实、建筑企业施工现场安全管理、压力容器管道安全监察、劳动用工情况等执法检查活动，发现了一些问题，依法做出处理，使劳动工作开始步入法制化轨道。

（吉林省劳动厅　葛义）

长　春　市

1992 年至 1994 年，长春市的劳动工作紧密围绕建立社会主义市场经济体制这个中心，深化劳动领域的各项改革，为稳定社会、振兴长春经济做出了贡献。

一、劳动力市场建设形成网络，城镇职工失业率保持较低水平

长春市的劳动力市场建设适应市场经济的需要，逐年加大改革力度，一年迈上一个新台阶。到 1994 年底，市及各县（市）区已开办劳动力综合市场 11 个、街镇乡劳动服务站 205 个、民办职业介绍机构 5 个。一个以市、县（市）、区劳动部门劳动力市场为主体，以民办职业介绍机构为补充，覆盖全市城乡的劳动力市场网络基本形成。劳动力市场运行规则日趋完善，劳动力市场服务功能更加完备，在“一条龙”服务的基础上，微机运程通讯网全面开通，劳动力市场资源数据库、用工信息数据库、就业统计数据库已投入使用。全市的劳动力市场建设已走上科学化、法制化的轨道，有力地促进了就业工作的全面开展。

1992～1994 年间，长春市的就业形势依然十分严峻，劳动力供大于求的矛盾特别突出。面临这种严峻的就业形势，长春市采取积极措施，努力缓解就业给社会带来的压力。一是以控制失业率为重点，实行就业工作目标责任制，按照市政府确定的全年就业任务，逐级分解到各县（市）、区和各部门、各企事业单位。市分别与县（市）、区签订就业工作目标责任书，确定失业率；对市直各部门、中央和省直企事业单位下达就业率，并对目标进行检查，促进了就业工作的开展。二是在国有企业吸纳劳动力能力明显减弱的情况下，充分发挥外商投资企业、劳服企业、私营企业、个体经济以及街委、乡镇企业的就业渠道作用。在此基础上，积极组织劳务输出和开展境外就业，成立了境外就业介绍所，先后向美国、韩国、俄罗斯等国家输出部分富余劳动力。三是狠抓就业难点和招工难点的转化。根据就业难点单位的实际，实施一系列倾斜政策，促进难点单位不断改变面貌；针对建工、建材、纺织、化工等行业招工难的实际，在市属县建立劳动力资源输出基地，较好地解决了这些行业一线岗位劳动力不足的问题。

通过采取以上措施，进一步扩大了就业渠道和安置能力，缓解了就业压力。1992～1994 年，连续 3 年失业率控制在 1.7％以下。其中 1992 年，全市安置城镇失业人员 2.6 万人，失业率控制在 1.5％以下；1993 年，全市安置城镇失业人员 2.045 万人，失业率控制在 1.45％以内；1994 年，全市安置城镇失业人员 1.8 万人，失业率控制在 1.7％以下。

二、工资制度改革逐步深化，宏观调控日趋加强

1992～1994 年，长春市的工资制度改革在前两年三项制度综合配套改革的基础上，继续迈出新步伐。一是进一步扩大“工效挂钩”范围。到 1993 年底，市属以下国有企业挂钩户数已达 468 户，职工 25 万人，分别占企业和职工总数的 48.1％和 70.3％。1994 年，针对企业经济效益差、亏损面大的实际情况，进一步完善了“工效挂钩”办法，在原有挂钩形式的基础上，在一部分企业试行了复合指标挂钩，形式已达 20 多种。县（市）区属企业挂钩工作也有较大进展。到 1994 年底，全市实行挂钩的企业累计已达 572 户，职工 27.2 万人，其中市属国有企业实行“工效挂钩”面已超过 90％。二是进一步深化企业内部分配制度改革，扩大了实行岗位技能工资试点的范围和条件。凡是工资分配建立在正确区分劳动四要素差别和贡献大小基础之上的，都属于岗位技能工资制的范畴。到 1994 年底，已有近 300 户企业，13 万余名职工实行了岗位技能工资。三是工资总额宏观调控措施逐步完善。从1992年开始，经劳动部批准，实行了动态弹性工资总额计划管理办法。三年中，执行情况良好。同时，坚持工资总额使用手册制度，并实行分类管理的办法。对“工效挂钩”企业，要求在安排当年生产计划的同时，安排好本企业的劳动工资计划，根据“工效挂钩”清算情况和企业自行安排意见，给企业核发工资总额使用手册；对非挂钩企业，根据上年实发工资情况和合理增加因素，审核发放工资总额使用手册。私营企业也纳入了管理范围。在此基础上，于1993年还试行了企业工资“双挂钩”办法，就是根据全市1992年经济效益增长情况，按照工资总额与经济效益挂钩的原则，全市的工资总额与全市的经济效益挂钩，每个企业的工资总额与本企业的经济效益挂钩。通过实行企业工资“双挂钩”办法，既强化了企业工资总额宏观调控力度，又在经济效益提高的基础上，适当提高了职工的工资水平。

1994年，长春市认真贯彻国家和省关于深化企业工资制度改革、适当解决企业工资问题的通知精神，从实际出发，坚持效率优先、兼顾公平，合理拉开分配差距的原则，为全市3774户企业的52.3万名职工增加了工资，国有企业年人均工资额由1993年的3353元提高到3977元。

三、出台新的养老金计发办法，对医疗等其他社会保险改革进行了新的探索

1992～1994年，长春市的社会保险事业有了很大发展。一是参加养老保险企业户数逐年增加，1992年至1994年的3年间，分别以0.5%、1.0%、1.5%的幅度递增，至1994年底，全市国有企业参加统筹的已达98%，两项基金的收缴保持在95%以上。集体企业的养老保险也有新发展，到1994年，参加户数已发展到1724户。二是出台了新的养老金计发办法。1993年，制定了《长春市城镇职工基本养老金计发办法改革方案》，实行了养老金与职工在职期间的工资性收入和缴费年限挂钩。三是研究、探索切合实际的医疗、工伤、女工生育保险的新路子。从1992年起，对市副食品公司和九台市企业医疗保险情况进行了调查测算；1993年出台了《九台市大病医疗费用统筹暂行办法》和《实施细则》，为我市医疗保险改革深入开展提供了有利条件。从1994年初开始，我市对工伤职工颁发《工伤评残证》，并对全市建国以来所有工伤职工的评残等级、鉴定科别进行了统计汇总，深入企业了解职工工伤医疗费使用、工伤发生频率等情况，为深化工伤保险制度改革奠定了基础。四是按照国家和省有关文件精神，为全市企业的离退休职工提高了待遇。五是认真做好劳动鉴定、职工病退等日常工作。1994年，根据国家和省有关文件精神，对全市伤残职工基本情况进行了调查统计，并制定了新的护理费标准。同时，将全市企业职工困难补助标准由50元提高到70元，缓解了职工的生活困难。

四、改革技工学校招生和分配办法，技师评聘工作全面展开

1992～1994年，长春市的技工学校综合管理工作取得很大进展。一是招生人数和技工学校数量逐年增加。三年中，技工学校由1992年的38所增加到1994年的42所；全市技工学校招生人数由1992年的5568人增加到1994年的7160人。二是改革技工学校招生和分配办法。1993年制发了《长春市深化技工学校改革工作的意见》，新的招生和分配办法改变了过去的指令性计划，实行指导性计划。适应市场经济发展的需要，改革技工学校专业设置、学制、教学内容和教学方法，注重培养毕业生适应社会的能力，狠抓生产实习教学，对技工学校毕业生实行“双证书”制。特别是从1993年开始，为缓解全市企业部分苦、脏、累工种一线缺少劳动力的矛盾，一些技工学校开始招收部分农村生，弥补了一些企业一线劳动力的不足。同时，适当放宽招生年龄，并实行定向招生、定向分配的办法。三是加强技工学校教学队伍建设和教学研究活动，不断完善学校管理的各项规章制度，改善办学条件。坚持每年年初召开一次技工教育研究会年会，定期开展教学观摩等活动，使教学与管理水平不断得到提高。

1992～1994 年，长春市的在职技术工人培训工作也得到了长足发展。一是不断扩大技师评聘范围，由原来的国有企业扩大到集体企业、劳服企业、外商投资企业和乡镇企业。技师评聘数量不断增加，由 1992 年的 1470 人，增加到 1994 年的 2541 人。同时从 1992 年开始，还在全市部分企业中开展了高级技师评聘试点工作。首批评聘高级工人技师 31 人，1993 年新评聘 56 人，1994 年新评聘 64 人。二是职业技能鉴定向社会化管理方向发展。1992～1994 年，实行对新招技术工人实行毕业证和技术等级证“双证”制度，强化在职技术等级考核工作，努力把培训、考核与使用、待遇结合起来，建立从初级工、中级工、高级工到技师、高级技师的工人技术等级体系。1994 年，经市政府批准，成立了长春市职业技能鉴定中心，对 14 个基本具备职业技能鉴定能力的单位，进行了初步考核认定。积极开展职业技能培训工作，1994 年考核鉴定了 15700 人。三是广泛动员社会力量开展职业技术培训。1993 年，市劳动局与工商局联合制发了《长春市社会力量举办职业技能培训班的意见》，改变了单纯依靠行政主管部门办学的做法，允许企事业单位、社会团体和个人举办各种类型的职业技术培训班，为社会培训技术人才。1994 年，共办班 114 期，培训各类人才近万人。

五、三项制度综合配套改革全面展开，劳动监察、劳动争议仲裁走上规范化轨道

长春市的三项制度综合配套改革是从 1991 年开始进行试点的。从 1992 年开始，适应企业转换经营机制的需要，加大了改革力度，加强了对改革的指导，提出了多种形式、配套进行、协调发展、整体推进、通过试点、达到目标的总体思路；并结合实际，推出了三种配套改革形式，从而加快了改革的步伐。到 1993 年，市属国有企业三项制度综合配套改革面已达到 60%以上；县（市）、区属企业的三项制度综合配套改革步伐也明显加快，改革面已基本达到了 50%。同时，集体企业的三项制度综合配套改革也已大面积推开，达到 150 余户，实行区域性综合配套改革的气候和条件已经基本形成。1994 年，长春市在过去已经取得成果的基础上，及时将工作重点转移到全面抓全员劳动合同制上来。经过一年的努力，全市实行劳动合同制的企业已达 5342 户，职工 87.7 万人，分别占全市企业总数的 80%和职工总数的 85%，其中市属国有企业已全部实行劳动合同制，提前一年完成了劳动部提出的要求。

长春市的劳动争议仲裁与信访工作适应深化劳动制度改革的需要，逐步走上规范化轨道。从 1992 年开始进行了仲裁庭、仲裁员制度的试点。经过两年的试点，到 1994 年首次开庭，并审理 9 起劳动争议案件，收到了较好的社会效果。认真贯彻劳动争议处理条例，立足争议案件的预防，控制争议案件的重复上访和集体上访，重复上访率一直控制在 5%以下。针对信访工作面临的新形势，于 1994 年定期发布劳动信访情况反映，及时把信访工作信息反映给有关领导和部门，对稳定社会起到了积极作用。1994 年全年接待来信来访 503 人（件）次，结案率达到 100%。

为更好地维护用人单位和劳动者的合法权益，适应市场经济的需要，于 1994 年 8 月成立了长春市劳动监察大队，配备了专职劳动监察人员。以市长令形式出台了《长春市劳动监察暂行规定》，并制定了与《暂行规定》相配套的劳动监察工作制度和办事程序。按照劳动部的部署，从 1994 年 4 月开始，利用一个多月时间，对全市 400 余户各类企业，特别是外商投资、私营企业和个体工商户进行了劳动用工大检查，检查和纠正了一些违反劳动法规和政策的问题。

六、不断加大劳动安全监察力度，各类因工伤亡事故得到有效控制

1992～1994年，长春市坚持贯彻“安全第一、预防为主”的工作方针，不断加大劳动安全监察工作力度，各种伤亡事故得到初步控制，全市的安全生产形势保持了基本稳定的局面。1992年千人死亡率为0.074‰，千人重伤率为0.026‰，1993年千人死亡率为0.04‰，千人重伤率为0.055‰，1994年千人死亡率为0.063‰，千人重伤率为0.11‰。尘毒点治理合格率由1992年的80%连续两年递增5%，1994年达到90%。市属国有、县以上集体企业中特种作业人员培训率、全员教育率均达到98%以上。查出的重大事故隐患整改率达到98%以上。三年中，全市没有发生特大伤亡事故。

1992～1994年，长春市为强化对安全生产工作的管理，主要采取了以下几项措施：一是在全市企业中实行“全员、全过程、全方位”的安全目标管理。各部门按照市里下达的安全生产指标逐级分解，层层落实，明确责任和任务，制定具体保障措施，实行严格的考核制度；把各项安全指标，特别是伤亡事故这一硬性指标纳入到企业的经营承包合同中，并且与企业的新增效益工资、奖励基金挂起钩来，实行重奖重罚；对有条件的单位和企业还试行了安全生产工作风险抵押金办法，有效地控制和预防了事故的发生。二是在保证安全生产的同时，认真做好教育和培训工作。1992～1994年，结合国家开展的“安全生产周”活动，连续三年开展“安全月”活动。1992年在全市范围内开展了“安全在我心中”演讲活动，极大地提高了广大职工群众的安全意识。在安全教育中还坚持抓好对职工的经常性安全教育。在此基础上，市坚持对不同种类、不同规模的企业，采取不同的检查验收标准。在抓好教育的同时还十分注意坚持把好特种作业人员“培训关”。1993年对全市的特种作业人员换发了全国统一的安全操作证，提高了特种作业人员的水平。三是强化安全监察和检查。全市基本建设工地点多面广，安全生产管理工作量明显增加，特别是一些企业单纯追求经济效益，忽视安全生产的现象比较普遍，致使全市的安全生产形势比较严峻。为此，在认真做好各项基础性工作的同时，进一步强化了对重点行业和施工现场的监察和检查，对已发生的事故进行严肃处理，有效地扼制了事故的发生。

矿山安全监察以认真贯彻执行《矿山安全法》为中心，以提高矿井防灾、抗灾能力为目标，严格治理整顿乡镇小煤矿，坚持“五同时”。锅炉压力容器安全监察认真开展了对制造、安装和使用全过程的安全监察工作，收到了较好效果。

七、加强农村劳动力资源管理，引导农村剩余劳动力合理转移

长春市一直把农村劳动力资源管理和开发就业纳入培育和发展劳动力市场的大盘子中。从1992年开始，在大力培育和发展劳动力市场的同时，注重抓好乡镇劳动服务站建设工作，把乡镇劳动服务站建设作为开发和管理农村劳动力工作的主要一环。到1994年底，在全市151个乡镇中，已有146个乡镇建立了劳动服务站，管理人员达156人。在抓好乡镇劳动服务站的同时，进一步明确了农村劳动力开发工作的主要目标。一是搞好农村劳动力资源管理。1994年，制发了《关于改革长春市劳动力资源登记管理办法有关问题的通知》，制定了新的劳动力资源登记管理办法。二是对农村剩余劳动力进城务工进行调控和疏导。根据全市经济发展和社会需要，编制城镇有关单位使用农村和外埠劳动力控制指标，对外埠劳动力实行《务工许可证》制度。三是协助有关部门发展乡镇企业、牧业、渔业、林业等，就地转移农业劳动力。四是积极疏导农村劳动力向外埠有序流动，在各县（市）建立了建工、建材、纺织等行业劳动力资源输出基地。五是组织劳务输出和开展境外就业，成立了境外就业介绍所，与美国、韩国、俄罗斯等国家建立了稳定的劳务关系。与此同时，建立了新的城乡劳动力资源管理工作秩序，实行“档卡”管理制度、资源统计制度。由乡镇劳动服务站对各类劳动力进行登记、建档立卡、造册，由乡镇按规定统计口径报县（市）、区，最后汇总报市。1994 年，对全市农村剩余劳动力进行了全面摸底调查，查清全市农业劳动力 140 万人，其中剩余劳动力 23.1 万人。

八、认真贯彻实施《劳动法》，劳动法制建设不断强化

1994 年 7 月 5 日，《劳动法》经全国人大常委会批准颁布后，长春市进行了大量的实施前的准备工作，为 1995 年 1 月 1 日正式实施《劳动法》奠定了良好的基础。一是进行了声势浩大的宣传活动。7 月 14 日～7 月 21 日，全市开展了《劳动法》宣传周活动，并把这周的 14 日作为咨询日，全市各级劳动行政部门的干部近千人走上街头，在街区主要路段设立宣传点 80 多个，发放宣传材料 11 万份，并出动了宣传车，设置了宣传板，以多种形式宣传《劳动法》，提高了广大干部和职工的法律意识。举办了 5 期《劳动法》培训班，培训了近千人，扩大了《劳动法》的宣传面。在认真学习宣传《劳动法》的基础上，开展了《劳动法》知识竞赛活动，在普遍自学的同时，全市有 20 余万名职工参加了《劳动法》考试，有 500 多个代表队参加了《劳动法》知识竞赛，扩大了《劳动法》的影响。二是清理地方性法规文件。以前有很多法规性文件不符合《劳动法》要求，为使《劳动法》更好地实施，清理出法规文件 112 份。三是劳动监察大队、劳动争议仲裁庭严格按照《劳动法》的要求，依法行政、依法办案，检查和纠正一些企业违反《劳动法》的行为，有效地维护了企业职工的合法权益，树立了《劳动法》的权威。

（长春市劳动局　谢景武）

黑　龙　江　省

三年来，在计划经济体制向社会主义市场经济体制转化过程中，黑龙江省各级劳动部门以邓小平同志建设有中国特色的社会主义理论和党的基本路线为指导，深入贯彻党的十四大以来党和国家的方针政策，从经济发展和社会稳定的大局出发，坚持以经济建设为中心，以搞好企业为重点，解放思想，转变职能，推进改革，使全省劳动领域各项改革和事业得到全面的发展。具体反映在以下五个方面：

一、加大企业三项制度改革力度，为转换企业经营机制、建立现代企业制度服务

三年来，全省各级劳动部门围绕转换企业经营机制、建立现代企业制度这一大课题，进行积极探索，使企业的劳动用工、工资分配、社会保险三项制度改革取得了新的突破。

（一）落实企业用工自主权，积极推行劳动合同制度。各级劳动部门认真贯彻国务院《全民所有制工业企业转换经营机制条例》，在原有简政放权的基础上，取消招工计划，变过去国家招工为企业招工，由企业自主确定招工的时间、条件、方式和数量，劳动部门不再办理审批录用手续。这就进一步落实了企业依法享有的劳动用工自主权，确立了企业用工的主体地位，为企业注入了活力。同时大力推行了劳动合同制度，并已由试点转向全面推进，加速了劳动关系法制化进程。到1994年底，全省实行三项制度综合配套改革的国有企业达1851户，职工107.8万人，分别占国有企业和职工总数的9.6%和21%；实行全员劳动合同制或合同化管理的国有企业达5463户，职工184万人，分别占国有企业和职工总数的28.4%和36%，三年平均年递增分别为498%和194%。牡丹江、佳木斯、哈尔滨、肇东、双城等区域性综合配套改革试点城市已开始全面推行全员劳动合同制。在这些企业中已打破了干部与工人、不同所有制、不同用工形式的身份界限，初步建立了平等、公开、竞争的优胜劣汰机制和双向选择的流动机制，为建立现代企业制度奠定了基础。在改革中注意保持职工队伍稳定，积极制定和采取了诸如开辟新的生产门路、发展第三产业、提前退养等一系列政策措施，妥善安置企业富余人员。到1994年底，进行劳动制度改革的国有企业共剥离富余人员51万人，其中有41.6万人通过各种途径得到了安置，占富余人员总数的81.6%。

（二）搞活企业内部分配，建立和完善工资宏观调控机制，充分调动企业和职工生产经营积极性。各级劳动部门进一步落实了企业内部分配自主权，在坚持“两个低于”的原则下，由企业自主确定工资总额的提取和使用，取消统一的工资制度和标准，由企业自主确定分配形式、办法和标准，使分配的主体由政府转为企业，增强了企业的激励机制。企业内部分配突破了原有的单一的八级等级工资制的限制，普遍实行了能够体现企业生产经营特点的灵活多样的分配形式和办法；按劳分配原则进一步得到贯彻，克服了平均主义、大锅饭的弊端，初步拉开了职工之间的收入差距，发挥了工资的激励作用。到1994年底，全省试行岗位技能工资制的国有企业541户，职工52.4万人。同时还改进和完善了对企业工资总量的宏观调控办法，取消了计划管理办法，普遍实行了弹性劳动工资计划，初步建立了与市场经济体制相适应的劳动工资宏观调控机制。到1994年底，全省实行工效挂钩的企业达4671户，职工145万人（其中国有企业3149户，职工126万；集体企业1552户，职工19万）。积极研究探索了现代企业工资分配制度、集体谈判决定工资、工资指导线、国有企业经营者年薪制、企业最低工资标准等新办法，对促进企业转换经营机制，提高经济效益起到了积极的促进作用。

（三）深化社会保险制度改革，解除企业和劳动者的远虑近忧，保证经济体制和劳动制度改革的顺利进行。针对过去企业保险制度与市场经济极不适应等问题，三年来重点抓了养老和失业保险制度改革。养老保险制度改革，在巩固以市、县为单位的社会统筹的基础上，进一步扩大了保险覆盖面，促进了多种经济成分的发展，为人员流动创造了条件。到1994年底，全省参加社会养老保险的国有企业（含非财政拨款的事业单位）18430户、职工341.9万人、离退休人员80.1万人，分别占应参加总数的90%以上；由劳动部门经办的集体企业5857户、职工38.5万人、离退休人员7.4万人；外商投资企业996户、中方职工9.1万人；私营企业50户、职工320人；个体劳动者4160人；其他所有制企业755户。富锦、肇东等40个县（市）实行了退休费社会发放，均衡和减轻了企业负担，为企业平等竞争创造了条件。大力推进养老保险一体化和养老金计发办法改革，促进劳动力的合理流动和优化配置。到1994年底，佳木斯、鸡西等地实施了“六位一体”的养老保险一体化和新的养老金计发办法。全省统一建立了国有企业职工个人缴纳基本养老费制度。在齐齐哈尔、鹤岗市的部分企业开展了企业补充养老保险和职工个人储蓄性养老保险的试点工作。

失业保险制度改革也有突破性进展，覆盖范围进一步扩大，制度逐步完善。到1994年底，全省参加失业保险的国有企业、招用合同制工人的机关事业单位和企业化管理的事业单位17484户、职工421万人（其中国有企业14576户、职工417万人，各占应参加总数的90%；机关事业单位2169户、职工2.5万人；企业化管理的事业单位289户、职工1.5万人）。齐齐哈尔、牡丹江、佳木斯、大庆、鸡西和肇东市还实行了集体企业职工失业保险，参加的企业4059户、职工25.5万人。为了充分发挥社会保险基金的作用，各级劳动部门变被动救济为主动扶持，三年来向企业累计投入1.6亿元保险金用以扶持企业和救济困难职工24万人，其中仅1994年救济困难职工就达11万人。此外，医疗、工伤保险制度改革试点取得了成功经验，正在逐步推广。

二、大力推行就业工作的“138工程”，促进就业结构合理调整，保持就业局势的稳定

面对全省劳动力供大于求、经济和产业结构不合理、吸纳能力较弱的就业形势，各级劳动部门紧紧依靠党委、政府的领导，动员社会各方面力量，从解放思想、放宽政策、深化改革、广开门路入手，大力推行就业工作的“138工程”（即：大力培育市场就业机制，切实搞好就业观念、指导思想和工作方式转变；搞好八个延伸，即从公有制经济向其他各类所有制经济延伸，从第一、二产业向第三产业延伸，从资金密集型向劳动密集型延伸，从境内就业向境外就业延伸，从城市向郊区乡镇延伸，从安置待业青年向失业职工再就业延伸，从短期失业救济向抓开发保安置延伸，从依赖国家统一安置就业向依靠市场方式就业延伸），使就业格局发生了深刻的变化，从过去劳动部门一家安排就业，转变为调动各方面积极性统筹安排就业；从单一的全民所有制就业，转变为全民、集体、个体和其他所有制经济多渠道就业；从固定工、铁饭碗转变为弹性用工、合同工、季节工、临时工、计时工；从单纯依赖国家投资，转变为社会群众集资、主办单位扶持、国家税收照顾、实行股份制、创建就业基金制度等多种渠道筹资，发展生产，扩大就业；从老守田园、就地安置，转变为跨出本地，到外省市以至国外搞劳务输出和劳务合作，使就业的路子越走越宽，确保了全省就业局势的稳定。三年来，全省平均每年安排城镇就业人员22.87万人，失业率始终控制在3%以内。同时还加强了劳动力市场中介机构建设，强化就业服务。到1994年底，全省已建立职业介绍机构1829个，其中劳动部门办的1458个。累计到职业介绍机构登记求职的城乡劳动者达430.4万人次，成交290.3万人次，成交率达67.6%。大力发展劳动就业服务企业，壮大集体经济和扩大就业容量。到1994年底，全省拥有劳服企业18038个，从业人员近114万人，其中安排城镇待业人员105.5万人、企业富余职工7.7万人，年创产值92亿元，上缴利税6.5亿元。

三、大力发展职业培训事业，全面提高劳动者素质，增强企业市场竞争能力

三年来，全省各级劳动部门针对企业高素质的技术工人紧缺，低素质的普通工人过多这一现状，大力开展职业技术培训工作。根据企业用人和全省经济调整、经济发展的需要，狠抓了就业训练、岗位培训、转业训练和技术等级培训。

（一）坚持“先培训、后就业”的原则，把好求职人员进入企业之前的素质关。到1994年底，全省建立各类职业培训阵地960个，已初步形成以各级劳动部门就业训练中心为龙头，以企事业单位培训阵地为主体，以社会团体和私人办学为补充的多层次、多渠道、多专业的就业训练网络。年培训城镇求职人员21.7万人，培训就业率达81.2%。

（二）办好技工学校，为企业输送大批合格的中级技术工人。到1994年底，全省技工学校已发展到220所，专业设置达170多个，在校生达11万多名，年招生和毕业生达3万多名，绝大多数毕业生走上工作岗位以后都成为技术骨干和生产能手。

（三）强化企业在职工人的岗位技术培训，全面提高职工的技术水平。通过政府规划指导，企业自主培训，社会鉴定技能，并把培训与使用和待遇相挂钩，极大地调动了企业开展培训、职工参加培训的积极性。三年来，全省每年培训在职技术工人达27.7万人左右，平均年递增7.4%。国有企业初、中、高级工和技师及高级技师分别为44万、86万、41万和1.2万人，各占技术工人总数的25.8%、49.9%、23.8%和0.5%，结构比例逐渐趋于合理。

四、强化安全生产监察，改进企业安全生产管理，保障国家财产和职工生命安全及身体健康

本着对国家财产和职工生命安全高度负责的精神，各级劳动部门认真贯彻“安全第一，预防为主”的工作方针，全面落实各级领导的安全生产责任制，积极推行“企业负责，国家监察，行业管理，群众监督”的安全生产管理体制，组建各级安全生产监察机构330多个，配备安全监察员1500多名，初步形成了安全监察体系、安全检测检验体系、安全教育和情报信息体系、劳动保护科研体系。三年来，省、地、市共制定100多项劳动安全法规和配套办法，使安全监察和管理走上了依法办事的轨道。累计对近3000个新扩改建项目进行了“三同时”审查验收，提出增补安全卫生措施近4000项，有效地控制了新的安全设施欠帐发生。多次开展全省性的安全生产大检查，查出不安全隐患48.5万件次，及时整改43.1万件次，整改率达92.65%。累计投资4000余万元，对400多个尘毒危害项目进行了治理。开展经常性的安全宣教活动，受教育面达300多万人次，完成劳动保护科研课题50余项，有11项通过国家部级鉴定，有9项获国家和省科研成果奖。经过多方努力，安全生产形势有所好转，全省工业企业生产事故起数，1994年比1993年下降7.2%。

五、认真学习宣传《劳动法》，为实施《劳动法》做好各项准备工作

1994年7月5日《劳动法》颁布后，我省各级劳动部门迅速行动起来，按照劳动部的统一部署，广泛深入地开展了学习宣传活动，形成了劳动部门宣传《劳动法》、企业经营者及其主管部门关心《劳动法》、广大劳动者学习《劳动法》的热潮，主要抓了以下几个方面的工作：

（一）认真组织学习，深刻领会精神。1994年8月下旬召开了全省劳动领域改革座谈会，对学习贯彻《劳动法》进行了工作部署。此后由省、市（地）、县逐级分层次地开展培训。县以上劳动行政部门的干部和工作人员已全部轮训一遍，90%以上企业的劳资管理人员参加了学习培训，还有一些市县对私营企业法人和个体工商业者进行了培训。通过培训学习，使广大劳动行政干部增强了行政执法意识。

（二）广泛开展宣传活动，形成浓厚的气氛和宏大态势。首先与新闻单位和宣传部门沟通情况，在电台、电视台以及报刊杂志上进行了多种形式的宣传，使这项工作在较短的时间内即形成宣传热潮。同时，各地还重点抓了10月9日的咨询日、11月下旬的全省《劳动法》知识竞赛以及12月的宣传周三项全国统一部署的学习宣传活动。咨询日这天全省2万多名劳动干部走上街头开展咨询服务，全省共设咨询点4000多个，出动宣传车800多台，秧歌队100多人，散发传单69万多份。参加《劳动法》知识竞赛初赛的职工180多万人，约占全省职工总数的1/4，初赛后还由县、市（地）、省进行逐级的复赛和决赛，使《劳动法》走进工矿企业，传遍千家万户。

（三）开展劳动用工大检查，为《劳动法》正式实施做好准备。由于此项工作涉及面大、政策性强，全省各地普遍成立了领导小组，参加检查的劳动干部达1500余人，共检查各类企业7500多户，涉及职工100余万人。被检查企业中有2400多户不同程度地存在违法违纪行为，占被检查企业的32%。其中被警告、通报批评的1260家，责令停业整顿400多家，吊销了14户企业的营业许可证（私营企业12户、集体企业2户），清退童工13名，补签劳动合同35000余份。通过这次劳动用工大检查，使广大职工群众进一步认识到劳动法规在保护自身合法权益方面的重要作用，使用人单位增强了遵法守法、依法实施劳动管理的自觉性，使《劳动法》进一步深入人心。

（黑龙江省劳动局　柳松华　孙同波）

哈尔滨市

1992～1994年，哈尔滨市各级劳动部门认真贯彻邓小平同志视察南方重要谈话精神，以搞好国有大中型企业为中心，加大企业用工、工资和社会保险制度改革力度，加快劳动力市场建设步伐，各项工作都取得了一定成绩。

一、企业三项制度改革

从1992年开始，在国有企业中进行了以实行劳动合同制为重点的用工制度改革，以实行岗位技能工资制度为重点的工资分配制度改革，以完善保险制度为重点的社会保险制度改革。截止到1994年末，全市进行用工制度改革的企业923户，职工60余万人，其中实行劳动合同制的企业138户，职工20万人，占国有企业职工总数的27.2%。实行岗位技能工资制的企业80户，职工11万人，占市属国有企业职工总数的22%。其余企业也实行了与个人劳绩相联系的各种工资奖金分配制度。按照有关规定，参加养老、失业保险费用社会统筹的企业职工，全部实行了个人缴费。同时，在南岗区70户国有企业和集体企业中进行改革企业职工基本养老金计发办法试点；在道外区工业局中34户企业进行工伤保险试点；在市冶金工业总公司8户国有企业、2户集体企业进行大病医疗费用统筹试点；在哈尔滨林业机械厂进行职工养老保险费用全额收缴、养老保险金全额拨付的试点。

二、劳动力市场和就业安置

从加强基础建设、完善市场运行规则、建立信息网络入手，以发展市中心劳动力市场为龙头，带动了全市劳动力市场的发展。截至1994年末，市中心劳动力市场使用面积达到1000平方米，初步形成集职业介绍、职工交流、信息管理、转业训练、生产自救为一体的劳动力市场大厦。全市各级劳动力市场和职业介绍机构发展到209个，信息员293人，为19万人办理了求职登记手续，推荐交流15.6万人次，成功率达82.1%。劳务输出工作有新进展，取得了境外劳务输出许可证，建立了境外职业介绍所，向国外和沿海开放城市输出劳动力3200人。

针对1991年出现的失业人员增加，失业率上升，就业安置渠道不畅的情况，从1992年开始，采取多种措施，广开就业门路，调整就业结构，努力扩大集体、私营、外商投资企业和个体经济的就业容量。其中仅1992年开展的失业人员组织起来就业和自谋职业"光荣杯"竞赛活动，就开辟商业街、个体摊区18条（个），兴办集体、私营企业和个体工商户641家，兴办便民服务网点3152个，安置失业人员1.8万人。

由于措施得当，1992～1994年的三年中，全市安置就业9.81万人，失业人员和失业率分别比1991年下降12.5%和0.2个百分点。

三、社会劳动保险

在宏观经济条件不宽松、企业亏损面增大、资金紧张的情况下，通过努力扩大统筹人数、清理陈欠、加强审计等措施，扩大了养老、失业保险的覆盖面。截至1994年末，全市参加退休费统筹的企业5027户，比1991年增加3861户。其中国有企业2302户，统筹面达99.8%；国有企业办的劳动就业服务企业1820户，统筹面达80%；外商投资企业905户，统筹面达75%。参加统筹的在职职工72.2万人，其中国有企业55.5万人、集体企业10.4万人、外商投资企业4.2万人、临时工2.1万人；离退休人员17.645万人，其中国有企业15.5万人、集体企业2.1万人、外商投资企业450人。三年中，按全额计算，累计收缴养老基金10.267亿元，收缴率达94%；累计下拨8.926亿元，下拨率达100%。参加养老保险的有832户企业的4.7万名劳动合同制工人，累计收缴养老保险金5362万元。参加失业保险的有国有企业和外商投资企业518户、职工75万人，累计收缴失业保险金4624万元。

从1992年开始，积极探索用好、用活养老保险基金的新路子，在保证离退休人员离退休费正常发放和做好失业救济工作的同时，合理调整资金投向，扶持企业扭亏和安置富余人员，保证关停企业和特困企业离退休人员的基本生活。1992年和1993年，先后为19户企业拨付“特困特扶”救济金498万元，为15户企业提供低息贷款359万元，促进了这些企业的减亏或扭亏，使大批放假职工重返工作岗位。1994年，为82户关停企业和特困企业借、拨付养老保险金和缓缴统筹费用6205万元，使3.65万名离退休人员的基本生活得到保障。从失业保险金中拿出973.4万元救济失业职工和特困职工2.9万人。用好用活保险基金的做法，受到了企业的欢迎。

四、工资总量宏观调控

按照国家的统一部署，继续做好工资基金管理工作，截至1994年末，《工资总额手册》建户单位14158户，职工164.4万人，工资总额462.7亿元。从1993年开始，普遍推行动态调控的弹性计划。截至1994年末，市属61个主管部门、各区(县、市)所属的2500户国有企业、53万名职工、14亿工资总额纳入弹性计划管理。职工占市属企业职工总数的51%，工资总额占市属企业职工总数的60%。

以完善企业工资总额同经济效益挂钩为重点，改善对职工工资收入的宏观管理。截至1994年末按职工人数计算，实行“工效挂钩”的占80%；实行工资总额包干的占10%；按照“两个低于”原则，实行自定工资总额的占4%；实行指令性计划控制工资总额的占6%。

五、职业技能开发

1992年，哈尔滨市劳动局会同哈尔滨市总工会，联合召开了第二届职工技术质量运动会，55万名职工参加，10人被破格评为工人技师。1992年和1994年，哈尔滨市劳动局会同哈尔滨团市委，分别组织青年工人开展创业达标竞赛活动和“技能月”活动，24人被破格聘为工人技师。

加强了对技工学校的管理。1992～1994年，先后有1所技工学校被评为全国重点技工学校，4所技工学校被评为黑龙江省重点技工学校，10所技工学校被评为哈尔滨市教育系统先进集体。三年中，累计招收新生20942人，分配毕业生24066人，为企业输送了一大批合格人才。同时，紧密结合哈尔滨市实际，按市场需求开展就业前培训工作，三年中共培训2.35万人。1993年，哈尔滨市劳动局职业技术培训中心被劳动部评为全国重点就业训练中心。

六、劳动安全卫生和锅炉压力容器安全

监察

1992～1994年，针对企业转换经营机制，走向市场过程中在安全生产方面出现的新情况、新问题，进一步强化劳动安全监察工作。继续推行了安全生产目标管理，将各项指标分解到区、县（市）和各行业、各企业，层层签订责任状，做到责任到人。依法查处了各类生产事故，三年中，生产事故结案率分别为98%、99.5%和90%。广泛开展了“安全生产周”、“百日无事故”和“安全宣传月”活动。三年中，对全市各企业进行26次有针对性的安全检查。认真贯彻落实了《矿山安全法》,经常对矿山企业进行检查,发现问题及时下发《整改意见书》或立即帮助企业加以解决。加强了安全生产培训教育和安全卫生检测检验工作，三年中，培训特种作业人员29316人，检验各类特种作业设备7356台（件）；检测尘、毒作业点分别是5140和1195个，分级率分别达到97%和85%。强化了对锅炉压力容器制造、安装、使用等环节的监察。

1992～1994年，全市生产事故千人死亡率分别为0.031‰、0.04‰和0.036‰，千人重伤率分别为0.018‰、0.017‰和0.005‰。

七、劳动法制建设

根据劳动、工资、保险制度改革和依法行政的需要，1992～1994年，先后制定并发布了《哈尔滨市全民所有制企业职工待业保险办法》等19个劳动规章和规范性文件，并对1981年～1991年发布的劳动规章和规范性文件进行了清理。同时，每年都对企业进行贯彻执行国家和省、市劳动法规、规章、政策情况的大检查，对查出的问题分别进行整改。

1994年，在全市范围内开展了深入学习、宣传《中华人民共和国劳动法》的活动，对全市劳动行政执法机构主体资格和执法人员重新进行登记、审查，规范了行政执法行为，为1995年实施《劳动法》做好准备。

1992～1994年，共接待群众来信来访8447件（次），其中1992年3343件（次），1993年2886件（次），1994年2218件（次）。从数量上看，呈逐年减少趋势，但集体上访次数增加，且热点多集中在拖欠工资和离退休费等方面，处理难度加大。三年中，处理劳动争议案件378起，按期结案率达100%；鉴证各类劳动合同225963份。

八、劳动就业服务企业

1992～1994年，全市劳动就业服务企业新安置就业1.9万人，在注重社会效益的同时，努力深化内部改革，提高经济效益。三年来，累计创税利5.95亿元，产值增加10亿元；为企业解决科技贷款1500万元；开发新产品89项，其中创国优产品1项、部优产品8项、省优产品18项、市优产品30项。

（哈尔滨市劳动局　宋曼晰）

上　海　市

1992年～1994年，上海各级劳动部门统一思想、更新观念、明确职责、转变职能、振奋精神，将劳动工作的基点转到解决劳动就业及其相关的问题上来，在深化劳动领域改革，大力构造上海区域劳动力市场，为企业转换经营机制创造宽松的外部环境，维护社会安定等方面做了大量的工作。劳动管理体制开始朝着符合社会主义市场经济要求的方向转轨，新的劳动管理体制正在构筑。基本分清了政府行为与企业行为，用人自主权和内部分配自主权等均已放权于企业；按照“两级政府、两级管理”的原则，实行了市和区县劳动部门的“明责分权”，加强了区县劳动部门的职能；市劳动局的组织机构开始向适应市场经济的管理要求重新组建，减少了直接行政管理，加强了劳动立法，扩大了劳动争议仲裁范围，劳动监察也已起步。三年来的劳动工作，取得了较大的成绩。

一、区域性劳动力市场已成雏形

1992年上海市劳动工作会议提出，培育和发展劳动力市场是当前劳动工作的首要任务，通过三年的努力，区域性劳动力市场已成雏形。表现在：全员劳动合同制改革全面推开，国有、集体企业中实行全员劳动合同制的职工已达228万人，占73%；用人单位和劳动者在劳动力市场中的主体地位基本确立，新增劳动力供需双方的市场结合率已达60%以上，劳动力市场对劳动力资源配置的基础性作用日益显著；市和区、县劳动部门已建立职业介绍机构23所，社会团体、产业部门及个人经劳动部门审核批准的职业机构共54所，其中9个区劳动部门的职业介绍机构实现了劳动力供需信息计算机联网；职业介绍行为逐步规范，积极开展全方位、一条龙服务，劳动部门所属的23所职业介绍机构1994年共接受2.6万求职人员的求职登记，推荐介绍3万余人次；就业训练稳步发展并有新的提高，1994年各区、县就业训练中心根据社会需要，共开办20多个专业工种的职业技术培训班，共培训学员1.3万人，其中80%以上结业后获得了就业岗位，同时还为就业难点中需要培训的对象开展免费培训，取得了较好的社会效益；单位使用外地劳动力开始纳入法制化管理轨道，1994年2月1日《上海市单位使用和聘用外地劳动力管理暂行规定》正式实施，市和区、县劳动部门成立了专门管理机构，行业主管部门充实了管理力量，形成了全市的管理网络，39家外省、市劳务中介机构经批准后在沪建立，使上海市单位使用外地劳动力有了合法途径，单位使用外地劳动力服务中心同时开始运转，1994年审核发放外地劳动力《务工许可证》54万张，有效地阻止了非法中介和非法招用现象。

二、再就业工程实质性启动

随着产业结构的调整和企业劳动用工制度改革的深入，以及市政建设、土地批租在较大范围的展开，1992年～1994年，全市国有、集体企业累计下岗待工人员达52.1万人。如何妥善安置企业下岗待工人员，成为劳动部门需全力解决的重点问题。1994年上海市召开了“企业下岗待工人员再就业工程动员大会”，正式实施“再就业工程”，其主要内容是动员全社会力量，广开渠道，转变观念，促进下岗待工人员走上新的岗位。在总结前几年实践经验的基础上，市劳动局会同市经委、财政局、社保局、工商局和总工会，制定了《关于企业下岗待工人员再就业和保障基本生活的若干意见》，从鼓励企业发展“三产”、鼓励下岗待工人员走出企业自谋职业、鼓励企业吸纳下岗待工人员、建立健全企业下岗待工的民主管理程序、完善“企业内提前退休”制度、保障企业下岗待工人员的基本生活、加强使用外地劳动力的管理和鼓励开展职业技能培训等八个方面，提出了21条可具体操作的政策规定，主要的政策精神是坚持三个鼓励和一个突破。三个鼓励：一是鼓励企业发展“三产”，创造新的工作岗位；二是鼓励下岗待工人员走出企业，自谋职业；三是鼓励有条件的企业尽可能吸纳下岗待工人员。一个突破：拓宽安置下岗待工人员的渠道，积极创造条件开展企业间的劳务输出。同时，对暂时找不到新的工作岗位的下岗待工人员，必须切实保障他们的基本生活，做好帮困工作。通过几年来的努力，在累计下岗待工的52.1万人中，已有32.7万人重新走上工作岗位，其中通过实施再就业工程新安置的为7.8万人，占1990年以来4年总安置数的近1/4，占1994年全年安置数的69.6%。安置人数的大幅度增加使下岗待工人员数的递增幅度，由前几年的平均递增78%下降到42%，缓解了社会矛盾。特别是上海航空公司从纺织系统下岗的女工中招聘了18名"上天"的"空嫂"，以及上海地铁运营公司从下岗女工中招聘了300多名"入地"的"地嫂"，更是在社会上引起了强烈的反响。同时，再就业工程的实施，并不仅仅表现在安置企业下岗待工人员数量的增加，更重要的是全社会各个方面的力量，如劳动部门的各级劳动力市场，待工人员所在的企业，需要招用劳动力的单位，企业的主管部门，区、县政府，街道社区，各级工会、社会团体、新闻媒介等，都围绕促进下岗待工人员再就业而行动起来。

三、工资增长与经济发展保持恰当的比例

全市职工平均工资水平由1991年的3375元提高到1994年的7401元，三年增长119.3%，扣除物价因素，三年实际增长33.9%，年平均递增10.2%。工资增长与非农国内生产总值的增长基本同步。以非农国内生产总值的增长为1，两者比例1992年为1：0.96，1993年为1：0.94，1994年为1：0.99。其中，1994年全市职工工资总额为357.89亿元，比上年增长28.1%，扣除物价因素后比上年实际增长3.4%；货币平均工资为7401元，比上年增长31%，扣除物价因素后实际增长5.7%。同期，全市国内生产总值比上年增长14.3%，社会劳动生产率比上年增长13.7%，工资增长做到了低于经济效益和劳动生产率的增长，且控制在国家规定的弹性计划之内。同时，按照中央控制消费基金过快增长的要求，加强了对企业工资分配的宏观管理，1994年全市职工工资的增长幅度有一定回落。

为认真贯彻国务院《全民所有制工业企业转换经营机制条例》，落实企业工资奖金分配自主权，1992年～1994年主要从企业工资总额、最低工资标准、企业经营者收入、企业内部分配的民主程序等四个方面，对企业工资总量进行调控和管理。1992年在部分具备条件的企业中，开始试行"企业工资总额的增长不超过经济效益增长、职工平均工资的增长不超过劳动生产率增长"的办法。1992年6月，上海市劳动局会同上海市总工会制定了《关于建立本市国营企业内部分配民主管理程序的意见》，从企业内部分配民主管理的主要内容、管理形式、民主监督程序等方面，要求企业在贯彻按劳分配原则，自主进行工资、奖金分配时，必须建立内部分配民主管理程序，使内部分配逐步纳入民主化、制度化的轨道。1993年2月上海市劳动局提出了《本市全民所有制企业经营者工资收入分配办法的试行意见》，并组织实施。《意见》规定：企业经营者的工资收入水平，主要依据所在企业生产经营、责任、风险以及企业职工工资收入水平等因素合理确定；在企业实现生产经营目标，企业经济效益和职工收入都有增长的前提下，经营者的全年工资收入可以适当高于本企业职工年平均工资收入（与经营者工资收入同口径）的1～2倍，少数贡献突出的可高于3倍；经营者由于经营管理不善，造成企业经营性亏损，除停发经营者奖金外，还应根据其应承担的责任，视企业亏损时间长短和亏损程度扣减其工资。1993年5月，经市人民政府批准，上海市劳动局开始组织实施《上海市城镇企业最低工资收入试行办法》，该办法适用于上海市城镇各种所有制企业及个体工商户，并规定：职工在法定工作时间内履行了正常劳动义务后，其工资收入不得低于试行办法规定的最低工资收入；最低工资收入水平根据全市职工生活费价格指数的变动及经济发展的状况等因素，由市劳动局适时调整并公布。上述办法的贯彻实施，与企业经营机制转换相配套，使工资的保障和激励职能都得到了进一步加强。从总体上看，企业工资开始向着市场机制调节、企业自主分配、政府监督调控的目标体制演进。

四、社会保险制度不断健全和完善

1992年10月15日，上海市人民政府发布了《上海市待业保险暂行规定》，并于同年11月1日施行。新的规定是在总结1986年《上海市国营企业职工待业保险实施办法》贯彻实施的经验，结合深化劳动制度改革和转换企业经营机制需要的基础上，对上海市职工待业保险制度的改进和完善。与1986年的《实施办法》相比较，新的规定有了较大的突破，主要有：一是除了1986年国务院规定的四种对象以外，增加了以下对象，即：经市、区、县人民政府批准关闭或停产的企业被精减的职工；被企业开除、除名的职工（包括解除劳教、刑满释放的原企业职工）；实行全员劳动合同制企业终止解除合同的原固定职工。这样，除了临时工、自行离职（作解除劳动合同处理者除外）对象以外，所有具有本市城镇户口，在企业工作一年以上，非自愿失业的原企业职工都纳入了享受失业保险待遇的范围。二是改进了失业救济的期限。规定明确，职工失业前工作满一年不足两年的，救济期为6个月；以后工作年限每满一年，救济期增加2个月，最多不超过24个月。三是放宽了对合同制工人生活补助费的给付办法，规定对实行全员劳动合同制单位解除、终止合同的原固定职工，其生活补助标准可酌情放宽到24个月本人工资（不含奖金、补贴）的水平，同时这笔补助费不再从失业救济金中扣除，即两者可重复享受。四是允许符合国家规定的退休条件的失业职工在失业期间办理退休手续，进一步保障了老年职工的合法权益。另外，《暂行规定》还对失业保险基金的使用、就业服务体系建设资金的来源以及失业保险的法律责任等方面作了进一步的修改、完善和补充。据统计，1992年～1994年全市共支付失业救济金和医疗补助费1.06亿元；用失业保险基金资助关闭企业4200余万元，安置职工1.12万人；认定劳动就业服务企业3675户，使其成为安置失业人员和企业富余人员的重要基地，在社会劳动力供大于求日趋严重的形势下，全市失业率一直控制在3%以内。其中，1994年发放失业救济金8200万元，比上年增长74%；支付医疗补助费360万元，比上年增长116%。1994年失业保险基金的支出金额占失业保险基金征集总额的83%。

1993年2月5日，上海市第九届人民代表大会常务委员会第41次会议原则批准了《上海市城镇职工养老保险制度改革实施方案》，全市党政机关、事业单位和全民所有制、集体所有制企业的职工，股份制企业的职工，外商投资企业的中国职工，中央各部和外省、市在沪单位的职工，在沪部队企业的职工，以及这些单位已退休的人员均按该方案进行改革。养老保险制度改革的主要措施为：一是实行个人缴费，由国家、单位和个人三者共同负担养老费用。改革起步时，职工按本人上一年月平均工资收入的3%缴费。二是按照个人储存与统筹互济相结合的原则，建立个人养老保险帐户。社会保险机构为每个职工建立养老保险帐户，记录在职期间个人缴纳的养老保险费，以及从退休统筹费中相应记入的养老保险费，两者累计储存，到职工退休时，据此计发养老金。三是改革养老金的计发办法。改革方案实施后参加工作的职工，退休时每月养老金＝个人养老保险帐户的储存额÷120；改革方案实施前参加工作、1995年底以前退休的职工，仍按原办法计发养老金，另按个人累计缴费额的一定比例按月增发养老金；改革方案实施前参加工作、1996年1月1日以后退休的职工，每月养老金＝个人养老保险帐户的储存额×系数÷

120。四是建立基本养老金的物价补偿制度。职工生活费价格指数比上年上升时，按上升幅度调整基本养老金；同时，根据国民经济的发展，参照在职职工实际工资的增长情况，不定期地对退休人员普遍增加生活补贴。五是逐步建立多层次的养老保险制度。在有条件的单位逐步推行单位补充养老保险，鼓励有条件的职工参加个人储蓄养老保险。

另外，1992 年 9 月上海市劳动局适当调整了企业职工工伤保险待遇标准，增加对因工伤、亡职工的补偿金额，对保障因工致残职工和因工死亡职工的遗属的基本生活起了积极作用。

五、其他各项劳动工作协调发展

为贯彻实施《劳动法》作了大量准备工作。《劳动法》颁布后，各级劳动部门通过各种形式学习、宣传《劳动法》，全市共有 10 万名干部参加了培训，63 个区、县、局，103 万职工参加了《劳动法》知识竞赛，提高了企业和职工知法、懂法、守法的自觉性。同时，对本市劳动法规和规范性文件进行了清理，凡与《劳动法》相抵触的，已予以废止。对贯彻《劳动法》的难点问题正在逐个研究，制定配套政策。

劳动监察正式起步。《上海市劳动监察实施办法》颁布后，制定了劳动监察程序，组织了劳动监察员培训，初步形成了劳动监察队伍。1994 年市和区、县组织了两次集中的用工大检查，查处违法事件，规范企业用工行为，维护劳动者合法权益。

全力维护社会稳定。结合市与区、县两级安民帮困基金的建立，与有关部门一起做好对困难企业和困难职工的帮困工作。1994 年通过三次集中检查、督促，基本落实了企业职工最低工资标准，绝大多数企业下岗待工人员的最低生活补贴标准也得到了保障。随着劳动制度改革向纵深发展，各类劳动争议和群众来信来访的数量大幅度上升，1994 年共受理劳动争议 1872 件，其中集体争议 68 件，分别比上年上升 89%和 143%；受理群众来信来访 12876 件，其中集体来访 27 批，分别比上年上升 8.6%和 4.5%。在人手少、难度大的情况下，克服困难，及时化解了各种矛盾。

职业技能开发事业继续开展。初步理顺了社会化培训管理体制，在加强市与区、县劳动部门职能的同时，增强了行业主管部门的作用；着力进行职业技能鉴定社会化管理准备工作，草拟了有关办法；大力宣传技术工人也是人才的观念，发挥行业主管部门和企业在培训工作中的积极性，职工队伍技术结构有所改善；调整了技工学校布局和专业设置，扩大了办学规模效益。

安全生产监察力度加大。针对建筑施工伤亡事故较多的情况，加大了对建筑施工安全生产的监察力度。1994 年查出各类事故隐患 5000 多条，并就夏季出现的连续高温，开展了防暑降温和安全用电大检查；对易燃易爆、有毒有害的企业和场所实施重点监察；投资 2800 多万元，安排 25 项改造项目，改善企业劳动条件；加强了对外商投资企业和乡镇企业的劳动安全监察，督促企业就存在的问题进行整改。

外商投资企业的劳动管理进一步完善。1994 年修订了《上海市中外合资经营企业劳动人事管理条例》，加强了对这类企业用工行为的监督检查。主动做好对外商投资企业劳动管理的指导、服务，市和区、县劳动部门及企业主管部门举办了 30 余次培训班，对 2500 多人进行了劳动管理业务培训。

三年来，在劳动制度改革深入发展的同时，也产生了一些有待解决的问题。主要是：适应社会主义市场经济要求的劳动领域宏观调控手段跟不上；劳动力市场硬件建设刚起步，规模不大，层次较低；社会失业人员和企业下岗人员逐年增加，社会不稳定因素有所上升；由于竞争环境不公平等，出现了某些新的分配不公。这些问题需在今后的工作中，通过深化改革、扎实工作，逐个加以解决。

（上海市劳动局办公室 毛时惕 高延平）

江 苏 省

1994 年是建立社会主义市场经济体制、深化改革的关键性一年，我局围绕“抓住机遇、深化改革、扩大开放、促进发展、保持稳定”的方针，以培育和发展劳动力市场为中心，进一步推进劳动用工、工资分配、社会保险三项制度改革，加强宏观调控，自觉转变职能，为我省的经济发展和社会稳定服务，完成了省委、省政府和劳动部提出的各项劳动工作任务，取得了新的成绩。主要表现在以下 8 个方面：

一、深入学习宣传《劳动法》，优化执法环境

7 月 5 日，全国人大常委会颁布《劳动法》，劳动法制建设进入了一个新阶段。下半年，省及各市县广泛深入地开展了《劳动法》的学习、宣传、培训工作。省局对 210 名市县劳动局长、企业劳资干部进行了培训。经过精心组织，全省共有 141.85 万名职工参加了《劳动法》知识竞赛活动。通过集中开展《劳动法》咨询日、知识竞赛以及宣传周等一系列活动，真正使企业经营者和职工群众了解《劳动法》。省加快地方立法步伐，为《劳动法》实施制定配套法规，制定了《江苏省劳动合同制度实施步骤》、《江苏省实施劳动合同制度暂行办法》和最低工资标准及实施办法，均已报省政府待批。省及各市县还积极建立劳动监察机构，配备专职监察人员，为 1995 年正式实施《劳动法》做了较充分的准备，创造了一个良好的执法环境。

二、全省就业局势保持平稳，就业服务体系进一步发展

省政府明确把“吸收 16 万城镇待业人员就业，城镇年末失业率控制在 2.5%左右”作为 1994 年要着重抓好的 26 件实事之一。根据这一总目标，继续实行目标管理责任制，省局及时将任务分解到各省辖市，并要求落实到有关责任人，一级抓一级，层层负责。各地积极扩大就业门路，拓宽就业渠道，全省全年新安排 21 万城镇待业人员就业，城镇年末失业率为 2%。完成了省政府确定的目标、任务，全省就业局势保持稳定。

职业介绍、就业训练、失业保险、劳服企业等就业服务体系进一步发展。职业介绍机构的软件和硬件建设得到加强，各市都有了基本完善的场地、设备和服务制度。全省已建成职业介绍服务机构 1735 个；就业训练中心 104 所，全年组织培训 8.1 万人，还对 4000 名失业人员、6.1 万名富余人员进行了转业训练。全省劳服企业数已达 6418 个，职工总数 22.9 万人，全年安置失业人员 1.41 万人，安置富余人员达 1.39 万人。深化失业保险制度改革，失业保险已覆盖到所有国有企业和县以上集体企业以及大部分外商投资企业。提高了失业救济金的发放标准。全年领取失业救济金人数已达 13 万人，发放失业救济金达 3500 万元。在无锡、扬州两市实施的“再就业工程”试点工作取得较好的效果。全省失业职工再就业人数达 2.5 万人。

积极做好劳务输出和"民工潮"的疏导工作。全省有组织的劳动力流动50万人，其中向省外输出劳动力21.13万人，苏北贫困市县的劳动力向苏南输出10万人。积极做好流动就业证卡制度的准备工作。

三、深化改革，完善了养老社会保险制度，加快了医疗、工伤、生育社会保险制度改革的步伐

养老社会保险制度改革向全方位、一体化深入，全省乡镇企业已开始实行基本养老保险、企业补充养老保险和个人储蓄性养老保险相结合的多层次社会养老保险办法。养老社会保险覆盖面进一步扩大，省政府正式批准从1994年1月1日起在全省范围内改革基本养老金计发办法，规定所有城镇企业职工及私营企业和个体工商户的从业人员实行统一的养老社会保险办法。养老社会保险已完全打破了用人单位所有制和职工身份界限。目前，全省已有75个市县参加养老社会保险，企业4.76万户，在职职工约601万人，离退休人员129.11万人。在加大养老社会保险制度改革力度的同时，养老社会保险工作已向收支管全方位、一条龙服务拓展，以退休费用社会发放为主要形式的社会服务工作已有较大起色。

全面贯彻落实国务院《调整企业离退休人员离退休金的通知》，研究制定了比较合理的我省企业离退休人员离退休金调整的实施方案，保障企业离退休人员的基本生活，维护了社会稳定。

医疗社会保险改革在5个市县的试点取得了明显成效，参加的企业1631户，职工和离退休人员25.08万人，医疗保险基金实行社会调剂和个人帐户相结合的办法，既有效保障了职工医疗需求，又合理制约了医疗费用浪费的问题。工伤、生育社会保障改革取得重大进展，有25个市县、8138户企业、99.16万职工参加了工伤保险，建立女职工生育保险基金的市县达31个、企业11865户、职工164.93万人，使工伤职工得到合理补尝和生活保障，推进了妇女就业。

社会保险基金运营呈良性循环的势态，基金征收的公平性进一步得以体现，基金使用更趋合理规范，基金增值工作得到进一步强化。

四、加强和改善了劳动工资的宏观调控

强化了对企业弹性劳动工资计划的监督考核工作。扩大了弹性计划的覆盖面，使其实施范围扩大到所有城镇企业。加强了对企业工资总额使用计划的监控，严格使用《工资总额使用手册》，控制消费基金的过快增长。加强对劳动力的宏观调控和管理，对各企事业单位招用农村劳动力继续从政策和总量上加以调控。做好复员退伍军人和征地劳动力安置工作。全年部省属企事业单位共接纳安置退役士兵3300人。做好企业富余人员的余缺调剂工作，全年全省共调剂安置企业富余人员7万余人。

认真贯彻国务院三部委72号文件，深化企业工资制度改革，适当给职工增加工资，协调了企业职工与机关事业单位职工、企业在职职工与企业离退休人员的工资关系。根据《劳动法》规定，研究拟订了《江苏省企业最低工资暂行规定》和《江苏省一九九五年底最低工资标准及适用范围》。改进工效挂钩办法，将各类工资性收入都纳入工资总额。在提取效益工资时，各地坚持既负盈又负亏，促进企业尽快面向市场。推行岗位技能工资制，全省实行岗技工资制的企业有1000多户，涉及200万职工。完善了我省国有企业经营者的收入管理办法，逐步实行年薪制。认真处理停产半停产企业职工工资发放问题。

五、劳动用工制度改革进展较快，劳动关系监察工作开始步人制度化轨道

通过劳动合同方式确立劳动关系，已被越来越多的用人单位和劳动者所理解和接受。全省已有5639户企业，191.54万职工实行了全员劳动合同制。全省劳动合同制职工已达 314.54 万人，占全部职工总数的 38%。省政府明确了全省劳动体制区域综合配套改革的目标和要求，盐城市、镇江市区、常熟、金坛、江都市相继出台了以市政府名义发布的改革总体方案和实施办法。至年底，五个试点地区已全面实行全员劳动合同制。其他地区的改革也加快了进度。

随着改革开放和社会主义市场经济体制的逐步建立，劳动关系也日趋复杂化，为此，全省集中开展了劳动用工大检查活动，全省抽调 2675 名劳动部门的干部，对全省 17846 户各类企业进行了检查，对查出的问题，各地限期整改。据统计，全省补办招工手续 11767 人，补签劳动合同 67936 人，补交养老保险金 3797.71 万元，补交失业保险金 110.22 万元。劳动用工大检查及时遏止了少数企业的违法行为，保持了劳动关系和谐稳定。全省 11 个省辖市均设立了举报电话，初步建立了劳动监察举报制度，劳动监察工作开始逐步走上制度化、正常化轨道。

全省进一步健全劳动争议处理的组织体系，在全省全面推行了仲裁员、仲裁庭制度，提高了劳动仲裁的权威性。全省各级仲裁机构共受理各类劳动争议案件 786 件，比上年增加 55%，已处理结案的 750 件，结案率达 95.4%，其中仲裁裁决的案件 125 件。开展劳动合同鉴证，做好劳动争议预防工作。全省各级仲裁机构共鉴证劳动合同 87.68 万份，纠正无效合同 1.89 万份，督促补签合同 3.01 万份，制止招用童工 53 人。

六、强化了企业职业安全卫生、矿山和锅炉压力容器安全监察，安全生产形势比上年有所好转

全省工矿企业重大伤亡事故频发的势头得到了有效的控制，安全生产局势逐渐趋于稳定。全省各类企业因工死亡 644 人，重伤 532 人，分别比上年下降 12.6%和 19%。其中，非矿山企业因工死亡 445 人，重伤 412 人，分别比上年下降 10.8%和 23.3%。全年全省发生了 3 人以上重大死亡事故 8 起，死亡 53 人，分别比上年下降 57.9%和 50.9%。全省认真抓好《江苏省劳动保护条例》的贯彻落实，完善落实安全生产目标责任制。认真抓好事故隐患的整改和监控，将南京老虎山危险品仓库等 16 项隐患列为省级重大事故隐患，编制救灾预案。重点整治乡镇化工、建筑、矿山等安全生产薄弱环节，与省有关部门研究制定了《苯及其衍生物安全生产基本条件》、《氯及其有机氯化物安全生产基本条件》，并经省政府批转，要求各地按规定逐项进行整改。制定发布了《关于控制煤尘爆炸事故若干问题的通知》，敦促煤矿及其主管部门加强对煤尘的预防和管理。认真开展了锅炉压力容器现场监察工作，扬州、常州、徐州等地查处了一批违章制造、无证制造和违章使用锅炉压力容器的单位。全省锅炉和压力容器年检率分别达 95.2%和 85%，压力容器爆炸事故比上年下降 23%。做好重大伤亡事故的调查、处理、结案工作。对企业执行新工时制度中的一些问题，及时调查处理，保证新工时制度的顺利实行。5 月份，开展了全省“安全生产月”活动。年底按照国务院和省委、省政府的要求，开展了安全生产大检查，促进了安全生产。

七、职业技能开发工作取得了新进展

1994 年里，各地抓紧建立和完善职业技能培训机制、职业鉴定机制和服务机制。全省技工学校数达 166 所，有 21 所技校被评为国家级和省部级重点技校。其中国家级重点技校 6 所。全省技校招生数达 3.74 万人，招生人数及质量均好于往年。开始在部分苦脏累险工种专业招收农村学生，为企业解决了部分工种后继乏人的难题。推行以技能为主的教学模式，全省技校三级工合格率为 100%，四级工合格率为 78%，比全国平均水平高出近 30 个百分点。

完善职工技能鉴定有关制度，形成了职业技能鉴定覆盖全社会的骨干框架。全省已

建立国家职业技能鉴定所100所。改进完善了技师、高级技师资格考评办法。对技师、高级技师家属实行了“农转非”政策。全省技术工人技术等级比例朝着合理化方向发展，初、中、高级技术工人的比例大体达到25：70：5，技术工人队伍素质有较大提高。

八、加强机关廉政建设，保持廉洁作风

注重转变职能，积极为企业、为群众服务。把加强机关廉政建设、保持廉洁作风作为一项经常性的重要工作列入议事日程。

首先，加强政治学习，进行思想教育。党员领导干部及党员民主生活会均把廉政勤政问题列为重要议题。对《关于处级干部廉洁自律五条规定》等中央和省的有关党风廉政建设的重要会议和要求，都能及时、迅速地进行学习、贯彻。重视抓好处以上干部的政治学习。党组学习中心组每月集中学习两次。机关各处室也基本上能够按制度组织学习。通过学习，机关工作人员进一步提高了对反腐败斗争重要性、紧迫性的认识，增强了执行廉政制度和有关政策规定的自觉性。

其次，采取切实措施，加强廉政制度建设。实行党风廉政建设责任制，局党组书记抓党组成员和全局的党风廉政建设，副局长对分管处室的廉政建设负责，各处室领导对本处室工作人员廉政问题负责。一级抓一级，一级带一级。同时，注意把干部的廉政情况同干部的考核、使用结合起来。

三是认真开展专项治理工作。在对全省劳动系统收费情况清理登记的基础上，进行逐项检查。全省劳动系统32个行政及事业收费项目，经省物价局、财政厅等有关部门审定保留的有23个，降低收费标准的1个，取消的8个。经审查，省劳动局没有公费出国旅游、无偿占用企业财务、拖欠公款以及局机关经商办企业的现象，树立了劳动部门良好的社会形象。

回顾总结1994年的工作，虽然取得了一定的成绩，但是由于宏观环境发生了很大的变化，改革力度的明显加大，在一定程度上增加了维护社会稳定的难度，劳动工作面临着一些突出的矛盾和问题。表现在：

1. 就业压力仍然较大。1995年预计需就业的城镇待业人员将达40多万人，农村剩余劳动力跨地区流动的规模将进一步扩大，证卡合一的管理制度刚开始实行，还有大量人员未纳入有序流动的范畴；劳服企业等集体经济的发展困难很多，就业的不平稳性和部分城市的就业难点更加突出；失业人员增多。

2. 劳动关系存在许多不稳定因素，拖欠工资现象严重，部分企业离退休人员的离退休金不能按时发放，基本生活出现困难。私营企业、外资企业侵害职工合法权益现象突出，劳动争议仍呈上升趋势，劳资关系紧张。

3. 工资分配调控缺乏有力措施，主要是工资基金以外的奖金分配缺乏有效的监督，行业分配不公，有的收入差距悬殊；经营者工资制度尚未完全建立。

另外，社会保险费收缴困难，基金贬值；有的企业领导重生产轻安全，企业还存在着很多事故隐患。对此，各级劳动部门将予以高度重视，认真调查研究，在今后的工作中切实加以改进。

（江苏省劳动局　宇文扬　曹炳泰）

南　京　市

1992～1994年，南京市围绕企业改革、经济建设和社会稳定，全面推进劳动制度改革，大力培育和发展劳动力市场，积极转变政府职能，各项劳动工作取得了新的发展。

一、全面深化劳动制度改革，加快建立和培育劳动力市场

加快建立和培育劳动力市场，是90年代初期我国经济体制改革对劳动制度改革的基本要求。南京市劳动局紧紧抓住这个机遇，从改革劳动工资制度、劳动就业制度、社会保险制度、职业技能培训制度等方面入手，促进了全市劳动力市场的建设和发展。

1. 改革劳动工资制度，推行和建立弹性计划管理体制。1991年以前，南京市劳动工资管理基本上是指令性计划管理体制。到1992年，根据企业改革和搞活大中型企业的需要，南京市从改革劳动工资计划入手，逐步把劳动用工和工资分配的自主权还给企业。使企业按照生产经营的实际需要，自主决定招工招生的数量、形式、时间和条件，自行到劳动力市场上去招聘。与此同时，在“企业工资总额增长低于劳动生产率增长、职工工资收入增长低于企业经济效益增长”的原则下，企业自主决定其内部的工资分配形式。到1994年末，全市实行“工效挂钩”的企业有2337家，“工效挂钩”面达77.56%，其中有85.6%的国有企业实行了“总挂总提”的分配方法；推行了弹性劳动工资计划，通过对工资总量的直接管理来间接调控企业职工人数，从而初步实现了运用经济手段来对企业劳动工资总量进行宏观调控和间接管理的目的。

2. 改革劳动就业制度，建立起市场竞争就业的新制度。长期以来，我国劳动就业实行的是“统包统配，一次分配定终身”的制度。进入90年代以来，特别是近几年来随着劳动力市场的建立和发展，基本上破除了计划管理体制下的劳动就业制度，加大了市场竞争就业的份额，使市场机制对劳动力资源配置的基础性作用得到了比较充分的体现，初步形成了用人单位和劳动者之间双向选择、合理流动的就业制度。据统计，1992～1994年，南京市共安置城镇待业人员就业达10万余人，其中通过劳动力市场就业的达8万多人，占就业人数的80%左右。失业率连续三年不断下降，都在2.5%以下，保持了就业局势的稳定。由职业介绍、就业训练、失业保险和劳服企业组成的劳动就业服务体系也得到了进一步发展和完善。到1994年末，全市建立职业介绍机构25家，其中各级劳动部门建立的有16家，都走上了管理规范化、活动经常化的轨道。在1992～1994年中共组织举办各种类型的劳动力交流活动近千次，参加交流活动的企业和劳动者分别达到1万多家28万余人，通过市场择业就业的占其交流总数的70%左右。就业训练能力进一步得到增强，全市建立了63个就业训练中心（指导站），近三年来组织就业前训练3.34万人，其中有90%以上的人员获得了就业。失业保险范围进一步扩大，保障功能逐年提高，到1994年末全市累计有失业职工1.6万余人，其中享受领取失业救济金的有4300多人；建成失业职工生产自救基地35个，可常年接受安置1800多名失业职工；组织转业训练班

35 期，培训失业职工 1900 多人，有 80%的人员重新就业。劳服企业发展到 1994 年末已有 2200 多家，从业人员达 7.8 万余人，累计产值达 50 多亿元，利税 5000 多万元。

3. 改革社会保险制度，建立健全社会保险体系。1992～1994 年，南京市社会保险制度改革不断深化，社会保险体系不断健全，社会保险的覆盖面不断扩大。据统计，到 1994 年末全市参加社会养老保险的企业和职工分别有 7544 家、95.5 万人，覆盖面达 95%，离退休职工 23 万人，基本形成了市级统筹、区级统筹、行业统筹和个人储蓄性统筹四种格局。国家基本保险、企业补充保险、个人储蓄性保险三位一体的社会养老保险体制已初步建立。工伤和女职工生育保险已在市属江宁、溧水、高淳、六合四县和浦口、大厂两区试行，参加工伤保险的单位有 1060 家、职工 11.6 万人，参加女职工生育保险的单位有 946 家、职工 10.9 万人。

4. 改革职业技能培训制度，加快职业技能开发体系建设。1992～1994 年，南京市职业技能开发体系建设得到了较快发展，据统计，全市已建立市、区、县、主管部门和企业的工人考核委员会（小组）86 个，工人高级技术考核站 45 个，专业考核组 80 多个，基本形成了一个多层次、全方位的职业技能培训考核体系。三年来共组织初、中、高级技术培训班 2200 多个，培训在职职工近 8 万人，其中有 95%的职工分别获得了初、中、高级技术等级证书。全市建有技工学校 41 所，设置工种（专业）增加到了 50 多个，向社会各界培养输送了 1 万多名技术人才。

二、全面推进企业三项制度改革，加快企业转换经营机制的步伐

从 1991 年开始，南京市选择了 72 家企业进行了企业三项制度改革试点，到 1993 年末已全部完成改革试点任务。在此基础上，全市全面推行了企业三项制度改革，市物资、机械、冶金、医药、一商、市政、公用等系统都完成了三项制度改革。到 1994 年末全市进行三项制度改革的企业已有 500 多家、职工近 50 万人，占市属国有企业职工人数的 60%左右。其中实行全员劳动合同制的职工达 37 万人，比 1993 年增加 68.2%；实行岗位技能工资制的企业和职工有 176 家，22 万人，分别比 1993 年增加了 18.1%和 29.4%。

三、积极转变政府职能，加快建立新型的劳动工作机制

1992 年，南京市各级劳动部门根据转换企业经营机制的需要，积极转变机关职能，变直接、微观管理为间接、宏观调控。5 月，市劳动局被市委、市政府定为全市机关转变职能的试点单位。市劳动局按照“划分职能、简政放权、强化服务、兴办实体”的工作思路，开展了职能转变试点工作。一是将劳动局对全市社会劳动力、职工工资、社会保险、就业前培训和在职工人培训、劳动安全卫生等方面的管理职能，按照“统筹规划、组织协调、提供服务、执行政策、检查监督”的要求，划分成 97 项管理与服务职能，明确属于管理职能的 55 项，服务职能的 42 项。二是在以往陆续下放了 14 项管理权限的基础上，又进一步从劳动用工、职工流动、工资分配等方面下放给企业 8 项权限，并对局机关处室和人员进行调整和压缩，将在编的行政处室由 12 个精简为 8 个，机关人员由 81 人精减为 71 人，全局 22 名处级干部进行了调整与交流，调整面占全局中层干部的 64.7%。三是在劳动力市场、职业介绍、失业保险、养老保险、职业培训等方面采取一系列措施，强化了劳动服务功能。四是兴办了劳务经济开发公司、劳动技术开发总公司等 4 个经济实体，为机关转变职能和机关人员分流创造了条件。五是建立机关新的工作机制，通过划分职能，明确职责，全局重新制定了 71 个岗位职责和 35 个机关工作制度，进一步提高了工作效率。

四、全面贯彻实施《劳动法》，加强劳动

法制与劳动监察建设

1994年7月5日《劳动法》正式颁布以后，南京市各级劳动部门立即行动起来，组织开展了《劳动法》咨询日、知识竞赛、宣传周等大型活动。全市各级劳动部门和主管部门与企业都组织了《劳动法》培训，使全市广大劳资干部及企业法人与大多数职工都受到了培训。在此基础上，南京市加快了劳动立法工作。先后拟定了《社会养老保险条例》等8个法规性文件，上报市政府审批。是年，南京市建立了市劳动监察大队（处），依法开展了劳动监察工作。据不完全统计，全市检查6446家企业，涉及职工85万余人，发现各类劳动问题2500余件，督促整改1900余件，查处600余件。与此同时，劳动争议仲裁工作得到进一步加强，仅1994年全市受理各类劳动争议152件，比1993年增加近3倍；当年审结争议案146件，结案率达96%。从案件的处理情况看，裁决30件，占结案数的20%，调解和其他方式解决116件，占结案数的80%。单位胜诉38件，占结案数的26%，职工胜诉46件，占结案数的31.5%，双方部分胜诉62件，占结案数的42.5%。

五、全面加强劳动安全生产管理，保持稳定的安全生产局势

1992年到1994年，南京市劳动安全工作继续贯彻"安全第一、预防为主"的方针，积极推行"企业负责、行业管理、国家监察、群众监督"的管理体制，逐级落实安全生产目标管理责任制，加强检查考核，加强重大事故隐患的整改，积极开展安全培训和各类安全宣传活动，提高了广大干部职工以及全社会的安全意识和法制观念，三年内各类事故呈下降趋势，保障了企业安全生产和全市安全生产形势的稳定。同时，安全卫生，安全监察，特种设备和锅炉压力容器检测、检验等工作也得到了进一步加强。

（南京市劳动局办公室　刘兴国）

浙　江　省

1992～1994年，浙江省劳动工作认真贯彻了邓小平同志南巡重要讲话、党的十四大和十四届三中全会精神，正确把握和处理好改革、发展、稳定三者的关系，按照建立社会主义市场经济体制的要求，加快了劳动制度各项改革的步伐。1992年，贯彻落实国务院关于《全民所有制工业企业转换经营机制条例》，劳动工作彻底放弃了计划指标控制、高度集中管理的传统方式，把企业用工、工资分配等方面的权力不折不扣地放还给企业，加快了企业"两制"改革和机制转换的步伐。1993年，进一步理清劳动工作思路，转移劳动工作重点，在努力建立劳动力市场体系、社会保险体系、劳动工资宏观调控体系、劳动法制体系、劳动安全管理和监察体系等"五大体系"上迈开了大步。1994年，按照党的十四届三中全会决定的精神，围绕建立社会主义市场经济体制基本框架的要求，进一步全面深化劳动领域各项改革。三年来，全省在培育发展劳动力市场，建立新型的劳动就业制度、劳动用工制度、工资分配制度、社会保险制度，发展职业技能开发事业，加强安全生产综合管理与监察等方面取得了成绩，为促进浙江经济发展和社会稳定做出了积极贡献。

一、企业劳动用工和分配制度改革

1992年上半年，根据省委扩大会议提出的企业“两项制度”改革试点工作要抓紧，一季度拿出经验，二季度开始推开，争取在全省1/3以上的预算内企业中实行的要求，劳动部门加强了对企业劳动用工和分配制度改革的指导，省政府确定的杭州机床厂等12家试点企业如期完成了以实行全员劳动合同制和岗位技能工资制为重点的“两项制度”改革，并在全省各地推开。据统计，截至1992年底全省工业企业进行“两制”改革的企业达800余家，职工39万人，其中实行全员劳动合同制的有340家，岗位技能工资制的有184家。

1992年7月23日国务院颁布《全民所有制工业企业转换经营机制条例》以后，劳动工作围绕转换企业经营机制，积极研究调整政策措施，加大了改革的力度。1993年3月省政府令第31号发布了《浙江省全民所有制工业企业转换经营机制实施办法》。同年6月省劳动厅发出了浙劳政〔1993〕93号《关于深入贯彻〈全民所有制工业企业转换经营机制条例〉，进一步改革劳动管理办法的通知》，围绕深入改革企业劳动用工、工资分配等方面的管理办法，提出了24条措施。用工方面，城镇范围内完全放开，由企业自主编制招收职工计划，自主决定招收职工的时间、条件、方式、数量，自主制定招工简章，自主组织招工考试，确定录用对象，办理录用手续。工资分配方面，企业在国家规定可以提取的工资总额内，内部分配完全自主，包括内部工资制度、工资标准、分配形式，职工增资时间、比例、条件和办法，均由企业自主确定。强调了劳动部门在落实企业自主权方面的8个“不再”：(1)不再审批企业的机构和编制。(2)不再审批下达职工人数计划和城镇招收职工计划。(3)不再审批招工简章。(4)不再办理招工录用手续。(5)不再办理同一城镇范围内的职工流动审批手续。(6)不再硬性规定企业可以辞退企业富余人员的比例。(7)在国家宏观控制的工资总额内，劳动部门不再下达工资总额使用计划。(8)不再统一规定企业职工工资标准、升级的时间、比例和条件。从1993年起，企业“两制”改革的内容扩展到企业人事、用工、分配、机构、医疗保险等五个方面。作为难点和重点的企业劳动用工制度改革取得了较大的进展。截至1994年底，全省已有132.3万名劳动合同制职工，占全部职工总数的26.4%，其中企业劳动合同制职工为121.1万人，占城镇全部企业职工总数的30.9%。

二、劳动力市场建设

1992年～1994年，全省各级劳动部门针对就业工作新形势，切实转变管理职能，逐步建立健全以职业介绍、就业训练、失业保险、劳动就业服务企业为四大支柱的就业服务体系，并以职业介绍为龙头，在培育发展劳动力市场中进一步理顺了关系，巩固了阵地。1992年，全省共安排城镇新增劳动就业9.84万人，失业职工再就业0.5万人，城镇失业率控制在2.5%以内；已建职业介绍机构468个，建成就业训练中心80个，培训7.18万人，其中80%已找到了合适的工作岗位。1993年，全省已有各类职业介绍机构631家，累计已为105万名劳动力提供职业介绍服务。省境外就业职业介绍所开展了就业职业介绍服务。温州等地的劳动力市场建设已领先一步，在全国产生了积极的影响。有7.54万人经就业前培训结业，其中5.74万人走上就业岗位。1994年，全省城镇劳动力的供给量为26万人，有10万人解决了就业问题，失业率控制在2.7%以内。通过职业介绍机构介绍就业的城乡劳动者约25万人。全省有600余家职业介绍机构通过了评估，规范了职业介绍活动。就业服务机构已经向农村乡镇延伸，在465个乡镇建立起劳动管理站，占全省乡镇总数的25%。有组织的劳务输出达5.4万人。城乡各职业介绍机构已累计为130多万名劳动者提供了职业介绍服务。各级就业训练中心面向市场积极开展了就业训练和转业训练，培训失业人员5.3万人。7889家劳服企业在改革开放中大步走向市场，在激烈的市场竞争中求生存求发展，从业人员达16.8万人，年生产经营总额近141亿元，实现利润3.74亿元。

三、社会保险制度改革

（一）养老保险。1992年，省政府发出了《贯彻执行国务院关于企业职工养老保险制度改革决定的通知》（浙政〔1992〕13号），全省全面展开了城镇企业职工养老保险制度改革。有76个市县的全民所有制企业和县以上集体企业都实行了以市县为单位的离退休费用社会统筹，参加统筹的企业已达到2.25万家，职工331.6万人。养老保险基金按照由国家、企业、个人三方共同负担的原则，全省开始实行企业职工个人缴纳基本养老保险费的办法，缴费标准按职工月标准工资的2%～3%在市县范围内统一确定。当年有59个市县的152.9万名固定职工实行了个人缴费办法。1993年，全省社会保险制度改革有了进一步的发展。经省政府批准，企业职工基本养老金计发办法的改革措施于10月1日出台并付诸实施。改革企业职工基本养老金计发办法以后，职工统一按本人上一年月平均工资收入的3%缴纳基本养老保险费。养老保险基金的社会统筹，已在全省所有县市全民和县以上集体企业普遍实施。参加统筹的城镇各类企业为2.75万家、职工349.8万人，并逐步扩大到外商投资企业、城镇小集体企业、私营企业和个体劳动者。一体化养老保险制度已在温州、台州全面推开。1994年，全省参加社会统筹的城镇各类企业发展到4.2万家，比上年增长52.73%，职工人数354.8万人，年筹集养老保险基金20多亿元。有36个市县实行了全方位、一体化的养老保险制度。新的基本养老金计发办法实施已在全省基本到位。各市、地、县、区都已实行了职工个人缴纳养老保险费办法。贯彻了《国务院关于调整企业离退休人员离退休金的通知》，全省企业离退休人员月人均提高待遇40元，其中企业离休人员月人均提高待遇200元，与机关事业单位离休人员待遇水平相当，解决了多年议而未决的问题。还建立了企业离退休人员待遇的物价补偿制度。

（二）失业保险。根据省政府浙政〔1992〕23号《关于完善城镇职工待业保险制度的通知》，从1992年起，全省城镇职工失业保险扩大了实施范围，即从全民所有制单位、县以上集体所有制单位、外商投资企业（中方职工）扩大到劳动就业服务企业、街道企业、镇办企业、股份制企业、私营企业。失业保险享受对象从破产企业职工、濒临破产企业法定整顿期间被精减的职工、终止或解除劳动合同的职工、违纪辞退的职工，扩大到辞退的企业富余职工、经市（地）政府（行署）批准关停已缴纳待业保险基金企业中被精减的职工、被企业依法开除或除名的职工、从城镇招用的3个月以上1年以内因终止或解除合同的临时工、城镇私营企业在城镇招用的因合同终止或解除的合同制职工，以及其他经省政府批准享受失业保险的失业职工。同时，还调整了失业保险基金的收缴标准和发放标准。1994年年底，全省失业保险覆盖到328万人。年筹集失业保险基金，1992年为4277.7万元，1993年为10011万元，1994年为13566万元。发放失业救济金和医疗补助，1992年为4.5万人次计284.9万元，1993年为11.8万人次计942万元，1994年为21.57万人次计2656.4万元。同时还积极运用失业保险基金为深化企业内部改革和促进失业职工再就业服务。

（三）工伤保险、医疗保险、女职工生育基金统筹。工伤保险制度改革，1992年在萧山、遂昌、桐庐等市县试点。1993年有5个市县开展了这项试点，参加试点的企业计1342家，职工19.4万人。1994年4月，省劳动厅、财政厅、总工会联合行文发出《浙江省企业职工工伤保险暂行办法》。实行工伤保险制度的市县发展到14个，计企业3800家，职工50.7万人。以大病医疗费用统筹为重点的企业职工医疗保险制度改革，1992年先在安吉县开展，1994年发展到9个市县，计2000多家企业，职工22万人。女职工生育基金统筹，1992年有18个市县的6748家企业试行；1993年发展到26个市县，企业9485家，职工144万人；1994年发展到29个市县计1.2万家企业，职工152.6万人。累计享受生育补偿的女职工达6.2万人。

四、企业工资总量宏观调控

1992年，"工效挂钩"已成为调控浙江省大多数国有企业工资总额的主要方式。全省实行"工效挂钩"的企业已达5462家，职工达129.5万人。"工效挂钩"企业应提工资总额比1991年增长15%。1993年，全省对市县实行的"工效总挂"办法已由弹性计划代替，对企业"工效挂钩"进一步作了改进完善，扩大了挂钩的工资总额途径，取消了分档递减的办法，并按新的财务制度的要求，改"总挂分提"为"总挂总提"。1992年，全省全部职工工资总额为142.20亿元；1993年全部职工工资总额为197.70亿元，增长39.03%。1994年，全省各地认真贯彻了劳动部《关于加强企业工资总额宏观调控意见的通知》和我省的实施意见，加强对企业工资总额管理情况的监督检查，净化了工资开支的渠道。建立了最低工资保障制度，规定1994年全省企业职工最低工资标准为每月200元。根据国家规定，结合我省实际，出台了解决部分企业工资问题的政策措施，按企业月人均50元的标准增加工资总额，用于提高企业内部分配的额度。全省全部职工工资总额达274.27亿元，比1993年增长38.73%，其中全部企业职工工资总额达204.13亿元，比上年增长34.3%。全部职工年人均工资达5597元，比1993年增长38.9%，其中全部企业职工年人均工资达5344元，比上年增长34.8%。

五、职业技能开发

1992年，浙江省技工学校共招生11794人。在校生总数达26445人，毕业生取得三级工以上技术证书的占94%。此年，评出省级重点技工学校4所，评聘工人技师4318名，培训在职职工100多万人次。1993年，全省技校招生1.28万名，比1992年增加9%；同时，技校教育更加注重德、智、体全面发展和实际操作技能的训练，毕业生四级工合格率达33.1%，比1992年提高了8.1个百分点。全省有20多万名在职工人参加了各种岗位培训，5万多人获初、中、高级《技术等级证书》，有530人被评为技师，还组织开展了首届中国青年奥林匹克技能选拔赛。1994年，职业培训实体改革的建设步伐加快，职业技能开发工作有了新发展，批准新建技工学校4所。全省共有培训技术工人的各级各类技工学校104所。技工学校招生1.5万余名，比1993年增加17.2%。在校生达3.65万人，提前一年实现"八五"目标。"农转非"招生首次实行了全省统一录取，提高了新生质量。技校毕业生技术等级考核标准从三级提高到四级，毕业生四级工的合格率达75.6%。职业技能鉴定社会化管理迈出了实质性步伐。经劳动部批准的《浙江省职业技能鉴定实施办法》已经颁发实施。省和杭州、宁波、温州市的职业技能鉴定中心相继建立并开展职业技能鉴定工作。全省1994年有7万多人获得了劳动部门统一颁发的《技术等级证书》，评聘工人技师588人。

六、安全生产综合管理与监察

1992年，浙江省共检验起重机和电梯4100台，并对30家电梯制造、安装单位进行了资格复审。同时，做好新扩建项目的"三同时"审查验收，审查验收800余个项目。事故查处结案率在80%以上。有8700余座锅炉房综合治理验收合格。在用锅炉定检率达到95%，在用压力容器定检率达到85%。临安县、义乌市矿山安全监察机构被劳动部授予全国县级矿山安全监察先进单位，长兴县矿山安全监察机构受到劳动部通报表扬。1993年，根据国务院国发〔1993〕50号文件精神，省政府确定，由劳动厅负责综合管理全省的安全生产工作。全省共抽查了1890家各类企业，查出事故隐患15301条，已整改12686条，整改率达82.91%。对锅炉、压力容器加强了安全质量管理和资格认证工作，在用锅炉定检率达92%，压力容器定检率达86%。严肃查处了9起非矿山企业职工重大伤亡事故，结案7起；查处、结案了5起矿山企业重大事故。1994年，全省各级劳动部门较好地履行了政府赋予的安全生产综合管理职责。省、市、地、县逐级签订并落实了安全生产综合目标责任书。开展了全省安全生产大检查和第四次"安全生产周"活动。继续加强了职业安全卫生、锅炉压力容器和矿山的安全监察工作。电梯、起重机械、锅炉压力容器等特种设备的安全状况和管理水平不断提高。在用锅炉定检率达95%以上，在用压力容器定检率达85%以上，继续保持了全国先进水平。积极开展了《矿山安全法》执法大检查，加强了对承包采掘工程队伍和乡镇露天矿场安全生产的管理，推行了有规则平台开采试点工作，推广应用导爆管实行一次点火起爆新工艺。

七、劳动法制建设

1992～1994年，浙江省积极推进劳动、工资、社会保险制度改革，取得了较好的效果。全省各级劳动部门积极抓好《全民所有制工业企业转换经营机制条例》的贯彻落实，简政放权，相继出台了一系列深化改革的政策措施，同时清理、废止了一批与《条例》、《实施办法》相抵触的文件。1994年，《劳动法》颁布后，全省各级劳动部门会同工会组织及时将工作中心转移到学习、宣传、贯彻《劳动法》上来，全省近400万名企业职工积极掀起学习、宣传《劳动法》的热潮，累计举办《劳动法》学习培训班500余期，培训了2万多人。在1994年10月9日的全国《劳动法》咨询日活动中，全省有3000多名劳资、工会干部参加了宣传服务活动，接受了4万多名劳动者的咨询，发放宣传资料10多万份。有150多万名劳动者踊跃参加了《劳动法》知识竞赛活动。全省地方性劳动立法也取得了显著成绩，一批地方性劳动规章，已由省政府颁布实施。1994年上半年，全省开展了大规模的劳动用工执法大检查，既严肃查纠了一些用人单位违反劳动政策、法规的行为，维护了劳动者的合法权益，又广泛深入地宣传了劳动政策和法规，推动了劳动政策、法规的落实。劳动监察工作在全省范围内开始起步，有30个市、县建立了劳动监察机构，已正规培训劳动监察骨干近400名。1994年各级劳动争议处理机构共受理争议案件896件，已处理结案824件，其中受理集体争议案件25件。

（浙江省劳动厅办公室　陈秀庆　潘育萍）

杭　州　市

1992年～1994年，杭州市各级劳动部门以邓小平同志建设有中国特色社会主义理论为指导，以党的十四大和十四届三中全会精神为指针，以贯彻落实国务院《全民所有制工业企业转换经营机制条例》为重点，以宣传贯彻《中华人民共和国劳动法》为契机，正确把握和处理改革、发展和稳定三者关系，按照建立社会主义市场经济体制的要求，加快了劳动制度各项改革步伐。1992年，劳动部门解放思想、更新观念、转变职能，彻底放弃了计划指标控制、高度集中管理的传统方式，把企业用工、工资分配等方面的权力不折不扣地放还给企业，加快了企业劳动、工资、保险制度综合配套改革和企业经营机制转换的步伐。1993年，进一步理清劳动工作思路，转移劳动工作重点，在努力建立劳动力市场体系、社会保险体系、劳动工资宏观调控体系、劳动法制体系、劳动安全管理和监察体系等“五大体系”上迈出了大步。1994年，围绕建立社会主义市场经济体制基本框架的要求，进一步全面深化劳动领域各项改革。三年来，全市在培育发展劳动力市场，建立新型劳动就业制度、劳动用人制度、工资分配制度、社会保险制度，发展职业技能开发事业，加强安全生产综合管理与监察等方面取得了明显成绩，为促进杭州的改革开放、经济发展和社会稳定作出了积极贡献。

一、企业三项制度综合配套改革

1992年，根据省、市委扩大会议提出的企业三项制度改革试点工作要抓紧，一季度拿出经验，二季度开始推开，争取在全市三分之一以上的预算内企业中实行的要求，1月10日市政府召开了全市劳动、工资、保险制度改革试点工作会议，3月18日杭州市劳动局下发了《杭州市企业全员劳动合同制试行方案》、《杭州市企业岗位技能工资制试行方案》和《杭州市企业社会保险制度改革试行方案》，同时，劳动部门加强了对企业三项制度改革的指导。市政府确定的杭州机床厂等13家试点企业如期完成了以实行全员劳动合同制、岗位技能工资制和社会保险制度为重点的三项制度改革，并在全市各地推开。截至1992年底，全市进行三项制度改革试点的企业达357家（含国合商业“四放开”企业232家），职工人数13万余人，达到并超过了省、市委提出的1992年要有三分之一预算内企业进行改革的要求。

1992年7月23日国务院颁布《全民所有制工业企业转换经营机制条例》以后，劳动工作围绕转换企业经营机制，积极研究调整政策措施，加大了改革的力度。1992年12月市政府批转了《关于杭州市贯彻落实〈全民所有制工业企业转换经营机制条例〉工作意见的通知》。1993年3月30日杭州市劳动局印发了《进一步深入贯彻〈全民所有制工业企业转换经营机制条例〉,深化劳动制度改革的实施办法》，围绕深入改革企业劳动用工、工资分配、社会保险等方面的管理办法，提出了85条措施，明确规定了9个“不再”，即：(1) 不再审批市全民所有制公司的机构、编制。(2) 不再审批下达企业在所在地城镇招工计划和不再转达部、省属在杭企业招工计划。(3) 不再审批招工简章。(4) 不再办理招工录用批准手续。(5) 城镇职工流动，不受所有制性质和职工身份限制，不再保留原身份；不涉及户粮关系的，劳动部门不再审批。(6) 县以上集体企业固定职工调入全民企业，改为劳动合同制的有关手续由企业自行办理，不再报劳动部门审批。(7) 在安置企业富余人员，提倡企业内部消化为主的同时，不再硬性规定企业辞退职工的比例。(8) 在实行“两个低于”办法、“工效挂钩”，工资总额包干的企业，劳动部门不再下达指令性工资总额使用计划。(9) 不再审批企业效益工资升级指标、25%升级指标、3%晋级指标、岗位技能工资标准和超级工资标准。从1993年起，企业三项制度改革的内容扩展到企业人事、用工、分配、机构、医疗保险等五个方面。作为难点和重点的企业劳动用工制度改革取得了突破性的进展。截至1994年底，全市劳动合同制职工已达37.29万名，占职工总数的29.4%。

二、劳动力市场建设

1992年～1994年，全市各级劳动部门针对就业工作新形势，切实转变管理职能，以培育和发展劳动力市场为龙头，促进了就业服务体系建设的新发展。1992年，全市共安排城镇新增劳动力就业2.45万人，失业职工再就业6350人，年末城镇失业率控制在1.6%。全市职业介绍机构已达46个，为2.89万人提供了就业服务。全市建成就业训练中心10个，培训1.64万人，其中78%已找到了合适的工作岗位。1993年，全市已有各类职业介绍机构58个，实行了招用工"一条龙"服务办法，为3085家用工单位、4.05万名求职者提供职业介绍服务，经劳动力市场牵线搭桥，有3.14万人被用工单位录用，占求职数的76%。全市各级就业训练中心组织1.17万人参加就业和转业训练，经培训有8900人找到了合适的工作，占培训总数的76%。1994年，全市共安置城镇劳动力就业2.6万人，年末城镇失业率控制在2.1%。劳动力市场建设取得突破性进展，全市职业介绍机构已达86个，比上年增加48%。杭州市职业介绍服务中心于当年10月6日正式开业，规模、设施、服务功能均居全省之首，国际劳工组织和瑞典、德国等外国专家考察后均给予较高的评价。全年全市通过职业介绍机构介绍就业的城乡劳动者达11.2万人。全市职业介绍机构通过了评估，规范了职业介绍活动。城乡各级职业介绍机构已累计为25万名劳动者提供了职业介绍服务。全市各级就业训练中心面向市场积极开展了就业训练和转业训练，培训失业人员1.05万人，其中8400多人实现就业。全市已认定并通过审核的939家劳服企业，在市场竞争中不断巩固和发展，从业人员达3.5万人，年生产经营总额达29.77亿元，实现利润1.28亿元，上缴税金1.08亿元，吸收容纳企业富余人员1万余人，占劳服企业从业总人数的32.46%。此外，为做好杭州铸造厂、杭州录音机厂等关、撤企业职工的安置工作，市劳动部门克服困难分流安置富余人员共282人。

三、社会保险制度改革

（一）养老保险。1992年，在完善国有、集体企业基本养老金统筹办法的基础上，制定了《杭州市劳动合同制工人退休养老金和医疗费用支付办法》。在巩固发展城区已开展的小集体企业统筹的同时，开展了私营企业和个体工商户养老保险。同时，还开展了企业补充养老保险试点，实行了固定职工个人缴费（规定按每人每月1.5元缴纳），当年有2470家企业、42.38万名固定职工实行了个人缴费办法。同时，还实现了社会保险计算机管理代替手工操作。截至1992年末，全市参加养老保险的企业达6202家，参加养老保险的总人数为93.4万人；全市两项基金历年积累达2.7亿元，其中市区积累1.34亿元；养老保险基金的收缴率达99%以上。1993年，全市社会保险制度改革有了进一步的发展。经市政府批准，企业职工基本养老金计发办法的改革措施于10月1日出台并付诸实施。改革企业职工基本养老金计发办法以后，1993年10月至1993年12月，职工按人月3元缴纳基本养老保险费；1994年1月起，职工统一按本人上一年月平均工资收入的3%缴纳基本养老保险费。养老保险的覆盖面扩大到外商投资企业（中方职工）、城镇小集体企业、私营企业、个体劳动者和城镇临时工。同时，把国有、外商投资企业和股份制企业的统筹比例统一调整为23%，集体企业调整为28%；指导企业开展了补充养老保险和个人储蓄性养老保险；出台了《杭州市城镇临时工养老保险办法》。至年末，全市参加养老保险的企业达6439家，总人数为90.65万人。1994年，全市养老保险制度改革已形成一体化、多层次的格局，除余杭市外，统筹对象已扩大到外商投资企业（中方职工）、私营企业、个体工商户和临时工，临安、富阳两县（市）还扩大到乡镇企业和国营农场职工。企业补充养老保险和个人储蓄性养老保险已在市区、萧山、淳安、建德等地逐步推开。至年末，全市参加养老保险的企业达6556家，总人数为88.76万人。全市基本养老金历年积累达3.11亿元。新的基本养老金计发办法实施已在全市全面到位，全市所有城镇职工不分所有制性质、不分职工身份统一收缴标准、统一享受养老保险待遇。同时，为全市47万名劳动者建立了社会保险档案，发放了《社会保险手册》。贯彻了《国务院关于调整企业离退休人员离退休金的通知》，全市企业离退休人员月人均提高待遇39.01元，全市共增加基金支出1.2亿元。还建立了企业离退休人员待遇的物价补偿制度，使全市离退休人员的生活得到更好的保障。

（二）失业保险。1992年，根据国务院《国有企业职工待业保险规定》和省政府《关于完善城镇职工待业保险制度的通知》的精神，在市区和余杭、富阳两县（市）已开展扩大失业保险范围改革试点的基础上，从同年7月1日起将试点范围扩大到全市所有县（市），并调整了失业职工月救济金标准（最低83元），建立了失业保险基金缴纳证和年审制度。全年共收缴失业保险金939.6万元，收缴率达99%。一年中新接受失业登记职工5012人，向1.45万人次失业职工发放救济金和医疗补助费102.82万元。1993年，失业保险的覆盖面已扩大到城镇所有企业及个体工商户，并由原来规定的9种人扩大到企业辞退的富余职工、关停企业中被精减的职工、被企业开除或除名的职工、终止或解除合同三个月以上一年以内的城镇临时工等17种人。同时，还积极探索了用活失业保险金的新路子，在杭州医药玻璃总厂等3家企业进行了兴办三产、消化富余职工、组织富余职工转业训练的试点。至年末，全市参加失业保险的单位达6300家，职工人数为87.47万人。全年全市共收缴失业保险基金1301.43万元，收缴率达99.43%。全年全市新接受失业职工1.05万人，向4.5万人次失业职工发放救济金1000.44万元。还新办失业职工生产自救基地26个，通过多种形式帮助2486人实现了再就业。1994年，失业保险制度改革进一步深化。至年末，全市参加失业保险的单位达5986家，职工人数为88.47万人。同年4月起将失业救济金发放标准由原来的月人均83元调整到126元。春节期间，给失业职工每人一次性补助50元，给23名特困人员200至500元的补助，并拨出57万元专款保障亏损企业职工的基本生活。全年全市新接受失业职工1.13万人，向8.47万人次失业职工发放失业救济金和医疗补助费共1095.5万元，占当年筹集基金总额的87.9%。劳动部确定的“再就业工程”试点，在杭州市市区6个街道和建德市展开，至1994年末，帮助5297名失业职工实现了再就业。

（三）工伤保险、医疗保险、女职工生育基金统筹。工伤保险制度改革，1992年在萧山、桐庐两县（市）试点，至1993年末，参加试点的企业达731家，职工人数为16.65万人；已受理企业上报的工伤事故148起，结案处理84起，支付工伤保险金21.45万元。1994年，工伤保险制度改革在萧山、桐庐两县（市）试点的基础上，在临安、富阳、淳安等县（市）也相继开展。至年末，全年参加工伤保险的企业达1866家，职工人数为16.78万人。全年受理企业上报的工伤事故180起，结案处理121起，支付工伤保险金133.86万元。医疗保险制度改革，1994年劳动部门积极参与医疗保险制度改革的调研、论证和测算。同年12月，在下城区组织实施了大病医疗统筹试点。萧山、富阳两市也已拟定方案，并着手筹建退休职工医疗保健中心等。女职工生育基金统筹，1992年在市区和萧山、桐庐开展，1993年发展到市区及4个市（县）计4002家企业，职工58.40万人。1994年女职工生育基金统筹，除淳安、余杭两县（市）外已在全市其他地区展开，女职工生育补偿金由原来的1100元提高到1300元。至年末，全市参加女职工生育基金统筹的企业达5151家，人数为57.57万人。1993～1994年，全市女职工生育基金共收缴2243.10万元，支付1389.58万元，累计有2.83万名生育女职工享受了此项待遇。

（四）企业离退休人员社会化管理服务。1994年，市政府明确劳动部门为企业离退休人员管理的主管部门、市社会保险委员会办公室具体负责日常工作。退休费用金额发放范围逐步扩大，萧山市共设17个发放点对152家企业4850名离退休职工实行了全额发放，市区和建德市也开展了直接发放试点工作。市社险办接收了濒临破产的杭州录音机厂，并开始改建成市退休职工活动中心。全市部分社会保险机构接收管理破产、转制企业离退休职工686人。杭州市退休职工大学创办以来，共招收学员800多名，已有500多名学员毕业。杭州市首届离退休职工运动会举办成功，得到了劳动部和省、市领导及社会各界的好评。

四、企业工资总量宏观调控

1992年，“工效挂钩”已成为调控杭州市大多数国有企业工资总额的主要方式。全市实行“工效挂钩”的企业已达351家，职工人数为27.57万人。“工效挂钩”国有企业应提工资总额比1991年增长25.42%。1993年，全市各县(市)、区都已正式实施了弹性计划管理办法。同时，实行了分类管理，全年已核定45家企业试行“两个低于”办法；对企业“工效挂钩”作进一步完善改进扩大了挂钩的工资总额途径，取消了原环比企业调整工资总额基数时内扣工资调节税办法和分档递减办法，并按新的财务制度的要求，改“总挂分提”为“总挂总提”。1992年，全市全部职工工资总额为37.75亿元，比1991年增长20.3%；1993年，全市全部职工工资总额为53.45亿元，比1992年增长41.6%。1994年，全市各地认真贯彻了劳动部《关于加强企业工资总额宏观调控意见的通知》和省的实施意见，加强对企业工资总额管理情况的监督检查，净化了工资开支的渠道。市制定了《杭州市企业最低工资规定》(每人每月210元)。同时，组织完成了按1993年末企业在册职工人数人均增资50元的工作；适当提高了企业新进人员见习期、熟练期的工资待遇。1994年，全市全部职工工资总额为77.22亿元，比1993年增长44.5%，其中市区全部职工工资总额为52.17亿元，比1993年增长45.3%。全市职工年平均工资6118元，比1993年增长45%，其中市区全部职工年平均工资6597元，比1993年增长44.7%。

五、职业技能开发

1992年，全市新建4所技工学校和4个技工培训考核站。全市技工学校共招生2105人，有697名应届毕业生取得三级工以上技术证书，组织分配技校毕业生907人。杭州市劳动局技工学校通过首批省级重点技校的评估验收。在在职工人技术培训方面，全市批准了32个培训考核单位面向社会进行技工培训考核，分别对15个主管部门下放了中级技术培训管理权限，培训了在职职工2.1万余人，评聘工人技师509名。1993年，全市技工学校共招生2376人，其中扩大招生500人，有1120名应届毕业生取得三级工以上技术证书。组织全市部分技校2819名学生参加全省统考，杭州、富阳、淳安等7所技校统考成绩进入全省优秀行列。全年安置技校毕业生1022名。对原面向社会进行在职工人技术培训考核的单位进行了检查调整，对重新认可的38个单位发给了《技工培训考核许可证》。有1.69万名在职职工分别获得初、中、高级《技术等级证书》，有300人被评为技师。1994年，职业培训实体改革的建设步伐进一步加快，职业技能开发工作有了新的发展。全市技工学校共招生2657人，比1993年增加11.4%。组织900多名技校、职高毕业生参加全省统考，其中80.3%考上中级工。对1021名技校毕业生作了妥善分配和安排。职业技能鉴定社会化管理迈出了实质性的步伐，新建立的杭州市职业技能鉴定中心运转后，即着手建立多层次、多形式覆盖城乡企业的职业技能培训考核、鉴定网络。全市有2.06万名职工分别掌握了初、中、高级技术理论，提高了一级以上实际操作技能。全市累计评聘技师2350名。

六、安全生产综合管理与监察

1992年，杭州市劳动局会同有关部门对县（市）、区落实《安全生产综合目标管理责任书》的情况进行了督促检查，查出事故隐患5482处。对28家县级水泥厂和5家乡镇水泥厂进行了定量测试和定性考评，并实施了奖惩制度。全市共检验电梯和起重机械1158台。对38个大型技改项目进行了会审及竣工验收。全年对国营矿山进行了36矿次预防性安全监察，对乡镇矿山进行了112矿次安全检查。完成了《非煤矿山安全卫生监察检查表》与《监察标准》的试点工作。成立了杭州市矿山安全监察技术检测站。临安县矿山安全监察机构被劳动部授予全国县级矿山安全监察先进单位的称号。对杭州特种锅炉厂等6个单位的制造许可证进行换证和升级审查。对1014台锅炉和2498台压力容器进行了监检。全年在用压力容器定检率达91.8%，在用锅炉定检率达95.5%。对1991年度评选出的“安全合格锅炉房”进行了审查验收。杭州市锅检所液化石油气钢瓶检验站和溶解乙炔气瓶检验站通过了省的资格认可。1993年，两次组织全市安全生产大检查和防火防爆专项治理。对35家县级水泥厂和36家乡镇水泥厂进行了粉尘检测及定性考核。对18家外商投资企业的职业危害进行现场监察并提出了治理措施。全年共检验电梯和起重机械1614台。对国有和乡镇矿山进行了173矿次例行安全监察。在12家乡镇矿山推行了导爆管一次点火新技术。安全小平台开采试点的沿山石 矿通过了劳动部的验收。还完成了28家矿山47个采场的边坡检测，查出事故隐患137个，并督促整改。锅炉压力容器安全监察，对928台锅炉和3135台压力容器进行了监检。全年在用锅炉定检率达94%，在用压力容器定检率达91.8%。同时，与杭州市保险公司协作，开展了锅炉压力容器综合保险工作。杭州市锅检所无缝钢瓶检验站和液氧钢瓶检验站取得了省级检验资格认可。1994年，各级劳动部门重点抓了安全生产领导责任制的落实，多次组织以目标责任落实情况为主要内容的安全生产大检查，及时查出了一些重大事故隐患并督促整改。安全生产宣传周活动也收到较好效果。职业安全卫生预防性监察，对53家县级和乡镇水泥厂进行了粉尘测试和治理；对83家外商投资企业和私营企业进行尘毒危害监察检测；对20多个重点项目开展了“三同时”审查验收。全年共检验起重机械和电梯1720台。杭州市安全卫生检测站的检测资格通过了省厅的初审。矿山安全监察，对7县（市）、3区贯彻《矿山安全法》的情况进行了执法大检查；对各类矿山的劳动条件和安全状况进行了109矿次预防性安全监察；在矿山企业进一步推广塑料导爆管一次点火和安全小平台开采新技术；指导帮助162家矿山184个采石场开展了边坡检测，提出整改意见500多条。全年在用锅炉定检率达94.5%，在用压力容器定检率达86.2%。杭州市锅炉压力容器检验研究所的检验资格通过了省厅的复审，1992～1994年，全年共举办各类特殊工种培训班346期，培训1.89万人，合格发证1.86万人。

七、劳动法制建设

1992～1994年，全市各级劳动部门抓好《全民所有制工业企业转换经营机制条例》的贯彻落实，简政放权，相继出台了一系列深化改革的政策措施，同时清理、废止了43个与《条例》相抵触的文件。1994年7月5日，《劳动法》经第八届全国人大常委会第八次会议通过颁布后，各级劳动部门会同工会组织举办《劳动法》学习培训班165期，有1.3万人参加了培训，其中企业法人代表有3400多人。在1994年10月9日的全国《劳动法》咨询日活动中，全市有200多名劳资干部和工会干部参加了宣传服务活动，接受了近4000名劳动者的咨询，印发各类宣传资料及《劳动法》近60万册。有22万余名劳动者参加了市《劳动法》知识竞赛及电视大奖赛，在浙江省《劳动法》知识电视大奖赛中，杭州市队获第三名，杭州市劳动局获组织奖。全市地方性劳动立法也取得了显著成绩，《杭州市劳务监察暂行办法》等一批地方性劳动行政规章，已由市政府颁布实施。

1992～1994年，各级劳动争议处理机构共受理争议案件404起，其中立案处理346起，结案率达97.6%。全市累计建立调解组织2629个，占应建数的84%。全市劳动合同鉴证33.87万份。举办了企业劳动争议调解员培训班42期，培训2242人。

1992年11月18日杭州市劳动监察队成立。1993年，市辖7县（市）5区相继成立了劳动监察队，专、兼职监察员由当初的21人发展到190人的规模，初步形成了市、县（市）、区两级监察网络。监察内容由用工逐步扩展到劳动合同订立和履行、工时时限、职工工资支付和社会保险金缴纳等方面。两年来，对909家企业进行了劳动执法监督检查，督促企业为5.98万人补办了用工手续，查出企业使用童工93人，查处违法招工207起，对违反用工规定的360家企业给予了处罚，取缔非法劳务交易场所8个，为职工追回被拖欠、克扣或拒付的工资及工伤赔偿金共61万元。劳动监察对巩固企业三项制度改革成果，保障经营者和劳动者的合法权益，维护劳动力市场的运行秩序，促进杭州经济发展与社会稳定，发挥了重要作用。

（杭州市劳动局　孙华）

宁波市

1992～1994年，宁波市各级劳动部门深入贯彻党的十四大和十四届三中、四中全会精神，学习和宣传《劳动法》，积极落实《全民所有制工业企业转换经营机制条例》，紧紧围绕经济建设这个中心，把深化企业三项制度改革，加强劳动就业服务、社会保险、劳动工资宏观调控、劳动法制和安全生产五大体系建设作为全市劳动工作的主旋律，做了一系列的工作，为宁波的经济发展和社会稳定作出了一定的努力。

一、劳动就业

1. 有计划、有步骤地建立形式多样、区域合理的劳动力市场体系，初步形成全市性的职业介绍网络。到1994年底，全市12个县（市、区）相继成立了劳动力市场，开展了劳动力资源和企业用人信息库的建设，为企业用人、失业职工就业、劳务输出提供信息、咨询和其他多项服务。全市还建立了各类职业介绍机构188家。

2. 为加强劳动力市场的法规建设，1993年6月，市政府颁发了《宁波市劳务市场管理规定》，1994年市劳动局先后颁发了《宁波市民办职业介绍机构管理暂行规定》、《关于规范我市职业介绍机构名称的通知》、《关于民办职业介绍机构收费标准的规定》，编制了《宁波市劳动力市场发展规划》。

3. 为开展劳动力交流活动，从1993年10月开始，建立了“劳动力交流日”制度（每月15日），为企业招工招聘、职工流动、开展职业介绍、供求洽谈、劳动合同鉴证，以及有关政策咨询等提供多项服务，深受社会各界和企业、劳动者的欢迎。三年来，全市累计介绍就业达11万人（次）。

4. 从1993年开始，我们对“民工潮”进行了积极的疏导。按照市政府的要求，配合铁路、公安、交通、民政等部门，在民工集中地进行宣传，开展疏导工作，动员他们返乡，使“民工潮”趋于平缓。

5. 为充分发挥劳服企业的“蓄水池”作用，全市兴办了1080家劳服企业，从业人员计2.6万人，1994年生产经营总额已超过23亿元，经济和社会效益同步增长，并在促进就业制度改革，降低失业率方面发挥了直接的作用。到1994年底，全市城镇失业率为1.84%，低于全省2.6%的平均水平。

6. 1993年初，我市被劳动部正式批准列为第一批境外就业试点城市，颁发了许可证。经市编委批准，成立了宁波市境外就业职业介绍所，开展了政策咨询、境外就业信息等服务，并组织30名劳务人员输送去塞班岛、斯里兰卡、香港等国家和地区就业。

二、劳动用工制度改革

1. 三年来，除新招工人全部实行劳动合同制外，为了探索固定工制度与劳动合同制并轨的新型劳动用工制度，在部分用人单位试行了全员劳动合同制。到1994年底，已有400余家企业、近20万名职工实行了全员劳动合同制，其中经济技术开发区的各类企业和宁海县的国有企业已全面实行。用工制度改革后，共多余出富余人员6682人，其中4537人已得到妥善安置。

2. 为了贯彻落实《劳动法》，在全市各类企业和个体经济组织中全面推行劳动合同制度。

三、劳动工资宏观调控

1. 试行动态调控的弹性劳动工资计划。从1993年开始，我市编制上报了弹性劳动工资计划方案，经劳动部批准后，根据我市国民经济发展状况，确定了各县、市的弹性劳动工资调控比例，完成了各县、市弹性劳动工资计划方案的审批工作。通过试行这一计划，对全市企业工资和职工总数进行了宏观调控。

2. 改进和完善企业工资总额的调控办法。对企业工资总量进行分级分类管理，把原来以基本工资与经济效益挂钩改为以工资总额同经济效益挂钩，改原“定比”办法为“环比”办法，挂钩比例从原来的1∶0.3～0.7改为1∶0.99以下。到1994年底，全市有737户企业、15万职工在“两个低于”的原则下，由企业根据经济效益自主决定挂钩的浮动比例，使企业的内部分配方式更加灵活。一些股份制企业进行了自定工资试点。

3. 指导企业进行内部分配制度改革。制定了《关于落实企业内部工资、奖金分配自主权的意见》，帮助企业正确用好工资、奖金分配自主权，引导企业试行以劳动责任、技能、强度、条件等基本要素为基础，以劳动数量和质量确定报酬的各种内部工资分配制度。全市实行各种工资分配制度改革的企业523户、职工12.8万人，其中实行岗位技能工资制的企业有101家、职工6.1万人。

4. 1994年9月，经市人民政府和浙江省劳动厅同意，由我局颁发了《宁波市城镇企业职工最低工资暂行规定》，目前的最低工资月标准为210元。规定最低工资使我市企业职工维持其基本生活的最低收入得到了法律保障。

四、职业技能开发

1. 按照“面向企业，服务经济”的方向，认真开展了职业技能鉴定社会化管理试点。1994年筹建成立了宁波市职业技能鉴定指导中心，推动了全市各类专业技术考核站规范化建设。至1994年底，全市共有石化、计算机、宾馆等考核站33个，为各企事业单位和社会其他劳动者的技能考核鉴定提供了社会化服务。

2. 有重点地开展技术等级培训考核工作。三年来，共有2.5万余名职工经培训取得了初、中、高级技术等级证书；按照评聘分开的思路，改革了技师评聘办法，全市共评定技师325名。

3. 按照“先培训后就业，先培训后上岗”的原则，三年来，全市现有8个就业训练中心（共设置了20个专业），培训3万余人，其中劳动部门直接培训的达7221人。宁波市职业技术培训中心被评为省和部优秀训练中心。

4. 我市原有技工学校12所，1994年又新建一所。三年来，共招收技校生9033名，毕业分配3445名。

五、社会保险

1. 养老保险。城镇职工养老保险制度改

革取得突破性进展，社会统筹与个人帐户相结合的企业职工养老保险新机制初步建立。到1994年底，全市参加社会养老保险的有4377家企业、45.38万名职工和10.671万名离退休人员。

为了贯彻落实十四届三中全会有关社会保障的决定精神，在市委、市府领导下，经过一年多的调查论证，于1994年6月经市十届人大常委会第十次会议讨论通过了《宁波市城镇职工养老保险制度总体方案》，以市政府甬政〔1994〕16号文件颁发。

到1994年底，全市参加社会统筹的人员已有76%建立了个人帐户。

为保障离退休人员基本生活，三年来，我们按照国家的有关通知要求，对企业离退休人员的养老金作了多次调整。1994年底，全市退休人员月平均养老金已达309元，高于全省280元的平均水平。由于各级社会保险机构工作人员的努力，养老保险基金的收缴率为99.71%，离退休金的拨付率为100%。

在进行基本养老保险制度改革的同时，从1992年起，积极指导企业开展补充养老保险和职工个人储蓄性养老保险工作。到1994年底，开展这项工作的有镇海石化总厂、宁波港务局等29个单位，参加人数达4万余人。

2. 医疗保险。1993年2月，市人民政府颁发了甬政发〔1993〕30号文件，即《宁波市全民所有制企业职工医疗费用管理暂行办法》，对在职职工和退休职工的医疗费用，本着国家、企业、个人三者合理负担，以国家和企业为本，个人少量负担的原则，规定：在职职工按年人均120元标准掌握，退休职工一律按每人每年240元标准掌握。

在此同时，积极开展了职工大病医疗费用社会统筹工作。到1994年底，全市已开展的有象山、奉化、余姚、宁海、鄞县等五个县（市）。

3. 工伤保险。为促进安全生产，解除职工后顾之忧，全市已有余姚、北仑、开发区、奉化、鄞县等五个县（市、区）开展了职工工伤社会保险。

4. 女职工生育基金社会统筹。到1994年底，全市12个县（市、区）中，除镇海、宁海两个区（县）外，其余地区均已实行了女职工生育基金社会统筹工作。其中市一级从1993年1月起，调整了女职工生育补偿标准，由原来的每一生育女职工900元标准补偿提高到1200元，其中100元由所在单位发给生育女职工本人。

5. 失业保险。为扩大失业保险实施范围，提高和统一职工失业救济金发放期限和标准，1992年12月，市政府颁发了《关于完善城镇职工待业保险制度的通知》。到1994年底，全市参加失业保险的单位达4300家，职工51万人。根据1994年统计，全市共接受8000余名失业职工，发放救济金及医疗补助费550万元，安置失业职工3200余人。失业后再就业率达40%。此外，每年春节，还组织对特困的失业职工进行慰问，发放春节补助费。

六、安全生产综合管理

以贯彻落实“企业负责、行业管理、国家监察、群众监督”的安全生产管理体制为中心，重点抓好安全生产责任制的落实。三年来，通过抓好一年一度的“安全生产周”和开展安全生产大检查、特种作业人员安全技术培训、锅炉房安全治理、锅炉压力容器的安全监察等一系列工作，加强了安全生产规章制度建设及安全宣传、监督检查检测和事故处理，事故逐年下降。其中1994年全市共发生死亡重伤事故129起、死伤153人，分别比上年下降1.5%和14%；锅炉压力容器爆炸事故的发生率也在逐年下降，1994年已经杜绝了这类事故的发生。

七、劳动法制建设

1. 劳动法律、法规的学习宣传。三年来，基本完成了“二五”普法和劳动法的学习宣传任务。到1994年底，全市共有5万余名职工参加了全国统一命题的《劳动法》知识竞赛，我市代表队在全省组织的《劳动法》知识竞赛电视决赛中荣获第一名；共举办《劳动法》培训班42期，6000余名劳资、工会干部和部分厂长（经理）接受了培训；组织开展了全国统一的《劳动法》咨询日和“宣传周”活动。

2. 抓好劳动立法工作。三年来，以市人民政府和办公厅名义颁发的劳动规范性文件11件，以市劳动局名义颁发的综合性劳动工作文件45件。在此同时，对照《劳动法》和上级有关文件规定，及时清理了本市制定的规范性文件共计523件。

3. 完善劳动争议仲裁工作制度。1993年初，全市全面推行仲裁员、仲裁庭工作，先后聘请专、兼职仲裁员68名。从1994年开始，针对集体上访和劳动争议案件增多的状况，建立了劳动关系监测预警制度，坚持调解为主方针，进一步加强劳动关系协调工作和劳动争议处理能力，提高办案质量。三年来，共受理各类劳动争议案件753件，处理689件。

4. 开展依法监察。除开展经常性的劳动用工检查外，1994年上半年，会同市府法制局、市总工会等部门，对全市1075家企业进行了劳动管理和职工权益保障大检查，及时纠正了违反劳动法律、法规的行为。全市共清退童工12名，补签劳动合同和补办用工手续33773人，督促补发无故克扣、拖欠3238名职工的工资计38.6万元，督促补发职工加班加点工资12.6万元，督促补交社会保险金70.4万元，从而有效地维护了劳动者的合法权益，在法律上保证了劳动力市场的正常运作。

（宁波市劳动局　张述祖）

安 徽 省

1992年到1994年，安徽省各级劳动部门从深化劳动制度改革入手，牢牢把握改革、发展、稳定大局，按照社会主义市场经济体制需要，着力推进新型劳动制度的建立，劳动工作的各个方面都取得了一定成绩。

一、劳动制度改革

1992年6月，安徽省劳动厅制定下发《关于进一步深化企业劳动用工、工资分配、社会保险制度改革若干问题的意见》，将劳动计划、招工用人、自然减员指标控制、工人调动、提取工资总额的使用、内部分配的形式、考工晋级、津贴补贴、职工调动的工资处理、经营者的收入分配等项权力放给企业。其目的在于淡化指标控制，强化宏观调控；弱化直接管理，强化间接调控；减少行政干预，强化服务和监督功能。这个《意见》所提出的改革措施，无论是在深度或广度上，都是解放以来安徽劳动工作史上未曾有过的，是一次重大转折。为加强宏观调控，促进企业转换经营机制，1993年，省劳动厅下发《关于贯彻〈安徽省全民所有制工业企业转换经营机制实施办法〉的若干意见》。《意见》除了强调要进一步落实企业的劳动用工、工资分配自主权外，还对完善社会保险制度、加快劳动力市场建设、建立职业技能开发体系、加强劳动安全卫生工作和完善劳动争议仲裁制度等作了具体规定，从而进一步推动了全省劳动制度改革的深化。

二、劳动法制建设

为适应建立社会主义市场经济需要的新型劳动制度，我们注重加强劳动法制建设，把劳动工作逐步纳入法制化轨道。1992年至1994年，我省在劳动法制建设方面做了大量工作，取得了较为显著的成绩。一是加快立法步伐。1992年至1994年，我省相继制定颁布了一系列地方性劳动法规、规章和规范性文件，特别是《劳动法》颁布后，我省立法步伐进一步加快。二是认真清理现行法规、规章和规范性文件。国务院1992年发布《全民所有制工业企业转换经营机制条例》后，我们对照《条例》中有关企业用工自主权和工资奖金分配自主权的规定，对现行劳动法规、规章和规范性文件进行了一次清理。1994年《劳动法》颁布后，我们又对照《劳动法》再一次清理现行劳动法规、规章和规范性文件，并按照规定程序予以修改或废止。三是开展劳动监察。《劳动法》颁布后，我省加强了劳动监察工作，不少行署、市、县劳动局建立了劳动监察机构，配备了监察人员，组织了培训，开展了工作。合肥、淮南等市还依据《劳动监察规定》制定了劳动监察工作实施办法及相关制度。按照劳动部《关于开展劳动用工大检查的通知》要求，1994年4月至9月在全省范围内开展了一次劳动用工大检查。共检查企业4197家，涉及职工908972人。其中：国有企业1415家，职工641753人；集体企业1665家，职工199905人；外资企业191家，职工2359人；私营企业418家，职工8491人；乡镇企业483家，职工32447人；其他企业25家，职工2417人。通过检查，全省共补办农民进城《务工许可证》3792份，补签劳动合同14980份；补发职工工资83.92万元；234家企业补交社会保险金270.74万元；向企业提出各类整改措施120份；制止使用童工37名，从而维护了劳动者的合法权益。

三、统筹城乡劳动就业

（一）城镇劳动就业。按照建立社会主义市场经济体制的要求，1993年国家调整了劳动就业政策，提出了“逐步实现在国家政策指导下的市场就业”的方针。围绕建立“国家宏观调控，城乡协调发展，企业用人自主，个人择业自由，市场调节供求，社会提供服务”的就业新模式，三年间全省城镇共安置就业44.28万人，城镇失业率为2.85%。为妥善安置企业富余人员，1994年，全省各级劳动部门努力实施再就业工程，春节动用600万元失业保险金救济了生活困难职工，支付2540万元用于转业训练和生产自救，使近万名失业职工重新得到了安置。到1994年底，全省城镇就业人数达556.2万人。其中全民所有制单位354.2万人，集体所有制单位125.2万人；其他所有制单位12.9万人；城镇私营和个体劳动者63.9万人。

（二）农村劳动就业。安徽是个农业大省，也是一个农村劳动力资源充裕的省份。1994年，全省农村劳动力资源总数为2500万人，剩余劳动力资源为1200万人。其中由乡镇企业吸纳600万人，尚余600万人。1992年，为解决农村剩余劳动力的出路问题，加快全省农村脱贫致富、奔小康步伐，按照省委、省政府部署，全省劳动力市场建设开始起步。1993年11月3日，安徽省劳动力市场正式开业。到1994年底，全省县以上劳动部门共建立职业介绍机构104个，乡镇（街道）建立职业介绍机构699个。三年间全省共组织劳务输出810万人次。为加强在外劳务人员管理，逐步将劳务输出工作纳入合理、有序轨道，省劳动厅还先后在劳务输出人员较多的北京、上海、广州、深圳等地建立了劳务管理处，并从1994年开始，实行了统一的流动就业管理制度。

四、劳动工资宏观调控

1992至1994年，是我省各项劳动制度改革步伐加快，改革措施出台较多的时期，为配合企业转换经营机制、落实企业劳动用工、工资分配自主权，我们先后推出了深化企业劳动用工、工资分配、社会保险制度改革的一系列措施，较早地提出了对企业不再下达指令性招工计划，企业自主招收劳动合同制工人和使用临时工；不再审批企业工资基金使用计划，由企业自主确定工资发放数额等等。这些措施既顺应了企业深化改革和经济发展的客观需要，受到企业及社会各界的普遍好评，也给全省各级劳动部门工作带来了新的课题：在从传统的计划经济向市场经济过渡、转轨的过程中，在落实企业用工自主权的同时，如何规范企业的劳动用工行为；在放开企业内部分配的同时，如何加强和完善对企业工资总额的宏观调控。1992年，按照劳动部的部署和要求，结合我省实际，我们在全省普遍实行了动态调控的弹性劳动工资计划，坚持并逐步完善了"工效挂钩"办法。几年来，通过不断探索，已初步建立起了一个对全省企业劳动工资实行宏观调控和管理的模式。这一模式大体上可分为以下三个层次：一是对全省各地、市普遍实行了动态调控的弹性劳动工资计划；二是在国家下达我省弹性计划的范围内，对不同经济类型的企业实行了不同的工资总额管理形式；三是对所有企业普遍坚持使用了《工资总额使用手册》。

从宏观调控的结果和弹性计划的执行情况来看，效果较好，主要表现在：

第一，全省职工人数增长比较合理。1992年，全省职工人数507.6万人，其中国有单位职工348.5万人，城镇集体单位职工157.0万人，其他单位职工2.1万人。1994年，全省职工人数492.3万人，比1992年减少15.3万人，下降了3.01%，年均递减1.6%。其中国有单位职工354.2万人，比1992年增加5.7万人，增长1.63%，年均递增0.8%；城镇集体单位职工125.2万人，比1992年减少31.8万人，下降20.25%，年均递减10.7%；其他单位职工12.9万人，比1992年增加10.8万人，增长了6.14倍，年均递增183.3%。

第二，职工工资有了较大增加，工资水平提高较快。1992年全省职工工资总额112.1亿元，其中国有单位职工工资总额87.5亿元，城镇集体单位职工工资总额24.1亿元，其他单位职工工资总额4782.8万元。1994年全省职工工资总额184.1亿元，比1992年增加72亿元，增长了64.22%，年均递增28.1%。其中国有单位职工工资总额145.5亿元，比1992年增加58亿元，增长66.28%，年均增长28.9%；城镇集体单位职工工资总额30.6亿元，比1992年增加6.5亿元，增长26.97%，年均递增12.7%；其他单位职工工资总额8.0亿元，比1992年增加7.52亿元，增长了10.72倍，年均递增255.4%。

职工的工资水平也有了较快提高。1992年，全省职工平均工资2265元，其中国有单位职工平均工资2563元，城镇集体单位职工平均工资1591元，其他单位职工平均工资2418元。1994年全省职工平均工资3793元，比1992年增加1528元，增长67.46%。其中国有单位职工平均工资4159元，比1992年增加1596元，增长62.27%；城镇集体单位职工平均工资2488元，比1992年增加897元，增长56.37%；其他单位职工平均工资6402元，比1992年增加3984元，增长1.64倍。扣除当年的物价因素，1992年、1993年和1994年，全省职工实际工资较上年分别增长6.3%、6.8%和7.94%。

第三，职工工资的增长与全省经济的发展基本协调。1993年，全省职工工资总额实际增长4.2%，全省国民生产总值增长22.0%；职工实际平均工资增长6.8%，社会劳动生产率增长21.2%。1994年，全省职工工资总额实际增长8.59%，全省国内生产总值增长21%，职工实际平均工资增长

7.94%；社会劳动生产率增长16.6%。

五、企业职工社会保险工作

1992年，省政府分别以第35、37号令颁发《安徽省国营企业职工待业保险补充规定》、《安徽省企业职工养老保险暂行规定》，并转发了省劳动厅《关于加快我省社会保险制度改革的报告》，从而促进了我省企业职工养老保险制度改革的进一步发展。到1994年底，全省参加养老保险社会统筹的企业达15175户，在职职工1990109人，分别占应参加社会统筹企业和在职职工的88.7%和93.5%。参加统筹的离退休职工395107人，占应参加的98.5%。全年征集社会保险基金100604万元，支付离退休金80805万元，历年累计积累基金79750万元。1994年省劳动厅会同省委组织部、老干部局、财政厅联合下发《关于调整我省企业离休人员离休金的补充意见》，为全省32万名企业离退休人员调整了离退休金，年增资额达2.04亿元。当年，全省"一体化"养老保险的各项准备工作积极开展，蚌埠、滁州市及部分县已经政府批准出台了实行"一体化"养老保险的意见。全省医疗、工伤保险制度的改革试点面进一步拓宽。霍山、繁昌县的大病医疗统筹方案先后实施。蚌埠、潜山县的工伤保险试行办法已开始运转。到1994年底，全省参加失业保险的企业13035户，职工232.67万人，其中集体企业4500户，职工35万人。全省全年发放失业救济金900万元。16个地、市已全部实行了集体企业失业保险制度。蚌埠、合肥、安庆市还对外商投资企业及私营企业进行了失业保险的尝试。当年元旦、春节期间，全省各级劳动部门共动用1990多万元养老保险金和失业保险金救济特困企业职工和离退休职工，维护了社会稳定。

六、职业技能开发体系建设

结合劳动用工和企业内部分配制度改革，1992年，"培训、考核与使用、待遇相结合"的试点工作开始起步，各类职业技术学校（包括职业训练中心）"双证制"的试点进一步扩大，技工学校、就业训练中心的评估工作也全面展开。随着劳动部门职能的转变，对技工培训、考核的管理从1993年起已逐步从企业转向社会。到1994年底，全省建立职业技能鉴定站所34个。按照省政府批转省劳动厅《安徽省职业技能培训管理办法》的规定，为全省17个社会化办学单位颁发了《办学许可证》。1994年，马钢等5所技工学校被评为我省第二批省级重点技校，省公路、铜陵煤炭等7所技校通过了合格技校的评估验收。1994年教师节期间，评选表彰省优秀教师189人、优秀教育工作者87人，评选出全国技校优秀教师、先进工作者6人。三年间，全省新办技校18所。到1994年底，全省技校在校生达88428人，技校高级讲师454人，高级实习指导教师16名；共有校办生产实习工厂98个，职工701人，年产值823.8万元，利润69.6万元。

七、劳动安全卫生工作

1992至1994年，我省劳动安全卫生工作，紧紧围绕深化劳动制度改革和为发展经济服务这个中心，转变职能，解放思想，不断开拓进取，主要做了以下几项工作：

（一）推行安全生产目标责任制，加强综合协调和管理。省政府每年初向各行署、市政府下达工矿企业安全生产控制指标。各级政府对此高度重视，及时予以分解、落实，制定考核目标，建立考评制度。一些地、市还把安全生产作为政府工作的一项重要内容，列入本地区国民经济和社会发展计划以及政府领导政绩考核的内容。1992年4月，省政府组织8个检查团对各行署、市政府1991年度安全目标完成情况进行检查。经考评，马鞍山、安庆、六安、巢湖、蚌埠等5个行署、市政府达标，受到通报表扬。1994年，省政府给予工矿企业职工因工死亡人数低于省控制指标的阜阳、宿县、淮北、淮南、蚌埠、黄山6个行署、市政府表彰奖励，回良玉省长亲自为获奖地、市颁发奖状和奖金。

为扩大信息交流，密切与企业主管部门的联系，1992年，省劳动厅建立安全情况通报会制度。通报会每季召开一次，向有关部门和单位及时通报企业职工伤亡的情况和安全生产动态，分析形势、研究问题、协调政策措施，部分地、市也采取了类似做法，受到各有关方面的欢迎和肯定。三年来，省劳动厅已召开通报会10余次，编印《劳动安全卫生动态》20余期，及时勾通劳动安全卫生重大情况，收到了较好效果。

（二）强化矿山安全生产管理。1992年，正值《矿山安全条例》、《矿山安全监察条例》颁布实施10周年，全省广泛开展了纪念活动，总结交流、推广矿山安全监察工作经验。1993年《中华人民共和国矿山安全法》颁布后，我省抓住时机，进行宣传贯彻，经省政府批准，省劳动厅适时召开宣传贯彻《矿山安全法》动员大会，省人大、省政府的领导到会讲话。各级劳动部门召开宣传贯彻《矿山安全法》等会议172次，印发宣传资料7万余册，举办培训班256期，培训宣传骨干近万名。1994年10月，省八届人大常委会第十三次会议通过了《安徽省实施〈中华人民共和国矿山安全法〉办法》，这是我省立法机关颁布实施的第二部地方性劳动安全法规。随后，省劳动厅制定下发了《安徽省矿山安全监督行政处罚执法程序暂行规定》，进一步强化了矿山安全生产的管理。

（三）继续开展各项专业安全监察。三年来，全省各级劳动部门共审查4级以上建筑施工企业2005个；参加1125个项目的设计审查和竣工验收；检测7295个尘毒作业岗位；治理锅炉房1588座；验收合格1181座；对29000个企业开展了检查整改，查出隐患5.05万余条，发出监察意见通知书800余份。省安全生产委员会还会同有关地、市和部门对重大事故隐患进行了督促整改。

（四）大力开展安全教育培训。1993年，省劳动厅会同省公安厅、省人民保险公司举办了有40个大中型企业参加的安全生产知识竞赛活动，参赛职工13.4万人。1993和1994两年中，全省各级劳动部门共培训电工2万余人、起重司机1.95万人、焊工0.85万人、登高架设2.022万人、厂内机动车辆驾驶员0.35万人，举办厂（矿）长、经理培训班94期，培训厂（矿）长、经理5000余人。

（五）努力发展安徽劳动防护用品工业。为推动我省劳动防护用品工业发展，1992年10月17～19日，省劳动厅举办省首届劳动安全卫生防护技术及产品博览展销会。360多家企业参展，共设展位282个，展出近千种安全卫生防护产品及成果；2000多个单位共4000多人参观订货，成交额达1000多万元。随后筹建成立了安徽省劳动防护用品工业公司，从事劳动防护用品的生产、经营、技术开发和咨询，为企业安全生产提供服务。1993年省劳动防护用品工业企业协会成立，省内200余家劳动防护用品生产企业为协会成员。1994年省劳动防护用品公司组织参加在北京举办的“第二届国际工业安全防护及预警技术展览会”，荣获5个产品大奖、9个优秀展品奖。

（安徽省劳动厅　唐照全　吴健
刘良骅　陶贤海）

福 建 省

1992～1994年，福建省的劳动工作把基点转移到社会主义市场经济体制上来，形成了以培育和发展劳动力市场为中心，全面深化劳动领域改革，构筑劳动管理新体制的工作思路。全省劳动部门坚决贯彻国务院颁发的《全民所有制工业企业转换经营机制条例》，通过采取取消企业招工人数、工资总额和技校招生指令性计划等一系列改革措施，坚决、彻底地把属于企业的用人自主权和工资内部分配自主权还给了企业，推动了劳动力市场两个主体的确立和三项制度改革，取得了明显的成绩。

一、认真学习、全面贯彻《劳动法》，加强劳动法制建设

三年来，在深化劳动体制改革中，我省十分重视把改革的成果上升到法的高度，围绕着改革中的重大问题，通过地方立法，积极探索，不断完善我省劳动法律体系。特别是1994年下半年，为了使《劳动法》在我省更好地贯彻落实，我省以《劳动法》为依据，联系本省实际，抓紧起草配套法规、规章，并由省人大、省政府颁布了11件。其中《关于全面实行劳动合同制的通知》，有力地推动了劳动合同制的进程；《福建省最低工资规定》、《福建省劳动安全卫生条例》，有效地保障劳动者基本生活和生产安全。这些法规、规章作为《劳动法》的延伸和具体化，触及企业和劳动者的切身利益，加大了贯彻《劳动法》的力度，有更强的操作性，为各方面所关注，社会反响强烈。

二、全面实行劳动合同制，实现用工主体的转变

这三年，福建省一直把实行劳动合同制作为劳动体制改革的重点来抓，特别是抓住《劳动法》颁布契机，加大改革力度，使这项改革取得突破性进展。至1994年底，全省国有、县以上集体、外商投资、股份制企业已有1.69万家实行了劳动合同制，180.9万名职工与企业通过签订劳动合同确立劳动关系，分别占全省上述四类企业总数和职工总数的81%和75.4%。漳州、南平、龙岩、三明、厦门、莆田等地市的上述四类企业均已基本实行了劳动合同制，实现了用工主体由国家向企业转换，劳动制度由固定工制度向劳动合同制度过渡，职工身份由国家职工向企业职工的转变。

在推行劳动合同制过程中，福建省以综合配套改革的市县为重点，以现代企业制度改革试点企业、股份制企业为突破口。省劳动厅对全年任务以书面计划分解下达到地、市、县，列入年度工作考评的重要内容，实行目标责任制，层层抓落实。对省属、中央驻闽企业，采取请进来、走出去的方式，分别召开主管厅、局领导、劳动（人事）处长、企业厂长（经理）、劳动干部座谈会，分析困难，研究对策，已有25个主管部门对所属企业发出文件作了部署。针对不同行业的特点，省劳动厅分别与省工商局、乡镇企业局、经贸委、二轻厅等联合下文，指导督促这些企业尽快实行劳动合同制。各级劳动部门领导亲自抓、分片包干、责任到人，深入企业检查指导，释疑解难，加快了改革步伐。

在实行劳动合同制中，省政府、省劳动厅注重制定配套政策，实现两种用工制度的平稳并轨。如对老职工在合同期限上有所照顾，规定国有、集体企业的原固定职工中男年满45周岁或连续工龄25年以上，女年满40周岁或连续工龄20年以上的，职业病患者或因工（公）致伤、残的，因病医疗终结难以坚持正常工作的，新接收的军转干部及随迁（调）家属、城镇复退军人等，本人有要求的，都可签订无固定期限劳动合同，有利于消除部分职工特别是老职工对实行劳动合同制后职业不稳定的顾虑。

省劳动厅根据《劳动法》和劳动部的配套规章，结合本省实际，妥善处理全面实施《劳动法》中遇到的问题，如对企业党委书记的劳动合同、连续工龄10年以上的原固定职工的合同期限、女职员落聘当工人的退休年龄、职工违约“不辞而别”以及不签订劳动合同等16个方面的问题作出了统一规定。如对职工违约“不辞而别”问题，采取6条措施处理：一是不给经济补偿，不享受失业保险；二是不出具解除劳动合同证明书；三是2年内职业介绍机构不予登记和介绍就业；四是对企业造成损失的，应依法（或按合同规定）承担赔偿责任；五是企业可收回为其缴纳的补充养老保险金；六是用人单位招用尚未解除劳动合同的劳动者，对原用人单位造成经济损失的，依法承担连带赔偿责任，并将其退回原单位继续履行合同等。

为了保证劳动合同制的全面实施，省人大1994年7月15日颁布了《福建省企业职工合法权益保障条例》。该《条例》规定，在职工上岗30日内未签订劳动合同的由劳动行政部门责令其限期补订，不补订的由劳动行政部门依法处以罚款。在实行劳动合同制中，福建省制定优惠政策，鼓励企业分流安置富余职工，规定企业自办独立核算的第三产业的，凡当年安置富余职工达到该三产企业职工人数60%以上的，可免征所得税三年；免税期满后，当年新安置富余职工占三产企业原从业人员总数30%以上的，可减半征所得税2年。

三、社会保险制度改革取得新的进展

1．基本养老金计发办法改革实施顺利。1992年，在劳动部指导下，结合福建实际，先在莆田市试点；1993年上半年，在全省77个市县1.5万家企业当年退休的1.5万名职工中模拟运转；在此基础上，经省政府批准，这项改革从1994年1月起在全省全面实施。其主要内容是：养老金从原来按照职工工龄长短和本人标准工资的一定比例计发，改为与职工社会平均工资、缴费年限和缴费金额挂钩。基本养老金由社会性养老金和缴费性养老金两部分组成。社会性养老金按本省上一年职工月平均工资分两档计发（缴费满15年及其以上的按25%计发；满10年不满15年的按20%计发；10年以下的一次发给生活费）。缴费性养老金按职工本人指数化月平均缴费工资1%计发。同时，按全省职工缴费工资增长率的一定比例每年7月调整一次。这项改革，适应了不同所有制、不同经济效益的企业对养老保险的不同需求，为实现养老保险一体化奠定了基础，体现了社会保险的公平与效率、权利与义务相结合的原则，建立了基本养老金自然调整的机制，强化了职工的自我保障意识，促进了企业和职工足额缴费，既适应市场经济的要求，又符合企业和职工的愿望。

2．养老保险基金财务管理体制改革成效显著。1994年，把养老保险省级统筹基金全省“统一核算、统一缴拨、统一调剂”的体制，改为省对地（市）实行“核定基数、定额缴拨、超收分成、超支不补”的财务分级管理体制，初步建立起基金征收的激励机制和支出的约束机制。其效果显著：一是职工自我保障意识增强，基金征收大幅度增加。改革当年，全省养老保险基金征收7亿元，比省核定地（市）基数增加8200万元，增长13.3%，比1993年同期增长19.3%；月人均缴费工资也比上年增加29.33元，增长

13.7%。二是不该支付的基金得到有效的控制。1994年全省基金比1993年同期减支5747万元，减少13.98%。三是基金结余大幅度增长，全省基金结余1.13亿元，增长18倍，超过劳动部3%的要求，是多年来少有的，使省级统筹实力大为增强。

3. 调整提高了离退休人员的待遇，促进社会稳定。福建认真贯彻《国务院关于提高企业离退休人员离退休金的通知》，各级劳动部门克服困难，组织征收，筹集基金1.9亿元，全省25.3万企业离退休人员的离退休金普遍得到提高，其中企业离退休干部月人均提高200元。

4. 拓展工伤、女职工生育、医疗保险制度改革试点。到1994年底，全省已有44个县（市）、3800家企业、32万名职工参加了工伤社会保险；女职工生育保险社会统筹在35个县（市）试点，3834家企业、25万名职工参加；医疗保险制度改革在5个县（市、区）的300家企业、3万多名职工中试点。

四、建立最低工资保障制度和困难企业职工基本生活保障制度

1992～1994年，我省在全面落实企业内部分配自主权的同时，不断加强宏观调控，主要措施是实行“弹挂一体”的工资总量调控办法，不断完善企业的“工效挂钩”、工资总额包干等办法；根据中央、国务院关于控制消费基金过快增长的要求，认真组织了全省各类企业工资总额使用情况大检查，严格实行《工资总额使用手册制度》；指导和推动企业根据各自生产经营特点搞活内部分配，适当拉开档次，调动职工积极性。

特别是《劳动法》颁布后，我省于1994年9月19日以省长第21号令发布《福建省最低工资规定》；10月1日公布了《福建省最低工资标准及适用范围》，并于10月1日执行。我省最低工资标准是根据当地劳动者及其赡养人口的最低生活费用、居民生活费用价格指数、社会平均工资、劳动生产率、城镇就业状况和经济发展水平等确定的。最低工资标准分为五类：一类标准是280元，主要适用于厦门经济特区；二类是225元，主要适用福州市辖区和同安县；三类为210元，主要适用于各地（市）政府、行署所在地和经济较发达的部分县（市）；四类为190元，主要适用于经济发展水平较一般的县（市）；五类为170元，主要适用于经济不发达、较贫困的县（市）。

最低工资标准发布后，全省大多数企业都能执行；少数企业主要是部分国有、集体企业由于多方面因素的影响，长期亏损，难以执行。据统计，截至1994年12月止，全省发不出或发不足最低工资的企业有1300家，职工164692人，约占全省国有、集体企业职工总数200万人的7%。为了保障困难企业职工的基本生活，省劳动厅、财政厅、地税局、经委、总工会联合颁发《关于保障困难企业职工基本生活的通知》，规定“濒临破产、在法定整顿期间的企业，及停产3个月以上、半停产6个月以上的企业内部停工待工职工，经当地劳动行政部门批准，可暂不执行最低工资，其基本生活保障标准为不低于当地最低工资标准的60%”。同时，对这部分困难企业职工的生活保障资金来源规定了五种解决的渠道：一是经批准后，在银行开立工资预留户，企业销售回笼款，优先转入该户，以确保基本生活费的发放；二是企业主管部门帮助解决；三是参加失业保险的停产企业，经批准可按有关规定，从失业保险基金中支付；四是可通过银行贷款、财政贴补方式解决；五是经批准，呈报省地税局审批减免社会事业发展税。据统计，我省经批准暂不执行最低工资的困难企业有689户，职工53217人。各地劳动部门积极为企业排忧解难，帮助企业在银行开立工资预留户，并从失业保险基金中给予适当帮助，得到了企业的普遍好评，使困难企业职工的生活有了基本保障，从而也维护了社会的稳定。

五、就业服务体系日趋完善，市场就业机制初步形成，有力地促进了我省城镇就业工作

职业介绍机构从1992年224所，发展到1994年的1128所，初步形成了遍布全省城乡的职业介绍网络。漳州市芗城区形成了职业介绍一条街。全省地市及部分县（区）就业服务机构配置微机，正着手联网。加强了就业市场管理，依法整顿、取缔了一批不合格的职业介绍所。为了解决山区部分县（市）就业难的问题，在全省大力开展“山海劳务协作”，1992～1994年，每年都由山区向沿海及省外输出劳动力几十万人。加强了外来劳动力流动管理，初步做到有序流动，1994年，全省各类企业招收的100万名外省劳动力中，有62万人办理了“务工许可证”。分流、安置企业富余职工和失业人员的“再就业工程”开始启动，福州市试点工作取得初步成果，市郊区60%的企业失业人员，实现再就业。就业前培训面向市场，以市场为导向设置培训专业、内容、形式，1992～1994年三年中共培训30.32万人，培训后就业率达80%左右。劳动服务企业在就业服务体系中进一步发挥出“蓄水池”作用，到1994年底，全省劳动服务企业发展到3819家，年末安置职工99298人；三年累计总产值71.88亿元，利税6.12亿元，获得经济效益和社会效益双丰收。

为了进一步完善失业保险机制，不断扩大失业保险覆盖面，支持企业改革，我省完善了失业保险基金筹集管理和使用办法，把保障对象从四种人扩大到九种人，初步形成了覆盖城镇劳动者的全方位、多层次的失业保险制度，开创了救济、转化和促进再就业的新格局。至1994年，全省有11950个单位、135万名职工参加了失业保险，收缴基金6233万元。1994年共发放救济金1946万元，全省领取失业救济金人数达8.15万人（其中被辞向社会失业人员2.66万人）。运用失业保险基金，建立了一批转业训练和生产自救基地，帮助20840名失业职工重新就业。1994年社会失业人员安置率达78%。

我省各级劳动部门认真贯彻国务院和省政府关于切实做好“两节”期间困难企业职工的基本生活保障问题的指示精神，动用部分失业保险基金，深入困难企业，开展“送温暖”活动。1993～1994两年共为1800多家企业、15万名困难职工发放了2189万元的救济金，体现了党和政府的关怀和爱护，化解了矛盾，促进了社会稳定。

六、建立劳动监察制度，加强劳动法律法规的监督检查和劳动争议的处理

国务院《全民所有制工业企业转换经营机制条例》颁布后，我省各级劳动部门认真落实国有企业劳动用工和工资分配自主权的同时，加紧了劳动监察制度的建设，推动劳动监察工作全面展开，向系统化、法制化、经常化和规范化方向发展，为《劳动法》1995年1月的全面实施打下良好基础。

1. 建章立制。我省劳动监察制度始建于1993年8月。省政府以省长令颁布《福建省劳动监察暂行规定》，省劳动厅制定了《福建省劳动监察规程》、《福建省劳动监察员管理办法》、《福建省劳动行政执法检查证管理办法》、《劳动监察工作纪律》、《违反劳动法规的举报制度》等一系列规范性文件，制作了从监察到结案报告等13种执法文书，使监察活动一开始就立足高起点，建立在法制化、规范化的基础上。

2. 加强劳动监察机构队伍建设。目前，省及各地市县在劳动部门都设立了监察机构，厦门、漳州、石狮、建瓯市和德化县成立了劳动监察大队。在机构改革、精减机关人员中，省编委、劳动厅联合下文，要求各地市县都要建立劳动监察机构，配置劳动监察和劳动争议人员编制，从当地行政编制总额中调剂解决。在选择配备劳动监察员方面，我省坚持选聘政治业务素质高的人员，强调严格挑选，宁缺勿滥，全省共配备了800名专、兼职劳动监察员。为了提高劳动监察员素质，对劳动监察员进行了业务培训，经过考核合格，发给证件，持证上岗。

3. 突出重点、全面监察。为了有效地实施劳动监察，我省主要采取了两种方法：一是普遍检查与平时抽查相结合；二是重点监察与举报专查相结合。普遍检查，如1994年4～6月，根据劳动部统一部署，全省组织了300余个劳动用工检查组深入企业开展劳动用工大检查。平时抽查，则是平时对重点单位进行重点抽查。重点监察，就是在劳动监察中突出三个重点：一是监察对象以外商投资企业为重点；二是监察内容以劳动合同签订、社会保险费缴纳情况为重点；三是检查目标以平时掌握存在问题比较多的企业为重点。凡是群众举报的案件，都认真组织专查，我省劳动监察制度建立后的一年来，共接举报案件2100余件，结案率达98%。

我省还建立、健全群众举报制度。全省各级劳动部门都设立了举报电话、举报箱，全日受理群众举报案件。

建立劳动监察制度一年多来，全省共监察企业3.9万户（次），其中国有、集体、外商投资企业24864户（次），占这三类企业的94%；发出监察整改指令书8165份，提出整改意见20141条；共清退童工265名；补签劳动合同75.5万人；补办劳动合同鉴证48.8万份；补办务工许可证44.9万本；补缴养老保险金1127.3万元；补缴失业保险金265.9万元；补发回被克扣、拖欠的职工工资191.6万元；违反劳动法规处罚金额101.5万元，有效地保证了《劳动法》的贯彻实施。

为了及时处理劳动争议，我省普遍建立了劳动争议仲裁员和仲裁庭制度，全省共有专、兼职仲裁员588名，办案质量明显提高。1992～1994年共受理劳动争议案件3173起。其中1994年全省各级劳动争议仲裁机构共受理和处理劳动争议1770起，处理结案1744起，结案率为98.53%。其中，以调解方式结案的1689起，占96.8%；用裁决方式结案的55起，占3.2%；当事人不服裁决向法院起诉的只有15起，占处理结案总数的0.08%，法院已处理结案的8起，同劳动争议仲裁部门裁决完全一致。

此外，我省预防和处理企业职工集体上访、罢工事件的工作制度进一步完善，各级政府普遍建立了处理这类事件的“应急工作小组”。据不完全统计，1994年全省共处理企业职工因劳动争议引发的集体上访、罢工事件47起（其中罢工事件4起），维护了劳动关系双方的合法权益，促进了改革开放和社会稳定。

我省农村劳动力流动量大，乡镇企业劳动管理薄弱，执行劳动法律、法规情况较差，亟须加强管理。因此，我省把在乡镇普遍建立劳动管理站作为新型劳动管理体制的重要内容。目前已在宁德、三明、晋江等地市普遍建立起乡镇劳动管理站，把劳动行政管理的触角伸到农村。劳动管理站由政府下达专门编制，受乡镇政府和县（市）劳动部门双重领导，受劳动行政部门委托，行使农村剩余劳动力流动的管理、乡镇企业劳动管理、劳动争议处理的部分职权。发挥劳动部门综合管理社会劳动力职能，对劳动法律、法规在外商投资企业、乡镇企业得到贯彻落实起到很好的作用。

七、加快职业技能开发体系建设，全面提高劳动者素质

1. 职业技能鉴定社会化管理试点工作已全面展开，职业资格证书制度开始试行。根据劳动部统一部署，结合我省实际，颁发了《福建省职业技能鉴定实施办法》等配套规章。到1994年底，全省批准建立职业技能鉴定指导中心6个、社会化管理的职业技能鉴定站63个。中式烹调、电工、美容美发等15个工种面向社会开展鉴定工作，已鉴定5000

人。

2. 职业资格证书制度开始试行。到1994年底，经省、地市劳动行政部门验印、颁发的各种技术等级证书有1万余本；全省技校毕业生按照实行“双证”要求，1994年已有6338名毕业生取得了技术等级证书，占当年毕业生总数的60.87%。

3. 技校改革不断深化，技校建设有新发展。全省技校围绕建立和发展社会主义市场经济体制，转变办学机制，办学规模和效益有了很大变化。1994年底全省技校发展到150所，在校生4.4万人，是历年来最多的一年。1994年招收新生1.96万人，农户考生占40.2%，自费生、委培生占52.31%，筹集资金达1522万元。教职工有5100多人，其中专职教师2600多人，外聘教师900多人。1992～1994年毕业生3.2万人，其中1994年毕业生1.2万人。各技校挖掘潜力，举办各类短期培训班，培训在岗、转业、就业、军地两用人才和乡镇职工达1.6万人。

4. 在职职工培训和考核工作进一步开展。仅1994年全省参加各种培训的职工达51万人，其中技术等级培训90121人，岗位培训176194人，各类适应性培训246075人。全省旅游、机械、轻工、交通、电力、水利、林业等系统、行业认真贯彻《福建省工人考核实施办法》，加强对企业工人技术等级考核和技师评聘工作指导，1992年～1994年三年共评聘技师2359人。

5. 岗位练兵、技术比武和职业技能竞赛活动广泛开展。

八、依法开展劳动安全监察和综合管理，促进企业安全生产和社会稳定

1. 加快安全生产法制建设。1993年省人大颁布了《福建省实施〈矿山安全法〉办法》，1994年省人大颁布了《福建省劳动安全卫生条例》，使我省10年来劳动安全卫生法制建设取得重大进展。这样，我省劳动安全卫生工作已全面纳入法制化、规范化轨道。

2. 坚持以劳动安全监察为中心，开展执法监督检查，重点放在建筑、化工、冶金、烟花爆竹等危险性较大的生产企业以及外商投资企业、乡镇企业和个体经济组织等，做到“认识要上去，人员要下去”，抓常规与抓重点监察相结合，及时提出整改意见并督促整改。

3. 加强对特种设备、特种作业人员和特种防护用品的管理工作。

4. 严格事故管理，依法查处重大伤亡事故。全省各级劳动部门认真贯彻落实国务院《关于加强安全生产工作的通知》，行使综合管理和国家监察的职责。

通过这些工作，全省安全生产状况继续好转。1994年全省工伤事故死亡人数继续在1992、1993年的基础上下降10%，其中非矿山企业职工伤亡的千人死亡率为0.066‰，千人重伤率为0.024‰。1994年全省矿山死亡事故比1993年下降13.93%，扭转了近几年来矿山死亡人数上升的趋势。

（福建省劳动厅　丁榕芳）

厦　门　市

1992～1994年，是我市劳动体制改革步子迈得最大、取得成果最多的一个时期，从简政放权、加强服务着手，逐步走上法制化、规范化的轨道，基本构筑起特区劳动管理新型体制的框架。

一、着力培育和发展劳动力市场

1992年尚未提出“劳动力市场”的概念，但在我们的改革实践中，实际上已开始按照劳动力市场的客观规律来办事。

首先，明确了劳动力市场两个主体的地位、权利和作用。根据国务院《全民所有制工业企业转换经营机制条例》和厦门市委《关于国营工交企业转换经营机制试点的通知》、厦门市人民政府《关于面上国营工交企业转换经营机制的意见》等文件精神，我们紧紧围绕企业转换经营机制采取了积极措施，推出放权、服务、督查一系列新举措，下发了《深化国营工交企业用工、工资、社会保险制度改革工作意见》、《关于进一步落实国营企业用工自主权的通知》、《关于完善和大力发展我市劳务市场的意见》等文件，并制定了具体的实施办法。企业从而获得了充分的用工自主权，可以自主决定在本市城镇招工的时间、条件、数量和方式，并可按照有关法规来解聘、辞退、开除职工；企业从市外调入工人，可由企业自行调档审查再报批，市内各用工单位之间工人的调动由各用工单位自行审批并办理手续。与此同时，劳动者的择业自主权也得到充分的尊重，让广大劳动者通过各类职业介绍所在劳动力市场上与用人单位直接见面、双向选择，来找到自己满意的工作。"安置就业"的概念基本消失，代之的是"市场就业"的新观念。

其次，不断加强职业介绍机构这一劳动力市场重要载体的建设。1992年，劳动部门开办的职业介绍所只有市里一家，各区、县劳动部门尚未创办，而社会却有了不少地下或半公开的劳务中介组织。针对此种情况，我们花大力气抓紧职业介绍机构建设，投入了大量人力、物力、财力。到1994年末，六区一县劳动部门都创办了职业介绍所，市成立了职业介绍服务中心。同时，我们加强对社会力量创办的职业介绍机构进行清理整顿，对其进行资格认可、政策指导、监督检查；凡符合条件者，颁发给经营许可证，纳入规范化管理之列，从而逐步形成了多层次、多渠道、多形式的职业介绍网络。

再次，加强外来劳动力管理，保证劳动力市场有序运行。我市劳动力市场的一个重要特点就是外来劳动力占的比重逐年增大，几乎每年都出现"民工潮"的冲击。为了引导外来劳动力合理、有序地流动，避免劳动力市场的激烈波动，我们始终没有放松对外来劳动力的管理。采取的措施主要有：①强化宏观调控。《厦门市外来劳动力管理暂行办法》提出了"统一计划、控制总量、分级审批、凭证务工、谁用谁管"的管理办法。②建立外省劳动力就业证制度。1992、1993年实行的是《务工许可证》制度，1994年实行了《就业证》制度。外来劳动力只有四证俱全（指外出务工许可证、婚育证明、身份证及暂住证），才能办理《就业证》。每年还要对《就业证》实行年审制。1994年约办理《就业证》18万多人，其数量在年度总量控制范围之内。③与外来劳动力输出地劳动部门密切合作。江西、四川、湖北等省市的劳动部门在厦设立劳务管理站。通过他们，我市所需的劳动力能有计划、有组织地输入，并且对他们实行跟踪管理、全面服务，取得了很好的效果。

二、深化工资分配制度改革

首先是改革国有企业工资总额管理办法。按照宏观管好、微观放开的要求，实行分类指导。对实行转换经营机制试点的橡胶厂等七家企业，根据工资总额应随着经济效益的变化能升能降的原则和企业生产经营情况，企业有权决定工资制度、工资形式和奖金分配办法以及职工的晋降级制度等；对实行劳动、工资、社会保险综合配套改革的厦门糖厂等三家企业，在工资总额增长幅度低于企业经济效益增长幅度、职工实行平均工资增长幅度低于劳动生产率增长幅度的前提下，企业可根据效益增长情况，自行确定工资总额、工资标准和工资形式，内部则试行岗位技能工资制；对其他面上企业，改变历年工效挂钩办法，实行"经济效益指标目标管理、工资总额宏观调控办法"，企业可按实行目标管理的主要经济效益指标的完成情况，根据上年核定的工资总额基础，提出当年工资总额使用计划，先执行后审核。

其次，在内部的分配上，赋予企业更大的自主权。企业在相应提取的工资总额内，可以自主决定本企业工资、奖金的分配办法，有权决定职工的晋降低。同时积极引导企业试行岗位技能工资制，以更充分地发挥工资分配的经济杠杆作用，使工资分配向一线苦脏累险工种和技术要求高、责任重的岗位倾斜。

再次，实行最低工资标准。1994 年 3 月出台了《厦门经济特区企业最低工资规定》。根据这个规定并综合各方面因素，我们测定出我市历史上第一个最低工资标准：1994 年 7 月 1 日至 1995 年 6 月 30 日企业最低工资标准为 280 元/月，并以市政府名义在 7 月 1 日的《厦门日报》上公布实行。

三、加快推进社会保险制度改革

1992 年 7 月开始，在进行转换经营机制试点的企业中进行养老、失业、工伤和医疗四项保险制度的综合配套改革，按上年度全市全民企业月人均工资总额的 25%缴纳社会保险基金，其中养老保险 18%、失业保险 1%、工伤保险 1%、医疗保险 5%。职工个人缴纳工资总额 2%的养老保险金。到 1994 年，国有企业、市属集体企业、外商投资企业均实行统一的养老保险费率，使这些企业的职工都享受同等养老待遇。

职工基本养老金的计发办法也得到改革。把养老保险制度“效率与公平”、“权利与义务”、“分享社会发展成果”三个原则有机地结合起来，制定出以结构性基本养老金计发办法为主要特征的《厦门市企业职工基本养老金计发暂行办法》。该办法将职工缴费与享受待遇紧密联系起来，适当加大缴费性养老金在结构中的比重，在社会性养老金部分，既保持社会公平原则，同时又采用按工龄逐年增加比例的做法，避免职工退休时因工龄档次不同而造成待遇悬殊过大。

1994 年制定了《厦门市城镇企业职工社会劳动保险实施办法》，提出了对全市企业职工养老、失业、工伤和医疗保险的综合改革方案。11 月，以市政府令的形式公布了养老、失业和工伤保险三个暂行规定。

四、全面开展劳动监察

厦门市劳动监察大队是 1991 年 9 月成立的，为福建省首家。1992～1994 年间得到长足发展。1994 年底，全市已形成了市、区（县）二级劳动监察组织网络，专职和兼职监察员共 70 人。市劳动监察大队在编 15 人。

三年间，劳动监察覆盖面不断扩大，监察内容已由当初对企业劳动用工行为和外来劳动力的单一监察，扩大到全方位的监察。市劳动监察大队总共监察的企业达到 13596 家次，其间督促企业补办《外来人员就业证》158628 人，补签劳动合同 58600 人，查处非法使用童工 82 人。对违反劳动法规的进行了处罚，责令其中情节严重者 63 家在《厦门日报》上公开登报检讨；20 家在电视上曝光；对 385 家企业处以罚款，罚款金额共计 995350 元。同时受理群众来信来访 850 多宗，及时调解处理怠工、罢工、集体上访 30 起，为职工追回被拖欠和克扣的工资和拒付的押金 135 万元，督促企业为职工补交社会保险金 289 万多元。全面开展劳动监察，有力地维护了企业和劳动者双方的合法权益。1994 年全国劳动监察工作会议在厦门召开，市劳动监察大队在会上介绍了工作经验。

五、抓紧地方劳动立法，初步形成地方性劳动法规体系

三年间，特别是 1993、1994 年，厦门市的地方劳动立法工作快马加鞭，取得了累累硕果。1993 年 10 月，福建省人大常委会通过了《厦门经济特区劳动管理条例》，成为我市第一部立法层次最高的劳动法规。在此基础上，我们又充分运用全国人大赋予厦门市拥有立法权的优势，陆续制定了一系列地方劳动法规：《厦门市企业劳动安全卫生暂行规定》、《厦门市劳动监察暂行规定》、《厦门市实行全员劳动合同制规定》、《厦门市劳动合同管理办法》、《厦门市外来劳动力管理暂行办法》、《厦门市经济特区企业最低工资暂行规定》、《厦门市职业介绍机构暂行规定》、

《厦门市职工养老保险暂行规定》、《厦门市职工失业保险暂行规定》、《厦门市职工工伤保险暂行规定》等。这些法规、规章和规范性文件基本上覆盖了劳动工作的各个侧面，从而构成了以《劳动法》为龙头、《厦门经济特区劳动管理条例》为主干的地方性劳动法规体系框架，为劳动工作沿着依法管理、依法监督的方向迈进铺平了道路。

（厦门市劳动局　韦标恒）

江　西　省

1992～1994年，江西省劳动工作，坚持以邓小平同志建设有中国特色的社会主义理论为指导，围绕建立社会主义市场经济体制，深化劳动制度改革，培育和发展劳动力市场，在劳动就业、劳动工资、社会保险、职业培训、劳动争议仲裁、劳动行政监察、安全生产综合管理与监察等方面取得了一定成绩，为促进全省国民经济发展和社会稳定做出了积极贡献。

一、完善宏观调控体系，做好劳动工资宏观调控工作

1992年，江西省严格执行国家劳动工资计划，采取了集中使用全民所有制单位职工人数自然减员指标，加强工资基金管理和劳动工资计划执行情况的监督检查，在全省地、市、县全民所有制企业实行动态调控的弹性劳动工资计划。1993年，江西省进一步加强《工资基金手册》管理，实现了与劳动部微机联网，初步建立了数据管理系统。1994年，江西省在总结1993年全省地、市推行弹性工资计划经验的基础上，改非农国民收入为非农国内生产总值，以非农国内生产总值工资含量等作为相关经济指标，调控地市工资总额。扩大弹性工资计划调控范围，将弹性工资计划扩大到省直行业和部门。为搞好宏观与微观衔接，进行了净产值工资含量挂钩办法试点，探索了"弹挂一体"管理的新路子。鹰潭市还对企业自主决定工资水平进行了有益的尝试。为加强对企业工资总额宏观调控，认真做好企业年度工资总额计划的审核，开展了工资基金管理大检查，统一制定了工资总额使用手册，对严格工资基金管理起到了一定的作用。进一步完善招工备案制度。加强劳动统计工作，建立了劳动统计通告制度，完成了全省劳动系统第三产业普查工作，强化了对企业停产半停产的调查分析，为领导决策提供了依据。

二、发展职业介绍事业，健全就业服务体系

1992～1994年，江西省各级劳动部门冷静分析就业形势，切实转变管理职能，抓住重点，突破难点，初步将就业工作转移到劳动力市场的轨道上来，按照职业介绍、就业训练、失业保险、生产自救四位一体的指导思想，大力发展职业介绍事业，巩固和完善就业服务体系。1992～1994年，全省就业安置分别为16.24万人、16.87万人、18.24万人，1994年比1992年增长12.4%；1994年城镇待业率2.1%，比上年下降0.6个百分点。

1994年全省已建立各类职业介绍机构847家，比上年增加314家，其中县以上劳动部门举办134所，社会举办127所，乡镇劳动服务站586个；在海口、广东（包括广州、深圳、珠海)、上海、厦门等省、市建立了劳务管理服务机构，初步形成了以劳动部门职业介绍机构为主体，民办职业介绍机构为补充，覆盖城乡，连接省内外的职业介绍网络。加强了职业介绍机构管理，1993年出台《江西省职业介绍规定实施细则》、《关于民办职业介绍机构审批及有关问题的通知》，1994年制定了《江西省职业介绍收费项目标准》，进一步规范职业介绍行为。

1992～1994年，全省劳务输出分别为66万人、108万人、207.69万人，1994年比1992年增长215%。1994年，全省实行外出务工许可证制度，对没有确切用工信息的劳动者，不签发《外出务工许可证》，有效地缓解了农村劳动力的盲目流动。我省驻外劳务管理服务机构，配合当地劳动部门做好管理工作。在每年春节前后民工流动高峰期，主动与铁路、交通、公安等部门配合，做好民工的疏导工作。

1994年，全省设乡镇劳动管理站586个，比上年增加424个，为社会劳动力的统筹管理和农村劳动力资源的开发利用以及农村劳动力有序流动奠定了基础。

1992～1993年，全省就业前经过培训的人数分别为13.78万人、13.07万人。1994年全省共培训城镇失业人员16.66万人；在企业富余人员、失业职工的转岗训练及农村劳动力的职业技能开发培训方面，共培训14.7万人次，为城镇劳动者实现市场就业奠定了一定基础，为农村富余劳动力就地转移、劳务输出创造了条件。开展了就业训练评优活动，对劳动部、省厅命名的优秀教师和先进工作者进行了表彰。

1992～1994年，全省新增失业人员分别为624人、2403人和29877人。1994年，全省安排了1.95万名失业职工再就业，为1.87万名失业职工发放失业保险金379.8万元，为11家破产企业发放失业救济金85.6万元，运用失业保险基金帮助全省纺织行业进行产业结构调整。在南昌市进行的"再就业工程"试点工作，取得了一定的经验。南昌市、鹰潭市、宜春地区、赣州地区、吉安地区进行的非国有经济失业保险试点进展顺利。

1992年，全省劳服企业有8434家、从业人员27.48万人、总产值17.14亿万、利税1.44亿万元。1993年，全省劳服企业有5853家、总产值19.94亿元、利税1.54亿元。1994年，全省劳服企业有5583家、从业人员25.88万人、产值21.1亿元、税利1.67亿元。1994年，全省各级劳动就业服务机构认真贯彻国务院十部委《关于劳动就业服务企业发展第三产业安置富余人员若干问题的通知》，使全省劳服企业的发展取得了可喜的成绩，股份合作制企业发展到31家，全省第一家劳服企业集团赣州地区创力建筑工程集团有限公司组建完毕并开始运作，宜春地区建立的劳服企业发展基金试点，受到劳动部的重视。

三、落实企业用人自主权，不断深化用人制度改革

1992~1994年，全省实行全员劳动合同管理的企业分别为392家、831家、2380家。职工人数分别为19.5万人、35.6万人和84.1万人。1994年，为贯彻实施《劳动法》，江西省在调查研究和反复论证的基础上起草了《江西省人民政府关于全面实行劳动合同制度的实施意见》，全省实行全员劳动合同管理的企业达到企业总数的51.2%。

江西省认真坚持"企业消化为主，社会安置为辅"的原则，1992～1994年全省共安置企业富余职工20余万人，仅劳动部门调剂的就达1.73万人。

江西省在调解、仲裁等解决劳动争议的同时，探索以劳动法庭形式协调劳动关系的有效途径。南昌市、宜春地区劳动局的劳动法庭取得了一些有益经验。1992～1994年，全省受理劳动争议案件分别为32件、230

件、159 件，结案率分别为 81.3%、91.2% 和 96.2%。

1994 年，全省县以上劳动部门建立 101 个监察机构，配备了工作人员。全省共举办 3 期劳动监察员培训班，240 名干部获得了省厅核发的《劳动监察证》。1994 年根据劳动部统一部署，在有关部门配合下，全省开展了劳动用工大检查，共检查 6900 家企业，涉及 103.2 万职工，查处了 1805 起违法案件，为建立稳定和谐的劳动关系，维护社会稳定作出了贡献。

四、积极推进社会保险制度改革，切实为企业改革服务

1992 年，江西省调整了全省基本养老保险费社会统筹比例，提高了离退休人员待遇，开展了企业补充养老保险和职工储蓄性养老保险。与此同时，江西省的医疗、工伤、生育保险制度改革也迈出了较大步子。1993 年，江西省企业养老保险取得了新的成绩，覆盖面进一步扩大，社会化程度不断提高，全省 90%的市、县实行了企业补充养老保险，26 个县、市、区开展工伤保险工作，10 个县、市、区进行了大病医疗费统筹，62 个县、市、区进行了生育保险制度改革试点。1994 年，全省共收缴企业职工社会保险基金 12.3 亿元，比上年增加 1.9 亿元；支出 10.7 亿元，增加 1.7 亿元；滚存结余 9.3 亿元（包括购买国家特种债券部分），增加 1.5 亿元。其中，收缴基本养老保险基金 11.9 亿元，比上年增加 1.7 亿元；支出 10.6 亿元，增加 1.7 元；滚存结余 8.9 亿元，增加 1.3 亿元。退休费用社会统筹，在全省全面铺开。到 1994 年末，全省 107 个市县的 3 万户企业实行了基本养老保险费社会统筹，涉及职工 200 万人。其中，国有企业 149 万人；城镇集体企业职工 48 万人；其他各种经济类型企业职工 3 万人。涉及离退休人员 45.2 万人。企业补充养老保险和个人储蓄性养老保险范围逐步扩大。到 1994 年末，全省有 564 个企业实行了企业补充养老保险，涉及职工 8.4 万人，分别比上年增加 156 个和 2.5 万人。到 1994 年末，全省有 820 个企业实行个人储蓄性养老保险，涉及职工 5.1 万人，分别比上年增加 176 个企业和 0.9 万人。

1994 年全省已有 55 个市县参加了工伤保险制度改革，与 1993 年相比，增加 19 个市县。全省共参加工伤保险制度改革的企业及职工人数分别为 5831 个企业和 77.3 万人，分别比上年增加 1857 个企业和 16.2 万人。据统计，1994 年，全省已有 32 个市、县，1892 个企业和 12.4 万职工参加了职工大病医疗费用社会统筹，其中 10 个市、县，259 个企业和 2.5 万离退休人员参加了医疗费统筹。江西省积极配合国务院指导和帮助九江市开展企业医疗保险制度改革试点。全省已有 77 个市县实行了女职工生育保险，比上年增加 10 个市县，涉及企业 8058 个，职工 86.8 万人，分别比上年增长 13.8%和 21.7%。

1994 年全省保险福利费用总额为 12.8 亿元，比上年增加 2.5 亿元，增长 24.0%，其中，医疗卫生费用总支出为 6 亿元，增长 21.3%。1994 年末全省离退休、退职人员有 69.5 万人，比上年末增加 2.6 万人，离退休、退职费用为 21.8 亿元，比上年增加 36.4%（离退休、退职人员和费用不包括民政部门管理的部分）。圆满地完成了企业离退休人员离退休金的调整工作，全省共为 40 多万离退休人员增发了离退休金，人均月增资 39.68 元。

五、推进工资制度改革，探索新形势下工资工作的有效途径

1992 年，江西省国有企业实行“工效挂钩”的企业 2978 户、职工 103.06 万人，分别占企业总数和职工总数的 55%和 66%。1994 年，全省“工效挂钩”面进一步扩大，实行“工效挂钩”的国有企业 5393 户、职工 142.66 万人，其中新增挂钩企业 507 户、职工 6.41 万人，“工效挂钩”企业和人数分别占企业总户数的 81.22%和职工总人数的 91.37%。按时完成对省属 580 户“工效挂钩”企业的清算工作。

1992 年，江西省在国有企业实行岗位技能工资制试点，试点企业 41 户、职工 8.38 万人。有 14 户试点企业、6.45 万名职工经验收进入实际运转，年人均增资 500 元左右。1993 年，全省验收合格实行岗位技能工资制的国营企业 170 户、职工 21.17 万人，占全省国有企业职工总数的 13.5%。1994 年，江西省在总结经验的基础上，制定了《关于建立岗位技能工资制运行管理机制的通知》和《关于增设岗位技能工资参考标准的通知》。全省已验收合格的实行岗位技能工资制的国有企业 664 户、职工 74.3 万人，占全省预算内企业职工人数的 41.3%。

1992～1994 年，江西省按照企业转换经营机制的需要，进一步落实企业分配自主权，使工资向苦、脏、累、险和高技术岗位倾斜，较好地发挥了工资的激励职能。1994 年，江西省认真贯彻国家两部一委《关于深化企业工资改革适当解决部分企业工资问题的意见的通知》精神，结合我省具体情况制定调标增资办法。全省企业调标增资工作 8 月份基本结束，179.1 万名职工参加了调标，其中 142.3 万名兑现了工资。全省企业工资水平又上新台阶，全省职工年平均工资可达 3450 元左右，比 1993 年增加 38.2%元。国有企业经营者实行年薪制，市场机制决定工资水平的试点工作取得了较大进展。

六、开展职业培训工作，加快职业技能开发

1992 年，江西省在全省 9 个地、市和商业、纺织、劳改等部门设立了 31 个工人技术培训考核基地。全省评审、审批全民企、事业单位、机关后勤工人技师 7000 余名。在南昌市进行了劳服企业技师聘任制试点工作。改革技工学校招生和毕业生派遣办法，招新生 16018 人，派遣毕业生 10797 人。1993 年，江西省共设置计算机操作、机械加工等技能培训考核基地 96 个。首次聘请职业技能考评员 150 名，全省新聘技师 6000 余人，举办了首届青工奥林匹克技能大赛，开展了企业职工等级技能考核。全省共招技校生 27274 人，派遣毕业生 11883 人。配合劳动部，完成了我省申报部级重点技校的评估工作。1994 年，江西省开展职业技能鉴定社会化管理试点。根据国家《工人考核条例》和《职业技能鉴定规定》，制定下发了《江西省职业技能鉴定实施办法》(试行)，在全省选择了 50 个社会通用工种试点，选择有条件的国营大中型企业和科研院校，设立 25 个职业技能鉴定站，初步制定了商业营业员等 46 个工种的考核大纲和题库，培训了 196 名职业技能鉴定考评员；与省物价局、财政厅印发了《江西省职业技能鉴定收费试行办法》，为全面开展职业技能鉴定社会化管理奠定了基础。为 5.5 万名社会劳动者进行了职业技能鉴定或考核。推进技师制度改革，将技师评聘结合的单轨制改为评聘分开的双轨制。选择了 29 个社会通用性强、覆盖面广的工种进行技师资格考评试点，全省 8000 余人参加了 9 月份举行的首次技师资格统考，经评审，4600 人获技师资格。首次在电子、化工、轻工、建筑、医药、饮食服务、交通等行业进行高级技师评聘试点，评聘了 104 名高级技师。成立了江西省技师协作中心，完善了井冈山技师培训中心。加强了技工学校综合管理，进一步落实技校办学自主权，促进技校改善办学条件，拓宽培训领域，增强技校活力，举办了校长培训班，开展了勤工俭学活动，发展了校办企业。全省招收新生 3 万余人，其中自费生 5000 余人，为各行业输送毕业生 12868 人。

七、强化安全生产综合管理，加大安全卫生监察力度

1992～1994 年，江西省各级劳动部门认真贯彻了“安全第一、预防为主”的方针。全省县以上企业因工死亡人数连续三年控制在省政府目标以内。

1992年，江西省进一步完善了职业安全卫生监察工作，制定了《江西省国营企业劳动条件、劳动强度测评暂行办法》、《江西省起重机械制造单位安全认可考核标准》、《江西省起重机械安装修理单位安全认可考核标准》等五个配套法规、规章。1993年，进一步加强了对特种行业安全卫生监察和劳动保护用品管理。1994年，坚持对危险性较大、尘毒危害严重的企业进行定期监察；根据劳动部的部署，结合我省情况，先后对外商投资企业、乡镇企业、建筑行业等进行了全面的安全检查，及时消除了事故隐患；强化了特种设备的管理，电梯、起重机械等特种设备的定检率达95%，县以上80%的企业、县以下15%的企业完成了粉尘危害分级工作；认真推行普通工作服、防寒手套等七个劳动保护用品的省级地方标准，加强对劳动防护用品生产、销售和使用环节的监督检查。

1992年，江西省对441个矿井和68个矿山进行了监察。1993年，江西省认真贯彻实施《矿山安全法》，进一步加强了法制建设。1994年，江西省对60个国有矿山进行了现场检查，对180个国有矿山进行了监督检查，开展乡镇矿山安全生产的认证工作，对查出的重大事故隐患进行跟踪监察；全面开展对特种作业人员和乡镇矿长安全资格考核发证，乡镇矿长持证上岗率达95%；完成了部下达呼吸性粉尘检测、起重设备检验及瓦斯检查仪的校检工作。

1994年，江西省锅炉检验率为92.8%，比1992年下降5.2%；在用压力容器检验率为65.8%；气瓶检验率为90.7%。加强了对进口锅炉压力容器的检验，首次配合进口厂家到国外监造产品，受到厂方的好评；检验进出口锅炉压力容器123台，查出不合格的38台，不合格率达30.9%，生产方对使用方都进行了退赔。加强了驻厂监察工作，配合锅炉压力容器生产厂家监察锅炉619台、压力容器1421台，保证了产品安全性能。认真做好培训考核工作，开展多种形式的技术培训，培训各类技术人员2500人次。继续开展了设计资格审查和压力容器制造单位以及安装单位的换证工作。

江西省认真落实安全生产责任制，改进和完善地市、部门安全生产目标管理，突出乡镇企业安全管理，加大地方政府和部门安全管理职责，进一步健全了双层四级安全生产目标管理网络。组织协调了全省水上交通专项检查和国道旁石油加油站检查，对发现的问题提出了整改措施。开展了全省重大事故隐患的调查，认真做好跟踪落实工作，对德兴铜矿4号尾矿库等事故隐患，紧抓不放，狠抓治理。开展了以“三不伤害”为主要内容的“安全生产周”活动。加快特大事故的结案复核工作，1994年，共受理特大事故9起，结案6起，结案率达66.6%。

八、积极推进劳动制度区域性综合配套改革试点，努力构建新型劳动体制

1992～1994年，江西省积极推进劳动、工资、社会保险制度改革，取得较好的效果。1994年，为了将劳动制度改革由单项推进向综合配套发展，江西省在认真调查研究，广泛征求意见，参考外省经验的基础上，结合学习、贯彻《劳动法》，经省政府同意，下发了《关于劳动制度区域综合配套改革试点的指导意见的通知》。为了做好配套改革工作，江西省于1994年选择鹰潭市、宜春地区、昌北开发开放区为试点单位，要求其他9个地市在年底前选择1～2个县、市、区进行试点。到1994年底，鹰潭市和宜春地区的综合配套改革方案经批准已正式实施。

九、认真学习、宣传《劳动法》，加强劳动法制建设

《中华人民共和国劳动法》颁布后，江西省各级劳动部门在党委、政府领导下，及时将工作中心转移到学习、宣传、贯彻《劳动

法》上来，按照劳动部的统一部署，结合本省实际，扎扎实实地开展学习宣传工作。江西省成立了学习、宣传、贯彻《劳动法》的专门机构，具体负责全省学习宣传工作。省劳动厅与省委宣传部、总工会、司法厅、省普法领导小组办公室联合下发了《关于认真学习宣传〈中华人民共和国劳动法〉的通知》，将《劳动法》列为全省“二五”普法重点，及时召开全省学习宣传动员会进行部署，举办《劳动法》培训班，对全省劳动系统和企业劳资干部进行了系统培训。还开展了咨询服务日、宣传周、《劳动法》知识竞赛等活动，认真做好政策法规的清理工作，对不符合《劳动法》的政策文件予以废除，为《劳动法》在全省顺利实施创造了条件。

虽然，江西省劳动工作取得了一些成绩，但是，工作中还存在一些问题，面临不少困难。一是就业压力不断加大。城镇新成长的劳动力呈上升趋势、农村剩余劳动力跨地区流动的势头强劲、国有企业富余职工安置任务重，就业形势非常严峻；二是社会保险制度改革难度很大，基金收缴、支付和管理工作面临诸多困难，企业改革对社会保险工作的要求日益强烈；三是停产、半停企业数量居高不下，部分企业职工基本生活出现困难，一些外商投资企业、私营企业不遵守劳动法律、法规，机关与企业在养老待遇上差距拉大等等，致使劳动关系中存在一些不稳定因素；四是企业工资的正常增长机制发育不全，工资分配的约束机制乏力，在工资分配上地区之间、所有制之间、企业经营者与职工之间差距拉大；五是一些企业重生产、轻安全的思想仍然突出，安全生产投入不足，忽视安全生产的情况时有发生，严重危害了职工生命安全和身体健康，甚至给国家造成了重大损失。这些，都有待于在今后的工作中予以解决。

（江西省劳动厅　张勇）

山东省

1992～1994年，山东省各级劳动部门在党的十四大精神指引下，按照把劳动工作的基点转移到适应社会主义市场经济体制上来的要求，更新观念，转变职能，全面深化以市场经济为取向的劳动体制改革，各项工作都取得了新的进展。

一、劳动力市场发展迅速，市场就业的格局基本形成

1992年至1994年，山东的就业工作从改革、发展、稳定的大局出发，大力培育和发展劳动力市场，深化就业制度改革，促进劳动力资源的开发利用和合理配置，三年共安置60万人就业，失业率一直控制在3%以内，保持了就业局势的稳定，逐步形成了国家政策指导下的市场就业新格局。

（一）初步建立起劳动力市场机制

全省认真贯彻“国家政策指导下的市场就业”方针，以培育和发展劳动力市场为中心，推进了就业制度改革，扩大了就业领域。山东省人民政府对培育发展劳动力市场非常重视，1993年，下发了《山东省人民政府批转省劳动厅关于加强培育和发展劳务市场的意见的通知》，对推动全省劳动力市场的培育和发展起到非常重要的作用。省劳动部门根据发展社会主义市场经济的要求，加大了就业制度改革的力度，在就业政策、渠道、形式、范围、重点和职能上实行“六个转变”，全省基本上形成了企业自主用工、个人自主择业、主体双向选择、市场竞争就业的新局面，为转换企业经营机制和劳动者自主就业创造了条件。在全省安置城镇失业人员60万人中，通过劳动力市场双向选择实现就业的占80%以上。

（二）就业结构日益合理

为了调整就业结构，各地采取各种措施和舆论导向，鼓励和引导城镇失业人员到非国有经济和第三产业就业。人们的就业观念有了很大转变，等待国家分配的思想发生变化，从事临时工、季节工、钟点工的人员明显增多，失业职工不等政府安置而自谋职业人数明显增加，用工形式越来越灵活。三年来，全省非国有经济吸纳城镇失业人员达40万人，占安置总数的67%。1994年仅淄博市就有1万多城镇失业人员到乡镇企业就业。

（三）实行了城乡就业统筹

省委、省政府把对农村劳动力的开发利用作为大事来抓，组织了农村劳动力就业调查和农村劳动力就业试点。1994年，山东省人民政府批转了省劳动厅《关于开展东西部就业扶贫，促进我省社会经济稳定发展的报告》。全省12个市地结成就业扶贫对子，实行东西部劳动力统一调剂，实现了从救济式扶贫向开发式扶贫转变，解决了经济欠发达地区就业难点问题。通过农业综合开发，发展高产、高效农业，加强农村基本建设，大力发展乡镇企业，加快小城镇建设，引导农村劳动力就地转移。各级劳动部门将农村劳动力的开发列入日程，统筹规划，积极组织多种形式的劳务合作和劳务输出，向国外、省外输出600多万人次。全省普遍实行了农民进城务工许可证制度，并对企业未经批准使用的农村劳动力清理整顿。

（四）劳动就业服务体系建设得到加强

各级劳动部门把加强就业服务体系建设，作为培育和发展劳动力市场，拓宽就业领域的一项根本性措施，进一步完善了职业介绍、就业训练、失业保险和劳服企业四大支柱的建设，并取得了显著成绩。一是职业介绍机构发展迅速。全省投资2000多万元，建起县以上职业介绍所（中心）151所，80%的配备了微机，10%安装了大型电子显示屏幕，专职工作人员达800多人，基本上实行了“一条龙”服务。全省建起乡镇劳动服务站2040个，民办职业介绍所发展到300多个，形成了纵横交错，城乡一体的职业介绍网络。二是就业训练工作稳步发展。1994年，省政府下发了《关于加强就业训练工作的通知》，扩大就业训练范围，加强对各类训练工作管理、指导、监督和服务。全省建起训练中心131所，三年共培训各类人员50万人，培训就业率达90%以上。三是失业保险工作取得突破性进展。失业保险把扩大保险范围，支持企业深化改革，促进失业职工再就业作为重点。1992年12月，山东省人民政府出台了《山东省职工待业保险办法》，进一步完善了失业保险制度。1994年底，全省3万个企业600万职工参加了失业保险，建立生产自救基地125处，转业训练中心131处。全年共收缴失业保险金3.8亿元，向1500多个企业提供扶持资金2亿元，为10万失业职工、105万困难企业职工发放救济金1.2亿元。1994年，又在青岛、淄博、烟台三城市进行“再就业工程”试点，全省10万失业职工和企业富余职工重新就业。四是制定优惠政策发展劳服企业。1992年，山东省人民政府批转了省劳动厅《关于进一步巩固发展劳动就业服务企业的报告》，为劳服企业发展创造了条件。全省开展了评选“百家明星企业”、“百家优秀企业家”的活动，进行“百家股份合作制试点”、“百家劳动制度改革试点”，扶持发展“百家出口创汇企业”，促进了劳服企业发展。1994年7月组团到北京参加全国劳服企业15周年成果展，并获得一等奖。全省劳服企业已发展到8972家，从业人员36.3

万人。三年累计安置52.7万人，产值229亿元，实现利税18.2亿元。就业服务工作的积极开展，为市场就业机制的形成和发展创造了良好条件。

二、适应市场经济发展，搞好劳动工资宏观调控

1992年，经劳动部批准，山东省实行弹性劳动工资计划。三年来，结合山东省的实际,坚持适应和促进社会主义市场经济发展，以市场为基础、计划为指导，以建立健全“弹挂一体”、分级分类管理的劳动工资宏观调控体系为重点，认真组织实施弹性劳动工资计划，较好地处理了培育市场机制和加强宏观调控的关系，在国民经济持续发展的形势下，基本实现了职工总量和工资总量增长同国民经济发展的比例协调。

（一）全面实行工资总额弹性计划，建立分级弹性调控机制

在1992年普遍实行职工人数弹性计划的基础上，1993年2月省劳动厅印发了《关于工资总额调控有关问题的通知》、《关于印发工资总额弹性计划实施意见的通知》,确定从1993年起，省、市（地）、县（市、区）分级实施工资总额弹性计划，改“两弹”（职工人数弹性计划和工资总额弹性计划）为“一弹”,通过实施工资总额弹性计划间接调控职工总量，调控的范围为地方国有企业和县以上集体企业。1994年，调整了工资总额弹性计划的相关经济指标，调控范围扩大为地方国有企业、城镇集体企业和其他类型企业。到1994年，全省已建立起省、市（地）、县（市、区）三级调控机制。实行劳动工资弹性计划的三年间，地方属企业（地方国有和集体企业）非农国内生产总值工资含量从1991年的7.9%下降到1994年的5.6%，职工平均工资年均增长19.2%，扣除居民消费价格增长指数实际增长2.8%，低于同期城镇劳动生产率增长幅度（18.1%）。

（二）在弹性计划范围内，坚持“两低于”原则，实行“弹挂一体”，对企业工资总额实行了分类调控

1. 坚持按劳分配和效率优先、兼顾公平的原则，推行并逐步完善工资总额与经济效益挂钩办法。1993年，省劳动厅、财政厅联合印发了《关于印发〈山东省企业工资总额同经济效益挂钩〉的通知》，对工资总额与经济效益挂钩办法进行全面改进，全面实行“总挂总提”；工资总额全部在成本（费用）中列支，取消挂钩工资外的一切单项奖；效益工资提取实行“上不封顶、下不保底”，取消“分档限额提取”和“80%保底”；用企业主要经济效益与全省同行业平均水平的比较，调整企业挂钩浮动比例等。1994年，为进一步解决挂钩工作中存在的“鞭打快牛”的问题，确定将企业应核定工资总额基数的30%，根据企业主要经济效益指标与全省同行业平均水平的比较，重新核定。截至1994年末，全省地方属企业实行工资总额与经济效益挂钩办法的企业12769户，职工347.7万人，占全部企业职工总数的68.8%。

2. 积极进行企业自主确定工资总额试点。1993年，省劳动厅印发了《关于进行企业自主确定工资总额试点的通知》,当年选择了36户经营管理基础较好、工资税利率在200%以上并实行全员劳动合同制的企业,实行在“两低于”的前提下，企业自主确定工资办法。1994年，在总结试点企业经验的基础上，省劳动厅、财政厅联合印发了《关于做好企业自主确定工资总额试点工作的通知》，稳妥扩大了试点范围。截至1994年底，全省进行自主确定工资总额试点的企业85户、职工18.7万人。试点企业职工平均工资6150元，比上年增长35%，按实提工资计算的工资税利率为246%，高于核定基数（206%）40个百分点。

3. 参照工资总额与经济效益挂钩办法思路，加强对未挂企业工资调控。1994年，省劳动厅、财政厅联合印发了《关于未实行工

效挂钩企业工资总额管理有关问题的通知》，参照工效挂钩思路，规范了新建、长期亏损等暂不能实行工效挂钩企业的工资总额调控管理，实行依据其经济效益分类核定工资总额、企业自主使用办法和新建企业立户制度。1994年，全省地方属企业中，未实行工效挂钩办法的企业13124户、职工139万人，占全部企业职工总数的27.5%。

4．适应企业经营机制转换，区别不同经营方式，搞好工资总额调控。对实行股份合作制，“国有民营”或“公有民营”、仿外资企业经营管理的企业，在坚持“两低于”原则的前提下，分别确认工资总额等调控方式，通过加强监督指导，引导企业搞好工资分配。

（三）加强城乡劳动力统筹，控制适度的城镇失业率

1993年，省劳动厅印发了《关于招用农村劳动力审批问题的通知》，重申和明确了城镇单位招用农村劳动力的范围、审批权限和管理程序，实行根据城镇劳动力供求状况，采用指标和政策双控的办法，调控农村劳动力进城总量。为搞好城乡劳动力统筹，1993年，省劳动厅选择了5个不同特点的市、地，进行了城镇劳动力供需调查和预测，为计划编制和宏观决策提供了依据和参考。1994年针对城镇单位招用农村劳动力增加、城镇失业率上升的情况，省劳动厅与财政厅联合印发了《关于开展清退私自招用农村劳动力安置困难企业职工工作的通知》，决定在全省范围内开展监督检查，对私自招用农村劳动力的进行清理和经济处罚，鼓励接纳困难企业职工。

（四）加强工作制度建设，规范运作，保证宏观调控机制正常运行

为了更好地适应新时期宏观调控的要求，1992年，省劳动厅同中国人民银行山东分行联合印发了《关于统一制发〈工资基金使用手册〉的通知》，把以事前控制为特征的《工资基金管理手册》改为《工资基金使用手册》，强化企业季度、年度工资总额提取使用的审核监督，并与年度工资基金清算工作紧密结合。为保证弹性劳动工资计划的贯彻落实，从1993年起，建立了弹性计划运行检测和综合考核制度，加强了对计划执行情况的检查考核工作。1994年，省劳动厅印发了《关于建立劳动事业发展计划编制制度的通知》，通过建立省、市（地）、县（市、区）逐级定期编制劳动事业发展计划制度，加强了宏观预测和综合规划工作。同时，重视加强统计信息工作建设，从1992年起，建立劳动信息发布制度，每月提供国民经济主要指标及劳动工资统计资料，每季度提供统计分析材料，每年发布劳动事业发展公报和行业主要经济效益指标。这些工作，促进和保证了宏观调控的健康运行。

三、社会保险事业在改革开放中稳步发展

（一）山东省人民政府决定建立全省社会保障体系

根据山东省开展社会保障工作的实际情况，按照国务院规定的劳动、民政、人事部门关于开展社会保险工作的职责范围划分，在充分调动地方和有关部门工作积极性的基础上，以适应建立社会主义市场经济体制的要求为指导思想，1994年3月，省人民政府决定山东省的社会保障体系建设遵照“三马一车”、分工负责、各司其职、各得其所、“三池蓄水”、“四个统一”、全程服务、国泰民安的基本原则来进行。一是统一对社会保障体系建设的领导。省、市（地）、县（市、区）分别对本辖区的社会保障工作实行统一领导和协调，将劳动、民政、人事部门分别运作，变为劳动、民政、人事和有关方面、有关部门统一协调的“三马一车”运行机制。二是统一政策。根据全省经济发展水平和各方承受能力，针对城镇企业职工、农民和机关事业工作人员的不同特点、不同情况，对企业劳动保险、农村社会养老保险、机关事业

单位社会保险分别制定相对统一的缴费比例、发放标准等政策。三是统一运筹。三部门对各自的保险金实行自收自支，形成“三池蓄水”，大数留在县、市，小数交省统筹；劳动、民政、人事部门筹集的保险金分别不同情况统一纳入县、市（地）、省财政预算外专户储存，在确保支配权不变、及时支付和保值增值的前提下，由财政部门充分利用时间差、行业差、地域差统一运营，支持地方经济发展。四是统一监督。劳动、民政、人事部门所有保险金都要接受协调委员会及财政、审计部门的监督，严禁挪用、浪费和流失。财政部门要定期向社会保障体系建设协调委员会报告资金运营情况。

（二）扩大养老保险的覆盖面，对城镇县以下的集体企业、私营企业职工和个体劳动者实行社会养老保险制度

为保障城镇县以下集体企业、私营企业职工和个体劳动者退休后的基本生活，促进劳动制度深化改革，根据国家和省的有关规定，1994 年 4 月，省劳动厅、工商行政管理局、税务局、总工会联合下发了《关于城镇县以下集体企业、私营企业职工和个体劳动者社会养老保险试行意见》，要求各市地按照试行意见，结合当地实际情况，制定具体的实施办法。在试点的基础上，总结经验，逐步推开。省里确定滨州和临沂两个县级市作为试点市，直接抓这项工作的落实。

（三）改革基本养老金计发办法

在实现我省国有、集体企业职工退休费用以地、市为单位统筹以后，为了适应转换经营机制和劳动、工资制度改革的需要，深化养老保险制度改革，根据公平与效率相结合、权利与义务相一致的基本原则，1993 年 5 月，山东省决定改革基本养老保险金计发办法。基本养老金由两部分组成：第一部分，以职工退休时上一年月社会平均工资为基数，按照缴费年限长短计发。缴费年限满 15 年的，按 20%计发；满 5 年不满 10 年的，按 15%计发。第二部分，缴费每满一年，发给职工本人指数化月平均缴费工资的 1.4%。职工到达退休年龄，缴费不满 5 年的不享受退休待遇。缴费每满一年，可一次性发给职工本人指数化月平均缴费工资两个月的生活费。职工本人缴费工资在全省上一年月社会平均工资 2 倍以上部分，不缴纳基本养老保险费，也不列入计发第二部分基本养老金的基数。职工本人缴费工资低于全省上一年月社会平均工资 60%的，按全省上一年月社会平均工资的 60%缴纳基本养老保险费。至 1993 年底，改革的县（市、区）数已达 59 个，占全省县（市、区）总数的 1/3 强。

（四）建立基本养老金正常调整机制

为保障企业离退休人员的生活，补偿物价上涨，适当分享社会发展成果，根据国家有关规定，经省政府同意，1994 年 8 月山东省劳动厅决定从 1993 年起建立企业离退休人员基本养老金正常调整机制。调整的原则是：城镇企业离退休人员基本养老金的调整，每年根据全省上一年职工平均工资增长率和城镇居民消费价格总指数变化情况确定，全省上一年职工平均工资和城镇居民消费价格总指数增长时，基本养老金适当进行调整；出现负增长时，基本养老金不予调整。1993 年按本人月基本养老金的 10%进行调整，其中 1993 年 9 月底以前离退休、退职的人员，从 1993 年 10 月起执行；1993 年 10 月 1 日至 12 月 31 日离退休、退职的人员，从其领取离退休金、退职生活费之月起执行。1994 年按本人月基本养老金的 11%进行调整，从 1994 年 7 月 1 日起执行。

四、职业技能开发事业深入发展，各项运行机制初步建立和完善

1992 年至 1994 年，全省职业技能开发事业取得较快发展，参加技术等级培训、岗位培训、学徒培训、技术职务培训等各类职业技能培训的技术工人由 1340 万人次增加到 1620 万人次，经过职业技能考核获得劳动

行政部门颁发的技术等级证书的人数由83.26万人增加到135万人，累计有2.4万人被聘任为技师，93人被评为高级技师。技工学校到1994年底达到310所，在校学生总数为16.6万人，教职工接近4万人。全省技工学校校办企业发展到512个，生产经营总额达到5.56亿元，创利润3880万元。

为使职工中的竞争机制和激励机制更趋完善，充分调动他们学习与生产的积极性，劳动部门会同有关部门和企业主管部门，在企业、基层继续组织、开展了群众性的岗位练兵和技术比赛活动。1993年，省劳动厅、省总工会、团省委等10部门，认真组织了首届中国青年奥林匹克技能竞赛山东省选拔赛，全省约有20万名22岁以下的青年技术工人参加了练兵和基层选拔活动，120多名选手参加了省级选拔赛，10名选手参加了全国决赛，有5人跻身全国前十名，分别获得了抹灰工第一、第二名；木模制作第五名；车工第七、九名，团体总分名列全国第五名。

1994年，山东省建立了职业技能鉴定体系，制定了鉴定实施办法，鉴定所规程等配套文件，有7个市、地建立了职业技能鉴定中心，全省建立职业技能鉴定所42个。同时，针对社会上乱办班、乱收费、乱发证的现象，加强了技术等级培训、考核的综合管理，在全省范围内对社会举办的职业技能培训班进行了清理、整顿，全省已清理出不合格的“三乱”单位32个，对114个符合条件的办学单位予以认可。

从1993年开始，在全省范围内开展了技工学校评估验收工作，经过学校自评、市地复评、省组织验收、省（部）级重点学校评估等几个阶段，分别由省或市、地劳动行政部门确定出省（部）级重点技校33所（省政府批准公布）、一类技校33所、二类技校104所、三类技校53所。经劳动部组织的评估验收，有15所技工学校被评为首批全国重点技工学校。同时，在全省技校毕业生中实行了毕业证书和技术等级证书的“双证”制，1994年全省4.4万名毕业生参加了技术等级考核，四级工合格率达到80%以上。

五、劳动争议处理工作日趋规范化、法制化

（一）妥善处理劳动争议，保障劳动关系双方的合法权益

1992～1994年，全省各级仲裁机构共受理劳动争议案件6413起，其中正式立案3009起，结案2853起，结案率为94.8%。其中，调解结案的1498起，占52.5%；采用裁决方式结案的215起，占7.5%；其他方式结案的1140起，占40%。从处理结果看，企业胜诉的829起，占29%；职工胜诉的1207起，占42.3%；企业和职工部分胜诉的817起，占28.7%，上诉到人民法院的58起。集体劳动争议158起，涉及职工10063人，件均人数63.7人。劳动争议呈现以下几个特点：一是案件总数逐年增加，1992年比1991年增加27.4%，1993年比1992年增加43%，1994年比1993年增加216.6%。二是集体劳动争议案件也呈上升趋势，1994年比1993年增加95起，上升452%；涉及人数上升815%。三是外商投资企业劳动争议案件逐步增多，1994年比1993年多受理33起，涉及人数增加5135人。四是职工胜诉比例高于企业胜诉，1994年职工胜诉的比例比1993年增加了14个百分点，而企业胜诉比例下降37个百分点。

为提高办案质量，1993年各市、地采取自查、互查、抽查等方式，对劳动争议案件处理情况进行了全面认真的评议和检查，有的市、地组织了现场观摩和办案经验交流，初步规范了办案的程序、方法，并提高了办案质量和能力。针对集体劳动争议呈上升趋势的问题，及时印发了《预防和处理集体劳动争议和罢工事件问题的通知》，建立了集体劳动争议和罢工事件信息报告制度，总结规范了处理集体劳动争议和罢工事件的程序、原

则、职责和方法，较好地预防和处理了集体劳动争议，维护了企业和社会的稳定，赢得了职工群众的拥护和赞誉。

（二）劳动合同管理和劳动合同鉴证

为建立健全劳动合同管理制度，维护用人单位和职工双方的合法权益，保障正常的生产（工作）经营秩序，依据国家有关劳动法律、法规规定，1993年，山东省劳动厅、财政厅联合发出《山东省劳动合同管理试行规定》。《试行规定》对劳动合同的签订、鉴证和履行，变更、解除、终止和续订，无效合同的确认，劳动合同的违约责任和争议处理，以及监督管理都作了明确的规定，是我省第一个关于劳动合同管理的规范性文件。

各地在搞好劳动合同管理的同时，强化了劳动合同鉴证工作。1992～1994年，全省各级仲裁机构共鉴证各类劳动合同338万份，纠正违约合同、无效合同，督促补缴两项基金、补发工资性补贴等共26万起，补签合同20余万份，保护了劳动关系双方的合法权益，有效地预防了劳动争议的发生。

（三）劳动争议处理机构基本建立健全，并造就了一支素质较高的干部队伍

全省17个市、地，140个县（市）区成立了仲裁委员会及其办事机构，配备专职仲裁干部424人，兼职仲裁干部136人，全省15831家国有企业和县以上集体企业的90%成立了劳动争议调解委员会。

为了适应劳动争议处理工作的需要，全省各级劳动部门还加强了仲裁干部和企业调解人员的培训。三年间，省劳动厅举办专职仲裁干部培训班4期，培训仲裁干部348人。目前在仲裁工作岗位上的专职仲裁干部的97%取得了省颁发的仲裁员资格证。全省举办调解干部培训班449起，培训企业调解人员36342人。通过培训使全省的仲裁干部和企业调解人员既熟悉了劳动法律、法规，又掌握了司法办案程序、法律知识，提高了办案水平，从而保证了全省劳动争议处理工作的顺利开展，协调了劳动关系，维护了社会稳定。

六、依法实施职业安全卫生监察

（一）依法开展职业安全卫生监察

1. 依法实施伤亡事故监察。(1) 落实新的职工伤亡事故统计报告制度。劳动部、国家统计局颁发了新的职工伤亡事故统计报告办法后，山东省首先在经济发展较快市、地实行新的职工伤亡事故报表制度，然后总结经验，于1993年12月举办了全省非矿山伤亡事故统计人员培训班，进而在全省正式实行了新的统计报表制度。同时，为了及时、准确地掌握职工伤亡事故情况，山东省进一步完善了伤亡事故信息快报制度，要求各市、地对死亡事故要在24小时内报到省劳动厅，并在月报表时附一张死亡事故登计卡，以便详细了解事故情况，分析各个时期发生事故的规律，制定防范措施。(2) 严肃事故处理。对于发生死亡3人以上重大死亡事故，省劳动厅都要派人到事故现场，了解事故经过，帮助查找原因，督促对事故责任者严肃处理。例如1992年5月26日，巨野县供销联社农副产品公司恒温库发生一起蒜薹货架倒塌事故，造成10人死亡、2人重伤、10人轻伤，直接经济损失251384.61元。经过调查分析，这起事故是由于企业未执行新建项目劳动安全卫生“三同时”，忽视安全管理，盲目指挥，违章作业造成的。在省督促下，事故责任者受到相应处分，其中主要责任者被追究刑事责任。

2. 加强“三同时”管理。为保证《山东省建设项目劳动安全卫生暂行管理办法》的有效实施，进一步加强生产性建设项目职业安全卫生“三同时”管理，省劳动厅与省财政厅联合颁发了《山东省建设项目劳动安全卫生暂行管理办法处罚细则》。《细则》规定，对建设项目违反“三同时”、劳动安全卫生设施质量达不到要求，将有毒有害产品生产项目外包扩散给其他单位和个人，削减劳动安

全卫生设施或技术措施，挪用劳动安全卫生设施和技术措施投资的单位和个人，都要给予经济处罚。为使处罚规范化、制度化，省劳动厅又下发了《关于印发〈山东省建设项目“三同时”监察通知书〉的通知》，对全省的“三同时”监察通知、监察委托和监察罚款等事项统一规定，从而使“三同时”工作更加完善。三年中全省共对21382项生产性建设项目按规定实施了“三同时”审查验收，对存在的问题，劳动部门根据实际情况，提出了整改意见和改进措施。1992年提出增补项目226项，增补资金548万元；1993年提出增补项目195项，增补资金7429万元；1994年提出增补项目370项，增补资金7390万元，有效地保证了职业安全卫生设施在生产性建设项目中与主体工程同时设计、同时施工、同时投入使用。

3. 开展起重机械（电梯）安全认可工作。为保证起重机械（电梯）在安装维修时做到安全可靠，减少事故的发生，根据劳动部要求，颁发了《山东省实施〈起重机械安全监察规定〉细则》、《山东省起重机械安装、维修单位安全认可暂行办法》等规定，在1991年试点的基础上，1992年在全省正式开展起重机械（电梯）安装、维修单位安全认可工作。到1994年底为止，先后对济南等16个市地184个单位进行了审查，其中有164个单位取得了《安全认可证》。通过安全认可，进一步加强了起重机械（电梯）安装维修单位的管理，提高了安装维修质量，保证了安全生产。

4. 加强防护用品管理。1992年，省劳动局、省财政厅、省社控办联合颁发了《山东省职工个人劳动防护用品发放标准》、《山东省职工个人劳动防护用品发放、使用、管理办法》，使全省职工个人劳动防护用品的发放、使用和管理工作走上规范化、制度化的轨道。同时，为了加强特种劳动防护用品的管理，省劳动厅会同省技术监督局，对全省生产特种劳动防护用品的企业进行了资格审查。经过劳动部批准，到1994年底为止，有73家企业79个产品取得了生产许可证。省劳动厅会同省技术监督局还颁发了《关于整顿安全网生产、销售、使用秩序的通知》，要求各市地对安全网生产、销售、使用单位进行一次检查、整顿，整顿面不小于50%，对不用或超期使用安全网的单位进行处罚，对违法生产、销售的单位予以行政、经济、法律等处罚。

5. 开展粉尘危害和有毒作业分级，促使企业改善劳动条件。根据劳动部要求，制定颁布了《山东省实施〈粉尘危害分级监察规定〉细则》、《山东省实施〈有毒作业危害分级监察〉细则》。首先在部分工业较发达市、地开展了粉尘分级工作，其中济南、威海、淄博、潍坊等市、地进展较快。济南、潍坊举办培训班，系统学习分级技术知识和分级方法。济南对水泥、医药、粮食、二轻等行业进行了分级，检测水泥厂27个、扬尘点42个，获取848个粉尘浓度检测数据及174个粉尘游离二氧化硅分析样品；检测医药、粮食、二轻行业单位28个，扬尘点87个，取得粉尘浓度检测数据154个，初步掌握了这些行业的粉尘状况。威海市对18个有粉尘危害的企业和5个陶瓷企业进行了分级。部分市、地还把粉尘分级同劳动强度、劳动条件的测评以及岗位技能工资试点等工作有机地结合起来，较好地配合了“三项制度”改革。从1993年开始，在济南、济宁、淄博、青岛4市开展了有毒作业分级试点工作，对11个企业51个有毒作业岗位进行了检测分级，为全省进一步开展劳动条件和有毒作业分级工作提供了经验。

6. 开展职业安全卫生检测检验工作。三年中，全省共检测在用起重机20425台次、在用电梯6848台次、在用冲压设备720台次、厂内机动车辆25181台次、漏电保安器53847台次；检测粉尘作业点8122个、毒物测试点6049个；检测体力劳动强度分级点2470个、高温作业点1416个。为了使职业安全卫生检测检验工作在市场经济条件下健康发展，山东省制定颁发了《山东省职业安全卫生和矿山安全卫生检测检验收费管理办法》、《山东省职业安全卫生和矿山安全卫生检测检验收费标准》，使长期困扰检测检验工作发展的难题得以解决。开展了对市、地检测站和省属以上大型企业检测站资格认证工作，促使检测站向正规化方向发展。济南市劳动安全卫生检测检验站首先取得了劳动安全卫生检测检验资格认证；齐鲁石化公司、中国石化第十建设公司和胜利石油管理局劳动安全卫生检测检验站取得了企业劳动安全卫生检测检验自检资格认证。先后举办了劳动部门起重机械、厂内机动车辆、电梯和职业卫生检测检验人员培训班，向考核合格者颁发了检测检验员证书，使市、地劳动部门检测检验人员持证上岗率达到80%以上；举办了企业起重机械、电梯、厂内机动车辆和职业卫生检测检验人员培训班，有164人参加了培训，向158人经考核合格者颁发了检测检验员证书，为企业自检资格认证打下了基础。

（二）开展职业安全卫生宣传教育，加强特种作业人员培训

为提高职工素质，增强全社会的安全意识，山东省采取多种形式做好职业安全卫生宣传教育工作。1992年，为配合全国“安全在我心中”演讲比赛活动，在各市、地开展演讲活动的基础上，省里组织13名选手进行了决赛，胜利石油管理局选手范志军获一等奖，参加了全国比赛。1993年，省劳动厅、省公安厅、省保险公司联合下发了《关于组织参加全国“安全生产知识竞赛”活动的通知》，全省各市地、各部门、各企业积极参与，有近20万职工参加了答卷。在全国评比中，省劳动厅等4单位荣获优秀组织奖，胜利石油管理局等3单位荣获集体优胜奖，齐鲁石化公司第二化肥厂等5单位荣获先进单位奖，另有51人荣获优胜个人奖。省劳动厅在组织各类安全培训班的同时，在1993年5月专门与劳动部职业教育培训中心联合举办了一期“职业安全卫生研讨班”，特邀美国、新西兰专家授课，全省15市地、4大企业的66名从事劳动安全卫生监察和管理的干部参加了学习和研讨。

山东省对现有特种作业人员已基本培训一遍。从1992年开始，在继续进行培训考核发证的同时，主要开展了特种作业人员复审工作。到1994年，全省共复审电工、焊工、起重司机、登高架设工、厂内机动车辆司机等5种特种作业人员147055人次，累计发证约33万人，使特种作业人员基本做到了持证上岗。为使特种作业人员培训发证更加规范化、标准化，省物价局、省财政厅联合颁发了《山东省特种作业人员安全技术培训、复审收费管理办法》和《山东省特种作业人员安全技术培训、复审收费标准》。根据劳动部《关于加强特种作业人员安全技术培训、考核管理工作的通知》要求，还开展了对承担特种作业人员自我培训单位的资格审查工作。经过严格审查，胜利石油管理局、济南铁路局被批准为自训单位。

（山东省劳动厅）

济南市

1992～1994年，济南市的劳动工作紧紧围绕社会主义市场经济体制建设这个中心，积极探索建立符合社会主义市场经济体制要求的新型劳动体制，不断加快改革步伐。按照转变职能、简政放权、强化调控、完善体系的基本思路，积极推进劳动领域的各项改革，为企业改革和发展创造了良好的外部环境。

一、劳动就业与劳动力市场

努力做好劳动就业工作，不断加快和完

善劳动力市场体系建设。1992年以来，济南市城镇就业压力较大，其原因是：1. 国家紧缩银根，经济过热的现象得到遏制，有些企业由于受大环境影响经济效益滑坡，富余职工增多。2. 择业者择业意识超前，苦、脏、累、险工种没人问津。3. 济南市所属部分县出现农业人口买地方城镇户口的现象，形成新的就业压力。

在新的就业形势面前，各级劳动部门不等不靠，积极创造条件，广开就业渠道。一是做好城镇待业青年安置，扩大安置范围，为用工单位提供优质服务。二是积极组织劳务输出，1992～1994年，向境外输出劳务100人，向外省、市输出劳务15万人（农村劳动力）。三是制定配套措施，健全社会养老保险制度，鼓励待业人员自谋职业。四是控制农村劳动力向城市流动，做到就地消化。五是大力发展劳动就业服务企业，使其发挥安置待业青年的"蓄水池"作用。1994年末，劳动就业服务企业发展到1100个，比1992年增加70个，年生产经营额5.8亿元，实现利税3700万元，从业职工2.5万人，比1992年、1993年有较大发展。虽然就业压力比较大，由于采取措施得力，待业青年在社会上没有挤成疙瘩。三年共安置城镇待业青年6.5万人，失业率控制在2.2%以内，1994年失业率控制在2.09%，圆满完成了市政府要求年安置2万人，失业率控制在2.2%以内的任务。

加强对劳动力市场体系和职业介绍机构的建设，使其发挥劳动力安置的媒介作用。1992～1994年的三年间，全市形成了以劳动部门11个职业介绍所为主、106个乡（镇）劳动服务站和150个民办劳务中介为补充的职业介绍服务网络。1994年，对市职业介绍所进行了扩建，成立了市职业介绍中心，场地扩大到500平方米。配备了大屏幕电子显示屏，实行"求职用工登记、办理招工手续、劳动合同鉴证、养老失业保险、审批使用农民临时工"的"一条龙"服务，建立了招工、求职信息库，为招工用人单位和求职者创造了良好的条件。

为规范劳动力市场，加强对各类职业介绍机构的管理，维护求职者的合法权益，保障劳动力市场健康发展，1994年，市劳动局、公安局、物价局联合下发了《关于加强非劳动部门劳务中介机构及零工人员管理》的通知，要求单位和个人开办劳务介绍所，必须经市劳动服务总公司批准，发给劳务介绍许可证，到工商部门办理营业执照。各劳务介绍所一律在区、县（市）职业介绍所内租赁摊位，挂牌营业。各区、县（市）劳动就业服务机构负责对职业介绍所进行业务指导，组织业务培训，进行监督、检查。

劳动制度改革有新的发展。1992年、1993年按照上级要求，加快了推行全员劳动合同制的步伐。到1994年底，全市实行劳动合同制的企业631户、职工20万人。企业户数和职工人数分别比1993年增长8.6倍和1.8倍。市一商、物资、医药、外贸、二轻、蔬菜、供销等系统的职工全部与企业签订了劳动合同。除亏损企业外，1994年底有条件的企业都推行了劳动合同制。在深化劳动用工制度改革中，大力创办新兴企业，为企业分流富余职工创造条件。1994年末，累计审批新兴企业205个，通过新兴企业安置的富余职工8865人。

二、职工工资与管理

加快岗位技能工资制改革步伐，不断完善企业内部分配制度。1992年，全市有1108户企业进行了企业内部分配制度改革。有9户企业、1.4万名职工进行了岗位技能工资制试点。各试点企业从实际出发，运用多种技术和切实可行的方法进行岗位劳动测评，内部分配搞活。在劳动部门核定的工资总额内，企业自主确定分配形式，使职工的收入与岗位挂钩，合理拉开一、二、三线职工的收入差距，较好地解决了按劳取酬这一分配原则，调动了一线职工的积极性。1994年，全市以岗位技能工资制为主要分配形式的改革扩大了覆盖面，实行岗位技能工资制的企业186户、职工17万人，分别比1992年增加了20.6倍和1.2倍。在部分企业推行了一等品计件工资、岗位工资、提成工资等多种分配办法。

工资总额同经济效益挂钩在市属各企业普遍推开，挂钩形式由单一的指标挂钩改为复合指标挂钩，挂钩形式26种，挂钩企业848户。在企业经济效益增长的前提下，工资总额增长，上不封顶，鼓励企业多创效益。

对企业工资总额继续实行宏观调控。1994年2月，会同市计划委员会编制了济南市1994年度、"九五"期间劳动工资计划和到2000年劳动工资长远规划。对工资总额管理进行了全面改革，主要内容是：完全按"两个低于"的调控原则和弹性计划的规定设计工资总额管理办法。企业在提取的工资总额内自主分配。逐步建立起"市场机制决定，企业分配自主，政府监督调控"新的工资管理体制。

1993年末，全市国有企业工资储备基金43004.9万元，1994年增加15559.4万元。结存最多的济南第二机床厂，人均7892元。由于坚持"两个低于"的调控原则，三年来，全市工资增长与经济效益增长保持比较合理的比例。

1994年，全市职工工资总额46.58亿元，比1993年增长42.4%。职工年平均货币工资4736元，比1993年增长42.5%，扣除物价上涨因素，实际增长14.7%。为保障职工的基本生活水平不降低，按照国家规定，1994年，对国有企业和县以上集体企业的在职职工和离退休人员进行了一次较大幅度的增资。在职职工人均月增资107.24元，离退休职工人均月增加退休费90元，从1993年10月补发。

三、社会保险与福利

1992～1994年，济南市社会养老保险制度改革迈出重要步伐。1991年10月，国有企业、县以上集体企业职工退休费用社会统筹实行市级统筹，扩大了资金调剂范围，增强了抵御风险的能力。在市级统筹的基础上，进一步扩大统筹覆盖面，出台了济南市《三资企业中方职工养老保险办法》、《县以下小集体、私营企业和个体工商户养老保险办法》。1991年10月在平阴县进行了"在职职工大病医疗费用社会统筹"试点，1992年正式运转，取得了良好的效果，得到企业特别是中小企业的拥护。山东省劳动厅在全省推广了这一经验。1993年，在章丘市实行了"职工工伤医疗保险费用社会统筹"，运转以来，效果较好，积累了经验。1994年1月1日出台了济南市《关于深化企业职工基本养老保险制度改革的意见》，使城镇职工不分所有制性质，不分用工形式，不管执行什么工资制度，养老保险实行统一的制度和办法。新的养老保险制度，改革了养老金的计发办法，实行养老保险费用国家、集体和个人共同负担，个人缴费按照本人月平均工资的3%缴纳，与贡献大小挂钩，体现公平效益原则，为进一步深化企业养老保险制度改革，探索了路子。1994年末，全市社会统筹单位1839个，职工56.7万人，离退休职工15万人。

离退休职工管理服务工作迈出新步伐。市及各区、县（市）都建立了离退休职工管理服务机构。1993年末，全市9处老年人活动中心建成并投入使用。有条件的企业也都建立了老年人活动室（中心），形成了网络，开展了丰富多彩的活动。

充分发挥失业保险基金的作用，变死钱为活钱，拿出部分基金支持国有大中型企业深化改革，调整产业结构，促进经营机制的转换。一是拿出部分基金，对有潜力的企业予以扶持，使其在安置富余职工解决劳动就业中发挥更大作用。二是对关停整顿企业中生活特别困难的职工予以一次性救济。三是通过转岗培训，帮助失业职工提高技术素质，创造再就业机会。1994年末，全市共有2357个单位、70万名职工参加失业保险。年末，累计接收失业职工2677人，重新安置就业952人，安置率36%。1993～1994年，累计为特困企业职工发放救济金1142万元，为稳定社会发挥了重要作用。

四、职业技能开发

深入开展职工技术培训和岗位练兵活动，全面提高劳动者素质。1992年，在全市开展了19个技术工种的比赛，有38684人参加，从中选出技术能手参加了全省第三届工人技术大赛，获得8项第一，11项第二，9项第三；2人获得“富民兴鲁”劳动奖章，6人获得“山东省新长征突击手”称号，荣获团体总分第一名的好成绩。1993年，组织参加了首届中国奥林匹克大赛，获得团体比赛省级第2名，国家级个人比赛第七名、第九名。企业技术工人培训工作抓得较紧，三年共培训技术工人19万人。1992年，为外交部外交人员服务局培训专业技术人员133人次，得到好评。成立了技师考评委员会，对企业技师考评工作进行严格管理，健全了考评制度。1994年，加强了对社会办学和各类技术培训班的管理。全年，有4万多人参加了各种类型的技术培训，颁发技术等级证书9291个。

对技工学校的办学体制进行了探讨和调整，使各类技校面向市场需求，长短结合办学，培养企业急需人才，闯出了新的办学路子，提高了社会效益和经济效益，增强了自我发展能力。

五、劳动关系与劳动监察

狠抓争议预防，确保劳动关系的和谐。社会主义市场经济条件下，特别是新旧体制交换的磨合期，企业在市场竞争中优胜劣汰；特别是有些企业遇到暂时困难，职工工资不能按时兑现。侵犯职工合法权益的现象时有发生。1992年，全市劳动争议案件38起，1993年83起，1994年166起，呈上升趋势。争议上访人数也有增加，1994年，接待争议咨询1270人次。对此，加强了劳动争议仲裁队伍的自身建设，举办多起培训班，提高仲裁质量和办案能力。仲裁人员深入企业调查研究，现场办公。强化劳动合同管理，增强企业和职工的合同意识，1994年，鉴证劳动合同108764份。劳动仲裁工作，在调节劳动关系方面发挥了积极作用。

六、安全生产与职业卫生

强化措施，常抓不懈，推动劳动安全生产工作向好的方向发展。1992～1994年，各级劳动部门认真贯彻“安全第一、预防为主”的方针，狠抓了劳动安全生产工作。一是理顺了各级安全管理部门的关系，各安全机构管理人员得到落实和加强；二是加强了舆论宣传，连续5年开展了“安全生产周”活动；三是对全市乡（镇）长及广大职工进行了安全生产知识考核，10万多人参加；四是加强了安全监察，每年进行“春、夏、冬”三季和节日期间的安全生产大检查，重点检查易燃、易爆、有毒有害、事故隐患较多单位和公共场所的安全；五是强化矿山安全治理整顿，遏制滥开乱采现象；六是狠抓在用锅炉、压力容器和特种设备的定期检验，连续三年定检率在98.8%以上；七是加强对特种作业人员定期培训、换证工作，坚持持证上岗；八是加强对粉尘危害治理，定期检测，控制粉尘危害和职业病的发生。存在问题是安全生产工作潜在隐患较多，安技经费投入不足，安全生产责任制有待进一步落实。

七、农村劳动力转移与管理

近几年，济南市乡镇企业发展较快，农村剩余劳动力基本能在当地消化，没有出现大批民工流入城市的现象。管理办法和措施：农村劳动力进城务工统一由劳动部门管理、下达计划。建委口管理、使用的农村建筑队伍，按照劳动部门下达的计划，根据全市的基建规模，掌握使用人数。一、二产业，郊外企业和“苦、脏、累、险”工种使用农村劳动力，由劳动部门审批。农村劳动力进城务工必须到市劳动服务公司办理“进城务工许可证”。针对有些单位私招滥拉农村劳动力的现象，1994年，各级劳动部门会同公安、工商、税务、财政、银行等部门，在全市进行了一次劳动用工大检查，对违犯劳动用工制度的单位进行了处罚，取得了效果。1994年，全市使用农村劳动力67262人。

积极组织农村剩余劳动力合理有序的转移。为帮助欠发达县发展经济，农村剩余劳动力统一由劳动部门组织输出，1992～1994年，共向外省市输出农村劳动力15万人，其中，市经济技术劳务合作公司输出500人。

（*济南市劳动局　王云南*）

青岛市

1992～1994年，青岛市劳动、工资、社会保险、职业培训、劳动安全卫生等各项工作，都取得了全面发展。

一、全面实行劳动合同制，确立用人单位和劳动者在劳动力市场的主体地位

1992年首先在青岛碱厂等18户大中型企业5万多职工中开始进行全员劳动合同制试点；3月份试点工作进一步扩大到全市各行各业、各区（市）的157户企业近15万职工。1993年9月市政府下达了《关于在全市企业实行全员劳动合同制，深化三项制度改革的通知》，到1994年底，在全市5299户企业89万职工中，有5024户83.8万人实行了劳动合同制，分别占企业户数和职工人数的95.2%、94、7%。50多万原固定职工签订了劳动合同，确定了用人单位与劳动者在劳动力市场的主体地位，这是十几年来我市劳动制度改革的历史性成果，标志着延续40多年的固定工制度已被破除，适应市场经济要求的新型用工制度已经基本建立。在企业内部打破了干部、工人的界限，消除了企业所有制界限，形成市场配置劳动力的竞争机制，解决了企业用工制度上“双轨”摩擦问题，为培育和发展劳动力市场，促进企业劳动力优化配置，实现劳动者与生产资料的最佳结合，加强企业管理奠定了基础。从第4季度开始，在调查研究完善劳动合同管理办法的同时，研究制定在少数企业选点试行集体劳动合同办法，规定了集体谈判程序、内容，开始在丝金时装有限公司、三美电机有限公司、日清食品有限公司等6家外商投资企业进行签订集体劳动合同试点。

二、完善职业介绍网络，建立城乡劳动力统筹安置的宏观调控体系

1992年为进一步落实企业用工自主权，规定企业从所在城镇的非农业人口中招收职工，在法定劳动年龄内，自主确定招工的时间、数量、条件和方式，自行组织考试考核，劳动部门不再下达职工人数计划和招工计划。对各县级市则实行了弹性劳动工资计划，按投入产出的综合经济效益指标，调控工资总量，间接调控职工人数。职工在市内5区和各市、崂山区、黄岛区、经济技术开发区范围内流动，由调入、调出企业协商一致直接办理转移手续。为方便职工就业，由市、区（市）建立的13个职业介绍所负责求职登记和职业介绍。近年来职业介绍机构发展很快，经过清理整顿，截止到1994年底，我市的职业介绍机构有劳动部门建立的13所（其中市劳动局筹建了一个营业面积1173平方米的职业介绍中心），行业部门建立的6所，社会团体、企业和私人建立的32所，进一步完善了职业介绍网络。为进一步规范劳动力市场秩序，建立了劳动力市场法规，加强了劳动力市场管理，规范了劳动力市场行为，开展了“一条龙”服务。1994年经市政府批准，发布了《青岛市职业介绍暂行规定》、《青岛市企业招聘职工暂行规定》、《青岛市城镇单位招聘使用外来劳动力暂行规定》和《青岛市企业安置富余职工办法》等，加强了城乡劳动力统筹安置的宏观调控力度。这三个暂行规定和一个办法，有区别有联系，相互促进，有效地规范了劳动力市场秩序。基本内容是：(1) 企业招聘职工简章，要经劳动部门审批后，才能向社会公布实施：(2) 城乡劳动力就业，必须持劳动部门签发的有关证件，进入劳动力市场办理就工手续；(3) 为实施"再就业工程"规定了优惠政策，企业招用失业职工，按招用人数从失业救济基金中给予资助等；(4) 企业使用外来劳动力，要严格按照规定的条件，经劳动部门批准，并与安置富余职工挂钩，互相制约；(5) 企业安置富余职工，在坚持企业安置为主，社会安置为辅的原则下，由企业、职工个人、政府三方共同负责，拓宽了安置渠道。

通过三个暂行规定一个办法的实施，总结和推广了市纺织总公司"优化资本结构、优化劳动力配置"（即双优工程）试点的经验，促进了富余职工的安置和"再就业工程"的实施，控制了外来劳动力的流量和流速，初步形成了加强城乡劳动力统筹安置的宏观调控体系，取得了明显的效果。三年来共介绍就业 49153 人，平均每年介绍就业达 16384 人。1994 年失业率控制在 1.90%。1994 年帮助 6922 名失业职工实现再就业，使再就业率由 1993 年的 20%提高到 48.2%。29897 名富余职工中，有 25946 人得到安置，占 86.8%。企业使用外来劳动力的临时工，由占职工总数的 10%减少到 8%。在实施"双困救助工程"中，1994 年建立了市、区（市）两级困难企业职工生活救助基金，对 483 户（次）企业 138012 名（次）职工实施了救助，救济金额 1610.8 万元，对保证职工队伍的稳定起了积极作用。

三、进一步深化工资制度改革

1992 年是认真落实企业工资分配自主权的一年。工资分配强调贯彻按劳分配原则，正确处理国家与企业、企业与职工的分配关系。在国家与企业的分配关系上，劳动部门进一步改进工资总量宏观调控办法，以工资总额同经济效益挂钩为主要形式，激励企业提高经济效益，促进平等竞争。全市实行"工效挂钩"办法的企业已达 1814 户、职工 61.3 万人，分别占全市市属企业户数的 85.1%和职工人数的 91.2%。对"工效挂钩"的企业，积极推行了以实现利税为主要指标的复合指标挂钩，增加辅助指标考核，劳动部门停止下达工资总额使用计划。在企业与职工的分配关系上，赋予企业更大的内部分配自主权，在核定的工资总额范围内，企业自主确定工资奖金的具体分配形式和办法，自主确定各类人员的分配比例关系。在按劳分配的基础上，积极推行岗位技能工资制试点。到 1994 年底已有 41 户企业 10 万职工实行了岗位技能工资制，大部分企业实行了工资、奖金实际发放与档案工资脱钩，按岗位差别、技能高低、贡献大小，适当拉开了分配差距。考虑到全市退休费计发办法没有改革，劳动部门仍暂审批基本工资增资指标。1992 年全市职工年人均工资达到 2970 元（其中国有为 3203 元，集体 2433 元，其他经济类型 3340 元），比 1991 年同期增长 16.33%，扣除物价上涨因素，职工实际工资略有增长。1993 年对企业工资总量继续实行分类调控，在原有"工效挂钩"的基础上，对 11 户实行股份制、工资利税率高于全省同行业平均水平的企业进行自主确定工资总额试点。对原"工效挂钩"的企业，进一步完善挂钩办法，增强了约束机制。企业内部分配强调搞活，分配结构和分配形式趋向多样化、合理化。在 5 市 1 区推行了弹性劳动工资计划，通过调控工资总额，间接调控职工人数，并努力做到"弹挂一体"。1993 年在综合分析我市近几年经济发展和职工工资水平的基础上，出台了增资政策，使全市职工年人均货币工资达到 3694 元（其中国有 3931 元，集体 3000 元，其他经济类型 4320 元），比 1992 年增长 24.38%，工资增长与国内生产总值的增长比例达到 1：0.758。1994 年继续加强工资总额调控的力度，继续完善“工效挂钩”办法，扩大了按“两低于”(企业工资总额增长幅度要低于效益增长幅度，职工的平均工资增长幅度要低于劳动生产率的增长幅度）原则，自主确定工资总额的范围，推行了弹性工资计划，强化了工资基金管理。主要抓了三个方面的改革：一是，选择了100户股份制、股份合作制、现代企业制度试点企业10万名职工，进行“两低于”试点，有效地增强了企业自我约束机制和激励机制，经济效率普遍明显提高，工资收入增长高于全市企业平均增长水平。全年企业非农国内生产总值工资含量为8.01%，比国家核定的9.79%低1.78个百分点，职工年人均工资水平达到5455元(国有5875元，集体4094元，其他经济类型6456元)，按可比口径，比上年工资增长39.6%，扣除物价上涨，实际工资增长10%。二是，研究制定了最低工资标准，市区企业确定在劳动者法定工作时间提供正常劳动的月工资为180元，县级市为150元。三是，研究制定了企业经营者年薪制试点意见，经营者的年薪标准以企业资产多少和经营效率好坏来确定，待报市政府审批后，组织实施。

四、社会保险制度改革取得突破性进展

1992年已经在全民企业、集体企业、外商投资企业养老保险全面实行社会统筹的基础上，实现了以青岛市为单位的离退休费用社会统筹，进一步增强了养老保险基金的社会调剂和保障功能。1993年全面实行了固定职工个人缴纳养老保险费，建立职工养老保险个人帐户制度，选择10个行业、385户企业进行基本养老金新的计发办法改革试点。1994年社会保险制度改革取得实质性进展，经市政府批准，发布了《青岛市城镇企业从业人员养老保险暂行规定》。新的养老保险改革方案正式出台实施，使养老保险的覆盖面向城镇各类企业的全体从业人员扩大，实现了各类企业统一缴费标准，基金统一调剂使用和管理，重新核定了企业缴费基数。1994年，收缴率保持在90%以上；参加投保的企业由3303户增加到3677户，提高了10%；外商投资企业由168户增加到359户，提高了114%。职工个人缴费由2%提高到3%，为70多万名职工建立了养老保险个人帐户。进行了企业补充性养老保险和个人储蓄性养老保险试点。全面实行了养老金新的计发办法。从1993年开始继即墨市之后在胶南市、市北区进行由社会保险部门委托银行代发退休金试点的基础上，1994年在胶南、莱西进一步扩大离退休人员社会化服务管理的试点。1993年青岛毛纺织厂破产后，492名离退休人员统一由社会保险机构进行管理。

1993年，为企业离退休人员增加离退休金，全市2627户企业的191768名离退休人员月增加1169万元，人均月增加61元，增长34.7%。其中全民企业人均月增加65元，集体人均增加53元。

职工医疗费用改革有了新的进展。1993年在台东区、沧口区进一步扩大大病医疗统筹试点，1994年市劳动局与财政局、卫生局联合下达了《青岛市企业职工医疗费报销办法》，由企业按职工年龄分段为职工建立医疗费个人帐户。由于新的办法规定医疗费报销与个人按一定比例负担挂钩，在许多企业收到了既保证职工的医疗，又节省医疗费开支的好效果，把职工的医疗制度改革向前推进了一步。

工伤保险改革开始起步。1993年起，按市政府《青岛市企业职工医务劳动鉴定暂行办法》对全市8000多名工伤、职业病致残人员进行了医务劳动鉴定，评定了伤残等级，为工伤保险改革打下基础。

失业保险发挥了重要作用。失业保险面逐步扩大，1993年由1992年享受失业保险的四种人，扩大到除劳教、判刑外的8种人，救济金最低标准由每人每月35元提高到85元。三年来共有20286名失业职工得到救济，共发救济金1071.75万元。其中1994年为8297名失业职工发放救济金628.7万元，用于扶持困难企业656.8万元。

五、职业技术培训制度改革取得新进展

1992～1994年根据市场经济发展的要求，全市办学实体有很大发展。1994年办学实体发展到132个，其中各类技工学校36所，年培训能力达到2万多人。三年来由于各级办学实体的积极努力，共有66900余人参加了技术培训，其中技工学校毕业生达到6007人，发放职业技能鉴定等级证书43380人，评聘技师935人。1992年、1994年举办两届近30万职工参加的工人技能竞赛活动。其中有658名选手获"市技术能手"称号，626名选手晋升一级工资，99名选手获得"市新长征突击手"称号。1994年重点加强了对培训实体和职业技能鉴定两个体系的建设，对全市培训实体进行评估整顿工作，提高了培训的质量。经过整顿组建了10个职业技能鉴定所，开展对高级技师进行评聘试点。到1994年底已有28个人被评聘为高级技师。

六、加强劳动立法和劳动监察工作，促进了职能转变

1992～1994年我市共出台地方劳动法规和政府规章16个，其中有10个与《劳动法》相配套。结合这些地方法规和规章，大张旗鼓地进行了《劳动法》的宣传活动，组织《劳动法》知识答卷，各级人大、政府的领导亲自走上街头进行《劳动法》知识咨询，各新闻单位积极配合，进行了大量的宣传报道，从而使我市的劳动工作开始步入了法制化轨道。

为了保证《劳动法》和地方劳动法规、规章的实施，1994年我们在依法行政的同时，建立了市、区（市）两级劳动监察机构，公布了14部群众举报电话，培训了100多名劳动监察人员，开展了全市劳动执法大检查。仅市劳动监察处就接待投诉举报案件2685件，督促企业整改1934件，处理结案率为72%。其中督促企业补办用工手续5816人，补签劳动合同21400份，补缴"两金"387万元，清退童工118人，取缔4个非法职业介绍机构。同时，加强了劳动争议仲裁工作，扩大了受理范围，全面实行了仲裁员、仲裁庭制度，以预防为主，提前介入，积极解决劳动争议案件，进一步和谐了劳动关系。1992～1994年分别受理案件266、539和895件，结案率分别达到95.48%、94.99%、96%。

七、加强劳动安全监察工作，安全生产形势稳定

1992年以来青岛市继续坚持"安全第一、预防为主"的方针，认真贯彻"企业负责、行业管理、国家监察、群众监督"管理制度，通过强化监察，推行安全生产目标管理和开展宣传教育，进一步降低了事故发生率，安全生产形势比较稳定。三年来，全市安全生产培训教育工作逐步规范化、制度化，培训各类特种作业人员、管理人员（含厂长、经理）20多万人次，1993年在全市范围内进行重大事故隐患排查，查出重大隐患62项。市劳动部门参与了对重大责任事故的调查处理，对7期死亡责任事故提出了处理意见。重点加强了对建筑、乡镇、外商投资和私人企业的劳动安全监察。全年培训、复审特种作业人员2万余人次，对211个建设项目进行了"三同时"审查。经过一年多的努力，把千人死亡率控制在0.03‰，重伤率控制在0.06‰，大大低于省政府下达的0.06‰和0.1‰的安全生产控制指标。1994年颁布实施了我市劳动安全卫生地方法规后，积极推行安全生产责任目标管理。市政府与各区（市）政府和36个企业主管部门签订了安全生产目标责任书，对排查的62项重大事故隐患进行了重点整顿，杜绝了特大、重大恶性事故的发生，伤亡事故比去年同期下降4%，死亡人数下降25.5%，重伤人数下降1.5%。1994年市劳动局安全监察处被青岛市人民政府授予全市党政机关唯一的先进集体荣誉称号。

三年来，我市的劳动工作在改革中取得了一定成绩，劳动体制区域综合配套改革初见成效。但也还存在一些问题，主要是各项改革发展不够平衡；《劳动法》和我市新出台的一些法规规章尚需进一步落实到位；整个劳动力资源供大于求，富余职工安置等一些“难点”问题有待认真研究解决。

（青岛市劳动局　卫道光）

河　南　省

1992～1994年，河南省劳动工资工作以邓小平建设有中国特色社会主义理论为指导，以市场经济体制建设为中心，以劳动制度综合配套改革为重点，狠抓了基本建设和改革开放，使劳动事业有了较大的发展。省劳动厅在河南省人民政府组织的年度目标管理和“焦裕禄杯”竞赛活动中，1993、1994连续两年被评为先进单位。

一、劳动制度综合配套改革

1992年，河南省委工作会议提出把三项制度改革作为企业内部改革的突破口。河南省劳动厅依据省委指示，制定了“试点引路、点面结合、分类指导、梯次推进”和“六位一体”（劳动计划、劳动用工、干部人事、工资分配、社会保险、职工培训综合配套）的改革总体思路，并在安阳、新乡两市进行了区域性综合配套改革试点，使各项改革相互渗透、相互联结、全方位推进，提高了改革的总体效果。1993年，是朝着建立社会主义市场经济体制目标迈进的一年，也是劳动体制实现转轨变型的一年。河南省各级劳动部门按照建立社会主义市场经济体制的要求，解放思想，更新观念，把工作的基点转移到市场经济上来，积极进行市场取向的劳动制度改革。河南省劳动厅下发了《关于贯彻〈全民所有制工业企业转换经营机制条例〉，进一步落实企业劳动用工、工资分配自主权的通知》，提出了放权基层、还权企业、搞好服务、转变职能的10项举措，并制订了62条具体实施意见，劳动制度改革迈出了新的步伐。1994年，劳动制度综合配套改革在整体推进的基础上，将试点范围由安阳、新乡两市扩大到焦作、平顶山、漯河、南阳四个市和林州、济源等20个县（市）。至1994年底，试点市、县（市）中已有5市、12县（市）出台了改革方案，企业三项制度改革进一步深化，劳动体制改革向综合配套推进。

二、企业工资管理

（一）工资管理体制。1992～1994年，河南省继续深化企业工资制度改革，初步建立了与社会主义市场经济体制相适应的企业工资管理体制。一是改劳动工资指令性计划管理为动态调控的弹性计划管理。1992年，在新乡、平顶山、安阳、开封四市地实行动态调控工资总额弹性计划；1993年，省对17个市、地普遍取消了指令性劳动工资计划，实行动态调控的弹性劳动工资计划，初步形成了“国家宏观调控、分级分类管理、企业自主用工”的新体制；1994年，在省对市、地普遍实行弹性计划的基础上，市、地对全省2/3的县（市）也实行了弹性计划，弹性计划的实施范围由地方国有企业扩大到地方全部企业，计算工资含量的经济指标由过去的非农国民收入改为非农国内生产总值。二是加强对企业工资总量的宏观调控。1993年，河南省政府办公厅下发了《关于认真贯彻国办发［1993］69号文件，加强企业工资总额宏观调控的通知》，明确规定：各种所有制和各种经营方式的企业，均应纳入工资总额宏观调控的范围。省政府批转了《河南省企业工资管理总体改革意见》，对企业工资的宏观调控、内部分配、职工工资的支付，以及工资争议的处理、工资分配的监督等方面在原则上和具体操作上作了较规范的规定。三是根据企业自我约束能力，对全省国有企业、城镇集体企业以及国有、集体股份占50%以上的股份制企业，区别不同情况分别实行工资总额同经济效益挂钩的办法、工资总额包干办法和“两率”调控工资总额办法进行宏观调控，以规范企业的分配行为。实行工效挂钩的地方国有企业户数及职工人数为：1992年，6895户，239.05万人；1993年，6756户，252万人；1994年，6739户，246.7万人，分别占国有企业总户数和总人数的81%和87%。

（二）岗位技能工资制。为加快推行岗位技能工资制，河南省劳动厅1992年制定了《河南省岗位技能工资制试点工作意见》，1993年制定了《关于推行岗位技能工资制有关问题的意见》和《关于积极推行岗位技能工资制的意见》，对推行岗位技能工资制作了具体规定。据统计，实行岗位技能工资制的企业户数和职工人数分别是：1992年133户，40万人；1993年2422户，118.7万人；1994年4229户，174.9万人。

（三）职工工资。全省职工工资总额及人均年工资情况是：1992年165.51亿元，人均2269元；1993年200.82亿元，人均2646元；1994年275.2亿元，人均3545元。其中企业职工工资总额及人均年工资情况是：1992年123.60亿元，人均2235元；1993年150.60亿元，人均2618元；1994年199.90亿元，人均3409元。

三、劳动就业与劳动力市场

（一）劳动就业。1992年，各级劳动部门把大力发展城镇集体经济、劳动就业服务企业、个体经济和私营经济作为就业安置的主要途径，全年共安置就业26.95万人，年末城镇失业率为2.8%；1993年，进一步广开就业门路，拓宽就业渠道，全年安置就业24.39万人，年末城镇失业率为2.36%；1994年，各级劳动部门贯彻“国家政策指导下市场就业”的方针，扩大就业安置，积极平抑就业矛盾，全年共安置就业27.6万人，年末城镇失业率为2.4%。在劳动就业工作中，狠抓了就业前培训，以培训促就业。就业前培训的情况是：1992年培训结业17.77万人，1993年培训结业14.8万人，1994年培训结业16.8万人。至1994年底，全省就业训练中心达130所。

（二）劳务输出。1992至1994年，省劳动厅把劳务输出作为振兴河南经济的一项重要战略措施，主动出击，拓宽领域，先后与两广、两湖、赣、贵、川、皖、新疆、上海等省、市、区建立了劳务协作关系，在省外、境外设立的劳务输出办事机构累计达70个。这些办事机构在收集劳务信息、扩大劳务输出、协调省际间劳务关系、加强河南劳务人员的管理服务方面发挥了积极作用。为规范劳务输出行为，加强劳务输出的引导，扩大省外、境外的劳务协作，河南省劳动厅制定了《河南省劳务输出管理暂行办法》，使劳务输出工作迈出了较大步伐。据统计，1992年全省劳务输出150万人次，1993年省外劳务输出333万人次，境外劳务输出3000多人次；1994年国内劳务输出577万人次，境外劳务输出7146人次。

（三）劳动力市场。为加快市场优化配置劳动力资源的进程，从1992年到1994年，省劳动厅提出要把劳动力市场建设作为劳动工作的重中之重，加快培育和发展劳动力市场，加强就业服务体系建设。一是加强了劳动力市场基础建设。市（地）级职业介绍服务中心按规范化要求已全部建成并投入运作，全省以劳动部门为主渠道建立的各类职业介绍机构达1182个，初步形成了面向城乡多层次的职业介绍网络。二是完善了劳动力市场运行规则。制定了《关于加强我省劳动力市场管理的意见》，下发了《关于实行职业介绍许可证制度和年度审验制度的通知》以及劳动力市场各种收费标准等规范性文件，加强监督和管理，规范市场行为，取缔非法劳务中介，使劳动力市场逐步走向制度化、有序化轨道。三是强化服务功能。劳动力市场实行全方位、多功能、"一条龙"服务，为用人单位和求职者一次性办完各种手续。

四、社会保险

（一）养老保险制度改革。一是推行企业补充养老保险。1992年，河南省劳动厅下发了《关于实施企业补充养老保险的若干意见》，当年全省即有100多家企业为约10万名职工办理了补充养老保险。二是实行职工个人缴纳基本养老保险费制度。1992年，下发了《关于企业职工实行个人缴纳基本养老保险费的试行意见》，当年即有15个市、地开展了个人缴费工作。至1994年底，此项工作已在全省全面推开，有14个市、地已规范为按职工个人工资收入的2%缴纳。三是改革基本养老金计发办法。按照劳动部的有关规定，1993年平顶山、漯河、郑州市的改革方案已相继出台，其他市、地为改革基本养老金计发办法进行了认真调查，测算并提出了初步方案。至1994年末，全省已有26116户企业单位（其中国有制企业17919户，城镇集体所有制企业8012户，其它所有制企业185户），在职职工4537739人、离退休人员740377人参加了社会养老保险。

（二）医疗、工伤、生育保险制度改革。3年中，这三种保险制度改革也有较大发展。至1994年底，全省已建立医疗保险医院12所、门诊部8所，有病床500余张及医疗保健专职人员600多人；参加医疗保险改革的企业达2892个，职工312871人。工伤保险制度改革已在全省8个市（地）、40个县（市）进行，参加企业6233个、职工872891人。全省已有27个县（市）出台了女职工生育保险改革试点方案，其中18个县（市）已经实施，参加企业有3083家。

（三）失业保险。失业保险制度改革加快推行。至1994年底，全省已有27294户企业、4282292名在职职工（其中国有企业21997户，职工3892936人）参加了失业保险；有14个市、地出台了地方失业保险规定；13个市、地实行了集体企业失业保险制度；9个市、地实行了个人缴纳保险费制度；3个市、地实行了失业保险市地级统筹。各级社会保险统筹机构大力宣传"失业保险金来源于企业职工，服务于企业职工"的宗旨，以发促收，加强失业保险基金的征缴工作。1994年全省共征集失业保险基金10640.8万元，首次突破亿元大关，基金征收率为95.9%；并为289750名失业职工足额发放失业救济金3169万元、医疗补助费120.2万元，保障了失业职工的基本生活，隐定了社会秩序。

五、职业技能开发

（一）技工教育。为适应社会主义市场经济的客观要求，1993年起对省属地方技校招生全部实行指导性计划，在招生制度上采取了一系列改革措施。即：一提倡（提倡多招委培生、定向生，促进培训与就业的结合）；两自主（省属地方技校招生计划自主、专业设置自主）；三放开（适当放开招生对象、招生年龄以及招收自费生的比例）；四加强（加强招生工作的监督检查，加强协调服务，加强对各种收费项目和标准的监督执行，加强对招生政策的宣传）。农村青年的招生数量逐年扩大，1992年是107人，1993年为3381人，1994年为3989人。技工学校数量：1992年是177所，1993年187所，1994年200所。经过评估，有15所技工学校被评为省部级重点技工学校，其中5所被向劳动部推荐为国家级重点技工学校。

（二）职工培训和技术等级考核。1992年，按照劳动制度改革的总体要求，遵循工人技术培训工作与劳动制度改革相结合的原则，指导开封、安阳市开展了考工晋级试点，使培训制度改革与岗位技能工资试点改革同步进行。在此基础上，制定了《河南省工人考核实施办法》，加强对工人培训、考核的指导。技师评聘工作，1992年采取了省对市（地）目标管理、对技术密集型企业实行评审指标比例倾斜政策和抓重点环节的做法。1993年起，省对市、地不再实行目标管理，由各市、地按有关政策自主决定高级工培训和技师评聘。

（三）社会化职业技能鉴定。按照国务院《关于大力发展职业技术教育的决定》和《工人考核条例》，积极稳妥地做好各类职业技术学校毕（结）业生的技术等级考核工作，组织了各类职业技术学校技术工种毕（结）业生的技术等级考核。据统计，1992年参加考核24677人，合格23973人；1993年参加考核22332人，合格20271人。1994年，河南省劳动厅制定了《河南省职业技能鉴定实施办法（试行）》以及与之相配套的四个文件，初步建立了职业技能鉴定社会化管理工作制度。至1994年底，全省共建立职业技能鉴定站（所）19个。省劳动厅还会同工商、新闻出版等部门联合印发了《关于加强对非学历教育各类职业技能培训班管理的通知》，实行职业技能培训许可证制度和职业技能培训广告审批制度，制止了乱办班、乱发技术等级证书等现象。

六、劳动关系与劳动监察

（一）劳动合同制度。1992～1994年，劳动合同制度有较大发展，实施范围由国有企业逐步扩大到其他所有制企业。1992年，省劳动厅制定下发了《河南省企业全员劳动合同制试点意见》。1993年，在全省推行全员劳动合同制的同时，重点抓了安阳、新乡、平顶山和虞城、卫辉、获嘉三县（市）区域性全员劳动合同制试点工作；从这一年开始，集体企业新招工人全部实行劳动合同制，外商投资企业、股份制企业、私营企业与新招工人必须签订劳动合同，用劳动合同确立劳动关系。为指导劳动合同制度的实行，1994年省劳动厅制定了《河南省劳动合同制度实施意见》，省政府以豫政〔1994〕87号文批转。至1994年底，全省已有4500户集体企业、37万职工实行了劳动合同制，分别占集体企业和职工人数的31%和23.6%。1994年，全员劳动合同制也在全省范围内推行。安阳、新乡市已普遍实行，全省实行全员劳动合同制的国有企业达8800户、职工235万人，分别占国有企业和职工人数的58%笔56.6%。

（二）劳动监察。1993年，河南省劳动厅在安阳、漯河、三门峡市和扶沟县进行了劳动监察试点，在这些市、县建立了劳动监察机构，配备了专、兼职劳动监察人员，开展了劳动监察工作。1994年，劳动监察工作进一步展开，漯河、周口、开封、洛阳4市地及宝丰、林州等24个县（市）成立了劳动监察机构，对200名劳动监察人员进行了业务培训。为指导全省的劳动监察工作，省劳动厅制定了《关于加强劳动监察工作的意见》，下发全省，并开展了全省范围的劳动用工大检查，劳动执法主体地位初步确立。

七、安全生产与安全监察

（一）职业安全卫生监察。加强安全生产宣传教育，以历年“安全生产周”活动为龙头，利用各种新闻媒体及多种形式，加大宣传力度，引起广大职工对安全生产的关注。采取企业自查、劳动部门会同主管部门普查和省各有关部门重点抽查相结合的方法，对企业安全生产状况进行检查。在查处各类事故隐患上，1992年查出38000条，督促整改36000条；1993年查出34501条，督促整改33501条；1994年查出45774条，督促整改

38300条。还从专项安全认证、四项劳动条件分级、安全生产培训等工作上加强职业安全卫生监察。

（二）矿山安全监察。以宣传、贯彻、落实《矿山安全法》为重点，从乡镇矿山安全生产条件审查、乡镇矿山矿长安全资格审查、矿山工程项目“三同时”监督、现场安全检查等工作着手，加强矿山安全监察。至1994年底，全省共累计审查乡镇煤矿1510座，审查率达75%；累计审查乡镇非煤矿山（村办、联办以上）1139座，审查率为51%；乡镇矿山矿长安全资格累计审查12008人，持证任职率达95%；1992～1994年，三年累计参加矿山工程“三同时”监督项目72个。

（三）锅炉压力容器安全监察。1992～1993年，深入贯彻《锅炉房安全管理规则》，重点抓锅炉房的综合治理，全省在用锅炉房治理合格率达90.8%；1994年锅炉房安全管理工作由集中的综合治理转为正常化管理。在用锅炉定检率1992年为96.4%，1993年为96%，1994年为95.2%；在用压力容器定检率1992年为78.7%，1993年为85.2%，1994年为85.1%。为加强气瓶充装站、检验站的整顿治理和资格审查工作，省劳动厅于1993年先后制订了《河南省气瓶检验站资格审查实施细则》和《河南省气瓶充装站注册登记实施细则》，1993、1994两年共对51家气瓶检验站进行了资格审查，对100多家气瓶充装站进行了注册登记审查。另外还加强了对锅炉、压力容器设计、制造、安装的安全监察和各类专业人员的培训、考核工作。

八、劳动立法与实施

为使劳动工作尽快走向程序化、规范化、法制化，1992～1994年，河南省地方劳动立法加快了步伐。

同时，河南各级劳动部门采取各种措施，贯彻执行劳动法规。首先是提高干部的思想认识，明确市场经济即法制经济，劳动管理要从行政手段转为法律手段，必须强化依法行政的法律观念。第二，加强劳动执法队伍的建设。从1992年起，省厅就要求各市、地、县劳动部门在现有人员、编制的情况下，抽出专人开展劳动监察工作。至1994年底，已有四个市（地）、24个县（市）建立了劳动监察机构。第三，创造良好的执法环境。为指导全省的劳动监察工作，省劳动厅制定了《关于加强劳动监察工作的意见》。在执法中尽量使法律条文有可操作性，并注意加大法律责任部分的份量。第四，以《劳动法》的颁布为契机，对现行法规，特别是在传统体制下形成的，目前仍在使用的劳动法规，进行了彻底的清理，共废止规范性文件84件，为《劳动法》的实施做好充分准备。

（河南省劳动厅）

湖　北　省

一、劳动工作出现四大变化

1992年7月，国务院发布《全民所有制工业企业转换经营机制条例》，要求落实企业14项自主权，其中包括分配自主权和用工自主权；同年12月，党的十四大召开，确立我国经济体制改革的目标是建立社会主义市场经济体制。由此，劳动工作发生了建国以来最深刻的变化——由计划经济条件下向市场经济条件下的转变。1992～1994年，湖北省的劳动工作在思想观念、工作职能、管理模式、管理手段、工作领域等方面都发生了显著变化，主要表现在：

1. 宏观调控职能加强，微观管理职能弱化。《条例》颁布和党的十四大召开以后，全省各级劳动部门迅速学习贯彻，进一步明确了建立社会主义市场经济体制的目标，认真分析研究了市场经济条件下劳动工作将要发生的变化，严格区分政府行为和企业行为，全面清理过去的一系列文件，提出了劳动工作贯彻《条例》的意见，将用工自主权、分配自主权下放到企业。企业内部工资分配形式由企业自主决定，政府不再给企业职工统一调整工资；企业用工自主，自主决定用工形式、用工时间、用工数量、用工对象；职工在同城镇企业间可以自主流动。

与此同时，逐步建立起宏观调控体系和监督机制。劳动工资方面，政府通过工资总额与经济效益挂钩、工资总额包干这两种主要形式，对企业工资总额进行总量控制，增人不增工资，减人不减工资。劳动力方面，政府对企业使用农民工、外地劳动力进行限制；从 1993 年起省里对各地不再下达就业安置任务，而改为控制失业率。

建立监督检查机制，是市场经济条件下劳动工作的一大特点。1994 年，全省各级劳动部门建立劳动监察机构 113 家，在全国率先实现了全省劳动监察机构全覆盖，并形成了省、地、县三级劳动监察机构网络，对用人单位和劳动者执行、遵守劳动政策法规的情况进行了有效的监督检查。

2. 以培育和发展劳动力市场为中心、建立符合社会主义市场经济体制的新型劳动制度，成为劳动工作的主要任务。

建立社会主义市场经济体制，其中一个重要任务就是建立统一、开放、竞争、有序的劳动力市场。从 1993 年开始，全省劳动部门明确地把培育和发展劳动力市场作为劳动工作的中心，用培育和发展劳动力市场的标准来思考问题、处理问题、判断是非。围绕培育和发展劳动力市场这个中心，1994 年全省劳动工作会议提出将新型劳动制度的建立分为两个阶段。第一阶段是用两年左右的时间，努力消除劳动力市场发展中的主要障碍，着重培育市场机制；本世纪末最后五年为全面铺开阶段，全面深化、综合配套、整体推进劳动领域各项改革，基本形成现代劳动力市场体系的雏型。

按照这一总体部署，我省确立了以八大体系为依托，构筑劳动力市场基本框架的思路。这八大体系是：劳动就业服务体系、计划工资调控体系、安全生产管理体系、职业技能开发体系、社会保险体系、劳动争议仲裁处理体系、劳动监察体系、劳动法规体系。

通过近两年的不懈努力，湖北省劳动力市场已初显雏型。劳动者通过市场竞争就业的意识普遍提高，以前依附在劳动者身上的身份界限逐步打破，劳动者的流动性增强，劳动者的工资逐步接近市场取向，劳动力市场的培育和发展取得了初步成效。

3. 劳动工作手段多样化。从 1992 年起，劳动工作逐步实现由事先审批转为事后监督检查，由行政手段为主转变为以法律手段、经济手段为主，同时使用必要的行政手段。

4. 劳动工作领域不断扩大。首先是服务对象范围的扩大。由偏重城镇国有企业、集体企业，扩大到外商投资企业、私营企业、个体工商户。同时，劳动工作逐步向农村延伸。如：组织劳务输出，组织民工有序流动，对农民进行培训，实施职业技能鉴定，规范乡镇企业劳动管理等。其次是劳动工作领域的拓展。1992～1994 年，社会保险法律地位进一步明确，范围进一步扩大，运作进一步规范，保障水平进一步提高，社会保险已经越来越受到企业职工和社会各界的重视和关注，成为劳动工作的一个重点、难点、热点；职业培训树立“大培训”的观念，面向全社会，培训规模逐步扩大，培训质量逐步提高，考核机构普遍建立，工人的技术等级和晋级培训、考核全面开展；劳动监察工作迅速起步，安全监察工作进一步加强。

二、劳动法制建设取得丰硕成果

1992～1994年，我省加大了劳动立法立规的步伐，一大批法律法规先后出台，有力地促进了新型劳动体制的建立。

1992年，为了推进社会保险制度改革，省人民政府发出了《关于全民所有制企业职工待业保险有关问题的通知》，扩大待业保险范围，调整了保险金缴纳比例发放标准，基本理顺了管理体制。随后，省劳动厅颁布了《湖北省城镇集体所有制企业职工待业保险实施办法》、《湖北省外商侨胞港澳台同胞投资企业中方职工待业保险实施办法》、《关于国营企业职工实行补充养老保险的通知》、《关于城镇企业在职职工大病医疗费用社会统筹的试行意见》、《社会保险财务管理试行办法》等。为了加强社会劳动力管理，省劳动厅颁布了《湖北省劳务监察规定》。

1993年，劳动立法的力度进一步加大。工资方面，制定了《国有企业工资总额包干办法》、《关于进一步放开搞活全民所有制企业内部分配的意见》、《关于实行岗位技能工资制有关问题的意见》、《关于股份制试点企业工资管理的意见》。社会保险方面，提出了《湖北省企业职工基本养老金计发办法改革试点意见》、《关于企业职工个人缴纳基本养老保险费的通知》。同时，省劳动厅还出台了《湖北省乡镇矿井（场）安全生产基本条件合格证暂行办法》、《湖北省劳动争议仲裁委员会处理劳动争议实行仲裁庭、仲裁员制度实施办法》。

1994年，随着《劳动法》的颁布，劳动法制建设进入了一个新的阶段。为构筑劳动法规体系，全省劳动部门采取“争取上级、鼓励下级、部门联合、立足本级”的措施，加快了劳动立法步伐。1994年以省政府令颁布的劳动规章3个：《湖北省劳动监察规定》、《湖北省劳动就业服务企业管理暂行规定》、《湖北省关于职工工作时间的实施细则》。下发省政府规格的文件6个，与部门联合制定规范性文件1个。同时，省劳动厅根据社会主义市场经济对劳动工作的需要，下发了《私营企业社会保险试行办法》、《富余职工安置办法》、《关于企业实行新工时制的通知》、《职业技能考核鉴定实施统一管理的通知》等一系列规范性文件，有力地促进了全省劳动领域各项改革的深化。1994年省劳动厅在省直28个部门中立法是最多的，被省政府评为法制工作先进单位。

为了做好《劳动法》实施前的准备工作，1994年下半年全省劳动部门把学习宣传《劳动法》当作大事来抓，采取各种形式，认真学习，广泛宣传。全省先后举办各种培训班400多期，培训骨干4万余人；积极开展《劳动法》咨询日、宣传周活动；成功地组织了全国《劳动法》知识竞赛湖北赛区的比赛，250多万职工参加答题活动。同时，与《劳动法》相配套的地方法规制定工作也取得明显进展。通过广泛深入的宣传，《劳动法》基本上走进千家万户，深入人心，引起了社会各方面的关心和重视。

三、各项劳动业务工作全面推进

（一）劳动就业工作不断加强，就业局势基本保持稳定

1992～1994年，城镇失业人员持续增加；企业转换经营机制后大量富余人员被剥离，全省就业局势非常严峻，失业率一直呈上升趋势。但由于各级党委、政府的高度重视，劳动部门的不懈努力，我省的就业局势基本保持稳定。1992年，全省计划安置16万人，实际安置21万人，其中有1.2万名特困待业人员，年末失业率为2.2%；1993年，全年共安置就业40.07万人，年末尚有18万名失业人员，失业率为2.25%，低于全国2.6%的失业水平；1994年，安置城镇失业人员36.79万人，年末失业人员58.03万人，失业率为2.48%，低于全国2.8%的水平。

职业介绍工作发展迅速。1992年，全省职业介绍机构近600家，全年交流成功29万人。1993年迅速发展到1080家，比上年增加80%，全年交流成功39万人；1994年职业介绍机构发展到1231个。同时，县以上中心职业介绍所基本上配备了微机，职业介绍机构制度的建设、“一条龙”服务等也有长足进步，劳动力市场的龙头作用日益明显。以1994年为例，全省职业介绍所登记求职人员50.61万人，介绍成功37.28万人，成功率达74%。

劳服企业不断壮大发展，从业人员不断增多，充分发挥了“蓄水池”作用。1992年有生产经营网点8000余个，从业人员32万人，生产经营总额40亿元；1993年全省有劳服企业6874家，从业人员33.75万人，生产经营总值51.98亿元，上缴利税3.31亿元；1994年全省劳服企业达6840家，从业人员34.69万人，完成产值60.42亿元，实现利税3.86亿元。

（二）社会保险制度改革不断深化

1992～1994年，社会保险制度改革不断深化，在增加险种、扩大覆盖面、个人缴费、计发办法改革等方面不断取得新成绩，社会保险日益受到职工、企业和各级党委、政府的高度重视。

养老保险制度改革一直是社会保险制度改革的“重头戏”。在完善国有企业养老保险制度的同时，1992年集体企业职工养老保险统筹发展到40个县市，外商投资企业中方职工、城镇个体劳动者和私营企业职工养老保险在部分县市建立；1993年，集体企业职工养老保险统筹发展到53个县市，国有企业职工养老保险统筹在全省实现了全覆盖，8个地市、20个县市实行了全方位、一体化养老保险。1994年，30个县市实行了全方位、一体化保险。

在失业保险方面，1992年扩大了失业保险范围，调整了保险缴纳比例，由职工基本工资的1%调整为工资总额的1%。1993年和1994年，失业保险覆盖面进一步扩大，参加失业保险的职工分别达到306.4万人、352.94万人。

工伤保险方面，1992年由4个县市扩大到31个，参加统筹职工70万余人；1993年实行工伤统筹的县市达53个，参加统筹职工125万余人；1994年有74个县市实行了工伤医疗保险统筹。

女职工生育保险方面，1993年有12个县市出台女职工生育保险办法，1426户企业参加统筹，涉及女职工11万人；1994年，实行女职工生育保险的县市达到30个。

企业补充养老保险方面，1992年开始试点，1993年有190个企业实行，涉及职工2.3万人，1994年有30个县市开设这项新险种。

从1992年开始，全省开展了养老基金计发办法改革工作。1992年在3个县市试点，1993年达到20个县市，1994年共有49个县市实行了这项改革。

不含失业保险，1992年全省收缴各类基金14.7亿元，收缴率为89%；1993、1994分别收缴13.7亿元、17.13亿元，收缴率分别为83%、86%。

（三）坚持不懈推进劳动合同制度

1992年，全省劳动合同制工人81万余人，约占全部职工总数的14%；1993年，全省实行全员劳动合同制的企业达224家，实行合同化管理的企业1825家，劳动合同制职工达115.35万人，占全部职工总数的15.6%；1994年，全省各类单位的劳动合同制职工达144.2万人，占全部职工总数的19.6%。试点城市钟祥市实行劳动合同制的职工面达到97%。

（四）加强工资总额宏观调控，指导企业搞好内部分配

1992～1994年，全省劳动部门在下放企业分配自主权的同时，改进和完善了工资总额宏观调控办法，加强了对企业内部分配的指导。1992年，继续对企业实行工资与效益

挂钩，挂钩面比上年有所扩大；有88户企业实行了岗位技能工资制。1993年，省辖的17个地、市、州及林区和26个县市实行了弹性劳动工资计划，企业工效挂钩面达80%。企业内部分配形式更加灵活多样，有99户企业、31.83万职工参加了岗位技能工资制度的改革试点。

1994年，在工资宏观调控方面，有63个地、市、县实行了弹性计划，占地市县总数的78.75%；在工资分配方面，企业工效挂钩面又有所扩大，实行岗位技能工资制的企业达455户、职工43.03万人。这一年，职工工资水平进一步提高，全省企业职工平均工资3794元。同时，对国有企业经营者的收入分配方法进行探索，在部分县市进行了企业经营者年薪制试点，取得了初步成效。

（五）职业技能开发工作朝着社会化、规范化的方向迈进

1992年，全省有25个行业开展了工人技师考评工作，有14个行业为考评出的1430名技师颁发了合格证书；1993年职业技能开发规模进一步扩大，考核发证达10万余人，技师考评发证4611人，其中高级技师177人。此外，建立职业技能鉴定试题库，设置职业技能鉴定中心、鉴定站等工作也开始起步；积极组织青年工人参加全国首届中国青年奥林匹克技能竞赛，并取得了全国第五名的好成绩。1994年，全省共建立职业技能鉴定站91个，培训技能鉴定考评员966人，建立了职业技能鉴定试题库，全年考核鉴定特种作业人员2.1万余人，进入全国前列。工人技师考评、工人技术等级考核均有新进展。成立了湖北省技师协会，为充分发挥技师作用创造了条件。

技工学校1992年扩大了自费生招生比例，在4个行业的艰苦工种、专业中招收了一部分农村户口的青年；开展了技校评估活动；全省全年招收新生3.5万人，派遣毕业生2.7万名。1993年，全省技工学校发展到194所，招生4.2万人，分配3.22万人，有25所技校被省政府命名为重点技校，8所技校被有关部门命名为部级重点技工学校。1994年，全省招生4.1万人，分配派遣3.35万人，12所技校被评为国家级重点技校，17所被评为省部级重点技校。

（六）劳动争议处理工作不断加强，劳动监察工作发展迅速

1992～1994年，由于用工主体、用工对象多元化，劳动关系复杂化，劳动争议案件呈上升趋势。从稳定大局出发，全省劳动部门认真贯彻“积极预防、妥善处理”的方针，进一步发挥企业调解组织的作用，完善了劳动争议处理体制，维护了企业和职工的合法权益。1992年，劳动合同鉴证已全面开展起来，全省鉴证劳动合同19万份，处理劳动争议案件444起，结案率为98%。1993年，正式成立了省级劳动争议仲裁委员会。全省仲裁员、仲裁庭制度初步建立，考核认定专兼职仲裁员900名。全省依法受理劳动争议案667起，涉及职工1543人，其中，受理集体劳动争议案件26起，涉及职工876人。1994年，全省普遍建立了因劳动争议引发的职工集体上访、罢工等突发事件的协调处理工作制度，同时仲裁员、仲裁庭办案制度逐步完善，机构队伍得到完善和加强。全省依法受理劳动争议案件675起，结案625起，结案率为92.7%。

1992年开始，全省开展了劳务监察工作，对机关、企事业单位使用社会劳动力的情况进行监察。1994年，从省到地市县，全部建立了劳动监察机构，全省劳动监察机构达113家，省人民政府年底审议通过了《湖北省劳动监察规定》，有力地推动了全省劳动监察工作的开展。

（七）不断强化安全管理，努力控制各类事故的发生

由于经济的发展，少数企业忽视安全生产，各类安全事故呈上升势头。为了遏制住

这股势头，全省各级安委会、劳动安全监察部门不断强化安全管理。1992年，全省开展了企业作业场所的分级和劳动条件的测评工作，加强了对危险性较大的设备的安全监察、事故的整改和对企业“三同时”的审查，完成了劳动防护用品生产企业的定点工作；锅炉压力容器的检验质量和定检率都有很大提高；乡镇矿山安全监察坚持了现场监察和“三同时”，乡镇矿山安全生产认证工作已经起步。1993年，劳动安全现场监察检验工作得到加强，《矿山安全法》宣传贯彻活动搞得有声有色，安全生产法规规章和技术标准进一步完善，强化了对危险性较大设备的监检和事故隐患的整改，大力开展了以特种作业人员为主的培训、考核、发证工作。1994年，国家确立了安全工作“企业负责、行业管理、国家监察、群众监督”的新体制。适应这一体制的转变，着重抓了第一责任人的落实，推行安全生产目标责任制；强化现场监察，对重大事故及时调查处理；注意抓好安全教育和隐患整改，伤亡事故起数、伤亡人数，分别比上年下降35%和7.1%。

（湖北省劳动厅　梅建华）

武　汉　市

1992～1994年，武汉市劳动部门积极推进各项劳动制度改革，加快工作职能的转换和劳动关系的调整，在劳动力市场的培育与发展、社会保险、工资分配、劳动执法监察、劳动保护等方面取得新进展。

一、劳动制度改革

1992年以来，武汉市劳动制度改革步子快、力度大，先后制定实施了《试点企业深化劳动制度改革的试行意见》、《武汉市劳动局关于改革全民所有制企业招用工人的试行办法》和《武汉市劳动局关于贯彻〈全民所有制工业企业转换经营机制条例〉实施办法》等政策规定，促进了劳动用工、工资分配、社会保险等项改革。

1．企业实现自主用工。(1) 在招用办法上，取消了招工计划指标，由企业根据自身生产经营需要，自行确定招收工人的时间、数量、条件和用工形式。在开展优化组合的基础上，试行全员劳动合同制和合同化管理，打破工人与干部、固定工与合同制工人的界限，实行职工能上能下，能进能出。(2) 企业可根据《企业职工奖惩条例》和《国营企业辞退违纪职工暂行规定》的原则，结合实际制定厂规厂纪，明确对违纪职工开除、除名、辞退的具体条件，经职代会通过，作为劳动争议仲裁的依据之一。(3) 企业富余人员中接近退休年龄的，可以办理内退手续，职工经企业批准可辞职或停薪留职，期限和待遇由企业自行确定。(4) 职工流动只要单位同意接收，劳动部门随时办理调动手续。(5) 企业确实无力消化的富余人员，可按市委、市政府的有关规定，将占职工总数1%的富余职工转向社会待业，由劳动部门按规定予以管理。

2．劳动工资管理手续进一步简化。一是简化招工手续。企业招用全民所有制工人，除填写《全民所有制同单位合同制工人名单》、《全民所有制合同制工人登记表》，办理《全民所有制合同制工人劳动手册》、《职工养老保险手册》外，其它表册取消。二是简化“农转非”审批手续。农工调入市内只实行“农转非”指标控制，取消自然减员指标单。三是简化企业工资基金审批手续，对实行“工效挂钩”的企业不再下达工资总额计划，其工资总额按挂钩方案随效益浮动。四是职工培训不再下达指令性计划，由企、事业单位及其主管部门根据生产经营需要，按国家规定自主组织中、高级技术工人培训考核（特种作业人员安全技术考核除外），市劳动局只对培训工作进行检查和发证。

3．社会保障体系日趋完善，社会保险职能更加健全。先后研究拟定了个体和私营企业、劳动服务企业、兼并企业职工养老保险、集体职工失业保险以及工伤保险、医疗保险等10余个规定，建立和完善了养老、工伤、医疗等保险制度。制定了《全民所有制企业基本养老保险个人交费试行办法》，实行养老保险由国家、企业、职工三方面共同负担。强化了区属养老保险机构职能，实行了养老保险市、区两级管理。

二、劳动就业与劳动力市场

1. 继续实行就业安置目标管理。进一步加强服务指导，定期召开就业形势分析会，组织各级劳动服务公司经理研讨就业安置对策，制定落实各项就业安置优惠政策，依托各级劳动服务公司积极创建、发展第三产业。3年安置就业12.89万人，完成了市政府下达的目标任务。

2. 积极研究“再就业工程”，开拓就业新途径。按照市委、市政府部署，以市劳动局为基础，成立了“再就业工程”调研组，研究提出了武汉市再就业工程实施方案及一系列配套措施，探索劳动就业工作的新机制。

3. 改革就业训练体制，努力提高培训工作质量。在各级就业训练中心推行就业培训“双证”（结业证书、技术等级证书）制度，并筹建了市就业训练职业技能考核站；统一评定技术等级，开展就业训练中心评估工作，促进了训练机构电化教学等基础设施建设，其中14所就业训练中心被评为省级优秀训练中心。

4. 大力发展劳动就业服务企业。为使全市劳动服务企业管理走向法制化，武汉市颁布实施了《武汉市劳动就业服务企业管理办法》，积极转换劳服企业经营机制，在12户劳服企业开展了股份合作制试点。组织劳服企业参加北京举办的全国城镇集体经济成果展和QC小组成果发布等活动，并评选表彰了一批明星劳服企业和优秀劳服企业厂长（经理）。建立了劳服企业协会，加强经济协作和技术交流。至1994年，全市劳服企业实现生产经营总值67亿元，实现利税4.3亿元，吸收安置城镇行业人员3万余人。

5. 加强外来劳动力管理和境外就业介绍工作。为严格控制农村剩余劳动力流向城市的规模和速度，在保证企业用工的同时，对外来劳动力实行总量上的宏观调控，继续实行《临时务工许可证》制度，3年共办理临时工作许可证27万余人。

6. 培育劳动力市场。劳动力市场的发展方向以全面实行双向选择的就业用工制度为目标，以职业介绍机构为载体，以“一条龙”服务为手段，利用多种方式及时组织交流，变被动服务为主动撮合，为劳动力的安置、流动提供了良好的环境。

(1) 1993年6月，成立武汉市劳动市场办公室，统筹规划和管理武汉地区职业介绍和职工交流等工作，加速了全市职业介绍机构的建立和发展。截止1994年，全市形成基本符合规定职业介绍机构230个，共登记接待求职人员26万余人次，落实交流10万余人次。

在建立完善职业介绍机构的同时，市劳动部门积极培育和发展市场机制，强化市场功能。一是培育和发展市场主体，将企业用工和职工择业纳入市场管理，实行双向选择。二是引导职工合理流动，鼓励职工跨行业、跨地区流动，鼓励职工到技术力量薄弱和经济落后地区开展工作。三是完善社会保障体系。在全市实行统一的养老保险费率，使全民固定职工、全民合同制职工、外商投资企业中方职工和临时工，均按同一个基数和比例缴纳养老保险基金，所征养老保险基金合并使用，提高了社会保障能力。

(2) 组织力量对全市各级各类职业介绍机构进行了检查评估，为230个基本符合规定的职业介绍机构核发了“职业介绍许可证”。针对少数职业介绍机构存在的乱收费等坑骗求职者的问题，会同市工商局、公安局下发通知，对全市职业介绍机构进行清理整顿，取缔了33个不符合开办条件的职业介绍机构，对个别严重违反法规的中介行为作了严肃处理。

(3) 完善“一条龙”服务。1992年，成立了全民合同制工人招收办公室，一次性办理计划审批、合同鉴证、保险统筹等招收手续，把收集、传播劳动力供求信息与做好求职登记、中介、录用、合同鉴证、劳动保险等配套法规相衔接，为劳动力供求双方提供了优质高效便捷的服务。

三、企业工资分配

企业工资分配改革坚持以按劳分配为主体，多种分配形式并存，效率优先，兼顾公平的原则，积极探索建立市场决定工资、企业分配自主、政府监督调控、确保职工最低收入的现代企业工资体制。

1. 继续完善和实行“工效挂钩”办法，保障企业在效益增长的前提下相应提高工资总额。一是针对武汉市职工收入水平偏低，工资增长过慢的问题，调整了挂钩方案，增加企业工资总量。1992～1994年，全市实行“工效挂钩”的全民所有制企业1706户、职工139.46万人。二是进一步加强企业工资手册管理。对实行“工效挂钩”的企业不再下达工资总额计划，其工资总额按挂钩方案随效益上下浮动，对未实行“工效挂钩”和工资总额包干的企业，一律纳入工资手册管理，实行计划控制。

2. 搞活企业内部分配，积极推行岗位技能工资制试点。在全市取消了标准工资，打破不同所有制企业内部分配上的界限，分配形式主要有计时工资加奖金、计件工资、提成工资、承包工资、浮动工资、质量工资等。提倡企业按自身生产经营特点，实行岗位技能工资制试点，促进企业分配自主权的落实。到1994年，全民所有制企业职工人均收入达10230元。此外，1994年，拟定了武汉市企业最低工资标准。

1994年，对全市中17个委、局（总公司）的342户企业的工资分配情况进行了检查，将一部分收入偏高的商业经营企业、垄断性经营公司的工资分配纳入工资使用手册管理。

四、职业技能开发与技校教育

职业培训以规范和发展社会性职业技能鉴定机构为重点，1993年，先后在区、县及主管局(总公司)成立工人考试委员会43个、专业（工种）考核小组212个，在机械、交通、园林、商业等行业建立职业技能鉴定站6个，1994年发展到20个，且全部进行了审核发证。联合有关部门对40余家社会培训机构进行了清理评估，落实了培训许可证制度。在继续做好中、高级技工培训和技师评聘工作的同时，开展了全员岗位培训，制定了《武汉市商业行业经营师职务评聘试点工作实施方案》，在武汉商场、中南商业大楼等5家大型商业企业开展了经营师评聘试点。1992年以来，共培训高级工1.16万人、中级工4.19万人，评聘技师2481名。

技工学校招生工作按照“三定向”(定向招生、定向培训、定向安置）的原则，1992～1994年，共招收新生18825人。为促进乡镇企业发展，在市计委支持下，制定了定向招收农村青年的新政策。在招生工作中，严格把握生源质量关，招生考试增加了职业能力测试科目。在全市技工学校中，有16273名毕业生参加了技术等级考核，其中达到五级工的588人、四级工的12644人、三级工的4113人。

五、劳动监察与劳动争议仲裁

1. 1994年，武汉市劳动监察工作开始起步。当年，市、区、县劳动部门先后建立了劳动监察机构，配备了专职监察员，劳动监察网络基本形成。下半年，针对劳动用工中存在的私招滥雇、随意延长工时、克扣工资等问题开展劳动用工大检查，检查单位1534个，涉及职工12.36万人，纠正违法使用童工27人，处理强迫职工延长劳动工时的单位

7个、克扣职工各种福利的单位19个，敦促772个单位补办了劳动用工手续，为55901名外来劳动力办理了《临时务工许可证》。

2. 普遍实行了仲裁庭、仲裁员制度，3年共处理仲裁案件440余起。在劳动合同鉴证中，坚持依法、规范的原则，重点组织指导临时工、外商投资企业中方员工的合同签订和鉴证工作。至1994年，共鉴证各类劳动合同143749份，纠正违法、不规范合同5180份。

六、劳动保护与安全监察

劳动安全监察工作，主要抓了层层落实安全生产责任制。恢复了市安全生产委员会，加强了安全生产的组织管理，明确了企业法人是安全生产第一责任人，层层签订安全责任书，对安全生产实行"全员、全过程、全方位"的管理。坚持每月通报一次工伤死亡事故发生情况，按照"三不放过"（事故原因不清不放过、整改措施不落实不放过、职工未受到教育不放过）的原则严肃处理。1994年，组织安全大检查8次，组成事故隐患调查组1455个，督促整改隐患7583起，强化了安全生产领导责任制和安全监察工作，提高了生产经营者和职工的安全生产意识，杜绝了重大恶性事故发生。加强对特种设备的监测检查，开展对起重机械（电梯）生产、安装、维修等单位的安全资格认证工作，共检验锅炉压力容器11591台、各类起重机械设备7901台，定检率均达到90%以上，超额完成目标计划。

为提高特种作业人员安全操作技能，1992～1994年，全市共举办起重机械操作工、电工、司炉工等技术培训班556期，培训特种作业人员24217人。

七、劳动法制宣传教育

1994年7月5日，《中华人民共和国劳动法》正式颁布。全市各级劳动部门按照市委、市政府的部署和要求，把学习、宣传《劳动法》和做好贯彻实施前的准备工作当作重要任务和中心工作来抓。一是成立了由各级党政领导挂帅，各有关部门参加的领导班子，保证学习宣传工作的统筹领导。二是积极培训骨干，加强学习指导，据统计，仅劳动部门举办的培训班达110余期，受训人员17000余人（次）。三是采取多种手段广泛开展宣传，10月9日是全国统一的《劳动法》咨询日，全市共设112个咨询点，市、区、县党政领导130余人，劳动、工会干部1500余人走上街头宣传咨询；全市有70万名职工参加了各种类型的知识竞赛活动，武汉卷烟厂代表队继全市夺魁后，又取得全省第一，并代表湖北省参加全国比赛，夺得三等奖。

（武汉市劳动局　齐保林、马琳）

湖　南　省

一、劳动就业与劳动力市场

在城镇失业人员不断增加，国有企业安置主渠道吸纳能力下降的情况下，通过实行就业目标管理，广开就业门路，巩固发展就业服务体系，全省就业形势保持基本稳定。1992年，全省年内净安置城镇待业人员19.98万人，为年度目标任务的124.9%，年末待业率为2.95%。1993年净安置19.05万人，年末城镇失业率为3.5%。1994年净安置城镇失业人员18.83万人，完成省政府下达的就业安置任务的104.61%，年末全省城镇失业率为3.73%，有26.97万人失业，失业率在4%以上的有9个地市。

1992年末，劳动就业服务企业已达5681户，职工23万人，年生产经营总额43.4亿元，实现利润1.63亿元，全年上缴税金2.1亿元。1993年劳动就业服务企业经济效益和安置效益有所提高，总户数5706家，从业人员达23.4万多人，全年共完成生产经营收入55.46亿元，为年计划的113.1%，实现利润2.08亿元，为年计划的110.5%，新安置失业人员和富余职工2万多人。1994年1月12日，中共湖南省委办公厅，湖南省人民政府办公厅下发了《关于同意党政机关兴办劳动服务公司（劳服企业）与兴办其他经济实体区别对待的批复》，作出了六条政策规定，妥善处理了党政机关兴办劳动服务公司（劳服企业）有关企业名称、委派人员、工作职能和财务关系等方面的脱钩问题，推动了党政机关劳服企业的进一步巩固和发展。5月10日颁发了《湖南省劳动就业服务企业管理实施办法》，使全省劳服企业管理工作初步走上了法制化的轨道。1994年全省劳动就业服务企业共完成生产经营总收入57.7亿元，为年计划的122.8%，实现利税3.7亿元，新安置失业人员和富余职工2.6万人，为年计划的129.5%。全省10家劳动城市信用社至1994年末存款余额达3.5亿元，全年累计发放贷款5亿元，较好地支持了劳服企业的巩固和发展。

1992年，劳动部门初步培育起了全省劳动市场体系。7、8月份，省劳动厅相继成立了湖南省职业介绍所和开办了湖南省劳动市场。到年末，全省有8个地州市和4个县劳动部门开办了劳动市场，建立职业介绍机构323所。全年进行求职登记的达41万人，劳动力交流成功36万人。1993年14个地州市劳动部门全部建立起劳动力市场，全省建立省、地、县级劳动力市场共86家，职业介绍所253所，乡镇、城市街道劳动服务站952家，拥有管理人员2000多人，为700多万人次进行求职登记，劳动力交流成功100多万人次。各级劳动部门组织劳务输出22.92万人次，比上年增加6万人次，1993年末累计全省城乡输出劳务400多万人次，其中劳动部门组织输出170多万人次。全省劳务输出人员在外年净创收近40亿元。

1994年再就业工程继湘潭市试点之后已在各地实施，通过对160个生产自救基地和123个转业训练基地加大资金投入，为23368名失业人员和企业富余职工提供了转业训练服务，使7072名失业人员实现再就业。劳动就业服务企业进一步巩固发展，完成生产经营总额55亿多元，实现利税3.8亿元，新安置失业人员3万人。7月22日，省人民政府办公厅发文《转发省劳动厅关于清理整顿职业介绍机构报告的通知》。各地积极贯彻文件精神，打击各种非法劳务中介活动。10月，湖南浏阳等地一些儿童被不法分子诱骗带到广州、北京、深圳等地卖花，引起社会普遍关注，省劳动厅及其驻广州、深圳劳务办事机构积极协助省政府工作组开展清理工作，打击诱骗少年儿童外出卖花的非法劳务活动，收到了明显的社会效果。与此同时，全省14个地州市和114个县（市）开办有形的劳动力市场，批准设立了一批民办职业介绍机构，初步开成了多层次、规范化的职业介绍服务体系，全年为40多万人提供职业介绍服务，跨省输出劳务保持400多万人次。依靠培训、招收、输送、管理"一条龙"服务，不但使农村劳动力的转移获得规模上的发展，而且基本上实现有序流动。

二、劳动用工制度改革与劳动关系

到1994年底止，全省国有企业劳动合同制职工和实行合同化管理的职工达166.9万人，占国有企业职工总数的54%左右。其中实行劳动合同制的企业397户，涉及职工35.85万人。通过各种途径，使改革剥离的富余职工多数得到了妥善安置。

随着改革的深入，全省用工制度改革呈

现出以下特点：一是改革涉及面广。改革不再局限于国有企业和城镇县以上集体所有制企业，而是在各类企业（包括外商投资企业、乡镇企业、私营企业和有雇工的个体工商户）全面铺开；不再局限于新招用人员实行劳动合同制，而是对用人单位的全部人员，包括原固定工、合同工、临时工，全面实行统一的劳动合同制。二是改革的力度明显加大，一些深层次问题取得突破。比如富余人员分流安置、企业分离办社会职能、打破干部和工人身份界限、企业领导干部如何签订劳动合同等难点问题，各地和企业创造了一些成功的经验和具体做法，走出了一些新的路子。三是改革的速度明显加快。四是一些改革起步较早的企业进入巩固完善阶段，把工作的重点转移到加强劳动合同管理上，按现代企业制度的要求，着重抓新机制的运转。

随着劳动关系复杂化的加深，劳动监察工作有了较快的发展。原来还只是在少数地、县开展的劳动监察工作，到1994年底已在全省广泛地开展起来了。先后有株洲市、张家界市、娄底地区、常德市、益阳市、湘潭市和55个县（市）成立了劳动监察机构，有的建立了举报管理制度，公布了举报电话，设立了举报箱，受理群众举报投诉案件。据1994年初步统计，共收到举报信件、电话1500余起，接待群众举报投诉2300多人次。随着职能的转变和劳动监察机构的相继建立，到1994年末，全省共配备了233名劳动监察人员。一些尚未建立机构的地区，也指定了有关机构和专人负责劳动监察工作。同时还加强了对监察人员的培训，1994年有344人参加了省、部两级的专项业务培训。一批地方劳动监察法规也相继出台。根据劳动部的统一部署，从1994年5月起至1994年8月份，在全省范围内进行了一次声势浩大的劳动用工大检查，取得圆满成功。全省共抽调2700多人，对18644户企业进行了重点检查，涉及职工244.4万人。共查出违反劳动法律、法规的案件和问题2691起，补签劳动合同76260人，补办鉴证手续的76260人，补办招（聘）合同手续的46986人；查出用人单位克扣、拖欠17.98万名职工工资5768.1万元，超时加班企业5245户，补发加班工资164万元；责令1052户企业补缴养老保险金1533.69万元，1988户企业补缴失业保险金336.75万元；对286户企业给予了警告、通报批评，对2305户企业发出了劳动监察询问通知书或监察指令书，责令405户企业限期整改。

随着改革的深化，劳动争议越来越多，1993年全年共发生九批集体上访、一起罢工、一起游行事件，涉及12117人次。全年劳动争议案件共发生1207起，比上年增长91.7%，属企业侵犯职工合法权益的占971起。劳动争议发生的主要原因突出地表现在：不少企业陷入困境不能按期支付职工工资。全省国有企业和城镇集体企业中，破产、停产、半停产企业的职工共44.36万人，其中减发标准工资的12.37万元，停发工资的5.53万元，放长假的15.33万人，领取救济金的9.67万元。另外，一些企业特别是某些外商投资企业、私营企业违反有关劳动法规，侵犯职工的合法权益。1993年建立各级人民法院劳动争议审判联络处或执行室57个。10月，省高级人民法院劳动审判联络处成立。劳动仲裁庭、仲裁员制度全面实施，劳动争议仲裁制度进一步健全，全年共处理劳动争议案件1177起，有效地缓解了企业和职工之间的矛盾。1994年，随着劳动力市场体系的逐步建立，在工资给付、提供劳动保护和安全、卫生条件、福利待遇、辞退更新职工方面，用人单位与劳动者之间的矛盾逐渐显性化，劳动关系的确立、调整、终止更为复杂，劳动争议案迅速增多，全省共受理劳动争议案件1413起，比1993年增加17%。各级劳动仲裁部门主动工作，积极扩大受案范围，及时调解、处理和仲裁，办案质量提高，结案率达 98%。

三、社会保险制度改革

1992 年抓紧了国有企业职工退休费用的省级统筹工作，制定了我省省级统筹方案，并于年底经省长办公会议讨论原则通过。社会保险覆盖面逐步扩大，一些地市县积极进行了临时工、外商投资企业中方职工以及城镇个体劳动者养老保险试点。常德市鼎城区经劳动部批准进行改革退休费计发办法试点，于 1993 年初正式运行。1992 年会同审计部门对 107 个社保机构的基金进行了全面认真的审计。全省全年共支付离退休费 77900 万元，拨付调剂金 1250 万元，为全省离退休人员普遍增加了生活费，人均月增离退休金 20 元左右，同时解决了 1985 年参加工资制度改革退休与未参加工资制度改革的职工之间存在多年的待遇“反差”问题。医疗、工伤、生育保险试点范围进一步扩大。医疗保险推广了临澧、华容的经验，试点县市扩大到 15 个；工伤保险社会化的试点从平江县扩大到 9 个市县；湘阴县计划生育基金社会统筹的试点得到完善。社会保险制度改革的深入，为推动企业步入市场，保持社会稳定创造了条件，显示了良好的社会效益。

1993 年，我省在养老保险方面，全面实行了国有企业职工退休费用全省社会统筹，年底参加统筹的单位 9472 户、在职职工 175.9 万、离退休人员 55.12 万人。为提高统筹层次，6 月，省人民政府发布《关于全民所有制企业职工退休费用实行省级统筹的通知》，试运转后，企业退休费用负担畸轻畸重的矛盾大大缓解，保障了离退休人员基本生活。劳动合同制工人社会养老保险制度普遍建立，参加劳动合同制工人养老保险的单位 26786 户，投保人数 74.58 万，年底全省累计收缴养老金 8.07 亿元。全省有 26 个县的 234 户企业、7.4 万名职工实行了企业补充养老保险。有 34 个县(市)的 1776 户企业、25.8 万名职工实行了个人储蓄性养老保险。此外有 4 个县（区）进行退休费计发办法改革试点，15 个县实行社会化发放退休费试点。非全民职工养老保险试点取得初步成效，参加社会养老保险的临时工、私营企业雇工、个体工商户及其帮工、乡镇企业职工共 7.38 万人，收缴养老保险基金 6621 万元。有 21 个县（市）的 1125 户集体企业、11.7 万名职工参加集体企业退休费用统筹。在失业保险方面，到 1994 年底止，全部国有企业和部分集体企业实行了失业保险。参加失业保险的单位 2.11 万户，职工 326 万人。失业职工转业训练基地和生产自救基地继续得到发展，可一次性对 7000 名失业职工进行再就业训练。对 1000 多家特困企业的 32.86 万名职工实行一次性救济 1608.4 万元。年内共帮助 7072 人重新就业，失业职工重新就业率达到 39.97%。工伤、医疗、生育保险方面，有 8 个县(市)、9.31 万人实行了医疗费用社会统筹，6 个县（市)、12 万名退休人员参加了医疗费用社会统筹，2 个县（市)、120 户企业、1.77 万名职工实行工伤保险社会统筹。建立健全了省、地、县、企业的劳动鉴定机构，从 6 月开始，全省开展大规模的企业工伤普查，加强对伤病职工的管理和服务。有 3 个县市实现了女职工生育保险社会统筹。

1994 年社会保险制度改革进一步发展，其维护社会稳定的作用日益突出。养老保险的社会化程度提高，省级统筹覆盖范围扩大到 13 个地市，参加省级统筹的国有企业有 9581 户，职工 165.5 万人和离退休人员 53.9 万人，全年收缴养老保险基金 11.57 亿元，支出 11.55 亿元（不包括铁路、邮电等行业系统统筹基金)，统筹的调剂保障功能进一步发挥。全省 13 个地州市实行基本养老保险个人缴费制度。常德市于 8 月开始在全市范围内实施基本养老金计发办法改革，郴州市实施范围扩大到 11 个县（市)。同时，企业补充养老保险在 232 户企业、76602 名职工中实行。失业保险适应建立现代企业制度和企业产业结构调整的需要，覆盖面由国有企业扩大到集体企业和外商投资企业中方人员；失业保险金的筹集率稳定在90%以上，基金的管理已实现省地微机联网；参加失业保险的企业单位达到了20578个。全年各级社会保险机构从积累金中为596户困难企业的64694名离退休人员拨付调剂金1559万元，垫付退休金652万元，为47户破产企业的1930余名离退休人员全额负担离退休费。各级失业保险机构为93554名失业人员和特困企业职工发放救济金和一次性救济费1500多万元。全省养老保险基金、失业保险基金的管理，在制度建设、基金使用的监督检查等方面，都有新的提高。在医疗保险方面，全省有株洲、岳阳、常德、郴州、衡阳、怀化、湘西自治州等地的16个市、县（区）的8万多名在职职工和2万名离退休人员参加当地劳动部门开展的职工大病医疗费用统筹或离退休人员医疗费用社会统筹。衡阳县、株洲县、郴州市、临澧县作为省医疗制度改革试点单位，按照国家有关医疗卫生事业建设的规定，建立起社会保险医院或医疗中心，为促进老有所养、病有所医迈出重要一步。工伤保险制度改革不断推进，全省有20个县市区实行了工伤保险社会统筹。全省大规模的企业工伤普查工作已全部结束。企业职工劳动鉴定及工残退休审批工作走上规范化、制度化的轨道。

四、工资分配制度改革

1992年，企业工资分配自主权进一步扩大，"工效挂钩"办法不断完善，完成了对全省7992户企业、195万职工的挂钩结算和挂钩基数、浮动比例的核定工作。全省岗位技能工资制试点企业由1991年的48户扩大至253户、职工42.6万人，其中已套改运行的77户、职工22.2万人，并对8个行业分别制定了不同的试点方案，进一步落实了分配向责任重、技能要求高和苦、脏、累、险岗位倾斜的政策。全民单位职工工资总额累计达115亿元，职工工资水平的提高同经济增长基本相适应。

1993年，全省进一步推行企业工资总额与经济效益挂钩办法，基本建立起国家对企业、企业对职工个人的双层分配体制。"工效挂钩"办法作为政府调控工资总量的主导形式，已覆盖了全省95%的国有企业和40%的集体企业。在内部分配中实行岗位技能工资制已正式套改运行的企业由1992年的77户、职工22.2万人发展到472户、职工39万多人。还有一些企业开展了按照"两低于"原则自主确定工资总额的试点。传统等级工资制的作用范围正在日益缩小，市场机制开始在工资分配中发挥作用。

全省初步建立起以经济效益为导向的新的企业工资增长机制，企业享有内部分配自主权，适当拉开了职工之间的收入差距。职工工资水平进一步提高，1993年全省职工工资总额181.84亿元，比1992年增长26.6%；职工年平均货币工资为3142元，比1992年增长24.4%；扣除生活费用价格上涨因素，职工实际年平均工资增长6.5%。

1994年，全面调整了企业在职职工的标准工资水平；简化归并工资标准，净化工资收入渠道；同时还提高了技师、高级技师的工资待遇。加强了对企业工资总量的宏观调控，改进弹性劳动工资计划管理办法，加强《企业工资总额使用手册》制度的管理，督促企业执行负盈负亏原则，增强"工效挂钩"办法的严肃性，实现了全省职工实际工资的增长低于非农业国民生产总值的增长。深化了企业内部分配制度改革，扩大岗位技能工资实施范围，到1994年底，全省有723户企业、61万职工实行了岗技工资制，对于调动广大职工生产积极性，促进生产的发展和经济效益的提高发挥了积极的作用。

五、职业技能开发

1992年，全省技工学校已发展到135所，培训规模达到6万多人，全省全年实招生26928人，比1991年多2944人，妥善安置技校毕业生23000多名。对全省70%工种的技校毕业生和部分职业中专、培训中心毕结业生进行了技术等级考核。省里组织的10个工种技术等级统考，技校毕业生全部达到三级工以上水平，四五级工合格率分别达到43.2%、11.6%；为236名出国技术工人颁发了技术等级证书。评聘技师982名。高级工培训点达41个，年招生1000余人。实习工厂效益较1991年增长100多万元，创利润300多万元。加快了技工学校干部、师资队伍建设，1992～1994年已培训技校校长、书记190人，技校中层干部406人，学校骨干440人。1992年全省就业训练中心已发展到224所，固定培训网点477个，一次性培训规模达6万余人，全年共培训13.8万人，其中农村劳动力2万余人。按照劳动部的要求，对全省县以上劳动部门所属的116所就业训练中心进行了评估，评出省级优秀中心35所，国家级重点中心3所。

1993年，全省技校发展到147所，其中省部级重点技校11所，共有在校学生7.73万人，年招生能力为2.7万人；2.53万名技工学校毕业生中达到四级水平的有9824人，有15%的毕业生获得五级技术等级证。"双证"制（即技术等级证、毕业证）从技校扩大到职业高中、职业中专和就业训练中心。技师、高级技师评定人数达4000多人。就业训练中心已基本覆盖全省各地、州、市、县，共计265所，培训网点、分校发展到650个，年培训能力达13.9万人。其中，培训农村劳动力4.3万人，培训待业职工和企业富余职工5288人，80%实现了再就业。为参加劳动部等九部委举办的首届中国青年奥林匹克技能竞赛，全省有近5000人参加了岗位练兵，100多名青工参加了4个工种的省级选拔赛。为落实企业用人自主权，技工学校毕业生全部取消指令性分配计划，一个多形式、多渠道、多层次的职业技能开发体系初步形成。

1994年，我省职业技能开发在规模扩大的同时，质量有所提高。全省技工学校达155所，在校学生规模突破8万人，创建国家级重点技工学校6所和省部级技校14所，开办了第一所民办技工学校。全省各级各类就业训练中心发展到285所，固定培训网点859个，全年共培训15.5万人，其中培训农村劳动力5.8万人，培训待业职工和企业富余职工2200人，有90%实现了再就业。全年开展定向（委托）培训3600余人，实现了培训与就业的紧密衔接。全省已建立高级工培训点54个，年培训量1000人。工人考核覆盖面不断延伸，在各类职业学校毕业生参考率大幅度提高的同时，还首次对湖南大学机械系的大学生进行了技术等级考核，9月19日，18名大学生获得省劳动厅、省工人考核委员会颁发的车工、钳工3级技术等级证书。同时，全省第一所国家职业技能鉴定所"湖南大学国家职业技能鉴定所"挂牌成立。9月2日，省劳动厅发出《关于印发〈湖南省职业技能鉴定实施办法〉（试行）的通知》，全省职业资格证书制度开始实行。技师评聘工作有新的进展，年内全省共评定技师634人，自1987年开展此项工作至1994年年底，已评聘技师5300多名（不包括中央驻湘直属单位），分布在22个行业、30多个技术工种。技师队伍成为全省企业开展技术交流、技术攻关、技术培训的重要力量。

六、劳动安全卫生监察

3年来，全省全面加强了各项劳动安全卫生监察工作，安全生产形势基本稳定。

1992年，全年共检测电梯、起重机械等特种设备3288台，参与审查新、改、扩项目800多个，工业卫生检测700多点次。对2617个乡镇矿山进行了安全条件审查，对国营矿山进行了安全考核评价试点，进行矿山现场监察1072矿次，查出隐患8695处。在省劳动厅、省检察院的督促下，省人民法院纠正了牛马司煤矿"85.12.13"重大伤亡事故的处理，由一审、二审为非责任事故改判为重大责任事故。通过认真整顿，有123个气体充装站验收合格，全省在用锅炉房共有10195座，已进行检查验收的8281座，占92.9%，合格的有7463座，占89%，全省在用压力容器定检率达88.6%，实现了制度化管理。

为增强广大职工的劳动安全意识，开展了多种形式的宣传、教育活动，大力宣传了矿山安全两个《条例》。全省全年共举办各类锅炉压力容器安全管理人员培训班135期，共培训6748人；继续对矿山特种作业人员、矿长进行了安全技术业务资格考核发证工作，对全省37个产煤县（市）116个乡镇安监站的219个安监员进行了技术培训。10月在长沙举办了全省首次“劳动安全科技成果及劳动保护用品展览展销会”，参展单位321个，参观人数达2.1万余人，大会现场成交300多万元，取得了良好的社会效益和经济效益。1992年还制定出台了《湖南省〈女职工劳动保护规定〉实施办法》。

1993年，针对安全生产的严峻形势，各级劳动部门按照全国和省政府安全生产电话会议的要求，重点加强安全立法、执法宣传和事故监察工作，全力遏制事故，共开展各类安全监察4000多次，培训企业安全技术人员、特种作业人员12501人，审查新、改、扩工程项目200余项，共组织三次全省性安全生产大检查。矿山安全监察围绕宣传贯彻《中华人民共和国矿山安全法》这一工作中心，开展了丰富多彩的宣传、学习、培训。全省劳动部门安全监督人员深入现场，共监察925个矿次，查出事故隐患8811条，下达监察意见通知书916份；继续开展了乡镇矿山基本安全条件的审查认证，据不完全统计，共审查矿井1231个，停产整顿矿井14个，吊销《采矿许可证》8个，复查矿井72个，促进了乡镇矿山安全条件的改善。还进行了矿山呼吸性粉尘监测试点。全面整顿了气瓶充装站，全格率为60%，对46%的气瓶检验站进行了资格审查，对100%的锅炉、压力容器产品实行了质量监控。

1994年，劳动安全卫生监察工作的重点放在现场安全监察和特种行业实行重点监察，有效地消除大量事故隐患。全省各级劳动部门积极组织开展安全周宣传和女工保护、新工时制度的检查，加强特种设备、特种行业、特种作业人员的管理。对锅炉压力容器的设计、制造、安装、检查、使用单位，开展资格认可和换证审查，对医用高压氧仓、部分锅炉压力容器使用单位的管理与安全进行现场监察，共检验锅炉、压力容器57.09万台（只）。安全立法工作获得重大突破，制定出台了《湖南省实施〈矿山安全法〉办法》。全省各级政府、各有关部门、各矿山企业集中力量进行宣传贯彻，并从7月1日开始实施。重点对事故多的地区和乡镇煤矿进行有针对性的安全监察和检测检验，共监察2800余矿次，发现隐患1万余个，发出整改指令书1600份，使矿山安全事故多的势头得到控制。

（湖南省劳动厅　李和银　邱家才）

广东省

1992年是广东省新一轮劳动制度改革全面深化的起点。1992～1994年间，广东省认真贯彻执行党的十四大确定的路线、方针、政策，按照邓小平同志南巡讲话精神和建立社会主义市场经济体制的要求，围绕培育和发展劳动力市场这个中心，在全面推进劳动制度区域综合配套改革，促进就业、企业工资分配、社会保险、职业技能开发、劳动保护、安全生产、劳动法制、劳动监察以及劳动科学理论研究等方面进行了一系列深入的改革探索和开创性工作，取得了积极成果。

一、劳动法制建设

根据发展劳动力市场的需要，在1992～1994年间，大力加强劳动法制建设。一是抓紧制定地方性劳动法规、规章。三年间，陆续制定颁布《广东省职工社会养老保险暂行规定》、《广东省企业职工劳动权益保障规定》等12个法规、规章；对《广东省违反招用工人规定处罚办法》等多个法规、规章进行了修订。二是开展法规、规章清理工作。主要是按照发展市场经济的要求，对地方劳动法规、规章和规范性文件进行了全面的清理，废止了一批与《劳动法》相抵触的法规、规章及规范性文件。三是积极开展劳动法规的学习、宣传工作。1994年2月2日，省人大常委会颁布了《广东省企业职工劳动权益保障规定》后，省劳动厅、省总工会立即组织召开了新闻发布会，开展了声势浩大的宣传。1994年7月《劳动法》颁布后，各级劳动部门把学习、宣传、贯彻《劳动法》当作一件头等大事来抓，制订了学习宣传的总体方案，层层举办《劳动法》学习班，对劳资、工会干部普遍进行轮训，在全省范围统一组织开展了《劳动法》咨询日、知识竞赛、宣传周和电视讲座等宣传活动，数十万职工参加了咨询日活动，200多万职工参加了个人答卷，21个代表队参加了团体赛，使《劳动法》逐步走入千家万户，深入人心。

二、劳动制度区域综合配套改革

1992～1994年是劳动制度区域综合配套改革由试点转入全面铺开的重要阶段。省劳动厅研究制定了《广东省建立社会主义市场经济时期劳动体制改革总体设想》和区域综合配套改革实施方案，明确提出劳动体制改革总体目标是：以培育和发展劳动力市场为中心，全面推进改革，力争用五年时间建立起符合社会主义市场经济体制要求的新型劳动体制基本框架。在此期间，广东各级劳动部门抓住有利时机，以全面实行劳动合同制度为突破口，在以下几个方面深化改革：

（一）加快步伐，全面实行劳动合同制。主要措施是：抓总结推广典型经验，以典型引路，带动改革；抓宣传发动，促观念转变，启动全面深化改革；抓政策制订，搞好配套，解决遇到的难题，推动改革发展；抓制订改革的具体方案，使改革落实到每一个企业，推动改革的全面深化。全省全面实行劳动合同制度的企业从1991年的185户，发展到1994年4万多户，职工人数从1991年的77.8万人，发展到1994年的438万人。1994年用人单位从社会上新招收人员实行劳动合同制的有198.53万人，比上年增加28.92万人，增长17.1%。其中深圳市先行一步，1994年上半年基本完成此项改革；佛山市区、河源市等有50%以上国有企业全面实行劳动合同制。新型的劳动制度开始在一些市、县和企业占据主导地位。各地还进一步加强对劳动合同的管理，统一制订劳动合同标准文本，加强合同鉴证，促进了劳动合同制的巩固和发展。1994年深圳市开展了订立集体合同的试点。

（二）继续深化企业工资制度改革。主要是继续改进和完善企业“工效挂钩”办法，实行挂钩的企业变单一指标为复合指标挂钩。至1994年末，全省实行“工效挂钩”的企业有5412户、职工2141万人。部分企业实行了工资总额包干。对进行股份制改革的企业和250家进行现代企业制度试点企业，按照“两低于”（即企业工资总额的增长低于企业经济效益的增长，职工平均工资的增长低于劳动生产率的增长）原则，进行自主确定工资总额和分配水平的试点。针对企业工资结构不合理，基本工资所占比重过低的状况，1993 年出台了企业参考工资标准，取消了工资类别、产业分类和工资序号，简化工资标准，按企业大、中、小规模进行套改，调整了工资结构，适当提高了企业工资水平，全省企业职工年平均工资从 1991 的 3469 元提高到 1994 年的 7004 元。企业普遍采取岗位技能工资、计件工资、承包工资等多种分配形式，打破平均主义，发挥工资激励机制的作用。1994 年，深圳市结合现代企业制度改革，率先在 96 家企业开展经营者年薪制试点。

（三)企业职工社会保险制度改革不断深化，保险覆盖面进一步扩大。1992 年省政府颁布了《广东省企业职工工伤社会保险规定》,开始在全省各市县进行工伤保险制度改革。1993 年省政府颁发了《广东省职工社会养老保险暂行规定》，广州等 51 个市县的企业进行了退休费计发办法改革，有 100 个市县的企业实行了养老保险个人交费制度。从 1994 年 8 月 1 日起，广东省党政机关、事业单位和社会团体的工作人员，均按月缴纳社会保险费，建立个人养老专户。各级劳动部门认真研究探索失业保险制度，扩大保险范围，提高失业救济标准，积极做好失业职工的转业训练，组织生产自救和再就业安置工作。至 1994 年底，全省有 5 万个单位、385.77 万职工参加了失业保险，三年来累计为 2.24 万职工提供失业救济，帮助 4.26 万人实现了再就业。

三、劳动力市场和就业服务

1992～1994 年，劳动力市场开始发育成形。主要是改革了就业制度，调整了就业政策，初步确定市场主体，进一步建立发展就业服务体系，促进了劳动就业工作的发展。三年共安置城镇劳动者就业 163 万人，城镇失业率分别为 1.9%、2.02%和 1.86%。

按照发展社会主义市场经济的要求，进一步调整了城乡就业政策。主要是继续实行“三结合”就业方针，鼓励发展个体、私营、乡镇和外商投资企业，扩大就业门路；大力发展第三产业和集体经济，鼓励劳动者自谋职业。同时打破劳动力流动的地区、城乡和所有制界限，逐步形成城乡协调、统筹就业的新格局。省内跨地区流动就业的农村劳动力逐年增加，1994 年达 301.56 万人，比上年增长了 16.98%。1992 年和 1993 年，为配合石灰岩贫困地区脱贫工作，先后组织输出石灰岩贫困地区农村劳动力 3 万多人。进一步加强对外省劳动力入粤就业的宏观调控，从 1992 年开始与湖南、广西、四川等 8 省、区建立劳务协作关系，1994 年扩大到 10 个省、区，初步形成以华南为中心的省际劳务协作网络；1994 年开始实行了外来劳动力就业证制度，促进外省劳动力入粤的有序化。1994 年末，在广东省各类企业务工的外省民工达 344 万人，分别比 1992 年和 1993 年增加 164 万人和 66 万人，增长 91.1%和 23.7%。随着经济的发展和就业政策的调整，广东省就业结构有明显改善。1991 年末全省三大产业劳动力分布的比例为 16.45：9.02：6.58；1994 年三大产业劳动力结构调整为 14.78：11.72：8.41。

继续发展和完善以职业介绍、失业保险、转业训练和组织生产自救为主要内容的就业服务体系，劳动力市场基础建设有了较大发展。1993 年首次组织举办了全省性大型劳务集市，有各市县 700 多户企业和 8 省（区）劳务协作单位参加，进场登记求职的 4.1 万人次，成交或初步达成协议的有 2.8 万人。成立了省劳动力市场服务中心，使服务场所固定化、服务内容多样化、服务时间经常化，有力地推动了全省职业介绍工作的发展。至 1994 年末，全省共有职业介绍所 1351 所，比 1992 年和 1993 年分别增长 54.4%和 30.9%，三年来共为

249万求职者提供了中介服务。针对劳动力市场中出现的非法职业中介活动，1994年省政府批转了省劳动厅《关于加强社会职业介绍机构管理的意见》，各级劳动部门会同公安、工商等部门对社会职业介绍机构进行清理整顿，取缔了20多家非法职业介绍机构。劳动就业服务企业进一步发展，至1994年底全省劳服企业发展到8200多家，3年来安置就业10万余人，有100家劳服企业进行了股份合作制试点。

继续拓展国际劳务市场，在外劳务人数营业额逐年增长。3年中，每年年末在外劳务人数分别为13205人、14181人和14433人。

四、工资分配管理与宏观调控

1992～1994年，按照发展市场经济的要求，在工资分配方面继续探索建立企业工资增长和约束机制。在宏观方面，认真贯彻《全民所有制企业工资总额管理暂行规定》、《国有企业工资总额同经济效益挂钩规定》和国务院关于控制消费基金过快增长，抑制通货膨胀的部署，积极采取措施，加强对企业工资总量的管理与调控。一是不断完善“工效挂钩”办法，把企业分配中的交通费、保健费等各种津贴、补贴等工资性收入，全面纳入挂钩的工资基数，净化工资分配渠道。二是坚持执行工资总额使用手册制度。《工资总额使用手册》统一由各级劳动部门负责发放和管理，企业只能在一家银行开设工资帐户。三是开始建立最低工资保障制度。1993年深圳、珠海、广州、江门等4个市率先颁布了最低工资保护线。省劳动厅在总结先行试点经验的基础上，制订了《广东省企业职工最低工资标准规定》，于1994年8月由省政府颁布实施。各市根据这一规定先后制定并颁布了最低工资标准，全省21个市中，最高的是珠海市，月最低工资标准为380元；最低的是阳江市，月最低工资标准为180元。由于采取了上述措施，较好地控制了企业货币工资的过快增长。1992～1994年，全省城镇企业职工工资总额分别为334.61亿元、455.3亿元和612.74亿元，剔除物价因素后，分别比上年增长10.6%、5.2%和14.6%，低于非农国内生产总值的增长。

在微观方面，加强了对企业内部工资分配的指导，进一步克服工资分配上的平均主义，在坚持按劳分配原则基础上，体现效率优先、兼顾公平的原则。主要措施是：(一)贯彻劳动部1992年《关于进行岗位技能工资制试点工作的通知》，结合实行全员劳动合同制，全省开始在130户企业进行试点，涉及职工18.5万人，至1994年，实行岗位技能工资制的企业发展到1500多户，职工50多万人。(二)指导企业调整工资结构，建立正常升级增资制度。在1992年深入调查的基础上，制订了企业参考工资标准，以省政府确定的企业工资等级和等级系数为基础，将国家和省规定的副食品价格补贴、粮差补贴和物价补贴等，每人每月43元，纳入工资标准，并适当延伸工资等级。

五、职业技能开发

1992～1994年，从全省经济发展和产业结构调整对高素质劳动力的需求不断增长的实际出发，从大力发展技工学校教育、社会办学培训和就业前培训着手，努力提高劳动者素质，使职业技能开发迈上了新台阶。

在技工学校方面，认真贯彻执行省政府《关于我省技工学校深化改革的意见》，进一步落实技工学校办学自主权，实行校长负责制；引进市场机制，走联合办学的新路子，各技校可以根据市场需求，扩大招收农村户口新生；继续加强技校师资队伍建设和教材建设，开展技校师资技术职务资格考核、评聘工作，多渠道筹集资金，改善办学条件，使技校规模不断扩大，教学质量有较大提高。1994年末，全省各类技校达到159所，比1991年增加23所，其中被评为部省级重点技校的有12所，国家重点技校3所；1994年在校学生9.6万人，比上年增长21%，招收新生 39675 人，其中招收农村户口新生 12481 人，分别比上年增长 11.86%和 1.16 倍。3 年间共为社会培养了 5.85 万名技校毕业生。

由于鼓励、支持社会各方面力量自主办学，形成了多方位、多形式、多层次的社会化职业培训网络。社会办学点从 1991 年的 1356 个发展到 1994 年的 3592 个，3 年共培训结业 185.6 万人次；培训对象从城镇扩展到从农村转移出来的劳动力；培训范围从国有企业扩展到乡镇企业和个体经济组织。各级劳动部门继续加强就业培训中心建设，3 年共投入资金近 4000 万元，用于新建、扩建就业培训中心，添置办学设备，培训中心从 1991 年的 120 所发展到 1994 年的 133 所，3 年共培训 60 万人次。

在加强职业技能培训教育的基础上，还积极探索职业技能鉴定社会化管理的新路子，制定颁布了《广东省职业技能鉴定站管理规定》等多个规范性文件，进一步明确了建立职业技能鉴定的工作制度、程序和办法，抓好配套教材、教学大纲和试题库建设，逐步实现统一考核、统一鉴定、统一发证，促进职业技能鉴定事业的发展和管理的规范化、科学化。至 1994 年底，全省已建立起职业技能鉴定机构 218 个，鉴定了 84 个工种的 30 多万人，并评聘工人技师 16792 名。

六、劳动关系和劳动监察

针对本省多种经济成分并存，劳动关系日趋复杂多变的新情况，不断加强劳动监察和劳动争议处理机构建设与制度建设，加大劳动监察力度，积极开展劳动争议调解仲裁，逐步建立新型的劳动关系调整机制，促进经济发展和社会稳定。3 年来，全省劳动监察机构和制度建设取得长足进步，县以上劳动部门均依法建立了劳动监察机构，配备专兼职人员，实行监察员上岗培训制度。1994 年底，全省县以上劳动部门劳动监察机构发展到 138 个，比 1991 年增加 116 个，配备专兼职监察员 432 名，一些乡镇也相应建立了劳动监察组织。1994 年全省各级劳动监察机构注意针对劳动关系中存在的主要问题，会同有关部门联合开展大检查，着重对企业拖欠工资、加班加点、非法招工等进行了为期 2 个月的检查，涉及 3.7 万户企业和 351.9 万职工，为职工补签劳动合同 201.5 万份，追回拖欠工资 1652 万元，清退童工 402 人。

3 年来，积极推行劳动争议仲裁庭、仲裁员办案制度，受理劳动争议案件的范围扩大到全省各类企业，并普遍在乡镇和各类企业建立了劳动争议调解组织。在注意发挥工会在调处劳动争议中的作用的同时，各级劳动部门加强与各级法院的联系，运用法律手段处理重大争议案件，逐步完善劳动争议处理程序，全省基本形成了新的劳动关系调整体系和运行机制。1994 年底，全省成立劳动争议仲裁委员会的市、县（区）占应建数的 98%，3 年全省共受理劳动争议案件 4685 宗，其中，1994 年受理劳动争议案件 2287 宗，结案率达 92%；处理集体上访案件 501 宗，罢工事件 457 宗，涉及职工 24 万多人，及时解决了企业劳动关系中的一些突出问题，保持了社会稳定。

七、劳动保护和安全生产

在劳动保护和安全生产方面，坚持贯彻“安全第一，预防为主”方针，促进安全生产工作的发展。主要是继续落实各级政府安全生产领导职责，依法不断加强劳动保护和安全生产的管理和监察工作。

在职业安全卫生监察方面，进一步加强有关法规的修订和贯彻落实，在前 2 年贯彻执行的基础上，省政府修改颁布了《广东省各级政府安全生产领导职责》，省人大修改发布了《广东省劳动安全生卫生条例》，改革劳动安全管理体制，明确了各级政府、部门、企业的安全生产领导责任，把事故较多的乡镇企业和私营企业纳入管理范围，严格禁止把宿舍、车间和仓库混设在同一建筑内，进一步消除重大、恶性事故隐患；对危险及有毒有害场所实行《劳动安全许可证》和《劳动卫生许可证》制度，并在一些市试行安全主任制度。为提高企业和职工的安全生产意识，各地加强了对厂（矿）长（经理）、乡镇安全员和特种作业人员的培训、考核，组织开展安全生产宣传周活动，并不断加强安全监察的力度。1993 年，深圳“8.15”特大爆炸事故和“11.19”葵涌特大火灾事故发生后，各市、县和有关部门为认真吸取教训，防止事故发生，先后组织 3538 个安全检查组深入企业进行调查，开展安全生产大整顿。3 年来，各地进行的专项检查查出事故隐患 5 万多宗，有八成以上得到了整改。至 1994 年年末，全省安全生产形势有所好转，非矿山企业重大事故和死亡人数分别比上年下降 2.5％和 12.2％。根据国务院《关于职工工作时间的规定》，广东从 1994 年 3 月 1 日起全面实行新工时制度，每周工作时间由 48 小时缩短为 44 小时。

矿山安全生产方面，各地认真贯彻执行《中华人民共和国矿山安全法》和省人大、省政府颁布的《广东省实施〈矿山安全法〉办法》、《广东省露天矿场安全生产管理规定》，举办多期培训班对矿（场）长和有关人员进行培训；加强矿山安全执法队伍建设，先后任命了两批共 122 名矿山安全监察员；注意突出重点，着重抓好对乡镇煤矿和采石场的监督检查和治理整顿，封闭了一批不符合安全条件的小煤窑和采石场。1992 年基本完成对乡镇煤矿的整顿，扭转了乡镇煤矿安全事故上升的势头。1994 年底，全省矿山伤亡事故和死亡人数分别比上年下降 12.3％和 17.4％，连续 3 年杜绝了 10 人以上特大事故的发生。

锅炉压力容器安全监察方面，根据《锅炉压力容器安全监察暂行条例》，从设计、制造、安装、检验、修理、改造等各个环节依法实施全方位的监察。1992 年在用压力容器综合治理工作基本完成，锅炉房综合治理率达 79.5％，锅炉定检率达 89.6％。1993 年开始重点抓好检验机构建设和气体充装站及气瓶检验站的整顿和资格认证工作。至 1994 年底，全省取得检验资格的检验所有 20 所，审批各类气瓶检验站 36 家，注册登记气体充装站 84 家。1993 和 1994 两年检测的锅炉和压力容器分别达到 18729 台和 50748 只，查出了一批无证运行或存在事故隐患的锅炉压力容器设备，避免了一些重大事故的发生。

（广东省劳动厅　陈斯毅　阙广长）

广　州　市

1992～1994 年，广州市经济体制改革力度进一步加大，经济工作取得令人瞩目的成绩。1992 年在邓小平同志南巡谈话精神的指引下，广州市委、市政府对广州市经济体制改革作出了新的部署，提出用 15 年时间将广州市建成一个现代化大都市的奋斗目标。为配合广州市的经济建设，3 年来广州市劳动体制改革向前再迈了一大步，进入了一个攻坚性的阶段。在此期间，劳动就业、职工工资分配、社会保险、劳动法制建设等都进行了较为超前的改革。

一、劳动就业与职业中介

（一）劳动就业

1992～1994 年，全市累计就业需求量约为 44.1 万人，其中 1992 年 15.6 万人，1993 年 15.3 万人，1994 年 13.2 万人。需要就业的人员中，平均每年从就业转为失业的 5 万人左右，3 年内逐步趋多。期内共 25.9 万人获得就业岗位，其中第一次就业的应届毕业生 13.5 万人，失业后重新就业的劳动者 8.25 万人。1992 年安置就业 9.6 万人，1993 年 8.9 万人，1994 年 7.4 万人，呈逐年减少的趋势。1992、1993、1994 年城镇失业率分别为 2.37％、2.5％、2.25％。就业转失业人数的逐年增加和城镇安置就业人数的逐年减少，是这几年劳动就业中出现的新特点，这种现象与近几年企业制度改革、劳动制度改革以及社会经济发展的宏观调控有密切关系，反映了广州市企业进入市场，市场调节劳动力供求的就业新格局已初步形成。

国有企业依然是吸纳社会劳动力的主体。3年内，国有企业共吸纳12.3万劳动者就业，占社会吸纳总量的47.4%。其次是外商投资企业，3年内共招用社会劳动力4.5万人，占总数的17.4%。再次是私营企业和个体工商户以及机关事业单位。

（二）社会职业中介

新的就业机制的逐步形成，促进了社会职业中介活动的发展。至1994年，广州市职业中介机构达到182户，其中属于劳动部门开办的92户、民办职业中介机构90户，形成了以劳动部门职业介绍为主导，民办职业中介为辅助的职业介绍网络。3年来职业中介已由综合性介绍，逐步发展为综合性与专门性职业中介相结合的新局面。其特点是：一次性大型劳务集市和常设性职业介绍点并举；综合性职业介绍和门类性职业介绍并举。具体表现在，出现了专门介绍企业富余人员就业、残疾人就业、科技人员就业以及境外就业和家庭服务钟点工、家庭保姆等多样化分类性的职业中介机构。职业介绍本身也成了广州市城镇就业的重要途径。

由于职业介绍这一行获利较高，法规还不完善，加上这几年盲目来穗的外省民工逐年增多，社会职业中介市场秩序比较混乱。中介机构无证经营，诈骗求职者钱财等违法现象屡有出现，成为一个新的社会问题，引起了各级政府的关注。1994年广州市政府对职业中介进行了整顿，采取一系列强制性的措施。这些措施在1994年末已形成政府规章。整个整治工作正在进行之中。

二、职工工资收入

1992～1994年广州市职工工资收入逐年提高，年平均工资分别为4792元、6343元、8616元，平均每年增加21.64%。剔除物价因素，职工实际工资收入分别为4231元、4757元、6823元。平均每年增加16.96%。全市工业企业全员劳动生产率分别为64501元/人、77723元/人、115830元/人，平均每年递增21.55%。预算内企业创税利分别为248561万元、374507万元、628723万元，平均每年递增36.2%。两项指标的增长幅度均高于职工平均工资的增长幅度，显示新的工资分配政策对激励职工生产工作积极性起到好的作用。

（一）企业工资总额与经济效益挂钩的办法逐步完善。至1994年，全市实行“工效挂钩”的国有企业达746户。集体所有制企业由财政部门实施计税工资。3年内“工效挂钩”的办法逐步改进，挂钩的项目和指标合理地调整。受物价等非劳动因素的影响，部分与销售收入挂钩的办法不尽合理，对此作了相应的调整，使之逐步趋于合理。集体所有制企业实行的计税工资制度，实践中也发现了一些不合理的成分，1994年开始，对其作了相应的调整。在政府部门的指导和调控下，3年来广州市职工工资增长幅度得到适度的控制。

（二）实施最低工资制度。从1993年起，广州市人民政府公布了最低工资标准。1993年全市职工最低工资标准为250元；1994年为320元。实行最低工资制度对保障职工的基本劳动收入有好处，但部分企业因财力拮据难以执行最低工资标准的问题，未能很好地解决，职工对此颇有微词。

三、社会保险

邓小平同志南巡谈话发表之后，广州市企业改革的力度明显加大。市委、市政府为贯彻《企业法》和《全民所有制工业企业转换经营机制条例》提出了一系列实施意见。特别是十四届三中全会决定公布之后，广州市企业制度改革进入一个新的阶段。3年内，市委、市政府先后列出近200家国有和集体企业作为广州市解困转制企业，先后关闭了16家企业；与此同时全员劳动合同制的改革进程也明显加快。此外，因广州市区道路扩建，地铁筹建，闹市区的数百户商店、酒楼和影剧院被拆除，就业转为失业的职工人数逐年增加。面对这种状况，将社会化管理这种较为超前性的社会保险改革，列入政府和劳动行政部门的议事日程。1992～1994年是广州市社会保险制度措施出台最多，工作最繁忙的年份。

（一）社会保险覆盖面逐年增大

1992年全市参加社会养老保险统筹的企业为5773户，在职职工65.9万人，至1994年分别增加到6741户69万人；参加失业保险的企业由4018户增加到7916户，职工由92.5万人增加到120万人。

（二）3年内实施的若干新措施

1. 从1992年7月1日起，全市国有、集体企业固定职工开始实施个人缴纳养老保险费制度。1992至1993年6月按照每人每月3.5元统一标准征收，1993年7月开始按照职工工资总额的2%征收。

2. 从1992年起，社会保险基金经办机构开始对到达退休年龄的合同制职工发放退休金并核报医疗费。

3. 失业救济范围从原来的4种增加到13种；到1994年，所有与企业解除劳动关系的职工均可以享受失业救济待遇。

4. 1993年开始把区街集体企业养老基金统筹划入全市管理，实现了市、区一体化的政策，使区街企业职工退休待遇大幅度提高。

5. 1993年，全市退休职工的退休费实施了新的计发办法，实行与职工缴费年限、职工个人缴费工资、与上年全市职工平均工资“三挂钩”。从1993年开始，全市离退休职工的待遇开始逐年增加，1993年比1992年平均增加13%，1994年比1993年平均增加15%。

6. 从1993年8月1日开始，全市实施了社会工伤保险统筹，按照企业的不同类别，分别按工资总额的0.5%、1.2%、1.5%征集工伤保险统筹金，至1994年共为137名工伤的职工核发了工伤医疗费和其他补偿金。

7. 退休职工社会化管理有了新的突破。关闭企业广州曙光无线电厂的全部退休职工和离岗退养人员被移交市退休职工管理委员会办公室管理。

8. 对关停并转企业的富余职工实施了自愿选择离职（俗称“一次性买断工龄”）和辞、退职新办法。选择离职和辞、退职的固定工得到相应的经济补偿。离职安置的补偿标准为：全市上年企业职工月平均工资×3×职工工龄；辞、退职的补偿标准为：职工离开企业前12个月的平均工资的60%×职工工龄。离职安置职工，以前的工龄和社会养老保险缴费年限注销；辞、退职的职工以前的工龄和社会养老保险缴费年限保留。保留缴费年限的职工，只要其缴费年限（包括固定工期间视作缴费的年限）超过15年，该职工达到退休年龄，无论其在职或失业，均可办理退休手续，享受离退休待遇。无业的职工由市退休职工管理机构管理。

9. 为保障流动到社会的职工的合法权益，使其将来能顺利地办理退休手续，从1994年开始，广州市实施了《职工劳动手册》制度。对全市所有职工发放《职工劳动手册》，记录并核对其缴费年限和解除劳动关系的形式。职工将来无论在业或失业，均可凭《职工劳动手册》办理离退休手续。到1994年末，全市已有80万职工认领了《劳动手册》，劳动行政部门为14000名职工审核了缴费年限。《职工劳动手册》制度，对保障职工的合法权益，监督企业参加社会保险，促进职工流动，起到十分明显的作用。

（三）职工社会保险待遇逐年增加，企业经济负担相应加重

1992年全市退休职工月人平均退休费

为184元，至1994年增加到310元。失业职工月人平均失业救济金也从80元增加到130元。由于广州市是个老城市，退休职工占在职职工的比重大，而中央、省、军队属企业和邮电、铁路等系统企业又相继从广州市的统筹中分离出去。随着退休职工待遇的逐年增长，政府向企业征集的统筹基金比例也逐步加大。到1994年，企业缴纳的社会养老保险金的比例已达到企业工资总额的24.5%，企业由此增加了生产成本，显得较为被动。

四、安全生产

在经济发展的同时，广州市生产性和非生产性伤亡事故增多，几年来较为突出的问题：一是企业在转换经营机制的时候，放松了安全生产的管理工作，部分企业劳动安全卫生管理机构被精减；二是企业领导有重经济效益轻安全生产的思想倾向；三是外商投资企业、乡镇企业数量猛增，新办企业经营者的安全生产意识十分淡薄，使这些企业成为事故的多发户；四是对外地民工缺乏安全生产知识教育，违章作业、冒险作业的情况时有发生；五是安全生产监察力量没有随生产发展而得到加强，难以全面地指导和监督全市的安全生产。鉴于这种状况，3年来广州市劳动安全监察部门充分地利用原有的人力、物力和财力，有针对性地开展了广泛的安全生产宣传、教育和监督检查。

(一)3年内安全生产的宣传教育从未间断。1992年广州市安全生产委员会在广东电视台举办了安全生产文艺小品比赛；1993年全市开展了广泛的安全生产活动周；1994年举办了“勿忘安全、珍惜生命”专题文艺电视晚会。这些活动的宣传面广、影响力大，对提高企业经营者和职工的安全生产意识起到十分重要的作用。同时，市政府还指令广播、电视、报刊等媒介，不间断地进行安全生产的公益宣传，随时提醒企业经营者和职工注意安全生产，效果良好。有针对性的培训教育也按计划有序地进行。3年内全市接受安全生产培训的厂长经理6000人，接受特种作业培训考核的职工近8万人。

(二)持续开展安全生产大检查，清除了部分安全生产隐患。3年来，全市持续开展安全生产大检查。对危险品仓库、建筑施工工地的升降架、无合格证的电梯、厂房与宿舍合一的生产场所、外地民工宿舍、危险围墙等生产和非生产场地以及设备提出了警戒和整改通知，一定程度地减少了事故的发生。

(三)加强对新建扩建项目“三同时”的验收，3年内共验收新建扩建项目近400项。

(四)根据广州市出现的安全生产的新问题和新情况，加强了安全生产立法工作。3年内共颁布安全生产和职工卫生方面的规范性文件15份，进一步明确了安全生产管理的责、权、利和处罚办法。

由于经济建设与监管力量和手段不能同步发展，尽管有关部门做了大量的工作，但3年来广州市生产性和非生产性伤亡事故仍不断增加，这就要求各级领导进一步加大安全生产工作的力度。

五、职业技术培训

(一)技工学校

到1994年，全市技工学校(含分校)已发展到61所，在校学生14241人，比1991年分别增加7所和4063人。技工学校的管理体制进行了改革，普遍实行了校长负责制。

(二)职业技能鉴定

为适应广州市失业结构的调整和高新技术项目的发展，全市职业教育朝着市场经济体制的新路逐步推进。1993年广州市开始实行社会化的职业技能鉴定制度，至1994年全市设立了职业技能鉴定中心25个，其中有车钳电工鉴定中心、厨师点心师鉴定中心、汽车摩托车修理鉴定中心、建筑砖瓦工鉴定中心、美发美容师鉴定中心等，形成了多门类的职业鉴定网络。同时，广州市已形成初级工、中级工、高级工、技师、高级技师考核晋升序列，至1994年全市各类技术工人数量，初级工达72576人，中级工达186383人，高级工达20390人，技师达3678人，高级技师有16人。

（三）就业转业训练机构

至1994年全市就业（转业）训练机构达113个，其中隶属于劳动部门13个、民办机构超过100个，3年内训练社会劳动者195940人次。

六、立法、法律宣传与法律监督

（一）立法与法律宣传

为适应新的经济形势，规范劳动力市场行为，广州市政府及劳动行政部门重视劳动立法工作。1992～1994年，共制订颁布劳动管理规范性文件127件，其中以市政府名义颁布的21件，提交省人大审批的地方性法规2件。《劳动法》颁布之后，广州市展开了空前规模的劳动法律宣传活动。市委宣传部、市劳动局、市普及法律知识办公室、市总工会于1994年8月联合印发《广州市学习贯彻〈劳动法〉系列活动的方案》。广州市宣传媒介持续开展对《劳动法》的宣传，举行了全市性的新闻发布会和大型咨询活动。由于各方的大力配合，全市性的宣传活动高潮迭起。系列活动历时三个月，内容丰富、形式多样、声势巨大、影响广泛、效果明显。据统计，全市1000多名局级以上干部和6000多名企业管理人员接受了《劳动法》的培训，半数以上产业系统进行了《劳动法》知识竞赛，14万职工填答了《劳动法知识竞赛答题卡》，16个单位和164名个人获得了奖励。

（二）法律监督

1992年12月广州市以市长令的形式颁布了《广州市劳动监察暂行规定》。同时，市、区、县级市分别成立了劳动监察机构。3年来，广州市劳动监察机构受理投诉案件1759宗，其中30人以上上访和罢工的案件101宗。行政处罚金额约90万元。本市推行了仲裁员、仲裁庭办案制度，3年来各级劳动仲裁部门受理劳动争议案件1565宗，其中调解处理1505宗，仲裁裁决60宗。3年仅发生劳动行政诉讼案件1宗，劳动部门胜诉。

七、外来劳动力管理

1992～1994年，广州市平均每年约使用外来劳动力69万人，其中工业企业35万人、交通运输业2.8万人、商饮旅游业8.2万人、其他行业23万人。3年来对外来劳动力实施了几项新的管理措施：一是试行了外来劳动者《务工许可证》制度，全市发出《务工许可证》25万本。《务工许可证》设正、副本，正本交用人单位保管，副本交劳动者保管。劳动合同期满或因其他原因终止劳动关系，正本交回劳动部门，副本随劳动者流动。二是试行用人单位《使用外来劳动力许可》制度。对用人单位使用外来劳动力进行资格审查，根据不同行业的特点，限制其使用外来劳动力的数量。由于企业对城市控制外地劳动力的政策有不同理解，有些政府部门对此看法仍不一致，这项制度在1993年暂时停止。三是对春节前后的“民工潮”进行控制。市政府作出规定，在春节前后一个月，严格控制外来劳动力的招用，车站、码头一律禁止招工。同时组织运输力量，突击疏导民工回乡。这些做法收到良好的效果。四是实施《金雁计划》，开展了外来民工“十佳百优”活动。全市各行业推选出100名优秀外地民工给予奖励；10名最佳外地民工由劳动部门批准入户广州，成为广州居民。

八、全员劳动合同制

广州市推行全员劳动合同制，在1992年“三项制度综合配套改革”的基础上逐步开展起来。1992年全市有282户企业30.3万职工实行了“三项制度”改革。其中，南方大厦百货商店、南方面粉厂、广州冷冻机厂率先试行了全员劳动合同制。到1994年末，全员劳动合同制改革的政策已基本完备，市政府颁布了《关于企业全面实行全员劳动合同制的通知》和《广州市企业实行全员劳动合同制若干规定》。根据劳动部和省人民政府的要求，市政府作出了在1995年末全面实行全员劳动合同制的部署。市政府成立了专门的领导机构，由常务副市长陈开枝总负责。1994年10月全市在中山纪念堂举行了5000多人参加的全员劳动合同制动员大会。之后，全员劳动合同制改革在全市全面铺开。到1994年底全市已有30户企业实行了全员劳动合同制，约50000职工由固定工转为合同制职工。

（广州市劳动局　周浩然）

深　圳　市

1992～1994年，我市劳动工作，围绕企业转换经营机制、政府转变职能和建立适应市场经济发展的新型劳动体制这个中心，积极推进以实行全员劳动合同制为核心内容，工资、保险制度改革为配套的工作，加强宏观管理和监督服务，各方面工作取得重大进展。

一、企业实行全员劳动合同制

取消企业干部、工人身份界限，实行全员劳动合同制，是深化企业劳动、人事制度改革的一项重大措施。1992年开始，我们总结特区建立以来，逐步实行劳动合同制的经验，在经过大量的调查论证之后，制定了实行全员劳动合同制的实施方案上报市政府。1993年6月1日，市政府以深府（1993）238号文批转市劳动局《关于企业取消干部、工人身份界限，实行全员劳动合同制若干问题的意见》。经过宣传发动、摸底调查、定岗定员、聘用上岗和签订劳动合同书等阶段工作，到年底止，实行全员劳动合同制工作在全市各类企业全面推行。1994年重点抓好劳动合同签订率、富余人员安置、劳动合同鉴证服务和有关具体问题的处理，使这项政策得到深化、巩固和完善。8月经过抽样验收，全市3万多家各种所有制企业有97%参加了这项改革，涉及的企业员工达247万多人，占员工总数的97%，其中有9万多名原国家干部和固定工打破了“铁交椅”和“铁饭碗”，使长期困扰企业的痼疾进一步得以消除，员工身份趋于一体化。此项改革为建立现代企业制度打下了良好基础，对于进一步确立企业的市场主体地位，落实企业的用工自主权和劳动者的自主择业权，实现企业与员工的劳动关系法制化，具有积极意义。目前此项改革正在进一步巩固和完善。

二、劳动力市场资源配置和劳动就业

根据特区经济发展的用工需求和控制人口增长的战略目标，我市在充分开发利用和合理配置特区劳动力资源方面有了新的进展。1994年，全市从市外调入和新招工人10170名，办理劳务工190.9万人，其中特区内办理89万人。同时，市、区劳动部门积极发挥职业介绍机构的作用，多形式、多渠道开展劳动就业服务工作。市劳动局投资300万元，改造扩建了原有场地和设施，并开发了全市第一个室内大屏幕电子视频显示系统和电脑自动撮合系统，建立了特区劳动力资源信息网络。3年来，全市各级职业介绍机构累计登记求职11万多人，成功介绍就业4万多人。全市城镇新成长劳动力和失业员工与用人单位通过双向选择、自谋职业等途径实现就业的有1万多人，城镇失业率保持在

2%左右。同时加强了在我市就业的1万多名境外人员的管理，1994年就为3441家企业的7975名境外人员签发了就业证。其中，外国人2230人，港澳台同胞和华侨5745人。

对政策性人员也作了妥善安置。1993～1994年安置复退军人503名，煤炭系统工人124名，归难侨32名，驻军家属14名。另外，还招收了350名三峡地区劳务工，圆满完成了支援三峡工程的任务。

三、企业工资制度改革

随着《深圳经济特区企业工资管理暂行规定》的实施，扩大了“工效挂钩”的覆盖面。全市5000多家国有企业基本上实行了形式不同的“工效挂钩”办法，企业工资决定机制引入市场经济因素逐步增大。在工资基金管理方面，简政放权，实行分级管理。全市80家集团公司、直属公司的工资基金，实行政府审核管理一级公司的工资基金，一级公司审核管理属下公司工资基金的分级管理办法。拟定了国有企业经营者的工资收入与企业类级挂钩办法，以及关于按“两个低于”原则确定工资总额办法，建立了企业工资增长的前期预测和后期跟踪的分析方法。为配合现代企业制度试点工作的顺利开展，1994年制定了《试点企业董事长、总经理年薪制办法（试行）》，将董事长、总经理的年效益工资跟企业的净资产增长率和利润增长率相挂钩，年终统一结算，有效地促进了企业经营者的责任心和积极性。为保障劳动者的基本收入，从1992年开始，即制定并颁布了企业年度最低工资标准，1992年为每小时1.20元，1993年为1.40元，1994年为1.80元。为确保特区最低工资制度的实施，1994年制定并颁布了《深圳经济特区最低工资条例》，从法律的高度上调控企业工资，保障员工的基本工资收入。同时对国有企业实行了经营者工资与经营效益挂钩的分配制度。

四、社会保险制度改革

社会保险制度从1992年以来，在全面贯彻实施《深圳市社会保险暂行规定》的过程中不断完善和发展。截止1994年底，全市参加投保的单位7712家。其中，参加养老保险的单位4660家，员工398908人；参加工伤保险的单位7226家，员工645831人；参加住房公积金的员工645831人。1994年累计收缴养老保险费61588.89万元，参加保险的人均保险金（即退休金）由1993年的474元上升为559元。全市参加保险单位退（离）休人员13163人。3年已支付养老退休金3.65亿元，其中1994年支付1.87亿元，发放工伤补偿金2289.64万元。此外，全市参加失业保险的单位6026家，投保人数422968人。登记失业员工9787人，已安置再就业3000多人。

1993年，《深圳经济特区工伤保险条例》出台。1994年又颁布出台了《深圳经济特区工伤保险条例实施细则》。1994年共受理企业上报工伤事故1690宗共1722人，参与事故调查900宗，为1420人办理了补偿手续，共支付工伤保险金161万元。《深圳市职工因工（公）负伤与职业病评残标准》的颁布，为职工工伤致残与职业病评定提供了科学依据。总之，工伤保险条例的出台和评残标准的颁布，使深圳市的工伤保险制度改革向前迈进了一大步，使伤残者获得工伤保险待遇有了法律和政策两方面的保障。

五、劳动安全监察

进一步强化劳动安全监察。抓好安全宣传教育，1992～1994年，先后组织开展了全市三届“安全生产周”活动，广泛深入地宣传安全生产法规。1993年组建了职业安全卫生培训考核中心，培训经理（厂矿长）、安全管理干部1200多人，培训特种作业人员13000多人，并完成4000多名特种作业人员的年审。1994年重点抓了安全生产领导责任制，积极推行“注册安全主任”制，建立健全安全生产管理网络，抓好安全生产的基础性工作。同时，进一步抓紧劳动安全薄弱环节和重点部位的隐患整改，工作取得了明显效果。1994年共承检电梯1189台，完成锅炉检验720台，压力容器检验1120台，钢瓶检验80691只，劳动安全生产形势有较大好转。

六、职业技术培训

社会化职业技术培训体系进一步发展。到1994年底，全市共建立覆盖城乡的各类培训中心95所。3年来共有20000多人参加了各类工种技术等级培训，有10000多名在职员工参加了岗位培训，有7200多名新招收的员工参加了就业（上岗）前培训。全市1993～1994两年参加技术等级考核并获得证书的人员有15681人，其中，获得初级证书10526人，中级证书4659人，高级证书496人。新举办失业人员培训班27期1700多人；组织9批招、调工考核共2万多人。

为贯彻劳动部和省劳动厅关于职业技能鉴定的有关规定，实施职业技能鉴定制度，全市建立了13所职业技能鉴定中心，鉴定工种达84个。

七、劳动执法监察

3年来，市、区劳动监察机构实行经常性检查与突击性大检查相结合、教育与处罚相结合的办法，全面加强劳动执法监察。特别是1993年在4月和8月开展了以社会保险和境外人员在深就业管理为重点内容的大检查之后，为贯彻落实《深圳经济特区劳务工条例》，保障劳务工的合法权益，于10月份由市府办公厅牵头，以劳动部门为主，有关部门参加，组织了700多人的执法检查队伍，开展了历时一个多月，以“三来一补”企业和乡镇、村办企业为重点，覆盖市、区所有企业的属地式劳动用工大检查。被查用工企业7800多家，涉及劳务用工91万多人，督促企业为9.5万劳务工补办了用工手续，督促缴纳社会保险金100多万元，督促发放拖欠克扣劳务工工资以及押金、工伤赔偿金1300多万元，清退私招滥雇人员5000多人，查处清理童工250人，发出整改通知书2600多份，对违反用工规定的850家企业进行了处罚。1994年，为配合劳动部统一布置的劳动执法大检查，采取“突出重点、有的放矢、属地为主、条块结合”的办法，又组织了500多人开展了一个多月的劳动执法大检查，共查用工企业6993个，被查人数846628人，督促补办用工手续的93592人，发出整改通知书3791份；督促补缴养老保险金的有17145人；督促补缴工伤保险金的有111568人；为工人追回企业拖欠工资总额6145000元。在处理来信来访方面，深圳市劳动监察大队1993年受理来信来访7100多人次，结案率达98.5%；重大劳资纠纷调解方面，及时处理突发性罢工、集体上访事件369起；1994年受理来信4350封，来访3837批，15172人次，结案率达98%。处理重大停工罢工事件148起，为维护劳动者合法权益，促进特区社会稳定起到了重要作用。

八、合同鉴证与争议仲裁

1993年结合企业实行全员劳动合同制和强化劳动合同管理，市劳动仲裁机构拟定印制了适合于劳动合同制员工和劳务工使用的标准合同文本，并积极开展劳动合同鉴证服务。至年底，全市共鉴证劳动合同1716432份，纠正无效合同15190份。此外，还积极开展仲裁员、仲裁庭的试点工作，1994年9月，率先正式实行仲裁员、仲裁庭制度，认真受理劳动争议案件。全市劳动仲裁机构共接受群众来信来访和投诉21000多人次，受理劳动争议案件5012宗，结案率100%。

九、依法行政试点工作

1994年，市劳动局被市人大和市政府确定为依法治市试点单位。围绕依法行政，开展了以下工作：（1）严格法规培训，提高劳动行政部门法律素质，抓住《劳动法》颁布的契机，从7月份开始，举办3期劳动法规培训班和2期《劳动法》培训班，全局所有人员均参加学习，并统一考试，收效显著。（2）组织力量制定了《市劳动局依法行政操作规程》，使劳动系统形成一套严密、协调、简化的办事程序，提高办事效率，加强内部制约的依法行政运作机制。(3) 进一步完善"两公开一监督制度"，在原来的基础上，实行办理招调员工合同鉴证、发放员工手册、报到、发放户口指标卡一条龙服务。(4) 实行依法行政责任制，严格规范各处室权限范围，各负其责，并开展反腐保廉工作责任制，加强机关思想作风建设，取得一定成效。

（深圳市劳动局　王国社）

广西壮族自治区

一、劳动就业

1. 以培育和发展劳动力市场为中心，全面完成安置任务。1992～1994 年恰值广西就业高峰，3 年需要安置的城镇待业人员分别为 31.7 万人、29.02 万人和 25.98 万人。面对严峻形势，广西各级劳动部门在当地党委和政府的领导下，抓住建立社会主义市场经济体制、深化改革的有利时机，把积极培育和发展劳动力市场作为劳动就业工作的重点来抓，认真贯彻执行"国家政策指导下市场就业"的方针，与有关部门共同制定了扩大就业、加强社会劳动力管理的政策和办法，合理调节劳动力供求关系，发展再就业工程，妥善安置失业人员，较好地完成了就业安置任务。1992 年安置城镇待业人员 18.75 万人，为广西历年安置就业人数最多的一年。年末失业率为 3.3%；1993 年安置城镇待业人员 17.19 万人，失业率为 2.9%。至此，自治区人民政府与各地行署、市政府签订的 1991～1993 年劳动就业目标责任书提出的就业安置任务已全面超额完成。1994 年安置城镇待业人员 15.81 万人，失业率为 2.4%。广西 3 年来就业安置工作取得较好成绩，主要原因如下：

(1) 经济发展迅速，增加了就业岗位和就业机会。1992 年以来，广西加快改革开放步伐，经济发展迅速，特别是第三产业的发展，增加了就业岗位，吸纳了大量劳动力。原来作为就业难点的一些边境县（市），随着边贸的日益繁荣，就业压力也逐渐减轻。如龙州县、防城县、凭祥市安置人数 1992 年均比上年增加 50%以上。

(2) 党政领导重视，各部门积极配合。1992 年，自治区人民政府针对当前劳动就业工作存在的突出问题，提出了 5 点意见，各地、各部门据此结合本地、本部门实际制定了一些相关的政策和具体措施。自治区有关主管部门成立了 10 个行业管理型劳动服务公司，进一步发挥指导、协调本行业服务企业，强化行业系统管理的作用。

(3) 加强和完善就业服务体系。1993 年，广西的劳动就业服务体系有所加强和完善。一是建立健全就业服务网络。1992 年，全自治区建有职业介绍所 73 所，到 1994 年底，全自治区有各级各类职业介绍机构 425 所，比上年增加 96 所，其中劳动部门办的 319 所，占 75%，比上年增加 61 所，初步形成了自治区、地（市）、县、乡（镇）、村五级就业服务网络。年内到职业介绍机构进行求职登记的城乡劳动力达 33.72 万人，其中介绍成交 23.9 万人，成交率达 71%。二是巩固和发展劳动就业服务企业。1992 年自治区劳动厅对劳服企业用工管理、职工失业保险和扶持资金方面，在政策上作了具体规定，并成立了自治区劳服企业协会，举办广西劳服企业QC成果发布会，在劳服企业中开展劳动竞赛活动。年末，广西劳服企业已达2643个。1994年由于受两次特大洪灾和国家政策的影响，广西劳服企业总数比1993年度的2785家减少了2881家。1992～1994年全自治区劳服企业生产经营总额达70.16亿元，实现利税6.46亿元，1994年末从业人员9.75万人。此外，广西还在劳服企业中开展股份合作制试点工作。广西八一铁合金厂劳动服务公司和柳州化肥厂劳动服务公司被劳动部定为全国劳服企业实施股份合作制的试点单位。

2. 搞好农村劳动力的有序流动。一是与公安、交通、铁路、民政、计划生育等部门密切配合，采取有效措施做好春节期间民工流动疏导工作，使1994年春节期间200多万名民工流动没有出现大问题。二是积极做好有组织、有领导、有计划的劳务输出，注意把劳务输出与扶贫工作结合起来。1994年，向经济特区和沿海经济发达地区输出劳动力25万人。

3. 开拓境外就业工作。广西境外就业介绍所1993年经劳动部批准成立后，经过一年多的努力，已初见成效。一是简化手续、理顺办照程序。过去办理出国人员劳务护照，手续繁、周期长，经与自治区公安厅等有关部厅联系，办理护照时间缩短为2～7天。二是使境外就业工作逐步走向规范化。根据广西实际，制订了《广西境外就业介绍所工作制度》、《境外就业人员报名程序》、《境外就业人员培训制度》等规章制度。到1994年底，广西境外就业机构已先后向日本、新加坡、博茨瓦纳、泰国、安哥拉、香港、澳门等国家和地区输出境外就业人员100多人。

二、劳动力管理

1. 加快劳动制度改革。1992年，广西加快劳动制度改革步伐，进一步放权和还权企业。一是在劳动工资计划上，对综合配套改革试点的国有大中型企业和“四放开”的商业企业实行指导性计划。二是除控制从农村招工外，企业均可根据法律、法规规定和生产经营需要，自主决定招收职工的时间、条件、方式、数量。在自治区城镇人口中招收劳动合同制工人，不受行政区域限制。一些企业还打破干部、工人身份以及现行职务的界限，自主招聘管理人员和科技人员。三是以实行全员劳动合同制为主要内容的劳动制度改革，已由试点转为推广。1994年，广西劳动制度改革在完善配套措施的基础上，继续向深度和广度发展。柳州、梧州市被列为广西区域性综合配套改革试点城市。实行全员劳动合同制的企业比上年有了较大增长，为广西全面实行劳动合同制奠定了基础。年末，全自治区国有单位实行劳动合同制职工56.6万人，分别比1993、1992年增长了12.97%和39.41%。

2. 构建劳动力市场体系。为了适应社会主义市场经济发展的需要，广西从1993年起开始构建劳动力市场体系，从劳动力市场的结构、内容、管理办法、运行秩序、规则等方面提出了初步方案。柳州、南宁等主要城市初步形成了劳动力市场的雏型。1994年自治区人民政府发布了《广西实施〈禁止使用童工规定〉细则》和《广西实施〈全民所有制企业招用农民合同制工人规定〉细则》等规范劳动力市场行为的规章制度。

3. 实行弹性劳动工资计划。从1993年起，广西国有企业普遍实行动态调控的弹性劳动工资计划，各地市的工资总额增长与经济增长紧密挂钩，通过调控工资总额的增长间接调控职工人数的增长。1994年，广西国有单位职工人数为280万人，分别比1993、1992年减少2.57%和增加1.08%，工资总额为126.66亿元，分别比1993、1992年增加32.96%和71.16%。

4. 加强劳动监察机构和队伍建设，开展劳动监察工作。从1993年上半年开始，广西根据劳动部发布的《劳动监察规定》，在加强地方劳动监察立法的同时抓紧组建劳动监察机构，配备劳动监察人员。1994年末，全自治区有10个地市和34个县（市）成立了劳动监察机构，分别占地市、县总数的71%和41%。全自治区有专职劳动监察员118名，兼职210名。两年共举办了三期劳动监察员培训班，参培人数914人。1994年还开展了劳动用工大检查，共检查各类企业5872家，查处违法案件253起，清退童工27人，责令整顿企业99个。在检查过程中，各级劳动部门十分注意劳动政策法规的宣传，为开展劳动监察工作大造舆论，打下基础。

5. 加强劳动仲裁工作。一是加强劳动仲裁机构和队伍建设。1994年末，全自治区已建立劳动争议仲裁委员会106个，占应建数的87.6%，企业调解委员会2768个，占应建数的81.4%，有专兼职仲裁员653人，专兼职企业调解委员12123人。1992～1994年，举办各种类型培训班，培训人员达16755人(次)。二是深入做好劳动争议预防工作，1992～1994年鉴证劳动合同319454份，其中纠正违法和无效合同9447份，制止招用童工90人。三是加强办案工作，不断提高办案水平。1992～1994年，劳动争议案件共立案处理323件，已结案296件，结案率91.6%，办案质量逐年提高，优秀率由1991年61%提高到1994年的95%。

三、职工工资

1. 深化企业工资制度改革。

(1) 给企业充分的分配自主权。1992年对列入自治区转换经营机制的100户试点企业和部分实行“四放开”的商业企业，实行企业工资总额“上不封顶、下不保底”的原则，企业可按当年实际完成的效益提取新增效益工资，当企业经济效益下降时，相应扣减一定比例的工资总额。执行结果，100户试点企业取得了明显的经济效益。

(2) 改进和完善企业升级制度。1992年广西规定，经济效益好的“工效挂钩”企业，效益升级面由原来最高不得超过50%放宽到60%；非“工效挂钩”企业完成上缴税利任务，有支付能力的，按企业经济效益情况核给一定比例的升级指标，最高升级面为30%。1992年，全自治区进行效益升级的企业职工约60万人，占企业职工总数的45.3%，每人平均增资7.5元。

(3) 改进和完善企业“工效挂钩”办法。一是将国家和自治区统一规定的部分津贴、补贴纳入成本管理；二是原执行“总挂分提”和“分挂分提”办法的，全部改行“总挂总提”的办法，职工奖金全部计入成本费用；三是改变过去单一指标挂钩，实行复合指标挂钩的办法；四是对工资总额同税利总额严重倒挂企业提取新增效益工资作了新的规定；五是严格按照核定的基数和比例计提新增效益工资，实行“上不封顶，下不保底”的原则；六是强化工资储备金制度，在当年的新增工资中提取不少于10%的数额作为工资储备基金，留作以丰补歉之用。这项改革实施后，取得了较好的效益。1993年底，全自治区有4716户企业实行“工效挂钩”，职工人数119.26万人，全年实现税利45.78亿元，比上年增长12.29%。

(4) 推行岗位技能工资制。1992年广西有24户企业进行了岗位技能工资制试点。经验收的5户企业，1992年几项主要经济技术指标均创历史最好水平。1994年底，广西试行岗位技能工资制企业达60多户、职工9万多人，经过检查验收批准正式运行的有41户、职工7万多人。试行的结果表明，岗位技能工资制对搞好企业内部分配、调动职工积极性起了很大的作用。同时，自治区劳动厅还制定了《关于岗位技能工资制正常运行后需要加强和完善的几个问题的通知》，强化对实行岗位技能工资制企业的指导和管理。

2. 提高职工工资水平。随着改革开放的深入和经济效益的提高，广西职工工资水平有了较大提高，1992～1994 年广西国有单位职工人均年货币工资分别为 2733、3432 和 4604 元，增长率分别为 16.7％、25.6％和 34.1％。

3. 提高艰苦岗位津贴和中夜班津贴标准。1993 年根据劳动部、财政部有关文件精神，提高以下两种津贴标准：艰苦岗位津贴标准提高到每人每日甲等 40 元、乙等 30 元、丙等 20 元、丁等 16 元；中夜班津贴提高的标准是：中班（小夜班）提高到 1.0 元/班、夜班（大夜班）提高到 1.5 元/班。同时，根据石化、冶金、纺织等行业的特点，建立或提高了这些行业的艰苦岗位工资性津贴标准。提高这两种津贴标准后，对调动职工的生产积极性，稳定艰苦岗位队伍起了促进作用。

四、职工社会保险

1. 养老保险取得突破性进展。一是加快养老保险地、市级统筹步伐。1992 年广西有 12 个地、市实行了国有企业职工退休费用地、市一级统筹，占全区地市总数 85.7％。全自治区参加养老保险的各类企业职工 143 万人，离退休职工 24.54 万人。1994 年，除北海市外，全区实现了国有企业职工退休费用地、市级统筹。1994 年全区统筹养老保险基金达 9.5 亿元，分别比 1993、1994 年增长 21.8％和 59.9％；支出 7.5 亿元，分别比 1993、1992 年增长 29.3％和 63％，有效地保障了企业离退休人员的基本生活。特别是 1994 年广西两次遭受历史罕见的洪涝灾害，灾区许多企业因受灾停产无法上缴养老保险费，但广西社会保险机构仍如数发放离退休金。仅 7、8、9 三个月，社会保险机构支付离退休金 1.2 亿元，有力地支援了抗洪救灾，维护了社会稳定。二是全面实行职工个人缴纳养老保险费制度。1992 年起，广西全面实行职工个人缴纳养老保险费制度，改变过去几十年来养老保险费用完全由国家和企业包起来的办法，由国家、企业、个人三方合理负担。1994 年全自治区职工个人缴纳养老保险费为 8641 万元，分别比 1993、1992 年增长 31.5％和 81.4％。三是实行基本养老保险金计发办法改革和建立养老保险金自动调整机制。1993 年，广西在梧州、钦州市、百色地区进行基本养老金计发办法改革试点，1994 年广西全面实行基本养老金计发办法改革。新办法规定基本养老金分为三个部分：社会性养老金，按社会平均工资的 20～25％计发；缴费性养老金，每缴费一年按缴费工资的 1％计发；缴费性补贴，按缴费年限长短发给 62～72 元。为保证平稳过渡，按新办法计发的养老费低于原办法的，可以按原办法待遇补齐。1994 年，自治区人民政府《关于调整我区离退休人员离退休金的通知》规定：“建立退休金自动调整机制，即按自治区上年社会平均工资增长指数的 50％，每年 7 月 1 日调整一次”。这就克服了过去离退休金一定终身的弊端，既能使离退休人员适当分享社会发展成果，又能减轻物价上涨对离退休人员的压力，深受企业和离退休人员的欢迎。四是实行养老保险“两金”合并使用。从 1986 年起，广西为劳动合同制工人建立了养老保险基金，单位按工资总额的 15％、个人按标准工资的 3％缴纳；国有企业固定职工实行基本养老保险社会统筹，按“以支定收、略有节余”的模式征集保险金。“两金”分别立帐，分别核算。1994 年，广西规定“两金”合并使用，实行“统一费率、统一待遇、统一调剂、统一管理”，在国有企业养老保险中破除了职工身份界限，减轻了企业负担，为建立现代企业制度创造了良好的外部环境。五是积极开展多层次养老保险，到 1994 年，全自治区有 43 个地、市、县的 154 个企业、1.14 万人参加补充养老保险和个人储蓄性养老保险。1992～1994 年，全区共收缴补充养老和个人储蓄性养老保险金 369.9 万元。

2. 开展工伤保险制度改革。1992 年广西首先在国有企业实施职工工伤保险制度改革，按“以支定收，留有储备”的原则，建立工伤保险基金，按不同费率向企业征集保险费。到1994年，实施范围扩大到其他所有制企业，并经自治区政府批准，出台了《广西职工工伤保险暂行办法》。1994年末，全区55个市、县的8065个企业共85.65万人参加了工伤保险。1992～1994年全自治区收缴工伤保险金1680万元，支出307万元。

3. 女工生育保险改革。1993年，桂林地区的荔浦县、灌阳县率先进行了女职工生育保险制度改革。按照“以支定收”的原则实行社会统筹，建立生育保险基金。到1994年底，全自治区开展女工生育保险的有15个县、职工23.3万人，比上年增加1.5倍。1993～1994年共收缴生育保险金343万元，支付生育补偿费110万元。

4. 进行医疗保险制度改革。1992年在永福、恭城、全州、桂平4县实行了企业职工大病医疗费用社会统筹和退休职工医疗费统筹试点，到1994年年末，全自治区开展此项改革的有7个县、企业438个、职工2.62万人；收缴医疗保险基金518万元，支出412万元，做到收支平衡，略有节余，保障了职工的基本医疗，节约了医疗费开支。

5. 加强失业保险基金管理。1992年广西加快失业保险改革步伐。自治区劳动厅规定，经当地人民政府同意，各地、市、县可以从历年结存的失业保险基金中，按30%以内的比例提取作为发展劳服企业的扶持生产周转金。这一规定，为劳服企业发展生产、失业职工重新就业创造了条件。如柳州市先后向12家劳服企业发放生产自救费325万元，使270名失业职工获得重新就业。1994年，广西失业保险工作有了新的突破。自治区人民政府发布了《广西壮族自治区职工失业保险办法》。这个办法扩大了失业保险范围，提高了失业职工待遇标准，同时调整了失业保险基金收缴的基数和生产自救费、转业训练费、职业介绍费的提取比例，使广西失业保险工作走上了法制化轨道。1992～1994年，全自治区失业保险基金收入9898万元，发放失业救济金289.43万元，救济失业职工24145人次。

五、职业技能开发

1. 技工学校。1994年广西共有技工学校117所，比1992、1993年各增加3所；在校学生5.5万人，分别比1993、1992年增长19.57%和44.7%，技校新招生23000人，分别比1993、1992年增长17%和64.3%。技校改革取得了新突破。一是改革技校招生制度。1993年开始，广西放开招生计划，由学校与主管部门根据市场需求和学校的条件，自主确定招生的专业（工种）、招生对象、培养目标和学习年限，经自治区劳动厅协调后下达指导性计划。1994年招生的工种（专业）达168个。同时，根据广西特点，定向在贫困地区招收少量农村户口考生和允许某些特殊工种（专业）招收少量的农业户口考生。根据市场需要，还招收了部分自费生。二是改革毕业生分配制度。1993年下放部分技校毕业生分配审批权，简化分配手续，对紧缺工种的毕业生实行有偿分配。1994年毕业生按培训合同定向招工外，还进行了双向选择、自主择业等。三是深化技校教学改革，突出操作技能训练。四是实行毕业生“双证书”制度，每年对80%的毕业生进行了技术等级考核。1992～1994年，全自治区共有29545名毕业生参加技术等级考核，其中，定为五级工516人，四级工9549人，三级工16545人，二级工2935人。五是对技校进行教育质量评估。1992年开始评估试点，到1994年，共对52所技校进行了合格技校评估，对2所技校进行了自治区级重点技校评估，占应评技校的71%。

2. 在职工人培训。一是根据《条例》精神，从实际出发，制定了广西工人培训考核和技师评聘工作的若干放权措施，并根据广西实际，制定了工人培训考核的若干地方法规，为广西工人培训考核工作打下了坚实的基础。二是加快工人技术培训、考核和技师评聘工作的进度。在全区各企业，地、市、县及区直各单位开展各种形式和层次的工人技术培训的基础上，1994 年全区共考核发证 5 万本，审批技师任职资格 1110 人。

3. 加快职业技能鉴定工作。1994 年经劳动部批准试行了《广西职业技能鉴定实施办法》，并制订了与之配套的 6 个文件，使广西技能工作规范化。开展职业技能鉴定社会化管理工作，在 1993 年试点的基础上，到 1994 年全自治区共建可鉴定 14 个工种的 13 个职业技能鉴定所。

4. 技能竞赛。1993 年广西组织了首届广西青年奥林匹克技能竞赛，前后历时 6 个月，有 5 个工种的 37 名选手参加了自治区级竞赛，决出名次参加全国决赛。桂林万雅珠宝集团公司毛彦民夺得全国珠宝制作工种决赛冠军。

5. 就业前培训。一是进一步加强就业培训中心的基础建设，强化就业前培训，提高求职人员就业竞争能力。1994 年，全自治区就业训练中心发展到 95 所，一次性培训能力达 2.22 万。二是各级就业训练中心根据社会需求，开展多层次、多形式、多渠道的就业训练。1992～1994 年，全自治区组织就业训练 41.73 万人，其中结业 35.7 万人。三是规范社会举办就业前培训的行为。1994 年自治区劳动厅制订了《广西社会力量举办就业前培训班管理暂行办法》，加强了对社会力量举办就业前培训班的归口管理工作。

六、加强劳动法制建设

1. 开展劳动法制宣传教育工作。1992 年，自治区劳动厅编印了《劳动政策法规知识问答》，发行量突破 20 万册，参加学习活动的职工十分踊跃，据统计，全自治区约有 120 万名企业职工参加了学习活动。1993 年，举办了全区劳动政策法规知识电视竞赛活动，有 100 多万职工参加了竞赛活动，收到了较好的社会效果。1994 年认真抓好《劳动法》学习宣传贯彻工作。一是加强组织领导，统一部署，协调组织《劳动法》的学习、宣传和贯彻。二是层层举办学习贯彻《劳动法》培训班，全自治区培训骨干 1 万多人。三是组织开展“全国《劳动法》咨询日”活动。据不完全统计，全自治区共设咨询点 121 个，咨询群众 8400 人次，散发宣传资料 17.76 万份。四是组织劳动管理干部和工会干部 2000 多人参加《劳动法》知识电视讲座学习。五是在区内组织开展全国《劳动法》知识竞赛和全国《劳动法》宣传周活动，全区约有 100 万名职工参加了《劳动法》知识竞赛。

2. 加强地方立法工作，使劳动工作有法可依。一是根据自治区人大常委会和自治区人民政府要求，适时调整年度劳动立法计划，使之更符合市场经济需要。二是加强调查研究，抓紧作好立法项目的起草工作。1992～1994 年，自治区劳动厅向自治区人大常委会和自治区人民政府送审法规、规章 14 件，到 1994 年底止已由自治区人大或政府颁布实施 5 件。三是组织清理与《劳动法》相抵触的地方性劳动法规。1994 年清理出需要修改或废止的自治区一级的地方性劳动法规、规章和规范性文件 34 项。

3. 抓好劳动行政复议、诉讼工作。1992 年以来，广西各级劳动部门坚持依法行政，不断提高劳动行政执法水平。1992～1994 年，全自治区没有发生劳动行政诉讼案件，劳动行政复议案件仅 2 起。

七、劳动安全监察

1. 职业安全卫生监察。一是继续完善安全生产领导责任制和安全目标管理。1993 年是广西近 8 年来发生重大事故最多的一年（8 起），为此，自治区人民政府发出《关于切实加强我区安全生产工作的通知》，并召开全区安全生产工作电话会议，要求各级政府切实加强对安全生产工作的领导，健全安全生产领导责任制，尤其是建立企业法人代表的安全生产责任制。强调企业发生伤亡事故，要追究法人代表的责任。1994年广西继续深化安全生产目标管理，把安全目标由过去的死亡人数绝对值改为在册职工人数的千人死亡率的相对控制数，实行行政首长、单位法人代表负责制，把其作为考核各级行政领导和企业法人政绩的重要内容。二是认真开展特种设备、特种作业的认证与监察，加强危险行业，危险场所的重点监察，积极做好生产性建设项目劳动保护设施与主体工程“三同时”审验工作。1994年全自治区共受理审查生产件律设工程项目105个，竣工验收项目87个。同时，对全自治区各劳动保护检测站进行了资格认证工作，有90%的检测站合格并获得了资格证。三是开展“安全生产周”活动，注重宣传与实效相结合。1992年在全国第二次“安全生产周”活动中，广西对一些企业进行了安全检查，共查出事故隐患6239项（处），并进行逐项登记，限期整改，年内整改率达85.8%。1994年在全国第四次“安全生产周”活动中，自治区人民政府召开了新闻发布会，全自治区13个地市、19个厅局成立了活动领导小组或组委会，召开各种宣传动员会5000多次，全自治区共张贴标语、警句，悬挂条幅302000条（张），出墙（板）报85000多版，放专场电影（录像）188场次，举办各种新闻发布会、专题电视（广播）讲话560多次，各种演讲比赛、文艺汇演1890场次，各类安全挂图展览88920次。

由于采取了上述措施，广西安全生产形势有所好转。1994年，全自治区非矿企业发生的伤亡事故起数，死亡人数，重伤205人数，分别比上年上升6.25%，5.9%和下降2.38%，一次死亡3人以上重大事故4起，死亡人数比上年下降33.33%和51.61%。

2. 锅炉压力容器安全监察。广西各级劳动部门继续围绕设计制造、安装、使用、检验四个环节加强锅炉压力容器安全监察工作。一是1992年自治区劳动厅会同各地、市劳动部门对全自治区液化石油气充装站进行了审查，对41个符合条件的充装站发了充装许可证。二是1993、1994两年自治区劳动厅会同企业主管部门对17家企业进行了设计资格审查，发证和换证。三是加强锅炉压力容器制造厂家资格审查工作，1994年共完成对11个厂家的审查发证工作。四是进一步完善锅炉安装管理办法。1994年广西对《广西锅炉安装管理办法》(1988年颁发)作了大幅度的修订，使我区锅炉安装管理更加规范化和易于操作。五是根据劳动部的要求，1994年完成了全自治区锅炉压力容器检验所资格认证工作，为1995年起实行凭检验资格进行锅炉压力容器检验奠定了基础。由于措施得当，广西锅炉压力容器伤亡事故的发生逐年下降，1992、1993、1994年锅炉重大事故的发生分别比上年下降35%、23%、30%。

3. 矿山安全监察。一是发挥国家矿山安全监察的作用。广西各级矿山安全监察机构在矿山现场监察、矿长安全资格审查、矿井安全生产条件认证、事故处理等工作中，充分发挥了国家矿山安全监察的作用。1992年，扶绥县、来宾县矿山安全监察机构被劳动部授予“全国县级矿山安全监察工作先进单位”称号。二是加强矿山安全立法工作。根据《中华人民共和国矿山安全法》，结合广西的实际情况，1994年6月1日，自治区人大九次会议通过并公布施行了《广西实施〈矿山安全法〉办法》。为了广泛宣传国家《矿山安全法》和《广西实施〈矿山安全法〉办法》，各级劳动部门召开会议、举办学习班和深入到矿山企业进行贯彻宣传，收到了良好的效果。三是开展矿山安全执法大检查。1994年，在上半年检查的基础上，继续开展矿山安全执法大检查。自治区劳动厅会同7个有关厅局联合组成矿山安全执法检查组，深入矿区进行抽查，发现问题及时处理。同时，对重点矿山、小煤矿，梧州、玉林等地区部分露天矿场以及右江矿务局、高龙金矿、德保铜矿等在建项目的安全设施“三同时”工作进行现场监督检查。四是加强矿山安全监察机构队伍建设。1994 年，自治区劳动部门按照《广西实施〈矿山安全法〉办法》的规定，新任命了 108 名矿山安全监察员，并对原有的 61 名矿山安全监察员进行了换证，使矿山安全监察队伍得到了加强。

1992～1994 年，广西国有矿山企业工伤死亡事故得到了有效控制，但集体所有制矿山、私营个体矿山、无证矿山安全生产问题严重，亟待采取有力措施加以解决。

（广西壮族自治区劳动厅　陈堃）

海　南　省

1992～1994 年，海南省各级劳动部门，按照社会主义市场经济的内在要求，从本省经济超常规发展的实际出发，发挥特区优势，大胆探索，开拓创新，认真组织实施由省人事劳动厅与劳动部劳动科学研究所联合制定的《海南省劳动、工资、社会保险制度综合配套改革总体方案》，以培育和发展统一开放的劳动力市场为重心，不断深化劳动领域里的各项改革，促进了新型劳动体制的形成，使全省劳动事业得到了长足的发展，为大特区社会、经济的迅猛发展作出了贡献。

一、改革社会保险制度，建立和完善一体化的社会保障体系

海南省把改革社会保险制度，建立相对完善的社会保障体系当作劳动体制改革和培育劳动力市场的突破口，花大力气来抓。从 1992 年初开始，认真组织实施省政府颁布的海南经济特区养老、工伤、待业、医疗四个社会保险暂行规定。这四个《暂行规定》是借鉴国外做法，根据本省社会经济发展水平制定的，具有以下特点：1. 打破了企业的所有制界限，全民、集体、外商投资、私营等各类企业实行统一费率、统一缴费基数、统一办法、统一管理。2. 打破企业干部与工人、固定工与合同工、临时工的身份界限，在社会保障面前人人平等了，建立起新的社会保险基金管理制度。3. 社会保障机构为每一个参加养老保险的单位建立了社会共济金帐户，为每个职工建立了个人养老保险帐户。4. 建立了《职工养老、工伤保险手册》登记、管理制度，加强了对流动职工的社会保险追踪管理。

新的社会保险制度的实施，有效地保障了离退休职工、因工负伤职工和失业职工的基本生活，减轻了企业的负担，维护了社会稳定。

为了进一步扩大社会保险的覆盖面，促进各类从业人员在更大的社会范围内合理流动，海南省在认真总结四项社会保险《暂行规定》实施两年来的经验的基础上，起草了海南经济特区城镇从业人员养老、失业、工伤三项《保险条例》，经省人大一届六次常委会审议通过，于 1994 年 1 月 1 日开始实施。三项社会保险条例的实施，标志着海南社会保障制度改革进入到一个新阶段，取得了重大突破：1. 进一步扩大了社会保险的覆盖范围，将海南经济特区境内的党和国家机关、事业单位、社会团体、各类企业的从业人员及城镇个体经营者都作为社会保险的对象，打破了各类人员的身份界限，实现了从省长到个体户平等参加社会保险的社会化、一体化原则。2. 由行政规章上升为地方法规，强化了社会保险的法律效力，不仅可以有效地保证社会保险基金的征缴和管理，而且有助于所有用人单位和从业人员提高参加社会保险的法律意识。3. 提高了社会保险的社会化程度，增强了抵御风险和分散风险的社会保障能力。截至1994年底，除农垦系统已有14005个单位和423万名从业人员参加了养老保险，分别占应参加单位和人数的77%和56.6%；有9227个单位和38万名从业人员参加了工伤保险，分别占应参加单位和人数的51%和57%；有7734个单位和387294名从业人员参加了失业保险，分别占应参加单位和人数的83.4%和66.7%。与此同时，还加强了社会保险的服务功能，全省19个市县和省农垦系统广开渠道，建立了直接、联办、委托、邮汇、上门等各种形式发放养老金的服务网络，既方便了退休人员，又减轻了用人单位的负担。一个一体化、全方位、多功能的社会保障体系已在海南基本建立。

二、改革劳动就业制度，建立和完善市场化的就业服务体系

相对完善的就业服务体系，是培育和发展劳动力市场的关键环节。因此，海南省首先健全了职业介绍机构。1993年3月，省人事劳动厅打破传统管理体制的束缚和部门分割，将原省劳动就业管理局和原省人才交流服务中心合并为省职业介绍服务中心，并投资开设了具有较高现代化水平的劳动力交流场所。此后，省职业介绍服务中心在海口地区的一些开发区先成立了6个职业介绍所，还指导各市县和社会其他力量兴办职业介绍机构。到1994年底，全省职业介绍机构达119个，形成了以人事劳动部门主办的职业介绍机构为主体，其他社会力量兴办的职业介绍机构为补充的覆盖全省各市、县的职业介绍网络，为求职者与用人单位架起了一座座便捷的桥梁。其次，坚持实行“三个一体化，一个一条龙”的工作方针。在就业服务工作中，彻底打破不同所有制、劳动者身份，地域等界限，实行干部工人、城乡、境内外一体化就业和求职招聘登记、政策信息咨询、劳动合同签订和鉴证、办理社会保险以及人事档案托管、就业训练等“一条龙”服务，使劳动力供需见面，双向选择。截至1994年底，仅在省职业介绍服务中心设点招聘的单位就达2886家，前来登记求职者有68972人。经双向选择，有24954人实现了就业或再就业，中介成功率为36.2%。采取自办、联办、委托办学等形式，举办电脑、汽车驾驶、商场服务、美容美发、厨师等培训班1374期，培训53359人，提高了失业人员就业和富余职工再就业的能力。再次，加强了省内外劳动力统筹管理工作。为了引导外省劳动力合理、有序的流动，有效地控制“民工潮”的流速、流量和流向，省人事劳动厅和省公安厅于1994年2月联合发出了《关于加强外省进琼人员就业管理的通知》，对外省人员进琼就业实行“许可证”制度，规定具有大学学历或初级以上职称的外省人员，凭本人身份证和毕业证或职称资格证进琼求职就业，其他外省人员凭本人身份证和《就业许可证》求职就业。《就业许可证》由省人事劳动厅每年根据需要向各省（区）驻琼劳务管理机构下达当年该省进琼人员控制数，并统一发给驻琼劳务管理机构。此外，还积极发展劳服企业，使劳服企业由1992年的96家发展到1994年的404家，从业人员达1.4万多人。

由于健全了就业服务体系，拓宽了就业渠道，使城镇失业率由1992年的3.1%下降到1994年的2.7%。

三、改革用人制度，建立契约化的劳动关系

1992年初，省人事劳动厅与劳动部劳科所合作，制定了《海南省劳动、工资、社会保险制度综合配套改革总体方案》，提出取消企业干部与工人，固定工与合同工以及各类不同所有制企业职工之间的身份界限，推行统一的劳动合同制度，并选择海南铁矿等16户大中型企业进行试点。同年10月，根据《企业法》和《全民所有制工业企业转换经营机制条例》的精神，省人事劳动厅拟定了《关于转变职能促进企业经营机制转换的若干意见》，经省政府发布实施。《意见》进一步明确了企业的人事管理、劳动用工等项自主权，省人事劳动行政部门不再给各市县和企业下达用工指标和录用干部指标；企业用工的数量和条件，由企业根据定员和生产需要自主决定，并要求企业积极推行劳动合同制度。在总结试点经验的基础上，省人事劳动厅拟定了《关于企业实行全员劳动合同制的意见》，于1993年11月经省政府批转下发实施。《意见》规定，固定工经考核基本合格的，即可签订无试用期的劳动合同；部分国家统配人员经过一定时间的试用期或适应期后，可签订劳动合同；在常年性生产岗位但未签订劳动合同的临时工，经考核合格的，除外省劳动力须持《务工许可证》外，不管其户粮关系在何处，从事该岗位工作多久，都应签订劳动合同，成为企业职工；经考核不合格的，予以辞退。企业现有劳动合同制工人，原则上按原合同执行，也可重新签订劳动合同。这个文件下发后，在企业引起积极反响，许多企业纷纷制定方案，打破各种人员的身份界限，实行全员劳动合同制。到年底，全省实行全员劳动合同制的企业16个，职工3万人。

为了加速推行劳动合同制度，省人事劳动厅认真总结《关于企业实行全员劳动合同制的意见》实施以来的经验，先后15次召开有关部门和企业负责人座谈会，分析研究全员劳动合同制实施中的新情况、新问题。在此基础上，于1994年11月制定并经省政府颁布了《海南省劳动合同制度实施办法》，要求境内所有用人单位必须在1995年底前依法同本单位所有从业人员签订书面劳动合同，以法律形式确定双方的劳动关系，明确双方的权利和义务。《实施办法》规定，实施劳动合同制的范围是本辖区内的企业、实行企业化管理的事业单位、个体经济组织和与之形成劳动关系的劳动者。国家机关、事业单位、社会团体和与之建立劳动关系的劳动者，参照该办法实施劳动合同制度。与此同时，改革指令性人员分配制度，对大中专毕业生和军队转业干部实行合同化管理，取消了用人制度上的“双轨”制。这样，3年中有1.3万名大中专毕业生和近1000名军转干部与用人单位签订了劳动合同。截至1994年底，全省劳动合同制职工达到38.6万人，占职工总数的38%。以劳动合同为标志的契约化的劳动关系的建立，使企业和劳动者都增强了法律意识和竞争意识，从而为企业注入了活力。

四、健全劳动法规，建立和完善法制监察体系

在着力培育和发展劳动力市场的过程中，政府劳动部门必须在简政放权、弱化行政手段的同时，强化法制监控机制，以规范劳动力市场的行为，促使劳动力市场机制运行有序化。海南作为经济特区，各种经济成分平等竞争，竞相发展。这既给经济注入了活力，又加大了社会劳动力管理的难度。在外商投资、私营企业中，任意辞退职工、不签订劳动合同、不缴纳社会保险基金、随意克扣员工工资、延长工时、忽视安全卫生等侵害劳动者合法权益的现象屡屡发生。这种状况，迫切要求海南加强法制建设。因此，自1991年以来，省人大、省政府先后颁布了一系列有关劳动管理、劳动保险、劳动保护等的规定、条例、办法，形成了一整套具有海南特色的地方性劳动法规体系。1994年7月，《劳动法》颁布后，海南省积极宣传贯彻，组织举办了三期骨干培训班，为省直单位和各市县人事劳动部门培训骨干力量130人，先后组织开展了全省性的《劳动法》咨询日、

《劳动法》宣传周和《劳动法》知识竞赛等活动，逐步掀起了学习宣传贯彻《劳动法》的热潮。与此同时，依据《劳动法》起草了《海南省职业介绍暂行规定》、《海南省劳动合同制度实施办法》、《海南经济特区城镇从业人员医疗保险条例》及其《实施细则》，进一步完善了地方劳动法规体系。

为了把这些劳动法规落在实处，海南省加强了法规执行情况的监督检查。在省和各市县成立了劳动监察机构和劳动争议仲裁机构，建立并实行了劳动用工年审制度、违法用工举报制度、用工治安联检制度、违法用工处罚制度、违法用工通报制度，采取定期与不定期监察、全面与专项监察、送审与现场监察相结合的办法；注重监察的规范性、严肃性、群众性。1993～1994 年，通过多形式的监察，促使数以千计的企业与 10 余万名员工补签了劳动合同，为 12.4 万员工补缴三项保险金 1667 万元，并对违法用工企业实施了处罚。还加强了劳动争议仲裁员队伍建设，经培训、考核确认各市县 172 名仲裁员的资格，充实了仲裁力量。提出了《关于加强劳动争议仲裁工作的意见》，经省政府批转下发执行。各级仲裁机构及时受理劳动争议案件 65 宗，处理结案 58 宗，案列调解 5 宗；依法鉴证劳动合同 19.5 万份，纠正违法合同 951 份。通过开展劳动监察和劳动争议处理工作，有效地规范了企业的用工行为，维护了劳动关系双方尤其是劳动者的合法权益，化解了矛盾，促进了社会稳定。

五、改革职业培训制度，初步建立起职业技能开发体系

1994 年，先后研制了《关于贯彻〈职业技能鉴定规定〉的实施细则》，以及与互相配套的规章，成立了省职业技能鉴定指导中心，选择工人考核工作基础比较好的 8 个单位，组建了职业技能鉴定站，以省直机关、事业单位工人技术培训考核为试点。到年底，已有 250 名汽车驾驶员参加了首批汽车驾驶技术等级培训考核，获得相应的《技术等级证书》，并以此重新确定工资标准。

各级劳动部门通过自办、联办、委办和组织社会力量办班等形式，3 年举办各种技术培训班 1000 多期，培训 5.48 万人次。继续组织企业职工开展岗位培训，有 6850 名技术工人通过等级考核，其中技师 1208 名，高级工 751 名，中初级工 4892 名。

技工学校根据市场需求调整专业设置，并在提高教学质量上下功夫。省人事劳动厅制定了《海南省技工学校招生工作实施细则》，以及与互相配套的考试、考场管理、工作人员守则等规范性文件，使招生工作的各个环节逐步规范化、程序化。对技校毕业生坚持实行毕业证和技术等级证的双证制度以及市场就业制度。3 年来，4500 名毕业生中的 90%获得了技术等级证书并在市场经过双向选择，走上了工作岗位。

六、改革企业工资分配制度，建立效率优先、兼顾公平的企业工资制度

根据企业的经营管理和经济效益情况，实行不同的工资分配办法。对自我约束机制健全、经营情况好的 23 户国有企业，试行了“两低于”分配办法，即工资总额的增长低于经济效益的增长，职工实际平均工资的增长低于劳动生产率的增长。对经济效益较好的企业，继续实行“工效挂钩”办法，不断改进和完善挂钩指标，扩大挂钩面。到 1994 年底，“工效挂钩”企业达到 215 户，比 1992 年增加了 45 户。对微利或亏损企业则实行工资总额包干办法。同时，引导企业积极推行岗位技能工资制，指导帮助企业深化内部分配制度改革，逐步废除了国家统一规定的档案工资。1994 年 12 月，根据《劳动法》的规定，制定颁发了《海南省企业最低工资规定》，并综合本省经济发展、城镇就业状况、职工工资水平、劳动生产率，以及职工赡养人口的最低生活水平等因素，确定了不同地区的最低工资标准：海口、洋浦开发区为 280 元，三亚、琼山、琼海、儋州为 230 元，其他市县为 180 元。

七、安全生产与劳动保护工作得到进一步加强

在安全生产管理方面，坚持"安全第一、预防为主"的方针，推行安全生产目标管理，对全省 19 个市县和省直 40 个单位每年下达年度安全生产目标管理考核指标，强化了市县及企业安全生产责任制。组织开展了第二、第三、第四次"安全生产周"活动，对重点行业和企业的劳动保护和安全生产工作进行了大检查，查出并责成企业消除了一大批事故隐患，对个别事故隐患严重的企业，下达了整改通知书，责令限期整改。狠抓了各类重大事故的调查处理工作，组织力量对海口市汇泰大厦工地、三亚市荔枝沟采石场、海口新港"5.20"海上货轮相撞、"9.17"东线高速公路茅洞隧道、"9.26"昌化江沉船等重大、特大伤亡事故进行了调查，依法进行了处理。

在劳动安全监察工作方面，制定和完善了生产性建设项目劳动保护设施设计审查、建筑施工安全管理、露天矿山安全管理、锅炉压力容器安全管理、气体充装站安全管理、压力容器使用和制造单位管理等规章，健全了法规体系，为更好地开展劳动安全监察工作提供了依据。坚持对特种作业人员进行岗位培训，通过举办起重机操作、司炉、水处理、压力容器操作等特种工培训班，3 年审核发证 5215 人，复审认证 5273 人，基本杜绝了无证上岗现象。坚持定期与不定期深入企业监察安全生产与劳动保护情况，及时发现并责成消除事故隐患。通过调查，对全省的 753 台锅炉和 2114 台压力容器进行了注册登记，模清了底数。1993 年 10 月，海南省锅炉压力容器检验所通过劳动部锅炉压力容器检验资格认可。开展了劳动能力鉴定工作，审核批准一批从事特别繁重体力劳动的工人提前退休，确认了一批因工伤残人员。

由于海南经济超常规发展，工业及房地产业迅速崛起，使安全生产的形势严峻，尚须进一步加强安全监察工作。

海南经过这 3 年的不断改革，已初步建立起基本符合市场经济要求的新型劳动体制，为充分开发利用和合理配置劳动力资源，促进海南经济和社会的蓬勃发展，正在发挥着日益重要的作用。

（海南省人事劳动厅　王卓）

四　川　省

1992～1994 年，四川省各级劳动部门按照中央"抓住机遇、深化改革、扩大开放、促进发展、保持稳定"的要求，结合我省实际，妥善处理改革、发展与稳定的关系，紧紧围绕积极培育发展劳动力市场、深化劳动制度改革开展工作，取得了一定的成绩，为加速四川经济的发展作出了贡献。

一、劳动就业与劳动力市场

四川省劳动力供大于求的矛盾仍相当突出，城镇失业职工明显增加，农村剩余劳动力转移速度加快。通过社会各方面努力，不断拓宽就业渠道，3 年来共安置城镇失业人员 83 万人，城镇失业率一直控制在 4%以内，其中 1992 年失业率为 3.61%，1993 年失业率为 3.49%，1994 年失业率为 3.55%，全省就业局势基本稳定。

1992～1994 年，全省劳动就业工作，按照建立社会主义市场经济体制的要求，加快培育和发展劳动力市场，充分开发利用与合理配置全省丰富的劳动力资源，保证社会稳定，促进全省经济和社会的发展。第一，制定规划和有关政策，积极培育和发展劳动力市场。1993 年制定了全省劳动力市场建设的发展规划，下发了《四川省人民政府关于加快培育和发展劳务市场的通知》。为了促进劳动力市场机制的尽快形成，1994 年 5 月省政府正式颁布了《四川省企业职工失业保险规定》,使全省失业保险工作进入了新的发展阶段。第二，按照加快培育和发展劳动力市场的要求，开展全方位的就业服务，各项就业服务工作取得明显成效。(1) 加强对职业介绍机构的规范和管理，不断发展职业介绍网络。通过建立并实行职工介绍许可证，工作人员资格证和机构年检等项制度，有力地促进了职业介绍机构的规范和健康发展。截止 1994 年底，全省已发《职业介绍许可证》的各类职业介绍所（中心）达 671 个，通过检查评定，全省已建立和完善 54 所比较规范的职业介绍所（中心），17 个地区劳务信息已实现微机联网。(2) 下大力强化失业保险工作，完善失业保险制度。截止 1994 年底，累计接收失业职工 6.2 万人，及时向他们发放了失业救济金，并组织其中的 3 万多名职工开展了转业训练。通过提供再就业服务，失业职工再就业率达 50%。(3) 积极组织开展多种形式的职业培训，就业训练工作取得新进展。截至 1994 年底，全省县以上就业训练中心已发展到 147 所，1992～1994 年间，共培训城乡各类求职人员 55 万人，培训后就业率达 80%以上。(4) 加强政策指导和服务，促进劳动就业服务企业的巩固和发展。1992～1994 年间，全省劳动就业服务企业共完成社会总产值 176 亿元，实现税利 13.13 亿元，新安置城镇待业人员、失业职工和企业富余职工 16.5 万人。

二、企业工资分配

1. 不断加强企业工资总量的宏观调控。1992 年以“工效挂钩”为主要调控办法，根据企业的不同特点实行灵活多样的挂钩形式，积极扩大挂钩范围。1993 年围绕贯彻《转机条例》制定出台一系列重要文件，建立起以“工效挂钩”，“自主分配、国家征税”，“按照‘两低于’原则由企业自主确定工资总额”，“工资总额包干”等四种工资总量决定办法为主要内容的宏观调控体系。1994 年进一步健全企业工资总量宏观调控体系，全省实行弹性工资计划与企业工资总额分类管理办法相结合的调控机制。四种工资总额决定办法在全省普遍推行并不断改进完善，覆盖面继续扩大，截止 1994 年底，全省 96.5%的地方国有企业职工工资已纳入四种决定办法的调控范围。为进一步健全企业工资总量的宏观调控，各级劳动部门认真行使检查监督职能，并结合四川实际采用劳动行政部门的直接监督检查与社会中介组织的社会审计监督相结合的办法，重点监督检查企业工资总额的提取和使用、企业经营者的年工资收入、企业内部分配的民主管理，以及企业执行国家法律、法规关于工资分配方面规定的情况等。为充分发挥社会中介组织的作用，省劳动厅于 1993 年成立了四川省劳动审计事务所，并支持和帮助有条件的市、地、州成立了地区的劳动审计事务所（或审计事务所劳动分所）；同时，省劳动厅于 1993、1994 年经过严格审查，在全省范围内先后审定认可了三批共计 43 个审计事务所。审计事务所具有从事企业工资奖金分配专项审核资格，并积极指导、帮助和监督其开展工作，取得了较好的效果。

2. 不断落实企业工资分配自主权，指导企业搞好内部分配。1992 年坚持从企业的实际出发，以企业为主体，积极稳妥地进行岗位技能工资制试点。截止 1994 年底，全省已有29户试点企业经批准实行了岗位技能工资制。同时，在全省范围内基本建立了企业职工标准工资的正常增长机制。1993年，根据《转机条例》精神，认真落实企业工资分配自主权：①明确标准工资管理应随着养老保险制度改革到位而从政府的直接管理转发改为政府指导下的企业自主管理；②明确岗位技能工资制改革属于企业内部分配范畴，全省不再搞统一的试点，但对自愿实行岗位技能工资制改革的企业则给予指导和帮助。随着企业经营机制和政策职能化的进一步转换，我省国有企业已享有自主使用按政策规定提取的工资总额、自主选择实行企业内部工资制度和工资形式、自主决定企业的工资标准、自主确定和调整企业各类人员的工资关系等较为充分的工资分配自主权。

3. 积极探索建立符合社会主义市场经济体制要求的企业工资分配体制。①进行经营者年薪制试点。根据深化工资改革的需要，我省于1992年下半年提出了改革企业经营者收入管理办法、实行经营者年薪制的设想，并在深入调查研究的基础上，提出了实行年薪制的基本原则、思路和具体实施意见，于1993年开始在省委、省政府确定的新体制试点企业中组织实施。至1994年底，全省已有17户试点企业的厂长（经理）的年薪制方案经批准正式实行。此外，德阳、乐山、泸州、万县、广元、阿坝等市、地、州根据省委、省政府有关文件规定精神，也选择部分企业进行了年薪制试点探索。②进行区域性综合配套改革。1994年，成都、德阳两市分别被劳动部、四川省确定为探索建立企业工资分配新体制的试点市。两市在省劳动厅的积极参与和指导下，按照社会主义市场经济条件下企业新工资体制的要求，在企业工资总量宏观调控（包括工资增长指导线、企业自定工资水平）、最低工资保障制度、经营者年薪制、人工成本管理、股份制企业工资管理、以及工资集体协商谈判制度等诸多方面开展了广泛的研究和试点探索。

三、社会保险与职工福利

1. 养老保险制度改革取得规模性进展。1992年4月1日，四川省实现了国有企业退休费用省级统筹，全省除成都、重庆（因情况特殊，经省政府确定暂不纳入省级统筹）以外的21个市、地、州18524个（含成渝为27881个）企业、247万（含成渝为394万）名在职职工和63万（含成渝为107万）名离退休人员参加了这项统筹。随着省级统筹的建立和运转，国有企业退休费用负担畸轻畸重的矛盾在相当程度上得以缓解，保障了这部分企业离退休人员的基本生活。1992～1994年，省社会保险局共拨出统筹调剂款8508万元用于提高离退休待遇，保障企业离退休人员生活。为建立国家、集体、职工个人适当分担退休费用、多渠道筹集养老保险基金的体制，伴随着省级统筹的运转，全省实行了国有企业职工每人每月按本人月工资总额2%的比例缴纳养老保险费的制度。为逐步建立适用于各类企业、各类城镇劳动者的养老保险制度，四川省不断拓宽养老保险的覆盖面，城镇集体企业退休养老金社会统筹已扩大到173个县8768户企业、56.4万名在职职工和11.9万名退休人员；33个县实行了外商投资企业基本养老保险费统筹，成都、宜宾、凉山等地区的部分市、县还探索建立了城镇私营企业、个体劳动者的养老保险。

2. 基本养老金计发办法改革全面推开。1992年我省在遂宁市和眉山、资中、大邑等一市三县积极进行了基本养老金计发办法改革试点。1993年我省又进一步扩大到10个市、地、州进行这项改革。目前我省23个市、地、州的219个县（市、区）国有企业都已全面推行基本养老金计发改革。重庆、成都、南充等市、地的部分国有企业也建立起基本养老金计发办法。

3. 为了适应社会主义市场经济的需要，

继续深化社会保险制度改革，我省积极进行了社会保险“一体化”试点工作。1993年在长宁县进行了融养老、工伤、医疗、生育保险为一体的社会保险制度改革。截止1994年底，全省已有26个县（市、区）进行了国有企业、集体企业、外商投资企业及个体、私营企业的养老保险“一体化”；有11个县（市）进行了社会保险“一体化”制度改革。

4. 在重点推行养老保险制度改革的同时，开展了企业医疗、工伤、职工生育保险制度改革。全省有115个县实行了工伤保险统筹，41个县实行了生育保险统筹，135个县实行了大病医疗统筹，66个县实行了退休人员医疗费统筹。

四、职业技能开发

1. 完善职业技能开发体系。1993年11月，我厅按照党的十四大确定建立社会主义市场经济体制的要求，根据全国培训工作会议精神，及时研究了我省职业培训改革的方向，提出了在新形势下完善我省职业技能开发体系的基本思路，明确了我省职业技能开发要达到的奋斗目标。各地区、各部门积极更新观念，转变职能，提高了对职业技能开发体系的认识，并结合实际在工作中不断丰富与完善，许多地区已将职业技能开发作为市场经济条件下劳动部门的工作重点和基础工作，制定的规定、措施，从开发劳动力资源、提高劳动者素质、促进充分就业、建立劳动力市场出发，加快改革步伐，有力地推动了职业技能开发工作的发展。通过一年的努力工作，我省职业技能开发的政策、规定和办法有了进一步完善，职业技能鉴定社会化管理工作有了新的进展，以技校为骨干的职业技能开发体系已基本形成；企业职工培训和职业技能竞赛活动蓬勃发展。

2. 开拓职业技能鉴定社会化管理的局面。职业技能鉴定社会化管理是一项崭新的工作，我省起步晚，但迈出的步子较大，发展较快，现已初步形成气候，打开了局面。在抓好基础工作，促进职业技能鉴定社会化管理局面的形成方面，我省做了大量的工作，首先，依据国家和劳动部有关文件，把职业技能鉴定地方法规建设作为首要任务来抓。1993年以来，出台了《四川省工人技术等级考核评定办法》、《四川省职业技能鉴定实施办法》等10余个重要的行政法规和规章。第二，搞好职业技能鉴定机构建设，1993年9月成立了“四川省职业技能鉴定指导中心”；1994年，全省建立了一百多个职业技能鉴定所（站），其中由劳动厅直接组建的职业技能鉴定所达75所，包括有大、中型企业，大专院校，中专，技校和科研院所等单位。第三，加强对考评员的选择、培训、考核和聘用，做好考评员队伍的建设，以及抓紧组建省级试题库。第四，抓好对技校、职高、中专等职业技术学校毕业生，省工人函授培训的结业学员，领取了社会办学单位的结业学员，以及省外劳务输出人员的职业技能鉴定。第五，做好职业技能鉴定试点工作，并处理好“速度与质量”的关系。

3. 深化技校改革，办好技校。截止1994年末，全省已有技校401所，在校生达14.5万人，教职工2.74万人，年招生量约5.5万人。通过几年的改革实践，技校正朝着多层次、多形式、多功能的办学方向发展，以技校为骨干的职业技能培训体系逐步形成。1993年劳动厅颁发《关于深化我省技校改革的决定》以后，实行校长负责制的面扩大了，校长负责制的责、权、利进一步明确，扩大了办学自主权，初步建立起了适应市场经济要求的办学新机制，技校招生、专业设置、学制、教学内容、管理形式等方面的改革更加符合市场经济和用人单位的需要。近几年来，在以提高技校办学条件、管理水平和教学质量为中心的评估中，共评出省（部）级重点技校50所，其中国家级重点技校14所。2所高级技校已经建立。

五、劳动关系与劳动监察

1992～1994年，四川省各级劳动部门以推行劳动合同制为中心，大力推进用人制度改革，积极开展劳动监察工作，取得了新的成绩。

自1993年开始，省劳动厅对各市、地、州劳动局实行目标责任管理，既下达了实行全员劳动合同制的目标任务，又下达了以县为区体推行全员劳动合同制的目标任务。各地劳动部门围绕劳动合同制这个中心，大力推进用人制度改革，1994年末全省实行全员劳动合同制的企业达3051户，涉及职工108.2万人。全省劳动合同制职工218万人，其中国有企业劳动合同制职工170.2万人，分别占全部职工总数和国有企业职工总数的22.1%和34.8%。劳动用人制度改革进入新的历史时期，广大职工开始积极投身于用工制度改革的行列。

在大力推进用人制度改革的同时，各级劳动部门狠抓落实企业用人自主权。自1993年开始，计划部门和劳动部门未再向企业下达指令性用人计划和招收职工指标，而是由企业自主决定招收职工的时间、条件、方式和数量，企业有权对职工实行"在岗、试岗、待岗"制度，依法解除职工劳动合同或予以开除、辞退。职工也有权辞职和要求解除劳动合同。企业有了用人自主权后，注意少用工，减少活劳动消耗，以降低成本提高经济效益。1994年末，全省国有企业职工489万人，比1993年末减少13.9万人，是多年未有过的现象。

目前，全省绝大多数市、地、州、县劳动部门建立了劳动监察机构，配备了劳动监察人员。按照劳动部要求，1994年4月至7月，省劳动厅布置了在全省范围内开展一次用工大检查活动。各级劳动部门共有3000多人参加用工大检查，检查企业24000户，涉及职工194万人，责令清退童工186人，补签劳动合同11万人，对部门、企业克扣拖欠工资的行为责令其改正、补发。1994年，各级劳动部门共查处劳动监察案件2774件，其中国有企业651件，私营企业326件，个体企业578件。通过劳动监察，维护了劳动者和用人单位双方的合法权益，促进了劳动关系的和谐稳定。

1994年，全省各级劳动争议仲裁委员会共受理劳动争议案件1063件，涉及职工1962人，其中集体劳动争议案件25件，涉及职工704人。年底审理结案1058件，累计结案率为86.4%。劳动争议仲裁机构建设进一步加强，在全省全面推行了仲裁员、仲裁庭制度，进一步提高了办案的质量和效率。

六、劳动安全工作

1992～1994年，安全生产和劳动保护工作按照继续坚持"安全第一，预防为主"的方针，全面推行安全生产目标管理，建立和善各级安全生产领导责任制，保持了安全生产形势的稳定。

1. 推行目标管理，落实安全生产责任。自推行伤亡事故目标管理以来，全省已逐步形成了从省到市、县、乡（镇），直到企业的目标管理网络。省政府每年将当年的控制目标下达全省23个市、地、州和46个省级主管部门，各地、各部门再层层分解下达，并与第一责任人签订责任书，年终考核。各地、各部门在推行目标管理对除与经济责任挂钩外，还与领导干部的政绩考核挂钩，促进了安全生产责任制的落实，保证了全省安全生产总目标的完成。

2.采取有力措施，预防和减少事故。1992年以来尽管全省安全生产形势趋于稳定和好转，但总的形势仍然十分严竣。为了预防和减少事故主要抓了以下工作：①坚持安全目标管理和推行领导责任制；②强化交通运输安全管理和监督检查；③对新、改、扩建项目严格执行"三同时规定，防止造成新的隐患；④推广大邑县政府管理乡镇煤矿的经验，改善办矿条件；⑤认真贯彻《四川省消防管理条例》，防止和减少火灾事故；⑥加强锅炉、压力容器、起重运输机械等特种设备的管理和日常监督监察工作；⑦严肃查处事故，及时通报，做到"查处一件，教育一片"；⑧加强宣传教育，除利用各种新闻传媒工具向全社会进行宣传外，劳动、公安、交通系统还组织了"安全万里行"活动；⑨组织声势浩大的安全检查活动，严肃查处"三违"行为。此外，为了加强安全生产基础工作，全省对4000多户建筑安装企业和200多户起重机械生产、安装企业的安全资格进行了审查认可。在开展宣传贯彻《矿山安全法》活动中，有90余万人接受了教育和培训。各级矿山安全监察机构深入到2000余个矿山企业，查出各类事故隐患9200余项，现场整改达80%。每年锅炉、压力容器定检率分别达95%和75%左右。

3. 加强法制观念，抓好组织建设，提高他们的素质。自1990年《四川省工业企业劳动安全条例》经四川省人大审议通过并公布实施以后，全省各级劳动安全监察机构组织了广泛、深入的宣传教育活动，2000余名专、兼职监察员素质普遍得到提高。他们按照"监察与服务相结合"的原则，在进行安全监察的同时，积极做好服务工作，向企业宣传劳动安全法规，帮助企业查处事故隐患。为了提高自身队伍素质，3年内，连续组织了伤亡事故统计人员、各级劳动安全监察员、起重机械和锅炉压力容器检验员培训班，提高队伍工作能力和业务水平。同时对万余名乡镇矿山矿长和15万特种作业人员进行了培训和考核。

七、农村劳动力转移

1. 坚持城乡统筹的原则，开展农村劳动力开发就业试点项目。1992～1994年间，我省完成了劳动部、农业部、国务院发展研究中心批准的我省第一阶段开展农村劳动力资源调查，制定了农村劳动力开发就业十年规划，开展就业培训，加强劳务输出工作，开发农业增加林牧副渔业吸纳劳动力的能力，依靠农民劳动积累消化农业剩余劳动力，促进乡镇企业发展增大劳动力吸纳量，建立和完善乡镇企业从业人员的社会保险制度和加强乡镇就业服务机构建设等九个项目的试点工作。通过调查，摸清了全省农村劳动力资源现状，制订了全省农村劳动力培训和转移规划，有10多个市、地、县以政府名义出台了劳务输出管理制度和办法。从1993年下半年开始实施第二阶段试点任务，以省级试点为重点，确定了建立农村培训网络、加快乡镇劳动就业服务建设、劳务输出有序化管理、春节期间民工疏导、三峡库区移民就业、增强小集镇对农村劳动力吸纳能力、山区劳务开发等七个项目，到1994年底已取得初步进展。

2. 加强农村劳动力跨省流动有序化管理。从1992年开始，全省统一实行了外出务工证制度，并认真抓好春运期间民工疏导工作。3年间先后在北京、上海、海口、厦门、新疆、中山、东莞等地建立了省就业局驻外劳务工作站（处），并加入了华南9省区和华东9省市两个劳务协作网。1994年制定了四川省农村劳动力跨省流动有序化工程实施方案和流动就业管理实施办法。

3年间，全省农村劳动力新增转移到二、三产业409万人，其中，跨省就业人员300多万人。各级就业服务机构组织劳务输出37.5万人。到1994年底，全省农村劳动力转移到二、三产业人数已达1135.4万人，占农村劳动力总人数的22%，占农业剩余劳动力的63%。

（四川省劳动厅）

成　都　市

1992～1994年，成都市劳动工作按照全国劳动厅局长会议的部署和四川省委、省政府、成都市委、市政府的要求，认真贯彻党的十四大、邓小平同志南巡谈话精神，紧紧围绕建立社会主义市场经济体制、促进经济建设发展，正确处理改革、发展、稳定的关系，深化劳动领域改革，全面推进劳动工作，劳动领域各项改革和各项劳动工作均取得了新的进展，受到了企业和广大职工的欢迎。

一、劳动用工制度改革

1992年，成都市认真贯彻国务院《全民所有制工业企业转换经营机制条例》，把深化企业劳动、工资、社会保险制度改革作为企业转换经营机制的重点，提出并实施了落实企业劳动工资自主权的“十条意见”，将8项劳动工资管理权限下放给市辖各区（市）、县，加快了全市企业劳动用工制度改革的步伐。成都市委、市政府年初确定的35户及年中增加的8户试点企业除四川第一棉纺织印染厂外，均实行了全员劳动合同制，有57852名职工签订了劳动合同；19个区（市）、县所属企业中，有478户试行了全员劳动合同制，54416名职工签订了劳动合同。与此同时，还在40户市属企业和89户区（市）、县属企业开展了劳动制度综合配套改革。市属企业中，有19户企业实行了“在岗、试岗、待岗”制，上岗合同签订率达90%；通过公开考试、平等竞争、择优聘用组合，有625名工人被聘到管理岗位工作，143名中层以上管理人员成为一般职工，839名职工通过转岗培训、兴办第三产业等渠道得到了妥善安置，337名进入社会流动的职工大部分找到了满意的工作，企业用人能上能下、能进能出的新机制开始形成。

1993年，企业劳动用工制度改革由试点转为全面推开，新扩大了50户市属企业实行全员劳动合同制、50户市属企业实行合同化管理。到年底，全市实行全员劳动合同制的企业已达553户，还有200余户企业实行了合同化管理。同时，在都江堰市、彭州市、大邑县、温江县、邛崃县进行了区域性改革试点，这5个市、县属的国有企业基本实行了全员劳动合同制。同年，成都市被劳动部列为全国劳动体制区域综合配套改革试点城市之一。劳动用工制度改革的深化，增强了职工的改革意识，95%以上的职工赞成和拥护改革；职工竞争上岗机制初步形成，2800多名富余职工绝大多数得到妥善安置，1470多人进入社会流动；企业机构臃肿、人浮于事现象逐步克服，试点企业压缩不合理机构340多个，职工积极性得到调动，促进了企业经济效益的提高。

1994年，劳动用工制度改革步伐明显加快，新增实行全员劳动合同制企业60户、职工5万余人，至年底全市实行全员劳动合同制企业达816户、职工40万人。物资、冶金、建工、公用、农垦等5个行业全部实行了全员劳动合同制。成都市劳动制度区域综合配套改革总体方案经市政府批准开始实施，与之相配套的6个单项劳动部改革试点顺利进行，“市场机制决定，企业自主分配，政府监督调控”的新工资体制改革已在40户企业开始试点；“再就业工程”试点初见成效，指导和帮助943名失业职工实现再就业；职业技能鉴定社会化管理试点已建立14个工种的15个国家职业技能鉴定所（站）并开展工作；社会保险一体化、外资企业劳动关系集体谈判、危险点（源）治理试点工作也开始进行。

二、劳动就业

成都市政府对劳动就业工作十分重视，1992～1994年均将劳动就业安置列为市政府一级目标、为市民办实事目标。经过各方面的共同努力，1992、1993、1994年分别安置30923、30192、33676名城镇待业人员实现就业，超额20%以上完成计划目标，使失业率控制在2%以下。

在城镇就业安置取得明显成效的同时，全市劳动就业服务工作全面推进。1992年，成都市培训城镇待业人员16081人；劳动就业服务企业实现生产经营总收入13.7亿元、实现利润6368万元；劳务输出积极开展，共向省外输出劳动力3000人；企业职工待业保险范围扩大到了城镇集体企业，市政府批转下发了《关于成都市城镇集体所有制企业实行待业保险的意见》，并于当年11月在全市进行了动员部署。市政府批转了《关于进一步发展劳务市场的意见》，劳动部转发了该《意见》，加按语肯定为“发展地区性劳务市场的指导性意见”；全市劳务市场服务体系进一步完善，扩大了服务范围，调整了服务对象，增加了服务项目；“成都市劳务市场”每周两日定期交流和“一条龙”服务开始实施，当年接待登记求职者3883人、用工单位657个，为2903名城镇待业人员介绍了职业；建立了“成都市就业局深圳劳务管理站”，为扩大劳务输出奠定了良好基础。1993年，全市围绕培育和发展社会主义劳动力市场这个中心，以开发利用和合理配置劳动力资源为出发点，进一步健全就业服务体系。劳动力市场中介服务机构逐步完善其功能和服务手段，向多层次、多形式发展。到当年底，全市综合性、专业性中介服务机构已发展到121个，全年介绍劳动力就业计31.1万人(次)，满足了6000个用人单位的需要；修建了占地300多平方米的市劳务交流大厅；劳动力资源信息网络逐步健全，市和5个城区实现了市场信息微机化管理和联网；劳务输出“形式多样、区域宽广、质量提高”，共输出1.8万人，其中输往省外1.4万人。就业前培训共1.8万人。劳动服务企业通过发展第三产业、转换机制、调整结构、改善经营管理，共实现产值14.3亿元，实现利润7800万元。1994年，成都市就业服务体系进一步完善，职业介绍网络初步形成，全市建立市和区（市）县综合职业介绍机构20个、其它职业介绍机构39个；市职业介绍服务中心当年发布用工信息2000多条，接待用工单位2000多个、求职人员6万多人次，用工单位和求职人员双方自愿选择、交流成功率达65%以上。同时，采取多种形式对19800多名劳动者进行了职业技能训练；向省外有组织地输出劳动力17700多人；实现农村富余劳动力有序化转移近3万人。

三、劳动管理和监督检查

1992年，成都市通过收集、整理、测算、分析，完成了全市劳动工资计划实行随生产和经济发展动态调控的弹性劳动工资计划管理的基础工作。在调查研究的基础上，经市政府领导同意印发了《关于外商投资企业劳动管理有关问题的通知》、《关于私营企业和个体工商户劳动管理有关问题的通知》，拟出了《成都市征地安置“农转非”人员管理办法》，当年共安置征地“农转非”人员5537人。按照四川省关于分期分批安置重点森工富余人员的要求，成都市安置森工富余人员120人；还按照有关政策，接收并妥善安置异地退休回蓉304人。认真实施市政府《外来务工劳动力管理办法》，对1322个用工单位的用工行为进行了监督检查，办理外来务工劳动力手续64000人，办理外来务工手续的市属以上用工单位90%以上。成都市劳动定额标准化委员会于7月成立。劳动争议仲裁员、仲裁庭制度试点在19个区(市)、县开展，全年处理劳动争议案件60件，接待处理来信来访1900件，维护了企业和职工双方的合法权益。

1993年，成都市政府批准实施了《成都市劳动局贯彻〈全民所有制工业企业转换经营机制条例〉的实施意见》，强化了劳动管理和服务工作，对外资企业开展了“工资总额使用手册”管理。对国有企业中1966年底前参加工作、家居农村的老工人和实行全员劳动合同制的企业职工实行换工计4100人；解决职工夫妻分居和照顾职工家庭特殊困难500户；安置了53名残疾人就业；接收安置现役军官、转业干部随迁家属计110名；安置征地“农转非”3000余人。同年，对2100个单位进行了劳动用工监察，对生产、经销、使用劳动防护用品的单位进行了清理整顿；

部分区（市）、县建立了劳动监察机构；成立了市审计事务所劳动分所，对部分企业工资、奖金使用情况开展了审计。举办了贯彻《中华人民共和国企业劳动争议处理条例》培训班，处理了发生的劳动争议案件41起，鉴证劳动合同10万余份，接待、处理各类来信来访2120人（次）。

1994年，劳动管理与监察、服务工作进一步加强。组织、办理余缺调剂、人员交流57人，解决了企业转换经营机制的技术工人所需；并解决家庭特殊困难和职工夫妻长期分居502户；安置现役军人、转业军人随迁家属207人；安置残疾人就业53人；为3150名老工人办理了换工手续，换工转户4550人。劳动争议案件和群众来信来访做到件件有着落，结案、办结率均为100%。劳动监察坚持严格执法、文明执法，共监察用工单位2700个，查处了使用童工等一批违法违纪案件。

四、劳动工资宏观调控和工资分配

1992年，成都市进一步改进、完善了工资总额与经济效益挂钩的办法，制定了6条改进意见，挂钩企业在原400余户的基础上，又发展了40余户；为配合35户转换经营机制企业试点工作，对其中26户挂钩企业制定了较宽松的政策，当年核定的工资总额基数增加了300多万元；结合财政、税收体制改革，选择了市物资系统的3户企业实行“自主分配、国家征税”办法试点；制定了“两个低于、自主分配”意见，选择四川旅行车制造厂开展了试点；11户岗位技能工资制试点企业中有9户已通过验收，9月先后投入试运行。同时，进一步加强了对企业内部分配的指导，帮助企业改进完善了内部分配形式。还经过调查研究，制定了城镇集体企业职工工资收入管理的具体实施办法，拟出了集体企业工资总额和经济效益挂钩的方案。

1993年，成都市拟订了对各区（市）、县和市级行业主管部门实行弹性劳动工资计划管理的办法(草案)，选择了龙泉驿区和大邑、崇庆县进行试点；在部分企业试行“自主分配、国家征税”等办法收到了初步效果；在全市实施了《改进和完善企业工效挂钩办法的通知》、《股份制企业工资管理办法》、《企业工资总额包干试行意见》。进一步扩大了岗位技能工资试点，有48户企业试行了岗位技能工资制。9月，劳动部确定在成都、深圳二市进行建立与社会主义市场经济体制相适应的企业工资新体制改革试点，开始对“市场机制决定工资水平，企业自主分配，政府监督调控”的模式进行探索。

1994年，成都市继续加强工资总量宏观调控，进一步扩大调控面，实行“工效挂钩”形式企业占61%，“工资总额包干”企业占25%，“两低于”、“自主分配，国家征税”等形式企业占14%；为保证宏观调控措施的落实，对近100户企业的工资分配情况进行了审计。年末全市试行岗位技能工资制企业达93户，职工计13.6万人；在2户企业开展了“国有企业经营者年薪制”试点；研究草拟了成都市最低工资标准；完成了核增企业工资总额工作，全市共核增工资总额2.07亿元，对稳定职工队伍和职工生活水平起到一定积极作用。

五、社会保险制度改革

1992年，社会保险制度改革取得新进展。成都市统筹调剂养老保险基金3268万元，受益单位963户、离退休职工73512人，分别占参统单位和离退休职工数的41.7%、48.68%；市劳动部门下发了《关于国营企业固定职工实行个人缴纳基本养老保险费的通知》，全市有57万固定职工从当年7月起实行了国家、企业、个人三方共同负担养老保险费制度；外资企业中方职工养老保险扩大到200多户；近300户企业的10万职工中建立了补充养老保险；都江堰市、双流县实施了养老保险“一体化”管理；大邑县开展了养老金计发基数和计发办法改革试点；按照国务院和四川省政府提高企业离退休职工待遇的通知精神，成都市15.7万企业离退休职工月人均增加退休金28元、总额达4200多万元；“成都市退休职工活动宫”基建正式开工；社会化管理与单位相结合的、统一领导分级管理的多层次企业离退休人员管理服务网络初步形成。医疗保险制度改革方面，扩大了以县为单位的大病医疗费统筹范围，有12个区（市）、县实现了区（市）、县统筹，全市参统企业达1368户、职工13.9万人，为1230人次大病、重病支付医疗费计123万元。工伤保险制度改革在青白江区和金堂、大邑县的427户企业、7.1万职工中开展了试点，取得了初步效果。

1993年，市政府以35号令发布了《成都市企业职工基本养老金计发办法(试行)》,全市国有、集体、外资和股份制企业从7月1日起实行了这一办法。在继续推行国有企业固定职工个人缴纳基本养老金的基础上，开始把劳动就业服务企业、外资企业纳入社会保险范围。到年底，全市参加养老保险的各类企业已达4509户、职工110.5万人；当年在1992年基础上，又为300户企业、10万名职工建立了补充养老保险。以大病医疗费用社会统筹为主要内容的医疗保险制度改革发展到16个区（市）、县，参统企业增到3000多户、职工60多万人，为1.1万多名患大病职工拨付医疗费2000多万元，70%的企业在统筹中受益。待业保险受益面进一步扩大，有700多名职工领取了待业救济金，2448名职工重新安排了工作。

1994年，成都市认真贯彻中共中央文件精神，不少区（市）、县将养老保险扩大到了城镇集体企业，为推进城镇企业职工社会保险一体化进程打下了基础，全市各类企业职工105万名和离退休人员20多万人参加了社会养老保险。青白江、邛崃、双流等区(市）县开始了社会发放养老金工作；对企业离退休人员的管理服务社会化开始迈出了新步子；“十一”前全面落实了国务院关于调整提高企业离退休人员待遇；市委、市政府1994年为市民办实事目标之一“建成成都市退休职工活动中心并向社会开放”提前近两个月完成。大病医疗保险制度先后在各区(市)、县建立并开始运转。社会保险在扶持特困企业恢复生产、救济特困企业职工等方面发挥了重要的社会“安全网”作用，缓征养老保险金、保证离退休人员基本养老金足额发放、解决困难职工基本生活费等总金额达2000余万元、受益人员万名以上。

六、职业技术培训

1992年，为深化职业培训制度改革，建立“培训、考核、使用、待遇相结合”的制度，成都市建立了“市工人考核委员会”，草拟了《成都市工人考核实施办法》；技工学校实行《毕业证》、《技术等级证》“两证”制管理，9个行业、27所技工学校车、钳、电工专业毕业生“两证”统考全部结束。配合企业劳动用工、工资制度改革，拟出了《成都市岗位技能工资制试点企业职工培训考核办法》，全市评聘技师192人、函授培训高中级技工550人。当年全市技工学校招生4816人；按照《四川省合格技工学校标准》，评估了技工学校43所，有41所评估合格，其中9所评为省级重点技工学校；组建了市技工学校系列教师中级职称评审委员会，评出中级、初级职称各93人、72人。1993年，成都市以市场为取向积极进行技工学校改革，调整技工学校专业设置和培训方式，技工学校共招生4522名；工人技师评聘工作进一步开展；各类技工学校继续推行“两证”制，改进了考核办法，拓宽了实行面；“市职业技术培训教研室”当年成立，促进了教学质量的提高；组织青年技术工人参加全国青年技术奥林匹克竞赛，荣获了第五名、第二十名。1994年，继续加快技工学校改革步伐，打破界限，扩大生源，共招生4607人；职业技能鉴定社会化管理试点也取得了初步成效。

七、安全生产和劳动保护

成都市认真贯彻“安全第一、预防为主”的方针，继续实行和完善安全生产、劳动保护目标管理，伤亡事故进一步得到遏制。1992、1993、1994年，全市县以上全民、集体企业因工死亡分别为43、38、40人，重伤分别为61、48、43人，死亡率、重伤率均在四川省下达的控制指标以内。1992～1994年，共新开限期尘毒治理项目32项，完成了36项（含结转项目），使劳动条件不断改善。特种作业人员培训和技安干部培训、复训均取得了新进展。

矿山安全监察工作进一步加强。1992～1994年，开展了国营煤矿矿长安全资格审查工作，全面实施了《乡镇煤矿矿井安全条件合格认可制度》，重点对乡镇矿山进行了安全监察，为贯彻“矿山安全法”奠定了基础。

锅炉、压力容器安全监察方面，1992～1994年，成都市坚持了锅炉、压力容器的定检和综合治理锅炉房，消除了安全事故隐患。

八、劳动法制建设

《中华人民共和国劳动法》1994年7月5日颁布后，成都市通过组织学习、开展咨询、知识竞赛、文艺演出、举办培训班等多种有效形式，开展了广泛的学习、宣传活动。1994年参加宣传活动、接待咨询、参加培训等人员达45万人次，印发各种宣传资料37万余册（份），使《劳动法》的宣传家喻户晓，为1995年的正式实施做了较充分的准备。

为贯彻实施《劳动法》，成都市加快了地方劳动法规规章的制定。1994年先后草拟并上报了有关劳动力市场管理、劳动监察、安全监督检查、失业保险、工伤保险、女职工生育保险等政策法规10余件，其中部分已经市政府批准执行，使劳动行政工作逐步做到有法可依、有章可循，走上法制化的轨道。

（成都市劳动局办公室　宋亲平）

贵　州　省

1992～1994年，贵州省劳动工作以党的十四大精神为指针，以培育劳动力市场为中心，深化三项制度改革，促进企业转换经营机制。

一、劳动制度改革

1992～1994年，劳动制度改革以落实企业用工自主权为重点，推进实施劳动合同制度。

（一）落实企业用工自主权

1992年，全省在实行“四放开”的1119户企业中实行了用工放开。1993年2月，贵州省人民政府颁布了《贵州省全民所有制工业企业转换经营机制实施办法》，明确从1993年起，全省不再下达指令性招工计划；企业根据生产经营需要，自主编制劳动用工计划，自主决定招工的时间、条件、方式和数量，自主决定用工形式，自行组织招收，直接办理不同所有制企业固定工调动。省劳动局针对企业自主用工存在的实际问题，下发了《关于全民所有制企业招收职工的通知》、《关于全民所有制企业职工调动工作的通知》和《关于集体企业职工调全民所有制单位工作补缴养老金有关问题的通知》，促进了企业用工自主权的落实。

（二）积极推进劳动合同制度

1992年，下发了《贵州省国营企业全员

劳动合同制试行办法》,并从灵活处理合同期限、改进保险福利待遇、允许合同制工人在同一市县转移工作单位等方面完善国营企业实行劳动合同制度,劳动制度改革顺利进展。1992 年,全省在 35 户企业、3.42 万职工中试行全员劳动合同制,在 107 户企业、8.83 万职工中实行了优化劳动组合或合同化管理。1993 年,改革面达到 1241 户企业、23.23 万职工,分别占企业总户数和职工总人数的 17.6%和 19.6%,比 1992 年增长 7.3%和 17%。其中,有 65 户企业、10.35 万职工实行了全员劳动合同制,比 1992 年增长 85.7%和 202.6%。1994 年,实行全员劳动合同制企业为 84 户、职工 14.2 万人,又比 1993 年增长 29.2%和 37.2%。

1992 年,全省全民所有制单位劳动合同制职工人数为 24.39 万人,其中,全民所有制企业劳动合同制职工 20.08 万人,占全民企业职工总数的 14.5%。1993 年,全省全民所有制单位劳动合同制职工人数达到 30.70 万人,其中,国有企业劳动合同制职工 26.42 万人,占国有企业职工总数的 21.54%;与 1992 年相比,分别增长 25.87%、31.57%和 7.04%。1994 年,全省国有经济单位劳动合同制职工人数达到 36.37 万人,其中,国有企业劳动合同制职工人数 31.67 万人,占国有企业职工总数的 25.3%;与 1993 年相比,分别增长 18.44%、19.88%和 3.76%。

(三) 维护稳定和谐的劳动关系

为维护稳定和谐的劳动关系,确保劳动制度改革顺利进行,1992 年,经贵州省人民政府同意,将劳动争议仲裁受案范围扩大为包括“国营企业行政与职工之间因履行劳动合同,因开除、除名、辞退违纪职工或在执行有关劳动工资、社会保险、福利待遇的劳动法律、法规和规章过程中发生的争议”。在安顺、凯里、都匀、兴义等 4 市和遵义县试行仲裁员、仲裁庭办案制度,并从 1993 年起在全省全面推行。3 年来,全省共受理劳动争议案件 375 件,按期结案率为 98.2%。

1994 年,贵州省劳动监察工作以制度建设和组织建设为主要内容起步,省制定了《劳动监察规定》实施办法,贵阳市发布了《贵阳市劳动监察办法》,省及部分地市组建了工作机构。是年,全省开展了用工大检查,检查企业 2760 户,涉及职工 19 万人,其中:国有企业 1700 户、集体企业 550 户、私营企业 590 户。

二、试行弹性劳动工资计划,改进工资管理

1992～1994 年,劳动工资计划工作以贯彻国务院《转换全民所有制工业企业经营机制条例》、落实企业用工及分配自主权为重点,强化工资总额的宏观调控和管理。

(一) 试行弹性劳动工资计划

1992 年,劳动部批准贵州省全民所有制企业自 1992 年起实行弹性劳动工资计划,其中:确定贵州省 1992～1994 年省属地方全民所有制企业单位所增非农国民收入工资含量为 11.28%,企业综合生产发展速度与职工人数增长比例关系为 1:0.30。1993 年,在大量测算的基础上,省批准遵义、毕节、贵阳、黔南和安顺等 5 地区实行弹性劳动工资计划管理,涉及职工 50.88 万人,占全省职工总数的 66.5%;涉及工资总额 11.40 亿元,占企业工资总额的 65.6%。至 1994 年,全省有 6 个地区实行了弹性劳动工资计划。经劳动部审核,1992 年、1993 年,贵州省职工工资总额和人数均控制在弹性计划之内。

(二) 改进完善工资管理

1. 改进完善“工效挂钩”办法,扩大“工效挂钩”面。从 1992 年起,由单一指标过渡为复合指标挂钩,由“总挂分提”基本上改为“总挂总提”,由“环比”改为“限额环比”或“定比”;1993 年,实行对亏损企业进行减亏挂钩。挂钩办法的改进,促进了挂钩面的扩大:1992 年,全省有 1571 户地方国有企业、48.90 万职工实行“工效挂钩”,占

全省地方企业总户数5894户、74.08万人的26.65%和66.01%。其中，实行“工效挂钩”的省属国有企业74户、20.82万人，占省属国有企业总人数的77.95%。1993年，全省实际结算结果，挂钩企业2482户、58.8万人，占全省地方国有企业总户数5588户、77.36万人的44.42%和76%。其中，省属国有企业挂钩127户、25.09万人，占省属国有企业总人数的98%。1994年，全省核批挂钩企业2439户、职工59.63万人，占全省地方国有企业总户数5746户、75.04万人的42.45%和79.46%。其中，省属企业挂钩129户、24.05万人，占省属国有企业总人数的98%。

2. 对非挂钩企业实行工资总额包干。从1993年起，贵州省对未实行“工效挂钩”的企业和长期经营性亏损企业，以及新批准组建的公司和企业，均实行工资总额包干管理办法。

3. 开展岗位技能工资制试点。1992年，新扩大试点18户，使全省试点企业增至28户。其中，贵阳钢厂、贵州橡胶工业公司和贵州虹山轴承厂被劳动部列为重点联系企业。

三、劳动就业

1992～1994年，劳动就业工作紧紧围绕培育劳动力市场机制，以职业介绍为龙头，促进城镇就业安置，促进农村劳动力有序流动。

（一）就业安置

1992～1994年，全省共有城镇待业人员45.14万人，其中，1991年末结转10.05万人，3年内新增35.09万人。3年共计安置城镇就业33.95万人，年均11.32万人。按就业渠道分，国有经济单位安置7.36万人，占总安置数的21.68%；集体经济单位安置11.18万人，占32.93%；个体经济单位安置8.34万人，占24.57%。国有、集体、个体三种经济成分安置比重，已分别由1992年的25.19%、31.12%和25.22%变化为1994年的17.8%、35.2%和21.6%。城镇失业率1992、1993年均为3.4%，1994年为3.5%。就业局势稳定。

（二）职业介绍

至1994年末，全省共组建职业介绍机构166所，其中，省级劳动部门所属1所，地（市）级劳动部门所属7所，县级劳动部门所属63所。1992～1994年3年共接待求职登记人员17.82万人，推荐介绍11.56万人。仅贵阳“93劳务交易会”和“93贵州劳务交易会”期间，求职登记咨询就达2.5万人次，成交3000人。

（三）引导农村劳动力有序流动

多年来，贵州省始终注意有组织地开展劳务输出工作，遵义、安顺、贵阳、黔东南、铜仁、黔西南等6个地区和正安、赤水等县市在广东设立了劳务输出办事处。1992年，贵州省加入了9省区劳务协作网，省人民政府重申各驻外办事处要把协助引导农村劳动力有序流动纳入己任。1994年初，省委明确把劳务输出作为搞活贵州农村经济的增长点进一步抓好。1992～1994年，全省共计输出农村劳动力92.1万人次，其中，在本县城从事劳务的30.65万人次，跨县输出16.24万人次，跨省输出45.16万人次（其中，劳动部门有组织输出9.91万人次）。

四、社会保险制度改革

（一）以贯彻国务院《关于企业职工养老保险制度改革的决定》为主线，推进养老保险制度改革

1. 1992年4月，贵州省人民政府颁发了贯彻国务院《决定》的通知，就逐步实现国有企业职工基本养老保险基金省级统筹、扩大养老保险覆盖面、建立个人缴纳基本养老保险费制度、逐步建立企业补充养老保险和个人储蓄性养老保险制度、加强基金筹集管理、加强机构建设等问题提出了具体意见。

2. 养老保险的社会统筹面和覆盖面逐年扩大。

(1) 国有企业养老保险社会统筹面，从1992年的5579户企业、71.7万在职固定职工、16.6万离退休职工扩大到1994年的7105户企业、77.6万在职职工和17.2万离退休职工，分别增长27.35%、8.23%、和3.55%；实行地区统筹的地区数由1991年的3个增至1994年的5个，增长66.67%，占全省9个地州市的55.56%。

(2) 集体企业养老保险县级统筹，从1992年的54个县扩大到1994年的61个县，增长12.96%，占全省86个县的70.93%。

(3)职工个人缴纳基本养老保险费工作，1992年在14个县展开，占全省县级行政区划的16.28%。

(4)国有企业临时工养老保险工作，1992年已在48个县展开，占全省县级行政区划的55.81%。

(5)国有经济单位合同制工人养老保险，1994年达到6400户、17.24万人。

(6)1994年，已有17个县初步建立了覆盖城镇各类企业职工的一体化养老保险制度，比1992年的15个县增加2个县，增长13.3%，占全省县级行政区划的19.76%。

3. 积极试行养老金计发办法改革。1993年，下发了《贵州省改革企业职工基本养老金计发办法试行意见的通知》，部署计发办法改革试点工作。至1994年底，贵阳、六盘水两个省辖市的政府批准实行基本养老金计发办法改革试点。

(二) 失业保险工作围绕《全民所有制工业企业转换经营机制条例》、《国有企业职工待业保险规定》和《国有企业富余职工安置规定》的贯彻，把失业保险金的使用重点向企业内部延伸。1994年，全省使用失业保险金864万元，用于帮助企业恢复生产、安置富余人员和解决特困企业职工基本生活费用。

五、职业技能开发

1992～1994年职业技能开发工作以为开展职业技能鉴定工作做好准备为重点，同时继续抓好技工学校评估和就业训练工作。

(一) 职业技能鉴定准备工作

根据劳动部《职业技能鉴定规定》，制定了《贵州省职业技能鉴定实施办法》及其配套政策规定；审查批准设立了职业技能鉴定站(所) 33个，涉及专业(工种) 31个；审查批准建立职业技能培训机构13个；审批认定职业技能考评员92人。

(二)开展省部级和省二类技工学校的评估工作。截至1994年末，已评定省部级重点技工学校9所，省二类技工学校12所。技校评估工作已全面开展。

(三) 就业训练及就业训练中心工作

1992～1994年3年间，全省就业训练共培训14.6万人。截至1994年，全省共建就业训练中心63所，年培训能力1.2万人。全省就业训练中心评估工作全部结束，评估结果，金沙、赤水二县市培训中心获“全国重点训练中心”称号，贵阳市等10所培训中心获省优称号，10所被评为良好，37所合格，合格率86%。

六、安全生产工作

1992～1994年企业安全生产工作，以贯彻国务院关于加强安全生产的通知为重点，抓好依法行政监察。

(一) 加强劳动安全法制建设

1993年，省有关部门联合制定了《违反〈贵州省劳动保护规定〉的经济处罚办法》；1994年，省人民政府颁布了《贵州省实施〈中华人民共和国矿山安全法〉办法》和《贵州省矿山安全生产条件合格证管理办法》，为依法监察提供了法规依据。

(二) 突出重点，加强对包括城市建筑施工，水电、火电建设施工，铁路、机场建设施工在内的基本建设行业和事故多发行业的安全生产监察。

七、认真做好实施《中华人民共和国劳动法》的准备工作

《劳动法》颁布后，贵州省把学习、宣传《劳动法》作为头等大事来抓。省委、省人大、省政府三家办公厅发出了《关于认真学习宣传〈中华人民共和国劳动法〉的通知》。在利用各种宣传工具采取多种形式进行广泛、深入宣传的同时，全省组织了知识竞赛，近60万职工参加了书面答卷，荣获劳动部“最佳组织奖”。与此同时，抓紧制定与《劳动法》配套法规的具体贯彻意见，并清理了现行的劳动法规、政策。

（贵州省劳动厅）

西藏自治区

1992～1994年是劳动体制改革整体推进，建立适应社会主义市场经济的新型劳动体制的重要时期。根据党的十四届三中全会精神和这一时期劳动体制改革的总目标、总任务，结合西藏经济建设和劳动工作稳步推进的实际，西藏自治区劳动工作始终坚持为加快经济发展和维护社会稳定服务这个工作中心，以“结合民族自治地方特点，稳定大局，发展经济，大力深化劳动体制各项改革”为指导方针，分层次实施，整体化建设，改革和完善各项劳动制度。在这3年中，西藏劳动工作在加大立法进度,加强劳动用工、工资分配、社会保险改革，积极推进劳动安全、职业技能培训和劳动争议仲裁等各项工作的协调发展方面，取得了可喜的成绩，在一定程度上，促进了西藏国民经济的发展和社会稳定。

一、结合民族自治区的地方特点，大力深化劳动体制改革

西藏同内地之间存在着较大的差距，这种差距的形成既有自然条件的原因又有历史和社会的原因，同时这种差距及其形成又导致了西藏现实社会经济文化的自身特点。因此，西藏劳动工作的深化改革，既要与全国同步，又必须充分考虑西藏的实际。在1992～1994年深化劳动体制改革的进程中，我们密切注意把中央的大政方针同西藏的实际结合起来,从国家的大局和西藏的实际出发,实事求是，稳定推进，将民族自治地方的自身特点有机融进改革的时代特征，走出了一条自己的路子。

（一）积极加快劳动立法进度

1992～1994年，西藏把规范劳动力市场主体行为和市场秩序，加强宏观调控，稳定大局，发展经济，大力深化劳动体制改革作为工作重点，把积极加快劳动立法进度，使劳动工作走上法制化管理轨道作为工作的主要内容，相继经西藏自治区人大常委会、西藏自治区人民政府审议通过并发布了《西藏自治区实施〈中华人民共和国矿山法〉办法》、《西藏自治区转换国有企业经营机制条例》、《西藏自治区劳动争议处理办法》、《西藏自治区国有企业富余职工安置规定实施办法》、《西藏自治区失业保险规定》、《西藏自治区工人考核办法》、《西藏自治区实行技师聘任实施意见》和《西藏自治区锅炉压力容器安全管理办法》等一系列地方性劳动法规，并根据不同时期劳动工作开展的需要，制定下发了《西藏自治区全民所有制企业实行全员劳动合同制的试行办法》、《关于国有企业招收劳动合同制工人有关问题的通知》、《西藏自治区国有企业工资总额同经济效益挂钩暂行规定》、《西藏自治区全民所有制单位职工离退休费用实行社会统筹的试行办法》等一系列规定，完善了劳动法制，促进了劳动工作的全面发展，1992～1994年，是西藏劳动法制建设成效最为显著的一个时期。

（二）以稳定为前提，逐步培育和发展劳动力市场

西藏社会的稳定，是保证西藏各项事业持续发展和人民生活水平提高的前提，没有稳定，一切都谈不上。1992～1994年，在认真调研的基础上，按照建立劳动力市场“竞争公平、运行有序、调控得力、服务完善”的目标模式，以稳定为前提，有计划分步骤地逐步培育和发展劳动力市场。

首先，积极引入竞争机制。下发了配套法规，明确了企业招工用人和劳动者择业的自主权，下放了劳动者在不同所有制企业和同一地区内自主流动的权限，劳动力供求主体之间通过公平竞争、双向选择确立劳动关系，为今后逐步打破地区之间、城乡之间劳动力流动的界限，建立公平竞争的劳动力市场打下了良好基础。

其次，制定和完善了劳动力市场有序运行的一整套法规政策，对于监督检查劳动力市场，做到有法可依、违法必究的提供了法律保证。

再次，我们在转变职能的同时，及时将工作重点转移到为企业和广大劳动者服务上来。在完善内部规章制度的同时，在工作上化繁为简，提高社会服务职能；在社会保险、就业服务、职业技能开发、劳动法律咨询、劳动安全监察、宏观调控等方面，为各类企业和广大劳动者提供了效的服务和社会保障。

（三）搞好劳动体制改革规划，加强监督检查

劳动体制改革不可能一蹴而就，它的涉及面又极为广泛，因而任何微小的疏漏都有可能带来严重的社会后果。西藏针对民族自治地方的特点，广泛征求社会各界的意见，对劳动体制改革作出了系统的规划，脚踏实地，走一步看一步，认真做好阶段性总结，把阶段性改革与整体规划结合起来，从落实企业劳动用工权利和工资基金分配权入手，以完善社会保障体系作为坚强后盾，有先有后，逐步推进，认真预防和及时妥善处理改革中所遇到的新情况和新问题。1992～1994年，西藏把对劳动法律、法规实施情况的监督检查作为工作重点之一，按照有法必依、违法必究、执法必严的原则，采取专职监察与群众监督相结合，常规监察与重点检查相结合，加强执法力度，极大地促进了劳动法律、法规的贯彻实施以及劳动关系的和谐稳定，使西藏在劳动体制改革的过程中没有出现任何大的失控现象，为发展经济、维护稳定和促进民族团结做出了有效保证。

二、分层次实施整体化建设，改革和完善各项劳动制度

西藏经济基础与内地相比有着很大的差距，劳动体制改革在整体上也稍有滞后，针对这一现实，1992～1994年，我们确定了“分层次实施整体化建设，改革和完善各项劳动制度”的工作部署，积极而又稳妥地分层次、分阶段、分步骤，由点到面逐步推行劳动制度改革，做到既有整体建设又有重点突破。

（一）深化劳动用工制度改革，加强劳动力管理

1. 全面实行劳动合同制，积极试行全员劳动合同制。西藏劳动用工制度改革从1983年开始试点，1984年起，对新招工人全面实行了劳动合同制，并加强了对劳动合同的签订、续订及《劳动手册》的实施等方面的监督指导，健全了合同化管理制度。截止到1994年底，全区劳动合同制工人已达18592人，占全区职工总数160143人的11.6%。为了深化用工制度改革，1992年3月，制定了

《西藏自治区全民所有制企业实行全员劳动合同制试行办法》，进一步规范了企业用工行为，为用工制度的改革明确了总的发展思路。

2. 落实了企业招工、调配的权限。制定了《关于国有企业招收劳动合同制工人有关问题的通知》，规定从1993年起，自治区劳动行政部门不再下达指令性劳动用工指标，企业可根据生产经营的需要，按照"面向社会、公开招收、全面考核、择优录用"的原则，自主确定用工计划，自主确定招收工人的时间、条件、方式和数量，只需将招工简章和计划报劳动部门审核，录用手续由劳动部门办理；与此同时，随着劳动制度改革的不断深化，本着合理配置劳动力资源和引进人才的需要，下放了工人调配审批权限，对在同一地区机关、事业单位调往企业或者在企业之间调动的，均由其调出、调入单位直接联系办理，使劳动力充分得到了合理的流动和配置，扩大了企业用人自主权，有利于充实基层和生产第一线，促进了内部企业改革的进一步深化。

（二）调整就业结构和政策，拓宽就业门路，稳定就业局势

西藏经济基础薄弱，就业形势严峻，1992～1994年，西藏在努力抓好国有企业安置就业这个主渠道的基础上，结合西藏实际，采取多种方式，努力实现扩大就业，维护稳定，为劳动制度综合配套改革打下了良好的基础。

1. 大力发展集体经济、个体经济和第三产业，积极引导人们转变就业观念，充分发挥集体和个体经济安置就业，消化、吞吐社会劳动力的巨大作用，增强吸纳就业的能力。截止到1994年末，全区集体企业已发展到2405个，从业人员达36065人；个体经济已达3387户，从业人员48244人。

2. 引进外资，兴办外商投资企业，开辟新的就业渠道，提高就业容量。全区1994年底，已有外商投资企业42家，职工1800余人。

3. 坚持贯彻"先培训，后就业"的方针，加强就业前培训，提高失业人员竞争上岗的素质。1992～1994年，依靠社会各方面的支持，根据市场对劳动的需求，先后举办了电工、汽驾、汽修、烹饪、财会、微机、缝纫、导游、打字、建工等培训班40余期，培训人数达1000余人，实现就业800余人。

1992～1994年，西藏各级劳动行政部门积极组织、鼓励和协调社会各方面兴办劳动就业服务企业，狠抓就业工作，同时会同税务、工商等部门制定了必要的优惠政策，扶持劳动就业服务企业的发展，为实现西藏就业政策目标，缓解就业形势，维护社会稳定，发展经济文化，发挥了积极作用。截止1994年底，创建劳动就业服务企业30个，安置就业1254人，保持了全区失业率的稳中有降。

（三）积极推进工资分配制度改革

1. 加强工资总量的宏观调控管理。1992～1994年，西藏企业工资总额实行的是区、地（市）分级分类管理，为了宏观管好，微观自主，使工资总量的增长与区内生产发展相适应，1992年10月印发了《西藏自治区全民所有制企业工资总额包干使用管理暂行办法》，1993年6月印发了《西藏自治区国有企业工资总额同经济效益挂钩暂行规定》等有关规范性文件，按照分类管理办法，对外商投资企业和比照外商投资企业管理的企业、股份制企业，在"两个低于"的前提下，可由企业自主确定工资总额；对经济效益比较好的国有企业实行了工效挂钩办法。截止到1994年底，全区实行工效挂钩的企业有17户，职工4500人。对经济效益一般的企业，普遍实行了工资总额包干管理办法，到1994年，经自治区劳动行政部门核定工资总额包干基数的企业有32户。对亏损企业，仍实行的是工资总额的计划管理。

2. 进一步落实企业内部工资分配自主权，改革企业分配制度，明确了企业在核定

的工资总额范围内，可以根据自身特点，自主决定工资分配的方式。1993年5月，《西藏自治区地方全民所有制骨干企业岗位技能工资制试行方案》的出台，使我区企业工资分配行为逐步趋于合理，从而克服了过去对企业工资分配统得过多、管得太死的弊端，打破了平均主义的分配格局，促进了企业经济效益的提高。

此外，西藏工作环境较差，而企业职工工资普遍偏低。1994年，西藏根据国家有关规定，下发了《关于深化企业工资改革适当解决部分企业工资问题和提高离退休人员离退休金的意见的通知》，适当增加了标准工资，调整了收入结构，将现行地区生活补贴改称艰苦边远地区津贴并调整了标准，对在藏工作20年固定、学历固定、政策内浮动以及地区性临时补贴，在实行新的工资标准和增加标准工资的基础上改按整级顺延，从而进一步体现了按劳分配与特殊工资政策的有机结合，使企业工资制度步入了一个新的统一的轨道。1994年底，全区企业职工生活水平有了显著提高。

（四）未雨绸缪，加快社会保险制度改革

社会保险工作涉及面广、专业性强，在西藏这样环境比较特殊的地方尤其显示出它的重要地位。1992～1994年，西藏把社会保险制度改革作为一个重点，先后制定了一系列政策，发布了《关于我区国营企业职工离退休费实行社会统筹的试行办法》、《西藏自治区全民所有制单位职工养老保险补充通知》、《关于加快养老保险制度改革的决定》等一系列文件规定，取得了很大成效。

1. 改革养老保险制度。1992～1994年，西藏养老保险制度实行的基本上是区、地（市）两级统筹、分级管理、分级核算、分级拨付的办法。在养老保险范围上，从1992年开始，对全区固定职工实行了个人缴费。1994年初，进一步扩大了统筹范围和统筹项目，将国有企业全部职工及外商投资企业的中方职工和部分国家机关、事业单位中的工人纳入了统筹范围。在统筹项目上，建立了个人储蓄性养老保险制度。同时，为加快向省级统筹过渡，西藏做了大量的准备工作。截止到1994年底，全区参加社会养老保险统筹的单位有911个，占应参加总数的99.56%；参加的职工39769人，占应参加人数的98.82%。1994年，全区城镇企业职工社会养老保险基金统筹费为9740万元，征缴率达100%；全区参加养老保险统筹的退休工人15839人，退休费支付率达100%。

2. 完善失业保险制度，积极探索建立工伤、医疗、女工生育保险制度。1994年止，全区参加失业保险的单位达789个，占应征886个单位的89%；参加的人数达36836人，占应征38977人的94.5%；征收失业保险金累计554万元，支出累计54万元。1994年《西藏自治区失业保险规定》的发布，明确了失业保险制度改革的方向，对进一步完善失业保险制度，健全失业保险基金管理办法和监督检查制度，合理确定基金的支出项目，加强对失业人员的组织管理和就业服务，以及探索在集体经济和非公有制经济中实行失业保险等方面都有着极其重要的推动促进作用。为建立统一、开放的劳动力市场的需要，西藏还进行了认真测算、研究，积极开展了工伤、医疗、女工生育保险制度改革的探索，以期通过社会化管理，基金统筹调剂使用，增强企业和广大劳动者抵御风险的能力。

3. 克服困难，做好西藏离退休人员跨省安置工作。

西藏地处祖国西南边陲，平均海拔高度4000多米，由于特殊的历史原因和社会发展的需要，在社会主义革命和建设的各个时期，有大批的汉族同志为支缓西藏、建设西藏而进藏工作，无私地奉献了他们宝贵的青春年华，当他们按规定从工作岗位退下来的时候，因自然环境、气候条件等方面的影响，绝大多数同志需要返回内地安置，这是西藏退休职工有别于全国的一个特殊情况。西藏离退休职工跨省安置工作从1983年开始，在党中央、国务院的关怀、指导及有关部委和省、区、市的大力支持下，到1994年底，已顺利进行了三批安置工作，先后安置离退休人员5007人回到内地安度晚年，占应安置6740人的74.28%。

1994年9月，为做好西藏的离退休职工跨省安置工作，贯彻落实党中央、国务院第三次西藏工作座谈会精神，国家劳动部在拉萨召开了“西藏离退休职工跨省安置工作”会议，全国12个省、自治区的劳动（人事）厅（局）长和社会保险局长参加了会议，会议在部署第四批西藏离退休职工跨省安置工作的同时，还就将西藏离退休职工跨省安置列入正常工作以及如何进一步做好安置工作从政策上、组织上、渠道上、管理上作出了新的保证，为今后我区离退休职工跨省安置工作打下了坚实的基础。

（五）做好了职业技能培训，提高职工队伍整体素质

1992～1994年，西藏职业技能培训工作重点抓好了工人技师评聘的制度建设，先后制定了《西藏自治区工人考核办法》、《西藏自治区实行技师聘任实施意见》和《西藏自治区技师考评办法》、《西藏自治区工人技师考核组织规则》等规章；并在做好工人现状调查摸底的同时，按照企业效益情况，确定了试点企业，做好职业分类、政策指导，协助企业搞好基础测评工作，使试点工作顺利进行。与此同时，西藏按照“先培训、后上岗”的制度，开展了企业职工的在职培训工作，1992～1994年3年间，共举办在职培训30期，培训职工900余人次。

（六）进一步加强了劳动安全监察工作

1992～1994年，西藏劳动安全监察工作按照强化法制建设，健全各项规章制度，防范各类事故隐患的原则，加大安全生产监督检查的力度，抓好重大事故处理跟踪监察和重大事故隐患的整改，对重点行业和特种设备以及特种作业人员实行常规检查和不定时抽查，杜绝了事故的发生，为西藏经济建设创造了良好的内外部环境，使全区安全生产事故逐年下将，取得了可喜成效。

1. 加强了法规建设。发布了《西藏自治区实施〈中华人民共和国矿山法〉办法》、《西藏自治区锅炉压力容器安全管理办法》和《西藏自治区特种作业人员考核管理办法》，推动了西藏劳动安全工作法制化建设的进度。

2. 认真做好了检验工作。锅炉压力容器和电梯检测检验工作取得了较大成绩。截止到1994年底，全区在役工业锅炉达530余台；一、二类压力容器有1000余台；三类压力容器达30余台；移动式压力容器25台；钢瓶20余万只。

3.强化了特种作业人员持证上岗的培训工作。3年间共培训特种作业人员438人。

此外，西藏自治区锅炉压力容器检验所于1994年通过了劳动部的国家级资格认可；自治区劳动安全卫生检测站通过了自治区劳动行政部门的资格认可，使我区劳动安全工作在制度上、组织上更加合理完善和规范化。

（七）劳动争议处理制度进一步完善

1994年《西藏自治区劳动争议处理办法》的发布，使西藏劳动争议仲裁工作，在处理案件、加强组织机构建设、扩大受理案件范围、及时正确地处理劳动争议方面，有了较大发展。1992～1994年，西藏劳动争议仲裁部门共受理劳动争议案件150余件，其中，裁决结案30余件，调解结案100余件，为保持劳动关系的和谐稳定发挥了重要作用。

1992～1994年，是西藏劳动工作进程中，发展速度最快，各项改革成效最为显著的一个时期，为今后西藏劳动工作的开展奠定了坚实的基础。

附：西藏自治区劳动法规目录

（西藏自治区劳动局办公室 张广田 赵云华）

陕西省

1992～1994 年，陕西省在劳动工作方面主要抓了以下几项工作，取得了显著成绩。

一、企业三项制度及区域性综合配套改革

从 1992 年初开始，在省委、省政府的领导下，在全省范围内开展了企业三项制度综合配套改革。省政府工作部门的 100 个厅(局)长下到基层企业开展试点工作。省、地、市直接派员抓了 370 多户企业，涉及职工 20 多万人。省劳动部门大力支持和引导企业搞好改革，在制定法规、措施的同时，还在 28 户企业进行了劳动、工资、社会保险制度综合配套改革试点工作，经省政府批准公布了《国营企业劳动人事、工资分配、社会保险制度改革若干问题解答》。1993 年，下发了《关于进一步扩大全员劳动合同制试点的意见》，部署了全省扩大试行全员劳动合同制工作。在 1992 年和 1993 年进行配套改革的基础上，1994 年，又积极推进了区域性综合配套改革，制定了《陕西省劳动制度区域性综合配套改革试点方案》，并加大力度，使过去在单个企业进行的改革迅速向一个县、一个地区、一个行业推进，形成了改革的大气候。省政府确定的试点城市宝鸡市，改革进展顺利，全市各类企业正在推行全员劳动合同制；省劳动部门确定的省机械局、冶金局、航空局、纺织总公司、建筑工程总公司、石油总公司等 6 个行业试点单位的综合配套改革基本完成。目前，全省国有企业已有 43 万多固定职工与企业签订了劳动合同，加上新招收的 57 万劳动合同制工人，全省实行劳动合同制的职工数达 100 万人，占国有企业职工总数的 1/3 多。试点地区和行业在工资制度改革方面，推行了岗位技能工资等工资分配形式，在股份制企业进行了“两低于”工资改革试点工作。社会保险方面，根据实行全员劳动合同制的新情况，重新测算养老保险基金社会统筹比例，实行原固定工与合同工养老保险费用“两金”合并使用，改革了基本养老金计发办法；进行了医疗保险和工伤保险制度改革试点，为企业创造了公平竞争的环境。全省国有企业积极参与改革，收到了明显的成效：一是实现了企业用人主体的转变，普遍实行了全员劳动合同制，职工与企业签订劳动合同，打破了干部与工人、新招职工与原有固定工及不同所有制职工的身份界限，改变了用行政手段确定劳动关系的传统做法。二是建立了符合本企业实际的内部分配制度，建立了以劳动技能、劳动责任、劳动强度、劳动条件等基本劳动要素为条件的岗位技能工资制度。不少企业还在搞活内部分配方面进行了多种形式的探索。三是改革给企业注入了活力，调动了职工的积极性，促进了企业生产发展。

二、劳动工作简政放权

按照国务院《全民所有制工业企业转换经营机制条例》规定，本着一切有利于企业转换经营机制的原则，省人民政府和省劳动厅制定发布了《陕西省实施〈全民所有制工业企业转换经营机制条例〉办法》的通知和《陕西省关于贯彻〈全民所有制工业企业转换经营机制条例〉的意见》，决定简政放权，转变政府职能，落实企业自主权。一是下放新招职工、职工调配、高级工及技师的审批管理权；二是下放企业内部机构设置权；三是下放企业内部分配权。全省各地、市劳动部门根据《条例》规定和省政府、省劳动厅的办法及贯彻意见，结合各地实际，也分别制定了简政放权、转变职能的办法，对企业转换经营机制，促进生产发展起到了推动作用。

三、劳动监察工作

根据劳动部的安排和全国劳动监察工作会议精神，1994 年 4 月，召开了首次全省劳动监察工作会议，建立了省、地、市（县）的劳动监察机构，讨论并颁布了《陕西省劳动监察暂行办法》。为强化全省劳动监察工作的力度，省劳动厅在《陕西日报》公布了劳动部门劳动违法案件群众举报电话。10 月份举办了全省第一期劳动监察员培训班，共培训专职、兼职监察员 150 余人。根据劳动部的安排，全省各级劳动部门统一行动，于 1994 年 4 月至 8 月，在全省范围内同时开展了劳动用工大检查。据不完全统计，各级劳动部门和有关行业部门共组织 1870 多人，检查各种经济类型的用人单位 18720 多个，涉及职工 34 万多人，检查民办职业介绍机构 305 个。在检查期间，共纠正各类劳动违法行为 530 余起，清退人员 64 人，补签劳动合同 8070 多份，补发工资 36 万元，补交社会保险基金 201 万元，从而加强了对劳动用工的管理。

四、劳动工资宏观调控

按照对劳动力总量加强宏观调控的要求和国家有关规定，制定并颁发了我省国有企业招用农民合同制工人、富余职工安置和农村劳动力进城务工等方面的管理办法，加强了城乡劳动力的统筹管理，调节了企业富余人员流向社会和农村劳动力流向城市的规模和速度。在工资计划上，从 1992 年初开始，省劳动部门按照贯彻落实《条例》和转换企业经营机制的总体要求，抓了省一级的弹性劳动工资计划试点。在 1992 年实行弹性劳动工资计划试点的基础上，于 1993 年普遍推行了弹性计划目标，即依据工资总额增长与国民经济发展主要经济指标的相关关系，省、地（市）、县分级实施动态调控的工资总额弹性计划，通过调控工资总量间接调控职工总量；对企业的工资总额实行分类调控，采用“工效挂钩”、工资总量包干、计划指标控制和自定工资总额等不同调控办法的企业，其应提取的工资总额必须包含在弹性计划的工资总量以内。为推动这一目标的实施，省劳动厅制定下发了《陕西省全民所有制企业弹性劳动工资计划实施办法》，规定了实施弹性计划的对象和范围、相关经济指标的选择、工资含量及增人比例的确定、考核办法和监控措施等有关内容。到 1993 年底，在全省 10 个地、市中，已有 8 个地、市批准实施了弹性劳动工资计划。弹性计划的实施，从根本上改变了传统的行政指令性的劳动计划体制，实现了“三个转变”，即从绝对量的指令性计划管理转到可随经济效益情况按一定比例自行调节的动态计划管理，从直接的行政管理转到间接的服务管理，从行政手段为主的管理转到以经济、法律手段为主的管理。从而，初步建立起了市场取向的劳动工资宏观调控体系和运行机制。省编制了《陕西省 1993 年劳动事业发展计划》，为指令性计划向弹性计划顺利过渡起到了重要作用。同时，还扩大了计划覆盖面，使计划原来只包括职工人数和工资总额等单项内容，扩大到包括城乡劳动就业、职工人数、工资总额、社会保险、职业培训和劳动安全等劳动领域的综合内容。到 1994 年，全省劳动工资计划工作又迈出了新的一步。省对地、市、县全部实行了动态调控的弹性劳动工资计划，调控的范围已由国有企业扩大到城镇集体企业，对地、市、县分级实行动态调控，企业工资总额同经济效益挂钩，改进了“工效挂钩”办法；将总挂分提统一改为总挂总提；制定下发了工资总额包干办法，将全部工资纳入包干的工资基数；继续抓了岗位技能工资的试点和推广工作，全省进行岗位技能工资制度改革试点企业已达391户，并对冶金、纺织、建筑、石油等行业全面推行了岗位技能工资制。同时，建立了新的工资总额使用管理制度，使"弹性劳动工资计划管理"、"工效挂钩管理"和"工资总额使用手册管理"相结合，形成了"三位一体"的企业工资总额和"弹挂一体、分级分类管理"的宏观调控机制。1993年底，全省职工为396万人，职工工资总额达到111亿元，比上年增加16.3亿元，增长17.2%。其中全民职工人数达到326万人，全民职工工资总额达到98亿元，比上年增加14.6亿元，增长17.5%。年人均货币工资2803元，比上年增加369元，增长15.2%。全省实行"工效挂钩"的企业已发展到2400多户，比上年增长18%，挂钩企业职工人数已达到近90万人，增长5%。1994年，由于国家出台了企业调资政策，到年底，企业工资总额增长了35%，全省企业工资总额的增长控制在国家核定的弹性计划之内，实现了"两个低于"的要求。

《劳动法》颁布后，为了尽快实施我省最低工资保障制度，依法保证劳动者的最低收入，省劳动部门根据劳动部的要求和陕西的实际情况，制定颁布了《陕西省最低工资规定》和《陕西省最低工资标准及适用范围》，使劳动者的劳动收入依法得到了保证。同时，认真贯彻实施了劳动部、财政部、国家经贸委《关于深化企业改革适当解决部分企业工资问题的意见的通知》，全省国有企业共有1万多户、职工140多万人参与了企业调资，共核增工资总额6.9亿元。此项工作，对调动职工的积极性，维护社会稳定起到了重要作用。根据国务院、劳动部、中国人民银行的规定，对企业工资总额的发放和使用情况进行了监督检查，换发了1994年新的《工资总额使用手册》，对在审核换发《手册》中发现的问题及时进行了处理。据统计，1994年办理《手册》审批手续的企业共2350多户，其中，省属国有企业624个，中央驻陕企业1320户，集体企业370户，外商投资企业及股份制企业36户。换发工资总额使用手册，抑制了一些单位和行业超效益分配现象，保证了企业按时发放工资。

五、职业技能开发

为不断探索职工培训和技校改革的新途径，1992年以来，全省各级劳动部门在继续贯彻"先培训、后上岗"和"培训、考核、使用、待遇相结合"方针的基础上，实行了技校改革的"六放开"，即人权、财权、专业设置、学制、招生时间、培训招生对象放开。实行这一新举措后，先后有近20所技校经省批准，在全省统考前后组织了不定期招生工作，培训招生对象也由过去的城镇、全民和以第二产业为主，扩展为城乡、全民、集体、个体和一、二、三产业并举的全方位格局。在"六放开"的基础上，全省又进一步扩大了技工学校自主招生的范围。1994年，又将航空、兵器、建材三个行业的技校列入自行组织招生范围，从而使全省自行组织招生的行业达到11个，自行组织招生的学校达到39所。1994年，根据一些艰苦行业招生困难的实际情况，改革招生办法，首次面向农村招生，拓宽了技校招生领域。全省技工学校当年录取新生22673名，其中农村新生占2684名。按照定向培训、定向录用的原则，派遣录用毕业生25407名。1992年至1994年，陕西省先后制定颁发了《陕西省职业技能鉴定实施办法》、《陕西省职业技能鉴定站管理规定》和《陕西省关于实行职业技能鉴定社会化管理试点意见》等一系列规章，从而使全省职业技能鉴定工作在目标、方针、原则、制度、措施和要求等方面有了明确规定，同时积极进行了建立职业技能鉴定站（所）的试点工作，审核批准了26个职业技能鉴定站，使职业技能鉴定工作健康有序地发展。

六、劳动争议仲裁工作

全省各级劳动部门加强了对劳动争议仲

裁工作的领导，建立健全了仲裁制度，扩大了劳动仲裁员、仲裁庭制度试点范围。省劳动厅举办了第三期劳动争议仲裁员资格培训班，对未经培训的专、兼职仲裁员及工会、企业主管部门参与劳动争议处理的人员进行了全面系统的培训。截止1994年底，全省共有694名职工取得了仲裁员资格证书，其中390多名被聘为专兼职仲裁员。全省已普遍实行了仲裁员、仲裁庭办案制度。同时，劳动争议受案范围逐步扩大，依法处理了一批劳动争议案件，维护了企业和职工双方的合法权益。1992～1994年的3年间，全省劳动争议仲裁部门依法受理、处理劳动争议案件820多件，时效结案率在96%以上。做到了立案快、办案快、结案快。由于坚持了“合法、公正、及时”的原则，妥善处理了各类劳动争议案件，维护了企业和职工双方的合法权益，维护了社会稳定。加强了劳动信访处理工作。根据近几年来劳动信访处理难度加大的特点，省劳动厅制定下发了《陕西省信访处理暂行办法》，并明确规定了工作人员的岗位责任制，使信访工作有章可循和日趋规范化。1992年，劳动信访部门接待来信来访2500多件次。1994年以来，群众来信来访数量猛增，由上访而引发的集体上访事件频繁发生。1994年共接待上访群众4200多人次；处理来信988余件；处理集体上访32次，人数740人左右。

七、劳动法制工作

1992年9月，省劳动厅结合贯彻《全民所有制工业企业转换经营机制条例》精神，在汉中地区召开了全省第一次劳动法制工作会议，研究制定了加强全省劳动法制基础工作的方案和意见，使本省劳动工作逐步走向法制轨道。3年来，省劳动部门加强了对劳动执法的监督检查，先后制定印发了《陕西省劳动厅贯彻〈条例〉深化劳动、工资、社会保险制度改革的意见》、《陕西省劳动厅行政复议、行政应诉试行办法》、《陕西省乡镇矿山安全监察经济处罚执行程序》、《陕西省劳动仲裁办案规则》等一些执法工作制度和程序规定，并督促全省各地、市劳动部门进行了执法大检查，对保证全省劳动行政机关及其执法人员严格执法起到了很好的监督作用。《劳动法》颁布后，全省各级劳动部门把学习、宣传贯彻工作当作中心任务来抓。全省各级劳动部门、工会组织及企业主管部门，认真组织了《劳动法》咨询日和宣传周活动，大张旗鼓地宣传《劳动法》。省劳动厅和省总工会还联合举办了三期全省《劳动法》培训班。1994年9月下旬至12月中旬，在全省开展了声势浩大的《劳动法》知识竞赛活动，广大职工热情高涨、踊跃参赛，使竞赛活动既扎扎实实，又富有成效。据统计，全省职工实际参加《劳动法》知识竞赛活动的人数达148万之多，超额完成了全国竞赛组委会下达参赛任务的151%。陕西赛区获得“特别组织工作奖”。

八、劳动就业

近年来，在劳动就业处于高峰的情况下，全省各级政府及劳动部门积极开发和利用劳动力资源，发展第三产业，开辟就业渠道，使一些就业难点地区和难点群体的问题得到缓解，全省就业局势基本保持稳定。1992～1994年3年间，全省共安置就业人员42.41万人，将失业率控制在3.2%以内。1994年，在产业结构调整、企业改组和劳动力流动较大的情况下，各级政府和劳动部门始终把转化就业难点作为重点，进一步拓宽就业工作领域。根据本省实际情况，重点抓了铜川、延安、榆林、商洛四个地、市就业难点的转化工作。四个地、市在进行就业难点转化工作中，对2.86万人进行了职业技能培训，占应培训人数的80%以上，有60%的失业者经过培训输出到外省区就业，40%的失业者在本地区得到妥善安置。同时，全省各地、市采取积极措施和倾斜政策，促进就业难点的转化，有0.72万人通过举办工商企业或自谋职业的途径就业。就业经费和失业保险基金在就业难点的转化工作中发挥了积极作用，仅1994年投入生产扶持资金247万元，为开展新的就业门路，发展第三产业，增加新的就业岗位，提供了资金保障。职业介绍、就业训练、失业保险、劳服企业四位一体的劳动就业服务体系得到了进一步加强。一是职业介绍网点建设发展较快，全省已建立各类职业介绍机构746个，其中各级劳动部门共创办387家，基本形成了省、地（市）、县三级职业介绍网络构架，并且正在向乡镇、街道一级延伸。商洛地区70％的乡镇都已建立了劳动服务站，仅1994年在各级各类职业介绍机构求职登记人数达95万人次，交流成功70多万人，劳务输出80多万人。二是就业训练能力进一步增加。全省90余所训练中心共培训结业11.75万人，培训后就业9.8万余人，培训就业率为84％。三是失业保险覆盖面继续扩大。省政府颁布了《陕西省实施〈国有企业职工待业保险规定〉办法》，收缴失业保险基金完成了4500万元，失业保险救济金发放范围由“四种人”扩大到“七种人”，为失业人员发放生活救济金和停产、半停产企业职工生活困难补助487万元，救济3.5万人；用于扶持企业及失业人员开展生产自救的资金约650万元，使2.4万人重新就业。四是劳服企业稳步发展。全省现有劳服企业9800家，从业人员21.5万多人，年实现产值48亿多元，创利税2.3亿多元。全省涌现了103家百强劳服企业和20家优秀企业。1994年，又在西安、宝鸡两市实施了“再就业工程”试点工作，为解决长期失业者和企业富余职工再就业提供了经验。

九、社会保险制度改革

全省企业职工退休费用在1991年实现县、市统筹后，根据国务院《关于企业职工养老保险制度改革的决定》精神，在1992年5月召开了全省企业职工养老保险统筹工作会议，对全省进行社会养老保险制度改革及省级统筹进行了部署，从7月1日起正式起步。同时，制定下发了《关于在全省进一步开展企业职工养老保险制度改革的安排意见和全省统筹方案》，就全省社会养老保险制度改革的指导原则、实施步骤、全民统筹、集体统筹、外商投资企业养老保险、企业补充养老保险、基金管理配套工作都作了全面具体的规定。1993年，省又颁发了《私营企业、城镇个体劳动者养老保险办法》及《临时工社会养老保险办法》。至此，全省国有企业、集体企业、外商投资企业、私营企业、城镇个体工商者及临时工社会养老保险法规已全部配套出台。在此基础上，推行了社会养老保险一体化试点工作。省在佛坪县、长安县推行了养老保险一体化试点，即：在全县范围内，对城镇各个单位、各类职工（包括国家机关、事业单位、国有企业、集体企业、外商投资企业、城镇个体劳动者）实行养老保险的统一政策、统一标准、统一待遇。1994年在佛坪、长安县一体化社会养老保险试点的基础上，全省不少地方的改革方案相继出台，宝鸡市已经全面实施。集体所有制企业的养老保险工作也已在全省95％以上的县、市（区）普遍开展。私营、个体工商户的社会养老保险也相继在西安、延安、宝鸡起步。从而使全省社会保险覆盖面进一步扩大。到1994年底，全省参加社会养老保险的企业已达15194个，职工217.9万人，离退休人员38万人。1994年全省收缴养老金9.5亿元，拨付8.6亿元。养老金的足额支付和发放，保障了离退休人员的生活，为平衡企业负担，维护社会稳定，发挥了巨大作用。在西安、宝鸡两市及汉中地区部分市、县推行了基本养老金计发办法改革试点工作，实行职工基本养老金与社会平均工资、个人缴费工资“双挂钩”的办法，参加职工已达60多万人，占全省参加统筹的国有企业职工的32％。

针对全省企业医疗费严重超支、浪费突出及管理制度不完善等问题，对医疗保险制度进行了不同形式的改革。省劳动部门在西安市碑林区、宝鸡市轻工系统、咸阳市兴平县、铜川市郊区进行了医疗保险改革试点工作。1992年6月，颁发了《陕西省企业劳保医疗制度改革试行意见》，提出了“保证职工基本医疗，保护劳动者身心健康，加强管理，克服浪费”的指导原则。1993年初，颁发了《陕西省劳动鉴定组织管理试行办法》，并在蒲城县开展了工伤保险改革试点工作。咸阳市将工伤保险改革从县、区试点拓展到全市范围。在医疗保险改革中，全省企业按照“包挂结合”的改革方式，将个人负担引入医疗保险改革，使医疗保险改革逐步走向社会化。1992～1994年，省先后选择了西安市碑林区、西安市日杂公司、宝鸡市扶凤县、延安地区黄龙县等县、区，进行了企业职工大病医疗费用统筹试点工作；在安康地区开展了女工生育社会保险试点。据统计，在全面推行医疗保险改革工作中，参加的企业占全省国有企业的85%。

十、劳动安全卫生监察工作

针对全省安全工作形势严峻，重大事故逐年上升的问题，全省各级劳动部门采取有效措施，狠抓安全生产的管理和安全生产责任制的落实，不断强化安全卫生监察，促进了全省安全生产状况的好转。在职业安全卫生监察方面，首先抓了劳动安全卫生配套法规工作，先后制定颁发了《陕西省劳动安全条例》、《陕西省职工因工伤亡事故调查处理规程》、《陕西省城镇企业劳动安全卫生条例》、《陕西省乡镇企业劳动安全卫生监察条例》和《陕西省“粉尘危害监察规定”实施细则》等多项法规及配套办法。其次，依法开展了劳动安全卫生监察。结合第一个全国安全周活动和两次全国安全生产电话会议，全省组织了3次大的检查活动，同时还对20多个企业的粉尘、毒物进行了专门检查，按照“三不放过”和“依法办事、宽严适度、教育为主、处理为辅”的原则，对伤亡事故进行了严肃处理，使事故单位和责任者受到了教育。据统计，1993年，全省非矿山企业的伤亡事故起数和伤亡人数，分别比上年下降17.9%和7.5%；3人以上重大伤亡事故起数和伤亡人数，分别比上年下降28.6%和27.1%；1994年继续下降。但存在的问题仍不少，特别是重大伤亡事故仍呈上升趋势，如1994年6月6日发生在长安县境内的“六·六”空难事故，使机上160名中外乘客及机组人员全部遇难，给人民生命和国家财产带来非常重大的损失。矿山安全监察方面重点抓了两个薄弱环节，一是组织起草了《陕西省矿山安全法实施办法》、《陕西省矿山企业特种作业人员安全操作证制度实施办法》等法规。1994年9月5日，陕西省第八届人大常委会审议通过了《陕西省实施〈中华人民共和国矿山安全法〉办法》，这是本省自《陕西省劳动安全条例》（试行）颁布以来，劳动安全方面又一部地方性法规，标志着全省矿山安全工作走向法制化。二是运用国家监督权，对矿山事故频发点进行了重点监督检查；并在铜川、略阳、黄陵等市、县抓了矿山呼吸性粉尘危害分级，推行矿山安全标志、国家标准、乡镇煤矿矿井安全生产条例合格证发放等试点。由于各项规定制度还不健全、不落实，以及个体、私营、乡镇矿山违章生产作业，矿山事故仍呈上升趋势。在锅炉压力容器安全监察方面，按照法制化、规范化的要求，对锅炉压力容器从设计、制造、安装、使用、检查、维修、改造等环节实行了全方位的监督检查，并进一步完善了安全认可证制度。对建筑、化工、兵工弹药等行业和外商投资企业等安全生产薄弱环节进行了重点监督检查；对事故单位的厂长、经理进行了安全培训；组织开展了第四次全省“安全生产周”活动，全省受教育职工达380万人次。

（陕西省劳动厅　吴晓邦）

西　安　市

1992～1994年，西安市各级劳动部门以邓小平南巡重要谈话为动力，以党的十四大精神为指针，按照建立社会主义市场经济体制的要求，深入开展劳动人事、工资分配、社会保险制度综合配套改革，发挥劳动部门“协调、指导、服务、监督”的作用，注重运用劳动政策调节经济、社会关系。在调控形式上，从以计划管理为主向以市场调节为主的方向转变；在调控手段上，由以行政手段为主向经济和法律手段为主转变；在管理范围上，从以国有企业为主向调整全社会所有经济组织的方向转变。全市以培育和发展区域性劳动力市场为中心，以落实企业用人和工资分配自主权以及完善社会保障体系为重点，解放思想，转变职能，整体推进，重点突破，分步实施，积极进行市场取向的劳动体制改革。在调整就业结构，培育劳动力市场，深化劳动用工、工资分配、社会保险制度三项制度改革及职业技能开发、劳动安全监察等方面均取得明显成效，为全市经济建设和社会稳定创造了良好的外部环境。

一、积极推进以全员劳动合同制为重点的劳动用工制度改革

为了促进转换企业经营机制，加大劳动人事、工资分配和社会保险制度改革的力度，1992年3月在市委、市政府的领导下，按照“态度积极、步伐加快、方法稳妥、点面结合、综合配套、整体运行”的原则，积极进行企业三项制度改革。成立了由两位副市长为正副组长、市级有关部门主要领导为成员的三项制度改革领导小组，并选定了38户企业试点，30名部局级领导干部下到试点企业帮助指导工作。市政府及时批转了市劳动局、市体改委、市人事局、市经委、市总工会《关于企业劳动人事、工资分配、社会保险制度改革试点方案》等5个配套文件。为指导改革的顺利进行，及时召开了全市企业三项制度改革试点动员大会、经验交流大会等。在试点的38户企业中，原10户亏损企业通过改革，其中4户扭亏为盈、5户明显减亏。原亏损大户西安电机厂，经过改革试点，实行风险抵押机制，当年扭亏为盈。周至县食品公司在全行业亏损的情况下，锐意改革，层层承包经营，不仅扭亏为盈，而且超额完成了年度计划。截止1992年底，全市进行三项制度改革的企业577户，职工156752人。实行全员劳动合同制改革的企业21户，职工7651人。同时建立健全了劳动仲裁制度，依法审理了100多起劳动争议案件，维护了企业和职工双方的合法权益。对大量群众来信来访，做到事事有交待，件件有着落。

1993年，西安市用工制度改革步伐进一步加快，全市实行全员劳动合同制和全员劳动合同化管理的企业267户，职工76850人。仅一商局就有4户企业实行全员劳动合同制，职工7611人，占职工总数的42.3%。全市鉴证劳动合同42896份。仲裁员、仲裁庭制度也全面推开，劳动争议案件得到及时处理。全年受理劳动争议案件150起，其中案外调解93起，依法立案57起，特别是对13起集体争议案件进行了妥善处理。

随着劳动用工制度改革的逐步深入，劳动合同制这一新型用工形式逐步被企业和广大劳动者所接受。1994年，全市实行劳动合同制的职工人数14万余人。市一、二商业局，西电公司，市冶金机电局实行劳动合同制的职工人数分别达到90%、100%和80%；灞桥区在全区范围内实施劳动合同制。户县也制定了县属企业实行劳动合同制的实施方案，即将付诸实施。同时，劳动争议仲裁工作扩大了受案范围，加强了调处人员的培训，提高了办案质量。全年共受理劳动争议案件120多起；接待来访职工1400多人次。劳动用工制度改革有力地促进了企业经营机制的转换，为1995年全面推行劳动合同制度创造

了有利条件。

二、劳动力市场建设呈现勃勃生机，市场体系初具雏型

我市劳动力市场建设起步于1984年，且功能单一。按照党的十四届三中全会精神，1993年西安市劳动局全力抓了劳动力市场的培育和发展，首先从法规建设入手，制定了《西安市劳动力市场管理暂行规定》并经市政府批准颁布，相继印发了《西安市企业招收（聘）工人有关问题的通知》、《关于在劳动力市场实行“一条龙”综合服务的通知》等5个配套性文件，统一了市场政策、市场规则，规范了活动方式，明确了活动范围；其次建立了层次较高，功能较全的西安市劳动力中心市场，业务涉及劳动信息、就业登记、失业保险、就业培训、合同鉴证、养老保险等。全年共成交城乡劳动力7.4万人。截止1993年底，全市建立各类职业介绍机构107个，其中劳动部门开办的56个，非劳动部门开办的51个。至此，我市基本形成了一个多层次、开放式、全方位的劳动力市场体系。

1994年，西安市劳动行政部门继续贯彻执行市政府《西安市劳动力市场管理暂行规定》及其《实施细则》，着重抓了三个方面工作：一是加强市场的硬件建设，给城六区劳动力分市场配备微机，实现了市劳动力中心市场与城六区分市场的微机联网。二是针对有些职业介绍机构“乱”（不经批准乱开办）、“滥”（职业介绍机构名不符实，滥开办）的实际，对全市各类职业介绍机构进行清理整顿，实行《职业介绍许可证》制度和审批制度。经过整顿，市场建设得到加强，市场秩序明显好转。截止1994年底，全市已建立市劳动力中心市场，各区县劳动力分市场和各类职业介绍机构233家，办理登记交流的劳动者21万多人次。

三、就业形势发生新变化

几年来，西安市劳动局始终把保持就业形势稳定当作一件大事来抓，采取各种措施调整就业政策，拓宽就业门路。1992年，全市安置城镇待业青年就业37296人。就业培训12326人次。为促进劳服企业的发展，市政府发布了《关于发展劳动就业服务企业的若干规定》，为劳服企业提供了优惠扶持政策，一年内新增劳服企业近千个，达到4274个，吸纳劳动力10万多人。对29个劳动服务公司、87户劳服企业实行税收包干。全年劳服企业生产经营总收入181265万元，上交税金6699万元。随着经济体制改革的不断深入，全市非国有经济迅速发展，吸纳劳动力比重也明显增强，就业去向形成多元化。1993年全市就业安置34315人，其中去全民所有制单位的占36%，去集体所有制单位的占34%，去外商投资企业、乡镇企业和个体经济组织的占6.9%，从事临时性工作的占23.1%。年末失业率由上年3.1%下降为2.9%。劳服企业持续发展，新增劳动服务公司44个，从业人员109517人，劳服企业全年生产经营总收入23.1亿元，较上年增长27.6%，实现利润8971.9万元，上缴税金8221.9万元。1994年，全市各级劳动部门对就业工作在社会经济中的重要地位有了充分认识，同心协力抓落实，有力地促进了职业介绍、就业训练、失业保险和劳服企业为主要支柱的就业服务体系的发展。全年安置城镇待业青年2.9万余人，年末失业率由上年的2.9%下降至2.8%。劳服企业接纳从业人员10.12万人，劳服企业生产经营总收入21.5亿元，实现利润6250万元，上交税金6770万元。就业工作为发展经济和社会稳定发挥了积极作用。

四、稳步推进工资制度改革

1992年工资制度改革主要抓了两项工作：一是推行工资总额同经济效益挂钩，处理国家与企业的分配关系，解决企业工资增长机制问题；二是试行岗位技能工资制，解决企业内部分配问题。市劳动局会同财政局，

市计划委员会在调查研究的基础上，对1985年以来实行的“工效挂钩”办法提出改进措施，拟定了《西安市全民企业全面推行工资总额同经济效益挂钩实施办法》，改单一的上缴（实现）税利挂钩为多种形式的复合指标挂钩；改单一的“连续环比”为“限额环比”、“限期定比”、“环定结合”等多种浮动办法；将1991年底以前国家及省、市规定的各种价格补贴核入挂钩工资总额基数，挂钩工资的提取坚持“上不封顶，下不保底”的原则，既负盈又负亏。为逐步实行以岗位技能工资制为主要形式的内部分配制度，市劳动局拟定了《西安市国营企业岗位技能工资制试点方案》，市人民政府及时批准实施，在全市三项制度改革试点的38户企业中，选择6户企业试行。根据《全民所有制工业企业转换经营机制条例》不折不扣的向企业放权，市劳动局对实行“工效挂钩”的企业不再下达指令性工资总额计划；实行新机制和新建企业、股份制企业以及比照外商投资企业管理的企业，在坚持“工资总额增长幅度低于经济效益增长幅度，职工实际平均工资增长幅度低于劳动生产率增长幅度”的前提下，其年度工资总额可由企业自主确定并安排使用。

1993年，工资制度改革稳中有进，“工效挂钩”面不断扩大，实行“工效挂钩”的企业由上年的315户增至340户，职工149302人。其中117户企业是自主进行晋级增薪，升级职工68625人，月人均增资12元。有10户企业按“两低于”原则实行自主确定工资总额。有11户企业实行岗位技能工资制，月人均增资52.6元。有24户企业建立艰苦岗位津贴，享受岗位津贴的职工2798人，月人均增加27.2元。这就逐步形成了岗位靠竞争、报酬靠贡献的新分配机制。1994年，西安市工资制度改革，在完善“两低于”和“工效挂钩”分配办法的基础上，扩大实施范围，进一步完善工资总量宏观调控。对不具备以上两种分配办法的1180户企业、14.4万余名职工，统一实行工资总额包干办法。企业内部分配，完全由企业自选工资制度、自选工资标准、自选套改办法、自定职工工资，享有充分自主权。按照劳动部文件，为全市1466户国有企业中的31.4万名职工增加了工资，分别占西安市国有企业总户数和职工总人数的95%和98%。同时根据《劳动法和陕西省最低工资规定》，制订了《西安市实施最低工资规定有关问题的意见》，由市政府批准实施。全市最低工资标准定为三档，一类是每人每月200元，范围是西安市城七区（碑林、莲湖、新城、霸桥、未央、雁塔区和闫良区）；二类为每人每月150元，范围是长安县、户县、临潼县；三类为每人每月125元，范围是兰田县、周至县、高陵县。

五、社会保险制度改革逐步深化

1992年，我市社会保险制度改革在原来的基础上取得新的进展，尤其是市政府批准市劳动局《关于进一步深化企业职工养老保险制度改革的实施意见》下发以后，此项工作进展比较顺利，效果比较显著。截止1992年底，全市国有企业职工退休费用全部实行社会统筹，参加统筹的单位2048个，在职职工62.28万人，离退休职工14.5万人。市属以上集体企业也全部实行统筹，企业1056个，在职职工13万人，离退休职工3.37万人。部分区县还实行个人缴纳养老保险金办法，制定了全民固定工和合同制工人养老基金提取比例和调剂使用办法，已有208个单位、3万多名退休职工的退休金委托银行代发。对多年来群众反映比较突出的问题进行处理，如参照合同制工人的养老保险办法，对临时工的养老保险实行新的办法；妥善解决市属以上企业原厂办“五·七”工厂老职工的退休金纳入统筹的“老大难”问题及企业离退休职工增加10%退休金的审核发放和纳入统筹问题。在企业医疗保险改革方面，制定了《西安市企业劳保医疗制度改革试行方案》，在碑林区和市供销社系统进行大病医疗费统筹试点，并推广市冶金机电局系统加强病休职工管理的试点经验，对推动企业医疗保险改革起到积极作用。同时，为提高社会保险干部的素质，积极筹办西北社会保险干部培训中心，并经国际劳工组织北京局考察、劳动部批准，列入联合国劳工组织开发援助项目，增进了社会保险工作的国际交往与合作。1993年，社会养老保险已在全市基本形成基金来源多渠道、养老保险多层次的体系，涉及国有、集体、外商投资企业职工。实行基本养老保险个人缴费的企业3053户，职工71.75万人；实行企业补充养老保险的企业5户，职工4107人；实行工伤保险试点的企业22户，职工10万多人。全市80万企业职工实行医疗保险改革。实行职工大病医疗费用统筹的企业12户，职工3100人。长安县率先进行社会保险一体化试点，运行情况良好。失业保险范围扩大，缴纳失业保险金的企业有4532户，职工91万人，实际享受失业保险金的职工7640人。对2200多名社会保险干部进行了系统培训，管理水平明显提高。

1994年出台了基本养老金计发办法改革方案，并开始运行，情况良好。养老保险“一体化”管理，继长安县试点后，高新技术产业开发区已经实施，雁塔区、未央区、灞桥区、闫良区、临潼县、户县等也制定了方案。雁塔区、碑林区、户县的私营、个体经济组织的劳动者养老保险工作已经起步。按照国务院文件精神，给全市20万离退休职工增加离退休费6000多万元，职工高兴，企业满意。建立企业离退休职工管理社区服务分会16个，退管网点300多个。工伤保险改革开始起步，已普查伤残职工2万多人，对300多户企业的4000多名伤残职工进行了鉴定，其中有2600多人确定了残废等级，核发了等级证书。以“一核，二包，三统，四封，五改，六管”为主要内容的医改方案逐步推进，健康发展。失业保险的社会保障功能进一步加强，截止1994年底，我市参加失业保险的单位4958户，职工人数91万人，累计救济失业职工24500人，支出救济金390万元。1994年以来，我市失业职工大量增加，为1993年失业职工人数的10倍。为解决失业职工的生活困难，我市为18569名失业职工发放失业救济金317万元、生产自救性借款393万元，使7980名企业内待业职工得到了重新安置。为发挥就业服务企业吸纳安置失业职工的功能，我市投入180万元生产自救借款，扩大就业服务企业的安置能力，安置失业职工815人。为使失业职工尽快重新就业，我市拨付转业训练费13万元，培训职工2400人，使这一部分职工得到了转岗安置，解除了企业的后顾之忧，稳定了职工情绪和社会秩序。

六、职业技能开发工作迈出新步伐

1992年经市政府批准成立以主管副市长为主任委员的“西安市工人考核委员会”，下设办公室主持日常工作，并建立健全职业技能资格鉴定的社会化管理体系，推行职业技能资格鉴定制度。全年共评聘工人技师466名；培训在职职工41800人，其中高级工2300人、中级工23000人、初级工15000人、学徒工1500人；有1007名技术工人经考核合格取得相应的技术等级证书。积极稳妥地进行改招考学徒工为招定向培训生的试点，黄河机电股份有限公司、市电信局、市冶金机电局、市房地产管理局和市供销社等单位招定向培训生300余名。1992年对全市1793名技工学校合格毕业生进行“两证制”考核，组织1146名技工学校车钳专业毕业生参加全省四级工统考，其中734名毕业生获得四级工工人技术等级证书。成立了新一届西安市技工学校教师职称评审委员会，技校教师职称评审工作转入经常化。全市共评定具有讲师任职资格的教师89名。对市属21所技工学校进行办学水平评估，其中评为A级技工学校5所，B级4所，向上推荐为部、省级技工学校4所。

1993年，西安市冶金、机械、电子、化工、医药、餐饮服务等6个行业，为建立职业技能鉴定考核站（所）进行了摸底调查和资格审查工作。就业前培训考核和在职培训有了较大进展，核发技工学校、职业中学和就业训练中心毕（结）业生技术等级证书2065份；组织市属21所技校8个专业1100名毕业生统考，四级工合格率达65.5%。技工学校招生分配以市场为导向，招收新生4007名，应届毕业生1778名全部落实了工作岗位。

1994年，西安市批准建立西安市职业技能鉴定指导中心和18个行业（区域）职业技能鉴定站，开展面向社会职业技能鉴定工作，相继对53个专业（工种）的9393人核发技术等级证书，评聘工人技师154人，评审技工学校教师职称42人，其中推荐评审高级职称12人。表彰奖励先进教师和优秀教育工作者70人。技工学校共录取新生2590名，首次面向农村录取260人。对2582名技工学校应届毕业生和职业中学毕业生进行技术等级考核，有2276名技工学校应届毕业生落实了工作岗位。

七、劳动安全监察工作得到进一步加强

根据“安全第一，预防为主”的方针，通过完善法规、宣传教育、组织培训等，增强企业的安全意识，强化劳动安全监察措施，保护职工的安全健康。

1992年对280名职业卫生检测人员进行了培训；对1470名特种作业人员和2672名初培特种作业人员进行复审考核，合格率分别是99.97%和100%。开展了对起重机械安装单位的资格审查验证和起重设备的检验检测工作，对首批合格的42个单位登报公布。对化工、建筑、烟花爆竹等危险性较大的企业重点监察，消除事故隐患。对发生的44起死亡事故、45起重伤事故及时结案处理。市政府颁布《西安市锅炉安全监察规定》后，对锅炉房进行综合治理，对1105座锅炉房进行检查验收，给2727台锅炉换发新证，给二类司炉工1215人，三、四类司炉工4780人颁发了司炉证。对在用的压力容器进行注册登记和发证。截止1992年底已注册登记8612台，实施全市溶解乙炔气瓶定点充装。

1993年，西安市各级劳动部门采取有效措施，狠抓安全生产管理，促进了安全生产状况的好转。首先，认真贯彻国务院关于加强安全生产工作的《通知》和《陕西省劳动安全条例》，开展了“安全生产周”活动，设立宣传点，散发宣传品，增强了职工的安全生产意识，并对18723名特种作业人员、起重机械安装维修人员和职业安全卫生管理干部进行了安全技术培训。其次，依法开展了劳动安全卫生监察，组织10个检查组，重点检查了320个企事业单位和重点项目，对重大事故隐患和“三违”现象及时进行整改。对新建、改建、扩建工程16个项目的劳动保护设施坚持了“三同时”审批验收制度。对电梯、起重机械、锅炉、压力容器等特种设备进行专项监察和管理，取缔了“土锅炉”，巩固了锅炉房综合治理成果。三是本着“三不放过”的原则，对4起爆炸事故及重大事故进行严肃查处。全年因工伤亡事故及死、伤人数分别比上年同期下降了8.9%和5.9%。

1994年，西安市劳动安全工作突出抓了安全生产责任制的落实，发动百万职工参与监督安全工作。此项工作已逐步引起各级领导的重视。在“安全生产周”期间，主管市长亲自带领有关部门的负责同志，深入16个局系统84个企业进行检查。市政工程管理局、市冶金机电局、灞桥区、户县等22个单位，领导重视，机构健全，措施得力，成绩显著。全年检测电梯471台，起重机械482台。治理了市石棉制品厂粉尘危害。对新建、改建、扩建和技术改造工程项目坚持了“三同时”审查验收。对重大伤亡事故本着“三不放过”的原则严肃查处。加强了锅炉、压

力容器及检验机构的监督检查工作。对全市各类气瓶充装、检验单位进行了整顿及资格审查，确保了气瓶的安全使用。检验锅炉1600多台，使定检率达到80%以上。

八、开展劳动用工大检查

1994年，西安市劳动局根据劳动部和省劳动厅的部署，在全市范围内开展劳动用工大检查。检查采取点面结合的方法，重点对外商投资企业、私营企业、大量使用进城务工人员和临时工的单位进行检查。全市自查单位7787个，占用工单位总数的91.5%。重点检查单位2678个，其中外商投资企业122个、私营企业1230个、大量使用进城务工人员和临时工的单位333个、其他企业993个。纠正和处理违犯劳动法规的问题和案件1100起，责令部分劳动中介机构停业整顿，取缔了29个。通过检查，有191个单位为5027名职工补办了养老保险手续，给20186名进城务工人员核发了《务工许可证》。

九、学习、宣传《劳动法》规模空前

1994年7月5日，《中华人民共和国劳动法》正式颁布后，西安市各级劳动部门按照劳动部和省劳动厅的统一部署，在全市范围开展声势浩大的《劳动法》宣传咨询日、知识竞赛和宣传周活动。在咨询日期间，各级人大、政府、政协的领导同志，带领2000多名劳动、工会干部走上街头，分别在40多个咨询点进行咨询宣传活动。13.6万多名职工参加《劳动法》知识竞赛，市冶金机电局、西电公司、市建总公司、市一轻局、市化工医药局等10个单位获得组织奖，并选拔出32名选手参加陕西省复赛。在《劳动法》宣传周活动中，散发数十万份宣传材料，百万职工踊跃参加，规模空前。此外，还开展《劳动法》培训工作，1000多名劳动干部、厂长（经理）参加培训学习。对照《劳动法》，对原先的法规进行了清理。所有这些，都为1995年1月1日起实施《劳动法》做了充分的准备。

（西安市劳动局　李福忠　高歌）

甘　肃　省

1992年至1994年，甘肃省劳动部门认真贯彻邓小平同志南巡重要谈话精神和省委、省政府《关于进一步解放思想，加快改革步伐的意见》，贯彻国务院颁发的《全民所有制工业企业转换经营机制条例》，与有关部门密切配合，从全国、全省大局出发，在实际工作中正确处理改革、发展、稳定的关系，按照劳动部建立新型劳动制度总体设想要求，坚持全面推进和重点突破相结合的改革方针，一手抓改革、一手抓稳定，使甘肃省的劳动工作取得新进展。

一、依法行政摆在重要议事日程，劳动法制建设取得好成绩

党的十四大明确提出了建立社会主义市场经济体制的目标。为适应这一目标要求，甘肃省各级劳动部门坚持依法行政这一指导思想，强化各级地方立法。省劳动厅抓住《劳动法》颁布实施的契机，先后报请省人大常委会和省政府审议颁布了《甘肃省劳动保护监察暂行条例》、《甘肃省国有企业固定职工养老保险金省级统筹实施办法》、《甘肃省劳动监察暂行规定》等地方性劳动法规；省劳动厅3年中先后制定出台了《甘肃省职业技能鉴定暂行办法》等38项部门规章。与此同时,甘肃省各级劳动部门还按照《劳动法》及有关法规规定,对历年来自行颁发的劳动规章、规范性文件及企业的厂规厂纪进行了清理。1994年,省劳动厅按照劳动部的统一部署,在全省开展了一次较大规模的劳动用工大检查,查处和纠正了一批劳动违法事件。为保证劳动工作依法行政,省劳动厅在1994年机构改革中,组建了政策法规处和劳动关系与监察处,加强了立法工作,配备了相应的劳动监察人员。到1994年底,全省14个地、市、州已有9个组建了劳动监察机构,配备了相应的人员,开展了劳动监察工作。劳动争议处理工作进一步发挥作用,全省各地、市、州均已建立起劳动争议仲裁委员会,并有效地开展工作。

二、劳动工资宏观调控得到改进和完善,以岗位技能工资制为主要形式的企业工资制度改革健康发展

按照"国家宏观调控、分级分类管理、企业自主用人和自主分配"的原则,甘肃省劳动厅1993年制定下发了《关于甘肃省全民所有制工业企业转换经营机制实施办法的贯彻意见》,对计划经济体制下劳动工资管理的传统管理方法进行了改革,取消了职工人数、工资总额等指令性计划指标控制,由企业自主决定招用工时间、条件、方式和数量,自主使用和分配应提取的工资总额。与此同时,省劳动厅在改进加强劳动工资各项宏观措施基础上,推行了弹性工资计划,通过工资总额来间接调控职工人数。到1994年末,以非农国内生产总值为经济考核指标的动态调控的弹性劳动工资计划管理办法,已在甘肃省各地、县普遍推开。全省各地、市、州普遍加强和完善了工效挂钩办法和工资总额包干管理办法,有不少地区,如武威、酒泉等地区国有企业的工效挂钩和工资总额包干管理面,已达到95%以上。

甘肃省企业工资分配制度改革,坚持按劳分配,贯彻效率优先、兼顾公平的原则,各级劳动部门积极引导,企业自愿改革。全省实行岗位技能工资制的地方国有企业,已由1992年的31户、18万职工,发展到1994年的330多户企业、54万多职工。从行业和地区看,基本形成了条块结合、点面结合、大中型骨干企业与地方中小型企业结合、生产企业与流通企业结合的辐射面。1992～1994年间,甘肃省还调整了煤炭、建材、冶金、石化、林业等艰苦行业的岗位津贴,稳定了这些行业艰苦岗位职工队伍的情绪,促进了企业生产经营的发展。

三、就业工作在产业结构调整、企业改组和劳动力流动大的情况下,保持了稳定发展

甘肃省多年来劳动力资源供大于求,失业率居高不下。1992～1994年,全省城镇失业率每年都在3.5%以上。1992年全省城镇失业人员为20.4万人,1993年为21.9万人,1994年为20.96万人;农村剩余劳动力达350万人以上。全省各级政府和劳动部门多年来始终把解决就业问题作为一项重要工作紧抓不放,充分利用产业结构调整、企业改组的机遇,采用政策引导,从税务、经费、物资供应、发展集体经济的技术人才、场地等方面制定具体的优惠政策,拓宽就业渠道。3年内,全省共安置城镇31.88万人就业。1994年末的城镇失业率为3.6%。与此同时,全省各级劳动部门和就业服务机构,狠抓企业富余人员和失业人员再就业安置,仅1994年全年就安置这部分人员2.84万人,为全省实施再就业工程创造了经验。有计划、有组织地开展农村剩余劳动力的输出,是甘肃省加强城乡劳动力统筹管理、发展农村经济、实现贫困地区脱贫致富的一项重要措施,也是省委、省政府提出的"以城带乡、以大带小、整体推进"的经济发展战略的重要组成部分。全省各级劳动部门及其劳务输出机构,在开展农村剩余劳动力输出工作中，以开发贫困地区农村劳动力资源为重点，加强统筹协调，开展技能培训和信息服务。在巩固已有成果的基础上，坚持“东进西出”的方针，3年内，共输出农村剩余劳动力465万人次，劳务总收入达到35亿元。目前，甘肃省劳务输出地域进一步拓宽，在全国各地50人以上的劳务基地达到5000多处，其中百人以上的基地达3100多处。许多地区在狠抓就业安置中，还结合自身实际，创造了一些好经验，如定西地区把劳动力输出引入到了城镇失业人员中，临夏回族自治州把城镇失业人员的就业引入到乡镇企业中，天水市把职业介绍所建在城镇街道上。这些无疑对促进劳动力市场发展、劳动力流动和扩大就业安置起到了积极的促进作用。

四、企业用人制度改革力度明显加大

甘肃省劳动制度改革以建立劳动关系法制化为目标，以推行劳动合同制度为重点，紧紧围绕落实企业用工自主权和劳动者择业自主权，变国家用工主体为企业用工主体，通过劳动合同等方式确立劳动关系已被越来越多的用人单位和劳动者所理解和接受。到1994年底，全省实行劳动合同制度的地方国有企业已达89户，职工16.1万人；实行全员合同化管理的地方国有企业已达815户，职工39.8万人。武威、酒泉两地区实行劳动合同制度的地方国有企业已分别达到80%和65%，其它一些地区建立劳动合同制度的范围正在进一步扩大。在劳动力管理方面，目前，甘肃省除征地农转非招工等个别关系到国民经济正常运行和社会稳定大局的政策性安置，必须由政府劳动行政部门严格控制外，企业其余招聘用工已纳入劳动力市场管理调节，在本省所在城镇人口中招聘用工的时间、地点、条件、方式和数量等，均由企业自主确定。企业用人制度的改革和自主权的到位，有力地促进了甘肃企业经营机制的转换和经济效益的提高，为1995年全省全面推行劳动合同制度奠定了良好的基础。

五、社会保险制度改革有了突破性进展，开始形成全方位、一体化的社会保险新体制

1992～1994年间，甘肃省社会保险制度改革取得了突破性进展。1992年，全省养老保险比原计划提前一年实现了地区级统筹，从当年7月1日开始在全省实行了职工个人缴纳养老保险费办法，年底前有20户企业为职工建立了补充养老保险制度。由社会保险机构或委托银行直接给离退休人员发放离退休金的县（市、区）由1991年的4个增加到48个。全省参加养老保险社会统筹的国有企业职工总数已达85万多人。失业保险范围也由原全民所有制企业职工扩大到城镇集体所有制企业及其它所有制形式的职工，救济对象也由原来国家规定的四种人扩大到八种人。同年，甘肃省还调整了失业保险基金收缴比例，实行了个人适当缴纳失业保险费的制度。全省参加失业保险基金统筹的国有企业职工已达到117.5万人。1994年3月，甘肃省政府发布了《甘肃省国有企业职工养老保险金省级统筹办法》，全省养老保险金在年内实现了省级统筹。到年底，全省已有65个县（市、区）、5545户企业的74.27万名职工实行了基本养老保险个人缴费制度。全省扣除经国务院规定按行业和系统统筹的单位职工外，直接参加地方养老保险统筹的各类企业职工达到92.57万人。实行企业补充养老保险试点的县（市、区）达到11个、220户企业的1.6万职工。进行退休金计发办法改革试点的县（市、区）达到12个、233户企业的1.78万职工。全省参加失业保险基金统筹的企业达到7801户，参加的职工达到121.9万人。实行工伤保险改革试点的县（市、区）已达到9个、267户企业，涉及职工2.67万人。实行职工大病医疗费用和退休人员医疗费用统筹试点的县（市、区）达到12个，有723户企业、4.5万职工参加。1994年，全省共向3.05万名企业困难职工和

6760 名失业职工发放救济金 790.6 万元。全省社会保险各项管理，在制度建设、监督检查、社会服务等方面，都有了新的发展。

六、职业技能开发工作为促进改革和社会经济发展作出新贡献

1992 年，甘肃省企业领导干部的岗位职务培训及各类管理人员、专业技术人员、班组长和技术工人的资格性、适应性培训以及技术等级培训全面开展。培训形式趋向多样化，教学走向了正规化，培训方法坚持理论和实践结合，突出了岗位技能训练。全省当年参加在职岗位培训的职工达到 33.75 万人次，其中高级工为 9.5 万人次，中级工为 12.68 万人次，初级工为 7.84 万人次。到 1994 年底，全省职业技能培训基本形成了以技工学校、职业学校和企业教育中心教学培训为主，各级劳动就业培训中心和企业在职培训的社会多层次、多形式、多渠道的培训网络。3 年内，全省在职岗位培训累计已达到 95.38 万人次，其中高级工为 24.15 万人次，中级工为 35.71 万人次，初级工为 24.74 万人次。全省工人技师已达到 5478 名，其中高级技师 27 名，分别占应聘技师和高级技师总数的 58.9%和 2.9%。全省各级劳动就业培训中心努力开展各种适应性技术培训，培训对象由城镇就业前培训扩大到失业职工、企业富余人员和农村剩余劳动力及乡镇企业人员，3 年内共培训各类人员 13 万人。1994 年，甘肃省职业技能鉴定工作顺利起步，省劳动厅制定下发了《甘肃省职业技能鉴定实施暂行办法》、《甘肃省职业技能鉴定考核暂行办法》等 7 个法规性文件，对各地区申请建立鉴定站、推荐的考评员资格，进行了摸底调查和初审，确定了兰州、天水、白银、金昌、嘉峪关 5 个省辖市为全省职业技能鉴定先行试点地区。

七、“一厂两制”劳服集体经济得到健康发展

1992 年初，甘肃省政府将全省“一厂两制”集体经济工作划归省劳动厅管理。省劳动厅接受这项工作任务后，一是召开会议，理顺关系，做好各项业务工作的衔接；二是制定“一厂两制”劳服集体经济发展规划，在实际管理工作中，注重典型引路，以此推动面上工作；三是加强对“一厂两制”劳服企业集体经济的生产调度工作，经常召开会议分析生产形势，主动会同有关部门，协调配合，解决集体经济发展中遇到的实际问题；四是狠抓国家和省的各项优惠政策的落实，促使集体企业蓬勃发展。由于全省上下的共同努力，甘肃省 1992 年“一厂两制”集体经济实现社会总产值 26 亿元，比 1991 年增长 23.8%，超额 1 亿元完成年计划；当年新发展集体企业 1000 户，发展外向型集体企业 14 户，到边境口岸创办集体企业 24 户，发展股份制企业 13 户，使劳动工作与企业管理有机地结合了起来。1993 年，全省“一厂两制”集体经济再上新台阶，全年实现社会总产值 34 亿元，比 1992 年增长 30.76%，其中工业产值、实现税利等项指标，均超额完成年初的奋斗目标。1994 年，全省“一厂两制”劳服集体经济再发展，全年实现社会总产值 42 亿元，其中实现工业总产值 28.5 亿元，分别比 1993 年增长 22.34%和 18.36%。全省“一厂两制”劳服集体经济中，有 2 个单位获得劳动部质量管理 QC 小组一等奖，15 个单位获得三等奖，有 117 户集体企业的 500 多种新产品参加了 1994 年全国首届城镇集体企业成果展，其中有 26 种新产品曾获国际、国家金银奖，有 216 种产品曾获省、部优奖。甘肃展团在这次展览中也获得“优秀组织奖”和“优秀设计奖”。

八、劳动安全卫生工作进一步加强

甘肃省许多企业设备老化严重，技措改造跟不上，发生重大事故的隐患比较多。为此，甘肃省从上到下始终坚持“抓生产必抓安全”和贯彻“安全第一、预防为主”的方针，近几年重点抓了安全生产责任制的落实。

1994年省安委会办公室组织召开了省安委会扩大会议，加强了安委会组织建设。安委会成员单位由原来的27个扩大到51个。全省每年都开展春季、冬季安全生产大检查和安全生产周等活动，通过这些活动摸清重大事故隐患的分布，查处和纠正一批事故及其隐患，从而增强职工的安全生产意识，有效地防止了一些重特大事故的发生。几年来，全省职业安全卫生监察工作积极开展预防性监察，特别是加强了对重点项目的"三同时"审查和对伤亡事故报告、统计、调查处理工作的管理，开展了电梯、起重机械、避雷装置检测检验、安装、维修资格的审查认证及特种作业人员的培训。锅炉压力容器安全监察工作侧重抓了在用和检验环节的安全监察，开展了锅炉房综合治理，加强了对锅炉压力容器专业技术与操作等有关人员的培训、考核、复审发证与换证工作。矿山安全监察工作以全面贯彻落实《矿山安全法》为契机，重点开展了煤矿等矿山生产安全大检查，对陇南、天水、武威、张掖、金昌5地市落实安全生产责任制、安全教育、重大事故处理、清理整顿乡镇矿山生产等10项内容进行了检查和重点抽查，加强了矿产企业矿长的安全培训，推广了瓦斯事故报警灯、瓦斯器等4种安全设备的安装使用，狠抓了矿山事故的查处，使1994年矿山重大事故结案率达到了100%。

九、劳动信息、宣传、科研工作取得好成绩

3年中，省劳动厅劳动信息工作多次得到省委办公厅、劳动部办公厅的通报表扬，上报信息被省委、省政府、劳动部办公厅及有关领导机关采用70多条（次），比较全面及时地反映了甘肃劳动领域各项改革的进展情况，为领导决策提供了信息和依据。劳动宣传工作紧紧围绕全省劳动领域各项改革和学习贯彻《劳动法》，做了大量工作，推动了劳动各项工作的开展。1994年全省成功地组织了《劳动法》咨询日、知识竞赛和宣传周活动。参与《劳动法》知识竞赛的职工人数达到120多万人，直接参加试题答卷的职工达到77.8万人，创造了甘肃各类知识竞赛参与人数之冠，甘肃赛区荣获全国特别组织奖。劳动科研工作结合劳动工作中不断出现的难点、热点问题，积极开展学术研究和交流，为推动劳动事业的发展和劳动制度改革作出了贡献。

（甘肃省劳动厅　杨有年）

青　海　省

1992～1994年，青海省劳动工作以党的十四大和十四届三中、四中全会精神为指针，根据省委、省政府的总体部署，按照建立新型劳动体制总体设想的要求，全面深化劳动、工资及社会保险制度的综合配套改革。改革进程中，坚持从改革、发展、稳定的大局出发，全面推进和重点突破相结合，为维护社会稳定和经济的发展起到了积极的作用。

一、积极培育和发展劳动力市场体系，发挥市场在资源配置中的基础性作用

1. 建设劳动力市场体系

十四大以后，我省按照建立社会主义市场经济体制的要求，进一步改变计划体制下用行政手段配置劳动力的方式，通过市场竞争、双向选择、合理配置劳动力，保证企业及时补充所需劳动力，劳动者平等竞争实现就业。从1992年着手建立劳动力市场，制定《青海省劳动力市场管理暂行办法》，至1994年底，共建立职业介绍服务中心（所）73个，初步形成了省、市（州、地）县（区、镇）互相沟通的网络，并逐步向按市场规则运行转变；累计求职登记19.14万人（次），通过职业介绍组织进入劳动岗位和交流成功17.25万人（次），介绍农村劳动力进城务工人员8.81万人（次）。劳动力市场在促进城乡劳动力合理流动，实现双向选择的城镇就业、技工交流等方面的作用日益明显。

2. 就业形势持续稳定

青海省劳动就业工作按照社会主义市场经济体制的要求，在国家政策指导下，逐步向市场就业的方向发展，使全省就业工作连续几年取得好成绩。从1990年以后，青海省就坚持把就业工作作为促进改革、经济发展和社会稳定的一件大事列入重要的议事日程，省人民政府对各级政府的就业工作实行目标考核，并据以奖惩，全社会重视就业工作的风气已经形成。3年来，就业安置工作有如下特点。

一是安置率不断提高。1992～1994年，全省需要安置就业的求职人数分别为6.68万人、5.11万人、4.40万人，安置率分别为54.64%、58.12%、59.32%，比省政府规定的每年安置求职人员总数的50%的就业目标分别超过了4.64、8.12和9.32个百分点。其中，国有企业安置就业2.44万人，占安置总人数的26.43%；城镇集体单位安置就业4.61万人，占安置总数的49.95%；其他各种所有制单位安置就业0.48万人，占安置总数的5.20%；城镇私营和个体从业人员0.95万人，占安置总数的10.29%；从事临时性工作0.75万人，占安置总数的8.13%。1992～1994年，就业安置率依次为54.64%、58.12%、59.32%，呈逐年增长的趋势。

二是失业率稳中有降。1992～1994年，全省失业率分别为3.35%、2.49%、2.21%，失业率年平均下降了0.67个百分点。

三是安置范围进一步扩大。主要是积极发挥集体企业的安置作用，在1992～1994年安置的总人数中，城镇集体单位安置人数分别为2.07万人、1.80万人、1.22万人，分别占当年全部安置人数的56.71%、60.61%、46.74%。

四是注意解决农村劳动力出路，改变城乡分割的就业格局。通过推广农村县、乡的典型经验，积极引导、组织疏通，使农村劳动力的开发和有序流动方面取得了初步经验。向省外输送劳动力的工作也开始起步。

五是劳动就业服务企业进一步巩固和发展。1992年成立了青海省劳动就业服务企业协会，开展了对全省劳动就业服务企业的性质认定工作，同时加强了企业自身建设和各项管理工作的规范化和制度化。1992～1994年，全省有独立核算的劳动就业服务企业共1054个，生产经营总额累计达16.91亿元，年递增率为31.82%；从业人员分别为43249人、46129人、48303人，年递增率为7.24%；上缴国家税金8615.22万元；人均年收入3年平均为2277元。

3. 多渠道、多层次的职业技术培训不断发展

1993年，我省着手职业技能鉴定社会化管理的准备工作，制定了《青海省职业技能鉴定实施办法》、《实行职业技能资格制度的安排意见》、《职业技能资格证书管理规定》和《职业培训和鉴定收费标准》等文件，为建立职业技能鉴定中心（站、所）运行规范奠定了基础。已建职业技能鉴定站（所）7个，组建工作正在稳步推进；普遍开展了技术等级培训、岗位培训、适应性培训。技校改革也全面深化，1993年制定下发了《实施〈劳动部关于深化技工学校教育改革的决定〉的办法》和《关于技工学校毕业生工作的通知》，

落实了毕业生双证制，到1994年底，76%的毕业生参加了技术等级鉴定。1992～1994年，技校招生37919人，毕业生分配29721人。自1992年实施技校合格评估以来，评出合格技校17所，省重点学校4所，国家重点技校2所，国家重点培训中心2所。

二、改革和加强劳动宏观管理和工资制度改革

1992年以来，青海省劳动人事厅把转变职能作为加强宏观管理的重要步骤，始终坚持还权于企业，移权于市场，放权于基层的指导思想，围绕企业三项制度的改革，大刀阔斧地采取下放具体管理事权的果断措施，促进了企业经营机制的转换。在1992年简政放权基础上，1993年结合深化贯彻《全民所有制工业企业转换经营机制条例》精神，清理了由省厅制定的与《条例》精神及转变职能要求不相符合的法规性文件11件，对继续有效但部分条款已不适宜的文件进行了修改。依据《企业法》和《条例》的规定，制定并报经青海省人民政府批转下发了《关于企业用工制度改革的试行办法》等4个配套性文件。1993年2月制定了《青海省劳动人事厅贯彻〈青海省全民所有制工业企业转换经营机制实施办法〉的实施意见》，积极改革劳动工资计划管理体制，逐条落实下放给企业的各项自主权，实现了由指令性向指导性、直接管理向间接管理、高度集中向分级分类管理方式的过渡。针对青海省企业内部三项制度改革不平衡，改革配套措施衔接不紧密的现状，1994年元月制定并下发了《关于进一步推进企业三项制度改革有关问题的通知》，对加强宏观管理工作和深化三项制度改革的具体问题作出规定。3年来，宏观管理工作的主要成效是：

1. 改进和完善了宏观调控手段

加强了劳动工资宏观分析、预测和规划。1993年，在大量调查研究、细致测算的基础上，提出了实施弹性工资管理方案。方案规定，不再下达企业职工人数计划、工资使用计划、技校招生计划，代之以通过工资总额间接调节企业职工人数，通过弹性工资计划，实行宏观管理。同时，加强了对工资基金的管理，抑制消费基金的过快增长。通过有效的管理方式的转变，企业职工工资水平有所提高，生活得到改善。1993年地方国有企业平均工资为3298元，比1992年增长了15.3%，扣除物价因素，比上年实际增长2.49%；1994年为4252元，比1993年增长28.9%，扣除物价因素，实际增长4.63%。

2. 推行“工效挂钩”办法

为进一步加强工资指导和管理，促进国有企业“工效挂钩”工作，1993年，省劳动人事厅会同有关部门联合下发了《关于改进和完善国有企业工资总额同经济效益挂钩实施意见》，至1994年底，全省“工效挂钩”的地方国有企业达326户，占地方国有企业总户数的19.8%，职工达14.1万人，占地方国有企业职工总数的54.4%。

3. 指导企业搞活内部分配

在坚持“两个低于”前提下，鼓励企业自主决定内部分配形式、分配制度、分配标准，逐步扩大浮动比例，合理拉开收入差距，使工资分配向专业技术人员和苦、脏、累、险工种倾斜，调动了职工的积极性。1993年，省厅会同有关单位联合下发了《关于国有企业岗位技能工资制试点工作有关问题的意见》，在选定的10多户企业中，开展了岗位技能工资试点，进一步推动了国有企业工资制度的改革。到1994年末，全省实行岗位技能工资制的地方国有企业共26户，职工4.7万人，占地方国有企业职工总数的18.1%。

4. 开展了国有大中型企业经营者年薪制的试点工作

为适应现代企业制度的建立，1994年，青海省劳动人事厅、财经委、财政厅等5个单位联合制定了《关于国有企业经营者年薪制试行意见》，在企业自愿的基础上，选定了

西宁钢厂、青海黎明化工厂、青海农牧机械厂、青海山川机床铸造厂、青海柴油机厂、青海第一汽车修理厂、青海棉纺织总厂共7户企业进行了经营者年薪制试点工作。

三、不断完善社会保障制度，为深化改革创造较好的社会环境

社会保险制度的改革在我省起步晚，步伐快。1992～1994年的社会保险工作，重点抓了养老保险：一是职工养老保险的覆盖面进一步扩大。在1991～1992年全省实行了国有企业职工养老保险州（地、市）级统筹的基础上，经过认真的测算论证，研究拟定了省级统筹办法，1993年省政府以7号令下发了《青海省国有企业职工基本养老保险基金省级统筹试行办法》，并适时召开了全省省级统筹工作会议，研究、部署了省级统筹于1994年元月1日正式运行。1994年内，实现了全省范围内基金统一调剂的过渡，运转正常，缓解了企业负担和受益不均的矛盾。到1994年末，全省有1492户国有企业、27万名职工参加了社会统筹，占在职职工和离退休人员总数的98%和99%。省畜牧厅、农林厅、司法厅、劳改局所属企业和实行企业化管理的事业单位先后实现了系统统筹。1992～1994年，收缴固定职工养老统筹基金40489万元（其中个人缴费1481万元），支出39627万元；收缴合同制职工养老金6792万元（其中个人缴费559万元），支出271万元，3年内净结余8166万元，历年滚存结余13139万元。1994年，为解决元旦、春节特困企业离退休职工生活困难，共从养老、失业"两金"中支出了近400万元发放给51户特困企业近1万名退休职工，保障了基本生活，为维护社会稳定发挥了作用。二是养老保险的社会化服务开始起步。全省已有37个县、市社会保险机构推行了社会保险机构直接发放或委托银行代发离退休费，占全省县、市总数的71.2%。西宁市还在11户企业设立了直接发放点，一定程度上减轻了企业的社会负担。

医疗保险改革，在1993年研究草拟《青海省城镇医疗保险制度试行办法》的基础上，选定并不断完善了湟中县医疗保险改革试点。通过实行定点医院、双处方制和个人合理承担费用等措施，有效地控制了医疗费不合理增长的势头，为下一步整体推动医疗保险制度改革积累了经验。

为了进一步完善失业保险制度，扩大其覆盖面，1993年8月，青海省人民政府以第5号令发布了《青海省国有企业职工待业保险实施细则》，在此基础上，于1994年研究部署了在全省电力单位、非国有企业中进行失业保险试点工作。《青海省国有企业职工失业保险基金财务管理办法》在1994年执行，规范了失业保险基金财务、会计管理。1992～1994年，青海省失业职工712人，共安置436人，登记的失业职工均按规定享受了失业保险救济待遇，并为特困企业的8987人和撤销的国营二二一厂410名职工支付了救济金。3年累积收缴失业保险基金1494万元，支付救济金及医疗费126.8万元（其中支付特困企业职工119.3万元），还提取使用了转业训练费178万元，生产自救费344万元。

四、强化劳动立法和监督检查工作，坚持依法行政

1. 积极宣传学习贯彻《劳动法》

《劳动法》的颁布是劳动领域的一件大事。1994年下半年以来，青海省各级劳动部门把学习、宣传、贯彻《劳动法》，做好实施准备工作作为头等大事来抓，取得了阶段性成果。此项工作从两方面入手：一是认真抓各级劳动部门自身学习，全面掌握、准确理解条文含义；结合省情，研究分析《劳动法》实施后将会遇到的问题，草拟了与之配套的《青海省最低工资规定》、《青海省实施全员合同制办法》等法规、规章；对现有的与《劳动法》相抵触的法规、规章及政策性文件进行了清理。二是配合全国性的活动，先后召开学习、宣传、贯彻《劳动法》座谈会和工作会议，开展咨询日、宣传周、收看《劳动法》电视讲座及企业内的各种宣传活动，使《劳动法》学习、宣传、贯彻实施的准备工作具有一定的声势、广度和深度。在层层选拔全省知识竞赛、预赛基础上，参加了全国复赛，取得了小组第二名的名次。

2. 积极开展劳动监察工作

由于市场经济的发展，我省民营、集体、私营、外商投资、个体企业的发展速度加快，劳动关系日益复杂化。据此，制定了《青海省劳动监察规定》和《青海省劳动争议仲裁条例》，以保证劳动关系的和谐和职工队伍的稳定。尤其是从1994年4月开始，根据劳动部统一部署，在全省范围内全面开展了劳动用工大检查，各地组成由劳动人事部门牵头，工会、妇联、工商、税务、公安、经计委等有关部门参加的联合小组，将集体、外商投资和私营企业作为重点，对企业用工、劳动合同、工资发放、安全生产、遵守工时规定、缴纳养老保险金和职工享受保险福利待遇等方面的情况进行了检查，对查出的问题责成解决。共检查企业1182户，占全省各类企业总数的6.9%，职工12.28万人，占全省职工总人数的17%。通过检查，向企业宣传劳动法规，端正企业用工行为，维护用工单位和劳动者双方的合法权益。

3. 劳动安全卫生监察工作进一步强化，安全生产形势持续稳定

3年来，青海省安全卫生监察工作在治理整顿和深化改革方针的推动下，以建章建制为基础，继续完善安全生产目标管理责任制，促进了各项安全监察措施的落实。

一是完善法规。1992年1月，青海省人民政府以第12号令颁布了《青海省实施〈中华人民共和国尘肺病防治条例〉办法》。1993年反复修改了《青海省实施〈中华人民共和国矿山安全法〉办法》，报经省人大常委会审议通过，于1995年5月1日起正式实施。3年来，根据全省安全工作实际，相继制定了《青海省违反劳动安全卫生法规经济处罚试行办法实施细则》、《青海省矿山安全生产条件合格证发放管理办法》、《青海省劳动安全卫生检测检验机构资格认可规则》等13个配套性法规，使安全生产有法可依。

二是依法监察。3年来安全生产现场监察加大力度，采取坚决措施，以防止重大恶性事故发生为总体目标，有所侧重地开展工作，因此，全省未发生特大事故。1992年，以矿山安全监察为中心，主要开展了工业防尘防毒、建筑安装以及特种危险设备和粉尘毒物的检测检验工作；1993年，强化现场（特别是建筑安装企业）安全监督检查，加强了劳动环境的测试定标和在职职工工伤与职工伤残等级鉴定工作；1994年，突出地强化了矿山、化工、建筑行业、易燃易爆场所和公共场所的现场安全监察。1992～1994年，全省工交建企业单位（不含乡镇企业）千人死亡率和千人重伤率分别是：0.159/0.139，0.150/0.135，0.168/0.128。安全生产形势持续稳定。

五、劳动工作中存在的问题和不足

3年来，青海省各级劳动部门按照建立新型劳动力体制的总体要求进行一系列改革，取得了成绩，但也存在一些问题和不足。主要是：如何尽快适应建立社会主义市场经济的需要，把劳动工作的重点转移到建立现代企业制度，进一步调整结构和提高效益的轨道上来，存在着措施不配套的问题。在企业三项制度改革方面，对企业制度改革的重要作用认识不足，理论研究、舆论宣传相对滞后。其表现是：三项制度改革进展不平衡，由于固定工和劳动合同制双轨运行，未能真正打破职工所有制身份界限；推行全员劳动合同制缓慢，1994年全省劳动合同制职工仅占地方国有企业职工人数的14.04%；在向企业下放管理权限中，存在上放下不放，中间梗阻问题，有些权限未真正还给企业，也

有一些企业不敢行使自主权。社会保险工作近几年进度较快，但从全省看，社会化程度不高，管理不够统一；社会保险覆盖面不大，保障功能十分有限，行政事业单位养老统筹还未开展。从1993年下半年以来，基金收缴率低。主要原因是，青海省企业效益不佳，亏损面一直在60%以上，很多企业无力缴纳；各级财政困难，行政事业单位的养老保险统筹难以开展。失业保险的建立始终立足于职工由企业自行消化为主，基金缴纳比例相当低，只占职工工资总额和劳动合同制工人工资总额的0.8%，承受力很低。

（青海省劳动人事厅办公室　黎　霞）

新疆维吾尔自治区

1992～1994年，新疆维吾尔自治区劳动部门按照建立社会主义市场经济体制的要求和劳动制度改革的总目标、总任务，以培育和发展劳动力市场为中心，从解放思想、转变观念、转换职能、强化服务入手，全面推进劳动领域的各项改革，使劳动制度的各项改革取得了很大的进展。

一、推进企业三项制度改革及劳动制度区域综合配套改革

1992年1月，自治区人民政府召开了全疆经济工作会议。会上，自治区劳动厅、经委、体改委、人事厅、总工会传达贯彻中央五部委关于劳动人事、工资分配、社会保险三项制度经验交流会精神，具体部署了自治区深化企业三项制度改革的任务、目标、原则和措施。

3年来，自治区各级劳动部门积极推进和深化企业三项制度改革。至1994年底，自治区劳动合同制职工达36万人，500多户企业、25万职工实行了全员劳动合同制、劳动合同化管理和优化劳动组合；4000多户企业、100多万职工实行了工资总额与经济效益挂钩或工资总额包干，148户企业的12万职工实行了岗位技能工资制；5743户企业的54.4万职工和16万劳动合同制工人以及15.83万离退休人员参加了养老保险退休费用社会统筹，78.9万职工参加了失业保险统筹，15个地、州、市实行了养老保险地级统筹，多数地、州、市实行了个人缴纳养老保险费的制度，两保基金收缴率均在80%以上，还有72个县、市开展集体企业职工养老保险统筹。

在此期间，自治区劳动制度区域综合配套改革试点工作取得进展。1994年，自治区劳动厅先后制定并下发了《自治区关于劳动体制区域综合配套改革试点的指导意见》、《试点地区劳动合同管理暂行规定》、《试点地区企业最低工资试行办法》、《试点地区企业职工基本养老金计发试行办法》，以及试点地区企业工资总额管理办法、职工流动办法和养老、失业保险一体化管理办法等12个配套文件。选定了吐鲁番地区、奎屯市和阿瓦提县作为自治区试点。各地、州、市分别选择1个县、市（共15个县、市）进行试点。全区参加试点的各类用人单位5000多个，劳动者35万多人。至年底，全区1个试点地区和17个试点县、市均建立了组织机构；大部分试点县、市召开了动员大会，分期分批举办了不同层次的改革试点培训班；利用广播、电视、报纸以及黑板报、宣传栏等多种形式开展了广泛的宣传和动员；有10个试点县、市进入了组织实施阶段，有5个试点县、市的第一批试点企业全员劳动合同制已经生效，有3个试点县、市实现了社会养老保险一体化。

二、努力做好新形势下的劳动就业工作

1992～1994年，自治区劳动就业工作取得了新的进展。

1. 大力发展和规范职业介绍。1994年，自治区在巩固和完善县以上劳动部门的职业介绍机构的同时，积极推动民办职业介绍机构的发展。据统计，至1994年底，全区职业介绍机构达420所，其中，劳动部门举办120所、中央驻疆单位和自治区行业部门举办140所、民办160所。区、地、县三级劳动部门举办的职业介绍机构已基本形成网络。为了转变劳动部门工作职能，引导企业进入市场，自治区劳动厅于1993年4月28日制定下发了《自治区劳务市场管理办法》，并成立“一条龙”服务线。同时修定自治区国有企业职工保存档案管理办法。3年来，为52.4万劳动者提供了职业介绍，其中农村劳动力23.6万人。组织编制了全区就业目标管理计划，加强对劳动力总量的宏观调控。对农村进城劳动力和外省（区）进疆劳动力继续实行劳务许可证制度。1992～1994年，每年失业率均控制在3.6%以内。

2. 按市场需求开展培训工作，把培训对象扩大到企业富余职工、失业职工和农村剩余劳动力。102所就业训练中心3年培训结业8.6万人，组织开展了岗前培训和失业人员转岗培训。同时组织开展了职业培训系统优秀教师和先进工作者的评选活动，有4人被劳动部评为全国就业训练优秀教师和先进工作者。

3. 积极促进劳动就业服务企业的发展。1994年，自治区组织全区劳服企业开展股份合作制试点工作。至1994年底，全区已有8家劳服企业实行股份合作制，5家企业正在进行试点。1994年7月，组织49家劳服企业的80余种名优产品参加了全国首届城镇集体经济45周年成果及劳服企业15周年成果展览会。自治区展团被评为劳服企业展团一等奖。向劳动部申报的12个优秀质量管理小组，全部获三等奖。

4. 狠抓失业保险基金的收缴管理，促进失业职工再就业。1994年自治区劳动厅、人民银行、中国银行、农业银行、工商银行、建设银行联合下发《关于扣缴职工养老保险基金和失业保险基金的通知》，组织开展了失业保险金的财务自查和检查。3年为3630名失业人员发放了171万元失业救济金，帮助3280名失业人员重新就业。

三、加强工资宏观调控，搞活企业内部分配

自治区劳动厅在企业工资制度和工资管理制度改革方面确立了建立工资总额宏观调控机制，将工资外收入纳入工资总额管理；用好、用活分配自主权，进一步搞好企业内部分配；建立企业工资奖金分配的自我约束机制和增长机制，坚决克服平均主义，并据此制定出台了一些政策。

1. 贯彻执行国务院颁布的《全民所有制工业企业转换经营机制条例》，落实全民所有制企业工资、奖金分配自主权。1992年10月20日，自治区劳动厅发出通知，明确规定在工资、奖金分配方面，企业有权自主使用国家核定的工资总额，可以根据生产经营特点和生产需要自主确定本企业的工资分配制度及具体分配形式；有权制定职工晋级增薪、降级降薪的办法，决定增减工资的条件和时间。劳动部门不再下达升级、晋级指标。

2. 积极推进企业岗位技能工资制试点工作。根据自治区人民政府对企业岗位技能工资制试点工作的安排意见，新疆水泥厂等10家试点企业首批开展了试点工作，按劳动技能、劳动责任、劳动强度、劳动条件对职工的劳动岗位进行了测评，对职工的技术水平

和劳动实绩进行了考试考核，合理划分了各类岗位，体现了职工的劳动差别，初步拉开了工资分配差距，理顺了各类人员的工资关系。

3.改进完善企业工资总额与经济效益挂钩工作。1992年10月20日，自治区劳动厅发出通知，要求工效挂钩要逐步成为全面准确评价企业经济效益的复合指标体系；要逐步将挂钩企业职工的全部工资性收入纳入挂钩工资总额，统一随经济效益浮动，取消挂钩工资总额之外的提取工资项目；挂钩指标基数可以实行“环比”，也可以实行“定比”；挂钩浮动比例要采取同本行业平均效益水平相比较及同本企业以前效益水平相比较的“纵横结合”的方法来确定；工资总额的提取要坚持既挂上又挂下，既负盈又负亏，取消工资总额只下浮20%的办法。

1993年4月3日，自治区劳动厅与中国人民银行自治区分行联合下发《关于简化企业工资基金管理办法的通知》，对自治区全民、集体、外商投资、股份制、私营企业以及实行企业化管理的事业单位、中央驻疆各企业年度工资基金，在办理程序、结算形式、专业制度、监督检查等方面作了明确规定。同年4月20日，自治区劳动厅下发《全民所有制企业工资总额管理规定》，对其管理范围、管理原则、构成、确定及提取办法、使用及内部管理权限等作了规定。针对实行工资总额同经济效益挂钩办法确有困难的全民所有制企业，提出实行工资包干、奖金随经济效益浮动的办法，对工资总额包干基数的核定、工资总包干基数的调整、包干工资总额的提取和使用、工资总额包干工作的管理等具体操作给予了详尽解释。为更好地做好这项工作，自治区劳动厅又下发了有关的补充通知。

1994年8月15日，自治区劳动厅、财政厅、经委联合发文，就贯彻劳动部、财政部、国家经贸委《关于深化企业工资制度改革适当解决部分企业工资问题的意见的通知》提出意见，结合自治区物价上涨的实际情况，对于1993年职工人均货币工资增长低于当地职工生活费用价格指数上涨的企业，1991～1992年职工人均货币工资增长低于当地职工生活费用价格指数上涨的企业区别情况，从1994年1月起在人均月增资75元以内，适当核增工资总额，重点解决微利、亏损和职工工资水平低于本地区同行业水平的企业职工的增资问题。1994年，全区2634家企业按照职工人数不同程度核增了工资总量，约66万职工增加了工资。

四、保险福利事业得到进一步发展

1. 推进养老保险制度改革。自治区劳动厅1992年3月11日制发了《关于自治区国营企业社会保险制度深化改革试点工作的意见》，提出了社会保险制度改革的指导思想和基本要求；规定全民所有制企业的离退休人员，按本人月基本离退休金的10%增加离退休金；调整了60年代精减退职老职工的生活补助费以及国家机关、企事业单位职工因工或非因工死亡的供养直系亲属抚恤费、救济费和生活困难定期补助标准。1993年4月19日，自治区劳动厅制发了《新疆维吾尔自治区企业职工基本养老金计发试行办法》，乌鲁木齐、喀什、昌吉等地、州、市及新疆建筑工程总公司等行业的18家企业开展了养老金计发基数、计发办法改革的试点。同年11月8日，自治区劳动厅制发了《企业职工养老保险基金管理规定》，确保养老保险基金的使用安全、有效。1994年，自治区劳动厅制定了国有企业临时工、私营企业职工、城镇集体所有制企业职工基本养老保险暂行办法。修改制定了自治区基本养老金计发办法。加强和完善地、州、市级退休费用社会统筹，拓宽统筹范围。至1994年底，自治区已有71.41万名职工和15.83万离退休人员实行了退休费用社会统筹。15个地、州、市实行了退休费用地级统筹，多数地、州、市实行了个人缴纳养老保险金制度；72个县、市开展了集体所有制企业职工退休费用社会统筹。全自治区已建立社会养老保险机构104个。

2. 进行工伤、医疗保险制度改革。1992年，自治区成立了劳动鉴定委员会，建立了企业职工劳动鉴定管理制度，印发《职工工伤与职业病致残程度鉴定标准》，开展了劳动鉴定工作，严格执行伤病职工管理制度，企业劳动鉴定委员会（小组）对伤病长休职工要定期进行劳动鉴定，严禁伤病职工在病休期间以任何形式从事有报酬、有收入的经济活动。调整了企业工伤全残职工的护理费标准和企业职工死亡丧葬费标准。

1994年，制定了《自治区职工医疗保险制度改革试点意见》和《自治区大病医疗费用社会统筹试行办法》。昌吉州进行了工伤保险制度改革的试点。

3. 加强对离退休人员的管理和服务。经自治区人民政府同意，调整并提高了企业离退休人员易地安置有关待遇和职工冬季取暖生活补贴标准，对实行计划生育的夫妻退休后每人可增加15元退休金。建立了企业职工退休审批制度，保证了社会养老统筹费用的合理支出。退休人员社会化管理服务工作逐步走向成熟，全区有68个县、市实现了由社会保险机构或银行代发退休职工的养老金。

五、劳动仲裁工作步人规范

1992年，经自治区人民政府批准，劳动仲裁委员会扩大了受案范围。受案范围从全民、集体、外商投资企业因开除、除名、辞退和劳动合同争议，逐步扩大到乡镇企业、私营企业、个体工商户与雇工发生的因工资、保险、劳动保护、培训、调动、辞职等引起的争议。同年，制定了《新疆维吾尔自治区劳动仲裁员聘任办法》和《新疆维吾尔自治区劳动仲裁庭办案规则》，促进了仲裁员、仲裁庭制度试点工作的开展。同自治区工商行政管理局联合下发了《关于对私营企业、个体工商户劳动合同实行鉴证的通知》，并制定了合同标本，促进了私营企业、个体工商户劳动力的正规化管理。

3年来，自治区劳动争议仲裁和劳动合同鉴证工作有了很大发展。仲裁机构逐步健全，至1994年底，自治区111个县级以上劳动部门都成立了劳动仲裁委员会，配备了专（兼）职仲裁人员234人；有2054家企业建立了企业劳动调解委员会，并配备了2592名专（兼）职调解人员。全区各级仲裁机构受理各类劳动争议案件1428起，涉及职工2000多人，结案1338件；鉴证各类劳动合同151690份，劳动合同鉴证率达到90%。

六、职业技术培训

1992～1994年，自治区技工学校共招生4.8万人，其中少数民族学生17280人；毕业分配4.5万人。毕业生全部实行毕业证书和技术等级证书的“双证”考核。乌鲁木齐、昌吉、石河子等地“双证”考核的范围已从技工学校扩展到各类职业高中和职业中专。在自治区职业大学毕业生中进行了职业技能鉴定社会化考核试点。

为进一步做好技工学校职改工作，有关部门制定了《新疆维吾尔自治区技工学校教师职务岗位设置意见（试行）》和《新疆维吾尔自治区技工学校教师职务任职资格条件（试行）》，重新组建了自治区技工学校教师高级职务资格评审委员会。

在工人培训考核工作方面，按照职业技能鉴定社会化管理的原则，开展了汽车驾驶、汽车修理、烹饪等工种的职业技能鉴定试点工作。1993年组织了全区10万多名职工的应知应会考核，确认高级技师14名、技师1000多名、上等级中级工3万多名。开展工人技术等级考评员资格认定的试点工作。组织选派车、钳两个工种参加了9月在北京举办的中国首届青年奥林匹克技能大赛。

1994年，自治区劳动厅加强职业技能鉴定机构和考评员队伍建设，批准成立了12个职业技能鉴定所。完成了全区技工学校整顿验收工作，评估确定了13所自治区（省、部）级重点技工学校，8所国家级重点技工学校。评选出41名自治区级优秀教师和优秀教育工作者，其中6名受到国家劳动部的表彰。

中国劳动出版社新疆维文编辑部出版发行了《钳工工艺学》、《电工学》、《金属材料与热处理》、《机械制图》、《物理》、《数学》、《政治》等适合各类职业培训的维文教材。

七、建立健全系统劳动安全监察制度，充分发挥监督检查职能

1. 加强安全法规建设。1992～1994年，制定下发了有关特种作业人员安全技术培训考核，建筑安装企业安全资格审查，矿山工程安全卫生设计审查和竣工验收，露天矿山、采石场爆破作业安全技术审查，起重机械制造、安装、修理单位安全认证，职业安全卫生检测检验机构资格认可，职业安全卫生检测检验，乡镇、集体、私营、个体矿山企业职工安全技术培训考核，常压、负压锅炉安全技术管理以及电梯、桥式类型起重机、汽车起重机和轮胎起重机、电动葫芦、龙门架（井架）式简易升降机、施工升降机、室内简易升降机等安全技术监察检验的文件，使安全监察检验工作做到有法可依。

2. 加强劳动安全监察组织自身建设。1992年自治区完成了12个重点产煤县、市的矿山安全监察机构的人员配备、机构建立和自治区6个重点地、州、市劳动部门锅炉检验所的资格认可、初复审工作，任命24人为国家矿山安全监察员、9人为国家矿山安全兼职监察员、18人为国家锅炉压力容器安全监察员。昌吉市和霍城县劳动局矿山安全监察室被评为1992年度全国县级矿山安全监督工作先进单位。至1994年底，自治区各级劳动部门共配备专职职业安全卫生监察干部158人，初步建立了自治区、地（市）两级检测检验机构。同时，对劳动部门、企业主管部门和大型企业的85名专职安全干部进行了业务培训和全面考核，并颁发了“新疆维吾尔自治区劳动安全监察证”。

3. 开展《中华人民共和国矿山安全法》议案调查工作。自治区劳动厅根据全国人大常委会法制工作委员会和劳动部的安排，组织接待和配合全国人大《矿山安全法》议案考察组对乌鲁木齐、昌吉、石河子、奎屯、伊犁、吐鲁番、霍城等地乡镇煤矿安全生产、安全管理工作进行了考察。1994年9月24日公布实施了《新疆维吾尔自治区实施〈矿山安全法〉办法》。开展了矿山建设工程安全设施设计审查与竣工验收工作；加强了对矿山企业重大、特大伤亡事故调查处理的监督检查和结案审批工作；组织开展预防性矿山安全生产监督检查和执法检查活动。对乡镇煤矿进行安全生产条件认证，乡镇矿长持证上岗率达95%以上。

4. 开展劳动条件测评、危险设备检测检验和在用锅炉压力容器使用管理的安全监察工作。1992年自治区各级职业安全检测检验站先后对6家企业、87个岗位的尘毒危害和劳动条件进行了测评；对274台电梯、350台起重机、30台升降机、176台冲压设备、379辆厂内运输车辆等特种危险设备进行了检验；对90家劳动防护用品进行了报检检验。

1992年劳动部门对全区69家气瓶充装站、13家化学清洗单位进行了注册登记、发放气瓶许可证和复审工作，并登报公告。1994年又对有关劳动部门及自治区钢铁公司、乌鲁木齐石油化工总厂等7个部门、单位所属锅炉压力容器检验所进行了资格认可；完成了6家锅炉化学清洗单位资格审查，配合劳动部完成了对石油化工机械厂、低压锅炉厂的换证、取证工作。锅炉定检率达95%，比1991年同期上升20%；压力容器（固定式）定检率达75%，比去年同期上升10%；液化石油汽车槽车定检率达到95%。

5. 加强劳动安全教育活动与检查。1992年5月在全区范围内开展了“安全生产周”活动，参加活动和受教育的人数达145万人次。

1993年、1994年组织了同样的“安全生产周”活动。在3年中，劳动部门开展了多种多样的安全生产检查活动，1994年一年就检查了1516户企业，查出事故隐患6978件，发出整改通知书720份，整改5925件。对建筑施工企业实行安全资格认证制度，一年中检查建筑施工企业427个，其中105个企业不符合安全要求；查出事故隐患1358件，整改1145件。通过安全检查活动，促进了各行业的安全工作。1994年与1993年同期相比，全区非矿山企业因事故死亡、重伤人数分别下降0.96%和15.63%；全区各类矿山企业因事故死亡、重伤分别上升2.6%和下降3.1%。发生一次死亡3人以上重大、特大伤亡事故起数比1993年同期下降9.1%。

6. 处理特大安全事故。1994年12月8日，克拉玛依市友谊馆发生特大火灾。由于疏散通道不畅，疏散不及时，人员吸入大量高温有毒气体窒息，造成死亡325人、伤130人的特大伤亡事故。有关部门对事故责任人员依法进行了处理。

八、加强了劳动法制建设

在劳动立法上，自治区劳动部门按照党的十四大精神，认真贯彻落实《国务院关于全民所有制工业企业经营机制转换条例》，确立了用立法来推动改革的原则，建立和完善以《劳动法》为核心的调整劳动关系的法规体系，对原来实行的劳动基本规范、基本标准进行了清理和修订。把发生劳动关系、产生劳动行为的单位，纳入劳动法规的调整范围，突出国家调控市场的规则。3年中，提请自治区人大发布了《新疆维吾尔自治区实施〈矿山安全法〉办法》，提请自治区人民政府发布了《新疆维吾尔自治区国有企业富余职工安置实施办法》、《新疆维吾尔自治区国有企业职工待业保险办法》、《新疆维吾尔自治区实施企业劳动争议处理条例办法》等12个地方劳动法规和地方劳动行政规章。自治区劳动厅与有关部门制定下发了《实行全员劳动合同制暂行办法》、《企业工资总额管理暂行规定》等32个政策规范性文件。

为促进自治区“二五”普法活动的深入开展。1992年自治区劳动厅、经委、总工会和妇联联合举办了自治区劳动政策法规知识竞赛活动。1994年，又安排了全区劳动系统干部“二五”普法学习，11月19日，组织了13000名劳动工作干部进行了考试。

在劳动执法上开展了对企业用人、分配、社会保险、劳动安全卫生等方面贯彻执行法律、法规情况的监督检查，保障企业和职工双方的合法权益。1992年，自治区劳动厅建立健全劳动政策法规性文件备案备查制度，组织执法监督检查专题调查组到矿山开展执法检查，开展了《未成年人保护法》执法检查活动，制定了防范措施，制止了某些单位和个人违法招用童工的行为。加强了劳动行政复议诉讼工作，至1994年底，自治区有14个地、州、市成立了劳动行政复议机构，共受理6起案件，已全部结案，无一引起诉讼。

1994年根据劳动部的要求，自治区劳动厅对全区企业劳动用工情况进行了全面检查。在企业自查基础上组织了3个检查组对部分地、州、市以及16个厅、局、公司主管的76家企业进行了抽查。据统计，地区、厅、局、公司共成立检查机构117个，参加劳动检查的人数1310人；检查企业9500家，检查职工人数700628人，清退童工235人，补签劳动合同29321份，补办用工手续25530人，补发加班工资142.45万元，给企业下达限期改正指令书645份，责令整改的企业205家。全区劳动用工大检查中查出的问题，80%得到妥善解决。

1994年7月5日，自《中华人民共和国劳动法》颁布后，全区范围内迅速掀起了一个学习宣传《劳动法》的热潮。自治区人民政府决定1994年10月为《劳动法》学习宣传月，自治区有关部门在此期间开展了各种宣传活动：(1) 层层召开动员大会。10月6

日，自治区人民政府召开了学习宣传《劳动法》动员大会。自治区各地州县市，94个行业和大专院校、社会团体、生产建设兵团10个师172个团场都召开了学习宣传动员大会。(2)新闻宣传。10月8～9日，全区各级党政领导有48人分别在42个电视台发表了电视讲座；100人发表了电视谈话或接受电视采访。电视讲话覆盖全区，收视率达75%，县一级电视台收视率达到90%。(3)10月9日，组织了《劳动法》咨询日活动。全区设立《劳动法》咨询点106个，党政机关参加咨询人员6300多人，前往咨询的群众达27万人次。全区悬挂宣传条幅4900幅；印发维、汉文学习宣传资料50万册；出动宣传车200多辆；播发新闻报道500多条；张贴宣传画300张。(4)举办学习周和宣传板报评比。在学习周中，各级党政机关、社会团体、企事业单位都安排时间组织职工学习《劳动法》；在宣传板报评比活动中，全区设立了102个宣传板报竞赛点，展出板报5000多块，其中有1666块板报分别获一、二、三等奖。(5)组织知识竞赛。10月24～31日，全区各地、各部门按照自治区《劳动法》知识竞赛办法统一组织了知识竞赛活动。全区参赛职工153万多人，参赛率75%。竞赛结束后，自治区劳动厅、总工会联合发出表彰通知，对成绩突出的20个单位和200名个人予以表彰。12月，在全国《劳动法》电视大赛中，新疆代表队获得小组第一，闯入决赛圈。(6)10月17～24日，劳动系统和工会系统分别组织了各类企业法人代表座谈会113次，组织企业职工和离退休人员座谈会113次，座谈《劳动法》的有关问题。

（新疆维吾尔自治区劳动厅　何卫星）

工会与部分产业部门劳动
工　作　概　况

中华全国总工会

1994年，工会的保障工作围绕深化改革、促进发展、保持稳定的大局，认真调查研究，积极参政议政，关心职工生活，维护职工权益，进行了卓有成效的工作。一是多层次、多渠道参与了各项改革方案的制定和实施。许多地方工会通过与政府及有关部门建立联席会议或例会制度，参加政府专项改革的领导机构和日常工作机构，使民主参与走向制度化、规范化。通过调查研究形成了一批调研报告和政策建议，得到了中央有关部门的重视。参与了《劳动法》等法律法规的制定，提出了系统性意见，推动了这些法律法规的尽快出台；一些地方工会在住房、保险、劳动用工等项改革中通过调研提出的政策性建议，对当地有关改革方案的制定和实施，起了重要作用。许多基层工会根据《企业法》、《劳动法》和《工会法》的规定，组织职工对企业有关改革进行民主参与和民主监督，发挥了积极作用。二是为职工群众办实事、排忧解难的路子越走越宽。从开展“进万家门，知万家情，解万家难，暖万家心”的送温暖活动，发展到全面实施“送温暖工程”，对促进企业转换经营机制，克服部分职工的生活困难，保持职工队伍稳定，起到了重要作用。一批城市工会举办的职业介绍所或职业培训机构，帮助一批失业职工重新就业。30多个城市开办了职工扶贫解困贸易市场，安排了数以万计的下岗职工临时就业。许多基层工会举办为职工服务的经济实体，协助行政安置了大量富余人员。全国有近20万个基层建立了退休职工管理服务组织，热诚地为离退休职工安度晚年、发挥余热服务。推进建立多层次社会保险制度，地方和基层工会已建立起一批职工互助补充保险组织。全国有10多万个基层单位开展了职工扶贫工作。目前兴办了一批扶贫解困、“送温暖”基金组织，已筹集大量基金。各级工会还积极协助政府加快住房解困工作，发展集资、合作建房，已有100多个城市兴办了职工住宅合作社。疗休养事业坚持“以事业养事业，以事业发展事业”的方针，深化改革，加强经营管理，坚持科技兴院，提高服务质量，取得了较好的社会效益和经济效益。

一、参与劳动立法和劳动制度改革。主要参与了《劳动法》、《国有企业待业职工保险规定》、《国有企业富余职工安置规定》和《中华人民共和国劳动争议处理条例》等法律法规的制定、修改工作，提出了系统性意见，推动了这些法律法规的尽快出台。全总还与有关部门联合发出《关于切实保障企业职工合法权益的通知》、《关于加强外商投资企业劳动管理、切实保障职工合法权益的通知》；在调查研究的基础上，多次向人大、政协和政府提出缩短工时的提案、建议，并参与了国务院《关于职工工作时间的规定》的修改工作，对实行新工时制度起到了推动作用。此外，还参与了国家劳动制度改革总体方案和有关部门关于劳动关系调整的政策、法规制定。

二、发展工会职业介绍工作。工会职业介绍工作是各地工会利用自己的优势，通过设置职业介绍机构、职业培训机构和建立职工解困贸易市场等形式，为劳动力供求双方沟通联系和提供服务来实现就业、为职工办实事的一种活动。自1988年上海市总工会建立了全国第一家工会职业介绍所以来，已有200个工会职业介绍所相继成立，使55000多名求职者重新走上就业岗位。工会通过兴办三产、职工扶贫解困贸易市场，安排了44万名下岗、待业人员就业或临时就业。为了推动这一工作，全总保障部下发了《关于进一步开展工会职业介绍工作的意见》。

三、探索建立企业集体协商谈判制度。按照社会主义市场经济的要求和国际惯例，建立工会代表职工与行政进行协商谈判制度来决定职工工资水平，并就工资、福利、劳动标准和劳动条件等签订集体合同，是用法律的形式来保障和维护职工具体利益的客观要求。1994年，重点从理论和实践上探索了建立企业协商谈判工资的可行性,先后在山东、福建、河南等地召开了市场经济体制下如何做好工会工资研讨会。1994年5月河南、山东等地方工会——政府和企业行政合作进行了企业工资协商谈判的试点，取得了突破性的进展。河南省总工会与省劳动厅、省体改委、省企业家协会联合制定下发了《关于建立企业、地区、行业集体谈判制度的意见》的通知，起草了"集体合同"范本，为开展这一工作提供了政策依据，创造了较好的外部环境。河南省新乡五金批发站等一些企业相继建立了平等协商、签订集体合同制度。山东省也在烟台三环锁厂进行了试点，探索了国营大中型企业建立集体协商谈判制度的可行性。此外，北京、天津、福建、大连、抚顺等地在"三资"企业也进行了试点，较好地维护了职工的合法权益。

四、参与国家有关工资分配法规、政策的研究制定。早在1988年起即组织有关省市总工会对最低工资进行了理论探讨和建立计算模型的工作，为政府出台有关法规进行了大量的前期准备工作。参与了劳动部《关于企业最低工资规定》的研究制订。1994年全总保障部下发通知，对各地方工会参与本地区最低工资制定的工作进行了部署，提出具体要求。目前，全国已有浙江、河北、山东、湖北、贵州、北京、上海、广州、珠海、深圳、厦门等地出台了最低工资标准。还参与了中央财经领导小组关于企业工资分配问题的调查研究，提出了正确处理国家、企业、个人三者利益关系的政策建议。

五、参与社会保障制度改革。主要参与了国家对整个社会保障制度改革的研究，对《社会保障体制总体改革方案》和《社会保障体制改革汇报提纲》(征求意见稿)提出意见和建议。同时参与了有关部门对职工工伤保险制度改革和调整企业离退休人员离退休金问题的研究，并对调整标准等重要问题提出了意见。

六、参与职工医疗制度改革研究和试点工作。1987年就向中央书记处、国务院报送了《关于改革与完善企业劳保医疗制度的建议》,之后又参加了医疗制度改革的领导机构和日常工作。1994年4月，国务院批准国家体改委、财政部、劳动部、卫生部联合发出《关于职工医疗制度改革的试点意见》，决定在江苏省镇江市、江西省九江市试点。工会在参与职工医疗保险制度改革研究过程中，提出以下主张：先试点；建立医患双方制约机制，最大限度地减少浪费，保障职工基本医疗；职工个人缴纳医疗保险金应在增加工资的基础上实施，退休人员不缴纳医疗保险金；职工个人自负医疗费必须考虑绝大多数职工经济上的综合承受能力，不超过职工实际承受能力；实行多层次医疗保险，鼓励举办职工互助补充保险；实行政事分开的管理体制，加强行政监督和社会监督等。这些主张均被接受采纳，并在经国务院批准的《关于职工医疗制度改革的试点意见》和镇江、九江的具体试点方案中反映出来。两市的试点方案已经国务院批准于1994年12月1日起步运转。

七、推动职工互助补充保险工作。职工互助补充保险是由工会主办、职工自愿参加的，资金以职工个人筹集为主、各方资助为辅的群众互助性保险。它是对国家法定保险待遇的补充。目前兴办的主要有养老、医疗、伤残、丧葬、失业、意外灾害以及综合性互助补充保险等项目。全总保障部于1992年发出了《关于工会举办职工互助补充保险的意见》，工会职工互助补充保险的发展形势喜人。据统计，1993年底，全国各级工会职工互助补充保险组织有4.2万多个，参加的职工1032万多人。其中职工养老互助补充保险组织1万多个，参加职工205万人；医疗互助补充保险组织6313个，参加职工178.6万人；死亡丧葬互助补充保险组织6897个，参加职工220万人；综合性或其它类型互助补充保险组织1.8万人，参加职工425万人。经过调研，起草了发展职工互助补充保险工作的规范性办法——《工会举办职工互助补充保险的试行办法》。

八、开展“送温暖”活动，实施“送温暖工程”。1994年元旦、春节期间，全总发出开展“送温暖”活动的通知及职工慰问信，书记处成员带领10个慰问团，下拨慰问款315万元，赴全国30个省、自治区、直辖市，对233个企业1084户职工家庭进行了走访慰问。仅据13个省（市、区）工会统计，此次活动社会各界共筹集资金19476万元。1994年4月全总召开了全国电话会议，部署实施“送温暖工程”，决定将1992年以来各级工会连续三年在全国开展的“送温暖”活动拓展为“送温暖工程”，以实现“送温暖”活动的经常化、制度化、社会化。全总下发了《关于实施“送温暖工程”的通知》后，各级工会积极响应，据当年8月统计，20个省市工会系统，共成立扶贫济难性质的基金组织近2.3万个，基金总额4.6亿元以上；工会通过办三产、兴办扶贫企事业和开办扶贫市场等，安置了大量待岗、困难职工，扶持职工脱贫200多万人。

九、发展职工疗休养事业。我国的职工疗休养事业在深化改革中恢复和发展，正在由单纯福利型向经营服务型转变、由单一疗休养向多功能转变、由仅为企业职工服务向面向全社会与国外转变，办出了一批疗养、休养、康复、医疗、保健、度假、游览、接待等多功能综合服务的疗养院和在慢性病专科治疗和服务上独具特色的疗养院。市级以上工会管理的150处职工疗休养院，1993年平均开放床位38099张，床位使用率达71.5%，平均床位周转18.7次，平均住院日19.5天，全年共接待65.9万名劳动模范、先进生产者及患病职工等疗休养。1993年市级以上工会管理的疗休养院自身收入共22980.9万元，比上年增长13.9%；正常经费自给率为104%。

（中华全国总工会保障工作部　张建国）

农　业　部

农业系统包括种植业、农垦、渔业、畜牧业、农业机械化、饲料工业、农村环保能源和乡镇企业8个行业，共有国有单位18.3万多个，国有职工近800万人，其中农垦520万人，种植业与畜牧业220万人，渔业40万人，约占全国国有职工总数的8%，在全国各行业国有职工总数中排位第四。农业系统800万职工的大部分（约有70%）分布在为国家提供了大量优质商品粮、棉、油、畜特产经济品等的国有大中型农（垦殖）场；一部分分布在农业系统各个行业的科研、教育单位及其实验（试验）场，国有良（原）种繁育（殖）场，种畜（蜂、禽、渔等）场和经济特产（果、药、茶叶等）场（以下简称“农事四场”），这部分职工对农业科学技术研究及其成果转化为生产力，对农业技术的推广、示范与应用起到了重要、积极的作用；一部分分布在农业系统的物资、供销、商贸等领域，他们为农业生产及职工生活提供了大部分的农用物资和生活资料；其余部分则分布在农业系统的行政管理岗位上，负责制订、颁布农业经济管理政策、方针与规章制度及对其组织、指导、监督贯彻实施。

农业系统劳动工作自1983年以来尤其是1992年后，在农业系统各级领导的直接关心、帮助下，一直在不断开拓与发展。从中央到地方，基本形成了一支熟悉劳动管理业务，热爱本职工作，愿意为农业职工服务的劳动工作者队伍。经过这支队伍的不懈努力，在农业“三项制度”改革方面，在职业技能开发、劳动就业、劳动统计及其信息交流、劳动安全卫生管理等方面和系统劳动法规制度的建设上，都取得了一些可喜的成果，也积累了一定的经验，为稳定和加强农业系统职工队伍建设，提高职工的生活福利待遇，为农业、农村经济的巩固与发展作出了应有的贡献。

一、转变职能、强化服务

1992年邓小平同志南巡谈话的发表，党的十四大的召开，确定了我国经济改革的总方向，劳动体制改革的市场趋向明朗化了。为适应国家新型劳动管理体制建立健全的需要，改变农业系统职工长期以来一直存在的“工作生产条件艰苦，生活福利待遇偏低”的状况，为农业和农村经济再上新台阶作贡献，农业劳动工作在转变职能，强化服务上增加了工作力度。

在工作中实现了“三个转变”：一是观念的转变，由过去的只管部门直属，不抓或不愿抓行业，变为自愿、主动、积极抓系统，抓基层，抓800万农业职工队伍，而且从人力、财力上增加了投入；二是工作范围扩展了，由过去的只抓系统的劳动工资统计工作，变为对系统劳动领域全方位的管理。三是管理手段与方法的转变，由过去的只注重于具体事务性工作的上传下达，转变为注重于加强调查研究，重视信息反馈交流，工作重心落在了制定政策，探索对策，组织、协调、指导基层解决热点、难点问题上。

二、进行农业系统的劳动用工及工资制度改革

（一）农业系统的劳动用工制度改革

自60年代初，国家在国营农（垦殖）场和“农事四场”，实行了“自然增长”的用工制度，即职工子女一到就业年龄就自然变为本单位的固定制工人。这一制度，在当时对于解决系统职工的子女就业，补充农业职工队伍，曾起到过有效的作用，在当时的社会经济背景下，对系统经济的发展确实产生过积极的影响。但是，近30年的这种制度，在单位用工上形成了：职工能进不能出，难以进行内外交流；职工子女不怕没有“铁饭碗”，没有激励竞争机制，难以形成努力学理论、学技术的风气，职工的素质难以提高；单位内部关系网、亲戚圈盘根错节，难以形成科学有效的管理等弊端，严重地制约了农业经济的发展与提高。

针对这一问题，根据国家实行劳动制度改革的有关要求，1987年农业部会同国家计划委员会、劳动人事部、林业部在安徽省进行了以“农事四场”废除“自然增长”，新招工人实行劳动合同制为主要内容的劳动用工制度改革试点，随后在江西、湖南、河南和辽宁四省进行了扩大试点。“农事四场”劳动用工制度改革在试点地区取得了良好的效果。随着试点地区成功经验的推广，在全国

农业系统产生了较大的影响。

近几年来，特别是1992、1993年，随着社会主义市场经济体制的确立和国家“三项制度”综合配套改革的深入、完善，有不少省份“农事四场”的劳动用工制度改革也迈出了相当大的步子，如陕西、浙江、青海、河北、北京、上海、山东、甘肃等，在职工流动、户粮关系、劳动就业等问题上都有所突破。尤其是山东、上海等省市结合本地区的特点，在本省市范围内全部废除了“自然增长”。

农业系统劳动用工制度改革的实践说明，国有农（垦殖）场及“农事四场”的职工是国家职工的重要组成部分，其身份、地位与其他行业职工的身份、地位应该是同等的；农业系统的劳动用工制度改革及其他各项改革同样不能落后于全国的形势。只要根据国家劳动工作的总体部署及总体要求，针对农业系统的特点，抓住机遇，积极主动开展工作，争取国家有关部门的支持，就能走出一条适合农业系统劳动用工制度改革发展与完善的道路。

（二）农业系统的工资制度改革

长期以来，农业职工工资标准偏低是影响其收入水平提高的关键，也是影响其队伍稳定的重要因素之一。那么，制定政策，采取措施，逐步提高农业职工的工资水平，也就成为农业系统劳动管理部门的重要职能与任务。

1985年农业系统抓住了全国实行第二次工资制度改革的机遇，在进行了大量调查研究的基础上，积极争取国家有关部门的理解与支持，制定了农业系统的“工改方案”，初步改变了1956年全国第一次工资制度改革以来，农业系统一直实行低于全国其他行业工资标准的状况。而后，又结合农业系统的实际情况，相继采取了一系列的补充、完善措施与办法，逐步理顺了农业职工的工资关系，在一定程度上缓解了“职级不符，劳酬脱节”的矛盾，对稳定职工队伍，调动广大农业职工的生产工作积极性发挥了重要作用。

在1993年全国第三次工资制度改革中，为了进一步提高“农事四场”职工的工资水平，充分发挥工资杠杆的激励导向作用，鼓励农业职工安心基层工作，增强服务于系统经济的责任心与使命感，经过充分调查研究，反复分析论证，经过从中央到地方农业系统领导与劳动工作者的不懈努力，在国家有关部门的指导支持下，与国家人事部共同颁发了《农业事业单位工资改革的实施细则》（人薪发（1994）22号），争取到了对农业基层“一线”职工倾斜的优惠政策：

1. 在县以下基层单位连续工作8年的职工原浮动一级工资固定外，可以再向上浮动一级。

2. 在县以下基层单位工作的农技推广人员，增加工资构成中津贴部分的8%。

3. 对到边远地区、艰苦地区、基层工作的大、中专毕业生适当高定工资。

通过这次工资制度改革，在一定程度上解决了农业事业单位职工工资水平仍然相对偏低的状况，受到了广大基层一线职工的欢迎。

三、职业技能开发工作的提高与发展

农业职工队伍由科技干部与工人队伍两部分组成，加强职工队伍建设的一项重要任务，就是要形成科学合理的人员及其素质结构。诚然，科技干部队伍在生产力的发展与提高中，发挥着关键的作用，但是，要使农业科学技术成果转变为现实的生产力，离不开农业技术工人，他们在辅助农业科研、教学，良（原）种的繁育、繁殖，农业技术的示范、推广与应用中起着不可替代的作用。因此，积极开展职业技能开发工作，加强农业工人的技术培训考核和工人技师与高级技师的评聘，不断提高其文化技术素质，对于解放和发展农业生产力，促进农业系统经济的发展与提高，有着十分重要的现实意义。

1992年前后，为了做好农业工人技术等级培训考核工作，根据国家的统一要求，我们先后组织了数百名专家、学者和技术人员，在制定农业工人技术工种目录的基础上，制定、修订了种植业、农垦、水产、畜牧、农机、饲料、农村能源7个专业，135个工种的农业工人技术等级标准（1994年已经出版发行）和技术要求高、通用性广，涉及到消费者利益和产品质量以及人民生命财产安全的6个工种的职业技能鉴定规范（1994年底完成）；着手编写了135个技术工种的工人技术培训教材和考核大纲（一部分1994年交稿印刷，有几个工种的培训教材1994年已出版发行）。1992年下半年开始了工人培训考核的试点工作，1993年成立了农业部工人考核委员会，各级农业部门都建立了工人培训考核机构。1994年又组建了农业部工人培训中心。这些工作为农业系统的工人技术等级培训考核提供了组织保证与基础条件。近几年农业部直接抓了直属单位的培训考核工作；全国各省、直辖市、自治区的农业工人的技术等级培训考核工作，也搞得有声有色。如黑龙江省全面完成了厅直单位的农业工人技术等级培训考核工作，并积累了一些可供学习的经验；辽宁省走农业技工学校与工人技术等级培训考核相结合的道路，取得了可喜的成果。

农业系统工人技师与高级技师评聘工作的开展，受到了系统广大领导与职工的关心和支持，激发了广大农业工人学技术，钻研业务的热情。1990年争取了在全国第二批进行高级技师评聘的试点工作。1992年在总结试点经验的基础上，技师评聘与管理工作开始纳入正常化管理轨道。据统计，截止1994年底农业系统已经评聘技师与高级技师6400名。

实践证明，职业技能开发工作是一项利在当代，功在千秋的工作，受到了广大农业职工的欢迎，受到了领导的赞扬与支持。通过培训与考核，广大农业工人既提高了业务理论水平和技术技能，也在工资制度改革中套入了相应的等级工资，得到了实惠，促进了农业系统职业技能开发工作的发展与提高。更重要的是通过技师与高级技师的评聘和培训考核工作，使农业工人有了展现自己专业技术技能，不断进取的有效途径和奋斗方向。

四、改革农业系统劳动工资统计制度

劳动工资统计管理工作，是农业系统劳动管理部门一项重要的不可缺少的基础性职能。劳动工作每一项政策的制定与出台，都离不开这项基础工作。农业系统劳动工资统计制度恢复于1983年，十几年来，在国家没有专项经费、手段落后的条件下，各级农业部门劳动工资工作人员克服种种困难，坚持开展工作，报表质量与专题、综合统计分析报告的水平逐年提高，会审汇总的速度逐年加快，每年都要形成一册“全国农业劳动工资统计资料”。劳动工资统计报表制度随着形势发展的变化，不断进行修改补充，尤其是1993年，针对农业系统的特点，为适应国家“三项制度”综合配套改革深入、完善和社会主义市场经济发展的需要，对原有的劳动工资统计制度进行了全面的修订、改革，形成了一套较为完整的统计信息数据采集、会审汇总、统计分析制度。同年现代化统计汇总手段开始引入并运用，一是为全国30个省、直辖市、自治区农业部门配备了一套微机；二是根据新的劳动工资统计制度要求，开发的“统计软件”也同时配套启用；三是进行了统计软件开发运用微机操作人员的培训工作。

十几年完整的统计数据及信息分析资料，为农业系统的三项制度改革，为农业科技干部队伍及工人队伍建设，为农业技术推广服务体系的建设等项工作提供了重要的依据。通过劳动工资统计工作的开展，提高了农业系统劳动工作者的管理和技术水平，也促进了农业系统劳动管理干部队伍的建设和稳定。

从总的情况看，近几年农业系统劳动工作有了一定的改善、提高和发展。但是，确实还面临一些不可忽视的问题，诸如“自然增长”仍在部分省区存在，仍是制约农业系统经济发展的重要障碍；农业系统一线职工的工资仍然偏低。国有农（垦殖）场和“农事四场”职工的离退休费的社会统筹也是制约农业系统经济发展的一大难题，一是离退休职工较多，有的已占在职职工总数的30%，高者达50%，二是国有农（垦殖）场大都是微利企业，事业单位的国拨事业费相对逐年减少，所以参加社会保险一体化管理存在较大的困难。这些问题，需要农业系统的劳动工作者在国家主管部门和农业系统的各级领导支持与帮助下，继续努力，加以解决。

（农业部人事劳动司）

化学工业部

1992～1994年，化工行业的劳动工资工作，以企业深化改革、转换机制、提高效益、促进发展为工作基点和指导思想，努力探索社会主义市场经济条件下做好工作的新路子，取得了明显成效，为化工行业的改革和发展作出了新贡献。

一、建立全国化工有毒有害作业岗位津贴制度

化工有毒有害作业问题，是化工生产中的一个具有行业特点并关系化工生产的重大问题。多年来，化工企业在改善工人的作业环境和职业病防治、职业健康监护方面，作了大量而富有成效的工作。但限于技术水平与物质条件，致使部分工人在接触有毒有害作业环境下从事生产劳动，造成体质下降快，专业工龄短，工资待遇低，退休后生活境遇差。据统计，全国从事化工有毒有害作业工人约100万，占企业职工总数的30%左右。

为了逐步解决这些问题，化工部从1975～1985年，曾经两次在上海组织专题调查和进行两次全国性调研，取得了大量的数据和第一手资料，提出了具体措施办法和化工有毒有害作业工种范围。在此基础上，化工部经征得劳动部同意，从劳动工资制度上推出了三项改革成果。一是，对从事化工有毒有害作业工人实行提前退休制度和工龄加算办法。这项改革经报原国家劳动总局批准，从1978年起在化工行业全面推行。二是，实行“三工一休”或六小时工作制的缩短工时制度改革。这项改革始于1976年“轮流脱离接触”试点，于1981年经原国家劳动总局批准全面推行。三是，实行化工有毒有害作业岗位津贴试点工作。自1978年原国家劳动总局批准天津大沽化工厂、锦西化工总厂等三家企业试点以来，逐步扩大，在化工部、各地化工主管部门的共同努力和地方劳动部门的支持下，到1991年全国已有20个省、区、市陆续建立了岗位津贴制度，具备了全面实行的经验和基础。

1992年8月，劳动部、财政部为贯彻落实党中央国务院关于进一步搞好大中型企业的要求，依据按劳分配原则，明确提出企业工资分配中要坚持向苦、脏、累、险及有毒有害岗位倾斜，向技术要求高、责任重、贡献大的岗位倾斜的方针。值此契机，化工部再一次向劳动部、财政部报告，两部于1992年10月以劳薪字(1992)43号正式下文在全国化工企业统一建立化工有毒有害作业岗位津贴制度。岗位津贴的等级的划分以“有毒作业分级”国家标准(GB—12331—90)为依据并结合劳动条件状况，分为甲、乙、丙、丁四个等级。提高津贴标准的所需增资列入企业成本，并相应调整工效挂钩的工资总额基数。

为做好化工有毒有害作业岗位津贴实施工作，切实把好事办好，我们主要抓了三件事：一是召开各省厅的座谈会，进行工作布置；二是下发了《化工有毒有害作业岗位津贴实施意见》、编印了《化工有毒有害作业文件资料选编》，为化工行业推行这一制度提供政策依据；三是通过下去调查、分片开会、发简报等形式，注意总结经验，指导面上工作。实行岗贴制度，受到化工企业和工人的热烈欢迎，不仅体现了党和国家对化工工人的关怀，而且从按劳分配的角度对化工工人的特殊劳动给予了适当补偿。对稳定化工生产一线队伍，促进化工生产起到积极作用。

二、化工行业劳动制度改革取得了新突破

劳动部在《劳动制度改革总体设想》中，提出了把培育发展劳动力市场作为劳动制度改革的中心任务，从此，劳动制度改革进入了制度创新和配套改革、整体推进的新阶段。近年来，化工行业、企业进一步扩大了企业用工自主权和劳动者择业自主权，广泛实行劳动合同制度。全国化工企业实行劳动合同制和劳动合同化管理的职工人数占职工总数的50%左右，北京、福建等十三个省厅的化工企业全面实行劳动合同制度，为贯彻“劳动法”全面推行劳动合同制打下了良好基础。

初步建立企业工资总量宏观调控机制。化工部直属企业分别采取工资和效益挂钩的多种形式和办法。企业工资分配方式和工资水平，已开始由企业根据自身生产经营特点和经济效益依法自主确定，逐步建立企业工资正常增长机制。

进一步深化企业内部分配制度改革。进入90年代以来，化工企业的外部环境发生了重大变化，由于市场疲软，资金紧张，加之“三角债”的困扰，给企业生产和经营带来了相应的困难。在这种形势下，许多化工企业及时调整生产结构，转变分配的指导思想。按照按劳分配的原则，向生产一线苦、脏、累、险和技术高、责任重的关键岗位倾斜，实行以岗技工资制为主要形式的内部分配制度，合理地体现劳动差别，建立健全以定额定员、岗位测评、考试考核为主要内容的分配基础管理制度。在1991年全国化工企业100家试点的基础上，化工部拟定印发了《化工企业岗位劳动测评试行办法》、《化工企业试行岗位技能工资制与参考工资标准的意见》，供各地参考。在总结试点经验的基础上，化工行业有80%以上的大中型企业，部直属90%以上的企业职工全面实行了岗位技能工资制。岗技工资制的实行，初步建立了“上岗靠竞争，报酬凭贡献”的分配激励机制，调动了职工的积极性。在扩大实行岗位技能工资制的过程中，各地化工企业主要采取以下做法：一是将化工有毒有害作业津贴纳入基本工资单元，以体现化工特点；二是加大工资结构的调整力度，将平均发放的物价补贴和企业内部津补贴纳入基本工资按劳分配；三是结合实际加大岗位工资在基本工资中的比重，突出按工作和贡献定薪；四是依据自身效益和物价涨幅情况，建立动态运转机制，逐步提高职工工资水平；五是以岗位技能工资改革为主线，积极推进人事、劳动、工资、保险制度综合配套改革。

三、切实转变职能，加强宏观调控

1992～1994年，以邓小平同志南巡重要谈话和党的十四大为标志，我国经济体制改革进入了新的阶段。新阶段的根本任务是建立社会主义市场经济体制。按照这一总体目标，化工各级主管部门认真贯彻《企业转换经营机制条例》，切实转换职能，加强宏观调控，积极探索新形势下做好劳资工作的新思路。

(一)加强宏观调控，立足于管大、管少、管好。为贯彻国务院《企业转换经营机制条例》，在调查研究的基础上，化工部分别对化工行业和直属单位提出了具体贯彻意见，分别印发了《关于化工行业劳动工资管理部门转变职能的意见》和《贯彻条例，深化直属企业劳动工资改革的意见》。在把握宏观调控的内容上，主要立足于管大、管少和管好。

1. 管大，就是在行业管理上抓大事、抓重点，即进行行业性政策调研，为国家宏观决策提供情况和建议，研究制定行业性的管理制度和标准办法，引导企业的用工、分配行为，支持、帮助、指导企业搞好改革。近几年来，经劳动部批准同意，分别制定并下发了《化工有毒有害作业岗位津贴制度》、《化工工人技术等级标准》、《化工企业岗技工资参考标准》和《化工企业岗位测评办法》等。先后组织八个调查组，对行业、直属和劳服企业的改革情况进行调研，了解基本情况和问题，积极向上级主管部门反映情况，为宏观决策提供建议。还分别召开化工行业和部直属单位劳动工资座谈会、经验交流会，总结交流经验，研究改革中的问题，促进面上改革的深化。

2. 管少，就是劳动工资工作变微观管理为宏观管理，变直接管理为间接管理，变婆婆式的管理为搞好服务和监督，从繁杂琐碎事务中跳出来，主要管工资总量和机制、经营者工资、指导企业建立企业工资标准、监督和服务。微观上放开搞活，由企业自主确定。

3. 管好，就是切实转变职能，强化服务意识，提高工作效率和质量，进一步解放思想，结合实际贯彻执行好国家政策，以改革的精神处理改革中出现的问题。

(二)简政放权，理顺关系。按照市场经济体制的本质要求和《企业转换经营机制条例》精神，企业必须成为自主用工和自主分配的主体，这也是主管部门转变职能的内在要求。因此，一方面我们对部属单位实行了分级管理办法，进一步明确了各自的职责权限，调动了各二级主管部门的积极性。同时进一步提出了转变职能、简政放权的具体意见，化工各级主管部门都分别提出了贯彻落实的意见，进一步落实企业用工、分配的自主权。

(三)搞好培训，提高人员素质。化工各级机构改革到位后，人手少，任务重，要求高。为适应形势和工作变化的要求，近年来，举办了四期劳资干部培训班，学员总数达450余人。还组织了劳资人事干部出国培训。通过培训，进一步解放了思想，更新了知识，提高了业务素质，促进了劳资管理水平的提高。

四、化工职业技能开发工作开始起步

为适应化学工业调整产品结构，推动科学技术进步，提高经济效益的需要，按照劳动部职业技能开发体系的新思路，主要作了以下工作：

第一，修订了《化工工人技术等级标准》。按劳动部的统一部署，自1989年开始工作，经过三年多的时间，于1992年5月修订出版发行了《化工工人技术等级标准》。新修订的《化工工人技术等级标准》共有191个工种，136.9万字。新《化工工人技术等级标准》在工种划分、内容结构、技术要求和能力水平等方面都有明显的进步和提高，与过去相比，较为科学、系统和规范，基本适应了我国化学工业经济发展、技术进步的需要，有利于加强劳动的科学管理，有利于开展工人技术等级培训和提高素质，有利于开展国际技术交流和促进技术劳务输出。经过印发后两年的实践，受到化工行业内外的好评，并在1994年全国第三次修标工作大会上介绍了情况和作法，受到了劳动部主管部门的肯定，从而为化工职业技能开发工作提供了基本依据。

第二，加强了职业技能培训考核工作。为贯彻落实国务院颁发的《工人考核条例》，配合机关、事业、企业工资制度的改革，广泛进行了初、中、高级工的技术等级和岗位培训及考核发证工作，并建立了正常的职工考核增资制度，逐步形成培训、考核、使用、待遇相结合的管理制度。此外，吉化公司和北京、上海的部分企业，对富余人员的转岗、转业训练也开始起步。

第三，办好化工技工学校。化工行业的技工学校从1982年的130所，在校生1.4万人，发展为1994年底的240所，在校生5.6万人。首次技校评估，评出国家级重点6所，省、部级重点30所。技工学校的发展提高了工人队伍的文化技术素质，同时，不断转变办学的指导思想，在内部管理分配和招生等方面落实了自主权，并拓宽了办学渠道，提高了办学效益，逐步建成多功能、综合性职业技能开发的重要基地。

第四，制定了《化工行业特有工种职业技能鉴定实施办法》。为提高化工企业职工素质，实行职业资格证书制度，根据劳动部颁发的《职业技能鉴定规定》，结合化工企业的实际，制定了实施办法，并上报劳动部。本着打好基础，摸索经验，逐步推开的原则，确定了57个工种为行业特有工种，组建职业技能鉴定指导中心，并在全国有条件的省厅或企业设职业技能鉴定站（所），开展化工职业技能鉴定工作。

五、化工劳动就业服务企业又迈上了新台阶

一是贯彻国务院66号令《劳动就业服务企业管理规定》，结合化工劳动就业服务企业的现状，制定印发了《化工部化工劳动就业服务企业管理办法》，进一步明确化工劳服企业的发展方向和工作重点，落实扶持政策，推动企业加强管理，使5000个劳服企业在巩固中得到发展，从业人员达40余万人，1994年经营总产值达45亿元。

二是成立了中国劳动就业服务企业协会化工分会。经中国劳动就业服务企业协会常务理事会批准，并报民政部备案，于1992年5月召开成立大会，通过了章程，选举产生了领导机构成员。

三是为弘扬化工劳服企业艰苦奋斗的精神，表彰为化工系统劳服企业做出突出贡献的集体和个人。化工部授予了93个厂（公司）为化工行业劳动就业服务企业先进单位，89名同志为化工行业劳动就业服务企业先进个人的荣誉称号，并于1992年5月召开全国化工劳服企业工作会议，宣布了表彰决定，颁发了奖旗和奖品。

四是大力发展第三产业，开展横向合作。在新形势下，利用经济发展和化工产业结构调整的机遇和条件，把发展集体经济和第三产业结合起来，促进化工劳服企业吸纳就业能力的提高。同时，立足于劳服企业的充实和提高，加快内部机制改革，选择南京燕江化工厂、天津天达工贸公司进行股份制试点工作。还组织劳服企业参加各种形式的经贸洽谈会和产品展销会，开展经济信息咨询服务活动，使劳服企业在依托主办单位的同时，依靠自己的努力促进自身发展。

（化学工业部人事教育司　熊传勤　张玲）

冶金工业部

1992～1994年，冶金工业继续持续、快速、健康发展，取得了很大的成就。钢产量从1991年的7099万吨增长到1994年的9153万吨，居世界第二位。钢材的品种、质量有了较大改善。实现利税大幅度增长，为我国国民经济的发展和现代化建设作出了积极的贡献。这三年来，冶金劳动工资工作在邓小平同志建设有中国特色社会主义理论指引下，认真贯彻落实《全民所有制工业企业转换经营机制条例》的精神，按照建立社会主义市场经济体制的要求，积极推进劳动人事、工资分配和社会保险制度的改革，也取得了较大的成绩。

一、大力推行全员劳动合同制，劳动关系开始走上法制化轨道

实行全员劳动合同制，是劳动制度各项改革的基础。根据劳动部的部署和要求，冶金企业积极推进劳动合同制度的实施。劳动用工主体逐步由国家转向企业，在传统的计划经济体制下形成的企业与职工的行政隶属关系，正逐步为市场经济条件下的新型劳动关系所代替。本钢在国有大中型冶金企业中率先实行全员劳动合同制，1992年3月，10万职工全部签订了劳动合同。继本钢之后，唐钢、太钢、鞍钢、上钢三厂等一批大中型冶金企业相继实行全员劳动合同制。全行业至1994年底已有225户冶金企业，共110万职工实行全员劳动合同制；有197户冶金企业，共92万职工实行劳动合同化管理。通过签订劳动合同，明确了职工和企业按照劳动合同享有的权利和承担的义务，使企业和劳动者初步走上劳动关系法制化的轨道。在实行全员劳动合同制的同时，一些冶金企业破除工人与干部的身份界限，实行劳动力的动态管理，促进了公平竞争机制的形成。

较早实行全员劳动合同制的冶金企业，在保证劳动合同制度依法正常运行方面，取得了进展，实行劳动合同制的形式和办法不断完善。上钢三厂建立健全考核制度，并根据考核结果，初步形成竞争上岗的新机制，促进职工多作贡献。上钢一厂将一年期合同期满的130多名职工，依法转入社会重新安置就业，使全员劳动合同制进入正常运行。

在实行全员劳动合同制的同时，大批富余人员撤离了原岗位。下岗人员一般达到职工总数的10%左右。许多冶金企业广开门路，千方百计妥善安置富余人员，进行有针对性的再就业培训，组织他们学习掌握新的技能、本领，为其重新上岗或到社会再就业提供条件。这样既精干了生产一线职工队伍，促进了企业多种经营的发展，又维护了社会的安定团结。珲春金矿在资源接近枯竭的情况下，制定了求生存发展，多业并举，综合开发的战略方针，充分调动了富余人员的积极性，经过三年艰苦创业，使企业由亏转盈。

二、改进和完善“工效挂钩”办法，不断探索新的工资总量决定机制

据初步统计，至1994年底已有606户冶金企业共259万职工（约占冶金企业职工总数的66%）实行工资总额同经济效益挂钩办法。调动了企业的积极性，促进了生产的发展和效益的提高。

按照分级管理、分类指导的管理体制，经劳动部、财政部批准，冶金部直属企业从

1993年起实行了动态调控的弹性工资计划，从1994年起实行工资总额同实现利税总挂钩。

继上钢三厂、昆钢等企业试行在“两低于”前提下，自主决定工资水平的新办法以来，合肥钢铁公司、涟钢、天津钢厂、天津铁厂和天津市其他国有冶金企业均已实行按“两低于”的原则调控工资总量的办法，为建立工资分配的激励机制和自我约束机制进行了有益的尝试。同时，“工效挂钩”办法有了进一步的改进和完善，强调国有资产保值增值，实行不同形式的复合挂钩。在此基础上成都无缝钢管厂等企业，已开始探索人工成本管理办法。

三、岗位技能工资制改革进展顺利，企业内部分配自主权逐步落实

自1992年劳动部、冶金部正式批准冶金企业试行岗位技能工资制以来，截止1994年底，实行岗位技能工资制的冶金企业已经达到362户，职工人数240万人。推行岗位技能工资制，在工资分配上拉开了生产一线人员和二、三线人员的差距，稳定了生产一线职工队伍，调动了职工学习技术的积极性。

根据“总体设计、分步实施、平稳过渡、逐步完善”的指导原则，在这3年之中，许多冶金企业的岗位技能工资制在试行中逐步完善。

1. 随企业效益的增长，逐步提高工资标准。根据冶金劳动以岗位劳动为主体的特点，逐步加大岗位工资的比重。武钢最低和最高岗位（职务）工资已由试行初期的25～87.5元，提高到100～350元。

2. 发挥技能工资的激励功能，实行在严格考试考核的基础上择优晋升技能工资。邯钢等企业已宣布不再搞普调工资。

3. 简化工资单元，工资模式向多样化发展。

宝钢实行岗效薪级工资制，将原岗位工资和技能工资合并成为一个岗效薪级工资，以岗定薪、岗变薪变。各岗位、职务的工资差别，以各岗位、职务的最低工资来体现。同时，又在最低工资基础上延伸几个等级来体现相同岗位、职务人员技能和贡献的差别。

上钢三厂实行薪点工资制，用薪点（含技能点、岗位点、兼会工种点、奖励晋升点、学历点等）和点值来体现职工岗位、技能、兼职、年功和贡献的差别，使职工的工资分配更加紧密地和企业的生产经营、经济效益及职工个人的有效劳动相联系，促进企业搞好生产经营和提高经济效益，促进职工努力多作贡献。

4. 少数企业合理调整了各类人员的工资关系，逐步提高企业领导人员、主要管理人员、营销人员、有贡献的科技人员和能工巧匠的工资待遇。

5. 许多冶金企业运用工资分配自主权，实行了符合本企业特点的、灵活多样的工资分配形式。上钢三厂实行的全额量化考核办法，打破了职工基本工资按月固定发放的老概念。多数企业将岗位工资、浮动工资、加班工资、中夜班津贴等，有的还将技能工资的一部分，和奖金捆在一起考核发放，加大工资分配中“活”的比重。一般企业“活”的部分达到40％以上，有的冶金企业高达65％。

四、企业内部组织结构的调整取得突破，促进了生产要素的合理配置

在深化劳动工资制度改革的同时，一些冶金企业以提高劳动生产率为目标，重新调整生产要素，对内部组织结构进行了全面调整和优化，实行“精干主体、分离辅助、一业为主、多种经营”，取得明显成效。武钢把7万名非钢铁生产部门的职工从钢铁生产主体中分离出去，另行组建自负盈亏的四大公司、四小公司，在保障主体生产的同时，面向社会，从事多种经营，使生产要素得到合理配置，提高了整体效率，为在本世纪末达到人均产钢200～250吨的国内先进劳动生产率奠定了基础。

继武钢之后，攀钢、本钢、太钢、唐钢、昆钢、莱钢等一大批企业在调整企业内部组织结构和改革管理机构方面，均取得了突破性进展。攀钢按照“管好主体、搞活辅助、放开后勤”的基本思路和“3万人300万吨钢”的工作目标，经过近半年的运作，分离辅助、后勤单位职工6万多人，非钢铁生产收入占全公司销售收入的比重已达到12.3%。

五、管理基础工作得到加强，初步走上科学、规范的道路

冶金部组织60多家冶金企业，经过3年艰苦劳动，制定了新的《冶金劳动定员定额标准》，于1993年颁发执行。同时，推出了一批具有冶金行业特色的劳动科学研究成果，形成了覆盖冶金行业、符合国家标准化规定的劳动定员定额标准体系，为保证冶金企业劳动工资制度改革的顺利进行，发挥了重要的作用。

许多冶金企业在推进三项制度改革的同时，大力加强管理基础工作，包括劳动定员定额管理，工人和管理人员、专业技术人员岗位劳动的科学评价体系，企业内部承包责任制和相应的量化考核体系和计算机管理等等。

武钢在总结制定生产工人技术等级标准的基础上，于1992年制定出行政管理人员、专业技术人员、生产操作人员的技术等级标准，较好地解决了企业各类人员的定量考试和定量考核方面问题，为择优晋升技能工资创造了条件。1994年武钢又制定专业技术人员岗位劳动评价指标体系，在此基础上，实行专业技术人员“一职多薪”，在适当提高专业技术人员待遇的同时，拉开了工资差距。

六、社会保险制度改革开始起步，社会保障体系正在建立

冶金企业按照地方政府的部署和安排，参加养老保险社会统筹和基本养老金计发办法的改革，为建立社会保障体系作出了贡献。一大批冶金企业和钢铁研究总院等事业单位开始实行个人缴费制度。上钢三厂、广东省冶金企业等先后建立了企业补充养老保险基金。

这3年是冶金劳动工资工作逐步转入适应市场经济体制新轨道的3年，是劳动工资各项制度改革配套进行、不断深化的3年，是劳动工资工作蓬勃发展，开创崭新局面的3年。这些成绩的取得，是冶金企业和省、市冶金厅（局、公司）各级领导、劳动工资部门认真执行党和国家方针、政策的结果，是广大劳动工资工作者和全体职工解放思想、更新观念、开拓进取、辛勤工作的结果。

冶金企业劳动工资工作还面临着许多问题和困难。改革刚接触到一些深层次的问题，思想认识还不能很好适应新形势的需要，许多观念需要更新，用工制度的旧格局尚未完全打破，企业劳动用工自主权没有完全落实，富余人员安置难度大，工资宏观调控体制还不够完善，1994年以来，不少冶金企业效益下滑，出现了职工实际工资增长快于劳动生产率的增长的问题，分配中的平均主义现象仍比较突出；保险制度改革中有些企业负担过重和服务不到位；职工队伍素质还不能很好适应生产发展、技术进步、设备更新的要求。这些困难和问题，要在贯彻执行《劳动法》的基础上，通过深化改革逐步加以解决。

（冶金工业部人事教育司）

煤 炭 工 业 部

1992～1994年，煤炭工业的劳动工资工作紧密结合煤炭企业转机建制和由计划经济向市场经济的过渡，根据国家经济形势，围绕煤炭企业内部改革，进行了一系列卓有成效的实践和探索。经过各级业务管理部门和广大职工的艰苦努力，劳动工资工作取得重大进展。

一、减人提效工作成绩斐然

1. 煤矿因行业艰苦，条件困难，用人多效率低的状况长期得不到解决。1992年以前，各煤炭企业虽然也重点抓了整顿劳动组织，提高原煤人员效率的工作，但精简的主要是原煤人员，而就整个煤炭行业来说，人员仍是上升的趋势。根据这一现实问题，我们从转变观念入手，提高认识，使广大职工群众和各级领导真正认识到"减人提效"工作直接关系到企业的兴衰乃至整个煤炭工业发展成败的关键，决心大力精简企业富余人员，积极发展第三产业和多种经营，为煤矿全行业的扭亏增盈奠定基础，改变煤矿长期以来形成的职责不分、界限不清单一的管理方式，实现向生产、生产服务、生活服务三条线管理模式的过渡。

2. 从1992年开始到1994年底止，国有重点煤矿共精简分流人员488951人(其中在册人数绝对减少289181人，转产分流199770人)，原煤生产人员绝对减少285096人，原煤人员效率由1991年底的1.259吨/工，提高到1994年的1.590吨/工，平均每年以8.1%的速度递增。

3. 减人提效的有关政策：

①加强劳动计划管理，严格控制职工总量的增加。国家统分人员一律分配到生产一线，补充自然减员。新建改扩建项目所需人员从企业富余人员中调剂解决。

②改进劳动用工制度，搞好劳动力的合理配置。企业有权自主选择用工形式，安排工作岗位，调整内部机构设置和配备各类人员，实行合理劳动组合，试行合同化管理，在此基础上，逐步推行全员劳动合同制。

③采取多种措施，安置好企业富余人员。通过建立劳务市场，实行内部待业；允许富余人员停薪留职自谋职业，办理提前退养；大力发展多种经营和第三产业，为富余人员创造新的就业机会，多方面安置企业富余人员。

④为适应"减人提效，转岗分流"以及煤炭企业形成的煤炭生产、生产服务、生活服务三条线管理格局的实际，我们重新制订了"原煤人员效率计算办法"，将与生产线为经济往来关系，且内部独立核算、自负盈亏的专业队(组)从原煤计效人员中划出，对其他人员参与计效问题也重新作了规定。这就促进了原煤人员效率的提高。

⑤从1994年开始，全行业实行了减人提效经济"四挂钩"政策，即减人提效指标与企业经营者的收入、新增效益工资、盈亏指标和发展三产、多种经营低息贷款挂钩。

二、企业劳动制度改革取得新的突破

针对前几年企业用工乱而无序的情况，1992～1994年我们采取多种措施，深化劳动制度改革，主要有：

1. 对用工形式进行清理整顿，巩固完善劳动合同制。凡未签订劳动合同的，要按岗位要求签订劳动合同；已签订合同的，要检查合同兑现情况，凡未执行合同的，要及时进行清理。劳动合同到期，生产建设不再需要和不符合合同条件规定的，要解除合同，予以辞退。

2. 推行合理劳动组合，建立动态劳动管理机制。各煤炭企业根据生产建设需要，在合理确定定编、定员、定岗的基础上，制订岗位规范，完善规章制度，严肃劳动纪律，按照条件公开、机会均等、严格考核、民主监督的原则，积极推进合理的劳动组合。通过采取公开考试、考评、考核，择优选择各类人员上岗，使企业既有相对稳定的在岗职工队伍，又有工人上岗下岗的合理流动，逐步形成了上岗靠竞争的动态管理机制。

3. 改革固定工制度，试行全员劳动合同制。煤炭企业有条件的单位在合理劳动组合的基础上，进一步改革企业固定工制度，逐步试行了全员劳动合同制，打破企业内部干部与工人、合同制工人与固定工的身份界限。对不具备全员劳动合同制试点条件的企业，要求抓紧修订定员标准，加强岗位劳动合同管理，为实现全员劳动合同制创造条件。

4. 完善农民轮换工制度，严格控制数量和比例。各煤炭企业严格按照控制总量、调整结构、择优留转、提高素质的原则，逐步改进完善农民轮换工制度，并对农民轮换工试用范围和限额比例要求加以控制，逐步用技校毕业生和职工子弟或富余人员进行补充和更换。1992至1994年底，农民轮换工呈现逐年减少的趋势。

5. 建立内部劳务市场，实行内部待业制度。各煤炭企业对精简下来的富余人员，按照内部消化为主，社会调剂为辅的原则，建立企业内部劳动力市场。凡下岗人员，一律进入企业内部劳务市场，边培训边待业。内部劳务市场根据下岗人员的本身素质和企业的实际需要，负责组织下岗人员的再上岗和转岗培训。

三、工人技术等级考核和工人技师评聘逐步规范化

1. 从1992年起，各煤炭企业有计划地对各主要技术工种的工人，按照技术等级和岗位技能要求，进行全面的技术考核，部颁标准已于1994年4月30日正式下发。新标准包括采煤、矿建、通风安全、露天、矿井机电维修、矿井运输、地质测量、选矿、煤质化验、火工、矿灯制造等11个专业的95个工种，每个工种分为初、中、高三个等级。“标准”对三个等级的水平作了规范化的规定。新标准的颁发，为全行业的工人技术培训，全面提高工人文化、技术业务素质奠定了基础；也为进一步深化劳动制度改革，推动职业技能鉴定工作的开展，促进技术工人的合理流动，开展劳动力的境内外输出及岗位技能工资制的推行创造了必要的条件。

2. 圆满完成了首批工人高级技师评聘工作。煤炭企业首批工人高级技师71人于1992年领取了聘任证书，这对于鼓励工人钻研业务、不断提高技术素质，稳定职工队伍，充分发挥具有丰富实践经验和精湛技艺的高级技术工人在煤矿生产建设中的骨干作用，具有重要的意义和深远的影响。

从1993年开始我们又逐步扩大了技师评聘工作的试点单位，并规定在确定高级技师人选时，严格条件，宁缺勿滥，并将评聘高级技师的比例限额严格控制在10%以内，使这一工作逐步走上了规范化。

四、全面实施企业工资总额同盈亏指标挂钩办法

煤炭工业企业工资制度改革，是以增强企业活力为中心，本着贯彻按劳分配原则，实行同工同酬、效率优先，逐步解决好国家同企业的工资分配关系和企业内部分配关系。在总结煤炭生产企业1979年实行“吨煤奖”，1981年实行“联产联责浮动工资制”和1984年“吨煤工资包干办法”的基础上，经过试点、摸索与实践，于1989年改进完善为企业

工资总额同实物工作量（原煤产量）和销售收入复合指标挂钩办法。实践表明，实行企业工资总额同实物工作量和销售收入复合指标挂钩办法是煤炭工业企业工资制度改革的一项成功举措，它革除了企业吃国家“大锅饭”的弊端，有利于正确处理好国家、企业和职工三者利益关系，初步实现了“国家宏观调控、分级分类管理和企业自主分配”，调动了企业和职工的生产积极性，对提高劳动生产率和提高企业经济效益起到了积极作用。但是，随着改革的深入发展，为适应市场经济发展的需要，实现扭亏增盈，改革现有的工资总额同经济效益挂钩办法已势在必行。因此，从1993年开始改行企业工资总额同盈亏指标挂钩办法，促使企业适应市场的要求，“成为依法自主经营、自负盈亏、自我发展、自我约束的商品生产和经营单位”。

（一）企业工资总额同盈亏指标挂钩办法的有关政策

在实行企业工资总额同盈亏指标挂钩办法的过程中，煤炭部制定了一系列实施企业工资总额同盈亏指标挂钩办法的有关政策和措施。主要内容有：

1. 煤炭工业生产企业实行工资总额同实现盈亏指标挂钩，即企业工资总额随企业盈亏情况上下浮动，减亏增盈，多提工资；超亏减盈，少提工资。

2. 实现盈亏指标基数以部当年下达的计划亏损（或利润）指标为基数。

3. 实行工资总额同经济效益挂钩的企业，工资总额原则上依据上年度结算提取的应提取的效益工资总额为基础，同时适当考虑政策性增资因素进行调整。其中政策性增资因素主要包括：统一接收的复退军人、大中专毕业生，调整“工效挂钩”范围成建制划入划出等。

4. 煤炭工业生产企业，实现盈亏与工资总额挂钩浮动比例，以上年应提工资总额和增盈减亏额（利润单位按上缴利润）计算的百元工资增盈减亏额分档次确定。具体为：

档次	百元工资增盈（减亏）额	浮动比例
(1)	25元（含25元）以上	0.70
(2)	25元以下	0.65

5. 企业当年提取的效益工资包括当年核定工资总额基数和当年新增效益工资两项之和，其中新增效益工资按帐面增盈减亏额乘以核定的挂钩浮动比例提取。其公式为：

$$\Delta W = (M_1 - M_0) \times r$$

式中 ΔW——当年新增效益工资；

M_1——当年实现盈亏数；

M_0——核定盈亏基数；

r——核定挂钩浮动比例。

为合理安排企业新增效益用于发展生产、职工工资和职工福利的比例，对新增效益工资超过核定工资基数20%以上时进行控制，即最多可按控制幅度20%计提。

（二）实行企业工资总额同盈亏指标挂钩办法的效果

自1993年以来，煤炭企业实行企业工资总额同实现盈亏挂钩办法，对促进煤炭工业企业持续、稳定、健康发展起到了积极作用，取得了比较明显的效果。主要体现在以下几个方面：

一是促进企业千方百计提高经济效益，实现扭亏增盈。由于企业工资总额的提取是依据完成盈亏情况确定，即企业工资总额随企业盈亏完成情况上下浮动，减亏增盈，多提工资，超亏减盈，少提工资，有利于调动企业和职工的积极性，增强煤炭企业对扭亏增盈的使命感和责任感，群策群力实现扭亏增盈。1993年比1992年实现减亏12.9亿元，减亏幅度为36.9%；1994年比1993年实现减亏24.84亿元，减亏幅度为43.2%。

二是促进企业人员的精减和效率的提高。(1) 人员精简，1993年比1992年净减人数为11.49万人，1994年比1993年净减人数为12.06万人；(2) 全员劳动生产率指标提高，1992 年为 1.330 吨/工，1993 年为 1.398 吨/工，1994 年为 1.59 吨/工。

三是在提高经济效益的前提下，有效地实现了企业工资的合理增长。1993 年比 1992 年全员劳动生产率增长了 5.11%，职工平均工资增长了 13.4%；1994 年比 1993 年全员劳动生产率增长了 13.73%，职工平均工资增长了 25.9%。扣除价格因素，实际工资增长低于劳动生产率增长。

五、积极组织实施岗位技能工资制度

近年来，煤炭行业根据《中共中央关于制定国民经济和社会发展十年规划和“八五”计划的建议》要求，结合煤炭企业实际，于 1991 年至 1992 年首先在山东肥城矿务局、江苏大屯煤电公司等单位进行岗位技能工资制试点，通过试点、摸索与实践，在总结经验基础上于 1993 年向全国煤炭企业推行岗位技能工资制度，初步探索出一条以岗位技能工资制为主要形式的符合煤炭企业特点的企业内部分配制度。实践表明，实行岗位技能工资制度，建立和健全全面反映职工劳动质量和数量动态的新型工资管理制度，有助于贯彻按劳分配原则，解决好以下三个方面问题：一是有利于解决现行工资等级与技术等级相脱节的问题；二是有利于解决劳动贡献与劳动报酬相脱节的问题；三是有利于解决岗位与工资脱节的问题，即在搞好岗位劳动测评的基础上，在保证绝大多数职工工资水平不降低的前提下，搞好两个倾斜，即基本工资的增长向苦、脏、累、险岗位职工倾斜和基本工资增长向责任重、技术要求高的岗位职工倾斜。

（一）岗位技能工资制的主要做法

为了有效地实行岗位技能工资制度，原中国统配煤矿总公司于 1992 年制定了一系列实施岗位技能工资的政策和措施，主要内容有：

1. 岗位劳动评价指标体系

煤炭企业岗位劳动评价，是结合煤炭企业实际情况，在学习和借鉴外单位经验的基础上，研究和制定出符合煤炭企业特点的岗位劳动评价体系。煤炭企业岗位劳动评价体系，按照不同人员分类，分为煤炭企业工种岗位劳动评价指标体系和煤炭企业行政、专业技术职位（职务）劳动评价指标体系。

（1）煤炭企业工种岗位劳动评价指标体系，是由劳动条件、劳动强度、择业倾向、劳动责任和劳动技能等 5 大基本要素，和构成 5 大基本要素的 32 项子因素（影响因素）构成。

（2）煤炭企业行政、专业技术职位（职务）劳动评价指标体系，是由工作技能、工作责任、工作强度和工作条件 4 大基本劳动要素，和构成 4 大基本要素的 15 项子因素构成。

2. 岗位技能工资的设置

煤炭企业岗位技能工资由基本工资、特殊行业工资和辅助工资三个单元组成。

（1）基本工资是由技能工资和岗位工资两个部分构成，并结合实际情况，制定煤炭企业工人和管理（专业技术）人员系列基本工资标准。

技能工资标准，是根据不同岗位、职位（职务）对劳动技能的要求和职工所具备的劳动技能水平而确定的工资。技术工人、管理（专业技术）人员的技能工资分为初级、中级和高级三大类工资标准。

岗位工资标准，是根据职工所在岗位的劳动责任轻重、劳动强度大小和劳动条件优劣并兼顾劳动技能要求高低而确定的工资。工人岗位工资根据劳动评价结果分地面、井下辅助和井下采掘由低到高交叉设置八岗；管理（技术）人员岗位的岗位工资分为初级、中级和高级管理（专业技术）人员三大类工资标准，其中管理人员岗位工资又按企业类型分为特大型、大型和中型企业三大类工资标准。

（2）特殊行业工资是根据煤炭企业特殊

性设置的工资单元，是对煤矿职工在特殊环境条件下付出劳动的补偿。主要有：井下工作津贴、矿龄津贴和农民轮换工补贴等。

（3）辅助工资是按有关政策规定以各种形式支付给职工的其它工资性收入，包括各种津贴、补贴等。

3. 岗位技能工资的综合配套措施

（1）编制岗位劳动规范，修订定员定额标准。一是根据“精减、效能、科学管理”的设岗原则，按照岗位劳动要求，核岗定员，并以此修订定员定额标准。二是合理编制岗位劳动规范，确定岗位责任。按照岗位劳动规范和岗位劳动责任要求，进行岗位劳动测试和岗位劳动评价。

（2）建立岗位培训考核制度，进行上岗资格考试。实行岗位技能工资企业要逐步实行培训、考核、使用和待遇相结合的管理制度，要按照《工人考核条例》、《工人技术等级标准》和《岗位规范》进行考核，颁发上岗证书。上岗人员必须取得岗位资格证书后方能上岗。

（3）劳动人事制度的配套改革。根据组织生产和经营的客观要求，在科学制定岗位劳动规范、定员定额标准的基础上，通过合理劳动组合或全员劳动合同制，合理配置岗位人员，打破干部和工人界限，引入竞争机制，做到职工能进能出，职务能高能低，工资能升能降，促进人尽其才，按劳分配。

（二）实施岗位技能工资后的效果

1. 为贯彻按劳分配原则提供了科学依据。岗位劳动评价通过科学手段和方法，对岗位劳动（工作）技能、强度、责任、条件和择业倾向等劳动要素的测评，将抽象劳动进行量化，使其更具有可比性，从而较为科学直观地反映各工种岗位间劳动差别，为贯彻按劳分配原则、制定岗位技能工资制度和搞好企业内部分配提供了科学依据。

2. 通过合理劳动组合和实行全员劳动合同制度，合理配置岗位人员，有效地推动了企业精简机构、减人提效工作。1992 年山东肥城矿务局实行岗位技能工资试点后，局、矿两级机关科室由原来 298 个精减到 197 个，全局管理人员由原来 3644 人减至 2864 人，减少了 21.4%，全局精减各类人员 3642 人。

3. 强化了企业基础管理工作。一方面科学管理和科学的规章制度是企业实施岗位技能工资的前提和基础；另一方面岗位技能工资的实施又促进了企业各项基础管理工作的建立和健全。1992 年山东肥城矿务局在实施岗位劳动测评过程中，按照岗位劳动要求，对原有岗位及劳动负荷情况，进行了核岗定员，全局共撤岗并岗 3488 个；对 9 个专业系列工种岗位制定了岗位规范，共计 75 万字；对 215 个工种岗位定员定额标准进行了修改，修订后的定员标准比原标准提高了 9.6%，修订后的定额标准比原标准提高了 3.34%。

4. 激励机制初步形成。一是岗位培训考核制度的建立，特别是考试增资制度的建立，调动了职工学习技术学习业务的积极性，增强了职工学习的自觉性。二是择优上岗机制的建立，使上岗人员普遍有压力感，在岗人员普遍有危机感。农忙季节和节假日期间保勤工作，历来是各级管理部门最棘手的问题，而实行岗位技能工资后矿区出勤得到根本好转。据山东肥城矿务局调查，实行岗位技能工资后全局职工出勤率始终保持在 90%以上。三是实现了人员的合理流动。实行岗位技能工资后，合理拉开了各类人员工资关系，充分发挥了工资利益导向职能，促进了各类人员的合理流动，稳定了生产一线职工队伍，扭转了长期以来“一线紧、二线松、三线肿”的被动局面。

5. 改革建立了新型的经营机制，引入了竞争机制，进一步解放了生产力，企业和职工的积极性得以充分发挥，企业经济效益得到了稳步增长。山东肥城矿务局实行岗位技能工资后，1992 年全年生产原煤 554 万吨，比计划产量提高了 25.59%；全员劳动生产率比计划提高了17.84%；当年实现利润612万元，比计划亏损388万元增盈1000万元，实现了扭亏增盈。

（煤炭工业部财务劳资司　鲁成故　潘银洁）

电力工业部

1992～1994年，电力行业劳动工作以党的十四大精神为指针，结合电力工业改革与发展的要求，为建立与社会主义市场经济体制相适应的劳动领域新体制，围绕着“转机制、练内功、抓管理、提效益”进行了一系列的改革，取得了显著的成效。

一、电力企业劳动、人事、工资三项制度配套改革取得了阶段性成果，企业内部机制发生了明显的变化

长期以来，电力企业在计划经济体制下形成的机构臃肿，人浮于事，“铁饭碗”、“铁交椅”、“大锅饭”机制束缚了企业生产力的解放和发展，虽几经改革，但未从根本上解决问题，必须进一步改革。为此，从1992年初全国能源工作会议提出推进企业三项制度改革始，电力企业用了三年的时间完成了三项制度改革的阶段性任务。期间，1600余个企业约140万职工参加了这次声势浩大的改革。企业内部机制发生了明显的变化。一是初步打破了“铁交椅”“论资排辈”、“干部工人界限”等传统用人方式。由于引入竞争机制，实行公开招聘、双向选择、竞争上岗、合理劳动组合，一批德才兼备的职工走上了领导岗位，一些学有专长的人才有了用武之地，一些不称职的职工调整了岗位或下了岗，企业劳动要素得到了优化配置，并初步形成上岗、下岗、转岗、待岗的岗位动态管理机制。职工有了压力、动力，形成了勤奋学习、努力工作的生机勃勃的局面。据对146个试点企业不完全统计，在改革中，有1912名优秀工人通过竞争到了各级管理岗位，其中应聘到科、处级岗位的422人，558名原中层干部落聘到了一般管理岗位、生产岗位。3520名（约占职工总数的1.4%）职工下岗、待岗或转岗培训，进入了企业内部劳务市场，43000人（约占职工总数的17.1%）分流、转移到第三产业和多种经营企业；二是初步打破了“大锅饭”的分配方式，实行了岗位技能工资制。由于岗位技能工资是建立在对岗位科学的劳动测评和对职工考试考核的基础上，实行上什么岗，拿什么钱，岗变薪变。因此，较好地贯彻了按劳分配原则。同时解决了长期以来工资分配渠道单一、功能不全，职工技术等级与工资等级严重背离等问题；三是企业劳动组织得到了改善、基础管理工作得到了加强。由于实行了“四定”工作，企业组织机构大幅度精简。据对146个试点企业调查，机构精减32%，企业编制比改革前减少20%。企业岗位按照满负荷的工作原则，重新设置，撤并了一些职责不清、任务不满、不适用的岗位，设置了综合岗位，大大减少了岗位数。同时，企业编制了岗位规范，明确了岗位名称、层次、职责、上岗条件、工作标准等。为竞争上岗、岗位培训、岗位测评创造了条件。总之，通过这一轮改革，企业普遍建立了“用人要招聘，招聘三公开（公开招聘岗位名称、条件、待遇），上岗靠竞争，待遇看岗位，收入凭贡献”的良性机制。

纵观三年来电力企业三项制度改革，尽管还存在着部分企业改革的力度不大、不配套等问题，但进展比预想的要快，效果比预想的要好，问题比预想的要少。基层企业的绝大部分职工、基层企业的领导，各网、省局都比较满意。电力企业三项制度改革在社会上也引起了强烈的反响。云南、内蒙等地新闻媒介报道了当地电力企业改革的情况。1993 年 12 月 12 日《光明日报》头版头条以醒目的标题《电力系统三项制度改革居全国前列》,充分肯定了电力企业三项制度改革所取得的成绩。

总结三年改革的成功经验，一是各级领导重视、决心大，党政工思想统一，齐抓共管。史大桢部长亲自领导“三改”工作，在分别召开的全国性的电力企业三改工作会和经验交流会上都作了重要讲话,统一思想,明确方向,确定原则,布置工作,肯定经验,解决热点、难点、敏感问题，提出要求。各网省局、基层企业一把手亲自抓。这是改革得以顺利进行的基本经验。二是有正确清晰的改革指导思想。就是要以三改为突破口，改革传统的三项制度,充分调动职工的积极性,实现转制提效。三是指导有力、方法对路。部制定了一整套“三改”方案及实施意见，并针对改革不同阶段出现的问题，及时提出了针对性的处理意见。确定了改革的“二十八字”方针。在实施中坚持典型引路，以点带面，点面结合。先机关后基层、先管理技术岗位，后生产岗位，先开渠，后放水。改革基础工作扎实，准备充分，改革操作时一气呵成。四是把强大细致的思想政治工作和广泛发动群众参与，贯穿于三改的全过程。五是重点抓住了上岗考试考核，岗位测评，聘后管理三个环节。六是把引入竞争机制作为三改的灵魂来抓，并以此作为衡量企业三改力度与成效的主要标志。

三项制度改革是一项艰巨而又复杂的工作，面临着对几十年形成的传统的劳动、人事、工资制度的改革，不可能一蹴而就，必须坚持不懈地、一轮一轮地按照改革的目标深化下去，并与其它改革配套进行。改革的成果要制度化、规范化，才不会走回头路。

二、电力企业减人增效改革试点取得了明显成效，总结出了具有示范性的经验

“减人增效”是我部推出的深化电力企业改革的又一重大措施。它是针对全国发、供电企业用人多、效率低的问题，而提出的以市场为取向，实施人员分流工程，达到科学减人，解放生产力，提高效率和效益，加快转机建制和建立现代企业制度的重要步骤。其主要内容是：后勤服务系统从主业中分离出来，全方位进入市场，逐步实现自主经营、自负盈亏、自我约束、自我发展；检修人员从主业中分离出来，成立检修公司，通过经济合同确定与主业的经济关系，在确保完成主业检修任务外，面向社会、承揽新厂机组检修任务，承揽用户安装修理任务，逐步实现区域性集中检修；依靠科技进步，改进劳动组织，减少生产岗位人员；更新改造旧设备、提高设备健康水平，大幅度减少日常维护和定期检修工作量，减少巡视、维护和检修人员；加强培训、提高素质、培养全能型人才,在管理和专业技术部门推行综合岗位,实行一岗多责,在生产岗位实行全能操作,一专多能；大力发展多种经营，成立多种经济实体,为分流、安置企业富余职工创造条件。其目标是：发供电企业主业用人水平总体上不超过部颁 1983 年定员标准定员的一半,并在 3～5 年内或稍长一点时间内实现主业和多种经营两个劳动生产率和经济效益大幅度提高，老企业建立新机制，缩小与发达国家电力企业用人水平的差距，实现与国际同行业管理模式接轨，为建立现代企业制度奠定基础。1993 年初山东省电力局、东北电管局所属的十几家老的电力企业进行减人增效试点,到 1994 年上半年这些试点企业已初步取得了明显的成效，并摸索出一些好的做法。

（一）试点企业取得的主要成效

1. 主业实施减人，大幅度地提高了劳动

生产率。

山东省电力局、东北电管局的十几家试点企业，主业减人都达到50%以上。山东烟台电业局截止1994年10月，定员人数为1584人，主业人员减少772人，减人51.3%，劳动生产率实现209142元/人，比1992年提高2.24倍；东北锦州发电厂截止1994年9月，主业已经减人1909人，占职工总数50.2%，主业劳动生产率完成268892元/人，比1993年增长53%。

2. 努力开辟新的多种经营门路，扩大经营规模和范围，加快创收，积极吸纳和安置富余人员，逐步实现自主经营，自负盈亏，自我约束，自我发展。

十几家试点企业通过分离、剥离和主业岗位减人，创办了很多经济实体，不仅安排了企业富余人员，而且增创了效益。如山东烟台电业局创办了37个多种经营产业，并实行彻底“断奶”，人财物与主业彻底分离，所发生的各项费用全部进入各自企业的成本，自行消化承担。截至1993年末，实现多种经营总收入20031.4万元，比1992年增长128.5%，实现利税1752.5万元，比1992年增长153.5%，多种经营劳动生产率达到198610元/人，实现了与主业同步发展。

3. 减人增效提高了效率和效益，相应地增加了职工的收入。

由于实行了减人不减工资的政策，十几家试点企业职工收入都逐年得到了大幅度的提高。

4. 开展减人增效，转换了企业经营机制，调动了广大职工的劳动和工作的积极性，促进了企业各项工作的开展。

试点企业开展减人增效，把后勤服务，检修及多种经营企业推向了市场，同时加强企业内部管理工作，转换了企业的经营机制，调动了广大职工劳动和工作的积极性。由过去的“要我干”变成了“我要干”，使企业管理工作上了一个新台阶，使安全文明生产、经济效益得到了明显提高。如山东潍坊电业局，截止1994年10月，创造了安全生产671天的历史最高记录，售电量1994年前9个月完成35.52亿千瓦时，比上年同期增长10.1%，1994年跨入全国供电系统首批“双达标”行列。

（二）试点企业的基本经验

1. 提高认识，统一思想，深入宣传发动，增强职工参与意识是推动减人增效工作的基本保证。

2. 加强领导，建立组织领导体系，注重政策研究，制定政策的规划、目标、原则和标准以及相关的政策，为减人增效工作的顺利进行提供了组织保证。

3. 认真地而不是敷衍地对后勤服务和辅助生产系统进行体制性分离，是减人增效的一条重要途径。

4. 舍得投入，依靠科技进步，推行现代化管理，实现科学减人，是减人增效的一条根本出路。

5. 进行全员培训提高队伍素质，是十分有远见的一招。

6. 大力发展多种经营，为减人增效创造前提条件，是减人增效的关键。

在试点单位取得经验的基础上，1994年11月，电力部在山东烟台电业局召开了电力企业减人增效现场会，全面部署了减人增效工作，提出各网、省局要加快试点步伐，先试点，后铺开。截至1994年末，各网、省局按照部的统一部署，均制定了减人增效的实施方案，确定了试点单位。全国电力系统共确定100家试点企业，现正在稳步实施。

三、加大宏观调控力度，落实企业用工、分配自主权

几年来，电力行业认真贯彻落实国务院关于转换企业经营机制条例的精神，实行政企分开，加大了宏观调控力度，落实了企业用工、分配自主权。

1. 进一步改进、完善工效挂钩办法。

1993年电力工业企业改工资总额同售电量单挂钩为同售电量、实现税利复合挂钩，完善了工资决定机制。工效挂钩的范围进一步扩大，1992年以来，电规院、水规院、成套公司、物资公司先后也实行了工效挂钩办法。

2. 在劳动工资计划管理方面，实行分类管理。对各电力集团公司、省公司、水电、火电施工企业改“双控”为“单控”，即实行工效挂钩办法宏观调控企业工资分配总量，并以此调控企业用人数量。对不具备实行工效挂钩条件的其他企事业单位实行工资计划管理或工资 包干管理。

3. 引导、规范企业内部分配行为。在国家养老保险制度改革政策不配套的情况下，为了加强宏观调控，规范企业的分配行为，电力企业实行了具有弹性的指导性岗位技能工资制。企业可以根据自身的经济状况，决定选用不同的工资标准，工资标准只作为职工在规定的时间内完成规定任务应得的工资。企业分配时可以结合实际，采取灵活多样的分配形式。企业领导干部的工资实行按干部管理权限报上级审批的办法。

4. 1993年各电力集团公司工资计划、工效挂钩对国家实行计划单列，享有更充分的自主权。部对各省电力公司的工资也不再调剂，其工资完全取决于各自的效益。

5. 企业自主用工。企业用工的方式、数量、时间均由企业自主确定

1992年以来，电力企业职工工资有了较大幅度的提高，工资总额平均每年增长32.7%，1994年职工人均工资7192元，年均增长28.9%。职工人数在每年新装机1000余万千瓦，新接收大中专生、复转军人3万余人的基础上得到了有效的控制。1994年末职工总人数为158万人，平均每年仅增长1.5%。1994年企业劳动生产率为87912元，平均每年递增10.1%。

四、深化职业技术教育改革，提高办学效益，为电力工业发展提供合格的技术人才

几年来，电力行业职业技术教育得到了大力的发展，1994年末，已有技工学校60余所，在校生约4万余人，年招生能力为1.2万人。各类技校自改革开放以来，为电力系统培养了10万余名毕业生，成为电力行业主要工种人员补充的基本来源。电力工人队伍素质得到了根本改善。同时还对近70万在职青壮年技术工人进行了较系统的正规培训。与此同时电力行业职业技术教育进行了一系列改革。

1. 深化职业技术教育改革，开展办学评估，提高教学质量。遵照劳动部对技工学校的评估要求，结合电力系统实际情况，制订了对电力技工学校办学水平和教学质量评估标准体系及实施办法，并坚持严要求、高标准，认真组织评估，促进了技工教育的发展。通过评估，所有电力技工学校基本上实现了半军事化管理。几年来，电力技工学校通过“学临汾(学习山西临汾电力技工学校办学经验)，创三优，迎评估，创一流”活动，各方面工作均取得了新的进展。近三年累计增加投资约7000万元，扩大校园面积，增添实习、试验设备。办学条件得到改善，教学水平得到提高，学校管理得到加强。

经过评估，28所电力中专学校和40所电力技工学校达到省（部）级重点学校办学条件，其中，有9所中专学校和28所技工学校分别经国家教委和劳动部批准为国家级重点学校。

2. 与国家教委职业技术教育中心研究所合作，试点德国“双元制”教学改革。德国“双元制”教育体制，是培养技术工人较为先进的教育模式，是培养新型技术工人的有效途径。它主要特征是理论与实践并重，着重对学生职业能力的培养，值得借鉴。为此，根据实际情况，选择了锦州、石家庄两所学校为试点单位；先后分两期选派教师及有关人员近20人次，到德国考察学习；按“双元制”教学要求，对试点专业制订了新的教学

计划，编写了适用教材；建立了适应新教学要求的一体化教室。两校列入试点的专业，于1993年开始招收新生。

3. 实行技工学校毕业生“双证”制。按照劳动部规定，几年来，电力系统技工学校毕业生普遍实行了“双证”制度（即毕业证书和技术等级证书）。此项改革措施有力地促进了教学内容的改革，加强了实践性教学环节，密切了厂校（企业和学校）之间的结合，有效地调动了育人、用人两方面的积极性。

4. 推行中专、技校一体化办学的改革试点。随着电力工业的发展，电力中等专业学校和技工学校的办学模式、教学内容、育人规格趋于等同化，为此我部进行了中专技校一体化办学试点。有条件的学校实行两校合一，其校内实行“二、一”分段或“二、二”分段等。培养目标、教学内容、课程设置及教学方法等均按岗位需要和技术等级标准的要求，进行了较大改革和调整。上海、河北、湖南、广东等地区和丰满的电力中专、技校作为一体化办学的试点单位，正在试点，以探索经验，推进职业技术教育改革不断深化。

5. 开设高级技工学校。为满足用人单位的需要，形成电力系统合理的工人队伍人才结构，经劳动部批准，我部成立了两所高级技工学校（即重庆电力高级技工学校和丰满水电高等技工学校）。为培养高级技术工人创造了条件，教学改革工作正在进行。

6. 建立各级重点技能培训基地。按照电力部教育工作会议精神：“实施‘111’工程，创建一流教育培训体系”的要求，我部各级主管部门和重点企业都在筹划部署建设各自的工人技能培训重点基地，并逐步建立具有电力行业特色的技能鉴定网络。

五、继续发挥行业养老保险统筹优势，改革养老保险制度

1992年以来，电力行业继续发挥行业统筹的优势，行业统筹覆盖面继续扩大，截止1994年底，143.5万职工（约占全部职工的95%）参加了行业统筹。通过改革、完善行业统筹，在解决新老企业、生产与施工企业离退体费用负担畸轻畸重的问题，增强行业凝聚力，稳定职工的队伍，推动电力工业的改革与发展等方面，发挥着越来越重要的作用。

1. 保障了离退休人员基本生活费的正常开支，稳定了职工队伍。几年来，在允许的范围内，统筹项目和支出水平不断提高，1994年离退休人员人均支出5536元，平均每年递增30%。

2. 企业负担相对减轻。电力行业现行的统筹金提取率远低于地方统筹提取率。仅1994年至少减轻企业负担9亿元。

3. 实行行业统筹互济，解决了水电施工企业及其他部分企业的困难和突发事件。仅1994年，行业统筹就弥补水电等企业基金不足1.8亿元。

4. 经过努力，1992年经国务院批准，改原来参加地方统筹的合同制职工为行业统筹，解决了合同制职工的后顾之忧，为用工制度改革创造了条件。

5. 根据国务院国发［1991］33号文件精神，1992年电力企业建立了职工个人缴纳基本养老保险、企业补充养老保险、个人储蓄性养老保险的多层次养老保险体系。改变了过去养老保险由国家包下来的做法。

6. 1993年8月起，部根据国发［1991］33号文组织研究电力行业养老保险制度改革，提出了试点方案，明确了改革的目标、范围、原则、内容一系列问题，进行了大量的论证和测算工作，并就有关问题与国家综合部门达成一致意见。

对电力行业养老保险所取得成绩，劳动部领导曾给予了充分肯定，指出：电力行业统筹是国家搞得比较早的一个部门，要坚持下去，不能倒回去，要作长远打算。

六、加强劳动定员定额工作，推动企业不断提高劳动生产率和经济效益

（一）适时修订《供电劳动定员标准》

原供电劳动定员标准是原水利电力部1983年颁发的。近几年来，由于客观形势发生了很大的变化，如全国各大电网的电压等级升高、变电站容量增大、售电量逐年增加等，特别是随着电力工业的发展，科学技术自动化、机械化水平不断提高，劳动组织形式不断优化，原颁发的供电劳动定员标准，无论是在结构上，还是在标准水平上都与现实情况不相适应，修订供电劳动定员标准已势在必行。因此，原能源部于1990年开始着手准备，从调查研究入手，经过科学论证，多次研讨和反复测算、修改，历时四年多，于1994年10月修订完成，并经全国劳动定员定额标准化技术委员会审定为推荐性国家行业标准，于1995年1月1日起正式实施。由于新的供电劳动定员标准，表现形式更加规范，内容更加全面，组织结构更加合理，标准水平更加先进（经测算，标准水平比原标准提高了18.9%）。所以，它的实施必将对促进电力事业的发展，保障电力供应，加强企业劳动管理，不断提高劳动生产率和经济效益起到积极的指导和推动作用。

（二）制定、颁发了《新型电厂实行新管理办法的若干意见》

1992年原能源部针对火力发电厂旧的管理模式和内部机制导致用人多、效率低的状况，制定、颁发了《新型电厂实行新管理办法的若干意见》（简称“新厂新办法”）。其基本内涵是：对新建电厂从设计、施工开始就采用先进的技术、装备和符合新的管理模式的建设标准，从生产准备开始，就按先进的管理组织和现代化的管理方式组织生产，从而改变我国电厂管理用人多、效率低的局面，大幅度提高“双效”，使电厂管理达到或接近国际先进水平。具体内容是：实行新的定员标准，以两台35万千瓦机组为例，定员为450人（老标准为1300人）；设置精干的机构（部室制）；实行新的检修体制（电厂不配备大、小修人员，实行集中检修）；采用新的后勤服务管理模式（电厂不配备后勤服务人员）；实行新的用工制度（劳动合同制）；实行新的用人制度（聘任制）；实行新的工资制度（岗位技能工资制）；配备高素质的职工队伍。截止1994年末，实行“新厂新办法”的发电厂已达二十多家。从投产的北仑港电厂、铁岭电厂、石洞口等电厂来看，劳动生产率及人员效率与常规电厂相比都提高2倍以上。其中北仑港电厂的劳动生产率已达27.8万元/人，人员效率已达0.88人/千千瓦，基本接近了国际先进水平。

七、电力企业多种经营得到了长足的发展

1991年，原能源部召开了多种经营会议上提出“电为核心、多种产业、三大支柱、协调发展”十六字方针，确定了产业化、集团化经营的方向，明确要破除电力行业单一经营、经济效益不高的状况，大力发展多种产业，实现电力生产、基建、多种经营三大支柱协调发展。1992年原能源部党组作出了“关于加速发展多种经营的决定”。电力部成立以来，要求电力行业继续大力发展多种经营。几年来，电力行业多种经营在“十六字”方针的指引下得到了长足的发展。1994年多种经营企业达9844个，职工人数75.8万人，分别比1991年增长87.5%、87.6%，其中累计安置主业富余人员36.39万人，当年安置待业青年1.6万人；实现总收入410.3亿元，实现利润22.3亿元，分别比1991年增长4.8倍、3.48倍。劳动生产率14619元，比1993年增长23%；年产值超亿元的单位由1991年6个增加到138个，起到了排头兵的作用；多种经营企业已由福利型、安置型，向产业化、集团化方向迈进，产业结构得到合理的调整，工业和商业、服务业得到了优先的发展。一些地区和单位已形成“一半人干主业、一半人干多种经营”的局面。有的省局称多种经营已是“半壁江山”。经过几年的发展，电力生产、基本建设、多种经

营”三大支柱的局面已形成。多种经营已成为电力企业经济发展不可分割和不可缺少的重要部分。实践证明，电力企业多种经营的发展，对于稳定职工队伍，保证电力安全生产，促进电力工业发展起到了重要的作用。

总结几年来电力行业多种经营迅猛发展的基本经验，一是坚持了一条正确的基本方针；二是正确处理了多种经营与主业的关系，特别是较好地处理了发展多种经营与主业安全生产、三项制度改革、减人增效的关系，有力地支持了主业的改革与发展；三是较好地利用了地方发展多种经营、第三产业的一系列政策；四是注重扶持和发展一批符合产业政策，具有规模经营效益的产品。

当前，电力行业在发展多种经营中还存在一些问题，如企业人员的素质还不适应发展的需要；投资渠道不顺，企业后劲不足，难于扩大再生产；产权关系不明晰；企业亏损面达 21%，亏损额达 3.2 亿元，并有进一步扩大的趋势；产业结构不尽合理，很大程度上还依赖主业，还缺少自己的拳头产品等。这些问题制约着多种经营企业的发展，亟待解决。

（电力工业部）

中国纺织总会

1992～1994 年，纺织工业的劳动工资工作紧紧围绕着深化改革这个中心，进一步转变观念，落实企业自主权，在劳动、工资和保险制度改革方面取得了新的进展。主要表现在以下几个方面：

一、改革劳动制度，加强纺织企业基础管理工作

（一）坚持劳动合同制改革方向，进一步扩大全员劳动合同制实施范围

纺织行业实行全员劳动合同制职工人数 1992 年为 37.88 万人，1993 年增加到 95.59 万人，比 1992 年增加 152%，到 1994 年末为 148.70 万人，比 1993 年增加 55.56%。1994 年各地纺织企业主管部门根据劳动部《关于全面实行劳动合同制的通知》（劳部发〔1994〕360 号）的要求，同时为贯彻实施《劳动法》做准备，都制定了本地区纺织企业实施劳动合同制的办法和步骤，并积极组织实施，为建立新的劳动用人制度做好了准备。

（二）修改完善纺织行业工种目录

按照劳动部要求，1992 年上半年完成纺织行业工种目录的修改工作，报劳动部审定后，确定纺织行业工种为 549 个。

（三）做好纺织行业《工人技术等级标准》的印制发行工作

1992 年棉纺织行业《工人技术等级标准》发行工作完毕，其它 17 个行业计 40 册《工人技术等级标准》的印制发行工作于 1993 年底基本结束。

（四）1992 年审议了针织、毛纺织、印染、缫丝、织绸五个行业的可比用工标准

1993 年我会以纺人〔1993〕9 号文下发了关于颁发五个行业可比用工标准的通知，并于 1993 年底以前基本发行完毕。可比用工标准作为企业基础的劳动管理标准，它的颁发执行对于企业降低用工水平，减少用人，提高劳动生产率都将起到一定的作用。

（五）加强劳动定额标准化工作

1992 年按照劳动部要求，编制了纺织行业劳动定额标准化体系表。根据国家技术监

督局的意见，将标准分为四类：第一类为通用的技术标准；第二类为纺织行业劳动定额通用标准；第三类为各行业的可比用工标准；第四类为各行业的劳动规范，共57项标准。此标准体系的建立为纺织行业劳动定额标准化、规范化奠定了基础。

（六）开展并完善纺织岗位劳动测评工作

为配合岗位技能工资制的实施，按照劳动技能、劳动强度、劳动条件等要素，制定了纺织行业岗位劳动测评标准，并在棉纺织行业首先开展岗位劳动测评工作，共测评了干部202个职位，技术工人157个工种（岗位），辅助后勤工人31个工种（岗位），按照岗位和技能分别进行了排序，并研究了如何与工人技术等级标准、劳动规范、工资标准配套的问题，于1992年下发到纺织岗位技能工资试点企业参考试行。劳动部和各省市纺织部门对此给予了充分的肯定，1992年11月，中国劳动学会定员定额委员会对纺织岗位劳动测评和测评结果授予“科研技术促进奖”，并颁发了荣誉证书。在棉纺织测评的基础上，组织对纺织其他行业的1000多个工种（岗位）进行了测评排序，这项工作为纺织行业实行岗位技能工资制打下坚实基础。

二、改革工资制度，提高工资水平

（一）岗位技能工资制在纺织行业逐步推广

按照劳动部要求，于1991年开始作了大量调查研究，制定纺织行业岗位技能工资制试行方案，先后六易其稿，并确定了22个纺织企业作为地方劳动部门与纺织主管部门联合试点企业。1992年纺织岗位技能工资制试点有了新的进展，在岗位劳动测评的基础上，将企业内部各类人员进行归类排序，按照不同的工种（岗位）确定了工资，试点企业工资标准水平有不同程度的提高。1993年，为总结纺织行业实行岗位技能工资经验，进一步推行岗位技能工资制，组织编写了纺织行业岗位技能工资制运用经验汇编一书。北京第一棉纺织厂试行岗位技能工资制，取得较好的效果，中央人民广播电台于1993年2月在专题节目中进行了播放。纺织行业1992年实行岗位技能工资制企业数为74个，人数为21.32万人；1993年实行岗位技能工资制企业数为196个，人数为73.13万人；1994年实行岗位技能工资制企业数为446个，人数为120.19万人。

（二）纺织行业职工工资水平稳步上升

1992年纺织系统国有经济工业企业职工平均工资为2631元，比1991年提高11.62%；1993年纺织系统国有经济工业企业职工平均工资为3076元，比1992年提高16.91%；1994年纺织系统国有经济工业企业职工平均工资为3925元，比1993年提高27.60%。

（三）积极争取，提高纺织一线艰苦岗位津贴标准

在进行大量调查研究、分析测算的基础上，向劳动部提出提高纺织一线艰苦岗位津贴的报告，1993年劳动部、财政部联合发文正式批准。文件转发到各地后，各地纺织企业主管部门积极争取，据不完全统计，目前已有20多个省、市的纺织企业提高了艰苦岗位津贴。

三、配合纺织产业结构调整，妥善安置富余人员

纺织行业是劳动密集型行业，多年来为解决社会就业、平衡劳动关系等方面作出了贡献。随着近年来纺织行业产业结构调整，有一部分职工从企业中分离出来（目前纺织行业中，富余人员平均在10%左右），因此妥善安置富余人员是纺织劳动工作的一项主要任务。国务院对纺织效益下滑，企业亏损严重等问题非常重视，1994年批转国家经贸委、国家计委、中国纺织总会关于解决棉纺织行业存在问题意见的通知（国发〔1994〕13号），文中针对纺织富余人员指出：“在停工和资不抵债、濒临破产的棉纺织企业中，1993

年底年满45岁以上从事纺纱、织布工作的挡车女工，由劳动部门和企业共同组织培训、推荐就业，其中基本生活确无保障的，经劳动部门批准可以从待业保险基金中适当补贴。”根据这一精神，我会会同劳动部，在上海、江苏等地进行调查研究，广泛征求意见，同年联合颁发《关于促进纺织行业产业结构调整分流富余人员的通知》（劳部发〔1994〕310号）。文件下发后，各地纺织部门积极争取地方劳动部门的支持，兴办劳动力市场，广开就业门路，多渠道安置富余人员就业，使企业安置富余人员的工作有了新的进展。纺织系统职工人数不断呈下降趋势，1992年职工人数为743.48万人；比1991年减少16.31万人；1993年职工人数为712.38万人，比1992年减少31.10万人；1994年职工人数为690.59万人，比1993年减少21.79万人。

四、建立社会保险制度

在各地社会保险部门支持下，各地纺织部门积极进行退休养老、医疗、女职工生育、待业等项保险制度改革。例如青岛纺织工业总公司所属企业建立了个人基本养老保险金，按职工月平均工资收入的2%缴纳。部分企业还建立了补充养老保险基金，根据企业自身经济能力，按企业工资总额3%左右确定具体标准。许多企业进一步完善医疗保险制度，本着企业、职工共同负担的原则合理确定医药费报销比例，适当减轻企业负担。同时，加强医疗鉴定工作，对工伤人员按国家规定致残程度标准逐一进行了鉴定，为工伤保险改革奠定了基础。

五、认真学习宣传《劳动法》，为贯彻实施作好准备

《劳动法》颁布以来，各地纺织劳动部门和企业，通过各种形式认真学习宣传《劳动法》，举办了企业领导、劳动干部等不同层次的学习班、培训班。有的省市采取竞赛的方式，使《劳动法》深入企业、深入车间班组，做到家喻户晓人人皆知。一些省市还根据企业实际，进行讨论研究，分析实施中可能出现的情况和问题，提前作好准备。有的企业还认真对照《劳动法》，对过去制定的劳动工资方面的规章制度进行了必要的清理，废除了一些与《劳动法》相悖的规定。

（中国纺织总会人事劳动部）

中国建筑工程总公司

在社会主义市场经济体系逐步完善、市场竞争日趋激烈、科学技术迅猛发展的形势下，做好劳动工资工作，对调动职工积极性，增强企业活力，提高企业市场竞争能力和经济效益至关重要。三年来，中国建筑工程总公司在国家有关部门指导下，加大劳动用工制度、内部分配制度和社会保险制度改革力度，加强队伍建设，提高队伍素质，搞活内部分配，提高劳动生产率，促进了企业经济效益的大幅度提高。1994年，中建总公司的生产经营又创历史最好水平，国内外完成总产值258亿元，比1993年增长70%，建筑业全员劳动生产率已达到67000元，大大超过全国平均水平。企业综合效益和经济实力也有较大幅度提高。中建总公司在世界250家国际大承包商中，已排名第41位，国内外市场的竞争能力和市场占有率逐步提高，规模优势和集团优势日益明显。

一、坚持弹性用工制度的改革方向，逐步优化队伍结构

（一）坚持“以固定工为骨干、以合同制职工为主体、以外联队伍为补充的弹性用工制度”，及时补充新生力量，优化队伍结构，提高队伍素质。

首先，开辟多方渠道，广泛接受优秀的大中专毕业生，这是中建总公司多年来开发人才和储备人才的主要渠道，是我们人才战略中的一个主要组成部分。1982 年以来，中建总公司系统接收了 22000 多名大中专毕业生，经过几年的锻炼培养，大多数已成为企业的经营管理和技术骨干，改变了干部队伍结构，进一步强化了中建企业的技术优势、人才优势和技术管理水平。每年大量的人才补充，为中建总公司的跨国经营和多产业经营奠定了坚实的人才基础。

其次，逐年减少工人招工规模，特别是土建施工的瓦工、混凝土工、钢筋工、木工、架子工等大路工种。1992 年、1993 年、1994 年的招工人数分别为 5300 人、2968 人、2224 人。

第三，加速人员分流。对现有的自有职工，根据不同情况采取不同的分流方法：对固定工和城镇合同制职工中的一部分高技术工人，通过培训转换到技师、特种工种、十大员等初级管理岗位；把一部分技术工人组成面向社会市场的劳务队伍，参与市场竞争，自主经营，独立核算；把一部分人员通过发展三产转移到多种经营岗位；对一部分老弱病残人员，根据国家有关规定实行提前退休和内部退养；对一部分富余人员鼓励自谋职业，自谋生路。对农民合同制职工进行清理和筛选，技术水平较高、安心于企业的，予以保留，对表现较差、技术水平较低的，依照合同依法辞退。从两年的实践情况来看，人员分流工作政策性强，难度大，短期内难以全部到位。但是，分流工作不抓紧，抓不好，将阻碍企业向智力技术密集型的高层次总承包企业发展，这是一个战略问题。

（二）加强劳务基地建设，清理整顿外联队伍。针对建筑市场竞争激烈、社会建筑劳务市场管理比较混乱的情况，总公司于 1992 年研究制定了《中建总公司劳务基地建设工作要点》，明确规定了中建总公司劳务基地的必备条件、劳务合作的范围和方式，重点明确和解决了劳务基地建设和外联队伍使用的内部管理和体制问题：

1. 明确建点条件。只有总公司、直属工程局及局属公司三级法人才能建立劳务基地，分公司、工程处一级不得自行建立劳务基地。局属公司建立基地须报工程局审批或备案，工程局建立基地须报总公司备案。

2. 净化用工渠道。企业的农村用工（含农民合同工、外联队伍）必须从定点的劳务基地招用，严禁私招滥雇，严禁使用“家乡包工队”、“亲属包工队”。

3. 严格用工权限。外联队伍使用权、劳务合同签定权、劳务费用结算权必须至少上收到公司一级。严重停、窝工企业不得使用外联队伍。

4. 强调用工素质。严格外联队伍的资质审查，不得使用素质差、资质等级三级以下的施工队伍；农民合同工的招收要坚持“考试考核，择优录用”原则，优先招收文化程度高、素质高的技术工人。

5. 控制劳务价格。充分发挥总公司、工程局的宏观调控职能，引入竞争机制，维护企业利益。优先使用素质高、收费合理、合作态度好的劳务队伍，同时，严格劳务费用结算手续，强调劳资部门的归口管理。

总公司每年根据各施工企业当年的生产任务计划和劳动生产率水平，下达当年各单位外联队伍使用压缩量。为促使各单位完成压缩计划，总公司在年初核定下达当年百元产值工资含量包干系数时，预扣一定比例的系数，年终完成压缩计划后，再予补足。

近三年来，直属各企业根据总公司的有

关规定，坚持“城乡结合、定点挂钩、长期合作”的方针，加强劳务基地建设，清理整顿外联队伍，队伍素质和施工生产能力逐年提高，劳动生产率逐年增长，生产规模逐年扩大，完成了一大批高、大、精、尖工程和国家重点工程，取得了良好的经济效益和社会效益。

（三）加强职工培训。建立正常化、制度化、规范化的职工培训，是提高队伍素质的重要保证。多年来，中建企业一直把职工培训列为企业的重要工作，加大培训投入，完善培训办法，讲究培训效果。对企业待业子女，强化就业前培训，提高就业能力；对新招收职工，强调上岗前培训，缩短岗位适应期，加速生产能力的形成；对在职职工，重视岗位培训，提高技术水平，提倡一专多能；对下岗职工着重转岗培训，提高再上岗能力。为了使企业重视和强化培训工作，总公司年初下达培训计划和有关量化指标，并列入企业承包考核指标。为了促进职工自觉接受培训，提高技术水平，每年的职工工资增长，都在考试考核的基础上择优升级。实行岗位技能工资制后，职工技能工资增长和岗位工资升档，都要与职工的技术水平和劳动贡献挂钩。多年来对职工培训工作的重视，提高了队伍素质，增强了中建企业的技术优势和管理优势。

加强工人技师评聘工作。高级技术工人是企业施工生产一线的技术骨干力量。随着建筑业施工管理体制的改革和项目法施工的推行，工人技师的作用越来越突出。在劳动部和建设部的指导下，总公司在加强高级技术工人培训的基础上，深入开展了工人技师评聘工作。为了确保技师质量、避免片面追求数量，技师的评聘，既要求进行应知考试，又要进行答辩和实际操作考核；总公司既下达技师评聘总控制比例，又要求企业评聘指标逐年使用。1992 年评聘技师 180 人，1993 年评聘技师 468 人，1994 年评聘技师 1582 人，到 1994 年底，共有技师 2350 人。这批技师正在不同的岗位上，南征北战，发挥着技术骨干作用。为了调动工人学习技术积极性和技师的工作热情，提高了工人技师津贴标准，工人技师的津贴标准已提高到 40 元、50 元、60 元，高级技师的津贴标准已提高到 80 元、90 元、100 元，并明确规定在技师岗位工作 4 年以上的技师，退休时技师津贴可以作为退休金计发基数。很多工人感到：当工人也有奔头，只要学好技术，对国家和企业的贡献大，同样可以得到较高的报酬。工人技师评聘工作的开展，促进了工人学习技术的积极性，工人参加技术培训的热情大大提高，培训效果明显。

二、全面推行岗位技能工资制

近几年来，中建总公司在工资分配总量上，继续实行百元产值工资含量包干办法。为完善包干办法，建立复合指标挂钩体系，将工资总额与产值、质量、效益等复合经济指标挂钩，刺激和调动企业积极性，强调工资含量的储备，加强工资分配总量的宏观调控。在内部分配上，坚持按劳分配，加强劳动定额管理，工人坚持以劳动定额为分配考核依据，干部的收入与岗位和责任挂钩。

1992 至 1994 年，中建总公司在劳动部的指导下，总结了 1991 年岗位技能工资试点经验，完善了岗位技能工资制试点方案，在中建系统全面推行了岗位技能工资制，建立了企业岗位技能工资正常增长机制。

岗位技能工资制由基本工资和辅助工资组成，基本工资包括技能工资和岗位工资两个单元，辅助工资包括工龄工资、津（补）贴和奖金 3 个单元。工人技能工资分初级工、中级工、高级工，设 9 个等级，干部技能工资分初级管理人员、中级管理人员、高级管理人员，设 16 个等级；工人岗位设 8 个等级，干部岗位工资设 16 个等级，每岗 3 薪。不同规模企业的干部，执行不同的岗位工资等级线和不同的岗位工作标准。

技能工资标准按工资类区划分，每一工资类区内均设3个标准，由总公司根据物价上涨情况和社会工资水平增长情况不定期进行调整。

岗位工资不分工资类区，共设5个标准，人均效益水平不同的企业，执行不同的岗位工资标准。

职工岗位技能工资标准体现了“三倾斜”原则，即向经济效益好的企业倾斜，向企业中的生产经营管理骨干倾斜，向一线的艰苦岗位人员倾斜。

企业实行岗位技能工资制后，国家1979年、1988年、1991年、1992年规定的补贴，以及知识分子津贴、企业原制定的岗位津贴、职务津贴等一律停止执行。

从1993年起，将企业岗位技能工资的增长与企业的经济效益挂钩。每年年终结算后，由总公司根据企业人均效益水平的高低核定企业岗位技能工资执行标准和技能工资、岗位工资的升档升级比例。效益好的企业执行较高的工资标准，职工技能工资、岗位工资多升级；效益差的企业执行较低的工资标准，技能工资、岗位工资少升级或不升级。

通过工资制度的改革，进一步理顺了各类人员之间的分配关系，改善了职工工资收入结构，拉开了企业之间和企业内部各类人员之间的分配差距，体现了按劳分配，调动了职工积极性。同时，以工资改革为契机，促进了企业内部培训考核、定编定员、优化劳动组合，干部聘任制工作和企业组织结构、经营结构的调整，强化了企业基础管理工作。

三、进一步完善系统养老保险工作

中建总公司在总结前几年养老保险系统统筹工作经验的基础上，逐步理顺内部运行机制，健全保险机构，充实业务人员，修订养老保险系统统筹办法，完善养老保险统筹基金的结算与管理，扩大养老保险统筹范围，实行职工个人缴纳养老保险金制度，初步建立农民合同制职工的养老保险和离退休职工的待遇正常增长办法。主要工作如下：

（一）修订了《中建总公司职工养老保险统筹办法》。根据国家“两金合并使用”规定，将养老保险统筹基金提取基数，由原来的固定工工资总额调整为全部职工工资总额，解决了固定工逐年减少、离退休人员逐年增多、养老保险统筹基金提取系数客观上需要频繁调整的矛盾。根据国务院关于“国家、集体、个人三方共同负担养老保险费用”的要求，建立了企业职工个人缴纳基本养老保险基金制度。扩大养老保险统筹覆盖面，统筹单位由原来的9家扩大到22家，统筹对象由原来的固定工扩大到固定工、城镇合同制职工和农民合同制职工。

（二）建立农民合同制职工养老保险。为了稳定农民合同工队伍，调动劳动积极性，我们对中建系统施工企业的农民合同制职工建立了养老保险。本着“以支定收、略有节余”原则，由用工单位和个人共同筹集，定期提取，存入专户，专款专用，使他们老有所养，老有所依，解除了他们的后顾之忧。

（三）调整了离退休金计发办法，初步建立了离退休人员的待遇正常增长机制。实行岗位技能工资制后，作为职工基本工资一部分的岗位工资，在退休时列入基数计算退休金，并随着企业每年在职职工岗位工资标准的调整而相应调整。

1992至1994年，我们在劳动工资工作方面做了一些工作，进行一些有益的尝试，取得了一定成绩，但是依然存在诸多矛盾和困难。突出表现在：自有施工作业队伍依然庞大，人员分流工作难度大、时间长、政策性强，影响企业的加速发展；工资分配中平均主义惯性和物价的高速度增长，阻碍了企业工资改革向“收入工资化、工资货币化”方向发展；如何建立考核科学、管理严格的经营者年薪制，加速企业家队伍建设，建立强有力的企业分配自我约束机制；如何建立个人帐户，改革离退休待遇计发办法。以上这些问题，我们必须加以研究，并在近两年内找出妥善的解决办法，否则，改革将难以深化，企业将难以进一步发展。

（中国建筑工程总公司　谢春台　李百安）

中国石油化工总公司

1992～1994年，中国石油化学总公司把劳动用工、人事、分配、社会保险制度的改革作为转换企业经营机制的重点来抓。在改革的推动下，劳动工作取得了较大的进展，促进了总公司经济效益的增长，职工人数逐年减少，劳动生产率逐年提高。详见下表：

	单位	1992年	1993年	1994年
实现利税	亿元	191	214	235
工业增加值（现价）	亿元	291.71	314.17	431.07
职工人数	万人	69.39	66.54	65.34
劳动生产率	万元/人	4.20	4.72	6.60

在深化企业劳动用工等三项制度改革中，主要抓了以下工作：

一、调整企业结构，积极发展第三产业，分流和安置企业富余人员

根据中共中央、国务院《全民所有制工业企业转换经营机制条例》和《关于加快发展第三产业的决定》的精神，结合石化总公司的实际，于1993年提出了调整企业结构、发展第三产业的基本思路。通过调整企业内部结构，逐步改变机构臃肿、企业办社会的现状，减轻企业过重的社会负担，不断提高企业经济效益，提高企业的劳动生产率，为企业参与国内外市场竞争创造必要的条件，为建立现代企业制度创造条件。

（一）调整企业后勤服务系统，积极开办第三产业

一是将企业中的商店、托儿所、食堂、浴室、宾馆、招待所和文化娱乐、房产、修缮等单位，尽快从福利型、封闭的自我服务，向经营型、开放的社会服务转化，提高经济效益。二是创造条件，将运输、设计、咨询、物资供应、仓储等单位面向社会扩展业务，逐步成为自主经营、独立核算、自负盈亏的经济实体。三是将企业的医院面向社会实行有偿服务，在积极进行医疗制度改革的同时，逐步成为独立核算、自负盈亏的经济实体。

企业兴办第三产业等经济实体，可以是全民的也可以是个体的，可以自办也可以与地方联营，有条件的也可以进行合资合作（包括引进外资）经营和股份制试点。

（二）分离辅助生产系统，分流企业富余人员

对企业的建筑安装、生产检修、机械制造等辅助生产单位，在完善经营承包责任制的基础上，面向社会扩展业务，逐步成为自主经营、独立核算、自负盈亏的经济实体。

对企业办的农场、林场、渔场，积极推行“联产承包责任制”等行之有效的经营管理方式，办成自负盈亏的经营实体。

同时积极兴办各类以安置富余人员为主的集体企业，利用石化产品优势，发展延伸加工、拾遗补缺、修旧利废和各项劳务活动，从深度和广度上发展生产。

通过调整企业组织结构，实行社会化、专

业化管理，分离辅业、发展第三产业工作取得一定成绩。

二、普遍实行了上岗合同化管理，进行全员劳动合同制的试点，改革劳动用工制度

(一)积极稳妥地进行劳动用工制度改革

1992 年总公司召开了有关会议全面部署了劳动用工制度改革工作。一是提出了企业劳动制度改革的目标，即：按照社会主义市场经济体制的要求，在国家有关法律规范下，实行灵活的用工制度，推广合同用工制，打破不同所有制企业职工的身份界线，促进劳动力资源合理配置。通过改革，逐步实现企业自主用人，个人选择职业；建立起职工能上能下、能进能出、双向选择的机制，促进企业经营机制的转换，增强活力，提高劳动生产率，提高经济效益。二是明确了劳动制度改革的主要内容是实行上岗合同化管理和全员劳动合同制。上岗合同化管理是企业内部劳动管理规范化的一种形式。在实行劳动合同制的过程中要加强上岗合同化管理，建立和完善劳动合同管理制度，注重劳动合同的动态管理，促进用人单位和劳动者形成双向选择、合理流动的机制和择优上岗、竞争上岗的机制。三是制订了劳动制度改革的工作程序。按照专业化管理和精简、效能的原则设置机构，确定岗位定员；制定岗位规范；按照岗位规范的要求进行上岗考核；按照各类人员合理配备、整体优化的要求实行双向选择、择优上岗；上岗人员签订《上岗合同》，实行合同化管理，在条件具备时实行全员劳动合同制；实行动态劳动管理，及时调整在岗人员，不断提高在岗人员的素质；定期对合同双方履行合同的情况进行检查；及时总结，认真提出改进措施，使其规范化、制度化。

在 1993 年，总公司所属单位基本实行了上岗合同化管理，为稳定职工队伍，稳定生产，逐步建立竞争上岗、择优上岗的机制创造了条件，为实行全员劳动合同制奠定了基础。

(二)抓好全员劳动合同制试点，认真总结推广试点经验

在普遍实行上岗合同化管理的同时，总公司在上海高桥石化公司进行了全员劳动合同制试点，总结了一套适合石化企业的经验和做法，并在 1994 年全面推广了他们的经验。

高桥石化公司是按照“先搞上岗合同，后搞全员劳动合同”的思路开展工作。首先，制订了《关于实行上岗合同制的管理办法》、《全员劳动合同制实施办法》等十一个文件，明确了改革原则和操作程序。其次，着重抓了考核上岗和竞争上岗工作。在完善管理岗位和生产岗位《岗位规范》的基础上，开展岗位培训和上岗考核。各车间、部门都建立了考核工作班子，对职工技术业务理论和工作实绩进行经常性的考评，记入工作手册或劳动手册。对需要持证上岗的岗位，要求上岗职工必须具有《岗位合格证书》。然后根据岗位定员和考核结果，择优上岗，签订上岗合同。高化公司化工厂，按平时违纪率 2～4%进行“考核低分”下岗。第三，把上岗合同化管理与实行劳动合同结合起来。公司规定第一次因职工个人原因下岗，公司负责安排一次上岗；第二次因职工个人原因下岗，则解除劳动合同。1993 年 4 月，全公司考核下岗的人员达到 387 人，占签订劳动合同职工的 2.62%，其中回家待岗人员 47 人，占下岗人员的 12.15%。实行劳动合同制后，辞职、解除劳动合同 19 人，占下岗人员的 4.91%。

1993 年高桥石化公司共有 14753 名职工与企业签订了劳动合同，其中签长期合同的占 93.73%；短期合同的占 6.3%。改革收到了初步效果。一是规范了企业与职工的劳动关系。使企业在一定程度上有了用工自主权，稳定了职工队伍。二是提高了职工队伍素质。职工增强了对改革的承受能力，初步树立了紧迫感、危机感、责任感；职工中学

习技术的多了，遵章守纪的多了，厂长、车间主任以及班长普遍反映队伍比以前好带了。三是解决了“长期病假，小病大养，吃劳保搞第二职业”的老大难问题。四是改革促进了生产的发展和经济效益的提高。实行合同制的当年高桥石化公司克服外部的诸多不利因素，实现利税 11.74 亿元，比上年增长了 87.7%。

三、完善了工资总量调控办法，实行岗位技能工资制

（一）实行工资总额同经济效益挂钩，建立工资总量宏观调控机制

1992 年总公司对国家实行了总挂钩。在此基础上，按照“分级分类”管理的原则，在系统内部实行了多种形式的工资总量调控办法：对工业企业实行“工效挂钩”；对建筑施工企业实行“百元产值工资含量包干”；对股份制企业实行“按两个低于原则自主确定”；对事业单位均实行年度工资总额包干办法，有条件的单位试行了工效挂钩。初步建立了随经济效益增长而增加工资的机制。

（二）改革企业工资制度，全面实行了岗位技能工资制

到 1992 年末，总公司系统已全部完成了岗位技能工资制转换，基本做法是：

1. 编写职工岗位规范。各单位分别成立了岗位规范编写办公室，抓住岗位调查、岗位目录编写、岗位规范范本制定、岗位规范编写分工、选择岗位规范执笔人、专家审定等关键环节开展编写工作。编制的岗位规范覆盖了企业全部工作岗位。

2. 组织岗位测评，合理确定岗位分类。总公司统一制定了岗位测评方案，举办了岗位测评培训班。各单位组成了岗位测评的专门组织，制定了测评指导材料。经过群众、骨干、专家的测评，经企业平衡后定出了各岗位的排序和岗位分类。根据试点单位测评结果，总公司统一将工人岗位划分为 11 类，将管理和专业技术岗位划分为 13 类，并规定了各类岗位数量的参考比例和标杆岗位。在工作中坚持了实事求是、科学测定与经验评估相结合，对岗不对人等原则，保证了岗位测评工作的进行。

3. 严格上岗考试和劳动实绩考核。由上岗考试、技能水平考试和劳动实绩考核组成的职工劳效评价，是推行岗位技能工资的重要环节。各单位根据《工人考核办法》，制定了《工人考核实施细则》，对考核的种类、考核的内容、考核的方法，作出了具体规定。同时在工人中实行《上岗合格证》、《等级合格证》的双证制度。对于岗位技能工资制转换前的考试、考核，各单位严格按《岗位规范》进行。

实行岗位技能工资后的效果主要有：一是调整了劳动力的合理流向，稳定了生产一线职工队伍，使一线生产岗位、关键岗位及责任重岗位、高技术岗位职工的工资得到明显提高，合理地拉开了分配的差距，克服了劳动力向二、三线倒流的问题。二是激发了职工自觉学习技术业务的自觉性，促进了工人队伍素质的提高。三是促进了劳动工资基础管理水平的提高。

几年来，根据总公司的总体经济效益和分配制度改革的需要，初步建立了职工基本工资调整机制，使岗位技能工资制不断完善。

四、精简机构，改进劳动组织形式，进行“系统操作”试点，实行“五班三运转”

（一）机关缩编减员工作取得进展

1992 年总公司联系石化工业的实际，借鉴国外经验，按照“一个整体”（总公司是一个有机整体）、“两级法人”（总公司、直属企业都是法人）、“三个层次”（总公司、直属企业、基层厂三个层次）的总格局明确总公司与企业的职责与功能。同时对总公司机关的组织结构进行了较大幅度的调整，将具有企业性质的管理部门从机关分离出来，按新体制的要求组建了 11 个直属总公司的专业公司。缩编后的总公司机关人数控制在 300 人

以内。在总公司机关改革的影响下，各企业机关缩编减员工作取得进展。缩编减员的幅度一般在20%左右。

（二）系统操作开始试点

为了使石油化工生产装置的用人水平逐步接近或达到国外同类装置的水平，提高劳动生产率，总公司在1993年开始了进行“系统操作”试点，即在设备装备水平、提高职工技术水平和保证安全生产的前提下，延长操作段，合理合并岗位，由岗位操作改为“系统”操作，提高石化生产的劳动生产率。到1994年系统操作试点已在总公司所属的16家企业的32套生产装置开始进行。扬子石化公司炼油厂加氢一车间试行系统操作后，用工由60人减为40人，增强了巡检的密度，提高了操作精度，稳定了生产工艺，收到了初步效果。

（三）“新厂新模式”开始实行

实行“新厂新模式”，比照国际水平确定机构和定员，是总公司对新建企业的要求。“八五”期间新建的茂名30万吨乙烯工程，其工厂管理模式实行一级管理，不设车间建制，减少了管理层次。各装置只设一个装置长和一个助手，厂部设13个职能处室。检维修实行专业化，依托专业安装公司；后勤服务依托社会。企业定员由原来的11000人降到3000人以内。辽化公司二期工程，总定员由原来的6000人减至3000人以内。安庆晴纶厂总定员由原来的3000人减至1500人以内。

（四）普遍实行了“五班三运转”，缩短了石化生产岗位的工作时间

石化生产岗位原来普遍实行“四班三运转”的工作方式，平均每周工作时间为46小时。为了适应缩短工作时间的要求，减轻石化主体生产职工的工作强度，总公司在全系统推行了“五班三运转”，即在不增加企业定员和保证安全生产的前提下，采取提高职工技术素质，减少每班在岗人数的办法，由“四班三运转”逐步改为“五班三运转”。实行“五班三运转”后，职工平均每周工作时间由原来的46小时缩短为38.5小时，受到了倒班职工的拥护。到1994年已有80%以上的石化生产岗位实行了“五班三运转”，为普遍实行每周五天工作制创造了条件。

五、企业职工普遍参加地方的基本养老保险统筹，进行企业补充养老保险试点

（一）石化总公司所属单位参加了当地的养老金的社会统筹

1991年国务院发布了《关于企业职工基本养老金改革的决定》，总公司就制订了企业职工的基本养老保险“属地管理”的原则。总公司所属工业、建筑企业均参加了所在地的养老金社会统筹。

（二）部分企业建立了补充养老保险

为了积极稳妥地推进养老保险制度改革，稳定职工队伍，增强企业的凝聚力，吸引人才，促进石化支柱产业的建设，从1993年开始部分企业建立了企业补充养老保险和职工个人储蓄性养老保险。

1. 企业补充养老保险遵循了与“企业经济效益”相联系的原则，激励职工关心企业的经济效益。为鼓励职工积极参加个人储蓄性养老保险，将企业补充养老保险与个人储蓄性养老保险相结合起来。

2. 补充养老保险金的存储办法，一般采取了按本人年工资总额的一定比例定期存储的办法。企业补充保险的水平一般在职工工资额的3～5%。

除养老保险制度改革外，总公司所属单位还参加了所在地的失业保险。个别企业参加了社会医疗保险制度改革的试点。

总之，1992年至1994年是石化总公司的劳动用工、工资分配、保险制度等方面的改革取得了较大进展的3年。这3年的努力，也为今后搞好各项改革工作奠定了基础。

（中国石油化工总公司人事教育部　陈家涛　傅兴顺）

中国船舶工业总公司

1994年，在邓小平同志建设有中国特色的社会主义理论和党的基本路线指引下，船舶总公司从“抓住机遇、深化改革、扩大开放、促进发展、保持稳定”的大局出发，坚持以深化国有企业改革为重点，推进各项配套改革。在完善宏观管理体制，加大结构调整力度，强化管理和推动技术进步，提高企业的整体素质和效益，妥善处理改革、发展和稳定的关系等方面做了大量工作，取得显著成效。1994年造船产量突破160万吨大关，比1993年造船产量提高24.2%。在1994年，劳资战线的同志们积极进取、尽职尽责、兢兢业业，为劳动、工资、社会保险三项制度改革的顺利推进作出了突出贡献。

一、基本情况

船舶总公司现有职工297079人，其中工业企业职工人数为249115人，分别比1993年下降了0.67%和0.73%。1994年企业技术工人总数为144952人，初、中、高级工的人数比例分别为19.56%、54.65%和25.79%。企业中现有技师1735人，高级技师99人（其中1994年评聘技师114人，高级技师59人）。分别占评聘技师范围内技术工人总数的1.51%和0.086%，劳动管理人员总数为1396人，具有大专及以上学历的占32.31%，中专、高中学历的占42.26%，初中及初中以下的占25.43%。在劳动管理人员中，35岁以下的占23.50%，35至50岁的占56.52%，50岁以上的占19.98%。

二、劳动制度改革方面

1994年，船舶总公司以推行全员劳动合同制为试点，大力推行上岗合同制为手段，合理调整劳动组织、提高职工队伍素质为目标，深入学习和贯彻《中华人民共和国劳动法》为主线，积极、卓有成效地开展了劳动制度改革。

1994年初，青岛北海船厂根据船舶总公司和青岛市地方人民政府的要求，积极稳妥地开展了推行全员劳动合同制的试点工作，这是船舶总公司实行全员劳动合同制的第一家。1994年3月28日，船舶总公司孟辉副总经理代表王荣生总经理与北海船厂厂长和党委书记正式签订了劳动合同。以后，又有山海关船厂和大连船用柴油机厂相继实行了全员劳动合同制。至此，船舶总公司实行全员劳动合同制试点工作结束。虽然实行全员劳动合同制的企业较少、人数不多，但影响很大，不仅为船舶总公司在系统中全面推行全员劳动合同制奠定了基础，而且也为今后开展这项工作积累了很多有益的经验。3个厂积极进取的精神得到了船舶总公司领导的高度赞扬。

为了配合劳动合同制的实行，船舶总公司系统内很多厂积极主动地开展了签订上岗合同的工作，并把这项工作作为一种手段，与通过签订上岗合同达到合理调整劳动组织、提高职工队伍素质，有益于企业发展和经济效益提高，有益于更好地使企业走向市场，完成向现代企业制度过渡。在1994年9月召开的船舶总公司企业三项制度改革经验交流会上，不少在这方面工作开展较好的企业做了经验介绍。在签订劳动合同的同时，企业与职工签订上岗合同，进一步明确职工的工作岗位和职责，把劳动合同的内容进一步具体化，无疑是一种很有益的探索。

1994年7月《中华人民共和国劳动法》颁布以后，船舶总公司马上组织人员参加了劳动部举办的《劳动法》学习班。船舶总公司领导提出：《劳动法》是保护劳动者合法权益，调整劳动关系的一部大法，必须认真学习并深刻领会。为此，一方面船舶总公司人事教育局内部专门组织了学习；另一方面通过下发有关文件、办学习班等不同形式宣传贯彻《劳动法》，请劳动部、全国总工会参与《劳动法》起草的有关人员专门授课，讲解《劳动法》。截止1994年底统计，船舶总公司共举办《劳动法》骨干培训班四期，参加学习的人员有150余人。船舶总公司系统内的很多单位还专门选派了劳资、教育、工会方面的同志参加地方组织的《劳动法》学习。在培训骨干的基础上，在本单位内通过广播、报纸、板报、宣传栏等广泛宣传，层层培训，深刻学习和领会。不少企业的领导干部带头学习和宣传《劳动法》，使企业的宣传贯彻工作搞得有声有色，一些企业已做到《劳动法》人手一册。为了配合《劳动法》的学习和宣传，《中国船舶报》专门连载了《劳动法》的系列学习讲座，共计13期、约3万字。1994年是船舶总公司《劳动法》的宣传年，1995年将进入全面贯彻实施阶段。

1994年，船舶总公司共评聘高级技师59人。同年，在湖南张家界组织了有20名高级技师参加的疗养活动，受到企业和高级技师们的欢迎。

根据劳动部的统一布署，经过五年多的努力，完成了全国工种分类目录“船舶工业”部分和《船舶工业工人技术等级标准》(83个工种，其中35个工种为船舶总公司标准)。新的《船舶工业工人技术等级标准》采用了现行通用的初、中、高三级制，并对每个工种的定义、知识要求、技能要求和工作实例的内容以及技术等级的设定都有了明确、规范的规定，为企业更好地开展工人考核工作确定了基础标准。

三、劳动定额管理方面

1994年，船舶总公司劳动定额管理方面的主要工作是：紧紧围绕为企业合理调整劳动组织提供依据和标准，更好地为提高造船产量提供服务这个中心开展工作。

1994年，在研究如何提高造船产量的同时，从劳动定额方面积极探索了在实行壳舾涂一体化、区域造船时，如何进行劳动组织、人员的合理安排，劳动定额标准如何适应新造船法的需要，在工时利用方面如何实现高效率、高效益的问题，编制了船舶制造元单位时间定额标准，推广了江南造船厂和大连造船厂开展造船工时目标预控管理的办法，受到很多厂的好评。

同年，培训劳动定额员25人，评审计算机劳动定额应用软件27个，向全国劳动定额定员学术研讨会推荐近10篇学术论文，其中江南造船厂和沪东造船厂人员撰写的两篇学术论文获奖。

四、工资制度改革方面

1994年企业工资制度改革方面的主要工作是：根据国家的有关精神，改进和完善企业工资总量宏观调控机制，建立工资总额提取和使用计划报备案、检查制度，改进并完善工资总额同经济效益挂钩办法，进一步落实企业内部分配自主权，指导企业采取多种形式搞活内部分配，积极探索企业厂长实行年薪制办法，加强和改进劳动工资统计方法。

目前，船舶总公司所属企业中已有80%以上的企业实行了工资总额与实现利润挂钩，少部分企业仍在实行与净减亏额挂钩办法。结合贯彻落实国家有关文件精神，船舶总公司对工效挂钩办法进行了充实和完善。如取消了分档计提新增工资，下浮工资最多不超过20%的规定，逐步将工资基数外的单列项目纳入工资基数等，对进一步调动企业积极性起到很好的作用。同时，从《全民所有制工业企业转换经营机制条例》(以下简称《条例》)中的“工资总额增长幅度低于经济效益增长幅度，人均实际工资增长幅度低于全员劳动生产率增长幅度”(“两低于”)原则入手，制定了《加强和完善企业工资总额宏观调控的实施意见》,建立起企业工资总额提取和使用计划报备案、检查制度。围绕贯彻落实《条例》精神，对企业下放了正常升级等权限，在做好调整工作内容和重心，做好服务、规划、监督工作的同时，以推行岗位技能工资制为契机，将企业内部分配制度改革推向深入，要求企业在分配上向一线工种苦、脏、累、险人员，工程技术人员和为企业发展作出突出贡献的人员倾斜，以利于企业的发展和职工队伍的稳定。对企业厂长实行年薪制工作也在进行大量的调查研究和深入分析、测算基础上制定了初步方案。

根据劳薪字〔1993〕1号文件的规定，为了进一步理顺工资关系，强化工资的保障和激励作用，结合船舶工业管理职能的特点制定了《中国船舶工业总公司管理机关岗位效益(业绩)工资方案》。在报经劳动部批准后，已于1994年平稳过渡到了新工资标准。岗位效益(业绩)工资是以按劳分配为原则，以劳动技能、劳动责任、劳动强度和劳动条件等基本劳动要素评价为基础，以岗位效益(业绩)工资、工龄工资为主体的基本工资制度。它由岗位工资、效益(业绩)工资、工龄工资、奖励工资四个部分组成。它把工资晋升与行业经济效益紧密结合起来，较好地体现了效率优先、兼顾公平的原则，有利于调动职工的积极性，促进行业经济效益的提高。

1994年事业单位工资制度改革的主要工作是：根据国务院国发〔1993〕79号文和国办发〔1993〕85号文件精神，全面完成船舶总公司系统事业单位工资制度改革，试行事业单位工资总额与经济效益挂钩办法，加强事业单位职工人数和工资总额计划的执行和检查。

1994年事业单位的工资制度改革，是建立在根据建立社会主义市场经济体制的要求，实行机关与事业单位工资制度相互脱钩，建立符合机关、事业单位各自特点的工资制度的基础上，强调体现建立正常增资机制，充分体现尊重知识、尊重人才的方针，进一步贯彻按劳分配、克服平均主义，努力适应社会主义市场经济发展的需要，按照综合配套的要求进行的不同于以往调资的改革。按照国务院有关文件精神，根据船舶行业的特点，深入调查研究、大量测算，制定了详细的实施方案和实施细则，对不同人员加以区别对待，终于顺利完成了这项工作。

根据教育体制改革的有关规定，在船舶总公司所属院校推行了以教育目标责任制为核心的综合配套改革。工资制度改革作为一个方面，其具体做法是：在保持国家现行工资制度固定部分不变的前提下，根据岗位设置所承担工作量的多少和考核结果，实行浮动的校内岗位工资和效益工资。效益工资通过“月评季奖”的模式直接与考核结果挂钩。岗位工资每年根据考核成绩，调整聘任等级，根据教学量和质量评估结果发放。这些做法较好地体现了学校的特点，发挥了活工资的激励作用。

船舶总公司参加事业单位工资总额与经济效益挂钩试点的单位有6个，根据技术经济承包责任制的办法，船舶总公司于1992年率先同勘察设计行业的三个单位签订了工资总额与经济效益挂钩合同，在此基础上批准了三个开发性科研院所参加上海市的工效挂钩试点。从1994年运行情况看效果良好。

加强事业单位职工人数和工资总额的执行和检查，主要通过协调国家人事部有关规定与各单位在工资改革过程中，由于所处的地方不同、各地具体政策不同所带来的差异，以及强化指标管理和统计报表制度来实现。

五、职业培训方面

1994年职业培训方面的主要工作是：重点抓好技工学校建设和教师队伍建设，推动在职工人培训，技工学校教材编写、出版工作和高级工培训计划、大纲和教材编写，坚持先培训后上岗，先培训后就业的原则，重点突出在提高技能水平方面。

船舶总公司现有技工学校44所，1994年毕业技校生3082人，除极个别分配到城镇集体企业和乡镇三资企业外，绝大多数充实到了企业生产第一线，在一定程度上弥补了企业生产技术工人因退休、下岗等原因造成的不足。在完成教学任务的同时，技工学校还承担了在职工人培训任务，共培训人员6015人，培训军地两用人材和开展就业前训练人员330余人。为加强技工学校相互联系，1994年还举办了技校校际协作会，收到了较好的效果，加强了相互间的了解，交流了经验，促进了校际间的交流与协作，有23位校长被评为总公司优秀技工学校校长。

1994年企业工人培训人数达到51520人次，其中参加技术等级（初、中、高）培训的有16437人次。岗位培训（含班组长培训、技术工人培训和其他工人培训）参加人数为20124人次。适应性培训（含部分技师、高级技师及其他技术工人培训）达14959人次。在一定程度上提高了职工队伍文化水平和技术素质，船舶总公司企业目前职工平均学历水平达到10.6年。

1994年，船舶总公司先后出版了船舶电焊工、船舶装配工、船舶钳工、船舶管系工、船舶电工、船舶木塑工6大工种中级工培训教材。船舶电焊工、船舶装配工、船舶钳工、船舶管系工、船舶电工等5大工种高级工培训教材计划大纲已审定，教材进入编写阶段。

六、集体企业发展方面

船舶总公司系统现有123个单位兴办了劳服企业，其子公司达560多个，现有职工近35000人。1994年，船舶总公司劳服企业在公司党组、地方有关部门和主办单位的领导关心、支持下，依托造船行业的优势，积极贯彻“面向造船，为振兴船舶工业服务；面向社会，为现代化建设服务；面向市场，为发展和繁荣第三产业服务；面向待业，为发展、改革、稳定服务”的“四个面向、四个服务”方针，根据船舶工业劳动密集的特点，结合与主办单位的“血缘”关系，大力发展集体经济，拓宽就业渠道。现在已从组织简单劳动，进行生产自救的安置型企业，发展成具有产品开发、船舶修造、钢结构建造、机电制造、安装等能力，生产经营范围涉及第一、二、三产业的多种经营的实力型企业。1994年，船舶总公司系统劳服企业生产经营总收入达8亿元，创利税5500多万元，出口创汇达数百万美元。同年还安置富余人员950多人，安置待业青年910多人。

1994年是我国劳服企业创办15周年，借此机会，在船舶总公司系统内开展了劳服（集体）企业创业15周年宣传活动，通过开报告会、撰写创业史等活动，向社会、向主办单位进行宣传，争取各级领导的支持和了解；通过各级管理机构，协调好与地方的关系，争取给予优惠政策。1994年，在船舶总公司劳服（集体）企业中首次开展了劳动模范的评选工作，共评选出劳动模范16人。这次活动极大地激发了劳服（集体）企业工作的全体职工的劳动热情和工作干劲，收到了很好的效果。

1994年，船舶总公司劳服（集体）企业成功地筹备、参加了由国家经贸委、中国贸促会和劳动部联合举办的有27个省（自治区）、直辖市和10个部委的150多个单位参加的首届全国城镇集体经济45周年成果及劳动就业服务企业15周年成果展览会。船舶展台在这次展出中，得到了国家领导同志的高度赞扬和参观者的一致好评，有15位部级以上领导同志参观和签名留言。凭借展出设计、展出组织、展出效果和精神文明建设等方面的优势，船舶展台获得了大会颁发的最高荣誉奖——一等奖。这不仅是船舶总公司劳服（集体）企业的荣誉，也是船舶总公司的荣誉。通过这次展览会，提高了劳服（集体）企业的地位，展示了劳服（集体）企业在我国改革、发展中通过深化改革，走自我发展、自我完善的道路所取得的辉煌成就。

（中国船舶工业总公司人事教育局　任绍光）

劳动体制改革专文

农村剩余劳动力转移的现状分析和对策建议

（1994 年 4 月）

一年一度的“民工潮”，已成为各级政府和社会各界极为关注的热点，其实质是农村剩余劳动力的转移和开发就业问题。党的十四届三中全会决定中明确提出，要积极鼓励和引导农村剩余劳动力逐步向非农产业转移和地区间的有序流动。本文在进行深入调查研究和大量实地考察的基础上，提出贯彻落实中央这一精神在实践中存在的问题和需要研究制定的政策措施。

一、农村剩余劳动力的转移进入一个新阶段

1992 年以来，随着改革步伐加大和经济发展速度的加快，农村剩余劳动力转移出现了一个新的高潮，主要有这样几个特点：

其一，转移规模增大，产业结构出现较大变化。

五省区农村剩余劳动力转移在近两年均呈现大幅度递增的趋势。两年中新转移到非农产业的劳动力，四川为 260 万、广西为 180 万、湖南达 200 万，年均转移量均超过有史以来最高纪录。调查中，转移最快的是城郊较发达地区，如成都市、长沙市城郊的大部分县、乡、镇，不仅现有的剩余劳动力均转移完毕，其兴办的乡镇企业还吸收了大量外乡、外地的劳动力；转移速度居中的是传统农业地区，如四川广安地区、贵州黔东南州等，农村剩余劳动力的利用率已超过 60%；一些贫困地区、边远山区的转移工作虽然是近几年才开始的，如广西百色地区、云南弥渡县等，但其对剩余劳动力的开发利用率已达 20%。五省区非农就业的比重也发生了较大变化，1993 年与 1991 年相比，从事二、三产业的劳动力，湖南上升了 8 个百分点、四川上升了 6 个百分点。由于从事非农产业人员增多，农民人均纯收入逐年提高，1993 年与 1991 年相比，贵州和湖南上升 6 个百分点、广西上升 16 个百分点。

其二，转移的形式更加多样化，乡镇企业成为主渠道。

在这次转移高潮中，集体、个体、联户、家庭等多种经济形式和各种生产组织方式都充分展现了作用。五省区的乡镇企业均摆脱前几年的徘徊不前，实现了新的突破，乡镇企业吸纳的农村剩余劳动力，一般都占总转移量的 50%以上。如湖南强调把乡镇企业作为全省经济工作的第一件大事来抓，在大力发展起点较高企业的同时，放开个体联产企业，使乡镇企业产值实现了 70%的增长；四川省近两年大力增强对乡镇企业的资金投入和政策扶持，1993 年产值增长 95%，从业人员增加 23%；广西出台一系列扶持乡镇企业的措施，使产值增长 1.48 倍，从业人员增加 25%。

其三，城乡间劳动力流动频繁，劳务输出发挥重大作用。

与前十年的转移情况相比，四川、湖南、贵州、广西四省区跨地区劳务输出的迅速扩大最引人注目。这一方面是由于沿海地区经济的高速发展，需要输入大量内地劳务价格较低的劳动力，珠江、长江三角洲与沿海发达地区及部分中心城市已成为内陆劳动力的主要流向；另一方面，则是内地农村剩余劳动力在比较利益的驱动下，追求比就地种田更高的收益，比就近办企业更便捷的出路。劳动者的自主参与和地方政府的鼓励支持，使跨地区劳务输出的规模不断扩大，最突出的是四川和湖南两省，1993年输出省外的民工分别达到500万和400万，当年净收入达到100亿和80亿元。贵州省六年前输出第一批100名民工没到目的地就跑回了80多人，而1993年这个省已成功地输出了100万。中南九省区劳务协作、华东十省市劳务协作近两年都在扩大有组织的输出和疏导"民工潮"中发挥重要作用。同时，在四川、湖南、广西等地均出现外出民工在学到技术、积累一定资金后，"打道回府"办企业、搞项目，振兴家乡经济的新气象。

其四，政府积极参与并加强指导，扶持推动作用明显。

与80年代以自发分散为主的转移情况相比，近两年各级政府的主动参与和推动作用明显加强。许多地方领导已尝到劳动力转移在脱贫致富、发展本地经济中的甜头，因此不断加强工作指导和政策扶持，使转移的方向更加明确，措施力度也不断强化。四川、湖南、广西的一些市、县都制定了农村剩余劳动力转移的中长期计划，将这项工作列入政府目标责任，纳入重要议事日程；四川、广西还成立了专门指导农村劳动力开发就业和转移工作的领导小组，由省负责同志挂帅，各有关部门协调配合，加强对这项工作的领导；云南结合本省实际，提出平坝带山区、城市带农村、国有企业带乡镇企业的方针；湖南将解决大量剩余劳动力的出路作为本省农民增收、奔小康的重大战略任务，在农业综合开发、乡镇企业发展、小城镇建设和劳务输出等方面加强规划和政策措施的力度。各地政府及有关部门还加强了对跨地区流动民工的疏导、组织管理和服务工作，1994年春节期间在民工流动量大于往年的情况下，保持了较好的社会和交通秩序。

总之，从五省区情况看，在90年代新一轮的农村剩余劳动力向非农产业的转移中，政府的指导加强了，转移的渠道逐步稳定并不断拓宽，农村劳动者的自觉参与和组织化程度也有所提高，转移对社会经济发展产生的效益正在逐步显现出来。

在调查中，我们也发现一些不容忽视的矛盾和问题。有的属于劳动力供求及转移本身的内在矛盾，有的属于贯彻落实中央有关部署中出现的新问题。主要体现在六个方面：

一是农村剩余劳动力转移的速度明显低于新生劳动力的增长速度。根据五省区预测，从1994到2000年的七年中，农村新增劳动力2200万，加上目前尚未转移的存量2700万，共计4900万。如果按照前五年平均速度转移，七年中最多转移1700万，因此如不能加快转移速度，到本世纪末五省区农村劳动力剩余量将达到3200万。以此推算，在全国农村将形成1.5亿的剩余劳动力大军，它与城镇日愈增长的失业人员队伍一道，将构成对社会、经济的巨大压力。

二是农村劳动力素质偏低，已成为实现转移的重大障碍。

四川和云南两省农村劳动力中，文盲半文盲分别占25%和33%；五省区转移劳动力中受过培训的不足20%。目前，在乡镇企业从业和出外打工的成功者绝大部分具有一定文化程度，而一些失败者和目前尚未转移的劳动力中，文盲半文盲居多，缺乏职业技术和就业能力，直接影响这批人向非农产业转移和自主创业。

三是农业生产波动较大，主要原因并非由于劳动力的转移，而是政策没有到位，不够落实。

农产品价格低，而农用生产资料价格上涨，"剪刀差"加大和农民负担加重，使农村劳动者从事农业生产的积极性受到严重挫伤；加上大量耕地被占，对农业生产的资金投入少，出台的有关扶持保护政策很难到位，农业生产发展后劲不足。如果农业稳不住，劳动力转移的基础会丧失。

四是农村剩余劳动力的转移向工业倾斜过多，结构已呈现新的不合理。

五省区转移到非农产业的劳动力中，第二产业占70%～80%，其中八九成为工业，相对来讲，第三产业的就业比重基本没有增加。如贵州转移的劳动力集中在采矿、冶金等原材料型行业中，效益不高，吸纳就业也有限。

建设小规模“农民城”。当前的紧迫任务是抓好规划和落实，国务院应指定一个部门牵头，各有关部门配合，抓紧规划设计小城镇。

五省区均是以传统农业为主的地区，农产品资源丰富，劳动力充裕，而资金、技术相形见绌，适合于更多发展劳动密集型的第三产业和以农副产品为原料的加工业。而像目前这样大量搞工业制造业，不仅不利于优势的发挥和吸纳更多剩余劳动力，还可能导致大量低水平的重复生产，形成新的结构性矛盾，重蹈城市产业布局已走过的弯路。

五是乡镇企业发展遇到较大困难，影响扩大吸纳劳动力。

其一是国家扶持减弱，有关政策不到位；其二是中西部大多数地区正处于起步发展中，但缺乏应有的推动力和相应的优惠政策，使云南、广西、贵州等少数民族居多的山区，在乡镇企业刚刚起步时就处于难以维持的境地；其三是乡镇企业运行中一些问题开始暴露，或作为地方政权附属物，或维持家庭作坊的分散经营方式，或套用国有企业老模式，都成为制约乡镇企业发展的内部障碍。同时，乡镇企业的市场应变能力和管理技术水平的不适应日益明显，亟待提高。

六是城乡就业不够协调，城乡分隔的体制弊端与劳动力流动中的盲目无序同时并存。

一方面，城市就业制度改革和劳动力市场发育的现状尚不能适应劳动力流动和配置的需要；另一方面，劳务输出的组织化程度过低，带来的问题不少，五省区有组织的劳务输出以湖南最高(约占45%)，其他省较低(只占10%～15%)。1994年春节后，四川、贵州、湖南境内各枢纽站均发生大量民工集聚滞留，超过运力十倍或几十倍，形成巨大社会压力的情况。据调查，其中60%以上为新出来的民工，有30%的去向无明确着落。同时，由于乡镇就业服务网络没有建立，服务管理跟不上，户籍管理制度、土地使用制度的改革滞后，使劳动力的合理有序流动难以实现。

二、采取切实的政策措施，积极做好农村剩余劳动力的转移工作

我们建议在以下十个方面制定和实施相应的政策措施，大力促进农村剩余劳动力转移工作：

(一)将农村劳动力开发就业和转移工作作为重大战略任务，列入国家和各级政府的国民经济和社会发展规划。

在摸清劳动力资源和掌握剩余劳动力动态变化的基础上，找准劳动力消化和转移的出路和渠道，确定与经济发展水平相适应的长期、中期和年度转移规模、速度和目标(年度平均转移量拟应超过劳动力增长的10%～15%)，并制定相应的对策措施和物质、资金支撑条件，建立各级政府的目标责任制和各部门分工合作的工作体制，并发挥各级人大和政协的作用督促落实。国家在制定“九五”规划时将此列为重点内容，并总结推广四川、湖南等省及有关市、县加强对这一工作统筹规划、指导落实的经验，以使转移的工作从被动转为主动。

(二)将农村剩余劳动力的消化与农业的深度广度开发紧密地结合起来。

保证农业基础地位是中央确定的长期方

针，通过组织利用剩余劳动力进行农业深度、广度开发，是落实这一方针的重要方面。在开发"五荒"、发展"两高一优"农业、全面发展农林牧副渔等方面，应注意以下几个问题：一是开发"五荒"资源要强调统一规划与分散经营相结合、合理开发与整治环境相结合、劳动积累和自筹资金结合，推行股份合作制，建立开发的投资、经营、承包、转让与受益挂钩的机制；二是发展各类农产品基地要强调与市场需求对路，进行市场调查和论证避免盲目性，并推动这些生产基地逐步向农产品深加工，多次增值和贸工农一体化、产加销"一条龙"发展；三是解决好农田基本建设与水利、道路、造林等方面投入不足和效益不高问题，国家必要的投入更多地用"以工代赈"的方式进行，对集体和个人投工要确定数量和质量标准，与个人收益挂钩，提高积极性，保证质量；四是要鼓励以公办民营和民办的形式发展农村社会化服务体系，确定有偿服务的规范，为从事农业生产的劳动者及时提供信息、技术和产前、产中、产后服务。

(三)将农村剩余劳动力转移与发展劳动密集型行业为基础、相应技术为导向的乡镇企业群体结合起来。

为了使乡镇企业健康发展并继续发挥其转移劳动力的主渠道作用，在贯彻国家发展乡镇企业的政策时应注意以下几个问题：一是继续提倡多种形式并存、多个轮子并转、多种产业发展，同时对从事农副产品深加工、工业产品扩散和第三产业的乡镇企业，应给予资金、税收方面的鼓励和优惠政策，以利整体产业结构调整。二是加快企业实行股份合作制的进程，要求新建企业应尽可能实行股份合作制，对老企业改制要积极引导，并着重加强管理者培训，抓好试点，逐步推广；在老少边穷地区，为鼓励企业多吸收劳动力，对这类企业的集资应予放开，并按企业安排剩余劳动力的数量及平均收入状况给予税收、贷款方面的优惠。三是对于中西部乡镇企业的发展，国家的扶持政策和资金一定要保证到位；同时，鉴于民族地区、贫困山区乡镇企业刚刚起步，实行新税制要考虑企业休养生息。

(四)将劳务输出作为一个产业来发展。

劳务输出是运用劳务形式在劳动力流动中实现生产要素的合理配置，是第三产业的重要内容，要作为一个系统工程，抓好五个环节和三个网络。五个环节：一是建设劳务输出基地，实行资源管理、培训准备和输出服务一条龙作业；二是完善劳务输入基地，实行按需流动、发证管理和权益保障的系列工作；三是搞好流程服务，对于劳动力跨地区流动的劳务合同、往返旅程、社会保障等实行全方位跟踪服务；四是做好常年工的稳定工作，对于已基本稳定在外地城镇就业的人员，应允许当地登记为常住户口，享受当地居民各项权利、权益；五是对回归原籍、自带资金和技术办企业、搞开发的人员，给予鼓励扶持，吸引他们回乡，为小城镇建设和乡镇企业发展贡献力量。还要建立三个信息服务网络：一是乡镇劳动服务站，负责掌握劳动力资源，组织培训和输出；二是跨省劳务输出工作站，负责与劳务输入基地沟通，做好服务；三是区域性劳务协作网，负责省际间劳务信息沟通和协作。建立这样一个产业，需要必要的投入，国家应建立劳务输出基金，并在政策上给予支持。

(五)将农村剩余劳动力转移与扶贫工作更好地结合起来。

在落实国家"八七"扶贫攻坚计划时，要专题考虑自然条件极差、资源贫乏或没有开发前景的地区的脱贫途径。为避免重蹈光有投入而无效益的失败之路，应着重考虑制定就业迁移和移民战略。目前，要大力推动和促进这些地区的人员出外打工，实行就业扶贫，并在扶贫资金中划出一部分用于搞输出的培训和组织服务；也可以把劳动力移到可开发生产的地区，或承包土地开发农业，或兴办见效快的项目和企业，创造稳定的生活条件后进行移民，并使原居住的地区还林、还草、还牧。总之，应采取国家指导、社会服务、劳动者自主迁移的方针和政策，把劳动力转移作为这类地区脱贫致富的主要方式，抓好试点，总结经验，逐步推广。

（六）将农村剩余劳动力转移与发展小城镇紧密地结合起来。

小城镇是我国农村剩余劳动力转移的主要集散地和乡镇企业规模经营的基地，应从三个层次同时入手：一是扩展三百多个小城市，使其容纳农村剩余劳动力；二是培植两千个县城，建立新的城市基地，吸收农村剩余劳动力；三是在五万个乡镇中选择交通条件好、具有市场功能和建城基础的几千个集镇，建设小规范“农民城”。当前的紧迫任务是抓好规划和落实，国务院应指定一个部门牵头，各有关部门配合，抓紧规划设计小城镇建设体制、产业和乡镇企业布局、户籍管理制度、就业和社会保障制度，以及相关的城镇土地租用、农村土地流转制度等，把加快小城镇建设积极推向实施。在发展小城镇的过程中，既要注意克服以往行政建城、工业立市的老框框，又要防止一哄而起；注重搞好流通，发展三产，建设多种商品和要素市场。为有利于转移农村劳动力，小城镇的新增人口应以自主就业和投资开发为基本条件。

（七）扶持能人、培训能人、吸引能人，带动农村劳动力整体素质的提高。

农村劳动者中有一批能人，他们办企业、搞项目、出外打工、经商的成功率较高，并且对当地群众有典型引路作用，充分发挥这批能人的作用，对促进劳动力转移有事半功倍的作用。要制定相应政策措施，扶持鼓励能人承包土地、从事农业规模经营、带头办厂搞企业、带队外出打工和回乡发展生产。要大力表彰他们勤劳致富，宣传他们的道路和方法；同时，加强对他们的培训，提高素质，并引导他们遵纪守法，更好地发挥作用。当前还应将有限的培训资金和力量集中起来，在回乡中学生、复转军人中培训一批新的能人。有条件的地区应在农村中学搞“三加一”，加强职业技术培训。还要制定一些吸引城市技术人员和技术工人的政策，鼓励他们采用多种形式支农，帮助乡镇企业生产。

（八）保证相应的资金投入。

国家财政拨付的就业经费应考虑城乡就业两方面的需要，增加额度。目前，国家已确定的农业生产综合开发资金、扶贫资金、中西部乡镇企业贷款等与劳动力转移密切相关的资金都应保证到位落实，并加强管理监督，允许按照统筹安排、渠道不乱、相对集中、配套使用的原则，将有关资金捆起来使用，以便在一个时期集中财力物力办好一件事。应进一步提倡运用社会集资办企业、办事业，特别是对乡镇集体企业安排就业，允许带资就业，制定对社会集资的使用、偿还的规范和逐步过渡到股份合作制的办法。对农村信用社和合作基金会应还其本来面目，坚持自愿自主、自负盈亏和民主管理，坚持服务农民、服务社区。

（九）加快土地使用制度改革。

在国家土地使用规划的大盘子中应确定基本农田保护区、生态资源保护区、农村城镇规划区及农村住宅规划区，用法律形式定下来，对随意改变者要追究法律责任。本着明确所有权、稳定承包权、搞活使用权的原则，允许和鼓励农村依法有偿转让土地承包权。对外出打工者，可实行“两田制”，保留口粮田，转让责任田，明确相应税费负担的承担者；也可完全转包。对取得小城镇常住户口的人员，一律要退出农村承包地和自留地。对开发“五荒”的集体、个人应落实开发与受益挂钩，长期不变，允许转让的政策。对种田能手承包租用的田土应实行用地养地有机结合，国家扶持其对田土改良的投入，并承认增值部分。对于建设小城镇所占用耕地，有偿转让费用可作为产业资本或个人投份，解决转让者就业问题。同时，要抓紧研究脱离土地从事非农产业劳动者的社会保障问题。

（十）抓好试点，研究制定大政策；搞好宣传，统一全社会认识。

为探索不同条件地区劳动力转移的途径和研究制定国家指导这项工作的宏观政策，劳动部、农业部、国务院发展研究中心联合建立并实施“中国农村劳动力开发就业项目”，正在全国八个省五十个市、县开展试点工作，三年来总结推广了一大批切实可行的地方经验，也为研究制定全国指导性政策奠定了较好的基础；与此同时，劳动部还开始推行“农村劳动力跨地区流动有序化工程”。目前，这两项工作正在进入从试点向面上推广、加强政策研究深度和实施措施力度的关键阶段，各级政府应给予高度重视和大力支持。

同时，对于农村剩余劳动力的转移，在理论研究中允许不同观点争论，但在实际工作中应以党的十四届三中全会的基本观点统一全党、全社会的认识，正确把握舆论导向，大力宣传这项工作的重要性、迫切性和国家的方针政策，使全社会了解支持这项工作。

（劳动部、农业部、国务院发展研究中心和民革中央联合调查组）

劳动体制改革进入区域综合配套改革新阶段

尽管劳动体制改革早在70年代末期就已经开始起步了，但80年代初期出台的一些政策措施，多属于恢复性的，如恢复实行计件工资制和奖励制度等。具有强烈改革色彩的举措，大概只能举出“三结合”就业方针。80年代中期，劳动体制改革进入了实质性改革阶段，如1985年实行企业工资总额与经济效益挂钩、1986年对新招工人实行劳动合同制度等，但这一阶段推进劳动体制改革的方式基本上是“单项突进”式的，各项改革之间缺乏应有的衔接和配套。从1987年开始，试图在推进改革的方式上实现由“单项突进”到综合配套、协调推进的转变，并在青岛、株洲、盐城等城市进行了试点，但由于从1988年开始进行治理整顿，当时劳动工作的重点已经转向控制消费基金过快增长和解决停工待工问题，企业三项制度改革基本上暂时处于停滞状态。

重新掀起企业劳动人事、工资分配和社会保险三项制度综合配套改革的热潮，是在1992年。它一度曾成为企业、政府以及舆论界普遍关注的焦点，在促进企业经营机制转换过程中发挥了不可低估的作用。

1994年开始，劳动体制改革发生的一个重大变化，是在推进改革的方式上由以往那种在若干企业进行试点，转向在若干个城市和地区进行劳动体制区域综合配套改革。

由此可见，1992～1994年，是劳动体制改革取得突破性进展的一段重要时期。

一、企业三项制度配套改革取得重大进展（1992～1993年）

1992年是企业三项制度改革声势最大、进展最快的一年。在经历了治理整顿时期企业三项制度改革相对停滞这样一个过程之后，从1992年开始，企业三项制度改革重新掀起高潮，并且成为整个经济体制改革的热点之一。这一高潮的掀起，最主要的推动力来自邓小平同志南巡发表重要谈话。正是这一重要谈话，标志着中国新一轮改革的开始。就企业三项制度改革本身而言，以下几个方面曾经起过积极的推动作用：

其一，1991年12月，经国务院批准，劳动部、国务院生产办、国家体改委、人事部和全国总工会，联合召开了全国企业劳动人事、工资分配、社会保险制度改革经验交流会，会议广泛交流了各地推进企业三项制度改革，促进企业经营机制转换的先进经验。国务院副总理邹家华同志在会上作了重要讲话。会议之后，1992年1月25日，劳动部、国务院生产办、国家体改委、人事部、全国总工会联合发出了《关于深化企业劳动人事、工资分配、社会保险制度改革的意见》，要求各地根据中央工作会议关于搞好国营大中型企业的精神，继续深化企业三项制度改革，在企业内部真正形成“干部能上能下、职工能进能出、工资能升能降”的机制，促进企业经营机制的转换，并就三项制度改革的具体内容提出了意见和要求。

其二，1992年初《经济日报》关于徐州市“破三铁”（即企业三项制度改革中提出的打破铁饭碗、铁交椅、铁工资）的系列报道，对企业三项制度改革起到了舆论上的推动作用。

其三，1992年7月23日，国务院发布《全民所有制工业企业转换经营机制条例》（以下简称《转机条例》），提出企业经营机制转换的目标是要使企业适应市场的要求，成为依法自主经营、自负盈亏、自我发展、自我约束的商品生产和经营单位，成为独立享有民事权利和承担民事义务的企业法人。根据这一目标，《转机条例》明确规定了企业的十四项经营权，其中就包括劳动用工权、人事管理权、工资奖金分配权三项自主权。因此，落实《转机条例》，对企业三项制度改革起到了强有力的推动作用。

在上述几个方面因素的推动下，各地、各部门普遍成立了企业三项制度改革领导小组，各地区、各部门制定的政策措施相继出台，企业采取各种措施积极贯彻落实，三项制度改革成为企业转换经营机制的重要内容，成为企业改革中最引人注目的热点。1992年的企业三项制度综合配套改革不论是在深度上还是在广度上都取得了前所未有的进展。到1992年底，全国实行劳动合同制的职工达2542万人，有85442户企业、3376多万职工参加了各种形式的劳动制度改革（如优化劳动组合、岗位合同化管理、全员劳动合同制等），分别比上年增长42%和12.5%。实行各种形式“工效挂钩”办法的企业达10万多户、职工4100万人，超过了国有企业职工总数的一半。有2400多户企业、1120万职工实行了岗位技能工资制。社会保险制度改革也取得较大进展，全国有50多万户各类企业8500多万职工和1700多万离退休人员参加了退休费用社会统筹，11个省市自治区实行了省级统筹，20多个省市自治区实行了职工个人缴纳养老保险费的办法。企业三项制度改革的深化，在促进企业经营机制转换过程中起到了积极的作用。

二、劳动体制改革进入区域综合配套改革新阶段（1993～1994年）

1993年，企业三项制度改革继续向前推进。1993年5月，劳动部、国家经贸委、国家体改委、人事部、全国总工会在京联合召开了第二次全国企业劳动人事、工资分配、社会保险制度改革经验交流会，结合企业经营机制转换的形势和要求，在总结交流经验，分析形势的基础上，对进一步推进企业三项制度改革提出了要求。

在企业三项制度综合配套改革的基础上，一些地区针对单纯在企业进行试点所碰到的外部环境和政策措施不配套的问题，在推进改革的方式上及时作了调整，由企业综合配套改革转变为在若干城市和地区进行区域性综合配套改革。山东、广东、河南等省市的经验表明，这一转变，是在新形势下继续推进劳动工资社会保险制度改革的一个重要步骤。

在总结各地经验的基础上，劳动部于1993年9月在苏州召开了劳动体制区域综合配套改革工作会议。在这次会议上，山东、广东、青岛、安阳、威海、深圳、盐城、株洲等省市介绍了推行区域性综合配套改革的经验和体会。会议提出，适应建立社会主义市场经济体制的要求，必须把劳动体制改革推向区域综合配套改革的新阶段。要求各地以区域综合配套改革作为主导方式，继续加大改革力度，全力推动劳动工资社会保险制度改革。

为推动劳动体制区域综合配套改革的开展，加强对这项改革的指导，劳动部决定在山东、广东两省以及深圳、青岛、成都、烟台、威海、盐城、四平、安阳、株洲、黄石10个城市进行劳动体制区域综合配套改革试点，后来又根据地方的要求和试点工作的需要，增加了北京市和保定市两个试点。同时要求各地自行选择一些城市进行试点。

1994年3月，劳动部在成都召开了全国劳动体制区域综合配套改革试点工作会议，就试点的目标、任务，试点方案的制定以及有关政策措施进行了部署。会后，劳动部于1994年4月印发了《关于劳动体制区域综合配套改革试点的指导意见》。《指导意见》提出，进行劳动体制区域综合配套改革试点，是新形势下推进劳动领域全面改革的一项重大举措，其目的是要在试点地区率先落实《劳动部关于建立社会主义市场经济体制时期劳动体制改革总体设想》，建立新型劳动体制，以促进试点地区其它各项改革的深化和经济的快速发展，并以其典型示范作用影响和带动更多的地区进行区域综合配套改革，最终实现到本世纪末在全国建立起符合市场经济要求的新型劳动体制的目标。《指导意见》要求，区域综合配套改革试点，要以《中共中央关于建立社会主义市场经济体制若干问题的决定》为指针，认真贯彻落实劳动部关于劳动体制改革的《总体设想》，解放思想，大胆试验，从当地的实际情况出发，以城市为依托，以培育和发展劳动力市场为中心，整体推进劳动领域各项改革，在重点和难点问题上取得突破，争取在两到三年时间内形成区域劳动力市场和新型劳动体制框架。试点的主要内容包括两个方面：一方面要继续扩大企业用人和工资分配自主权，以确立企业和劳动者在劳动力市场中的主体地位；另一方面，要大力推动企业外部的各项改革，建立健全劳动力市场服务体系和社会保险体系，规范劳动力市场运行秩序，促进区域性劳动力市场的形成。改革试点的主要内容和目标是：充分落实企业用人自主权，允许企业依法裁减富余人员；各类企业和全体职工都要签订劳动合同，将企业与职工之间劳动关系的建立和调整纳入法制化轨道；建立新的企业工资增长决定机制；改革企业经营者收入管理办法，实行经营者年薪制；深化企业内部分配制度改革；改革就业制度，破除统包统配，扩大公平竞争范围；改进和加强工资宏观调控；加大社会保险制度改革力度，建立覆盖城镇各类企业所有职工、一体化的社会保险体系；建立劳动监察制度，完善劳动争议处理制度，规范劳动力市场运行秩序；建立职业技能开发体系，理顺职业技能培训管理机构和考核组织，实行区域性职业技能鉴定社会化管理。

1994年上半年，各试点地区的试点方案陆续出台，各地积极推动区域综合配套改革试点工作，自行选择确定了一批试点单位。据对22个省市自治区的不完全统计，到1994年底，全国已经有57个地市和176个市县(不含地级试点单位所含市县)进行了区域性综合配套改革试点。

三、劳动体制改革新阶段的特征和任务

以邓小平同志南巡重要谈话和十四大为标志，我国经济体制改革进入了一个新阶段。新阶段的根本任务，就是建立社会主义市场经济体制。与经济体制改革的总体进程相适应，劳动体制改革也进入了整体规划设计、协调配套推进的新阶段。同以往的几个阶段相比较，新阶段有如下鲜明的特征：

其一，有了明确的目标。这个目标就是建立与社会主义市场经济体制相适应的新型劳动体制。以往的劳动体制改革虽然符合市场取向，但目标并不是十分明确，常常在计划与市场的关系问题上争论不休，往往导致改革的摇摆甚至反复。在目标不明确的情况下，改革总体规划的设计难以进行，当然也就不可能做到协调配套地推进改革。只有在十四大确立了市场经济体制的目标之后，才使劳动体制改革总体方案的研究设计和组织实施成为可能。在这种背景下，劳动部组织研究制定了《关于建立社会主义市场经济体制时期劳动体制改革总体设想》，可以说是新阶段劳动体制改革的总体蓝图。

其二，有了一条主线。这条主线就是培育和发展劳动力市场。以往的改革之所以没有做到协调配套，除了客观条件的限制外，一个重要的原因就在于没有找到一条可以牵动各项改革的主线。而新阶段的劳动体制改革则明确了以培育和发展劳动力市场为中心，推动劳动领域各项改革的全面深化。

其三，区域推进是新阶段劳动体制改革有别于以往改革的另一个重要特征。劳动体制改革由最初的单项突进，发展到在企业进行三项制度配套改革，进而发展为在若干个地区进行区域性综合配套改革，这不仅仅是改革范围的扩大，更主要的是改革深度和内容的扩展。区域性综合配套改革将建立一体化社会保险体系、培育区域性劳动力市场、以及转变劳动部门职能等深层次改革都摆在了突出的位置，这意味着改革由试点发展到了全方位推进。通过推进区域性综合配套改革，可以在若干个区域内率先建立起新型的劳动体制，并以其示范作用在更多的地区、更大的范围内形成燎原之势。

综观劳动体制改革的大势，可以说当前正处在劳动体制改革的攻坚阶段。一方面，经过十五年的改革，已经从根本上打破了计划经济体制形成的传统的劳动体制，新型劳动体制正在形成，市场机制已经开始在劳动领域发挥相当大的作用；但是，从另一方面看，传统的劳动体制并没有瓦解，新型劳动体制的主体地位尚未确立，市场机制尚不能发挥基础性作用。就深化劳动体制改革所遇到的问题而言，现阶段所面临的是比以往难度大得多、复杂得多的深层次问题，或者可以说是多年来在改革中久攻不下甚至长期回避的问题。择其荦荦大端，主要有以下几个方面：

一是市场主体问题。新型劳动体制的基础是市场机制在劳动力资源配置中起基础性作用，而基础的基础则是劳动力市场主体的形成。企业和劳动者在劳动力市场中的主体地位得不到确立，劳动力市场得不到充分发育，新型劳动体制也就缺乏形成的前提和存在的基础。进一步的分析还表明，企业和劳动者市场主体地位的确立，并不仅仅取决于劳动体制改革本身，还依赖于现代企业制度的建立以及其它一系列相关的配套改革。

二是两种劳动制度的“并轨”问题。1986年劳动制度改革以来，劳动合同制度与固定工制度双轨并存的格局一直没有发生根本的变化，两种制度的摩擦一直延续至今。实现两种制度的并轨，将劳动关系的建立与调整纳入劳动合同这种法制化轨道，是建立与现代企业制度相适应的新型劳动制度的基本要求，也是贯彻实施《劳动法》的基础所在。

三是如何将工资引入市场决定的新轨道。在劳动力市场中，工资是调节劳动力供求的价格信号，市场机制决定工资，乃劳动力市场的题中之义。问题的难点并不在于认

识问题，而在于如何从计划决定工资向市场决定工资过渡。企业工资改革对其它改革特别是企业改革具有较大的依赖性，工资向市场机制决定过渡的进程，取决于现代企业制度建立的进程。

四是社会保险制度改革的深化问题。社会保险制度改革存在的问题很多，但最根本的问题还是社会化程度不高，主要表现为制度不统一，对不同所有制企业、不同职工实行不同的办法，而且仍有相当多的劳动者没有纳入社会保险覆盖范围。这已成为劳动力流动的主要障碍。

与整个经济体制改革的进程相适应，新阶段劳动体制改革的目标，就是要到本世纪末基本建立起与社会主义市场经济体制相适应的新型劳动体制。新型劳动体制的基本内容包括：(1) 形成公平竞争、运行有序、调控有力、服务完善的现代劳动力市场。市场机制在劳动力资源配置中起基础性作用，通过市场实现充分就业和劳动力合理流动，促进劳动力资源的最优配置。(2) 确立企业和劳动者在劳动力市场上平等的主体地位。企业和劳动者之间劳动关系的建立和调整以劳动合同为基本方式，通过劳动关系双方的自我调节和政府的适当干预，保持劳动关系的协调和稳定。(3) 工资由劳动力市场供求状况和集体谈判力量对比状况决定，企业享有充分的分配自主权，政府不干预企业工资分配事务，而主要借助经济和法律手段（只在必要时采用行政手段）进行监督和调控，在促进效率提高的前提下实现社会公平。(4)建立起统一的社会保险体系。各项社会保险覆盖城镇所有职工，制度统一、待遇合理、基金统一调剂使用，具有较高的社会化程度。(5) 具有完备的劳动法律体系，社会劳动管理纳入法制化轨道。政府主要运用法律手段、经济手段以及必要的行政手段对劳动力市场进行间接管理和宏观调控。

落实这一目标，在推进改革的思路上必须是整体推进与重点突破相结合。整体推进是相对于单项推进而言的，即各项改革要协调推进，进行综合配套改革。但整体推进不等于一揽子推进，还是要分轻重缓急，进行重点突破。重点突破有两种含义，一是指选择若干改革基础较好的地区和企业率先取得突破；二是指在不同的阶段选择不同的改革重点取得突破。这就是说，为落实《总体设想》，一方面要根据整个经济体制改革的需要，有重点地推进改革，在“瓶颈”环节上取得突破；另一方面，要选择若干地区进行劳动体制区域性综合配套改革。

进行区域性综合配套改革，必须从当地改革实际需要与可能出发，采取大胆的改革措施，争取在几年的时间内取得突破性进展，初步建立起新型劳动体制的雏形。区域性综合配套改革要以培育和发展劳动力市场为中心，通过制度创新以培育市场主体，通过加强管理服务以改善劳动力市场环境，规范运行秩序。要突出综合配套的特点，进行整体设计，全方位推进。但在操作上必须抓住主要矛盾，根据各地改革的基础和实际需要，在薄弱环节上取得突破。在步骤上，既要积极，又要稳妥，充分调动各个方面的积极性，有利于保持社会安定。

（劳动部政策法规司　信长星）

起步早　进度快　范围广　效果好

——记辽宁省劳动制度综合配套改革

1991年，辽宁省率先开展了劳动制度综合配套改革。在近一年时间试点的基础上，自1992年起在全省逐步推开，经三年时间的迅速推进，使这项改革不断深化，范围不断扩大，改革措施不断完善，取得了明显的效果。不仅为企业进入市场经济轨道创造了条件，而且为《劳动法》的贯彻实施打下了基础。

一、改革的基本过程

辽宁省的劳动制度综合配套改革，分三个阶段逐步推进。

第一阶段　即劳动制度综合配套改革的试点阶段。时间是从1991年起到1992年6月。当时治理整顿工作基本结束，省劳动厅在省委、省政府的领导下，认真分析了全省经济的走势，认为要使辽宁省经济走出困境，唯一的出路就是改革。而在改革这个总题目下，劳动制度改革又显得十分突出。如何通过改革调动广大职工群众的积极性，促进企业发展；如何通过劳动制度的改革促进辽宁经济体制的改革和经济建议，是搞好这场改革的目的和关键。省劳动厅组成了改革领导小组，先后派出两个考察小组到南方一些兄弟省市学习、考察。认真总结、分析了在此之前各单项劳动制度改革的经验和教训，提出了在全省开展劳动制度综合配套改革的总体思路，即对劳动管理的劳动用工制度、工资分配制度、社会保险制度、培训考核制度等进行综合改革。统筹规划、同步实施、相互制约、配套进行。目的就是要使这场改革搞得更扎实，更科学，收到预期的改革效果。

1991年5月，省劳动厅同省体改委联合召开全省劳动制度综合配套改革工作会议，省政府领导到会作了重要讲话。全省改革试点工作正式开始，首批确定省级试点企业22户，各市试点企业71户。共涉及职工38万人。到1992年6月，全省改革试点取得丰富的成功经验，改革的企业在首批试点的基础上，全省约近千户企业主动要求投入了劳动制度的改革。

第二阶段　即全面推进阶段，并分层次将改革引向深入。时间是1992年6月至1993年底。省劳动厅在总结试点经验的基础上，进一步修订和完善了改革的措施，使这一阶段的改革在范围上迅速扩大，改革内容不断深化。省劳动厅会同省生产委、省体改委、省人事厅、省财政厅、省总工会等六部门联合下发了《关于印发辽宁省企业劳动制度综合配套改革试行意见的通知》，进一步规范、确定了改革的指导思想、改革的内容、改革的步骤和具体要求。1992年6月省政府在沈阳召开了全省第二次劳动制度综合配套改革工作会议，主管劳动工作的郭廷标副省长在会上作了工作报告，常务副省长闻世震同志作了会议总结。会议确定了改革由试点转向全面推进的指导方针，提出了以搞活大中型骨干企业为核心的深化劳动制度改革特别试点，还提出了深化劳动制度改革要在两条战线、三个层次上全面展开。

两条战线：一条战线是全面推进企业内部的改革。改革企业内部劳动用工管理、工资分配、培训考核和劳动保险制度，促进企业转换经营机制，贯彻落实《全民所有制工业企业转换经营机制条例》,真正成为自主经营、自负盈亏、自我约束、自我发展的经营实体,尽快步入社会主义市场经济的轨道。在这条战线的改革分为三个层次：第一个层次是以搞活大中型骨干企业为核心的特别试点。在实行劳动制度综合配套改革的试点企业基础上，选择管理基础比较好的大中型企业，首批确定全省10户企业为特别试点，到1992年底有16户企业申请并被确定为特别试点。为搞好这一层次的改革,省劳动厅、省财政厅、省税务局联合下发了《转换企业经营机制深化劳动制度改革特别试点实施意见》，对试点的指导思想、试点目标、试点内容、试点企业及组织领导都作了具体规定。第二个层次是继续抓好劳动制度综合配套改革试点企业的改革,并不断地迅速扩大范围。第三个层次是大力推进面上的企业改革。允许暂不具备参加综合配套改革的企业先进行用工或分配制度的改革，为下步转入综合配套改革做充分准备。

另一条战线是搞好企业外部的配套改革，为企业创造良好的改革环境。企业外部配套改革主要包括劳动计划管理体制、劳动就业制度和社会保险制度，同时包括劳动管理战线的自身改革以及政府机关相关部门工作职能转变等。为搞好这条战线的改革，1992年6月，省第二次劳动制度综合配套改革工作会议上确定鞍山、丹东两个市为劳动制度区域性配套改革试点市。

全省劳动制度综合配套改革工作会议以后，改革迅速发展，到1993年底，全省投入改革的企业达9200户，涉及职工345.6万人。其中有1723户企业实行了综合配套改革,远远超过了计划扩大到1000户企业的改革目标。

第三阶段　即企业劳动制度综合配套改革发展到区域性综合配套改革阶段，时间是1993年底到1994年底。省劳动厅根据全省改革形势的发展和改革深入的实际情况，感到继续在企业内部进行劳动制度改革难以适应企业转换经营机制的需要，难以适应建立社会主义市场经济体制的需要。因此，根据劳动部改革工作会议的要求，省政府下发了《关于转发辽宁省劳动厅等部门〈关于推行区域性劳动制度综合配套改革试点工作的意见〉的通知》，提出了按照适应社会主义市场经济的要求，本着综合配套、相互促进、协调发展的原则,以人事用工制度改革为主线，以社会保险制度改革为保障，带动其他各项改革，促进企业经营机制的全面转换，形成区域性劳动制度综合配套改革新格局的改革思路。确定了在继续抓好鞍山、丹东两市试点工作的基础上，增加沈阳、本溪、葫芦岛市为新的区域性劳动制度综合配套改革试点市；其他各市选择一至二个县（区）作为本市区域性劳动制度综合配套改革的试点。至此，在全省范围内形成了五市十县、省市两级开展区域性劳动制度改革的新局面，使全省的劳动制度综合配套改革转入了新的发展阶段。

二、改革的基本内容

辽宁省的劳动制度综合配套内容，从改革起步时就力求在劳动用工、工资分配、社会保险、职业培训等各方面改革的相互协调，同步实施，相互促进，逐步深化。从1991年到1994年，整个改革进程，正是坚持了这个指导理想,使得这项改革由试点向全面推进,由企业改革走向区域性改革。

（一）企业劳动制度综合配套改革

企业内部劳动制度配套改革：

1. 企业人事用工制度的改革。企业的全部职工（不包括临时工），不论是干部还是工人，都要与企业签订劳动合同，实行全员劳动合同制；打破干部工人界限，管理人员和技术人员实行聘任制；科学定岗定员，搞好劳动组合，对不符合上岗条件的人员，可实行一定期限的“试岗”或厂内“待岗”；实行劳动合同制以后，职工在合同期满或在合同期内根据合同规定，可以提出终止或解除劳动合同；企业可以根据规定和合同条款，同有过失性行为的职工解除劳动合同；企业对合同期满，生产工作不需要的人员可以终止劳动合同。

2. 企业工资分配制度改革。企业可以在对劳动基本要素进行科学评价的基础上，实行以劳动贡献为依据，以岗位技能和劳效工资为主要构成单元的岗位技能工资制度；企业可以根据生产特点和实际情况，试行其他体现按劳分配原则，科学反映劳动差别的企业工资制度；企业可以通过多种工资支付形式搞活内部分配，克服平均主义。

3. 培训考核制度改革。企业可以根据生产实际，确定灵活多样的职工培训形式；企业要建立健全管理、技术人员的考核标准和办法，对其劳动技能和贡献进行严格考核；考核成绩差，经补考仍不合格的要调换岗位或下岗；技术工人晋升技能工资必须以技术考核为依据，工人的技能工资等级要与经考核确定的技术等级相一致。

4. 劳动保险制度改革。职工每月按基本工资额的3%交纳基本养老保险费；企业根据自身条件，用工资基金或福利基金为职工建立补充养老保险，并鼓励职工实行个人储蓄保险；在医疗保险方面，可以由职工个人负担少量的医疗费用；工资分配制度改革后，按新的岗位技能工资制的基本工资，提取职工福利费、工会经费、职工教育经费和支付职工各项保险福利待遇。

企业外部劳动制度配套改革：

1. 改革劳动计划管理体制。进一步改革和完善企业工资总额同经济效益挂钩浮动办法，严格审批清算制度，使企业自负盈亏、自我约束；企业可以按规定自主决定内部分配；企业在增人不增工资的前提下，自主决定用工计划和招用职工。

2. 改革社会保险制度。扩大失业保险范围；实行全员劳动合同制的企业职工，解除劳动合同后，在原救济期限的基础上增加半年期限；扩大养老保险范围，提高统筹水平，逐步实行社会发放；开展工伤、医疗社会保险改革试点，减轻企业负担；对改革的企业保险金收缴实行统一比例。

3. 改革劳动就业制度。实行劳动就业服务，向企业失业人员、企业富余职工提供供求信息，进行就业指导和就业咨询服务；运用就业经费组织就业培训，坚持先培训后就业；职业介绍机构优先介绍改革企业剥离的失业职工；办好劳动就业服务企业，扩大就业，优先安置企业富余职工。

（二）深化企业劳动制度改革特别试点

为使企业劳动制度综合配套改革逐步深化，结合贯彻落实《全民所有制工业企业转换经营机制条例》，选择部分大中型骨干企业，在进行劳动制度综合配套改革的基础上，进一步扩大企业自主权，进行深化改革。

1. 改革企业用工制度，实行企业自主用工。试点企业可根据生产经营需要，自主确定用工计划、用工对象、用工形式和招工时间。

2. 改革现行工资总额管理办法。企业可以按照“两低于”（原文件为“两不超过”）的办法确定工资总额；企业领导集团的平均收入水平与企业实现利润挂钩，确定企业工资总额，同时考核企业人均利润指标，企业职工的工资水平由企业领导集团确定；规范化的股份制企业，工资总额的确定按国家对股份制企业的有关规定执行；改进工效挂钩办法，工资总额按核定后的基数浮动。以上几种自控工资办法，由企业自选。

3. 取消职工的标准工资，企业内部的工资制度，各类人员的分配关系以及工资支付形式由企业自主确定。

4. 取消职工标准工资后，职工退休费拟按工资总额计发，具体办法由省劳动厅提出。

5. 支持企业加强职工培训，教育经费的提取可由工资的1.5%放宽到3%。

（三）区域性劳动制度综合配套改革

随着改革的不断深入和发展，为巩固改革成果，取得新的突破，1993年底，改革适时由企业迅速转入了以市地为单位的区域性改革。

1.改革人事用工制度，全面推行全员劳动合同制。试点区域各种所有制企业的职工，均打破身份界限，一律实行劳动合同制，与企业签订劳动合同，确立劳动关系；取消原合同制工人15%的工资性补贴和医疗期制度；企业新调入和接收的各类人员，从报到之日起与企业签订劳动合同；管理岗位和技术人员实行聘任制；不同所有制企业的职工可相互流动；合同期限由企业与职工平等协商确定；发展生产和兴办第三产业，妥善解决改革中剥离的富余职工问题。

2.改革企业工资制度，建立政府宏观调控，企业自主分配的新体制。全面实行工效挂钩办法；规范化的股份制企业、摸拟“三资”企业、企业集团等，可按照“两低于”原则自主确定工资总额；取消职工的标准工资，由企业自主分配；各试点市可提出并制定职工最低工资制度；提倡实行全额岗位技能工资制，建立动态分配机制。

3.改革社会保险制度，完善社会保障体系。社会保险覆盖所有企业和职工，实行统一的社会保险制度；按社会平均工资和缴费年限确定并改革职工养老金计发办法。

4.加强就业服务，建立完善的劳动力市场体系。一方面要建立劳动力资源的市场就业和管理机制；一方面要完善职业介绍机构，改善服务场所和服务设施，为用人单位和求职人员提供就业指导、就业训练、职业介绍、失业保险、转业培训、合同鉴证等“一条龙”服务。

三、改革取得了显著成效

辽宁省历经近四年的劳动制度综合配套改革，不仅比较彻底地改变了原有计划模式的劳动工作体制，促进了企业经营机制的转换，而且有力地推动了经济建设的发展，取得了显著的成效。

（一）全员劳动合同制全面推进，企业成为真正的用工主体

以实行全员劳动合同制为主要内容的劳动用工制度改革，彻底改革了国家用工的管理模式，使企业成为真正意义上的用工主体，使企业能够依据生产经营需要组织包括劳动力在内的诸多生产要素的合理配置。在企业内部和外部基本形成了劳动用工的竞争机制。竞争择业、竞争就业、竞争上岗的观念和体制初步实现。劳动者与用工单位平等自愿协商签订劳动合同，确立劳动关系已形成制度，依据劳动合同条款和有关政策法规调解劳动纠纷已成为规范。

开展改革以来，坚持以劳动用工制度改革为突破口，作为企业转换经营机制，改革工资分配制度的基础。因此要求企业进行劳动制度综合配套改革首先开展劳动用工制度改革，实行全员劳动合同制。到1994年底，全省已有342万企业职工实行了劳动合同制，占全省地方国有、集体企业职工总数的50%。其中：沈阳、大连、本溪等市企业职工劳动合同签订率已达到80%。为推进这项改革，配合《劳动法》的实施，辽宁省人民政府专门下发了《关于在全省推行劳动合同制的通知》，对全面实行劳动合同制进一步提出了要求，使这项改革列入了重要日程，并进入法制轨道。

（二）以岗位技能工资制为主的企业自主分配，使企业真正成为工资分配的主体

企业工资制度改革坚持以建立激励机制，使企业成为真正的分配主体为目标。改革的企业基本上实行了以岗位技能工资为主的分配形式，自主确定了新的工资分配制度。在对劳动技能、劳动责任、劳动强度、劳动条件等基本劳动要素进行科学评价的基础上，合理确定了各工资单元的构成比例和标准，拉开了岗位之间的工资差距。由于工资

分配由以国家分配为主转变为以企业为主，而企业根据岗位条件确定岗位工资，提高了一线生产岗位的工资标准，稳定了一线职工队伍。根据职工劳动技能水平确定技能工资，激发了职工学技术，提高技术能力的积极性。根据职工劳绩和贡献确定的劳效工资，极大地调动了职工生产工作的积极性和劳动热情，促进了企业的生产发展。以企业为分配主体，由企业根据生产经营形成的激励机制已经发挥了显著的作用。

在工资分配改革中，因职工标准工资是职工退休费计发的基数，所以职工和企业固守这一传统观念，影响了企业搞好内部分配，也制约了社会保险制度改革。对此省劳动厅于1993年果断决定冻结企业职工标准工资，促进了企业分配自主权的落实，也推动了企业工资分配制度的深化改革。

（三）社会保险制度改革为企业进入市场经济创造了外部条件

社会保险制度改革坚持为企业各项改革提供保障，相互促进，初步形成了企业进入市场经济的保障机制。近几年来，为与劳动用工、工资分配制度改革配套，社会保险制度改革也在迅速深化。为配合企业全员劳动合同制的实施和各类企业间职工的流动，全省实行统一的社会保险政策和保险标准。保险覆盖面达83%，失业保险覆盖面国有企业达100%，集体企业达70%以上，两项保险基金收缴率，都在90%以上。为配合企业分配制度改革，坚决改革了退休费计发办法，省政府于1993年企业职工标准工资冻结后下发了《关于改革城镇企业职工基本养老金计发办法的通知》，1994年起已全面实施。职工工伤保险经改革试点后，省政府下发了《辽宁省企业职工工伤保险规定》，全省已有12个市制定了具体办法，并投入了运转。企业职工医疗保险、生育保险改革正在积极试点。以职工养老、失业保险为主体的社会保险体系已初步形成并日趋完善，为企业进入市场经济提供了显著的保障作用。

（四）新的劳动工作体制正在形成

随着劳动制度综合配套改革的深入，劳动用工和工资分配主体向企业的转移，劳动部门的职能也随之有了很大转变，新的劳动工作管理体制正在改革中逐步形成，劳动部门放开用工和分配后，注重职业技能开发，提供职业介绍、就业训练、社会保险、劳动监察等几大体系的建设，形成了社会主义市场经济条件下劳动工作体制的新框架。

纵观辽宁省劳动制度综合配套改革，不仅是企业改革的过程，也是劳动部门自身改革的过程，不仅为企业转换经营机制提供了动力，也为企业进入市场经济创造了条件，不仅对辽宁的经济发展发挥了积极的推动作用，也为《劳动法》的全面贯彻实施打下了良好的基础。

（辽宁省劳动厅　唐学军）

企业学习贯彻《劳动法》要正确处理五个关系

《中华人民共和国劳动法》将于1995年元旦正式实施，这是全国亿万劳动者翘首盼望的大喜事。目前摆在我们面前的一项十分重要的任务，就是把《劳动法》学习宣传好，使《劳动法》的各项条款在实施后切实落到实处。从企业方面来讲，贯彻实施《劳动法》要注意正确处理好五个方面的关系。

一、要正确处理好两个主体间的平等劳动关系

在社会主义市场经济体制中，劳动力资源的开发、利用和配置要由市场发挥基础性作用。劳动力市场的形成和发展，要求企业有真正的用人自主权，劳动者有充分的择业自主权，劳动合同成为建立劳动关系的基本形式。在劳动关系中，劳动者不再是传统的固定职工，而成为自主择业的劳动主体；企业也不再是政府的附属物，而成为独立的自主用人的主体。这两个主体在劳动力市场中同处于公平竞争、双向选择的平等地位。劳动者完全根据自己的专业、特长、兴趣选择用人单位；用人单位也根据自己的需要选择合适的劳动者。但是，劳动关系一旦通过订立劳动合同确定下来，就上升为劳动法律关系，劳动法律关系的确立使劳动者成为企业职工。这种特性决定了双方在履行劳动合同的过程中，存在着指挥与服从，领导与从属的关系，劳动者相对于提供生产资料的用人单位来说，又处在一种相对被动的地位。所以，在双向选择时，企业一方应严格执行《劳动法》第十二条的规定，保证劳动者就业，不因民族、种族、性别、宗教信仰不同而受歧视。还应严格执行第十三条规定，保证妇女享有与男子平等的就业权利，不得以性别为由拒绝录用妇女或者提高对妇女的录用标准。在签订劳动合同时，不得采用欺诈、威胁等手段，强迫或诱使劳动者作出错误的选择，签订有着虚假内容的合同。在劳动合同签订后，应当严格履行。对于在同一用人单位连续工作满十年以上的劳动者，当事人双方同意延续劳动合同的，如果劳动者提出订立无固定期限的劳动合同，还应当订立无固定期限的劳动合同，以鼓励和尊重劳动者的年功贡献，解除劳动者的后顾之忧，调动劳动者的积极性和生产创造性。通过劳动合同的严格履行，来确立和实现劳动关系双方的法定平等地位。

二、要正确处理劳动关系双方的利益分配关系

在社会主义商品经济条件下，企业作为独立的商品生产者和经营者，首先要通过价值规律的作用取得各自的特殊利益或差别利益，实现企业在外部经济关系中的商品交换关系，然后再实现企业内部经济关系中的按劳分配关系。国有企业通过商品生产和商品交换关系所获得的收入，在进行了各项社会扣除之后，在企业内部以按劳分配的方式进行分配。《劳动法》第四十六条第一款也明确规定："工资分配应当遵循按劳分配原则，实行同工同酬。"第二款还规定："工资水平在经济发展的基础上逐步提高。"这是我国工资分配的基本原则，需要强调的是：(1) 按劳分配要充分体现脑力劳动和体力劳动、复杂劳动和简单劳动、熟练劳动和非熟练劳动、繁重劳动和非繁重劳动之间的差别，既要反对平均主义，也要反对分配不公、高低过分悬殊的做法；(2) 同工同酬要不分性别、年龄、民族、种族，只要付出同等劳动，就应当领取同等报酬；(3) 工资水平在经济发展的基础上要逐步提高，工资增长幅度要与劳动生产率增长幅度相适应；(4) 必须严格执行最低工资保障制度，企业支付劳动者的工资报酬不得低于法定最低标准；(5) 工资应当以货币形式按时支付给劳动者本人，不得克扣或者无故拖欠劳动者工资，否则，须承担相应的赔偿责任。

从劳动者一方来说，一方面要完成劳动任务，依法取得自己应获得的劳动报酬，这是劳动者在劳动利益分配上的基本权益。另一方面，职工的利益要求也要符合企业的实际，当企业发生经营困难的时候，也应体谅企业的难处，支持企业经营者创造条件改善劳动条件和逐步提高工资福利待遇，发扬社会主义协作精神，与企业同舟共济、共渡难关。

三、要正确处理用人单位和劳动者双方的权利和义务关系

《劳动法》是保护劳动者的基本法，对用人单位和劳动者的权利、义务、行为规范和法律责任都作了明确规定。《劳动法》总则中法定劳动者享有八项基本权利和应当履行四项义务。用人单位应当模范地维护、尊重和保障劳动者的基本权利的实现。《劳动法》第二条明确提出："用人单位应当依法建立和完善规章制度，保障劳动者享有劳动权利和履行劳动义务。"所以，依法对劳动者享有的劳动权利提供保障是用人单位必须履行的义务。用人单位应尊重和支持劳动者在平等自愿的原则下获得就业的机会，并保障劳动者按照自己的意愿选择职业，最大限度地发挥劳动者的生产创造性，充分实现劳动者的就业权利，应根据实际情况确定企业内部分配制度，贯彻按劳分配原则，根据劳动技能、劳动强度、劳动条件、劳动贡献支付劳动者工资，以实现劳动者取得劳动报酬的权利；应严格依照法定工时安排生产，不得随意延长工作时间，确需延长工时的，要依法支付高于正常工作时间工资的报酬，保障劳动者的休息休假权利；要依法向劳动者提供合格的劳动条件和各种劳动安全卫生保护措施，严格执行国家规定的安全技术规程和劳动卫生规程，预防伤亡事故和职业病，改善劳动条件，减少职业危害，保护职工的安全健康，使劳动者获得劳动安全卫生保护的权利；要在发展生产的同时注意职业技能开发，搞好职工培训，全面提高劳动者的素质，使劳动者获得接受职业技能培训的权利；要积极参加职工养老、工伤、医疗、失业、生育等社会保险，并积极办好职工福利事业，保障劳动者获得享受社会保险和福利的权利；要建立和完善企业劳动争议调解制度，认真处理和化解劳动争议，协调好劳动关系，保持社会稳定；还要尊重劳动者其他有关劳动权利，如组织和参加工会、参加职工民主管理、参加劳动竞赛、提合理化建议、依法解除劳动合同、自主使用工资、在劳动生产中对违章行为提出批评和进行检举控告等等。总之，用人单位应严格遵照法律规定，采取有力措施，为劳动者实现其劳动权利提供保障。用人单位还有责任教育职工履行自己的义务完成劳动任务，提高职业技能，执行劳动安全卫生规程，遵守劳动纪律和职业道德，建立社会新风尚。既要正确行使用人权，还要积极履行管理职责，使权利和义务在劳动关系中达到完美地和谐和实现有机地统一。

四、要正确处理劳动关系双方在法律面前一律平等的关系

过去，在计划经济管理体制下，由于政企不分，企业代表国家行使了一部分管理权限，所以，企业在制定各项规章制度时，往往偏重于对职工的约束责任，而对企业本身的法律责任虽有规定但很多方面还不甚明了，没有完全上升到法律角度来对待。在劳动管理中，形成职工违反劳动纪律有人处理，企业的有些违法违约责任往往一个"领导集体负责"就被应付过去，只有严重触犯刑律时才有法律制裁。建立市场经济体制后，劳动力逐步实行市场配置，企业有了更多的用人自主权，但由于法律不健全，用人单位滥用用人自主权的行为时有发生，这就亟待用法律来规范和协调双方的平等地位。《劳动法》应市场经济而生，解决了这一法律问题，既明确规定了劳动者的权利、义务和法律责任，也明确规定了用人单位在劳动关系中应当承担的法律责任以及权利和义务。充分体现了我国劳动关系双方在法律面前一律平等的原则。

贯彻实施《劳动法》，必须正确处理用人单位和劳动者在法律责任面前的平等劳动关系。《劳动法》第一百零二条对劳动者无正当理由解除劳动合同、违反劳动合同中约定的保密义务，并给用人单位造成经济损失的行为，规定了依法承担赔偿的经济责任。《企业

职工奖惩条例》等其他有关劳动法规也对劳动者违反劳动法规的责任问题作了具体界定，如规定对玩忽职守，违反技术操作规程、违章作业造成事故的职工，以及工作不负责任、经常生产废品、损坏设备工具、浪费原材料和能源，造成经济损失的职工，应责令其赔偿经济损失，并且视责任程度可以给予行政纪律处分，情节和后果严重，构成犯罪的，要依法追究刑事责任。《劳动法》第八十九条至一百零一条，还分别严格规定了用人单位违法、违约行为的法律责任，这些法律责任既包括了用人单位及其责任人的行政责任，也包括了经济赔偿责任，第九十二、九十三、九十六条还规定了应当承担的刑事责任。可以说《劳动法》对企业的法律责任规定是非常严格的。企业的违法、违章、违约行为通常表现为随意延长工时，非法扣除和延期支付工资、违章指挥和强令冒险作业、在劳动过程中非法限制人身自由和污辱员工、使用不符合安全标准的防护用品和不提供安全保护、使用童工和违反女职工及未成年工保护规定、不按期缴纳社会保险费、隐瞒事故、打击报复举报人员、违反劳动合同规定等。用人单位贯彻实施《劳动法》，就必须坚决纠正和防止这些违法行为的发生。一方面要依法管理职工，一方面也要依法规范用人单位自身行为，模范遵守《劳动法》。

五、要正确处理用人单位与各有关方面的监督关系

《劳动法》从发展社会主义市场经济和规范劳动力市场秩序的需要出发，在第十一章里以法律形式明确规定了县级以上各级人民政府劳动行政部门依法对用人单位遵守劳动法律、法规的情况进行监督检查；规定县级以上各级人民政府有关部门在各自职责范围内，对用人单位遵守劳动法律、法规的情况进行监督；规定各级工会对用人单位遵守劳动法律、法规的情况进行监督；并且规定任何组织和个人对于违反劳动法律、法规的行为都有权检举和控告。第十二章里还明确了劳动部门同有关部门的具体监督权利。《劳动法》确立的劳动监督检查制度，使《劳动法》实施的监督检查建立在完善的组织保障基础上和广泛的群众基础上，目的是为了保护劳动者的合法权益，调整劳动关系，建立和维护适应社会主义市场经济的劳动制度，促进经济发展和社会进步，也是保证《劳动法》贯彻执行的重要措施。认真执行这一制度，对于完善我国劳动法律制度，增强用人单位法制观念和预防违法行为，保证《劳动法》的正确实施具有重要意义。

用人单位应该自觉接受劳动监督检查。要看到对《劳动法》执行情况进行监督检查在我国市场经济转轨过程中尤为重要。在市场经济条件下，国有企业扩大了经营自主权，如果经营者不严格依法管理，对《劳动法》漠不关心，就难免出现侵犯职工合法权益的行为；非国有企业如果只顾追求利润而无视劳动者合法权益，对《劳动法》置之不理，也会侵害劳动者利益，激化劳动关系，影响社会稳定和经济发展。所以加强劳动监督检查是发展社会主义市场经济的迫切需要，不仅监督部门有着重要职责，被监督的用人单位也负有极大的法律责任，切不可漠然置之。

总之，贯彻实施《劳动法》重点是用人单位，只要用人单位都增强法律意识，树立法制观念，正确执法、用法、护法，劳动者的合法权益就一定能够得到充分保障，就能充分调动劳动者的积极性，提高劳动生产率，促进社会稳定，《劳动法》也一定能够得到顺利实施。

（新疆维吾尔自治区劳动厅
中共党组书记　陈建喜）

黑龙江省深化劳动领域改革推动建立现代企业制度的调查

为了进一步推动我省劳动领域改革向深广方向发展，促进企业产权制度改革和现代企业制度的建立，1994 年 6～7 月，我们组织四个调查组，由局领导带队，分别深入到哈、齐、牡、佳等八个市地及十多个县，对深化劳动领域改革情况进行了调查。在调查中，共走访了 30 多户企业，抽样调查了 120 户企业，召开了近 20 次由企业、企业主管部门、政府经济综合部门参加的座谈会，听取了当地劳动部门的工作汇报和部分市县政府的情况介绍。现将这次调查情况报告如下：

一、我省劳动领域改革取得新的进展

1994 年以来，全省各级劳动部门以邓小平同志建设有中国特色的社会主义理论和党的基本路线为指针，深入贯彻党的十四大和十四届三中全会精神，按照全省劳动工作会议的总体部署，围绕市场经济体制的建立，以企业产权制度改革和建立现代企业制度为重点，加大劳动领域改革力度，加快改革步伐，使全省劳动领域改革取得新的进展。据不完全统计，目前全省实行三项制度综合配套改革的企业已达 1524 户，涉及职工 96 万人；实行全员劳动合同制的企业 2222 户，涉及职工 64 万人；实行全员劳动合同化管理的企业 2082 户，涉及职工 67 万人；实行“工效挂钩”的企业 4431 户，涉及职工 139.7 万人；试行岗位技能工资制的企业 400 多户，涉及职工 50 多万人；参加养老保险的各种所有制企业已达 25673 户，职工 427.9 万人，离退休人员 89.8 万人；参加失业保险的国有企业已达 17325 户，职工 409 万人，各占应参加总数的 90%；全省共建立各种类型的职业介绍机构 1332 个。

总的看，我省劳动领域改革正在积极稳妥地向前推进，发展态势很好，促进了企业产权制度改革和企业经营机制的转换，为建立现代企业制度奠定了基础。劳动制度改革扩大了企业用人自主权和劳动者择业自主权，有利于市场主体的形成；工资制度改革建立了新的企业工资增长机制，赋予了企业内部分配自主权，初步拉开了职工之间的收入差距，工资分配开始发挥市场机制的作用；国有企业职工失业保险制度的建立和职工退休费用社会统筹的实行，为企业参与市场竞争平衡了负担，减少了职工的后顾之忧。综合起来，劳动领域改革取得了以下几个方面的进展：

(一)劳动领域改革与企业产权制度改革有机结合。1994 年初以来，各地按照省委、省政府的部署加大企业特别是中小型企业的产权制度改革的工作力度，重点把劳动体制改革与产权制度改革结合起来进行，做到统筹安排，互为促进，同步推进。牡丹江市在产权制度改革中全面推行劳动体制改革，提出凡是今年进行产权制度改革的企业必须进行劳动体制改革，做到统一部署，统一组织，统一实施，统一检查，统一验收。宾县、巴彦、木兰、通河、双城等市县在产权制度改革中也都配套进行了劳动体制改革，劳动部门积极参与并加强对企业劳动管理工作的指导，保证了劳动关系基本和谐与稳定。凡是产权改造企业，在用工上实行了全员劳动合同制，在分配上实行了更加灵活的分配制度和方式,在保险上探索了许多行之有效的新办法,取得了良好的效果。

（二）整体推进与重点突破相结合。一方面，全省全面推进劳动领域改革的同时，确定哈尔滨、牡丹江、佳木斯、肇东和双城市为全省区域性劳动制度综合配套改革试点市，各地市也都选择了一两个县（市）进行区域性改革试点，力求通过试点取得经验再逐步推开。试点市县都成立了改革领导小组，制定了改革方案，试点工作已全面展开，并且取得了初步效果。牡丹江市1993年已有127户国有大中型企业进行三项制度综合配套改革,并计划1994年年底前所有企业基本完成劳动体制改革。佳木斯市1994年上半年50%的企业进行改革，下半年改革面要达到70%，1995年基本搞完。另一方面，各地在劳动体制改革中,由过去侧重于单项改革,转向三项制度综合配套改革，着力在解决重大问题和难点问题上取得突破，以带动和促进整个劳动领域改革的深化。双鸭山市1994年实行全员劳动合同制的企业已达75户,职工2.1万人，分别占企业和职工总数的61%和64%，并加大了保险制度改革的力度，把外商投资企业的中方职工、临时工、个体劳动者都纳入了社会保险范围之内，为企业改革创造了良好的外部环境。鹤岗市重点抓了劳动力市场服务体系建设，在全市各县、区、街道及部分大中型企业建立职业介绍机构35个，形成了覆盖全市的劳动力调节网络，为企业自主用人、劳动者自由择业创造了条件。

（三）坚持从实际出发，在社会关注的热点上下功夫。哈尔滨市在大力推进三项制度改革的同时，注意做好解困工作，春节期间拿出500万元解决困难企业职工吃饭问题。局主要领导还亲自带队深入企业了解情况，为困难企业注入生产扶持金300多万元，使一些企业起死回生，减少了不安定因素。佳木斯市以调整规范劳动关系为突破口，在全市范围内开展用工大检查，将有关政策法规文件直接送到外商投资和私营企业法人代表手中，对发现的不签订劳动合同、不进行合同鉴证、不参加失业保险和养老保险等问题作了及时的纠正和处理，共补签劳动合同1946份，占查出未签合同总数的93.5%。

（四）正确处理改革与稳定的关系。各地在推进改革中，把保持和促进劳动关系稳定放在十分重要的位置，注意关心职工群众疾苦，保护职工利益，采取措施妥善安置富余人员，妥善解决职工和离退休人员的生活保障问题。齐齐哈尔市改革中剥离出的8000多名富余人员，通过开辟新的生产门路，发展第三产业，组织培训等多种途径，大部分都得到了安置。宾县为了避免企业在产权改革中损害职工和离退休人员利益，制定了诸如从税金中划出一部分国有资产解决离退休人员费用等许多条措施，保证了离退休人员的基本生活。

（五）运用政策导向，引导和保证改革顺利进行。各地在每 项改单实施之前，及时或超前制定改革措施，引导劳动体制改革顺利健康向前发展。1994年以来，以省政府和省劳动局名义先后出台了《关于增加企业工资总量和调整企业离退休人员离退休金的实施意见》、《关于在全省开展劳动监察工作的意见》等许多文件。各地结合本地改革情况，分别制定了许多深化改革的配套政策措施。如牡丹江市、佳木斯市、宾县等地，为了保证企业产权制度改革的顺利进行，维护职工的合法权益，相应制定了用工、工资分配、社会保险等方面的配套政策。

二、当前存在的主要问题

总的说，我省劳动领域改革进展比较顺利，取得了很大成绩，但是在改革中也遇到和存在一些问题，不容忽视。

（一）一些同志对劳动体制改革缺乏足够认识，有些地方改革力度不够，发展不平衡。

有的人仍然依恋旧制度，传统的计划经济观念没有破除；有的人认为劳动体制改革作用不大，改不改没什么实质意义；有的人认为改革就必须得实惠，暂时得不到实惠就不愿意改；有的人把劳动体制改革同企业产权制度改革相分离，甚至相对立，认为企业改革重点是搞产权制度改革，没有力量抓劳动体制改革；一些经济效益好的企业有求稳怕乱的思想，不敢改革；一些经济效益差的企业，强调客观原因多，不想改革。由于一些同志思想认识问题没有解决，改革的积极性不高，缺乏深化改革的内在动力。全省各地改革进展也不够平衡，有的地方改革步伐很小，甚至徘徊不前。

（二）有的企业在产权制度改革中缺乏依法调整劳动关系的观念和措施，有侵害职工合法权益的倾向。在调查中发现，有的企业，主要是一些中小型企业，在改革中不是从转换机制上下功夫，而是片面地裁减人员，将富余人员、离退休人员作为一种负担推向企业之外，有的采用一次处理的方法推向社会；有的企业没有用合同法律形式与职工确定劳动关系，用人表现出很大的随意性；有的股份合作制企业把职工是否入股作为原职工能否保留在企业的条件，不入股就不算职工；有的企业擅自降低职工工资和保险福利待遇，造成职工收入水平下降；有些企业拒绝缴纳社会保险金，还有一些企业在兑现离退休待遇时，不是以现金支付，而是以物抵费，而且标准也不统一，有的一次性发给后就不管了。上述这些作法既没有法律依据，又没有必要的合法契约作保证，容易引起争议，需要引起有关部门的足够重视。

（三）企业富余人员安置渠道狭窄，社会保障功能弱，与企业产权制度改革不相适应。我省企业普遍存在大量富余人员，约占职工总数的20%。我省经济发展速度较慢，社会就业门路狭窄，形成了劳动力供大于求的尖锐矛盾。富余人员难安置，当前强调企业内部消化，这只是个权宜之计。另一个问题就是社会保障跟不上，相对滞后。目前社会保险覆盖面还很窄，社会化程度也很低，特别是建立社会保险制度时间不长，缺少积累，加之我省企业经济效益普遍不好，基金收缴不到位，社会保障的功能显得十分脆弱。这些都制约产权制度改革的深化。

（四）相当部分企业拖欠职工工资和离退休费，职工情绪不够稳定，生活保障功能减弱。由于我省许多企业经济效益不好，企业拖欠职工工资问题很突出，并且拖欠的面很大。据调查了解，哈尔滨市纺织局共有113户企业、5.3万职工，其中停产半停产企业47户，拖欠工资1845万元，涉及职工8776人，拖欠离退休费838万元，涉及职工8776人。鹤岗市拖欠职工工资的企业有470多户，涉及职工约20万人，占职工总数的67%，拖欠时间最长达23个月，最短的5个月。双鸭山市欠发职工工资的市属企业占80%以上，欠发总额达1593万元之多。由于拖欠职工工资和离退休费，一些职工和离退休人员生活发生较大困难，有的基本生活难以保障，思想波动很大，情绪不够稳定，社会不安定因素增加。

（五）劳动法制建设滞后，缺乏实施宏观调控和依法行政的法律依据和手段。在调查中，各地普遍反映，当前行政手段逐渐淡化，而法律和经济手段却没有建立起来，规范企业行为和保护职工合法权益，实施监督检查缺乏具体的法律依据和刚性手段。如劳动用工、工资奖金分配权放开以后，如何保证企业招工遵循面向社会、公开招收、全面考核、择优录用的原则，如何保证妇女、残疾人、少数民族人员、复转军人等特殊群体就业，如何维护职工工资分配的合法权益，保障职工工资的最低收入，如何保证企业参加社会保险和及时足额缴纳养老和失业保险金，等等，都缺乏一个完备具体的法律依据和手段。

三、下一步工作的几点意见

根据上述存在的问题，我们认为在深化劳动领域改革，推动建立现代企业制度中，应重点从以下几个方面加强工作：

（一）提高认识，抓住机遇，积极稳妥地推进劳动领域改革。要抓住企业产权改革和建立现代企业制度的时机，进一步加大力度，加快步伐，积极稳妥地推进劳动领域各项改革。一是要同当前的企业产权制度改革有机结合起来，做到相互促进，协调发展。劳动部门要主动参与，以产权制度改革带动劳动体制改革，以劳动体制改革促进产权制度改革。二是要坚持整体推进与重点突破相结合的方针，全面配套地推进劳动领域各项改革，力求整体推进，协调发展。要注意在重点和难点上搞突破，以带动改革全面发展。三是要坚持点面结合的原则。要继续抓好区域性综合配套改革和建立现代企业制度的劳动体制改革试点工作，从中摸索经验，用以指导和推动面上的工作。四是要坚持从实际出发的原则，各地改革的具体形式、步骤不强求一律，但都要积极地推进。五是要正确处理改革与稳定的关系。在改革中注意妥善安置富余人员和保护职工的合法权益，维护社会稳定。六是要注意改革质量，讲求改革实效，重点在建立新的机制上下功夫，避免改革流于形式。

（二）企业在产权制度改革中要注意依法确立和调整劳动关系，切实保护职工的合法权益。一是各级政府和主管部门在制定产权制度改革方案和政策措施时，要把依法确立和调整劳动关系纳入其内容，采取切实可行的保护措施。二是企业在进行产权制度改革时，法人代表应该严格按照有关规定和要求办事，保护职工合法的基本权益，不能随心所欲，只讲权利，不承担义务。三是有关部门要加强监督检查，发现问题及时纠正和解决，保证广大职工利益不受侵害。

（三）加速培育和发展劳动力市场，加快社会保险制度改革步伐，为企业产权制度改革创造宽松的外部环境。要继续扩大企业用人和工资分配自主权，以确立企业和劳动者在劳动力市场中的主体地位；大力加强就业服务体系建设，为企业充分行使用人自主权、调剂企业富余人员、解决各种失业问题创造宽松的环境，为劳动者求职、流动和重新就业提供良好服务。在社会保险方面，尽快建立起覆盖城镇所有劳动者的社会保险制度，为企业改革和经济发展发挥基础性保障作用。当前要重点强化基金收缴工作，管好用好基金，基金不足的，建议当地财政给予补贴，以充分发挥其作用。

（四）采取有效措施，切实保障职工基本生活，维护社会稳定。各级党委、政府和社会各有关方面，要把保障职工和离退休人员的基本生活、稳定职工队伍继续作为一件大事来抓。要认真贯彻好中央和省有关切实保障职工和离退休人员基本生活的文件精神，采取有效措施，尽快解决企业长期拖欠职工工资问题；及时、足额拨付失业人员和离退休人员的保险费用，保障其基本生活；做好劳动信访、劳动争议调解和仲裁工作，维护劳动关系双方的合法权益，及时处理好职工集体上访、罢工等突发事件，防止矛盾激化；要关心群众疾苦，进一步开展送温暖活动，密切与人民群众的联系；要加强宣传和思想教育工作，稳定职工群众情绪，齐心协力共渡难关。

（五）加强劳动法制建设，保障劳动领域改革顺利进行。《劳动法》刚刚颁布，当前要认真学习宣传好《劳动法》，并为1995年正式实施做好准备。要以《劳动法》的颁布为契机和动力，大力加强劳动法律法规建设，尽快形成完善配套的劳动法律法规体系，为实现宏观调控和依法行政提供法律依据和有力手段。要加强地方劳动法规建设，在中央一时不能出台大量劳动法律法规的时候，要根据本地实际情况，先搞一些地方法规。同时，要加强劳动执法监督检查工作，规范企业行为，维护劳动者的合法权益，保障劳动法律法规准确有效地实施。

（黑龙江省劳动局　柳松华　孙同波）

温州市多渠道开展职业介绍　培育和发展劳务市场

党的十四大确立我国经济体制改革的目标为建立社会主义市场经济体制。在市场经济体制中，劳务市场是重要的要素市场，我们温州通过多渠道开展职业介绍，积极培育和发展劳务市场方面所走过的路程，正是探索建立劳动力市场机制，实现以市场作为劳动力资源配置基础手段的过程。它的形成和发展不仅为社会劳动力的优化配置起到重要的中介作用，也有力地推进了劳动部门的职能转变，深化了劳动制度的改革，促进了社会经济的发展。

一、各类职业介绍的现状和初步成效

温州市是国内比较早允许民间开办职业介绍的地区之一。早在60年代初，市区就出现了以介绍家庭保姆为主要内容的职业介绍活动。在以后20多年的社会实践中，社会职业介绍工作也伴随着我国经济变革的风风雨雨，走过一条艰难曲折的道路。1992年初邓小平同志南巡重要谈话发表之后，我们温州围绕着如何进一步扩大市场规模、提高市场质量、完善市场机制，采取了一系列新的举措，使我市劳务市场总体功能的发挥得到了进一步加强，目前已初步形成了国家、集体和民间三位一体的多层次、多形式、多功能、开放型的职业介绍网络。据1992年统计，全市共有职业（劳务）介绍机构172家，其中劳动部门办的24家；集体或个人办的148家。1984年到1992年全市各类企业和求职人员到职业（劳务）介绍机构登记求职的有38.92万人，通过推荐介绍成功的有18.38万人，相当于同期各级劳动部门安置社会待业人员的总数。1993年4月我们为了加强市区职业介绍对各县（市）辐射的力度，和温州橡胶工业集团公司联手，利用橡胶集团公司的旧厂房，改造成为劳务中心市场。市场占地近3000平方米，建筑面积近5000平方米。内设二层劳务交流大厅，容纳了市区持照营业的56家公办和民办职业介绍所。大厅内装有4台屏幕电视显示器，可随时发布劳务信息。劳动部门在市场内设有核发务工许可证、合同鉴证、养老保险、失业保险等多种业务的一条龙服务窗口。市场内还有住宿、餐饮、照像、小卖部、医务室等多功能服务设施。所有这些服务设施的建立，为各类职业介绍机构进入中心市场集中交易、开展平等竞争创造了良好的环境和条件。此后，在市区范围内不再允许未经批准的非法职业中介活动。在中心市场刚开办的短短半个月内，到劳务中心市场登记求职的多达3674人次，经推荐介绍成功的就有1783人。应该说我们温州已经初步实现了市场对劳动力资源配置的基础性作用。

温州市民间职业介绍的出现和发展大体经历了三个阶段。

萌芽发育阶段。早在60年代初期，市区东门和中山桥等地点就出现"送人姆"，即专给提供家庭服务的保姆充当介绍人。这些"送人姆"应该说是职业中介的雏形。她们从事家庭保姆介绍，无需什么机构加以认可或批准，从事介绍的对象也只局限于家庭保姆。

因此，带有原始的自发性和单一性。

发展成长阶段。党的十一届三中全会之后，伴随着改革开放和搞活经济的浪潮，各类民间职业介绍也相应得到了较大程度的发展。突出表现在80年代初，市区各街道、居委会都相继成立了劳动服务社（站），主要从事本辖区内的待业青年到区街、乡镇企业从业的职业介绍活动。这个时期社会职业介绍的特点，首先是点多面广。据1989年统计，鹿城区各街道、居委会和民间办的各类职业（劳务）介绍所多达270家。其次是服务的范围扩大。在服务的对象上，从原来单一的保姆扩展到除全民和县以上集体企业的固定工之外的各类企业的各种用工；在服务的内容上，从原先的单一职业介绍扩展到各类信息服务、事务代办、代开发票和组织劳务队等；在服务的层次上，从原先单一的保姆扩展到企业普工、熟练工、技工直至企业高级管理人员。第三是管理比较混乱。由于政府管理工作滞后，市场缺少统一的行为规则，于是经常出现介绍机构作空头或多头介绍，乱收多收介绍费的现象，求职者的利益受到了损害。

整顿提高阶段。这个阶段的一个最大特点，就是劳动部门实现了自己从参与社会职业介绍转变为对社会职业介绍的规范、管理和监察。温州劳动部门办职业介绍始于1987年，比民间的职业介绍起步要晚些。当民间和包括股份合作性质在内的各类职业中介机构如雨后春笋、遍布城乡时，劳动部门仍持被动观望的态度，不少同志认为社会就业工作让民间职业介绍代替，意味着劳动局长要让位于居委会主任，这样下去非乱不可。于是对民间能否办职业介绍产生怀疑，在相当长的时间里为此争论不休。以后随着社会劳动力管理体制改革的不断深入，以统包统配为主要内容的劳动就业工作的弊端和民办职业介绍运用市场机制调节劳动力的积极意义才逐步被社会各界所认识，于是带来了劳动部门的第一个转变，即积极参与创办职业介绍机构。当时市劳动服务公司和县（市、区）劳动服务公司都增设了劳务介绍所。开办初期主要为全民、县以上集体企业输送临用工。但是在以后的工作中由于我们办的职业介绍机构缺乏从计划管理转向市场调节，从指标设计转向信息指导的思想准备，加之刚刚起步的职业介绍机构处于新旧体制转换的过程中，旧体制的惯性作用，使我们组织职业介绍的同志在思想方法、工作手段、政策指导等方面违背了市场机制的要求，从而自觉不自觉地沿袭过去计划调配工作中的一些做法，束缚了企业用人的自主权和劳动者择业的自主权。因此，在不长时间内劳动部门办的职业介绍机构牌子虽挂着，但工作冷冷清清；而同时期创办的民间职业（劳务）介绍社、所却非常活跃。这种社会现象给劳动部门以深刻的教育，于是我们劳动部门实现了第二次转变，即从直接参与创办职业介绍机构转变为对社会各类职业介绍机构实行引导、管理、监察。1989年的8月份我们会同工商局、人事局，研究制订了关于清理整顿市区劳务、人才市场的通知，要求市区所有的职业介绍机构均必须到劳动人事部门重新办理登记手续，对那些不符合要求的劳务中介实施了全面的清理。1990年的6月份市政府颁发了《温州市区外来劳动力管理暂行规定》，同时建立了外来劳动力进城务工实行《临时务工许可证》的制度。同年7月份我们会同市物价局统一了市区职业介绍收费标准，解决了多收乱收费的问题；1991年12月市政府又颁发了《温州市劳务监察暂行办法》，明确规定市区所有从事劳务中介活动的职业介绍机构均必须接受劳务监察。所有这一系列政策法规的出台，为引导民间职业介绍向健康方向发展起到了非常积极的作用，促使民间各类职业介绍机构都不同程度地上了个档次。如温州市鹿城区大同劳动服务社，是温州第一家集体合作性质的劳务介绍机构，也是唯一的一家专门为妇女介绍工作的服务社。创办人是大同巷几名退休人员。从家庭服务员、产妇服务员、住院看护到各类企业临时工，只要有人需要，她们都千方百计介绍，不管是温州地区来的还是外省市来的，不管是城市的还是农村的，只要上门求职，都费尽心机去穿针引线。由于服务周到，信誉可靠，收费合理，被誉为“妇女之家”。创办 8 年来，求职的妇女和雇主们络绎不绝，至今已成功介绍了 5 万余人就业。近年来，《温州日报》、《浙江日报》、《北京日报》、《解放日报》和英文版《中国日报》纷纷刊出介绍“大同”的文章。与“大同”齐名的另一家“长城”职业介绍所是温州市第一家股份合作性质的职业介绍所。创办人是个大学生，从单位停薪留职后从事此项工作。他创办的职业介绍所属信息型劳务中介。一方面广泛搜集用工信息，分解成“工种、名额、工资、吃住”等十个方面，编制成卡，一方面及时把这些信息通过广告等形式传播出去，根据求职者登记的条件和意愿“对号入座”。求职者交登记费 3 元，3 个月内介绍不成，可退回登记费。现在每年到“长城”登记求职的有 7000～8000 人，介绍成功率达 60%以上，他们还根据生产需要，举办专业培训班，使培训与职业介绍相结合。最近，为探索适应市场经济发展的职业介绍路子，正在研究职业介绍与信息学、心理学、公关学、口才学和行为科学之间的关系。又如温州瑞安市遐迩闻名的劳务介绍一条街，不到 100 米长、4 米宽的小巷，12 家民办职业介绍所“肩并肩”地紧挨在一起。每天来这里求职的有五六百人，春节后最多达上千人，把小巷堵得严严实实。1992 年头 10 个月，从这里介绍出去 2500 人就业，相当于内地一个中小城市一年的就业安置人数。再如我市乐清县虹桥镇的民办职业介绍所，以其劳务中介“两头在外”而闻名全国。所谓“两头在外”，即到虹桥打工者大都来自外省市及本省贫困地区，雇主雇用后，又将他们带往本县以外的全国各地搞生产和销售，每年从虹桥介绍出去的有 4～5 万人。虹桥的各家职业介绍所，手下还掌握了一批将外地劳动力成批长途带进虹桥的经纪人。这些经纪人的出现，是温州民间职业介绍开始走向专业化的标志。

二、职业介绍迅速崛起的成因分析

我市多层次、多形式、多功能职业介绍之所以能够迅速兴起，首先是商品经济发展的客观要求。大家知道，商品经济发展，完全依赖于社会主义市场体系，而劳动力市场却是社会主义市场体系不可缺少的重要组成部分。商品经济要发展，必然要有劳动力市场和以市场调节方式实现社会劳动力优化配置的具体形式。职业介绍正是实现这种具体形式的最有效的途径。其次是职业介绍适应了温州多种经济成分和经营方式并存，私营和个体经济发展较快的经济发展路子。据有关资料统计，1978 年至 1992 年，温州乡办以下工业（含私营、个体工业）经济增长了 65.36 倍，占工业总产值的比重从 1978 年的 9.3%上升到 1992 年的 35.6%，这种经济的迅猛发展，必然需要投入大量的不同层次的社会劳动力，而劳动部门又不可能一揽子包下来进行调配。因此，使得异军突起而又与计划经济天然无缘的区街、乡镇、股份合作、私营企业以及个体工业和与日俱增而又“包不到”、“配不着”的农村富余劳动力之间产生强烈的供需吸引，一方面要转让自己的劳动力，另一方面急需寻找适合自己的劳动力，只有职业中介才能实现他们的相互需要。第三，劳动者自主择业和企业自主用工的逐步确立，有力地促进了职业介绍的发展。80 年代初，一方面国家对社会待业青年提倡“劳动部门介绍就业，组织起来就业和自谋职业相结合”的三结合就业方针，初步改变了国家统包社会就业的方式，引导劳动者组织起来就业和自谋职业。其实质就是赋予劳动者一定程度的择业权，使他们能够按照自己的条件、意愿和社会生产需要，在一定范围内选择职业和岗位；对企业在职职工的流动也开始改变单一行政调配办法，出现了调动、招聘、借调、劳务承包、停薪留职、“排休双免”等招用和流动形式。所有这些做法均为社会职业介绍提供了多渠道、多层次的人员来源。另一方面，随着经济体制改革的逐步深入，企业自主用工也相应得到确立，企业根据自己生产经营活动的实际需要，有权选择适合自己需要的管理人员和职工，于是给社会职业介绍提供了广泛的需求信息。

三、以发展职业介绍为中心环节，全面促进劳务市场体系的建设

以上情况的介绍给人们揭示了一个深刻而又简单的道理，创办职业介绍并能使之有效地运行，并不是哪个权威或哪级机关想办就能办的事。要想办好社会职业介绍除了要遵循市场发育发展内在的规律之外，还要重视培育职业介绍赖以生存的社会条件，即劳务市场体系的建设。这方面的内容应该包括：

（一）劳动力供求双方要真正获得具有法律意义的参与市场的独立权利，这是市场机制的前提条件。具体到劳动部门就是要认真坚决地落实好企业用工和分配的自主权。这方面的工作我们温州已经全部到位。1992 年的 7 月份，政府转发了市劳动局关于国营集体企业自主用工、分配若干问题意见的通知，把尚存留在政府手中的一部分企业用工和分配自主权还给了企业，今后企业在本市城镇人口中招工不受行政区划的限制，所有企业可在劳务中心市场发布招工简章，职工被企业录用后只要办理合同鉴证和养老保险手续即可。企业职工在各类所有制企业之间流动，只要双方企业同意，到社会保险机构办理养老保险转移手续即可。这些具体措施进一步强化了企业和职工独立参与市场的权利。

（二）劳动力进入市场，必然存在一定的风险，需要社会形成完备的市场保护机制。1991 年 7 月份，我们温州市政府动用现时期管理网络最强大的劳动、财税、工商部门实施了全社会一体化的企业职工社会养老保险；1992 年 6 月份，我们组织实施了包括各类企业所有职工在内的企业职工行业保险。这两项重大的社会保障措施的出台，不仅有效地保证了养老职工和行业职工的基本生活，更重大的意义在于消除了人们的等级观念，为所有劳动者平等进入劳务市场创造了条件。

（三）在用工制度上，要彻底打破劳动力所有制的界限，允许职工在各种所有制企业之间合理流动。由于历史原因，我们过去把劳动者区别为全民职工、集体职工、固定职工、合同制职工、临时工和农民工等各种身份，鸿沟划得很严、等级划得很细。同样是劳动者，由于服务的单位所有制不同，引伸出许许多多的差别。这些差别在人们的思想上都是沉重的包袱，既不利于人们的进步和社会主义积极性的发挥，不利于生产要素的优化配置，也不利于平等竞争机制的形成，严重地阻碍了劳动力市场的发育。为了实现这个目标，我们温州的做法分两步走。第一步研究制订了《温州市企业劳动管理暂行规定》。通过这个暂行规定的实施，使所有企业包括个体工商户的劳动管理纳入统一的民主化、规范化、法制化的轨道；第二步全面实施了“企业职工”制度。从 1992 年的 8 月 1 日起，我们温州市的劳动者，在这个企业工作就是这个企业的职工，在那个企业工作就是那个企业的职工。劳动者只有在这单位和那个单位的不同，没有所有制和身份的差别。真正允许并实现了社会劳动力在各类所有制企业之间的合理流动，为社会劳动力就业市场化铺平了道路。

（四）必须大力加强劳动法制建设，以形成健全的市场运行规则。市场运行规则是在商品经济充分发展基础上，由个人及法人单位逐步培育起来的市场行为观念和法规体系构成的。形成和完善市场运行规则是一件非常不容易的事，需要全社会共同付出努力。现时期人们的价值观与市场机制充分发育的要求仍有相当的差距，例如，劳动合同形如虚设，不少职工想进就进、想走就走，随意跳槽；不少企业使用童工、劳动保护不善、克扣职工工资等。所有这些都必须通过完备法律法规的制订与实施加以克服。为此，我们相继制订了《温州市企业招工办法》、《温州市企业职工流动规则》，具体规范了企业和职工的行为规则。下一步我们还要研究制订《温州市劳务中介行为规则》。因为劳务中介是劳动就业服务体系的关键环节，这个环节能否做到信息及时准确、制度公开、规则公平、行为规范、手续简便，将直接影响到劳务市场积极运行和社会效率的高低。

（五）必须强化劳动监察。我们说，劳动立法解决有法可依的问题，那么劳动监察是解决有法必依、执法必严、违法必究的问题，二者不能偏废。过去劳动部门只重视前者而忽视了后者，结果往往导致许多劳动法规和政策流于形式，严重地损害了法规的尊严和政策的严肃性。于是在1993年的3月份，市政府颁发了《温州市劳动监察暂行规定》，对劳动部门的监察机构以及承担的工作任务作了明确的规定，并在企业用工、社会保险、劳动保护、安全生产等方面设置红灯，明确规定了处罚的尺度，比较具体，操作性强，以此保证国家和地方的法规和政策得到全面的执行。

（浙江省温州市劳动局）

上海市实施企业下岗待工人员再就业工程

（一）

建立现代企业制度有诸多问题需要解决，其中关键之一是冗员问题。这个问题从改革之初就出现在我们面前，随着企业改革的深化，下岗待工人员在一定时期内会越来越多，如果没有一个妥善的解决办法，那建立现代企业制度必然受阻。目前企业的富余人员大多是1979年前后回城安置的下乡知识青年。上海就业是二头容易中间难，年轻人因为有诸多优势，不但容易找到岗位，而且可以跳来跳去，退休或待退休的老人因为有基本生活保障，单位从用人成本上考虑也愿意用，难就难在40多岁这个年龄段。这部分人生在困难时期，长在动乱时期，书还没有读好，就下乡接受“再教育”，好不容易盼到改革开放，又丧失了优势，完全让他们去承受改革过程中的痛苦是不公平的。政府和企业都有责任创造条件，让他们重新得到能够发挥作用的岗位，同样享受到改革开放雨露的滋润。这几年不少企业为探索解决分流富余人员的路子，从大局出发做了大量工作，取得了宝贵的经验。归纳起来，这些经验是：

——与产业结构调整紧密结合起来，统筹安置。

上海第七印染厂原是纺织系统的亏损大户，全厂有1000余名职工待工。在其第二次创业过程中，厂领导认为企业的新生必须和职工的新生紧密地结合在一起，如果把富余人员当作包袱，一卸了之，是对党的事业不负责任的表现，也会让为企业奋斗了数十年的职工寒心。他们千方百计去开发分流渠道，为结构调整中多下来的职工寻找再就业的岗位，使之各得其所。

——发挥行业优势，多渠道地安置。

仪表局系统的企业，在转换经营机制、优化组织结构的过程中，预计现有从事工业生产的人数将减少一半，即从目前的11万人减至5～6万人。他们在系统内统一规划，打算1/3的人员转移到第三产业，1/3人员进入合资企业，1/3的人员从事制造业。现已建立专门机构着手实施。

市燃料总公司所属的煤炭行业因产业结构调整，人员多余2/3，公司利用企业的场地优势和人力资源，兴办第三产业，统筹安排，解决了2/3富余人员的出路。

——发挥社区优势，街道与企业联手安置。

长风新村街道为解决街道内下岗待工人员的生活困难问题，想方设法与有关企业进行沟通，多渠道地安置待工人员，今年上半年已安置了246人，取得了良好的社会效益。

——通过开拓渠道、鼓励流动等形式，分流安置。

上海龙华肉类联合加工厂有105人下岗，同时又吸纳了公司所属企业因市政动迁和行业技术改造而下岗的540人。面对这一现状，该厂通过替代农民季节工、收回外加工任务、开辟新的商业网点等形式，较好地解决了富余人员的出路问题，增强了企业的向心力和职工的凝聚力。

——发挥能人作用，兴办三产安置。

上海太平洋（集团）公司焦化总厂专门成立了实业总公司对以安置下岗待工人员为主的各类三产实体进行集中领导。他们从职工中挑选出各种人才，带领下岗待工人员兴办三产，重新创业。同时，又通过培训，让其他下岗待工人员去竞争置换下来的岗位空缺。通过合理配置使他们重新发挥了聪明才智。

——创办福利企业，安置残疾职工。

上无一厂两次人员分流，共有1467人下岗，其中有40多个残疾人。他们率先创办了普陀区第一家大中型企业中的民福企业，充分利用国家对福利企业的政策优惠，组织生产、经营，不但养活了自己，还承担了水电房租、设备租赁、医疗保险、养老保险等费用，减轻了厂本部的负担，开辟了一条新路子。

——积极组织劳务输出。

上海金桥劳动服务公司是黄浦区集体事业管理局为安排本局停待工职工重新就业而设置的一家专业中介机构，集接纳、管理、培训、输送、生产自救于一体。到目前为止，公司共为系统内100多家企业输出了1388名停下岗待工人员，其中正式调出311人，劳务输出1077人，为企业节省了工资性支出达200多万元。

——替代外来劳动力。

徐汇区房产局大楼管理所为给社会上一部分缺少市场竞争能力，生活确实困难的下岗女职工创造再就业的机会，主动请缨，清退了外来妹。该所有330名电梯工人，其中吸纳的企业下岗人员131人，占总人数的40%。这些下岗人员相对外地劳动力来说，语言通，具有相对稳定性，工作认真，态度较好，深受居民欢迎。同时单位安置了这批下岗待工人员后，节省了因使用外地劳动力而产生的有关费用，对国家、单位和待工人员个人来讲都是一件好事。

此外，还有引入竞争机制，开办厂内劳动力市场；宽严相济，加强管理等等好的经验，都是值得我们重视、借鉴的。当然，各单位的情况不同，要从各自的实际出发。

（二）

解决企业富余人员的问题，必须依靠政府、企业和职工三方的共同努力。政府要把应该由政府做的事情做好，为企业创造宽松的外部环境。按照市主要领导同志的要求，在总结经验的基础上，我们几个职能部门和总工会，反复研究磋商，构筑了下岗待工人员“再就业工程”，形成了一个初步的实施意见，经过试点，得到了各方面的认可。其主要精神是坚持三个鼓励，即鼓励企业发展“三产”，创造新的岗位；鼓励下岗待工人员走出企业，自谋职业；鼓励企业吸纳下岗待工人员，以创造条件使下岗待工人员在新的岗位上得到发展，并逐步与原单位脱钩。三个鼓励离不开一定的政策，《关于企业下岗待工人员再就业和保障基本生产问题的若干意见》就是目前可以充分运用的政策。从当前的实际出发，在试行中要特别注意以下几点：

1. 有条件的企业要充分运用劳动服务企业的优惠政策，大力发展第三产业，开拓扩展生产门路，促进就业岗位的增加，吸纳更多的下岗待工人员。依托第二产业，发展更能吸纳劳动力的第三产业是现代经济发展中的一大趋势。通过发展第三产业增加就业岗位解决下岗待工人员安置问题的成本也要小得多。

2. 要着力组织企业间的劳务输出。当前，需要用工的企业不少，但大都从用工成本考虑，不愿意增加正式职工。针对这种情况，《意见》作了相应的规定，鼓励需要用工的单位使用企业下岗待工人员。这对富余人员多的企业、地区、系统是一个很好的机会，做好了，对各方面都有利。

3. 要结合产业结构调整，抓好转岗培训，特别是要抓好定向培训。培训要讲究实效，有针对性，需要什么就培训什么，以能上岗为目的。

4. 要帮助下岗待工人员转变观念，适应市场需求。同时，也要加强管理教育，对违纪、无故不参加培训、不服从安排的人员，教育无效的，要坚决按照劳动合同和有关规定予以处理。

5. 要落实保障下岗待工人员基本生活的有关规定。实施下岗待工人员再就业工程有一个过程，即使过去留下的问题解决了，以后在产业结构调整中仍然会有下岗待工的问题。企业一定要按规定保障下岗待工人员的基本生活，这既是对群众负责，也有利于分流安置，是深化改革所必须的。市、区两级安民帮困基金已经建立，并对无力发放职工最低工资和下岗待工人员生活补贴的企业进行帮助。

实施这项工程的关键还在企业。这几年，不少企业一方面积极反映自己的呼声，争取外部条件；一方面积极探索适合自己实际的分流办法，做出了显著的成绩。现在，全市历年累计 38.5 万名下岗待工人员，通过各方共同努力，已分流安置 24.9 万。可见，只要大家统一认识，齐心协力，这个一直很难解的疙瘩还是可以解开的。各级劳动部门要在市府统一领导下，加快劳动力市场的建设和完善，综合运用职业介绍、就业训练、失业保险等各种手段，以及开辟非全日制、临时工、小时工、弹性工作等灵活的就业形式，全力为企业解决下岗待工人员的安置分流问题提供服务。

（上海市劳动局局长　王世宽）

深圳市实行劳动合同制改革的几点做法

一

劳动体制改革的主要任务，就是以培育和发展劳动力市场为中心，全面深化劳动领域的各项改革，建立符合市场经济体制要求的新型劳动体制，而建立劳动力市场，首先必须确立劳动力市场主体。这是劳动体制综合配套改革的一项重要措施和基本前提。深圳市作为全国劳动体制改革试点城市，在总结特区创办 14 年来根据市场取向，进行劳动体制综合配套改革的经验的基础上，于 1993 年 6 月在市委市政府的领导下，在全国率先实行全员劳动合同制改革。至 1994 年 6 月底，全市各类企业及企业化管理的事业单位，均已基本完成这项改革，全面签订了劳动合同，企业劳动用人制度实行了劳动合同制。

(一) 这项改革的顺利完成，有力地促进了我市劳动体制改革的深化，为劳动力市场的发展提供了基本前提条件，开创了深圳特区劳动体制适应市场经济发展的新局面。

(二)这一重大改革为建立现代企业制度打下了良好的基础。进一步落实了企业的用工自主权和劳动者的自主择业权，确立了企业与劳动者双方的市场主体地位，为劳动力合理流动，企业和劳动者双向选择创造了前提条件。

(三)这一重大改革创立了新型的企业员工制度，打破了长期困扰企业的干部能上不能下的“铁交椅”式的痼疾，进一步消除了工人能进不能出的“铁饭碗”式的用工意识；打破了企业干部工人身份界限，取消工人中固定工、合同制工、临时工的界限，统称为员工，使员工身份趋于一体化。通过改革，企业形成了“员工没有身份界限，人员能进能出、工资能升能降”的竞争激励机制。

(四）这一重大改革，改变了过去企业与员工的行政依附关系，确立了劳动关系的法制化，使企业全面建立了劳动合同的责权利关系，企业与员工两者以平等主体身份形成的劳动关系走上劳动法制轨道。

二

实行全员劳动合同制改革，是根据党中央国务院提出的“政府宏观调控，企业自主用工，多种形式并存，全员劳动合同”的劳动用工新体制目标，为适应市场经济发展的需要，结合深圳劳动制度改革先走一步，各方面的改革比较配套的有利条件，经过一定时间的酝酿，通过深入调查研究和广泛征求意见之后，由市政府作出的重大决策。这项改革在实施的范围上，根据市政府文件规定要求，其对象为全市各种所有制企业的现有职工（包括干部、固定工、合同制工和临时工）和新增职工（包括新接收的大中专毕业生、军转干部和复退军人等员工，以及机关事业单位的工人)，均打破现有身份界限，统称企业员工。企业和员工在平等自愿、协调一致的基础上签订劳动合同，确立劳动关系，实行全员劳动合同制。经过一年多的改革实践，工作进展顺利，效果很好，并且还在继续深化。全市 3 万多家企业，280 多万员工，已签合同的占 92%。1994 年 8 月，我们组织专门力量对劳动合同制改革情况进行了全面的检查验收，采取自查为主，抽查为辅的措施，重点抽查了17家大的集团（总）公司。这些公司共有员工56736人，其中已签订合同的53013人，占97%；未签的1923人，占3%。实行改革的对象向企业化管理的事业单位及党政机关、团体内的勤杂人员扩展。为了保证改革的顺利进行，我们根据市委、市政府的要求，采取以下措施：

一是切实加强领导，把这项改革工作作为大事来抓。市委、市政府对此非常重视，市政府常务会议进行了几次专题讨论，对改革的文件进行了严格的把关，并把组织实施工作交给市劳动局负责。市委书记、市长厉有为同志亲自作动员报告。市、区劳动局成立了劳动制度改革领导小组，抽调人员开展具体工作。各类企业单位相应设立改革专门机构，根据《关于取消干部、工人身份界限，实行全员劳动合同制若干问题的意见》，开展调查摸底，结合本单位的实际情况，制定具体工作方案，围绕一要平稳安定，二要充分调动职工积极性的标准贯彻实施。

二是抓好宣传发动工作，提高各级领导和职工的思想认识，消除思想顾虑。根据改革的总体部署，用3个月的时间进行宣传发动，市、区政府相继分别召开动员大会，市、区党政主要领导亲自做动员部署和重要讲话，讲清改革的目的、意义和政策原则。各企业单位也分别召开了本系统本部门的改革动员大会，作出具体实施安排。市劳动局改革办及时编写改革宣传提纲，印发资料选编，并通过新闻单位的密切配合，在报刊、电视、电台上广为宣传，形成声势浩大的舆论氛围和正确的舆论导向，使广大干部、职工群众充分认识到实行劳动合同制改革势在必行，以及重大和深远的意义。因此，广大干部、职工都能积极拥护和自觉投身这项改革。

三是实行分类指导和典型引路。根据我市多种所有制成分和多种用工形式并存，以及前阶段企业劳动用工改革发展不平衡，进展不一的特点，采用了分类指导和典型引路的办法，推进区域性的改革。

首先，确定实行劳动合同制改革的重点是全民所有制企业，难点是取消干部和固定工的身份。因此，我们以主要精力抓好全民所有制企业的改革工作。

其次，根据不同所有制、不同类型的企业，采取不同的方法和措施。对已基本实行劳动合同制的外商投资企业、部分股份制企业和蛇口工业区的企业，着重巩固和发展改革成果，加强和完善劳动合同管理，使劳动合同制走上科学化、规范化的轨道；对尚未实行劳动合同制的国有企业、集体企业以及其它企业，则以转换企业经营机制、落实企业用工和分配自主权为契机，以打破干部与工人的身份界限为手段，以科学定岗定员为基础，以典型单位为先导，全面推行劳动合同制的改革。

第三，把全市各类企业和5个区分成六大块，由局各业务处室的主要领导负责定点联系，及时了解情况，帮助企业解决在改革中碰到的问题，总结先进经验，推进全市改革的深入发展。

在实施这项改革的过程中，我们主要围绕以下内容开展：

一是落实企业用工自主权。实行劳动合同制后，企业有权根据生产经营的实际需要，按照精简高效和合理配置劳动力的原则，以及岗位职数和岗位职责规范，自主决定对员工的聘用。企业招、调、聘用本市常住户口的人员，不受劳动用工指标限制，由企业自主决定。本市各类企业员工的调动和流动，打破行政区域、所有制性质和隶属关系的界限，由调出、调入单位自行办理调动手续，并按劳动管理关系到劳动部门办理劳动手续和保险手册的登记手续。凡聘用上岗的员工，均需签订劳动合同。

二是对企业从市外调入的人员，一律实

行合同制。企业从市外调入的员工，无论是干部、固定工，还是新接收的大、中专毕业生、军转干部等，在办理调入报到手续时，由市、区劳动人事部门按合同制员工身份介绍到企业，从报到之日起，与企业签订劳动合同。其原身份只保留在本人档案中。

三是注意适当保护老、弱、病、残职工、女职工和先进职工。对男连续工龄满25年，女连续工龄满20年，或男年满50周岁、女年满45周岁的原固定职工，以及获得市以上劳动模范或先进工作者称号的员工，要求企业视其对现职工作的胜任程度，妥善安排岗位，并与其签订长期劳动合同。

四是对企业的富余人员，坚持企业内部消化和社会调剂相结合的处理方法。对未被企业聘用的员工，原属合同制工和临时工的，可按合同规定予以辞退；原属固定职工的，要求企业通过兴办第三产业，开辟新的就业门路进行安置，或组织多种形式的职业培训，为他们转岗或再就业创造条件，或在集团(总)公司范围内调剂解决。通过自查和抽查验收，由企业互相调剂解决富余人员（被裁减的)1863人。内部调剂解决确实有困难的，可到市、区劳动人事部门开办的各类职业介绍机构进行登记和推荐就业。

五是与定岗定员定编及规范各种规章制度相结合。企业要根据生产经营范围、要求，确定岗位、人员基数，制定和完善规章制度。

三

实行劳动合同制改革，是劳动体制改革的一项重大举措，也是劳动用工制度方面的一次深刻变革，直接关系到员工和企业的切身利益，政策性强，牵涉面广。因此，实行这项改革我们注意把握以下几个原则：

第一，坚持企业用工主体地位的原则。实行劳动合同制的目的之一，就在于通过企业与员工签订合同的形式自主管理劳动用工，改变政府直接管理企业内部事务的作法，真正落实企业用人自主权。因此，企业有权根据精简高效，优化配置人力资源的需要，按照岗位标准对员工的要求，依法自主决定对员工的聘用，与聘用员工签订劳动合同。但是，企业在自主决定聘用员工的过程中，也必须注意既要引入竞争机制，优化劳动力配置，又要保持员工队伍的相对稳定。因此，一般情况下，要求企业对原有的大部分员工予以聘用，在改革过程中，不能搞大裁员、大换班，不能随意辞退员工，造成混乱。

第二，依法签订劳动合同原则。实行劳动合同制，在法律上即确立了企业和员工同为劳动力市场上的两个平等的主体，由此要形成劳动关系，就必须严格按照有关劳动合同的法律规定，由双方在平等自愿、协商一致的基础上签订劳动合同，确立双方的责权利关系。在签订合同过程中，任何一方均不得以胁迫、欺诈、隐瞒等手段，以及提出不合理的要求，强迫对方接受自己的条件，签订违法的或显失公平的合同。对少数不愿签订合同，要求自谋出路的员工，企业要尊重其个人意愿，允许其6个月内调离企业。

第三，坚持公平竞争的原则。实行劳动合同制为企业自主选择用工创造了条件，员工也可自主决定是否接受企业的招聘，这就在劳动用工制度上引入了双向选择、公平竞争机制。但作为企业应当认真贯彻实行这一机制所必须遵守的原则，建立和完善岗位能上能下，人员能进能出的竞争激励机制，并制定岗位择人标准。对企业员工不管其原身份如何，一律通过聘用上岗、择优配人。具体的形式既可通过考核聘用上岗，也可根据其工作能力和现实表现，直接聘用上岗。但要反对随心所欲，感情用事。员工要通过学习，提高岗位技能，力求达到所选择岗位的要求，使企业每个岗位能配置合适人选。

第四，保障员工合法权益的原则。实行劳动合同制后，虽然为员工合理流动，双向选择提供了保证，但是，在劳动力市场发展不健全，劳动体制改革各项配套措施未跟上，特别是劳动力资源供大于求的情况下，企业与员工之间，员工往往处于弱者地位。因此，在维护企业用人自主权的同时，要注意保护员工的合法权益。要充分发挥企业中工会组织的监督作用，对企业损害员工合法权益的行为，工会组织要及时加以制止。特别是对老、弱、病、残职工和女职工，应当充分考虑到他们有的在过去对国家做出较大贡献，有的现在确实有这样或那样的困难和实际问题等情况，从而，在实行全员劳动合同制过程中及改革的过渡时期，相应采取一些必要的措施，妥善保护这部分特殊员工的合法权益，如提前办理退休或签订长期合同、安排力所能及的岗位等。当然，强调保护这些人的权益，不是为了保护落后，保护不合理的东西。对于那些违反劳动纪律，出勤不出力，在改革中无理取闹，经多次教育不改的，要坚决给予处分，直至辞退。

第五，坚持内部消化和社会调剂相结合的原则。实行劳动合同制后，企业按照定岗定编要求聘用员工，必然会出现一些不符合上岗要求的员工未被聘用的情况。对这些人员应如何安置，是这次改革的关键问题。按照劳动体制改革的大方向要求，要落实企业用工自主权，应当由企业自主决定是否聘用这些员工。但是鉴于我国劳动用工制度中长期采用由国家统包一贯制作法的实际情况，对企业富余人员的安置问题又关系到千百万员工的切身利益。因此，在劳动力市场还不发达，劳动体制改革还未达到完全与市场经济要求相适应的过渡阶段实行这项改革，必须充分注意分层次、分步骤进行，逐步向劳动力完全市场化过渡，必须实行企业内部消化和社会调剂相结合的办法。对富余人员，企业要想方设法采取积极措施，通过转业，转岗培训，兴办第三产业，开辟新的就业门路等办法加以消化解决；企业确实消化不了的，由社会调剂解决。可实行分类安置：①对于终止、解除劳动合同的员工，按规定发给生活补助费，并到劳动部门进行待业登记，实行待业救济和推荐介绍再就业；②对于不愿意与企业签订合同的原固定职工，允许其在6个月内寻找单位，办理调动或自谋出路，在这期间，要保障其基本的工资福利待遇；③对于落聘的人员，应组织他们进行培训，为选聘上岗创造条件；④对于精简出来的富余人员，或因拆迁重建等情况而产生的待岗人员，应由企业主管公司首先在系统内部调剂解决；⑤对少数机构臃肿，人员膨胀，人浮于事，经济效益较差，亏损严重的国有企业，以及破产、合并和产权转让等企业，其精简或裁减的人员，劳动人事部门要会同有关部门进行重点研究，妥善解决其安置问题。

第六，坚持与企业内部分配相配套的原则。实行劳动合同制应与企业的内部分配制度相配套。对与企业签订合同的员工的报酬，要以劳动技能、劳动责任、劳动条件、劳动强度等因素为综合标准，实行按岗定酬，同岗同酬，易岗易酬的办法，确定员工岗位工资。

四

在企业实行劳动合同制过程中，已遇到一些急待解决和进一步研究探讨的问题。根据我们对企业实行全员劳动合同制情况的抽查验收，实行劳动合同制，打破干部工人身份界限后，原企业干部明显感到有压力，员工积极性显著提高，促进了企业规章制度和岗位规范的建立和健全，增强了企业的凝聚力，提高了企业在市场经济中的竞争力。同时，也反映了不少问题，如实行全员劳动合同制后，企业与被聘员工如何签订劳动合同；离职人员超过规定期限未归，如何处理；对原来的干部如何管理及其目前改革不到位，干部身份名亡实存等。

如何妥善处理这些问题，关系到这项改革能否得以深入，其成果能否得以巩固。因此，必须认真对待，慎重研究制定处理办法。我们主要从以下方面考虑。

（一）关于劳动合同签订方面的问题

1.关于上级公司委派至下属公司工作的财务负责人和劳动人事负责人等人员，其人事关系在上级公司的，如何签订劳动合同。我们认为，上级公司委派到下属公司工作，人事关系仍在上级公司的人员，一般应与委派单位签订劳动合同。如有实际情况，也可由委派单位与下属公司商定，选择其中一方作为法定代表人与派出人员签订劳动合同。

2.中方股东单位派往外商投资企业的厂长（经理）和其他员工如何签订劳动合同问题。这个问题，应根据股份制企业管理程序的不同而分别处理，对中方股东单位派往外商投资企业的厂长或经理，因其属被委派性质，且为管理目的，对董事会负责，故应与董事会签署目标责任书或签订劳动合同；其他人员是受企业所聘，则应与外商投资企业的法定代表人签订劳动合同。

3.关于原与企业签订劳动合同的员工，其合同期限未满的，是否还要按新的统一的合同文本重新签订劳动合同的问题。企业实行劳动合同制后，应当采用市劳动局统一印制的劳动合同书。对于原与企业签订合同的员工，可用新的合同文本更换原有的合同书，并可在双方协商的基础上变更有关内容，但原合同书规定的期限一般不能缩短；如果甲乙双方意见一致，也可变动；如果原合同书经劳动仲裁机关鉴证的，所更换的合同需到原鉴证部门鉴证。对于现合同期未满而不更换新的合同文本的，待原合同期满后，如甲乙双方认为需继续签订劳动合同，应更换新的劳动合同文本。

4.关于企业与员工签订的劳动合同，期限的长短如何确定，以及员工与前任经理签订的合同，后任经理可否推翻的问题。我们认为，在实行劳动合同制的过渡阶段，为保证这项改革能顺利进行，不致引起社会不安定和员工的不满，企业在与员工签订合同时，其期限除少数短期外，其他员工最短要签订三年以上期限的合同（员工本人有异议的除外），长的可订到退休止。对于实行全员劳动合同制时，员工男已年满50岁，女已年满45岁，或男工龄已达25年，女工龄已达20年的，应当签订长期合同。在签订合同时，还可视工种、岗位和技能要求等因素，经双方协商，确定合同的期限。至于员工与前任经理签订的合同，合同期未满的仍然有效，后任经理不得推翻。如果双方经协商，员工愿意解除或更改合同期限的应当允许。

（二）关于社会保险实行系统统筹的行业，其员工流动社会保险费转移问题。在社会保险体制建立和改革过程中，一些行业部门根据实际情况，实行了社会保险的系统统筹，而未纳入社会保险局的统一管理中。但是，在劳动力市场运行中，员工有权自由流动后，存在一部分员工从统筹行业中进入市区管辖单位，市区管辖单位中的员工也有进入行业统筹保险费单位的情况，由此引出员工流动后社会保险费如何转移的问题。我们认为，按照社会保险一体化改革方向，社会保险实行系统统筹的行业及市、区管单位，其员工流动时，社会保险费必须相应转移。转移的办法是，系统统筹行业流入市管单位或区管单位的，其社会保险费分别转移到市社会保险局或区社会保险局；由市或区管单位流入系统统筹行业的，其社会保险费则转移到系统统筹行业；系统统筹行业之间员工相互流动的，则从流出的行业转移到接收的行业。

（三）企业实行劳动合同制后，原干部劳动管理问题。实行劳动合同制的一个重要目的，就是打破干部工人身份界限，实行员工身份一体化管理。但是，在实际当中，企业干部的身份存在名亡实存的现象。其原因在于干部的人事档案管理还未与劳动合同制改革同步进行，仍由人事部门管理。如此，将难以从实质上打破干部工人身份界限，也就难以真正落实企业用人自主权。对此，我们认为，要从根本上解决这一难题，必须加快人事制度改革进程，具体应通过立法的形式，将政府人事部门的职责和管辖范围，与国家公务员法相衔接，从法律上予以明确，以实现政府人事部门职能的根本性转变，实现改革的预期目的。在具体的操作上，我们认为在实行全员劳动合同制改革后，原干部身份的员工愿意继续留在企业，并与企业签订了劳动合同，确立了劳动合同关系的，则必须按劳动合同条款实施劳动管理，并到劳动部门办理《员工劳动手册》；如其在市内流动，则凭《员工劳动手册》到劳动部门办理有关手续；如果因故待业，其待业期间符合待业登记条件的，给予办理待业登记手续，并按规定领取待业救济金。简而言之，按员工标准和条件一视同仁。

（四）关于实行承包或租赁经营的企业，其合同期未满员工安置问题。企业实行承包或租赁经营，当事人双方应在承包或租赁合同条款中明确合同期未满员工的安置责任，如没有明确和落实由谁负责安置的，则应由出租方或发包方共同协议安置。

（五）关于待业期间达到退休条件的员工退休手续的办理问题。实行全员劳动合同制后，一些职工因各种原因而待业，待业人员因与原单位已脱离一切劳动关系，其有关的档案材料及手续按规定均已转到所辖的劳动部门待业管理机构。因此，对于在待业期间达到退休条件的员工，其退休手续应由市、区劳动部门待业管理机构协助办理。

（六）关于擅自离职和停薪留职超过规定期限的员工的处理问题。对擅自离职和停薪留职期满没有前往用人单位报到而超过规定期限的员工，用人单位可作违纪辞退处理；符合除名、开除条件的，按照《企业职工奖惩条例》有关规定执行。

五

劳动合同制改革的深化，是摆在我们面前的一项重大任务。根据我们目前工作的进展情况，下一步我们将从以下方面进一步深化这项改革，以巩固改革的成果。

（一）进一步落实企业用人自主权。具体措施为：企业可自主决定招用特区居民的时间、条件、方式和数量；按照政府有关规定，自主招聘劳务工；可根据生产经营需要，自主选择采用日工、时工、长期工、季节工等多种用工形式；可根据劳动合同规定辞退人员。

濒临破产处于法定整顿期间的企业或因生产经营状况发生严重困难的企业，可根据《劳动法》和《深圳经济特区劳动合同条例》裁减人员。但需要集体裁员或大批裁员的，必须向所在地劳动部门申报审核（具体申报规则另行制定）。

（二）全面推行员工劳动手册制度，建立员工凭“证”进入市场流动的管理机制，使劳动手册成为员工办理流动、失业登记和救济、社会保险等手续的主要凭据。

（三）探索建立集体谈判（协商）制度。根据劳动部和深圳市政府的要求，我们已对这项工作进行了大量的调查论证。市政府决定以劳动局为主，市法制局、总工会、经发局等单位配合，在全市范围内物色试点企业。目前试点企业已逐步确定，并正在制订谈判规则和相关政策。

（深圳市劳动局　王国社）

积极培育，不断完善海南产业化市场就业服务体系

海南省人事劳动厅为了适应建立和完善海南社会主义大市场的需要，经过较长时间酝酿准备，于1993年3月决定将管干部交流的原海南省人才交流服务中心和管工人就业的原海南省劳动就业管理局合并更名为：海南省职业介绍服务中心。中心自1993年5月15日开业以来，全体员工以“敬业、协同、创新”的团队精神为宗旨，认真贯彻执行国家政策指导下的市场就业方针，在省领导的亲切关怀下，初步建立了三个“一体化”、一个“一条龙”就业服务体系，取得了较好的社会效益。

一、建立产业化市场就业服务体系是社会主义市场经济发展的必然

党的十四大确立实行社会主义市场经济。市场经济的发展靠市场体系的培育。市场体系分为要素市场和商品市场，劳动力市场是重要的要素市场。劳动力市场的水准既是商品市场发育、完善的先决条件，也是投资者评量投资环境的主要标准之一。

按照干部、工人身份严格区别的海南劳动就业和人才管理制度越来越不适应统一的大市场的要求。打破传统管理体制的束缚和部门分割，成立集人才、劳务为一体，适应于统一劳动力市场的职业介绍服务中心，重构海南产业化市场就业服务体系的新格局，具有十分重大的现实意义。

1.适应了建立和完善社会主义大市场的需要。劳动力市场是社会主义大市场的重要组成部分。没有发达的劳动力市场就没有完善的社会主义大市场。把人才交流中心和劳动就业局合二为一，实行职业介绍一体化，体现了劳动力市场的统一性，体现了择业的公平性、平等性，更有利于市场就业中的价值规律和竞争机制作用的发挥，实现人力资源与生产资料的合理配置。

2. 是深化人事劳动制度改革的重要举措。在传统的人事劳动制度中，干部和工人之间界限分明，不同所有制之间不可逾越，城镇和农村之间更是区分严格。这些都严重地阻碍了用人单位用人自主、求职者择业自由的权力，给企事业单位用人造成了很大的不便，也给一部分求职者造成了不应有的心理创伤，不符合市场经济条件下的人事管理规律。为了打破干部和工人的界限，消除人为造成的城镇与农村、不同所有制之间的用人差别，只有顺乎市场经济发展规律，结束人才交流与劳动就业的分离状态，才能实现在劳动用工上的合理性和公平性，真正达到用人自主、择业自由、双向选择。

3. 促进了政府职能的转变。作为政府主管人事劳动工作的职能部门，所面临的一个重要课题就是按照建立和完善社会主义市场经济体制的要求转变职能、简政放权，淡化权力意识、强化服务功能。职业介绍服务中心的建立更有利于人力资源配置从行政化向社会化、市场化的转变，简化了单位用人和个人求职的许多环节手续，实现了人员招聘、合同鉴证、办理社会保险的系列化服务。

4. 有利于集中人力、物力、财力，增强社会化服务功能。以往人才交流和劳动就业管理分离，两套人马、两套设备，造成了人力、物力、财力的分散，机构重叠，难以形成既有社会效益又有经济效益的多功能服务

实体。把这两个单位合并，便可集中力量办一批经济实体。这样不但可以为社会提供就业岗位，同时又可形成一定的经济效益，为强化服务手段，强化职业技术训练提供物质基础，并为深化人事劳动制度改革、机关工作人员分流开辟新途径。

可见，职业介绍服务中心的建立并不是人才交流中心和劳动就业管理局的简单合并，而是顺应海南经济特区发展的客观要求，形成双向选择的市场竞争就业机制的必然结果。

二、积极探索，完善产业化市场就业服务体系

中心成立伊始，便把职业介绍、职业训练、失业保险和失业安置作为自己的基本职能，并围绕这几方面职能展开工作。经过近一年的探索与实践，逐渐形成了一整套较为合理的、行之有效的运行机制。

1. 坚定地贯彻“三个一体化、一个一条龙”的工作方针。三个“一体化”是针对计划经济条件下，干部工人分离、城乡分离、境内外分离的人事劳动管理体制的弊端而提出的劳动力管理的新思路：即打破管理人员、专业技术人员与生产工人之间的界限，在统一的劳动力市场中求职、择业、竞争；打破城镇居民和乡村农民之间的界限，本省农民凭身份证进入劳动力市场，城乡居民平等求职就业，实现了劳动力市场城乡一体化；省内外人员、境外人员依据国家和省的有关规定自由进入劳动力市场，实现劳动力市场境内外一体化。

一个“一条龙”是指中心为各类求职人员提供全过程的系统服务。提供招聘、求职登记——广告审批、代理、刊登——信息存储、提取——劳动合同签订——社会保险办理——劳动合同鉴证——人事关系、档案托管服务、单位委托招聘、个人委托求职、人事劳动政策咨询以及用人单位和求职者所需的其他社会服务“一条龙”服务。与此同时，还把过去的节假日市场改为天天开放的常设市场。这些都大大地有利于市场就业环境的形成，树立了中心廉洁、高效的公众形象。

2. 建立以职业介绍、职业训练、失业保险、失业安置为四大支柱的产业化就业服务体系。通过劳动力市场中介服务，为用人单位找到合适的人，为求职者找到合适的职位是中心的基本任务。只有通过劳动力市场才能了解用人单位要什么样的人，才能知道职业培训应当设立什么样的班、什么样的课程，达到什么样的培训目标，才知道怎样进行职业技术训练，提高劳动力素质，使之在市场上有竞争能力。只有从全员劳动合同制、保护劳动关系双方的合法权益出发，才能不断完善失业保险制度，搞好失业登记、救济、转业培训和再就业工作，办好为安置失业人员举办的服务性企业。

三、市场就业服务管理体制已初见成效

自1993年5月15日至1994年4月底的近一年里，中心在各方面工作中取得了一些业绩，改革已初见成效。

1. 从省外引进人才2248人，其中高中级职称及全日制大学本科以上学历的占65.8%。办理2253家单位招聘、45389名个人择业，成功率为36.2%。在首届全国人才技术交流大会上，我省代表团接待登记47563人，达成意向6313人，其中高级职称977人，博士、硕士研究生2453人、北京市户口2843人，获国家人事部颁发的最佳效益奖、优秀展览团奖和优秀布展奖。1993年海交会人才技术交流大会上，受理86个单位入市设点招聘，1968人求职登记，当场办理流动手续180人。

2. 办理中央、部队和省属（含三资企业）单位失业保险，1993年5月至12月8465家，1994年1月至4月3357家；失业投保501881人；发放失业救济1395人，金额23.2万元。根据海南发展的需要，在原《海南省职工待业管理暂行规定》基础上，重新起草制订了《海南经济特区城镇从业人员失业保险条例》,已由省第一届人民代表大会常务委员会第六次会议审议通过,自今年1月1日起施行。这标志我省失业保险已纳入法制化轨道。

3. 指导全省举办职业技术训练班1033期，受训人数41327人。

4. 就业服务企业发展到454家，产值12781.31万元,税利1200万元;回收往年到期劳服企业生产扶持基金80万元,占计划回收的114%；发放生产扶持基金贷款55万元，如期一次全部还清劳动部扶持生产资金55万元，获劳动部颁发的优秀还款单位奖；成立了劳服企业协会，表彰奖励8个劳服企业和8位劳服企业厂长、经理。

省职业介绍服务中心成立一年来，得到上级领导和社会各界的肯定与支持，给我们以极大鼓舞。

四、正确处理几个关系

1. 本省居民就业和人才引进、外省劳动力进琼务工的关系。保证本省居民充分就业，对于稳定海南、发展海南关系极大。通过职业训练的方式，提高本省人力资源素质，增强在劳动力市场中的竞争能力是我们工作的重点。然而，海南特区的大发展又需要引进人才，需要大量的外省劳动力。一方面，我们要根据海南开发建设的进程，加快引进高中级、中青年科技管理人才。另一方面，我们通过办理外省人员进琼就业许可证方式调控外省人员进琼。《外省人员就业许可证》的发放按调控总数分配到各省驻琼劳动就业管理机构办理，实行把办证和临时工管理分开的原则。同时，对各省在琼务工民工进行社会评价，区别对待：对于问题多的省区限制入境数量；对于某些问题比较多的省的县(市)民工限制入境；对于直接参与非法活动的民工限期离境，任何其他市县单位不得雇用。运用劳动监察手段，对私招乱雇的企业按照政府法令予以处罚；对于流落于街头的“三无”人员，协助民政部门、边防部门予以收容遣返。这些方法和措施，由于得到政府各机关、部队单位和兄弟省市劳动就业机构驻琼办事处的大力支持和帮助，收到了良好的效果。

2. 市场就业与单位用人自主、个人择业自由的关系。在市场内建立良好的秩序，市场外遏制黑市劳动和不法中介，是贯彻国务院关于国家政策指导下的市场就业方针，引导单位入市招聘、个人入市择业的重要措施。人力资源不是一般资源，国家有许多明确的政策法规，涉及到人的基本权益问题。由劳动力市场中介机构提供服务，对国家政策法规的贯彻情况实施监督，通过规范化劳动合同签订、鉴证和办理社会保险，才能切实保障用人单位和劳动者合法权益。因此，贯彻市场就业方针是国家管理劳动力资源的需要。由于市场是一个平等竞争、自由让度的场所，更能体现公平性，不会防碍单位用人自主和个人择业自由。

3. 劳动力市场建设和就业服务企业发展的关系。安置失业人员、稳定社会是国家批准办就业服务企业并给予优惠政策的初衷。就业服务企业必须把安置效益放在第一位，讲求社会效益。同时，必须充分认识企业的本质是盈利性经济组织，没有良好的经济效益，企业就不能发展。海南就业服务企业基础薄弱,发展的关键在于人才和科学管理。要公开选聘一些懂得现代企业经营运作的能人到这些企业工作，提高管理水平。同时，各级就业管理机构要改变就业服务企业生产扶持资金低效、无效投入的现状。对市场条件看好、投资回收期短、经济效益好、安置效益好的按“马太效应”原则重点扶持。要积极组建就业服务企业总公司、集团公司并进行股份化改制，提高规模经济效益，运用形成的“拳头”积极开展招商引资和市场、产品开发工作。劳动力市场的建设与就业服务企业的发展是相互促进的。

(海南省人事劳动厅)

积极实施再就业工程　促进就业局势的稳定

——杭州市再就业工程试点情况

实施再就业工程，这是失业保险制度改革的深化和延伸，也是做好社会主义市场经济体制新形势下就业工作的新举措和新途径，其目的在于综合运用就业服务的各项手段，发挥就业服务体系整体功能，促进失业职工再就业。

（一）

我市是全国失业保险制度改革试点城市，也是实施再就业工程试点城市。在上级劳动部门和市政府重视关怀下，我市失业保险制度改革迈出了三大步：一是率先扩大失业保险范围。1991 年 7 月经劳动部批准，将失业保险实施范围扩大到 7 种不同所有制性质的 9 类对象，以后又扩大到 15 种不同所有制企业、17 类享受对象。二是拓宽了用活失业保险基金的新路子，失业保险由社会延伸至企业内部。三是将失业保险与转业训练、生产自救和职业介绍衔接配套，并进行再就业工程试点。截至 1994 年 9 月末，全市已帮助 12892 名失业职工实现再就业。

我们认为，实施再就业工程是新时期就业工作的客观要求。当前我市就业工程呈现三大新特点：一是劳动力流动加快，失业职工不断增加。1993 年我市新增失业职工 10571 人，比 1992 年增加一倍。1994 年一季度末我市实有失业职工 16191 人，超过本市近七年来新增失业职工人数的总和。失业职工占失业人员总数的 60%以上。二是企业隐性失业开始显性化，劳动力“出”多“进”少。以由就业转失业人员情况分析，国有企业占 50.35%，而同期安置去向国有企业却占 30.04%。三是失业职工情况复杂，一方面，一些失业职工名为失业，实有较高甚至丰厚的经济收入，生活来源较多；另一方面，确实也有部分人员盲目从企业出来，到社会上就业无路，尤其是一些就业难点难人，为养家糊口或自身生计问题而烦忧奔波，家中夫妻失业、兄妹失业的也有。如何做好市场经济新形势下的就业工作，这是我们面临的一项十分重要而紧迫的任务。

为此，我们将实施再就业工程作为稳定大局的一件大事，作为当前就业工作的“重头戏”，专题研究，精心规划，于 1994 年初全市劳动工作会议上作了部署，常务副市长在会上作了重要讲话，市、县（市）、区先后成立了再就业工程领导小组，下设办公室，具体负责再就业工程组织实施工作，经过组织宣传、调查摸底、选择试点、落实措施四个阶段，展开了实施再就业工程的试点。

（二）

我市实施再就业工程的主要做法及初步效果是：

一、扩大转业训练规模，搞好职业介绍。根据社会需要，我市开办了烹饪、理发、缝纫、导游、微机、商业服务和机动车驾驶等 30 个专业的转业训练班，设立了 17 个转业训练基地，在当年失业保险基金收支余额中提取 10%用于失业职工转业训练。失业职工参加转业训练，可报销50～70%的转训费。目前已有11000多名失业职工通过转业训练，学到新技能，提高了竞争就业的能力。在转业训练的基础上，全市69家职业介绍机构积极为失业职工再就业牵线搭桥，提供良好的职业介绍服务。近年来，仅市区就举办了较大规模的劳动力交流会20多次，在现场设立了失业职工特困人员牵线搭桥组，给予重点推荐。1994年，我市对全市职业介绍机构进行了检查验收，推动了本市劳动力市场的建设。最近市职业介绍服务中心正式启用，新建600多平方米的交流大厅，室内采用9平方米的大型电子显示屏发布劳务信息，室外31平方米的电子显示屏在建之中，为失业职工市场就业创造了良好的环境和条件。下城区还与杭州电视台等新闻单位联办了“1994年杭城招聘求职电视交流大会”，上城区与电视台创办“空中新干线人才好望角”电视节目，对劳动力交流进行连续报道，借助电视荧屏沟通失业职工与用工单位的联系，为失业职工提供了寻找施展才华的新天地。

二、拓宽就业渠道，多形式促进再就业。一是鼓励企业安置。我市采取“补贴就业”的政策，调动企业安置积极性。如：失业职工被单位录用后，个人未领完的失业救济金，可凭劳动合同一次性支付给用人单位；经批准，企业每安置一名就业困难的失业职工（劳动合同期为三年以上），可给予失业保险基金1万元二年期的低息借款；企业每招用一名就业困难的失业职工为一年期的临时工，经批准，可在失业保险基金中给予3000元一年期的低息借款。在求职面谈的基础上，用人单位和失业职工还可进行试工，试工期间，企业按规定支付工资，我们在失业保险基金中按每人每月120元的标准补助给企业，做到个人愿意、单位满意。二是激励失业职工自愿组织起来就业和自谋职业。我市明文规定，凡失业职工自愿组织起来就业或自谋职业，可将其应享受的失业救济金作为生产自救费一次性发给本人，低于600元的按600元发给；对已领完失业救济金的失业职工从事修理、修配、理发、缝纫等个体经营的，也可给予一次性600元的补助。仅1994年1～9月，我市就有175名失业职工从事个体经营。三是建立失业职工生产自救基地。我市运用失业保险生产自救费，创办了59个失业职工生产自救基地，目前已吸收安置2500多名失业职工。富阳（市）在政府的关心支持下，专门划出100亩土地，创办就业基地，以优惠的政策和优良的配套服务吸引社会各界进场办企业，目前已办企业35家，从业人员达780人，其中安置失业职工32人。四是帮助失业职工临时就业。我市建立起城镇临时工失业保险和养老保险制度，解除失业职工从事临时性工作的后顾之忧。失业职工参加劳动部门组织的劳务输出，未领完的失业救济金可一次性支付给失业职工个人。经个人努力到外地就业的，凭有效证明，除一次性享受失业救济金外，还可给予人均100元的路费补助。有些街道还组织失业职工参加劳务队，与社区服务、家务劳动结合起来，既为失业职工创造就业岗位，又满足了企业和群众的需要。

三、控制“失业”源头，就地转化富余人员。我市把部分失业保险基金直接运用于企业内部，支持企业深化改革。如：我们从失业保险基金中投放211万元生产自救费和转业训练费，支持杭州医药玻璃总厂、杭州工具总厂等3家企业。目前这3家企业已发展第三产业网点15个，对近1000名职工进行转业训练，转化富余职工近200人。同时，我市努力稳定劳服企业，扩大安置容量。我市共有劳服企业1300多家。我们一抓国家优惠政策的落实，二抓劳服企业转换机制，增强了劳服企业的活力。目前我市劳服企业已吸纳主办单位富余人员1.7万多人，占从业总人数的37%，为转换企业经营机制创造了良好的外部环境。

（三）

在实施再就业工程试点中，我们的体会是：第一，调查摸底要细致。1994年初，我市对失业职工情况进行了普查，经过“清仓查库”,分类登记,从而掌握了失业职工数量、结构、现状以及特点，为试点工作奠定了良好的基础。第二，政府要重视。如建德市政府班子专门研究试点方案，政府发文批转了《建德市再就业工程实施意见》，成立了领导小组，常务副市长兼任组长，市府办、劳动局、总工会、财税局、计委、经委、体改办、工商局、土管局等部门的负责同志为组员,在建德市范围内全面实施了再就业工程。第三，全社会要关心。再就业工程是一项综合的社会系统工程，需 要社会各界的关心、支持和参与。第四，工作要抓重点。应在对失业职工排队分析的基础上，进行分类指导，有针对性地采取措施，尤其是对就业要求迫切而自身就业条件较差的特困人员，应给予重点扶持。

当前我市存在的问题主要是：再就业工程声势不够大，影响不够广；各试点单位发展不平衡；目前尚未实现再就业的失业职工，竞争就业能力较弱，而且工作越深入，再就业的难度越大。

下一步我市将重点抓好三件事：一是全社会发动，大造声势，形成浓厚的舆论氛围，动员社会方方面面都能伸出援助之手，共同帮助失业职工实现再就业。二是建立特困人员再就业基金，用于帮助失业职工中大年龄、低技能而就业要求迫切的就业弱者。三是进一步运用失业保险基金支持企业转换经营机制，多消化企业富余人员。

（杭州市就业管理服务局）

江西省宜春地区乡镇劳动管理站建设

江西省宜春地区按照社会主义市场经济的需要，在建立乡镇劳动管理站方面进行了积极的探索。经过几年的努力，基本形成了城乡一体化的劳动力市场体系，为城乡劳动力的统筹规划和农村劳动力的开发利用提供了经验。

一

宜春地区辖属四市六县，总人口470多万，其中农业人口383万，占总人口的80%，农村劳动力183万，占农业人口的48%。随着农村经济体制改革不断深化，乡镇企业依托当地丰富的自然资源和得天独厚的地理位置，抓住机遇，大胆探索，努力变资源优势为经济优势，变经济优势为市场优势。农村产业结构进一步优化，全区乡镇企业总产值已占全区农业总产值的54%，二、三产业在农村经济中占有相当的比重。随着乡镇企业的蓬勃发展，农村就业渠道不断拓宽，为解决农村剩余劳动力转移提供了良好的环境和条件。据统计，全区乡镇企业从业人员已达30多万人，农村剩余劳动力跨地区转移逐年增多，劳务输出累计达44万人次，1994年新增16万多人。随着农村经济的发展，劳动力资源的开发利用，剩余劳动力跨地区有序化地转移，城乡就业的统筹兼顾以及劳动者素质的培养，迫切需要一个乡镇劳动力管理机构，为他们提供就业服务。为此，宜春地区从1990年开始，经过反复调查研究，决定在原乡镇劳动服务公司的基础上重新构筑乡镇劳动管理站体系。

回顾该区乡镇劳动管理站的建设，主要经历了三个阶段。一是基础建设阶段。1982年在国务院统一部署下，部分乡镇建立了劳动服务公司，主要抓乡镇城镇待业青年就业工作，但发展不平衡。二是试点推开阶段。1991年上半年，该区把乡镇劳动服务公司改为劳动管理站，加强组织领导，赋予新的工作内容。先后在上高、高安两县试点，在试点经验的基础上，迅速在全区推开。三是全面建设阶段，主要是把劳动管理站纳入目标管理，逐步实现规范化、正规化。经过三个阶段的建设，目前，乡镇劳动管理站已经成为乡级政府的职能部门，其机构设置为全民所有制事业单位。组织结构分三种形式：独立设置的，占24%；与乡镇企业办合署办公的，占65%以上；挂靠其他部门的占11%。根据行署规定，劳动管理站人员定编为：大的乡镇定编5人，小的乡镇定编3人。目前，全区197个劳动管理站，除兼职人员外，已经配备专职人员450人，98%以上的乡镇有一名党政副职领导兼任劳动管理站站长职务。1994年3月份，地区劳动局对全区劳动管理站的工作情况，组织人员进行了一次调查评估，评估结果：自身建设抓得比较好，工作开展卓有成效的占22%；工作已经开展的占60%。

二

宜春地区乡镇劳动管理站的建设，经过几年的积极探索和实践，已经初具规模，并在农村经济建设中发挥着积极作用。回顾该区乡镇劳动管理站的建设，主要抓了几项具体工作：

1. 适应城乡就业形势的需要，狠抓了思想认识的统一。随着该区乡镇企业的蓬勃发展，近几年来，不仅农村剩余劳动力到乡镇农垦企业就业，而且全区城镇待业青年有22000多人到乡镇农垦企业就业。但是，这些待业人员到乡镇农垦企业就业以后，如何做好他们的服务工作，加强对他们的管理，是我们实际工作中遇到的一个突出问题。由于历史的原因，过去的劳动就业工作只管城市不管乡镇，在乡镇出现了“断层”，乡镇劳动就业处于无人管的状态。一方面县市劳动部门鞭长莫及管不到；另一方面是乡镇政府缺乏机构管不了、不好管。城乡就业形势的变化，迫切希望在乡镇建立劳动管理机构，加强劳动就业管理。因此，建立乡镇劳动管理站是搞好城乡劳动就业的客观需要。随着农村产业结构的调整，大批剩余劳动力从农业生产中游离出来，成为农村“待业”大军。如何开发和利用好这一丰富的劳动力资源，引导他们合理有序地流动，就需要有一个专门机构来承担这个任务。在农业工业化程度不高的地区，仅靠自身的力量消化相对过剩的劳动力，比较困难，只有积极拓宽就业渠道，搞好劳务输出，才能解决剩余劳动力的合理流动问题。劳务输出完全步入有组织有领导的轨道，只有成立劳动管理站，才能提供必要的服务条件。

2. 适应城乡劳动就业统筹的需要，狠抓了乡镇劳动管理站的基础建设。一是抓劳动管理站的组织建设，规范职责任务。该区始终把抓好劳动管理的组织机构，作为乡镇劳动管理第一位的工作来抓。通过下达文件、召开会议和督促检查等形式，狠抓了落实工作。目前，劳动管理站已经配备了一支强有力的专业队伍。同时，为提高管理站领导层的业务素质，1994年地区劳动局、就业局在8～9月，举办了三期站长学习班，学习《劳动法》和业务知识，参训人员积极踊跃，取得了较好的效果。各县市劳动部门也采取了办学习班和以会代训的方式，进一步提高了劳动管理站干部的政治、业务素质，为全面开展乡镇劳动工作打下了良好的基础。宜春地区劳动局通过《劳动信息》专刊，系统介绍了上高县乡镇劳动管理工作职责和高安市八景镇劳动管理站工作做法。通过典型介绍，全区统一明确了乡镇劳动管理站主要抓好组织劳务输出、就业安置、劳动培训、安全监察、社会保险、企业职工交流、政策咨询和劳力资源调查统计等8项工作职责和任务。许多乡镇劳动管理站还十分重视制度建设。如高安市八景劳动管理站，不仅明确了站长、工作人员的岗位职责，而且还制定了《学习制度》、《财务制度》、《公开办事制度》和《安全监察制度》，进一步规范了管理站的职责和任务，工作开展得很有声色。二是抓创办经济实体，建立稳固的工作基础。办好经济实体，壮大乡镇劳动管理站经济实力，是做好乡镇劳动管理工作的物质基础。鉴于多数站是新组建的办事机构，乡镇政府也不可能拿出很多的经费给予扶持。为帮助管理站创办经济实体，走自养的道路，县市劳动部门积极与有关部门协商，从政策、资金等方面给予支持，帮助他们创办适应农村市场和群众生活需要的劳服企业。在就业经费十分紧张的情况下，今年地区又明确划拨一部分扶持生产资金，支持办好经济实体，发展劳服企业。

3. 争取重视，主动工作，加速了乡镇劳动管理站的建设步伐。宜春地区乡镇劳动管理站的建设得到了各级领导重视和支持，地委、行署把建站工作摆上了研究全区经济建设的重要议事日程，在全区经济工作会议上多次强调要加速乡镇劳动管理站的建设步伐，并把建站工作列入实现农村开发就业、农民增收奔小康的一项战略目标。每次召开乡镇劳动管理站工作会议，行署分管劳动工作的专员亲临大会，肯定工作成果，提出新的要求。1994年初，行署办下发了文件，进一步明确了劳动管理站的地位、工作职责、任务和人员编制，并要求各部门都要支持、关心乡镇劳动管理站的建设，从政策和资金上给予扶持，帮助他们开展工作。各县市政府也十分重视建站工作，主要领导经常过问和定期听取劳动部门的工作汇报，帮助解决一些实际困难，并把劳动管理站的建设，列入乡镇政府经济目标管理的考核内容。由于各级政府领导高度重视，乡镇劳动管理站组建工作如期顺利地完成，并取得显著的成效。

宜春地区劳动局把劳动管理站建设当作部门职能转变的首要任务来抓，工作上力求一个"实"字，争取工作的主动权。一方面，积极主动地争取各级政府的重视和支持。各级劳动部门反复把建立乡镇劳动管理站的重要性、必要性和工作开展情况及时地向各级政府领导汇报，以引起政府领导的重视，积极争取政府领导工作上的支持。党的十四大召开后，按照建立社会主义市场经济体制的要求，积极主动着手抓劳动力市场建设和乡镇劳动管理站建设，把上级劳动部门的部署及时向行署汇报。从有利于全区经济建设的需要出发，把劳动力市场机制引向乡镇农村，促进更大范围地开发就业。地区劳动局在上高县和高安县抓了组建劳动管理站的试点工作，摸索了乡镇劳动管理工作经验，有效地指导面上工作的开展。组织了《光彩之路》的全区巡回影展，并与宜春电视台联合录制了四集电视系列片在全区播放，大力宣传劳动管理站的建设情况，反映了城镇待业青年在乡镇企业、农垦企业就业和农村劳务输出、生活奔小康的真实画面。1992年11月，地区劳动局在宜丰县召开了乡镇劳动管理站经验交流会，在取得成效的基础上，1994年11月又组织了一次较大规模的乡镇劳动管理站建设流动现场经验交流会，鼓励先进，宣传典型，进一步推动了劳动管理站工作深入开展。

三

宜春地区乡镇劳动管理站在各级政府的

正确领导下，结合当地实际，把统筹管理农村劳动力当作主要任务来抓，特别是在农村劳动力资源的开发利用、组织劳务输出、开展上岗前培训、对乡镇企业职工实行社会保险、兴办经济实体以及乡镇企业安全生产等方面做了一些工作，对繁荣城乡市场经济发挥着重要作用，取得较好的社会效益和经济效益。

1. 以农村劳动力为服务对象，兼顾城乡劳动就业。劳动管理站是随着城市就业形势的变化和乡镇企业发展应运而生的。90 年代初，城市进入第二次就业高峰期，作为一个工业基础相对薄弱的农业地区，就业压力就更大，一方面全区每年新增城镇待业青年 2 万多人；另一方面城市国有企业在岗人员趋于饱和，企业冗员问题日益突出，富余人员安置任务越来越重。乡镇企业依托农业资源，异军突起。发展起来的乡镇企业不仅繁荣了农村经济，而且，为安置就业提供了广阔的空间，需要一大批知识型的青年补充职工队伍，而农村劳动力又不能满足。同时，城市国营、大集体企业一些苦、脏、累的工种，城市待业人员又不去问津。这样就形成了新形势下城乡就业的新特点。为了统筹城乡劳动就业，缓解城市就业矛盾，劳动管理站协助县市就业机构开展就业政策宣传，介绍城镇待业青年到乡镇企业就业，调剂农村劳动力到城市国营、集体企业从事苦脏累工作，有效地解决了城乡劳动力供需矛盾，促进了城乡经济发展。据统计，通过劳动管理站介绍城镇待业青年到乡镇企业、农垦企业就业累计 22000 多人，大部分乡镇城镇户口的待业人员基本做到就地安置。如：万载县的株潭、潭埠，宜丰县的芳溪、石花尖，奉新县的上富，高安县的八景、新街、灰埠等乡镇，不仅消化了本乡镇的待业人员，而且还介绍了一大批城市待业青年到乡镇企业就业，成为全区乡镇安置就业的先进单位。

2. 围绕农村剩余劳动力的区域性流动，初步实现有序化。该区农村劳动力 183 万，剩余劳动力近 50 万，这部分剩余劳动力需要向非农领域转移。劳动管理站围绕农村剩余劳动力从农业向非农产业转移，从内地向沿海地区的流动开展服务工作。如：宜春市彬江镇、下浦乡对农村劳动力以行政村为单位进行了登记造册，建立台帐，并组织劳务输出返乡人员办企业。彬江镇冶炼厂是返乡人员自筹资金兴办的企业，安排劳动力 40 多人，年产值 40 多万元。宜春辽市乡抓剩余劳动力转移卓有成效，他们在广东建立了劳务管理站，开展劳务输出和对外出劳务人员的跟踪服务。这个站累计输出本乡劳动力 6000 余人。高安市灰埠镇注重抓好内部配套服务。劳动管理站调集部分劳动力，组成一支农忙帮扶队，协助村解决外出劳务人员家庭农忙季节缺少劳动力的实际问题。由于乡乡镇镇都建立了劳动管理站，劳务输出有人抓，服务工作有人管，劳务输出搞得轰轰烈烈，秩序井然，有效地保障了劳动力有序化流动，做好了“民工潮”的疏导工作。该区乡镇劳动管理站就是通过劳务服务手段，组织本地剩余劳动力向沿海地区输出，促进更大范围劳动力的合理流动。

3. 围绕小集镇建设，发挥综合职能作用。随着该区乡镇企业的发展，不少能工巧匠和有一技之长的农民开始离开土地，向交通便利、信息快捷的地区转移，一些中心乡镇成为工业小区和商贸中心，这在很大程度上推进了小城镇建设步伐，使农村开始向农业工业化和农村城镇化方向转化。在这种情况下，乡镇劳动管理站的职能逐步扩展，开始成为乡镇政府负责全乡镇劳动工作的综合管理机构。如：万载县株潭镇以烟花鞭炮工业生产为主要经济龙头，生产呈直线上升趋势，迅猛发展的乡镇企业带动了地方经济的繁荣，小集镇建设成为江西的典范。该镇劳动管理站积极为经济建设服务，负责本镇劳动力的调剂安排、乡镇企业职工的调配、建档建卡、农贸集市劳动力的分布、组织剩余劳动力劳务输出。在管理劳动力市场的基础上，他们还通过引进人才、资金兴办了复合化肥厂、知青花炮厂、饮食业，安排本镇劳动力及县镇待业青年1000多人就业。宜丰县芳溪镇劳动管理站、高安市八景镇劳动管理站开展了乡镇企业职工退休费统筹，积累了几十万元的退休统筹金，保障了企业职工退休后的基本生活，稳定了职工队伍，受到广大企业和职工的普遍欢迎。除此之外，全区乡镇劳动管理站在企业用人、工资分配、技能培训、职业介绍、劳动保护、安全生产、劳动争议调解、职工社会保障与福利等方面发挥自身的职能作用。

4. 发展集体经济，创办自办企业，巩固就业阵地。丰城的洛市镇、秀市乡、剑光镇各劳动管理站结合当地经济的发展和居民生活的需要，办起了幼儿园、家电修理、商店和饮食服务业，方便了群众生活，安排了待业青年就业，有了一定经济基础。高安市的八景镇劳动管理站把工作侧重点放在解决待业青年就业难点上，组织本镇25名待业青年自筹资金8万元，通过市就业局和镇政府资金、政策的扶持，盖起了近千平方米的商业大楼，兴办了劳动综合服务企业。还有万载的株潭镇、康乐镇，宜丰的石花尖乡、芳溪镇、樟树的临江镇等乡镇劳动管理站都创办了独立自主经营的劳服企业。劳服企业既发挥着安置就业的"蓄水池"作用，又积累了就业资金，有了一定实力，为劳动管理站开展就业服务创造了物质条件。

（江西省劳动厅　张勇）

深化改革　发展生产
是解决职工低工资问题的根本出路

——1994年北京市城镇企业职工低工资情况调查报告

改革开放以来，北京市同全国一样，经济发展的速度很快，职工收入逐年提高，全市上下齐心协力，努力实现提前三年奔小康的宏伟目标，人民的生活再向前跨一大步。

但也必须看到，由于我国建立社会主义市场经济体制刚刚起步，目前还在新旧体制的交替过程之中，一些企业因种种原因经济效益不好，部分职工工资偏低，生活比较困难。市委、市政府非常重视这个问题，近两年多次深入到低工资职工比较集中的企业调查研究和现场办公，帮助企业出主意想办法，解决职工低收入的问题，同时指示各有关部门要把解决职工低收入问题作为一件大事来抓。为了落实市委、市政府领导关于努力解决低收入职工问题的指示精神，同时为顺利贯彻《北京市最低工资规定》，市劳动局党组决定从1994年10月份开始对全市低工资职工的情况进行一次普查，进一步摸清情况，为领导决策提供依据，尽快解决低收入职工问题。

一、调查方式

为全面了解全市低工资职工的分布构成情况，这次调查采取了普查和典型调查相结合的方式，主要对市属城镇企业职工1994年1～6月份的工资收入情况开展普查。从最后收来的有效报表情况统计看，这次共调查了10930户企业（包括国有企业5742户，集体企业4200户，股份制、国有民营等企业988

户)，202.7万名职工，占全市地方企业职工人数的78.5%。普查的同时，对6个系统55个企业进行典型调查，解剖麻雀，深入分析。由于这次调查范围很大，且点面结合，资料详实，对解决职工低收入问题具有参考价值。

二、全市低工资职工基本情况

为与执行我市最低工资规定相衔接，这次调查把职工低工资的界限划在月工资水平在210元以下，同时考虑到市统计局提供的1993年我市城镇居民最低生活费标准，调查中增设了月工资在160元以下这一档。从普查情况看，1994年1～6月份北京市企业职工月平均工资水平为464元，其中低于210元的职工全市共计18.4万人，占被调查人数202.7万人的9.08%。

(一)从低工资职工所在的系统分布情况看，主要集中在市经委系统企业和区、县企业，市政管委企业所占比例也较大。其中市经委系统的低工资职工占全市比重为53.2%，区、县属企业占23.1%，市政管委企业占8.2%，详见表1。

表1

	职工总数	低工资职工人数	占全市低工资职工的%
小计	1393087	155189	84.5%
经委	858868	97639	53.2%
区	252671	22392	12.2%
县	143610	20056	10.9%
市政管委	137938	15102	8.2%

市经委系统低工资职工主要集中在纺织、电子办、二轻、一轻所属企业；区、县低工资职工主要集中在崇文区、宣武区、平谷县、顺义县、延庆县所属企业；市政管委低工资职工主要集中在交通局和公共交通总公司。详见表2。

表2

	单位	低工资职工人数	占本系统低工资职工%
经委	纺织	8629	8.8%
	电子办	8348	8.6%
	二轻	8033	8.2%
	一轻	6794	7.0%
区	崇文	6357	28.4%
	宣武	2597	11.6%
县	平谷	5947	29.7%
	顺义	4536	22.6%
	延庆	2436	12.2%
市政	交通局	10155	67.2%
	公共交通	4535	30.0%

(二)从低工资职工所在的企业情况看，低工资职工主要集中在国有、集体企业。国有企业低工资职工共计144130人，占全市低工资职工的78.4%；集体企业低工资职工共计38169人，占全市低工资职工的20.8%；其他企业低工资职工共计1408人，占全市低工资职工的0.8%。

正常生产企业中低工资职工共计103833人，占全市低工资职工的56.5%；伴停产企业中低工资职工共计69683人，占全市低工资职工的38.0%；停产企业中低工资职工共计10097人，占全市低工资职工的5.5%。

(三)从职工构成情况看，低工资职工平均年龄为34岁，其中男职工35岁，女职工33岁。

从重点调查的55户企业情况看，女职工人数较多，约占低工资职工的62%，是男职工的1.6倍。

低工资职工主要为固定工和合同制职工，共计163790人，占低工资职工总数的89.2%。城镇临时工、本市及外省农民工合计19823人，占低工资职工总数的10.8%。

(四)从低工资职工收入水平看，这部分

人员月平均工资约124元。月平均工资160～210元的约96878人，占低工资职工总数的52.8%；月平均工资在160元以下的约86735人，占全市低工资职工总数的47.2%。据了解，160元以下人员多数属请长假自愿在家待业或在社会上做点儿小买卖或因病吃劳保等情况。

另外，从目前掌握的情况看全市国有企业退休人员月人均282元，集体企业272元。退休人员最低退休费为月210.15元。联社、劳服系统企业退养人员生活费每月在200元以下的还有44800人，最低的每月157元。

三、部分企业职工工资偏低的主要原因

造成部分企业职工工资偏低的原因很多，但主要有两类。一是由于各种原因造成企业经济效益差，职工工资水平偏低；二是由于职工个人原因，如病休、事假较多、完不成生产任务以及违纪等造成扣工资使工资偏低。

由于企业效益差，在岗位上正常劳动的低工资职工共87291人，占低工资职工总数的47.5%；由于企业原因，主要是生产不正常，造成职工在企业内部待业，工资偏低的共28805人，占低工资职工总数的15.7%。上述两种情况造成职工工资水平偏低的共116096人，占低工资职工总数的63.2%。由于职工个人原因，如未完成生产任务、违纪、请长假、吃劳保等造成低工资的职工有62252人，占低工资职工总数的33.9%。另外，还有占低工资职工总数2.9%的人员属于未转正定级人员。

从上述调查情况看，低工资职工中有近2/3的人集中在效益差的企业中。

(一)企业效益差造成职工工资偏低的直接原因

1. 资金短缺，生产难以启动。企业经济的运行离不开资金，特别是流动资金，在一定程度上决定着企业的命脉。目前，由于种种原因形成的企业间三角债、产品积压等占用了部分企业大量的流动资金，使企业资金严重短缺，生产难以启动。据统计，仅市经委系统就有140户企业由于资金短缺造成企业经济效益差，约占本系统经济效益差的239户企业的58.6%，受影响职工17.4万余人。

2. 在计划经济向市场经济转变过程中，一些企业不能适应市场变化及时调整产品结构，技术水平低，没有自己的拳头产品，产品单一、老化，不适应市场需求，积压严重，失去市场竞争力，企业经济效益差。如长城风雨衣公司大批量地生产市场上已经滞销的过时风衣，使本来经济效益较好的企业变为目前亏损严重的企业。市经委系统中属此类情况的企业共计57户，占本系统经济效益差的239户企业的23.8%。

3. 经营管理不善，企业微利或亏损严重。企业经济效益的好坏与企业的经营管理有着直接的关系。一些企业管理混乱，浪费严重，虚盈实亏；一些企业盲目扩大再生产，决策失误；一些企业领导者素质较差，缺乏敬业精神，思想上既无压力又无动力，做一天和尚撞一天钟。市经委系统中由于经营管理工作薄弱造成经济效益差的企业共计20户，约占本系统经济效益差企业的8.37%。

(二)造成企业职工工资偏低外界因素的影响

1. 国家政策方面的影响。国家某些政策对企业的影响也是造成企业低效益的一种原因。如粮食价格放开后，为稳定粮价，国家实行了最高限价，结果国有粮店的粮价限住了，而集贸市场和个体商贩未限住，形成了不平等竞争。国有粮店进销差率低于其企业费用，出现经营性亏损。加之税制改革后，经营粮食复制品的企业由纯增值部分计税改为全额征税，税负加重后企业经营十分困难，职工收入偏低。又如北京市的生猪屠宰，1993年5月以前全部由北京市肉联厂独家经营，为此他们以每条生产线几千万元的价格装配了几条生产线。那时企业生产经营正常，经营效益较高。1993年5月以后，政策改为生猪可多家屠宰，各区、县可自杀自卖。于是各区、县又上了若干条小型生产线，致使北京市肉联厂无猪可杀，价值几亿元的几条生产线闲置，2500多名职工放假回家。

2. 行政干预，拉郎配，也使一些企业的生产大受影响。计划经济时期，政府对企业具有直接管理职能。建立市场经济后，政府对企业的管理应从直接管理转变为间接管理，应该主要用法律的手段管理企业。但在目前的转轨过程中，政府部门或多或少、自觉不自觉地仍在直接管理着企业，一定程度上干预了企业的发展，影响了企业向市场经济转变的速度，给企业带来较大的负作用，严重的使企业经济效益低下，职工工资偏低。如某县属企业1989年以前曾是该县一个骨干企业，生产经营非常红火，经济效益直线上升。1989年县里强行将两个有250名在职职工、100名退休职工，债务160多万元的亏损企业与之合并，使该企业1990年即出现亏损。经过几年努力，目前该企业虽然有所好转但已大伤元气，开工率只有60%，富余人员多，职工收入水平偏低。

3. 市政建设，企业拆迁的影响。近年来，随着危房改造及道路建设步伐的加快，一些企业被拆迁。从长远看对国家、对企业的发展有利，但在短期内造成职工放假回家，收入大幅度减少。据统计，崇文区因市政拆迁而造成职工低工资的共有778人，占本区低工资职工总数的15.9%；市经委系统共有22户企业因拆迁造成职工低收入，占本系统经济效益差的239户企业的4.2%，影响职工10562人。

4. 企业负担重。企业负担重是影响企业发展的一个重要原因。在典型企业调查中发现，许多企业由于建厂早，企业办社会的负担较重。一些企业退休职工比例过高，退休养老费虽实行了社会统筹，但巨额的医疗费压得企业喘不过气来。如大兴县电机厂，现有在职职工727人，退休职工238人，全年医疗费支出80多万元，其中退休职工医疗费达37万多元，使企业无力扩大再生产，只能勉强维持。又如房山琉璃河供销社在职职工160人，退休职工118人，每年医疗费约30多万元，大部分职工收入每月不足210元。

（三）造成企业职工工资偏低的其他原因

调查中也了解到，部分职工工资偏低也有职工自身原因。有的因身体有病有残不能上班；有的见企业不景气，富余人员多主动要求请长假，在厂外自已想办法挣点钱；有的由于年龄较大在厂内办了内部离岗休养；有的由于表现不好，企业优化组合各车间均不想要只得在家待业。本次调查中，属这类情况的职工共计37742人，约占低工资职工总数的20%。

四、几点建议

1. 根本出路是深化改革，发展生产。企业要冲破计划经济的惯性影响，面向市场，抓紧机遇，深化改革，建立现代企业制度，结合产业结构调整来尽快调整企业产品结构，树立在市场竞争环境中求生存求发展的思想，生产适销对路的产品。生产发展了，提高职工收入水平就不成问题。

2. 加强和改善企业领导。调查中了解到，部分企业生产不景气、经济效益差的主要原因是领导班子管理薄弱，经营无方。因此，在改革中要注意选拔德才兼备的干部进入领导班子，同时加强对企业管理人员的培训，建立一支能打硬仗的企业家队伍。坚决将那些素质低，缺乏敬业精神，职工意见大的人从领导岗位上拿下来。

3. 适当集中资金解决困难企业职工生活。市财政每年可以从个人收入所得税税款中拿出一部分，企业主管部门从企业盘活资产的增值部分中拿出一部分，建立多层次的帮助困难企业调剂基金，用于保证职工基本生活，渡过难关。

4. 加快社会保险制度改革步伐，逐步完善失业保险制度、职工养老保险制度，加快实行职工大病医疗社会统筹和个人医疗基金帐户相结合的制度，探索医疗制度全面改革，使企业尽快减轻负担，轻装前进。

5. 对严重亏损企业，可以在产业结构调整中采取措施，同时对企业组织结构进行调整，通过企业兼并、合并来重新配置资源，使原有企业摆脱困境。

6. 对资不抵债，连年亏损的严重困难企业，根据《劳动法》及我市有关规定可以进行经济性裁员，企业减少投入，增加产出，维持在岗职工一定的工资水平。

7. 在市政建设中需要拆迁的企业，企业主管部门要解决好企业的实际问题，动员各方面力量，妥善安置职工。同时不要使职工工资降低过多。

8. 困难企业要利用我市实行最低工资规定的机会把压力变为动力，积极想办法，带领全体职工发展生产。首先要保证最低工资的发放，并在此基础上逐步提高职工收入水平。

9. 各级政府和领导要重视企业扭亏工作，实行领导责任制和挂点帮困的办法，把扭亏增盈、解决职工低收入问题作为当前的一项重要工作来抓。

（北京市劳动局办公室　袁泉执笔）

山东省建设劳动工资宏观调控体系的探索

1993 年以来，山东省按照劳动部提出的劳动体制改革总体设想，结合本省劳动体制区域性综合配套改革的实际，以“弹挂一体”、分级分类调控为重点，为建设市场经济体制下的劳动工资宏观调控体系作了一些积极探索，较好地处理了过渡时期培育市场机制与加强宏观调控的关系，在国民经济持续发展的形势下，基本实现了职工总量和工资总量增长同国民经济发展的比例协调，也促进了经济发展和劳动领域各项改革。

一、适应市场经济发展，建设“弹挂一体”的劳动工资宏观调控体系

按照劳动部提出的“市场机制决定、企业行为自主、政府宏观调控”的目标要求，根据当前经济运行的特点，山东省从实际出发，着力探索构筑劳动工资宏观调控体系的基本框架，其主要内容是：依据工资总额增长与国民经济发展主要指标的相互关系，省、市(地)、县(市、区)分级实施动态调控的工资总额弹性计划；通过调控工资总量间接调控职工总量，坚持“两低于”原则和“弹挂一体”的做法，对企业的工资总额实行分类调控；加强监督检查，保障整个宏观调控机制的正常运行。在工作中注重把握了三条原则：一是保持总量平衡；二是效率优先、兼顾公平；三是有利于培育市场机制。两年来主要做了以下几方面的工作。

(一) 全面实行工资总额弹性计划，建立分级弹性调控机制。从 1993 年起，山东省用体现投入产出的相关经济指标，对各市地、县(市、区)实施工资总额弹性计划，改“两弹”为“一弹”。1994 年，根据新国民经济核算体系的要求，调整了相关经济指标，扩大了调控范围，建立了省、市地、县三级调控机制，增强了宏观调控的实效性。1994 年全省非农国内生产总值完成 3097 亿元，按当年价格增长47%，地方属企业（国有和城镇集体企业）工资总额174亿元，增长25%，非农国内生产总值工资含量由上年的6.6%降低到5.6%。

（二）在弹性计划范围内，坚持“两低于”原则，实行“弹挂一体”，对企业工资总额实行分类调控。随着企业制度改革的深化和非国有经济的发展，围绕企业产权性质和经营体制变化，在弹性计划范围内，通过推行“弹挂一体”，保持公有制企业工资水平与经济增长的合理比例关系，并着手运用计划指导、工资政策和执法监督监察，引导和规范非公有制企业工资正常增长，形成国家总量调控，企业自主分配，引入市场机制，稳定分配秩序的分类调控机制。

1. 坚持按劳分配和效率优先、兼顾公平的原则，完善“工效挂钩”办法。1993年，山东省进一步改进企业工资总额同经济效益挂钩办法，全面实行“总挂总提”；取消挂钩工资外的一切单项奖，工资总额全部在成本中列支；依据企业经济效益与全省同行业平均水平的比较，调整挂钩浮动比例。1994年，又确定将企业工资总额基数的30%，用上述行业水平比较方法进行重新核定，较好地解决了企业间的“苦乐不均”问题。

2. 积极进行企业自主确定工资总额试点，探索现代企业工资总额调控方式。1993年山东省筛选36户经营管理基础较好、领导班子较强、工资税利率在200%以上并实行全员劳动合同制的企业进行试点，在坚持“两低于”前提下，由企业自主确定工资总额。1994年继续扩大试点范围，凡按《公司法》要求规范的有限责任公司、股份有限公司以及省确定的现代企业制度试点企业，均可进行试点，当年扩大到85户企业，职工15万人。试点企业1994年职工平均工资6150元，增长35%，实提工资税利率246%，高出核定基数（206%）40个百分点。

3. 参照“工效挂钩”思路，对新建、长期亏损暂不能实行“工效挂钩”的企业，依据其经济效益状况核定工资总额。

4. 围绕搞好大中型骨干企业，对行业总公司和计划单列企业集团原则上实行“工效总挂钩”办法。企业在确定的总挂钩范围内，按照“两低于”要求，自主确定所属单位的工资总额调控办法，并报劳动部门备案。

5. 股份合作制企业（即全部股份以内部股形式出卖给本企业职工的企业）或非国家控股的股份制企业，第一年工资总额基数报劳动部门审核，以后年度实行备案，接受监督；对实行“国有民营”或“公有民营”经营方式的企业，按承包经营合同确定工资总额；对仿外资企业经营管理方式和其他改革试点企业，按照理顺关系、转换经营机制的要求，报经劳动部门审核确认调控方式，或实行自主确定工资总额试点，或实行“工效挂钩”。

6. 对外商投资企业（含港澳台投资企业）及其他非国有企业主要运用国家政策、法规进行调控、监督。劳动部门通过实施工资指导线和最低工资标准，引导和规范企业职工工资收入的合理增长。1994年山东省人大通过的《外商投资企业劳动管理条例》明确规定，企业应依据政府发布的年度工资增长指导线，协商确定本企业工资水平和工资增长率，其中中方职工平均实得工资应不低于所在地同行业国有企业职工平均实得工资的120%。

（三）运用弹性工资计划，间接调控劳动力配置，促进劳动力市场的培育和发展。在测算和制定弹性工资计划时，坚持社会效益和经济效益统一的原则，适当考虑各地就业情况，以弹性工资计划作为基本指标，综合运用多种方式，调控劳动力配置总量。一是各市（地）、县（市、区）根据省测算下达的工资总额弹性计划，结合本地区城镇就业和劳动力需求情况，编制年度城镇就业计划。二是以弹性计划为依据，提出需求总量，采用计划和政策双控办法，对使用农村劳动力和外省劳动力实行总量控制和务工许可证制度，并引导其进入劳动力市场竞争就业。三是综合开发、利用全省劳动力。山东省针对东西部地区经济发展和劳动力供求不平衡的状况，从1994年起，由经济发达地区参照工资总额弹性计划和相关经济指标，测算城镇劳动力需求数量，采取全省统一规划协调、地区自愿结对、市场机制调节、企业自主选择的方式，开展东西部劳动力余缺调剂，这项工作在10个市地实施，取得较好效果。

二、建立制度，规范运作，保证宏观调控的正常运行

（一）建立健全监督考核制度。一是地区在测算预测工资总额弹性计划的基础上，提出本地区企业分类调控的工资基数和总浮动比例，以此确定企业实施方案，并逐级汇总上报备案。二是年度执行中，建立定期分析预测报告制度，按季分析弹性计划运行情况，对出现的问题及时预警。三是建立年度综合考核制度。年终组织专门班子，全面考核弹性计划执行情况。对地区年度执行结果突破计划，属企业违背规定超提超发的，要限期扣回；属劳动部门调控不当的，除从下年度新增工资中扣回外，地区要相应调整企业分类调控的工资基数和浮动比例，使其与弹性计划相衔接。

（二）建立劳动事业发展计划编制制度。在1993年试点工作的基础上，从1994年起山东省全面实行劳动事业发展计划编制制度，由各市（地）、县（市、区）在认真分析预测的基础上，根据国民经济发展总体要求，测算编制年度劳动事业发展计划，逐级上报汇总和综合平衡。

（三）改进完善工资基金管理制度。从1993年起，山东省把以事前控制为特征的《工资基金管理手册》改为《工资基金使用手册》，加强企业季度、年度工资总额的审核监督，并与年终工资基金清算紧密结合。为解决企业多头开户问题，1994年实行企业工资基金开户银行报同级劳动部门认可制度。制定了企业超提超发、匿报瞒报工资总额和私自招用农村劳动力行为的经济处罚规定，开展了监督检查工作。

（四）健全劳动统计信息发布制度。在完善劳动统计报表制度和实现微机超级汇总的基础上，着重健全劳动信息发布制度。做到按月提供发布劳动事业发展主要统计数据资料，按季提供统计分析材料，每年发布劳动事业发展公报和行业主要经济效益指标，为保证劳动工资宏观调控机制的运行发挥了积极作用。

（山东省劳动厅）

济南市企业社会保险的现状、问题和对策

社会保险是我国宪法和最近颁布的《劳动法》赋予劳动者的一项基本权利，是通过国家立法、政府强制实行的社会保障制度。我市企业社会保险自1986年开始起步，经过10年的积极探索和不懈努力，保障了广大离退休职工和失业职工的基本生活，对促进我市经济发展和社会稳定发挥了重要作用。

一、我市企业职工社会保险制度改革的基本情况

1. 建立劳动合同制工人养老保险制度，

保证了劳动制度改革的顺利进行。

1986年，按照国务院发布改革劳动制度的4个暂行规定和省政府有关文件精神，伴随劳动制度改革，建立了全市劳动合同制工人养老保险制度，制定了一整套管理办法和制度，对劳动合同制工人按所在单位逐人建立了养老保险手册。1988年4月与省计算机中心联合研制开发了微机管理系统，基本实现了微机管理。目前，全市已有3456个单位134347名合同制工人参加养老保险。合同制工人养老保险制度的巩固和发展，解除了广大合同制工人后顾之忧，调动了他们生产经营的积极性，促进了劳动制度改革的顺利进行。

2. 搞好全市统筹，提高养老保险的社会化程度。

我市于1987年7月对国有企业和县以上集体企业分别实行了以市、县为单位的社会统筹。从1991年10月1日起对全市全民企业和县以上集体企业又实行以市为单位的社会统筹。按照“以支定筹，略有结余”的原则，经调查测算，全民企业统筹提取比例为上年度职工工资总额的22.5%，县以上集体企业统筹提取比例为上年度工资总额加退休费用之和的25.5%。截至1994年底，参加社会统筹的企业有1839户，职工56.7万人。

从几年来实行社会统筹的实践看，这项改革取得了明显的社会效果：一是切实保障了15万多离退休人员的晚年生活不断提高。1988年至1994年，我市企业离退休人员的月人均收入由80元增加到330元，月人均增加260元，为1988年的4倍。这期间，离退休人员的待遇增长高于在职职工年工资增长的18%。二是初步缓解了企业之间退休费用负担畸轻畸重的矛盾，为一大批老企业减轻了负担。三是十几户停产半停产、破产企业缓缴统筹基金近千万元；拿出1000多万元帮助企业渡过难关，促进了经济发展和产业、产品结构的调整，保证了社会稳定。

3. 进一步深化企业养老保险制度改革，实行全社会一体化的养老保险制度和改革退休费计发办法。

去年，我们在认真总结近10年企业养老保险改革的基础上，按照国务院文件规定和省政府的文件精神，结合我市社会主义市场经济发展的需要，对企业职工基本养老保险制度进行了改革。这项改革是建国几十年来一项根本制度的改革。主要内容：一是基本养老保险费用实行国家、集体、个人三方共同负担。二是扩大了养老保险覆盖面，包括国有、集体、股份制、三资企业、私营、个体等城镇企业全部职工，实行养老保险一体化。筹集比例，除集体企业因负担过重，按工资总额加退休费之和的28%缴纳外，其余各类企业均按工资总额的24%缴纳。职工个人按工资总额3%缴纳。三是按照劳动部和省劳动厅制定的改革基本养老金计发办法试点意见，改革了养老金计发办法。1994年1月1日，已在全市各类企业中全面实施。

4. 积极稳妥地改革企业职工医疗保险制度，为企业分忧解难。

自80年代后期，我局按照“加强管理，保证医疗，合理分担，克服浪费”的原则，着手探索企业医疗制度改革的办法。初步实行了医疗费定额包干，超额少量自负，根据年龄大小，自负部分为工资的5～20%，自负总额适当控制，全年不超过一个月标准工资；医疗费用无限额，按比例自负，大病全包；厂内门诊不收费，未经批准厂外就医自负；厂内门诊挂号，严格控制转诊和处方量，医疗费实报实销。这些措施的实行使企业医疗费得到了有效控制，小病大养的现象明显减少。

1991年10月，在平阴县、商河县实行了职工大病医疗费用社会统筹试点，解决了因企业负担不起，转由患者个人负担，大病医疗得不到保证的问题。这不但为职工大病医疗提供了保障，也减轻了企业负担，一些长期因大病号多压得喘不过气来的企业，因实行大病医疗费用统筹得到了缓解。职工医疗费用专户储存与大病统筹相结合的办法，正在平阴县试点，待取得经验，选择适当时机在全市推行。

5. 充分发挥失业保险的保障作用，积极推进职工失业保险制度改革。

截至1994年底，我市参加失业保险统筹的单位共2357个，职工70万人。其收缴比例，1993年以前按职工标准工资总额的1%，1993年开始改按工资总额的1%收缴失业保险金。1994年全市累计接受失业职工2677名，发放失业救济金18.45万元，重新就业952人。再就业率为36%。

几年来的实践证明，我市失业保险制度的建立，对于促进企业改革、保障失业职工的基本生活和社会稳定发挥了重要作用，取得较明显效果：一是保障了失业职工的基本生活。凡是按规定转到社会的失业职工，按标准发放失业救济金，使他们在生活有保障的条件下进入市场，多方寻求再就业。二是用好用活待业保险金支持企业改革。把救济金转化为生产扶持金，扶持济南第二印染厂、七棉等企业调整产业产品结构，恢复生产，发展第三产业，安置富余职工。对企业发展三产和兴办劳服企业安置富余职工给予适当扶持，先后扶持山东电力设备厂、济南啤酒厂、济南汽车配件厂等发展三产和劳服企业，安置富余职工1000多人。三是对关停企业、长期停发工资的企业职工，生活困难的给予一次性救济。仅1993年、1994年两个春节期间，就为818个困难企业的90156名职工发放救济金1142万元，为12户经批准关停整顿企业生活无保障的12667名职工，发放救济金160.221万元。

6. 积极开展离退休职工管理服务工作，逐步形成社会保险网络。

全市现有企业离退休职工15万多人，随着人口老龄化的到来，这个队伍迅速扩大，每年以近万人的速度递增。为了使他们的晚年生活切实得到保障，使他们的“老有所养，老有所医，老有所乐，老有所为”得到落实，我局制定了全市离退休职工管理服务工作总体规划，在全市（包括五区、五县）建成了离退休职工活动中心9座，总面积20939m^2，内部都配置了健身、医疗、咨询、阅览、娱乐等活动室，设立了相应的娱乐比赛项目；各大中型企业与社会办的活动中心相配套，根据各自情况开办了离退休职工活动场所；利用旧城改造，有些居民小区和街道办事处也建立了分散的老年活动网点。至此，条块结合、纵横成网的老职工管理服务网络已初步在全市形成。

二、当前企业职工社会保险工作的难点和问题

1. 社会保障承受能力弱。

在由计划经济向社会主义市场经济转换的过程中，我市的社会养老保险和失业保险已充分发挥了重要的保障作用，从而保证了离退休人员和职工的基本生活，促进了社会稳定。

但是，我国解放近40年，国家没有给老职工积累退休金，企业养老保险负担畸轻畸重。80年代末，作为我市社会保障体系重要组成部分之一的社会养老保险起步较晚，在基金的筹集上几乎没有积累。而摆在面前最急迫的是要保证占企业在职职工总数1/4的离退休人员的吃饭问题。尤其是随着人民生活水平的逐年提高，国家为离退休人员增加待遇的政策不断出台，近7年间，我市退休人员的平均费用增加了三倍，离退休职工待遇已经超过了在职职工的平均工资水平。再加上济南是一个老工业城市，退休职工人数多，支付基数大，这就不得不提高养老基金统筹比例。目前，全市统筹基金，全民企业按在职职工工资总额的25%、县以上集体企业按职工工资总额加退休费用之和的29%缴纳，这个比例，已经使企业难以承受，今后还将继续提高。

2. 社会保险基金收缴困难。

社会保险能否发挥其保障作用，其根本在于保险基金能否及时筹集起来。几年来，我们始终把收缴工作作为重点来抓。但基金收缴困难的问题始终得不到根本解决，特别在当前，收缴难的问题更为突出。主要表现在：一是部分企业处于停产、半停产状态，在职职工的工资都无法保证，缴纳养老保险金更无从谈起。二是部分企业虽能维持正常的生产经营，但由于资金短缺，拖欠统筹基金的情况时有发生。三是个别生产经营状况好、离退休人员少的企业领导，对社会保险的重要性认识不足，认为缴纳保险基金是企业"吃亏"，因而有意拖欠应缴的保险金。

3. 企业养老保险条块分割，行业统筹趋势加大。

目前，经国家同意实行行业养老保险的有铁路、邮电、民航、石油、电力等部门。据悉还有少数中央省属企业打算从当地社会保险机构分离出去。上述这些行业单位一般都是经济效益比较好，经济实力比较雄厚，退休人员较少，负担轻的部门，他们感到参加地方保险吃亏，所以以种种理由分离出去搞行业养老保险。这样下去，地方这一块养老保险就会出现危机，因为地方块块管理的企业经济实力较差，退休人员较多，负担较重，没有大范围的互济互补，是真正的"穷帮穷"，养老基金收不抵支的矛盾还要加剧，步履艰难。

4. 社会保险立法严重滞后。

社会保险是政府强制行使的一项重要制度。从 1986 年开始，我市开始对社会保险制度进行改革，并逐步深化，但时至今日，《社会保险法》仍未出台，各级保险部门在日常工作中，仅凭政府的文件政策向企业讲道理、做工作，收缴养老保险金，其权威性和力度都不够，尤其是对外商投资企业就更缺少约束力。这种理不直、气不壮的工作管理关系，直接影响了保险基金的征集，以致于削弱了基金的调剂保障功能。无法可依的状况如再不改变，社会保险制度将难以维系。

5. 人们的社会保障意识还很淡薄。

由于我国职工长期实行的是"企业养老，国家全包"的保险制度，职工的大锅饭思想比较严重。目前，尽管已经普遍实行了社会保险制度，这种社会保险制度的基本属性，是由作为产权所有者参与交易的机构和个人之间组成的一种协作，国家在这种新的社会保险制度面前，已退居成了为他们服务的一个协调机器。但许多企业和广大职工对这种转轨后的社会保险制度的性质，至今认识都很肤浅，仍视为这是国家的责任和恩惠，自我保障意识非常淡薄。因此必须增强企业和职工的自我保障意识，充分认识社会统筹保险的性质，都来积极参与社会保险，关心支持社会保险事业，使之逐步深入人心，家喻户晓。

三、几点建议

1. 切实解决失业救济金、养老保险基金收缴难的问题。

由于种种原因，两项基金收缴十分困难。一是停产、半停产的企业无力缴纳职工保险基金和失业基金，且拖欠数目越积越大；二是一些过去曾被离退休费用负担过重所困扰的企业，实行统筹后，又躺在那里吃大锅饭，拖欠统筹基金；三是新建效益好的企业，因离退休人员和失业人员少，则大喊统筹吃亏，有的认为是一种新的平调，不愿缴纳两项基金；四是驻济的中央、省属个别企业欠缴养老基金和失业保险金数额较大，想方设法，脱离开地方，去搞行业统筹。两项基金收缴难已成为社会保障工作中的突出矛盾，如不尽快加以解决，将严重影响全市两项基金的正常运转以及离退休职工和失业职工的基本生活。为此，必须进一步强化措施，实行银行见单扣缴和企业到银行提取工资时银行同时扣缴保险基金的办法；建立工会按月监督缴纳与发放的制度；完善保险手册的登记、签字等手续制度，以督促、保证基金及时足额到位。

2. 扩大养老保险基金融资渠道。

目前企业养老保险负担重、欠帐大，单靠提高统筹比例已不堪负重（我市统筹比例接近警戒线），急需开辟新的筹资渠道。为此可在实行现代企业制度改革试点企业和股份制企业的资产中，按工资总额的3%，提取一定资金或划出一定股份，建立专户，在企业上缴养老基金困难时，照发离退休费或支付医药费。

3. 加快社会保险立法步伐。

我国《劳动保险条例》还是50年代初期制定的，许多社会保险法规的具体规定已名存实亡，至今没有新的法规代替，造成无法可依，其强制性、权威性难以发挥，给社会保险事业的巩固发展带来了隐患。随着市场经济体制的建立和运行，以及社会、经济事业的发展等，制定具有中国特色的、适应社会主义市场经济发展的社会保险法，已迫在眉睫。因此，要加快社会保险的立法步伐，对社会保险的内涵、性质、阶段发展目标，基金筹措、收缴、计发和支付、资金运营，奖惩程序，以及管理体制等重大问题加以规范，用法律手段来保障社会保险事业的发展。

4. 加强社会保险工作的舆论宣传。

社会保险工作是一项涉及职工切身利益和社会稳定，功在当代，利在千秋的公益性事业，应大力加强对这项工作的舆论宣传，增强企业和职工的自身保险意识。要充分运用各种宣传舆论媒介，通过广播、电视、报刊、杂志等各种手段，全方位、多形式地进行社会保险制度改革的宣传报道，使企业和职工树立起社会保险的法律意识、依法缴纳基金意识、自我保障意识，进而自觉参与和支持社会保险事业。

（济南市劳动局 张英利）

深化养老保险制度改革 推进社会保险一体化进程

——福建省养老保险制度改革的回顾和前瞻

（一）

福建省是全国经济体制综合改革试验区。几年来，在省委、省政府的重视、领导和劳动部的关怀指导下，在经济体制改革中，我们紧紧围绕企业改革，不断深化社会保险、尤其是养老保险制度改革，取得了较大的进展。

一、养老保险省级统筹成效显著

我省养老保险省级统筹是1985年1月首先从工交系统国有企业开始的，1989年初，扩大到除农场、民政福利和部分部属企业以外的所有国有、外商投资企业和供销社、劳服系统集体企业。至1994年9月底，纳入省级统筹的企业1.54万户，受保职工148万人（其中离退休人员28万多人）。1989年至1994年底，全省累计征收养老保险基金34.91亿元，支付31.27亿元，结余3.64亿元。几年来，我省养老保险省级统筹成效显著。一是保障了28万多名离退休人员的基本生活，维护了社会安定。全省离退休人员月人均离退休金240元。特别是在全省停产半停产企业18万职工发不出、发不足工资，养老保险基金征收困难的情况下，参加省级统筹的离退休职工都能月月足额领取离退休金，保障了他们的基本生活。二是均衡了企业负担，为平等竞争打下了基础。1989年以来，全省有4000多户老企业受益，累计减轻负担4亿多元。这些企业，如果没有省级统筹，不但无法发展，甚至有倒闭危险。三是在省级统筹范围内的国有、外商投资和部分集体企业的职工不受地域限制，不分职工身份，不需转移养老保险基金，均可在全省范围内流动，为发展劳动力市场创造了条件。

二、基本养老金计发办法改革实施顺利

过去，退休金计发办法是在计划经济条件下制定的，随着社会主义市场经济体制的建立和企业工资制度的改革，越来越不适应。1992年，在劳动部指导下，结合我省实际，对养老金计发办法进行改革。为了积极稳妥地推进这项改革，我们于1992年上半年先在莆田市试点，1993年上半年在全省77个市县1.5万家企业当年退休的1.5万名职工中模拟运转。在深入调查，认真试点，反复论证，多方征求意见的基础上，会同省体改委、省财政厅、省总工会联合制订了《福建省国有企业职工基本养老金计发办法改革方案》，经省政府批准，从1994年1月起在全省全面实施。其主要内容是：养老金从原来按照职工工龄长短和本人标准工资的一定比例计发，改为与职工社会平均工资、缴费年限和缴费金额挂钩。基本养老金由社会性养老金和缴费性养老金两部分组成。社会性养老金按本省上一年职工月平均工资分两档计发（缴费满15年及其以上的按25%计发；满10年不满15年的按20%计发。10年以下的一次发给生活费）。缴费性养老金以职工本人指数化月平均缴费工资1%计发。同时，按全省职工缴费工资增长率的一定比例每年7月调整一次。

由于基本养老金计发办法改革既适应市场经济的要求，又符合企业和职工的愿望，因此，企业欢迎、职工拥护，实施顺利。这项改革，适应了不同所有制、不同经济效益的企业对养老保险不同的需求，为实现养老保险一体化奠定了基础，体现了社会保险的公平与效率、权利与义务相结合的原则，建立了基本养老金自然调整的机制，强化了职工的自我保障意识，促进了企业和职工的足额缴费。福州中外合资企业福日电视机有限公司在基本养老金计发办法改革实施之前，职工月人均缴费工资仅220元，改革实施以后，缴费工资增至1000元，提高近5倍。南平造纸厂高级职称人员月人均缴费工资已达到400元。计发办法改革前退休待遇没有相应提高。计发办法改革后，企业主动要求将缴费工资提高到800元。

在计发办法改革中，我们还针对养老保险省级统筹基金“统收统支”的弊端，对保险基金财务管理体制进行改革。改全省“统一核算、统一缴拨、统一调剂”为省对地（市）实行“核定基数、定额缴拨、超收分成、超支不补”的财务分级管理体制，建立起基金征收的激励机制和支出的约束机制。实践使我们感到，计发办法改革为财务体制改革打下了良好基础；财务体制改革又为养老金计发办法改革创造了条件，二者相辅相成，相互促进，既增强了职工自我保障意识，调动了企业和职工缴费的积极性，又调动了各级政府和社会保险机构基金征收的积极性。从今年实施情况看，效果是明显的：一是职工自我保障意识增强，基金征收大幅度增加，全省养老保险基金征收7亿元，比省核定地（市）基数增加8200万元，增长13.3%；比去年同期增长19.3%。月人均缴费工资也比去年增加29.23元，增长13.7%。二是不该支付的基金得到有效的控制，今年全省基金比去年同期减支5747万元，减少13.98%。三是基金结余大幅度增长，全省基金结余6000万元，比去年同期增加5500万元，增长11倍。

三、建立多层次养老保险和个人缴费制度

为了适应企业效益不同、职工工资收入不同，而对养老保险的不同需求，我们除了全面实行基本养老保险社会统筹外，还从1992年开始，探索建立企业补充、个人储蓄性相结合的多层次养老保险制度。为了鼓励企业开展这项保险，我们会同省税务局制定了优惠政策，规定凡企业年缴纳的补充养老保险费，在一个月标准工资以内的，免征所得税。此外，我们还引导企业实行补充养老保险与职工个人表现好坏、贡献大小和工龄长短挂钩。表现好、贡献大、工龄长的，个人多储蓄，单位多补充。经过三年多的实践，效果是好的。到目前为止，全省参加补充养老保险的企业458户，职工65150人，积累基金2404.33万元，参加储蓄性养老保险的职工11475人，累计积累基金51.90万元。厦门市这项改革成效更为显著。他们把补充保险与基本养老保险紧密结合，规定基本保险在全市社会平均工资以上的50%作为企业补充保险。这个办法推行两年，已有223户企业、27050名职工参加补充保险，积累基金1756.39万元。

此外，我省从1986年开始，在合同制工人等部分职工中，按照职工本人工资总额的2%缴纳养老保险费，建立了个人缴费制度。这一制度于1992年7月在全省所有参保职工中普遍实施，今年，个人缴费又提高了两个百分点，达到4%。至此，个人缴费的额度已占缴费总额的16%。这项改革实施顺利，效果明显，实施8年来，个人缴费累计达到2.3亿元，体现了国家、企业、个人三方合理负担养老保险费用的原则，逐步减轻了国家和企业的负担。

我省养老保险制度改革也存在一些困难和问题，主要是：法制不健全，基金征收缺乏强制手段；按所有制划分不同的统筹层次和不同的经办机构管理，阻碍了养老保险一体化的改革进程；基本养老金计发办法与职工个人缴费的义务和领取待遇的权利结合的不够紧密、不够充分。这些问题都有待于在今后深化改革中完善。

（二）

随着社会主义市场经济体制和现代企业制度的建立，深化社会保险制度改革已成为当务之急。根据党的十四届三中全会决定精神和省委、省政府的要求，我省养老保险制度改革的总体思路和目标是：以推进全省养老保险一体化为重点，基本养老保险实行社会统筹和个人帐户相结合，理顺管理体制，加强基金管理和监督，按照面向社会、面向市场、服务企业的要求，在城镇基本形成结构多层次、资金来源多渠道、费用基金化、管理服务社会化的养老保险体系，建立适用多种所有制和多种经济成分，适用各类劳动者的统一制度、统一标准、统一管理的全省一体化养老保险制度。为了实现上述目标，近期内拟主要深化以下几项改革：

一、加快推进养老保险全省一体化

中央经济工作会议确定1995年经济工作要围绕企业改革，进行以养老和失业保险为主要内容的社会保障体制改革。深化企业改革，发展社会主义市场经济，要求建立高起点、全方位、覆盖所有城镇企业，包括国有、集体、三资、私营企业和个体劳动者在内的一体化的社会保险体系。我们设想，全省养老保险一体化主要做法是：(1)在范围上，打破所有制和职工身份界限，凡属全省范围内的城镇各类企业（除部分部属企业实行系统统筹外）及个体劳动者全部纳入省级统筹。(2)在缴费办法和支付待遇上，实行统一的收费基数和缴费比例，统一按照新的养老金计发办法支付待遇。(3)在经办机构和统筹层次上，由现行的“四大块”（劳动、人事、民政、人保）向“三大块”（劳动、人事、民政）过渡，并把个别地方已经实行非国有企业市（县）统筹的统一纳入省级统筹。

二、基本养老保险实行社会统筹与个人帐户相结合

根据党的十四届三中全会关于养老保险实行社会统筹和个人帐户相结合的精神，在全面实施养老金计发办法的基础上，建立个人帐户。初步设想，从1995年开始到1998年前，分两步进行。第一步，在全省所有职工中将个人缴费中的两个百分点记入个人帐户，实现所有企业的全部职工普遍建立个人帐户。同时，对经济效益好、工资水平高的用人单位，以上年本省职工平均工资120%为缴费基准线，120%以内缴纳的作为社会统筹基金，120%以上至300%以内缴纳的50%记入个人帐户，50%并入社会统筹基金。第二步，随着建立个人帐户前已退休职工的逐步减少，养老保险覆盖面逐步扩大，企业效益的提高和职工工资收入的增长，逐步加大个人缴费，降低企业缴费的比重，使企业和职工个人的缴费比例更趋合理。在待遇结构上，与我省已经实施的基本养老金计发办法改革相衔接，基本养老金由社会性养老金、缴费性养老金和个人帐户养老金三部分构成。个人帐户养老金的支付，按职工退休时个人帐户养老保险基金的积存额和职工退休后平均期望寿命确定支付水平，实行按月发放，直至职工去世。个人帐户积存的钱，属个人所有，职工死亡时（含在职职工死亡），可以继承；职工流动时，随同转移。我们认为，上述模式的设计，符合我省实际，可操作性较强，主要好处有三：一是既保证现有省级统筹中29万退休老人每年7亿多元退休金的需求，又能建立起个人帐户的新机制。二是既可做到现有退休政策、退休制度的平稳过渡，又能弥补现行基本养老金计发办法中遇到的如实行岗技工资部分职工退休后基本养老金偏低的问题。三是能够增强职工的自我保障意识，扩大养老保险覆盖面，为全省养老保险一体化改革创造条件。

三、健全机构，加强管理，强化监督

为了进一步加强对社会保险工作的领导，省政府拟成立福建省社会保险委员会，负责指导和协调全省社会保险制度改革工作。按照“政事分设”的原则，省劳动厅和各地（市）劳动局分别成立社会保险处（科），承担劳动部门管理城镇职工社会保险的行政职能，对全省各级社会保险基金的经办机构实行管理和指导。现有各级社会保险机构继续经办社会保险基金的具体业务。同时加强基金管理，建立健全各项规章制度，通过财务检查、审计等办法，防止截留、挪用、侵吞等问题发生，管好用好职工的“活命钱”。进一步加强对社会保险基金的监督，建议省政府尽快成立社会保险基金监督机构，该机构由政府有关部门、工会组织、职工代表等组成，对保险基金的收支、管理、运营、使用等情况实行检查、监督。

社会保险制度改革是当前深化国有企业改革的重要配套措施之一，是关系到广大职工特别是离退休职工的切身利益，关系到经济发展和社会稳定的一件大事。我们一定要按照党中央、国务院的决定精神，在省委、省政府的领导下，认真总结经验，加大改革力度，加快改革步伐，为建立社会保险新体系，促进改革和经济发展创造良好的外部环境。

（福建省劳动厅）

劳动科学研究及图书出版概况

劳动科学研究

1992～1994 年，劳动部劳动科学研究机构处于充实、调整阶段。1993 年 12 月经中编办批准，在原劳动部研究所联合管理委员会的基础上，正式成立了中国劳动科学研究院（以下简称劳科院）。这一时期，各个科研单位在不断完善自身组织机构建设的同时，围绕劳动工作的中心任务，配合劳动制度改革的需要，共开展了 169 项课题研究，取得了 152 项科研成果，有力地支持了各项劳动工作。

一、劳动力市场问题研究

1992～1994 年间，劳动科学研究的主要方向之一是我国的劳动力市场培育问题。两个重点课题是《劳动力市场研究》和《我国劳动力市场的培育与发展研究》。

由国际劳工研究所（以下简称劳工所）完成的《劳动力市场研究》课题的主要研究报告之一：《有关劳动力市场国际比较的几个问题》，于 1993 年 1 月在劳动部“三大制度改革”理论研讨会上发表后，引起较大社会反响，《经济日报》、《经济研究参考》、《人力资源开发》等多家报刊转载了该文。其主要内容是：

1. 明确分析、提出我国实行市场经济，劳动力作为最主要的生产要素之一，也必须投入市场，这样一种生产要素市场应正名为劳动力市场。继续延用“劳务市场”的提法，不利于社会主义市场体系的形成和完善。

2. 劳动力市场的特性在于劳动力永远附着在劳动者身上，与其供给者不能分离，由此产生了两个不同于其它生产要素市场的特点：一是劳动力供求双方始终表现为人与人之间的关系，这种关系具有社会性、政治性；二是劳动力供求双方的关系不仅发生在市场交换的过程中，而且一直延续到企业生产的过程中。

3. 基于劳动力市场的特点，劳动力供求双方的组织行为具有十分重要的意义。由供求双方的组织行为进行集体谈判来确定劳动条件、协调劳动关系，可使政府处在比较超脱的地位，有利于社会和政治局势稳定。

4. 劳动体制改革应从“劳动就业、工资分配、社会保险”三大制度改革相互配套转为以培育劳动力市场为主线，全面深化劳动体制改革。在这一过程中，政府负有培育劳动力市场主体的任务，同时应发挥政府立法监督和宏观调控作用，适时、逐步渐弱行政控制。

劳动科学研究所（以下简称劳科所）承担完成的《我国劳动力市场的培育与发展研究》课题是 1993 年 5 月按照劳动部领导的部署开展的。经过半年多的时间，在劳动部就业司的协作下，课题于 1993 年年底完成，最后提交了一份 2.4 万字的研究报告，节选刊登于 1994 年第 1 期的《中国劳动科学》杂志。

研究报告的总体思路是：从劳动力市场理论和西方国家的历史经验入手，对照我国的情况估价劳动力市场发育程度，结合我国的改革进展状况和国情，设计我国劳动力市场培育的中期目标和对策。

该研究报告分为四大部分：一是劳动力市场的一般特征和运行规律；二是劳动部门在劳动力市场中的地位和作用；三是培育和发展我国劳动力市场的基本估价与总体目

标；四是对近年改革的若干具体建议。报告把着眼点放在如何培育和发展我国的劳动力市场上，提出加快制度改革步伐，促进市场主体的形成与成熟；加快宏观调控体系的建设，规范市场运行；发展社会服务体系，支撑劳动力市场运行；加强劳动部门的建设，为劳动力市场尽快成熟创造条件等可实际操作的建议。

在理论分析上，这份报告也有独到之处。如通过对西方国家劳动力市场的分析，总结出统一、开放、竞争、有序的成熟的劳动力市场具体特征；通过对历史上劳动部门在劳动力市场中的地位和作用的探讨，归结出劳动部门的调节供求平衡、规范运行秩序、建立和运行保护体系和发展社会服务体系等作用；通过对劳动力市场要素的分析，提出市场发育状况的衡量标准，等等。所有这些已不仅是理论问题，也为我国培育劳动力市场规定了目标，为劳动部门确定了在市场经济下的位置。

这一课题完成后，为了更加具体、深入地研究我国劳动力市场中的一些问题，劳科所于 1994 年底又开展了《进一步培育和发展我国劳动力市场的若干问题研究》。此外，1992 年以来，有关专家、学者还撰写发表了较多的相关论文和专著。

二、就业问题研究

就业问题始终是一项关系到国民经济和社会发展的重大问题。1992～1994 年间，由于社会主义市场经济的确立，劳动力市场得到大力发展，劳动力流动速度加快，就业服务体系得到加强，并形成了“农村劳动力跨地区流动有序化工程”和“再就业工程”。尽管城镇失业率从 1992 年的 2.3%上升到 1994 年的 2.8%，但总的就业形势基本稳定。

针对这些情况，在就业问题上进行了有目的、有针对性的研究。鉴于农村劳动力流动速度加快，并多次在春节期间形成民工潮，劳科所于 1992 年开展了《农村劳动力跨地区流动中的劳动管理问题研究》，提出了控制春节期间民工流量，放开其它期间流动，加强农村劳动力输入输出省市的信息沟通，建立联系制度和有组织输出制度的建议等，这些建议在实际工作中已被采用。与此同时，受广东省劳动服务公司的委托，劳科所承担了《广东省外来劳动力需求数学模型研究》课题，以准确地预测广东省未来几年所需外来劳动力的数量，开展有组织的信息交流和劳务输出。

市场就业需要提供相应的市场服务。几年来，针对职业介绍和就业训练开展了相应的课题研究，提出了市场就业情况下职业介绍和就业训练的管理和运作的策略和对策。

在市场就业情况下，传统的计划经济导致企业冗员问题和就业结构不尽合理问题显现出来，并在很大程度上成为失业的根源。针对这些情况，劳科所开展了《中国就业结构问题研究》，并参与了亚洲开发银行援助中国的《中国国有企业冗员和福利调查研究》课题的部分研究工作，同时，开展了《中国失业保险制度改革研究》，为形成新的失业保险条例奠定了理论和改革基础。

在“八五”计划即将结束的时候，由劳工所、劳科所分别主持的国家社科基金“八五”重点课题《我国人力资源开发与就业研究》、《中国就业问题研究》进展顺利。同时，为了制定“九五”计划和十年规划，开展了《中国未来十年(1996～2005 年)就业发展战略研究》，这是继劳动部就业问题研究小组 1988 年进行的《中国劳动就业未来七年发展战略研究》之后的又一项就业战略研究。

近几年就业研究的一个显著特点是与现实需要紧密结合，许多研究成果被新近出台的政策法规所采用；另一个显著的特点是加强了定量研究，未来十年的就业发展战略和广东省外来劳动力需求模型研究就属此类课题，这标志着就业研究日益成熟。

三、劳动关系与监察问题研究

1992～1994 年，劳动关系研究主要集中于社会主义市场经济下劳动关系调整方面。1993 年 11 月，劳科所与劳动部劳动关系与监察司合作完成了《劳动关系调整问题研究》，提交了题为《关于我国现阶段劳动关系调整工作的研究报告》的论文，摘要刊登于《中国劳动科学》1994 年第 3 期。

通过这一课题研究，明确了劳动关系两个主体之间如何自觉调整，政府在劳动关系调整中所起作用和职责，以及法律、行政、经济各种手段的作用等问题。课题的研究成果为劳动部构建劳动关系调整体系的大框架，以及为明确具体部门的职能都起到了很好的辅助作用。

除上述课题外，劳科所 1994 年初又开展了《我国劳动关系调整的进一步研究》课题研究，主要目的是在上述课题的基础上，进一步研究劳动关系调整的各种手段在现阶段我国的地位和作用，以期通过研究提出一些具体的开展劳动关系调整工作的政策建议。

90 年代初，我国许多地区相继开展了劳动监察活动，取得了较好的社会效果，同时也给理论界提出了新的研究课题。劳科所《劳动监察若干问题的研究》课题组于 1993 年 3 月至 1994 年 3 月对劳动监察问题进行了专项研究。该课题的宗旨在于为完善劳动监察立法提供参考依据。课题研究成果包括主报告和 6 个分报告，其主要观点是：

第一，劳动监察的概念和性质。(1) 劳动监察是劳动行政管理行为的一部分，是一种行政执法行为，其目的是保证劳动法律、法规和规章的贯彻实施。(2) 劳动监察是劳动法律监督体系的重要一环。劳动法律监督体系包括权力机关的监督、司法机关的监督、群众监督和其它行政机关的监督等诸多方面。在保障劳动法律、法规和规章的贯彻实施这一目的性方面，劳动监察同其它方面的监督是共同的，但在监察范围、监察手段等方面同其它机关的监督存在着差异。(3) 在世界范围内，劳动监察是工厂立法发展的产物。

第二，健全我国劳动监察制度的必要性。(1) 培育和发展劳动力市场要求健全的劳动监察制度。(2) 调整复杂多样的劳动关系需要健全劳动监察制度。(3) 劳动部门的职能转换需求加强劳动监察制度。(4) 进一步对外开放需加强劳动监察制度。

第三，开展劳动监察活动的原则。(1) 以事实为依据，以法律为准绳。(2) 以教育为主，以惩罚为辅。(3) 劳动监察同其它行政机关的监督、群众监督相结合。

第四，如何完善我国劳动监察制度。(1) 加强立法。《劳动法》虽然为劳动监察制度提供了直接的法律依据，但其规定比较原则，因此要加紧制定劳动监察法。同时，要加强劳动实体法的立法，在立法中注意罚则的规定。(2) 关于劳动监察机构的性质问题。劳动监察机构的职能是行政执法，劳动监察行为是典型的行政行为。我国有些地方的劳动监察机构属事业单位性质，这种劳动监察机构以事业单位行使职权，在行政诉讼中的被告资格问题还有待深入研究。建议尽快解决劳动监察机构的行政编制问题。同时建议，将劳动监察机构与劳动安全监察机构合二为一，以避免劳动系统内多头监察。(3) 关于劳动监察机构的职权。建议通过制定法律、法规将有关机构（如工商、公安部门）参与对违反劳动法律、法规行为的处理规定为其法律职责之一，并规定严格的责任条款，保证其及时、有效地配合劳动监察机构的活动。(4)关于劳动监察与劳动争议处理的关系。有些地方简单地以劳动者同用人单位之间是否合法签订了劳动合同为标准划分劳动监察机构和劳动争议处理机构之间的受案范围。这种做法是没有将劳动监察与劳动争议严格区分开。课题研究认为，确定是否属于劳动监察机构处理范围的标准只有一个，即当事人的行为是否违反劳动法律、法规和规章的法制性规定和最低劳动标准。劳动监察制度是督促检查劳动法律、法规和规章（主要是其中的强制性规定和最低劳动标准）的贯彻实施，对违法者进行矫正和惩罚；而劳动争议处理则是对劳动者与企业之间发生的争议进行处理。

四、工资分配问题研究

随着改革的不断深入，企业分配自主权逐步扩大，出现多种分配形式。企业内部分配制度搞活后，对工资宏观管理和调控成为主要问题，迫切需要解决。

针对以上问题，1992～1994 年工资研究所（以下简称工资所）相应开展了《建立社会主义市场经济企业工资体制总体设想》研究，提出市场机制决定企业自主分配、政府监督调控模式；开展了《企业自控工资总量的合理性与现实条件研究》，提出政府部门把工资总额控制权给企业的必然性和合理性，及其实现条件和实施策略；进行了《企业工资经济效益研究》，提出把工资看作投入，提高使用效率问题；进行了《企业岗位劳动评价问题研究》，提出企业岗位劳动评价，不仅是工资分配需要，而且也是社会化大生产劳动管理的需要；进行了《规范企业人工成本研究》，提出把工资作为一种投入并规范人工成本列支制度是社会主义商品经济需要，也是工资管理需要，应把工资管理与成本管理结合起来；进行了《企业约束机制研究》，提出改革产权制度是建立自我约束的条件。

岗位技能工资制的提出与实施，也促使企业建立适合本企业劳动特点的工资制度的要求愈来愈强烈，为企业设计工资改革方案，联合进行工资改革课题研究也成为一项重要任务。为此，工资所先后承担完成了《宝山钢铁总厂工资制度改革中期方案》、《中国华泰技术贸易公司工资、保险、福利劳动人事制度改革中期方案设计》、《航天企业工资增长和运行机制》等课题。此外，还出版发行了一批有关工资问题的书籍，如《岗位劳动评价实施问答》、《当代企业工资分配方法精选》、《工资经济效益与效益工资》、《中国工资计划改革和工资工作研究》等，并就市场经济条件下工资管理等问题进行了学术交流和研讨。

五、社会保险问题研究

社会保险科研工作是劳动部近年来为适应社会保险制度改革重点加强的工作之一。社会保险研究所（以下简称社保所）坚持以全国经济体制改革和劳动体制改革、社会保障工作发展的总体思路为依据，力求理论联系实际，科研为社会保险改革服务，从定性与定量两方面开展科研工作。1994 年立项研究的课题包括：

1.《社会保险预测模型系统研究》。主要是通过建立数学模型和运用定量分析与预测手段，对我国未来社会保险事业发展，基金筹集原则、筹集方式，以及由此而决定的社会保险基金筹资模式、筹资方案进行预测分析和论证。通过这方面的研究，为预测并规划我国社会保险事业的发展提供依据。

2.《社会保险体系研究》。主要是依据社会主义市场经济的要求，就本世纪末我国社会保险制度总体上的发展战略进行研究，即如何建成范围覆盖城镇所有从业人员，费用负担和待遇标准合理，基金统一调剂使用，社会化管理程度较高的社会保险体系，重点研究解决其中的若干重大问题以及相关的操作技巧。

3.《社会保险法问题研究》。主要是针对我国社会保险改革中立法工作滞后，以及社会保险立法过程中的重点和难点问题，借鉴国际经验，提出我国社会保险立法的基本原则、特征和重大问题的技术处理意见。

4.《非国有经济社会保险问题研究》。从发展的角度，研究国有经济以外的各种非国有经济类型劳动者进入社会保障制度的必要性、紧迫性，通过对非国有经济社会保险状况调查分析，研究加速非国有经济社会保险的发展的可选思路以及相关问题。

5.《现代企业制度社会保险问题研究》。课题研究将就现代企业制度与传统体制下国有经济社会保险的组织方式，社会保险资金渠道，资金的性质分析，现代企业制度下社会保险的资金渠道和社会保险的组织方式及企业向现代企业制度改组、转化过程中社会保险如何发展等提出具体意见。

6.《失业保险费用筹资模型研究》和《医疗保险费用筹资模型研究》。通过建立数学模型对我国近中期失业保险、医疗保险费用需求进行预测研究，为失业保险改革与医疗保险改革提供费用需求的量化依据。

上面提到的《社会保险预测模型系统研究》是国家科委支持的研究项目；《社会保险体系研究》为国家社科基金“八五”重点科研项目。这些研究项目已经或正在进入鉴定和完稿阶段。

1992 年以来，除完成计划科研项目外，各有关研究所为适应社会保险改革的实际需要，在养老保险、失业保险、工伤保险方面进行了大量的科研活动并完成了有关研究报告。

在养老保险方面，依据党的十四届三中全会确定的社会统筹与个人帐户相结合的方针，配合我国养老保险方案设计，社保所对我国上海、天津等地的改革方案进行了比较研究和测算分析，通过地方在改革实践中的尝试，验证我国养老保险的全国方案设计的合理性与可靠性。在基本养老保险费用收支预测方面，根据人口、经济、基本养老基金收支平衡三大模块构成的预测模型，对受保的在业人口、受益人口、基本养老保险费用的征收基数水平和总额规模、退休待遇水平、总额和社会经济负担等参数平衡，从而得出结论：只要逐步扩大养老保险的覆盖面，加速实现一体化，我国城镇基本养老保险可以平稳地渡过人口老龄化高峰期。依据这一预测结果，研究报告认为，我国基本养老保险基金在筹资中，不宜留有过多的积累，基本养老保险制度实行以支定筹、略有结余的筹资模式是适宜的。

通过对基本养老金调整机制的研究，认为建立基本养老金调整机制，是一项为了保证养老金领取者不因为工资、物价、生活费用价格指数频繁变动而降低基本生活水平的有效措施。从国际做法分析看，基本养老金的调整手段和方式没有固定模式。基本养老金与物价指数、工资增长指数、生活费用价格指数等不同指数挂钩的做法，在世界不同国家都有所实践，并且对于调整的时间间隔通常情况下也要进行规定。通过对我国历年的工资、物价增长指数的分析比较，并参考国外做法，得出的结论是：我国的基本养老金宜采用与社会平均工资增长相联系。鉴于各地经济发展不平衡，工资、物价、生活费用价格指数增长差异大，与社会平均工资增长指数挂钩的具体比例由各省、自治区、直辖市人民政府确定。

在失业保险方面，1994 年 11 月劳科所完成了世界银行技术援助项目《支持中国社会保险立法》的一个子课题。

劳动力市场的良性运行需要有社会保险网的支持，企业富余人员能在多大程度上推向市场，也取决于失业保险网的承受能力。研究报告指出，我国失业保险制度目前存在几个问题：(1) 实施范围较窄，限于国有企业，与劳动力市场状况和社会经济发展不相适应；(2) 失业保险金来源较单一，个人缴费尚未推行，财政补贴从未实施过；(3) 促进就业的功能有待进一步增强；(4) 统筹和立法的层次都较低。因此，未来失业保险制度改革应着力于：

1. 扩大失业保险的范围。包括中国境内所有企事业单位和机关团体，涉及除公务员、事业单位干部、私营企业雇主之外的所有工薪劳动者，不包括个体劳动者。

2. 增加失业保险金来源。国家承担保底工作，企业交纳费用的70～80%，职工负担费用的20～30%。

3. 提高待遇标准，减少救济期限。以失业前3个月平均工资为基数，乘以50～60%计发。救济期限缩短为12个月。

4. 享受救济条件。非自愿失业的职工，本人及单位如数交纳足额保险费，就业12个月以上，再次失业前12个月中有10个月工作。

5. 缴费比例。应采用变动计算办法，目前保持在1.5%以内。

6. 资金使用方向。(1) 失业保险津贴；(2) 促进就业支出；(3) 预防失业支出。

7. 统筹层次。以全国统筹为目标，目前以省（市）统筹为过渡措施，实行县市统筹、省级调剂。

在工伤保险研究方面，1994年10月劳动保护科学研究所（以下简称劳保所）、社保所合作完成了UNDP资助的工伤保险立法项目，对我国工伤保险改革的基本思路、工伤保险基金筹集、工伤保险与工伤预防、工伤康复等问题进行了专题研究。研究认为，建立和完善我国的工伤保险制度，必须建立适当的工伤保险基金。工伤保险基金的筹集实行以支定收、留有适当储备的基本原则，由企业按照预防与补偿相结合，实行差别费率和浮动费率，并以企业工资总额为计算基数缴纳。在管理上宜实行统一政策、分级管理、市级统筹、独立核算、省级范围调剂。关于工伤预防与工伤康复，研究认为，预防→补偿→康复的工伤保险模式是国际上工伤保险较成功的经验，应作为我国工伤保险改革的基本方向。使工伤保险与工伤事故预防相结合，在我国加速发展经济、保证安全生产的总形势下具有特殊的意义，应坚持并积极推进这一改革，使工伤保险的费用、管理能有效地通过差别费率、浮动费率的机制促进企业安全生产。关于工伤康复问题，研究结果认为，我国工伤保险改革确定的工伤康复事业，是我国工伤保险与国际通行做法接轨和社会进步的体现。但鉴于我国经济发展尚处于起步阶段，经济能力有限，发展现代康复事业必需的医疗康复中心，目前仍须有计划地进行试点、试办“样板”，不宜一哄而起。

为加强对社会保险科研成果及相关资料、信息的宣传工作，为社会保险改革服务，1994年初，社保所编辑并出版了《社会保险研究》内部刊物。该刊物以编译国内外社会保险发展、科研成果和动态为主要内容，通过介绍国外社会保险最新情况、国内社会保险的实践经验以及科研成果的交流，以求对我国的社会保险改革提供有益的帮助。

六、劳动立法问题研究

1992～1994年，在《劳动法》出台前后，我国劳动法学的研究非常活跃，为促进我国的各级劳动立法作出了较大贡献。

（一）《劳动法》若干难点问题研究

《劳动法》出台前，有关方面开展了若干难点问题研究：

1. 关于《劳动法》的适用范围。有三种看法：(1) 适用于所有用人单位和全体劳动者；(2) 原则上适用于所有用人单位和与之形成劳动关系的劳动者。但是对国家公务员的劳动关系，公务员条例有规定的，从其规定；(3) 只适用于企业及其职工。对于上述三种观点，有关部门组织了大量论证，最后采取了第二种观点。

2. 关于普遍以劳动合同作为建立劳动关系的基本形式问题。从世界各国的通行做法看，劳动力供求双方确立劳动关系，普遍采取订立劳动合同的方式。经过对我国各地区情况的反复调查研究，大家达成了共识：随着我国经济体制由计划经济向市场经济的转变，迟早要实现劳动关系由行政化向法律化的转变。多数人主张，在《劳动法》中明确劳动合同是确定劳动关系的基本形式。这一思想被《劳动法》的有关条文所确认。

3. 关于辞退职工问题。用人单位辞退职工可分为过失性辞退和非过失性辞退。对于非过失性辞退问题，各方面看法不一致。经过研讨，大家普遍认为，为了增强企业活力，促进企业转换经营机制和提高经济效益，规定非过失性辞退条款是必要的，也是可行的。这一观点也被《劳动法》所确认。

（二）劳动法体系问题研究

自1993年开始，一些同志开始对我国的劳动法体系问题进行系统研究。为此，劳科所还承担了劳动部下达的《我国劳动法体系问题研究》课题。关于这一问题的主要观点包括：

1. 指导思想。与十四届三中全会规划的社会主义市场经济体制的基本框架相适应，制定我国劳动法律体系的指导思想是，紧紧围绕培育和发展劳动力市场，规范劳动力市场行为，调控劳动力市场运行，培育劳动力市场中介，以改革的精神加快立法步伐，争取在90年代末大体形成社会主义市场经济劳动法律体系的框架。

2. 建立市场经济劳动法律体系的原则。(1) 确认劳动力市场的主体资格。劳动法首先应确认劳动力市场主体的资格条件，从主体上为劳动关系的建立提供保证。(2) 建立完善的劳动合同制度。(3) 保护公平竞争与保护劳动者权益相结合。(4) 劳动合同的自由与政府适度干预相结合。

3. 关于劳动法体系的基本框架。不少同志提出，这一框架应当包括：(1) 劳动基本法作为调整劳动力市场关系、规范劳动力市场行为、调控劳动力市场运行的基本法——《劳动法》。(2) 调整劳动力市场关系的法律，包括劳动合同法、集体合同法、劳动争议处理法。这方面的法律主要是确认劳动力市场中的主体资格，确定用人单位与劳动者之间的劳动关系，调整双方的权利和义务，处理劳动争议和纠纷等。(3) 规范劳动力市场行为的法律，包括最低工资法、矿山安全法等。(4) 调控劳动力市场运行的法律，包括就业促进法、职业技能开发法、社会保险法、劳动监察法、劳动行政执法监督检查法。这方面的法律主要规定国家和各级政府在培育和发展劳动力市场方面应发挥的作用和应尽的职责。劳动法体系在层次上可分为基本法律、法律、行政法规和行政规章。

自1993年开始，特别是1994年《劳动法》颁布之后，《劳动法》各子法，如就业促进法、职业技能开发法、社会保险法、工资法、劳动监察法等的研究也很活跃。这些子法的学术研究直接服务于我国各项重要的劳动立法，对于完善我国的劳动法体系，作出了较大贡献。

（三）劳动争议处理问题研究

1992年以来，我国劳动争议处理学术研究活动较多。如1992年9月，劳动部劳动力管理和就业司在湖南省大庸市召开了全国首届劳动争议处理问题理论研讨会。1994年3月又在广西南宁召开了全国劳动争议处理理论研讨会。在这些活动中，主要的学术观点包括：

1. 关于劳动争议处理依据问题。多数同志认为，处理依据包括劳动法律规范、其它有关法律规范、集体合同、劳动合同、企业规章。

2. 关于事实劳动关系问题。对于事实劳动关系双方当事人之间发生的劳动争议，劳动争议仲裁委员会是否受理的问题，绝大多数同志认为应当受理。理由是：第一，事实劳动关系，虽然其形式要件不符合法律规定，但其主要实体要件基本是符合法律规定的。因此，它不是非法劳动关系，而应当予以保护。第二，在人们法制观念普遍淡薄的情况下，现阶段，事实劳动关系将大量存在，特别是在非国有企业中。如果对事实劳动关系双方发生的劳动争议不予受理，将不利于社会的稳定。

3. 关于劳动争议处理制度的发展方向问

题。(1) 建立适应市场经济要求的劳动关系协调制度，促进劳动关系的和谐发展。(2) 进一步扩大劳动争议处理机构的受理范围。受理权利争议和利益争议；受理企业与职工的劳动争议；还应受理团体劳动争议。(3) 实行企业内部工会组织与企业协商解决劳动争议的制度，制定协商程序和规则，通过协商方式使争议在企业内部得到解决。(4) 实行自愿仲裁和强制仲裁相结合的制度，确定自愿仲裁和强制仲裁两种程序各自的适用范围。(5) 制定适合公断特点的仲裁规则，改变规则单一的状况，以区别于司法审判程序，切实体现仲裁程序及时、有效、公正的特点。

七、中外比较研究

1992 年至 1994 年是我国经济体制转型较快的时期，随着社会主义市场经济的确立，如何积极借鉴国外经验，加速建立我国新型的劳动体制，是劳动工作面临的一个紧迫的任务。为此，劳工所利用本所的优势，进行了大量中外比较研究和学术交流活动，向有关部门提出了许多有参考价值的建议。

1992 年，遵照部领导指示和部社会保险课题领导小组的安排，承担了我国社会保险课题主报告的附件《国外社会保障体系介绍》的研究任务，撰写出了约 5 万字的研究报告，并提交给社会保障课题领导小组。按照部职能转换研究小组的要求，积极组织力量，收集、翻译、整理了部分西方市场经济国家劳动部门机构及职能设置的有关资料，形成了美国、法国、瑞典三国劳工部门机构及职能设置的典型材料，提交部职能转换研究小组，并登载于《国际劳工调研》。组织翻译了《菲律宾海外就业规定与条例》，这一文本共有 9 篇，约 5 万字。这是我部翻译的第一部有关国际劳务输出的国外法规，对于借鉴国外经验，制定我国有关劳务输出的政策法规，具有一定的参考价值。完成了《国际劳工局专业术语汇编》中英法对照版的编译工作。《国际劳工局专业术语汇编》集中了世界社会经济发展领域及国际劳工领域的标准词汇及定义，其内容丰富全面。翻译出版这本工具书对我国劳动事业发展十分有益。

1993 年，根据劳动部机构改革的需要，按照部人事司的要求，劳工所再次组织撰写了《西方主要市场经济国家劳工部门机构设置、职能及编制要求》，并收集、整理了 8 个市场经济国家有关机构职能的资料。

1994 年，劳工所先后完成了《工业化市场经济国家集体谈判比较研究》、《美国企业劳资谈判运作研究》、《关于国际劳工组织的对策研究》和《市场经济国家就业服务体系比较研究》等 4 项部级课题。其中，《美国企业劳资谈判运作研究》系统介绍了市场经济国家企业典型集体协议基本内容。在此基础上，深入分析了美国劳资集体谈判的基本特征。这项课题的完成为我国研究借鉴市场经济国家劳资集体谈判问题提供了大量第一手基础性资料。《关于国际劳工组织的对策研究》系统总结了我国自参加国际劳工组织活动以来的主要做法、政策与经验，针对国际劳工组织的现状、发展趋势和工作重点提出了我国今后参加劳工组织活动的对策设想和具体活动计划。

此外，劳工所与工资所还合作完成了《市场经济国家企业工资决定机制和政府的工资政策》研究课题。

八、职业技能开发问题研究

党的十四大提出建立社会主义市场经济体制这一战略目标后，作为生产力要素市场之一的劳动力市场的建设也提上了议事日程。劳动部职业技能鉴定中心在 1992 年至 1994 年主要进行了以下儿项有关职业技能开发的研究工作：

(一)《个人职业素质测试系统研究》。1993 年申报为部级课题，由劳动部劳就司、中科院心理所、北师大心理系、北京人才评价考试中心参加合作研究。

该系统由职业能力倾向测试、职业兴趣

测试和伯乐个人倾向量表三部分组成。采用纸笔测试（答问卷）和计算机软件测试（人机对话）两种方式，分别从职业兴趣、能力、个性和心理紧张状况等几方面对被测者进行分析。测试题目涉及14类、共60种职业。通过测试，可以反映出一个人对哪类职业的兴趣和能力更强，从事这类职业成功的可能性更大一些。

该系统研制完成后，经10个省市多家企业和学校使用，效果显著。1993年5月，通过了由劳动部科技委、劳动部劳就司、培训司、中科院心理所、北师大心理系、中国人民大学劳动人事学院的专家联合组成的鉴定委员会的鉴定。专家们认为这一研究成果密切结合正在迅速发展的我国职业咨询指导工作的实际需要，对于迅速提高各级职业介绍所的业务水平和改进企业劳动人事部门的人员录用选拔工作有很大的推动作用。为帮助劳动者更好地自主择业，企事业单位更好地自主用人提供了科学手段，有较高的实用价值。

（二）1993年与劳动部培训司合作完成《社会主义市场经济条件下职业技能开发总体设想》课题研究。其主要内容为：

1. 职业技能开发工作与培育和发展劳动力市场、建立完善的劳动力市场体制的关系。我国劳动力市场面临的主要矛盾之一是劳动力数量供大于求，而高质量劳动力相对供不应求，劳动力结构失调。要为劳动力市场提供充分的可供选择的素质较高的劳动者，同时为劳动力市场提供评价劳动者素质的客观依据，为劳动者竞争就业创造条件，必须大力加强职业技能开发工作，尽快建立和完善职业技能开发体系，形成全社会的职业技能培训网络。

2. 职业技能开发工作的管理模式。我国职业技能开发工作要围绕着提高劳动力质量，改善劳动力结构，通过“国家制定技能标准，政府进行规划，市场引导培训方向，社会鉴定技能水平”方针的落实，逐步实现职业技能开发的科学化、社会化。

3. 职业技能开发工作的目标。通过改革和发展，力争在本世纪末使我国职业技能开发体系基本形成并达到如下目标：（1）初步建立职业技能开发需求预测信息网络。政府根据市场需求科学地规划和协调全社会劳动力的职业技能开发。（2）建立起科学的国家职业分类、职业资格和职业技能标准体系。（3）建立国家职业资格证书制度，完善国家职业技能鉴定网络，实现在政府指导下职业证书和职业技能鉴定的社会化管理。（4）形成多方办学、多层次、多形式、能够覆盖城镇和乡镇企业并向农村延伸的职业技能培训网络，使城镇新增劳动力和转岗、转业人员在就业前和上岗前能接受必要的职业技能培训，其中技术要求高的关键性岗位应实行严格的职业资格证书制度，上岗人员应受到系统的培训。

4. 达到目标的主要措施。（1）建立职业技能开发国家立法和行政法规。（2）建立职业分类、职业标准和职业技能规范体系。（3）加快建立国家职业技能培训系统。（4）全面推行职业资格证书制度。（5）加快建设国家职业技能鉴定工作体系。

该课题的成果纳入《劳动部关于建立社会主义市场经济体制时期劳动体制改革总体设想》，成为开展我国职业技能开发工作的指导性文件。

（三）《职业技能开发信息库研究》。职业技能开发信息库是1994年承担的《国家劳动科学研究信息库》课题的一部分。该库建立在计算机系统的基础上，采用最先进的计算机全文检索技术和多媒体技术处理有关信息资料。全库包括以下部分：

1. 中国职业技能开发研究机构；

2. 中国职业技能开发教学机构；

3. 中国职业技能开发报刊杂志；

4. 中国职业技能开发学术组织；

5. 中国职业技能开发专家学者及其成果；

6. 中国职业技能开发文献书目。

该课题已通过中国劳动科学研究院组织的有各方面专家参加的鉴定。专家们对这个系统的资料生动丰富、使用简便、效能高超给予了充分肯定，一致认为，这是我国劳动领域的第一个使用多媒体技术和全文无索引检索技术信息管理系统。它的研制成功必将对信息技术在职业技能开发领域的普及、推广起到积极作用。

(四)《中国职业资格证书制度研究》。十四届三中全会通过的《决定》首次提出，要在我国实行学历文凭和职业资格两种证书并重的制度。这是我国人力资源开发政策的重大战略调整。劳动部据此将职业资格证书制度的建设列为职业技能开发工作的一个重点。为了更好地推动这项工作，1994 年初即着手开展《中国职业资格制度》的课题研究，年底形成报告，主要内容为：

1. 我国推行职业资格证书制度的意义和作用；

2. 我国职业技能考核、鉴定工作的历史与现状；

3. 我国职业资格证书制度的实施方案。

此报告被提交到国家教委组织召开的 1994 年职业教育国际研讨会(杭州)，引起了国内外专家的广泛关注。

九、三大项目建设

(一)劳动部劳动情报文献中心(CIS)建设

CIS 是国际劳工局职业安全卫生情报中心设在中国的分支机构，即中国国家中心。

90 年代发达的社会情报意识、情报手段和情报需要，为“中心”建设创造了良好的外部环境，决定了“中心”建设指导思想是建设一个符合 90 年代要求的新型情报机构，将其基点确定在“高起点、高标准、科学化、规范化、现代化”的国家专业情报中心的水准上。经过 3 年的努力，于 1994 年最终建成了包括“五个中心”(劳动科学与安全科学情报的收藏中心、检索中心、报道中心、加工中心、国际交流中心)，以及能提供不同层次情报服务的情报服务机构。

1993 年底，计算机系统的开发基本完成，含三个子系统：图书采编流系统、计算机检索系统、办公自动化系统。1994 年 7 月实现与劳动部信息中心的计算机远程通讯，10 月完成劳动部科研大楼内的区域网通讯，实现文献检索、办公自动化系统在计算机网络系统上的运行。经 3 年建设，已拥有 17 个数据库，现已利用数据库开展咨询检索服务。

1994 年 3 月创刊了《世界安全卫生信息》(双月刊)，及时、系统、准确报道国内外职业安全卫生动态。9 月创刊《世界劳动信息》(双月刊)，报道世界各国有关劳动、工资、保险、培训等方面信息。

中心还承担了 UNDP 和 ILO 资助的《中国职业安全卫生立法、信息、培训项目》(CPR/89/008 项目)中的职业安全信息部分。组织召开了中国职业安全卫生发展战略研讨会，正着手完成信息部分的主要内容：制定中国职业安全卫生信息发展战略。

目前，该中心文献馆藏量达 10 余万册(件)，其中图书 4 万册，期刊 2 万册，工具书近 2 万册，资料 1.4 万册，会议录 0.8 万册，标准、法规 4.5 万册，缩微平片 1.7 万件。整个项目建设已如期完成。

(二) 劳动部劳动保护检测中心建设

劳动保护检测中心是中国政府和德国政府的合作项目。

三年间，劳保所相继完成了中心建设总体方案设计，以及 7 个检测实验室一、二期建设方案的论证工作。个别实验室已初步具备了检测能力，其中矿山安全标志质量检测实验室的检测能力，已达到国内先进水平。

1994 年初，德国技术合作公司派专家来华进行了实地考察。通过考察，中德双方对技术合作项目的目标规划要求，达成了一致意见，同意选取岳阳市和西安市为示范点，确定了将培训与粉尘、部分化学毒物的检测作为技术重点，着手建立“中国劳动保护检测体系”。

（三）劳动部职业安全卫生培训中心（008项目）建设

1994年初，部领导决定将008项目从劳动大厦迁至劳科院。从1994年1月至5月，为项目的重新启动阶段。在此期间，与国际劳工组织北京局、联合国开发计划署进行了艰苦的谈判，于1994年7月签署了新的项目书。该项目1994年年终评估得到外方专家的高度评价，部内各方面也都比较满意。

十、学术交流与科研合作

1992年至1994年是劳动科学学术交流与科研合作比较活跃的时期，劳科院及其所属单位配合部的中心工作，特别是《劳动法》的宣教工作，利用座谈会、研讨会、专题讲座和邀请专家讲学等多种形式广泛开展学术交流，活跃了学术气氛，开阔了科研人员的视野。1994年底，劳科院在各研究所科研的基础上，组织召开了有部内各单位和来自5个省市劳动科研机构代表参加的首届劳动科学理论研讨会，会上交流了12篇论文，起到了综合研究、相互交流的作用。

在科研合作方面，劳科院于1994年加入了国际劳工组织亚太地区劳动科学研究机构联络网，成为中国网的牵头单位，完成了该网委托的《国际经济一体化与中国的劳动力市场》课题研究任务。劳科院在1994年还牵头召开了河南、四川、安徽、山东、浙江五省劳动科研机构会议，使五省科研机构成为国际劳工组织亚太地区劳动科学研究机构联络网中国网的核心成员，初步达成与劳科院在信息交流、承担有关课题、举办专题研讨、开展培训等方面加强合作的意向。

（中国劳动科学研究院）

中国劳动出版社图书出版概况

中国劳动出版社1992～1994年共出版图书1431种（其中新版书636种），总印数为7027万册。这些图书的79%为各类教材，有全国各类技工学校的统编教材、全国就业训练统编教材、在职工人考核培训教材、全国劳动系统干部培训教材和大专学历教育教材。为了贯彻中央加快发展第三产业的决定，1994年出版了商品经营、中式烹调、宾馆服务等三个专业的教材40多种。每年出版的新书中约41%是为劳动、工资、社会保险三大制度和劳动业务工作服务的，其中包括职业安全卫生、锅炉压力容器安全和矿山安全的技术类图书。1994年配合宣传《中华人民共和国劳动法》，出版了宣传贯彻《劳动法》的图书和有关法律、法规，满足了全国各地的需要。这三年还出版了有关劳动业务的各种工具书，如《中国职业安全卫生百科全书》、《实用劳动大辞典》、《中华人民共和国工种分类目录》、《劳动行政管理知识大全》、《中国劳动年鉴》、《中国劳动统计年鉴》、《劳动政策法规汇编》（1992、1993、1994）和《与实施〈劳动法〉相关的法律法规和配套规章汇编》等，这类图书的出版不仅填补了我国的空白，而且对提高广大劳动者和劳动干部业务技术素质，起到了积极的作用。

三年来，根据出版事业的发展由以规模

数量增长为主要特征向以优质高效为主要特征的阶段转移，认真抓了书刊、音像制品的质量。首先严格把好选题关。在对过去积压选题进行全面清理的基础上，认真进行选题论证，每一个选题都按《选题管理办法》规定的程序，经过三审后确定。这样做的结果，大幅度地压缩了平庸选题，减少了品种，使出版总量得到控制，选题得到优化，结构更加合理。1994 年出版图书总数比 1993 年下降 14%，新书总数下降 21.8%，新排版字数下降 20%；1994 年图书重印率达 60.6%，比前一年提高四个百分点。在教材的编辑出版方面，在抓好适销对路新教材的基础上，狠抓现有教材质量的巩固和提高。根据我国政治、经济形势发展的特点及科学技术的发展水平，对现有部分教材，尤其是使用量大、内容较陈旧的教材进行修订和更新，以提高教材的质量。三年来，共完成了 30 多种教材的修订工作，教材质量和技术水平有很大提高。为了加强教材方面的工作，经劳动部批准，成立了劳动部教材办公室，机构设在出版社。其次，加大质量管理的力度。在出版社内设立了编审与质量检查室，统一管理全社的质量工作。建立健全了质量管理制度。修改了有关质量管理办法，制定了编辑、校对、设计、格式、印刷等全面质量管理规定和质量控制标准；在原来实施著译者须知、选题、书稿三审制度，校正本制度，发稿齐清定制度的基础上，确定了较规范的图书质量管理流程；成立了图书质量检查小组，聘请一批专家和领导干部担任图书审读员或质量检查人；每年分两次对已出版的图书或校样进行质量检查，并实行图书质量与责任编辑的奖金挂钩。这些制度的建立和实施，使编校印人员的质量意识进一步增强，有力地推动了质量管理工作，图书质量得到很大提高。几年来，先后有 15 种教材、20 余种劳动业务图书和 10 余种音像制品获得各种部级奖励。《中国职业安全卫生百科全书》获第七届全国优秀科技图书二等奖，1992 年出版的《中华人民共和国常用法律疑难条文释义》在“泛达杯”全国优秀法律图书评选中获二等奖，1992 年《劳动保护》杂志获全国优秀科技期刊评比二等奖。

目前，中国劳动出版社已成为全国出版职业培训教材的重要基地，出版的职业技术培训教材占有较大的市场。据 1993 年的统计，在中央级出版社中，中国劳动出版社图书出版品种数居第七位，总印数及印张总数均居第六位。

（中国劳动出版社）

国际合作与交流

国际合作与交流

1992 年和 1994 年，我国劳动外事工作遵照党中央和国务院改革开放的方针、政策，并根据国际形势和我国劳动工作改革开放的需要，积极开展国际合作与交流。三年间，劳动领域的国际合作交流与合作工作有了新的开拓，重大项目的开发和实施取得了实质性的进展，并逐步由小外事转向大外事。

劳动部各业务司局及直属事业单位 1992～1994 年，共组织出访团组 257 个，出访国家和地区主要集中在美国、日本、新加坡、香港地区以及瑞士、德国、法国和英国等，考察、培训、会议及执行的合作项目主要内容涉及劳动部门在市场经济中的职能转变、劳动力管理和就业、劳动关系、社会保障、职业培训、劳动立法、劳动工资宏观调控、劳动力管理信息系统、职业安全与卫生、矿山安全与卫生监察、锅炉压力容器安全检测等。

1992～1994 年我部领导成功地出访了日本、新加坡、韩国、马来西亚、澳大利亚、伊朗、科威特、阿联酋、俄罗斯、新西兰、瑞士、意大利和德国等国家。部长级的出访和会谈，促进了我国与上述国家在劳动领域的交流与合作，为打开多双边关系，推动意向性协议的实施，以及建立稳定的双边合作关系起了关键性的作用。

1992～1994 年劳动部接待了来访团组共 214 个、1096 人次，主要考察、了解我国劳动力管理和就业、劳动关系、社会保障、职业培训、工资、工时、劳动保护、劳动立法等。另外，在国际劳工组织和其他国际组织的资助下，在国内举办了劳动力管理和就业、积极的劳动力市场政策、劳动立法、社会保障、劳工标准和人事管理等各种类型的研讨班和讲习班。

劳动部先后接待了泰国、印度、韩国、澳大利亚、哈萨克斯坦、厄瓜多尔、俄罗斯等国的劳工部长以及劳工局理事会议主席和阿拉伯劳工组织总干事的访华。他们在京期间，分别同我部签署了《访问纪要》、《会谈纪要》、《联合声明》或《合作协议》，进一步促进了多双边关系的合作与发展。

通过出访、来访、研讨会和讲习班，对我们了解各国劳动行政机构设置及其职能、劳动工作动态和先进的经验提供了有价值的参考依据，有些能够为我所用的经验和方法已经通过消化和吸收，应用于我国劳动领域的改革实践。

一、国际双边交流与合作成绩斐然

1992～1994 年，劳动部在劳动领域的国际交流与合作取得了很大的成绩，主要涉及劳动就业、劳动关系、社会保障，劳动立法、工资收入、职业安全与卫生和锅炉压力容器安全监察等方面内容。

在双边交往中，劳动部紧密结合部中心工作，围绕劳动制度改革的需要，抓住工作重点，以点带面，突出开发，积极发展同日本、德国、美国、澳大利亚等国的合作关系，确保了重大项目的实施工作，其主要项目有：

1. 日本援助我部“中国职业培训指导教师进修中心”项目（18 亿日元），已经中日两国政府批准换文，并已开始实施。

2.“中德劳动立法项目”（500 万马克）实施进展顺利；中德合作建设“中德劳动保护

检测技术中心”项目（400 万马克）论证工作，经中德双方专家共同努力，取得了积极的进展。

3. 1994 年 3 月，朱家甄副部长率团访澳，与澳大利亚产业关系部，社会保障部，就业、教育与培训及全国职业卫生与安全工作委员会就双边交流合作事宜进行了广泛深入的探讨，并与澳方签署了《中澳社会保障领域合作谅解备忘录》等一系列文件，全面疏通了对澳交流合作渠道。

4. 1994 年 9 月，李伯勇部长率团访问新加坡和总部设在泰国曼谷的国际劳工局亚太分局。与新劳、资、政三方领导人分别进行了诚挚友好的会谈。就为争取和落实一些劳工局对华技术合作项目事宜与劳工局亚太分局局长中村正先生进行了磋商。

5. 中美两国在劳动领域的交流与合作有了很大突破，1994 年 4 月原劳动部副部长张左己在访美时与美国劳工部签了中美矿山安全等领域合作议定书。

另外，在国际交流与合作中，多边和双边活动相互促进。通过澳大利亚政府、国际劳工组织亚太分局“产业关系、工业卫生及劳工标准”等多边合作项目，促进了部分双边活动的实施，同时，我们还利用参加多边国际会议和有关活动的机会，积极推动双边关系的发展。为及时宣传《劳动法》，我们还组织了外国驻华人员参加的《劳动法》吹风会，同时接待了新闻记者来访 120 多人次，采访的主要内容涉及劳动立法、劳动力流动、社会保障、劳动关系等方面内容。

二、多边技术合作取得了突破性进展

1992～1994 年随着国际形势的变化和国际劳工组织的实际情况，多边技术合作方针不断调整，其合作范围不断拓宽、项目规模逐渐扩大，在某些领域形成了新的格局。

在继续执行与国际劳工组织和联合国开发计划署合作项目的同时，加强了与国际金融组织的合作，特别是与世界银行和亚洲开发银行的合作，积极开发大型综合性中长期合作项目。三年间，我部同有关国际组织开展和实施的大型综合性项目有：

1. 亚洲开发银行在 1993 年 9 月批准了“企业改革中的社会福利和劳动力调整”的技术援助项目（57.3 万美元），此项目已于 1994 年 2 月开始启动，10 月结束。

2. UNDP 资助的职业培训（CPR/88/052）项目已顺利完成，初步建成的国家职业培训信息中心（设在北京）和两个高级培训中心（分别设在天津、上海）已于 1993 年开始运转，模块式培训教学法已在全国较大范围推广。

3. 执行中的 UNDP/CPR/008 项目，已从劳动大厦迁至劳科院，重新调整了项目领导机构和工作班子人选，由原来的培训一项扩充为劳动安全卫生立法、培训、信息三项内容。

4. UNDP 资助的“社会保障立法支持”项目（CPR/91/461），资助金额为 80.5 万美元，于 1994 年 2 月开始实施，主要涉及 10 个方面的课题。

5. 1992～1994 年，就中国政府与世界银行的“住房与社会保障体制改革”项目进行了谈判，该项目于 1994 年 12 月正式生效、实施。“职业培训与劳动力市场”项目已完成项目调研、鉴定和准备阶段工作，进展较顺利。

6. 瑞典和国际劳工组织亚太就业促进小组与劳动部合作的“中国积极的劳动力市场政策”一期项目进展顺利。

7. UNDP 资助的“关于就业政策和向市场经济过渡”和“工作条件与环境”两个调研项目已于 1994 年实施；福特基金会资助的农村劳动力流动抽样调研项目 1994 年已开始启动。

8. 1994 年 9 月和 10 月分别在济南和北京召开了亚太地区产训结合地区研讨会和第 17 届亚太地区培训信息网络会议等。通过这些会议使我们了解到了亚太地区等国的产训结合和职业培训等情况，并借鉴了一些好的经验和做法。

三、我参与国际劳工组织活动意识不断加强，水平不断提高

随着国际劳工组织政治化色彩加浓，劳工组织已成为我国在人权方面进行斗争的主要场所。我们在国际劳工领域的活动中，认真贯彻独立自主的和平外交政策，并本着积极参与的原则，慎重地开展工作，相机宣传我国劳动体制改革的方针、政策和取得的成绩，广交朋友，赢得了许多发展中国家的支持和称赞，与国际劳工组织的关系有所改善，并取得了一定的成绩。

1. 1992～1994 年，我国派政府代表和顾问出席了 9 次劳工局理事会。阮崇武（原劳动部部长）和李伯勇部长作为到会部长，朱家甄副部长率我国三方代表团出席了第 78 届、79 届和第 80 届国际劳工大会。他们的与会推动了我国与劳工组织关系的改善；另外，由于我们坚持原则，进行了有理、有利、有节的斗争，使针对我国的 1500 号案例终于在 1992 年基本结案。

2. 1993 年 4 月由李伯勇部长率团成功地出席了在伊朗举行的第 13 届亚太地区劳工部长会议。

3. 经外交部、财政部同意并经国务院批准，劳动部于 1994 年 1 月 1 日正式加入了国际社会保障协会(ISSA)；1994 年底进入了国际劳工都灵培训中心管委会；1993 年 6 月至 1994 年 6 月担任了国际劳工局亚洲政府组织的协调员，并被选为 1995 年世界社会发展首脑会议国际劳工组织委员会委员。

4. 1994 年 9 月，王建伦副部长率团出席了国际社会保障协会（ISSA）在悉尼召开的亚太地区社会保障大会，这是劳动部正式加入该协会后首次派团出席其大会。

5. 1994 年 9 月 27 日，八届人大常委会第十次会议批准劳工组织第 170 号关于作业场所安全使用化学品公约，使我国批准的公约数增加到 18 个。

6. 为纪念我国恢复在国际劳工组织活动 10 周年，劳动部在 1993 年 12 月底举行了报告会，邀请了驻京的有关国际组织、项目合作单位以及外国驻华使节等上百余人参加了此会，对 10 年来我国与 ILO 的合作工作进行了评估，以推动今后在这方面的工作。

7. 1994 年，在北京成功地举办了世界公共就业服务协会亚太地区会议，李佩瑶副委员长亲临会议并作了重要讲话；此外，分别在上海、兰州等地承办了国际劳工标准讲习班等。这些活动，进一步促进了我国同亚太地区国家和劳工组织和其他国际组织之间友好合作关系的发展。

四、与港台地区的交流与合作有了突破

1992～1994 年，我部派往港台地区的组团约 15 批，80 人次，主要是在劳动领域方面的考察和访问。劳动部还派专家到香港办班和讲课，宣传我国对外商投资企业的有关法规、方针和政策等。

三年间，劳动部分别接待了香港劳工处和职业安全卫生健康局等学术交流访问团，通过学术交流与考察，加强了香港与内地在劳动领域的交流与合作。

在对台交流方面，我们选派了中国劳动保护科学技术学会专家代表团赴台参加两岸工业安全学术研讨会；中国劳动学会专家学者团赴台进行了学术交流。这两次对台活动，开创了海峡两岸在劳动领域进行学术交流的先例，为今后加强两岸在劳动领域的交流与合作奠定了基础。

劳动部还接待了台湾海峡两岸关系协调会、台湾翠峰有限公司、台湾国立政治大学、台北工业安全卫生协会等组织的代表团，并详细地介绍了内地在就业、劳动关系、劳动立法、社会保障和职业安全卫生等方面的情况。通过相互交流加强了海峡两岸在劳动领域的沟通与了解。

五、努力把劳动部外派研修生工作推向新台阶

劳动部自1986年通过日本ILO（国际劳工组织）协会开始向日本派遣研修生。为进一步发挥劳动部门的优势，拓宽向日本派遣研修生渠道，理顺与日各研修生接收机构的关系，经国家外专局批准认可，1992年3月成立了专门负责开发、组织与管理对外派遣研修生的工作部门——中国职业开发交流中心。

中心作为劳动部派出研修生的窗口单位，以努力开拓国外渠道，选送研修生出国培训，引进国外智力，提高技术工人素质为宗旨，以使研修生通过在国外企业边学习边工作掌握国外先进技术和企业管理经验，回国后为派出企业服务。

自1992～1994年的3月中旬，中心通过政府和民间渠道已向日本派出各类研修生166人，其中有大专以上学历的14人，约占8.4%。现已有96人学成回国，尚有70人仍在继续研修。研修的内容涉及到纺织、服装、塑料加工、机械、铸造、船舶焊接、食品加工、空调器组装、制药、贵金属加工、管道、仓储等10多个专业。日方的资助金额（含研修津贴、生活津贴和国际旅费等），共约3亿日元。几年来，中心通过向日本派遣研修生，积累了一定的经验，形成了从选派、培训、管理、回国安置等一整套体系，并同日本劳动省中央职业技能能力开发协会和日中技能者交流中心等研修生接收机构建立了良好的合作关系。为了增加研修生派遣名额，加强对在日研修生的管理，更好地为对外开放铺路搭桥，搞好咨询服务，中心不久将向日本派出常驻代表。随着我国社会主义市场经济体制的建立，决定充分发挥劳动部门的优势，在重点巩固和发展向日本派遣研修生的同时，有计划、有步骤地开拓向韩国、新加坡和澳大利亚等国派遣研修生，争取把劳动部外派研修生工作做得更好。

（劳动部国际合作司）

重要劳动政策法规选编

国务院关于修改《国营企业实行劳动合同制暂行规定》第二条第二十六条的决定

（1992 年 5 月 18 日　国务院令第 99 号发布）

国务院决定对《国营企业实行劳动合同制暂行规定》第二条和第二十六条作如下修改：

一、第二条修改为：

企业在国家劳动工资计划指标内招用常年性工作岗位上的工人，实行劳动合同制。劳动合同可以采用有固定期限、无固定期限和以完成一项工作为期限三种形式，均须依照本规定签订劳动合同。

二、第二十六条修改为：

国家对劳动合同制工人退休养老实行社会保险制度。退休养老基金的来源，由企业和劳动合同制工人缴纳。退休养老基金不敷使用时，国家给予适当补助。

企业缴纳的退休养老基金，在缴纳所得税前列支，缴纳的数额为劳动合同制工人工资总额的 15%左右。由企业开户银行按月代为扣缴，转入当地劳动行政主管部门所属的社会保险专门机构在银行开设的“退休养老基金”专户。对逾期不缴的，依照规定加收滞纳金。

劳动合同制工人缴纳的退休养老基金数额为不超过本人标准工资的 3%，由企业按月在工资中扣除，向当地劳动行政主管部门所属的社会保险专门机构缴纳。

经国务院批准按系统实行统筹的，企业和劳动合同制工人应当依照国家有关规定向该系统的主管部门所属的社会保险专门机构缴纳退休养老基金。

退休养老基金存入银行的款项，按照城乡居民个人储蓄存款利率计息，所得利息转入退休养老基金项下。

本决定自发布之日起施行。

矿山劳动卫生监察程序和办法

（1992年6月3日）
劳矿字〔1992〕8号

一、监察范围：

全国各类国营矿山企业。

二、监察办法：

各级矿山安全卫生监察机构，每年定期或不定期的进行劳动卫生监察活动。根据检查结果对矿山企业的劳动卫生工作进行评价。得分在90分（含90分）以上者为劳动卫生甲级矿井；得分在80分（含80分）以上者为劳动卫生乙级矿井；得分在60分（含60分）以上者为劳动卫生丙级矿井，凡得分不足60分的矿井，为劳动卫生不合格矿井。矿井安全卫生监察机构针对存在的问题，应以监察意见通知书的形式，通知不合格者限期整改。对逾期不改的矿山企业（存在重大技术问题的除外），按《矿山安全条例》和《矿山安全监察条例》有关规定处理。

三、矿山劳动卫生监察程序：

第一项：防尘、毒、噪声机构和制度

1. 防尘、毒、噪声机构；
2. 测尘、毒、噪声制度。

第二项：防尘系统和防尘、噪声措施

1. 防尘系统；
2. 防尘、噪声措施

（1）天井和掘进工作面；

（2）采场和回采工作面；

（3）大巷和转载点。

第三项：粉尘、毒、噪声标准

1. 矿井粉尘浓度；
2. 井下防毒；
3. 气象条件及噪声。

第四项：职工保健制度

1. 制度是否完善；
2. 其它。

第五项：计分方法

按每一项检查结果累计总分。

四、矿山劳动卫生监察标准和办法：（见下页表）

五、本程序和办法自颁发之日起执行。

六、本程序和办法由劳动部负责解释。

监察项目		监察标准	监察办法	得分	评分办法
第一项	防尘、毒、噪声机构	矿山必须设立防尘、毒、噪声机构并配备专职人员	到现场调查了解，查阅记录和仪器	10	无防尘、毒、噪声机构，该项不得分，每缺一种专业人员扣3分
	测尘、毒、噪声制度	矿山必须定期进行尘、毒、噪声的测定；井上井下产尘作业点每月测两次；粉尘中游离二氧化硅含量每半年测一次；粉尘分散度每半年测一次；有毒作业点每月测一次；井上井下噪声点每半年测一次	到现场实测，查阅所有测定记录是否齐全	10	不定期进行尘、毒、噪声、二氧化硅、粉尘分散度的测定，每缺一项扣2分
第二项	防尘系统	井下所有的主要运输巷道、回风巷道、采区上下山、回采工作面、掘进工作面、上下顺槽、采场、天井，必须设有防尘管路且每隔100米设置"三通阀门"。地面水池容量不小于$200m^3$，并用备用水池	井下选点抽查长度不少于矿井长度的20%并查看防尘系统图	15	没有防尘系统的，该项不得分。发现一处不合标准的扣2分，扣完小项分为止
第二项 防尘、噪声措施	天井或掘进工作面	必须采用湿式凿岩，通风除尘；放炮采用水炮泥，定期冲洗井壁巷帮；装岩前后洒水；掘进机要有有效的内外喷雾装置，保证使用正常	抽查工作面个数不少于在籍工作面个数20%	10	每发现一处不符合标准扣2分，扣完小项分为止
	采场或回采工作面	1.3米以上中厚煤层要实施煤体注水（特殊情况经总工程师批准除外）、实施湿式打眼；炮采工作面使用水炮泥；采煤机要有有效的内外喷雾装置；放矿溜矿口应设喷雾装置；采场装矿前必须洒水	抽查工作面个数不少于在籍工作面个数50%	15	每发现一处不符合标准的扣2分，扣完小项分为止
	大巷和转载点	井下巷道要定期冲刷防止粉尘堆积。各转载点均须有喷雾洒水装置，且灵敏可靠使用正常；矿井采区、回采工作面及采场入、回风巷，须设有灵敏的净化水幕，使用正常；井下任何地点不得有厚度超过2毫米，连续长度大于5米的粉尘堆积（巷道底板堆积煤尘潮湿用手能捏成团，经振动不能飞扬者不在此限）；井下使用设备产生的噪声超过国家标准的须采取消声措施或个体防护措施	井下实地检查，抽查巷道长度不少于总长度的10%	10	每发现一处不符合标准的扣1分，扣完小项分为止
第三项	矿井防毒	井下有毒、有害气体不得超过以下规定： H_2S：0.00066%　SO_2：0.0005% CO：0.0024%　NO_2：0.00025%	现场测定和查阅测尘、毒报表	5	每发现一处不符合标准的扣1分，扣完小项分为止
	矿井粉尘浓度	井下最高容许浓度：游离SiO_2>10%；$2mg/m^3$ 含10%以上石棉粉尘：$2mg/m^3$ 游离SiO_2<10%　滑石粉尘：$4mg/m^3$ 水泥粉尘：$6mg/m^3$　煤尘及其它粉尘：$10mg/m^3$	现场实测和查阅测尘台帐。抽测点不少于应测点数的10%	10	每个作业点超过国家标准1倍的扣1分，扣完小项分为止
	气象条件及噪声	采掘工作面进风流中氧气不低于20%；二氧化碳不超过0.5%；采面及采场风速不低于0.25m/S；掘进巷道风速不低于0.15m/S；工作面的空气温度不得超过28℃（高温井除外）。井下作业点的噪声不超过90分贝	现场实测点数不少于应测点的10%	5	每发现一处不符合标准的扣1分，扣完小项分为止
第四项	职工保健制度	接触粉尘、毒物及物理因素等有害作业的工人应按国家有关规定，定期进行健康检查，建立健康档案；对查出的职业病患者应按国家规定及时给予治疗、疗养和调离有害作业场所，并定期检查身体，对接触有毒有害作业的工人的健康，进行分级管理。对在职和调离接尘作业工人，Ⅰ级管理者，2～3年拍片检查一次；Ⅱ级管理者3～4年拍片一次；Ⅲ级管理者4～5年拍片一次。接触毒物、放射线、噪声的人员每年检查一次	查阅职工健康档案、培训教育记录	15	每缺一项扣2分，扣完小项分为止

中华人民共和国矿山安全法

（1992年11月7日第七届全国人民代表大会常务委员会第二十八次会议通过　1992年11月7日中华人民共和国主席令第65号公布）

第一章　总　　则

第一条　为了保障矿山生产安全，防止矿山事故，保护矿山职工人身安全，促进采矿业的发展，制定本法。

第二条　在中华人民共和国领域和中华人民共和国管辖的其他海域从事矿产资源开采活动，必须遵守本法。

第三条　矿山企业必须具有保障安全生产的设施，建立、健全安全管理制度，采取有效措施改善职工劳动条件，加强矿山安全管理工作，保证安全生产。

第四条　国务院劳动行政主管部门对全国矿山安全工作实施统一监督。

县级以上地方各级人民政府劳动行政主管部门对本行政区域内的矿山安全工作实施统一监督。

县级以上人民政府管理矿山企业的主管部门对矿山安全工作进行管理。

第五条　国家鼓励矿山安全科学技术研究，推广先进技术，改进安全设施，提高矿山的安全生产水平。

第六条　对坚持矿山安全生产，防止矿山事故，参加矿山抢险救护，进行矿山安全科学技术研究等方面取得显著成绩的单位和个人，给予奖励。

第二章　矿山建设的安全保障

第七条　矿山建设工程的安全设施必须和主体工程同时设计、同时施工、同时投入生产和使用。

第八条　矿山建设工程的设计文件，必须符合矿山安全规程和行业技术规范，并按照国家规定经管理矿山企业的主管部门批准；不符合矿山安全规程和行业技术规范的，不得批准。

矿山建设工程安全设施的设计必须有劳动行政主管部门参加审查。

矿山安全规程和行业技术规范，由国务院管理矿山企业的主管部门制定。

第九条　矿山设计下列项目必须符合矿山安全规程和行业技术规范：

（一）矿井的通风系统和供风量、风质、风速；

（二）露天矿的边坡角和台阶的宽度、高度；

（三）供电系统；

（四）提升、运输系统；

（五）防水、排水系统和防火、灭火系统；

（六）防瓦斯系统和防尘系统；

（七）有关矿山安全的其他项目。

第十条　每个矿井必须有两个以上能行人的安全出口，出口之间的直线水平距离必须符合矿山安全规程和行业技术规范。

第十一条 矿山必须有与外界相通的、符合安全要求的运输和通讯设施。

第十二条 矿山建设工程必须按照管理矿山企业的主管部门批准的设计文件施工。

矿山建设工程安全设施竣工后，由管理矿山企业的主管部门验收，并须有劳动行政主管部门参加；不符合矿山安全规程和行业技术规范的，不得验收，不得投入生产。

第三章 矿山开采的安全保障

第十三条 矿山开采必须具备保障安全生产的条件，执行开采不同矿种的矿山安全规程和行业技术规范。

第十四条 矿山设计规定保留的矿柱、岩柱，在规定的期限内，应当予以保护，不得开采或者毁坏。

第十五条 矿山使用的有特殊安全要求的设备、器材、防护用品和安全检测仪器，必须符合国家安全标准或者行业安全标准；不符合国家安全标准或者行业安全标准的，不得使用。

第十六条 矿山企业必须对机电设备及其防护装置、安全检测仪器，定期检查、维修，保证使用安全。

第十七条 矿山企业必须对作业场所中的有害有毒物质和井下空气含氧量进行检测，保证符合安全要求。

第十八条 矿山企业必须对下列危害安全的事故隐患采取预防措施：

（一）冒顶、片帮、边坡滑落和地表塌陷；

（二）瓦斯爆炸、煤尘爆炸；

（三）冲击地压、瓦斯突出、井喷；

（四）地面和井下的火灾、水害；

（五）爆破器材和爆破作业发生的危害；

（六）粉尘、有毒有害气体、放射性物质和其他有害物质引起的危害；

（七）其他危害。

第十九条 矿山企业对使用机械、电气设备，排土场、矸石山、尾矿库和矿山闭坑后可能引起的危害，应当采取预防措施。

第四章 矿山企业的安全管理

第二十条 矿山企业必须建立、健全安全生产责任制。矿长对本企业的安全生产工作负责。

第二十一条 矿长应当定期向职工代表大会或者职工大会报告安全生产工作，发挥职工代表大会的监督作用。

第二十二条 矿山企业职工必须遵守有关矿山安全的法律、法规和企业规章制度。

矿山企业职工有权对危害安全的行为，提出批评、检举和控告。

第二十三条 矿山企业工会依法维护职工生产安全的合法权益，组织职工对矿山安全工作进行监督。

第二十四条 矿山企业违反有关安全的法律、法规，工会有权要求企业行政方面或者有关部门认真处理。

矿山企业召开讨论有关安全生产的会议，应当有工会代表参加，工会有权提出意见和建议。

第二十五条 矿山企业工会发现企业行政方面违章指挥、强令工人冒险作业或者生产过程中发现明显重大事故隐患和职业危害，有权提出解决的建议；发现危及职工生命安全的情况时，有权向矿山企业行政方面建议组织职工撤离危险现场，矿山企业行政方面必须及时作出处理决定。

第二十六条 矿山企业必须对职工进行安全教育、培训；未经安全教育、培训的，不得上岗作业。

矿山企业安全生产的特种作业人员必须接受专门培训，经考核合格取得操作资格证书的，方可上岗作业。

第二十七条 矿长必须经过考核，具备安全专业知识，具有领导安全生产和处理矿山事故的能力。

矿山企业安全工作人员必须具备必要的安全专业知识和矿山安全工作经验。

第二十八条 矿山企业必须向职工发放保障安全生产所需的劳动防护用品。

第二十九条 矿山企业不得录用未成年人从事矿山井下劳动。

矿山企业对女职工按照国家规定实行特殊劳动保护，不得分配女职工从事矿山井下劳动。

第三十条 矿山企业必须制定矿山事故防范措施，并组织落实。

第三十一条 矿山企业应当建立由专职或者兼职人员组成的救护和医疗急救组织，配备必要的装备、器材和药物。

第三十二条 矿山企业必须从矿产品销售额中按照国家规定提取安全技术措施专项费用。安全技术措施专项费用必须全部用于改善矿山安全生产条件，不得挪作他用。

第五章 矿山安全的监督和管理

第三十三条 县级以上各级人民政府劳动行政主管部门对矿山安全工作行使下列监督职责：

(一)检查矿山企业和管理矿山企业的主管部门贯彻执行矿山安全法律、法规的情况；

(二)参加矿山建设工程安全设施的设计审查和竣工验收；

(三) 检查矿山劳动条件和安全状况；

(四) 检查矿山企业职工安全教育、培训工作；

(五)监督矿山企业提取和使用安全技术措施专项费用的情况；

(六) 参加并监督矿山事故的调查和处理；

(七) 法律、行政法规规定的其他监督职责。

第三十四条 县级以上人民政府管理矿山企业的主管部门对矿山安全工作行使下列管理职责：

(一)检查矿山企业贯彻执行矿山安全法律、法规的情况；

(二)审查批准矿山建设工程安全设施的设计；

(三)负责矿山建设工程安全设施的竣工验收；

(四)组织矿长和矿山企业安全工作人员的培训工作；

(五) 调查和处理重大矿山事故；

(六) 法律、行政法规规定的其他管理职责。

第三十五条 劳动行政主管部门的矿山安全监督人员有权进入矿山企业，在现场检查安全状况；发现有危及职工安全的紧急险情时，应当要求矿山企业立即处理。

第六章 矿山事故处理

第三十六条 发生矿山事故，矿山企业必须立即组织抢救，防止事故扩大，减少人员伤亡和财产损失，对伤亡事故必须立即如实报告劳动行政主管部门和管理矿山企业的主管部门。

第三十七条 发生一般矿山事故，由矿山企业负责调查和处理。

发生重大矿山事故，由政府及其有关部门、工会和矿山企业按照行政法规的规定进行调查和处理。

第三十八条 矿山企业对矿山事故中伤亡的职工按照国家规定给予抚恤或者补偿。

第三十九条 矿山事故发生后，应当尽快消除现场危险，查明事故原因，提出防范措施。现场危险消除后，方可恢复生产。

第七章 法律责任

第四十条 违反本法规定，有下列行为之一的，由劳动行政主管部门责令改正，可以并处罚款；情节严重的，提请县级以上人民政府决定责令停产整顿；对主管人员和直接责任人员由其所在单位或者上级主管机关给予行政处分：

（一）未对职工进行安全教育、培训，分配职工上岗作业的；

（二）使用不符合国家安全标准或者行业安全标准的设备、器材、防护用品、安全检测仪器的；

（三）未按照规定提取或者使用安全技术措施专项费用的；

（四）拒绝矿山安全监督人员现场检查或者在被检查时隐瞒事故隐患、不如实反映情况的；

（五）未按照规定及时、如实报告矿山事故的。

第四十一条 矿长不具备安全专业知识的，安全生产的特种作业人员未取得操作资格证书上岗作业的，由劳动行政主管部门责令限期改正；逾期不改正的，提请县级以上人民政府决定责令停产，调整配备合格人员后，方可恢复生产。

第四十二条 矿山建设工程安全设施的设计未经批准擅自施工的，由管理矿山企业的主管部门责令停止施工；拒不执行的，由管理矿山企业的主管部门提请县级以上人民政府决定由有关主管部门吊销其采矿许可证和营业执照。

第四十三条 矿山建设工程的安全设施未经验收或者验收不合格擅自投入生产的，由劳动行政主管部门会同管理矿山企业的主管部门责令停止生产，并由劳动行政主管部门处以罚款；拒不停止生产的，由劳动行政主管部门提请县级以上人民政府决定由有关主管部门吊销其采矿许可证和营业执照。

第四十四条 已经投入生产的矿山企业，不具备安全生产条件而强行开采的，由劳动行政主管部门会同管理矿山企业的主管部门责令限期改进；逾期仍不具备安全生产条件的，由劳动行政主管部门提请县级以上人民政府决定责令停产整顿或者由有关主管部门吊销其采矿许可证和营业执照。

第四十五条 当事人对行政处罚决定不服的，可以在接到处罚决定通知之日起15日内向作出处罚决定的机关的上一级机关申请复议；当事人也可以在接到处罚决定通知之日起15日内直接向人民法院起诉。

复议机关应当在接到复议申请之日起60日内作出复议决定。当事人对复议决定不服的，可以在接到复议决定之日起15日内向人民法院起诉。复议机关逾期不作出复议决定的，当事人可以在复议期满之日起15日内向人民法院起诉。

当事人逾期不申请复议也不向人民法院起诉、又不履行处罚决定的，作出处罚决定的机关可以申请人民法院强制执行。

第四十六条 矿山企业主管人员违章指挥、强令工人冒险作业，因而发生重大伤亡事故的，依照刑法第一百一十四条的规定追究刑事责任。

第四十七条 矿山企业主管人员对矿山事故隐患不采取措施，因而发生重大伤亡事故的，比照刑法第一百八十七条的规定追究刑事责任。

第四十八条 矿山安全监督人员和安全管理人员滥用职权、玩忽职守、徇私舞弊，构成犯罪的，依法追究刑事责任；不构成犯罪的，给予行政处分。

第八章 附 则

第四十九条 国务院劳动行政主管部门根据本法制定实施条例，报国务院批准施行。

省、自治区、直辖市人民代表大会常务委员会可以根据本法和本地区的实际情况，制定实施办法。

第五十条 本法自1993年5月1日起施行。

国有企业职工待业保险规定

（1993年4月12日 国务院令第110号公布）

第一章 总 则

第一条 为了完善国有企业的劳动制度，保障待业职工的基本生活，维护社会安定，制定本规定。

第二条 本规定所称待业职工，是指因下列情形之一，失去工作的国有企业（以下简称企业）职工：

（一）依法宣告破产的企业的职工；

（二）濒临破产的企业在法定整顿期间被精减的职工；

（三）按照国家有关规定被撤销、解散企业的职工；

（四）按照国家有关规定停产整顿企业被精减的职工；

（五）终止或者解除劳动合同的职工；

（六）企业辞退、除名或者开除的职工；

（七）依照法律、法规规定或者按照省、自治区、直辖市人民政府规定，享受待业保险的其他职工。

第三条 待业保险工作应当与职业介绍、就业训练和生产自救等就业服务工作紧密结合，统筹安排。

第二章 待业保险基金的筹集和管理

第四条 待业保险基金的来源：

（一）企业缴纳的待业保险费；

（二）待业保险费的利息收入；

（三）财政补贴。

第五条 企业按照全部职工工资总额的0.6%缴纳待业保险费。待业保险基金不足或者结余较多的，经省、自治区、直辖市人民政府决定，可以适当增加或者减少企业缴纳的待业保险费，但是企业缴纳的待业保险费总额最多不得超过企业职工工资总额的1%。

企业缴纳的待业保险费在缴纳所得税前列支，由企业的开户银行按月代为扣缴。

第六条 企业缴纳的待业保险费转入企业所在地的待业保险机构在银行开设的“待业保险基金专户”，专项储存，专款专用，任何部门、单位和个人不得挪用。

待业保险基金存入银行后，按照城乡居民储蓄存款利率计息，所得利息纳入待业保险基金。

第七条 待业保险基金实行市、县统筹，省、自治区可以集中部分待业保险基金调剂使用。直辖市根据需要，可以统筹使用全部或者部分待业保险基金。

第八条 待业保险基金及其管理费收支的预算、决算，按照统筹范围，由劳动行政主管部门负责编制，经同级财政行政主管部门审核汇总后，纳入本级预算、决算，报本级人民政府审定，并且不得用于平衡财政收支。

财政行政主管部门、审计部门应当加强对待业保险基金及其管理费收支的监督。

第九条 待业保险基金及其管理费不计征税、费。

第三章 待业保险基金的使用

第十条 待业保险基金的开支项目：

(一) 待业职工的待业救济金；

(二)待业职工在领取待业救济金期间的医疗费、丧葬补助费，其供养的直系亲属的抚恤费、救济费；

(三) 待业职工的转业训练费；

(四) 扶持待业职工的生产自救费；

(五) 待业保险管理费；

(六) 经省、自治区、直辖市人民政府批准，为解决待业职工生活困难和帮助其再就业确需支付的其他费用。

第十一条 符合本规定第二条规定的待业职工，向企业所在地的待业保险机构办理待业登记后，方可领取待业救济金。

第十二条 待业职工领取待业救济金的期限，根据待业职工待业前在企业连续工作时间确定：

(一) 待业职工待业前在企业连续工作1年以上不足5年的，领取待业救济金的期限最长为12个月；

(二) 待业职工待业前在企业连续工作5年以上的，领取待业救济金的期限最长为24个月。

第十三条 待业救济金由待业保险机构按月发给待业职工。

待业救济金的发放标准为相当于当地民政部门规定的社会救济金额的120～150%。具体金额由省、自治区、直辖市人民政府规定。

第十四条 待业职工医疗费的发放标准，由省、自治区、直辖市人民政府规定。

待业职工丧葬补助费和其供养的直系亲属的抚恤费、救济费的发放标准，参照当地职工社会保险有关规定办理。

第十五条 待业职工转业训练费和生产自救费，按照上年度筹集待业保险基金的一定比例提取。具体提取比例和使用办法，由省、自治区、直辖市人民政府规定。

第十六条 待业职工有下列情况之一的，待业保险机构停止发给待业救济金及其他费用：

(一) 领取待业救济金期限届满的；

(二) 参军或者出国定居的；

(三) 重新就业的；

(四) 无正当理由，两次不接受劳动就业服务机构介绍就业的；

(五) 在领取待业救济金期限内被劳动教养或者被判刑的。

第四章 组织管理机构的职责

第十七条 国务院劳动行政主管部门负责全国企业职工待业保险的管理工作。

县级以上地方各级人民政府劳动行政主管部门负责本行政区域内企业职工待业保险的管理工作，负责待业职工的待业保险、职业介绍、就业训练和生产自救等项工作的统筹规划和组织实施，并指导待业保险机构做好待业保险基金的筹集、管理和发放以及待业职工的组织、管理等工作。

县级以上地方各级人民政府设立的待业保险基金委员会，实施对待业保险基金管理的指导和监督。委员会主任由本级人民政府负责人担任，劳动、财政、计（经）委、审计、银行等部门和本级总工会的负责人参加，办公室设在劳动行政主管部门。

第十八条 地方待业保险机构为非营利性的事业单位，具体经办待业保险业务。

待业保险机构的人员编制，由省、自治区、直辖市人民政府根据实际需要确定。

待业保险机构的经费在待业保险管理费中列支。待业保险管理费的开支标准，由省、自治区、直辖市人民政府劳动行政主管部门提出，经同级财政行政主管部门审核，报本级人民政府批准。

第五章 罚 则

第十九条 以非法手段领取待业救济金和其他待业保险费用的，由待业保险机构追回其全部非法所得；构成犯罪的，依法追究刑事责任。

第二十条 任何单位和个人挪用待业保险基金的，对主管人员和直接责任人员，根据情节轻重，给予行政处分；构成犯罪的，依法追究刑事责任。

第二十一条 待业保险机构违反规定拖欠支付待业救济金和其他待业保险费用的，由劳动行政主管部门责令改正；情节严重的，对主管人员和直接责任人员给予行政处分。

第六章 附 则

第二十二条 实行企业化管理的事业单位职工待业保险，依照本规定执行，待业保险费在事业单位自有资金中列支。

第二十三条 本规定不适用企业招用的农民合同制工人。

第二十四条 省、自治区、直辖市人民政府可以根据本规定制定实施办法。

第二十五条 本规定由国务院劳动行政主管部门负责解释。

第二十六条 本规定自1993年5月1日起施行。1986年7月12日国务院发布的《国营企业职工待业保险暂行规定》同时废止。

国有企业富余职工安置规定

（1993年4月20日 国务院令第111号公布）

第一条 为了妥善安置国有企业富余职工，增强企业活力，提高企业经济效益，制定本规定。

第二条 安置国有企业（以下简称企业）中的富余职工，应当遵循企业自行安置为主、社会帮助安置为辅，保障富余职工基本生活的原则。

第三条 企业安置富余职工应当依照本规定采取拓展多种经营、组织劳务活动、发展第三产业、综合利用资源和其它措施。

企业行政主管部门、劳动行政主管部门和工会组织应当指导、帮助和支持企业做好富余职工安置工作，积极创造条件，培育和完善劳务市场，开辟社会安置渠道。

第四条 企业为安置富余职工而兴办的从事第三产业的独立核算企业，自开业之日起两年免征、三年减半征收企业所得税。

第五条 企业开办的劳动就业服务企业，应当承担安置本企业富余职工的任务。企业应当按照国家有关国有资产管理的规定，在资金、场地、原材料和设备等方面给予扶持。

第六条 企业组织本企业富余职工依法兴办的独立核算企业，可以承担本企业中原由外单位承包的技术改造或者劳务项目。

第七条 企业可以对富余职工实行待岗和转业培训，培训期间的工资待遇由企业自行确定。

第八条 经企业职工代表大会讨论同意并报企业行政主管部门备案，企业可以对职工实行有限期的放假。职工放假期间，由企业发给生活费。

孕期或者哺乳期的女职工，经本人申请，企业可以给予不超过2年的假期，放假期间发给生活费。假期内含产假的，产假期间按照国家规定发给工资。

第九条 职工距退休年龄不到5年的，经本人申请，企业领导批准，可以退出工作岗位休养。职工退出工作岗位休养期间，由企业发给生活费。已经实行退休费用统筹的地方，企业和退出工作岗位休养的职工应当按照有关规定缴纳基本养老保险费。职工退出工作岗位休养期间达到国家规定的退休年龄时，按照规定办理退休手续。职工退出工作岗位休养期间视为工龄，与其以前的工龄合并计算。

第十条 职工可以申请辞职。经企业批准辞职的职工，在办理辞职手续时，企业应当按照国家有关规定发给一次性生活补助费。

第十一条 按照本规定第八条、第九条规定发放的生活费在企业工资基金中列支，生活费标准由企业自主确定，但是不得低于省、自治区、直辖市人民政府规定的最低标准。

第十二条 企业因生产经营发生重大变化，必须裁减职工的，对劳动合同制职工，经企业职工代表大会讨论同意，可以提前解除劳动合同，但是应当按照合同约定履行义务；合同没有约定的，企业对被提前解除劳动合同的职工，按照其在本企业工作的年限，工龄每满1年，发给相当于本人1个月标准工资的补偿费。

第十三条 各级劳动行政主管部门和企业行政主管部门应当做好富余职工的社会安置和调剂工作，鼓励和帮助富余职工组织起来就业和自谋职业。企业之间调剂职工，可以正式调动，也可以临时借调；临时借调的，借调期间的工资和福利待遇由双方企业在协议中商定。

第十四条 富余职工由企业自行安置有困难到社会待业的，在待业期间，依法享受待业保险待遇。劳动行政主管部门和有关行政主管部门应当创造条件，帮助职工再就业。

第十五条 企业依照本规定兴办的独立核算企业安置的职工，按照国家有关规定纳入新办企业的职工人数和经济指标的统计范围。

第十六条 省、自治区、直辖市人民政府可以根据本规定制定实施办法。

第十七条 本规定由国务院劳动行政主管部门负责解释。

第十八条 本规定自发布之日起施行。

中华人民共和国企业劳动争议处理条例

（1993 年 7 月 6 日　国务院令第 117 号公布）

第一章　总　则

第一条　为了妥善处理企业劳动争议，保障企业和职工的合法权益，维护正常的生产经营秩序，发展良好的劳动关系，促进改革开放的顺利发展，制定本条例。

第二条　本条例适用于中华人民共和国境内的企业与职工之间的下列劳动争议：

（一）因企业开除、除名、辞退职工和职工辞职、自动离职发生的争议；

（二）因执行国家有关工资、保险、福利、培训、劳动保护的规定发生的争议；

（三）因履行劳动合同发生的争议；

（四）法律、法规规定应当依照本条例处理的其他劳动争议。

第三条　企业与职工为劳动争议案件的当事人。

第四条　处理劳动争议，应当遵循下列原则：

（一）着重调解，及时处理；

（二）在查清事实的基础上，依法处理；

（三）当事人在适用法律上一律平等。

第五条　发生劳动争议的职工一方在 3 人以上，并有共同理由的，应当推举代表参加调解或者仲裁活动。

第六条　劳动争议发生后，当事人应当协商解决；不愿协商或者协商不成的，可以向本企业劳动争议调解委员会申请调解；调解不成的，可以向劳动争议仲裁委员会申请仲裁。当事人也可以直接向劳动争议仲裁委员会申请仲裁。对仲裁裁决不服的，可以向人民法院起诉。

劳动争议处理过程中，当事人不得有激化矛盾的行为。

第二章　企业调解

第七条　企业可以设立劳动争议调解委员会（以下简称调解委员会）。调解委员会负责调解本企业发生的劳动争议。调解委员会由下列人员组成：

（一）职工代表；

（二）企业代表；

（三）企业工会代表。

职工代表由职工代表大会（或者职工大会，下同）推举产生；企业代表由厂长（经理）指定；企业工会代表由企业工会委员会指定。

调解委员会组成人员的具体人数由职工代表大会提出并与厂长（经理）协商确定，企业代表的人数不得超过调解委员会成员总数的 1/3。

第八条　调解委员会主任由企业工会代表担任。

调解委员会的办事机构设在企业工会委员会。

第九条　没有成立工会组织的企业，调解委员会的设立及其组成由职工代表与企业代表协商决定。

第十条 调解委员会调解劳动争议，应当自当事人申请调解之日起30日内结束；到期未结束的，视为调解不成。

第十一条 调解委员会调解劳动争议应当遵循当事人双方自愿原则，经调解达成协议的，制作调解协议书，双方当事人应当自觉履行；调解不成的，当事人在规定的期限内，可以向劳动争议仲裁委员会申请仲裁。

第三章 仲 裁

第十二条 县、市、市辖区应当设立劳动争议仲裁委员会（以下简称仲裁委员会）。

第十三条 仲裁委员会由下列人员组成：

（一）劳动行政主管部门的代表；

（二）工会的代表；

（三）政府指定的经济综合管理部门的代表。

仲裁委员会组成人员必须是单数，主任由劳动行政主管部门的负责人担任。

劳动行政主管部门的劳动争议处理机构为仲裁委员会的办事机构，负责办理仲裁委员会的日常事务。

仲裁委员会实行少数服从多数的原则。

第十四条 仲裁委员会处理劳动争议，实行仲裁员、仲裁庭制度。

第十五条 仲裁委员会可以聘任劳动行政主管部门或者政府其他有关部门的人员、工会工作者、专家学者和律师为专职的或者兼职的仲裁员。

兼职仲裁员与专职仲裁员在执行仲裁公务时享有同等权利。

兼职仲裁员进行仲裁活动时，所在单位应当给予支持。

第十六条 仲裁委员会处理劳动争议，应当组成仲裁庭。仲裁庭由3名仲裁员组成。

简单劳动争议案件，仲裁委员会可以指定1名仲裁员处理。

仲裁庭对重大的或者疑难的劳动争议案件的处理，可以提交仲裁委员会讨论决定；仲裁委员会的决定，仲裁庭必须执行。

第十七条 县、市、市辖区仲裁委员会负责本行政区域内发生的劳动争议。

设区的市的仲裁委员会和市辖区的仲裁委员会受理劳动争议案件的范围，由省、自治区人民政府规定。

第十八条 发生劳动争议的企业与职工不在同一个仲裁委员会管辖地区的，由职工当事人工资关系所在地的仲裁委员会处理。

第十九条 当事人可以委托1至2名律师或者其他人代理参加仲裁活动。委托他人参加仲裁活动，必须向仲裁委员会提交有委托人签名或者盖章的委托书，委托书应当明确委托事项和权限。

第二十条 无民事行为能力的和限制民事行为能力的职工或者死亡的职工，可以由其法定代理人代为参加仲裁活动；没有法定代理人的，由仲裁委员会为其指定代理人代为参加仲裁活动。

第二十一条 当事人双方可以自行和解。

第二十二条 与劳动争议案件的处理结果有利害关系的第三人，可以申请参加仲裁活动或者由仲裁委员会通知其参加仲裁活动。

第二十三条 当事人应当从知道或者应当知道其权利被侵害之日起6个月内，以书面形式向仲裁委员会申请仲裁。

当事人因不可抗力或者有其他正当理由超过前款规定的申请仲裁时效的，仲裁委员会应当受理。

第二十四条 当事人向仲裁委员会申请仲裁，应当提交申诉书，并按照被诉人数提交副本。申诉书应当载明下列事项：

（一）职工当事人的姓名、职业、住址和工作单位；企业的名称、地址和法定代表人的姓名、职务；

（二）仲裁请求和所根据的事实和理由；

（三）证据、证人的姓名和住址。

第二十五条 仲裁委员会应当自收到申诉书之日起 7 日内做出受理或者不予受理的决定。仲裁委员会决定受理的，应当自作出决定之日起 7 日内将申诉书的副本送达被诉人，并组成仲裁庭；决定不予受理的，应当说明理由。

被诉人应当自收到申诉书副本之日起 15 日内提交答辩书和有关证据。被诉人没有按时提交或者不提交答辩书的，不影响案件的审理。

仲裁委员会有权要求当事人提供或者补充证据。

第二十六条 仲裁庭应当于开庭的 4 日前，将开庭时间、地点的书面通知送达当事人。当事人接到书面通知，无正当理由拒不到庭或者未经仲裁庭同意中途退庭的，对申诉人按照撤诉处理，对被诉人可以缺席裁决。

第二十七条 仲裁庭处理劳动争议应当先行调解，在查明事实的基础上促使当事人双方自愿达成协议。协议内容不得违反法律、法规。

第二十八条 调解达成协议的，仲裁庭应当根据协议内容制作调解书，调解书自送达之日起具有法律效力。

调解未达成协议或者调解书送达前当事人反悔的，仲裁庭应当及时裁决。

第二十九条 仲裁庭裁决劳动争议案件，实行少数服从多数的原则。不同意见必须如实笔录。

仲裁庭作出裁决后，应当制作裁决书，送达双方当事人。

第三十条 当事人对仲裁裁决不服的，自收到裁决书之日起 15 日内，可以向人民法院起诉；期满不起诉的，裁决书即发生法律效力。

第三十一条 当事人对发生法律效力的调解书和裁决书，应当依照规定的期限履行。一方当事人逾期不履行的，另一方当事人可以申请人民法院强制执行。

第三十二条 仲裁庭处理劳动争议，应当自组成仲裁庭之日起 60 日内结束。案情复杂需要延期的，经报仲裁委员会批准，可以适当延期，但是延长的期限不得超过 30 日。

第三十三条 仲裁委员会在处理劳动争议时，有权向有关单位查阅与案件有关的档案、资料和其他证明材料，并有权向知情人调查，有关单位和个人不得拒绝。

仲裁委员会之间可以委托调查。

仲裁委员会及其工作人员对调查劳动争议案件中涉及的秘密和个人隐私应当保密。

第三十四条 劳动争议当事人申请仲裁，应当按照国家有关规定交纳仲裁费。

仲裁费包括案件受理费和处理费。收费的标准和办法由国务院劳动行政主管部门会同国务院财政行政主管部门和国务院物价行政主管部门规定。

第三十五条 仲裁委员会组成人员或者仲裁员有下列情形之一的，应当回避，当事人有权以口头或者书面方式申请其回避：

（一）是劳动争议当事人或者当事人近亲属的；

（二）与劳动争议有利害关系的；

（三）与劳动争议当事人有其他关系，可能影响公正仲裁的。

第三十六条 仲裁委员会对回避申请应当及时做出决定，并以口头或者书面方式通知当事人。

第四章　罚　则

第三十七条 当事人及有关人员在劳动争议处理过程中有下列行为之一的，仲裁委员会可以予以批评教育、责令改正；情节严重的，依照《中华人民共和国治安管理处罚条例》有关规定处罚；构成犯罪的，依法追究刑事责任：

（一）干扰调解和仲裁活动、阻碍仲裁工作人员执行公务的；

（二）提供虚假情况的；

（三）拒绝提供有关文件、资料和其他证明材料的；

（四）对仲裁工作人员、仲裁参加人、证人、协助执行人，进行打击报复的。

第三十八条 处理劳动争议的仲裁工作人员在仲裁活动中，徇私舞弊、收受贿赂、滥用职权、泄露秘密和个人隐私的，由所在单位或者上级机关给予行政处分，是仲裁员的，仲裁委员会应当予以解聘；构成犯罪的，依法追究刑事责任。

第五章　附　　则

第三十九条 国家机关、事业单位、社会团体与本单位工人之间，个体工商户与帮工、学徒之间，发生的劳动争议，参照本条例执行。

第四十条 仲裁委员会组织规则、办案规则由国务院劳动行政主管部门会同其他有关部门制定。

第四十一条 省、自治区、直辖市人民政府可以根据本条例制定实施办法。

第四十二条 本条例由国务院劳动行政主管部门负责解释。

第四十三条 本条例自 1993 年 8 月 1 日起施行。1987 年 7 月 31 日国务院发布的《国营企业劳动争议处理暂行规定》同时废止。

（注：第二十三条申请仲裁的时效《中华人民共和国劳动法》改为："自劳动争议发生之日起六十日内"。）

劳动部关于颁发《职业技能鉴定规定》的通知

（1993 年 7 月 9 日）
劳部发〔1993〕134 号

各省、自治区、直辖市劳动（劳动人事）厅（局），国务院有关部委、直属机构劳动管理部门，解放军总后勤部司令部、总参谋部军务部：

为了加强职业技能鉴定社会化管理，根据国务院批准的《工人考核条例》，我们制定了《职业技能鉴定规定》（以下简称《规定》），现予以颁发施行，并就有关问题通知如下：

一、各省、自治区、直辖市劳动行政部门和国务院行业主管部门要按照《规定》的要求，结合本地区、本部门实际情况，制定《职业技能鉴定实施办法》，经劳动部批准后实施。要加强对职业技能鉴定工作的综合管理，在原有考核领导组织和专业考评组织基础上，统筹规划、合理布局、严格条件，经过试点，分批组建职业技能鉴定站（所）。

二、各省、自治区、直辖市劳动行政部门和国务院有关行业主管部门，对尚未实行《国家职业技能标准》的工种，可按现行《工人技术等级标准》、《技师考评条件》在各自鉴定的工种范围内，组织行业专家、名师统一编制鉴定试题，但不允许职业技能鉴定站（所）自行编制鉴定试题。

三、各省、自治区、直辖市劳动行政部门和国务院行业主管部门要加强考评员的管理，制定考评员聘用管理办法。职业技能鉴定指导中心要加强考评员资格培训、鉴定工作。

四、职业技能鉴定许可证、职业技能鉴定站（所）标牌、考评员资格证书和胸卡由劳动部规定统一规格和式样，各省、自治区、直辖市劳动行政部门和国务院有关行业主管部门劳动机构负责印制。

五、企业、事业单位和职工个人自愿参加由相应的职业技能鉴定站（所）组织的职业技能鉴定。各级劳动行政部门和考核组织不得强行规定或要求企业、事业单位和职工进行职业技能鉴定。

六、根据《规定》的要求，各省、自治区、直辖市劳动行政部门和国务院有关行业主管部门劳动管理机构，要加强对职业技能鉴定工作的组织领导，抓紧做好职业技能鉴定社会化管理的各项基础工作；选择一些社会通用、覆盖面广的工种（专业）进行试点。在职业技能鉴定工作中，要充分发挥行业（部门）的作用，树立为企业和劳动者服务的观念，协调好各方面的关系，使职业技能鉴定社会化管理工作顺利开展。

附：

职业技能鉴定规定

第一章　总　　则

第一条　为适应社会主义市场经济发展的需要，进一步完善职业技能鉴定制度，实现职业技能鉴定的社会化管理，促进职业技能开发，提高劳动者素质，根据《工人考核条例》，制定本规定。

第二条　本规定所称职业技能鉴定是指对劳动者进行技术等级的考核和技师、高级技师（以下统称技师）资格的考评。

第三条　职业技能鉴定实行政府指导下的社会化管理体制。

(一)劳动部综合管理全国职业技能鉴定工作，制定规划、政策和标准；审查批准有关行业的职业技能鉴定机构。

（二）各省、自治区、直辖市劳动行政部门综合管理本地区职业技能鉴定工作，审查批准各类职业技能鉴定指导中心和站（所），制定以下有关规定和办法：

1.参加技能鉴定人员的申报条件和鉴定程序；

2. 专业技术知识、操作技能考核办法；

3. 考务、考评人员工作守则和考评小组成员组成原则及其管理办法；

4. 职业技能鉴定站（所）考场规则；

5.《技术等级证书》的印鉴和核发办法。

（三）职业技能鉴定指导中心负责组织、协调、指导职业技能鉴定工作。

（四）职业技能鉴定站（所），具体实施对劳动者职业技能的鉴定。

第四条　本规定适用于各级劳动行政部门和各级职业技能鉴定指导中心、职业技能鉴定站（所）。

第二章　职业技能鉴定机构

第五条　劳动部所属职业技能鉴定指导中心主要职责是：参与制定国家职业技能标准和组建国家职业技能鉴定题库；开展职业分类、标准、技能鉴定理论研究及咨询服务；推动全国职业技能竞赛活动。

第六条 各省、自治区、直辖市劳动行政部门所属职业技能鉴定指导中心主要职责是：组织本地区职业技能鉴定工作和具体实施考评员的资格培训；开展职业技能鉴定有关问题的研究和咨询服务；推动本地区职业技能竞赛活动。

第七条 经劳动部批准，有关行业可建立行业的职业技能鉴定指导中心，主要职责是：参与制定国家职业技能标准以外非社会通用的本行业特有工种的职业技能标准；组织本行业特有工种的职业技能鉴定工作和考评员的资格培训；开展职业技能鉴定及有关问题的研究和咨询服务；推动本行业的职业技能竞赛活动。

第八条 职业技能鉴定指导中心是事业性机构，在管理上实行中心主任负责制。

第九条 职业技能鉴定站（所）是具体承担对待业人员、从业人员、军地两用人才、各级各类职业技术院校和其他职业培训机构的毕（结）业生，进行职业技能鉴定的事业性机构。在管理上实行站（所）长负责制。

第三章 职业技能鉴定的组织和实施

第十条 建立职业技能鉴定站（所）。

（一）建立职业技能鉴定站（所）的条件是：

1. 具有与所鉴定工种（专业）及其等级或类别相适应的考核场地和设备；

2. 具有与所鉴定工种（专业）及其等级或类别操作技能考核相适应的、符合国家标准的检测仪器；

3. 有专（兼）职的组织管理人员和考评员；

4. 有完善的管理办法。

（二）申请建立职业技能鉴定站（所）的单位，根据上述条件和省、自治区、直辖市的具体规定，报当地劳动行政部门审查批准并由其发给《职业技能鉴定许可证》，明确鉴定的工种（专业）范围、等级和类别，同时授予统一的职业技能鉴定站（所）标牌。

（三）鉴定技术等级的职业技能鉴定站（所），由省、自治区、直辖市劳动行政部门规定审批权限；鉴定技师资格的职业技能鉴定站（所），由省、自治区、直辖市劳动行政部门审批，并报劳动部备案。

（四）行业特有工种的职业技能鉴定站（所），一般由省、自治区、直辖市劳动行政部门审批；跨地区的行业特有工种的职业技能鉴定站（所）和中央、国家机关、解放军各总部机关直属单位的职业技能鉴定站（所），由劳动部审批。

第十一条 职业技能鉴定站（所），享有独立进行职业技能鉴定的权利，有权拒绝任何组织或个人更改鉴定结果的非正当要求。

第十二条 劳动部组织有关行业或单位的专家、名师，根据现行《工人技术等级标准》和《国家职业技能标准》，统一编制职业技能鉴定试题，建立职业技能鉴定题库。

第十三条 职业技能鉴定站（所），必须遵守劳动行政部门的有关规定、实施办法。职业技能鉴定试题必须从国家规定的试题库提取，不得自行编制试题。

第十四条 职业技能鉴定站（所），应受理一切符合申报条件、规定手续人员的职业技能鉴定，要严格执行考评员对其亲属的职业技能鉴定回避制度。

第十五条 职业技能鉴定的对象：

（一）各类职业技术学校和培训机构毕（结）业生，凡属技术等级考核的工种，逐步实行职业技能鉴定；

（二）企业、事业单位学徒期满的学徒工，必须进行职业技能鉴定；

（三）企业、事业单位的职工以及社会各类人员，根据需要，自愿申请职业技能鉴定。

第十六条 申报职业技能鉴定的单位或个人，可向当地职业技能鉴定站（所）提出申请，由职业技能鉴定站（所）签发准考证，按规定的时间、方式进行考核或考评。

第十七条 国家实行职业技能鉴定证书制度。

（一）对技术等级考核合格的劳动者，发给相应的《技术等级证书》；对技师资格考评合格者，发给相应的《技师合格证书》或《高级技师合格证书》；

（二）《技术等级证书》、《技师合格证书》和《高级技师合格证书》是劳动者职业技能水平的凭证，同时，按照劳动部、司法部劳培字〔1992〕1号《对出国工人技术等级、技术职务证书公证的规定》，是我国公民境外就业、劳务输出法律公证的有效证件；

（三）上述证书由劳动部统一印制，劳动行政部门按规定核发。

第十八条 单位或个人申报职业技能鉴定，均应按照规定交纳鉴定费用。

（一）职业技能鉴定费用支付项目是：组织职业技能鉴定场地、命题、考务、阅卷、考评、检测及原材料、能源、设备消耗的费用；

（二）职业技能鉴定收费标准，由省、自治区、直辖市劳动行政部门按照财政部、劳动部（92）财工字第68号《关于工人考核费用开支的规定》，商当地财政、物价部门做出具体规定。

第四章 职业技能鉴定考评员

第十九条 职业技能鉴定考评员必须具有高级工或技师、中级专业技术职务以上的资格；鉴定技师资格的考评员必须具有高级技师、高级专业技术职务的资格。

第二十条 考评员由职业技能鉴定指导中心进行资格考核，由劳动行政部门核准并颁发考评员资格证书和带有本人照片的职业技能鉴定资格胸卡。

第二十一条 鉴定技术等级的考评员资格认定和合格证书的核发权限，由省、自治区、直辖市劳动行政部门具体规定；鉴定技师资格的考评员资格认定和合格证书的颁发，由省、自治区、直辖市劳动行政部门核准。

第二十二条 职业技能鉴定站（所）要在取得考评员资格证书的人员中聘任相应工种、等级或类别的考评员，聘期3年，并应采取不定期轮换、调整考评员的方式组成专业考评小组。

第二十三条 考评员要严格遵守考评员工作守则和执行考场规则。

第五章 罚 则

第二十四条 劳动行政部门对职业技能鉴定机构实行监督、检查。

第二十五条 职业技能鉴定指导中心和职业技能鉴定站（所）的工作人员，在职业技能鉴定工作中弄虚作假、徇私舞弊的，视情节轻重，由其所在单位根据人事管理权限给予行政处分，并停止其在指导中心或鉴定站（所）的工作；考评人员如有上述行为者，吊销考评员资格证书。

第二十六条 违反本规定第十三条、第十四条和第十八条（二），造成不良影响的职业技能鉴定站（所），由劳动行政部门吊销其《职业技能鉴定许可证》；对乱收费的，没收其非法所得费用。没收的费用，专项用于职业技能鉴定事业。

第二十七条 违反本规定第三条（二）中第五项和第十七条（三），伪造、仿制或滥发《技术等级证书》、《技师合格证书》、《高级技师合格证书》的，除宣布其所发证书无效外，还应视情节轻重，由其上级主管部门或监察机关对主要责任者给予行政处分；对其中通过滥发证书获取非法收入的，应没收其非法所得，并处以非法所得5倍以下的罚款；构成犯罪的，应依法追究刑事责任。

第六章 附 则

第二十八条 本规定由劳动部负责解释。

第二十九条 本规定自颁发之日起施行。

劳动部关于发布《劳动监察规定》的通知

（1993年8月4日）
劳部发〔1993〕167号

各省、自治区、直辖市及计划单列市劳动（劳动人事）厅（局）：

为了适应建立社会主义市场经济体制的需要，加强劳动监察工作，保障劳动法律、法规、规章的贯彻实施，维护正常的劳动秩序，我部制定了《劳动监察规定》，现予发布，请按照执行。

劳动监察规定

第一条 为了维护社会主义劳动秩序，加强劳动监察工作，保障国家劳动法律、法规、规章的贯彻实施，根据国家有关法律和法规，制定本规定。

第二条 本规定适用于中华人民共和国领域内的企业、事业单位，雇工的城镇个体工商业户（以下简称单位），以及与以上用人单位发生劳动关系的劳动者（以下简称劳动者）。

第三条 本规定所称劳动监察，是指由劳动行政主管部门对单位和劳动者遵守劳动法律、法规、规章情况进行检查并对违法行为予以处罚。

对单位和劳动者遵守劳动安全与卫生法律、法规、规章情况的检查，按照现行规定执行。

第四条 劳动监察工作必须坚持有法必依、执法必严、违法必究，以事实为根据，以法律为准绳的原则，准确、及时地纠正和查处各种违反劳动法律的行为。

任何单位和劳动者均有权对违反劳动法律的行为向劳动监察机构举报。

第五条 县和县级以上劳动行政主管部门的劳动监察机构具体负责劳动监察工作。

县级劳动监察机构负责对本行政区内的单位和劳动者遵守劳动法律的情况进行监察。但省级人民政府另有规定的除外；省级、地（市）级劳动监察机构管辖的劳动监察范围，由省级人民政府规定。

第六条 劳动行政主管部门的劳动监察机构配备专职和兼职劳动监察员。

劳动监察员，应从熟悉劳动业务、掌握劳动法律知识、坚持原则、秉公办事、能胜任劳动监察工作的人员中选任。

国务院劳动行政主管部门的劳动监察员，由国务院劳动行政主管部门任命；地方各级劳动行政主管部门的劳动监察员，由同级人民政府劳动行政主管部门任命，报上一级人民政府劳动行政主管部门备案。《劳动监察员证》由劳动部统一监制。

第七条 劳动监察机构行使下列职权：

（一）宣传国家劳动方针政策和劳动法律、法规、规定，督促单位和劳动者贯彻执行；

（二）对单位和劳动者遵守劳动法律、法规、规章情况进行监督检查，依法纠正和查处违反规定的行为；

（三）对劳动监察人员进行培训和监督；

(四) 法律、法规、规章规定的其他监察职责。

地方劳动监察机构业务受上一级劳动行政主管部门监督、指导。

第八条 劳动监察的内容：

(一)社会劳务中介机构和社会培训机构遵守有关规定的情况；

(二) 劳动合同的订立和履行情况；

(三) 单位招聘职工的行为；

(四) 劳动者的工作时间；

(五)企业遵守企业工资总额宏观调控规定的情况；

(六) 单位支付职工工资情况；

(七) 国有企业经营者的收入情况；

(八) 单位和劳动者缴纳社会保险费情况；

(九) 社会保险金给付情况；

(十) 单位遵守职工福利规定的情况；

(十一)单位和劳动者遵守职业技能开发规定的情况；

(十二)社会职业技能考核鉴定机构对劳动者职业技能考核鉴定及发放证书的情况；

(十三) 承办境外承包工程、对外劳务合作、公民个人出境就业的机构维护境外就业人员合法权益的情况；

(十四) 法律、法规、规章规定的其他事项。

第九条 劳动监察机构及劳动监察员在履行职责时，享有下列权利：

(一) 根据工作需要，可以随时进入有关单位进行检查；

(二) 在必要时，可向单位或劳动者下达《劳动监察询问通知书》、《劳动监察指令书》，并要求其在收到该《通知书》或《指令书》之日起10日内据实向劳动监察机构作出书面答复；

(三) 查阅（调阅）或复制被检查单位的有关资料，询问有关人员。

第十条 劳动监察员在履行职责时，应承担下列义务：

(一) 秉公执法，不得滥用职权，不得徇私舞弊；

(二)不得向他人泄露案情及企业有关保密资料；

(三) 为举报者保密。

第十一条 劳动行政主管部门对违反劳动法规的单位或劳动者，依据现行劳动法律、法规、规章的规定，分别给予警告、通报批评、罚款、吊销许可证、责令停产停业整顿的处罚；对触犯其他行政法规的，建议有关行政机关给予行政处罚，对触犯刑律的，建议司法机关追究刑事责任。

对阻挠、刁难、殴打劳动监察员、妨碍监察公务的，或者不按规定的时间对《通知书》、《指令书》作出答复的，以及不如实反映情况的，劳动行政主管部门可给予责任人以行政处罚；对触犯治安管理处罚条例的，建议公安机关处理。

第十二条 在执行劳动监察公务时，应有两名以上劳动监察员进行，并出示《劳动监察员证》等证件。

第十三条 查处单位或劳动者的违法行为，依照下列程序：

(一) 登记立案。对发现的违法行为，经过审查，认为有违法事实、需要依法追究的，应当登记立案。

(二) 调查取证。对已立案的案件，应当及时组织调查取证。

(三) 处理。在调查取证后，对需要追究法律责任的案件，劳动行政主管部门应当作出处理决定，处理决定作出前，劳动行政主管部门应当听取当事人申辩。

(四) 制作处理决定书。劳动行政主管部门作出处理决定，应当制作处理决定书，处理决定书应当加盖劳动行政主管部门印章，并载明：

1. 当事人姓名、住址等基本情况；

2. 劳动行政主管部门认定的违法事实；

3. 适用的法律、法规、规章或规范性文件；

4. 处理结论；

5. 处理决定的履行日期或者期限；

6. 当事人依法享有的申请行政复议或者提起行政诉讼的权利；

7. 作出处理决定的行政机关名称；

8. 作出处理决定的日期。

（五）送达。劳动监察机构在处理决定作出之日起7日内，应当将处理决定书送达当事人。处理决定书自送达当事人之日起生效。

第十四条 劳动监察员对事实清楚、证据确凿、情节简单的违法行为，可以当场处理。当场处理应当填写当场处理决定书，并递交当事人。

当事人对当场处理有异议的，应当按本规定第十三条办理。

第十五条 对企业罚款，从企业自有资金（基金）中开支，不得列入生产成本；对事业单位的罚款，从其自有资金（基金）中列支，不得在事业费中开支。

第十六条 罚款使用财政部门统一印制的罚款票据；罚金全额上缴财政。

第十七条 劳动行政主管部门制作的行政处罚决定，应当在10日内报送上一级劳动行政主管部门备案。

第十八条 单位和劳动者对劳动行政处罚不服的，可按照《行政诉讼法》、《行政复议条例》的规定申请复议或起诉，复议和诉讼期间，不影响原决定的执行。

单位和劳动者逾期不申请复议，不起诉又不执行处理决定的，劳动监察机构可以申请人民法院强制执行。

第十九条 劳动监察机构和劳动监察员失职、徇私枉法，致使违法行为得不到及时纠止，或滥用职权，对国家、单位或者劳动者利益造成重大损失的，劳动行政主管部门应当给予责任人以行政处分，可以并处赔偿经济损失；构成犯罪的，建议司法机关依法追究刑事责任。

第二十条 省、自治区、直辖市的劳动行政主管部门可根据本规定结合当地具体情况制定实施办法，并报劳动部备案。

第二十一条 本规定自发布之日起施行。

劳动部关于发布《企业职工养老保险基金管理规定》的通知

（1993年9月2日）

劳部发〔1993〕117号

各省、自治区、直辖市及计划单列市劳动（劳动人事）厅（局），铁道部、邮电部、水利部、中电联、中国建筑工程总公司、石油天然气总公司社会保险机构：

为了加强企业职工养老保险基金的管理，根据《国务院关于企业职工养老保险制度改革的决定》，我部制定了《企业职工养老保险基金管理规定》，现予颁发。执行中有何问题，望及时函告我部。

企业职工养老保险基金管理规定

第一章 总 则

第一条 为了加强企业职工养老保险基金（以下简称基金）的管理，确保基金的使用安全、有效，根据《国务院关于企业职工养老保险制度改革的决定》第十条关于“社会保险管理机构应根据国家的政策规定，建立健全基金管理的各项制度”的规定，特制定本规定。

第二条 劳动部负责制定企业职工和机关事业单位劳动合同制工人养老保险基金管理的各项制度和政策，监督检查全国基金管理情况。地方各级劳动行政部门负责制定本地区基金管理制度的实施办法，监督检查本地区基金管理情况。

第三条 劳动部社会保险管理机构负责全国基金管理工作，指导地方各级社会保险管理机构的基金管理工作。地方各级社会保险管理机构负责本地区的基金管理工作。经国务院批准实行系统统筹部门的社会保险管理机构负责本部门、总公司的直属国有企业基金管理工作。

第四条 各级社会保险管理机构必须按照本规定管理企业职工养老保险基金。

第二章 基金的征集

第五条 基金的来源：

（一）单位和职工缴纳的基本养老保险费；

（二）单位为职工缴纳的补充养老保险费；

（三）职工自愿缴纳的个人储蓄性养老保险费；

（四）按规定收取的滞纳金；

（五）基金存款利息；

（六）基金保值增值的收入；

（七）财政给予的补贴；

（八）劳动合同制职工基金转移的收入；

（九）其他收入。

第六条 基本养老保险基金根据支付养老保险费用的实际需要和企业、职工的承受能力，按照以支定收、略有结余、留有部分积累的原则，逐步实行企业全部职工按统一比例筹集。基金应留有部分积累，积累率为工资总额的3%，以后随着经济发展再逐步调整。

第七条 企业缴纳的基本养老保险费，根据本企业职工工资总额（按照国家统计局规定的工资总额构成）和当地政府规定的比例在企业的管理费用中提取，由企业开户银行按月代为扣缴。

职工个人按本人工资收入（与工资总额同口径）的2%缴纳基本养老保险费，由所在企业发放工资时代为收缴，作为基本养老基金的一部分，并记入《职工养老保险手册》。

企业和职工必须同时缴纳基本养老保险费，才能计算职工缴费年限。

基本养老保险基金不敷使用时，国家给予适当补助。

第八条 企业补充养老保险由企业根据自身能力为本企业职工建立。个人储蓄性养老保险由职工个人自愿参加。企业补充养老保险基金和个人储蓄性养老保险基金，由社会保险管理机构按国家技术监督局发布的社会保障号码（国家标准GB11643—89）记入职工个人帐户。

第九条 经济困难的企业确无缴纳基本养老保险费能力时，在规定的缴纳期间，可申请办理基本养老保险费的缓缴手续，经批准后执行。缓缴的具体办法，按省、自治区、直辖市人民政府的规定执行。

第十条 参加基本养老保险的企业，因破产或关停等原因无法继续履行缴纳基本养老保险费义务时，应按国家有关规定，在清算企业财产中，优先向社会保险管理机构清偿欠缴的基本养老保险费和一次性拨付该企业离退休人员的离退休费用。一次性拨付离退休费用的具体数额，按省、自治区、直辖市人民政府的规定执行。

第三章 基金的支付

第十一条 社会保险管理机构应按当地人民政府规定的统筹项目，向参加基本养老保险费用统筹的离退休人员按时、足额支付养老保险费用。未列入统筹项目的其他养老保险费用，仍按现行规定的标准由原单位支付，不得在基金中列支。

第十二条 补充养老保险基金和职工个人储蓄性养老保险基金归职工个人所有，社会保险管理机构在职工退休时一次性予以支付；职工在退休前死亡时，可按《中华人民共和国继承法》的有关规定一次性支付给其合法继承人。

第四章 基金的管理

第十三条 企业和职工个人缴纳的基本养老保险费和国家给予的财政补贴转入社会保险管理机构在银行开设的养老保险基金专户；企业补充养老保险费和个人储蓄性养老保险费，转入社会保险管理机构在银行开设的补充养老保险基金专户，实行专项储存，专款专用，对存入银行的基金按照人民银行规定的同期城乡居民储蓄利率计息，所得利息分别并入基本养老保险基金、补充养老保险基金、个人储蓄性养老保险基金。

第十四条 对到期的基金银行存款和用基金购买债券，社会保险管理机构必须及时办理转存或兑付。

第十五条 社会保险管理机构可根据本地基金月平均全额结算收入数额，从基金中留足1～1.5个月的基本养老保险周转金。

第十六条 凡跨地区流动的新招劳动合同制职工，转出与转入地的社会保险管理机构应予以办理基本养老保险基金的转移手续。基本养老保险基金按照转出地区人民政府规定的缴纳标准（不扣管理费，不计利息）转移；新招劳动合同制职工转移前后的缴费年限合并计算。

第十七条 各级社会保险管理机构要建立健全基金的财务、会计、统计、内部审计等基金管理的各项制度，编制基金年度收支和管理服务费预、决算，报当地人民政府在预算中列收列支。各省、自治区、直辖市编制的基金和管理服务费收支的预、决算和会计报表、统计报表，按规定时间上报劳动部。

第十八条 各级社会保险管理机构可根据工作实际需要和节约的原则从基本养老保险基金中提取管理服务费，具体的提取比例由当地劳动部门提出，经同级财政部门审核，报养老保险基金委员会批准，管理服务费主要用于人员经费、公务费、业务费、设备车辆购置费、房屋基建修缮费、退休人员管理活动经费和其他必需开支的费用。管理服务费的使用，要符合国家的财经政策和有关规定，必须先提后支。管理服务费年度收支预算一经批准，要严格执行，如遇特殊情况要调整时，应按规定程序报批。

第十九条 各级社会保险管理机构有权稽核参加统筹单位的有关帐目、报表、企业工资总额、离退休费用和在职职工、退休人员花名册，核准计提基金的各个基数以及应支付的离退休费用。

第五章 基金的保值、增值

第二十条 各级社会保险管理机构对历年滚存结余的养老保险基金，在保证各项离退休费用正常开支6个月的需要，并留足必要的周转金的情况下，按照安全、有效的原则，可运用一部分结余基金增值，基金增值所获得的纯收益不计征税费。基金增值部分应全部转入基金，不准挪作他用。

第二十一条 基金保值、增值的方式：

(一)购买国库券以及国家银行发行的债

券；

（二）委托国家银行、国家信托投资公司放款。

第二十二条 各级社会保险管理机构不得经办放款业务，不得经商、办企业和购买各种股票，也不得为各类经济活动作经济担保。

第六章 基金的监督与检查

第二十三条 各级劳动行政部门要加强对养老保险基金管理和社会保险管理机构管理服务费使用情况的监督检查，定期进行内部审计。

第二十四条 设立社会保险基金监事会，由劳动行政部门代表、企业代表、职工代表和退休人员代表组成，负责对养老保险基金管理和管理服务费使用情况的监督与检查。社会保险管理机构向养老保险基金委员会汇报基金管理情况必须事前听取监事会意见。

第二十五条 社会保险管理机构要主动接受财政、审计、监察机关和工会对养老保险基金以及管理服务费的监督检查，提供有关帐目和原始凭证等资料。

第七章 罚 则

第二十六条 单位逾期不缴纳基本养老保险费，应按日加收应缴数额2‰的滞纳金，滞纳金并入基本养老保险基金。单位缴纳的滞纳金在该单位自有资金中列支。

第二十七条 单位和职工弄虚作假，少缴、不缴、拒缴基本养老保险费，社会保险管理机构应以书面形式责令其限期补缴。对逾期仍不缴纳的单位，社会保险管理机构可申请人民法院强制执行。

第二十八条 任何单位和个人挪用养老保险基金的，对主管人员和直接责任人员，根据情节轻重，给予行政处分；构成犯罪的，依法追究刑事责任。

第二十九条 单位和个人以非法手段领取养老保险费用的，由社会保险管理机构追回其全部非法所得；构成犯罪的，依法追究刑事责任。

第三十条 社会保险管理机构违反第三章第十一条规定，未按时、足额支付养老保险费用的，由劳动行政部门责令其改正；情节严重的，对主管人员和直接责任人员给予行政处分

第八章 附 则

第三十一条 省、自治区、直辖市劳动行政部门可根据本规定制定具体实施办法。

第三十二条 本规定由劳动部负责解释。

第三十三条 本规定从发布之日起实施。

劳动部关于颁发《社会保险统计管理规定》的通知

（1993年9月3日）

劳部发〔1993〕257号

各省、自治区、直辖市及计划单列市劳动（劳动人事）厅（局），铁道部、邮电部、水利部、中电联、中国建筑工程总公司、中国石油天然气总公司社会保险管理机构：

为了进一步健全全国社会保险统计组织工作，加强社会保险事业的统计调查、统计分析和统计监督，根据《中华人民共和国统计法》，我部制定了《社会保险统计管理规定》和《社会保险统计报表制度》，现予发布。执行中有何问题，望及时函告我部。

附件：1. 社会保险统计管理规定

2. 社会保险统计报表制度

附件 1：社会保险统计管理规定

第一章 总 则

第一条 为了科学地组织社会保险统计工作，保证社会保险统计资料的准确性和及时性，充分发挥统计在社会保险工作中的重要作用，根据《中华人民共和国统计法》(以下简称《统计法》）和有关规定，特制定本规定。

第二条 社会保险统计是劳动统计的一个组成部分，其基本任务是对社会保险事业进行统计调查、统计分析，提供统计资料，实行统计监督。

第三条 本规定适用于各级社会保险管理机构（含经国务院批准实行退休费用系统统筹的部门社会保险管理机构）管理的养老保险、工伤保险、医疗保险和女职工生育保险统计（失业保险统计另行规定)。

第四条 各级社会保险管理机构必须依照本规定建立健全原始记录，设置统计台帐，填报统计报表。

第二章 组织管理

第五条 社会保险统计工作实行统一管理、分级负责的管理体制。

各级社会保险管理机构的统计工作在业务上接受同级劳动部门、同级政府统计部门及上级社会保险管理机构的指导和监督。

第六条 各级社会保险管理机构应配备具有统计专业知识的人员担负社会保险统计工作。统计人员要保持相对稳定。

有条件的社会保险管理机构可设立统计机构。

第七条 各级社会保险管理机构必须依照本规定和有关规定，提供统计资料，不得虚报、瞒报、拒报，不得伪造、篡改。

第三章 社会保险管理机构的统计职责

第八条 劳动部社会保险管理机构统计工作的主要职责是：

（一）贯彻执行劳动统计的政策和规定；

(二)制定和实施全国社会保险统计调查计划，组织和协调全国社会保险统计工作；

（三）拟订全国社会保险统计报表制度，健全社会保险统计指标体系；

（四）搜集、整理、提供全国社会保险统计资料，对社会保险事业发展情况进行统计分析、统计预测，实行统计监督；

（五）检查、审定、管理全国社会保险统计资料；

（六）组织统计人员的业务培训；

（七）在行政主管部门指导下，开展和加强社会保险统计工作的国际合作与交流；

（八）指导、监督地方和部门社会保险管理机构的社会保险统计工作。

第九条 地方和部门社会保险管理机构统计工作的主要职责是：

(一)完成上级社会保险管理机构制定的统计调查计划，接受上级社会保险管理机构对统计制度执行情况的检查和监督；

（二）制定本地区、本部门的社会保险统计调查计划及其调查方案，组织本地区、本部门的社会保险统计工作；

（三）搜集、整理、提供本地区、本部门社会保险统计资料，对社会保险工作进行统计分析、统计预测，实行统计监督；

（四）按规定检查、审定、管理本地区、本部门的社会保险统计资料；

（五）组织本地区、本部门的统计人员业务培训工作。

第十条 统计人员的权限：

（一）依照国家的法律、法规和有关规定，要求有关单位和人员提供社会保险资料；

（二）检查统计资料的准确性，要求改正不确实的统计资料；

（三）对在统计调查工作中发现的违反国家政策和法规的行为，有权向有关部门反映；

（四）依照《统计法》的规定独立行使统计调查、统计报告、统计监督的职权。

第十一条 各级社会保险管理机构和统计人员违反《统计法》和本规定时，视其情节轻重，对有关领导人员和直接责任人员进行批评教育，直至给予行政处分。对构成犯罪的人员，由司法机关依法追究刑事责任。

第四章 统计调查与统计报表

第十二条 统计调查必须有计划、有组织地进行，按照统计调查项目编制统计调查计划和相应的统计调查表。

各级社会保险管理机构负责拟订各自管辖范围内的社会保险统计调查项目和报表制度，经同级劳动部门审批后报同级政府统计部门备案。

第十三条 社会保险统计标准由劳动部统一制定。

地方劳动部门和实行系统统筹的部门可以制定补充性的社会保险统计标准，但不得与全国社会保险统计标准相抵触。

第十四条 劳动部社会保险管理机构实行统计年报会审检查制度，每年组织全国社会保险管理机构统计年报会审检查工作。各级社会保险管理机构根据工作需要，可组织半年报或年报的会审检查工作。

地方各级社会保险管理机构要建立健全统计报表审核制度，即实行统计人员自审，本级机构负责人复审。

第五章 统计资料的档案管理与公布

第十五条 属于各级社会保险管理机构统计调查范围内的统计资料，分别由各级社会保险管理机构建立统计档案，实行统一管理。

第十六条 社会保险统计资料经社会保险管理机构负责人审核后，报同级劳动部门审批并公布。

第十七条 各级社会保险管理机构负责人对统计机构和统计人员依照《统计法》和本规定提供的统计资料不得修改；如果认为统计资料不实，应当责成统计机构、统计人员和有关人员核实订正；统计机构、统计人员提供的统计资料如果上报期限已到，可先行上报并加说明，核实后确有错误，应当在上级规定的期限内订正。

第十八条 属于国家机密的统计资料，必须保密。

第六章 附 则

第十九条 各省、自治区、直辖市劳动（劳动人事）厅（局）可根据本规定制定实施办法。

第二十条 本规定由劳动部负责解释。

第二十一条 本规定自发布之日起施行。

附件 2：社会保险统计报表制度

一、实施办法

（一）本套报表的调查对象为社会保险管理机构，由地方各级社会保险管理机构以及实行系统统筹的部门社会保险管理机构填报。报表汇总采取逐级汇总上报方式。

（二）本套报表中的计量单位，金额为元，人数为人。上报劳动部的报表，金额单位为万元，不保留小数。

（三）各表的填报单位、统计范围、报送时间和报送方式见报表目录。

二、主要指标解释及说明

（一）《社会保险基金收支情况》表

1.“期初结余”：指截至上年末社会保险基金滚存结余金额。

2.“收入合计”：指报告期内养老保险、工伤保险、生育保险、医疗保险四项基金收入之和，包括征缴收入和其他收入。

3.“征缴收入”：指报告期内社会保险管理机构向参加社会保险的单位和职工个人实际征缴的基本养老、工伤、生育、医疗等社会保险基金收入之和。包括单位或个人补缴历年欠缴的基金收入（实行差额缴拨办法的单位，按全额计算，下同）。

4.“其他收入”：指报告期内社会保险基金征缴收入以外的收入，包括财政补贴收入、银行存款利息收入、兑付有价证券利息收入、基金保值增值纯收益收入、滞纳金收入、罚款收入、基金异地转移收入以及企业补充养老保险、个人储蓄性养老保险基金收入等，不包括下级上解收入和上级补助收入。

5.“支出合计”：指报告期内由社会保险管理机构实际支付的社会保险金、管理服务费和其他支出之和。

6.“社会保险金”：指报告期内社会保险管理机构向享受社会保险待遇的人员支付的养老保险、工伤保险、女职工生育保险及医疗保险费用之和（实行差额缴拨办法的单位，按全额计算，下同）。

7.“管理服务费”：指报告期内社会保险管理机构按规定从各项社会保险基金中提取的管理服务经费之和。

8.“其他支出”：指除社会保险金和管理服务费以外的支出，主要包括基金异地转移支出、银行手续费、从基金中直接提取的退休人员服务经费以及企业补充养老保险、个人储蓄性养老保险基金支出等。

9.“期末结余”：指截至报告期末社会保险基金滚存结余金额，即期初结余＋报告期内（收入－支出）之和。

10.“国有企业”：指参加全民所有制企业社会保险基金统筹的企业。参加社会保险基金统筹的全民事业单位和国家机关计入“国有企业”。

11.“城镇集体企业”：指参加集体所有制企业社会保险基金统筹的企业。包括参加社会保险基金统筹的集体事业单位。

12.“其他各种经济类型企业”：指参加社会保险基金统筹的外商投资企业、港澳台投资企业、私营企业、个体经济企业和其他企业。

13.“外商投资企业”：指参加社会保险基金统筹的中外合资经营企业、中外合作经营企业和外资企业。参加社会保险基金统筹的港澳台投资企业也计入此项。

14.联营企业、股份制企业按其参加社会保险基金统筹办法分别计入“国有企业”、“城镇集体企业”和“其他各种经济类型企业”。

以下各表甲栏分组凡与本表相同的，含义也相同。另有解释者除外。

（二）《参加基本养老保险费用社会统筹职工人数》表

1.“应参加统筹单位数”：指按当地政府规定，截止报告期末应该纳入基本养老保险费用社会统筹范围的单位数。

2.“已参加统筹单位数”：指截止报告期末实际参加基本养老保险费用社会统筹的单位数。

3.“应参加统筹的职工人数”：指按当地政府规定，截止报告期末应纳入基本养老保险费用社会统筹范围的单位的职工人数以及个体劳动者。

4.“已参加统筹的职工人数”：指按当地政府规定，截止报告期末实际参加统筹的职工人数以及个体劳动者。

5.“国有企业职工”中，“长期职工”包括固定职工、合同制职工、混岗的集体正式工以及1971年11月30日以前参加工作的计划内长期临时工；“合同制职工”，指用工合同期限在一年以上（含一年）的职工，含“农民合同工”、“农民轮换工”等，不含用全民企业指标安排到集体企业的“合同制职工”；“临时职工”指用工合同期限不满一年的职工，包括临时性的、季节性的职工。

6.“城镇集体企业职工”中，“长期职工”包括固定职工和合同制职工，含按国家规定保留全民所有制身份的固定职工；“合同制职工”，含用全民所有制指标安排到集体企业就业的“合同制职工”。

7.“外商投资企业”中，各类职工仅指中方职工，不包括外方职工。“长期职工”仅指合同制职工。

（三）《参加基本养老保险费用社会统筹离退休人员数》表

各项指标口径与表二相同。“原固定职工”：指以固定职工身份享受养老金待遇的离退休人员。

（四）《基本养老保险基金收入情况》表

1.“工资总额”：指报告期内作为提取基本养老保险基金基数的工资总额。工资总额的统计口径以国家统计局的统计口径为准（下同）。

2.“期初结余”：指截止上年末基本养老保险基金滚存结余金额。

3.“应收合计”：指报告期内所有已经参加基本养老保险费用社会统筹的单位和个人按照当地政府规定的标准应缴纳的基本养老保险费之和，包括单位应缴纳和个人应缴纳两部分。

4.“已收合计”：指报告期内社会保险管理机构向已经参加基本养老保险费用社会统筹的单位和个人实际征缴到的基本养老保险费以及其他收入之和。在报告期内收缴的单位和个人历年欠缴的基本养老保险费分别记入“单位缴纳”和“个人缴纳”栏目。

5.“其他收入”：指报告期内除征缴收入之外的其他实际收入。包括财政补贴收入、银行存款利息收入、兑付有价证券利息收入、基金保值增值纯收益收入、滞纳金收入、罚款收入、基金异地转移收入等。

6.“支出合计”：指报告期内社会保险管理机构支付的离退休费用、管理服务费及其他费用之和。

7.“离退休费用”：指报告期内社会保险管理机构按照当地政府规定的统筹项目和标准向离休、退休、退职人员实际支付的离退休费用之和。

8.“管理服务费”：指报告期内社会保险管理机构按规定从基本养老保险基金中提取的管理服务经费。

9.“其他支出”：指报告期内社会保险管理机构支付的除离休退休退职费用和管理服务费以外的费用，主要包括基金异地转移支出、支付给银行的手续费、从基金中直接提取的退休人员服务经费等。

10.“期末结余”：指截止报告期末基本

养老保险基金滚存结余的金额，即期初结余＋报告期内（收入－支出）之和。

（五）《基本养老保险基金调剂情况》表

企业离退休费用大于缴纳养老金的情况和企业离退休费用小于缴纳养老金的情况中的“金额”：指社会保险管理机构拨付给该企业离退休人员的离退休费用大于或小于该企业应缴纳的基本养老保险费的差额。

（六）《企业补充养老保险、个人储蓄性养老保险基本情况》表

1.“单位数”：指截止报告期末实行企业补充养老保险、职工个人储蓄性养老保险并由社会保险管理机构直接经办的单位数。

2.“职工人数”：指报告期末实行企业补充养老保险和个人储蓄性养老保险的职工人数和个体经营者。

3.“期初结余”：指截止上年末企业补充养老保险基金、职工个人储蓄性养老保险基金滚存结余金额。

4.“收入”：指报告期内企业和个人缴纳的补充养老保险费、个人储蓄性养老保险费、基金异地转移收入、利息收入等。

5.“支出”：指报告期内按规定支付给职工或遗属的补充养老保险金、个人储蓄性养老保险金、异地转出基金等。

6.“期末结余”：指截止报告期末企业补充养老保险基金、个人储蓄性养老保险基金滚存结余的金额，即期初结余＋报告期内（收入－支出）之和。

（七）《参加工伤保险费用社会统筹的职工人数、工资及因工伤亡人数》表

1.“职工人数”：指报告期末已经参加工伤保险费用社会统筹的职工人数。

2.“工资总额”：指报告期内作为提取工伤保险基金基数的工资总额。

3.“伤残人数小计”：指报告期内享受工伤保险待遇的因工负伤与职业病致残的职工人数（职工工伤与职业病致残程度须由各级劳动部门劳动鉴定委员会依据《职工工伤与职业病致残程度鉴定标准（试行）》（劳险字〔1992〕6号鉴定确认）。

4.“因工死亡人数”：指报告期内因工死亡的人数，包括因工致残人员在报告期内死亡按因工死亡处理的人数。

（八）《工伤保险基金收支情况》表

1.“期初结余”：指截止上年末工伤保险基金滚存结余金额。

2.“应收”：指报告期内所有已经参加工伤保险费用社会统筹的单位按照当地政府规定的标准应该缴纳的工伤保险费金额。

3. 已收中“单位缴纳”：指报告期内社会保险管理机构从参加工伤保险费用社会统筹的单位实际征缴到的金额。

4. 已收中的“其他”：指报告期内除单位缴纳以外的收入，包括财政补贴收入、利息收入、滞纳金收入、罚款收入等。

5. 支出中“工伤费用”：指报告期内社会保险管理机构按照工伤保险费用社会统筹项目，支付给参加工伤保险费用社会统筹的因工伤亡人员的全部费用。

6. 支出中“管理服务费”：指报告期内社会保险管理机构按规定从工伤保险基金中提取的管理服务经费。

7. 支出中“其他”：主要包括银行手续费等。

8.“期末结余”：指截止报告期末工伤保险基金滚存结余金额，即期初结余＋报告期内（收入－支出）之和。

（九）《女职工生育保险情况》表

1. 职工人数中“合计”：指截止报告期末参加女职工生育保险费用社会统筹单位的全部职工。

2.“本期生育女工”：指参加女职工生育保险费用社会统筹的单位在报告期内生育女职工人数。

3.“期初结余”：指截止上年末女职工生育保险基金滚存结余金额。

4.“应收”：指参加女职工生育保险费用

社会统筹的单位在报告期内按照规定标准应缴纳的生育保险费金额。

5. 已收中"单位缴纳"：指报告期内社会保险管理机构从参加生育保险费用社会统筹的单位实际征缴到的金额。

6. 已收中"其他"：指报告期内生育保险基金利息收入、滞纳金收入、罚款收入等。

7."生育补偿费"：指社会保险管理机构在报告期内按照女职工生育社会保险统筹项目，支付给生育女职工的费用之和。

8."期末结余"：指截止报告期末生育保险基金滚存结余金额，即期初结余＋报告期内（收入－支出）之和。

（十）《医疗保险情况》表

1."人数"：分别指截止报告期末参加职工大病医疗费用社会统筹的职工人数和参加离退休人员医疗费用社会统筹的离退休人员数。

2."期初结余"：分别指截止上年末职工大病医疗保险基金滚存结余金额和离退休人员医疗保险基金滚存结余金额。

3."应收"：指报告期内按规定标准单位和个人应该缴纳的金额之和。

4."征缴收入"：指报告期内社会保险管理机构向单位和职工个人实际征缴到的金额。

5. 收入中"其他"：指报告期内除征缴收入之外的收入，包括利息收入、滞纳金收入、罚款收入、基金异地转移收入等。

6."医疗费用"：分别指报告期内从职工大病医疗保险基金和离退休人员医疗保险基金中为参加统筹的职工和离退休人员治病按规定实际支付的医疗费用，不包括社会保险管理机构所属的医疗部门的管理费用。

7."管理服务费"：指报告期内社会保险管理机构按规定分别从职工大病医疗保险基金和离退休人员医疗保险基金中提取的管理服务经费。社会保险管理机构所属的医疗部门的管理服务费用计入此项。

8. 支出中"其他"：指报告期内除医疗费用和管理服务费以外的支出，包括银行手续费、基金异地转移支出等。

9."期末结余"：分别指截止报告期末职工大病医疗保险基金和离退休人员医疗保险基金滚存结余金额，即期初结余＋报告期内（收入－支出）之和。

（十一）《社会保险管理机构基本情况》表

1."机构数"：指截止报告期末独立设立的社会保险管理事业机构，不包括兼管社会保险工作的机构，如劳动部门的保险处、产业部门的劳资处等。

2."人员编制数"：指截止报告期末社会保险管理机构经当地编委批准的编制人数。

3."实有人员数"：指社会保险管理机构实际在编和非在编的人数，包括长期职工（含合同制职工）、临时职工和借调、聘用人员，不包括在企业、银行等单位聘用的专管员、代办员。

4. 实有人员数中的"财会人员"、"统计人员"、"微机人员"三类人员中出现兼职情况，只归属其主要工作岗位一类。

5."期初结余"：指截止上年末各项管理服务费滚存结余金额，包括上年末社会保险管理机构专用基金滚存结余。

6."本年提取"：指报告期内社会保险管理机构分别从基本养老保险基金、工伤保险基金、女职工生育保险基金和医疗保险基金中按规定标准提取的管理服务经费之和。

7."财政补贴"：指报告期内社会保险管理机构从财政部门得到的弥补管理服务费不足的财政补贴经费。

8. 收入中"其他"：指报告期内除本年提取和财政补贴之外的收入，主要包括管理服务费、银行存款利息收入、兑付有价证券利息收入等。

9."支出"：指报告期内社会保险管理机构管理服务费全部支出，包括人员经费支出、公务费支出、业务费支出、设备购置费支出、基建修缮费支出、房屋租赁费支出以及从管理服务费中开支的退休职工服务费等。

10．“期末结余”：指截止报告期末社会保险管理机构管理服务费滚存结余金额，即期初结余＋报告期内（收入－支出）之和。

（十二）《社会保险管理机构人员构成情况》表

1.“文化程度”：指取得相应文凭或同等学历。

2.“技术职称”：指被聘用的职称和取得资格的职称。

3．“按文化程度分”和“按技术职称分”中的“人员合计”：指社会保险管理机构人员编制内的实有人员。

三、社会保险统计报表审核要点

（一）表一

1．宾栏关系：

（1）1＋2－5＝9；（2）2＝3＋4；（3）5＝6＋7＋8

2．甲栏关系：

（1）1＝2＋3＋4；（2）4≥5

（二）表二

1．宾栏关系：

（1）3＝4＋6；4≥5；（2）7＝8＋10；8≥9

2．甲栏关系同表一

（三）表三

1．宾栏关系：

（1）1＝2＋3＋4；（2）5＝6＋7＋8

2．甲栏关系同表一

（四）表四

1．宾栏关系：

（1）2＋6－11＝15；（2）3＝4＋5；（3）6＝7＋10；（4）7＝8＋9；（5）11＝12＋13＋14

2．甲栏关系：

（1）1＝2＋6＋10；（2）2＝3＋5，3≥4；（3）6＝7＋9，7≥8；（4）10≥11

（五）表五

甲栏关系同表一

（六）表六

1．宾栏关系：

（1）3＋4－5＝6

2．甲栏关系：

（1）1＝2＋3＋4；（2）5＝6＋7＋8

（七）表七

1．宾栏关系：

（1）2＞4；（2）4＝5＋6＋7

2．甲栏关系同表一

（八）表八

1．宾栏关系：

（1）1＋3－6＝10；（2）3＝4＋5；（3）6＝7＋8＋9

2．甲栏关系同表一

（九）表九

1．宾栏关系：

（1）2＞3；（2）4＋7－10＝13；（3）6＝7＋8；（4）9＝10＋11＋12

（十）表十

1．宾栏关系：

（1）3＋5－8＝12；（2）5＝6＋7；（3）8＝9＋10＋11

（十一）表十一

1．宾栏关系：

（1）3＞4＋5＋6；（2）8＋9－13＝14；（3）9＝10＋11＋12

2．甲栏关系：

（1）1＝2＋3＋4

（十二）表十二

1．宾栏关系：

（1）1＝2＋3＋4；（2）5＝6＋7＋8＋9；（3）1＝5

2．甲栏关系同表十一

（十三）逻辑关系

1．表一宾栏1＝表四宾栏2＋表六宾栏3＋表八宾栏1＋表九宾栏4＋表十宾栏3

2．表一宾栏2＝表四宾栏6＋表六宾栏4＋表八宾栏3＋表九宾栏7＋表十宾栏5

3. 表一宾栏 3＝表四宾栏 7＋表八宾栏 4＋表九宾栏 8＋表十宾栏 6

4. 表一宾栏 4＝表四宾栏 10＋表六宾栏 4＋表八宾栏 5＋表九宾栏 9＋表十宾栏 7

5. 表一宾栏 5＝表四宾栏 11＋表六宾栏 5＋表八宾栏 6＋表九宾栏 10＋表十宾栏 8

6. 表一宾栏 6＝表四宾栏 12＋表八宾栏 7＋表九宾栏 11＋表十宾栏 9

7. 表一宾栏 7＝表四宾栏 13＋表八宾栏 8＋表九宾栏 12＋表十宾栏 10

8. 表一宾栏 8＝表四宾栏 14＋表六宾栏 5＋表八宾栏 9＋表九宾栏 13＋表十宾栏 11

9. 表一宾栏 9＝表四宾栏 15＋表六宾栏 6＋表八宾栏 10＋表九宾栏 14＋表十宾栏 12

10. 表一宾栏 7＝表十一宾栏 10

11. 表十一宾栏 3≥表十二宾栏 1

表十一宾栏 3≥表十二宾栏 5

社会保险统计报表目录

表　号	表　名	报告期别	填报单位	统计范围	报送时间	报送方式
劳险年综 1 表	社会保险基金收支情况	年报 半年报	各省、自治区、直辖市及计划单列市社会保险管理机构，铁道部、邮电部、水利部、中国建筑工程总公司、中国电力企业联合会、中国石油天然气总公司	参加社会保险基金统筹的单位	年报：二月底前 半年报：七月底前	报表及数据库同时报
劳险年综 2 表	参加基本养老保险费用社会统筹职工人数	同上表	同上表	同上表	同上表	同上表
劳险年综 3 表	参加基本养老保险费用社会统筹离退休人员数	同上表	同上表	同上表	同上表	同上表
劳险年综 4 表	基本养老保险基金收支情况	同上表	同上表	同上表	同上表	同上表
劳险年综 5 表	基本养老保险基金调剂情况	同上表	同上表	同上表	同上表	同上表
劳险年综 6 表	企业补充养老保险、个人储蓄性养老保险基本情况	同上表	同上表	同上表	同上表	同上表
劳险年综 7 表	参加工伤保险费用社会统筹的职工人数、工资及因工伤亡人数	同上表	同上表	同上表	同上表	同上表
劳险年综 8 表	工伤保险基金收支情况	同上表	同上表	同上表	同上表	同上表
劳险年综 9 表	女职工生育保险情况	同上表	同上表	同上表	同上表	同上表
劳险年综 10 表	医疗保险情况	同上表	同上表	同上表	同上表	同上表
劳险年综 11 表	社会保险管理机构基本情况	年报	同上表	社会保险管理机构	二月底前	同上表
劳险年综 12 表	社会保险管理机构人员构成情况	年报	同上表	社会保险管理机构	二月底前	同上表
劳险年综 13 表	实行社会保险统筹的市县数	年报	同上表	国家市县行政区划	二月底前	同上表

社会保险基金收支情况

表　　号:劳险年综1表
制表机关:劳动部
备案机关:国家统计局
文　　号:劳部发(1993)257号

填报单位:　　　199　年(半)年报　　　单位:万元

甲	序号	期初结余	收入 合计	收入 征缴收入	收入 其他	支出 合计	支出 社会保险金	支出 管理服务费	支出 其他	期末结余
		1	2	3	4	5	6	7	8	9
总　计	1									
一、国有企业	2									
二、城镇集体企业	3									
三、其他各种经济类型企业	4									
其中:外商投资企业	5									

单位负责人签章:　　处(科)负责人签章:　　制表人签章:　　报出日期:199　年　月　日

参加基本养老保险费用社会统筹职工人数

表　　号:劳险年综2表
制表机关:劳动部
备案机关:国家统计局
文　　号:劳部发(1993)257号

填报单位:　　　199　年(半)年报　　　单位:人

甲	序号	统筹单位数(个) 应参加	统筹单位数(个) 已参加	职工人数 应参加 合计	应参加 长期职工	应参加 长期职工 合同制职工	应参加 临时职工	职工人数 已参加 合计	已参加 长期职工	已参加 长期职工 合同制职工	已参加 临时职工
		1	2	3	4	5	6	7	8	9	10
总　计	1										
一、国有企业	2										
二、城镇集体企业	3										
三、其他各种经济类型企业	4										
其中:外商投资企业	5										

单位负责人签章:　　处(科)负责人签章:　　制表人签章:　　报出日期:199　年　月　日

参加基本养老保险费用社会统筹离退休人员数

表　　号:劳险年综3表
制表机关:劳动部
备案机关:国家统计局
文　　号:劳部发(1993)257号

填报单位:　　　199　年(半)年报　　　单位:人

甲	序号	应参加统筹的年末人数 合计	应参加 原固定职工	应参加 原合同制职工	应参加 原临时工	已参加统筹的年末人数 合计	已参加 原固定职工	已参加 原合同制职工	已参加 原临时工
		1	2	3	4	5	6	7	8
总　计	1								
一、国有企业	2								
二、城镇集体企业	3								
三、其他各种经济类型企业	4								
其中:外商投资企业	5								

单位负责人签章:　　处(科)负责人签章:　　制表人签章:　　报出日期:199　年　月　日

基本养老保险基金收支情况

表　　号:劳险年综4表
制表机关:劳动部
备案机关:国家统计局
文　　号:劳部发(1993)257号

填报单位:　　　199　年(半)年报　　　单位:万元

		工资总额	期初结余	收入								支出				期末结余
				应收			已收					合计	离退休退职费	管理服务费	其他	
				合计	单位缴纳	个人缴纳	合计	征缴收入			其他					
								小计	单位缴纳	个人缴纳						
甲	序号	1	2	3	4	5	6	7	8	9	10	11	12	13	14	15
总计	1															
一、国有企业	2															
1.长期职工	3															
其中:合同制职工	4															
2.临时职工	5															
二、城镇集体企业	6															
1.长期职工	7															
其中:合同制职工	8															
2.临时职工	9															
三、其他各种经济类型企业	10															
其中:外商投资企业	11															

单位负责人签章:　　　处(科)负责人签章:　　　制表人签章:　　　报出日期:199　年　月　日

基本养老保险基金调剂情况

表　　号:劳险年综5表
制表机关:劳动部
备案机关:国家统计局
文　　号:劳部发(1993)257号

填报单位:　　　199　年(半)年报　　　单位:人

		企业离退休费用大于缴纳养老金的情况				企业离退休费用小于缴纳养老金的情况			
		企业数(个)	职工人数	离退休人数	金额(万元)	企业数(个)	职工人数	离退休人数	金额(万元)
甲	序号	1	2	3	4	5	6	7	8
总计	1								
一、国有企业	2								
二、城镇集体企业	3								
三、其他各种经济类型企业	4								
其中:外商投资企业	5								

单位负责人签章:　　　处(科)负责人签章:　　　制表人签章:　　　报出日期:199　年　月　日

企业补充养老保险、个人储蓄性养老保险基本情况

表　　号:劳险年综6表
制表机关:劳动部
备案机关:国家统计局
文　　号:劳部发(1993)257号

填报单位:　　199　年(半)年报　　单位:万元

			单位数(个)	职工人数(人)	基金收支情况			
					期初结余	收入	支出	期末结余
甲		序号	1	2	3	4	5	6
企业补充养老保险	合　计	1						
	国有企业	2						
	城镇集体企业	3						
	其他各种经济类型企业	4						
个人储蓄性养老保险	合　计	5						
	国有企业	6						
	城镇集体企业	7						
	其他各种经济类型企业	8						

单位负责人签章:　　处(科)负责人签章:　　制表人签章:　　报出日期:199　年　月　日

参加工伤保险费用社会统筹的职工人数、工资及因工伤亡人数

表　　号:劳险年综7表
制表机关:劳动部
备案机关:国家统计局
文　　号:劳部发(1993)257号

填报单位:　　199　年(半)年报　　单位:人

		单位数(个)	职工人数	工资总额(万元)	伤残人数(按工伤与职业病致残程度分)				因工死亡人数
					小计	一至四级	五至六级	七至十级	
甲	序号	1	2	3	4	5	6	7	8
总　计	1								
一、国有企业	2								
二、城镇集体企业	3								
三、其他各种经济类型企业	4								
其中:外商投资企业	5								

单位负责人签章:　　处(科)负责人签章:　　制表人签章:　　报出日期:199　年　月　日

工伤保险基金收支情况

表　　号:劳险年综8表
制表机关:劳动部
备案机关:国家统计局
文　　号:劳部发(1993)257号

填报单位:　　199　年(半)年报　　单位:万元

		期初结余	收入				支出				期末结余
			应收	已收			合计	工伤费用	管理服务费	其他	
				合计	单位缴纳	其他					
甲	序号	1	2	3	4	5	6	7	8	9	10
总　计	1										
一、国有企业	2										
二、城镇集体企业	3										
三、其他各种经济类型企业	4										
其中:外商投资企业	5										

单位负责人签章:　　处(科)负责人签章:　　制表人签章:　　报出日期:199　年　月　日

女职工生育保险情况

表　　号:劳险年综 9 表
制表机关:劳动部
备案机关:国家统计局
文　　号:劳部发(1993)257 号

填报单位:　　199　年(半)年报　　单位:万元

	单位数(个)	职工人数(人)		期初结余	收　入				支　出				期末结余
		合计	其中:本期生育女工		应收	已　收			合计	生育补偿费	管理服务费	其他	
						合计	单位缴纳	其他					
甲	1	2	3	4	5	6	7	8	9	10	11	12	13
总计													

单位负责人签章:　　处(科)负责人签章:　　制表人签章:　　报出日期:199　年　月　日

医疗保险情况

表　　号:劳险年综 10 表
制表机关:劳动部
备案机关:国家统计局
文　　号:劳部发(1993)257 号

填报单位:　　199　年(半)年报　　单位:万元

		单位数(个)	人数(人)	期初结余	收　入				支　出				期末结余
					应收	已　收			合计	医疗费用	管理服务费	其他	
						合计	征缴收入	其他					
甲	序号	1	2	3	4	5	6	7	8	9	10	11	12
职工大病医疗费用统筹总计	1												
离退休人员医疗费用统筹总计	2												

单位负责人签章:　　处(科)负责人签章:　　制表人签章:　　报出日期:199　年　月　日

社会保险管理机构基本情况

表　　号:劳险年综 11 表
制表机关:劳动部
备案机关:国家统计局
文　　号:劳部发(1993)257 号

填报单位:　　199　年年报　　单位:万元

		机构数(个)	人员编制数(人)	实有人员数(人)				计算机台数(台)	管理服务费收支情况						
				合计	其　中				期初结余	收　入				支出	期末结余
					财会人员	统计人员	微机人员			合计	本年提取	财政补贴	其他		
甲	序号	1	2	3	4	5	6	7	8	9	10	11	12	13	14
总　　计	1														
省　　级	2														
地、市级	3														
县(市、区)级	4														

单位负责人签章:　　处(科)负责人签章:　　制表人签章:　　报出日期:199　年　月　日

社会保险管理机构人员构成情况

表　　号：劳险年综12表
制表机关：劳动部
备案机关：国家统计局
文　　号：劳部发(1993)257号

填报单位：　　199　年年报　　　　单位：人

甲	序号	按文化程度分				按技术职称分				
		合计	大专及以上	高中	初中及以下	合计	高级职称	中级职称	初级职称	其他
甲	序号	1	2	3	4	5	6	7	8	9
总　计	1									
省　级	2									
地、市级	3									
县(市、区)级	4									

单位负责人签章：　　处(科)负责人签章：　　制表人签章：　　报出日期：199　年　月　日

实行社会保险统筹的市县数

表　　号：劳险年综13表
制表机关：劳动部
备案机关：国家统计局
文　　号：劳部发(1993)257号

填报单位：　　199　年年报　　　　单位：个

	实行城镇集体企业养老保险费用统筹的市县数	实行外商投资企业养老保险费用统筹的市县数	退休费用由社会保险管理机构发放的市县数	退休费用委托银行或邮局发放的市县数	实行工伤保险统筹的市县数	实行生育保险统筹的市县数	实行职工大病医疗费统筹的市县数	实行离退休人员医疗费统筹的市县数
甲	1	2	3	4	5	6	7	8
总计								

单位负责人签章：　　处(科)负责人签章：　　制表人签章：　　报出日期：199　年　月　日

国务院办公厅转发劳动部《关于加强企业工资总额宏观调控的意见》的通知

(1993年10月8日)
国办发〔1993〕69号

各省、自治区、直辖市人民政府，国务院各部委、各直属机构：

劳动部《关于加强企业工资总额宏观调控的意见》，已经国务院同意，现转发给你们，请认真贯彻执行。

关于加强企业工资总额宏观调控的意见

国务院：

为尽快建立适应社会主义市场经济要求的劳动工资宏观调控体系，确保企业工资总额增长与国民经济发展保持合理、协调的比例关系，我们根据党中央、国务院有关文件和指示的精神，经与有关部门研究并征求部分省市的意见，对加强企业工资总额宏观调控问题提出如下意见：

一、各地区、部门应充分重视并认真抓好建立劳动工资宏观调控体系的工作，根据“国家宏观调控、分级分类管理、企业自主分配”的原则和要求，切实加强对企业工资总额的宏观调控。企业工资总额的内涵，应按照《全民所有制工业企业转换经营机制条例》和财政部发布的《企业财务通则》、《企业会计准则》的规定执行。

二、从1993年起，国家对地区和部门实行动态调控的弹性工资总额计划（以下简称弹性计划）管理，原则上按照劳动部已组织试行的弹性计划实施办法执行。全国性公司、计划单列企业集团等单位原则上实行工资总额同经济效益挂钩（以下简称工效挂钩）办法，其工资总额也纳入弹性计划管理。

三、各地区、部门根据国民经济与社会发展总体规划，结合实际情况，按照弹性计划实施办法和“两个低于”的原则，测算和编制本地区、部门企业工资总额增长的中长期规划和年度计划；要严格履行加强宏观调控的职责，认真落实国家下达的弹性计划；对下属地（州）、市、县和所属单位，按照弹性计划所依据的投入产出、效益效率原则下达指导性计划。

四、各地区、部门的全部企业，包括各种所有制和各种经营方式的企业，均应按要求认真编制本企业的工资总额计划，报送主管部门和同级劳动部门（无主管部门的企业报劳动部门）。

五、各地区、部门要在国家下达的弹性计划范围内，对不同类型的企业实行分级管理和分类指导，对企业工资总额的调控方式逐一认定。

应在进一步改进完善工效挂钩办法的基础上扩大挂钩面。经财政部门认定的亏损企业，可实行工资总额与减亏指标挂钩的办法。企业只能在按规定提取的工资总额内自主分配。

对暂不具备工效挂钩条件的企业，实行工资总额包干办法，其工资总额包干数经劳动部门商同级财政部门核定。企业要严格按核定的工资总额提取和发放工资，增人不增工资总额，在完成任务的前提下减人不减工资总额。

经批准试行自主确定工资总额办法的企业，其工资总额基数和经济效益基数由劳动、财政部门核定，如企业经济效益下降，其工资总额相应下浮。在国家对这种确定企业工资总额的办法作出具体规定之前，只能先试点，取得经验后再依据国家有关规定逐步推开。

六、各地区、部门要认真负责地抓好工资总额管理。所有企业都要使用《工资总额使用手册》。实行工效挂钩和自主确定工资总额的企业，根据自行编制的工资总额计划如实填写《工资总额使用手册》，于年初报主管部门或劳动部门一次性备案签章；实行工资总额包干办法的企业，按照劳动部门下达的工资总额包干数填写《工资总额使用手册》，于年初报主管部门或劳动部门一次性审核签章。对未备案签章、审核签章或超额支取工资的企业，银行一律拒付。

七、各地区、部门应建立健全企业工资总额宏观监测、信息反馈及预警体系，对各地区、部门和企业的工资总额变动情况，按“两个低于”的原则进行监测；执行季报、半年报和年度考核制度，对经济运行动态、企业工资总额发放情况及两者的比例关系认真分析，对可能出现的问题及时预警。同时，应定期公布不同行业的国内、国际人工成本及经济效益横向比较指标，以指导企业搞好内部分配。

八、国家对各地区、部门的弹性计划执行情况认真考核，发现问题及时研究处理。各地区、部门要在每年 6 月底前，将上年度弹性计划执行情况报送劳动部、财政部、国家计委（必须按照统一制定的表格填报）。在一个 5 年弹性计划期末，对无特殊原因超过国家按弹性计划核定的工资总额的地区、部门，按超过的工资总额等额增加其上缴中央财政的数额（由中央财政补贴的地区、部门等额减少补贴），并且等额核减其下一个 5 年弹性计划期的工资总额基数。对此，劳动部、财政部应将有关情况和意见报告国务院，经批准后执行。

九、各地区、部门要引导企业自觉做好工资总额管理工作，及时掌握企业工资总额增长情况，年末认真进行检查。对于企业违反规定多提工资的，当年应如数扣回；当年扣不回的，用工资储备金抵补；无工资储备金的，相应扣减下年度工资总额基数或包干数。对这类企业的经营者和直接责任者，还要视情节轻重分别给予通报批评或建议当地政府严肃处理。

十、各地区、部门和企业必须严格按照国家的税收规定执行，对企业和职工个人一律不得自行减征、缓征或免征应缴纳的税金，擅自减征、缓征或免征的，应予纠正。

十一、各级劳动、计划、财政、税务、审计、银行等有关部门应密切配合，协调行动，共同做好企业工资总额的宏观调控工作，以利于国民经济持续、稳定、协调地发展。

十二、各省、自治区、直辖市人民政府和国务院各有关部门，应结合本地区、部门的实际情况制定实施细则。

以上意见如无不妥，请批转各地区和各部门执行。

劳动部关于颁发《劳动争议仲裁委员会办案规则》的通知

（1993 年 10 月 18 日）

劳部发〔1993〕276 号

各省、自治区、直辖市劳动（劳动人事）厅（局）：

根据《中华人民共和国企业劳动争议处理条例》第四十条规定，我部会同全国总工会、国家经贸委等有关部门，制定了《劳动争议仲裁委员会办案规则》，现予颁发，请遵照执行。

劳动争议仲裁委员会办案规则

第一章 总 则

第一条 为实现劳动仲裁办案规范化，保证办案质量，及时正确地处理劳动争议，根据《中华人民共和国企业劳动争议处理条例》(以下简称《条例》),制定本规则。

第二条 地方各级劳动争议仲裁委员会及其办事机构的工作人员、仲裁员,均应执行本规则。

第三条 劳动争议仲裁委员会(以下简称仲裁委员会)处理劳动争议案件,必须遵守国家法律、法规、规章和政策,查明事实,先行调解,调解不成时,及时裁决。对当事人适用法律一律平等。

第四条 仲裁委员会及仲裁庭处理劳动争议案件,实行少数服从多数的原则。

第五条 仲裁庭在仲裁委员会领导下依法处理劳动争议。

第二章 管 辖

第六条 地方各级仲裁委员会处理劳动争议的管辖范围由省、自治区、直辖市人民政府依据《条例》确定。

第七条 仲裁委员会发现受理的案件不属于本会管辖时,应当移送有管辖权的仲裁委员会。仲裁委员会之间因管辖权发生争议,由双方协商解决;协商不成时,由共同的上级劳动行政主管部门指定管辖。

第八条 发生劳动争议的单位与职工不在同一个仲裁委员会管辖地区的,由职工当事人工资关系所在地仲裁委员会受理。

第三章 仲裁参加人

第九条 企业与职工为劳动争议的当事人。企业法人由其法定代表人参加仲裁活动。依法成立的其他企业或单位由其主要负责人参加仲裁活动。

当事人可以委托一至二名律师或其他人代理参加仲裁活动。委托他人参加仲裁活动,必须向仲裁委员会提交有委托人签名或盖章的授权委托书,委托书应当明确委托事项和权限。无民事行为能力和限制行为能力的职工可由其法定代理人代为申诉;死亡职工可由其利害关系人代为申诉;法定代理人或利害关系人不明确的,由仲裁委员会指定代理人。

第十条 发生劳动争议的职工一方在三人以上,并有共同理由的,应当推举代表参加仲裁活动。代表人数由仲裁委员会确定。

第十一条 与劳动争议处理结果有利害关系的第三人,可以申请参加仲裁活动,或者由仲裁委员会通知其参加。

第四章 案件受理

第十二条 仲裁委员会的办事机构负责劳动争议案件受理的日常工作。仲裁委员会办事机构工作人员接到仲裁申请书后,应对下列事项进行审查:

(一)申诉人是否与本案有直接利害关系;

(二)申请仲裁的争议是否属于劳动争议;

(三)申请仲裁的劳动争议是否属于仲裁委员会的受理内容;

(四)该劳动争议是否属于本仲裁委员会管辖;

(五)申请书及有关材料是否齐备并符合要求;

(六)申请时间是否符合申请仲裁的时效规定。

对申诉材料不齐备或有关情况不明确的仲裁申请书,应指导申诉人予以补充。

第十三条 仲裁委员会可以授权其办事机构负责立案审批工作。

仲裁委员会办事机构工作人员对于经审查符合受理条件的案件,应即填写《立案审批表》并及时报仲裁委员会或其办事机构负责人审批。

第十四条 仲裁委员会或其办事机构负责人对《立案审批表》应自填表之日起 7 日内作出决定。决定不予立案的,应当自作出决定之日起 7 日内制作不予受理通知书,送达申诉人；决定立案的，应当自作出决定之日起7日内向申诉人发出书面通知，将申诉书副本送达被诉人，并要求其在15日内提交答辩书和证据。

被诉人不提交答辩书的，不影响案件的处理。

第五章 案件仲裁准备

第十五条 仲裁委员会决定受理的劳动争议案件，应自立案之日起7日内按《劳动争议仲裁委员会组织规则》组成仲裁庭。

第十六条 对事实清楚，案情简单，适用法律法规明确的案件，可由仲裁委员会指定一名仲裁员独任处理。

第十七条 仲裁委员会的成员或被指定的仲裁员有《条例》第三十五条所列情形之一的，应当回避。

前款规定同时适用于书记员、鉴定人、勘验人，以及翻译人员。

第十八条 仲裁委员会主任的回避，由仲裁委员会决定；仲裁委员会其他成员、仲裁员和其他人员的回避由仲裁委员会主任决定。

第十九条 仲裁委员会或仲裁委员会主任对回避申请应在7日内作出决定，并以口头或书面方式通知当事人。

第二十条 仲裁庭成员应认真审阅申诉、答辩材料，调查、收集证据，查明争议事实。

第二十一条 仲裁员进行调查时，应当先向被调查人出示证件。调查笔录经被调查人校阅后，由被调查人、调查人签名或盖章。

第二十二条 在仲裁活动中，遇有需要勘验或鉴定的问题，应交由法定部门勘验或鉴定；没有法定部门的，由仲裁委员会委托有关部门勘验或鉴定。

第二十三条 各地仲裁委员会之间可以互相委托调查。受委托方仲裁委员会应当在委托方仲裁委员会要求的期限内完成调查，因故不能完成的应当在要求期限内函告委托方仲裁委员会。

第二十四条 仲裁庭成员应根据调查的事实，拟定处理方案。

第六章 案件审理

第二十五条 仲裁庭审理劳动争议案件，应于开庭四日前，将仲裁庭组成人员、开庭时间、地点的书面通知送达当事人。当事人接到通知，无正当理由拒不到庭的，或在开庭期间未经仲裁庭同意自行退庭的，对申诉人按撤诉处理，对被诉人作缺席裁决。

第二十六条 仲裁庭审理劳动争议案件应当先行调解。

经调解达成协议的，按《条例》第二十七、二十八条的规定制作仲裁调解书，调解书由双方当事人签字、仲裁员署名、加盖仲裁委员会印章并送达当事人。

调解未达成协议，或仲裁调解书送达前当事人反悔的，以及当事人拒绝接收调解书的，仲裁庭应及时裁决。

第二十七条 仲裁庭开庭裁决，可以根据案情选择以下程序：

（一）由书记员查明双方当事人、代理人及有关人员是否到庭，宣布仲裁庭纪律；

（二）首席仲裁员宣布开庭，宣布仲裁员、书记员名单，告知当事人的申诉、申辩权利和义务，询问当事人是否申请回避并宣布案由；

（三）听取申诉人的申诉和被诉人的答辩；

（四）仲裁员以询问方式，对需要进一步了解的问题进行当庭调查，并征询双方当事人的最后意见；

（五）根据当事人的意见，当庭再进调解；

（六）不宜进行调解或调解达不成协议时，应及时休庭合议并作出裁决；

（七）仲裁庭复庭，宣布仲裁裁决；

（八）对仲裁庭难作结论或需提交仲裁委员会决定的疑难案件，仲裁庭应当宣布延期裁决。

第二十八条 在管辖区域内有重大影响的案件，以及经仲裁庭合议难作结论的疑难案件，仲裁庭可在查明事实后提交仲裁委员会决定。

第二十九条 仲裁庭作出裁决前，申诉人申请撤诉的，仲裁庭审查后决定其撤诉是否成立。仲裁决定须在7日内完成。

第三十条 仲裁庭处理劳动争议，应从组成仲裁庭之日起60日内结案。案情复杂需要延期的，报仲裁委员会批准后可适当延长，但最长延期不得超过30日。

对于请示待批，工伤鉴定，当事人因故不能参加仲裁活动，以及其他妨碍仲裁办案进行的客观情况，应视为仲裁时效中止，并需报仲裁委员会审查同意。仲裁时效中止不应计入仲裁办案时效内。

第三十一条 仲裁庭处理劳动争议结案时，应填写《仲裁结案审批表》报仲裁委员会主任审批。仲裁委员会主任认为有必要，也可提交仲裁委员会审批。审批须在7日内完成。

第三十二条 仲裁庭作出裁决后，应制作仲裁裁决书。裁决书由仲裁员署名，加盖仲裁委员会印章，送达双方当事人。

仲裁庭当庭裁决的，应当在7日内发送裁决书。定期另庭裁决的当庭发给裁决书。

第三十三条 仲裁庭作出裁决时，对涉及经济赔偿和补偿的争议标的可作变更裁决，对其他争议标的可在作出肯定或否定裁决的同时，另向当事人提出书面仲裁建议。

第三十四条 各级仲裁委员会主任对本委员会已发生法律效力的裁决书，发现确有错误，需要重新处理的，应提交本仲裁委员会决定。

决定重新处理的争议，由仲裁委员会决定终止原裁决的执行。仲裁决定书由仲裁委员会主任署名，加盖仲裁委员会印章。

仲裁委员会宣布原仲裁裁决书无效后，应从宣布无效之日起7日内另行组成仲裁庭。仲裁庭再次处理劳动争议案件，应当自组成仲裁庭之日起30日内结案。

第三十五条 仲裁裁决书应写明：

（一）申诉人和被诉人的姓名、性别、年龄、民族、职业、工作单位和住址，单位名称、地址及其法定代表人（或负责人）或代理人的姓名、职务；

（二）申诉的理由、争议的事实和要求；

（三）裁决认定的事实、理由和适用的法律、法规；

（四）裁决的结果及费用的负担；

（五）不服裁决，向人民法院起诉的期限。

仲裁调解书可参考仲裁裁决书的格式制作。

第七章 案件特别审理

第三十六条 职工一方在30人以上的集体劳动争议适用本章规定。本章没有规定的适用本规则和《条例》的有关规定。

第三十七条 仲裁委员会处理集体劳动争议，应当组成特别仲裁庭。特别仲裁庭由3名以上仲裁员单数组成。

县级仲裁委员会认为有必要，可以将集体劳动争议报请市（地、州、盟）仲裁委员会处理。

第三十八条 仲裁庭对集体劳动争议应按照就地、就近的原则进行处理，开庭场所可设在发生争议的企业或其他便于及时办案的地方。

第三十九条 仲裁委员会应当自收到集体劳动争议申诉书之日起3日内作出受理或者不予受理的决定。仲裁委员会在作出受理决定的同时，组成特别仲裁庭，用通知书或布告形式通知当事人；决定不予受理的，应当说明理由。

第四十条 受理通知书送达或受理布告公布后，当事人不得有激化矛盾的行为。

第四十一条 仲裁庭处理集体劳动争议应先行调解，或者促成职工代表与企业代表召开协商会议，在查明事实的基础上促使当事人自愿达成协议。

调解达成协议的，调解书送达或布告公布之日起即发生法律效力。

调解或协商未能达成协议的，仲裁庭应及时裁决。

第四十二条 仲裁庭作出裁决后，应制作裁决书送达当事人，或用“布告”形式公布。

第四十三条 仲裁庭处理集体劳动争议，应当自组成仲裁庭之日起15日内结束。案情复杂需要延期的，经报仲裁委员会批准，可以适当延期，但是延长的期限不得超过15日。

第四十四条 仲裁委员会对受理的集体劳动争议及其处理结果应及时向当地人民政府汇报。

第八章 期间、送达

第四十五条 期间包括法定期间和仲裁委员会指定的期间。期间以日、月、年计算。期间开始之日计算在期间内。期间届满的最后一日是法定节假日的，以节假日后的第一天为期间届满的日期。期间不包括在途时间。仲裁文书在期满前交邮的，不算过期。

第四十六条 当事人因不可抗拒的事由，或其它正当理由超过申诉时效的劳动争议，仲裁委员会应当受理。

第四十七条 送达仲裁文书必须有送达回执，由受送达人在送达回执上记明收到日期，签名或盖章。

受送达人在送达回执上的签收日期为送达日期。

第四十八条 仲裁委员会送达仲裁文书，应当直接送交受送达人；本人不在的，交其同住成年亲属签收；受送达人已向仲裁委员会指定代收人的，交代收人签收；受送达人方是企业或单位，又没有向仲裁委员会指定代收人的，可以交其负责收件人签收。

第四十九条 受送达人拒绝接受仲裁文书的，送达人应邀请有关组成的代表或其他人到场，说明情况，在送达回执上证明拒收事由和日期，由送达人、见证人签名或盖章，把仲裁文书留在受送达人的住所，即视为送达。

第五十条 直接送达仲裁文书有困难的，可以委托当事人所在地的仲裁委员会代为送达，或者邮寄送达。邮寄送达，以挂号查询回执上注明的收件日期为送达日期。

第五十一条 受送达人下落不明，或者用本规定的其他方式无法送达仲裁文书的，可公告送达。自发出公告之日起经过30日，即视为送达。

公告送达，应当在案卷中记明原因和经过。

第九章 归档

第五十二条 劳动争议处理终结后，应将处理过程中形成的全部材料，按类别或时间顺序排列，编写目录、页码，装订成册，立卷归档。

卷宗材料必须是复印、铅印、油印或用钢笔、毛笔书写，不得用铅笔、圆珠笔书写或复写纸复写。

第五十三条 仲裁案卷分正卷和副卷装订。

正卷包括：申诉书、答辩书、法定代表人身份证明书、授权委托书、调查证据、勘验笔录、谈话笔录、开庭通知、仲裁建议书、仲裁决定书、仲裁调解书和仲裁裁决书、送达回执等。

副卷包括：立案审批表、调查提纲、阅卷笔录、汇报笔录、请示报告、上级批示、各种会议笔录、底稿、结案审批表等。

第五十四条 仲裁副卷除仲裁机构外，一律不准借调和查阅。

第五十五条 对仲裁结果不服，到法院起诉或申请执行的案件，法院可以借阅仲裁正卷。律师担任诉讼代理人的，凭证件可以就地查阅仲裁正卷。

第五十六条 案件当事人和与当事人有利害关系的单位及个人不得查阅仲裁案卷。

第五十七条 有关单位和个人如需摘抄正卷内材料的，需经仲裁委员会办事机构负责人批准。

第五十八条 为保证仲裁案卷的完整与安全，各级劳动仲裁委员会办事机构要建立严格的案卷借阅、查阅制度。对需要借出的案卷要明确规定借阅期限，如期归还。归还时要严格检查，确保案卷的完整。

第五十九条 仲裁调解和其他方式结案的案卷，保存期为 5 年；仲裁裁决结案的案卷，保存期为 10 年；不服仲裁起诉到法院的案卷，保存期为 15 年。

第十章 仲裁费用

第六十条 仲裁委员会受理劳动争议案件，应当按照《劳动合同鉴证和劳动争议仲裁收费管理办法》收取仲裁费。仲裁费分为案件受理费和案件处理费。

受理费标准按国家有关规定执行，由申诉人在仲裁委员会决定立案时预付。

处理费包括差旅费、勘验费、鉴定费、证人误工误餐费、文书表册印制费等。处理费由双方当事人在收到案件受理通知书和申诉书副本后五日内预付。

第六十一条 案件经仲裁委员会调解达成协议的，仲裁费的负担由双方当事人协商解决。案件经仲裁委员会裁决的，仲裁费由败诉方承担。双方部分败诉的，由双方当事人承担。当事人撤诉的，全部费用由撤诉方承担。

仲裁委员会对职工当事人缴纳仲裁费确有困难的，可以减、缓、免。

第十一章 附 则

第六十二条 仲裁参加人及仲裁工作人员违反本规则，按《条例》第四章有关规定处理。

第六十三条 本规则由劳动部负责解释。

第六十四条 本规定自发布之日起实施。

劳动部关于印发《企业最低工资规定》的通知

（1993 年 11 月 24 日）

劳部发〔1993〕333 号

各省、自治区、直辖市及计划单列市劳动（劳动人事）厅（局），国务院有关部委、直属机构劳动人事司，解放军总后勤部劳动工资局，国家计划单列企业集团：

为了适应社会主义市场经济发展的需要，保护劳动者个人及其家庭成员的基本生活和劳动者的合法权益，促进劳动者素质的提高和企业公平竞争，特制定《企业最低工资规定》，现印发给你们，请结合实际情况研究执行。

企业最低工资规定

第一章　总　则

第一条　为了适应社会主义市场经济发展的需要，保障劳动者个人及其家庭成员的基本生活，促进劳动者素质的提高和企业公平竞争，制定本规定。

第二条　本规定适用于中华人民共和国境内各种经济类型的企业(以下简称企业)以及在其中领取报酬的劳动者（以下简称劳动者)。

第三条　本规定所称“最低工资”是指劳动者在法定工作时间内提供了正常劳动的前提下,其所在企业应支付的最低劳动报酬。本规定所称最低工资率是指单位劳动时间的最低工资数额。

第四条　最低工资率的确定实行政府、工会、企业三方代表民主协商原则。

第五条　国务院劳动行政主管部门对全国最低工资制度实行统一管理。

省、自治区、直辖市人民政府劳动行政主管部门对本行政区域最低工资制度的实施实行统一管理。

第二章　最低工资率的确定和发布

第六条　最低工资率在国务院劳动行政主管部门的指导下，由省、自治区、直辖市人民政府劳动行政主管部门会同同级工会、企业家协会研究确定。

第七条　最低工资率应参考政府统计部门提供的当地就业者及其赡养人口的最低生活费用、职工的平均工资、劳动生产率、城镇就业状况和经济发展水平等因素确定，高于当地的社会救济金和待业保险金标准，低于平均工资。其具体测算方法附后。

第八条　最低工资率一般按月确定，也可按周、日或小时确定。各种单位时间的最低工资率可互相转换。

第九条　最低工资率应考虑同一地区不同区域和行业的特点，对不同经济发展区域和行业可以确定不同的最低工资率。

第十条　各省、自治区、直辖市劳动行政主管部门会同工会、企业家协会确定最低工资率时，应向当地工商业联合会、财政、民政、统计等部门咨询。

第十一条　省、自治区、直辖市人民政府劳动行政主管部门必须将确定的当地最低工资率及其依据、详细说明和最低工资率的适用范围（包括区域、行业和人员，下同）报国务院劳动行政主管部门备案。

第十二条　国务院劳动行政主管部门在收到省、自治区、直辖市劳动行政主管部门的备案报告后，应召集全国总工会、全国企业家协会共同研究；如其报送的最低工资率及其适用范围不妥的，有权提出变更意见，并在十五天之内以书面形式给予回复。

第十三条　省、自治区、直辖市劳动行政主管部门在二十五天之内未收到国务院劳动行政主管部门提出变更意见的，或接到变更意见对原确定的最低工资率及其适用范围作出修订后，应当将本地区最低工资率及其适用范围报省、自治区、直辖市人民政府批准，并且在批准后七天内发布。

第十四条　省、自治区、直辖市最低工资率及其适用范围应在当地政府公报上和至少一种全地区报纸上发布。

第十五条　最低工资率发布实施后，如本规定第七条所规定的诸项因素发生变化，或本地区职工生活费用价格指数累计变动较大时，应当适时调整，但每年最多调整一次。

最低工资率调整的权限、方式、程序、公布办法按照其确定时的规定进行。

第三章　最低工资的给付

第十六条　最低工资应以法定货币按时支付。

第十七条　下列各项不作为最低工资的

组成部分：

1．加班加点工资；

2．中班、夜班、高温、低温、井下、有毒有害等特殊工作环境、条件下的津贴；

3．国家法律、法规和政策规定的劳动者保险、福利待遇。

第四章　最低工资的保障与监督

第十八条　企业必须将政府对最低工资的有关规定告知本单位劳动者。

第十九条　企业支付给劳动者的工资不得低于其适用最低工资率。

实行计件工资或提成工资等工资形式的企业，必须进行合理的折算，其相应的折算额不得低于按时、日、周、月确定的相应的最低工资率。

第二十条　劳动者由于本人原因造成在法定工作时间内未提供正常劳动的，不适用于第十九条第一款的规定。

第二十一条　劳动者因探亲、结婚、直系亲属死亡按照规定休假期间，以及依法参加国家和社会活动，视为提供了正常劳动。

第二十二条　各级人民政府的劳动行政主管部门负责对最低工资执行情况进行检查监督。

第二十三条　工会有权对最低工资执行情况进行监督，发现企业支付劳动者工资低于有关最低工资率的，有权要求有关部门处理。

第二十四条　劳动者与企业之间就最低工资发生争议时，按《中华人民共和国企业劳动争议处理条例》处理。

第五章　法律责任

第二十五条　违反本规定第七条、第十条、第十一条、第十三条、第十四条规定的，由国务院劳动行政主管部门责令其限期改正。

第二十六条　企业违反本规定第十六条、第十七条、第十八条、第二十一条规定的，由当地政府劳动行政主管部门责令其限期改正。逾期未改正的，对用人单位和责任人给予经济处罚。

第二十七条　企业违反本规定第十九条规定的，由当地政府劳动行政主管部门责令其限期补发所欠劳动者工资，并视其欠付工资时间的长短向劳动者支付赔偿金。欠付一个月以内的向劳动者支付所欠工资的20％赔偿金；欠付三个月以内的向劳动者支付所欠工资的50％赔偿金；欠付三个月以上的向劳动者支付所欠工资的100％赔偿金。拒发所欠工资和赔偿金的，对企业和责任人给予经济处罚。

第二十八条　对处罚决定不服的，当事人可以依照《行政复议条例》的规定申请复议。对复议决定不服的，当事人可以依照《中华人民共和国行政诉讼法》的规定向人民法院提起诉讼。

第二十九条　复议申请人逾期不起诉，又不履行复议决定的，依照《行政复议条例》的规定执行。

第六章　附　　则

第三十条　各省、自治区、直辖市人民政府可依据本规定制定实施办法。

第三十一条　本规定由国务院劳动行政主管部门负责解释。

第三十二条　本规定自公布之日起实行。

附：

最低工资率测算方法

国际上确定最低工资一般考虑城市居民生活费用支出、平均工资、劳动生产率、失业率、经济发展水平等因素。可用公式表示为：

M＝f（C、A、L、U、E、a）

M　最低工资率；

C　城市居民人均生活费用；

A　平均工资；

L　劳动生产率；

U　失业率；

E　经济发展水平；

a　调整因素。

国际上采用的确定最低工资率的具体测算方法有八种，分别是：恩格尔系数法、比重法、累加法、超必需品剔除法、平均数法、生活状况分析法、分类综合计算法、经济计量分析法。下面重点介绍比重法和恩格尔系数法。

1.比重法　即根据城镇居民家计调查资料，确定一定比例的最低人均收入户为贫困户，统计出贫困户的人均生活费用支出水平，乘以每一就业者的赡养系数，再加上一个调整数。

2.恩格尔系数法　即根据国家营养学会提供的年度标准食物谱及标准食物摄取量，结合标准食物的市场价格，计算出最低食物支出标准，除以恩格尔系数，得出最低生活费用标准，再乘以每一就业者的赡养系数，再加上一个调整数。

以上方法计算出最低工资率后，再考虑职工平均工资水平、社会救济金和待业保险金标准、就业状况、劳动生产率水平、经济发展水平等进行必要的修正。

举例：

某地区最低收入组人均每月生活费支出为 90 元，每一就业者赡养系数为 1.5，最低食物费用为 60 元，恩格尔系数为 0.7，平均工资为 250 元。

1.按比重法计算得出该地区最低工资率为：

最低工资率＝90×1.5＋c＝135＋c（元）

（c 为调整数）

2.按恩格尔系数法计算得出该地区最低工资率为：

最低工资率＝60÷0.7×1.5＋b＝128.6＋b（元）

（b 为调整数）

国际上一般最低工资相当于平均工资的 40％～60％，则该地区最低工资约为 100～150 元。

那么，可以得出该地区的最低工资率为 130 元/月。

得出最低工资率后，一定要进行可行性验证，尤其要看大部分企业是否承受得了，然后再最后确定。

劳动部关于印发《劳动部关于建立社会主义市场经济体制时期劳动体制改革总体设想》的通知

（1993年12月21日）

劳部发〔1993〕411号

各省、自治区、直辖市及计划单列市劳动（劳动人事）厅（局），国务院有关部委、直属机构劳动人事司，解放军总后勤部劳动工资局和生产管理部，试点企业集团：

为贯彻落实党的十四届三中全会精神，全面推进劳动体制改革，逐步建立符合市场经济要求的新型劳动体制，劳动部研究制定了《劳动部关于建立社会主义市场经济体制时期劳动体制改革总体设想》，现印发给你们，请结合本地区、本单位的实际情况贯彻落实。贯彻中有什么问题，请及时通知我部。

劳动部关于建立社会主义市场经济体制时期劳动体制改革总体设想

我国经济体制改革的目标是建立社会主义市场经济体制。适应这一目标的要求，劳动工作要以培育和发展劳动力市场为中心，全面推进劳动体制改革，逐步建立符合市场经济要求的新型劳动体制。为了使劳动体制改革有计划、有步骤地进行，根据《中共中央关于建立社会主义市场经济体制若干问题的决定》，特研究制定《劳动部关于建立社会主义市场经济体制时期劳动体制改革总体设想》。

一、劳动体制改革面临的形势和任务

1.劳动体制改革是整个经济体制改革的重要组成部分。党的十一届三中全会以来，随着经济体制改革的逐步深化，相继对计划经济体制下的劳动就业、职业培训、工资分配、社会保险、劳动计划和劳动保护等制度进行了一系列重大的改革。回顾改革的历程，尽管在改革之初尚未明确建立社会主义市场经济体制的目标，但劳动体制改革在总体上说是符合市场取向的。通过改革，初步引进了市场机制，调动了劳动者的积极性和创造性，促进了企业经营机制的转换。劳动制度改革扩大了企业用人自主权和劳动者择业自主权，有利于市场主体的形成；工资制度改革建立了新的企业工资增长机制，赋予了企业内部分配自主权，初步拉开了职工之间的收入差距，工资分配开始发挥市场机制的作用；国有企业职工待业保险制度的建立和职工退休费用社会统筹的实行，为企业参与市场竞争平衡了负担，减少了职工后顾之忧；就业服务体系、职业技能开发体系、职业介绍机构的发展，为劳动力市场建设打下了一定的基础。

但是，应当看到，前一阶段的劳动体制改革距建立社会主义市场经济体制的要求还

有很大差距。国有企业还没有完全实现自主用人，主要是富余人员不能推向社会，而且仍然要接收一定数量的统配人员；多数国有企业的工资总额仍然受行政控制，新的企业工资制度及与之相适应的宏观调控体系尚未形成；社会保险制度改革相对滞后，覆盖面偏窄，社会化程度低，不能适应企业走向市场和劳动力流动的要求；劳动力市场规则及其所需的各项服务体系尚不健全；劳动法制建设落后于改革的步伐，等。这些问题，迫切需要通过全面深化劳动体制改革加以解决。

2. 以邓小平同志1992年南巡重要谈话和党的十四大为标志，我国经济体制改革进入了建立社会主义市场经济体制的新阶段。在建立社会主义市场经济体制过程中，劳动体制改革和各项劳动工作必须紧紧围绕建立社会主义市场经济体制来进行。

《决定》指出，社会主义市场经济体制是同社会主义基本制度结合在一起的。建立社会主义市场经济体制，就是要使市场在国家宏观调控下对资源配置起基础性作用。根据这一要求，劳动体制改革的主要任务是，以培育和发展劳动力市场为中心，全面深化劳动、培训、工资、社会保险各项改革，争取到本世纪末初步建立起与社会主义市场经济体制相适应的新型劳动体制。

3. 新型劳动体制的基本内涵是：市场机制在劳动力资源开发利用和配置中起基础性作用，通过市场实现充分就业和劳动力合理流动；劳动关系的建立以劳动合同为基本方式，通过劳动关系双方的自我调节和政府的适当干预，保持劳动关系的协调和相对稳定；职业技能开发在政府统筹规划管理下实行多方办学、多层次、多形式培训的新格局，实现职业技能开发的社会化管理；工资由市场机制决定，企业自主分配，政府实行监督和调控；养老、失业、医疗、工伤等社会保险覆盖城镇所有职工，基金统一调剂使用，社会化管理程度较高；安全生产实行企业负责、行业管理、国家监察、群众监督的管理体制；建立较完备的劳动法律体系，劳动工作纳入法制化轨道；劳动部门的职能是运用法律手段、经济手段及必要的行政手段进行间接管理和宏观调控，做好指导和服务工作。

二、培育和发展劳动力市场体系

4. 发挥市场机制在劳动力资源配置中的基础性作用，必须积极培育和发展劳动力市场体系。《决定》提出，劳动力市场是当前培育市场体系的重点之一，培育和发展劳动力市场的出发点是充分开发利用和合理配置我国充裕的劳动力资源。培育和发展劳动力市场，改革传统的劳动力资源配置方式，实现劳动力资源配置从计划为主到市场为主的转变，这是建立社会主义市场经济体制时期劳动体制改革的中心任务。

5. 劳动力市场是生产要素市场的重要组成部分，是按照市场规律对劳动力资源进行配置和调节的一种机制。培育和发展劳动力市场，要求企业有真正的用人自主权，劳动者有充分的择业自主权，形成劳动力供求主体。它涉及劳动者从求职、就业、失业和转业、直至退休的全过程；涉及到对劳动者的职业训练、报酬给付、社会保险、劳动保护等环节；涉及到劳动关系的确立、调整和终止，以及劳动力市场中介服务、信息引导、法律规范和宏观调控等诸方面。要通过培育和发展劳动力市场，带动劳动领域的各项改革，推动劳动事业的全面发展。

6. 培育和发展劳动力市场的目标模式，是建立竞争公平、运行有序、调控有力、服务完善的现代劳动力市场。

竞争公平，要打破统包统配的就业政策，破除妨碍劳动力在不同所有制之间流动的身份界限，劳动者自主择业、自主流动，企业自主用人，劳动力供求主体之间通过公平竞争、双向选择确立劳动关系。从长远发展来看，建立公平竞争的劳动力市场，还要逐步打破城乡之间、地区之间劳动力流动的界限。

运行有序，要为劳动力市场制定一整套法规，建立良好的运行秩序，劳动关系的建立、调整和终止，通过劳动合同法律形式来进行。

调控有力，要制定劳动力资源开发利用规划，引导劳动力市场运行方向，通过劳动监察保证劳动力市场的良好运行，并通过经济的、法律的以及必要的行政手段调控劳动力供求总量和供求结构。

服务完善，要建立完整的劳动力市场服务和保障体系。主要包括社会保险体系、就业服务体系、职业技能开发体系、统计信息服务体系、劳动法律咨询服务体系、劳动安全监察体系、宏观调控体系等，为各类企业和全社会劳动者提供优质高效服务和社会保障。

7. 培育和发展劳动力市场的步骤是："八五"后期实施重点突破，消除劳动力市场发育的主要障碍，加快培育市场主体，除少数需要由国家直接控制的企业和实行统包统配的人员外，其余全部实行自主用工和自主择业。与此同时，积极建立服务保障体系，推动公平竞争，初步建立市场秩序。"九五"时期根据经济体制改革进度和宏观经济形势，继续培育市场主体，基本取消统包统配，进一步放开城乡界限，取消职工身份界限，扩大公平竞争范围，进一步规范市场运行秩序，争取在本世纪末基本形成现代劳动力市场体系的雏形。

三、实行积极的就业政策，拓宽就业渠道，促进充分就业

8. 实现充分就业应当始终作为政府的一个重要目标。《决定》指出，我国劳动力资源充裕是经济发展的优势，同时也存在着就业的压力。今后相当长的时期内，我国劳动力供大于求的状况不会有根本的改变，政府将长期面临如何减少失业、扩大就业这一难题。从我国的基本国情出发，就业工作基本目标模式是：以充分开发利用和合理配置劳动力资源为出发点，以实现合理的充分就业为奋斗目标，实行国家宏观调控、城乡协调发展、企业自主用人、劳动者自主择业、市场调节供求、社会提供服务。

9. 实行积极的就业政策，努力拓宽就业渠道，促进充分就业。(1) 就业工作要真正纳入国民经济和社会发展规划。在政策上，支持非国有企业的发展，特别是鼓励劳动密集型的中小型企业更多地吸纳劳动力，积极发展第三产业，增加就业岗位。(2) 根据经济发展的情况，采用有效措施调节劳动力在城乡之间、地区之间的合理流动，使劳动力的配置适应区域经济发展的需要，实现宏观层次上的劳动力供求平衡。(3) 制定对妇女、残疾人等特殊群体的就业政策，保护这些就业群体的就业权利。(4) 进一步发展就业服务企业，积极开拓境外就业渠道，扩大劳务输出，减少就业压力。

10. 健全就业服务体系，加快职业介绍、就业训练、失业保险和就业服务企业的发展，使之成为功能完备、制度健全、服务高效、机构统一、面向全社会的服务网络。(1) 建立覆盖面广、服务水平高的职业介绍体系，每个地、市县都建立起具有固定场所与相应设施、人员配备合理、服务项目齐全的职业介绍机构，鼓励、支持和规范其他社会团体及个人举办职业介绍服务机构。(2) 进一步发挥就业训练中心的作用，加强就业和再就业训练，扩大训练范围，提高训练质量。(3) 发挥失业保险在促进再就业中的作用。对招用就业困难的待业职工的企业，以及待业职工自愿组织起来就业或自谋职业给予支持。(4) 积极发展劳服企业，发挥其网点多、核算单位小、经营灵活的特点，大力发展第三产业生产服务项目，扩大就业容量；要配合国有企业转换经营机制，积极创造条件安置富余职工；要兼顾社会效益和经济效益，以安置就业为己任，发挥平抑失业率和调节劳

动力供求的作用。

11. 加强城乡劳动力统筹，以建立农村就业服务网络为突破口，合理调节城乡劳动力流动，逐步实现城乡劳动力流动有序化。(1) 通过就业服务机构及时沟通城乡劳动力供求信息，减少流动的盲目性。在城镇建立进城务工农民的管理服务体系，使他们较快分散到需要的岗位上去。(2) 将就业服务机构，特别是职业介绍、就业训练机构向乡镇延伸，“八五”后期在农村剩余劳动力较多、劳动力流动量较大、经济较发达的乡镇建立就业服务机构。(3) 加强区域性劳动力的宏观调控，促进区域间劳动力的合理流动。国家协助指导各省、区搞好省际劳动力流动的协调工作，建立省际劳动力协作制度，实现省际劳动力有序流动。(4) 对转移到农村非农领域特别是具有一定规模乡镇企业的劳动力实行规范化管理，适时制定管理法规，使乡镇企业管理制度与城市企业管理制度接轨配套。进一步扩大农村就业试点项目，为实现城乡劳动力统筹的目标积累经验。

四、保持协调和相对稳定的劳动关系，全面开展劳动监察工作

12. 协调和相对稳定的劳动关系，是劳动力市场正常运行的前提，也是维护正常的生产秩序和社会安定的重要保证。要通过建立健全适应社会主义市场经济要求的劳动关系调整制度，形成国家立法、制定劳动基准规范劳动关系，劳动者与用人单位自主建立、自行协调劳动关系，工会与企业代表参与协调劳动关系，政府指导协调劳动关系，行政监察维护劳动关系，司法仲裁保障劳动关系双方权益的机制。

13. 建立健全劳动关系调整制度的基础是劳动关系的法制化。要积极进行劳动制度改革，推行全员劳动合同制，促进企业与职工劳动法律关系的建立，加强劳动合同管理。制定和完善各种规范劳动关系的法律法规，确立劳动关系的运行规范。

“八五”期间，在2/3以上地区的各类企业和职工中全面实行劳动合同制，使劳动关系的建立初步走上法制化轨道；通过制定劳动合同管理法规及集体谈判的程序规范，建立劳动合同签订、鉴证、履行及集体谈判和协调的规则；在非国有企业，特别是外资企业、私营企业，有条件地试行集体谈判制度。

“九五”期间，初步建立与社会主义市场经济体制相适应的劳动用工制度，在全国各类企业全部职工中实行劳动合同制度，使劳动关系走上法制化轨道；在非国有企业全面建立规范化的集体谈判制度，并进行行业、地区集体谈判的试点工作；有步骤地在一些国有企业中进行集体谈判或集体协商制度。

14. 实行劳动监察制度是贯彻执行劳动法律法规的重要手段。“八五”后期，通过制定劳动监察法规，健全劳动监察机构，配备劳动监察人员，形成劳动监察工作体制的雏形，全面开展劳动监察工作，达到对违法行为投诉有门，重大违法行为能及时发现，尽快查处，预防劳动纠纷，保障劳动法规的实施。“九五”期间，通过建立健全劳动监察法规，完善劳动监察组织网络，全方位地开展劳动监察工作。监察对象包括事业、企业和建立劳动关系的个体工商户，监察范围包括劳务中介、职业培训、劳动用工、工资分配、社会保险、劳务输出等方面，逐步形成监察形式灵活多样、监察手段有力有效的比较完备的劳动监察体系。

15. 劳动争议处理制度是劳动关系调整的重要手段。“八五”期间，通过制定和完善劳动争议处理的配套法规，积极推行仲裁庭、仲裁员制度，实行全国统一要求、统一标准、统一制发仲裁员合格证，仲裁员持证开展仲裁活动，以促进劳动仲裁的法制化和规范化。“九五”期间，通过研究制定《劳动争议处理法》，全方位扩大受案范围，将所有用人单位与劳动者发生的劳动争议都纳入仲裁范围，进一步加强劳动仲裁机构的建设，逐步成为准司法或司法性机构，发展职业化仲裁员队伍，完善仲裁形式，建立起适应市场经济体制要求的劳动争议处理制度，将劳动争议处理纳入法制管理轨道。

建立劳动关系宏观监测信息网络，收集、分析有关劳动关系变化发展情况，掌握劳动纠纷的动态趋势，从宏观角度进行监测，确定不同时期劳动争议冲突的警戒线，及时提出宏观预警报告。"八五"期间，地市以上劳动部门都要建立起对劳动争议引发的集体上访等情况的定期统计报告制度，对有关情况及时进行分析，为决策提供参考。"九五"期间建立起覆盖各级劳动部门的信息监测网络，形成较为灵敏的预警系统，为宏观决策和调控提供依据。

五、积极发展职业技能开发体系，全面提高劳动者素质

16. 职业技能开发是劳动力资源开发利用的核心，是经济发展的一项战略性任务，是劳动工作的重要支柱。我国劳动力资源丰富，但劳动力素质偏低，高素质劳动力供不应求。为社会提供合格的劳动者，并为评价劳动者素质提供客观依据，是培育和发展劳动力市场的重要环节。因此，必须大力加强职业技能开发工作，形成全社会的职业技能培训、鉴定网络，逐步建立和完善职业技能开发体系。

17. 职业技能开发工作要以发展劳动者职业技能、全面提高劳动者思想和业务素质、改善劳动力结构、促进充分就业和国民经济发展为目的。通过国家制定职业标准，政府进行规划指导，市场引导培训方向，社会鉴定技能水平方针的落实，逐步实现职业技能开发的科学化和管理社会化，力争在本世纪末基本达到以下目标：(1) 初步建立职业技能开发需求预测信息网络。政府根据市场需求科学地规划和协调全社会劳动力的职业技能开发。(2) 建立科学的国家职业分类、职业资格和职业技能标准体系。(3) 建立国家职业资格证书制度，完善国家职业技能鉴定网络，实行在政府指导下职业证书和职业技能鉴定的社会化管理。(4) 形成多方办学、多层次、多形式，能够覆盖城镇和乡镇企业并向农村延伸的职业技能培训网络，使城镇新增劳动力和转岗、转业人员在就业前和上岗前能接受必要的职业技能培训，其中技术要求高的关键性岗位应实行严格的职业资格证书制度，上岗人员应受到系统的培训。

18. 建立国家职业分类、职业资格证书和职业技能鉴定制度。

(1)建立职业分类和职业技能标准体系。依据职业分类逐步将现行的工人技术等级标准转化为职业技能标准，并与国际职业技能标准对接。对通用性强、覆盖面广、产品质量对消费者利益有重大影响的工种，尽快制定国家职业技能标准。同时指导行业和地方制定本行业、本地区特殊工种的职业技能标准。

(2)建立和完善国家职业资格证书制度。职业资格证书制度是职业技能开发的一个中心环节，是把职业技能开发和劳动力市场连接起来的纽带。要适应劳动力市场发展的要求，逐步建立起体系完备的职业资格证书制度，并使职业资格证书成为反映劳动者技能水平的主要标志，成为劳动力供求双方签订劳动合同的基本依据，成为生产和安全管理的重要工具。要逐步将已有的工人技术等级证书改造成为国家职业资格证书，并扩大职业资格证书的覆盖面，重要工种和关键岗位的职业资格证书要起职业许可证的作用。职业资格证书的管理要统放结合，在国家统一制定法规、标准，并实现宏观管理的前提下，鼓励社会力量通过竞争创立自已有影响和知名度的职业证书。

(3) 建立覆盖全社会的职业技能鉴定网络，实现职业技能鉴定的社会化管理。职业技能鉴定工作，要在已有的考核组织基础上，统筹规划，合理布局，抓紧社会职业技能鉴定机构和题库的组建工作，实行职业技能鉴定站（所）的许可证制度。近期主要做好对职业技能培训实体的毕（结）业生的技能鉴定，实行“双证书制度”，在此基础上逐步扩大服务面。要保证职业技能鉴定的科学、规范和权威性。

19．加快培训实体建设和改革步伐，实行培训机构自主办学，各方分担开发费用，逐步完善职业技能开发体系。

(1)加快职业技能培训实体的改革步伐。近期以落实职业技能培训实体的办学自主权为突破口，激发其办学活力。技工学校、就业训练中心和各类职业技能培训实体，要以劳动力市场需求为导向，转换办学机制。“九五”前期，在专业设置、培养目标、规格质量、培训期限、招生和毕（结）业生就业等方面，建立起与社会和企业需求相沟通的自主办学机制。在继续搞好技工学校评估的基础上，完善对各类职业技能培训实体的开办资格认证及毕（结）业生中的技术工人的质量考核的评价体系。从改革学制，指导修订与制定教学计划入手，总结办学经验，积极学习借鉴国外先进经验，努力探索新型技能培训模式。充分发挥职业技能培训实体多功能作用，走“产教结合”的道路，多形式、多层次、多规格开展职业技能培训。

(2) 通过立法使企业对职业技能开发承担更大的义务，并加强对企业培训机构和非培训机构培训等职业技能开发工作的指导。进一步改革学徒培训。除在传统工艺和少数工种继续以师带徒外，将企业学徒与技工学校、就业训练中心的培训结合起来，逐步建立起在企业进行技能训练，在学校及训练中心进行理论教学的新型学徒培训模式。

(3) 建立区域性的职业技能开发市场需求预测信息网络，完善其手段和功能，逐步形成全国性网络。“九五”时期以地区、行业为主建立职业技能开发统计信息网络，尽快实现计算机联网。在此基础上建立职业技能培训需求预测统计信息系统，为培训实体设置专业和企业用人、个人择业提供服务。

(4) 加强职业技能开发的教师、科研、管理队伍建设，做到配置合理，并不断提高素质。实行教师岗位合格证书制度，在认真考核的基础上实行聘任制。加强教学研究、深化教材改革。在教材选题、编写与出版等环节引入竞争机制。通过建立教材评审制度、开展教材评估，向社会推荐优秀教材。加强职业技能培训实体生产实习基地建设和对生产实习的指导与服务。

(5) 积极开辟经费来源，拓宽经费渠道，贯彻谁受益、谁投资的原则，实行国家、地方、企业和个人分担费用。增加对职业技能开发的经费投入，不断改善办学条件。积极支持引导办好校办产业。

(6) 实行城乡统筹开发原则，逐步扩大职业技能开发的覆盖范围。近期要加强小企业和乡村企业技术职工的职业技能培训，支持和引导非正规培训工作的开展，并配合有关部门积极开展妇女和残疾人等特殊群体的职业技能开发。

六、建立市场机制决定、企业自主分配、政府监督调控的工资体制

20．社会收入分配要坚持以按劳分配为主体、多种分配方式并存的制度，体现效率优先、兼顾公平的原则。随着企业改革的深化和劳动力市场的发育，企业工资制度改革将进一步深化。企业工资制度改革的目标是，建立市场机制决定、企业自主分配、政府监督调控的新模式。其内涵是，市场机制在工资决定中起基础性作用，通过劳动力供求双方的公平竞争，形成均衡工资率；工资水平的增长依据劳动生产率增长、劳动力供求变化和职工生活费用价格指数等因素，通过行业或企业的集体协商谈判确定；企业作为独立的法人，享有完整意义上的分配自主权；政府主要运用法律、经济手段（必要时采用行政手段），控制工资总水平，调节收入分配关系，维护社会公平。企业工资制度改革对其

他改革特别是企业改革具有较强的依赖性，必须根据企业改革进度和劳动力市场发育程度，有计划、有步骤地进行。

21.“八五”后期和“九五”前期，与企业改革相配套，积极探索企业自主分配新办法，完善工资宏观调控措施。

(1) 积极探索企业自主分配方式。一是对经营机制转换基本到位的大中型企业，实行在职工工资总额增长低于企业经济效益增长、职工实际平均工资增长低于企业劳动生产率增长的前提下，根据就业供求变化和国家有关政策规定，由企业自主决定工资水平和内部分配方式。二是探索通过集体谈判、民主协商决定工资水平的办法。在非国有企业试行集体谈判制度，在国有企业发挥职代会参与决定工资水平的作用，并探索实行集体谈判的途径。三是在少数地区和企业进行市场机制决定、企业自主分配、政府监督调控的新工资体制试点，为企业工资制度改革向目标模式过渡积累经验。

(2)进一步改进和完善工效挂钩办法，重点是增强挂钩的科学性和严肃性，严格按企业经济效益增减工资，解决挂上不挂下问题，同时突出同地区、同行业平均综合效益水平的比较，缓解企业之间的苦乐不均问题。要加强对产业部门之间职工工资水平关系的宏观调控，对工资水平过高或过低的分别予以适当限制或保护。对部门、计划单列企业集团实行的总挂钩办法，也要逐步改进，如逐步改为人均工资与劳动生产率挂钩的办法，同时适当考虑价格指数等因素。

(3)继续深化企业内部分配制度改革，企业根据实际情况确定内部分配制度。一是贯彻按劳分配为主原则，实行多种分配形式，职工收入主要根据其劳动技能、劳动强度、劳动条件、劳动贡献确定，充分发挥工资的激励功能。同时调整职工收入结构，使职工收入货币化、规范化。二是改进经营者收入分配办法，根据企业经营任务完成情况、资产保值增值状况确定其收入，促使经营者维护国有资产收益，控制人工成本，提高企业竞争能力。三是逐步发挥市场工资率对企业内部工资的调节作用，形成行业和企业工资标准，废除国家统一规定的工资标准和与此相关的职工档案工资。

(4) 改进和加强工资的宏观调控。一是继续完善弹性工资计划，提高科学性、可行性，通过弹挂一体实现宏观与微观的衔接，发挥其宏观调控作用。二是运用多种措施调整行业、企业之间的工资水平，限制过高的收入。三是抓紧研究制定最低工资法。各地根据最低工资法确定最低工资标准，保障劳动者的基本收入。四是强化税收特别是个人所得税调节社会分配的职能，维护社会公平。

22.“九五”后期，与现代企业制度的建立相适应，国有企业全面实行企业自主决定工资水平，非国有企业以集体协商、谈判作为确定行业、企业工资水平的主导方式。政府根据国民生产总值、就业、物价和投资等指标，制定全国工资指导线，作为各地区、各行业和各类企业确定工资增长幅度的依据，并通过货币、财政政策和税收、利率、价格等经济手段以及法律和必要的行政手段调控工资水平的增长。

七、建立覆盖城镇所有职工、社会化管理程度高、基金统一调剂使用的社会保险体系

23. 培育和发展劳动力市场，必须加快社会保险制度改革的步伐。改革的基本指导思想是：变企业保险为社会保险，以促进企业公平竞争和劳动力合理流动；建立多层次的社会保险制度，国家提供的保险只能保障基本需要；社会保险水平要与我国社会生产力水平及各方面的承受能力相适应，防止因为保障水平过高而影响经济发展。改革的目标是，通过国家立法，到本世纪末基本建立起覆盖城镇所有职工、费用负担和待遇标准合理、基金统一调剂使用、政事分开、社会化管理程度高的社会保险体系。

24. 由于前一阶段改革过程中社会保险制度改革相对滞后，成为制约其它改革的“瓶颈”，近期应当加大社会保险制度改革的力度，重点是完善养老保险和失业保险制度，强化社会服务功能，以减轻企业负担，促进企业组织结构调整，提高企业经济效益和竞争能力。“八五”后期各项社会保险制度改革的重点及要争取达到的阶段性目标是：

(1) 养老保险制度改革，要继续扩大覆盖面，把各类企业职工都纳入养老保险范围。同时，要根据条件逐步提高统筹层次，争取到1994年底，全国大部分省、自治区的国有企业实行省级统筹，城镇集体企业实现市县级统筹，有条件的地区应建立各类城镇职工统一的养老保险制度和实行统一的养老保险费率，为实现城镇养老保险一体化管理创造条件；实行基本养老金计发办法改革；进一步巩固企业职工个人缴纳部分基本养老保险费的制度；建立养老待遇与缴费挂钩，养老金调整与社会平均工资增长相联系的机制；推动企业补充养老保险和社会化服务体系的建立。

(2) 失业保险制度改革，进一步扩大覆盖面，由目前的7000万人扩大到9000万人；健全基金管理办法和监督检查制度，确定合理的基金支出项目；积极探索在非国有经济中实行失业保险的办法，逐步建立统一的失业保险制度。

(3) 医疗保险制度改革，重点是逐步建立医疗费用三方共同负担，既保障职工的基本医疗需求，又能有效控制费用不合理增长的机制。选择有条件的地区在加强医疗、医政和医药管理的基础上，进行医疗保险制度改革试点，建立医疗保险基金，总结和完善职工看病个人适当负担医疗费的办法，实行合同化管理，控制医疗费用不合理增长。推动大病医疗费用社会统筹和个人医疗帐户试点工作，到1995年底，试点市县数达到800个。同时推行离退休职工医疗费用的社会统筹，并纳入社会保险。

(4) 工伤保险制度改革，重点是建立基金，实行按行业伤亡事故发生频率确定差别费率并依据企业安全生产状况调整的浮动费率办法，建立工伤保险促进安全生产的机制；加强劳动鉴定机构建设，严格按照《职工工伤与职业病致残程度鉴定标准》评定伤残等级；适当调整工伤待遇，妥善安置伤残职工及因工死亡职工遗属。到1995年底，在全国50％市县实行工伤保险制度改革。

(5) 女职工生育保险制度改革，重点是建立企业缴纳保险基金制度，对因生育而造成暂时丧失劳动能力的妇女提供经济补偿，以平衡企业负担，维护女职工权益。

(6) 管理服务方面，“八五”期间，主要是推广社会网点发放养老金的办法，使全国各市县基本上实现由银行或社会保险机构发放；在有关部门配合下，积极推行以社会组织为主对离退休人员进行管理服务的办法；工伤保险的长期待遇和大病医疗待遇逐步达到由社会保险机构发放。

25.“八五”后期实现上述社会保险制度改革目标，必须加快改革步伐，采取切实有力的改革措施。

(1) 扩大社会保险的实施范围，逐步对全民、集体、私营企业职工和外商投资企业中方职工及个体劳动者实行统一的制度。

(2) 建立各项社会保险基金。所有单位都要按政府统一规定的费率缴纳各项社会保险费，逐步建立和完善养老、失业、工伤、医疗、生育保险各项基金制度。基金模式，城镇职工养老保险实行部分积累方式；失业保险实行以支定收、略有结余，按失业状况变化调整的弹性费率；医疗保险和生育保险实行现收现付方式；工伤保险按照企业工伤频率的高低实行差别费率和浮动费率。

(3) 加快实施基本养老保险加补充养老保险的多层次制度。基本保险适用于各类企业职工，基本养老金分两部分，一部分按社会平均工资的一定比例计发；一部分按缴费工资多少和缴费时间长短计发。企业补充保险也要在国家宏观调控下进行，以法律或地方性法规做出规定，实行自愿或半强制原则，即达到一定经济条件的要实行，达不到的不实行。此外，还可试行个人储蓄性养老保险与企业补充保险挂钩的办法。

(4) 失业救济金的支付水平要适当高于社会救济水平，支付期限与个人工作年限挂钩。工伤、抚恤保险等长期支付的社会保险待遇要与社会平均工资或与居民生活费价格指数挂钩，其他社会保险短期待遇也要随着经济的发展逐步调整，以保持适当的待遇水平并形成合理的待遇结构。

26.“九五”期间，建立统一的社会保险管理机构，社会保险行政管理和社会保险基金经营分开，政府的社会保险行政管理部门主要负责立法、制定政策和实施行政监督，社会保险基金管理机构受政府委托依法统一管理各项社会保险基金。成立由各有关部门和公众代表参加的社会保险监督机构，负责监督各项社会保险政策的贯彻实施和社会保险基金的使用。健全社会保险基金的保值增值机制，保障社会保险对象的利益，减轻国家和用人单位的经济负担。

八、加强对安全生产的综合管理，强化劳动安全卫生监察

27. 加强安全生产工作，保护劳动者在生产过程中的安全健康，是进行经济建设和发展生产的重要保障。要认真贯彻安全第一，预防为主的方针。实行企业负责、行业管理、国家监察、群众监督的安全生产管理体制。企业是搞好安全生产工作的基础，必须在从事生产的同时，做好预防伤亡事故和职业病的工作。按国务院要求，劳动部负责综合管理全国安全生产工作，对安全生产行使国家监察职权。劳动部门对于企业贯彻执行安全卫生法律、法规和标准的情况进行监察，以促进企业做到安全生产。

28. 安全生产工作的总目标是：建立健全法制，强化国家监察，依靠技术进步，防止各类特大事故的发生，降低职工伤亡事故，减轻职业危害，改善劳动条件，保护职工的安全健康，为经济建设创造良好环境。具体任务和措施是：

(1) 加强安全生产法制建设。尽快补充和完善安全生产法规、标准。当前迫切需要制定《劳动保护法》和《劳动安全卫生条例》等。要建立统一协调、功能齐全、衔接配套的法规体系，制定安全卫生标准，把安全生产卫生工作纳入法制轨道。

(2) 健全监察机构，充实监察人员，提高监察水平。监察工作要做到有法必依，执法必严，违法必究。劳动安全监察应实行中央（劳动部）统一领导，属地管理，分级负责的体制。为了履行监察任务，应建立一支高素质的监察队伍，并聘任部分兼职监察员。对现有监察人员要加强培训、考核，提高其业务能力与政策水平。

(3) 强化劳动安全卫生监察。国家监察是劳动部门强制执法的手段，包括一般监察、专业监察和事故监察。一般监察是对企业进行的常规性监察，其重点是易发生事故和职业病的企业；专业监察是对危险性或危害性较大的特种设备、作业环境、特种作业人员和生产建设工程项目等进行的专项技术性较强的监察；事故监察是对各类特别重大事故、职工伤亡事故组织和参与调查、分析、处理和审批结案工作。劳动安全卫生监察部门在上述三项监察的内容、方法和力度上要做到规范化和制度化，使监察工作有力有效。

29.“八五”后期，安全生产综合管理和监察工作的主要任务是：(1) 积极促成《劳动安全卫生条例》、《锅炉压力容器安全监察条例（修改）》和《矿山安全法实施条例》的出台。(2) 健全监察机构，配备监察人员，提高其素质。(3) 强化监察工作，对一般的常规监察，在内容、周期（频率）、方法和程序等方面做出规定，避免盲目性和随意性。加强对建设工程项目的“三同时”监察和尘、毒危害监察。对特种作业人员实行考核发证制度。对锅炉、压力容器等特种设备，突出以使用、制造和进出口为重点的全过程安全监察。对劳动防护用品的生产实行生产许可证制度。（4）加强检测检验机构和安全教育中心的建设，统一规划，增强综合能力，严禁重复设置，实行资格认可，使其更好地为劳动安全监察和企业安全生产服务。（5）广泛开展安全宣传教育，增强全社会的安全意识，加人群众监督和舆论监督的力度。（6）组织开展对重点行业的重大事故隐患评估、监督和整改工作。建立重大事故通报制度，提高事故处理的透明度和严肃性。（7）着重抓好交通运输和矿山的安全生产工作，推动石化、建筑、兵工等行业的安全生产工作。加强对外资企业和乡镇企业的劳动安全卫生监察工作，改善这些企业的安全生产条件。（8）进一步开展劳动保护科学研究，利用技术进步促进企业安全生产。

九、建立完备的劳动法律体系，把劳动工作纳入法制化轨道

30．劳动力市场的培育和发展，新型劳动体制的建立和完善，都必须有完备的劳动法制来规范和保障。在劳动力市场发育初期，竞争与规则的矛盾表现得特别突出，加强劳动法制建设显得更为迫切。劳动法制建设的目标是，建立完备的劳动法律体系，使各项劳动工作有法可依、有法必依、执法必严、违法必究，充分发挥法律手段调整劳动关系的作用。

31．劳动法制建设的首要任务是劳动立法。通过创制新的法律法规，废除或修改过时的规定，建立起完备的劳动法律体系。劳动立法除加快法律、行政法规的制定外，还要重视制定行政规章。劳动立法要体现政府宏观调控的职能，主要规定基本规范和基本标准。劳动立法主要包括就业培训、劳动关系、劳动报酬、劳动安全卫生、社会保险等方面的立法。

就业培训立法，主要制定《就业促进法》、《残疾人就业保障法》、《职业技能开发法》、《失业人员管理规定》等法律法规。

劳动关系立法，主要制定《劳动合同法》、《集体合同法》、《劳动监察法》、《劳动诉讼法》、《劳动争议仲裁法》、《企业集体劳动争议处理法》及《企业招聘职工规定》等法律法规。

劳动报酬立法，主要制定《工资法》、《最低工资法》等法律。

劳动安全卫生立法，主要制定《劳动保护法》、《职业安全卫生条例》、《未成年工劳动保护规定》、《职工工作时间条例》、《矿山事故调查程序规定》等法律法规。

社会保险立法，主要制定《社会保险法》、《失业救济法》、《职工福利法》、《职工工伤保险条例》、《职工医疗保险条例》、《职工养老保险条例》等法律法规。

32．要加强劳动行政执法工作，保障劳动法律、法规的有效实施。要做好劳动法律的宣传普及工作，使企业和劳动者懂法、守法。劳动部门要加强对法律实施情况的监督监察。监督监察是劳动行政部门执法的主要手段。对企业和劳动者违反劳动法律、法规的行为要依法纠正处理，保障和维护双方的合法权益。

33．做好劳动行政复议和诉讼工作，保证劳动执法公正合理。企业和劳动者在认为劳动行政部门侵犯了他们的合法权益的情况下，提起行政复议和诉讼，是对劳动行政执法的有效监督。因此，做好劳动行政复议和诉讼工作是加强劳动法制建设的一项重要内容。各级劳动部门要建立行政复议机构，配备行政复议人员，依照行政诉讼法及时处理各种行政复议和诉讼案件。

十、建立覆盖整个劳动工作的统计体系

和信息网络

34. 加强劳动统计工作，建立运行良好的劳动管理信息系统，全面、及时、准确地掌握劳动信息，是减少劳动力供求双方的盲目性，提高劳动力市场运行效率，以及加强宏观调控的基本前提。劳动统计要配合劳动力市场体系的建设和其它各项劳动工作，扩大覆盖面，完善和改进指标体系，改革统计方法。要开展与劳动工作有关的舆论调查，收集与劳动工作相关的经济和社会统计信息。劳动统计工作通过调查、分析、预测，全面履行信息、监督、咨询三项统计职能。劳动管理信息系统应覆盖劳动领域的各主要方面，服务于控制、管理、监督、反馈四大环节，延伸到各级劳动部门、各类劳动管理和服务机构及基层单位。

35. 劳动统计工作要达到的目标是：建立起适应市场经济需要的统计指标体系；实行以抽样调查为主，抽样调查、全面调查、重点调查、典型调查相结合的统计调查方法；建立一体化的劳动统计报表制度；建立现代化的统计信息系统；开发和应用科学的统计分析和预测方法。

近期劳动统计工作，主要是随着形势的发展不断改进和完善统计指标，并着手从全面调查为主的统计方法向抽样调查为主的方法过渡，加强统计资料的收集、分析和统计预测工作。

36.劳动管理信息系统建设的目标是，建立现代化的、覆盖整个劳动事业、适应劳动事业发展的网络系统，为劳动领域各项业务开发出适应各自特点和运行流程的软硬件环境。具体目标：(1) 为制定劳动领域的法规、政策、规划、计划、调度、监察提供适用的信息和辅助决策手段。(2) 为就业和劳动力流动、企业劳动管理、社会保险、工资分配、职业技能开发、劳动安全卫生监察、劳动关系和劳动监察提供信息管理技术和网络服务。(3) 为各级政府和社会提供劳动经济、劳动安全、劳动关系信息和各项咨询服务。劳动管理信息系统建设要达到设计一体化、开发统筹化、建设规范化的要求。

“八五”后期，劳动管理信息系统建设主要完成以下任务：(1) 完成主结构工程的开发、试点试验和省级全面推广，完成国家级、部级和省级数据库的建设。(2) 完成基结构工程中劳动力市场、社会保险信息系统的开发、试点和在部分城市推广的工作，并与主结构联网。

十一、进一步转变职能，加强劳动领域宏观调控体系建设

37. 适应建立社会主义市场经济体制的要求，劳动部门必须切实转变职能。在职能转变过程中，要注意借鉴发达市场经济国家的经验，结合我国劳动体制改革的实行情况，尽快将那些适应市场经济要求，而在计划经济体制下劳动部门不熟悉的工作，逐步开展起来。随着劳动力资源配置从计划为主到市场为主的转变，劳动部门现有的许多职能特别是属于直接的微观管理的职能要逐步弱化，而宏观管理的职能则要进一步强化。职能转变过程中，在简政放权的同时，要加强宏观调控体系的建设。

宏观调控体系的建设应以优先发挥市场机制的基础性作用为前提，通过综合运用计划、经济、法律、统计信息等手段，监督、调节和规范劳动力市场的运行，通过劳动力市场对社会劳动力资源配置、工资和居民收入分配、社会保险、职业安全卫生等进行调节和必要的行政干预，从而达到总量的平衡和结构的合理。

38. 宏观调控的主要内容：(1) 劳动力总量的调控。要把人力资源开发利用作为一个战略问题，纳入国民经济和社会发展规划。通过调整就业政策、投资政策、产业政策、外贸政策、税收政策等，促进充分就业。(2) 劳动力结构的调控。一是适应产业政策的调整，使劳动力在产业间的分布趋于合理。二是通过制定农村劳动力转移政策，调整城乡劳动力结构。三是通过调整职业技能培训方向，促进就业结构的调整。(3) 工资总量调控。政府通过参与集体谈判，制定工资指导线，把工资总量的增长控制在与国民生产总值的增长、职工实际平均工资的增长与劳动生产率的增长相适应的幅度之内。(4) 社会分配关系的调整。通过个人所得税抑制过高收入，通过调整最低工资标准、社会保险和社会福利待遇，保护低收入者，促进社会公平。(5) 劳动关系的调整。强化政府在劳动关系调整中的作用，包括协调劳动关系、对劳动争议进行调解和仲裁，以及在劳资集体谈判中发挥作用等。(6) 劳动力市场的监控。加强对劳动力市场的管理，主要是管理和指导各种劳动力市场中介机构的活动。开展统计信息、就业指导、职业介绍等社会化服务，促进劳动力市场的良好运行。

39. 为搞好宏观调控，必须抓好以下几个环节：(1) 搞好宏观预测和综合规划。国家、地区和部门在进行科学的宏观预测的基础上，制定劳动事业发展中长期规划和年度指导性计划，同时指导市县和企业编制劳动工资年度预测计划，逐级上报、汇总和综合平衡。(2) 建立灵活有效的宏观监控系统，主要是劳动工作宏观预警系统，根据具体情况规定一定时期的失业率、工资及个人收入水平(最低和最高增长指导线)、社会保险、劳动安全卫生等警戒线。(3) 发挥统计信息的宏观调控、预警和导向功能，定期发布劳动事业发展预测报告，公布不同行业国内、国际人工成本及经济效益指标，为部门、地方、企业和劳动者提供决策参考。(4) 建立健全法律法规体系，为劳动领域宏观调控奠定法律基础。(5) 综合运用财政、信贷、价格、税收、利率、汇率等经济杠杆，引导企业和劳动者的行为，促使宏观调控目标的实现。

40. 我国市场体系的发育和形成需要有一个过程，因此，劳动部门职能转变及劳动领域宏观调控体系的建立都不可能一蹴而就。在我国，政府肩负培育劳动力市场供求主体的责任，为此，要进一步深化劳动体制改革，积极向区域性综合配套改革推进，使国有企业最终拥有完全的用人自主权，确立其劳动力需求主体地位，为劳动力市场的建立和发展打好基础。对于劳动领域存在的一些妨碍劳动力市场发育的问题，还需要采用必要的行政计划手段来解决，例如控制部分国有企业工资增长水平、控制农村劳动力向城市转移的规模、控制国有企业隐性失业转为显性失业的数量等。

弹性计划作为当前劳动领域宏观调控的一项重要改革措施，要普遍推行并逐步加以完善，逐步扩大其调控范围。对国有企业，要继续扩大并不断完善工效挂钩办法，同时搞好宏观调控体系与微观运行机制的衔接，确保各地区、部门企业的工资总额控制在弹性计划之内，防止宏观失控。

针对一些非国有企业中存在的延长工时、压低工资、使用童工、违章生产、作业条件恶劣等问题，劳动部门要加强对非国有企业执行劳动政策法规情况的监督检查，扩大社会保险覆盖面，抓紧最低劳动标准的立法，加强对这些企业的劳动安全卫生监察，维护职工合法权益。

劳动服务系统的建立是培育和发展劳动力市场的重要条件，各级劳动部门应当着手建立和完善各项服务体系，如就业服务、社会保险服务体系等，逐步形成较完整的劳动服务系统。要加强劳动部门内部各单位之间的协调管理，积极开展“一条龙”服务，使各项服务体系综合发挥整体效应。

国务院关于职工工作时间的规定

（1994年2月3日　国务院令第146号发布）

第一条　为了合理安排职工的工作和休息时间，维护职工的休息权利，调动职工的积极性，促进社会主义现代化建设事业的发展，根据宪法有关规定，制定本规定。

第二条　本规定适用于在中华人民共和国境内的国家机关、社会团体、企业事业单位以及其他组织的职工。

第三条　国家实行职工每日工作8小时、平均每周工作44小时的工时制度。

第四条　在特殊条件下从事劳动和有特殊情况，需要适当缩短工作时间的，按照国家有关规定执行。

第五条　因工作性质和工作职责的限制，需要实行不定时工作制的，职工平均每周工作时间不得超过44小时。

第六条　任何单位和个人不得擅自延长职工工作时间。因特殊情况和紧急任务确需延长工作时间的，按照国家有关规定执行。

第七条　国家机关、事业单位实行统一的工作时间，自本规定施行之日起，第一周星期六和星期日为休息日，第二周星期日为休息日，依此循环。

第八条　本规定由劳动部、人事部负责解释；实施办法由劳动部、人事部制定。

第九条　本规定自1994年3月1日起施行。1994年3月1日施行有困难的，可以适当延期，但是最迟不得超过1994年5月1日。

中华人民共和国劳动法

（1994年7月5日第八届全国人民代表大会常务委员会第八次会议通过　国家主席令第28号发布）

目　录

第一章　总　　则

第二章　促进就业

第三章　劳动合同和集体合同

第四章　工作时间和休息休假

第五章　工　　资

第六章　劳动安全卫生

第七章　女职工和未成年工特殊保护
第八章　职业培训
第九章　社会保险和福利
第十章　劳动争议
第十一章　监督检查
第十二章　法律责任
第十三章　附　则

第一章　总　则

第一条　为了保护劳动者的合法权益，调整劳动关系，建立和维护适应社会主义市场经济的劳动制度，促进经济发展和社会进步，根据宪法，制定本法。

第二条　在中华人民共和国境内的企业、个体经济组织（以下统称用人单位）和与之形成劳动关系的劳动者，适用本法。

国家机关、事业组织、社会团体和与之建立劳动合同关系的劳动者，依照本法执行。

第三条　劳动者享有平等就业和选择职业的权利、取得劳动报酬的权利、休息休假的权利、获得劳动安全卫生保护的权利、接受职业技能培训的权利、享受社会保险和福利的权利、提请劳动争议处理的权利以及法律规定的其他劳动权利。

劳动者应当完成劳动任务，提高职业技能，执行劳动安全卫生规程，遵守劳动纪律和职业道德。

第四条　用人单位应当依法建立和完善规章制度，保障劳动者享有劳动权利和履行劳动义务。

第五条　国家采取各种措施，促进劳动就业，发展职业教育，制定劳动标准，调节社会收入，完善社会保险，协调劳动关系，逐步提高劳动者的生活水平。

第六条　国家提倡劳动者参加社会义务劳动，开展劳动竞赛和合理化建议活动，鼓励和保护劳动者进行科学研究、技术革新和发明创造，表彰和奖励劳动模范和先进工作者。

第七条　劳动者有权依法参加和组织工会。

工会代表和维护劳动者的合法权益，依法独立自主地开展活动。

第八条　劳动者依照法律规定，通过职工大会、职工代表大会或者其他形式，参与民主管理或者就保护劳动者合法权益与用人单位进行平等协商。

第九条　国务院劳动行政部门主管全国劳动工作。

县级以上地方人民政府劳动行政部门主管本行政区域内的劳动工作。

第二章　促进就业

第十条　国家通过促进经济和社会发展，创造就业条件，扩大就业机会。

国家鼓励企业、事业组织、社会团体在法律、行政法规规定的范围内兴办产业或者拓展经营，增加就业。

国家支持劳动者自愿组织起来就业和从事个体经营实现就业。

第十一条　地方各级人民政府应当采取措施，发展多种类型的职业介绍机构，提供就业服务。

第十二条　劳动者就业，不因民族、种族、性别、宗教信仰不同而受歧视。

第十三条　妇女享有与男子平等的就业权利。在录用职工时，除国家规定的不适合妇女的工种或者岗位外，不得以性别为由拒绝录用妇女或者提高对妇女的录用标准。

第十四条　残疾人、少数民族人员、退出现役的军人的就业，法律、法规有特别规定的，从其规定。

第十五条　禁止用人单位招用未满16周岁的未成年人。

文艺、体育和特种工艺单位招用未满16周岁的未成年人，必须依照国家有关规定，履行审批手续，并保障其接受义务教育的权利。

第三章　劳动合同和集体合同

第十六条　劳动合同是劳动者与用人单位确立劳动关系、明确双方权利和义务的协议。

建立劳动关系应当订立劳动合同。

第十七条　订立和变更劳动合同，应当遵循平等自愿、协商一致的原则，不得违反法律、行政法规的规定。

劳动合同依法订立即具有法律约束力，当事人必须履行劳动合同规定的义务。

第十八条　下列劳动合同无效：

（一）违反法律、行政法规的劳动合同；

（二）采取欺诈、威胁等手段订立的劳动合同。

无效的劳动合同，从订立的时候起，就没有法律约束力。确认劳动合同部分无效的，如果不影响其余部分的效力，其余部分仍然有效。

劳动合同的无效，由劳动争议仲裁委员会或者人民法院确认。

第十九条　劳动合同应当以书面形式订立，并具备以下条款：

（一）劳动合同期限；

（二）工作内容；

（三）劳动保护和劳动条件；

（四）劳动报酬；

（五）劳动纪律；

（六）劳动合同终止的条件；

（七）违反劳动合同的责任。

劳动合同除前款规定的必备条款外，当事人可以协商约定其他内容。

第二十条　劳动合同的期限分为有固定期限、无固定期限和以完成一定的工作为期限。

劳动者在同一用人单位连续工作满10年以上，当事人双方同意续延劳动合同的，如果劳动者提出订立无固定期限的劳动合同，应当订立无固定期限的劳动合同。

第二十一条　劳动合同可以约定试用期。试用期最长不得超过6个月。

第二十二条　劳动合同当事人可以在劳动合同中约定保守用人单位商业秘密的有关事项。

第二十三条　劳动合同期满或者当事人约定的劳动合同终止条件出现，劳动合同即行终止。

第二十四条　经劳动合同当事人协商一致，劳动合同可以解除。

第二十五条　劳动者有下列情形之一的，用人单位可以解除劳动合同：

（一）在试用期间被证明不符合录用条件的；

（二）严重违反劳动纪律或者用人单位规章制度的；

（三）严重失职，营私舞弊，对用人单位利益造成重大损害的；

（四）被依法追究刑事责任的。

第二十六条　有下列情形之一的，用人单位可以解除劳动合同，但是应当提前30日以书面形式通知劳动者本人：

（一）劳动者患病或者非因工负伤，医疗期满后，不能从事原工作也不能从事由用人单位另行安排的工作的；

（二）劳动者不能胜任工作，经过培训或者调整工作岗位，仍不能胜任工作的；

（三）劳动合同订立时所依据的客观情况发生重大变化，致使原劳动合同无法履行，经当事人协商不能就变更劳动合同达成协议的。

第二十七条　用人单位濒临破产进行法定整顿期间或者生产经营状况发生严重困难，确需裁减人员的，应当提前30日向工会或者全体职工说明情况，听取工会或者职工的意见，经向劳动行政部门报告后，可以裁减人员。

用人单位依据本条规定裁减人员，在6个月内录用人员的，应当优先录用被裁减的人员。

第二十八条 用人单位依据本法第二十四条、第二十六条、第二十七条的规定解除劳动合同的，应当依照国家有关规定给予经济补偿。

第二十九条 劳动者有下列情形之一的，用人单位不得依据本法第二十六条、第二十七条的规定解除劳动合同：

（一）患职业病或者因工负伤并被确认丧失或者部分丧失劳动能力的；

（二）患病或者负伤，在规定的医疗期内的；

（三）女职工在孕期、产期、哺乳期内的；

（四）法律、行政法规规定的其他情形。

第三十条 用人单位解除劳动合同，工会认为不适当的，有权提出意见。如果用人单位违反法律、法规或者劳动合同，工会有权要求重新处理；劳动者申请仲裁或者提起诉讼的，工会应当依法给予支持和帮助。

第三十一条 劳动者解除劳动合同，应当提前30日以书面形式通知用人单位。

第三十二条 有下列情形之一的，劳动者可以随时通知用人单位解除劳动合同：

（一）在试用期内的；

（二）用人单位以暴力、威胁或者非法限制人身自由的手段强迫劳动的；

（三）用人单位未按照劳动合同约定支付劳动报酬或者提供劳动条件的。

第三十三条 企业职工一方与企业可以就劳动报酬、工作时间、休息休假、劳动安全卫生、保险福利等事项，签订集体合同。集体合同草案应当提交职工代表大会或者全体职工讨论通过。

集体合同由工会代表职工与企业签订；没有建立工会的企业，由职工推举的代表与企业签订。

第三十四条 集体合同签订后应当报送劳动行政部门；劳动行政部门自收到集体合同文本之日起15日内未提出异议的，集体合同即行生效。

第三十五条 依法签订的集体合同对企业和企业全体职工具有约束力。职工个人与企业订立的劳动合同中劳动条件和劳动报酬等标准不得低于集体合同的规定。

第四章 工作时间和休息休假

第三十六条 国家实行劳动者每日工作时间不超过8小时、平均每周工作时间不超过44小时的工时制度。

第三十七条 对实行计件工作的劳动者，用人单位应当根据本法第三十六条规定的工时制度合理确定其劳动定额和计件报酬标准。

第三十八条 用人单位应当保证劳动者每周至少休息一日。

第三十九条 企业因生产特点不能实行本法第三十六条、第三十八条规定的，经劳动行政部门批准，可以实行其他工作和休息办法。

第四十条 用人单位在下列节日期间应当依法安排劳动者休假：

（一）元旦；

（二）春节；

（三）国际劳动节；

（四）国庆节；

（五）法律、法规规定的其他休假节日。

第四十一条 用人单位由于生产经营需要，经与工会和劳动者协商后可以延长工作时间，一般每日不得超过1小时；因特殊原因需要延长工作时间的，在保障劳动者身体健康的条件下延长工作时间每日不得超过3小时，但是每月不得超过36小时。

第四十二条 有下列情形之一的，延长工作时间不受本法第四十一条规定的限制：

（一）发生自然灾害、事故或者因其他原因，威胁劳动者生命健康和财产安全，需要紧急处理的；

（二）生产设备、交通运输线路、公共设

施发生故障，影响生产和公众利益，必须及时抢修的；

（三）法律、行政法规规定的其他情形。

第四十三条 用人单位不得违反本法规定延长劳动者的工作时间。

第四十四条 有下列情形之一的，用人单位应当按照下列标准支付高于劳动者正常工作时间工资的工资报酬：

（一）安排劳动者延长工作时间的，支付不低于工资的150%的工资报酬；

（二）休息日安排劳动者工作又不能安排补休的，支付不低于工资的200%的工资报酬；

（三）法定休假日安排劳动者工作的，支付不低于工资的300%的工资报酬。

第四十五条 国家实行带薪年休假制度。

劳动者连续工作一年以上的，享受带薪年休假。具体办法由国务院规定。

第五章 工 资

第四十六条 工资分配应当遵循按劳分配原则，实行同工同酬。

工资水平在经济发展的基础上逐步提高。国家对工资总量实行宏观调控。

第四十七条 用人单位根据本单位的生产经营特点和经济效益，依法自主确定本单位的工资分配方式和工资水平。

第四十八条 国家实行最低工资保障制度。最低工资的具体标准由省、自治区、直辖市人民政府规定，报国务院备案。

用人单位支付劳动者的工资不得低于当地最低工资标准。

第四十九条 确定和调整最低工资标准应当综合参考下列因素：

（一）劳动者本人及平均赡养人口的最低生活费用；

（二）社会平均工资水平；

（三）劳动生产率；

（四）就业状况；

（五）地区之间经济发展水平的差异。

第五十条 工资应当以货币形式按月支付给劳动者本人。不得克扣或者无故拖欠劳动者的工资。

第五十一条 劳动者在法定休假日和婚丧假期间以及依法参加社会活动期间，用人单位应当依法支付工资。

第六章 劳动安全卫生

第五十二条 用人单位必须建立、健全劳动安全卫生制度，严格执行国家劳动安全卫生规程和标准，对劳动者进行劳动安全卫生教育，防止劳动过程中的事故，减少职业危害。

第五十三条 劳动安全卫生设施必须符合国家规定的标准。

新建、改建、扩建工程的劳动安全卫生设施必须与主体工程同时设计、同时施工、同时投入生产和使用。

第五十四条 用人单位必须为劳动者提供符合国家规定的劳动安全卫生条件和必要的劳动防护用品，对从事有职业危害作业的劳动者应当定期进行健康检查。

第五十五条 从事特种作业的劳动者必须经过专门培训并取得特种作业资格。

第五十六条 劳动者在劳动过程中必须严格遵守安全操作规程。

劳动者对用人单位管理人员违章指挥、强令冒险作业，有权拒绝执行；对危害生命安全和身体健康的行为，有权提出批评、检举和控告。

第五十七条 国家建立伤亡事故和职业病统计报告和处理制度。县级以上各级人民政府劳动行政部门、有关部门和用人单位应当依法对劳动者在劳动过程中发生的伤亡事故和劳动者的职业病状况，进行统计、报告和处理。

第七章　女职工和未成年工特殊保护

第五十八条　国家对女职工和未成年工实行特殊劳动保护。

未成年工是指年满16周岁未满18周岁的劳动者。

第五十九条　禁止安排女职工从事矿山井下、国家规定的第四级体力劳动强度的劳动和其他禁忌从事的劳动。

第六十条　不得安排女职工在经期从事高处、低温、冷水作业和国家规定的第三级体力劳动强度的劳动。

第六十一条　不得安排女职工在怀孕期间从事国家规定的第三级体力劳动强度的劳动和孕期禁忌从事的劳动。对怀孕7个月以上的女职工，不得安排其延长工作时间和夜班劳动。

第六十二条　女职工生育享受不少于90天的产假。

第六十三条　不得安排女职工在哺乳未满一周岁的婴儿期间从事国家规定的第三级体力劳动强度的劳动和哺乳期禁忌从事的其他劳动，不得安排其延长工作时间和夜班劳动。

第六十四条　不得安排未成年工从事矿山井下、有毒有害、国家规定的第四级体力劳动强度的劳动和其他禁忌从事的劳动。

第六十五条　用人单位应当对未成年工定期进行健康检查。

第八章　职业培训

第六十六条　国家通过各种途径，采取各种措施，发展职业培训事业，开发劳动者的职业技能，提高劳动者素质，增强劳动者的就业能力和工作能力。

第六十七条　各级人民政府应当把发展职业培训纳入社会经济发展的规划，鼓励和支持有条件的企业、事业组织、社会团体和个人进行各种形式的职业培训。

第六十八条　用人单位应当建立职业培训制度，按照国家规定提取和使用职业培训经费，根据本单位实际，有计划地对劳动者进行职业培训。

从事技术工种的劳动者，上岗前必须经过培训。

第六十九条　国家确定职业分类，对规定的职业制定职业技能标准，实行职业资格证书制度，由经过政府批准的考核鉴定机构负责对劳动者实施职业技能考核鉴定。

第九章　社会保险和福利

第七十条　国家发展社会保险事业，建立社会保险制度，设立社会保险基金，使劳动者在年老、患病、工伤、失业、生育等情况下获得帮助和补偿。

第七十一条　社会保险水平应当与社会经济发展水平和社会承受能力相适应。

第七十二条　社会保险基金按照保险类型确定资金来源，逐步实行社会统筹。用人单位和劳动者必须依法参加社会保险，缴纳社会保险费。

第七十三条　劳动者在下列情形下，依法享受社会保险待遇：

（一）退休；

（二）患病、负伤；

（三）因工伤残或者患职业病；

（四）失业；

（五）生育。

劳动者死亡后，其遗属依法享受遗属津贴。

劳动者享受社会保险待遇的条件和标准由法律、法规规定。

劳动者享受的社会保险金必须按时足额支付。

第七十四条　社会保险基金经办机构依照法律规定收支、管理和运营社会保险基金，并负有使社会保险基金保值增值的责任。

社会保险基金监督机构依照法律规定，对社会保险基金的收支、管理和运营实施监督。

社会保险基金经办机构和社会保险基金监督机构的设立和职能由法律规定。

任何组织和个人不得挪用社会保险基金。

第七十五条 国家鼓励用人单位根据本单位实际情况为劳动者建立补充保险。

国家提倡劳动者个人进行储蓄性保险。

第七十六条 国家发展社会福利事业，兴建公共福利设施，为劳动者休息、休养和疗养提供条件。

用人单位应当创造条件，改善集体福利，提高劳动者的福利待遇。

第十章 劳动争议

第七十七条 用人单位与劳动者发生劳动争议，当事人可以依法申请调解、仲裁、提起诉讼，也可以协商解决。

调解原则适用于仲裁和诉讼程序。

第七十八条 解决劳动争议，应当根据合法、公正、及时处理的原则，依法维护劳动争议当事人的合法权益。

第七十九条 劳动争议发生后，当事人可以向本单位劳动争议调解委员会申请调解；调解不成，当事人一方要求仲裁的，可以向劳动争议仲裁委员会申请仲裁。当事人一方也可以直接向劳动争议仲裁委员会申请仲裁。对仲裁裁决不服的，可以向人民法院提起诉讼。

第八十条 在用人单位内，可以设立劳动争议调解委员会。劳动争议调解委员会由职工代表、用人单位代表和工会代表组成。劳动争议调解委员会主任由工会代表担任。

劳动争议经调解达成协议的，当事人应当履行。

第八十一条 劳动争议仲裁委员会由劳动行政部门代表、同级工会代表、用人单位方面的代表组成。劳动争议仲裁委员会主任由劳动行政部门代表担任。

第八十二条 提出仲裁要求的一方应当自劳动争议发生之日起60日内向劳动争议仲裁委员会提出书面申请。仲裁裁决一般应在收到仲裁申请的60日内作出。对仲裁裁决无异议的，当事人必须履行。

第八十三条 劳动争议当事人对仲裁裁决不服的，可以自收到仲裁裁决书之日起15日内向人民法院提起诉讼。一方当事人在法定期限内不起诉又不履行仲裁裁决的，另一方当事人可以申请人民法院强制执行。

第八十四条 因签订集体合同发生争议，当事人协商解决不成的，当地人民政府劳动行政部门可以组织有关各方协调处理。

因履行集体合同发生争议，当事人协商解决不成的，可以向劳动争议仲裁委员会申请仲裁；对仲裁裁决不服的，可以自收到仲裁裁决书之日起15日内向人民法院提起诉讼。

第十一章 监督检查

第八十五条 县级以上各级人民政府劳动行政部门依法对用人单位遵守劳动法律、法规的情况进行监督检查，对违反劳动法律、法规的行为有权制止，并责令改正。

第八十六条 县级以上各级人民政府劳动行政部门监督检查人员执行公务，有权进入用人单位了解执行劳动法律、法规的情况，查阅必要的资料，并对劳动场所进行检查。

县级以上各级人民政府劳动行政部门监督检查人员执行公务，必须出示证件，秉公执法并遵守有关规定。

第八十七条 县级以上各级人民政府有关部门在各自职责范围内，对用人单位遵守劳动法律、法规的情况进行监督。

第八十八条 各级工会依法维护劳动者的合法权益，对用人单位遵守劳动法律、法规的情况进行监督。

任何组织和个人对于违反劳动法律、法规的行为有权检举和控告。

第十二章　法律责任

第八十九条　用人单位制定的劳动规章制度违反法律、法规规定的，由劳动行政部门给予警告，责令改正；对劳动者造成损害的，应当承担赔偿责任。

第九十条　用人单位违反本法规定，延长劳动者工作时间的，由劳动行政部门给予警告，责令改正，并可以处以罚款。

第九十一条　用人单位有下列侵害劳动者合法权益情形之一的，由劳动行政部门责令支付劳动者的工资报酬、经济补偿，并可以责令支付赔偿金：

（一）克扣或者无故拖欠劳动者工资的；

（二）拒不支付劳动者延长工作时间工资报酬的；

（三）低于当地最低工资标准支付劳动者工资的；

（四）解除劳动合同后，未依照本法规定给予劳动者经济补偿的。

第九十二条　用人单位的劳动安全设施和劳动卫生条件不符合国家规定或者未向劳动者提供必要的劳动防护用品和劳动保护设施的，由劳动行政部门或者有关部门责令改正，可以处以罚款；情节严重的，提请县级以上人民政府决定责令停产整顿；对事故隐患不采取措施，致使发生重大事故，造成劳动者生命和财产损失的，对责任人员比照刑法第一百八十七条的规定追究刑事责任。

第九十三条　用人单位强令劳动者违章冒险作业，发生重大伤亡事故，造成严重后果的，对责任人员依法追究刑事责任。

第九十四条　用人单位非法招用未满16周岁的未成年人的，由劳动行政部门责令改正，处以罚款；情节严重的，由工商行政管理部门吊销营业执照。

第九十五条　用人单位违反本法对女职工和未成年工的保护规定，侵害其合法权益的，由劳动行政部门责令改正，处以罚款；对女职工或者未成年工造成损害的，应当承担赔偿责任。

第九十六条　用人单位有下列行为之一，由公安机关对责任人员处以15日以下拘留、罚款或者警告；构成犯罪的，对责任人员依法追究刑事责任：

（一）以暴力、威胁或者非法限制人身自由的手段强迫劳动的；

（二）侮辱、体罚、殴打、非法搜查和拘禁劳动者的。

第九十七条　由于用人单位的原因订立的无效合同，对劳动者造成损害的，应当承担赔偿责任。

第九十八条　用人单位违反本法规定的条件解除劳动合同或者故意拖延不订立劳动合同的，由劳动行政部门责令改正；对劳动者造成损害的，应当承担赔偿责任。

第九十九条　用人单位招用尚未解除劳动合同的劳动者，对原用人单位造成经济损失的，该用人单位应当依法承担连带赔偿责任。

第一百条　用人单位无故不缴纳社会保险费的，由劳动行政部门责令其限期缴纳；逾期不缴的，可以加收滞纳金。

第一百零一条　用人单位无理阻挠劳动行政部门、有关部门及其工作人员行使监督检查权，打击报复举报人员的，由劳动行政部门或者有关部门处以罚款；构成犯罪的，对责任人员依法追究刑事责任。

第一百零二条　劳动者违反本法规定的条件解除劳动合同或者违反劳动合同中约定的保密事项，对用人单位造成经济损失的，应当依法承担赔偿责任。

第一百零三条　劳动行政部门或者有关部门的工作人员滥用职权、玩忽职守、徇私舞弊，构成犯罪的，依法追究刑事责任；不构成犯罪的，给予行政处分。

第一百零四条 国家工作人员和社会保险基金经办机构的工作人员挪用社会保险基金，构成犯罪的，依法追究刑事责任。

第一百零五条 违反本法规定侵害劳动者合法权益，其他法律、行政法规已规定处罚的，依照该法律、行政法规的规定处罚。

第十三章 附 则

第一百零六条 省、自治区、直辖市人民政府根据本法和本地区的实际情况，规定劳动合同制度的实施步骤，报国务院备案。

第一百零七条 本法自 1995 年 1 月 1 日起施行。

劳动部关于实施最低工资保障制度的通知

（1994 年 10 月 8 日）

劳部发〔1994〕409 号

各省、自治区、直辖市及计划单列市劳动（劳动人事）厅（局）：

根据《中华人民共和国劳动法》第四十八条关于“国家实行最低工资保障制度”的规定，现就实施最低工资保障制度的有关问题通知如下：

一、建立最低工资保障制度是适应社会主义市场经济要求，推动劳动力市场建设与工资分配法制化，充分保障劳动者合法权益的一项重要举措。各级劳动行政部门要充分认识这项工作的重要性与紧迫性，在当地人民政府的领导下，积极与有关部门和社会团体（组织）协商，力争在 1995 年 1 月 1 日《劳动法》实施前拟定出本地区最低工资标准，保证最低工资保障制度的顺利实施。

二、各省、自治区、直辖市劳动行政部门在 1994 年底以前拟定和调整最低工资标准的，应先报劳动部，报出 25 日内未接到我部提出变更意见，或接到变更意见进行修改后，报当地人民政府批准发布，并抄报劳动部；1995 年 1 月 1 日后，拟定和调整最低工资标准的，应先报劳动部征求意见，报出 25 日内未接到我部提出变更意见，或接到变更意见进行修改后，报当地人民政府批准发布，并报国务院备案，同时抄送劳动部。

三、根据《劳动法》有关规定，对《企业最低工资规定》（劳动部发〔1993〕333 号文件，以下简称《规定》）作出如下修正和补充：

1.《规定》中使用的“最低工资率”均改为“最低工资标准”，其含义不变。

2.《规定》中的“正常劳动”是指劳动者按劳动合同的约定，在法定工作时间内从事的劳动。劳动者依法律、法规的规定休假、探亲以及参加社会活动等，应视同提供了正常劳动。

3. 关于最低工资标准的组成，除《规定》中列举的扣除项目外，用人单位通过贴补伙食、住房等支付给劳动者的非货币性收入亦不包括在内。

4. 个体经济组织和与之形成劳动关系的劳动者，以及国家机关、事业组织、社会团体和与之建立劳动合同关系的劳动者参照《规定》执行。

《劳动法》实施后，《规定》其它未修改条款规定继续有效。

劳动部关于印发《职业指导办法》的通知

（1994 年 10 月 27 日）

劳部发〔1994〕434 号

各省、自治区、直辖市劳动（劳动人事）厅、局：

现将《职业指导办法》印发给你们，请结合实际情况制定实施细则，认真贯彻执行。

有关职业指导工作人员的考核标准及职业指导资格证书的印制等事宜，另行通知。

职业指导办法

第一条 为促进劳动者就业，规范和推动职业介绍工作，根据《中华人民共和国劳动法》的有关规定，制定本办法。

第二条 职业指导的主要任务是向劳动者和用人单位提供咨询和服务，促其实现双向选择。

第三条 职业指导工作必须依法进行，并遵循公平、自愿的原则。

第四条 职业指导可采取个人面谈、集体座谈、报告会、授课、通讯联系等多种形式。

第五条 职业介绍机构应开展职业指导工作，配备专（兼）职职业指导工作人员，向劳动者和用人单位提供指导、咨询和服务。

就业训练机构应开设职业指导课程，配备专（兼）职教师，对参加就业与转业训练的劳动者开展职业指导。

第六条 职业指导工作包括以下内容：

（一）调查分析社会职业变动趋势和劳动力市场供求状况；

（二）开展对劳动者个人素质和特点的测试，并对其职业能力进行评价；

（三）帮助劳动者了解职业状况，掌握求职方法，确定择业方向，增强择业能力；

（四）向劳动者提出培训建议，并负责向就业训练机构推荐；

（五）对妇女、残疾人、少数民族人员及退出现役的军人等特殊群体提供专门的职业指导服务；

（六）指导用人单位选择招聘方法，确定用人条件和标准；

（七）对从事个体劳动和开办私营企业的劳动者，提供开业和生产经营方面的咨询服务；

（八）对就业训练机构的培训方向、训练规模和专业设置等，提供导向；

（九）对在校学生的职业指导工作，提供咨询和服务。

第七条 职业指导工作人员应具备以下条件：

（一）有较强的事业心、责任感，热爱职

业指导工作；

（二）熟悉有关劳动就业的法规与政策，掌握劳动力市场供求信息，了解职业分类和职业特征；

（三）具有与职业指导工作相关的心理、教育、社会等学科知识；

（四）在劳动部门工作两年以上，具有大专以上文化水平；

（五）经过相应的业务资格培训并考核合格，持有劳动部门颁发的“职业指导资格证书”。

第八条 职业指导工作人员的职责范围：

（一）宣传国家有关劳动就业的法律、法规和政策；

（二）向劳动者和用人单位提供咨询服务，协调劳动力供求双方的相互关系；

（三）指导劳动者依法确定劳动关系，维护自身合法权益；

（四）组织用人单位与求职的劳动者开展多种形式的交流；

（五）负责与职业介绍、就业训练等方面的工作联系。

第九条 各级劳动就业服务机构应为职业指导工作提供相应的设施和条件，推动职业指导工作的开展，加强对职业指导工作的宣传。

第十条 本办法适用于劳动部门所属就业服务机构。非劳动部门就业服务机构开展职业指导工作参照本办法执行。

第十一条 各省、自治区、直辖市劳动部门可根据本办法制定实施细则，并报劳动部备案。

第十二条 本办法自1995年1月1日起施行。

劳动部关于发布《劳动监察员管理办法》的通知

（1994年11月14日）
劳部发〔1994〕448号

各省、自治区、直辖市及计划单列市劳动（劳动人事）厅（局）：

为适应开展劳动监察工作的需要，加强劳动监察员管理工作，树立勤政廉政的好风气，建立一支政治素质、业务素质较高的劳动行政执法队伍，保障劳动法律、法规的贯彻实施，根据《中华人民共和国劳动法》有关监督检查人员的规定，我部制定了《劳动监察员管理办法》，现予发布，自1995年1月1日起施行。

劳动监察员管理办法

第一条 为加强劳动监察员管理工作，规范劳动监察行为，提高劳动监察工作质量，保障劳动法律、法规的贯彻实施，根据《中华人民共和国劳动法》有关监督检查人员的规定，制定本办法。

第二条 县级以上各级人民政府劳动行政部门应按照本办法规定对劳动监察员进行

管理和监督。

劳动安全卫生监察员管理工作，按照现行规定执行。

第三条 劳动监察员是县级以上各级人民政府劳动行政部门执行劳动监督检查公务的人员。

第四条 劳动监察员必须坚持严肃执法、文明执法的原则，做到有法必依、执法必严、违法必究。

第五条 县级以上各级人民政府劳动行政部门根据工作需要配备专职劳动监察员和兼职劳动监察员。专职劳动监察员是劳动行政部门专门从事劳动监察工作的人员，兼职劳动监察员是劳动行政部门非专门从事劳动监察工作人员。

兼职监察员，主要负责与其业务有关的单项监察，须对用人单位处罚时，应会同专职监察员进行。

第六条 劳动监察人员执行公务，有权进入用人单位了解遵守劳动法律、法规的情况，查阅必要的资料，并对劳动场所进行检查。

劳动监察人员执行公务，必须出示中华人民共和国劳动监察证件，秉公执法，并遵守有关规定。

第七条 劳动监察员应当具备以下任职条件：

(一) 认真贯彻执行国家法律、法规和政策；

(二) 熟悉劳动业务，熟练掌握和运用劳动法律、法规知识；

(三) 坚持原则，作风正派，勤政廉洁；

(四)在劳动行政部门从事劳动行政业务工作 3 年以上，并经国务院劳动行政部门或省级劳动行政部门劳动监察专业培训合格。

第八条 劳动监察员培训工作应纳入劳动行政部门公务员培训计划，按照有关公务员培训规定办理。

第九条 劳动监察员的任命程序：

劳动行政部门专职劳动监察员的任命，由劳动监察机构负责提出任命建议并填写中华人民共和国劳动监察员审批表，经同级人事管理机构审核，报劳动行政部门领导批准；兼职劳动监察员的任命，由有关业务工作机构按规定推荐人选，并填写中华人民共和国劳动监察员审批表，经同级劳动监察机构和人事管理机构进行审核，报劳动行政部门领导批准。经批准任命的劳动监察员由劳动监察机构办理颁发中华人民共和国劳动监察证件手续。

劳动监察员任命后，地方各级劳动行政部门按照规定填写《中华人民共和国劳动监察证件统计表》，逐级上报省级劳动行政部门，由省级劳动行政部门汇总并报国务院劳动行政部门备案。

第十条 中华人民共和国劳动监察证件由国务院劳动行政部门统一监制。

第十一条 劳动监察员遗失劳动监察证件应立即向发证单位报告。发证单位应在报上登载启事声明作废。对遗失证件者，经发证机关审核后，予以补发。

劳动监察员调离原工作岗位，或不再直接承担劳动监察任务时，由任命机关免去任职，监察机构负责收回其监察证件，并交回发证机关注销。

第十二条 劳动监察员实行每 3 年进行一次考核验证制度，对经考核合格的换发新证，并按本办法第九条第二款规定填写报送《中华人民共和国劳动监察证件统计表》。

持证人未按规定考核验证或经考核不能胜任劳动监察工作的，注销其中华人民共和国劳动监察证件。

第十三条 各级劳动行政部门应建立劳动监察员培训制度，制定培训计划，按岗位技能要求，组织进行职业技能、专业理论知识等方面的培训，不断提高监察人员的政治素质和业务素质。

第十四条 劳动行政部门对模范执法、

成绩优异的劳动监察员应当按照《国家公务员暂行条例》给予奖励。

第十五条 应加强对劳动监察员的监督。对越权或非公务场合使用劳动监察证件，或利用职权谋取私利、违法乱纪的劳动监察人员，应给予批评教育；情节严重的，由任命机关撤销任命、收缴其劳动监察证件，并给予行政处分；触犯刑律的，由司法机关依法追究刑事责任。

第十六条 本办法自1995年1月1日起实行。

劳动部关于印发《企业经济性裁减人员规定》的通知

（1994年11月14日）

劳部发〔1994〕447号

各省、自治区、直辖市劳动（劳动人事）厅（局），国务院有关部门：

为配合《劳动法》的贯彻实施，指导用人单位按照国家有关规定依法行使裁减人员权利，我们在征求各地和国务院有关部门意见的基础上制定了《企业经济性裁减人员规定》。现将该《规定》印发给你们，请认真执行，并结合本地区、本部门的实际情况制定实施办法。

企业经济性裁减人员规定

第一条 为指导用人单位依法正确行使裁减人员权利，根据《中华人民共和国劳动法》的有关规定，制定本规定。

第二条 用人单位濒临破产，被人民法院宣告进入法定整顿期间或生产经营发生严重困难，达到当地政府规定的严重困难企业标准，确需裁减人员的，可以裁员。

第三条 用人单位有条件的，应为被裁减的人员提供培训或就业帮助。

第四条 用人单位确需裁减人员，应按下列程序进行：

（一）提前30日向工会或者全体职工说明情况，并提供有关生产经营状况的资料；

（二）提出裁减人员方案，内容包括：被裁减人员名单，裁减时间及实施步骤，符合法律、法规规定和集体合同约定的被裁减人员经济补偿办法；

（三）将裁减人员方案征求工会或者全体职工的意见，并对方案进行修改和完善；

（四）向当地劳动行政部门报告裁减人员方案以及工会或者全体职工的意见，并听取劳动行政部门的意见；

（五）由用人单位正式公布裁减人员方案，与被裁减人员办理解除劳动合同手续，按照有关规定向被裁减人员本人支付经济补偿金，出具裁减人员证明书。

第五条 用人单位不得裁减下列人员：

（一）患职业病或者因工负伤并被确认丧失或者部分丧失劳动能力的；

（二）患病或者负伤，在规定的医疗期内的；

（三）女职工在孕期、产期、哺乳期内的；

（四）法律、行政法规规定的其他情形。

第六条 对于被裁减而失业的人员，参加失业保险的，可到当地劳动就业服务机构登记申领失业救济金。

第七条 用人单位从裁减人员之日起，六个月内需要新招人员的，必须优先从本单位裁减的人员中录用，并向当地劳动行政部门报告录用人员的数量、时间、条件以及优先录用人员的情况。

第八条 劳动行政部门对用人单位违反法律、法规和有关规定裁减人员的，应依法制止和纠正。

第九条 工会或职工对裁员提出的合理意见，用人单位应认真听取。

用人单位违反法律、法规规定和集体合同约定裁减人员的，工会有权要求重新处理。

第十条 因裁减人员发生的劳动争议，当事人双方应按照劳动争议处理的有关规定执行。

第十一条 各省、自治区、直辖市劳动行政部门可根据本规定和本地区实际情况制定实施办法。

第十二条 本规定自1995年1月1日起施行。

劳动部关于颁布《农村劳动力跨省流动就业管理暂行规定》的通知

（1994年11月17日）

劳部发〔1994〕458号

各省、自治区、直辖市及计划单列市劳动（劳动人事）厅（局）：

为了加强农村劳动力跨地区流动就业的管理，规范用人单位用人、农村劳动者就业和各类服务组织从事有关服务活动的行为，引导农村劳动力跨地区有序流动，现颁布《农村劳动力跨省流动就业管理暂行规定》（以下简称《规定》）。为使《规定》切实得到贯彻实施，请各地抓紧做好以下几项工作：

一、结合春运期间组织民工有序流动的工作，广泛宣传《规定》的主要内容。

二、根据《规定》中有关条款，结合本地实际情况，尽快制定具体执行办法和执行标准。

三、按照《规定》的要求，做好流动就业证的印制与发放的具体安排。外来人员就业证和外出人员就业登记卡的式样及印制的有关要求，将由我部就业司同各地联系。

农村劳动力跨省流动就业管理暂行规定

第一章 总 则

第一条 为了引导农村劳动力跨地区有序流动，规范用人单位跨省招用农村劳动力和农村劳动力跨省流动就业的行为，保障双方的合法权益，根据有关法律、法规，制定本规定。

第二条 本规定所称"用人单位"是指企业、个体经济组织以及国家机关、事业组织和社会团体；

“跨省招用农村劳动力”是指招收和使用常住户口不在本省、自治区、直辖市的农村劳动力；

“跨省流动就业”是指前往常住户口所在省、自治区、直辖市以外就业。

第三条 本规定适用于境内所有用人单位、各类就业服务组织和农村劳动者。法律、法规另有规定的除外。

第四条 县以上各级劳动行政部门负责对本地区农村劳动力跨省流动就业进行统筹管理和监督检查。各级劳动就业服务机构在劳动行政部门领导下，负责具体实施农村劳动力跨省流动就业的组织管理、协调指导和服务工作。

第二章 招 用

第五条 当本地劳动力无法满足需求，并符合下列条件之一的，用人单位可跨省招用农村劳动力。

（一）经劳动就业服务机构核准，确属因本地劳动力普遍短缺，需跨省招收人员；

（二）用人单位需招收人员的行业、工种，属于劳动就业服务机构核准的，在本地无法招足所需人员的行业、工种；

（三）不属于上述情况，但用人单位在规定的范围和期限内，无法招到或招足所需人员。

第六条 用人单位跨省招用农村劳动力，须具备法律、法规规定的劳动条件和相应的生活条件。

第七条 用人单位跨省招收农村劳动力可采取以下方式：

（一）派员前往应招对象所在地直接招收；

（二）委托应招对象户口所在地劳动部门职业介绍机构或其他具备相应资格的职业介绍机构招收；

（三）委托本地劳动部门职业介绍机构或其他具备相应资格的职业介绍机构招收。

第八条 用人单位或其委托代理人从应招对象户口所在地招收农村劳动力，须向该地劳动就业服务机构提交必要的文件，经核准后在劳动就业服务机构的协助下招收，并接受该地劳动行政部门的监督。须提交的文件包括：

（一）用人单位所在地劳动就业服务机构签署的招聘外省劳动力的许可证明；

（二）经过用人单位所在地劳动就业服务机构审核的招工简章；

（三）证明本单位资质的法律文书；

（四）委托人出具的委托代理书。

第九条 用人单位一般不得在本地直接招收外省的农村劳动力。当地劳动行政部门有特别规定的，从其规定。

用人单位委托职业介绍机构在本地招收外省农村劳动力，须按照本地劳动行政部门规定的条件和程序进行。

第十条 用人单位与劳动者应依法签订劳动合同。

用人单位与劳动力输出地县以上的劳动就业服务机构或符合劳动行政部门规定条件的其他就业服务组织，可依法签订劳务合同。

第三章 就 业

第十一条 农村劳动力跨省流动就业须同时具备下列条件：

（一）达到法定就业年龄，有劳动能力；

（二）具备必要的职业技术能力；

（三）具有独立承担民事责任的能力，并且不因外出而影响其承担的法律责任和义务；

（四）省、自治区、直辖市劳动行政部门或其授权的地方劳动行政部门规定的其他条件。

第十二条 被用人单位跨省招收的农村劳动者，外出之前，须持身份证和其他必要的证明，在本人户口所在地的劳动就业服务机构进行登记并领取外出人员就业登记卡；到达用人单位后，须凭出省就业登记卡领取当地劳动部门颁发的外来人员就业证；证、卡合一生效，简称流动就业证，作为流动就业的有效证件。

第十三条 跨省流动就业的农村劳动者，可凭流动就业证享受劳动就业服务机构提供的就业服务以及其他社会服务。

第十四条 经当地劳动行政部门规定，已领取流动就业证的农村劳动者，可按一定条件和程序，持证办理续延劳动合同手续或在当地转换职业。

第四章 服 务

第十五条 劳动部门职业介绍机构和具备相应资格的其他职业介绍机构，负责承担农村劳动力跨省流动就业的中介服务。

本条所称"中介服务"是指帮助用人单位跨省招收农村劳动力或介绍农村劳动者跨省流动就业。

本条所称"具备相应资格的其它职业介绍机构"是指经劳动部门核定条件，并获跨省流动就业中介许可的非劳动部门职业介绍机构。

未获此项许可的民办职业介绍机构、其他组织和个人，不得从事此类中介服务活动。

农村劳动力跨省流动就业的中介服务必须依法进行，遵循公平、自愿的原则，保障劳动者和用人单位的合法权益。

第十六条 劳动部门就业训练机构和其他具备相应资格的民办就业训练机构，负责承担农村劳动力跨省流动就业所需的职业培训。

跨省流动就业的农村劳动力的职业培训，应针对单位用人和劳动者就业的需要，按有关规定进行。

第十七条 劳动力输出地（以下简称"输出地"）的劳动就业服务机构，应协助劳动力输入地（以下简称"输入地"）劳动就业服务机构，为跨省流动就业的劳动者提供所需的跟踪服务。符合劳动行政部门规定条件的其他就业服务组织，也可根据劳务合同从事上述服务。

第十八条 本规定中各类服务组织的资格认定和审批办法，由各省、自治区、直辖市劳动行政部门或其授权的地方劳动行政部门制定。

第十九条 劳动就业服务机构和其他各类就业服务组织根据服务项目向服务对象收取的中介服务费、培训费和跟踪服务费标准，按当地政府有关服务性收费的规定执行。

第五章 组织管理

第二十条 省、自治区、直辖市劳动就业服务机构在同级劳动行政部门领导下，负责农村劳动力跨省流动就业的组织管理和协调指导。

市（地）、县（区）劳动就业服务机构在同级劳动行政部门领导下，负责具体组织和实施农村劳动力跨省流动就业的管理和服务。

乡、镇、街道劳动服务站（所）和政府其他部门开办的就业服务组织，在上级劳动行政部门的领导下，承办农村劳动力跨省流动就业服务的具体事务。

第二十一条 输入地省、自治区、直辖市劳动行政部门及其授权的地方劳动行政部门，应制定本地招用外省农村劳动力的指导性计划和行业工种目录。

输入地省、自治区、直辖市劳动就业服务机构和省级劳动行政部门授权的地方劳动就业服务机构，负责向本地用人单位招用的外省农村劳动者颁发外来人员就业证。颁发数量应根据需招用外省农村劳动力的数量确定。

外来人员就业证由输入地省、自治区、直辖市劳动就业服务机构在劳动行政部门监督指导下，按照劳动部规定的统一格式印制，名称为“××省（自治区、直辖市）外来人员就业证”。

第二十二条 输出地省、自治区、直辖市劳动行政部门及其授权的地方劳动行政部门，应制定向外省输出农村劳动力的指导性计划。

输出地省、自治区、直辖市劳动就业服务机构和省级劳动行政部门授权的地方劳动就业服务机构，负责对被外省招用的本地农村劳动力进行登记，并签发外出人员就业登记卡。签发数量应与外省用人单位实际招用本地农村劳动力的数量一致。

外出人员就业登记卡由输出地省、自治区、直辖市劳动就业服务机构在劳动行政部门指导监督下，按照劳动部规定的统一格式印制，名称为：“××省（自治区、直辖市）外出人员就业登记卡”。

第二十三条 输入地和输出地省、自治区、直辖市劳动行政部门，应指导所属劳动就业服务机构开展多种方式的省际协作，并做好劳动力市场调查、统计、分析、预测和信息传播、管理工作。

输入地劳动就业服务机构，可在输出地建立劳务基地，为本地区用人单位跨省招用农村劳动力提供定向服务。

输出地劳动就业服务机构，可在输入地设立派出工作机构，可称为“劳务工作处（站）”，负责协调本地区跨省流动就业劳动力的管理和服务工作；并可代理本地区劳动就业服务机构所委托的服务事项。

第二十四条 输入地县以上劳动部门可根据开展管理、培训和服务工作以及调节劳动力流动的需要，向招用外省农村劳动力的用人单位征收“招用外地劳动力调节费”。具体征收办法和标准，在未有新的规定之前，暂按当地政府有关劳动管理费的现行规定执行。

第六章 罚 则

第二十五条 对违反本规定第五、七、八、九条和使用无流动就业证者的用人单位，应责令其改正，并处以罚款。

第二十六条 对违反本规定第十五条，从事农村劳动力跨省流动就业中介活动的组织和个人，应责令其终止中介活动，没收此项收入的全部所得，并处以罚款。

第二十七条 劳动行政部门及其所属劳动就业服务机构的工作人员违反本规定，滥发证卡、玩忽职守、徇私舞弊的，给予行政处分；构成犯罪的，依法追究其刑事责任。

第二十八条 处罚的标准，由各省、自治区、直辖市劳动行政部门会同有关部门制定。

第二十九条 本章规定的各项处罚，由县级以上人民政府劳动行政部门执行。

第七章 附 则

第三十条 农村劳动力跨省流动从事农业生产和在本省范围内的大中城市流动就业，以及城镇劳动力跨省流动就业，可参照本规定执行。

第三十一条 省、自治区、直辖市劳动行政部门或其授权的地方劳动行政部门，可根据本规定第五、六、八、九、十一、十三、十四、十五、十六、十七、二十一、二十二、二十三、二十四条制定具体执行办法和执行标准，并报劳动部备案。

第三十二条 本规定自颁布之日起施行。

劳动部关于发布《企业职工患病或非因工负伤医疗期规定》的通知

（1994年12月1日）

劳部发〔1994〕479号

各省、自治区、直辖市及计划单列市（劳动人事）厅（局），上海市社会保险局，国务院各部、委、各直属机构：

为了适应劳动用工制度改革需要，保护劳动者合法权益，促进企业改革，完善劳动合同制度，根据《中华人民共和国劳动法》有关医疗期限的规定，我部制定了《企业职工患病或非因工负伤医疗期规定》，现予发布，自1995年1月1日起施行。

企业职工患病或非因工负伤医疗期规定

第一条 为了保障企业职工在患病或非因工负伤期间的合法权益，根据《中华人民共和国劳动法》第二十六、二十九条规定，制定本规定。

第二条 医疗期是指企业职工因患病或非因工负伤停止工作治病休息不得解除劳动合同的时限。

第三条 企业职工因患病或非因工负伤，需要停止工作医疗时，根据本人实际参加工作年限和在本单位工作年限，给予3个月到24个月的医疗期：

（一）实际工作年限10年以下的，在本单位工作年限5年以下的为3个月；5年以上的为6个月。

（二）实际工作年限10年以上的，在本单位工作年限5年以下的为6个月；5年以上10年以下的为9个月；10年以上15年以下的为12个月；15年以上20年以下的为18个月；20年以上的为24个月。

第四条 医疗期3个月的按6个月内累计病休时间计算；6个月的按12个月内累计病休时间计算；9个月的按15个月内累计病休时间计算；12个月的按18个月内累计病休时间计算；18个月的按24个月内累计病休时间计算；24个月的按30个月内累计病休时间计算。

第五条 企业职工在医疗期内，其病假工资、疾病救济费和医疗待遇按照有关规定执行。

第六条 企业职工非因工致残和经医生或医疗机构认定患有难以治疗的疾病，在医疗期内医疗终结，不能从事原工作，也不能从事用人单位另行安排的工作的，应当由劳动鉴定委员会参照工伤与职业病致残程度鉴定标准进行劳动能力的鉴定。被鉴定为一至四级的，应当退出劳动岗位，终止劳动关系，办理退休、退职手续，享受退休、退职待遇；被鉴定为五至十级的，医疗期内不得解除劳动合同。

第七条 企业职工非因工致残和经医生或医疗机构认定患有难以治疗的疾病，医疗期满，应当由劳动鉴定委员会参照工伤与职业病致残程度鉴定标准进行劳动能力的鉴定。被鉴定为一至四级的，应当退出劳动岗位，解除劳动关系，并办理退休、退职手续，享受退休、退职待遇。

第八条 医疗期尚未痊愈者，被解除劳动合同的经济补偿问题按照有关规定执行。

第九条 本规定自1995年1月1日起施行。

劳动部关于印发《违反和解除劳动合同的经济补偿办法》的通知

（1994年12月3日）

劳部发〔1994〕481号

各省、自治区、直辖市劳动（劳动人事）厅（局），国务院各部委、直属机构劳动人事部门，解放军总后勤部生产管理部：

为贯彻《劳动法》，使有关经济补偿的规定便于操作，我们制定了《违反和解除劳动合同的经济补偿办法》，现印发给你们，请按照执行。有关违反劳动合同的赔偿办法，按国家有关规定执行。

违反和解除劳动合同的经济补偿办法

第一条 为了规范违反和解除劳动合同对劳动者的经济补偿标准，根据《中华人民共和国劳动法》的规定，制定本办法。

第二条 对劳动者的经济补偿金，由用人单位一次性发给。

第三条 用人单位克扣或者无故拖欠劳动者工资的，以及拒不支付劳动者延长工作时间工资报酬的，除在规定的时间内全额支付劳动者工资报酬外，还需加发相当于工资报酬25%的经济补偿金。

第四条 用人单位支付劳动者的工资报酬低于当地最低工资标准的，要在补足低于标准部分的同时，另外支付相当于低于部分25%的经济补偿金。

第五条 经劳动合同当事人协商一致，由用人单位解除劳动合同的，用人单位应根据劳动者在本单位工作年限，每满1年发给相当于1个月工资的经济补偿金，最多不超过12个月。工作时间不满1年的按1年的标准发给经济补偿金。

第六条 劳动者患病或者非因工负伤，经劳动鉴定委员会确认不能从事原工作、也不能从事用人单位另行安排的工作而解除劳动合同的，用人单位应按其在本单位的工作年限，每满一年发给相当于1个月工资的经济补偿金，同时还应发给不低于6个月工资的医疗补助费。患重病和绝症的还应增加医疗补助费，患重病的增加部分不低于医疗补助费的50%，患绝症的增加部分不低于医疗补助费的100%。

第七条 劳动者不能胜任工作，经过培训或者调整工作岗位仍不能胜任工作，由用人单位解除劳动合同的，用人单位应按其在本单位工作的年限，工作时间每满1年，发给相当于1个月工资的经济补偿金，最多不超过12个月。

第八条 劳动合同订立时所依据的客观情况发生重大变化，致使原劳动合同无法履行，经当事人协商不能就变更劳动合同达成协议，由用人单位解除劳动合同的，用人单位按劳动者在本单位工作的年限，工作时间每满1年发给相当于1个月工资的经济补偿金。

第九条 用人单位濒临破产进行法定整顿期间或者生产经营状况发生严重困难，必须裁减人员的，用人单位按被裁减人员在本单位工作的年限支付经济补偿金。在本单位工作的时间每满1年，发给相当于1个月工资的经济补偿金。

第十条 用人单位解除劳动合同后，未按规定给予劳动者经济补偿，除全额发给经济补偿金外，还须按该经济补偿金数额的50%支付额外经济补偿金。

第十一条 本办法中经济补偿金的工资计算标准是指企业正常生产情况下劳动者解除合同前12个月的月平均工资。

用人单位依据本办法第六条、第八条、第九条解除劳动合同时，劳动者的月平均工资低于企业月平均工资的，按企业月平均工资的标准支付。

第十二条 经济补偿金在企业成本中列支，不得占用企业按规定比例应提取的福利费用。

第十三条 本办法自1995年1月1日起执行。

劳动部关于印发《集体合同规定》的通知

（1994年12月5日）
劳部发〔1994〕485号

各省、自治区、直辖市劳动（劳动人事）厅（局），国务院有关部门劳动人事部门，解放军总后勤部生产管理部：

为配合《劳动法》的实施，现将《集体合同规定》印发给你们，请按照执行。执行情况及出现的问题请及时向我部反映。

集体合同规定

第一章 总 则

第一条 为指导和规范集体协商及签订集体合同，协调处理集体合同争议，加强集体合同管理，根据《中华人民共和国劳动法》和《中华人民共和国工会法》的有关规定，制定本规定。

第二条 本规定适用于中华人民共和国境内的各类企业。

第三条 企业职工一方与企业进行集体协商、依法签订的集体合同对企业和企业全体职工具有约束力。

第四条 集体合同应由县级以上人民政府劳动行政部门审查。

第二章　集体合同签订

第五条　集体合同是集体协商双方代表根据法律、法规的规定就劳动报酬、工作时间、休息休假、劳动安全卫生、保险福利等事项在平等协商一致基础上签订的书面协议。

第六条　集体合同应当包括以下内容：

（一）劳动报酬；

（二）工作时间；

（三）休息休假；

（四）保险福利；

（五）劳动安全与卫生；

（六）合同期限；

（七）变更、解除、终止集体合同的协商程序；

（八）双方履行集体合同的权利和义务；

（九）履行集体合同发生争议时协商处理的约定；

（十）违反集体合同的责任；

（十一）双方认为应当协商约定的其他内容。

第七条　集体协商是指企业工会或职工代表与相应的企业代表，为签订集体合同进行商谈的行为。

第八条　集体协商代表每方为3至10名，双方人数对等，并各确定一名首席代表。工会一方首席代表不是工会主席的，应由工会主席书面委托。

双方应另行指定一名记录员。

第九条　企业代表，由其法定代表人担任或指派。

职工一方由工会代表；未建立工会的企业由职工民主推举代表，并须得到半数以上职工的同意。

第十条　协商代表一经产生，无特殊情况，必须履行其义务。遇不可抗力造成空缺的，应按照本规定第九条指派或推举新的协商代表。

第十一条　职工一方代表在劳动合同期内自担任代表之日起5年以内除个人严重过失外，企业不得与其解除劳动合同。

个人严重过失包括严重违反劳动纪律或用人单位规章制度和严重失职、营私舞弊，对用人单位利益造成重大损害以及被依法追究刑事责任等。

第十二条　集体协商应遵守法律、法规的规定和平等、合作的原则。任何一方不得有过激行为。

第十三条　集体协商的内容、时间、地点应由双方共同商定。

在不违反有关保密法律、法规的规定和不涉及企业商业秘密的前提下，协商双方有义务向对方提供与集体协商有关的情况或资料。

第十四条　协商未达成一致或出现事先未预料的问题时，经双方同意，可以暂时中止协商。协商中止期限最长不超过六十天。具体中止期限及下次协商的具体时间、地点、内容由双方共同商定。

第十五条　集体合同签字人为双方的首席代表。

第十六条　集体合同期限为1～3年，在集体合同规定的期限内，双方代表可对集体合同履行情况进行检查。经双方协商一致，也可对集体合同进行修订。

第十七条　集体合同期限满或双方约定的终止条件出现，集体合同即行终止。

第十八条　在集体合同期限内，由于签订集体合同的环境和条件发生变化，致使集体合同难以履行时，集体合同任何一方均可提出变更或解除集体合同的要求。

签订集体合同的一方就集体合同的执行情况和变更提出商谈时，另一方应给予答复，并在7日内双方进行协商。

第十九条　集体合同双方协商一致，对原集体合同进行变更或修订后，应在7日内报送劳动行政部门审查。

第二十条 经集体合同双方协商一致，可以解除集体合同。但应在7日内向审查该集体合同的劳动行政部门提交书面说明。

第三章 集体合同审查

第二十一条 县级以上人民政府劳动行政部门的劳动合同管理机构负责集体合同的审查。

第二十二条 集体合同签订后，应当在七日内由企业一方将集体合同一式三份及说明报送劳动行政部门。

第二十三条 地方各类企业和不跨省（自治区、直辖市）的中央直属企业集体合同报送的管辖范围，由省（自治区、直辖市）劳动行政部门确定。

全国性集团公司、行业性公司以及跨省（自治区、直辖市）企业的集体合同报送国务院劳动行政部门或由国务院劳动行政部门指定的省（自治区、直辖市）劳动行政部门。

第二十四条 集体合同审查包括以下内容：

（一）合同双方的资格是否符合法律、法规的规定；

（二）集体协商是否按照法律、法规规定的原则和程序进行；

（三）集体合同中的各项具体劳动标准是否符合法律、法规规定的最低标准。

第二十五条 集体合同的审查按以下程序进行：

（一）登记、编号；

（二）审查；

（三）制作《集体合同审查意见书》；

（四）备案、存档。

第二十六条 劳动行政部门在收到集体合同书后15日内应将《集体合同审查意见书》送达集体合同双方代表。《集体合同审查意见书》包括以下内容：

（一）集体合同双方的名称、地址、代表人姓名与身份证号码；

（二）集体合同的收到时间；

（三）审查意见；

（四）通知时间；

（五）劳动行政部门印章。

第二十七条 劳动行政部门自收到集体合同文本之日起15日内未提出异议的，集体合同即行生效。

第二十八条 签订集体合同双方在收到劳动行政部门的审查意见书后，对其中无效或部分无效的条款应进行修改，并于十五日内报送劳动行政部门重新审查。

第二十九条 经劳动行政部门审查的集体合同，双方应及时以适当的形式向各自代表的全体成员公布。

第四章 集体合同争议处理

第三十条 地方各类企业和不跨省（自治区、直辖市）的中央直属企业因签订集体合同发生争议的处理，由省（自治区、直辖市）劳动行政部门确定管辖范围。

全国性集团公司、行业性公司以及跨省（自治区、直辖市）的中央直属企业因签订集体合同发生的争议，由国务院劳动行政部门指定有关省（自治区、直辖市）劳动行政部门受理，或由国务院劳动行政部门组织有关方面协调处理。

第三十一条 县级以上人民政府劳动行政部门的劳动争议协调处理机构是受理和协调处理签订集体合同争议的日常工作机构。

第三十二条 因签订集体合同发生争议，双方当事人不能自行协商解决的，当事人一方或双方可向劳动行政部门的劳动争议协调处理机构书面提出协调处理申请；未提出申请的，劳动行政部门认为必要时可视情况进行协调处理。

第三十三条 劳动行政部门协调处理因签订集体合同发生的争议时，应组织同级工会代表、企业方面的代表以及其他有关方面的代表共同进行。

第三十四条　因签订集体合同发生争议的协调处理机构的主要职责是：

（一）调查了解争议的情况；

（二）研究制定协调处理争议的方案；

（三）对争议进行协调处理；

（四）制定《协调处理协议书》并监督处理结果的执行；

（五）统计归档并将处理结果报上级劳动行政部门备案；

（六）必要时向政府报告并提出有关建议。

第三十五条　劳动行政部门处理因签订集体合同发生的争议，应自决定受理之日起30日内结束。争议复杂或遇影响处理的其他客观原因需要延期时，延期最长不得超过15日。

第三十六条　协调处理因签订集体合同发生的争议，双方当事人应各选派代表3至10名，并指定一名首席代表参加。代表产生的方式按本规定第九条办理。企业不得在此期间解除与职工代表的劳动关系。

第三十七条　争议双方及其代表应如实提供有关情况和材料。

第三十八条　协调处理因签订集体合同发生的争议结束后，由劳动行政部门制作《协调处理协议书》，双方当事人首席代表和协调处理负责人共同签字盖章。《协调处理协议书》下达后，双方应当执行。

第三十九条　因履行集体合同发生的争议依据《中华人民共和国企业劳动争议处理条例》处理。

第五章　附　　则

第四十条　实行企业化管理的事业单位与其职工进行集体协商、签订集体合同以及因签订和履行集体合同发生的争议，依照本规定执行。

第四十一条　本规定自1995年1月1日起施行。

劳动部关于印发《工资支付暂行规定》的通知

（1994年12月6日）

劳部发〔1994〕489号

各省、自治区、直辖市及计划单列市劳动（劳动人事）厅（局），国务院有关部委、直属机构劳动人事司，解放军总后勤部劳动工资局，国家计划单列企业集团：

为配合《劳动法》的贯彻实施，充分保障劳动者通过劳动获得劳动报酬的合法权益，规范用人单位的工资支付行为，特制定《工资支付暂行规定》。现印发给你们，请结合实际情况贯彻执行。

工资支付暂行规定

第一条　为维护劳动者通过劳动获得劳动报酬的权利，规范用人单位的工资支付行为，根据《中华人民共和国劳动法》有关规定，制定本规定。

第二条 本规定适用于在中华人民共和国境内的企业、个体经济组织（以下统称用人单位）和与之形成劳动关系的劳动者。

国家机关、事业组织、社会团体和与之建立劳动合同关系的劳动者，依照本规定执行。

第三条 本规定所称工资是指用人单位依据劳动合同的规定，以各种形式支付给劳动者的工资报酬。

第四条 工资支付主要包括：工资支付项目、工资支付水平、工资支付形式、工资支付对象、工资支付时间以及特殊情况下的工资支付。

第五条 工资应当以法定货币支付。不得以实物及有价证券替代货币支付。

第六条 用人单位应将工资支付给劳动者本人。劳动者本人因故不能领取工资时，可由其亲属或委托他人代领。

用人单位可委托银行代发工资。

用人单位必须书面记录支付劳动者工资的数额、时间、领取者的姓名以及签字，并保存两年以上备查。用人单位在支付工资时应向劳动者提供一份其个人的工资清单。

第七条 工资必须在用人单位与劳动者约定的日期支付。如遇节假日或休息日，则应提前在最近的工作日支付。工资至少每月支付一次，实行周、日、小时工资制的可按周、日、小时支付工资。

第八条 对完成一次性临时劳动或某项具体工作的劳动者，用人单位应按有关协议或合同规定在其完成劳动任务后即支付工资。

第九条 劳动关系双方依法解除或终止劳动合同时，用人单位应在解除或终止劳动合同时一次付清劳动者工资。

第十条 劳动者在法定工作时间内依法参加社会活动期间，用人单位应视同其提供了正常劳动而支付工资。社会活动包括：依法行使选举权和被选举权；当选代表出席乡（镇）、区以上政府、党派、工会、青年团、妇女联合会等组织召开的会议；出任人民法庭证明人；出席劳动模范、先进工作者大会；《工会法》规定的不脱产工会基层委员会委员因工会活动占用的生产或工作时间；其它依法参加的社会活动。

第十一条 劳动者依法享受年休假、探亲假、婚假、丧假期间，用人单位应按劳动合同规定的标准支付劳动者工资。

第十二条 非因劳动者原因造成单位停工、停产在一个工资支付周期内的，用人单位应按劳动合同规定的标准支付劳动者工资。超过一个工资支付周期的，若劳动者提供了正常的劳动，则支付给劳动者的劳动报酬不得低于当地的最低工资标准；若劳动者没有提供正常劳动，应按国家有关规定办理。

第十三条 用人单位在劳动者完成劳动定额或规定的工作任务后，根据实际需要安排劳动者在法定标准工作时间以外工作的，应按以下标准支付工资：

（一）用人单位依法安排劳动者在日法定标准工作时间以外延长工作时间的，按照不低于劳动合同规定的劳动者本人小时工资标准的150%支付劳动者工资；

（二）用人单位依法安排劳动者在休息日工作，而又不能安排补休的，按照不低于劳动合同规定的劳动者本人日或小时工资标准的200%支付劳动者工资；

（三）用人单位依法安排劳动者在法定休假节日工作的，按照不低于劳动合同规定的劳动者本人日或小时工资标准的300%支付劳动者工资。

实行计件工资的劳动者，在完成计件定额任务后，由用人单位安排延长工作时间的，应根据上述规定的原则，分别按照不低于其本人法定工作时间计件单价的150%、200%、300%支付其工资。

经劳动行政部门批准实行综合计算工时工作制的，其综合计算工作时间超过法定标准工作时间的部分，应视为延长工作时间，并应按本规定支付劳动者延长工作时间的工资。

实行不定时工时制度的劳动者，不执行上述规定。

第十四条 用人单位依法破产时，劳动者有权获得其工资。在破产清偿中用人单位应按《中华人民共和国企业破产法》规定的清偿顺序，首先支付欠付本单位劳动者的工资。

第十五条 用人单位不得克扣劳动者工资。有下列情况之一的，用人单位可以代扣劳动者工资：

（一）用人单位代扣代缴的个人所得税；

（二）用人单位代扣代缴的应由劳动者个人负担的各项社会保险费用；

（三）法院判决、裁定中要求代扣的抚养费、赡养费；

（四）法律、法规规定可以从劳动者工资中扣除的其他费用。

第十六条 因劳动者本人原因给用人单位造成经济损失的，用人单位可按照劳动合同的约定要求其赔偿经济损失。经济损失的赔偿，可从劳动者本人的工资中扣除。但每月扣除的部分不得超过劳动者当月工资的20%。若扣除后的剩余工资部分低于当地月最低工资标准，则按最低工资标准支付。

第十七条 用人单位应根据本规定，通过与职工大会、职工代表大会或者其他形式协商制定内部的工资支付制度，并告知本单位全体劳动者，同时抄报当地劳动行政部门备案。

第十八条 各级劳动行政部门有权监察用人单位工资支付的情况。用人单位有下列侵害劳动者合法权益行为的，由劳动行政部门责令其支付劳动者工资和经济补偿，并可责令其支付赔偿金：

（一）克扣或者无故拖欠劳动者工资的；

（二）拒不支付劳动者延长工作时间工资的；

（三）低于当地最低工资标准支付劳动者工资的。

经济补偿和赔偿金的标准，按国家有关规定执行。

第十九条 劳动者与用人单位因工资支付发生劳动争议的，当事人可依法向劳动争议仲裁机关申请仲裁。对仲裁裁决不服的，可以向人民法院提起诉讼。

第二十条 本规定自1995年1月1日起执行。

劳动部关于印发《就业训练规定》的通知

（1994年12月9日）
劳部发〔1994〕490号

各省、自治区、直辖市劳动（劳动人事）厅（局）：

现将《就业训练规定》印发给你们，请认真贯彻执行，并结合当地实际情况制定实施办法。

就业训练规定

第一章　总　则

第一条　为了规范和推动就业训练工作，提高劳动者的职业技能，促进就业，根据有关法律、法规的规定，制定本规定。

第二条　就业训练是指对下列人员组织开展的提高职业技术和就业能力的培训：

(一)为城乡初次求职的劳动者提供就业前训练；

(二)为失业职工和需要转换职业的企业富余职工提供转业训练；

(三)为向非农产业转移及在城镇就业的农村劳动者提供转业训练；

(四)为妇女、残疾人、少数民族人员及复转军人等特殊群体人员提供专门的就业训练。

第三条　就业训练应与职业介绍、失业保险、劳动就业服务企业等劳动就业服务工作紧密结合，统筹安排。

第四条　就业训练由劳动行政部门所属劳动就业服务机构组织实施。

第五条　本规定适用于劳动部门和非劳动部门组织开展的就业训练。

第二章　组织与管理

第六条　就业训练应根据劳动力市场需求及用人单位的要求设置专业和确定培训标准，按照培训标准和接受培训人员的素质状况确定培训期限。

第七条　对参加就业训练的各类人员实行公开报名、自选专业、考核发证、择优推荐就业。

第八条　就业训练应采取多层次、多形式、多渠道的培训方式，以实际操作技能为主，同时进行必要的专业知识和职业指导及其它内容的培训。

第九条　未接受过职业培训的求职人员，以及需要转换职业的城乡劳动者，应在就业或上岗前接受必要的就业训练。

六个月以上的长期失业职工，应参加劳动就业服务机构指定的转业训练。

第十条　就业训练单位应与学员签订培训合同。其内容包括培训专业、时间、费用、教学实习、考核发证、违约责任等条款。

第十一条　就业训练单位应根据培训标准制定教学计划和大纲，按照教学计划和大纲组织教学。

就业训练应采取劳动部组织审定的就业训练统编教材，或采用劳动就业服务机构及其就业训练中心组织编审的教材。

第十二条　就业训练单位应利用劳动就业服务信息网络获取和传递培训与用人信息。

第十三条　劳动就业服务机构应在劳动行政部门的领导下制定就业训练规划并组织实施，统筹规划就业训练中心的布局和规模，管理与指导就业训练中心和非劳动部门办就业训练工作，并定期组织检查评估。

第三章　就业训练中心

第十四条　就业训练中心是在各级劳动行政部门领导下，由劳动就业服务机构管理和指导的就业训练实体，属事业单位。

第十五条　就业训练中心的职责：

(一)贯彻执行有关劳动就业和职业培训的法律、法规和政策；

(二)组织就业训练、转业训练的教学与实习；

(三)开展教学研究，编写教材和教学资料；

(四)法律、法规规定的其它职责。

第十六条　县级以上就业训练中心的开办、停办，须报当地人民政府批准，并报上一级劳动行政部门备案。

第十七条　就业训练中心实行主任负责制。就业训练中心主任应具有大专以上文化程度，有教学、管理经验及其相应的任职资格。

第十八条 就业训练中心应建立健全各项规章制度，实行目标管理责任制。

第十九条 就业训练中心应在教学管理、训练方法、训练质量等方面发挥示范作用。

第二十条 就业训练中心应根据需要，自建或联办实习场地，也可利用劳动就业服务企业作为实习场地。

第二十一条 就业训练中心应积极创造条件，建立职业技能鉴定站（所），并按有关规定组织开展职业资格鉴定工作。

第二十二条 就业训练中心应根据专业设置需要，配备专、兼职教师。专业理论课教师应具有大专及以上文化程度，实习指导教师应达到中级以上技术水平。

第二十三条 就业训练中心应组织教师参加业务学习和培训，提高教师的素质。

第二十四条 就业训练中心教职工的职称评定和工资福利待遇等，按对技工学校教职工的有关规定执行。

第二十五条 就业训练中心应建立健全财务制度，配备财会人员，设置专户管理就业训练经费。

第四章 非劳动部门办就业训练

第二十六条 非劳动部门办就业训练是指企事业单位、社会团体、机关和个人等开展的就业训练活动和举办的就业训练实体。

第二十七条 非劳动部门办就业训练应具有与训练规模和专业（工种）设置相适应的教学场地、设施、教师和管理人员；有相应工作规章和管理制度；培训质量应符合社会需要和用人单位的要求。

第二十八条 非劳动部门办就业训练必须经当地县级以上劳动就业服务机构核准，并领取“就业训练资格证”。“就业训练资格证”由省、自治区、直辖市劳动就业服务机构在劳动行政部门监督下，统一印制。

第二十九条 非劳动部门就业训练单位因故更名、换址、停办，须向核准发证机关报告，并办理相应的手续。

第三十条 非劳动部门就业训练单位刊播、张贴招生广告，须经当地劳动就业服务机构核准后，按有关规定办理。有条件的劳动就业服务机构可按有关规定申请建立就业训练广告代理机构，承担就业训练广告的核准与代理工作。

第三十一条 非劳动部门就业训练单位应定期向当地劳动就业服务机构报告工作情况，按规定填报统计报表，并接受其政策、业务的指导和监督检查。

第三十二条 对非劳动部门办就业训练实行资格年检制度。

第三十三条 非劳动部门就业训练单位结业的学员，享有同就业训练中心结业学员同等的参加职业资格鉴定和择优推荐就业的权利。

第五章 考核与发证

第三十四条 就业训练考核分为结业考核和职业资格鉴定。

第三十五条 结业考核标准按照培训标准确定。获得结业证书的学员，职业介绍机构凭证择优推荐就业。

第三十六条 职业资格鉴定标准按照国家颁布的标准执行。劳动就业服务机构应与当地职业技能鉴定指导中心建立固定联系，组织就业训练结业学员按有关规定参加职业资格鉴定。

第三十七条 就业训练结业证书由省、自治区、直辖市劳动就业服务机构统一印制、县级以上劳动就业服务机构颁发；职业资格证书由劳动部统一印制，县级以上劳动就业服务机构在劳动行政部门的监督指导下按有关规定颁发。

第六章　经　费

第三十八条　就业训练经费的主要来源：

(一)地方政府预算安排的就业经费中的就业训练费；

(二)失业保险基金中的转业训练费；

(三)地方发展教育基金中职业技术教育经费的一部分；

(四)按规定从学员和委托训练单位收取的就业训练费；

(五)其它来源。

就业经费中用于就业训练的费用一般不应少于30%；当年收缴的失业保险费中用于转业训练的费用原则上不应少于15%。

第三十九条　就业训练收费标准由当地劳动行政部门商物价部门确定。

第四十条　就业训练经费的主要开支项目：

(一)就业训练中心开展就业训练的补贴；

(二)失业职工和特别困难学员就业训练补贴；

(三)就业训练中心添置教学和实习设备；

(四)组织编写教材、教学大纲、电化教学资料等；

(五)表彰和奖励就业训练单位、教职工和学员；

(六)组织学员参加技能竞赛和文体活动；

(七)支付聘用教职工的工资；

(八)就业训练的其它费用。

第四十一条　第三十八条(一)、(二)、(三)项经费主要用于就业训练补贴。补贴标准应根据学员的训练专业、训练期限、实习费用和培训设施、固定资产折旧等主要指标，并按照培训合同和结业人数报表，由劳动就业服务机构确定。经劳动就业服务机构审核，非劳动部门就业训练单位可以开展对失业职工的转业训练，并可给予相应的补贴。

第四十二条　就业训练经费必须专款专用，结余部分可结转下年度继续使用。

第四十三条　各地劳动就业服务机构应建立健全就业训练经费管理制度和内部审计制度，并接受当地财政、审计部门的检查监督。

第七章　罚　则

第四十四条　就业训练单位不按规定与学员签订培训合同或违反合同的，由劳动行政部门责令改正；对学员造成损害的，应当承担赔偿责任。

第四十五条　就业训练单位违反物价部门规定超标准收费的，由劳动行政部门或有关部门责令改正，并没收其非法所得；情节严重的，由劳动行政部门或有关部门处以罚款。

第四十六条　对挤占、平调就业训练中心场地、设备、资金或改变隶属关系，影响其正常训练工作的，由上一级劳动行政部门或有关部门责令改正；情节严重的，给予单位主管人员和直接责任者以行政处分。

第四十七条　对违反第二十八条规定，擅自开展就业训练活动的，由劳动行政部门责令限期改正；逾期不改的，由劳动行政部门责令停办，并可处以罚款。

第四十八条　对贪污、截留、挪用就业训练经费的单位主管人员和直接责任者，由劳动行政部门给予行政处分；构成犯罪的，依法追究刑事责任。

第四十九条　对以非法手段骗取或冒领就业训练补贴的单位主管人员和直接责任者，由劳动行政部门或有关部门给予行政处分，并可处以罚款；构成犯罪的，依法追究刑事责任。

第八章　附　则

第五十条　省、自治区、直辖市劳动行政部门可根据本规定制定实施办法，并报劳动部备案。

第五十一条　本规定自1995年1月1日起施行。1985年9月14日劳动人事部发布的《关于就业训练若干问题的暂行办法》、1988年4月7日劳动人事部发布的《关于加强就业训练中心工作的意见》同时废止。

劳动部关于颁发《未成年工特殊保护规定》的通知

（1994年12月9日）

劳部发〔1994〕498号

各省、自治区、直辖市劳动（劳动人事）厅（局），计划单列市劳动局；国务院各有关部委、直属机构：

根据《中华人民共和国劳动法》的有关规定，我部制定了《未成年工特殊保护规定》，现予以颁发，请按照执行，并将执行中的情况和问题及时反映给我部。

附件：1. 未成年工健康检查表

2. 未成年工登记表

未成年工特殊保护规定

第一条　为维护未成年工的合法权益，保护其在生产劳动中的健康，根据《中华人民共和国劳动法》的有关规定，制定本规定。

第二条　未成年工是指年满16周岁，未满18周岁的劳动者。

未成年工的特殊保护是针对未成年工处于生长发育期的特点，以及接受义务教育的需要，采取的特殊劳动保护措施。

第三条　用人单位不得安排未成年工从事以下范围的劳动：

（一）《生产性粉尘作业危害程度分级》国家标准中第一级以上的接尘作业；

（二）《有毒作业分级》国家标准中第一级以上的有毒作业；

（三）《高处作业分级》国家标准中第二级以上的高处作业；

（四）《冷水作业分级》国家标准中第二级以上的冷水作业；

（五）《高温作业分级》国家标准中第三级以上的高温作业；

（六）《低温作业分级》国家标准中第三级以上的低温作业；

（七）《体力劳动强度分级》国家标准中第四级体力劳动强度的作业；

（八）矿山井下及矿山地面采石作业；

（九）森林业中的伐木、流放及守林作业；

（十）工作场所接触放射性物质的作业；

（十一）有易燃易爆、化学性烧伤和热烧伤等危险性大的作业；

（十二）地质勘探和资源勘探的野外作业；

（十三）潜水、涵洞、涵道作业和海拔

3000 米以上的高原作业（不包括世居高原者）；

（十四）连续负重每小时在 6 次以上并每次超过 20 公斤，间断负重每次超过 25 公斤的作业；

（十五）使用凿岩机、捣固机、气镐、气铲、铆钉机、电锤的作业；

（十六）工作中需要长时间保持低头、弯腰、上举、下蹲等强迫体位和动作频率每分钟大于 50 次的流水线作业；

（十七）锅炉司炉。

第四条 未成年工患有某种疾病或具有某些生理缺陷（非残疾型）时，用人单位不得安排其从事以下范围的劳动：

（一）《高处作业分级》国家标准中第一级以上的高处作业；

（二）《低温作业分级》国家标准中第二级以上的低温作业；

（三）《高温作业分级》国家标准中第二级以上的高温作业；

（四）《体力劳动强度分级》国家标准中第三级以上体力劳动强度的作业；

（五）接触铅、苯、汞、甲醛、二硫化碳等易引起过敏反应的作业。

第五条 患有某种疾病或具有某些生理缺陷（非残疾型）的未成年工，是指有以下一种或一种以上情况者：

（一）心血管系统

1. 先天性心脏病；

2. 克山病；

3. 收缩期或舒张期二级以上心脏杂音。

（二）呼吸系统

1. 中度以上气管炎或支气管哮喘；

2. 呼吸音明显减弱；

3. 各类结核病；

4. 体弱儿，呼吸道反复感染者。

（三）消化系统

1. 各类肝炎；

2. 肝、脾肿大；

3. 胃、十二指肠溃疡；

4. 各种消化道疝。

（四）泌尿系统

1. 急慢性肾炎；

2. 泌尿系感染。

（五）内分泌系统

1. 甲状腺机能亢进；

2. 中度以上糖尿病。

（六）精神神经系统

1. 智力明显低下；

2. 精神忧郁或狂暴。

（七）肌肉、骨胳运动系统

1. 身高和体重低于同龄人标准；

2. 一个及一个以上肢体存在明显功能障碍；

3. 躯干 1/4 以上部位活动受限，包括强直或不能旋转。

（八）其它

1. 结核性胸膜炎；

2. 各类重度关节炎；

3. 血吸虫病；

4. 严重贫血，其血色素每升低于 95 克（9.5g/dL）。

第六条 用人单位应按下列要求对未成年工定期进行健康检查：

（一）安排工作岗位之前；

（二）工作满一年；

（三）年满 18 周岁，距前一次的体检时间已超过半年。

第七条 未成年工的健康检查，应按本规定所附《未成年工健康检查表》列出的项目进行。

第八条 用人单位应根据未成工的健康检查结果安排其从事适合的劳动，对不能胜任原劳动岗位的，应根据医务部门的证明，予以减轻劳动量或安排其他劳动。

第九条 对未成年工的使用和特殊保护实行登记制度。

（一）用人单位招收使用未成年工，除符

合一般用工要求外，还须向所在地的县级以上劳动行政部门办理登记。劳动行政部门根据《未成年工健康检查表》、《未成年工登记表》，核发《未成年工登记证》。

（二）各级劳动行政部门须按本规定第三、四、五、七条的有关规定，审核体检情况和拟安排的劳动范围。

（三）未成年工须持《未成年工登记证》上岗。

（四）《未成年工登记证》由国务院劳动行政部门统一印制。

第十条 未成年工上岗前用人单位应对其进行有关的职业安全卫生教育、培训；未成年工体检和登记，由用人单位统一办理和承担费用。

第十一条 县级以上劳动行政部门对用人单位执行本规定的情况进行监督检查，对违反本规定的行为依照有关法规进行处罚。

各级工会组织对本规定的执行情况进行监督。

第十二条 省、自治区、直辖市劳动行政部门可以根据本规定制定实施办法。

第十三条 本规定自 1995 年 1 月 1 日起施行。

附件一：

未成年工健康检查表

_____省_____市_____县（区）____工厂___车间____工种

姓名_____性别____民族_____出生日期___年___月___日

重要病史_________检测日期____年____月____日

1. 脉搏_________次/分
2. 收缩压_________Pa
3. 舒张压（消音）________Pa
4. 肺活量（1）____（2）____（3）____最大值______ml
5. 营养状况_____________
6. 血色素_________g/L
7. 身高__________cm
8. 体重__________Kg
9. 体重/身高____________
10. 坐高__________cm
11. 胸围__________cm
12. 肩宽__________cm
13. 骨盆宽__________cm
14. 月经来潮：已　　未

<table>
<tr><td rowspan="8">体格检查</td><td>项目</td><td>正常</td><td colspan="9">阳性体征</td></tr>
<tr><td rowspan="5">心脏</td><td rowspan="5"></td><td rowspan="2">左界大</td><td rowspan="2">右位心</td><td rowspan="2">心动过速（次/分）</td><td rowspan="2">心动过缓（次/分）</td><td colspan="2">频发早搏</td><td rowspan="2" colspan="2">其它心律异常</td><td rowspan="2">其它</td></tr>
<tr><td>安静（次/分）</td><td>运动后（次/分）</td></tr>
<tr><td rowspan="3">病理杂音</td><td rowspan="2" colspan="2">部位</td><td colspan="2">收缩期</td><td colspan="2">舒张期</td><td rowspan="2" colspan="2">传导方向</td></tr>
<tr><td>性质</td><td>响度</td><td>性质</td><td>响度</td></tr>
<tr><td colspan="2"></td><td></td><td></td><td></td><td></td><td colspan="2"></td></tr>
<tr><td>肺脏</td><td></td><td colspan="9"></td></tr>
<tr><td>肝脏</td><td></td><td colspan="9">肋缘下____厘米 剑突下____厘米 软硬度____ 触痛____</td></tr>
<tr><td></td><td>脾脏</td><td></td><td colspan="9">肋缘下____厘米 最大斜径____厘米 软硬度____ 触痛____</td></tr>
<tr><td></td><td colspan="3">其它部分异常</td><td colspan="8"></td></tr>
<tr><td rowspan="7">部分常见病</td><td rowspan="4">视力</td><td rowspan="2">远</td><td>左</td><td></td><td rowspan="7" colspan="7">印象：</td></tr>
<tr><td>右</td><td></td></tr>
<tr><td rowspan="2">近</td><td>左</td><td></td></tr>
<tr><td>右</td><td></td></tr>
<tr><td colspan="3">沙眼</td><td></td></tr>
<tr><td colspan="3">脊柱侧弯</td><td></td></tr>
<tr><td colspan="3">神经衰弱</td><td></td></tr>
<tr><td rowspan="6">其它检查化验</td><td colspan="2">胸透</td><td colspan="2"></td><td rowspan="7" colspan="7">建议：

医师签名________
日　期________</td></tr>
<tr><td colspan="2">心电图</td><td colspan="2"></td></tr>
<tr><td colspan="2">肝功</td><td colspan="2"></td></tr>
<tr><td rowspan="2">结果试验</td><td>OT</td><td colspan="2">毫米直径</td></tr>
<tr><td>PPD</td><td colspan="2">毫米直径</td></tr>
<tr><td colspan="2">其它</td><td colspan="2"></td></tr>
<tr><td>备注</td><td colspan="4"></td></tr>
<tr><td colspan="5">可、否　参加素质测试</td><td colspan="7"></td></tr>
</table>

附件二：

未成年工登记表

<table>
<tr><td>姓名</td><td>性别</td><td colspan="2">籍贯</td></tr>
<tr><td colspan="3">出生年月日</td><td>工作单位</td></tr>
<tr><td colspan="3">用工形式</td><td>单位电话</td></tr>
<tr><td colspan="4">健康状况：
1. 健康______（是√，否×）
2. 患有何种疾病或具有何种生理缺陷（非残疾型）：</td></tr>
<tr><td colspan="4">拟安排劳动范围：</td></tr>
<tr><td colspan="4">用人单位法人签字　　　　用人单位盖章

年　　月　　日</td></tr>
</table>

劳动部关于印发《关于企业实行不定时工作制和综合计算工时工作制的审批办法》的通知

（1994 年 12 月 14 日）

劳部发〔1994〕503 号

各省、自治区、直辖市劳动（劳动人事）厅（局），计划单列市劳动局，国务院有关部委、直属机构：

根据《中华人民共和国劳动法》，我们制定了《关于企业实行不定时工作制和综合计算工时工作制的审批办法》，现发给你们，请遵照执行，并请将执行中的情况及时报送给我们。

关于企业实行不定时工作制和综合计算工作制的审批办法

第一条 根据《中华人民共和国劳动法》第三十九条的规定，制定本办法。

第二条 本办法适用于中华人民共和国境内的企业。

第三条 企业因生产特点不能实行《中华人民共和国劳动法》第三十六条、第三十八条规定的，可以实行不定时工作制或综合计算工时工作制等其他工作和休息办法。

第四条 企业对符合下列条件之一的职工，可以实行不定时工作制。

（一）企业中的高级管理人员、外勤人员、推销人员、部分值班人员和其他因工作无法按标准工作时间衡量的职工；

（二）企业中的长途运输人员、出租汽车司机和铁路、港口、仓库的部分装卸人员以及因工作性质特殊，需机动作业的职工；

（三）其他因生产特点、工作特殊需要或职责范围的关系，适合实行不定时工作制的职工。

第五条 企业对符合下列条件之一的职工，可实行综合计算工时工作制，即分别以周、月、季、年等为周期，综合计算工作时间，但其平均日工作时间和平均周工作时间应与法定标准工作时间基本相同。

（一）交通、铁路、邮电、水运、航空、渔业等行业中因工作性质特殊，需连续作业的职工；

（二）地质及资源勘探、建筑、制盐、制糖、旅游等受季节和自然条件限制的行业的部分职工；

（三）其他适合实行综合计算工时工作制的职工。

第六条 对于实行不定时工作制和综合计算工时工作制等其他工作和休息办法的职工，企业应根据《中华人民共和国劳动法》第一章、第四章有关规定，在保障职工身体健康并充分听取职工意见的基础上，采用集中工作、集中休息、轮休调休、弹性工作时间等适当方式，确保职工的休息休假权利和生产、工作任务的完成。

第七条 中央直属企业实行不定时工作制和综合计算工时工作制等其他工作和休息办法的，经国务院行业主管部门审核，报国务院劳动行政部门批准。

地方企业实行不定时工作制和综合计算工时工作制等其他工作和休息办法的审批办法，由各省、自治区、直辖市人民政府劳动行政部门制定，报国务院劳动行政部门备案。

第八条 本办法自 1995 年 1 月 1 日起实行。

劳动部关于印发《职业培训实体管理规定》的通知

(1994年12月14日)
劳部发〔1994〕506号

各省、自治区、直辖市劳动(劳动人事)厅(局):

现将《职业培训实体管理规定》印发给你们，请遵照执行。

职业培训实体管理规定

第一条 为规范职业培训实体的管理，发展职业培训事业，根据有关法律、法规的规定，制定本规定。

第二条 职业培训实体是指开发劳动者职业技能，提高劳动者素质，增强劳动者就业能力和工作能力的各类培训机构。主要包括社会组织和个人单独或联合举办的技工学校、职业(技术)学校、就业训练中心、职工培训中心(学校)等；也包括境外机构和个人、外商投资企业(机构)单独或同境内的具有法人资格的社会组织联合举办的培训实体。

第三条 职业培训实体应根据市场需求，承担各类职业培训任务，为社会培养具有职业技能的劳动者。

县级以上地方人民政府劳动行政部门应定期发布职业需求信息，指导职业培训实体按需培训。

第四条 职业培训实体的培训对象包括：

(一)初次求职人员、失业人员、在职人员、转岗转业人员、出国劳务人员、境外就业人员、个体劳动者以及农村向非农产业转移的人员、农村向城镇流动就业的劳动者；

(二)需要提供专门的职业技能培训的妇女、残疾人、少数民族人员、军队退出现役人员；

(三)其他需要学习和提高职业技能的劳动者。

第五条 职业培训实体应依法开展职业培训活动。

第六条 县级以上地方人民政府劳动行政部门综合管理本行政区域内的职业培训实体。

第七条 职业培训实体可根据需要，采取多种形式办学。具备条件的职业培训实体可申请建立相关工种职业技能鉴定所(站)。

第八条 职业培训实体应具备的基本条件：

(一)稳定的经费来源；

(二)与办学规模相适应的办学场所，与专业(工种)设置相适应的培训设备和实习、实验场所；

(三)与办学任务相适应的师资和管理人员；

(四)必要的教学文件、教材、教具、教学仪器、图书资料和管理制度。

第九条 职业培训实体的开办、更名、撤销应按照以下程序办理：

（一）以培养初级职业技能水平的劳动者和非技术岗位的劳动者为主要任务的职业培训实体，政府举办的，由当地人民政府批准，报上一级劳动行政部门备案；具有法人资格的社会组织举办的，由其上一级主管部门审批，报同级劳动行政部门备案；个人举办的，由县、区劳动行政部门审批，报上一级劳动行政部门备案。

（二）以培养中级职业技能水平劳动者为主要任务的职业培训实体，国务院有关行业主管部门（社会团体）举办的，在商得职业培训实体所在省、自治区、直辖市劳动行政部门同意后，由国务院有关行业主管部门（社会团体）批准；地方有关单位或个人举办的，由省、自治区、直辖市劳动行政部门审查，报省、自治区、直辖市人民政府批准。

（三）以培养高级职业技能水平劳动者为主要任务的职业培训实体，由国务院劳动行政部门审批。

（四）跨地区（部门）举办职业培训实体，应征得培训实体所在地县级以上地方人民政府劳动行政部门同意。

（五）境外机构和个人、外商投资企业（机构）单独举办的职业培训实体，按照上述规定执行。

（六）职业培训实体的更名、撤销亦按上述管理权限办理。

（七）企事业单位举办的职工培训基地，由企事业单位自行批准，报当地劳动行政部门备案。

第十条　职业培训实体实行行政领导负责制。校长（主任）全面负责职业培训实体的管理工作。校长（主任）应具有国家规定的任职资格，并应按规定程序任免或聘任。

第十一条　职业培训实体应发挥教职工代表大会民主管理、民主监督的作用。

第十二条　职业培训实体有权依法确定招生数量、招生办法、专业（工种）设置、内部机构设置、教职工聘任办法和奖金分配制度。

第十三条　职业培训实体可以与学员签订培训合同；也可以与用人单位签订培训合同。培训合同应明确培训目标、培训内容、培训期限、培训费用或毕（结）业后的就业方式等。

第十四条　职业培训实体应按照国家颁布的专业目录设置的专业（工种）教学，并执行国务院劳动行政部门会同国务院有关行业主管部门颁发的教学计划、教学大纲；国家无统一规定的专业（工种），可参照国家颁发的教学计划、教学大纲自行制定。

第十五条　职业培训实体应根据专业（工种）设置的实际需要，加强实验室、实习场所的建设。

第十六条　职业培训实体应采取先进的教学方法和教学手段，开展教学研究，进行教学改革。

职业培训实体应结合培训内容加强爱国主义、职业道德和法制教育。

第十七条　职业培训实体教师必须具备《教师法》规定的教师资格，符合《技工学校教师职务条例》或其它有关专业技术职务条例规定的任职条件。

职业培训实体生产实习指导教师可实行教师职称和专业技术职称或技师职称（职务）双职称制度。

第十八条　职业培训教师实行资格证书和考核制度以及职务聘任制度，并按国家规定，确定工资、教龄津贴和有关福利待遇。

第十九条　职业培训实体毕（结）业生，按照国家规定实行毕（结）业证书和职业资格证书“双证书”制度。

第二十条　职业培训实体毕（结）业生就业实行双向选择或自谋职业。对取得《职业资格证书》的毕（结）业生，职业介绍机构优先推荐就业。

第二十一条　职业培训主要经费来源：

（一）政府财政部门和办学主管部门的拨

款；

（二）地方政府预算安排的就业经费中用于失业青年就业训练的经费；

（三）当年收缴的失业保险费中用于失业职工的转业训练经费；

（四）按规定收取的培训费；

（五）地方发展教育基金用于职业教育的部分；

（六）企业营业外支出和职工教育经费中用于职业培训的部分；

（七）职业培训实体所办企业的创收；

（八）境内外机构及个人的捐款、援款和贷款；

（九）其它经费来源。

第二十二条　职业培训实体收取培训费的标准和使用办法，由省、自治区、直辖市劳动行政部门商同级物价、财政部门规定。

第二十三条　县级以上劳动行政部门经同级人民政府批准可以向不办学或办学任务不足的企业提取职工培训经费，用于扶持公共培训实体为这些企业代培职工。

对承担培养具有中高级职业技能水平劳动者任务的职业培训实体，有关部门应逐步增加资金投入。

第二十四条　职业培训实体有权拒绝各种摊派。任何部门不得擅自提取办学经费及职业培训实体兴办企业的创收和收取的培训费等，不得减少对职业培训实体的正常拨款。

第二十五条　各类职业培训实体违反培训合同的，劳动行政部门劳动监察机构应给予警告，责令改正；给学员或用人单位造成损失的，应承担赔偿责任；情节严重的处以罚款。

第二十六条　违反有关规定收取培训费或不按规定使用，劳动行政部门劳动监察机构应责令其改正，对多余部分应予以没收；情节严重的处以罚款。

第二十七条　对贪污职业培训经费的单位主管人员和直接责任者，应视其情节轻重，给予行政处分或依法追究刑事责任。

第二十八条　对未经批准擅自举办职业培训实体，或管理混乱、培训质量低下、滥发毕（结）业证书和职业资格证书的，劳动行政部门劳动监察机构应给予警告、责令改正；情节严重的处以罚款。

第二十九条　就业训练中心和非劳动部门所办就业训练实体的管理按《就业训练规定》执行。

第三十条　省、自治区、直辖市劳动行政部门可根据本规定制定实施办法，并报国务院劳动行政部门备案。

第三十一条　本规定自 1995 年 1 月 1 日起施行。

劳动部关于印发《矿山安全监察员管理办法》的通知

（1994 年 12 月 14 日）

劳部发〔1994〕500 号

各省、自治区、直辖市、计划单列市劳动（劳动人事）厅（局）：

现将《矿山安全监察员管理办法》印发给你们，请遵照执行。

矿山安全监察员管理办法

第一条 为加强对矿山安全监察员的管理，提高矿山安全监察员的素质，保障矿山安全法律、法规的贯彻实施，根据《中华人民共和国矿山安全法》的有关规定，制定本办法。

第二条 矿山安全监察员是劳动行政部门依法配备的行政执法人员，行使对有关从事矿产资源开采活动的单位及其主管部门贯彻执行矿山安全法律、法规的情况进行监督检查的职权 。

第三条 各级劳动行政部门应根据矿山安全监察工作需要配备矿山安全监察员。

第四条 矿山安全监察员的任职条件：

(一)熟悉矿山安全技术知识和矿山安全法律、法规及矿山安全规程、矿山安全技术规范；

(二) 身体健康，能胜任矿山井下检查工作；

(三)具有中等以上采矿工程专业或者相关专业学历和 2 年以上矿山现场工作经历；

(四)具备担任助理工程师以上的专业技术水平和条件，并有 1 年以上矿山安全监察工作经历。

第五条 矿山安全监察员的考核与任命：

(一)劳动部矿山安全监察机构的矿山安全监察员，由劳动部考核任命；

(二)地方劳动行政部门的矿山安全监察员由省、自治区、直辖市劳动行政部门考核任命，报劳动部备案。

第六条 矿山安全监察员经考核合格后，由任命机关发给《中华人民共和国矿山安全监察员证》和矿山安全监察标志 。

矿山安全监察员证和矿山安全监察标志由劳动部统一制作。

矿山安全监察员离开矿山安全监察工作岗位，由原任命机关收回矿山安全监察员证和矿山安全监察标志。

第七条 矿山安全监察人员凭其证件，在所负责的范围内，有权随时进入现场检查，参加矿山企业召开的有关会议，查阅、摘录和复制有关资料，向有关单位和人员了解情况。

矿山安全监察员进行现场检查时，发现有危及人员安全及健康的情况，有权要求立即改正，或限期解决；情况紧急时，有权要求立即停止作业，从危险区内撤出作业人员。

第八条 矿山安全监察员应当掌握所负责范围内的矿山安全生产基本情况，与被监察的矿山企业及其主管部门的安全工作人员建立密切的业务联系，并向被监察企业的有关人员宣传矿山安全法律、法规、规程和国家有关方针政策。

第九条 矿山安全监察员应当依靠工会组织和矿山职工开展工作，并接受群众监督。

第十条 矿山安全监察人员应当学习矿山安全技术知识，不断提高业务能力和执法水平。每个监察员每三年至少接受一次业务培训。

第十一条 矿山安全监察员不得与受其监察的矿山企业和个体采矿经营者有任何直接或者间接的利益关系。

第十二条 矿山安全监察员不得泄露执行矿山安全监察公务活动中接触的企业商业秘密。

第十三条 各级劳动行政部门应当加强对矿山安全监察员的管理，保持矿山安全监察员的相对稳定，不得安排矿山安全监察员长期从事与其本职无关的工作。

第十四条 各级劳动行政部门应当为矿山安全监察员提供履行职责所需的技术装备和个人劳动防护用品。

矿山安全员下井检查，享受井下工作津

贴。

第十五条 矿山安全监察员在矿山安全监察工作中成绩显著和贡献突出的，应当按照有关规定给予奖励。

第十六条 矿山安全监察员有下列行为之一的，由所在单位或者有关机关给予行政处分；构成犯罪的，由司法机关依法追究刑事责任：

（一）滥用职权、徇私舞弊；

（二）不认真履行职责或者发现违反矿山安全法律、法规的情况，不及时制止又不向上级汇报；

（三）索取或接受被监察企业财物；

（四）其他违法行为。

第十七条 本办法自 1995 年 1 月 1 日起施行。

劳动部关于印发《矿山建设工程安全监督实施办法》的通知

（1994 年 12 月 14 日）

劳部发〔1994〕502 号

各省、自治区、直辖市、计划单列市劳动（劳动人事）厅（局），国务院有关部委：

现将《矿山建设工程安全监督实施办法》印发给你们，请遵照执行。

矿山建设工程安全监督实施办法

第一条 为做好矿山建设工程安全设施的设计审查和竣工验收工作，保障矿山建设工程安全设施符合矿山安全法律、法规、标准和矿山安全规程、行业安全技术规范，根据《中华人民共和国矿山安全法》的有关规定，制定本办法。

第二条 本办法所称矿山建设工程安全设施的设计审查和竣工验收，包括新建、改建、扩建矿山工程安全设施的设计审查和竣工验收。

第三条 矿山建设工程项目的可行性研究报告和总体设计应当对矿山开采的安全条件进行论证；矿山建设工程项目的初步设计应当按照《矿山建设工程初步设计安全专篇编写内容提要》要求编制安全专篇。

第四条 县以上各级人民政府劳动行政部门按照以下分工负责参加矿山建设工程项目安全设施的设计审查和竣工验收：

（一）国务院有关管理矿山企业的主管部门组织审查和验收的矿山建设工程项目，由劳动部矿山安全卫生监察局参加审查和验收；

（二）省、自治区、直辖市管理矿山企业的主管部门组织审查和验收的矿山建设工程项目，由省、自治区、直辖市劳动行政部门参加审查和验收；

（三）地、州、盟、省辖市管理矿山企业的主管部门组织审查和验收的矿山建设工程项目，由地、州、盟、省辖市劳动行政部门参加审查和验收；

（四）县、市管理矿山企业的主管部门组织审查和验收的矿山建设工程项目，由县、市劳动行政部门参加审查和验收。

上级劳动行政部门认为有必要时，可以参加属于下级劳动行政部门负责的矿山建设工程项目的审查和验收，也可以组织下级劳动行政部门参加有关矿山建设工程项目的审查和验收。

第五条 矿山建设单位或者设计单位在向管理矿山企业的主管部门报送待审的初步设计文件时，必须同时按本办法第四条规定向应参加设计审查的劳动行政部门报送以下文件：

（一）设计说明书；

（二）矿山建设工程初步设计安全专篇；

（三）主要附图和资料。

第六条 劳动行政部门收到矿山建设单位或者设计单位报送的设计文件后，应当及时组织有关专业技术人员对矿山建设工程安全设施的设计进行审查，审查意见应当自收到设计文件之日起15日内送达建设、设计和组织审查单位。

第七条 矿山建设工程项目的管理部门下达矿山设计审查和竣工验收年度计划时，应抄送有关劳动行政部门；组织矿山建设工程项目设计审查会议的单位，应当提前15天通知有关劳动行政部门参加会审。

第八条 参加矿山建设工程项目设计会审的矿山安全监察人员，必须坚持原则，认真负责，对不符合矿山安全法律、法规、标准和矿山安全规程、行业安全技术规范的设计，不得同意批准。

第九条 经管理矿山企业的主管部门组织审查批准后的矿山建设工程项目安全设施设计需要修改时，应当征求原参加审查的劳动行政部门的意见。

第十条 矿山建设工程必须按照管理矿山企业的主管部门正式批准的设计文件施工。承担矿山建设工程施工的单位必须具有法定部门认可的资格证书，矿山建设单位不得将矿山建设工程承包给不具备资格的单位施工。

第十一条 矿山建设工程竣工后，建设单位应当在验收前60日向管理矿山企业的主管部门和按本办法第四条规定应参加竣工验收的劳动行政部门报送矿山建设工程施工和完成情况的综合报告，并提供以下资料：

（一）施工期间发现的地质变化情况资料。

（二）施工期间对矿井有毒有害物质的检测资料。

（三）主要工程和设备安装、试运行情况及评价资料。

（四）矿井巷道及采场布置实测图，或者露天矿采场布置实测图。

（五）各主要系统的实测图：

1. 运输系统图；

2. 充填系统图；

3. 通风系统图；

4. 排水系统图；

5. 防尘、消防供水系统图；

6. 地面和井下供配电系统图；

7. 瓦斯抽放系统图；

8. 隔爆设施布置图；

9. 防火灌浆系统图；

10. 矿井安全监测系统图；

11. 通讯与救护系统图。

（六）安全管理制度资料。

（七）管理和作业人员的安全培训和资格认可情况资料。

（八）其他需要报送的资料。

第十二条 劳动行政部门接到建设单位报送的矿山建设工程安全设施施工和完成情况的综合报告及有关资料后，应当在30日内组织专业技术人员对建设工程的安全设施进行全面检查。不符合矿山安全法律、法规、标准和矿山安全规程、行业安全技术规范的，应当在7日内向建设单位和施工单位提出改进意见。

对建设工程存在的问题，如果不能在申请验收日期前解决，劳动行政部门应当建议负责组织验收的单位推迟验收。

第十三条 参加矿山建设工程安全设施竣工验收时，劳动行政部门应当对验收前检查中发现的问题的整改情况进行复查，对仍不符合矿山安全法律、法规、标准和矿山安全规程、行业安全技术规范的，不得同意投入生产或者使用。

第十四条 矿山建设工程安全设施未经验收或者验收不合格擅自投入生产的，依照《矿山安全法》及有关法规的规定处罚。

第十五条 劳动行政部门的矿山安全监察人员在参加矿山建设工程安全设施设计审查和竣工验收工作中滥用职权、玩忽职守、徇私舞弊，构成犯罪的，依法追究刑事责任；不构成犯罪的，给予行政处分。

第十六条 本办法自颁布之日起施行。1985年原劳动人事部颁布的《劳动部门参加矿山工程设计审查和竣工验收工作的暂行规定》和1992年劳动部办公厅颁布的《金属非金属矿山安全卫生设计审查与竣工验收办法(试行)》同时废止。

劳动部关于发布《企业职工生育保险试行办法》的通知

(1994年12月14日)

劳部发〔1994〕504号

各省、自治区、直辖市及计划单列市劳动(劳动人事)厅(局)，上海市社会保险局：

为配合《劳动法》的贯彻实施，更好地保障企业女职工的合法权益，我部制定了《企业职工生育保险试行办法》，现予发布，自1995年1月1日起试行。

企业职工生育保险试行办法

第一条 为了维护企业女职工的合法权益，保障她们在生育期间得到必要的经济补偿和医疗保健，均衡企业间生育保险费用的负担，根据有关法律、法规的规定，制定本办法。

第二条 本办法适用于城镇企业及其职工。

第三条 生育保险按属地原则组织。生育保险费用实行社会统筹。

第四条 生育保险根据“以支定收，收支基本平衡”的原则筹集资金，由企业按照其工资总额的一定比例向社会保险经办机构缴纳生育保险费，建立生育保险基金。生育保险费的提取比例由当地人民政府根据计划内生育人数和生育津贴、生育医疗费等项费用确定，并可根据费用支出情况适时调整，但最高不得超过工资总额的1%。企业缴纳的生育保险费作为期间费用处理，列入企业管理费用。

职工个人不缴纳生育保险费。

第五条 女职工生育按照法律、法规的规定享受产假。产假期间的生育津贴按照本企业上年度职工月平均工资计发，由生育保险基金支付。

第六条 女职工生育的检查费、接生费、手术费、住院费和药费由生育保险基金支付。超出规定的医疗服务费和药费（含自费药品和营养药品的药费）由职工个人负担。

女职工生育出院后，因生育引起疾病的医疗费，由生育保险基金支付；其它疾病的医疗费，按照医疗保险待遇的规定办理。女职工产假期满后，因病需要休息治疗的，按照有关病假待遇和医疗保险待遇规定办理。

第七条 女职工生育或流产后，由本人或所在企业持当地计划生育部门签发的计划生育证明，婴儿出生、死亡或流产证明，到当地社会保险经办机构办理手续，领取生育津贴和报销生育医疗费。

第八条 生育保险基金由劳动部门所属的社会保险经办机构负责收缴、支付和管理。

生育保险基金应存入社会保险经办机构在银行开设的生育保险基金专户。银行应按照城乡居民个人储蓄同期存款利率计息，所得利息转入生育保险基金。

第九条 社会保险经办机构可从生育保险基金中提取管理费，用于本机构经办生育保险工作所需的人员经费、办公费及其它业务经费。管理费标准，各地根据社会保险经办机构人员设置情况，由劳动部门提出，经财政部门核定后，报当地人民政府批准。管理费提取比例最高不得超过生育保险基金的2%。

生育保险基金及管理费不征税、费。

第十条 生育保险基金的筹集和使用，实行财务预、决算制度，由社会保险经办机构作出年度报告，并接受同级财政、审计监督。

第十一条 市（县）社会保险监督机构定期监督生育保险基金管理工作。

第十二条 企业必须按期缴纳生育保险费。对逾期不缴纳的，按日加收2‰的滞纳金。滞纳金转入生育保险基金。滞纳金计入营业外支出，纳税时进行调整。

第十三条 企业虚报、冒领生育津贴或生育医疗费的，社会保险经办机构应追回全部虚报、冒领金额，并由劳动行政部门给予处罚。

企业欠付或拒付职工生育津贴、生育医疗费的，由劳动行政部门责令企业限期支付；对职工造成损害的，企业应承担赔偿责任。

第十四条 劳动行政部门或社会保险经办机构的工作人员滥用职权、玩忽职守、徇私舞弊，贪污、挪用生育保险基金，构成犯罪的，依法追究刑事责任；不构成犯罪的，给予行政处分。

第十五条 省、自治区、直辖市人民政府劳动行政部门可以按照本办法的规定，结合本地区实际情况制定实施办法。

第十六条 本办法自1995年1月1日起试行。

劳动部关于发布《违反〈中华人民共和国劳动法〉行政处罚办法》的通知

（1994 年 12 月 26 日）

劳部发〔1994〕532 号

各省、自治区、直辖市及计划单列市劳动（劳动人事）厅（局），国务院有关部委、直属机构劳动人事司：

根据《中华人民共和国劳动法》的有关规定，我部制定了《违反〈中华人民共和国劳动法〉行政处罚办法》，经商财政部同意，现予发布，自 1995 年 1 月 1 日起施行。

违反《中华人民共和国劳动法》行政处罚办法

第一条 为保证《劳动法》的贯彻实施，依法对违反《劳动法》行为进行处罚，根据《中华人民共和国劳动法》有关法律责任的规定，制定本办法。

第二条 县级以上各级人民政府劳动行政部门（以下简称劳动行政部门）依法对本行政区域内的企业、个体经济组织（以下简称用人单位）遵守劳动法律、法规的情况进行监督检查，对违反《劳动法》行为的行政处罚适用本办法。

第三条 用人单位制定的劳动规章制度违反法律、法规规定的，应给予警告，并责令限期改正；逾期不改的，应给予通报批评。

第四条 用人单位未与工会和劳动者协商，强迫劳动者延长工作时间，应给予警告，责令改正，并可按每名劳动者每延长工作时间一小时罚款 100 元以下的标准处罚。

第五条 用人单位每日延长劳动者工作时间超过 3 小时或每月延长工作时间超过 36 小时的，应给予警告，责令改正，并可按每名劳动者每超过工作时间一小时罚款 100 元以下的标准处罚。

第六条 用人单位有下列侵害劳动者合法权益行为之一的，应责令其支付劳动者工资报酬、经济补偿，并可责令按相当于支付劳动者工资报酬、经济补偿总和的 1～5 倍支付劳动者赔偿金：

（一）克扣或者无故拖欠劳动者工资的；

（二）拒不支付劳动者延长工作时间工资报酬的；

（三）低于当地最低工资标准支付劳动者工资的；

（四）解除劳动合同后，未依照法律、法规规定给予劳动者经济补偿的。

责令用人单位支付劳动者经济补偿按有关规定执行。

第七条 用人单位劳动安全设施和劳动卫生条件不符合国家规定的，应责令限期改正；逾期不改的，可处以 5 万元以下罚款。

用人单位违反规定造成职工急性中毒事故或伤亡事故的，应责令制定整改措施，并可按每中毒或重伤或死亡一名劳动者罚款一万元以下的标准处罚；情节严重的，提请同级人民政府决定停产整顿。

用人单位对发生的急性中毒或伤亡事故隐瞒、拖延不报或谎报的，以及故意破坏或伪造事故现场的，应责令改正，并可处以2万元以下罚款。

第八条 用人单位新建、改建、扩建和技术改造项目的劳动安全卫生设施未能与主体工程同时设计、同时施工、同时投入生产和使用，安全卫生设施不符合国家规定标准的，应责令改正，并可处以5万元以下罚款。

第九条 用人单位未向劳动者提供必要的劳动防护用品和劳动保护设施，或未对从事有职业危害作业的劳动者定期检查身体的，应责令改正，并可处以5000元以下罚款。

第十条 用人单位锅炉压力容器无使用证而运行的，或不进行定期检验的，应责令停止运行或查封设备，并可处以1万元以下罚款。

用人单位锅炉压力容器有事故隐患的，应责令限期改正，对逾期不改的应责令停止运行，收回使用证件，并可处以1万元以下罚款。

用人单位压力管道、起重机械、电梯、客运架空索道、厂内机动车辆等特种设备未进行定期检验或安全认证的，应责令改正，并可处以1万元以下罚款。

第十一条 用人单位非法招用未满16周岁的未成年人的，应责令改正，并按国家有关规定处以罚款。

第十二条 用人单位有下列侵害女职工和未成年工合法权益行为之一的，应责令改正，并按每侵害一名女职工或未成年工罚款3000元以下的标准处罚：

(一) 安排女职工从事矿山井下、国家规定的第四级体力劳动强度的劳动和其他禁忌从事的劳动；

(二)安排女职工在经期从事高处、低温、冷水作业和国家规定的第三级以上劳动强度的劳动；

(三)安排女职工在哺乳未满一周岁的婴儿期间从事国家规定的第三级以上体力劳动强度的劳动和哺乳期禁忌从事的其他劳动及安排其延长工作时间和夜班劳动的；

(四) 安排未成年工从事矿山井下、有毒有害、国家规定的第四级体力劳动强度的劳动和其他禁忌从事的劳动。

第十三条 用人单位安排女职工在怀孕期间从事国家规定的第三级以上体力劳动强度的劳动和孕期禁忌从事的劳动的，应责令改正，并按每侵害一名女职工罚款3000元以下的标准处罚。

用人单位安排怀孕七个月以上的女职工延长工作时间和从事夜班劳动的，应责令改正，并按每侵害一名女职工罚款3000元以下的标准处罚。

第十四条 用人单位违反女职工保护规定，女职工产假低于90天的，应责令限期改正；逾期不改的，按每侵害一名女职工罚款3000元以下的标准处罚。

第十五条 用人单位未按规定对未成年工定期进行健康检查的，应责令限期改正；逾期不改的，按每侵害一名未成年工罚款3000元以下的标准处罚。

第十六条 用人单位未按《劳动法》规定的条件解除劳动合同或者故意拖延不订立劳动合同的，应责令限期改正；逾期不改的，应给予通报批评。

第十七条 用人单位无故不缴纳社会保险费的，应责令其限期缴纳；逾期不缴的，除责令其补交所欠款额外，可以按每日加收所欠款额2‰的滞纳金。滞纳金收入并入社会保险基金。

第十八条 用人单位无理阻挠劳动行政部门及其劳动监察人员行使监督检查权，或者打击报复举报人员的，处以1万元以下罚款。

第十九条 对具有数种违反《劳动法》行为的，应分别决定处罚，合并执行；不能合并执行的可以从重处罚。

对数次（二次及以上）违反《劳动法》的，可以加重处罚。加重处罚可按原罚款标准的2～5倍计算罚款金额。

第二十条 对用人单位处以罚款，应使用财政部门统一制定的罚款票据。所处罚款，应依照财政管理的规定，及时、足额上缴财政。

第二十一条 用人单位对行政处罚决定不服的，可以依照《行政复议条例》和《行政诉讼法》的规定申请复议或起诉。

复议或诉讼期间，不影响行政处罚决定的执行。

第二十二条 省、自治区、直辖市人民政府劳动行政部门可以依据本办法制定实施细则。

第二十三条 本办法自1995年1月1日起施行。

劳动工资统计资料

一、综　合

全国劳动统计主要指标

指　　标	计量单位	1978年	1992年	1993年	1994年	1994年比1993年增长(%)
一、全国从业人员年末人数	万人	40152.0	59431.9	60220.2	61470.1	2.1
1. 城镇从业人员年末人数	万人	9514.0	15629.9	15964.5	16816.1	5.3
(1)全部职工	万人	9499.4	14791.9	14848.8	14848.8	
国有经济单位	万人	7451.4	10888.9	10920.1	10890.1	-0.3
集体经济单位	万人	2048.0	3621.2	3393.0	3211.3	-5.4
其他经济单位	万人		281.8	535.7	747.4	39.6
(2)城镇其他从业人员	万人				409.9	
(3)城镇私营和个体从业人员	万人	14.6	837.9	1115.7	1557.4	39.6
2. 乡村从业人员年末人数	万人	30638.0	43802.0	44255.7	44654.0	0.9
二、全部职工平均人数	万人	9262.8	14528.9	14584.2	14668.5	0.6
国有经济单位	万人	7280.8	10738.0	10794.8	10792.5	
集体经济单位	万人	1982.0	3524.7	3278.8	3153.1	-3.9
其他经济单位	万人		266.2	510.7	722.9	41.5
三、职工工资总额	亿元	568.8	3939.2	4916.2	6656.4	35.4
国有经济单位	亿元	468.6	3090.4	3812.7	5177.4	35.8
集体经济单位	亿元	100.2	743.2	849.9	1023.3	20.4
其他经济单位	亿元		105.6	253.6	455.7	79.7
工资总额中：						
1. 奖金和计件超额工资	亿元	11.3	820.6	1093.0	1192.2	9.1
国有经济单位	亿元	11.3	686.2	887.3	925.6	4.2
集体经济单位	亿元		.112.0	141.0	156.5	11.0
其他经济单位	亿元		22.4	64.7	110.1	70.2
2. 津贴和补贴	亿元		881.4	1140.7	1512.2	32.6
国有经济单位	亿元		735.5	956.3	1264.2	32.2
集体经济单位	亿元		131.7	149.2	185.1	24.1
其他经济单位	亿元		14.2	35.2	62.9	78.7
四、职工平均工资	元	615	2711	3371	4538	34.6
国有经济单位	元	644	2878	3532	4797	35.8
集体经济单位	元		2109	2592	3245	25.2
其他经济单位	元		3966	4966	6303	26.9
五、城镇新就业人数	万人	544.4	736.0	705.0	715.0	1.4
六、城镇失业人员年末人数	万人	530.0	363.9	420.1	476.4	13.4
七、全部离休、退休和退职人数	万人	314.0	2597.0	2780.0	2929.0	5.4
八、全部职工保险福利费用	亿元	78.1	1309.5	1670.2	1958.1	17.2
九、社会劳动生产率指数	%		110.3	110.6	109.5	

国民生产总值、指数及构成

年　份	国民生产总值	第一产业	第二产业	第三产业
一、绝对数(亿元)				
1978	3588.1	1018.4	1745.2	824.5
1980	4470.0	1359.4	2192.0	918.6
1983	5787.0	1960.8	2646.2	1180.0
1984	6928.2	2295.5	3105.7	1527.0
1985	8527.4	2541.6	3866.6	2119.2
1986	9687.6	2763.9	4492.7	2431.0
1987	11307.1	3204.3	5251.6	2851.2
1988	14074.2	3831.0	6587.2	3656.0
1989	15997.6	4228.0	7278.0	4491.6
1990	17681.3	5017.0	7717.4	4946.9
1991	21616.8	5288.6	9102.2	7226.0
1992	26639.5	5800.0	11699.5	9140.0
1993	34171.9	6650.0	16244.9	11277.0
1994	43798.8	8231.0	21259.0	14308.8
二、指数(1978 年为 100)				
1978	100.0	100.0	100.0	100.0
1980	116.0	104.6	122.9	114.3
1983	144.9	135.1	145.8	152.3
1984	166.0	152.6	166.9	178.3
1985	187.4	155.4	197.9	207.9
1986	203.3	160.5	218.2	231.0
1987	225.9	168.1	248.1	260.8
1988	251.3	172.3	284.5	296.2
1989	262.2	177.6	294.8	316.2
1990	272.4	190.7	304.1	323.0
1991	294.2	195.2	344.7	340.8
1992	334.2	204.4	419.8	371.1
1993	379.3	214.0	506.7	406.0
1994	424.1	221.5	594.9	441.3
三、构成(%)				
1978	100.0	28.4	48.6	23.0
1980	100.0	30.4	49.0	20.6
1983	100.0	33.8	45.6	20.3
1984	100.0	33.0	44.6	21.9
1985	100.0	29.7	45.2	24.8
1986	100.0	28.5	46.3	25.1
1987	100.0	28.3	46.4	25.2
1988	100.0	27.2	46.8	26.0
1989	100.0	26.4	45.5	28.1
1990	100.0	28.4	43.6	28.0
1991	100.0	24.5	42.1	33.4
1992	100.0	21.8	43.9	34.3
1993	100.0	19.5	47.5	33.0
1994	100.0	18.8	48.5	32.7

全国从业人员年末人数(一)

单位:万人

年 份	从业人员		职工人数	城镇个体从业人员	乡村从业人员	按三次产业分		
	合 计	占人口(%)				第一产业	第二产业	第三产业
1952	20729	36.1	1603	883	18243	17317	1531	1881
1953	21364	36.3	1856	898	18610	17747	1715	1902
1954	21832	36.2	2002	742	19088	18151	1882	1799
1955	22328	36.3	2162	640	19526	18592	1913	1823
1956	23018	36.6	2977	16	20025	18544	2468	2006
1957	23771	36.8	3101	104	20566	19309	2142	2320
1958	26600	40.3	5194	106	21300	15490	7076	4034
1959	26173	38.9	5275	114	20784	16271	5402	4500
1960	25880	39.1	5969	150	19761	17016	4112	4752
1961	25590	38.9	5171	165	20254	19747	2856	2987
1962	25910	38.5	4321	216	21373	21276	2059	2575
1963	26640	38.5	4372	231	22037	21966	2038	2636
1964	27736	39.3	4601	227	22908	22801	2183	2752
1965	28670	39.5	4965	171	23534	23396	2408	2866
1966	29805	40.0	5198	156	24451	24297	2600	2908
1967	30814	40.3	5305	141	25368	25165	2661	2988
1968	31915	40.6	5504	126	26285	26063	2743	3109
1969	33225	41.2	5714	111	27400	27117	3030	3078
1970	34432	41.5	6216	96	28120	27811	3518	3103
1971	35620	41.8	6787	81	28752	28397	3990	3233
1972	35854	41.1	7134	66	28654	28283	4276	3295
1973	36652	41.1	7337	51	29264	28857	4492	3303
1974	37369	41.1	7651	36	29682	29218	4712	3439
1975	38168	41.3	8198	24	29946	29456	5152	3560
1976	38834	41.4	8673	19	30142	29443	5611	3780
1977	39377	41.5	9112	15	30250	29340	5831	4206
1978	40152	41.7	9499	15	30638	28373	7067	4712
1979	41024	42.1	9967	32	31025	28692	7340	4992
1980	42361	42.9	10444	81	31836	29181	7836	5344
1981	43725	43.7	10940	113	32672	29836	8132	5757
1982	45295	44.6	11281	147	33867	30917	8479	5899
1983	46436	45.1	11515	231	34690	31209	8814	6413
1984	48197	46.2	11890	339	35968	30927	9728	7542
1985	49873	47.1	12358	450	37065	31187	10524	8162
1986	51282	47.7	12809	483	37990	31311	11356	8615
1987	52783	48.3	13214	569	39000	31720	11869	9194
1988	54334	48.9	13608	659	40067	32308	12295	9731
1989	55329	49.1	13742	648	40939	33284	12116	9929
1990	56740	49.6	14059	671	42010	34049	12158	10533
1991	58365	50.4	14508	764	43093	34878	12471	11016
1992	59432	50.7	14792	837	43802	34769	12921	11742
1993	60220	50.8	14849	1116	44256	33966	13517	12737
1994	61470	51.3	14849	1557	44654	33386	13961	14123

全国从业人员年末人数(二)

单位:万人

年　份	构成(以合计为100) 第一产业	第二产业	第三产业	农业从业人员	非农业从业人员	#工业从业人员
1952	83.5	7.4	9.1	17317	3412	1246
1953	83.1	8.0	8.9	17747	3617	1373
1954	83.1	8.6	8.2	18151	3681	1501
1955	83.3	8.6	8.2	18592	3736	1400
1956	80.6	10.7	8.7	18544	4474	1375
1957	81.2	9.0	9.8	19309	4462	1401
1958	58.2	26.6	15.2	15490	11110	4416
1959	62.2	20.6	17.2	16271	9902	2881
1960	65.7	15.9	18.4	17016	8864	2979
1961	77.2	11.2	11.7	19747	5843	2224
1962	82.1	7.9	9.9	21276	4634	1705
1963	82.5	7.7	9.9	21966	4674	1632
1964	82.2	7.9	9.9	22801	4935	1695
1965	81.6	8.4	10.0	23396	5274	1828
1966	81.5	8.7	9.8	24297	5508	1974
1967	81.7	8.6	9.7	25165	5649	2032
1968	81.7	8.6	9.7	26063	5852	2092
1969	81.6	9.1	9.3	27117	6108	2365
1970	80.8	10.2	9.0	27811	6621	2809
1971	79.7	11.2	9.1	28397	7223	3233
1972	78.9	11.9	9.2	28283	7571	3496
1973	78.7	12.3	9.0	28857	7795	3704
1974	78.2	12.6	9.2	29218	8151	3900
1975	77.2	13.5	9.3	29456	8712	4284
1976	75.8	14.4	9.7	29443	9391	4692
1977	74.5	14.8	10.7	29340	10037	4809
1978	70.7	17.6	11.7	28373	11779	6091
1979	69.9	17.9	12.2	28692	12332	6298
1980	68.9	18.5	12.6	29181	13180	6714
1981	68.2	18.6	13.2	29836	13889	6975
1982	68.3	18.7	13.0	30917	14378	7204
1983	67.2	19.0	13.8	31209	15227	7397
1984	64.2	20.2	15.6	30927	17270	7930
1985	62.5	21.1	16.4	31187	18686	8349
1986	61.1	22.1	16.8	31311	19971	8980
1987	60.1	22.5	17.4	31720	21063	9342
1988	59.5	22.6	17.9	32308	22026	9661
1989	60.2	21.9	17.9	33284	22045	9568
1990	60.0	21.4	18.6	34049	22691	9697
1991	59.8	21.4	18.8	34872	23493	9947
1992	58.5	21.7	19.8	34855	24877	10220
1993	56.4	22.4	21.2	33966	26254	10467
1994	54.3	22.7	23.0	33386	28084	10774

分行业从业人员年末人数

单位:万人

年 份	合 计	农、林、牧、渔业	采掘业	制造业	电力、煤气及水的生产和供应业	建筑业	地质勘查业、水利管理业	交通运输、仓储及邮电通讯业
1978	40152	28318	652	5332	107	854	178	750
1979	41024	28634	670	5516	112	916	185	781
1980	42361	29122	697	5899	118	993	188	805
1981	43725	29777	728	6122	125	1028	188	844
1982	45295	30859	747	6329	128	1142	191	878
1983	46436	31151	758	6508	131	1282	193	936
1984	48197	30868	767	7029	134	1660	197	1122
1985	49873	31130	795	7412	142	2035	197	1279
1986	51282	31254	809	8019	152	2236	197	1376
1987	52783	31663	819	8359	164	2384	200	1453
1988	54334	32249	832	8652	177	2491	204	1521
1989	55329	33225	842	8547	180	2407	199	1522
1990	56740	34117	882	8624	192	2424	197	1566
1991	58360	34956	905	8839	203	2482	199	1617
1992	59432	34795	898	9106	215	2660	202	1674
1993	60220	33966	932	9295	240	3050	144	1688
1994	61470	33386	915	9613	246	3187	138	1864

年 份	批发和零售贸易、餐饮业	金融、保险业	房地产业	社会服务业	卫生、体育和社会福利事业	教育、文化艺术和广播电视事业	科学研究和综合技术服务事业	国家机关、政党机关和社会团体	其他
1978	1140	76	31	179	363	1093	92	467	521
1979	1232	86	34	210	386	1131	100	505	527
1980	1363	99	37	276	389	1147	113	527	588
1981	1491	107	38	305	375	1095	127	556	819
1982	1576	113	38	322	399	1128	132	611	702
1983	1732	117	37	367	415	1151	133	646	879
1984	1994	127	36	439	435	1204	137	743	1305
1985	2306	138	36	401	467	1273	144	799	1319
1986	2413	152	38	466	482	1324	152	873	1338
1987	2576	170	39	501	496	1375	158	925	1502
1988	2743	194	42	534	508	1403	161	971	1655
1989	2770	205	43	550	518	1426	165	1022	1709
1990	2839	218	44	594	536	1457	173	1079	1798
1991	2998	234	48	604	553	1497	179	1136	1910
1992	3209	248	54	643	565	1520	183	1148	2313
1993	3459	270	66	543	416	1210	173	1030	3740
1994	3921	264	74	626	434	1436	178	1033	4155

分地区全部从业人员年末人数

单位:万人

地　区	1978年	1992年	1993年	1994年	1994年比1993年增长(%)
全国总计	40152	59431.5	60220.0	61470.1	2.1
北　京	441.6	668.6	659.2	681.7	3.4
天　津	366.7	472.1	477.5	490.5	2.7
河　北	2171.8	3179.3	3240.6	3303.7	1.9
山　西	965.2	1402.7	1413.8	1447.9	2.4
内蒙古	359.1	979.4	998.6	1012.1	1.4
辽　宁	1372.9	1954.1	1951.6	2009.2	3.0
吉　林	744.7	1224.5	1230.2	1250.2	1.6
黑龙江	1071.4	1477.1	1492.4	1524.3	2.1
上　海	698.5	764.1	740.3	763.2	3.1
江　苏	2840.4	3729.4	3743.3	3756.4	0.3
浙　江	1779.1	2625.2	2659.4	2694.0	1.3
安　徽	1890.5	2982.7	3048.8	3119.4	2.3
福　建	918.0	1489.9	1520.7	1551.6	2.0
江　西	1180.0	1870.3	1893.1	2008.4	6.1
山　东	3025.4	4405.1	4472.5	4546.3	1.7
河　南	2803.7	4386.6	4481.4	4608.9	2.8
湖　北	1928.1	2567.0	2606.5	2672.8	2.5
湖　南	2290.1	3308.8	3361.3	3440.2	2.3
广　东	2512.0	3397.0	3479.6	3569.1	2.6
广　西	1457.1	2217.4	2277.1	2336.4	2.6
海　南		321.2	320.2	335.5	4.8
四　川	4207.7	6202.5	6221.2	6256.8	0.6
贵　州	1052.5	1741.8	1769.9	1825.6	3.1
云　南	1313.4	2065.2	2105.5	2147.3	2.0
西　藏	92.1	111.0	113.2	112.7	-0.4
陕　西	1098.3	1699.6	1717.5	1746.7	1.7
甘　肃	693.3	1112.7	1131.3	1151.0	1.7
青　海	144.8	216.0	217.3	222.9	2.6
宁　夏	139.4	224.4	229.9	235.5	2.4
新　疆	487.7	635.7	646.4	649.7	0.5

分地区城镇从业人员年末人数

单位:万人

地区	1978年	1992年	1993年	1994年	1994年比1993年增长(%)
全国总计	9514.0	15629.8	15964.4	16816.1	5.3
北京	282.9	489.9	483.2	510.1	5.6
天津	217.5	299.7	303.2	318.5	5.0
河北	445.2	708.4	728.8	761.7	4.5
山西	268.5	480.5	483.7	509.8	5.4
内蒙古	129.1	418.1	424.6	432.5	1.9
辽宁	646.1	1100.6	1098.3	1151.9	4.9
吉林	353.0	577.9	591.4	606.6	2.6
黑龙江	624.9	928.6	928.2	949.0	2.2
上海	422.3	520.3	505.3	530.3	4.9
江苏	583.0	927.7	954.0	973.8	2.1
浙江	313.8	525.8	553.8	592.7	7.0
安徽	309.7	550.3	546.5	576.7	5.5
福建	206.4	370.6	389.4	417.4	7.2
江西	268.1	441.5	455.4	485.4	6.6
山东	470.1	872.1	903.5	984.6	9.0
河南	419.9	785.3	823.4	891.6	8.3
湖北	459.6	761.9	783.5	846.7	8.1
湖南	364.2	619.6	649.3	716.0	10.3
广东	597.8	960.7	1022.2	1076.0	5.3
广西	237.6	367.2	385.4	401.2	4.1
海南		125.0	121.6	134.2	10.4
四川	654.3	1034.1	1048.2	1097.6	4.7
贵州	170.0	257.3	245.2	270.8	10.4
云南	216.3	323.1	329.5	345.5	4.9
西藏	18.7	19.4	21.6	18.9	−12.5
陕西	256.8	414.2	421.9	436.7	3.5
甘肃	158.7	264.2	273.8	283.1	3.4
青海	47.7	72.3	71.3	73.0	2.4
宁夏	44.6	75.2	75.9	78.6	3.6
新疆	227.1	338.3	342.5	344.9	0.7

城镇新安置的就业人数

单位：万人

年 份	合 计	按就业人员的主要来源分组				按就业人员的安置去向分组			
		城镇从业人员	乡村从业人员	大、中专、技校毕业生	其 他	国有经济单位	城镇集体经济单位	其他各种经济单位	从事个体劳动
1978	544.4	274.9	148.4	37.7	83.4	392.0	152.4		
1979	902.6	688.5	70.8	33.4	109.9	567.5	318.1		17.0
1980	900.0	622.5	127.4	80.0	70.1	572.2	278.0		49.8
1981	820.0	534.3	92.0	107.9	85.8	521.0	267.1		31.9
1982	665.0	408.1	66.0	117.4	73.5	409.3	222.3		33.4
1983	628.3	406.5	68.2	93.4	60.2	373.7	170.6		84.0
1984	721.5	449.7	123.0	81.7	67.1	415.6	197.3		108.6
1985	813.6	502.3	150.2	88.5	72.6	499.1	203.8		110.7
1986	793.1	431.6	166.5	99.3	95.7	536.3	223.8		33.0
1987	799.1	411.7	166.8	117.1	103.5	499.4	214.0		85.7
1988	844.3	422.6	159.9	130.8	131.0	492.2	263.2		88.9
1989	619.8	276.6	120.0	145.2	78.0	391.3	191.5		37.0
1990	759.0	390.0	110.0	161.0	98.0	504.3	214.7	35.0	40.0
1991	760.0	295.0	140.0	173.0	157.0	363.0	272.0	70.0	60.0
1992	736.0	296.6	160.0	187.1	92.3	366.9	218.2	77.5	73.4
1993	705.0	292.0	185.0	193.0	35.0	310.0	202.0	98.0	95.0
1994	715.0	284.0	195.0	198.0	38.0	294.0	181.0	115.0	125.0

城镇失业人数及失业率

年 份	城镇失业人数（万 人）	#失业青年	占城镇失业人数（%）	失业率（%）
1978	530.0	249.1	47.0	5.3
1979	567.6	258.2	45.5	5.4
1980	541.5	382.5	70.6	4.9
1981	439.5	343.0	78.0	3.8
1982	379.4	293.8	77.4	3.2
1983	271.4	222.0	81.8	2.3
1984	235.7	195.9	83.1	1.9
1985	238.5	196.9	82.6	1.8
1986	264.4	209.3	79.2	2.0
1987	276.6	235.1	85.0	2.0
1988	296.2	245.3	82.8	2.0
1989	377.9	309.0	81.8	2.6
1990	383.2	312.7	81.6	2.5
1991	352.2	288.4	81.9	2.3
1992	363.9	322.9	88.7	2.3
1993	420.1	331.9	79.0	2.6
1994	476.4	301.0	63.2	2.8

分行业城镇私营和个体从业人员年末人数

单位:万人

年　份	合　计	农、林、牧、渔业	采掘业	制造业	电力、煤气及水的生产和供应业	建筑业	地质勘查业、水利管理业
1978	15.0			3.0		1.0	
1980	81.4	0.2		9.5		0.4	
1983	230.7	0.2		23.7		1.3	
1984	339.4	1.1		37.8		3.5	
1985	450.1	1.9		51.4		5.1	
1986	483.1	1.9		60.0		5.1	
1987	568.8	1.7		74.3		6.5	
1988	659.3	4.2		90.3		9.7	
1989	648.2	2.6		84.5		4.9	
1990	670.5	0.6		91.3		4.6	
1991	759.5	0.4		128.0		7.8	0.1
1992	837.9			129.6		5.9	
1993	1115.7		6.7	167.3	8.1	10.8	
1994	1557.0	5.0		272.0		18.0	

年　份	交通运输、仓储及邮电通讯业	批发和零售贸易、餐饮业	社会服务业	卫生、体育和社会福利事业	教育、文化艺术和广播电视事业	科学研究和综合技术服务事业	其　他
1978	1.0	9.0	1.0				
1980	0.8	57.1	13.0	0.4			
1983	3.8	171.0	29.5	1.0	0.2		
1984	12.5	241.7	40.8	1.0	1.0		
1985	22.3	325.0	40.9	2.8	0.7		
1986	24.4	336.7	50.6	3.1	1.2	0.1	
1987	30.6	390.7	58.6	4.0	2.3	0.1	
1988	39.5	442.9	65.6	4.1	2.8	0.2	
1989	34.1	443.1	71.7	3.9	3.1	0.3	
1990	36.4	431.2	94.3	7.0	3.9	1.2	
1991	46.1	489.0	78.2	4.2	4.9	0.8	
1992	47.5	550.7	90.9			2.7	10.6
1993	62.3	714.9	120.8		5.0	7.0	12.8
1994	96.0	973.0	167.0				26.0

分地区城镇私营和个体从业人员年末人数

单位:万人

地　区	1978年	1992年	1993年	1994年	1994年比1993年增长(%)
全国总计	15.0	837.9	1115.7	1557.4	39.6
北　京	0.1	13.3	17.3	21.6	24.9
天　津	0.1	5.7	9.8	16.2	65.3
河　北	0.1	20.0	24.9	44.4	78.3
山　西	0.1	18.2	21.4	27.8	29.9
内蒙古	0.1	25.4	32.5	38.1	17.2
辽　宁	0.1	55.4	70.7	93.8	32.7
吉　林	0.2	36.4	46.2	67.6	46.3
黑龙江	0.5	48.3	63.4	84.0	32.5
上　海	1.3	9.1	13.1	21.5	64.1
江　苏	1.5	23.6	37.1	52.9	42.6
浙　江	1.0	34.4	51.6	81.4	57.8
安　徽	1.2	42.7	51.5	64.0	24.3
福　建	0.7	29.8	44.5	58.4	31.2
江　西	0.6	33.1	42.9	60.2	40.3
山　东	0.2	34.3	46.4	79.8	72.0
河　南	0.5	39.1	52.1	62.1	19.2
湖　北	0.2	30.0	42.1	90.6	115.2
湖　南	0.4	39.9	60.4	106.5	76.3
广　东	2.1	102.6	142.4	174.4	22.5
广　西	0.1	33.2	40.3	48.7	20.8
海　南		13.2	19.4	22.8	17.5
四　川	2.0	51.5	62.7	89.0	41.9
贵　州	1.0	21.5	25.5	30.6	20.0
云　南	0.2	15.0	19.2	25.5	32.8
西　藏		2.6	4.2	2.9	—31.0
陕　西	0.1	19.6	24.2	31.6	30.6
甘　肃		12.2	15.2	20.4	34.2
青　海	0.1	4.5	5.3	6.2	17.0
宁　夏		3.3	4.1	4.7	14.6
新　疆	0.1	20.0	25.3	29.7	17.4

分行业乡村从业人员年末人数

单位：万人

年份	合计	农、林、牧、渔业	采掘业	制造业	电力、煤气及水的生产和供应业	建筑业	交通运输、仓储及邮电通讯业
1978	30638	27488		1734		230	80
1979	31025	27835		1756		233	81
1980	31836	28334		1942		283	90
1981	32672	28980		1981		297	101
1982	33867	30062		2073		379	115
1983	34690	30350		2168		483	161
1984	35968	30080		2549		811	317
1985	37065	30351		2741		1130	434
1986	37990	30468		3139		1309	506
1987	39000	30870		3297		1431	562
1988	40067	31456		3413		1526	607
1989	40939	32441		3256		1502	614
1990	42010	33336		3229		1523	635
1991	43093	34186		3268		1534	655
1992	43802	34037		3468		1659	706
1993	44256	33258		3659		1887	800
1994	44654	32690		3849		2057	908

年份	批发和零售贸易、餐饮业	金融、保险业	社会服务业	卫生、体育和社会福利事业	教育、文化艺术和广播电视事业	科学研究和综合技术服务事业	国家机关、政党机关和社会团体	其他
1978	52	11	12	116	357		37	521
1979	53	11	13	117	362		37	527
1980	67	10	45	102	330	8	37	588
1981	75	10	46	73	238	16	36	819
1982	83	11	47	87	260	14	34	702
1983	137	11	69	92	273	12	55	879
1984	299	12	122	99	288	12	74	1305
1985	463	12	89	122	310	13	81	1319
1986	532	14	126	125	315	15	103	1338
1987	607	16	138	127	314	16	120	1502
1988	657	20	150	129	309	17	128	1655
1989	652	21	151	132	306	18	137	1709
1990	693	23	156	137	310	20	150	1798
1991	723	26	157	139	311	22	162	1910
1992	814	25	166	144	308	21	152	2302
1993	949	32						3671
1994	1081							4066

分地区乡村从业人员年末人数

单位:万人

地区	1978年	1992年	1993年	1994年	1994年比1993年增长(%)
全国总计	30638.0	43801.6	44255.7	44654.0	0.9
北京	161.7	178.7	176.0	171.6	−2.5
天津	149.2	172.4	174.3	172.0	−1.3
河北	1726.6	2470.9	2511.8	2542.0	1.2
山西	696.7	922.2	930.1	938.1	0.9
内蒙古	230.0	561.3	574.0	579.6	1.0
辽宁	726.8	853.5	853.3	857.3	0.5
吉林	391.7	646.6	638.8	643.6	0.8
黑龙江	446.5	548.5	564.2	575.3	2.0
上海	276.2	243.8	235.0	232.9	−0.9
江苏	2257.4	2801.7	2789.3	2782.6	−0.2
浙江	1465.3	2099.4	2105.6	2101.3	−0.2
安徽	1580.8	2432.4	2502.3	2542.7	1.6
福建	711.6	1119.3	1131.3	1134.2	0.3
江西	911.9	1428.8	1437.7	1523.0	5.9
山东	2555.3	3533.0	3569.0	3561.7	−0.2
河南	2383.8	3601.3	3658.0	3717.3	1.6
湖北	1468.5	1805.1	1823.0	1826.1	0.2
湖南	1925.9	2689.2	2712.0	2724.2	0.4
广东	1914.2	2436.3	2457.4	2493.1	1.5
广西	1219.5	1850.2	1891.7	1935.2	2.3
海南		196.2	198.6	201.3	1.4
四川	3553.4	5168.4	5173.0	5159.2	−0.3
贵州	882.5	1484.5	1524.7	1554.8	2.0
云南	1097.1	1742.1	1776.0	1801.4	1.4
西藏	73.4	91.6	91.6	93.8	2.4
陕西	841.5	1285.4	1295.6	1310.0	1.1
甘肃	534.6	848.5	857.5	867.9	1.2
青海	97.1	143.7	146.0	149.9	2.7
宁夏	94.8	149.2	154.0	156.9	1.9
新疆	260.6	297.4	303.9	304.8	0.3

城镇居民消费价格总指数和零售物价总指数

年份	城镇居民消费价格总指数		零售物价总指数	
	以上年价格为 100	以 1950 年价格为 100	以上年价格为 100	以 1950 年价格为 100
1951	112.5	112.5	112.2	112.2
1952	102.7	115.5	99.6	111.8
1953	105.1	121.4	103.4	115.6
1954	101.4	123.1	102.3	118.3
1955	100.3	123.5	101.0	119.5
1956	99.9	123.4	100.0	119.5
1957	102.6	126.6	101.5	121.3
1958	98.9	125.2	100.2	121.6
1959	100.3	125.6	100.9	122.7
1960	102.5	128.8	103.1	126.5
1961	116.1	149.6	116.2	147.0
1962	103.8	155.3	103.8	152.6
1963	94.1	146.1	94.1	143.6
1964	96.3	140.7	96.3	138.3
1965	98.8	139.0	97.3	134.6
1966	98.8	137.3	99.7	134.2
1967	99.4	136.4	99.3	133.2
1968	100.1	136.5	100.1	133.3
1969	101.0	137.8	98.9	131.8
1970	100.0	137.8	99.8	131.5
1971	99.9	137.7	99.3	130.5
1972	100.2	137.9	99.8	130.2
1973	100.1	138.0	100.6	131.0
1974	100.7	138.9	100.5	131.7
1975	100.4	139.5	100.2	131.9
1976	100.3	139.9	100.3	132.3
1977	102.7	143.7	102.0	135.0
1978	100.7	144.7	100.7	135.9
1979	101.9	147.4	102.0	138.6
1980	107.5	158.5	106.0	146.9
1981	102.5	162.5	102.4	150.4
1982	102.0	165.8	101.9	153.3
1983	102.0	169.1	101.5	155.6
1984	102.7	173.7	102.8	160.0
1985	111.9	194.4	108.8	174.1
1986	107.0	208.0	106.0	184.5
1987	108.8	226.3	107.3	198.0
1988	120.7	273.1	118.5	234.6
1989	116.3	317.6	117.8	276.4
1990	101.3	321.7	102.1	282.2
1991	105.1	338.1	102.9	290.4
1992	108.6	367.2	105.4	313.9
1993	116.1	426.3	113.2	355.4
1994	125.0	532.9	121.7	432.5

分地区居民消费价格总指数和零售物价总指数

(1994 年,以上年价格为 100)

地　区	居民消费价格总指数			零售物价总指数		
	总指数	城镇	农村	总指数	城镇	农村
全国总计	124.1	125.0	123.4	121.7	120.9	122.9
北　京	124.9			117.9		
天　津	124.0			115.6		
河　北	122.6	124.9	120.0	121.4	123.1	119.8
山　西	125.2	125.9	124.4	121.6	121.3	122.0
内蒙古	122.9	124.3	121.3	119.3	119.6	118.8
辽　宁	124.3	126.1	120.9	120.6	120.7	120.4
吉　林	120.6	123.2	117.0	119.9	120.1	119.7
黑龙江	121.9	122.0	121.3	120.7	120.5	121.3
上　海	123.9			117.5		
江　苏	123.2	125.3	121.7	123.6	121.7	124.8
浙　江	124.8	124.7	124.9	121.7	120.0	124.8
安　徽	126.9	127.4	126.3	123.3	122.7	123.8
福　建	125.3	125.1	125.5	123.0	122.6	123.7
江　西	126.9	126.9	126.7	125.1	122.9	127.6
山　东	123.4	125.4	121.7	120.3	120.6	120.0
河　南	125.2	127.4	123.5	120.6	118.2	122.3
湖　北	125.3	127.0	124.1	124.9	124.0	125.6
湖　南	125.3	124.8	125.6	125.3	121.7	129.6
广　东	121.7	121.0	122.5	118.9	118.1	120.0
广　西	126.0	125.4	126.5	124.4	122.7	125.6
海　南	126.7	125.6	128.2	121.8	121.2	122.9
四　川	124.6	127.9	122.5	123.9	124.1	123.6
贵　州	122.8	122.0	123.6	119.5	116.7	123.3
云　南	119.2	117.3	119.9	116.0	113.8	117.9
西　藏						
陕　西	126.7	128.2	125.2	126.1	125.1	127.4
甘　肃	123.7	124.6	123.5	122.5	121.5	125.2
青　海	121.8	123.2	120.7	123.2	123.1	123.0
宁　夏	123.1	124.8	121.6	120.1	120.0	120.2
新　疆	126.7	127.7	125.6	125.7	126.2	125.3

城镇居民家庭基本情况

项　　目	单位	1985 年	1988 年	1990 年	1991 年	1992 年	1993 年	1994 年
一、调查户数	户	24338	34945	35660	36730	36290	35390	34940
二、平均每户家庭人口数	人	3.89	3.63	3.50	3.43	3.37	3.31	3.28
三、平均每户就业人口数	人	2.15	2.03	1.98	1.96	1.95	1.92	1.88
四、平均每户就业面	%	55.27	55.95	56.34	57.14	57.80	58.01	57.32
五、平均每一就业者负担人数（包括就业者本人）	人	1.81	1.79	1.78	1.75	1.73	1.72	1.74
六、平均每人全年全部收入	元	748.92	1192.12	1522.79	1713.10	2031.53	2583.16	3502.31
七、平均每人全年生活费支出	元	673.20	1103.98	1278.89	1453.81	1926.76	2110.81	2851.34
购买商品支出	元	621.48	1013.94	1150.80	1294.85	1467.08		
1. 食品	元	351.72	567.01	693.77	782.50	884.82	1058.20	1422.49
2. 衣着商品	元	98.04	153.21	170.90	199.64	240.60	300.61	390.38
3. 日用品	元	71.88	148.62	129.66	139.83	161.98	184.96	251.42
4. 文娱用品	元	51.96	66.68	68.25	68.68	74.04	56.65	67.29
5. 书报杂志	元	6.12	8.26	11.15	13.11	16.14		
6. 药及医疗用品	元	6.24	12.59	19.65	24.96	30.34	56.89	82.89
7. 燃　料	元	11.52	15.12	20.31	23.00	28.57		
非商品支出	元	51.72	90.04	128.09	158.96	204.65		
1. 房租	元	6.48	7.83	9.43	10.66	14.33	52.93	79.00
2. 水电费	元	6.84	12.32	19.81	24.16	28.58	87.08	114.16
3. 学杂费	元	7.68	18.71	28.33	33.82	50.57	95.35	128.39
4. 保育费	元	3.36	4.58	5.23	7.01	7.91		
5. 交通费	元	6.72	9.12	12.52	16.89	20.62	52.36	69.83
6. 邮电费	元	0.60	0.97	1.79	2.82	3.89		
7. 文化娱乐费	元	2.28	3.28	4.53	6.14	8.11	42.01	

全国技工学校学生和教职工情况

单位：人

	1992 年	1993 年	1994 年	1994 年比 1993 年增长（%）
学校所数（所）	4392	4477	4430	−1.0
一、学生情况				
1. 招生数	601795	663526	714394	7.7
2. 在校生数合计	1556040	1716690	1870869	9.0
一年制	4527	13036	15196	16.6
二年制	166391	266632	393482	47.6
三年制	1385122	1437022	1462191	1.8
3. 毕业生数	457022	497369	556804	11.9
二、教职工情况				
教职工数合计	336493	335164	340132	1.5
1. 校本部教职工	265377	265449	268276	1.1
文化技术理论课教师	110819	111983	114387	2.1
生产实习指导教师	38040	38303	38475	0.4
教辅人员	18618	18755	18900	0.8
行政人员	53343	52132	51553	−1.1
工勤人员	44557	44276	44961	1.5
2. 实习工厂职工	50027	49230	50620	2.8
管理人员	8402	8213	8062	−1.8
专业技术人员	6823	7418	8084	9.0
工人	34802	33599	34474	2.6
3. 临时职工	21089	20485	21236	3.7

技工学校按行业分类学生情况

单位:人

行业	1993年			1994年		
	招生数	在校生数	毕业生数	招生数	在校生数	毕业生数
总计	663073	1715067	496515	714414	1871265	556804
一、农、林、牧、渔、水利业	15205	42313	12416	18146	50788	16080
二、机械制造、加工业	156984	430628	130985	161971	451410	140036
三、地质矿产业	4637	13719	4267	6512	18906	5104
四、冶金工业	22419	53794	17963	25843	60466	19059
五、煤炭工业	23483	69724	24028	23320	67426	24082
六、电力工业	19616	52050	15704	20470	60128	16669
七、石油工业	18209	56609	20464	16152	50898	22499
八、化学工业	26664	79793	25373	25944	76061	28089
九、有色金属工业	5319	10930	3462	6450	15870	6355
十、轻工业(食品、烟草、造纸、皮毛、皮革、印刷等)	21462	58615	15587	26214	65555	19119
十一、纺织工业	15736	40500	14820	26279	49492	16059
十二、电子、仪器、仪表工业	24840	55880	15717	33018	71551	16677
十三、电工、电气	53077	128708	34281	55135	138549	40127
十四、医药、医疗	8988	22771	6244	8320	26542	7432
十五、建材、建工、城建	31593	84789	22588	32482	86545	24650
十六、交通、运输	51233	121425	32360	56717	138951	38019
十七、邮电、通讯	7684	19049	4787	8257	26425	8056
十八、商业、饮食、旅游、服务业	71477	160430	40904	79403	196447	57451
十九、其他	84492	213340	54565	83781	219255	51241

二、就业与失业

分地区城镇失业人员人数及失业率

地区	失业人员(万人)		失业率(%)	
	1993年	1994年	1993年	1994年
全国总计	420.1	476.4	2.6	2.8
北京	1.9	1.9	0.4	0.4
天津	3.0	3.7	1.0	1.1
河北	14.7	21.4	2.0	2.7
山西	3.8	6.2	0.8	1.2
内蒙古	11.3	16.4	2.6	3.7
辽宁	28.5	31.0	2.5	2.6
吉林	7.7	11.6	1.3	1.9
黑龙江	20.8	23.8	2.2	2.4
上海	13.0	14.9	2.5	2.7
江苏	19.4	20.6	2.0	2.1
浙江	14.7	18.1	2.6	3.0
安徽	15.2	18.1	2.7	3.0
福建	6.1	10.0	1.5	2.3
江西	8.7	9.6	1.9	1.9
山东	23.6	30.4	2.5	3.0
河南	20.3	21.0	2.4	2.3
湖北	18.0	25.2	2.2	2.9
湖南	23.1	27.0	3.4	3.6
广东	20.3	26.1	1.9	2.4
广西	11.6	14.9	2.9	3.6
海南	3.0	5.0	2.4	3.6
四川	37.8	42.5	3.5	3.7
贵州	8.7	15.7	3.4	5.5
云南	7.3	9.6	2.2	2.7
西藏				
陕西	10.8	15.8	2.5	3.5
甘肃	10.1	15.5	3.6	5.2
青海	1.8	4.6	2.5	5.9
宁夏	3.0	4.3	3.8	5.2
新疆	9.5	11.5	2.7	3.2

分地区城镇失业人员变化情况(一)

(1994 年)

单位:万人

地区	本年失业人员总数	上年末结转的失业人员数	本年增加的失业人员数	#由就业转失业人数	安置失业人员就业的人数
全国总计	925.58	377.59	547.99	98.49	427.52
北京	7.29	1.91	5.38	2.02	4.92
天津	11.15	3.00	8.15	6.05	7.30
河北	32.73	14.71	18.02	3.48	10.74
山西	17.22	3.76	13.46	2.07	10.84
内蒙古	25.54	11.34	14.20	0.44	8.86
辽宁	49.00	28.50	20.50	1.85	17.85
吉林	23.27	7.72	15.55	1.32	11.43
黑龙江	44.81	20.81	24.00	1.75	20.50
上海	27.54	12.97	14.57	11.04	10.99
江苏	44.01	19.43	24.58	6.63	22.19
浙江	27.34	14.68	12.66	4.09	8.59
安徽	33.93	15.18	18.75	1.99	14.49
福建	23.63	6.09	17.54	1.84	13.25
江西	29.30	8.65	20.65	1.21	19.46
山东	51.59	23.58	28.01	3.98	19.22
河南	49.42	20.27	29.15	8.70	27.60
湖北	46.95	17.96	28.99	3.26	21.25
湖南	50.03	23.08	26.95	2.45	21.28
广东	73.16	20.30	52.86	14.66	45.61
广西	31.00	11.57	19.43	2.46	15.81
海南	10.26	3.00	7.26	1.34	5.22
四川	72.84	37.91	35.03	2.82	27.94
贵州	27.50	8.65	18.85	2.53	11.18
云南	19.62	7.34	12.28	2.68	9.14
陕西	33.35	10.83	22.52	5.04	16.18
甘肃	25.79	10.12	15.67	1.91	9.56
青海	7.40	1.84	5.56	0.27	2.61
宁夏	6.79	2.99	3.80	0.33	2.37
新疆	23.12	9.50	13.62	2.28	11.14

分地区城镇失业人员变化情况(二)

(1994年)

单位:万人

地　　区	除安置就业外其他原因减少的失业人数	本年末实有的失业人员数	#失业青年	#女青年	本年安置就业净增人数
全国总计	21.63	476.43	300.98	175.22	329.03
北　京	0.48	1.91	1.04	0.81	2.90
天　津	0.10	3.75	2.10	1.43	1.25
河　北	0.55	21.44	12.95	7.50	7.26
山　西	0.18	8.20	2.89	1.72	8.77
内蒙古	0.31	18.37	11.18	8.55	8.42
辽　宁	0.15	31.00	24.00	14.00	18.00
吉　林	0.25	11.59	6.98	3.98	10.11
黑龙江	0.50	23.81	19.00	11.00	18.75
上　海	1.70	14.85	2.53	1.12	—0.05
江　苏	1.24	20.58	14.71	8.20	15.56
浙　江	0.88	18.07	11.34	5.58	4.50
安　徽	1.36	18.08	11.80	6.62	12.50
福　建	0.34	10.04	4.58	2.64	11.41
江　西	0.23	9.61	7.13	4.25	18.25
山　东	1.93	30.44	17.45	11.05	15.24
河　南	0.00	21.02	18.70	11.81	20.90
湖　北	0.54	25.16	17.79	10.37	17.99
湖　南	1.78	26.97	22.85	13.81	18.83
广　东	1.47	26.08	13.58	7.52	30.95
广　西	0.25	14.94	8.19	4.91	13.35
海　南	0.03	5.01	0.21	1.84	3.88
四　川	2.40	42.50	33.85	19.33	25.12
贵　州	0.61	15.71	7.05	4.37	8.65
云　南	0.93	9.55	6.37	3.61	6.46
陕　西	1.35	15.82	7.50	4.54	11.14
甘　肃	0.68	15.55	8.95	5.15	7.65
青　海	0.15	4.64	1.55	0.98	2.34
宁　夏	0.14	4.28	4.14	2.47	2.04
新　疆	0.52	11.46	6.95	4.55	8.86

分地区劳动就业服务企业基本情况(一)

(1994年)

单位:人

地区	现有企业数(个)	#本年新办	职工总数	#安置城镇失业人员	本年安置人数	#失业青年	#富余人员
全国总计	188206	12924	8762038	4947308	843765	479750	263880
北京	5418	197	149585	38528	8267	1747	5324
天津	3721	308	129120	41943	28844	11049	14657
河北	3673	231	213132	29394	19803	11505	7462
山西	8106	376	383955	316491	30683	24922	2991
内蒙古	7277	347	440068	252026	25406	21212	3458
辽宁	14105	1430	1084687	567876	61985	29233	32752
吉林	14531	1005	846268	706038	38463	26425	11724
黑龙江	17065	634	1131680	897058	54335	21303	5514
上海	2439	458	160925	106560	25772	7657	17689
江苏	5748	430	211126	91206	22726	7308	12279
浙江	7889	758	168094	43828	29067	7060	8462
安徽	10649	208	663689	348786	46507	41712	4542
福建	3819	438	99298	47301	15070	9340	5259
江西	5583	215	258791	165142	32502	23156	6671
山东	8972	776	352680	139254	84784	38283	39494
河南	6840	390	346893	71493	29107	13505	13665
湖北	13147	852	399188	166232	40755	30225	8093
湖南	4783	377	224627	97603	25908	17631	7389
广东	8214	1314	148000	52876	30621	20665	6798
广西	2062	150	94567	31994	13948	9933	3796
海南	458	58	14013	9635	1028	623	405
四川	10306	723	365556	239635	54639	29758	13108
贵州	768	162	75909	54174	10023	6158	3865
云南	2920	187	112643	46539	19491	10814	8417
西藏	11	3	804	55	146	55	91
陕西	8839	407	201128	149123	33135	22499	6426
甘肃	5318	283	227262	89083	29998	13571	8214
青海	1054	41	48303	34685	4852	3597	453
宁夏	784	30	45028	12207	8495	4863	2267
新疆	3707	136	162219	100545	17407	13941	2615

分地区劳动就业服务企业基本情况(二)

(1994 年)

单位:人

地　区	职工工资总额(万元)	#基本工资	专业技术人员人数	#有职称人员 小计	初级	中级	高级
全国总计	2491672	1496085	613716	374999	285150	78234	11615
北　京	52389	36671	4244	2781	1993	689	99
天　津	37962	18726	5918	5140	3360	1291	489
河　北	69562	40281	9297	7820	5686	1899	235
山　西	96442	67509	40315	12698	8919	2548	1231
内蒙古	91471	63693	47466	15846	13011	2508	327
辽　宁	361774	212396	68426	58700	47160	9705	1835
吉　林	200395	141546	34956	30135	25923	3830	382
黑龙江	272928	160766	38909	36449	27892	6845	905
上　海	105438	52437	12009	9188	6714	2294	180
江　苏	76013	32548	14264	11463	8410	2811	242
浙　江	80948	43539	11951	8796	6411	2129	256
安　徽	153381	119602	29139	20593	14783	5388	422
福　建	29802	16375	5051	3885	2909	856	102
江　西	39086	17429	8475	7426	5583	1734	109
山　东	88680	50837	24899	18362	13702	4249	411
河　南	91887	52286	31162	23846	16870	6139	837
湖　北	77457	50183	22138	17083	12908	3648	539
湖　南	83460	50076	15756	14870	10881	3701	288
广　东	100255	40995	9435	6502	4736	1398	368
广　西	26309	16814	5788	4899	3492	1216	191
海　南	8390	4709	496	353	163	144	46
四　川	114765	81041	27098	20046	15428	4055	563
贵　州	17217	4990	2200	1865	1450	381	34
云　南	38837	23590	10757	7922	5370	2105	447
西　藏	322	224	38	38	18	14	6
陕　西	46148	29450	113672	13930	10212	3250	468
甘　肃	78416	47273	9644	7691	5210	2213	268
青　海	11003	6753	3053	1971	1599	341	31
宁　夏	9048	5088	1257	1048	764	258	26
新　疆	33889	8260	5903	4667	3793	597	277

分地区就业训练结业人数(一)

(1994年)

单位:万人

地　区	结业人员总计	就业前训练结业人数				
		合计	#失业青年	按办学单位划分		
				劳动部门	#就业训练中心	企事业单位
全国总计	323.73	276.60	204.39	135.29	117.48	85.83
北　京	5.29	4.16	4.16	2.13	0.73	1.51
天　津	2.50	1.45	1.45	1.42	1.42	
河　北	13.64	9.39	4.47	5.93	5.03	2.27
山　西	9.08	6.26	5.75	2.69	1.98	3.04
内蒙古	5.97	5.91	3.20	2.12	1.90	2.96
辽　宁	12.07	8.07	7.92	3.82	3.90	3.14
吉　林	10.25	9.91	8.40	5.24	4.54	3.06
黑龙江	20.46	19.82	19.25	4.57	3.85	7.73
上　海	1.33	0.72	0.47	0.72	0.72	
江　苏	14.50	10.08	8.62	5.28	5.20	4.37
浙　江	6.08	5.14	3.40	2.23	1.83	1.83
安　徽	8.57	7.57	5.27	4.09	3.42	1.51
福　建	13.97	11.87	8.37	6.23	4.67	1.96
江　西	16.66	16.50	15.38	10.41	9.55	3.93
山　东	18.81	12.83	10.62	7.98	7.92	3.74
河　南	17.66	16.76	12.26	9.89	8.57	4.37
湖　北	12.24	11.52	8.74	6.16	4.90	3.73
湖　南	8.97	8.44	7.99	5.07	4.48	2.68
广　东	47.84	42.28	17.97	22.08	21.84	8.28
广　西	11.47	10.83	7.85	7.07	5.62	1.81
海　南	5.69	5.52	3.34	2.43	2.31	1.72
四　川	21.40	15.69	12.94	6.07	4.12	6.79
贵　州	8.60	7.50	5.49	1.51	1.20	3.50
云　南	5.39	4.92	3.88	1.37	0.94	2.58
西　藏						
陕　西	11.56	10.66	8.02	2.68	2.01	4.49
甘　肃	5.05	4.78	4.07	1.73	1.57	2.23
青　海	1.07	0.92	0.80	0.19	0.13	0.57
宁　夏	1.64	1.32	0.89	0.52	0.50	0.59
新　疆	5.97	5.78	3.42	3.56	2.63	1.44

分地区就业训练结业人数(二)

(1994年)

单位:万人

地区	机关、社会团体	私人	其他	按训练期限划分		
				半年及以内	半年以上至一年	一年以上
全国总计	26.76	19.37	9.35	220.10	31.61	24.89
北京	0.18	0.34		3.67	0.23	0.26
天津	0.03			1.26	0.03	0.16
河北	0.40	0.43	0.36	8.40	0.50	0.49
山西	0.36	0.17		4.94	1.03	0.29
内蒙古	0.32	0.42	0.09	5.52	0.17	0.22
辽宁	0.64	0.25	0.12	6.27	1.18	0.62
吉林	0.35	1.22	0.04	8.10	1.33	0.48
黑龙江	3.20	1.72	2.60	12.24	4.43	3.15
上海				0.69	0.03	
江苏	0.10	0.05	0.28	6.75	2.71	0.62
浙江	0.63	0.35	0.10	3.93	0.67	0.54
安徽	1.01	0.70	0.26	5.66	1.08	0.83
福建	1.96	1.28	0.44	10.85	0.61	0.41
江西	0.97	0.48	0.71	15.44	0.34	0.72
山东	0.50	0.32	0.29	10.32	1.49	1.02
河南	1.13	1.14	0.23	14.90	1.19	0.78
湖北	1.06	0.13	0.44	9.60	0.99	0.93
湖南	0.37	0.13	0.19	6.03	1.54	0.87
广东	4.99	6.05	0.88	34.38	2.43	5.47
广西	1.24	0.64	0.07	8.09	2.31	0.43
海南	0.64	0.73		5.33	0.12	0.07
四川	1.90	0.46	0.47	11.59	2.03	2.07
贵州	1.16	0.51	0.82	4.87	1.27	1.36
云南	0.57	0.19	0.21	3.71	0.66	0.55
西藏						
陕西	1.96	1.24	0.29	6.98	1.87	1.81
甘肃	0.51	0.12	0.19	3.84	0.53	0.41
青海	0.14		0.02	0.66	0.17	0.09
宁夏	0.02	0.09	0.10	1.23	0.04	0.05
新疆	0.42	0.21	0.15	4.96	0.63	0.19

分地区就业训练结业人数(三)

(1994年)

单位:万人

地区	按结业后去向划分						
	到国有单位就业	到集体单位就业	到三资企业就业	到乡镇企业就业	从事个体劳动	其他去向	失业
全国总计	86.46	87.46	19.83	16.60	23.58	32.00	30.87
北　京	2.38	1.09	0.39		0.22	0.10	
天　津	0.23	0.29	0.58	0.14	0.15	0.06	
河　北	3.58	1.87	0.36	1.07	1.09	1.49	0.95
山　西	2.70	2.50	0.02	0.08	0.40	0.17	0.39
内蒙古	1.71	2.06	0.16	0.15	0.71	0.32	0.80
辽　宁	1.85	1.97	0.72	0.31	0.79	1.11	1.29
吉　林	3.61	3.64	0.22	0.30	1.27	0.47	0.40
黑龙江	3.76	4.82	0.52	0.27	1.49	6.04	2.92
上　海	0.18	0.17	0.09	0.07	0.08	0.06	0.07
江　苏	4.11	3.70	0.84	0.67	0.07	0.26	0.43
浙　江	1.72	1.11	0.38	0.25	0.75	0.38	1.05
安　徽	2.60	2.78	0.21	0.47	0.66	0.56	0.29
福　建	2.54	2.62	2.09	1.44	1.94	0.85	0.39
江　西	3.79	5.21	1.35	0.97	1.05	1.97	2.16
山　东	3.36	4.03	1.00	1.15	0.83	0.72	1.74
河　南	6.86	4.58	0.42	0.58	1.12	1.13	2.07
湖　北	4.99	2.48	0.56	0.65	0.68	0.57	1.61
湖　南	3.66	2.00	0.50		0.51	9.67	1.10
广　东	10.11	5.62	6.23	3.80	2.85	9.55	4.12
广　西	4.41	1.52	0.43	1.02	1.06	0.87	1.52
海　南	2.56	0.39	0.63		0.75	0.80	0.39
四　川	5.57	3.84	0.98	1.13	1.57	1.10	1.50
贵　州	1.63	1.50	0.38	0.65	1.18	0.68	1.48
云　南	1.75	1.26	0.12	0.19	0.25	0.72	0.63
西　藏							
陕　西	3.51	2.44	0.48	0.49	1.18	1.35	1.21
甘　肃	1.20	1.26	0.09	0.24	0.48	0.39	1.12
青　海	0.30	0.21	0.01	0.06	0.13	0.05	0.10
宁　夏	0.43	0.52	0.01	0.07	0.09	0.06	0.14
新　疆	1.40	1.94	0.06	0.35	0.73	0.50	0.80

分地区就业训练结业人数(四)

(1994 年)

单位:万人

地 区	转业训练结业人数						
	合 计	失业人员	#已就业	企业富余人员	复员、转业、退伍军人	乡镇企业人员、农村进城劳动力	其 他
全国总计	47.13	8.10	5.91	10.19	1.65	22.99	4.20
北 京	1.13	0.34	0.34	0.28	0.51		
天 津	1.06			0.76	0.02	0.27	
河 北	4.25	0.13	0.10	0.18	0.15	3.61	0.18
山 西	2.82	0.01		0.35		1.48	0.98
内蒙古	0.06	0.01	0.01		0.01	0.01	0.03
辽 宁	4.00	1.16	1.08	2.00	0.04	0.62	0.18
吉 林	0.34	0.15	0.08	0.07		0.12	
黑龙江	0.64	0.31	0.15	0.20	0.05	0.06	0.02
上 海	0.61	0.13	0.11	0.28		0.15	0.05
江 苏	4.42	0.89	0.46	0.87	0.02	2.48	0.16
浙 江	0.94	0.16	0.10	0.13	0.01	0.42	0.22
安 徽	1.00	0.15	0.14	0.63	0.03	0.11	0.08
福 建	2.10	0.32	0.31	0.15	0.04	1.20	0.89
江 西	0.16	0.04	0.02	0.03		0.06	0.03
山 东	5.98	1.15	0.81	1.14	0.07	3.58	0.04
河 南	0.90	0.28	0.15	0.09	0.25	0.24	0.04
湖 北	0.72	0.20	0.10	0.21	0.01	0.26	0.04
湖 南	0.53	0.02	0.02	0.01	0.02	0.47	0.01
广 东	5.56	0.87	0.61	1.02	0.16	2.93	0.58
广 西	0.64	0.09	0.08	0.06	0.04	0.39	0.06
海 南	0.17	0.07	0.04	0.03	0.02	0.03	0.02
四 川	5.71	1.17	1.03	1.00	0.04	2.82	0.68
贵 州	1.10	0.08		0.20	0.03	0.68	0.11
云 南	0.47	0.07	0.02		0.01	0.29	0.10
西 藏							
陕 西	0.90	0.10	0.07	0.20	0.06	0.45	0.09
甘 肃	0.27	0.08	0.04			0.19	
青 海	0.15	0.06			0.06	0.03	
宁 夏	0.32	0.01	0.01	0.29		0.02	
新 疆	0.19	0.05	0.03	0.01		0.02	0.11

三、职工人数

分经济类型职工年末人数及构成

单位:万人

年　份	合　计	国有经济单位	城镇集体经济单位	其他各种经济单位	构成(以合计为100)		
					国有经济单位	城镇集体经济单位	其他各种经济单位
1952	1603	1580	23		98.6	1.4	
1953	1856	1826	30		98.4	1.6	
1954	2002	1881	121		94.0	6.0	
1955	2162	1908	254		88.3	11.7	
1956	2977	2423	554		81.4	18.6	
1957	3101	2451	650		79.0	21.0	
1958	5194	4532	662		87.3	12.7	
1959	5275	4561	714		86.5	13.5	
1960	5969	5044	925		84.5	15.5	
1961	5171	4171	1000		80.7	19.3	
1962	4321	3309	1012		76.6	23.4	
1963	4372	3293	1079		75.3	24.7	
1964	4601	3465	1136		75.3	24.7	
1965	4965	3738	1227		75.3	24.7	
1966	5198	3934	1264		75.7	24.3	
1967	5305	4006	1299		75.5	24.5	
1968	5504	4170	1334		75.8	24.2	
1969	5714	4335	1379		75.9	24.1	
1970	6216	4792	1424		77.1	22.9	
1971	6787	5318	1469		78.4	21.6	
1972	7134	5610	1524		78.6	21.4	
1973	7337	5758	1579		78.5	21.5	
1974	7651	6007	1644		78.5	21.5	
1975	8198	6426	1772		78.4	21.6	
1976	8673	6860	1813		79.1	20.9	
1977	9112	7196	1916		79.0	21.0	
1978	9499	7451	2048		78.4	21.6	
1979	9967	7693	2274		77.2	22.8	
1980	10444	8019	2425		76.8	23.2	
1981	10940	8372	2568		76.5	23.5	
1982	11281	8630	2651		76.5	23.5	
1983	11515	8771	2744		76.2	23.8	
1984	11890	8637	3216	37	72.6	27.0	0.3
1985	12358	8990	3324	44	72.7	26.9	0.4
1986	12809	9333	3421	55	72.9	26.7	0.4
1987	13214	9654	3488	72	73.1	26.4	0.5
1988	13608	9984	3527	97	73.4	25.9	0.7
1989	13742	10108	3502	132	73.5	25.5	1.0
1990	14059	10346	3549	164	73.6	25.2	1.2
1991	14508	10664	3628	216	73.5	25.0	1.5
1992	14792	10889	3621	282	73.6	24.5	1.9
1993	14849	10920	3393	536	73.5	22.9	3.6
1994	14849	10890	3211	748	73.3	21.6	5.1

注:1984 年以前的其他所有制单位包括在全民所有制单位中(下同)。

分行业职工年末人数

单位:万人

年 份	合计	农、林、牧、渔业	采掘业	制造业	电力、煤气及水的生产和供应业	建筑业	地质勘查业、水利管理业	交通运输、仓储及邮电通讯业
1978	9499	830	652	3595	107	623	178	669
1979	9967	799	670	3754	112	682	185	699
1980	10444	788	697	3947	118	710	188	714
1981	10940	797	728	4130	125	730	188	741
1982	11281	797	747	4240	128	762	191	761
1983	11515	801	758	4316	131	798	193	771
1984	11890	787	767	4442	134	845	197	793
1985	12358	777	795	4620	142	900	197	823
1986	12809	784	809	4820	152	922	197	846
1987	13214	792	819	4988	164	946	200	860
1988	13608	789	832	5149	177	955	204	874
1989	13742	782	842	5206	180	900	199	874
1990	14059	780	882	5304	192	896	197	895
1991	14508	769	905	5443	203	940	199	916
1992	14792	758	898	5508	215	995	202	921
1993	14849	708	925	5469	232	1153	144	826
1994	14849	680	904	5434	244	1072	137	835

年份	批发和零售贸易、餐饮业	金融、保险业	房地产业	社会服务业	卫生、体育和社会福利事业	教育、文化艺术和广播电视事业	科学研究和综合技术服务事业	国家机关、政党机关和社会团体	其他
1978	1079	65	31	166	247	736	92	430	
1979	1161	75	34	191	269	769	100	468	
1980	1239	89	37	218	287	817	105	490	
1981	1337	97	38	239	302	857	111	520	
1982	1388	102	38	253	311	868	118	577	
1983	1424	106	37	268	322	878	121	591	
1984	1454	115	36	276	335	915	125	669	
1985	1518	126	36	271	342	962	131	718	
1986	1544	138	38	289	354	1008	137	770	
1987	1578	154	39	304	365	1059	142	805	
1988	1643	174	42	318	375	1091	144	843	
1989	1675	184	43	327	382	1117	147	885	
1990	1715	195	44	344	392	1143	152	929	
1991	1786	208	48	369	410	1181	156	974	
1992	1844	223	54	386	421	1212	159	996	
1993	1796	239	66	422	416	1205	166	1030	55
1994	1833	261	72	447	428	1249	174	1017	62

分地区全部职工年末人数

单位:万人

地区	1978年	1992年	1993年	1994年	1994年比1993年增长(%)
全国总计	9499.0	14791.9	14849.0	14849.0	
北京	282.8	476.6	465.9	477.9	2.6
天津	217.4	294.0	293.4	291.9	−0.5
河北	445.1	688.4	703.7	699.2	−0.6
山西	268.3	462.3	462.2	466.0	0.8
内蒙古	129.0	392.7	392.2	387.1	−1.3
辽宁	646.1	1045.2	1027.5	1031.3	0.4
吉林	352.8	541.5	545.4	530.1	−2.8
黑龙江	624.4	880.3	864.8	853.5	−1.3
上海	421.0	511.2	492.2	478.7	−2.7
江苏	581.5	904.1	917.0	909.8	−0.8
浙江	312.9	491.4	502.3	500.9	−0.3
安徽	308.5	507.6	495.0	492.9	−0.4
福建	205.7	340.8	344.8	352.0	2.1
江西	267.5	408.4	412.4	413.9	0.4
山东	469.9	837.8	857.1	872.3	1.8
河南	419.4	746.2	771.2	789.3	2.3
湖北	459.4	731.9	741.4	738.9	−0.3
湖南	363.8	579.7	588.9	590.7	0.3
广东	595.7	858.1	879.9	879.8	
广西	237.5	334.0	345.1	341.1	−1.2
海南		111.8	102.2	109.5	7.1
四川	652.3	982.6	985.3	987.1	0.2
贵州	169.1	235.8	219.7	231.1	5.2
云南	216.1	308.1	310.3	312.3	0.6
西藏	15.3	16.8	17.3	16.0	−7.5
陕西	256.7	394.6	397.6	392.1	−1.4
甘肃	158.6	252.0	258.4	253.4	−2.0
青海	47.6	67.8	66.2	65.3	−1.4
宁夏	44.7	71.9	71.9	72.3	0.6
新疆	227.0	318.3	317.2	311.8	−1.7

分行业女职工年末人数

单位:万人

年 份	合 计	农、林、牧、渔业	采掘业	制造业	电力、煤气及水的生产和供应业	建筑业	地质勘查业、水利管理业	交通运输、仓储及邮电通讯业
1978	3128	295	134	1416	41	138	29	127
1980	3698	285	158	1666	49	176	31	153
1983	4199	299	176	1860	54	194	34	170
1984	4325	293	181	1908	56	203	34	172
1985	4500	287	189	1998	58	204	33	175
1986	4688	289	198	2090	61	204	35	180
1987	4869	294	206	2174	63	205	36	183
1988	5036	293	213	2251	66	203	37	186
1989	5137	292	217	2287	67	199	36	187
1990	5294	292	223	2352	69	199	36	192
1991	5483	288	229	2417	70	205	35	199
1992	5586	280	231	2439	71	209	35	203
1993	5542	264	229	2418	71	204	35	209
1994	5646	254	226	2426	75	201	34	217

年 份	批发和零售贸易、餐饮业	金融、保险业	房地产业	社会服务业	卫生、体育和社会福利事业	教育、文化艺术和广播电视事业	科学研究和综合技术服务事业	国家机关、政党机关和社会团体	其 他
1978	385	16		85	116	251	29	65	
1980	496	26		118	141	284	36	79	
1983	612	34		147	165	306	41	106	
1984	633	38		150	172	317	44	124	
1985	678	42		141	177	335	46	136	
1986	699	47		149	184	354	48	149	
1987	722	52		156	192	378	49	158	
1988	756	61		165	198	391	50	166	
1989	777	66		171	203	406	51	179	
1990	807	70	14	166	210	422	52	191	
1991	845	76	16	175	221	445	54	207	
1992	874	83	17	182	227	465	55	215	
1993	799	92	22	191	226	476	56	233	20
1994	840	103	24	207	235	495	59	227	23

分经济类型女职工年末人数

年　份	合　计	国有经济单位	城镇集体经济单位	其他经济单位
一、年末人数(万人)				
1978	3128	2126	1002	
1980	3698	2473	1225	
1981	3935	2636	1299	
1982	4093	2748	1345	
1983	4199	2815	1384	
1984	4325	2767	1540	18
1985	4500	2910	1570	20
1986	4688	3057	1605	26
1987	4869	3203	1631	35
1988	5036	3339	1649	48
1989	5137	3422	1648	67
1990	5294	3540	1670	84
1991	5483	3679	1691	113
1992	5586	3781	1658	147
1993	5542	3838	1449	255
1994	5646	3868	1420	358
二、女职工占职工(%)				
1978	32.9	28.5	48.9	
1980	35.4	30.8	50.5	
1981	36.0	31.5	50.6	
1982	36.3	31.8	50.7	
1983	36.5	32.1	50.4	
1984	36.4	32.0	47.9	48.6
1985	36.4	32.4	47.2	45.5
1986	36.6	32.8	46.9	47.3
1987	36.8	33.2	46.8	48.6
1988	37.0	33.4	46.8	49.5
1989	37.4	33.9	47.1	50.8
1990	37.7	34.2	47.1	51.2
1991	37.8	34.5	46.6	52.3
1992	37.8	34.7	45.8	52.1
1993	37.3	35.1	42.7	47.6
1994	38.0	35.5	44.2	47.9
三、指数(以上年为100)				
1979	109.0	107.7	111.8	
1980	108.5	108.0	109.4	
1981	106.4	106.6	106.0	
1982	104.0	104.2	103.5	
1983	102.6	102.4	102.9	
1984	103.0	98.3	111.3	
1985	104.0	105.2	101.9	111.1
1986	104.2	105.1	102.2	130.0
1987	103.9	104.8	101.6	134.6
1988	103.4	104.2	101.1	137.1
1989	102.0	102.5	99.9	139.6
1990	103.1	103.4	101.3	125.4
1991	103.6	103.9	101.3	134.5
1992	101.9	102.8	98.0	130.1
1993	99.2	101.5	87.4	173.5
1994	101.9	100.8	98.0	140.4

分行业国有经济单位职工年末人数

单位:万人

年份	合计	农、林、牧、渔业	采掘业	制造业	电力、煤气及水的生产和供应业	建筑业	地质勘查业、水利管理业	交通运输、仓储及邮电通讯业
1978	7451	774	588	2449	102	447	177	465
1979	7693	747	600	2502	106	463	184	480
1980	8019	740	621	2601	112	475	187	498
1981	8372	745	649	2720	119	475	187	522
1982	8630	742	666	2794	122	481	190	537
1983	8771	739	674	2833	125	497	192	549
1984	8637	732	680	2862	127	518	196	559
1985	8990	726	706	2975	134	545	196	585
1986	9333	736	715	3096	144	557	196	604
1987	9654	744	722	3209	155	566	200	618
1988	9983	743	735	3327	167	568	204	636
1989	10109	736	757	3344	172	541	199	640
1990	10346	737	786	3395	183	538	194	660
1991	10664	727	797	3482	193	557	196	682
1992	10889	717	792	3526	203	577	199	693
1993	10920	672	834	3444	220	663	142	664
1994	10890	653	820	3321	230	629	136	677

年份	批发和零售贸易、餐饮业	金融、保险业	房地产业	社会服务业	卫生、体育和社会福利事业	教育、文化艺术和广播电视事业	科学研究和综合技术服务事业	国家机关、政党机关和社会团体	其他
1978	907	42	28	107	183	674	91	417	
1979	960	50	30	114	200	707	99	451	
1980	1005	63	33	130	217	757	104	476	
1981	1063	71	33	141	233	797	110	507	
1982	1094	74	33	150	242	825	117	563	
1983	1112	77	32	157	253	835	120	576	
1984	780	84	31	165	264	873	124	642	
1985	800	93	32	181	272	925	129	691	
1986	824	101	34	193	283	973	135	742	
1987	851	113	34	203	296	1025	140	778	
1988	900	128	37	214	306	1059	142	817	
1989	923	136	38	221	314	1086	144	859	
1990	947	145	40	236	323	1112	148	903	
1991	993	154	43	251	340	1151	151	946	
1992	1037	166	48	269	356	1183	153	969	
1993	1014	182	55	293	356	1180	153	1014	34
1994	1054	196	59	308	368	1227	165	1007	40

分地区国有经济单位职工年末人数

单位：万人

地　区	1978 年	1992 年	1993 年	1994 年	1994 年比 1993 年增长(%)
全国总计	7451.0	10888.9	10920.0	10890.0	－0.3
北　京	234.2	371.5	361.1	369.5	2.3
天　津	168.3	212.7	206.5	201.8	－2.3
河　北	369.8	527.8	538.7	533.2	－1.0
山　西	227.3	357.9	360.4	365.7	1.5
内蒙古	100.1	302.1	301.1	301.7	0.2
辽　宁	491.2	689.8	678.8	670.0	－1.3
吉　林	273.7	379.3	382.3	384.6	0.6
黑龙江	498.7	640.3	645.0	647.0	0.3
上　海	334.5	396.6	354.4	339.9	－4.1
江　苏	366.4	562.7	576.3	571.4	－0.9
浙　江	183.1	298.0	300.5	294.1	－2.1
安　徽	228.0	348.5	358.5	354.8	－1.0
福　建	148.5	223.9	220.5	218.2	－1.0
江　西	221.0	321.9	327.4	329.1	0.5
山　东	353.5	604.0	619.5	619.1	－0.1
河　南	345.6	571.5	599.3	604.7	0.9
湖　北	371.6	556.4	559.5	565.2	1.0
湖　南	282.1	447.9	454.3	460.4	1.3
广　东	442.8	559.7	566.6	551.0	－2.8
广　西	199.6	277.1	287.9	280.5	－2.6
海　南		99.6	90.3	95.5	5.8
四　川	511.1	744.4	740.7	729.1	－1.6
贵　州	137.7	193.6	185.2	194.7	5.1
云　南	190.7	260.4	261.5	263.2	0.7
西　藏	14.4	15.6	16.1	15.1	－6.2
陕　西	221.5	326.0	325.6	326.9	0.4
甘　肃	144.4	204.7	209.6	209.2	－0.2
青　海	42.4	57.0	56.6	56.5	－0.2
宁　夏	39.3	60.1	60.7	60.4	－0.5
新　疆	208.3	277.9	275.4	277.1	0.6

分地区国有企业单位职工年末人数

单位:万人

地区	1991年	1992年	1993年	1994年	1994年比1993年增长(%)
全国总计	7501.76	7643.37	7642.26	7544.73	-1.3
北京	238.69	241.76	236.92	241.85	2.1
天津	165.91	159.99	154.03	147.48	-4.3
河北	364.97	375.35	380.13	370.94	-2.4
山西	253.24	258.00	260.08	263.89	1.5
内蒙古	201.79	209.50	212.92	210.60	-1.1
辽宁	528.89	531.79	521.06	511.72	-1.8
吉林	269.43	276.61	284.52	281.07	-1.2
黑龙江	498.25	505.64	512.59	511.47	-0.2
上海	318.08	310.19	270.03	256.09	-5.2
江苏	391.79	400.12	407.27	398.86	-2.1
浙江	197.84	199.89	199.15	191.87	-3.7
安徽	231.84	238.90	245.76	240.37	-2.2
福建	140.86	140.44	139.43	133.76	-4.1
江西	216.81	222.41	221.35	222.52	0.5
山东	403.71	419.08	428.26	419.32	-2.1
河南	370.72	396.81	415.09	416.62	0.4
湖北	376.77	389.15	382.33	388.12	1.5
湖南	296.71	304.90	310.17	311.63	0.5
广东	378.02	383.75	386.88	366.38	-5.3
广西	164.87	168.38	165.54	167.81	1.4
海南	77.59	78.70	72.58	73.53	1.3
四川	497.79	506.44	507.49	489.41	-3.6
贵州	117.69	119.48	117.94	120.37	2.1
云南	154.32	155.09	154.50	155.63	0.7
西藏	5.5	5.5	5.64	5.42	-3.9
陕西	221.11	225.08	223.32	222.80	-0.2
甘肃	140.79	141.13	141.76	142.81	0.7
青海	35.44	35.00	33.92	34.34	1.2
宁夏	39.25	40.27	41.18	39.88	-3.2
新疆	203.09	203.97	210.43	208.18	-1.1

分地区地方国有企业单位职工年末人数

单位:万人

地　区	1991年	1992年	1993年
全国总计	5585.64	5668.79	5647.18
北　京	181.54	182.19	175.34
天　津	132.12	126.76	119.67
河　北	249.72	261.06	260.98
山　西	155.69	158.11	160.45
内蒙古	156.27	163.12	167.92
辽　宁	383.74	363.53	352.12
吉　林	206.24	210.83	214.92
黑龙江	354.68	357.84	359.28
上　海	260.03	251.86	217.63
江　苏	331.33	339.39	339.15
浙　江	173.46	174.54	171.78
安　徽	167.36	173.85	183.75
福　建	125.22	124.23	124.75
江　西	170.81	175.55	175.78
山　东	292.61	306.64	314.18
河　南	267.07	281.84	302.27
湖　北	290.75	300.76	290.25
湖　南	225.66	232.73	237.47
广　东	326.83	329.55	333.80
广　西	137.57	141.04	138.26
海　南	75.05	76.01	69.52
四　川	353.82	360.65	360.78
贵　州	74.99	76.53	78.18
云　南	119.42	120.14	120.59
西　藏	4.85	4.88	4.92
陕　西	137.50	140.15	136.89
甘　肃	89.97	90.85	92.11
青　海	26.55	26.22	25.46
宁　夏	32.15	33.01	33.75
新　疆	82.62	84.93	85.23

分地区国有事业单位职工年末人数

单位:万人

地区	1991年	1992年	1993年	1994年	1994年比1993年增长(%)
全国总计	2236.86	2310.81	2305.60	2329.17	1.0
北京	103.66	104.34	93.15	98.03	5.2
天津	41.54	40.80	40.34	42.37	5.0
河北	95.75	99.02	103.71	103.65	
山西	62.83	64.65	64.92	64.56	−0.6
内蒙古	64.40	65.89	61.32	63.72	3.9
辽宁	115.96	119.04	118.69	114.43	−3.6
吉林	79.82	80.03	75.33	78.72	4.5
黑龙江	96.92	98.95	91.62	94.86	3.5
上海	68.47	70.81	70.63	67.05	−5.1
江苏	121.38	126.25	130.87	131.99	0.9
浙江	66.89	69.69	71.91	71.52	−0.5
安徽	77.31	78.84	75.10	76.26	1.5
福建	54.03	58.51	55.86	57.64	3.2
江西	67.81	69.90	75.88	75.04	−1.1
山东	120.08	126.85	128.40	139.36	8.5
河南	116.35	117.15	121.19	124.25	2.5
湖北	116.38	119.85	131.37	124.89	−4.9
湖南	96.41	99.08	98.26	101.07	2.9
广东	110.28	118.34	118.75	124.21	4.6
广西	73.68	79.19	92.61	81.34	−12.2
海南	12.92	13.83	11.34	13.71	20.9
四川	159.89	166.36	159.90	162.11	1.4
贵州	47.33	48.17	40.78	47.10	15.5
云南	69.24	71.12	72.51	71.47	−1.4
西藏	5.48	5.03	5.98	5.56	−7.0
陕西	71.79	72.57	72.66	72.02	−0.9
甘肃	44.60	44.51	48.78	45.66	−6.4
青海	14.21	14.55	14.94	14.69	−1.7
宁夏	14.07	14.37	13.87	14.87	7.2
新疆	47.38	53.14	44.93	47.01	4.6

分地区国有机关单位职工年末人数

单位:万人

地　区	1991 年	1992 年	1993 年	1994 年	1994 年比 1993 年增长(%)
全国总计	925.74	934.74	972.27	1016.19	4.5
北　京	25.42	25.41	31.04	29.62	-4.6
天　津	11.89	11.94	12.11	11.90	-1.7
河　北	51.88	53.42	54.83	58.65	7.0
山　西	34.68	35.21	35.40	37.21	5.1
内蒙古	27.05	26.77	26.87	27.39	1.9
辽　宁	38.91	39.00	39.05	43.88	12.4
吉　林	22.56	22.63	22.44	24.82	10.6
黑龙江	36.07	35.73	40.81	40.69	-0.3
上　海	16.95	15.58	13.69	16.73	22.2
江　苏	38.36	36.32	38.19	40.54	6.2
浙　江	28.68	28.37	29.49	30.74	4.2
安　徽	30.05	30.77	37.67	38.14	1.2
福　建	24.55	24.92	25.20	26.80	6.3
江　西	29.28	29.67	30.15	31.53	4.6
山　东	56.17	58.03	62.79	60.44	-3.7
河　南	56.99	57.55	62.97	63.87	1.4
湖　北	46.77	47.42	45.82	52.23	14.0
湖　南	42.53	43.89	45.83	47.69	4.1
广　东	56.24	57.63	60.95	60.41	-0.9
广　西	28.97	29.52	29.73	31.36	5.5
海　南	6.72	7.11	6.37	8.27	29.8
四　川	72.89	71.64	73.34	77.60	5.8
贵　州	25.43	25.96	26.46	27.19	2.8
云　南	33.75	34.15	34.50	36.10	4.6
西　藏	4.27	5.02	4.50	4.52	0.4
陕　西	27.79	28.34	29.59	32.06	8.3
甘　肃	17.37	19.05	19.06	20.76	8.9
青　海	7.24	7.44	7.78	7.48	-3.9
宁　夏	5.30	5.47	5.61	5.67	1.1
新　疆	21.90	20.76	20.03	21.89	9.3

分行业城镇集体经济单位职工年末人数

单位:万人

年份	合计	农、林、牧、渔业	采掘业	制造业	电力、煤气及水的生产和供应业	建筑业	地质勘查业、水利管理业	交通运输、仓储及邮电通讯业
1978	2048	56	64	1146	5	176	0.5	204
1979	2274	52	70	1252	6	219	0.7	219
1980	2425	48	76	1346	6	235	1.0	216
1981	2568	52	79	1410	6	255	1.0	219
1982	2651	55	81	1446	6	281	1.0	224
1983	2744	62	84	1483	6	301	1.0	222
1984	3216	55	87	1547	7	326	1.0	233
1985	3324	51	89	1608	8	354	1.0	237
1986	3421	48	93	1680	8	364	0.7	241
1987	3488	47	96	1724	8	379	0.3	241
1988	3527	45	96	1745	9	385	0.2	237
1989	3502	45	84	1754	7	357	0.4	232
1990	3549	42	95	1773	8	357	3.3	232
1991	3628	41	107	1782	9	380	3.4	232
1992	3621	39	105	1747	10	414	3.2	226
1993	3393	34	89	1595	8	479	2.0	154
1994	3211	24	81	1515	9	427	2.0	149

年份	批发和零售贸易、餐饮业	金融、保险业	房地产业	社会服务业	卫生、体育和社会福利事业	教育、文化艺术和广播电视事业	科学研究和综合技术服务事业	国家机关、政党机关和社会团体	其他
1978	172	23	3	59	64	62	0.6	13	
1979	201	25	4	77	69	62	0.7	17	
1980	234	26	4	88	70	60	0.8	14	
1981	274	26	5	98	69	60	0.9	13	
1982	294	28	5	103	69	43	1.0	14	
1983	312	29	5	111	69	43	0.9	15	
1984	672	31	5	111	71	42	1.0	27	
1985	716	33	4	87	70	37	1.5	27	
1986	718	37	4	91	71	35	1.9	28	
1987	722	41	5	93	69	34	2.0	27	
1988	738	45	4	94	69	32	2.2	26	
1989	748	49	4	94	68	32	2.5	26	
1990	762	51	4	93	69	32	3.0	26	
1991	786	54	5	98	70	30	4.0	28	
1992	796	57	4	96	65	28	5.0	27	
1993	744	55	5	101	60	24	9.0	15	20
1994	716	62	6	102	59	21	7.0	9	22

分地区城镇集体经济单位职工年末人数

单位：万人

地　　区	1978 年	1992 年	1993 年	1994 年	1994 年比 1993 年增长(%)
全国总计	2048.0	3621.2	3393.0	3211.0	-5.4
北　　京	48.6	90.5	79.6	73.4	-7.8
天　　津	49.1	72.4	70.9	66.2	-6.6
河　　北	75.3	154.7	151.4	141.4	-6.6
山　　西	41.0	101.7	96.8	93.4	-3.5
内 蒙 古	28.9	89.6	87.4	76.1	-13.0
辽　　宁	154.9	330.9	313.7	307.7	-2.0
吉　　林	79.1	157.8	152.4	130.2	-14.6
黑 龙 江	125.7	235.0	208.2	187.7	-10.0
上　　海	86.5	97.9	84.7	82.2	-3.0
江　　苏	215.1	313.8	293.6	277.8	-5.4
浙　　江	129.8	181.6	176.1	170.4	-3.2
安　　徽	80.5	157.0	132.2	125.2	-5.3
福　　建	57.2	78.6	71.3	66.2	-7.2
江　　西	46.5	84.5	80.4	79.2	-1.5
山　　东	116.4	224.2	213.4	201.3	-5.7
河　　南	73.8	172.2	161.8	158.5	-2.0
湖　　北	87.8	171.0	163.9	146.3	-10.7
湖　　南	81.7	130.4	126.7	121.6	-4.0
广　　东	152.9	216.6	199.9	200.0	0.1
广　　西	37.9	53.5	48.4	48.9	1.0
海　　南		9.0	7.1	8.5	19.7
四　　川	141.2	234.6	220.5	215.6	-2.2
贵　　州	31.4	40.9	32.6	34.9	7.1
云　　南	25.4	47.1	46.7	44.9	-4.0
西　　藏	0.9	1.1	1.1	0.2	-81.8
陕　　西	35.2	67.0	65.7	60.0	-8.7
甘　　肃	14.2	46.2	46.6	42.2	-9.5
青　　海	5.2	10.7	9.4	8.6	-8.5
宁　　夏	5.4	11.3	10.6	10.3	-2.8
新　　疆	18.7	39.4	39.9	32.0	-19.8

分行业其他各种经济单位职工年末人数

单位：万人

年份	合计	农、林、牧、渔业	采掘业	制造业	电力、煤气及水的生产和供应业	建筑业	地质勘查业、水利管理业	交通运输、仓储及邮电通讯业
1984	36.7			33.1		0.5		0.86
1985	43.7	0.2		36.8		0.6		0.90
1986	55.3	0.2		45.6		0.6		0.90
1987	71.9	0.5		58.3		0.8		1.49
1988	96.7	0.6	1.0	77.0	1.0	1.3		1.04
1989	131.7	0.7	1.0	108.0	1.0	1.5		1.55
1990	163.8	1.1	1.0	135.0	1.0	1.6	0.04	1.63
1991	216.0	1.4	1.0	180.0	1.0	2.7	0.09	2.03
1992	281.8	1.5	1.0	236.0	2.0	4.1	0.10	2.38
1993	535.7	2.2	2.1	429.5	4.0	10.6	0.03	7.70
1994	747.4	2.6	3.2	598.1	5.9	16.3	0.05	8.98

年份	批发和零售贸易、餐饮业	金融、保险业	房地产业	社会服务业	卫生、体育和社会福利事业	教育、文化艺术和广播电视事业	科学研究和综合技术服务事业	国家机关、政党机关和社会团体	其他
1984	2.10			0.30					
1985	2.25			2.90					
1986	2.60			5.20					
1987	3.80			7.50					
1988	4.38	0.08		10.60			0.04		
1989	4.89	0.12		12.60			0.19		
1990	6.00	0.05	0.51	15.03	0.05	0.26	0.20		
1991	7.47	0.05	0.79	18.84	0.13	0.38	0.51		
1992	11.04	0.03	1.43	21.07	0.11	0.71	0.86		
1993	38.10	1.87	6.25	28.23	0.15	0.58	3.14	1.03	0.26
1994	62.92	2.30	7.22	36.61	0.37	0.66	1.41		0.75

注：其他经济单位1987年以前行业均未调整，下同。

分地区其他各种经济单位职工年末人数

单位:万人

地　　区	1991年	1992年	1993年	1994年	1994年比1993年增长(%)
全国总计	216.04	281.78	535.69	748.00	39.6
北　　京	13.23	14.63	25.18	35.00	39.0
天　　津	6.05	8.85	16.05	23.97	49.3
河　　北	5.65	5.94	13.64	24.60	80.4
山　　西	0.59	2.76	5.07	6.93	36.7
内 蒙 古	0.64	0.98	3.65	9.31	155.1
辽　　宁	21.63	24.46	35.01	53.60	53.1
吉　　林	1.61	4.43	10.69	15.34	43.5
黑 龙 江	3.68	4.94	11.59	18.78	62.0
上　　海	12.85	16.70	53.19	56.61	6.4
江　　苏	22.83	27.58	47.14	60.67	28.7
浙　　江	8.31	11.80	25.65	36.33	41.6
安　　徽	1.45	2.11	4.29	12.86	199.8
福　　建	25.41	38.29	52.99	67.59	27.6
江　　西	1.13	2.00	4.71	5.66	20.2
山　　东	7.22	9.65	24.26	51.96	114.2
河　　南	1.20	2.52	10.13	26.06	157.3
湖　　北	3.09	4.49	18.00	27.40	52.2
湖　　南	1.06	1.43	7.90	8.77	11.0
广　　东	66.17	81.84	113.51	128.87	13.5
广　　西	2.57	3.37	8.78	11.65	32.7
海　　南	2.34	3.26	4.81	5.50	14.3
四　　川	2.81	3.55	24.14	42.42	75.7
贵　　州	0.94	1.25	1.87	1.54	−17.6
云　　南	0.76	0.66	2.12	4.21	98.6
西　　藏	0.08	0.08	0.06	0.10	66.7
陕　　西	1.38	1.63	6.37	5.24	−17.7
甘　　肃	0.34	1.12	2.21	1.93	−12.7
青　　海	0.07	0.10	0.12	0.15	25.0
宁　　夏	0.21	0.45	0.63	1.62	157.1
新　　疆	0.75	0.97	1.92	2.76	43.8

四、职工工资

分经济类型职工工资总额及指数

年份	工资总额(亿元)				指数(以上年为100)			
	合计	国有经济单位	城镇集体经济单位	其他各种经济单位	合计	国有经济单位	城镇集体经济单位	其他各种经济单位
1952	68.3	67.5	0.8					
1953	90.0	88.9	1.1		131.8	131.7	137.5	
1954	98.8	95.3	3.5		109.8	107.2	318.2	
1955	108.8	100.3	8.5		110.1	105.2	242.9	
1956	158.6	136.5	22.1		145.8	136.1	260.0	
1957	190.8	156.4	34.4		120.3	114.6	155.7	
1958	210.8	180.0	30.8		110.5	115.1	89.5	
1959	263.1	233.5	29.6		124.8	129.7	96.1	
1960	296.7	263.2	33.5		112.8	112.7	113.2	
1961	280.7	244.1	36.6		94.6	92.7	109.3	
1962	254.3	213.6	40.7		90.6	87.5	111.2	
1963	249.9	211.1	38.8		98.3	98.8	95.3	
1964	263.7	224.0	39.7		105.5	106.1	102.3	
1965	282.3	235.3	47.0		107.1	105.0	118.4	
1966	296.3	243.6	52.7		105.0	103.5	112.1	
1967	308.3	250.0	58.3		104.0	102.6	110.6	
1968	312.0	254.0	58.0		101.2	101.6	99.5	
1969	322.6	263.0	59.6		103.4	103.5	102.8	
1970	334.3	277.5	56.8		103.6	105.5	95.3	
1971	364.0	302.0	62.0		108.9	108.8	109.2	
1972	409.6	340.0	69.6		112.5	112.6	112.3	
1973	429.1	353.3	75.8		104.8	103.9	108.9	
1974	441.9	370.9	71.0		103.0	105.0	93.7	
1975	463.5	386.1	77.4		104.9	104.1	109.0	
1976	489.2	406.1	83.1		105.5	105.2	107.4	
1977	514.8	425.7	89.1		105.2	104.8	107.2	
1978	568.9	468.7	100.2		110.5	110.1	112.5	
1979	646.7	529.5	117.2		113.7	113.0	117.0	
1980	772.4	627.9	144.5		119.4	118.6	123.3	
1981	820.0	660.4	159.6		106.2	105.2	110.4	
1982	882.0	708.9	173.1		107.6	107.3	108.5	
1983	934.6	748.1	186.5		106.0	105.5	107.7	
1984	1133.4	875.8	254.0	3.6	121.3	117.1	136.2	
1985	1383.0	1064.8	312.3	5.9	122.0	121.6	123.0	163.9
1986	1659.7	1288.5	362.8	8.4	120.0	121.0	116.2	142.4
1987	1881.1	1459.3	409.1	12.7	113.3	113.3	112.8	151.2
1988	2316.2	1807.1	487.6	21.5	123.1	123.8	119.2	169.3
1989	2618.5	2050.2	534.4	33.9	113.1	113.5	109.6	157.7
1990	2951.1	2324.1	581.0	46.0	112.7	113.4	108.7	135.7
1991	3323.9	2594.9	658.6	70.4	112.6	111.7	113.4	153.0
1992	3939.2	3090.4	743.2	105.6	118.5	119.1	112.8	150.0
1993	4916.2	3812.7	849.9	253.6	124.8	123.4	114.4	240.2
1994	6656.4	5177.5	1023.3	455.6	135.4	135.8	120.4	179.7

分行业职工工资总额

单位:亿元

年份	合计	农、林牧、渔业	采掘业	制造业	电力、煤气及水的生产和供应业	建筑业	地质勘查业、水利管理业	交通运输、仓储及邮电通讯业
1978	568.9	39.0	44.1	214.8	9.1	43.6	12.6	46.4
1979	646.7	43.0	49.9	244.0	10.3	50.9	14.2	52.0
1980	772.4	48.9	58.4	289.7	11.9	59.7	16.7	58.8
1981	820.0	50.5	60.9	306.3	12.7	62.5	17.4	61.2
1982	882.0	52.7	64.1	323.7	13.5	68.6	18.1	65.8
1983	934.6	55.2	66.2	337.7	14.3	74.8	19.5	68.5
1984	1133.4	61.1	81.3	418.0	17.5	96.6	23.0	84.6
1985	1383.0	68.7	103.4	504.0	17.1	120.0	27.7	103.0
1986	1659.7	81.8	125.8	601.9	22.0	139.0	31.6	123.1
1987	1881.1	90.1	135.4	695.4	26.5	156.3	35.1	138.3
1988	2316.2	101.1	162.1	866.8	33.6	184.3	40.9	168.3
1989	2618.5	109.1	199.0	983.8	40.0	196.2	44.3	192.0
1990	2951.1	120.3	234.3	1089.3	49.4	211.5	48.8	214.6
1991	3323.9	128.0	262.9	1230.2	57.7	244.5	53.6	243.3
1992	3939.2	139.6	289.3	1443.0	70.9	300.2	64.6	286.0
1993	4916.2	143.0	337.7	1796.3	96.5	433.4	53.5	346.4
1994	6656.4	191.5	417.0	2292.3	146.6	527.2	75.9	470.9

年份	批发和零售贸易、餐饮业	金融、保险业	房地产业	社会服务业	卫生、体育和社会福利事业	教育、文化艺术和广播电视事业	科学研究和综合技术服务事业	国家机关、政党机关和社会团体	其他
1978	59.4	3.6	1.8	9.2	13.7	38.6	5.9	27.0	
1979	68.3	4.3	2.2	11.1	15.5	43.6	6.9	30.5	
1980	83.0	5.9	2.8	14.5	19.9	55.6	8.7	37.9	
1981	90.7	6.9	2.7	16.5	21.9	59.7	9.3	40.9	
1982	96.7	7.6	2.9	18.2	25.4	69.1	9.9	45.8	
1983	101.8	8.1	3.2	20.4	27.4	72.2	11.8	53.6	
1984	123.6	10.7	3.8	24.2	31.3	82.0	13.2	62.6	
1985	149.7	13.8	4.1	29.3	37.7	109.3	16.3	78.7	
1986	175.7	17.9	5.0	36.9	46.6	130.8	20.1	101.5	
1987	198.3	21.2	5.7	42.9	51.9	145.4	22.6	116.0	
1988	250.6	28.4	7.0	53.5	64.5	187.2	27.4	140.4	
1989	275.3	33.3	8.3	62.0	73.8	207.3	30.8	163.3	
1990	308.2	39.7	9.7	72.7	85.1	238.6	36.0	192.9	
1991	346.8	45.5	11.7	86.8	95.3	260.7	39.5	217.5	
1992	400.0	60.6	15.8	107.5	116.5	323.9	49.1	272.3	
1993	468.7	85.1	26.9	147.1	139.5	389.7	63.4	357.7	18.3
1994	637.0	170.1	44.1	220.2	216.8	607.4	106.9	500.2	32.3

分经济类型职工平均工资及指数

年份	平均货币工资(元)				指数(以上年为100)			
	合计	国有经济单位	城镇集体经济单位	其他各种经济单位	合计	国有经济单位	城镇集体经济单位	其他各种经济单位
1952	445	446	348					
1953	495	496	415		111.2	111.2	119.3	
1954	517	519	464		104.4	104.6	111.8	
1955	527	534	453		101.9	102.9	97.6	
1956	601	610	547		114.0	114.2	120.8	
1957	624	637	571		103.8	104.4	104.4	
1958	536	550	470		85.9	86.3	82.3	
1959	512	524	430		95.5	95.3	91.5	
1960	511	528	409		99.8	100.8	95.1	
1961	510	537	380		99.8	101.7	92.9	
1962	551	592	405		108.0	110.2	106.6	
1963	576	641	371		104.5	108.3	91.6	
1964	586	661	358		101.7	103.1	96.5	
1965	590	652	398		100.7	98.6	111.2	
1966	583	636	423		98.8	97.5	106.3	
1967	587	630	455		100.7	99.1	107.6	
1968	577	621	441		98.3	98.6	96.9	
1969	575	618	439		99.7	99.5	99.5	
1970	561	609	405		97.6	98.5	92.3	
1971	560	597	429		99.8	98.0	105.9	
1972	588	622	465		105.0	104.2	108.4	
1973	587	614	489		99.8	98.7	105.2	
1974	584	622	441		99.5	101.3	90.2	
1975	580	613	453		99.3	98.6	102.7	
1976	575	605	464		99.1	98.7	102.4	
1977	576	602	478		100.2	99.5	103.0	
1978	615	644	506		106.8	107.0	105.9	
1979	668	705	542		108.6	109.5	107.1	
1980	762	803	623		114.1	113.9	114.9	
1981	772	812	642		101.3	101.1	103.0	
1982	798	836	671		103.4	103.0	104.5	
1983	826	865	698		103.5	103.5	104.0	
1984	974	1034	811	1048	117.9	119.5	116.2	
1985	1148	1213	967	1436	117.9	117.3	119.2	137.0
1986	1329	1414	1092	1629	115.8	116.6	112.9	113.4
1987	1459	1546	1207	1879	109.8	109.3	110.5	115.3
1988	1747	1853	1426	2382	119.7	119.9	118.1	126.8
1989	1935	2055	1557	2707	110.8	110.9	109.2	113.6
1990	2140	2284	1681	2987	110.6	111.1	108.0	110.3
1991	2340	2477	1866	3468	109.3	108.5	111.0	116.1
1992	2711	2878	2109	3966	115.9	116.2	113.0	114.4
1993	3371	3532	2592	4966	124.3	122.7	122.9	125.2
1994	4538	4794	3246	6302	134.6	135.7	125.2	126.9

分行业全部职工工资总额和平均工资

	职工工资总额（万元）	计时和计件标准工资	奖金和计件超额工资	津贴和补贴	职工平均工资（元）
总　计	66563904.8	36258513.4	11927125.3	15162249.5	4538
一、按企业、事业、机关分组					
1. 企业	49463866.8	26892055.5	10246772.1	9976062.7	4408
2. 事业	12042155.0	6457589.4	1177549.3	3799147.8	4963
3. 机关	5054941.1	2907916.1	484247.0	1386665.1	4956
二、按国民经济行业分组					
(一)农、林、牧、渔业	1915222.4	1233443.0	171309.7	393092.6	2819
1. 农业	1039672.3	706608.2	83038.3	171733.8	2543
2. 林业	285341.1	175124.9	30506.5	68516.5	2885
3. 畜牧业	150036.4	99182.4	14081.8	27916.0	2917
4. 渔业	73428.9	41790.7	14985.3	14495.5	3819
5. 农、林、牧、渔服务业	366743.7	210736.7	28697.6	110431.0	3636
(二)采掘业	4169964.3	2107463.4	819541.5	1041491.6	4679
(三)制造业	22923219.8	12718239.8	4904667.0	4285616.3	4283
(四)电力、煤气及水的生产和供应业	1465487.9	759141.7	347441.0	300696.1	6155
(五)建筑业	5271440.6	2922792.5	1203297.2	846482.1	4894
1. 土木工程建筑业	4483185.4	2519805.6	987170.6	715054.9	4735
2. 线路、管道和设备安装业	685516.2	337673.1	197836.7	119051.1	6235
3. 建筑物的装修装饰业	102739.1	65313.6	18289.9	12376.3	5032
(六)地质勘查业、水利管理业	759463.8	375035.9	77018.0	253391.7	5450
1. 地质勘查业	520962.3	249598.1	54758.3	173823.7	6229
2. 水利管理业	238501.5	125437.7	22259.7	79568.0	4281
(七)交通运输、仓储及邮电通讯业	4708509.3	2345606.1	1054332.3	1132479.2	5690
1. 铁路运输业	1599890.2	767042.1	386023.3	388357.2	7196
2. 公路运输业	723340.5	417217.1	104752.4	174815.4	3221
3. 管道运输业	21372.6	10903.1	3560.8	5454.1	6671
4. 水上运输业	540024.7	239928.1	114762.4	162355.4	6103
5. 航空运输业	90561.0	29019.3	18389.3	35947.0	9618
6. 交通运输辅助业	733060.6	370895.4	133090.7	195789.5	5622
7. 其他交通运输业	21570.5	11351.1	4428.1	4833.2	4547
8. 仓储业	168979.3	95232.2	31661.5	36053.0	4582
9. 邮电通讯业	809709.7	404017.9	257664.0	128874.4	7537
(八)批发和零售贸易、餐饮业	6370271.8	3580504.2	1223058.0	1291277.6	3537
1. 食品、饮料、烟草和家庭用品批发业	1964469.7	1119943.1	357134.7	408326.3	3541
2. 能源、材料和机械电子设备批发业	1120664.3	623206.3	218408.3	236101.3	4363
3. 其他批发业	549803.5	298790.5	113908.1	107580.4	3771
4. 零售业	2383876.7	1352964.8	443217.5	483047.8	3153
5. 商业经纪与代理业	43865.1	18792.5	13670.0	9012.3	5755
6. 餐饮业	307592.5	166807.2	76719.3	47209.3	3841
(九)金融、保险业	1700747.0	744840.4	166922.4	685740.5	6712
1. 金融业	1612197.2	707339.9	156114.0	652204.5	6711
2. 保险业	88549.8	37500.5	10808.4	33536.0	6729
(十)房地产业	441169.1	224973.1	91558.0	101829.1	6288
1. 房地产开发与经营业	228121.9	121762.0	50957.1	42376.5	6893
2. 房地产管理业	205168.3	99248.6	39065.4	57621.4	5727

分行业全部职工工资总额和平均工资

续表

	职工工资总额(万元)	计时和计件标准工资	奖金和计件超额工资	津贴和补贴	职工平均工资(元)
3. 房地产代理与经纪业	7579.0	3962.6	1535.5	1831.3	6355
(十一)社会服务业	2202039.2	1124842.1	443080.5	487878.4	5026
1. 公共服务业	922118.2	443130.7	161914.8	243195.4	5153
2. 居民服务业	199260.6	110549.8	43640.9	36904.0	3805
3. 旅馆业	640312.2	318778.9	156749.1	121606.4	5215
4. 租赁服务业	7034.3	3741.2	1622.5	1434.5	5118
5. 旅游业	69500.0	32956.8	19288.2	14090.1	5950
6. 娱乐服务业	33376.1	20037.0	5421.7	5491.9	6098
7. 信息、咨询服务业	89374.2	50573.8	14030.1	19612.2	5622
8. 计算机应用服务业	66830.2	48185.7	9139.1	8942.6	6840
9. 其他社会服务业	174233.5	96888.3	31274.1	36601.4	4369
(十二)卫生、体育和社会福利业	2168397.3	1095137.0	264023.0	703916.3	5126
1. 卫生	2050041.6	1033042.0	252513.9	664843.6	5126
2. 体育	44793.7	23386.1	3795.2	15608.9	5744
3. 社会福利保险业	73562.0	38709.0	7714.0	23463.9	4793
(十三)教育、文化艺术及广播电影电视业	6074404.5	3435331.9	512255.6	1842809.0	4923
1. 教育	5566931.3	3169302.2	453688.5	1688494.3	4917
其中:(1)普通高等教育	664691.2	340996.1	60724.7	216786.4	5992
(2)普通中学	1805733.6	1045930.6	141368.3	546479.1	4943
(3)小学	2139227.9	1246439.1	162438.3	633065.9	4514
2. 文化艺术业	310222.6	163609.4	34537.6	94404.0	5194
3. 广播电影电视业	197250.6	102420.3	24029.5	59910.7	4695
(十四)科学研究和综合技术服务业	1068450.5	534126.5	120731.9	346285.0	6162
1. 科学研究业	601080.4	291940.5	56319.5	210058.1	6201
(1)自然科学研究	519094.9	250700.5	47981.4	183240.0	6219
(2)社会科学研究	21900.1	12539.5	1567.3	6164.3	5589
(3)其他科学研究	60085.3	28700.5	6770.7	20653.8	6294
2. 综合技术服务业	167370.0	242185.9	64412.5	136226.9	6112
(1)气象	29201.9	15800.5	1945.2	10206.7	5336
(2)地震	8660.2	5294.8	483.6	2411.5	5629
(3)测绘	23178.1	11172.7	2605.7	7740.8	6237
(4)技术监督	59017.9	31125.6	6584.9	18587.9	5439
(5)海洋环境	3753.5	1585.7	353.3	1452.1	7351
(6)环境保护	29765.5	16228.4	2625.6	9693.9	5022
(7)技术推广和科技交流服务业	40387.3	24655.7	4933.5	9340.1	5418
(8)工程设计业	166073.4	76310.4	31607.2	48353.0	7689
(9)其他综合技术服务业	107039.4	59831.0	13234.8	28349.7	5535
(十五)国家机关、政党机关和社会团体	5001967.1	2883984.8	471639.8	1371121.6	4962
其中:国家机关	4452922.5	2563067.0	426949.4	1224999.9	4958
政党机关	269210.7	163159.5	22739.8	69854.5	5213
(十六)其他行业	323150.4	173050.9	56249.4	78142.2	5213
其中:企业管理机构	213822.2	117674.7	36152.2	50613.2	5210

分行业职工平均工资

单位:元

年 份	合 计	农、林、牧、渔业	采掘业	制造业	电力、煤气及水的生产和供应业	建筑业	地质勘查业、水利管理业	交通运输、仓储及邮电通讯业
1978	615	470	676	597	850	714	708	694
1979	668	528	755	664	941	769	782	760
1980	762	616	854	752	1035	855	895	832
1981	772	637	855	758	1045	869	926	842
1982	798	661	869	773	1067	912	955	877
1983	826	691	880	789	1104	954	1016	895
1984	974	770	1066	955	1321	1154	1179	1082
1985	1148	878	1324	1112	1239	1362	1406	1275
1986	1329	1048	1569	1275	1497	1536	1604	1476
1987	1459	1143	1663	1418	1677	1684	1768	1621
1988	1747	1280	1964	1710	1971	1959	2025	1941
1989	1935	1389	2378	1900	2241	2166	2199	2197
1990	2140	1541	2718	2073	2656	2384	2465	2426
1991	2340	1652	2942	2289	2922	2649	2707	2686
1992	2711	1828	3209	2635	3392	3066	3222	3114
1993	3371	2042	3711	3348	4319	3779	3717	4273
1994	4538	2819	4679	4283	6155	4894	5450	5690

年 份	批发和零售贸易、餐饮业	金融、保险业	房地产业	社会服务业	卫生、体育和社会福利事业	教育、文化艺术和广播电视事业	科学研究和综合技术服务事业	国家机关、政党机关和社会团体	其 他
1978	551	610	548	392	573	545	669	655	
1979	610	652	606	421	598	584	717	684	
1980	692	720	694	475	718	700	851	800	
1981	704	750	632	478	750	716	850	815	
1982	709	768	684	484	833	811	857	821	
1983	724	779	737	508	867	836	990	923	
1984	859	973	919	588	948	920	1072	989	
1985	1007	1154	1028	777	1124	1166	1272	1127	
1986	1148	1353	1216	980	1343	1330	1492	1356	
1987	1270	1458	1327	1085	1446	1409	1620	1468	
1988	1556	1739	1715	1719	1752	1747	1931	1707	
1989	1660	1867	1925	1926	1959	1883	2118	1874	
1990	1818	2097	2243	2170	2209	2117	2403	2113	
1991	1981	2255	2507	2431	2370	2243	2573	2275	
1992	2204	2829	3106	2844	2812	2715	3115	2768	
1993	2679	3740	4320	3588	3413	3278	3904	3505	3371
1994	3537	6712	6288	5026	5126	4923	6162	4962	5213

分行业职工平均货币工资指数(一)

年 份	合 计	农、林、牧、渔业	采掘业	制造业	电力、煤气及水的生产和供应业	建筑业	地质勘查业、水利管理业	交通运输、仓储及邮电通讯业
一、以上年为100								
1979	108.6	112.4	111.6	111.1	110.6	107.7	110.5	109.5
1980	114.1	116.7	113.2	113.3	110.0	111.2	114.5	109.5
1981	101.3	103.4	100.0	100.8	101.0	101.6	103.4	101.2
1982	103.4	103.8	101.7	102.0	102.1	104.9	103.2	104.2
1983	103.5	104.5	101.2	102.1	103.5	104.6	106.3	102.1
1984	117.9	111.4	121.2	120.9	119.6	121.0	116.1	120.9
1985	117.9	114.1	124.2	116.5	93.8	118.0	119.2	117.8
1986	115.8	119.3	118.5	114.6	120.8	112.8	114.1	115.8
1987	109.8	109.1	106.0	111.2	112.1	109.6	110.2	109.8
1988	119.7	112.0	118.1	120.6	117.5	116.3	114.5	119.7
1989	110.8	108.5	121.1	111.1	113.7	110.6	108.6	113.2
1990	110.6	110.9	114.3	109.1	118.5	110.1	112.1	110.4
1991	109.3	107.2	108.3	110.4	110.0	111.1	109.8	110.7
1992	115.9	110.7	109.1	115.1	116.1	115.7	119.0	115.9
1993	124.3	111.7	115.6	127.1	127.3	123.3	115.4	137.2
1994	134.6	138.1	126.1	127.9	142.5	129.5	146.6	133.2
二、以1978年为100								
1979	108.6	112.4	111.6	111.1	110.6	107.7	110.5	109.5
1980	123.9	131.2	126.3	125.9	121.7	119.7	126.5	119.9
1981	125.5	135.6	126.4	126.9	122.9	121.7	130.7	121.3
1982	129.8	140.7	128.5	129.5	125.5	127.7	134.9	126.4
1983	134.3	147.0	130.1	132.1	129.8	133.6	143.5	129.0
1984	158.4	163.8	157.6	159.8	155.3	161.6	166.6	155.9
1985	186.7	186.9	195.7	186.2	145.7	190.8	198.6	183.7
1986	216.1	223.0	231.9	213.4	176.0	215.1	226.6	212.7
1987	237.2	243.3	245.9	237.3	197.2	235.9	249.8	233.6
1988	284.1	272.4	290.3	286.2	231.7	274.4	286.0	279.7
1989	314.6	295.7	351.5	318.0	263.5	303.4	310.6	316.6
1990	348.0	328.0	401.9	346.9	312.3	333.9	348.2	349.6
1991	380.5	351.5	435.0	383.2	343.5	371.0	382.4	387.0
1992	440.8	389.1	474.5	441.1	398.9	429.4	455.2	448.7
1993	548.1	434.5	548.6	560.4	507.9	529.3	525.1	615.7
1994	737.8	599.8	691.7	716.9	723.8	685.5	769.9	819.9

分行业职工平均货币工资指数(二)

年份	批发和零售贸易、餐饮业	金融、保险业	房地产业	社会服务业	卫生、体育和社会福利事业	教育、文化艺术和广播电视事业	科学研究和综合技术服务事业	国家机关、政党机关和社会团体	其他
一、以上年为100									
1979	110.7	106.9	110.6	107.4	104.4	107.2	107.2	104.4	
1980	113.4	110.4	114.5	112.8	120.1	119.9	118.7	117.0	
1981	101.7	104.2	91.1	100.6	104.5	102.3	99.9	101.9	
1982	100.7	102.4	108.2	101.3	111.1	113.3	100.8	100.7	
1983	102.1	101.4	107.7	105.0	104.1	103.1	115.5	112.4	
1984	118.6	124.9	124.7	115.7	109.3	110.0	108.3	107.2	
1985	117.2	118.6	111.9	132.1	118.6	126.7	118.7	114.0	
1986	114.0	117.2	118.3	126.1	119.5	114.1	117.3	120.3	
1987	110.6	107.8	109.1	110.7	107.7	105.9	108.6	108.3	
1988	122.5	119.3	129.2	158.4	121.2	124.0	119.2	116.3	
1989	106.7	107.4	112.2	112.0	111.8	107.8	109.7	109.8	
1990	109.5	112.3	116.5	112.7	112.8	112.4	113.5	112.8	
1991	109.0	107.5	111.8	112.0	107.3	106.0	107.1	107.7	
1992	111.3	125.5	123.9	117.0	118.6	121.0	121.1	121.7	
1993	121.6	132.2	139.1	126.2	121.4	120.7	125.3	126.6	
1994	132.0	179.5	145.6	140.1	150.2	150.2	157.8	141.6	154.6
二、以1978年为100									
1979	110.7	106.9	110.6	107.4	104.4	107.2	107.2	104.4	
1980	125.6	118.0	126.6	121.2	125.3	128.4	127.2	122.1	
1981	127.8	123.0	115.3	121.9	130.9	131.4	127.1	124.4	
1982	128.7	125.9	124.8	123.5	145.4	148.8	128.1	125.3	
1983	131.4	127.7	134.5	129.6	151.3	153.4	148.0	140.9	
1984	155.9	159.5	167.7	150.0	165.4	168.8	160.2	151.0	
1985	182.8	189.2	187.6	198.2	196.2	213.9	190.1	172.1	
1986	208.3	221.8	221.9	250.0	234.4	244.0	223.0	207.0	
1987	230.5	239.0	242.2	276.8	252.4	258.5	242.2	224.1	
1988	282.4	285.1	313.0	438.5	305.8	320.6	288.6	260.6	
1989	301.3	306.1	351.3	491.3	341.9	345.5	316.6	286.1	
1990	329.9	343.8	409.3	553.6	385.5	388.4	359.2	322.6	
1991	359.5	369.7	457.5	620.2	413.6	411.6	384.6	347.3	
1992	400.0	463.8	566.8	725.5	490.8	498.2	465.6	422.6	
1993	486.3	613.2	788.4	915.4	595.7	601.5	583.6	535.2	
1994	642.0	1100.5	1147.6	1282.3	894.7	903.4	921.1	757.7	

分行业职工平均实际工资指数(一)

年 份	合 计	农、林、牧、渔业	采掘业	制造业	电力、煤气及水的生产和供应业	建筑业	地质勘查业、水利管理业	交通运输、仓储及邮电通讯业
一、以上年为100								
1979	106.6	110.3	109.5	109.1	108.5	105.7	108.5	107.5
1980	106.1	108.6	105.3	105.4	102.3	103.4	106.5	101.8
1981	98.8	100.9	97.6	98.3	98.5	99.2	100.8	98.7
1982	101.3	101.7	99.7	100.0	100.1	102.9	101.2	102.1
1983	101.5	102.4	99.2	100.1	101.4	102.6	104.2	100.1
1984	114.8	108.5	118.0	117.7	116.5	117.8	113.1	117.7
1985	105.3	102.0	111.0	104.1	83.8	105.5	106.5	105.3
1986	108.2	111.5	110.7	107.1	112.9	105.4	106.6	108.2
1987	100.9	100.3	97.5	102.2	103.0	100.8	101.3	100.9
1988	99.2	92.8	97.8	99.9	97.3	96.4	94.9	99.2
1989	95.2	93.3	104.1	95.5	97.8	95.1	93.4	97.3
1990	109.2	109.5	112.9	107.7	117.0	108.7	110.7	109.0
1991	104.0	102.0	103.0	105.1	104.7	105.7	104.5	105.3
1992	106.7	101.9	100.4	106.0	106.9	106.6	109.6	106.8
1993	107.1	96.2	99.6	109.4	109.7	106.2	99.4	118.2
1994	107.7	110.5	100.9	102.3	114.0	103.6	117.3	106.6
二、以1978年为100								
1979	106.6	110.3	109.5	109.1	108.5	105.7	108.5	107.5
1980	113.2	119.8	115.4	115.0	111.1	109.4	115.5	109.5
1981	111.9	120.9	112.6	113.1	109.5	108.5	116.5	108.1
1982	113.4	123.0	112.3	113.2	109.7	111.7	117.9	110.5
1983	115.1	126.0	111.5	113.2	111.3	114.5	122.9	110.5
1984	132.1	136.6	131.5	133.2	129.5	134.8	139.0	130.0
1985	139.1	139.3	145.9	138.7	108.6	142.1	148.0	136.9
1986	150.5	155.3	161.5	148.6	122.5	149.8	157.8	148.1
1987	151.9	155.8	157.4	151.9	126.3	151.0	159.9	149.5
1988	150.7	144.5	154.0	151.8	122.9	145.6	151.7	148.4
1989	143.5	134.9	160.4	145.1	120.2	138.4	141.7	144.4
1990	156.7	147.7	181.0	156.3	140.7	150.4	156.8	157.5
1991	162.9	150.5	186.2	164.0	147.1	158.8	163.7	165.7
1992	173.8	153.4	187.0	173.9	157.2	169.3	179.4	176.9
1993	186.1	147.5	186.3	190.3	172.4	179.7	178.3	209.0
1994	200.4	162.9	187.9	194.8	196.6	186.2	209.2	222.7

分行业职工平均实际工资指数(二)

年　份	批发和零售贸易、餐饮业	金融、保险业	房地产业	社会服务业	卫生、体育和社会福利事业	教育、文化艺术和广播电视事业	科学研究和综合技术服务事业	国家机关、政党机关和社会团体	其他
一、以上年为100									
1979	108.6	104.9	108.5	105.4	102.4	105.2	105.2	102.5	
1980	105.5	102.7	106.5	105.0	111.7	111.5	110.4	108.8	
1981	99.3	101.6	88.8	98.2	101.9	99.8	97.4	99.4	
1982	98.7	100.4	106.1	99.3	108.9	111.0	98.8	98.8	
1983	100.1	99.4	105.6	102.9	102.0	101.1	113.3	110.2	
1984	115.5	121.6	121.4	112.7	106.5	107.2	105.4	104.3	
1985	104.8	106.0	100.0	118.1	106.0	113.3	106.0	101.8	
1986	106.5	109.6	110.5	117.9	111.7	106.6	109.6	112.4	
1987	101.7	99.0	100.3	101.8	99.0	97.4	99.8	99.5	
1988	101.5	98.8	107.1	131.3	100.4	102.7	98.8	96.3	
1989	91.7	92.3	96.5	96.3	96.1	92.7	94.3	94.4	
1990	108.1	110.9	115.0	111.2	111.3	111.0	112.0	111.3	
1991	103.7	102.3	106.3	106.6	102.1	100.8	101.9	102.4	
1992	102.4	115.5	114.1	107.7	109.3	111.5	111.5	112.0	
1993	104.7	113.9	119.8	108.7	104.5	104.0	108.0	109.1	
1994	105.6	143.6	116.5	112.1	120.2	120.2	126.2	113.3	123.7
二、以1978年为100									
1979	108.6	104.9	108.5	105.4	102.4	105.2	105.2	102.5	
1980	114.7	107.8	115.7	110.7	114.4	117.3	116.2	111.5	
1981	113.9	109.6	102.8	108.7	116.7	117.1	113.2	110.9	
1982	112.5	110.1	109.1	107.9	127.1	130.1	112.0	109.6	
1983	112.6	109.4	115.2	111.0	129.7	131.4	126.8	120.8	
1984	130.0	133.0	139.9	125.1	138.0	140.8	133.6	125.9	
1985	136.2	141.0	139.8	147.7	146.2	159.4	141.7	128.2	
1986	145.1	154.5	154.5	174.1	163.2	169.9	155.3	144.2	
1987	147.6	153.0	155.0	177.2	161.6	165.5	155.0	143.5	
1988	149.8	151.2	166.0	232.6	162.2	170.1	153.1	138.3	
1989	137.4	139.6	160.3	224.1	156.0	157.6	144.4	130.5	
1990	148.6	154.9	184.4	249.4	173.7	175.0	161.8	145.3	
1991	153.9	158.3	195.8	265.5	177.1	176.2	164.6	148.7	
1992	157.7	182.8	223.4	286.0	193.4	196.4	183.5	166.6	
1993	165.1	208.2	267.7	310.8	202.2	204.2	198.1	181.7	
1994	174.4	299.0	311.8	348.4	243.1	245.4	250.2	205.8	

分地区全部职工工资总额

单位:亿元

地区	1978年	1992年	1993年	1994年	1994年比1993年增长(%)
全国总计	568.9	3939.2	4916.2	6656.4	35.4
北京	18.1	158.5	207.8	309.7	49.0
天津	14.0	91.6	114.6	154.1	34.5
河北	25.7	168.4	210.8	289.6	37.4
山西	16.7	114.3	137.6	183.1	33.1
内蒙古	8.4	89.8	109.1	141.1	29.3
辽宁	41.2	282.0	334.3	439.7	31.5
吉林	23.2	122.1	143.0	188.8	32.0
黑龙江	42.8	197.0	224.9	282.4	25.6
上海	28.0	217.2	280.2	358.1	27.8
江苏	29.0	251.5	328.9	450.4	36.9
浙江	16.2	138.0	206.2	274.3	33.0
安徽	16.8	112.1	134.0	184.4	37.6
福建	11.2	91.8	116.4	168.5	44.8
江西	14.5	86.0	101.0	140.9	39.5
山东	26.0	214.3	266.3	372.8	40.0
河南	24.3	165.5	200.8	275.6	37.3
湖北	25.8	171.4	214.9	296.3	37.9
湖南	20.2	143.7	181.8	238.7	31.3
广东	35.1	334.6	456.4	612.7	34.2
广西	12.6	85.9	112.4	149.7	33.2
海南		30.2	31.7	48.8	53.9
四川	37.1	238.1	288.2	392.8	36.3
贵州	10.1	55.2	61.3	88.2	43.9
云南	12.7	81.4	97.0	139.4	43.7
西藏	1.2	5.7	6.9	11.2	62.3
陕西	16.4	94.7	113.5	147.0	29.5
甘肃	11.4	72.3	86.7	121.6	40.3
青海	4.3	20.9	24.2	32.7	35.1
宁夏	3.2	19.4	22.5	30.7	36.4
新疆	15.9	85.6	103.0	133.1	29.2

分地区全部职工平均工资

单位:元

地区	1980年	1992年	1993年	1994年	1994年比1993年增长(%)
全国总计	762	2711	3371	4538	34.6
北京	848	3402	4510	6523	44.6
天津	820	3118	4003	5364	34.0
河北	726	2485	3034	4185	37.9
山西	758	2530	3025	3997	32.1
内蒙古	796	2339	2796	3675	31.4
辽宁	779	2715	3248	4269	31.4
吉林	763	2308	2700	3666	35.8
黑龙江	828	2295	2661	3375	26.8
上海	872	4273	5646	7405	31.2
江苏	667	2800	3613	4974	37.7
浙江	702	2884	4201	5597	33.2
安徽	684	2264	2770	3793	36.9
福建	703	2777	3477	4889	40.6
江西	713	2154	2497	3450	38.2
山东	746	2601	3149	4338	37.8
河南	730	2269	2646	3546	34.0
湖北	719	2370	2934	4051	38.1
湖南	718	2526	3142	4104	30.6
广东	776	4027	5322	7117	33.7
广西	714	2634	3368	4468	32.7
海南		2720	3138	4488	43.0
四川	743	2458	2960	4028	36.0
贵州	673	2406	2840	3870	36.3
云南	759	2686	3751	4514	20.3
西藏	1026	3448	4067	7089	74.3
陕西	785	2434	2890	3803	31.6
甘肃	874	2902	3418	4796	40.3
青海	1065	3098	3800	4976	30.9
宁夏	863	2722	3128	4270	36.5
新疆	883	2742	3238	4253	31.3

分行业国有经济单位职工工资总额

单位:亿元

年 份	合 计	农、林、牧、渔业	采掘业	制造业	电力、煤气及水的生产和供应业	建筑业	地质勘查业、水利管理业	交通运输、仓储及邮电通讯业
1978	468.7	37.3	41.4	159.3	8.9	33.5	12.6	33.5
1979	529.5	40.8	46.7	179.7	10.1	38.0	14.2	38.2
1980	627.9	46.7	54.4	209.4	11.7	43.6	16.6	44.1
1981	660.4	47.9	56.5	218.0	12.4	44.3	17.3	46.1
1982	708.9	49.8	59.5	230.3	13.2	47.0	18.0	49.1
1983	748.1	51.9	61.3	238.3	14.0	49.9	19.4	51.5
1984	875.8	57.7	75.3	292.8	17.1	66.3	22.9	64.5
1985	1064.8	65.0	95.9	347.2	16.6	82.4	27.6	79.1
1986	1288.5	77.6	116.4	419.5	21.1	95.2	31.5	95.7
1987	1459.3	85.4	124.6	486.2	25.3	105.6	35.1	108.3
1988	1807.1	96.0	148.5	611.7	32.1	124.3	40.9	134.2
1989	2050.2	103.6	182.7	693.9	38.1	133.3	44.3	154.6
1990	2324.1	114.8	213.2	771.0	47.0	144.3	48.4	175.3
1991	2594.9	121.9	236.0	861.2	54.2	162.6	53.0	199.1
1992	3090.4	133.2	257.3	1012.2	66.4	197.2	63.9	237.3
1993	3812.7	136.5	317.1	1215.6	91.6	280.7	52.9	301.3
1994	5177.4	184.2	393.8	1482.1	137.1	352.7	75.2	417.8

年 份	批发和零售贸易、餐饮业	金融、保险业	房地产业	社会服务业	卫生、体育和社会福利事业	教育、文化艺术和广播电视事业	科学研究和综合技术服务事业	国家机关、党政机关和社会团体	其 他
1978	51.6	2.6	1.7	6.5	10.7	36.7	5.9	26.5	
1979	59.0	3.1	2.0	7.5	12.0	41.5	6.9	29.8	
1980	70.3	4.3	2.5	9.7	15.7	53.0	8.7	37.2	
1981	75.5	5.2	2.4	10.9	17.5	57.1	9.2	40.1	
1982	79.7	5.8	2.6	11.9	20.4	66.8	9.8	45.0	
1983	83.4	6.1	2.8	13.2	22.1	69.9	11.7	52.6	
1984	73.4	8.3	3.4	15.9	25.4	79.4	13.1	60.3	
1985	85.9	10.8	3.7	20.9	31.0	106.4	16.1	76.2	
1986	103.0	13.8	4.5	26.5	38.1	127.5	19.8	98.3	
1987	117.1	16.4	5.1	30.6	43.1	141.8	22.3	112.4	
1988	152.1	22.1	6.3	38.5	53.8	183.3	27.1	136.2	
1989	168.7	25.8	7.4	44.2	61.9	202.9	30.3	158.5	
1990	189.6	30.7	8.7	52.6	71.8	233.7	35.3	187.7	
1991	213.5	35.1	10.3	61.9	80.6	255.6	38.5	211.4	
1992	251.5	47.1	14.1	78.2	101.0	317.9	47.5	265.5	
1993	291.5	67.6	22.3	104.9	122.2	383.4	59.0	353.3	12.9
1994	399.1	133.8	34.3	154.7	191.7	599.5	102.5	496.2	22.9

分地区国有经济单位职工工资总额

单位:亿元

地　区	1978 年	1992 年	1993 年	1994 年	1994 年比 1993 年增长(%)
全国总计	468.7	3090.4	3812.7	5177.5	35.8
北　京	15.7	128.6	167.0	246.5	47.6
天　津	11.5	72.0	87.3	116.1	33.0
河　北	21.9	139.3	173.9	239.2	37.6
山　西	14.6	95.8	115.6	157.0	35.8
内蒙古	6.9	73.6	89.5	117.9	31.7
辽　宁	33.3	204.1	243.9	319.4	31.0
吉　林	19.1	94.6	111.6	151.0	35.3
黑龙江	36.2	157.7	182.6	235.4	28.9
上　海	23.7	175.9	207.0	260.0	25.6
江　苏	19.8	170.9	222.5	312.6	40.5
浙　江	10.4	90.8	136.3	175.1	28.5
安　徽	13.0	87.5	108.1	145.8	34.9
福　建	8.4	62.5	75.7	107.4	41.9
江　西	12.3	72.5	85.5	120.9	41.4
山　东	20.5	167.7	208.7	290.4	39.1
河　南	20.7	138.4	168.9	230.3	36.4
湖　北	21.5	139.3	174.3	243.5	39.7
湖　南	16.3	118.4	148.6	199.1	34.0
广　东	26.9	222.3	302.0	401.8	33.0
广　西	10.8	74.0	95.4	126.9	33.0
海　南		26.9	26.7	41.6	55.8
四　川	30.6	195.0	230.6	313.7	36.0
贵　州	8.6	48.1	54.0	78.7	45.7
云　南	11.4	71.2	84.1	121.8	44.8
西　藏	1.1	5.4	6.6	10.9	65.2
陕　西	14.5	83.4	98.8	130.8	32.4
甘　肃	10.6	62.5	75.3	106.1	40.9
青　海	4.0	18.8	22.0	30.5	38.6
宁　夏	2.9	16.9	19.6	26.8	36.7
新　疆	14.8	76.3	90.8	120.3	32.5

分行业国有经济单位职工平均工资

单位:元

年份	合计	农、林、牧、渔业	采掘业	制造业	电力、煤气及水的生产和供应业	建筑业	地质勘查业、水利管理业	交通运输、仓储及邮电通讯业
1978	644	482	704	663	873	760	712	720
1979	705	536	786	726	971	819	787	808
1980	803	628	891	821	1073	924	895	902
1981	812	645	890	820	1074	941	925	905
1982	836	670	905	835	1095	979	955	927
1983	865	701	915	847	1134	1018	1016	949
1984	1034	785	1112	1028	1357	1275	1180	1164
1985	1213	892	1384	1190	1272	1532	1408	1383
1986	1414	1062	1638	1382	1518	1731	1607	1610
1987	1546	1154	1734	1543	1692	1882	1773	1773
1988	1853	1291	2038	1872	1994	2192	2025	2140
1989	2055	1401	2449	2081	2248	2419	2199	2423
1990	2284	1559	2763	2289	2648	2667	2463	2697
1991	2477	1665	2982	2505	2883	2924	2718	2967
1992	2878	1845	3239	2889	3354	3406	3235	3452
1993	3532	2043	3856	3562	4317	4182	3729	4604
1994	4797	2821	4863	4508	6124	5498	5476	6212

年份	批发和零售贸易、餐饮业	金融、保险业	房地产业	社会服务业	卫生、体育和社会福利事业	教育、文化艺术和广播电视事业	科学研究和综合技术服务事业	国家机关、政党机关和社会团体	其他
1978	569	650	630	607	605	566	670	661	
1979	632	689	690	676	625	606	719	691	
1980	716	754	758	795	751	722	853	807	
1981	730	788	727	801	781	738	852	820	
1982	739	806	788	815	861	827	860	826	
1983	756	813	848	863	895	851	992	928	
1984	776	1038	1063	988	981	934	1074	993	
1985	1087	1234	1170	1208	1164	1184	1268	1133	
1986	1268	1427	1364	1417	1376	1344	1494	1361	
1987	1398	1540	1500	1545	1481	1422	1624	1472	
1988	1737	1842	1750	1842	1793	1764	1935	1709	
1989	1851	1960	1992	2028	1999	1899	2123	1875	
1990	2028	2200	2247	2307	2263	2134	2411	2115	
1991	2201	2355	2476	2547	2417	2257	2580	2277	
1992	2478	2967	3082	3008	2883	2732	3130	2774	
1993	2933	3885	4278	3661	3494	3292	3898	3512	3793
1994	3856	7017	5997	5098	5267	4944	6212	4967	5744

分地区国有经济单位职工平均工资

单位:元

地区	1978 年	1992 年	1993 年	1994 年	1994 年比 1993 年增长(%)
全国总计	644	2878	3532	4794	35.7
北京	702	3500	4648	6671	43.5
天津	690	3383	4264	5806	36.2
河北	609	2685	3272	4531	38.5
山西	655	2729	3253	4355	33.9
内蒙古	686	2493	2998	3942	31.5
辽宁	683	2975	3590	4766	32.8
吉林	704	2526	2971	3997	34.5
黑龙江	726	2495	2867	3689	28.7
上海	716	4451	5777	7534	30.4
江苏	563	3057	3892	5491	41.1
浙江	597	3088	4615	6034	30.7
安徽	588	2563	3076	4158	35.2
福建	593	2842	3501	5000	42.8
江西	562	2295	2659	3720	39.9
山东	597	2823	3410	4753	39.4
河南	610	2473	2860	3852	34.7
湖北	592	2532	3140	4348	38.5
湖南	589	2686	3324	4388	32.0
广东	629	4059	5422	7410	36.7
广西	562	2733	3432	4604	34.1
海南		2715	2989	4363	46.0
四川	619	2642	3143	4342	38.1
贵州	641	2543	2962	4085	37.9
云南	623	2775	3253	4673	43.7
西藏	789	3495	4156	7315	76.0
陕西	669	2594	3077	4050	31.6
甘肃	742	3077	3620	5057	39.7
青海	958	3290	4065	5348	31.6
宁夏	755	2856	3264	4476	37.1
新疆	725	2801	3286	4322	31.5

分地区国有企业单位职工工资总额

单位:万元

地区	1991 年	1992 年	1993 年	1994 年	1994 年比 1993 年增长(%)
全国总计	1887239.8	22081878.8	27187248	35175283.4	29.4
北京	723237.0	880126.0	1149681	1629598.0	41.7
天津	490060.4	559201.4	676711	843548.9	24.7
河北	863408.0	1014619.4	1272593	1665094.0	30.8
山西	651000.6	727988.4	883511	1161213.6	31.4
内蒙古	441351.4	514704.2	626868	821256.0	31.0
辽宁	1370159.5	1580805.1	1906215	2397476.8	27.6
吉林	605609.9	698044.7	837407	1068803.8	24.2
黑龙江	1120139.4	1256029.1	1436909	1785131.0	24.2
上海	1127396.8	1433376.5	1661643	2044125.9	23.0
江苏	1005625.7	1243859.6	1619960	2105931.4	30.0
浙江	516236.9	615205.9	813885	1090606.2	34.0
安徽	526282.9	612674.7	765416	985434.9	28.7
福建	346066.7	393336.2	489206	642247.6	31.3
江西	423050.5	494183.9	576929	776105.7	34.5
山东	1021054.7	1190790.2	1472878	1931926.3	31.2
河南	796651.6	973242.1	1199134	1558657.7	30.0
湖北	855609.5	985970.4	1200646	1580469.6	31.6
湖南	685039.4	803441.6	983874	1281461.8	30.2
广东	1276387.4	1552449.6	2128275	2647409.8	24.4
广西	382154.6	454702.3	570284	779510.3	36.6
海南	153823.4	193045.7	186754	280980.6	50.5
四川	1214942.9	1356028.9	1624891	2047279.3	26.0
贵州	275549.8	316517.1	372965	501421.5	34.4
云南	383756.5	443950.3	530858	725463.0	36.7
西藏	18425.0	18640.0	21878	31748.0	45.1
陕西	519412.5	578935.9	687159	870079.0	26.6
甘肃	390437.9	441714.7	530925	731172.1	37.7
青海	104650.3	112948.3	149038	178754.5	20.0
宁夏	102385.8	116465.0	139254	176372.6	26.7
新疆	482491.8	518881.6	671503	867751.5	29.2

分地区国有企业单位职工平均工资

单位:元

地　　区	1991 年	1992 年	1993 年	1994 年	1994 年比 1993 年增长(%)
全国总计	2563	2930	3593	4708	31.0
北　　京	3068	3689	4853	6733	38.7
天　　津	3037	3480	4430	5781	30.5
河　　北	2413	2754	3393	4531	33.5
山　　西	2624	2881	3448	4467	29.6
内 蒙 古	2247	2531	2995	3939	31.5
辽　　宁	2617	2985	3639	4676	28.5
吉　　林	2283	2555	3001	3878	29.2
黑 龙 江	2290	2518	2840	3543	24.8
上　　海	3583	4630	6065	7822	29.0
江　　苏	2601	3122	4003	5293	32.2
浙　　江	2665	3120	4166	5765	38.4
安　　徽	2341	2617	3175	4159	31.0
福　　建	2512	2857	3579	4884	36.5
江　　西	1989	2274	2661	3537	32.9
山　　东	2590	2887	3472	4659	34.2
河　　南	2200	2510	2912	3790	30.2
湖　　北	2295	2560	3150	4110	30.5
湖　　南	2351	2683	3225	4186	29.8
广　　东	3469	4141	5590	7350	31.5
广　　西	2388	2769	3557	4751	33.6
海　　南	2018	2455	2594	3794	46.4
四　　川	2466	2701	3244	4222	30.1
贵　　州	2418	2717	3226	4220	30.8
云　　南	2556	2905	3470	4713	36.0
西　　藏	3365	3413	3970	5929	49.3
陕　　西	2393	2612	3135	3959	26.3
甘　　肃	2838	3146	3754	5122	36.4
青　　海	2919	3201	4339	5126	18.1
宁　　夏	2655	2930	3419	4472	30.8
新　　疆	2421	2591	3169	4128	30.3

分地区地方国有企业单位职工工资总额

单位:万元

地　区	1991年	1992年	1993年	1994年	1994年比1993年增长(%)
全国总计	13052921.7	15116312	18267861	22732490	24.4
北　京	549629.0	669102	857670	1185493	38.2
天　津	379504.0	431048	503212	592213	17.7
河　北	515477.5	616007	754396	969491	28.5
山　西	336219.4	364764	439674	533166	21.3
内蒙古	312793.2	362960	452912	566883	25.2
辽　宁	914547.8	956016	1119512	1352242	20.8
吉　林	425213.6	474702	545380	655226	20.1
黑龙江	672291.6	740460	787588	913962	16.0
上　海	896837.8	1142681	1292930	1515537	17.2
江　苏	820415.8	1013527	1268568	1602233	26.3
浙　江	441438.8	519948	669686	888743	32.7
安　徽	332710.1	382779	501662	618690	23.3
福　建	296103.1	331026	417876	508277	21.6
江　西	303514.9	349756	393638	527051	33.9
山　东	658005.4	769719	938035	1206402	28.6
河　南	500225.9	585297	724046	882284	21.9
湖　北	605050.7	679052	802197	1006157	25.4
湖　南	484946.3	568291	683822	854851	25.0
广　东	1061755.7	1280028	1753592	2120060	20.9
广　西	305632.2	361376	446130	594593	33.3
海　南	145411.9	180628	166988	248928	49.0
四　川	794093.8	870337	1032662	1232797	19.4
贵　州	150433.3	173541	208281	253786	21.8
云　南	282710.2	323836	380778	516817	35.7
西　藏	15820.0	16000	17855	20837	16.7
陕　西	284870.0	312832	351269	438710	24.9
甘　肃	217450.3	247937	288605	364546	26.3
青　海	72036.4	76327	101504	111823	10.2
宁　夏	78472.1	88441	102847	121446	18.1
新　疆	199310.9	227898	264547	328918	24.3

分地区地方国有企业单位职工平均工资

单位:元

地　区	1991 年	1992 年	1993 年	1994 年	1994 年比 1993 年增长(%)
全国总计	2382	2707	3266	4141	26.8
北　京	3071	3719	4854	6685	37.7
天　津	2957	3385	4226	5328	26.1
河　北	2109	2416	2941	3829	30.2
山　西	2204	2362	2797	3359	20.1
内蒙古	2049	2286	2738	3402	24.3
辽　宁	2402	2636	3153	3858	22.4
吉　林	2098	2277	2570	3154	22.7
黑龙江	1945	2110	2217	2653	19.7
上　海	3484	4538	5831	7218	23.8
江　苏	2507	2994	3759	4838	28.7
浙　江	2593	3012	3954	5421	37.1
安　徽	2050	2247	2766	3524	27.4
福　建	2413	2713	3409	4447	30.4
江　西	1812	2045	2295	3004	30.9
山　东	2308	2557	3028	3976	31.3
河　南	1922	2137	2420	3021	24.8
湖　北	2096	2280	2770	3431	23.9
湖　南	2193	2497	2933	3667	25.0
广　东	3339	3972	5333	6895	29.3
广　西	2291	2636	3321	4355	31.1
海　南	1971	2377	2421	3525	45.6
四　川	2263	2438	2903	3592	23.7
贵　州	2081	2343	2735	3382	23.7
云　南	2441	2749	3191	4344	36.1
西　藏	3309	3330	3717	5115	37.6
陕　西	2106	2267	2603	3214	23.5
甘　肃	2482	2750	3140	4026	28.2
青　海	2661	2861	3923	4252	8.4
宁　夏	2481	2709	3083	3779	22.6
新　疆	2457	2714	3094	3817	23.4

分地区国有事业单位职工工资总额

单位:万元

地　区	1991年	1992年	1993年	1994年	1994年比1993年增长(%)
全国总计	5008902.3	6247880.5	7677546	11563562	50.6
北　京	275165.0	329188.0	397614	650591	63.6
天　津	104587.1	125791.9	147241	243712	65.5
河　北	194678.4	244794.5	306916	472819	54.0
山　西	118749.6	149200.2	176485	259090	46.8
内蒙古	122077.0	154613.3	182136	249647	37.1
辽　宁	278918.1	340195.4	395403	572184	44.7
吉　林	162228.0	189212.3	209931	330223	57.3
黑龙江	195655.8	231598.9	261101	391775	50.0
上　海	211103.7	266170.9	339948	445068	30.9
江　苏	270360.2	356810.5	460048	771572	67.7
浙　江	158307.2	206316.9	425122	457346	7.6
安　徽	145522.4	186871.5	207108	315218	52.2
福　建	132151.1	162070.8	183654	293003	59.5
江　西	122082.8	160121.5	196978	303435	54.0
山　东	258214.6	332883.6	410639	679711	65.5
河　南	230695.2	273924.5	317451	486044	53.1
湖　北	233918.4	292985.2	401436	605190	50.8
湖　南	206493.0	258857.6	338759	480565	41.9
广　东	342501.5	443966.1	577212	921467	59.6
广　西	160144.8	201629.8	283731	345800	21.9
海　南	36601.3	49258.3	50050	85888	71.6
四　川	328293.8	408438.7	458423	733314	60.0
贵　州	86862.7	105010.7	99586	178170	79.0
云　南	148502.7	180628.0	209480	328835	57.0
西　藏	18657.0	18656.2	25456	43334	70.2
陕　西	158706.8	186860.3	216699	312952	44.4
甘　肃	106302.8	128494.9	157153	231476	47.3
青　海	42100.1	50973.3	42545	86913	104.3
宁　夏	30935.1	37982.4	39766	65814	65.5
新　疆	128386.1	174374.3	159479	227603	42.7

分地区国有事业单位职工平均工资

单位:元

地　　区	1991年	1992年	1993年	1994年	1994年比1993年增长(%)
全国总计	2276	2744	3390	5013	47.9
北　京	2737	3187	4330	6640	53.3
天　津	2548	3122	3694	5784	56.6
河　北	2067	2509	2998	4572	52.5
山　西	1922	2340	2757	4069	47.6
内蒙古	1926	2372	3020	3937	30.4
辽　宁	2426	2886	3387	5041	48.8
吉　林	2076	2402	2838	4271	50.5
黑龙江	2055	2373	2889	4182	44.8
上　海	3120	3787	4806	6633	38.0
江　苏	2250	2864	3558	5889	37.4
浙　江	2398	2992	6001	6485	8.1
安　徽	1902	2427	2860	4164	45.6
福　建	2498	2818	3352	5158	53.9
江　西	1842	2330	2626	4089	55.7
山　东	2186	2674	3258	4965	52.4
河　南	2013	2381	2723	3945	44.9
湖　北	2043	2476	3121	4892	56.7
湖　南	2175	2645	3487	4791	37.4
广　东	3160	3826	4960	7536	51.9
广　西	2222	2627	3202	4295	34.1
海　南	2885	3632	4494	6497	44.6
四　川	2077	2480	2865	4563	59.3
贵　州	1876	2230	2463	3804	54.4
云　南	2187	2576	2933	4656	58.7
西　藏	3426	3735	4323	8040	86.0
陕　西	2237	2602	2992	4383	46.5
甘　肃	2415	2931	3307	4983	50.7
青　海	3029	3536	3575	5958	66.7
宁　夏	2237	2671	2904	4468	53.9
新　疆	2783	3352	3591	4895	36.3

分地区国有机关单位职工工资总额

单位:亿元

地　区	1991 年	1992 年	1993 年	1994 年	1994 年比 1993 年增长(%)
全国总计	2067600.8	2573820.4	3262252	5003366	53.4
北　京	62337.0	76215.0	122708	184629	50.5
天　津	28797.5	34671.0	48827	73442	50.4
河　北	105703.7	133890.5	159859	258837	62.0
山　西	64728.1	81398.5	95569	149436	56.4
内蒙古	51755.8	66433.8	85743	108019	26.0
辽　宁	98929.8	120148.6	137133	224758	64.0
吉　林	48696.5	58153.4	68631	110756	61.4
黑龙江	76850.6	88994.9	127826	176988	38.5
上　海	52747.9	59920.3	68104	110297	62.0
江　苏	86628.0	107865.7	145454	248034	70.5
浙　江	69611.9	86664.9	124112	202964	63.5
安　徽	55990.6	75523.3	108271	157034	45.0
福　建	59120.7	69149.9	84097	138385	64.5
江　西	53786.9	70340.5	81154	129862	60.0
山　东	118661.6	153323.0	203850	292727	43.6
河　南	108478.7	136662.9	172356	258158	49.8
湖　北	90958.9	114677.4	140642	249494	77.4
湖　南	94395.8	121447.8	163725	228854	39.8
广　东	179218.1	226309.3	314469	449218	42.8
广　西	67382.8	83345.8	100023	143523	43.5
海　南	19378.0	26878.6	30402	49515	62.9
四　川	155355.4	185388.6	222616	356428	60.1
贵　州	47351.7	59514.1	67379	107278	6.3
云　南	70411.8	88014.7	100886	163573	62.7
西　藏	14485.0	16650.0	18362	35744	95.0
陕　西	57446.1	68211.7	83796	125216	49.4
甘　肃	41018.7	54741.2	64746	98119	51.5
青　海	19366.2	24121.1	28093	38933	38.6
宁　夏	11913.5	15071.8	16709	25444	52.3
新　疆	56093.5	70092.1	76712	108033	40.8

分地区国有机关单位职工平均工资

单位:元

地　　区	1991年	1992年	1993年	1994年	1994年比1993年增长(%)
全国总计	2271	2783	3383	4962	46.7
北　　京	2505	2998	4008	6260	56.2
天　　津	2471	2950	4046	6196	53.1
河　　北	2076	2529	2948	4456	51.2
山　　西	1898	2342	2734	4056	48.4
内 蒙 古	1946	2504	2982	3974	33.3
辽　　宁	2581	3111	3534	5105	44.5
吉　　林	2187	2605	3045	4465	46.6
黑 龙 江	2163	2508	3150	4363	38.5
上　　海	3154	3891	5032	6638	31.9
江　　苏	2278	3008	3842	6163	60.4
浙　　江	2451	3101	4251	6666	56.8
安　　徽	1907	2487	2864	4143	44.7
福　　建	2456	2809	3403	5238	53.9
江　　西	1865	2366	2734	4129	51.0
山　　东	2153	2684	3289	4917	49.5
河　　南	1934	2405	2768	4073	47.1
湖　　北	1972	2440	3112	4819	54.9
湖　　南	2249	2800	3639	4841	33.0
广　　东	3247	3997	5252	7520	43.2
广　　西	2376	2809	3442	4625	34.4
海　　南	2953	3859	4845	6078	25.4
四　　川	2161	2605	3059	4639	51.7
贵　　州	1911	2329	2566	3981	55.1
云　　南	2116	2599	2951	4536	53.7
西　　藏	3433	3344	4166	7960	91.1
陕　　西	2088	2429	2855	3931	37.7
甘　　肃	2394	2897	3404	4778	40.4
青　　海	2689	3232	3606	5195	44.1
宁　　夏	2290	2800	3014	4526	50.2
新　　疆	2770	3455	3847	4983	29.5

分行业城镇集体经济单位职工工资总额

单位：亿元

年 份	合 计	农、林、牧、渔业	采掘业	制造业	电力、煤气及水的生产和供应业	建筑业	地质勘查业、水利管理业	交通运输、仓储及邮电通讯业
1978	100.2	1.7	2.7	55.5	0.2	10.1	0.03	12.9
1979	117.2	2.2	3.2	64.2	0.2	12.9	0.04	13.8
1980	144.5	2.2	4.0	80.4	0.2	16.1	0.07	14.7
1981	159.6	2.6	4.4	88.3	0.3	18.2	0.07	15.1
1982	173.1	2.9	4.6	93.4	0.3	21.6	0.08	16.8
1983	186.5	3.3	4.9	99.4	0.3	24.9	0.08	17.0
1984	254.0	3.4	6.0	122.0	0.4	30.2	0.09	20.0
1985	312.3	3.7	7.5	151.9	0.5	37.6	0.09	23.7
1986	362.8	4.2	8.6	176.8	0.7	43.6	0.09	27.2
1987	409.1	4.6	9.6	200.8	1.0	50.5	0.04	29.8
1988	487.6	5.0	11.6	240.7	1.1	59.6	0.03	33.6
1989	534.4	5.3	12.9	266.5	1.3	62.4	0.04	36.9
1990	581.0	5.2	16.5	286.2	1.6	66.6	0.40	38.6
1991	658.6	5.6	19.8	319.6	2.2	81.0	0.60	43.1
1992	743.2	5.8	21.2	356.0	2.6	101.2	0.70	47.4
1993	849.9	5.7	20.0	380.7	2.8	147.9	0.57	40.4
1994	1023.3	5.9	21.9	456.6	4.9	165.0	0.73	45.5

年 份	批发和零售贸易、餐饮业	金融、保险业	房地产业	社会服务业	卫生、体育和社会福利事业	教育、文化艺术和广播电视事业	科学研究和综合技术服务事业	国家机关、政党机关和社会团体	其 他
1978	7.8	1.0	0.1	2.7	3.0	1.9	0.03	0.5	
1979	9.3	1.2	0.2	3.6	3.5	2.1	0.03	0.7	
1980	12.7	1.6	0.3	4.8	4.2	2.6	0.04	0.7	
1981	15.2	1.7	0.3	5.6	4.4	2.6	0.06	0.8	
1982	16.9	1.8	0.3	6.3	5.0	2.3	0.06	0.8	
1983	18.4	2.0	0.4	7.2	5.3	2.3	0.06	1.0	
1984	50.0	2.4	0.4	8.2	5.9	2.6	0.09	2.3	
1985	63.3	3.1	0.4	8.0	6.8	2.9	0.10	2.7	
1986	72.3	4.1	0.5	9.4	8.5	3.3	0.20	3.3	
1987	80.5	4.8	0.6	10.7	8.8	3.5	0.30	3.6	
1988	97.5	6.3	0.6	12.4	10.7	3.9	0.30	4.2	
1989	105.3	7.5	0.7	14.3	11.8	4.3	0.40	4.8	
1990	116.8	9.0	0.8	15.4	13.3	4.8	0.60	5.2	
1991	130.8	10.3	1.1	18.1	14.7	5.0	0.80	6.1	
1992	144.5	13.4	1.1	20.2	15.4	5.7	1.20	6.8	
1993	159.2	16.5	1.7	26.4	17.3	6.1	2.90	4.4	4.9
1994	199.7	34.1	3.3	37.4	24.9	7.3	3.39	4.0	8.7

分地区城镇集体经济单位职工工资总额

单位:亿元

地 区	1978年	1992年	1993年	1994年	1994年比1993年增长(%)
全国总计	100.2	743.2	849.9	1023.3	20.4
北 京	2.4	23.9	27.5	36.2	31.6
天 津	2.5	16.5	18.9	21.7	14.8
河 北	3.7	27.6	32.4	38.8	19.8
山 西	2.1	17.8	20.5	23.5	14.6
内蒙古	1.5	16.0	18.6	20.1	8.1
辽 宁	8.0	70.1	76.8	90.3	17.6
吉 林	4.1	26.5	28.1	31.5	12.1
黑龙江	6.7	38.2	38.4	38.7	0.8
上 海	4.3	32.9	36.6	44.7	22.1
江 苏	9.2	71.6	85.9	103.3	20.3
浙 江	5.8	43.4	58.8	77.0	31.0
安 徽	3.7	24.1	24.8	30.6	23.4
福 建	2.8	16.6	19.0	23.6	24.2
江 西	2.2	13.1	14.1	17.6	24.8
山 东	5.5	44.2	49.4	59.4	20.2
河 南	3.6	26.5	28.9	35.7	23.5
湖 北	4.3	31.0	34.9	41.1	17.8
湖 南	3.9	25.0	29.5	34.8	18.0
广 东	8.3	72.0	83.7	107.0	27.8
广 西	1.8	11.1	13.4	17.0	26.9
海 南		2.0	2.0	3.3	65.0
四 川	6.5	42.2	48.5	57.7	19.0
贵 州	1.5	6.7	6.7	8.8	31.3
云 南	1.3	10.0	12.5	15.6	24.8
西 藏	0.1	0.3	0.3	0.2	—33.3
陕 西	1.9	10.8	12.5	13.4	7.2
甘 肃	0.8	9.6	10.7	14.7	37.4
青 海	0.3	2.1	2.1	2.2	4.8
宁 夏	0.3	2.4	2.7	3.2	18.5
新 疆	1.1	9.0	11.6	11.4	—1.7

分行业城镇集体经济单位职工平均工资

单位:元

年 份	合 计	农、林、牧、渔业	采掘业	制造业	电力、煤气及水的生产和供应业	建筑业	地质勘查业、水利管理业	交通运输、仓储及邮电通讯业
1978	506	304	443	503	333	594	600	632
1979	542	423	478	535	364	652	571	652
1980	623	458	548	619	333	716	700	676
1981	642	500	568	641	500	737	700	694
1982	671	527	575	654	500	794	800	757
1983	698	532	594	679	500	847	800	762
1984	811	618	702	805	615	959	900	878
1985	967	725	852	963	667	1101	900	1009
1986	1092	875	945	1075	875	1232	1286	1139
1987	1207	979	1016	1180	1250	1380	1333	1236
1988	1426	1111	1208	1388	1294	1597	1500	1409
1989	1557	1178	1433	1523	1625	1763	1000	1575
1990	1681	1238	1844	1622	2133	1935	1212	1661
1991	1866	1366	1960	1798	2588	2216	1765	1854
1992	2109	1487	2000	2017	2737	2554	2188	2070
1993	2592	1887	2327	2469	3539	3182	2843	2711
1994	3245	2510	2793	3076	5734	3936	3692	3110

年 份	批发和零售贸易、餐饮业	金融、保险业	房地产业	社会服务业	卫生、体育和社会福利事业	教育、文化艺术和广播电视事业	科学研究和综合技术服务事业	国家机关、政党机关和社会团体	其 他
1978	453	526	467	451	484	317	500	455	
1979	499	571	475	531	522	339	500	467	
1980	584	640	638	584	618	433	571	538	
1981	598	654	590	603	647	433	667	615	
1982	597	667	660	621	735	523	600	615	
1983	607	690	760	675	768	535	750	714	
1984	1017	800	860	736	831	634	900	885	
1985	912	945	1050	806	975	779	1052	1046	
1986	1008	1150	1238	1057	1212	945	1286	1227	
1987	1118	1235	1130	1167	1296	1033	1319	1368	
1988	1335	1450	1602	1333	1570	1202	1636	1648	
1989	1417	1597	1967	1521	1774	1352	1710	1860	
1990	1548	1806	1969	1638	1956	1533	1997	2042	
1991	1691	1965	2432	1905	2135	1689	2120	2206	
1992	1827	2428	2763	2082	2416	1987	2392	2565	
1993	2213	3182	4006	2727	2935	2539	3474	3071	2547
1994	2823	5625	5290	3754	4238	3548	4719	4411	4067

分地区城镇集体经济单位职工平均工资

单位:元

地区	1991年	1992年	1993年	1994年	1994年比1993年增长(%)
全国总计	1866	2109	2592	3246	25.2
北京	2504	2828	3561	5009	40.7
天津	2114	2285	2728	3370	23.5
河北	1629	1806	2157	2762	28.0
山西	1707	1806	2151	2559	19.0
内蒙古	1573	1823	2107	2667	26.6
辽宁	1904	2134	2437	2940	20.6
吉林	1596	1759	1952	2568	31.6
黑龙江	1580	1720	1946	2147	10.3
上海	2817	3363	4253	5389	26.7
江苏	1932	2292	2937	3728	26.9
浙江	2152	2507	3439	4671	35.8
安徽	1429	1591	1932	2488	28.8
福建	1936	2192	2735	3644	33.2
江西	1446	1606	1799	2268	26.1
山东	1826	2002	2352	2999	27.5
河南	1433	1583	1821	2295	26.0
湖北	1662	1837	2183	2845	30.3
湖南	1753	1966	2379	2910	22.3
广东	2931	3510	4389	5565	26.9
广西	1863	2134	2838	3507	23.6
海南	1793	2282	2932	4086	39.4
四川	1693	1855	2242	2729	21.7
贵州	1489	1717	2104	2618	24.4
云南	1919	2184	2720	3518	
西藏	2507	2689			
陕西	1554	1634	1918	2229	16.2
甘肃	1918	2127	2457	3506	42.7
青海	1827	2036	2285	2512	9.9
宁夏	1816	2054	2424	3062	26.3
新疆	2060	2317	2889	3585	24.1

分行业其他各种经济单位职工工资总额

单位:亿元

年份	合计	农、林、牧、渔业	采掘业	制造业	电力、煤气及水的生产和供应业	建筑业	地质勘查业、水利管理业	交通运输、仓储及邮电通讯业
1984	3.61			3.19		0.10		0.09
1985	5.91		0.05	4.59	0.03	0.12		0.17
1986	8.42		0.80	5.60	0.20	0.20		0.23
1987	12.59	0.08	1.20	8.38	0.20	0.20		0.24
1988	21.48	0.14	0.21	16.63	0.10	0.40		0.32
1989	33.87	0.19	0.24	26.63	0.21	0.50		0.50
1990	45.99	0.34	0.18	37.20	0.30	0.55	0.02	0.66
1991	70.43	0.47	0.32	57.12	0.38	0.97	0.03	1.10
1992	105.57	0.59	0.34	86.30	0.60	1.67	0.04	1.31
1993	253.60	0.80	0.60	200.06	2.14	4.83	0.02	4.70
1994	455.65	1.38	1.33	353.62	4.55	9.39	0.03	7.54

年份	批发和零售贸易、餐饮业	金融、保险业	房地产业	社会服务业	卫生、体育和社会福利事业	教育、文化艺术和广播电视事业	科学研究和综合技术服务事业	国家机关、政党机关和社会团体	其他
1984	0.23			0.05					
1985	0.43			0.40		0.01			
1986	0.45		0.03	0.95		0.01			
1987	0.66		0.04	1.52	0.01	0.01	0.01		
1988	1.03	0.02	0.10	2.60	0.01	0.02	0.01		
1989	1.34	0.05	0.02	3.50	0.06	0.06	0.05		
1990	1.79	0.03	0.19	4.68	0.02	0.10	0.06		
1991	2.42	0.03	0.32	6.78	0.06	0.17	0.17		
1992	4.04	0.03	0.62	9.07	0.06	0.34	0.37		
1993	18.03	1.00	2.83	15.83	0.05	0.30	1.49	0.06	0.49
1994	38.37	2.16	6.59	28.13	0.26	0.58	0.98		0.74

分地区其他各种经济单位职工工资总额

单位:亿元

地区	1991年	1992年	1993年	1994年	1994年比1993年增长(%)
全国总计	70.4	105.6	253.6	455.6	79.7
北京	4.6	6.0	13.2	27.0	104.5
天津	2.0	3.1	8.5	16.3	91.8
河北	1.2	1.5	4.5	11.7	160.0
山西	0.1	0.7	1.5	2.6	73.3
内蒙古	0.1	0.2	1.0	3.0	200.0
辽宁	5.8	7.8	13.6	29.9	119.9
吉林	0.3	1.0	3.3	6.3	90.9
黑龙江	0.8	1.1	3.9	8.3	112.8
上海	5.2	8.4	36.6	53.4	45.9
江苏	6.1	9.0	20.5	34.6	68.8
浙江	2.2	3.8	11.1	22.2	100.0
安徽	0.3	0.5	1.1	8.0	627.3
福建	7.6	12.7	21.7	37.5	72.8
江西	0.2	0.4	1.4	2.3	64.3
山东	1.6	2.4	8.1	22.9	182.7
河南	0.3	0.6	3.0	9.7	223.3
湖北	0.7	1.1	5.8	11.7	101.7
湖南	0.2	0.3	3.7	4.9	32.4
广东	28.2	40.3	70.6	103.9	47.2
广西	0.6	0.8	3.6	5.8	61.1
海南	0.7	1.3	2.9	3.8	31.0
四川	0.5	0.9	9.1	21.4	135.2
贵州	0.2	0.4	0.6	0.7	16.7
云南	0.2	0.2	0.4	2.0	400.0
西藏				0.1	
陕西	0.4	0.5	2.2	2.8	27.3
甘肃	0.1	0.2	0.7	0.8	14.3
青海				0.1	
宁夏		0.1	0.2	0.7	250.0
新疆	0.2	0.3	0.7	1.3	85.7

分行业其他各种经济单位职工平均工资

单位:元

年份	合计	农、林、牧、渔业	采掘业	制造业	电力、煤气及水的生产和供应业	建筑业	地质勘查业、水利管理业	交通运输、仓储及邮电通讯业
1984	1048	543		1007		1513		1696
1985	1436	1519	1270	1328	1270	1000		2429
1986	1629	1806		1528		6622		2543
1987	1879	2106		1789		2503		2760
1988	2382	2560	2239	2462	2104	4000		3368
1989	2707	2938	2427	2889	3232	5000		3846
1990	2987	3778	2270	3055	3088	3571	5714	3667
1991	3468	3760	3855	3626	3333	4641	4615	5500
1992	3966	4069	3579	4154	4238	5061	5263	5955
1993	4966	3905	3423	4874	6309	4464	7441	6450
1994	6303	5394	4233	6096	8005	5766	4362	8713

年份	批发和零售贸易、餐饮业	金融、保险业	房地产业	社会服务业	卫生、体育和社会福利事业	教育、文化艺术和广播电视事业	科学研究和综合技术服务事业	国家机关、政党机关和社会团体	其他
1984	1428	2500		1741					
1985	1955	2107		1904		3184	1728		
1986	1971	2457		2126	1583	2245	2533		
1987	2142	2745		2310	2793	2451	1967		
1988	2512	3902	1296	2856	2903	2498	2544		
1989	2882	4376	1776	3202	2945	3604	3241		
1990	3284	5565	2517	3463	5430	4022	3425		
1991	3585	6041	4923	4004	4817	4560	3906		
1992	4368	9761	5561	4545	5461	5107	5033		
1993	4975	6073	4940	5934	3665	5289	5645	2182	4953
1994	6460	10400	9610	8013	7051	8360	7882	2500	9691

分地区其他各种经济单位职工平均工资

单位:元

地区	1991 年	1992 年	1993 年	1994 年	1994 年比 1993 年增长(%)
全国总计	3468	3966	4966	6302	26.9
北京	3713	4289	5505	8179	48.6
天津	3455	3553	6810	7100	4.3
河北	2210	2537	3460	4896	41.5
山西	2160	3246	3608	4440	23.1
内蒙古	1984	2292	2940	3299	12.2
辽宁	2741	3265	3915	5717	46.0
吉林	2054	2664	3297	4311	30.8
黑龙江	2218	2519	3558	4552	27.9
上海	4363	5486	7043	9617	36.5
江苏	2773	3370	4434	5827	31.4
浙江	2831	3368	4544	6334	39.4
安徽	2086	2418	2731	6402	134.4
福建	3217	3641	4419	5763	30.4
江西	2329	2414	3085	4214	36.6
山东	2394	2614	3482	4580	31.5
河南	2477	2544	3097	4038	30.4
湖北	2363	2575	3248	4352	34.0
湖南	2361	2852	4970	5762	15.9
广东	4558	5157	6435	8216	27.7
广西	2274	2393	4241	5310	25.2
海南	3530	4093	6291	7460	18.6
四川	2178	2665	3861	5187	34.3
贵州	2527	3286	3398	4475	31.7
云南	2393	2993		5201	
西藏	3568	3656	5566		
陕西	2842	3277	3460	5318	53.7
甘肃	2155	2205	3415	4409	29.1
青海	1804	2891	3006	5643	87.7
宁夏	1922	2008	2726	4464	63.8
新疆	2683	3286	3689	4946	34.1

五、保险福利

历年全国离休、退休、退职人员年末人数

年　份	合　计	国有经济单位	城镇集体经济单位	其他各种经济单位	离退休、退职人数与职工人数的比例(以离退休、退职人数为1)
一、绝对数(万人)					
1978	314.0	248.0	30.0		1∶30.3
1979	596.0	437.0	123.0		1∶16.7
1980	816.0	638.0	178.0		1∶12.8
1981	950.0	740.0	210.0		1∶11.5
1982	1113.0	885.0	248.0		1∶10.1
1983	1292.0	1015.0	277.0		1∶8.9
1984	1478.0	1062.0	412.0	4.0	1∶8.0
1985	1637.0	1165.0	467.0	5.0	1∶7.5
1986	1805.0	1303.0	496.0	6.0	1∶7.1
1987	1968.0	1424.0	538.0	6.0	1∶6.7
1988	2120.0	1544.0	568.0	8.0	1∶6.4
1989	2201.0	1629.0	562.0	10.0	1∶6.2
1990	2301.0	1724.0	566.0	11.0	1∶6.1
1991	2433.0	1833.0	588.0	12.0	1∶6.0
1992	2598.0	1972.0	609.0	17.0	1∶5.7
1993	2780.0	2143.0	596.0	41.0	1∶5.4
1994	2929.0	2249.0	620.0	60.0	1∶5.1
二、比上年增长(%)					
1979	89.8	76.2	310.0		
1980	36.9	46.0	44.7		
1981	18.4	16.0	18.0		
1982	17.2	16.9	18.1		
1983	16.1	17.3	11.7		
1984	14.4	4.6	48.7		
1985	10.8	9.7	13.3	25.0	
1986	10.3	11.8	6.2	20.0	
1987	9.0	9.3	8.5		
1988	7.7	8.4	5.6	33.3	
1989	3.8	5.5	−1.1	25.0	
1990	4.5	5.8	0.7	10.0	
1991	5.7	6.3	3.9	9.1	
1992	6.8	7.6	3.6	41.7	
1993	7.0	8.7	−2.1	141.2	
1994	5.4	4.9	4.0	46.3	

注:本表包括民政部门和总后勤部支付离休、退休、退职费的人数。

截至1994年年末分地区离休、退休、退职人员人数

单位:人

地区	合计	离休人员	退休人员	领取定期生活费的退职人员
全国总计	29288663	2008276	26316748	963639
北京	1142432	90084	1028196	24152
天津	730905	31375	679857	19673
河北	1176743	144429	1011588	20726
山西	748576	83709	647646	17221
内蒙古	534588	48091	478152	8345
辽宁	2407014	180481	2122750	103783
吉林	881156	82616	775678	22862
黑龙江	1444350	123466	1279661	41223
上海	1792904	44924	1725001	22979
江苏	1924669	114309	1653992	156368
浙江	1001141	47785	920579	32777
安徽	882464	73216	769000	40248
福建	592144	29783	544519	17842
江西	702664	31244	655120	16300
山东	1423574	180309	1167209	76056
河南	1231946	127642	1082096	22208
湖北	1343465	73527	1220875	49063
湖南	1302572	45995	1225171	31406
广东	1517866	76466	1417057	24343
广西	623610	29713	573857	20040
海南	244365	9264	216012	19089
四川	2389961	70926	2266513	52522
贵州	411506	25208	378802	7496
云南	685575	45562	624048	15965
西藏	26321	1058	25147	116
陕西	726249	63325	626501	38423
甘肃	422239	32220	367100	22919
青海	155282	12220	136273	6789
宁夏	128775	9893	113341	5541
新疆	693607	79436	585007	29164

注:本表包括民政部门和总后勤部支付离休、退休、退职费的人数。

历年全国保险福利费用总额

年份	合计	国有经济单位	单位支付	民政部门支付	城镇集体经济单位	其他各种经济单位	保险福利费用总额相当于工资总额的(%)
一、绝对数(亿元)							
1978	78.1	69.1	66.9	2.2	9.0		13.7
1979	107.3	94.9	92.1	2.8	12.4		16.6
1980	136.4	119.3	116.0	3.3	17.1		17.7
1981	154.9	135.7	132.4	3.3	19.2		18.9
1982	180.5	157.0	153.8	3.2	23.5		20.5
1983	212.5	182.7	179.5	3.2	29.8		22.7
1984	257.7	213.4	210.4	3.0	43.4	0.9	22.7
1985	327.4	270.5	266.8	3.7	55.7	1.2	23.7
1986	413.5	338.8	335.5	3.3	72.6	2.1	24.9
1987	501.7	410.7	406.7	4.0	88.0	3.0	26.7
1988	655.5	540.0	533.4	6.6	110.8	4.7	28.3
1989	768.0	635.6	628.1	7.5	126.4	6.0	29.3
1990	937.9	777.3	770.1	7.2	152.8	7.8	31.8
1991	1094.7	912.5	904.9	7.6	171.8	10.4	32.9
1992	1309.5	1095.8	1086.6	9.2	198.8	14.9	33.2
1993	1670.2	1386.5	1374.5	12.0	238.6	45.1	35.0
1994	1958.1	1646.2	1628.7	17.5	248.1	63.8	29.4
二、比上年增长(%)							
1979	37.4	37.3	37.7	27.3	37.8		
1980	27.1	25.7	26.3	17.9	37.9		
1981	13.6	13.7	13.8		12.3		
1982	16.5	15.7	16.2	—3.0	22.4		
1983	17.7	16.4	16.7		26.8		
1984	21.3	16.8	17.2	—6.3	45.6		
1985	27.0	26.8	26.8	23.3	28.3	33.3	
1986	26.3	25.2	25.7	—10.8	30.3	75.0	
1987	21.3	21.2	21.2	21.2	21.2	42.9	
1988	30.7	31.5	31.2	65.0	25.9	56.7	
1989	17.2	17.7	17.8	13.6	14.1	27.7	
1990	22.1	22.3	22.6	—4.0	20.9	30.0	
1991	16.7	17.4	17.5	5.6	12.4	42.5	
1992	19.6	20.1	20.1	21.1	15.7	43.3	
1993	27.5	26.5	26.5	30.4	20.0	202.7	
1994	17.2	18.9	18.5	45.8	4.0	41.5	

历年全国离休、退休、退职费

年份	离休、退休、退职费用总额(亿元)						平均每人离休、退休、退职费(元)	
	合计	国有经济单位	单位支付	民政部门支付	城镇集体经济单位	其他各种经济单位	合计	#国有经济单位
一、绝对数								
1978	17.3	16.3	14.1	2.2	1.0		551.0	574.0
1979	32.5	28.9	26.1	2.8	3.6		714.0	764.0
1980	50.4	43.4	40.1	3.3	7.0		714.0	781.0
1981	62.3	53.3	50.0	3.3	9.0		706.0	774.0
1982	73.1	62.1	58.9	3.2	11.0		709.0	774.0
1983	87.3	74.0	70.8	3.2	13.3		726.0	787.0
1984	106.1	84.6	81.6	3.0	21.2	0.3	766.0	815.0
1985	145.6	116.1	112.4	3.7	29.1	0.4	935.0	1043.0
1986	169.1	137.5	134.2	3.3	31.0	0.6	983.0	1114.0
1987	204.3	168.2	164.2	4.0	36.3	0.8	1083.0	1233.0
1988	270.2	215.6	209.0	6.6	53.1	1.5	1322.0	1453.0
1989	313.2	252.7	245.2	7.5	59.1	1.4	1450.0	1593.0
1990	388.6	313.3	306.1	7.2	73.6	1.7	1726.0	1868.0
1991	458.5	372.9	365.3	7.6	83.3	2.3	1936.0	2096.0
1992	568.6	465.7	456.5	9.2	99.5	3.4	2260.0	2448.0
1993	747.3	612.9	600.9	12.0	122.4	12.0	2779.0	2979.0
1994	1026.9	861.5	844.0	17.5	144.3	21.1	3597.0	3923.0
二、比上年增长(%)								
1979	87.9	77.3	85.1	27.3	260.0		29.6	33.1
1980	55.1	50.2	53.6	17.9	94.4			2.2
1981	23.6	22.8	24.7		28.6		−1.1	−0.9
1982	17.3	16.5	17.8	−3.0	22.2		−0.4	
1983	19.4	19.2	20.2		20.9		2.4	1.7
1984	21.5	14.3	15.3	−6.3	59.4		2.5	3.6
1985	37.2	37.2	37.7	23.3	37.3	33.3	22.1	28.0
1986	16.1	18.4	19.4	−10.8	6.5	50.0	5.1	6.8
1987	20.8	22.3	22.4	21.2	17.1	33.3	10.2	10.7
1988	32.3	28.2	27.3	65.0	46.3	87.5	22.1	17.8
1989	16.0	17.3	17.3	13.6	11.3	−6.7	9.7	9.6
1990	22.4	23.9	24.8	−4.0	24.5	21.4	19.0	17.3
1991	18.0	19.0	19.3	5.6	13.2	35.3	12.2	12.8
1992	24.0	24.9	25.0	21.1	19.4	47.8	16.7	16.8
1993	31.4	31.6	31.6	30.4	23.0	252.9	23.0	21.7
1994	37.4	40.6	40.4	45.8	17.9	75.8	29.4	31.7

注:1.本表数字不包括离休、退休、退职职工的丧葬抚恤救济费和医疗卫生费。
2.本表1985～1988年的数字不包括根据1985年有关规定发给离休、退休、退职职工的肉类等价格补贴。

分地区保险福利费用总额

单位:亿元

地区	1985年	1992年	1993年	1994年	1994年比1993年增长(%)
全国总计	323.9	1300.3	1658.2	1940.6	17.0
北京	13.5	61.1	76.3	88.3	15.7
天津	9.2	34.3	43.7	48.3	10.5
河北	12.3	58.1	71.1	90.3	27.0
山西	7.9	32.7	37.9	45.2	19.3
内蒙古	6.3	22.5	29.0	38.1	31.4
辽宁	26.9	104.6	126.8	127.0	0.2
吉林	9.8	35.2	42.5	46.6	9.6
黑龙江	18.5	60.3	72.7	35.9	18.2
上海	23.9	99.6	141.4	161.5	14.2
江苏	20.2	85.5	112.0	136.6	22.0
浙江	12.1	48.5	66.5	80.5	21.1
安徽	8.1	35.8	43.6	52.9	21.3
福建	5.6	22.8	29.5	35.2	19.3
江西	7.3	26.0	29.6	34.6	16.9
山东	16.7	70.7	90.8	103.3	13.8
河南	10.9	52.0	61.5	72.3	17.6
湖北	15.1	51.4	66.0	70.4	6.7
湖南	13.1	51.0	65.1	74.4	14.3
广东	21.2	90.6	124.5	153.8	23.5
广西	6.2	26.7	38.0	41.6	9.5
海南		8.5	10.8	12.5	15.7
四川	23.2	82.8	101.5	128.4	26.5
贵州	4.4	15.8	22.0	23.7	7.7
云南	7.0	30.5	40.9	53.7	31.3
西藏	0.7	1.8	2.8	2.7	—3.6
陕西	8.0	30.0	37.4	38.8	3.7
甘肃	4.8	20.3	25.1	29.9	19.1
青海	2.6	7.8	9.6	11.3	17.7
宁夏	1.4	6.0	7.5	8.3	10.7
新疆	7.0	27.4	32.1	44.5	38.6

注:本表不包括民政部门支付的离休、退休、退职费(以下各表同)。

全部职工保险福利费用构成情况(一)

(1994 年)

单位:万元

项目	合计	集体保险福利费		
		小计	集体福利设施及集体福利事业补贴费	文体宣传费
总计	7216860.3	5740957.7	1416114.7	253482.8
一、国有经济单位合计	6066623.5	4845320.9	1201979.3	214428.3
(一)按隶属关系分组				
1.中央	1678433.6	1409319.8	394855.2	65993.8
2.省、自治区、直辖市	1431173.1	1165244.1	259304.7	45567.1
3.地区	1682645.4	1361598.3	339252.6	55753.5
4.县及县以下	1236002.1	883065.4	201230.8	45488.1
5.其他	38369.3	26093.3	7336.0	1625.8
(二)按企业、事业、机关分组				
1.企业	4196223.2	3404608.6	852630.1	136235.4
地方	2800819.2	2234256.7	518001.6	83676.4
2.事业	1239892.8	952898.2	241026.0	51223.9
地方	997316.4	747924.5	189257.7	39473.5
3.机关	630507.5	487814.1	108323.2	26969.0
地方	583515.9	449798.3	99221.4	24906.7
(三)按国民经济行业分组				
1.农、林、牧、渔业	224574.2	156159.2	38871.0	8197.5
2.采掘业	427434.1	343624.6	97853.1	12413.5
3.制造业	1798804.5	1483690.2	379580.3	54380.4
4.电力、煤气及水的生产和供应业	199321.5	166083.1	44915.8	6992.8
5.建筑业	310967.3	251166.8	69103.8	10371.3
6.地质勘查业、水利管理业	89187.4	72088.1	19448.3	3365.0
7.交通运输、仓储及邮电通讯业	464820.2	375725.9	106337.8	17713.6
8.批发和零售贸易、餐饮业	526863.0	414936.3	77489.4	14959.1
9.金融、保险业	189200.8	152828.6	36413.8	11344.4
10.房地产业	54871.0	43103.7	10446.1	2600.4
11.社会服务业	157247.9	128152.5	30244.9	5643.2
12.卫生、体育和社会福利业	277387.3	220696.7	48587.4	11834.8
13.教育、文化艺术和广播电影电视业	507227.3	375929.7	88677.5	20403.3
14.科学研究和综合技术服务业	153645.8	129777.4	32819.7	5386.0
15.国家机关、政党机关和社会团体	629419.1	487850.7	108034.6	26860.5
16.其他行业	55652.1	43507.4	13155.8	1982.5
二、城镇集体经济单位合计	785608.5	589754.0	125477.2	26317.2
企业	696107.1	526168.3	110161.1	23348.9
三、其他各种经济单位合计	364628.3	305882.8	88658.2	12737.3
1.联营单位	35933.5	30437.1	9901.6	1320.2
2.股份制单位	165675.2	139233.7	37141.8	6282.2
3.外商投资单位	91164.2	76386.7	21231.4	2882.7
4.港澳台投资单位	70521.6	58697.9	19951.2	2223.5

全部职工保险福利费用构成情况(二)

(1994年)

单位:万元

项　目	医疗卫生费	其他	个人保险福利费 小计	个人保险福利费 丧葬抚恤救济费
总　计	3655607.9	415752.3	1475902.6	142875.1
一、国有经济单位合计	3092117.6	336795.7	1221302.6	120985.6
(一)按隶属关系分组				
1.中央	849635.4	98835.4	269113.8	33386.3
2.省、自治区、直辖市	782153.2	78219.1	265929.0	22228.7
3.地区	874907.7	91684.5	321047.1	27734.8
4.县及县以下	569790.1	66556.4	352936.7	35581.0
5.其他	15631.2	1500.3	12276.0	2054.8
(二)按企业、事业、机关分组				
1.企业	2169498.8	246244.3	791614.6	77386.3
地方	1470538.2	162040.5	566562.5	48991.8
2.事业	596671.5	63976.8	286994.6	28193.6
地方	467607.9	51585.4	249391.9	23861.9
3.机关	325947.3	26574.6	142693.4	15405.7
地方	301411.7	24258.5	133717.6	14593.8
(三)按国民经济行业分组				
1.农、林、牧、渔业	100162.4	8928.3	68415.0	5981.9
2.采掘业	208333.8	25024.2	83809.5	17985.0
3.制造业	951343.4	98406.1	315114.3	27142.5
4.电力、煤气及水的生产和供应业	102745.7	11428.8	33238.4	2377.9
5.建筑业	150766.4	20925.3	59800.5	7647.1
6.地质勘查业、水利管理业	44817.1	4457.7	17099.3	2296.5
7.交通运输、仓储及邮电通讯业	215489.5	36185.0	89094.3	8761.7
8.批发和零售贸易、餐饮业	290497.6	31990.2	111926.7	7581.7
9.金融、保险业	95522.6	9547.8	36372.2	2480.9
10.房地产业	26199.7	3857.5	11767.3	626.5
11.社会服务业	82866.3	9398.1	29095.4	1895.3
12.卫生、体育和社会福利业	146563.4	13711.1	56690.6	4239.3
13.教育、文化艺术和广播电影电视业	243697.0	23151.9	131297.6	13373.7
14.科学研究和综合技术服务业	82579.3	8992.4	23868.4	2618.5
15.国家机关、政党机关和社会团体	326861.2	26094.4	141568.4	15082.2
16.其他行业	23672.2	4696.9	12144.7	894.9
二、城镇集体经济单位合计	388860.6	49099.0	195854.5	15134.1
企业	349504.1	43154.2	169938.8	13251.3
三、其他各种经济单位合计	174629.7	29857.6	58745.5	6755.4
1.联营单位	15978.7	3236.6	5496.4	387.7
2.股份制单位	86343.3	9466.4	26441.5	4816.2
3.外商投资单位	41690.7	10581.9	14777.5	740.0
4.港澳台投资单位	30041.1	6482.1	11823.7	798.7

全部职工保险福利费用构成情况(三)

(1994 年)

单位:万元

	生活困难补助	计划生育补贴	冬季取暖补贴	其他
总计	140866.0	208052.4	324287.5	659821.6
一、国有经济单位合计	116758.1	167568.5	270828.4	545162.0
(一)按隶属关系分组				
1.中央	29486.1	37796.3	57039.1	111406.0
2.省、自治区、直辖市	25843.5	37472.8	49818.9	130565.1
3.地区	28032.6	49677.3	73398.7	142203.7
4.县及县以下	32411.9	40695.4	86248.8	157999.6
5.其他	984.0	1926.7	4322.9	2987.6
(二)按企业、事业、机关分组				
1.企业	78950.6	113440.7	174857.9	346979.1
地方	54172.9	82020.4	126871.4	254506.0
2.事业	24855.5	35607.7	63108.9	135228.9
地方	20994.7	30010.2	55064.2	119460.9
3.机关	12952.0	18520.1	32861.6	62954.0
地方	11902.6	17584.0	30815.3	58821.9
(三)按国民经济行业分组				
1.农、林、牧、渔业	6540.9	9283.6	19864.9	26743.7
2.采掘业	9712.7	7514.2	19266.4	29331.2
3.制造业	31092.6	49987.4	66427.6	140464.2
4.电力、煤气及水的生产和供应业	2730.1	4067.1	6702.5	17360.8
5.建筑业	6800.8	7043.6	12545.3	25763.7
6.地质勘查业、水利管理业	1504.1	2454.4	3919.0	6925.3
7.交通运输、仓储及邮电通讯业	9617.6	12461.1	20241.8	38012.1
8.批发和零售贸易、餐饮业	10517.8	17067.3	25622.7	51137.2
9.金融、保险业	3261.0	5433.7	7346.7	17849.9
10.房地产业	879.5	1627.0	2274.4	6359.9
11.社会服务业	2330.1	4394.2	6204.5	14271.3
12.卫生、体育和社会福利业	4028.5	7515.9	12295.1	28611.8
13.教育、文化艺术和广播电影电视业	12104.9	14439.3	29089.1	62290.6
14.科学研究和综合技术服务业	2145.4	3435.5	4258.4	11410.6
15.国家机关、政党机关和社会团体	12587.6	19486.5	32512.5	61899.6
16.其他行业	904.5	1357.7	2257.5	6730.1
二、城镇集体经济单位合计	18970.6	31803.0	46497.9	83448.9
企业	16921.5	28354.0	39355.8	72056.2
三、其他各种经济单位合计	5137.3	8680.9	6961.2	31210.7
1.联营单位	570.2	869.4	1084.0	2585.1
2.股份制单位	2278.6	3898.7	3610.1	11837.9
3.外商投资单位	1323.1	2162.7	1247.6	9304.1
4.港澳台投资单位	954.3	1708.8	945.5	7416.4

分地区全部职工保险福利费用构成情况(一)

(1994年)

单位:万元

地区	合计	集体保险福利费				
		小计	集体福利设施及集体福利事业补贴费	文体宣传费	医疗卫生费	其他
全国总计	7216860.3	5740957.7	1416114.7	253482.8	3655607.9	415752.3
北京	304004.3	268689.8	31608.2	10579.2	203809.4	22693.0
天津	158059.0	135042.3	19095.2	4949.7	106608.0	4389.4
河北	325465.6	243939.7	65575.0	9570.0	157561.2	11233.5
山西	170442.2	129823.5	35931.2	6966.4	78046.6	8879.3
内蒙古	128742.8	86364.4	26267.8	4347.8	52427.7	3321.1
辽宁	429418.3	343030.7	76084.8	13719.2	236422.4	16804.3
吉林	177047.5	133004.5	32363.6	14518.5	77811.2	8311.2
黑龙江	301075.4	208922.8	48222.4	7926.7	137793.2	14980.5
上海	603794.7	484382.7	73778.5	11008.5	347682.4	51913.3
江苏	546252.1	460864.4	109988.2	14590.8	303083.9	33201.5
浙江	304584.8	251857.7	51476.8	9737.0	163339.3	27304.6
安徽	198254.5	162716.0	45699.2	6961.8	101988.6	8066.4
福建	146176.7	108063.3	41674.2	5464.8	51934.8	8989.5
江西	127742.9	96572.5	26023.2	4215.2	60037.6	6296.5
山东	380078.4	309781.9	90148.8	15327.9	185871.4	18433.8
河南	267835.6	206911.4	50096.2	11778.6	132394.9	12641.7
湖北	305490.9	246198.8	60339.0	10899.2	156283.3	18677.3
湖南	256634.6	194739.9	49231.5	9702.9	118470.3	17335.2
广东	729123.7	627791.9	216746.4	30896.8	325021.2	55127.5
广西	160993.4	124275.8	37435.2	6984.8	68089.5	11766.3
海南	48809.1	40363.7	11192.8	2631.2	23184.1	3355.6
四川	414436.1	329711.2	80643.4	14305.9	212088.7	22673.2
贵州	71796.8	52612.8	12990.5	2569.3	33225.0	3828.0
云南	190962.9	156883.1	40161.2	7574.0	99162.0	9985.9
西藏	11098.4	7507.5	2159.0	477.9	4355.1	515.5
陕西	151298.3	107900.5	23820.4	5720.9	75615.2	2744.0
甘肃	105954.3	79923.3	22201.4	4007.1	48887.9	4826.9
青海	32180.5	23907.5	4855.2	1037.7	16380.7	1633.9
宁夏	33785.4	22872.6	5332.7	939.6	15485.2	1115.1
新疆	135321.1	96301.5	24972.7	4073.4	62547.1	4708.3

分地区全部职工保险福利费用构成情况(二)

(1994年)

单位:万元

地区	个人保险福利费					
	小计	丧葬抚恤救济费	生活困难补助	计划生育补贴	冬季取暖补贴	其他
全国总计	1475902.6	142875.1	140866.0	208052.4	324287.5	659821.6
北京	35314.5	3136.3	3486.6	6871.3	10968.3	10852.0
天津	23016.7	1773.9	2643.6	4300.6	9349.5	4949.1
河北	81525.9	7296.5	4424.5	10218.8	25169.3	34416.8
山西	40618.7	4823.2	2967.1	4819.6	12818.8	15190.0
内蒙古	42378.4	3029.3	2053.0	3647.0	18600.9	15048.2
辽宁	86387.6	9422.5	7836.3	13519.8	25627.1	29981.9
吉林	44043.0	4561.4	2899.1	7560.4	15460.1	13562.0
黑龙江	92152.6	8310.9	6155.0	8211.4	36029.2	33446.1
上海	119412.0	5772.8	13137.3	17859.5		82642.4
江苏	85387.7	7056.5	16054.1	16984.4	6469.2	38823.5
浙江	52727.1	3635.8	3977.5	7996.0		37117.8
安徽	35538.5	5874.9	5639.4	6692.4	6313.4	11018.4
福建	38113.4	3138.7	4116.6	2279.7	66.2	28512.2
江西	31170.4	3300.5	3833.5	4136.3	8411.7	11488.4
山东	70296.5	10116.1	6318.0	12767.5	22839.6	18255.3
河南	60924.2	7642.8	4656.0	7426.5	20218.4	20980.5
湖北	59292.1	6044.4	6608.7	10376.3	16342.1	19920.6
湖南	61894.7	7042.4	5514.8	8430.1	13686.1	27221.3
广东	101331.8	10675.0	13871.9	18469.8	2061.7	56253.4
广西	36717.6	2768.0	3971.4	3695.7	1692.0	24590.5
海南	8445.4	1306.7	1664.1	1739.4		3735.2
四川	84724.9	8969.9	6695.2	11455.2	8223.6	49381.8
贵州	10104.0	2013.0	1714.3	1054.5	3145.2	9757.0
云南	34079.8	4264.1	1873.2	4604.4	278.1	23060.0
西藏	3590.9	390.2	362.3	213.3	1806.7	818.4
陕西	43397.8	3088.0	2815.0	3347.7	19051.0	15096.1
甘肃	26031.0	2892.4	2439.0	2139.5	9039.0	9521.1
青海	8273.0	795.6	396.3	1098.9	3466.1	2516.1
宁夏	10912.8	915.9	561.0	778.7	5174.8	3482.4
新疆	39019.6	2218.3	2181.2	4457.6	21979.4	8183.1

全部离休、退休、退职人员保险福利费用构成情况(一)

(1994 年)

	保险福利费用构成(万元)			
	合 计	离休金	退休金	退 职 生活费
总 计	12189414.8	1031931.4	7665473.6	123622.1
一、国有经济单位合计	10220023.1	967499.4	6281616.1	85967.4
(一)按隶属关系分组				
1.中央	2640845.8	224179.0	1572635.6	13294.9
2.省、自治区、直辖市	2628822.8	231152.4	1540485.9	19705.7
3.地区	2741011.9	247016.9	1719013.2	21631.0
4.县及县以下	2139060.3	247184.7	1413015.9	30083.9
5.其他	70282.3	17966.4	36465.5	1251.9
(二)按企业、事业、机关分组				
1.企业	6909545.5	428559.4	4360695.1	56690.9
地方	4715343.5	275717.7	3030750.1	45325.7
2.事业	2186349.7	261357.4	1385235.6	17919.0
地方	1797422.4	206637.3	1162841.8	16174.3
3.机关	1124127.9	277582.6	535685.4	11357.5
地方	1057923.6	259654.0	510721.8	10939.1
二、城镇集体经济单位合计	1695928.7	54237.4	1210049.3	35334.4
企业	1517138.3	45205.5	1084936.3	32106.6
三、其他各种经济单位合计	273463.0	10194.6	173808.2	2320.3
1.联营单位	41411.3	1155.3	28248.4	586.0
2.股份制单位	177268.9	7272.2	111507.1	1230.2
3.外商投资单位	28223.3	1047.8	17802.2	298.9
4.港澳台投资单位	25988.9	695.9	15964.6	198.9

全部离休、退休、退职人员保险福利费用构成情况(二)

(1994 年)

	保险福利费用构成(万元)				
	医 疗 卫生费	丧葬抚恤 救济费	交通费 补 贴	冬季取 暖补贴	其 他
总 计	1928331.1	167327.3	122926.7	80151.2	1069651.4
一、国有经济单位合计	1635519.9	144639.6	108153.6	67473.2	929153.9
(一)按隶属关系分组					
1.中央	395048.0	45446.4	31047.0	16194.9	343000.0
2.省、自治区、直辖市	509071.5	30782.7	21302.5	14572.2	261749.9
3.地区	481465.1	36164.8	29276.6	16780.1	189664.2
4.县及县以下	242986.9	31027.3	24106.8	19087.4	131567.4
5.其他	6948.4	1218.4	2420.7	838.6	3172.4
(二)按企业、事业、机关分组					
1.企业	1152854.0	103761.6	64185.5	47287.4	695511.6
地方	843244.3	63343.0	39398.0	33075.9	384488.8
2.事业	304481.1	26774.8	27538.5	12695.2	150348.1
地方	233939.5	22350.9	22444.2	11001.4	122033.0
3.机关	178184.8	14103.2	16429.6	7490.6	83294.2
地方	162061.3	13374.5	15088.6	7019.3	79065.0
二、城镇集体经济单位合计	233727.2	19369.9	12613.2	11708.7	118888.6
企业	212372.9	16994.9	11040.2	10421.9	104060.0
三、其他各种经济单位合计	59084.0	3317.8	2159.9	969.3	21608.9
1.联营单位	8127.4	460.5	155.9	109.5	2568.3
2.股份制单位	38214.7	2114.6	1642.4	692.4	14595.3
3.外商投资单位	6203.1	335.4	230.5	71.1	2234.3
4.港澳台投资单位	6429.6	385.2	125.3	89.9	2099.5

分地区全部离休、退休、退职人员保险福利费用构成情况(一)

(1994年)

单位:万元

地区	合计	离休金	退休金	退职生活费
全国总计	12189414.8	1031931.4	7665473.6	123622.1
北京	579180.1	52079.1	343197.2	2813.9
天津	325132.8	15636.9	160522.3	1807.0
河北	577484.1	71140.4	351706.0	5314.2
山西	281732.1	34031.1	163248.7	2218.9
内蒙古	252640.8	27387.6	175358.6	1559.8
辽宁	840983.6	82955.8	529890.3	10523.9
吉林	289090.6	30663.6	187162.4	2826.7
黑龙江	558065.0	73982.2	350181.5	6477.4
上海	1010768.8	31387.2	584717.8	6036.1
江苏	820172.3	70610.5	542656.8	12888.5
浙江	499646.4	31366.1	322350.7	7459.0
安徽	331104.6	34451.0	216706.7	3982.7
福建	205548.3	14601.2	129986.2	2911.6
江西	218114.9	13338.4	151050.7	2344.1
山东	653191.5	92414.8	369783.5	7116.2
河南	455353.6	51848.4	280951.7	3258.1
湖北	397778.7	28213.7	263306.1	6986.6
湖南	487459.7	24970.2	354708.6	4361.6
广东	808868.8	57234.0	462772.8	6080.2
广西	254889.9	16081.8	175919.2	2724.1
海南	76384.1	5896.0	54131.1	1773.4
四川	868672.6	38753.7	601904.3	7837.0
贵州	164923.4	15002.0	105674.0	1305.3
云南	346271.1	27339.9	211300.5	2248.1
西藏	15718.9	716.1	12734.5	23.2
陕西	237401.4	27004.8	141859.2	3062.5
甘肃	193353.0	17722.9	123249.4	2119.5
青海	80705.1	6862.8	51172.7	946.5
宁夏	48522.7	3872.6	28747.8	558.3
新疆	310255.9	34366.6	218522.3	4057.7

分地区全部离休、退休、退职人员保险福利费用构成情况(二)

(1994 年)　　　　单位:万元

地　区	医　疗 卫生费	丧葬抚恤 救济费	交通费 补　贴	冬季取 暖补贴	其　他
全国总计	1928331.1	167327.3	122926.7	80151.2	1069651.4
北　京	139766.4	3004.3	4576.2	2608.5	31134.5
天　津	67537.7	2939.8	2038.9	2734.3	71915.9
河　北	80252.0	7321.4	5407.6	5017.4	51325.1
山　西	30157.6	4810.8	2846.2	2983.3	41435.5
内蒙古	24256.9	4491.1	3436.4	4747.2	11403.2
辽　宁	124749.7	14012.5	14988.8	7629.8	56232.8
吉　林	37347.1	2994.0	4175.0	3325.9	20595.9
黑龙江	52201.6	9695.4	3636.5	10510.4	51380.0
上　海	258455.2	10568.1	6367.2		113237.2
江　苏	141555.3	8922.0	4758.9	2027.1	36753.2
浙　江	92136.6	6899.4	2644.4		36790.2
安　徽	46381.0	6837.4	3414.2	1225.6	18106.0
福　建	26149.0	3576.4	686.9		27637.0
江　西	23437.6	3801.6	1729.5	1555.2	20857.8
山　东	94883.7	13398.5	15983.2	5216.2	54395.4
河　南	69059.3	6785.2	5788.8	4545.4	33116.7
湖　北	63445.2	6469.9	3152.0	2821.5	23383.7
湖　南	55310.9	7701.1	2876.4	2917.3	34613.6
广　东	167093.1	7615.5	7743.1	369.2	99960.9
广　西	30598.5	2293.8	1475.0	259.6	25537.9
海　南	9212.6	708.3	367.7		4295.0
四　川	119816.6	12487.1	4449.3	2390.6	81034.0
贵　州	21236.0	5584.7	3141.6	903.3	12076.5
云　南	52811.3	4959.6	5081.8	71.9	42458.0
西　藏	1060.7	212.6	231.7	321.9	418.2
陕　西	34519.2	2726.7	4133.0	4045.3	20050.7
甘　肃	18915.2	3067.4	2904.2	1964.7	23409.7
青　海	9430.0	917.9	437.5	1273.2	9004.5
宁　夏	5980.3	914.8	258.8	1116.1	7074.0
新　疆	30574.8	1610.0	4195.9	7570.3	9358.3

历年国有经济单位保险福利费用总额及指数

年　　份	保险福利费用总额(亿元)	指数		相当于工资总额的%
		以 1952 年为 100	以上年为 100	
1952	9.5	100.0		
1963	30.3	318.9	107.1	14.4
1964	28.2	296.8	93.1	12.6
1965	29.6	311.6	105.0	12.6
1966	30.5	321.1	103.0	12.5
1967	31.3	329.5	102.6	12.5
1968	31.5	331.6	100.6	12.4
1969	32.6	343.2	103.5	12.4
1970	34.1	358.9	104.6	12.3
1971	37.1	390.5	108.8	12.3
1972	41.5	436.8	111.9	12.1
1973	43.1	453.7	103.9	12.1
1974	44.9	472.6	104.2	12.1
1975	46.3	487.4	103.1	12.0
1976	49.5	521.1	106.9	12.2
1977	55.0	578.9	111.1	12.9
1978	66.9	704.2	121.6	14.3
1979	92.1	969.5	137.7	17.4
1980	116.0	1221.1	126.0	18.4
1981	132.4	1393.7	114.1	20.0
1982	153.8	1618.9	116.2	21.7
1983	179.4	1889.5	116.7	26.0
1984	210.4	2214.7	117.2	26.0
1985	226.8	2808.4	126.8	26.1
1986	335.5	3531.6	125.7	26.0
1987	406.7	4281.1	121.2	27.9
1988	533.4	5614.7	131.2	29.5
1989	628.1	6611.6	117.8	30.6
1990	770.1	8106.3	122.6	33.1
1991	904.9	9525.3	117.5	34.9
1992	1086.6	11437.9	120.1	35.2
1993	1374.5	14468.4	126.5	36.1
1994	1628.7	17144.2	118.5	31.5

历年国有经济单位保险福利费用构成情况(一)

年份	保险福利费用总额	离休、退休、退职费	丧葬抚恤救济费	医疗卫生费	生活困难补贴	农副业生产补贴
一、绝对数(亿元)						
1978	66.9	14.1	2.6	28.3	6.0	1.2
1979	92.1	26.1	3.7	31.7	6.3	1.2
1980	116.0	40.1	3.8	36.4	6.3	1.0
1981	132.4	50.0	3.9	39.0	6.0	0.8
1982	153.8	58.9	4.0	44.4	6.0	0.8
1983	179.5	70.8	4.4	50.0	6.3	0.8
1984	210.4	81.6	4.8	55.4	6.6	0.9
1985	266.8	112.4	5.3	64.6	6.6	1.0
1986	335.5	134.2	6.4	84.9	6.1	
1987	406.7	164.2	7.3	107.5	6.4	
1988	533.4	209.0	9.2	151.2	8.2	
1989	628.1	245.2	11.5	186.0	8.6	
1990	770.1	306.1	12.9	226.4	8.6	
1991	904.9	365.3	15.0	267.5	8.8	
1992	1086.7	456.5	16.7	318.2	9.5	
1993	1374.5	600.9	20.6	387.9	10.4	
1994	1628.7	844.0	26.6	472.8	11.7	
二、构成(以保险福利费用总额为100)						
1978	100.0	21.1	3.9	40.8	9.0	1.8
1979	100.0	28.3	4.0	34.4	7.4	1.3
1980	100.0	34.6	3.3	31.4	5.4	0.9
1981	100.0	37.8	2.9	29.5	4.5	0.6
1982	100.0	38.3	2.6	28.9	3.9	0.5
1983	100.0	39.4	2.5	27.9	3.5	0.4
1984	100.0	38.8	2.3	26.4	3.1	0.4
1985	100.0	42.1	2.0	24.3	2.5	0.4
1986	100.0	40.4	1.9	25.3	1.8	
1987	100.0	40.0	1.8	26.4	1.6	
1988	100.0	39.2	1.7	28.3	1.5	
1989	100.0	39.1	1.8	29.6	1.4	
1990	100.0	39.7	1.7	29.4	1.1	
1991	100.0	40.4	1.6	29.5	1.0	
1992	100.0	42.0	1.5	29.3	0.9	
1993	100.0	43.7	1.5	28.2	0.8	
1994	100.0	51.8	1.6	29.1	0.7	

注:离休、退休、退职费不包括离休、退休、退职人员的医疗卫生费和丧葬抚恤救济费;1994年集体福利事业补贴费包括集体福利设施费的数字在内。

历年国有经济单位保险福利费用构成情况(二)

年　份	文体宣传费	集体福利事业补贴费	集体福利设施费	其他	#上下班交通费补贴	#计划生育补贴
一、绝对数(亿元)						
1978	2.6	4.4	4.3	4.4		
1979	3.0	5.7	6.1	7.8		
1980	3.2	6.6	7.8	10.8	4.9	2.1
1981	2.9	7.4	9.0	13.4	5.3	2.7
1982	8.2	8.3	10.5	17.7	5.9	4.0
1983	3.3	10.2	11.3	22.4	6.3	5.5
1984	4.5	14.5	14.8	27.3	7.0	5.5
1985	4.0	10.4	16.5	39.1	8.4	6.1
1986	5.5	16.3	19.8	62.3	9.7	7.0
1987	5.9	19.7	22.9	72.8	10.9	8.0
1988	7.3	25.0	27.6	96.0	13.6	9.4
1989	8.7	27.7	30.3	110.1	16.7	10.7
1990	10.0	34.4	35.3	135.5	21.7	12.4
1991	12.3	35.9	38.4	161.7	25.4	13.5
1992	14.1	41.7	45.9	184.1	30.7	14.2
1993	16.6	49.4	58.9	229.8	41.6	15.2
1994	21.4	120.2		132.0		16.8
二、构成(以保险福利费用总额为100)						
1978	3.9	6.6	6.4	6.6		
1979	3.3	6.2	6.6	8.5		
1980	2.8	5.7	6.7	9.3	4.2	1.8
1981	2.2	5.6	6.8	10.1	4.0	2.0
1982	2.1	5.4	6.8	11.5	3.8	2.6
1983	1.8	5.7	6.3	12.5	3.5	3.1
1984	2.1	6.9	7.0	13.0	3.3	2.6
1985	1.8	6.1	6.2	14.6	3.1	3.3
1986	1.6	4.9	5.9	18.6	2.9	2.1
1987	1.5	4.8	5.6	17.9	2.7	2.0
1988	1.4	4.7	5.2	18.0	2.5	1.8
1989	1.4	4.4	4.8	17.5	2.7	1.7
1990	1.4	4.5	4.6	17.6	2.8	1.6
1991	1.4	4.0	4.2	17.9	2.8	1.5
1992	1.3	3.8	4.2	16.9	2.8	1.3
1993	1.2	3.6	4.3	16.7	3.0	1.1
1994	1.3	7.4		8.1		1.0

分地区国有经济单位保险福利费用总额

单位:亿元

地区	1985年	1992年	1993年	1994年	1994年比1993年增长 (%)
全国总计	266.8	1086.7	1374.5	1628.7	18.5
北京	11.5	53.1	67.2	76.7	14.1
天津	7.3	28.8	36.0	39.6	10.0
河北	10.4	49.8	61.6	79.1	28.4
山西	7.1	28.8	33.6	41.1	22.3
内蒙古	5.6	19.9	25.8	35.1	36.0
辽宁	20.5	80.2	97.1	103.6	6.7
吉林	8.4	29.6	35.9	40.3	12.3
黑龙江	16.9	54.3	64.9	78.1	20.3
上海	19.0	80.5	103.9	124.2	19.5
江苏	13.6	60.2	78.0	95.7	22.7
浙江	8.1	35.4	48.9	58.2	19.0
安徽	6.9	29.8	37.0	44.1	19.2
福建	4.5	19.1	24.5	29.4	20.0
江西	6.3	23.0	26.3	30.9	17.5
山东	13.0	56.5	71.6	82.0	14.2
河南	9.5	45.5	54.2	64.8	19.6
湖北	12.6	43.5	55.8	59.2	6.1
湖南	10.5	42.9	56.0	63.8	13.9
广东	16.9	72.6	100.4	123.3	22.8
广西	5.4	23.7	33.8	36.7	8.6
海南		7.9	10.0	11.7	17.0
四川	19.6	72.0	87.4	111.5	27.6
贵州	4.1	14.9	20.8	22.5	8.2
云南	6.4	28.2	38.0	50.2	32.1
西藏	0.7	1.8	2.7	2.7	
陕西	7.1	27.0	33.4	34.9	4.5
甘肃	4.4	18.7	22.9	27.7	21.0
青海	2.5	7.3	9.2	10.9	18.5
宁夏	1.3	5.6	7.0	7.7	10.0
新疆	6.7	26.1	30.6	43.0	40.5

分地区城镇集体经济单位保险福利费用总额

单位:亿元

地　区	1985年	1992年	1993年	1994年	1994年比1993年增长　(%)
全国总计	55.6	198.8	238.6	248.2	4.0
北　京	1.9	7.1	7.5	9.7	29.3
天　津	1.9	5.0	5.9	6.0	1.7
河　北	1.9	8.0	8.8	10.0	13.6
山　西	0.8	3.8	4.0	3.7	−7.5
内蒙古	0.7	2.6	3.2	2.9	−9.4
辽　宁	6.0	21.8	25.5	18.7	−26.7
吉　林	1.4	5.3	6.1	5.5	−9.8
黑龙江	1.6	6.0	7.3	6.5	−11.0
上　海	4.7	17.3	24.4	24.7	1.2
江　苏	6.3	22.8	29.3	34.0	16.0
浙　江	3.9	12.3	15.4	18.2	18.2
安　徽	1.2	5.9	8.4	6.9	7.8
福　建	1.1	3.2	3.7	4.4	18.9
江　西	0.9	3.0	3.1	3.6	16.1
山　东	3.7	13.8	17.3	17.2	−0.6
河　南	1.4	6.4	6.8	6.7	−1.5
湖　北	2.4	7.7	9.4	9.2	−1.1
湖　南	2.6	8.1	9.2	9.8	6.5
广　东	4.0	14.9	17.1	21.1	23.3
广　西	0.7	3.0	3.5	3.7	15.6
海　南		0.4	0.6	0.7	16.7
四　川	3.7	10.6	12.3	12.9	4.9
贵　州	0.4	1.0	1.2	1.2	
云　南	0.6	2.2	2.8	3.3	17.9
西　藏					
陕　西	1.0	3.0	3.4	3.2	−5.9
甘　肃	0.3	1.6	2.0	2.1	5.0
青　海	0.1	0.4	0.4	0.4	
宁　夏	0.1	0.4	0.5	0.5	
新　疆	0.3	1.2	1.5	1.4	−6.7

分地区其他各种经济单位保险福利费用总额

单位:亿元

地　区	1985年	1992年	1993年	1994年	1994年比1993年增长 (%)
全国总计	1.2	14.9	45.2	63.8	41.2
北　京	0.1	0.9	1.6	1.9	18.8
天　津		0.5	1.7	2.7	58.8
河　北		0.3	0.7	1.1	57.1
山　西		0.1	0.2	0.3	50.0
内蒙古			0.1	0.2	100.0
辽　宁	0.3	2.6	4.2	4.7	11.9
吉　林		0.3	0.5	0.7	40.0
黑龙江		0.1	0.5	1.3	160.0
上　海	0.2	1.7	13.1	12.6	-3.8
江　苏	0.3	2.4	4.7	6.9	46.8
浙　江	0.1	0.7	2.1	3.9	85.7
安　徽		0.1	0.2	1.9	850.0
福　建		0.6	1.3	1.3	
江　西		0.1	0.1	0.2	100.0
山　东		0.4	1.9	4.2	121.1
河　南		0.1	0.5	0.9	80.0
湖　北		0.1	0.8	1.9	137.5
湖　南		0.1	0.2	0.9	350.0
广　东	0.2	3.1	7.1	9.5	33.8
广　西		0.1	0.8	1.1	37.5
海　南		0.1	0.2	0.2	
四　川		0.1	1.8	3.9	116.7
贵　州					
云　南		0.1	0.1	0.3	200.0
西　藏					
陕　西		0.6	0.6	0.8	33.3
甘　肃			0.1	0.2	100.0
青　海					
宁　夏					
新　疆		0.1	0.1	0.2	100.0

六、劳动、工资、社会保险制度改革

分地区合同制职工年末人数(一)

地区	年末人数(万人)				
	1990年	1991年	1992年	1993年	1994年
全国总计	1702.3	1971.9	2541.5	3123.0	3839.0
北京	45.0	54.1	76.8	83.6	94.1
天津	20.3	24.1	27.1	31.4	40.4
河北	96.7	110.7	139.7	184.0	242.5
山西	49.9	55.7	70.0	82.9	110.9
内蒙古	28.4	43.4	53.3	57.5	62.8
辽宁	109.1	121.9	189.8	246.4	338.5
吉林	43.4	49.6	65.5	80.4	109.6
黑龙江	90.5	101.4	115.8	132.8	146.1
上海	41.5	50.4	156.4	217.1	237.8
江苏	162.5	183.1	236.7	284.4	337.8
浙江	76.0	81.0	97.6	122.2	132.3
安徽	38.3	45.3	51.9	62.1	70.5
福建	28.5	32.5	38.2	45.5	76.2
江西	37.0	41.0	48.4	59.7	70.8
山东	174.8	199.0	235.8	281.0	377.5
河南	105.5	125.1	162.9	218.3	267.0
湖北	80.2	93.6	105.5	115.6	143.2
湖南	83.4	92.6	109.8	124.4	133.8
广东	102.6	118.6	137.0	170.1	196.5
广西	32.0	37.5	47.0	60.6	69.0
海南	22.4	25.3	27.7	28.7	34.1
四川	70.7	86.1	118.3	173.7	218.3
贵州	22.0	25.1	29.3	36.3	42.3
云南	27.5	37.8	42.4	38.4	52.2
西藏	1.3	1.5	1.6	1.8	1.9
陕西	47.4	54.7	61.4	78.8	108.2
甘肃	30.2	37.7	41.5	44.1	52.0
青海	6.3	7.3	8.1	8.6	9.5
宁夏	7.6	8.6	10.5	12.5	13.5
新疆	21.3	27.2	35.5	39.6	46.0

分地区合同制职工年末人数(二)

地　区	合同制职工占职工总数的%				
	1990年	1991年	1992年	1993年	1994年
全国总计	11.6	13.6	17.2	21.0	25.9
北　京	9.8	11.5	16.1	18.0	19.7
天　津	7.0	8.3	9.2	10.7	13.8
河　北	14.5	16.4	20.3	26.1	34.7
山　西	11.1	12.3	15.1	17.9	23.8
内蒙古	7.3	11.3	13.6	14.7	16.2
辽　宁	10.3	11.8	18.2	24.0	32.8
吉　林	7.9	9.3	12.1	14.7	20.7
黑龙江	10.1	11.6	13.2	15.4	17.1
上　海	8.1	9.7	30.6	44.1	49.7
江　苏	18.0	20.4	26.2	31.0	37.1
浙　江	15.0	16.4	19.9	24.3	26.4
安　徽	7.3	9.1	10.2	12.5	14.8
福　建	8.5	10.1	11.2	13.2	21.6
江　西	9.0	10.3	11.8	14.5	17.1
山　东	22.2	24.5	28.1	32.8	43.3
河　南	14.5	17.3	21.3	28.3	33.9
湖　北	11.0	13.1	14.1	15.6	19.5
湖　南	14.3	16.3	18.9	21.1	22.6
广　东	12.0	14.3	16.0	19.3	22.6
广　西	9.4	11.6	14.1	17.6	20.2
海　南	19.7	23.4	24.8	28.1	31.1
四　川	7.2	8.9	12.0	17.6	22.1
贵　州	8.8	10.8	12.4	16.5	18.3
云　南	9.0	12.5	13.8	12.4	16.7
西　藏	7.3	9.1	9.5	10.5	11.9
陕　西	12.0	14.0	15.6	19.8	27.6
甘　肃	12.6	15.2	16.5	17.1	20.5
青　海	8.9	10.8	11.9	13.0	14.5
宁　夏	10.8	12.3	14.6	17.3	18.7
新　疆	6.8	8.7	11.2	12.5	14.8

分地区国有经济单位合同制职工年末人数(一)

地　区	年末人数(万人)				
	1990年	1991年	1992年	1993年	1994年
全国总计	1372.0	1588.6	2058.5	2396.0	2851.0
北　京	29.9	36.3	57.4	60.0	64.3
天　津	18.6	21.1	23.4	25.4	27.6
河　北	77.5	88.4	112.8	146.5	188.6
山　西	44.2	49.9	62.4	72.1	97.2
内蒙古	25.4	40.2	49.3	51.4	54.6
辽　宁	102.1	113.0	171.7	194.6	240.6
吉　林	39.6	45.7	60.0	69.6	89.9
黑龙江	85.9	96.2	109.8	118.1	128.9
上　海	34.4	40.2	131.5	155.3	169.1
江　苏	94.7	104.9	141.0	166.0	188.4
浙　江	48.9	50.3	63.2	74.1	79.8
安　徽	34.4	41.2	45.5	51.5	57.4
福　建	20.1	22.8	25.5	28.8	46.5
江　西	33.7	37.5	43.6	52.4	60.4
山　东	117.0	134.1	160.8	191.4	242.4
河　南	94.6	112.1	144.8	182.3	219.3
湖　北	69.0	79.4	88.4	94.1	115.1
湖　南	75.0	82.9	97.0	105.0	114.7
广　东	76.5	87.9	100.7	112.9	129.7
广　西	27.4	32.3	40.6	50.2	56.7
海　南	21.1	23.6	25.7	25.8	29.6
四　川	63.0	76.9	106.3	143.0	170.4
贵　州	17.1	20.7	24.4	30.0	36.4
云　南	22.8	31.6	35.8	38.4	42.1
西　藏	1.1	1.5	1.5	1.8	1.8
陕　西	41.8	48.7	54.8	66.9	95.5
甘　肃	26.3	32.1	34.3	36.8	44.9
青　海	5.9	6.8	7.7	8.1	8.8
宁　夏	6.8	7.8	9.3	10.7	11.5
新　疆	17.2	22.5	29.3	33.1	39.1

分地区国有经济单位合同制职工年末人数(二)

地 区	合同制职工占国有经济单位职工总数的%				
	1990 年	1991 年	1992 年	1993 年	1994 年
全国总计	13.3	14.9	18.9	21.9	26.2
北 京	8.4	9.9	15.5	12.9	17.4
天 津	8.6	9.6	11.0	8.7	13.7
河 北	15.6	17.2	21.4	20.8	35.4
山 西	13.0	14.2	17.4	15.6	26.8
内 蒙 古	9.0	13.7	16.3	13.1	18.1
辽 宁	15.2	16.5	24.9	18.9	35.9
吉 林	10.9	12.3	15.8	12.8	23.4
黑 龙 江	13.9	15.2	17.1	13.7	19.9
上 海	8.7	10.0	33.2	31.6	49.9
江 苏	17.6	19.0	25.1	18.1	33.0
浙 江	17.4	17.1	21.2	14.8	27.1
安 徽	10.4	12.1	13.1	10.4	16.2
福 建	9.4	10.4	11.4	8.3	21.3
江 西	11.1	11.9	13.5	12.7	18.4
山 东	21.1	23.1	26.6	22.3	30.2
河 南	18.2	20.6	25.3	23.6	36.3
湖 北	13.2	14.7	15.9	12.7	20.5
湖 南	17.8	19.0	21.8	17.8	24.9
广 东	14.5	16.2	18.0	12.8	23.5
广 西	10.6	12.1	14.7	14.6	20.2
海 南	22.1	24.3	25.8	25.3	31.0
四 川	8.9	10.5	14.3	14.5	23.4
贵 州	9.2	10.9	12.6	13.6	18.7
云 南	9.1	12.3	13.7	12.4	16.0
西 藏	7.4	9.8	9.6	10.1	11.9
陕 西	13.5	15.2	16.8	16.8	29.2
甘 肃	13.5	15.8	16.8	14.2	21.5
青 海	10.5	12.0	13.5	12.3	15.6
宁 夏	11.9	13.3	15.5	14.8	19.0
新 疆	6.6	8.3	10.5	10.4	14.1

分经济类型企业富余人员情况

(1994 年)

单位:人

企业分类	实行全员劳动合同制企业数(个)	实行全员劳动合同制职工人数	富余人员合计	#当年新增人员	当年已安置富余人员	#发展生产多种经营	年末未安置富余人员	#培训
总 计	113285	22449893	1576774	620066	786810	354513	789964	66659
地方单位	104958	20050403	1403021	552339	691425	284040	711596	54266
一、国有企业	62644	16473265	1202238	476242	640633	305112	561605	55124
1. 采掘业企业	1253	755001	78946	32910	38641	20887	40305	2282
2. 制造业企业	18742	9530071	677089	258725	371392	162855	305697	32071
3. 电力、煤气及水的生产和供应企业	1459	469481	19382	10183	13376	7695	6006	850
4. 建筑企业	1464	654852	44369	20240	16466	6018	27903	3656
5. 交通运输、仓储及邮电通讯企业	3649	1095883	75145	26742	42085	26967	33060	4699
6. 批发零售贸易、餐饮企业	29207	2818761	227132	92529	108897	60515	118235	8445
7. 其他企业	6870	1149216	80175	34913	49776	20175	30399	3121
二、城镇集体企业	41333	4003299	313590	121768	112968	39519	200622	10198
三、其他各种经济企业	9308	1973329	60946	22056	33209	9882	27737	1337

分地区地方企业富余人员情况

（1994 年）

单位：人

地　区	实行全员劳动合同制企业数（个）	实行全员劳动合同制职工人数	富余人员合计	#当年新增人员	当年已安置富余人员	#发展生产多种经营	年末未安置富余人员	#培　训
全国总计	104958	20050403	1403021	552339	691425	284040	711596	54266
北　京	1820	600000	20002	20002	16395	8941	3607	1283
天　津	230	142607	11402	11402	10098	6508	1304	176
河　北	8720	1510149	63803	35310	30008	18240	33795	7500
山　西	2196	452085	22083	12346	8934	3503	13149	1436
内蒙古	134	63059	3543	1089	904	241	2639	145
辽　宁	11487	2221172	347366	112988	152320	36391	195046	9551
吉　林	5597	792473	68208	32369	14496	3904	53712	1687
黑龙江	3660	789024	163458	61444	108629	45986	54829	4198
上　海	10332	2169928	220939	50233	134385	49195	86554	2872
江　苏	9331	1592423	39697	13393	18262	7023	21435	1320
浙　江	1620	386089	25360	15894	8785	3067	16575	317
安　徽	57	62669	2958	1087	1157	439	1801	213
福　建	11663	1279762	52134	34154	18517	6925	33617	781
江　西	2292	385051	35611	13313	13881	7424	21730	1511
山　东	15320	2943271	78959	24607	34767	12394	44192	2730
河　南	9810	2049661	117450	52771	54608	35920	62842	10502
湖　北	1727	474128	35400	26494	26117	21262	9283	2476
湖　南	473	152008	8192	3712	4217	2546	3975	281
广　东	4705	613565	24041	4685	10581	1411	13460	663
广　西	77	67193	1432	683	770	297	662	47
海　南	124	24155	3687	1678	263	178	3424	
四　川	3019	974463	35561	14507	13687	5888	21874	2676
贵　州	48	45262	6511	1357	2180	1509	4331	739
云　南	81	36248	477	309	218	105	259	31
西　藏								
陕　西	185	120846	6644	2096	3101	1605	3543	164
甘　肃	136	66757	6382	3604	3289	2757	3093	774
青　海								
宁　夏								
新　疆	114	36355	1721	812	856	381	865	193

分地区地方企业富余人员情况

（国有经济单位，1994 年）

单位：人

地区	实行全员劳动合同制企业数（个）	实行全员劳动合同制职工人数	富余人员合计	#当年新增人员	当年已安置富余人员	#发展生产多种经营	年末未安置富余人员	#培训
全国总计	62644	16473265	202238	476242	640633	305112	561605	55124
北京	1185	424358	18508	18508	15272	8459	3236	1210
天津	110	109749	9924	9924	8911	5821	1013	172
河北	6224	1386713	64059	30867	34397	19673	29662	6749
山西	1616	402342	17729	9374	7787	3071	9942	1264
内蒙古	159	61212	5852	1176	2077	370	3775	145
辽宁	4565	1671356	245266	88307	120683	40804	124583	13233
吉林	2908	655978	58029	26889	15905	4585	42124	1482
黑龙江	3553	866639	159295	60307	107043	46356	52252	4059
上海	4870	1654173	174179	38623	112944	44569	61235	2424
江苏	4969	1127285	26952	10495	14016	6320	12936	1172
浙江	948	280948	17677	11726	6968	2732	10709	136
安徽	54	58299	2949	1087	1157	439	1792	213
福建	5278	774507	45936	34975	19099	9602	26837	569
江西	2055	432704	31674	12459	12661	6700	19013	1847
山东	8828	2013793	69046	18328	40859	25163	28187	2136
河南	6853	1883803	111999	38915	57349	40915	54650	10284
湖北	1496	459586	33386	25388	25185	20958	8201	2538
湖南	418	183943	7514	3392	3968	2478	3546	290
广东	3131	448813	19132	3998	5672	1334	13460	496
广西	77	82119	3665	1342	1231	512	2434	28
海南	75	18661	2851	1262	238	168	2613	
四川	2435	945871	34863	15680	12634	5261	22229	2376
贵州	83	111591	7474	2011	2547	1684	4927	744
云南	81	36248	477	309	218	105	259	31
西藏								
陕西	435	284736	25955	6405	7579	3775	18376	564
甘肃	131	66106	6186	3692	3414	2877	2772	769
青海								
宁夏								
新疆	107	31732	1661	803	819	381	842	193

国有企业工资总额同经济效益挂钩情况(一)

(1993年)

单位:万元

	挂钩企业单位数(个)	职工平均人数(人)		上年工资总额	
		上年	当年	提取	实发
全国总计	89669	31905088	32676810	9810277.6	9627958.8
一、中央企业合计	170	3511924	3485270	1480765.7	1277046.8
经贸部	65	23389	23453	8486.3	8308.4
林业部	4	10585	9739	3570.5	3132.5
铁道部		3190788	3165555	1356497.0	1245530.0
国家建材局	16	6559	7371	2684.5	2456.5
中国船舶工业总公司	81	236331	234093	87785.8	
中国第一拖拉机公司	4	44272	45059	21741.6	17619.4
二、地方企业合计	89499	28393164	29191540	8329511.9	8350912.0

国有企业工资总额同经济效益挂钩情况(二)

(1993年)

单位:万元

	上年结存工资增长基金	当年工资基数	当年提取新增效益工资额
全国总计	2658527.1	11318042.0	2500084.1
一、中央企业合计	360177.6	1683054.7	423138.7
经贸部	3377.5	9606.4	2648.3
林业部	624.9	3355.1	1508.5
铁道部	305518.0	1512982.0	404618.0
国家建材局	1360.5	2985.6	1201.3
中国船舶工业总公司	39640.9	127565.0	13584.8
中国第一拖拉机公司	9655.8	26560.6	—422.2
二、地方企业合计	2298349.5	9634987.3	2076945.4

国有企业工资总额同经济效益挂钩情况(三)

(1993年)

单位:万元

	当年工资总额	#未列入挂钩基数工资范围	#国家允许单列的工资	非工资性支出	#缴纳工资调节税(包括奖金税)
全国总计	12368836.5	1170540.0	415872.1	169599.7	11863.6
一、中央企业合计	1858586.7	365408.6	27074.7	50130.1	171.4
经贸部	11458.1	1247.0	650.4	68.6	18.3
林业部	3447.7			0.3	0.3
铁道部	1702459.0	349287.0	22604.0	48722.0	
国家建材局	4190.2	80.6	4.6	21.6	21.6
中国船舶工业总公司	117069.9	14308.1	3329.8	1317.8	131.2
中国第一拖拉机公司	19961.8	485.9	485.9		
二、地方企业合计	10510249.8	805131.4	388797.4	119469.6	11692.2

国有企业工资总额同经济效益挂钩情况(四)

(1993 年)　　单位:万元

	年末结存工资增长基金	主要经济效益指标完成情况			
		实现税利		上缴税利	
		上年实际	当年实际	上年实际	当年实际
全国总计	5003573.0	12720049.6	15740427.0	7604325.2	9408147.2
一、中央企业合计	897238.9	1056626.3	365675.2	542328.8	485222.1
经贸部	4684.4	25553.7	32397.6	20242.6	22366.3
林业部	2040.5	1971.2	2254.2	1647.6	1475.2
铁道部	821224.0	925723.0	236443.0	506963.0	448230.0
国家建材局	1416.1	2065.1	2628.3	1005.7	1217.3
中国船舶工业总公司	51555.5	79111.0	75543.0		
中国第一拖拉机公司	16318.4	22202.3	16409.1	12469.9	11933.3
二、地方企业合计	4186334.1	11663423.3	15374751.8	7061996.4	8922925.1

分地区地方国有企业工资总额同经济效益挂钩情况(一)

(1993 年)　　单位:万元

地区	挂钩企业单位数(个)	职工平均人数(人)		上年工资总额	
		上年	当年	提取	实发
全国总计	89499	28393164	29191540	8329511.9	8350912.0
北京					
天津	917	772352	765647	311123.2	289110.7
河北	9586	2024398	2106031	530802.9	528033.3
山西	2471	1006602	1030926	261167.3	254003.8
内蒙古					
辽宁	5547	2615643	263411	1064680.6	1091576.6
吉林	3559	1430579	1465989	477301.2	508278.7
黑龙江	506	317453	313560	93238.1	90621.5
上海	48	130350	119877	70485.6	68817.2
江苏	5930	2027926	2072012	597141.0	631873.5
浙江	5297	1114263	1111094	342213.1	332680.0
安徽					
福建	1835	518640	525663	164234.2	147384.6
江西	3134	1095907	1189497	269497.3	250931.5
山东	6929	2268300	2311817	671737.1	618482.0
河南	6191	2245377	2300882	567115.4	508246.7
湖北	4186	1223469	1252543	298516.6	287284.9
湖南	6751	1794224	1845816	484154.2	464389.4
广东	6520	1546574	1625018	455162.0	625209.7
广西	2718	963113	1006574	287480.0	263774.9
海南	217	504593	490463	107818.3	101070.6
四川	5388	1898062	1979320	479850.9	483881.8
贵州	1903	477373	490037	125350.0	106036.8
云南	2866	766690	870238	236665.6	227937.1
西藏	21	4464	445	1933.5	169.2
陕西	1406	614193	631803	136470.3	151618.0
甘肃	941	550017	554043	159941.0	166896.1
青海	333	127681	129540	29829.8	41887.5
宁夏	349	124369	129546	33380.3	31545.7
新疆	906	230552	238848	72221.8	79169.9

分地区地方国有企业工资总额同经济效益挂钩情况(二)

(1993年)

单位:万元

地　区	上年结存工资增长基金	当年工资基数	当年提取新增效益工资
全国总计	2298349.5	9634987.3	2076945.4
北　京			
天　津	91759.0	344351.2	58526.4
河　北	172489.7	684852.0	232976.2
山　西	73615.4	314752.6	65572.8
内蒙古			
辽　宁	230422.1	1296441.1	229155.1
吉　林	87809.3	421046.8	74220.9
黑龙江	20900.0	91352.8	10157.7
上　海	7773.8	116373.7	
江　苏	152439.9	708979.2	141286.7
浙　江	90445.1	343871.3	124285.1
安　徽			
福　建	44683.4	184677.8	24591.4
江　西	77966.3	254701.7	21305.2
山　东	214529.2	754867.0	133720.8
河　南	181341.4	629213.2	71164.7
湖　北	85437.1	332936.2	44733.3
湖　南	151990.6	552000.1	107899.3
广　东	149674.0	631146.7	248064.0
广　西	78528.5	295590.1	113904.1
海　南	8197.7	114980.3	11798.5
四　川	133565.4	581896.3	155388.1
贵　州	24197.3	127365.7	23736.8
云　南	121437.4	317319.6	90034.0
西　藏	539.7	1463.0	27.1
陕　西	43317.2	171383.6	28448.2
甘　肃	32147.3	189159.1	26051.0
青　海	8319.1	46768.4	6933.9
宁　夏	7809.0	41598.4	9900.1
新　疆	27014.6	85899.4	23064.0

分地区地方国有企业工资总额同经济效益挂钩情况(三)

(1993年)

单位:万元

地区	当年工资总额	#未列入挂钩基数工资范围	#国家允许单列的工资	非工资性支出	#缴纳工资调节税(包括奖金税)
全国总计	10510249.8	805131.4	388797.4	119469.6	11692.2
北京					
天津	388541.1	19389.3	19389.3	6066.7	
河北	689125.1	52336.5	36535.1	8777.7	524.0
山西	325338.3	17703.2	13308.3	2017.3	363.6
内蒙古					
辽宁	1302910.3	42316.0	21926.7	11179.3	880.5
吉林	483977.8	54810.3	12891.2	4994.3	305.8
黑龙江	101704.4	16028.3	10766.3	559.8	160.3
上海	129155.1	24869.7			
江苏	840070.5	58798.6	20488.6	8639.2	400.0
浙江	441355.0	48134.9	26695.0	2354.1	183.1
安徽					
福建	188951.9	13490.6	7061.2	3400.9	147.0
江西	285493.9	27783.2	14299.9	604.7	209.8
山东	760047.0	49235.5	49235.5	3188.3	826.9
河南	611950.8	47048.9	18592.6	4758.7	362.2
湖北	346267.4	23220.4	11666.9	5090.6	699.8
湖南	579946.0	42063.5	21919.1	13068.5	668.1
广东	895670.7	104427.5	29536.9	23708.6	1539.8
广西	392565.2	56406.7	17974.2	4059.0	2401.9
海南	114913.8	212.7	12.0	48.6	0.8
四川	601635.7	38613.2	13504.4	6568.1	990.4
贵州	137834.3	12176.3	8510.2	726.5	603.5
云南	321318.0	15714.5	10411.7	5108.5	98.9
西藏	2033.0	63.6	362.5		
陕西	187571.5	17720.2	11521.0	1101.7	151.0
甘肃	197394.8	10860.9	8216.4	529.0	11.1
青海	48461.0	3883.8	1731.6	85.4	5.7
宁夏	42340.7	3223.2	587.1	187.5	39.1
新疆	93616.5	4599.9	1653.7	2646.6	118.9

分地区地方国有企业工资总额同经济效益挂钩情况(四)

(1993 年)

单位:万元

地区	年末结存工资增长基金	主要经济效益指标完成情况			
		实现税利		上缴税利	
		上年实际	当年实际	上年实际	当年实际
全国总计	4186334.1	11663423.3	15374751.8	7061996.4	8922925.1
北京					
天津	119418.1	437314.0	595356.8	296137.2	354729.6
河北	444751.6	745534.6	1143489.4	384505.7	547837.6
山西	144288.4	336820.4	457807.2	212934.3	287679.9
内蒙古					
辽宁	484244.7	1260871.7	1155732.1	803068.4	1052585.7
吉林	148915.2	491669.9	487798.4	269747.9	303661.0
黑龙江	36114.6	73601.1	81228.2	58731.8	63628.1
上海	19862.1	4025.9	17584.9	338234.3	427310.6
江苏	212794.7	628307.7	799060.4	235963.7	311182.6
浙江	163027.3	490083.7	642893.7	122027.5	162648.6
安徽					
福建	75090.4	207917.9	281874.1	162713.9	216170.2
江西	95657.8	232049.3	285794.3	443013.5	563326.8
山东	389117.2	940558.3	1191736.1		698430.1
河南	312058.7	770259.1	1057731.2	544424.0	202958.0
湖北	114969.0	301188.4	398882.0	180997.3	358189.2
湖南	260939.0	455023.1	478376.0	284235.9	653010.6
广东	213932.9	837834.9	1270211.8	490284.5	346793.9
广西	147805.2	391224.6	679820.9	387593.3	43398.0
海南	20226.8	49153.2	62850.0	32333.8	452085.9
四川	301259.2	534653.3	773960.2	353713.2	259770.1
贵州	48915.3	347846.0	277196.0	273643.0	1273907.5
云南	218079.0	1645237.5	2615401.6	901459.8	222.2
西藏	700.3	555.6	2320.1	2179.5	103324.4
陕西	72196.0	175376.3	198928.8	91567.8	112869.2
甘肃	60294.5	124774.5	189893.5	89638.6	38876.4
青海	17358.8	35739.5	42946.4	29577.4	31792.0
宁夏	20002.5	41504.6	59774.1	24296.9	56536.9
新疆	44314.8	104298.2	126103.6	48973.4	121839.0

4个市(县)部分职工工资增长情况(一)

(1994年10月)

项目	调查人数(人)	1994年10月平均工资(元)						
		合计	#基本工资	计时和计件标准工资	奖金和计件超额工资	津贴和补贴	#各种物价补贴	加班加点工资和其他工资
总计	3482	521.59	270.16	261.38	118.00	124.90	39.16	17.31
一、按隶属关系分组								
1.中央	446	569.61	342.66	323.60	74.44	163.71	33.51	7.86
2.省、自治区、直辖市	1735	622.79	319.89	308.99	162.80	127.08	38.78	23.93
3.地区	702	496.55	266.95	259.81	123.20	104.20	38.80	9.33
4.县及县以下	965	335.65	149.58	148.15	53.81	118.10	42.73	15.58
5.其他								
二、按经济类型分组								
1.国有经济	2772	509.44	286.52	276.05	92.14	125.77	35.21	15.48
2.城镇集体经济	668	345.33	160.90	158.21	69.03	100.74	53.64	17.34
3.联营经济								
4.股份制经济	80	779.10	415.69	415.69	282.01	45.48	20.75	35.92
5.外商投资经济	234	1020.86	325.44	321.32	472.31	192.39	53.88	34.84
6.港澳台投资经济	93	673.14	302.17	280.92	209.23	171.24	31.69	11.74
7.其他经济								
三、按地区分组								
1.北京市	984	683.60	321.56	309.57	219.20	133.53	41.10	21.30
2.福建省福州市	905	596.59	270.96	263.71	174.94	135.70	42.31	22.23
3.甘肃省兰州市	1014	486.03	323.61	310.16	41.58	121.52	33.97	12.71
4.湖北省应城市	945	319.22	158.53	156.60	40.11	109.19	39.69	13.32
四、按工作岗位分组								
(一)生产业务(服务)人员	2185	498.32	244.07	235.02	134.26	112.70	43.40	16.34
1.学徒工	27	407.09	128.44	123.19	129.17	140.52	26.94	14.22
2.普通工	159	397.36	204.40	197.05	75.76	112.14	45.01	12.41
3.技术工人	1946	504.03	246.27	237.20	138.43	111.86	43.61	16.54
4.技师	49	649.32	348.45	332.37	158.54	135.49	40.77	22.91
5.高级技师	4	499.93	252.75	249.25	1678.00	75.42	23.75	7.25
(二)专业技术人员	846	539.76	273.33	269.07	105.79	149.25	31.11	15.65
1.研究员及相当职务	18	1101.56	584.78	583.89	166.72	288.44	31.89	62.50
2.副研究员及相当职务	92	758.43	394.67	386.60	137.74	222.30	42.02	11.79
3.助理研究员及相当职务	286	545.10	290.01	284.72	90.85	158.41	29.28	11.13
4.研究实习员及相当职务	242	499.94	233.18	230.42	121.09	132.38	28.07	16.04
5.技术员及相当职务	151	420.00	210.51	206.95	76.58	116.13	33.80	20.35
6.未评定职称人员	57	468.97	232.36	230.13	122.42	100.73	28.16	15.68
(三)管理人员	817	564.41	336.58	323.82	86.73	132.22	36.13	21.64
1.厅(局)长及相当职务	6	819.27	646.50	607.33	65.50	124.77	19.33	21.67
2.副厅(局)长及相当职务	14	859.91	628.86	601.07	93.36	141.34	34.43	19.14

4个市(县)部分职工工资增长情况(二)

(1994年10月)

项目	调查人数(人)	1994年10月平均工资(元)						
		合计	#基本工资	计时和计件标准工资	奖金和计件超额工资	津贴和补贴	#各种物价补贴	加班加点工资和其他工资
3.处长及相当职务	49	819.54	552.73	523.76	108.71	167.56	37.73	19.51
4.副处长及相当职务	80	600.48	421.76	401.40	42.61	146.40	30.74	10.06
5.科长及相当职务	153	698.12	427.32	409.38	118.25	140.72	33.95	29.76
6.副科长及相当职务	125	556.01	313.06	300.46	86.91	140.33	31.70	28.32
7.科员、办事员及相当职务	368	455.66	245.59	239.42	79.79	118.30	40.16	18.15
8.未定职务人员	22	544.45	299.50	292.27	92.36	126.00	30.64	33.82
五、按年龄分组								
1.20岁及以下	34	437.04	168.10	167.59	134.40	122.70	34.60	12.35
2.21～30岁	1063	460.94	213.38	209.45	122.56	113.06	35.67	15.87
3.31～40岁	1383	506.16	257.76	249.54	120.10	121.74	41.45	14.78
4.41～50岁	924	536.58	293.55	280.83	110.66	125.36	39.69	19.73
5.51～59岁	420	675.23	393.12	378.07	115.09	159.29	40.11	22.78
6.60岁及以上	24	950.63	591.92	584.71	105.58	214.59	31.71	45.76
六、按工龄分组								
1.5年及以下	442	465.88	206.32	204.27	137.58	108.47	32.64	15.56
2.6～10年	639	449.78	205.20	200.84	115.87	115.26	37.60	17.82
3.11～20年	1344	490.41	250.58	242.95	113.66	119.55	42.15	14.25
4.21～30年	977	567.08	310.27	297.19	120.34	130.87	39.71	18.68
5.31～40年	394	666.94	382.58	366.77	113.21	160.98	38.84	25.99
6.41年及以上	52	727.16	511.93	495.32	82.46	135.77	28.63	13.62
七、按学历分组								
1.大学本科及以上	401	644.86	361.76	353.69	108.61	166.95	33.61	15.60
2.大专	523	556.09	304.54	294.81	104.96	142.15	32.08	14.16
3.中专	435	508.85	253.47	246.51	112.10	130.77	31.93	19.46
4.技工学校	104	513.17	251.31	245.47	137.23	108.67	38.19	21.80
5.高中	1041	514.79	250.71	243.11	136.96	117.26	42.11	17.45
6.初中	1194	487.70	254.35	243.59	114.93	111.16	42.84	18.02
7.小学及以下	150	431.45	227.75	220.45	85.18	108.91	50.68	16.91

4个市(县)部分职工工资增长情况(三)

(1994年10月)

项　　目	1994年10月平均工资比1993年同期增长(%)						
	合计	#基本工资	计时和计件标准工资	奖金和计件超额工资	津贴和补贴	#各种物价补贴	加班加点工资和其他工资
总　　计	35.94	41.00	42.11	26.00	30.60	16.02	65.11
一、按隶属关系分组							
1.中央	39.46	57.82	58.82	10.82	25.77	−5.75	7.21
2.省、自治区、直辖市	34.50	47.21	48.91	16.77	24.82	4.13	67.12
3.地区	36.20	28.40	29.57	64.75	23.21	11.00	99.24
4.县及县以下	37.83	22.87	23.14	44.20	54.13	113.40	68.15
5.其他							
二、按经济类型分组							
1.国有经济	38.47	43.15	45.07	30.91	30.22	11.08	45.39
2.城镇集体经济	23.36	29.23	28.15	−7.08	34.15	35.52	144.69
3.联营经济							
4.股份制经济	67.85	46.51	46.72	174.46	−16.95	2143.2	53.94
5.外商投资经济	24.60	35.23	35.64	14.53	23.85	0.82	137.07
6.港澳台投资经济	54.52	39.62	33.32	79.67	71.33	−0.77	38.05
7.其他经济							
三、按地区分组							
1.北京市	43.99	51.91	52.90	51.71	17.36	−10.05	51.94
2.福建省福州市	18.33	25.69	26.21	4.01	16.40	−5.41	112.53
3.甘肃省兰州市	42.77	48.60	51.08	0.51	44.73	19.83	30.32
4.湖北省应城市	45.13	32.49	33.00	57.73	57.76	138.94	76.04
四、按工作岗位分组							
(一)生产业务(服务)人员	34.26	34.46	33.69	32.00	34.94	24.96	61.17
1.学徒工	86.29	30.38	28.27	93.53	199.60	78.11	60.67
2.普通工	34.71	26.50	25.54	35.05	50.73	61.71	65.04
3.技术工人	33.71	34.70	33.95	31.40	32.69	22.46	61.78
4.技师	36.94	42.90	42.25	32.00	29.83	19.87	42.99
5.高级技师	42.19	91.84	89.18	7.69	35.66		−12.12
(二)专业技术人员	37.42	43.59	48.02	24.03	27.96	−5.19	72.50
1.研究员及相当职务	34.71	57.79	70.29	10.70	−1.98	−48.10	108.72
2.副研究员及相当职务	28.96	29.17	33.47	21.92	24.08	0.13	86.37
3.助理研究员及相当职务	38.73	41.38	46.66	30.74	29.50	−10.40	59.43
4.研究实习员及相当职务	40.15	55.67	61.07	18.76	29.01	−14.23	76.56
5.技术员及相当职务	42.03	47.73	47.76	32.03	37.13	20.44	56.77
6.未评定职称人员	32.90	34.86	35.58	21.88	33.87	24.71	123.43
(三)管理人员	38.46	53.09	55.76	7.65	24.38	12.48	68.02
1.厅(局)长及相当职务	39.80	66.62	71.40	−31.83	9.17	9.43	1.56
2.副厅(局)长及相当职务	73.42	135.65	151.64	−15.29	7.46	−4.37	104.58

4个市(县)部分职工工资增长情况(四)

(1994年10月)

项　　目	1994年10月平均工资比1993年同期增长(%)						
	合计	#基本工资	计时和计件标准工资	奖金和计件超额工资	津贴和补贴	#各种物价补贴	加班加点工资和其他工资
3.处长及相当职务	43.81	61.96	65.04	-1.95	26.38	8.76	114.83
4.副处长及相当职务	41.22	64.08	71.16	-41.68	30.47	14.32	85.48
5.科长及相当职务	42.56	53.13	55.33	21.24	24.13	1.13	95.07
6.副科长及相当职务	35.20	45.22	46.86	22.10	17.57	4.97	75.45
7.科员、办事员及相当职务	33.78	46.14	47.82	10.82	24.94	20.01	52.00
8.未定职务人员	33.49	37.73	40.70	0.25	59.31	21.88	16.98
五、按年龄分组							
1.20岁及以下	72.90	48.22	47.96	84.18	125.70	31.53	1.45
2.21～30岁	36.97	40.13	40.12	32.42	33.97	14.95	56.92
3.31～40岁	35.42	39.44	40.14	28.31	31.36	18.96	56.59
4.41～50岁	36.84	40.70	41.87	27.04	30.39	16.27	80.40
5.51～59岁	31.57	42.85	45.83	3.38	23.07	9.94	72.61
6.60岁及以上	48.74	88.66	101.45	-9.68	1.37	-21.06	125.50
六、按工龄分组							
1.5年及以下	41.35	43.34	43.41	35.50	43.16	9.22	57.78
2.6～10年	32.91	37.28	37.20	24.01	32.53	21.22	53.32
3.11～20年	35.01	37.99	38.24	29.02	32.15	19.68	59.55
4.21～30年	37.27	42.21	43.97	27.16	28.94	14.44	76.93
5.31～40年	33.57	42.99	45.73	11.41	23.13	7.98	70.10
6.41年及以上	45.23	71.71	80.96	-12.31	5.51	2.62	219.01
七、按学历分组							
1.大学本科及以上	35.19	45.27	48.81	12.32	23.88	-8.87	99.07
2.大专	41.44	53.41	57.22	19.79	30.65	1.17	53.53
3.中专	44.08	52.11	54.77	41.27	26.53	5.99	73.87
4.技工学校	30.30	36.04	35.23	19.45	27.58	17.17	77.92
5.高中	34.85	37.26	37.19	31.32	29.87	18.47	75.12
6.初中	32.72	35.11	34.84	23.90	35.26	29.32	51.65
7.小学及以下	32.58	26.57	26.93	28.26	46.83	38.77	51.48

全国各类企业职工退休费用社会统筹基本情况

(1994 年)

单位:人

项目		合计	国有企业	城镇集体企业	其他企业	#外商投资企业
统筹企业个数(个)	应参加	694023	427565	204571	61887	16886
	已参加	646502	421367	176125	49010	12681
参加统筹在职职工人数	合计	72987412	58106861	13245499	1635052	980813
	长期职工	71656547	57145159	13000916	1510472	954125
	合同制职工	24341568	19330207	4202112	809249	600198
	临时职工	1330865	961702	244583	124580	26688
参加统筹离退休、退职人员人数	合计	17723049	13599562	3935877	187610	64291
	原固定职工	17131025	13217098	3737999	175928	55181
	原合同制职工	572455	374246	189056	9153	8869
	原临时职工	19569	8218	8822	2529	241
参加统筹企业减轻负担情况	减支企业数(个)	143167	92968	49075	1124	193
	减支企业职工人数	20519168	15549824	4820287	149057	68339
	减支企业离退休人数	9169699	6476230	2627557	65912	19361
	减支金额(万元)	1037411	697927	329160	10324	3017

注:本表不包括部分中央部委系统社会统筹的数字。

劳动仲裁委员会受理案件情况

项目			1994 年	项目			1994 年
受理案件数	案件数		19098		合计	案件数	7331
	人数		77794			人数	20155
	#集体争议	案件数	1482	固定职工	开除、除名案件数		2143
		人数	52637		辞职、辞退争议案件数		1011
劳动合同制职工	合计	案件数	8367		劳动报酬争议案件数		1843
		人数	41532		保险福利争议案件数		1566
	因履行劳动合同案件数		4159		因生产工作条件案件数		96
	因终止劳动合同案件数		812		其他争议案件数		672
	因变更劳动合同案件数		263	其他职工	案件数		3074
	因解除劳动合同案件数		2078				
	因续订劳动合同案件数		208		人数		9357
	其他争议案件数		847				

劳动仲裁委员会处理案件情况

单位:件

项目			1994 年
处理案件		案件数	17962
		人数(人)	67766
处理方式		仲裁调解	9362
		仲裁裁决	3465
		其他方式	5135
处理结果		单位胜诉	3592
		职工胜诉	8585
		双方部分胜诉	5785
固定职工	结案案件数		6852
	处理方式	仲裁调解	3582
		仲裁裁决	1588
		其他方式	1682
	处理结果	单位胜诉	1531
		职工胜诉	3072
		双方部分胜诉	2249
		不服裁决向法院起诉	358
		裁审结果一致	158
合同制职工	结案案件数		7687
	处理方式	仲裁调解	3942
		仲裁裁决	1395
		其他方式	2350
	处理结果	单位胜诉	1770
		职工胜诉	3687
		双方部分胜诉	2230
		不服裁决向法院起诉	259
		裁审结果一致	137
其他职工	结案案件数		2943
	处理方式	仲裁调解	1332
		仲裁裁决	476
		其他方式	1135
	处理结果	单位胜诉	425
		职工胜诉	1477
		双方部分胜诉	1041
		不服裁决向法院起诉	60
		裁审结果一致	35

七、安全生产

企业职工因工伤亡事故件数及伤亡人数(一)

(1993年)

经 济 类 型	伤亡事故件数(件)	#重大死亡事故	#死亡事故	#重伤事故
总 计	27461	751	14211	2032
一、国有企业	15680	190	5624	6014
(一)农业	233	5	94	95
(二)工业	11470	140	3723	4469
1.采掘业	3913	109	2221	1573
矿山	3617	108	2063	1446
煤矿	2804	97	1551	1156
统配煤矿	1312	26	530	756
2.制造业	7557	31	1502	2891
(三)建筑业	2033	34	1167	656
(四)交通运输、邮电通讯业	768	5	261	315
交通运输业	697	5	228	286
(五)商业、公共饮食业、物资供销和仓储业	366	2	134	159
(六)其他	810	4	245	320
二、城镇集体企业	3585	63	2166	1150
矿山	615	26	572	17
三、乡村集体企业	6042	265	4994	660
矿山	3396	189	3020	187
四、其他各种经济类型企业	690	13	329	140
1.三资企业	313	3	80	100
2.矿山	168	9	153	6
五、私营企业	784	63	674	46
矿山	672	49	599	24
六、无开采许可证矿	680	157	501	22

企业职工因工伤亡事故件数及伤亡人数(二)

(1993年)

经 济 类 型	伤亡人数(人)	#死 亡	#重 伤	#非本企业人员	
				死 亡	重 伤
总 计	34808	19820	9901	701	217
一、国有企业	18122	7062	6819	404	113
(一)农业	271	124	106	2	8
(二)工业	19412	4879	5066	127	31
1.采掘业	5065	3147	1906	32	8
矿山	4741	2977	1763	27	8
煤矿	3788	2365	1433	13	3
统配煤矿	1705	837	780	3	
2.制造业	8347	1732	3160	95	43
(三)建筑业	2287	1328	758	230	23
(四)交通运输、邮电通讯业	846	290	344	12	4
交通运输业	775	257	315	11	3
(五)商业、公共饮食业、物资供销和仓储业	452	171	202	9	6
(六)其他	854	270	343	24	21
二、城镇集体企业	4327	2635	1391	91	61
矿山	872	832	40	1	
三、乡村集体企业	8558	6973	1266	172	34
矿山	4845	4407	434	1	
四、其他各种经济类型企业	905	504	187	22	4
1.三资企业	439	173	131	4	1
2.矿山	234	221	13		
五、私营企业	1255	1108	141	12	5
矿山	1012	930	82	1	
六、无开采许可证矿	1641	1538	97		

企业职工因工伤亡事故件数及伤亡人数(三)

(1994年)

经 济 类 型	伤亡事故件数(件)	#重大死亡事故	#死亡事故	#重伤事故
总 计	25370	825	14362	7133
一、国有企业	13839	182	5767	5307
(一)农业	177	1	70	64
(二)工业	9910	130	3697	3981
1.采掘业	3892	105	2251	1536
矿山	3604	103	2093	1408
煤矿	2942	92	1659	1191
统配煤矿	1510	38	730	742
2.制造业	6018	25	1446	2445
(三)建筑业	2108	32	1326	621
(四)交通运输、邮电通讯业	670	7	247	249
交通运输业	607	7	210	227
(五)商业、公共饮食业、物资供销和仓储业	341	9	150	150
(六)其他	633	3	277	242
二、城镇集体企业	3518	78	2385	958
矿山	731	49	652	30
三、乡村集体企业	5448	286	4565	485
矿山	3302	229	2939	134
四、其他各种经济类型企业	862	13	320	272
1.三资企业	510	7	156	208
2.矿山	43		43	
五、私营企业	973	73	795	104
矿山	732	52	623	57
六、无开采许可证矿	730	193	530	7

注:本表国有企业按旧的国民经济行业分类填写。

企业职工因工伤亡事故件数及伤亡人数(四)

(1994年)

经 济 类 型	伤亡人数(人)	#死 亡	#重 伤	#非本企业人员 小 计	#死 亡	#重 伤
总 计	33075	20315	9103	833	529	158
一、国有企业	16271	7235	6017	552	362	108
(一)农业	191	80	67	4	4	
(二)工业	11464	4840	4431	262	182	51
1.采掘业	4957	3239	1711	119	108	11
矿山	4636	3064	1572	113	102	11
煤矿	3833	2533	1300	70	61	9
统配煤矿	2012	1179	833	28	27	1
2.制造业	6507	1601	2720	143	74	40
(三)建筑业	2670	1513	764	128	103	19
(四)交通运输、邮电通讯业	773	302	290	18	13	2
交通运输业	702	265	262	17	12	2
(五)商业、公共饮食业、物资供销和仓储业	449	199	179	72	31	10
(六)其他	724	301	286	68	29	26
二、城镇集体企业	4392	3049	1222	114	83	25
矿山	1171	1117	54	17	17	
三、乡村集体企业	7855	6524	1141	115	52	19
矿山	5031	4590	439	23	22	1
四、其他各种经济类型企业	1152	486	378	27	15	2
1.三资企业	742	291	292	19	9	1
2.矿山	61	56	5			
五、私营企业	1636	1369	228	18	10	4
矿山	1118	1050	68	5	5	
六、无开采许可证矿	1769	1652	117	7	7	

分地区企业职工因工伤亡事故件数及伤亡人数(一)

(1993年)

单位:人

项目	全部企业			#矿山企业		
	伤亡事故件数(件)	死亡人数	重伤人数	伤亡事故件数(件)	死亡人数	重伤人数
全国总计	27458	19820	9901	9145	10902	2429
北京	250	119	174	64	38	36
天津	249	104	153	3	1	2
河北	673	716	278	318	361	100
山西	894	1238	104	718	1059	56
内蒙古	688	673	176	401	456	71
辽宁	1421	981	657	505	506	139
吉林	884	593	448	386	348	136
黑龙江	785	873	195	349	542	
上海	5246	457	484	5	3	2
江苏	1213	740	658	295	241	120
浙江	1158	801	574	289	266	75
安徽	882	512	517	4056	265	220
福建	561	488	232	206	239	34
江西	533	569	314	242	388	47
山东	876	812	385	337	371	152
河南	965	838	559	377	479	134
湖北	942	700	472	310	327	103
湖南	1366	1318	607	672	913	160
广东	1361	1355	438	357	431	55
广西	619	520	275	235	266	65
海南	93	61	43			
四川	2080	1920	815	944	1180	324
贵州	621	816	255	348	645	115
云南	887	800	324	399	488	106
西藏	17	13	4	7	7	
陕西	659	557	222	303	337	32
甘肃	471	502	143	376	365	48
青海	148	104	78	44	49	14
宁夏	167	113	62	69	56	19
新疆	649	524	255	281	315	64

分地区企业职工因工伤亡事故件数及伤亡人数(二)

(1994年)

地区	全部企业 伤亡事故件数(件)	全部企业 伤亡人数(人)	#死亡	#重伤	#矿山企业 伤亡事故件数(件)	#矿山企业 伤亡人数(人)	#死亡	#重伤
全国总计	25370	33075	20315	9103	9142	13786	11529	2255
北京	222	267	116	141	47	57	37	20
天津	368	432	166	226	8	8	5	3
河北	675	972	621	302	347	514	393	121
山西	935	1265	1133	132	799	1101	995	106
内蒙古	661	867	727	140	417	587	536	51
辽宁	1289	1519	985	520	503	619	512	107
吉林	792	1116	763	353	397	652	539	113
黑龙江	807	1221	1028	181	395	726	726	
上海	3874	3962	513	386	7	7	3	4
江苏	1039	1183	644	531	236	319	199	120
浙江	1235	1504	944	536	329	402	322	80
安徽	954	1108	552	556	410	466	239	227
福建	479	640	437	181	173	229	201	28
江西	614	1010	693	307	239	552	489	63
山东	871	1115	719	333	309	376	258	118
河南	938	1387	817	527	383	653	530	123
湖北	919	1221	794	418	316	481	371	110
湖南	1284	1840	1356	484	716	1118	978	140
广东	1381	1871	1286	585	313	413	356	57
广西	668	910	616	267	260	409	347	62
海南	103	118	78	40				
四川	1791	2586	1693	620	848	1268	1041	227
贵州	689	1295	986	296	392	936	790	146
云南	761	1139	815	321	328	576	501	75
西藏	6	15	9	6				
陕西	597	751	581	166	286	380	365	15
甘肃	488	634	489	145	276	392	358	34
青海	159	194	106	83	61	74	41	33
宁夏	164	174	107	67	81	84	63	21
新疆	616	768	553	212	275	396	346	50

企业分事故类别职工因工伤亡人数(一)

(1993 年)

单位:人

项　目	全部企业		#矿山企业	
	死　亡	重　伤	死　亡	重　伤
总　计	19820	9901	10902	2429
物体打击	1321	992	482	197
提升、车辆伤害	1277	873	811	491
机械伤害	1056	3073	186	200
起重伤害	545	410	51	17
触　电	1452	128	255	19
淹　溺	170	8	42	
灼　烫	142	280	9	7
火　灾	375	177	53	22
高处坠落	2450	1180	438	66
坍　塌	1480	428	650	101
冒顶片帮	3760	599	3672	587
透　水	516	14	512	14
放　炮	500	159	429	120
火药爆炸	378	206	41	24
瓦斯、煤尘爆炸	1887	285	1883	279
其他爆炸	479	285	15	7
煤与瓦斯突出	170	22	169	22
中毒和窒息	1354	179	966	46
其他伤害	505	603	238	210

企业分事故类别职工因工伤亡人数(二)

(1994 年)

单位:人

项　目	全部企业			#矿山企业		
	合　计	死　亡	重　伤	合　计	死　亡	重　伤
总　计	29418	20315	9103	13784	11529	2255
物体打击	2018	1193	825	571	408	163
提升、车辆伤害	2331	1406	925	1346	873	473
机械伤害	3718	1005	2713	336	172	164
起重伤害	907	536	371	21	7	14
触　电	1861	1723	138	285	269	16
淹　溺	237	231	6	68	68	
灼　烫	488	158	330	20	5	15
火　灾	498	328	170	103	86	17
高处坠落	3517	2487	1030	563	488	75
坍　塌	1727	1350	377	688	611	77
冒顶片帮	4233	3752	481	4196	3722	474
透　水	637	632	5	637	632	5
放　炮	654	533	121	568	467	101
火药爆炸	631	414	217	55	49	6
瓦斯、煤尘爆炸	2637	2222	415	2619	2216	403
其他爆炸	638	351	287	31	21	10
煤与瓦斯突出	167	160	7	166	159	7
中毒和窒息	1632	1487	145	1181	1140	41
其他伤害	887	347	540	330	136	194

企业分事故原因职工因工伤亡人数(一)

(1993 年)

单位:人

项目	全部企业合计		#矿山企业	
	死亡	重伤	死亡	重伤
总计	19820	9901	10902	2429
技术和设计上有缺陷	500	191	324	51
设备、设施、工具、附件有缺陷	1233	670	409	80
安全设施缺少或有缺陷	1933	796	982	206
生产场地环境不良	2053	650	1357	246
个人防护用品缺少或有缺陷	356	196	120	25
没有安全操作规程或不健全	861	341	486	54
违反操作规程或劳动纪律	8491	4638	4703	1139
劳动组织不合理	180	129	81	27
对现场工作缺乏检查或指挥错误	1469	578	929	188
教育培训不够缺乏安全操作知识	1244	707	768	203
其他	1497	1005	743	210

企业分事故原因职工因工伤亡人数(二)

(1994 年)

单位:人

项目	全部企业合计		#矿山企业	
	死亡	重伤	死亡	重伤
总计	20315	9103	11529	2255
技术和设计上有缺陷	596	165	363	21
设备、设施、工具、附件有缺陷	1160	697	347	87
安全设施缺少或有缺陷	2229	778	1177	172
生产场地环境不良	2326	669	1771	325
个人防护用品缺少或有缺陷	341	161	128	21
没有安全操作规程或不健全	726	220	422	55
违反操作规程或劳动纪律	9208	4492	5457	1194
劳动组织不合理	204	93	103	10
对现场工作缺乏检查或指挥错误	1598	522	1032	131
教育培训不够缺乏安全操作知识	1049	519	524	110
其他	878	787	205	129

(劳动部综合计划与工资司统计处　蒙德华　秦俊兴　靳　宏　周笃池　陈群洲　徐玉萍)

附　　录

劳动部组织机构

一、部机关行政单位

国务院办公厅 1994 年 1 月 6 日印发国办发〔1994〕6 号文件，批准了劳动部职能配置、内设机构和人员的编制方案。

根据第八届全国人民代表大会第 次会议批准的国务院机构改革方案，保留劳动部。按照中共中央和国务院关于政府机构改革的要求，劳动部从管理体制、管理职能、管理机构、管理方法、行政运行机制和人员配备等方面进行了调整和改革。

（一）职能转变

劳动部的职责范围主要是：劳动力资源管理、工资总额调控、劳动关系调节、劳动安全卫生国家监察、城镇（除国家机关和事业单位外，下同）社会保险管理。按照建立社会主义市场经济体制的要求，劳动部职能转变的重点是：

1. 由偏重管理国有企业的劳动工作，转向综合管理全社会的劳动事业，建立统一、开放、有序的劳动力市场。

2. 由主要运用计划指标、行政审批手段管理劳动力，转向主要运用经济与法律手段，通过市场机制和必要的政府行政干预，实现劳动力资源的合理配置。

3. 由直接对企业劳动工作实施微观管理，转向以宏观预测、规划、调控为主的管理，加强协调指导、监督检查和社会服务。

按照以上原则，劳动部原有职能和应有职能可分解归纳为三类：(1) 需要取消、下放或者调整的职能，如对地区、部门下达指令性劳动工资计划，制订全国统一的企业工资标准等；(2) 需要新增或加强的职能，如劳动关系调节、工资总额的宏观调控和管理、全国安全生产管理、社会保险综合性管理等；(3) 需要保留的职能。

（二）主要职责

劳动部是国务院综合管理全国劳动工作的职能部门。主要职责是：

1. 研究制订全国劳动工作的总体规划、基本方针、政策和法规，制订劳动制度总体改革方案并组织实施和监督检查。

2. 根据国民经济与社会发展规划和计划，制订全国劳动事业发展中长期规划和年度计划，制订劳动工作宏观调控的政策措施并组织实施和监督检查。

3. 制订劳动规范和基本标准并监督检查。

4. 统筹管理全国劳动力资源的开发利用和劳动就业工作。规划和指导劳动力市场的发展，制订劳动力市场管理规则并实施监督。指导劳动就业服务事业的发展，制订中国公民境外就业和境外人员入境就业的政策并组织实施。协调指导全国和区域性劳动力的流动。

5. 制订劳动关系基本规则，推动劳动关系调整体系的建立与完善。制订处理劳动争议的法规并监督执行。负责劳动监察工作。制订外商投资企业劳动管理政策并组织实施。指导各类企业的劳动管理。制订企业富余职工安置政策和企业职工奖惩法规。会同有关部门管理企业职工劳动模范评定工作。

6. 对全国职工工资及其他劳动报酬进行宏观管理，制订企业工资及其他劳动报酬制度和管理体制总体改革方案并组织实施。协调各类人员工资及其他劳动报酬分配关系，制订国有企业经营者收入分配政策。

7. 综合管理全国职业分析和分类、职业技能标准、职业技能鉴定、职业技能竞赛等职业技能开发工作。在国家教育工作方针、政策的指导下，管理全国技工学校和社会失业人员、企业富余人员的培训机构，指导企业职工和学徒培训工作。

8. 综合管理城镇社会保险工作和社会保险事业机构，社会保险包括养老、失业、医疗、工伤、生育等保险。管理企业职工福利工作。组织推动社会保险服务体系建设。

9. 综合管理全国职业安全卫生、矿山安全卫生、锅炉压力容器安全和全国安全生产工作，制订政策、法规和技术标准，行使国家监察职权。

10. 管理劳动统计和信息工作，分类定期发布统计信息和劳动发展预测报告。

11. 管理劳动领域的国际交流与合作；代表政府参加国际劳工组织的活动和工作，发展与各国劳工部门以及其他国际组织的友好合作关系。管理劳动领域的涉外业务技术合作和人才交流。

12. 组织推动有关劳动领域的科学技术研究、成果推广应用和宣传、教育工作。

13. 指导地方劳动行政部门的工作，管理部属企事业单位，指导相关学会、协会等社会团体的工作。

14. 承办国务院交办的其他事项。

（三）内设机构

根据上述职责，劳动部设11个职能司局和机关党委等机构。

1. 办公厅（挂“人事司”牌子）

设部长办公室、综合处、秘书处、信息处、信访处、文档处、财务处、行政处、基建处、房管处、保卫处、办公室（挂“劳动部审计室”和“劳动部保密办公室”牌子）、考核任免处、培训处、调配劳资处。

主要职责：承办部党组和部领导政务活动事宜，负责有关综合性调研，草拟部年度工作计划、总结及有关报告文稿，协调部内各司局工作关系，提供劳动工作信息，负责对外联络接待、文电处理、机要档案、秘书事务、会议组织、公文审核、期刊管理及信访工作，负责本部基建、保密和部机关财务、保卫工作。

负责部的人事工作，负责部机关和地方劳动行政部门公务员的培训工作；参与管理省级社会保险事业机构主要负责人的任免事宜；会同有关单位管理本部长期出国的官员和国际职员。

2. 政策法规司

设综合办公室、体制改革处、新闻宣传处、法规处、法规监督检查处（兼行政复议办公室）。

主要职责：制订劳动立法规划和计划，组织起草、修订劳动法律、法规草案和部门规章，监督检查地方劳动行政部门执行劳动法律、法规和政策的情况；办理行政复议和行政诉讼案件；研究劳动领域综合性政策、制度，制订和组织实施综合配套改革方案；负责劳动政策、法规与社会经济其他领域政策、法规的综合协调；负责部的新闻、宣传工作。

3. 综合计划与工资司

设综合办公室、预测规划处、宏观调控处、工资分配管理处、企业内部分配处、统计处、涉外劳动管理处、经费处、固定资产投资和国有资产管理处、科技处。

主要职责：预测全国劳动事业发展趋势，制订中长期发展规划和年度计划并组织实施；监测劳动经济运行状况，制订宏观调控的政策措施并组织实施；制订全国企业职工收入分配的政策、法规和改革方案并组织实施，协调企业、事业单位、国家机关的工资政策，制订国有企业工资总额、经营者收入管理办法，指导企业内部分配，制订全国企业最低工资法规，参与制订调节分配的税收政策；综合管理全国劳动统计和信息工作以及劳动事业发展中的各项经费、科学技术和国际援贷款项目。

4. 劳动关系与监察司

设综合办公室、劳动政策基准处（挂“调配处”牌子）、劳动合同管理处、劳动监察处、劳动争议处理处。

主要职责：制订劳动关系调整的基本原则、法规、政策，负责对用人单位与劳动者执行有关政策、法规行为的监察，指导各地劳动监察工作，综合管理劳动争议处理工作；制订劳动制度改革总体方案并组织实施，制订各类企业招用职工的政策，审核中央新建国有企业的定员标准，制订企业富余职工安置政策并组织实施，管理政策性安置和调配工作；负责“农转非”审核工作；制订企业职工奖惩法规，会同有关部门管理企业劳动模范的评定工作。

5. 就业司

设综合办公室（挂“境外就业办公室”牌子）、劳动力市场处、职工介绍和就业训练指导处、失业保险和就业基金管理处、劳动服务公司管理处。

主要职责：制订城乡劳动就业的规划、政策和法规，制订劳动力市场发展规划和管理规则，规划和推动就业服务事业的发展，指导就业服务体系建设，协调指导全国和区域性劳动力的流动；制订中国公民境外就业和境外人员入境就业的政策并组织实施；制订失业保险政策、法规、制度；制订劳动就业服务企业发展规划和政策、法规。

6. 职业技能开发司

设综合办公室、职业分类标准处、技工培训处（挂“劳动部技工学校勤工俭学办公室”牌子）、职工培训与技能竞赛处、职业技能鉴定处。

主要职责：综合管理全国职业分析和分类、职业技能标准、职业技能鉴定、职业技能竞赛等职业技能开发工作，制订职业技能开发总体规划、政策、法规并监督检查；在国家教育工作方针、政策的指导下，管理全国技工学校、社会失业人员、企业富余人员的培训机构，指导企业职工和学徒培训工作。

7. 社会保险司

设综合办公室、制度法规处、养老保险处、退休费用统筹处、工伤保险处、医疗保险处、生育保险和职工福利处。

主要职责：综合管理城镇社会保险工作，社会保险包括养老、失业、医疗、工伤、生育等保险；管理企业职工福利工作；组织推动社会保险服务体系建设；组织养老、医疗、工伤、生育等项保险费用社会统筹和养老保险费用的全国统筹工作；制订离退休人员社区管理服务政策。

8. 安全生产管理局

设综合办公室、事故调查处、法规与宣教处。

主要职责：综合管理全国安全生产工作，对安全生产行使国家监察职权；研究制订全国安全生产的综合性法规、政策，研究、分析、预测安全生产状况，提出相应对策；根据需要对特大事故进行调查、仲裁，承担对特大事故调查结果进行批复的工作；组织指导各地区、各部门及企业对事故隐患进行评估和整改。

9.职业安全卫生与锅炉压力容器监察局

设综合办公室、职业安全监察处、职业卫生监察处、锅炉安全监察处、压力容器安全监察处、压力管道安全监察处、检验管理处、法规标准处、宣传教育科技处。

主要职责：综合管理职业安全卫生与锅炉压力容器等特种设备的安全，行使国家监察职权，制订政策、法规、规章、标准和规划并组织实施和监督检查；综合分析职工伤亡、锅炉压力容器事故和职业病情况，提出预防和控制对策；参与国家重点工程“三同时”审查与验收；对锅炉压力容器等特种设备设计、制造、安装、使用、检验、修理、改造等环节和进出口进行监督检查；管理检测机构。

10. 矿山安全卫生监察局

设综合办公室、煤矿安全监察处、非煤矿安全监察处、矿山工业卫生监察处、法规标准处。

主要职责：综合管理矿山安全监察工作，履行《中华人民共和国矿山安全法》和其他法律、法规规定的监督职责；制订矿山安全法规、标准、政策和矿山安全监察工作制度，对贯彻执行有关法律、法规的情况进行监督检查；审查批复重大矿山事故调查报告；研究、分析全国矿山安全和矿山职业危害的状况，提出相应的对策；指导矿山安全卫生检测检验工作。

11. 国际合作司

设综合办公室、国际组织处、双边合作处、多边合作处。

主要职责：管理劳动领域的国际交流与合作工作，编制中长期规划和年度计划并组织实施；组织参加国际劳工组织的活动；负责国际劳工公约、建议书的审查，并提出处理意见；综合管理劳动领域政府与民间的多边及双边国际交流与合作项目；管理劳动领域的涉外业务技术合作和人才交流。

12. 机关党委

设办公室、组织部、宣传部、纪委办公室。

主要职责是负责部机关和在京直属单位的党群工作。

13. 离退休干部局

设办公室、组织活动处、生活服务处。

主要职责是做好部机关离、退休老干部的服务工作。

14. 机关服务中心（机关服务局）

机关服务中心是劳动部机关直属事业单位，设办公室、财务处、服务一处、服务二处、经营处。

主要职责是做好保障部机关职能活动的后勤服务工作。

劳动部还设有科学技术委员会，在部领导下，以减少伤亡事故和职业病，保护劳动者健康为主要宗旨，是部领导在科学技术方面的顾问和参谋，是部开展科学技术工作的咨询机构。科技委的职责是：参加部科学技术体制改革工作；审议劳动部主管的科学技术领域内的重大科技政策；组织制定部科技工作规划；审定部管重大科研课题的主题和成果鉴定工作；审议有关科研经费的分配原则；参加评审科技人员定级专业技术职务资格、科学技术进步奖和劳动部优质产品奖。科技委下设自然科学学组和社会科学学组两个专业组。

二、部属企、事业单位

（一）社会保险事业管理局

设综合部、中央部、地方部、系统服务部、基金运行部、信息计算中心、宣传教育培训部、《中国社会保险》杂志编辑部、财务部、审计办公室。

主要职责：组织推动养老、工伤、医疗、生育保险基金统筹政策的贯彻落实工作；根据法律、行政法规和劳动部规章制度，制订社会保险基金的财务会计、统计和内部审计等制度并组织实施和监督检查；制订社会保险费用的收缴、给付业务规程，并组织实施；具体组织和管理经国务院批准的中央部属企业养老保险费用社会统筹工作；管理省级社会保险事业管理机构；负责社会保险事业系统干部的培训和业务考核工作；建立全国社会保险信息系统并为劳动部和其它有关部门提供依据和政策建议；指导和推动城镇社会保险待遇领取人员的管理服务工作。

（二）职业技能鉴定中心（挂"中国职工教育和职业培训协会"牌子）

设综合办公室、标准命题处、鉴定考核处、研究处、信息处、《中国培训》杂志编辑部、中国职协秘书处办公室。

主要职责：按照国家和劳动部制定的职业技能鉴定（考核）的规划、政策、标准和有关规定，组织、协调和指导国家职业技能鉴定（考核）实施工作，推动国家职业资格证书的实施；对各地、各行业（产业）部门职业技能鉴定（指导）机构进行业务指导和提供服务；参与制定国家职业分类、职业技能标准及相关的技术性文件和规定，研究制定职业技能鉴定站（所）条件标准；参与全国职业技能竞赛活动；负责建立国家职业技能鉴定试题库，组建职业技能鉴定专家队伍，指导职业技能鉴定考评员培训工作；组织开展职业标准和职业技能鉴定的学术理论研究工作，开拓职业技能鉴定（考核）工作新领域，研究借鉴国外职业技能鉴定（考核）的先进经验，协调职业资格证书的国际交流和引进工作；建立全国职业技能鉴定的计算机工作网络和情报信息网络，对国家高级技术证书实行管理登记；受行政部门委托，承担其他有关工作。

（三）劳动科学研究院

设院机关、劳动科学研究所、劳动保护研究所、工资研究所、国际劳工研究所、社会保险研究所、劳动情报文献中心（处级）、职业安全卫生培训中心（处级）。代管中国劳动学会、中国劳动保护科学学会秘书处。

主要职责：开展劳动科学基础理论、应用理论和应用技术研究；为劳动部宏观决策和制订政策、法规开展综合性和专题研究；承担国家级劳动科学研究项目；承接企业和社会各界提出的专题研究项目；推广劳动科技成果，促进劳动科技成果的应用；开展国际间劳动领域的学术交流和合作研究。

1. 院机关

设办公室、行政处、科研处、国际交流合作处、人事处、财务处、企业处、党委办公室、工会。

主要职责：负责管理全院的编制、机构、工资以及处级（含处级）以下干部的任免和人员调动、招聘等；负责组织编制院中、长期科研规划和科研项目的年度计划；负责全院科研项目的归口管理工作，审核、审批科研项目的立项、撤项工作，主持下达科研课题的鉴定、审定、验收工作，对科研进度及经费使用情况进行监督检查；负责全院财物的管理、协调、综合平衡及院固定资产的管理；管理全院的外事及国际合作事务，组织实施和协调指导科研、学术交流方面的外事工作；负责组织编制院各项管理制度；负责全院科技人员高级专业技术职务的聘任工作；负责院职工的政治思想工作和精神文明建设工作；负责全院的行政后勤和职工的生活福利工作。

2. 劳动科学研究所

设综合室、发展战略室、劳动力研究室、劳动法研究室、基础理论室、编辑室。

主要职责：研究劳动工作综合性和劳动事业发展战略问题，提出劳动科研的中、长期发展规划；研究劳动就业和劳动力管理基本理论和有关劳动就业、劳动力管理改革、业务工作中遇到的理论及实际问题，并提出对策建议和理论依据；研究劳动关系的建立与调整及劳动法等方面的理论和基本政策，参与劳动法规、政策制度和改革方案的起草工作，并提供理论依据；开展劳动就业、劳动力管理、劳动关系的建立与调整和劳动法等方面的信息交流，为社会提供咨询和培训服务，组织开展科研成果的推广工作；开展国内外有关问题的比较研究；编辑出版《中国劳动科学》杂志。

3. 劳动保护研究所

设总工程师室、综合室、检测部、技术开发部、安全工程室、物理室、化学室、粉尘室、个体防护室、仪器仪表室、《劳动保护科学技术》杂志编辑部。

主要职责：研究安全科学基础应用理论，事故原因，事故估计与分析，重大事故预测、预报和预防技术以及重大危险源宏观控制、评估技术；研究各种物理危害因素对人体的危害及预防、控制措施效果评估技术；研究工作场所化学有害物质分析、标定及工业卫生评估技术；研究生产场所粉尘控制技术及测试技术和方法；研制安全卫生监察仪器仪表及其检验设备，并进行有关个体防护用品的检验；编辑出版《劳动保护科学技术》杂志。

4. 工资研究所

设综合室、基础理论研究室、宏观问题研究室、微观研究室。

主要职责：研究有关工资分配的政策、法规和理论；研究工资增长、工资水平和工资关系，结合实际寻求适合中国特点的分配制度；研究工资改革与其它各项改革及与国民经济发展的关系，提出工资制度改革中、长期目标模式；研究社会主义市场经济企业工资的决定机制和政府宏观调控职工收入分配的功能和手段；开展工资分配方面的信息交流，提供有关咨询服务和培训服务。

5. 国际劳工研究所

设综合室、劳工组织研究室、亚非劳工问题研究室、欧美劳工问题研究室。

主要职责：研究国际劳工公约、建议书以及国际劳工组织的其他重要法律文献、资料和研究成果，承担国际劳工组织委托的专题研究项目和文献翻译工作；研究国际劳工组织及其现行政策和业务，配合部职能部门参加国际劳工大会、理事会及其它业务活动，并参与有关问题的研究；研究国外劳动经济基础理论，开展劳动领域中外比较研究。

6. 社会保险研究所

设综合室、理论室、预测分析室、咨询服务室、精算部。

主要职责：开展社会保险理论、基础制度及其对策的研究；进行社会保险费用的定量研究；完善信息库，会同部有关单位开发社会保险电算化管理制度软件；负责社会保险科研成果的推广与服务工作；承担部内外的有关社会保险业务的研究课题及其他工作。

7. 劳动情报文献中心（处级）

设综合室、文献室、计算机室、情报报导室、咨询检索室、轻印刷室。

主要职责：收集、加工、储存和传播国内外劳动科学与职业安全卫生情报文献；为用户提供馆藏文献、专题文献检索服务及国内外有关数据库的联机检索服务；提供各种情报定题服务、专题情报资料加工、软件课题研究、非印刷情报产品制作等；编辑出版有关情报信息刊物。

（四）中国劳动报社

设办公室（人事处）、行政处、财务处、总编室、综合要闻部、专刊专栏部、《安全生产报》编辑部、《劳动周末》编辑部、摄影美术部、通联群工部、出版发行部、读者服务部、广告部、党委办公室。

主要职责：编辑、出版、发行《中国劳动报》、《安全生产报》；出版、发行《劳动政策法规专刊》；编辑发行劳动新闻图片；建立记者站和报道组，组织通讯联络队伍；承办广告业务；组织发行图书资料；开展新闻宣传业务培训，提供咨询与信息服务；开展劳动新闻领域的国际交流与合作；开发和经营劳动报刊产业。

（五）中国劳动出版社

设社长办公室、总编室、第一编辑室、第二编辑室、第三编辑室、第四编辑室、第五编辑室、《劳动保护》编辑室、音像部、出版部、发行部、财务部、人事处（党委办公室）、行政处、编审与质量检查室、劳动部教材办公室、多种经营办公室。

主要职责：负责劳动业务图书和技工学校教材、就业训练教材、在职职工培训教材、劳动干部培训教材以及配套的音像制品的编辑、出版、发行工作；根据职业技能教育事业发展需要和劳动部职能要求，组织各类培训教材的调研、开发、选题立项工作。

（六）锅炉压力容器检测研究中心

设办公室（总师办、信息室、实验室）、

人事处、党委办公室、行政处、检验一室、检验二室、检验三室、科研开发室、检测室、监制室、培训室、财务处、国际合作处、《锅炉压力容器安全》杂志社。

主要职责：承担或组织实施国家重点工程中锅炉压力容器的检验工作；接受国内外厂商及有关机构和单位的委托进行有关锅炉压力容器的技术检验、测试和鉴定；对锅炉压力容器用钢（板、管材）制造厂进行安全质量认证检查和产品质量监督检验工作，对各类钢瓶进行性能测试和产品鉴定工作；对锅炉压力容器的技术争议进行最终的复验、试验、技术仲裁；承担部内外下达的科研任务；收集国内外有关资料，并向社会提供服务；负责中国锅炉压力容器检验协会工作，指导全国锅炉水处理情报网工作，对劳动系统锅炉压力容器检验所进行技术指导并提供技术服务；对在役锅炉压力容器进行安全评定和事故预防对策研究，参与锅炉压力容器重大事故调查，并进行技术分析；受国家技术监督局委托，承担工业锅炉、大型电站锅炉、钢瓶和压力容器制造厂产品抽查；协助部有关行政单位承担进出口锅炉压力容器的制造厂资格认证检查工作；开展对外交流与合作；负责编辑出版《锅炉压力容器安全》杂志，承担部交办的其他工作。

（七）信息中心

设综合处（人事处）、系统处、运行处（劳动部保密通讯处）、技术处、调查分析处、市场网络处。

主要职责：负责全国劳动管理信息系统的规划、计划、设计；综合管理信息系统的建设工作，组织并指导各级劳动部门信息系统的建设；开发与劳动业务有关的各类应用系统；负责劳动管理信息系统标准化的归口管理，制订劳动管理信息系统工作制度和技术规范并组织实施；负责有关劳动信息的发布与交流工作，开展信息调查，提交信息分析和预测报告，提供信息咨询服务和决策支持，会同综合计划与工资司负责劳动事业年度公报发布和季度形势分析的组织工作；负责信息系统运行管理和系统的安全保密工作；综合管理部内计算机网络的规划、设计及办公自动化的发展工作；负责国家级、部级数据库的建设及数据维护工作；综合管理全国职业介绍计算机网的规划、设计实施及网络服务中心的运行工作。

（八）教育培训中心（劳动大厦）

设办公室、综合计划部、音像部、保险职安培训部、客房部、餐饮部、工程维修部、公关销售部、前厅部、工会、财务部、人事部、保卫部、总务部。

主要职责：按照部下达的计划，培训劳动系统各类管理干部（包括国际合作项目）；接待国内外会议及开展各种为劳动业务服务的活动；依法经营，提高综合接待服务水平，扩大经济收入与发展。

（九）中国四达国际经济技术合作公司

设总经理办公室、人事部、党委办公室、财务部、实业开发部、行政科、劳务一部、劳务二部、劳务三部、劳务四部、劳务五部、劳务六部、劳务七部、劳务八部、国企部、劳保部、日本办事处、技术开发部、境外就业公司、贸易综合部、贸易一部、贸易二部、贸易三部、香港分公司、旅行社、房地产公司。

主要职责：按照国家的方针政策，开辟国外劳务市场，争取劳务合作项目，扩大外派劳务人员；开展进出口贸易活动；进行各种形式的经济活动，增加经济收入；开展社会化服务，增加社会效益。

（十）天津职业技术师范学院

设党委办公室、组织部、宣传部、纪委办公室、监察室、工会、团委、院长公办室、人事处、教务处、科技生产处、成人教育处（高级职业技术培训中心、职业技能鉴定所）、总务处、财务处、设备处、基建处、保卫处、学生处、机械系、自动化系、计算机系、职教系、基础课部、数理系、社会科学部、职业教育研究所、图书馆、体育教研室、附属技校。

主要职责：为职业技术教育系统培养师资和管理干部；培训职业技术教育系统的在职工作人员；进行职业技术教育的研究；承担部交办的其他工作。

（十一）职业安全卫生培训中心（处级）

设办公室、培训科、资料科、服务部。

主要职责：承担国家安全生产管理和职业安全监察工作的培训任务，传播国内外有关安全生产和安全监察方面的先进经验和信息；研究我国职业安全卫生在职教育和继续教育体制；对地方有关职业安全卫生的培训中心给予技术支持和指导。

（劳动部人事司　冷礼萍　陈江）

劳动部大事记

1992 年

1　月

3 日，阮崇武部长会见并宴请了澳大利亚社会保障部部长格雷厄姆·理查德一行 5 人，双方就两国的社会保障情况进行了友好的交谈。

4 日，李沛瑶副部长主持全国安全生产委员会办公室主任会议，讨论 1991 年安全生产工作总结和 1992 年安全生产工作设想。

6 日，阮崇武部长主持部长办公会议，讨论《关于进一步搞好国营大中型企业劳动管理工作的通知》（征求意见稿）和《关于工人调配工作管理规定》（征求意见稿），提出了修改意见。

8 日，阮崇武部长在部机关与国家外国专家局局长马俊如、副局长张宇杰同志就我部派遣研修生、留学人员等事宜交换了意见。

9 日，阮崇武部长出席了朱镕基副总理主持的会议，研究《企业法实施条例》的有关问题。

10 日，北京、天津、上海、山西、陕西、河南、辽宁、河北等 8 个省市养老保险座谈会在北京召开，研究讨论了离退休人员待遇问题。阮崇武部长到会听取了意见，并就保险福利工作讲了话。

11 日，李沛瑶副部长前往天津出席中国劳动学会工资研究会成立大会。

14 日至 16 日，各省、自治区、直辖市劳动厅（局）矿山安全监察处长会议，总结交流 1991 年矿山安全监察工作情况，部署 1992 年工作任务。李沛瑶副部长到会讲了话，对矿山安全工作提出了要求。

15 日，中国劳动学会成立 10 周年大会暨 1992 年工作会议在北京召开。日本劳动研究机构会长迁村江太郎先生等人应邀出席了会议。

16 日，李沛瑶副部长出席了国务院分配制度改革委员会会议。

25 日，劳动部、国务院生产办、国家体改委、人事部、全国总工会联合下发了《关于深化企业劳动人事、工资分配、社会保险制度改革的意见》。

26 日，朱家甄副部长主持会议，研究世界银行住房和社会保障体制改革贷款项目的有关问题。

27 日，劳动部召开 1992 年劳动、工资、社会保险制度改革研讨会，有 22 位同志宣读了论文。

29 日，阮崇武部长同工资司负责同志研究了向江泽民总书记汇报工作提纲。

2　月

7 日，劳动部召开了《矿山安全条例》、《矿山安全监察条例》颁布 10 周年新闻发布会，李沛瑶副部长出席了会议并讲了话。

同日，令狐安副部长在与政策法规司负责同志研究工作时指出：应尽快制定《劳动法》（送审稿）和修改调研计划，加强对五部委联合发出的搞好企业劳动人事、工资分配、保险福利改革文件的宣传工作，协助劳就司、职安局等单位加强对扩大待业保险范围、完善劳动合同制度等几个上报法规的修订工作。

13日，邹家华副总理主持会议，听取我部有关工资工作情况的汇报，阮崇武部长、朱家甄副部长及工资司、保险福利司负责同志参加了汇报。

同日，阮崇武部长主持部务会议，讨论《劳动部劳动立法程序规定》（讨论稿）等有关文件。

14日，阮崇武部长前往国家审计署，与吕培俭审计长就开展养老保险金审计工作交换了意见。

15日，阮崇武部长主持部长办公会议，研究《企业集团劳动工资管理办法》、《全民所有制工业企业转换经营机制条例》等文件的征求意见稿。

同日，朱家甄副部长主持会议，邀请体改委、全国总工会、国务院生产办、国家物价局有关负责同志，就1992年工资工作安排等问题进行了研究。

19日，阮崇武部长、朱家甄副部长前往国务院，向邹家华副总理汇报了企业增加离退休费问题。

20日，令狐安副部长前往国家体改委，与贺光辉、洪虎等同志就修改《全民所有制工业企业转换经营机制条例》（征求意见稿）交换了意见。

同日，劳动部发出《关于印发邹家华副总理在全国企业劳动人事、工资分配、社会保险制度改革经验交流会上的讲话要点》。

23日，邹家华副总理听取阮崇武部长、朱家甄副部长关于今年粮食调价相应调整企业职工标准工资和企业离退休人员待遇问题的汇报。

25日，阮崇武部长主持部长办公会议，研究《关于清理整顿当前奖励晋级过多过乱，落实企业分配自主权问题的意见》和《使用童工罚款标准的规定》等文件的征求意见稿。

同日，朱家甄副部长主持会议，邀请体改委、全国总工会、国务院生产办、国家物价局有关同志，就1992年工资工作安排等问题进行了讨论。

27日，阮崇武部长、何光同志向人大财经委汇报了社会保障体制改革的情况。

29日，阮崇武部长、朱家甄副部长前往国务院，出席邹家华副总理主持的会议，研究离退休人员补贴问题。

3　月

2日，阮崇武部长前往国家税务局，与金鑫局长就改革工资调节税和奖金税问题交换了意见。

4日，朱家甄副部长前往国家计委，出席邹家华副总理主持的会议，讨论机关事业单位人员奖金问题和企业离退休人员有关费用问题。

5日，李沛瑶副部长与人大法工委毛峰同志座谈《老年人保护法》起草问题，介绍了关于我国企业离退休职工生活保障和管理服务的情况。

同日，劳动部党组向中共中央报送了“关于《中华人民共和国劳动法（草案）》起草过程中有关问题的请示。”

10日，根据邹家华副总理的批示，向国务院呈报了《关于全国劳动人事、工资分配、社会保险制度改革进展情况的报告》。3月14日，邹家华副总理在此报告上批示：“一是劳动部直接抓的试点企业情况，二是面上改革情况，请经常反映。”

12日，阮崇武部长主持部长办公会议，研究《关于成立全国劳动保护工业企业协会的意见》（征求意见稿）。

13日，阮崇武部长前往国务院，汇报了社会保障课题研究方案。

同日，李沛瑶副部长召开职教所管理委员会第二次全体委员会议，国家教委、国家科委、机电部、农业部、轻工部和商业部的委员出席了会议。会议对职教所1991年的工作进行了总结，布置了1992年工作计划和预算问题。驻职教所德国专家组组长托梅和专家古德先生出席了会议。

16日，朱家甄副部长前往国务院，出席邹家华副总理主持的会议，研究离退休人员待遇问题。

19日，阮崇武部长、朱家甄副部长前往国务院，出席邹家华副总理主持的国务院分配制度改革委员会全体委员会议，讨论了1992年工作要点。

同日，阮崇武部长出席国务院国民经济和社会发展总体研究协调小组会议，讨论审议由劳动部牵头的国家级重大总体研究课题“我国社会保障体系的建立与完善”。

同日，劳动部下发了《关于河北、四川、河南等省煤矿连续发生特大伤亡事故的通报》，要求各地尽快扭转煤矿特大伤亡事故上升的被动局面。

22日，李沛瑶副部长出席全国职业培训教材建设工作会议，会上成立了职业培训教材建设工作领导小组，李沛瑶副部长任组长。

23日，朱家甄副部长出席在京召开的部分企业工资改革座谈会，听取对实行岗位技能工资制和工效挂钩办法的意见，并就有关问题讲了话。

同日，中共中央办公厅《综合与摘报》第32期刊登了我部关于“全国劳动、工资、社会保险制度改革情况综述”，介绍了劳动工作三项制度改革进展情况，提出了下一步改革的主要任务。

同日，劳动部、国务院生产办、财政部联合下发了《关于清理整顿当前奖励晋级规定过多过乱，落实企业分配自主权问题的通知》。

25日，劳动部邀请联合国开发署、国际劳工组织北京局和经贸部国际经济技术交流中心的有关人员，就劳动部实施的四个技术合作项目交换了意见，并对项目实施中的有关具体问题解决办法进行了讨论。

30日，阮崇武部长、李沛瑶副部长主持社会保障课题领导小组第一次会议，研究我国社会保障体系的建立与完善课题研究方案。

同日，阮崇武部长前往国务院，出席由朱镕基副总理主持的讨论“转换企业经营机制条例”会议，研究企业劳动用工权和企业机构设置权问题。

31日，国务院法制局召集劳动部、国务院生产办、全国总工会及有关部门的负责同志，对《中华人民共和国企业劳动争议处理条例》(征求意见稿)进行了讨论，令狐安副部长出席了会议。

4　月

4日，全国劳动就业服务工作会议在大连市召开。朱家甄同志在会议结束时讲了话。

6日，阮崇武部长与哈萨克斯坦劳动部部长萨亚特·别依谢诺夫分别代表双方签署了《中华人民共和国劳动部与哈萨克斯坦劳动部合作意向书》。

7日，阮崇武部长、李沛瑶副部长前往国务院，出席朱镕基副总理主持的会议，研究安全监察与综合管理的问题。

9日，法规司负责人代表中方与德国项目鉴定专家代表团温格尔代表签署了《中——德劳动立法合作项目备忘录》。

10日，国务院办公厅转发了劳动部《关于压力容器整顿治理情况和进一步加强安全工作报告的通知》。

16日，阮崇武部长、朱家甄副部长在部机关会见了国际劳工组织亚太分局局长中村止先生，双方就中国与国际劳工组织的合作以及今年国际劳工大会有关问题交换了意见。

同日，令狐安副部长出席国务委员李铁映同志主持的会议，研究医疗改革问题。

18日，中宣部、劳动部、全国总工会联合发出了“关于印发《企业劳动、工资、社会保险制度改革宣传提纲》的通知”。

23日，阮崇武部长主持部长办公会议，讨论《1992年劳动科学研究计划》、《工人档案管理规定》和《关于改革基本养老金计发基数和计发办法的意见》等文件的征求意见稿。

24日，阮崇武部长前往国务院参加由姚依林副总理主持的国务院常务会议，讨论《国务院关于修改〈国营企业实行劳动合同制暂行规定〉第二条、第二十六条的决定》（草案）等文件。

25日，阮崇武部长召集法规司、矿山局负责同志研究《矿山安全法》（征求意见稿）的有关问题。

30日，阮崇武部长主持部长办公会议，讨论《劳动保护专项措施项目计划管理办法》（征求意见稿）。

同日，阮崇武部长在部机关会见并宴请了日本劳动省职业能力开发局局长松本帮宏一行，双方就职业培训和赴日研修生事宜交换了意见。

同日，阮崇武部长在京会见并宴请了德国经济合作部中国问题顾问、我国国家教委职业技术教育顾问伯克一行，双方就如何进一步加强中德两国技工教育方面的合作及提高技术培训等问题交换了意见。

5　月

3日，国务院办公厅以国办发明电（1992）5号发出《国务院办公厅关于煤矿连续发生重大伤亡事故的通报》。

4日，阮崇武部长在京与俄罗斯联邦副总理兼劳动部部长绍欣举行了会谈，双方就社会劳动问题在国民经济中的地位和作用交换了意见，并讨论了加强双方合作事宜。之后，院崇武部长宴请了绍欣一行。晚上，田纪云副总理在钓鱼台国宾馆宴请了绍欣副总理。宴会结束后，阮崇武部长与绍欣部长分别代表两部签署了《关于社会劳动领域进行合作的联合声明》。

5日，国务院召开外资领导小组第十六次会议，对劳动部在当前利用外资工作中的职责作了进一步明确：(1) 劳动部要根据国务院《关于鼓励外商投资的规定》，调整外商投资企业的工资政策；(2) 劳动部要会同全国总工会等有关部门，在调查研究的基础上尽快制定办法，加强对外商投资企业的劳动管理，保护职工的正当权益。

7日，全国劳动计划工作会议在劳动大厦召开。

8日，劳动部发出《关于1991年全国非矿山企业重大死亡事故及其结案情况的通报》。

9日，阮崇武部长出席了全国劳动计划工作会议，与参加会议的劳动厅局长座谈劳动计划体制改革和三项制度改革问题，并在会上讲了话。

同日，朱家甄副部长在全国劳动计划工作会议上作了总结发言。

12日，在国务院下发的关于研究劳动安全监察与综合治理问题会议纪要中明确：(1) 劳动部代表国务院综合管理全国劳动安全工作，重大问题请示国务院决定。(2) 有关部门在工作中要加强协商、互相支持、密切配合。劳动部门应经常与各有关部门沟通情况，依靠他们解决安全生产中的一些问题，通过技术改造落实有关安全措施。各级综合管理生产的安全部门和行业主管部门在安排生产时要考虑安全问题，尊重劳动部门的要求。国务院生产办应协调好有关方面的关系，大力支持、帮助劳动部做好安全工作。(3) 劳动部门对厂长、经理进行安全培训工作，纳入全国企业管理干部培训计划，由全国企业管理干部培训工作领导小组统筹安排。编写教材、拟定试题等具体工作，可委托劳动部负责。(4) 要加快劳动安全立法工作。应考虑在劳动保护条例中进一步明确劳动安全监察机构、职责、收费等问题。会议确定，由劳动部根据会议精神，在调查研究的基础上提出具体落实意见。

13 日，阮崇武部长主持部长办公会议，讨论《关于搞好岗位技能工资制试点工作有关问题的意见》(征求意见稿)。

同日，李沛瑶副部长主持会议，研究落实国务院下发的《关于研究劳动安全监察与综合管理问题纪要》有关事宜。

21 日，朱家甄副部长会见了国际劳工组织亚太分局副局长萨贺卫先生，双方就进一步增进技术合作问题交换了意见。

22 日，阮崇武部长、朱家甄副部长出席了邹家华副总理主持的会议，会议听取了劳动部等有关部门关于企业工资总额同经济效益挂钩办法的情况汇报。

23 日，朱家甄副部长离京，前往日内瓦出席 1992 年国际劳工大会。

6　月

1 日，劳动部、国家体改委联合发布《股份制试点企业劳动工资管理暂行规定》。

2 日，阮崇武部长赴日内瓦出席国际劳工局第七十九届大会，行期 8 天。

5 日，令狐安副部长前往国务院，出席朱镕基副总理主持的会议，研究修改《全民所有制工业企业转换经营机制条例》(征求意见稿)。

9 日，劳动部、国务院经贸办、卫生部、国家工商局和中华全国总工会联合下发了《关于加强企业伤病长休职工管理工作的通知》。

11 日，劳动部颁布《矿山安全卫生监察程序和办法》。

13 日，为贯彻国发 (1992) 29 号文件《国务院关于企业离退休人员增加离退休金的通知》，劳动部下发了《关于贯彻〈国务院关于企业离退休人员增加离退休金的通知〉中有关具体问题的通知》。

17 日，阮崇武部长在京会见并宴请了以德国经济合作部司长活尔夫·普鲁斯博士为团长的德国代表团，双方就职教所、劳动保护监测中心等合作项目及我国当前经济形势和改革开放等问题交换了意见。

18 日，李沛瑶副部长会见并宴请了以外务省经济协力局无偿资金协力课审查官中村三树男为团长的日本援建中国劳动部技工学校指导教师进修中心项目考察团，双方就项目和其它共同关心的问题交换了意见。

22 日，阮崇武部长主持部长办公会议，讨论《乡村集体所有制企业劳动管理规定》和《劳动合同条例》两个文件的征求意见稿。

20 日至 22 日，全国劳动安全监察工作会议在京召开，李沛瑶副部长在会上讲了话。

同日，遵照朱镕基副总理的批示，职安局负责同志带领专家前往太原，对山西、陕西两省界河"6·13"沉船事故进行调查。此次事故造成 16 人死亡，31 人失踪。

24 日，令狐安副部长与国家体改委副主任洪虎同志就《全民所有制工业企业转换经营机制条例》(征求意见稿) 中关于工资方面的问题交换了意见。

25 日，阮崇武部长、令狐安副部长前往国务院，出席朱镕基副总理主持的会议，研究修改《全民所有制工业企业转换经营机制条例》(征求意见稿)。

同日，李沛瑶副部长出席了日本国际协力事业集团中国劳动技工学校指导教师进修中心器材装备计划事前调查团同天津职院会谈纪要签字仪式。

30 日，阮崇武部长前往国务院，出席李鹏总理主持的国务院常务会议，讨论《全民所有制工业企业转换经营机制条例》(征求意见稿)有关问题。

7　月

1日，劳动部下发《关于报送企业职工实行个人缴纳基本养老保险费相应调整工资所需工资额指标的通知》。

2日，李沛瑶副部长前往全国政协教育文化委员会，汇报职业培训工作。

同日，劳动部下发了“关于做好贯彻《全民所有制工业企业转换经营机制条例》中有关工资问题准备工作的意见”。(劳电明发〔1992〕5号)

3日，阮崇武部长前往国务院，出席李鹏总理主持的国务院常务会议，讨论《中国教育发展和改革纲要(草案)》。

同日，朱家甄副部长主持会议，传达国务院办公厅关于劳务输出、境外就业的协调意见和罗干同志的批示。国务院确定我部在这项工作中的三项职责：一是劳务输出中维护劳务人员合法权益，综合劳动管理的立法和监督；二是归口负责公民个人出境就业；三是在与经贸部协商一致的情况下，代表中国政府与外国政府建立联系。

同日，劳动部召开第二次煤矿安全工作联席会议，通报上半年煤矿安全生产情况。煤矿主管部门、最高人民检察院、全国总工会等十二个部门的同志出席。

4日，矿山局负责同志向人大法工委经济室汇报《矿山安全法》立法进展情况并就有关问题交换意见。

同日，劳动部向国务院办公厅报送了“关于清理现行劳动行政法规工作情况的报告”，共清理法规44件，其中继续有效的26件，拟修改的12件，建议废止的6件。

13日，阮崇武部长出席我部召开的“贯彻国务院通知，进一步做好劳动就业工作”电话会议，作重要讲话，对贯彻国务院通知提出明确要求。会议由李沛瑶副部长主持。

14日，劳动部发出了《关于调整技工学校经费标准的通知》。

15日，阮崇武部长主持部长办公会，讨论《关于试行全员劳动合同制有关问题的意见》等文件的征求意见稿。

18日，阮崇武部长、令狐安副部长召集会议，研究我部就劳动制度改革和保险制度改革有关问题向中央、国务院的报告。

22日，我部与财政部以劳险字〔1992〕20号联合发文，铁道部等五个部门实行系统养老保险社会统筹所属单位合同制工人的养老保险基金全部由五个部门自行管理，以前交给地方的基金全部移交。

24日，劳动部发出《关于全国工厂企业重大伤亡事故情况的通报》。《通报》要求，各地区、各部门要加强对安全工作的领导，真正从思想上、行动上将“安全第一，预防为主”落到实处。

25日，阮崇武部长与国务院法制局杨景宇局长就《矿山安全法(草案)》有关条款的修改问题进行了讨论，并基本取得一致意见，拟上报国务院。李沛瑶副部长、法制局李培传副局长等同志参加。

26日到28日，劳动部、民政部、中残联在青岛召开残疾人劳动就业服务和按比例试点工作会议。

27日至29日，令狐安副部长出席在牡丹江市召开的全国就业难点工作经验交流会。

31日，朱家甄副部长与部分省市劳动部门的同志以及部内有关单位的同志，就如何贯彻落实《全民所有制工业企业转换经营机制条例》和在新形势下如何转变劳动部门职能等问题进行座谈，并对我部起草《关于贯彻〈全民所有制工业企业转换经营机制条例〉有关劳动工资规定的实施意见》的工作及有关政策进行了研究。

当晚，朱家甄副部长及国务院有关部门

负责同志随朱镕基副总理紧急飞往南京“通航”飞机失事现场，对遇难人员表示哀悼，对死者家属表示慰问，对有关事项进行调查处理，并到医院看望了伤员。

8　月

2 日，劳动部转发了《连源钢铁总厂关于岗位技能工资制技能考试考核方案》的通知，总结企业进行岗位技能工资制试点经验。

5 日，阮崇武部长出席姚依林副总理主持的国务院常务会议，会议讨论并原则通过了《中华人民共和国矿山安全法（草案）》。会上，阮崇武部长作了关于《中华人民共和国矿山安全法（草案）》的起草说明。会议决定，《矿山安全法（草案）》修改定稿后，将提请全国人大常委会审议。

同日，劳动部向国务院报送《关于定期公布企业职工伤亡人数的请示》。国务院已批复。

8 日，阮崇武部长主持部务会，由政策法规司负责同志传达“转换企业经营机制工作会议”精神。阮部长对我部下一阶段工作进行了部署，要求各单位认真学好《条例》，尽快制定出贯彻执行《条例》的实施意见，抓紧清理与《条例》相矛盾的法规、规章，对《条例》在实施过程中可能出现的问题，搞好预测性研究，加快自身职能和作风的转变。

10 日，阮崇武部长、李沛瑶副部长听取安委办负责同志对南京“7·31”空难事故经过、原因、初步结论及开展调查等情况的汇报，对事故处理等工作作了明确指示。

11 日，北京市联合航空旅游公司一架载有日本游客的苏米—8 直升飞机在昌平与延庆交界处坠毁。下午 3 时，李沛瑶副部长率安委办同志赶赴现场组织抢救，并调查事故原因。

13 日，劳动部发出《关于 1992 年安置到企业的军队转业干部工资处理问题的通知》。

15 日，李沛瑶副部长前往北京市政府出席“8·11”坠机事故调查领导小组会议，对下一步善后工作进行安排。

19 日，令狐安副部长召集综合计划司、劳就司、培训司、保险福利司负责同志和综合处处长开会，传达邹家华副总理关于制定第三产业发展规划及相应政策的有关指示和要求，对我部如何制定第三产业发展规划和相应政策进行研究、部署。

同日，劳动部下发《关于使用〈职工养老保险手册〉的通知》。

20 日至 21 日，全国劳动厅局长座谈会在劳动大厦召开，传达了全国转换企业经营机制工作会议精神，讨论《劳动部贯彻〈全民所有制工业企业转换经营机制条例〉的实施办法》（征求意见稿），征求修改意见。

24 日，阮崇武部长、令狐安副部长召集政策法规司、综合计划司、工资司、工资研究所负责同志，讨论财政部关于提请审议《中华人民共和国企事业单位工资调节税暂行条例（草案）》的报告。

25 日，李沛瑶副部长主持会议，听取山西省人民政府赴京汇报组关于“3·21”孝义市兑镇镇雷城雷店村小煤矿发生死亡 65 人特大煤尘爆炸事故的调查及处理情况的汇报。最高人民检察院、公安部、能源部、地矿部、全国总工会等单位负责同志参加了会议。

26 日至 28 日，全国企业工资工作会议在新疆乌鲁木齐市召开。令狐安副部长到会并讲了话。

26 日，劳动部发出了《关于加强劳动管理信息系统建设的意见》的通知。

27 日至 9 月 1 日，七届人大常委会第 27 次会议分组讨论《矿山安全法（草案）》，我部矿山局负责同志到会听取委员们的意见。

27 日，劳动部会同国务院经贸办发出了《关于改进完善全民所有制企业经营者收入分配办法的意见》和《关于劳动部门开展劳动专业法宣传教育的通知》。

27日至29日，劳动部在银川召开了全国劳动管理统计工作和劳动信息系统工作会议，总结前期工作，提出今明两年的工作要求。会上，省部级计算机联网演示成功，实现了远程工作站对部计算机网络系统和信息系统的访问及文件传送。

29日，李沛瑶副部长主持团中央、劳动部、机电部、建设部、商业部、冶金部、中国石油天然气总公司、中国统配煤矿总公司在新大都饭店联合举办的“百名全国青工技术能手示范表演团”巡回示范表演出发仪式。

同日，李沛瑶副部长听取湖南省劳动厅负责同志关于湖南沅陵县鸳鸯桥垮塌事故调查处理情况的汇报。

9　月

1日，阮崇武部长主持部长办公会，讨论《劳动部关于〈全民所有制工业企业转换经营机制条例〉的实施办法》（修改稿）。

2日，阮崇武部长听取法规司、职安局负责同志关于广州铁路局第二桥隧大修工程公司诉湖南省劳动厅“7·18”复议案件的情况汇报，指出：“该案是劳动部受理的第一起劳动行政复议案件，必须依法、公正地处理好。”10月29日，劳动部作出复议决定，维持湖南省劳动厅“批复”，结案。

同日，阮崇武部长召集培训司、职教所负责同志，就职业教育领域里MES教学法的推广和应用问题进行了研究，提出了具体要求。

5日，阮崇武部长会见并宴请了瑞典劳动力市场管理局古辛先生一行，双方对“活跃的中国劳务市场政策”项目的合作表示满意。

7日，劳动部发出《关于颁布〈中华人民共和国工种分类目录〉的通知》。

同日，劳动部发出《关于试行职工大病医疗费用社会统筹的意见的通知》；转发江西省南昌市人民政府审议通过的改革企业职工基本养老金计发试行办法。

11日至13日，劳动部在辽宁省大连市召开了矿山安全卫生监测检验会议。

12日，朱家甄、令狐安副部长主持部长办公会，讨论《劳动部关于加快发展劳动就业服务企业和劳务市场的规划纲要和政策要点》、《劳动部关于加快发展社会保险业的规划纲要和政策要点》及《劳动部关于加快发展职业培训事业的规划纲要和政策要点》等文件的征求意见稿。

同日，劳动部办公厅根据朱镕基副总理的批示，以劳电明发〔1992〕9号、〔1992〕10号电报，提请湖南省人民政府、辽宁省人民政府对煤矿的多发事故严肃处理。

14日，阮崇武部长主持部长办公会，讨论《劳动部关于〈全民所有制工业企业转换经营机制条例〉的实施办法》（征求意见稿）。

15日，阮崇武部长主持部长办公会，讨论《关于待业保险基金使用情况和今后设想的报告》（修改稿）。

17日，劳动部发出征求“对劳动部关于《全民所有制工业企业转换经营机制条例》的实施办法”的意见的通知（劳政字〔1992〕16号）。

18日，阮崇武部长召集综合计划司负责同志等，就《中华人民共和国个人所得税法》修改意见的报告进行讨论，提出补充修改意见。

同日，李沛瑶副部长在港澳中心会见并宴请以国家机构效能作用国务部长助理瓦鲁瑶·拉塔姆先生为团长的印尼代表团全体成员，介绍了当前我国劳动制度改革等情况，并就在劳动领域的合作问题交换了意见。

同日，令狐安副部长赴合肥，出席劳动部、农业部、国务院农研中心联合召开的“中国农村劳动力资源开发就业试点项目经验交流会”。

19日，全国人大法制工作委员会卞耀武副主任来我部就《矿山安全法》的修改情况座谈交换意见。

21日，朱家甄副部长在全国劳动厅局长研讨会上作了题为“三项劳动制度改革的若干问题”的发言。

22日至23日，根据朱镕基副总理批示，李沛瑶副部长指示矿山局负责同志会同能源部、农业部、全总、统配煤矿总公司等部门的同志，赴江西省调查洛市矿区小煤矿滥采乱挖、威胁煤矿安全生产的问题。

24日，阮崇武部长在劳动大厦与参加全国劳动厅局长研讨会的同志，就学习贯彻《全民所有制工业企业转换经营机制条例》进行了座谈。

25日，阮崇武部长在国际饭店会见并宴请了以日本众议员、原厚生省大臣户井田三郎先生为首的日中科学技术文化中心代表团全体成员，双方就对日研修生派遣、社会保险制度等有关问题交换意见。

28日，阮崇武部长召集保险福利司负责同志，就加快社会保险制度改革问题进行研究，提出抓紧进行《城镇职工养老保险条例》和《企业职工工伤保险条例》两个文件修改稿的修改工作，争取早日上报国务院。

29日，阮崇武部长主持部长办公会，讨论保险福利司起草的《企业职工养老保险条例》和《企业职工工伤保险条例》的征求意见稿。

同日，劳动部发出“关于修改《工资基金管理手册》的通知”（劳计字〔1992〕66号）。

同日，劳动部发出《关于将副食品等价格补贴纳入企业挂钩工资总额基数的通知》（劳薪字〔1992〕39号），扩大了挂钩工资总额基数的范围。

同日，按照国务院李世忠副秘书长对中共中央办公厅、国务院办公厅信访局来信摘要的批示和部领导要求，劳动部与财政部、中华全国总工会联合发出《关于调整企业工伤全残职工护理费标准的通知》（劳险字〔1992〕28号）。

30日，李沛瑶副部长主持由团中央、劳动部、机电部等八部门在国谊宾馆联合召开的百名青工技术能手示范表演团总结汇报会。

同日，劳动部向国务院分配制度改革委员会报送《关于企业岗位技能工资制试点情况的报告》（劳薪字〔1992〕38号）。报告主要谈了试点的基本情况、效果及问题和建议。

10　月

4日，阮崇武部长主持部长办公会，讨论《企业职工工伤保险条例》（征求意见稿）。

同日，劳动部发出《关于1992年审核企业工资总额同经济效益挂钩方案有关问题的通知》。同日，我部向国务院办公厅报送了对《关于在三资企业中方职工中建立社会保障制度的意见》的意见。

5日，朱家甄副部长会见并宴请了世界银行代表团小川合子女士等一行6人。交谈中，朱家甄副部长对考察重点给予了充分肯定，提出希望对中国实习指导教师严重短缺、培训手段落后、设备陈旧等问题在第二期贷款项目中给予充分考虑。

同日，由劳动部、全国总工会、机电部、团中央联合举办的全国焊工技术比赛在上海市开幕。

6日，保险福利司负责同志参加国务院副秘书长李世忠同志主持的会议，研究三资企业中方职工社会保险问题。随后还参加了中组部老干局召集劳动、人事、全总等部门参加的会议，研究宋平同志批示，解决企业离退休费中存在的问题。

同日，劳动部、财政部联合发出《关于民航空勤人员停飞和离退休后发给生活补助费办法的通知》。

7日，我部发出《关于企业内部个人承包中保险待遇问题的复函》。

8日，国务院副秘书长徐志坚同志在研究世行第二期职业技术教育贷款项目有关问题的会议上指出：这次接收世行职教贷款的牵头单位为教委，劳动部要积极参加，充分发挥作用；贷款项目的内容不变，但根据当前改革形势，要做适当调整，扩大工人培训和转业培训的比例；请财政部等单位多做世行工作，使其符合我国的意图；希望各单位之间多通气，统一对外，统筹规划，合理使用好世行的贷款。国家教委王明达副主任和国家计委、财政部有关司局负责同志及我部综合计划司、外事司负责同志参加了会议。

8日至10日，全国社会保险工作会议在济南召开。令狐安副部长作了题为《认真贯彻〈条例〉，深化社会保险制度改革》的报告。

9日，安委办负责同志前往甘肃与民航总局的同志一起调查处理武航一旅游包机坠毁事故。

同日，劳动部发出《关于颁发压力容器设计单位资格管理与监督规则》的通知。

10日，阮崇武部长主持部长办公会，讨论《劳动合同鉴证实施办法》和《劳动仲裁和劳动合同鉴证费管理办法》的征求意见稿。

同日，劳动部、国家计委、国家体改委、国务院经贸办联合发布《国家试点企业集团劳动工资管理的实施办法（试行）》。

13日，劳动部召开第三次职业安全卫生宣传教育工作会议，确定了宣传教育工作的重点。

14日，劳动部发出《关于扩大高级技工学校试点工作的通知》和《关于加强劳动统计工作的意见》的通知。

22日，阮崇武部长主持部长办公会，讨论《境外就业劳动管理暂行规定》的征求意见稿。

23日，劳动部发出《对职业卫生检测检验站进行检测检验资格认证的通知》（劳安字〔1992〕11号）。《通知》要求各地劳动行政部门，从1992年11月至1993年12月底，对所辖地区劳动部门的职业安全卫生检测检验站进行资格认证。

24日，劳动部向国务院报送《关于制定中华人民共和国劳动法有关情况的报告》和《中华人民共和国城镇职工养老保险条例》（草案）、《中华人民共和国企业工伤保险条例》（草案）。

26日，应日本劳动大臣近藤铁雄邀请，阮崇武部长率劳动部代表团一行7人赴日进行为期一周的友好访问。

27日，劳动部向国务院报送“关于重新修订《中华人民共和国个人所得税法》的几点意见的报告”。

30日，令狐安副部长听取法规司、职安局负责同志关于我部受理广州铁路局第二桥隧大修工程公司不服湖南省劳动厅《关于沅陵县鸳鸯大桥“7·18”重大伤亡事政处理结案的批复》复议案件有关情况汇报。

同日，朱家甄副部长在劳动大厦会见了世界银行中国蒙古局戴维·皮尔斯和迈提·德迈克先生，双方就对中国城市劳动就业和工资制度改革调查之后，我部与世行的下一步合作交换了意见。

11　月

2日，根据朱镕基副总理的批示，国务院法制局和劳动部联合召开座谈会，就我部上报国务院的《中华人民共和国企业劳动争议处理条例》（送审稿）有关问题，征求企业的意见。朱家甄副部长、法制局李培传副局长等参加了座谈会。

3日，李沛瑶副部长出席全国人大法工委副主任宋汝棼同志主持的会议，讨论修订《矿山安全法》有关问题。

6日，朱家甄副部长出席朱镕基副总理主持的国务院第115次常务会议，讨论《全民所有制企业富余人员安置规定（草案）》、《全民所有制企业职工待业保险规定（草案）》、《中华人民共和国企业劳动争议处理条例（草案）》。

7日，全国人大常委会第28次会议审议并通过了《矿山安全法》。朱家甄副部长等列席了会议。

同日，朱家甄副部长主持部长办公会，讨论《劳动部关于〈全民所有制工业企业转换经营机制条例〉的实施办法》（修改稿）。

11日，李沛瑶副部长在京会见并宴请了以日本外务省经济协力局企画官铃木重之为团长的日本援建项目第二个考察团一行7人，双方就该项目实施进行了讨论。

同日，劳动部发出《关于建立劳动条件分级统计报告制度的通知》（劳安字〔1992〕12号）。《通知》指出，为了使各级劳动部门了解、掌握企业劳动条件的实际状况，而建立劳动条件分级统计报告制度。此制度1993年施行。

14日，阮崇武部长前往国务院，出席邹家华副总理主持的会议，研究《个人所得税法》有关问题。

同日，我部举行《中华人民共和国矿山安全法》新闻发布会，会议由李沛瑶副部长主持，朱家甄副部长就《矿山安全法》的学习、宣传和贯彻问题讲了话。

17日，阮崇武部长在部机关会见伊朗驻华大使塔鲁米拉德先生，双方就中伊两国在劳动领域的交流与合作进行了会谈。

同日，李沛瑶副部长在部会见应国家教委邀请来华访问的澳大利亚就业、教育与培训部副秘书长耐尔·约翰斯顿一行，双方就进行对华职教贷款项目、中澳在劳务市场和职业培训方面的合作等事宜交换了意见。

20日，李沛瑶副部长出席日本援建“中国职业培训指导教师进修中心”项目专项技术合作会谈纪要签字仪式。培训司负责同志与日本外务省铃木重之先生分别代表双方在纪要上签了字。

21日，阮崇武部长前往国务院，参加邹家华副总理主持的会议，研究事业单位工资制度改革问题。

同日，应新西兰劳工部邀请，令狐安副部长率代表团离开北京，对新西兰进行为期一周的访问。

24日，安委办负责同志赴桂林参加“11.24”空难事故的调查处理。

同日，劳动部发出《关于印发〈政府部门劳动管理干部岗位专业知识培训基本要求〉（试行）的通知》。

同日，劳动部发出《关于烟花爆竹生产企业事故严重情况的通报》。《通报》要求各有关部门要切实加强烟花爆竹安全生产工作，对发生重大死亡事故的企业，要按照谁主管、谁负责的原则追究责任。

26日，李沛瑶副部长出席我部与国际劳工组织合作的CPR/88/082项目执行终结评估会并讲话。保险福利司负责同志、UNDP副代表麦守信先生、马甸中心梁丹副主任、国际劳工组织北京分局局长圭亚先生及国际劳工组织的两位处长参加了会议。与会代表一致认为，项目双方进行了良好的合作，取得了显著成效，是国际合作项目中执行较好的。

28日，劳动部发出《关于国家级重点技工学校标准》的通知（劳培字〔1992〕16号）。

12　月

2日，李沛瑶副部长会见香港职业安全健康促进局访问团全体成员，双方就职业安全健康管理等问题进行了交谈。

8日，阮崇武部长主持部长办公会，讨论《中华人民共和国最低工资条例（讨论稿）》。

8日至10日，劳动部在京召开全国矿山安全监察工作会议，李沛瑶副部长出席会议开幕式并讲话。会议就认真贯彻《矿山安全法》作了研究和部署，并表彰了59个县级矿山安全监察工作先进单位。

10日，我部在人民大会堂举行“颁布中华人民共和国工种分类目录及1993年举办首届中国青年奥林匹克技能竞赛新闻发布会”。阮崇武部长出席，李沛瑶副部长讲话，倪志福、孙起孟、吕东、康永和、何光等领导同志参加。

同日，李沛瑶副部长会见并宴请了以日本劳动省职业能力开发局海外协力课课长辅佐守山荣一为团长的日本援建劳动部“中国职业培训指导教师进修中心项目”基本设计考察团一行12人，双方就合作内容中的有关问题交换意见。

14日，劳动部发出《关于加强对电梯安全管理的通知》。《通知》要求认真贯彻《起重机械安全监察规定》，各地应尽快制定出电梯安全管理、检验、维修等规章制度。

15日至17日，1992年全国劳动厅局长会议在劳动大厦召开，主要议题是贯彻党的十四大精神，研究在社会主义市场经济体制下劳动部门转变职能，深化劳动、工资、社会保险制度改革的问题。

17日，阮崇武部长应邀出席杨尚昆主席在人民大会堂为欢迎俄罗斯总统叶利钦访华举行的宴会。同日，在钓鱼台国宾馆举行了《中华人民共和国政府与俄罗斯联邦政府关于在社会劳动领域进行合作的协议》签字仪式，阮崇武部长和绍欣副总理分别代表本国政府在协议上签字。

19日，我部与日本援建“中国职业培训指导教师进修中心”项目基本设计考察团在劳动大厦举行此次考察活动会谈纪要签字仪式。李沛瑶副部长及经贸部国际联络司、中国机械进出口总公司负责同志等出席，培训司、天津师院负责同志和日方代表团团长守山荣一、副团长北宽治先生分别代表中日双方在会谈纪要上签字。

22日，劳动部发出《关于印发阮崇武部长、朱家甄副部长在全国劳动厅局长会议上的讲话的通知》。

25日，阮崇武部长主持部长办公会，讨论《关于推动劳动就业服务企业第三产业发展若干问题的意见》(征求意见稿)。

同日，阮崇武部长前往国务院法制局，与杨景宇局长就1993年劳动立法工作交换意见。

同日，朱家甄副部长前往铁道部，与该部负责同志就铁路工效挂钩及准备成立的广州铁路运输集团公司的工资问题交换意见。

同日，劳动部向国务院办公厅报送了“关于清理治理整顿期间所发文件工作情况的报告”，共清理劳动行政规章、规范性文件298件，其中继续有效的269件，拟修改的6件，决定废止的有23件。

23日，劳动部发出《关于从1993年起普遍实行动态调控的弹性劳动工资计划的通知》。

同日，劳动部、体改委联合发出《关于加强外商投资企业中方职工社会保险工作的通知》。

29日，朱家甄副部长前往国务院，出席李铁映同志主持的会议，研究医疗体制改革问题。

30日，阮崇武部长出席国务院罗干秘书长主持的会议，研究有关劳务输出问题。

同日，朱家甄副部长主持第四届世界妇女大会中国组委会的非政府组织论坛委员会召开的会议。

同日，朱家甄副部长会见并宴请了俄罗斯驻华使馆公使衔参赞库季诺夫和使馆一秘斯特巴诺夫及他们的夫人，双方就落实中俄在叶利钦总统访华期间签署的《合作协议》有关问题交换了意见。

同日，劳动部起草《关于制止小煤矿乱采滥挖确保煤矿安全生产的意见》(代拟稿)，报请国务院批转。

31日，阮崇武部长召集工资司负责同志，传达了李鹏总理关于目前还应加强工资总额控制办法的意见，并研究如何检查监督1992年企业工资总额增长情况的问题。

1993年

1　月

1日，中央电视台与就业司联合主办“架金桥、觅知音”现场直播节日。阮崇武部长发表了新年献辞并到直播现场看望前来参加活动的各省市代表。这次活动为广泛宣传职业介绍工作起到了促进作用。

3日，国务院批转劳动部等部门联合颁发的“关于制止小煤矿乱挖滥采确保煤矿安全生产意见的通知”。

5日，外事司张幼云司长代表劳动部与澳大利亚7所大学分别签署了长期合作意向书。

6日中午，令狐安副部长会见并宴请了新西兰驻华大使鲍迈克先生及夫人、参赞卡尔·沃克先生，双方就中新两国在劳动领域的交流与合作进行了友好交谈。

13日至15日，我部召开了“1993年劳动部劳动、工资、社会保险制度改革研讨会”。阮崇武、朱家甄、令狐安、康永和、严忠勤同志及部属有关单位近100人参加了会议，会上有20余名同志宣读了论文。

14日，中央决定：阮崇武同志不再担任劳动部党组书记职务。

2　月

2日，国务院副总理朱镕基在朱家甄副部长上报的“关于首钢准备大幅度增加职工工资情况的报告”上批示：洪虎、清泰、家甄同志：不能说增资44%符合《条例》规定。《条例》最重要的规定是两个“不高于”（实现税利和劳动生产率），报告内只字未提（我不了解首钢承包方案是否规定，超额利润可以随意增资）。

同日，劳动部印发“劳动部关于实施《全民所有制工业企业转换经营机制条例》的意见”。

同日，朱家甄副部长主持社会保障课题领导小组第三次会议。体改委、计委、财政部、民政部、国务院发展研究中心、审计署、卫生部、全总有关同志参加了会议。

9日，朱家甄副部长、何光同志前往全国人大财经委，汇报了关于修订《中华人民共和国个人所得税法》的基本观点和建议。

同日，国务院决定：任命李伯勇为劳动部副部长（主持劳动部工作）。

10日，劳动部办公厅发布“关于废止与《全民所有制工业企业转换经营机制条例》相抵触的劳动规范性文件的通知”。

11日，劳动部劳动保护科学技术进步奖第四届评奖终评会议结束，李沛瑶副部长到会讲了话。这次会议共评一等奖1项、二等奖7项、三等奖32项、四等奖29项，共计69项。

12日，朱家甄副部长出席了李鹏总理主持的国务院第122次常务会议，研究事业单位工资制度改革问题。

23日，国务院办公厅《昨日情况》转发了我部《劳动信息快报》第一期《私营企业用工混乱亟待加强监督管理》的内容，罗干秘书长批示：“如何加强，请劳动部研究提出具体措施”。

24 日，李伯勇副部长、朱家甄副部长在钓鱼台国宾馆同俄罗斯联邦劳动与就业部部长梅里基扬和副部长赫列宾斯基举行了会谈。

同日晚，李沛瑶副部长会见并宴请了日本援建劳动部"中国职业培训指导教师进修中心"项目基本设计考察团全体成员。

26 日，国务院决定：任命张左己为劳动部副部长。

同日，李沛瑶副部长主持中国农村劳动力开发就业试点项目指导小组第三次全体会议，研究确定试点项目今后一个阶段的工作任务和具体安排。农业部陈耀邦副部长，国务院发展研究中心王郁昭副主任，中国农村劳动力资源开发研究会副会长郑重、刘堪到会讲了话。

27 日，《俄罗斯联邦劳动与就业部代表团访问中华人民共和国会谈纪要》签字仪式在劳动大厦举行，李伯勇副部长和梅里基扬部长分别代表两部在纪要上签了字。

28 日，部党组决定：免去张左己的劳动力管理和就业司司长职务。

3　月

1 日，朱家甄副部长出席国务院朱镕基副总理主持的会议，听取经贸办、体改委关于落实《全民所有制工业企业转换经营机制条例》情况的汇报。

3 日，日方无偿赠款 2.9 亿日元帮助建立"中国职业培训指导教师进修中心"政府换文签字仪式在京举行。

9 日，朱家甄副部长在京会见并宴请以真枝元文理事长为团长的日本日中技能者交流中心访华团一行 7 人。

9 日至 13 日，令狐安副部长陪同国家教委李铁映主任先后到河北省霸州、任丘、沧州、衡水、石家庄等地视察县级职教中心及河北省职教工作情况，并在全省县委书记大会上就职业培训和职业教育问题讲了话。

12 日，朱家甄副部长出席了全国劳动定员定额标准化委员会召开的第二届委员会第一次会议。

17 日，劳动部发布《关于 1992 年矿山企业因工伤亡事故情况的通报》。

18 日至 21 日，全国社会保险基金会计、统计会审会（1992 年度）在重庆召开。

20 日，劳动部发布《关于行业部门实行动态调控的弹性劳动工资计划的通知》。

21 日，全国劳动就业服务工作会议在石家庄召开，朱家甄副部长出席了会议并作重要讲话。

21 日至 26 日，美国国家运输安全委员会（NTSB）代表团应全国安全生产委员会的邀请来华访问。

25 日，劳动部发布《矿山呼吸性粉尘危害程度分级实施方案》。

26 日，朱家甄副部长会见了美国 NBBL 检验部副主任麦克苏林先生，并就中国出口到美国的法兰质量控制问题交换了意见。

27 日，劳动部颁发《溶解乙炔气瓶安全监察规程》。

同日，第八届全国人民代表大会在人民大会堂举行第五次大会，选举新的国家领导人，李沛瑶同志当选为副委员长。

29 日，八届全国人大一次会议举行第七次大会，决定国务院组成人员，李伯勇同志为劳动部部长。

30 日，亚太地区劳工标准相关问题研讨会在北京举行，有 20 多个国家政府、工人、雇主的代表共 50 多人参加会议，外事司作为我国政府代表出席会议，并主持了上午的开幕式，张左己副部长在开幕式上致词。晚上，李伯勇部长在劳动大厦举行招待会，欢迎来自亚太各国的与会代表。

31 日，李伯勇部长在部机关会见了国际劳工组织北京局局长黄玉武，双方就如何进一步加强中国同国际劳工组织，特别是加强同亚太地区各国之间的友好合作等问题交换了意见。

4　月

3日，劳动部、国家计委等七部门联合发布《关于对〈中国残疾人事业五年工作纲要(1988—1992年)〉执行情况进行检查总结的通知》。

同日，令狐安副部长前往煤炭工业部，就贯彻执行《矿山安全法》及加强煤矿安全生产工作交换了意见。

6日，李伯勇部长在部机关接待了煤炭部副部长浦洪九等同志，双方就煤炭部直属企业参加退休费用社会统筹问题交换了意见。

9日，李伯勇部长在部机关会见了新加坡驻华大使郑东发先生，双方就进一步加强两国劳动部门之间的交流与合作进行了友好的交谈。

10日，李伯勇部长主持全国安委会办公室有关人员参加的会议，讨论如何控制目前重大和特大事故上升的措施。全国总工会、公安部、铁道部、交通部的有关同志应邀出席了会议。

12日，国务院发布《国有企业职工待业保险规定》。

17日，李伯勇部长主持部长办公会议，讨论《关于〈劳动法〉修改工作的报告》、《劳动部行政复议工作规程》、《劳动法规清理办法》、《国有企业厂长（经理）奖惩实施办法》、《劳动部部属企事业单位借用中央级扶持生产资金暂行办法》、《劳动部派遣临时出国人员和邀请外国人来华审批权限的规定》等文件的征求意见稿，分别听取综合计划司关于1993年度劳动保护措施项目计划、劳动科学研究经费预算及项目计划、基本建设投资、专项拨款、事业经费安排意见的汇报和外事司关于外事工作情况的汇报。

19日，李伯勇部长赴伊朗出席第十三届亚太地区劳工部长会议。

20日，国务院秘书长罗干同志在李伯勇部长上报的“关于控制当前恶性事故的措施意见”上指示：拟同意，今后在“三定”中应明确规定劳动部代表国务院综合管理全国劳动安全工作，包括对特别重大事故进行调查、评估及对事故的批复。请家华同志阅示(并抄送中编办阅知)。邹家华副总理指示：同意。安委会撤销，但安全工作还是十分重要的，不能用安委会名义召开会，用什么名义要开一个会，再次安排安全生产工作，请劳动部考虑。部领导要求有关单位要认真抓好安全工作，在“三定”方案中要按罗干秘书长和邹家华副总理的批示办。

同日，国务院发布《国有企业富余职工安置规定》。

同日，朱家甄副部长在钓鱼台国宾馆与随同吴作栋总理来访的新加坡劳工部长李文献举行会谈。

21日至26日，李伯勇部长率中国代表团出席在伊朗召开的第十三届亚太地区劳工部长会议，并主持了开幕式。

22日，朱家甄副部长在劳动统计信息发布会上发布了“1992年劳动事业发展的公报”。这次发布会是建国以来第一次，是由我部和国家统计局联合举办的。

24日，朱家甄副部长出席了李鹏总理主持的国务院第二次常务会议，讨论《国家公务员暂行条例》(草案)、《机关事业单位工作人员工资制度改革方案》和《行政执法监督条例》。

同日，张左己副部长主持部纠正行业不正之风工作会议，传达了国务院17号文件精神，布置了我部1993年的纠风工作。

27日，“农村劳动力开发就业省级试点工作座谈会”在京召开。广东、四川等八省劳动部门、农业和农村经济部门、政策研究部门的同志出席了会议，人大副委员长李沛瑶、劳动部副部长朱家甄、农业部副部长陈耀邦等到会并讲话。

5 月

1日，《中华人民共和国矿山安全法》正式实施。

同日，令狐安副部长率代表团对科威特、阿联酋进行友好访问。

4日，贯彻落实国务院《国有企业职工待业保险规定》和《国有企业富余职工安置规定》电话会议在北京召开，朱家甄副部长出席并讲话。

6日至8日，劳动部、经贸委、体改委、人事部、全国总工会在劳动大厦联合召开了第二次“全国企业劳动人事、工资分配、社会保险制度改革经验交流会”。我部朱家甄副部长、体改委刘志峰副主任、经贸委陈清泰副主任、人事部程连昌副部长、全总章瑞英副主席在会上讲了话，武汉钢铁公司等12个单位的代表在会上介绍了情况。

7日，劳动部发布《关于实施〈国有企业职工待业保险规定〉的通知》。

8日，邹家华副总理在中南海接见了参加全国三项制度改革经验交流会的部分代表。会见开始时，邹副总理说：朱部长和我说，应该到大会与代表同志见见面。我很愿意听听大家对企业三项制度改革方面的意见。需要给大家说明的是，因为在五点钟还有个外事活动，所以临时只好请部分代表来这里，很抱歉！在听取了朱家甄副部长代表四部委和全国总工会的汇报和四位企业代表（本钢、湘乡水泥厂、深圳石化、陕西一毛）的发言后，邹家华副总理作了指示。

13日至15日，中国劳动就业服务企业协会在北戴河召开第二届理事会议。李沛瑶副委员长、张左己副部长参加了会议并讲话。会议选举李沛瑶同志为名誉会长，朱家甄同志为会长。

14日，朱家甄副部长出席了国务委员彭佩云同志主持的医疗制度改革座谈会。

15日，劳动部发布《关于境外人员入境就业工作几点具体意见的通知》。

同日，劳动部发布《关于进一步改进和加强外商投资企业劳动工作的通知》。

同日，朱家甄副部长会见并宴请了赞比亚劳工部副部长马琼瓜一行，双方就共同感兴趣的问题交换了意见。

18日，劳动部颁发《社会保险会计制度》（试行）。

19日，江泽民同志在《公安部信息快报》第167号上就4月以来福建省连续发生8起企业职工罢工、停工、上访请愿事件的消息作出批示：“家宝同志：这是值得注意的动向，进一步精减可能有连锁反应，加上国有企业在转变经营机制过程中，必然还要裁减人员，要不要请各省、市就这些情况的反应，及早研究好对策，请酌。”同日，温家宝同志将此件送罗干秘书长。罗干即批示：“请劳动部研究提出意见，并报泽民同志。”

同日，我部与全国总工会、共青团中央、国家教委会同有关行业主管部门举办首届中国青年奥林匹克技能竞赛。应组委会之邀，江泽民、李鹏、乔石等同志相继为大赛题词。江泽民同志5月24日的题词是：“参与国际技能竞赛，向全世界展示我国工人阶级的风采。”李鹏同志6月5日的题词是：“高超技艺，走向世界。”乔石同志6月8日的题词是：“刻苦钻研，精益求精，迈向国际新水平。”

19日至21日，劳动部、中国残联、国际劳工组织北京局在京共同召开了“残疾人按比例就业工作研讨会”。国家计委、经贸委、总工会、全国企业家协会的代表及国际劳工组织专家出席了研讨会。残联主席邓朴方、劳动部副部长朱家甄和国际劳工组织北京局局长圭亚先生在开幕式上作了重要讲话。

20日晚，张左已副部长在京会见并宴请了秘鲁劳工部部长阿吉斯托·安东尼奥里和教育部法律顾问阿尔贝尔多，双方就加强中秘两国劳动部门之间的交流与合作进行了探讨。

22日，朱家甄副部长赴日内瓦，出席第八十届国际劳工大会。

24日，令狐安副部长在部机关会见了澳大利亚社会保障部副部长布伦丹·戈弗雷和该部部长助理约翰·列根，双方就签订两国劳动部门合作备忘录及澳社会保障部部长1993年11月访华事宜交换了意见。

26日，令狐安副部长会见并宴请了《中国劳动保护检测技术中心》合作项目德国专家考察团全体成员。

31日，国务院秘书长罗干同志在我部上报的《建议召开一次电话会议安排安全工作的报告》上批示："开一次安全生产的电话会议还是必要的，因安全生产由劳动部负责，建议请劳动部主持，请家华同志讲话，国办亦参加会议，妥否，请家华同志阅示。"6月1日，邹家华同志批示："拟同意召开一次电话会，抓紧时间准备，准备好了定时间开。"部领导要求有关部门按照国务院领导的指示，抓紧各项准备工作，努力把会议开好。

6　月

1日，张左己副部长出席了国家计委召开的关于加强宏观调控措施的会议。

2日，令狐安副部长前往国务院，出席邹家华副总理主持的总理办公会议，研究机关事业单位工作人员工资问题。下午，令狐安副部长前往国务院，出席李铁映同志主持的会议，研究当前加快改革的主要措施。

2日至22日，第八十届国际劳工大会在瑞士日内瓦举行。朱家甄副部长率我国三方代表团出席此次大会。李伯勇部长作为到会部长与会，并于6月8日就我国社会保障改革情况、社会保障政策等问题作大会发言。

10日，令狐安副部长在劳动大厦主持"中国劳动保护企业协会成立新闻发布会"。

11日，令狐安副部长前往国家教委，与王明达副主任就技工学校的管理问题交换了意见。

14日，张左己副部长在部会见了塔吉克斯坦劳动与就业部第一副部长沙卡利莫夫一行，双方就劳动就业和职业培训等问题交换了意见。

16日，受国务院委托，我部组织召开了全国安全生产电话会议。会议由令狐安副部长主持，李伯勇部长在会上通报了全国的安全生产状况及存在的问题。国务院副总理邹家华同志出席了会议，并作了重要讲话。

18日，令狐安副部长前往国务院，参加罗干秘书长主持的会议，研究制止非法移民的问题。会议对国务院有关部门和省市密切配合，共同采取措施制止非法移民工作进行了布置，要求劳动部和经贸部加强对劳务输出工作的管理，防止出现以劳务输出名义非法移民的问题，一旦发生问题要严肃处理，取消劳务输出单位的营业执照。

18日，劳动部、农业部、国务院发展研究中心联合印发中国农村劳动力开发就业试点项目指导小组《关于在省一级开展农村劳动力开发就业试点工作的意见》。

同日，李伯勇部长在京会见了塔吉克斯坦共和国劳动与就业部第一副部长沙卡利莫夫一行，双方就加强两国劳动领域的交流与合作进行了友好的交谈。

19日，令狐安副部长与塔吉克斯坦共和国劳动与就业部第一副部长沙卡利莫夫分别代表两国劳动部签署了《塔吉克斯坦共和国劳动与就业部代表团访华备忘录》。

同日，李伯勇部长主持部长办公会议，讨论《关于妥善安排1993年企业工资工作的报告》和《关于调整企业离退休人员待遇的请示》。

20日，令狐安副部长出席第四届劳动部科学技术进步奖颁奖大会。

22日，劳动部发布《关于印发〈全民所有制企业工资总额管理暂行规定〉的通知》。

同日，全国职业培训工作会议在劳动大厦召开。令狐安副部长作了题为“适应建立社会主义市场经济体制的要求，努力完善职业技能开发体系”的讲话。

同日，李伯勇部长在劳动大厦主持首届中国青年奥林匹克技能竞赛组委会第一次全体会议，审议了组委会办公室的工作报告和大赛的会徽、奖牌设计图案。

同日，令狐安副部长出席全国关于集体谈判和罢工问题座谈会。

7 月

2日，劳动部发布《企业职工养老保险基金管理规定》。

5日，令狐安副部长前往农业部，出席中国农村劳动力开发就业试点项目指导小组召开的农村就业工作座谈会。

同日，由劳动部、农业部和国务院发展研究中心共同组成的中国农村劳动力开发就业试点指导小组在京召开农村劳动力开发就业问题座谈会。我部令狐安副部长、农业部张延喜副部长在会上讲了话。

6日，国务院发布《中华人民共和国劳动争议处理条例》。

7日至8日，劳就司在京组织召开了“境外就业服务许可证颁发仪式和境外就业工作座谈会”。全国16个被批准试点的省、市境外就业服务机构负责同志参加了会议。国务院办公厅秘书三局和公安部出入境管理局负责同志到会讲了话，对搞好境外就业工作提出了希望和要求。

9日至10日，令狐安副部长出席了体改委组织召开的研究社会保障体系问题的会议。

9日，劳动部、财政部、国家计委、国家体改委、国家经贸委发布《国有企业工资总额同经济效益挂钩规定》。

同日，劳动部颁发《职业技能鉴定规定》。

同日，李伯勇部长在部内会见了国际劳工局工作条件与环境司司长小木先生，双方就职业安全与卫生培训国际合作项目的问题和我部同国际劳工局在发展中国家文献情报中心方面合作事宜交换了意见。

12日，国务院发布《国务院关于加强安全生产工作的通知》。

14日，李伯勇部长会见了UNDP驻华代表、副代表及中国国际经济技术交流中心主任、副主任，对UNDP近年来对我部国际合作项目的支持表示感谢，双方就有关国际合作问题交换了意见。晚上，李部长设宴款待了UNDP驻华代表一行。

15日，国务院副秘书长李世忠同志来我部听取《劳动部“三定”方案》的介绍。李伯勇、朱家甄、令狐安等同志参加。

19日至26日，我部在贵州召开全国贯彻《企业劳动争议处理条例》研讨会。

20日，为纪念国务院《女职工劳动保护规定》发布五周年，劳动部和全国总工会在京联合召开“《女职工劳动保护规定》发布五周年纪念会”。

同日，李伯勇部长主持部长办公会议，讨论了我部拟向党中央、国务院上报的《关于采取有效措施，认真贯彻中央6号文件精神的报告》(讨论稿)，研究了《关于CPR/89/008项目存在问题及建议》。

同日，李伯勇部长主持会议，听取《劳动法》(草案)修改情况的汇报，全国人大法工委副主任乔晓阳、国务院法制局局长杨景宇、副局长李培传、全国总工会副主席王厚德及我部朱家甄、张左己副部长等参加了会议。

21日，国务院、中央军委批转劳动部、总参谋部《关于退伍义务兵安置工作随用工单位改革实行劳动合同制意见的通知》。

26日，我部召开“社会主义市场经济工资体制研讨会”。李伯勇部长主持会议，与会同志就《我国社会主义市场经济条件下工资体制目标的构想》和《向市场经济过渡时期的企业工资政策与措施》进行了认真研讨。

27日，国务院副总理朱镕基、邹家华和国务委员李铁映、彭佩云等同志听取医疗体制改革方案的汇报。朱家甄副部长出席了会议。

8　月

4日，劳动部发布《劳动监察规定》。

6日，李伯勇部长赴广东，参加深圳清水河仓库发生重大爆炸事故的调查处理工作。

7日，令狐安副部长出席中央财经领导小组召开的《社会保障体系》课题讨论会。

7日至8日，张左己副部长出席了全国转换企业经营机制工作会议，并作了题为“进一步落实《条例》，深化企业三项制度改革，促进企业经营机制转换”的大会发言，介绍了劳动部门贯彻落实《条例》的基本情况和所取得的初步成果，提出了进一步贯彻落实《条例》的意见。

9日，令狐安副部长参加了中央财经领导小组《社会保障体系》课题组向中央的工作汇报。

12日，令狐安副部长随国务委员陈俊生同志赴山东省临沂市，调查处理罗庄镇龙山煤矿发生的地面水淹井事故。

15日，应李伯勇部长的邀请，津巴布韦国家事务就业创造和合作社部国务部长费琼抵京，进行为期10天的访问。

18日，朱家甄副部长会见并宴请了以邓如利先生为团长的越南劳动、残废军人和社会部代表团一行4人，向其介绍了我国劳动、工资和社会保险制度改革情况。

19日，国务院副总理邹家华同志听取劳动部关于对深圳市清水河化学危险品仓库“8.5”特大爆炸火灾事故调查情况的汇报。李伯勇、朱家甄、令狐安等同志参加。

20日，中央机构编制委员会办公室同意劳动部成立内设机构筹备组。

劳动部内设机构筹备组根据新形势下职能的变化先后对部内各司局的职能与机构进行了改组。(1) 将“综合计划司”与“工资司”合并为“综合计划与工资司”；(2) 将“劳动力管理与就业司”分解为“劳动关系与监察司”和“就业司”；(3) 将“培训司”改为“职业技能开发司”；(4) 撤消“保险福利司”，成立“社会保险司”和“社会保险事业管理局”；(5) 成立“安全生产管理局”；(6) 合并“职业安全卫生监察局”和“锅炉压力容器监察局”为“职业安全卫生与锅炉压力容器监察局”；(7) 改“外事司”为“国际合作司”。

21日，朱家甄副部长主持召开部长办公会，讨论了《关于当前职工集体上访和罢工情况的报告》及《关于进一步扩大基本养老金计发办法改革试点工作的通知》的征求意见稿。

同日，李伯勇部长约请公安部、最高人民检察院和监察部负责同志来我部，向他们通报了深圳清水河化学危险品仓库“8·5”特大爆炸火灾事故调查情况，并就有关问题交换了意见。

22日，朱镕基副总理在我部令狐安副部长《关于山东临沂罗庄龙山煤矿淹井事故抢救情况的报告》上批示：“要全力抢救，凡是山东省提出的要求中央解决的问题，急速及时予以解决，对忽视矿山安全、草菅人命的人员要严肃查处。”

23日，朱家甄副部长会见并宴请了新西兰劳工部代表团，双方就两国就业服务、国有企业劳动工资管理等问题交换了意见。

25日，劳动部等十部委局发布《关于劳动就业服务企业发展第三产业安置富余人员若干问题的通知》。

29日，邹家华副总理为我部《劳动保护》杂志创刊四十周年题词："爱人民、为国家、兴经济、强管理，努力做好劳动保护工作。"

同日，李沛瑶副委员长为《劳动保护》杂志创刊四十周年题词："加强劳动保护宣传，提高全社会的安全意识"。

30日上午，令狐安副部长会见了澳大利亚全国职业安全委员会主席爱德华·埃米特率领的访华代表团全体成员，矿山局有关同志与外宾进行了会谈。

同日晚，令狐安副部长举行宴会，欢迎促进就业培训和国际青年奥林匹克技能竞赛委员会主席希斯·毕克先生来华出席我国首届青年奥林匹克技能竞赛开幕式。之前，令狐安副部长会见了毕克主席，介绍了我国职业培训和技能竞赛的情况，并就我国加入国际青年奥林匹克技能竞赛委员会问题阐述了我国的原则和立场。

30日，劳动部召开贯彻党中央精神、部署近期反腐败斗争工作动员大会，会议由令狐安副部长主持。李伯勇部长传达了江泽民总书记在中纪委二次全会上的重要讲话；部机关纪委负责同志传达了中纪委二次全会精神和尉健行同志的工作报告；张左己副部长代表部党组，对我部学习、贯彻江泽民同志的讲话和中纪委二次全会精神、近期开展反腐败斗争进行了部署并提出了要求。

9　月

1日，倪志福副委员长题词："热烈祝贺中国劳动保护科学技术学会成立十周年"。

同日，李伯勇部长赴湖北省十堰市，主持首届中国青年奥林匹克技能竞赛开幕式。李沛瑶副委员长，共青团中央、全国总工会、建设部、机械部等有关部门领导出席。国务院副秘书长李树文同志代表邹家华副总理致贺词，国际奥林匹克技能竞赛委员会主席毕克先生以及日本、韩国等外国来宾和专家出席大会。

1日至4日，"劳动管理信息系统工作会议"在长春市召开，会议检查了去年系统建设工作任务的完成情况，布置了1994年的工作。

2日，劳动部、计委、经贸委、人事部、国家税务总局、国家工商行政管理局等十部委局在京联合召开电话会议，布置落实《关于劳动就业服务企业发展第三产业安置富余人员若干问题的通知》。我部朱家甄副部长和计委余建明副主任出席会议并讲话。

3日，劳动部颁发《社会保险统计管理规定》。

同日，令狐安副部长参加中央财经领导小组社会保障课题组召开的会议，讨论向中央的汇报提纲。

4日，令狐安副部长出席了李铁映同志主持的住房制度改革领导小组会议。

5日至7日，张左己副部长在北京主持召开"社会主义市场经济体制下劳动工作总体设想"座谈会。会议期间，李伯勇部长到会听取了与会同志对《设想》稿的意见。

6日至8日，在云南省昆明市召开"全国企业工资工作会议"，朱家甄副部长到会并讲了话。

6日，令狐安副部长出席了国际劳工组织北京局举办的"中国社会保险制度改革研讨会"开幕式并发言。

8日，张左己副部长在京会见并宴请日本国际劳务管理财团理事长池田正英、众议院议员长势甚远以及由他们率领的代表团一行11人，双方就企业劳动管理、外资企业投资环境、派遣研修生等问题交换了意见。

10日，国务院法制局、全国总工会、全国人大法工委和我部联合召开会议，研究制定劳动法的有关问题。

同日，全国政协副主席朱光亚为中国劳动保护科学技术学会第三次全国会员代表大会召开题词:“坚持科技进步，普及安全教育，提高我国劳动保护工作水平。”

同日，张左己副部长到全国人大法工委，出席全国人大法律委员会和全国人大法工委召开的就个人所得税法修正案（草案）征求有关中央部门意见的座谈会。

11日，张左己副部长出席国务院召开的全国第二届政府法制工作会议。

同日，令狐安副部长出席了“中日金融财政国际研讨会”，并在会上作了题为《市场经济与中国社会保障体制改革》的发言。

17日，令狐安副部长出席了中央财经领导小组召开的社会保障专题调研汇报会。

18日，朱家甄副部长出席了检测中心与加拿大安大略省消费者与商务关系部的相互认可检验资格协议的签字仪式。

20日，劳动部上报中央机构编制委员会《劳动部“三定”方案》。

22日，国务院决定：免去令狐安的劳动部副部长职务。

23日，劳动部颁发《〈中华人民共和国企业劳动争议处理条例〉若干问题解释》。

24日，朱家甄副部长在劳动大厦会见并宴请俄罗斯劳科所前所长安东辛科夫和现任副所长祖布科娃等俄罗斯客人，双方就加强双方研究所之间的合作及建立市场经济等问题广泛地交换了意见。

25日至27日，“全国区域性综合配套改革及劳动法制建设会议”在苏州市召开，各省、自治区、直辖市及有关地区的同志共90多人参加了会议。张左己副部长在会上讲了话。

25日，朱家甄副部长去国务院，同李世忠副秘书长商谈了企业工资安排和离退休人员待遇问题。

28日，朱家甄副部长在外国投资者与中国政府官员圆桌讨论会上，作了题为“劳动力构成的改变与正在发展中的各类劳动技能”的发言。

29日，劳动部颁发《进口锅炉压力容器安全质量许可制度实施办法》。

同日，劳动部颁发《关于深化技工学校教育改革的决定》。

10　月

1日，邹家华副总理为中国劳动保护科学技术学会成立十周年题词:“安全生产，保护人民，是我国经济建设的重要方针。”

5日，朱家甄副部长出席了国务院残疾人工作协调委员会全体人员会议。下午，朱家甄副部长出席了中国残疾人事业五年工作纲要（1988—1992）总结大会。

8日，“全国劳动计划工作会议”在劳动大厦召开。会议主题是讨论如何加强劳动领域宏观调控，促进国民经济持续健康发展。

同日，国务院办公厅转发劳动部《关于加强企业工资总额宏观调控意见的通知》。

同日，劳动部发布《关于职工医疗保险制度改革试点意见的通知》。

12日，劳动部颁布《锅炉压力容器检验单位监督考核办法》。

18日，劳动部颁布《劳动仲裁委员会办案规则》。

19日，李伯勇部长到中央财经领导小组参加社会保障课题专家鉴定会。

同日，朱家甄副部长到国务院出席房改工作会议。

同日，张左己副部长出席由国务院法制局、劳动部和全国总工会联合召开的《劳动法》论证会。

19日至21日，劳动部、国务院法制局、全国总工会在劳动大厦召开《劳动法（草案）》论证会，劳动部张左己副部长、国务院法制局李培传副局长和全国总工会王厚德副主席到会讲话。

20日，劳动部发布《关于颁发〈社会保险财务制度〉（试行）的通知》。

21日，李伯勇部长在成都参加了"全国安全科技成果产品展览会"开幕式剪彩仪式。

21日至24日，中国劳动保护科学技术学会第三次全国会员代表大会在成都召开。李沛瑶副委员长、李伯勇部长出席了会议。大会选举李沛瑶为理事长，卢嘉锡、李伯勇为名誉理事长。

27日，李伯勇部长在北京国际展览中心出席了"第四届国际焊接、锅炉压力容器制造技术和设备展览会"开幕剪彩仪式。

同日，国务院发出"国务院关于控制重大、特大恶性事故的紧急通知"的明传电报。

同日，部分省市劳动部门廉政建设座谈会在劳动大厦举行。李伯勇部长作了题为《认真贯彻党中央反腐败斗争精神，努力开创劳动部门廉政勤政建设新局面》的重要讲话。会议由张左己副部长主持。

27日至30日，"全国社会保险基金年度预算决算会议"在西安召开。

30日，受国务院委托，我部组织召开了全国安全生产紧急电话会议。邹家华副总理出席会议并作重要讲话。李伯勇部长通报了1993年以来全国安全生产工作状况。

同日，李伯勇部长主持部党组会，研究清理乱收费问题。

31日至11月15日，张左己副部长率劳动立法考察团一行8人，赴德国考察了劳动与社会保险立法，并就"中德劳动立法合作项目"与德国技术合作公司进一步交换了意见。

11　　月

3日，朱家甄副部长出席了在劳动大厦举办的"全国地、市劳动局长岗位培训班"开学典礼，并作了题为《清醒地实行按劳分配与搞好国有企业》的讲话。

同日，朱家甄副部长向部属各单位主要负责同志传达江泽民总书记关于反腐败问题的重要讲话。

同日，劳动部发布《再就业工程》和《农村劳动力跨地区流动有序化——"城乡协调就业计划"第一期工程》。

同日，劳动部印发邹家华副总理和李伯勇部长在全国安全生产工作紧急电话会议上的讲话。

5日，劳动部印发《关于加强企业工资总额宏观调控的实施意见》。

同日，劳动部颁发《劳动争议仲裁委员会组织规则》和《劳动争议调解委员会组织及工作规则》。

6日至8日，劳动监察工作会议在深圳市召开。会议的主要议题是研究探讨在社会主义市场经济条件下劳动监察体制建设问题，总结交流经验，部署近期劳动监察工作。

9日，朱家甄副部长前往国务院，向国务委员彭佩云同志汇报医疗保险制度改革有关问题。

11日，朱家甄副部长与加拿大阿尔伯达省Palph Klein先生签订了劳动部锅检中心与该省劳工部锅炉压力容器安全局互认锅炉压力容器检测资格的合作协议。

17日，劳动部颁发《锅炉水处理管理规则（试行）》。

18日，朱家甄副部长出席国务院邹家华副总理主持召开的会议，研究防止煤矿瓦斯爆炸事故问题。

同日，张左己副部长前往国家体改委，与洪虎副主任就《劳动法》的修改问题交换了意见。

22日，朱家甄副部长出席朱镕基副总理主持召开的国务院第15次总理办公会议，研究机关、事业单位工资改革的有关问题。

23日，朱家甄副部长前往国务院，向李铁映同志汇报社会保险管理体制有关问题。

同日，张左己副部长出席经贸委组织召开的党政机关与经济实体脱钩工作会议。下午，张左己副部长出席首届中国青年奥林匹克技能竞赛西餐烹调、餐厅服务、女子理发等工种比赛开幕式。

24日，劳动部印发《企业最低工资规定》。

26日，朱家甄副部长出席国务委员李铁映同志主持召开的会议，研究1994年经济体制改革要点。

同日，劳动部、全国总工会、共青团中央、国家教委、机械部、建设部、国内贸易部、国家旅游局、轻工总会等单位在人民大会堂联合召开首届中国青年奥林匹克技能竞赛总结表彰大会，倪志福、孙起孟、李沛瑶副委员长出席了会议。

同日，李鹏总理在中南海接见了获首届中国青年奥林匹克技能竞赛前10名的优秀选手，倪志福、李沛瑶副委员长和我部李伯勇部长等同志参加。

27日，朱家甄副部长出席了李铁映同志主持召开的国务院住房制度改革领导小组第四次会议。

同日，张左己副部长出席了劳动法学研究会会员大会，并发表了讲话。

28日，劳动部颁发《有机热载体炉安全技术监察规程》。

30日，朱家甄副部长在部内与纺织总会副会长杜钰洲及经贸委有关同志就解决纺织行业目前存在的困难，妥善安排富余职工等问题交换了意见。

12　月

2日至4日，全国社会保险工作会议在南京市召开。会议的主要议题是研究探讨在社会主义市场经济条件下社会保险制度的改革。朱家甄副部长在会上作了《适应社会主义市场经济体制的要求，把社会保险制度改革推向新阶段》的讲话。

6日，劳动部颁发《超高压容器安全监察规程（试行）》。

7日，朱家甄副部长参加彭佩云同志主持召开的卫生体制改革领导小组全体会议，研究了职工医疗体制改革的有关问题。

8日，朱家甄副部长参加国务委员李铁映同志主持召开的办公会议，研究现代企业制度改革有关问题。

同日，张左己副部长出席邹家华副总理主持召开的关于三峡工程移民工作会议。

同日，邹家华副总理听取了我部的工作汇报。李伯勇部长着重汇报了今年劳动工作情况和明年工作安排，以及劳动体制改革的总体设想框架，并请示了有关问题。朱家甄、张左己副部长出席了汇报会。在汇报中和汇报后，邹家华副总理作了重要指示：劳动工作要认真贯彻三中全会的《决定》，我们要搞的是社会主义的市场经济，劳动工作如何适应社会主义市场经济需要，是一个大问题。对劳动力市场，要研究规范性措施。我们的市场经济是同社会主义制度紧密相联的，劳动问题不要忘记社会主义四个字。劳动工作是做人的工作的，各项改革都涉及到人的利益的调整，因此，要注意稳妥地推进，可先认真研究，再进行试点，逐步规范，注意总结企业和群众中的经验。搞现代企业制度，企业三项制度改革还要往前走，这个改革是有效果的，是企业改革中重要的部分，搞好了，可以大大调动职工积极性，促进企业经济效益提高。真正要把企业搞好，企业家当然很重要，但归根到底还是要依靠职工群众。企业内部分配是个大问题，分配办法到底有几种？国家可以规范不同的办法，要有要求。不能亏损企业也照发奖金。要研究市场经济下工资如何运行，尤其是市场经济国家国有企业工资的管理办法。技工学校培养四、五级工，实行双证制，要严格，要在全国通行。培训职工问题，我们要着眼于培训有社会主义觉悟、讲职业道德、又懂技术、掌握技能的技术工人，不能培训出只知挣钱不讲职业道德的人。要做好元旦、春节期间企业职工和离退休人员基本生活保障工作，这是关系到社会稳定的大事。要对困难职工进行一次救济，解决过节吃饺子的问题，结合送温暖活动，帮助特困职工解决一点困难。对企业离退休人员近几个月拖欠的离退休费应该全额支付。请劳动部同志同全总一起估算一下，救济要多大范围、需要多少钱，急事急办，抓紧发一个通知给各地、各部门。《劳动法》出台是建立社会主义市场经济体制的需要，一时不完善也不要紧，通过改革发展逐步完善，国务院将抓紧审议（根据记录整理，未经本人审阅）。

10日至12日，“全国劳动工作会议”在劳动大厦召开。李伯勇部长作了题为《以培育和发展劳动力市场为中心，建立符合社会主义市场经济要求的新型劳动体制》的报告。与会代表围绕学习贯彻党的十四届三中全会和全国经济工作会议精神，分析了劳动工作面临的新形势，研究了建立社会主义市场经济体制时期劳动体制改革的目标、任务、措施。会议还部署了明年的工作。

12日，国务院秘书长罗干就我部上报的《关于预防、处理集体上访和罢工问题工作情况的报告》批示：“拟同意劳动部近期抓好的四个方面的工作。鉴于明年财税等一系列改革出台，物价又上涨且持高不下，当前一些省市区中的大中型企业又发不出工资，困难相当大。在这种形势下，明年劳动部要密切注意并研究深化改革中劳动关系方面出现的新情况、新问题，并采取必要的措施防止和缓解这方面的矛盾，为深化改革创造一个良好的社会环境。当否，请家华同志指示。”邹家华副总理批示：“同意”。部领导要求有关司局要认真落实好家华副总理和罗干秘书长的指示。

13日，张左己副部长出席国务院召开的有关贯彻工资改革方案的会议。

15日，全国就业训练工作会议在桂林市召开，会议研讨了市场经济条件下就业训练与转业训练工作。

20日，劳动部印发《劳动部关于建立社会主义市场经济体制时期劳动体制改革总体设想》。

22日，我部在劳动大厦举行庆祝我国恢复在ILO活动十周年报告会。总结我国十年来参加ILO各项活动取得的成绩，并提出了今后对ILO工作的初步设想。报告会由朱家甄副部长主持，李伯勇部长、全总副主席李奇生、企协常任副理事长张重庆分别代表政府、工会、雇主在会上致词。之后三方7位代表分别在会上就职业培训、社会保险、职业安全与卫生、就业等方面进行发言，汇报十年来与ILO合作所取得的主要成绩。外事司负责同志在会上作了主题发言。

同日，李伯勇部长举行招待会，庆祝我国恢复在ILO活动十周年、ILO成立75周年和费城宣言发表50周年。李伯勇部长在招待会上致词。

同日，朱家甄副部长前往国务院，向邹家华副总理汇报了关于调整企业离退休人员待遇和春节前做好在职职工和离退休人员生活保障工作有关问题。

29日，朱家甄副部长前往国务院，出席李世忠副秘书长主持召开的会议，研究调整企业离退休人员待遇问题。

30日，劳动部颁发了《锅炉压力容器无损检测人员资格考核规则》。

31日，劳动部颁发《压力容器使用登记管理规则》。

31日，朱家甄副部长前往国务院，出席李铁映同志主持召开的会议，研究现代企业制度试点工作的有关问题。

同日，张左己副部长前往国务院，出席邹家华副总理主持召开的会议，研究煤炭开采和生产许可证问题。

1994年

1 月

3日，李伯勇部长主持接待会，欢迎全国人大常委会副委员长李沛瑶同志来我部了解1993年全国安全工作情况，重点是“三资”企业的安全生产状况，职安与锅炉局负责同志汇报了安全生产工作情况。

4日，张左己副部长前往人大财经委、法工委，与国务院法制局、全国总工会有关同志一起，汇报了《劳动法（草案）》的有关问题。

6日，李伯勇部长主持召开部长办公会议，分别讨论了《关于缓解民工潮的若干意见》、《关于建立劳动部就业服务体系干部培训基地的报告》的征求意见稿和《关于安全生产管理暂行规定》（为国务院代拟稿）。

同日，李伯勇部长、张左己副部长向国务院副总理邹家华汇报了《劳动法（草案）》有关问题。

7日，李伯勇部长、张左己副部长出席国务院召开的常务会议，会议原则通过了我部报审的《劳动法（草案）》，将提交全国人大审议。

10日，朱家甄副部长出席国务委员罗干主持召开的会议，研究春节期间做好民工有序流动疏导工作。

同日，劳动部印发《劳动系统第三产业普查实施方案》。

11日，朱家甄副部长在京会见并宴请了澳大利亚就业、教育和培训部常务副部长沃尔克一行，双方就劳动就业、职业教育和培训问题进行友好交流。

12日，朱家甄副部长接待了全国人大内政与司法委员会副主任彭清源同志和全国残疾人联合会副理事长王成全同志，听取了他们对《残疾人保障法》中有关残疾人就业方面的情况介绍，并就制定《残疾人就业条例》等有关问题进行了商谈。

同日，李伯勇部长主持部长办公会议，讨论了《劳动部1994年目标管理计划》和《有关缩短工作时间的汇报》（讨论稿）。

14日，劳动部发出《关于贯彻落实国务院办公厅〈关于做好春节期间民工流动疏导工作的通知〉精神的通知》。

15日，张左己副部长主持召开《社会保险法》起草领导小组会议，会上宣布《社会保险法》起草领导小组正式成立。该领导小组由李伯勇部长任组长，张左己副部长任副组长，国家计委、体改委、经贸委、财政部、人事部、民政部、卫生部、国务院法制局、中国人民银行和全国总工会的有关负责同志为该领导小组成员。李伯勇部长在会上作了重要讲话，对《社会保险法》的起草工作提出了明确要求。会议还讨论通过了《社会保险法》起草工作计划。

18日，朱家甄副部长出席国务院总理李鹏主持召开的第21次总理办公会议，研究医疗保险改革问题。

同日，张左己副部长前往全国总工会，与国务院法制局杨景宇局长和全总的有关人员，共同研究了根据国务院常务会议要求修改《劳动法（草案）》的有关问题。

21日，李伯勇部长主持召开部长办公会议，研究《社会主义市场经济劳动法律体系》、《台湾和香港、澳门地区人员在内地就业管理规定》和《安全生产暂行规定》的讨论稿。

22日，李伯勇部长主持召开部党组会议，听取部反腐败斗争工作领导小组关于1993年反腐败斗争情况和1994年反腐败斗争工作思路的汇报。

同日，李伯勇部长前往中南海，向中央财经领导小组汇报关于缩短工作时间的问题。

24日，李伯勇部长出席国务院副总理邹家华主持召开的会议，听取监察部关于深圳“8·5”火灾事故处理意见的汇报。

同日，李伯勇部长出席国务院总理李鹏主持召开的常务会议，研究有关缩短工作时间问题。

26日，劳动部公布《国家级重点技工学校名单》。

27日，李伯勇部长前往中南海，向中央政治局常委汇报了有关缩短工作时间的问题。

同日，朱家甄副部长在京会见并宴请了国际劳工组织北京局局长圭亚和国际劳工组织亚太地区多功能工作队负责人，双方就进一步加强我部与国际劳工组织的合作问题交换了意见。

28日，朱家甄副部长出席国务院副总理邹家华主持召开的会议，研究解决企业离退休人员待遇问题。

同日，国务院副总理邹家华在我部上报的矿山第4号《事故快报》“关于湖南省晨溪县板桥乡花桥村煤矿发生瓦斯爆炸事故”上批示：“邦柱、茂林同志：看来有必要对煤矿通风系统的可靠性，进行全面检查，采取措施，保证通风畅通，以避免瓦斯爆炸事故，请酌。”

同口，劳动部颁发《有毒作业危害分级监察规定》。

29日，劳动部发出《关于开展受理群众举报劳动违法案件工作的通知》。

2　月

1日，朱家甄副部长出席由任建新同志主持召开的中央社会治安综合治理委员会第十一次全体会议。下午，朱家甄副部长出席国务院副总理邹家华主持召开的会议，研究煤炭企业资金紧张和职工工资有关问题。

同日，坦桑尼亚驻华大使伊迪先生来我部拜会李伯勇部长，双方就劳动就业问题进行了广泛的交流。

同日，国务院副总理邹家华在我部上报的矿山字5号《事故快报》“关于贵州省六枝矿务局地宗煤矿发生瓦斯爆炸事故”上批示：“伯勇、森浩同志：接连发生瓦斯爆炸事故，实在使人担心，能否在春节前由劳动和煤炭二部联合召开一个电话会议，说明情况，提出要求。请有关省、市的劳动厅长、煤炭厅长和矿务局长参加。节前对各地煤矿局统配煤矿矿井瓦斯安全通风设备、电器设备进行检查，对矿井职工进行教育。”

同日，劳动部发出《关于有机热载体炉专用制造许可证受理申请的通知》。

2日，劳动部召开了1994年劳动体制改革理论研讨会，李伯勇部长、朱家甄副部长参加会议并讲话。李部长对落实劳动工作总体设想、开展劳动体制改革理论研究、推动区域性综合配套改革等方面的工作提出了要求。

3日，李伯勇部长主持召开部长办公会议，传达中央文件精神，讨论《社会主义市场经济法律体系》和《国有企业经营者年薪制暂行规定》。

4日，李伯勇部长出席由劳动部与煤炭部联合召开的全国煤矿安全生产电话会议并讲话。

5日，劳动部发出《关于必须查处煤矿重大恶性事故的通知》。

7日，李伯勇部长在京会见并宴请了联

合国开发计划署驻华代表处代表贺尔康夫妇和副代表麦守信夫妇，双方就社会保障立法和职业安全卫生项目有关问题交换了意见。为了表示对劳动部工作的支持，贺尔康先生将当天刚刚签署的社会保障立法项目确认件当面送交李部长，这意味着资助给我部的80.5万美元社会保障立法项目已正式立项，即日可启动。

8日，劳动部发出《〈国务院关于职工工作时间的规定实施办法〉的通知》。

同日，劳动部印发《社会主义市场经济劳动法律体系的说明》。

同日，劳动部发出《关于深化企业工资改革适当解决部分企业工资问题的意见的通知》。

15日，朱家甄副部长出席国务院秘书长罗干主持召开的会议，研究企业领导工资框架问题和如何处置企业职工罢工、游行问题。

同日，劳动部发出《关于加强安全生产宣传工作的通知》。

17日，劳动部发布《〈干洗净手膏〉23项劳动安全行业标准》。

19日，朱家甄副部长出席国务院秘书长罗干主持召开的会议，研究企业职工队伍稳定的问题。

同日，张左已副部长出席国务院副总理邹家华主持召开的会议，听取煤炭部关于召开全国乡镇煤矿工作会议准备情况的汇报。

同日，劳动部发出《关于加强基层劳动争议仲裁委员会建设的通知》。

同日，劳动部发出《关于颁发〈劳动部科学技术进步奖励办法〉和开展第五届科技成果奖励评审工作的通知》。

21日，朱家甄副部长在京会见国际劳工局理事主席恩科莫，宾主就我国劳动体制改革和发展及与国际劳工局的关系进行了交谈。同日晚，李伯勇部长在京会见并宴请恩科莫。

同日，中编办批准我部成立中国劳动科学研究院社会保险研究所。

同日，中编办〔1994〕12号批复：同意天津技术师范学院对外使用“中国职业培训指导教师进修中心”牌子，增加事业编制169名，用于职业培训指导教师进修工作。

23日，李伯勇部长主持召开部长办公会，分别讨论《人大、政协“两会”咨询材料》和《关于加强外商投资企业和私营企业劳动管理切实保障职工合法权益的通知》的征求意见稿。

同日，劳动部颁布《关于职业资格证书规定》。

同日，劳动部颁发《台湾和香港澳门地区居民在内地就业管理规定》。

24日，中共中央组织部通知：同意王建伦同志任劳动部党组成员。

25日，李伯勇部长主持召开会议，通报了有关专家就深圳“8·5”爆炸事故直接原因所做的科研试验情况，外经贸部副部长郑斯林、全总书记处书记李永安同志等参加会议。

同日，张左已副部长出席国家经贸委召开的“优化资本结构，增强企业实力”试点工作会议，并在大会上作了题为“配合‘优化资本结构，增强企业实力’试点，积极推进劳动工资社会保险制度改革”的讲话。

26日，劳动部发出《关于开展劳动用工大检查的通知》。

同日，应澳大利亚产业关系部的邀请，朱家甄副部长率代表团赴澳进行为期一周的访问。在澳访问了产业关系部、就业教育培训部、社会保障部和澳国家安全卫生委员会。

28日，李伯勇部长出席中纪委第三次全体会议，中共中央总书记江泽民在会上发表重要讲话。

3　月

1日，劳动部发出《关于锅炉压力容器检

测研究中心工作任务的通知》。

2日，全国八届人大常委会第六次全体会议在北京召开。李伯勇部长出席会议并作了关于《中华人民共和国劳动法（草案）》的说明。

4日，劳动部发出《关于加强外商投资企业和私营企业劳动管理，切实保障职工合法权益的通知》

7日，劳动部在四川成都召开劳动体制区域性综合配套改革试点工作会议。会上，2省10市劳动部门介绍了试点工作情况，与会人员重点讨论了《劳动体制区域性综合配套改革试点工作指导意见》，张左已副部长到会讲了话。

8日，我部组织召开全国安全生产工作电话会议。国务院副总理邹家华在会上作重要讲话。李伯勇部长通报1993年全国安全生产工作情况，布置1994年全国安全生产工作任务。会议由王建伦同志主持。

9日，劳动部发出《关于基本养老金计发办法政策试点工作的补充通知》。

12日，劳动部召开处以上干部大会，传达贯彻国务院反腐败工作会议精神。会议由王建伦同志主持，朱家甄、张左已副部长到会并讲了话。

同日，李伯勇部长主持召开部长办公会议，研究有关UNDP项目等问题。

14日，劳动部发出《关于劳动监察证件发放管理问题的通知》。

15日至17日，全国社会保险局长会议在京召开。15日上午，会议举行开幕式，李伯勇部长作了重要讲话，会议由王建伦同志主持。

15日，劳动部发出《关于开展矿山安全执法大检查的通知》。

16日，国务院副总理邹家华在八届人大二次会议《信访快讯》"关于建议制定《中华人民共和国退休人员保障条例》"上批示："请劳动部李伯勇同志调研，这个意见有道理，还要系统地研究离退休人员的待遇等问题，不仅仅是一个离退休安置的问题，有必要考虑一个条例，请酌。能否组织一些同志研究起来"。

17日，中共中央政治局常委胡锦涛同志在国内动态清样（附页）第39期"关于贵阳100多名企业离退休干部因经济待遇问题到贵阳市委集会"上批示："罗干同志：贵阳市企业离退休干部反映的问题其他地方也不同程度存在，需引起重视并研究妥善处理的对策，以防止蔓延和扩大。"罗干阅后又批示："最近其他省也出现了类似的问题，请劳动部李伯勇同志按锦涛同志的批示研究措施和处理意见。"

同日晚，李伯勇部长宴请瑞士籍华人、中鸿公司董事长崔黄紫灵女士，并聘她为劳动部特约顾问。

22日，劳动部、人事部联合颁发了《职业资格证书规定》。

23日至25日，王建伦同志出席在山西省太原市召开的全国矿山安全卫生监察工作会议并讲话。

25日，朱家甄副部长出席国务委员李铁映同志主持召开的会议，研究现代企业制度改革试点有关问题。

同日，张左已副部长前往国务院出席李鹏总理主持召开的第16次常务会议，审议《中国21世纪议程》和《九十年代国家产业政策纲要》。

同日，国务院秘书长罗干在《全总信息》增刊第6期"关于茂名市特强皮革制品公司侵犯女工合法权益令人发指"上批示："请李伯勇同志阅处，对侵犯职工合法权益的行为，各地劳动部门都应干预（劳动法通过后要依法处置）。"

同日，劳动部颁发《矿山呼吸性粉尘危害程度分级方案》。

26日，李伯勇部长主持召开部长办公会议，讨论《关于贯彻〈国务院关于调整企业离退休金的通知〉中的有关问题的请示》和《社会保险制度改革总体方案》征求意见稿。

同日，李伯勇部长前往国务院，出席邹家华副总理主持召开的会议，研究企业离退休人员生活待遇问题。

28日，劳动部发出《关于在技工学校开展“学先进、比思想、练技术、当能手”活动的通知》。

29日至31日，全国劳动制度改革工作会议在海口市召开，海南省劳动厅等7省、市介绍了实行劳动合同制度的经验，布置了在全国建立新型劳动用人制度任务。朱家甄副部长出席会议并讲话。

29日，劳动部发出《关于组织中国生产厂家参加第二届国际工业安全防护及预警技术展览会的通知》。

30日，王建伦同志前往国务院，出席彭佩云同志主持召开的会议，研究医疗制度改革试点问题。下午，邹家华副总理与全国乡镇煤炭工作会议代表座谈，王建伦同志参加。

4　月

1日，劳动部发出《关于外商独资企业锅炉制造安全监察有关问题的通知》。

5日，全国就业工作会议在劳动大厦开幕，李伯勇部长到会讲话，全国人大常委会副委员长李沛瑶同志出席开幕式并讲话。

7日，王建伦同志出席国务院副总理朱镕基主持召开的会议，研究个人所得税征管问题。

8日，王建伦同志前往上海，陪同国务委员李贵鲜同志调查研究社会保险问题。

10日，国务院秘书长罗干在劳动部上报的“关于茂名市特强皮革制品公司侵犯女工合法权益案件调查报告”上批示：“同意劳动部采取的这些措施，建议在三至六月劳动用工大检查的基础上，对严重侵犯职工合法权益的、经过依法处理的典型案件要公开登报”。

11日，张左己副部长率团赴美国，出席在华盛顿举办的中美科技合作第六届联合委员会会议议定书的签字仪式，并落实我部与美国劳工部在矿山安全卫生领域的具体交流与合作计划。

12日，“职业培训政策与立法国际研讨会”在劳动大厦召开。李伯勇部长出席开幕式并致词。全国人大常委会副委员长孙起孟为会议写了贺信。出席开幕式的还有国际劳工组织北京局局长圭亚和UNDP代表等。职业技能开发司负责同志在会上介绍了中国职业培训政策与立法基本情况。这次研讨会邀请了国际劳工组织、亚太技能开发署及日本、韩国、英国、菲律宾、澳大利亚和我国台湾、香港地区的专家及国内的一些专家学者。与会代表就职业培训政策与立法问题进行讨论。

14日，劳动部印发《社会保险制度改革的总体设想（征求意见稿）》。

同日，李伯勇部长出席中央财经领导小组办公室召开的会议，研究国有企业分配制度、社会保障体系专题调研工作的安排。

15日，劳动部发出《关于检查劳动合同鉴证费和劳动仲裁费收支情况的通知》。

18日，李伯勇部长主持召开部务会和部长办公会。部务会传达了江泽民同志在中央财经领导小组会议上的讲话和国家安全工作会议精神。部长办公会讨论了《外商投资企业管理规定》等文件的征求意见稿。

20日，李伯勇部长主持召开部长办公会议，讨论《关于1993年劳动事业发展公报》的征求意见稿。

同日，全国职业安全卫生与锅炉压力容器安全监察工作会议在京召开。李伯勇部长、王建伦同志到会并分别作了重要讲话。会议主要研究在社会主义市场经济条件下如何做好职业安全卫生与锅炉压力容器监察工作，并征求了对《劳动安全卫生条例》和《锅炉压力容器监察条例》两个草案的意见。

同日，劳动部印发《全国就业工作会议纪要》。

同日，劳动部发出《关于1994年军队转业干部随调家属安置计划的通知》。

21日，劳动部下发了《关于制定〈国家职业技能鉴定规范〉的通知》。

25日，李伯勇部长主持召开部党组会议，研究《劳动法》修改、我部贯彻中办通知的意见和职工近期思想动态等问题。

同日，李伯勇在部内会见了应我部邀请来华访问的阿拉伯劳工组织总干事哈苏尔和阿拉伯劳工组织驻日内瓦使团代表特拉维，向客人介绍了我国劳动工作的情况。双方还就中国与阿拉伯国家在劳工领域的交流与合作交换了意见。

同日，劳动部下达《1994年劳动事业发展计划》。

26日，劳动部发出《关于个体工商户、私营企业从业人员职业技能培训及职业技能鉴定（考核）问题的通知》。

28日，王建伦同志前往经贸部出席中德合作项目协调小组会议；下午召集国务院医疗制度改革九江市试点工作联络小组成员开会，研究有关问题。

5　月

2日，朱家甄副部长在人民大会堂会见并宴请了以日本三原商事会长原卓男先生为团长、茨城县高萩市市长大久保先生为副团长的日本茨城县高萩市访华团。朱家甄副部长代表劳动部对三原商事会社和高萩市几年来为接收和培养我部中国职业技能开发交流中心派遣的研修生所作的努力表示感谢，同时希望双方今后的合作能有更大的发展。

5日，朱家甄副部长出席朱镕基、李岚清同志主持召开的会议，研究北京市部分企业停产、半停产问题。

6日，王建伦同志到国家体改委，与有关同志研究中央财经领导小组布置的社会保险调研工作。下午，出席国务院副秘书长徐志坚主持召开的会议，部署中央在九江、镇江两市的直属企业参加当地医疗保险改革工作。

6日，李伯勇部长主持召开部长办公会，讨论《建立劳动领域宏观调控体系的基本构想》的征求意见稿。

同日，劳动部发出《关于贯彻中共中央办公厅、国务院办公厅厅字〔1994〕13号文件精神加强劳动监察工作的通知》。

9日，李伯勇部长主持召开部长办公会，讨论《劳动工作汇报提纲》、《关于我国职业教育和培训改革与发展的意见及建议》的征求意见稿，朱家甄、张左己、王建伦同志及部属有关单位的负责同志参加。

同日，劳动部发布《〈气瓶防震圈〉等13项劳动安全行业标准》。

10日，朱家甄同志出席了中央财经领导小组办公室组织召开的会议，研究企业收入分配制度调研工作计划方案。

同日，朱家甄副部长主持召开企业分配制度调研工作小组成立会，传达了中央财经领导小组办公室上午召开的会议精神。国家计委、经贸委、财政部等十二个部委的同志参加了会议。

同日，李伯勇部长在部内听取世界银行社会保险专家李静文女士对我部社会保险总体思路的意见。

同日，王建伦同志会见了来访的国际社会保障协会秘书长霍斯金，对他在我国加入该协会之后的首次访华表示欢迎，并表达了在社会保险工作方面与协会开展合作的意向。该协会地区活动处处长麦克里弗瑞和我部国际合作司负责同志参加。会见之后，社会保险司负责同志向霍斯金介绍了中国的社会保险工作情况。

同日，劳动部发出《关于开展建筑施工

安全大检查的通知》。

11日，王建伦同志出席中央财经领导小组办公室召开的会议，研究建立和完善社会保障体系专题调研计划方案。

同日，李伯勇部长会见并宴请国际社会保障协会秘书长霍斯金先生，双方就加强社会保障领域的国际合作与交流等问题进行了交谈。王建伦同志参加。

同日，劳动部发布《关于印发〈1993年劳动争议处理情况通报〉的通知》。

12日，全国劳动计划与工资工作会议在劳动大厦召开。李伯勇部长到会作了重要讲话。这次会议的主要议题是围绕抓住机遇、深化改革、努力建立劳动领域宏观调控体系进行讨论，并征求与会代表对《关于深化劳动统计改革的意见》、《关于加强城乡、入出境劳动力总量宏观调控的意见》、《企业工资总额宏观调控实施办法》等文件讨论稿的意见。

同日，劳动部发出《关于实行职业技能鉴定社会化管理试点工作的通知》。

13日，我部召开《矿山安全法》实施一周年座谈会。李伯勇部长出席会议并讲话。全国人大常委会副委员长李沛瑶同志出席会议并讲话。国务院法制局、人大法工委、财经委、高检等部委的有关同志参加了座谈会。

16日，朱家甄同志在沈阳市出席了全国首届清真烹饪技术竞赛开幕式。

18日，国务院副总理邹家华在反映“广西横县电力变压器违反规定安装使用和安全防护失修，造成高压电电击五名儿童”的群众来信上批示：“请劳动部李伯勇、电力部史大桢阅示，请两部派出调查组，切实处理此事，通报全国。并请电力部组织对全国电网的安全状态进行检查，对不安全的隐患限期改正，对人民的生命财产绝不能漠然视之，采取官僚主义的态度。查清以后，要追查责任和赔偿”。

19日，王建伦同志与北京市常务副市长张百发同志一起到北京经济技术开发区三个施工现场检查安全生产情况；之后到民族饭店调查了解电梯事故情况。下午，王建伦同志与西藏自治区常务副主席杨传堂同志就西藏职业培训中心建设问题进行了座谈。

同日，中央政治局常委、全国人大常委会委员长乔石同志在全国人大财经委上报的“关于听取劳动部有关劳动立法的情况汇报”上批示：“同意。劳动立法很重要，希抓紧制订。”

同日，劳动部发出《关于加强国有企业经营者工资收入和企业工资总额管理的通知》。

23日，劳动部发出《关于公布首批获得〈空运架空索道安全使用许可证〉单位的通知》。

27日，李伯勇、朱家甄、张左己、王建伦同志前往国务院，向邹家华副总理汇报了关于社会保险一体化及立法、基本养老保险金计发办法改革和建立统一的社会保障管理机构等问题。

同日，国务院副总理朱镕基、秘书长罗干在全国人大常委会副委员长李沛瑶“关于农村剩余劳动力出路的调查研究报告”上分别作了批示。朱镕基同志批示：“你提出的问题很值得重视，你的建议也很有见解。但是，我认为，农村劳动力转移，作为一个口号，目前仍不宜提出，以免引起误解而一哄而起。当前最重要的是落实中央、国务院关于巩固、发展农村的一系列政策措施，把农民稳定在农村和农业战线上。请酌。”罗干同志批示：“待中央转过来正式文件后，请劳动部组织研究这些建议。”

30日，李伯勇部长主持召开部长办公会，分别讨论《中共中央、国务院关于贯彻实施〈劳动法〉的通知》（代拟稿）和《劳动部关于实施〈劳动法〉的意见》两个讨论稿文件。

同日，劳动部发出《关于参加首届全国城镇集体经济45周年成果及劳动就业服务企业15周年成果展览会的通知》。

31日，李伯勇部长主持召开部长办公会，分别讨论了《中共中央、国务院关于贯彻实施〈劳动法〉的通知》(代拟稿)、《劳动部关于实施〈劳动法〉的意见》、《劳动就业形势和下一步工作安排的报告》、《关于加强劳动力市场建设推动就业深化改革与稳定发展的试点方案》、《关于促进劳动力市场发展完善就业服务体系建设实施计划》、《劳动监察条例》、《劳动监察员管理办法》等文件的征求意见稿。

6　月

1日，李伯勇、王建伦同志前往国务院，出席邹家华副总理主持召开的会议，研究职业培训及技工学校的管理问题。

同日，王建伦同志赴上海，参加中央财经领导小组办公室组织的社会保障课题调研组工作活动。

同日，劳动部印发《李伯勇、朱家甄在全国劳动计划与工资工作会议上的讲话》。

3日，劳动部印发《外商投资企业劳动鉴证暂行规定的通知》。

同日，劳动部发出《表彰全国就业训练优秀教师和先进工作者的通知》。

同日，中编办〔1994〕120号批复：撤销职业技术教育中心研究所；分别设立国家教委职业技术教育中心研究所、劳动部职业技能鉴定中心，并批准该中心事业编制10名。

4日，朱家甄副部长率中国代表团赴日内瓦出席第81届国际劳工大会。

6日下午，邹家华副总理带领工作组赴西安调查处理“6·6”民航事故，我部王建伦同志随同前往。

同日，国务院总理李鹏在国办秘书四局上报的“关于技校招收农村学生问题”的报告上指示：“李贵鲜同志考虑。有些地方已用‘蓝卡’办法。有了中技水平，苦脏累的活也不能长期安心。请对劳动力向城市有序流动提出方案。”

国务委员李贵鲜同志6月8日阅后批示：“送家华同志阅示，我意请劳动部、公安部、人事部等部门研究提出方案（劳动部牵头)，落实李鹏同志的批示。对劳动力向城市有序流动方案提出后，请四局协调报总理办公会议讨论决定。以上意见请家华同志定”。

家华同志处6月10日注：“家华同志出差，此件转劳动部、公安部、人事部”。

7日，王建伦同志带领“6·6”民航事故调查小组在西安开展工作。

同日，李伯勇部长赴日内瓦出席第81届国际劳工大会。

8日，劳动部发出《关于认真贯彻执行〈矿山安全法〉，进一步加强矿山安全工作的紧急通知》。

10日，中国锅炉压力容器检验协会第二次代表大会在劳动大厦召开。会上宣读了名誉会长薄一波同志写来的贺词。全国人大常委会副委员长李沛瑶同志出席会议。张左己副部长到会讲话。

同日，国务院副总理邹家华在劳动部上报的“关于加快社会保险制度改革和保持社会稳定问题”的报告上批示：“请贵鲜同志阅示”。

国务委员李贵鲜同志阅后批示：“四月份我和几位同志到上海作过调查，上海是把企业、机关、事业单位养老保险成立一个局，下设一个资金营运中心，区、县设有办事机构，运行较好；农村仍未纳入，由民政部门搞。当前的问题是收支不平衡，有些单位欠纳，中央直属单位条条搞，他们有些想法。从长远考虑还是略有节余，留些积累，保值增值，以防入不敷出。社会养老保险按现体制，劳动部门管企业，人事部门管机关事业单位，民政部门管农村，如何互相统筹值得研究，尽可能留有些积累，保值增值”。

同日，李伯勇部长在日内瓦第81届劳工

大会期间非正式部长会议上作了大会发言。

14日，全国人大法律委员会召开会议，审议《劳动法（草案）》。张左己副部长参加了会议。

16日，我部召开司局领导干部会议，进行遵纪守法、反腐倡廉教育。会上，张左己副部长作了重要讲话。机关党委负责同志传达了国家机关党工委精神文明建设会议精神。

20日，王建伦同志前往国务院，向邹家华副总理汇报“6·6”民航事故调查处理情况。

同日，劳动部发出《关于严格按照国家规定办理职工退出工作岗位休养问题的通知》。

同日，劳动部转发《河南省人民政府关于抓紧时间，对挪用的养老保险金进行清债的通知》。

同日，劳动部颁发《液化气体汽车罐车安全监察规程》。

22日，李伯勇部长主持召开部长办公会，讨论《中共中央、国务院关于认真贯彻实施〈中华人民共和国劳动法〉的通知（代拟稿）》、《劳动部关于贯彻实施〈劳动法〉的意见》等两个文件的征求意见稿。

23日，王建伦同志出席了国务院副秘书长徐志坚主持召开的会议，研究九江、镇江市医疗制度改革试点问题。

28日至7月5日，第八届全国人民代表大会常务委员会第八次会议在京召开。28日上午，大会听取了对《中华人民共和国劳动法（草案）》等审议结果的报告。李伯勇、张左己同志列席了会议。

29日，王建伦同志前往国务院，出席国务委员彭佩云同志主持召开的职工医疗制度改革办公会，讨论职工医疗制度改革试点实施方案等事项。

30日，劳动部发出《关于建立劳动监察统计报表制度的通知》。

同日，劳动部发出《关于印发〈劳动争议仲裁委员会仲裁文书样本〉的通知》。

7　月

1日，李伯勇、张左己同志列席了全国人大法律委员会召开的会议，审议《劳动法（草案）》。

同日，劳动部颁发《国家职业技能鉴定规范》。

2日，国务院副总理邹家华在劳动部上报的“关于对珠海市前山镇裕新染织厂‘6·16’特大事故调查情况的报告”上批示：“此报告送广东省和珠海市。请广东省及珠海市从事故中接受教训，举一反三，在全省进行安全防火的大检查，发现隐患，采取措施，提高防灾的水平。”

5日，八届全国人大常委会第八次会议召开全体会议，乔石委员长主持，第一项议程是通过《中华人民共和国劳动法》。9点20分表决开始。到会常委126人，表决结果是121人赞成，1人反对，3人弃权，1人未按表决器。乔石委员长宣布《中华人民共和国劳动法》顺利通过，全场响起热烈掌声。李伯勇部长、张左己副部长列席了这次会议。会议结束后，中央电视台等新闻单位采访了李伯勇、张左己同志，他们高兴地回答了记者们的提问。

6日，劳动部发出《关于重申特大伤亡事故报告有关问题的通知》。

8日，劳动部发出《关于召开学习贯彻〈劳动法〉座谈会的通知》

12日，首届全国城镇集体企业成果展览会暨劳动就业服务企业15周年成果展在国际展览中心举行。李伯勇部长、朱家甄、张左己副部长、王建伦同志出席了开幕式。

同日，部机关召开学习贯彻《劳动法》动员大会。李伯勇部长对学习贯彻《劳动法》作了动员，张左己副部长就《劳动法》的基本内容和重要意义进行了宣讲。

13日，我部与全国总工会联合召开《劳动法》颁布实施座谈会。李伯勇同志出席会议并讲话。尉健行、王汉斌、李沛瑶、钱正英等领导同志及有关部门的同志参加了座谈会。

同日，劳动部、财政部联合发出《关于一九九四年度审核企业工资总额同经济效益挂钩方案有关问题的通知》。

14日，首届全国城镇集体企业成果展览会暨劳动就业服务企业15周年成果展举行专场展出。倪志福、布赫、邓朴方等领导同志及国务院有关部委负责人参观展览，李伯勇、朱家甄、张左己、王建伦同志参加。

15日，全国人大常委会办公厅在人民大会堂举行中外记者招待会，李伯勇、张左己同志就《劳动法》的颁布实施回答了记者的提问。80多位中外新闻记者与会采访。

22日，李伯勇部长会见俄罗斯居民社会保护部部长贝·兹勒告马，双方就中俄两国社会保障制度改革现状及存在的问题交换了意见。

23日，国务院副总理邹家华在国外及港台舆论动向（351）期上批示："此件请广东省领导阅酌，似应对外资企业中，如何对待我工人状况进行调查和提出我的要求，以保证职工的权益。"

25日，国务院副总理邹家华在我部上报的《关于大连炼油厂在建设中存在有关问题的调查报告》上批示："此件首先送大连市政府和中国化工进出口总公司。一定要明确工程质量的负责人，明确谁是这项工程的业主，负责到底。"

同日，劳动部印发《关于〈劳动系统普通密码工作管理规定〉的通知》。

26日，李伯勇、朱家甄、张左己、王建伦同志前往国务院，向邹家华副总理汇报社会保险改革情况。

27日，李伯勇部长主持召开部长办公会议，讨论《劳动部贯彻实施〈劳动法〉的意见》和李伯勇部长在学习贯彻《劳动法》工作会议上的主报告。

同日，劳动部发出《关于促进纺织行业产业结构调整分流企业人员的通知》。

29日，李伯勇部长主持召开部长办公会，讨论《农村劳动力向城市流动有序化实施方案》、《关于加强社会化管理服务的情况调查和请示报告》的征求意见稿。

30日，由劳动部、国家经贸委、全国总工会联合在京召开全国劳动争议处理工作会议。李伯勇部长出席会议，朱家甄副部长到会讲话。

8　月

1日，劳动部发出《关于保持社会保险管理体制稳定的通知》。

2日，学习贯彻《劳动法》工作会议在京召开。李伯勇部长在会上作了题为"认真学习贯彻《劳动法》，推动劳动事业的全面发展"的报告；张左己副部长就《劳动法》有关问题作了说明。会议由朱家甄副部长主持。

4日，劳动部发出《关于开展失业保险基金和中央级扶持生产资金检查工作的通知》。

8日，劳动部发出《关于对劳动保护专项措施经费使用情况进行检查的通知》。

9日，劳动部发出《关于征求对〈中华人民共和国失业保险条例〉（草案）意见的通知》。

同日，劳动部印发《促进劳动力市场发展，完善就业服务体系建设的实施计划》。

10日，国务院副总理邹家华在国办秘书四局上报的"关于青岛市劳动用工大检查中发现的问题"上批示："此材料请劳动部及总工会领导阅，并请山东省赵志浩同志阅，应该组织力量，彻底清理整顿，保护职工的权益。我们社会主义国家，岂容这种情况"。

12日，李伯勇部长主持召开部长办公

会，分别讨论了《关于学习贯彻〈劳动法〉工作安排》和《关于向国务院领导汇报社会保险工作的汇报提纲》（征求意见稿）。

15日，劳动部颁布《有色金属行业、矿山采掘劳动定额定员标准》等9项行业标准。

同日，劳动部颁发《中式烹调师等八个工种〈国家职业技能鉴定规范〉的通知》。

18日，刘雅芝副部长出席劳动部组织召开的中央部委贯彻实施《劳动法》座谈会并讲话。

19日，劳动部发出《关于组织参加〈劳动法〉电视讲座培训班的通知》。

20日，国务院副总理邹家华在劳动部上报的“关于广西环江县华达矿特大爆炸事故有关情况的报告”上批示：“抓紧事故调查。要严肃认真，有关系的单位应该回避，而且不要护短，‘三不准’单位，按国家规定应该和公司脱钩”。

23日，张左已副部长会见并宴请以日本劳动省职业能力开发局海外协力课长新岛良夫为团长的日本技术合作调查团全体成员。该团是为协商和签署“中国职业培训指导教师进修中心”项目今后5年技术合作协议于22日抵达北京的。

24日，劳动部印发《关于贯彻实施〈劳动法〉的意见的通知》。

25日，王建伦同志前往国务院，出席邹家华副总理主持召开的会议，研究乡镇煤矿矿长安全资格审查问题、煤矿生产许可证管理办法和乡镇煤矿管理条例等问题。

同日，劳动部发出《关于全面实行劳动合同制的通知》。

同日，劳动部、国家经贸委、财政部等9部委在北京联合召开全国若干城市优化资本结构试点工作会议，刘雅芝副部长出席了会议。

27日，李伯勇部长主持召开部长办公会，讨论《国务院办公厅关于征求对〈1995年计划轮廓设想〉意见的通知》和1994年全国劳动工作会议主报告提纲（讨论稿）等文件。

29日，王建伦同志前往国务院，出席彭佩云同志主持召开的会议，研究医疗制度改革问题。

同日，李伯勇部长主持召开部长办公会，讨论向国务院领导汇报社会保险工作的提纲。

同日，张左已副部长出席劳动部、国家教委和国家体委在太原联合举办的首届“全国职业技术学校田径运动会”闭幕式并讲话。

30日，李伯勇部长主持召开部长办公会议，讨论《企业职工工伤保险条例（草案）》。

同日，劳动部发出《关于组织落实1994年度劳动保护专项措施计划及有关事项通知》。

31日，李伯勇部长主持召开部党组会，讨论《社会保障体制改革汇报提纲（征求意见稿）》。

同日，王建伦同志赴海南省，出席经济特区贯彻社会保险三个条例大会。

9　月

1日，劳动部发出《关于举办全国〈劳动法〉知识竞赛》的通知。

同日，劳动部印发《贯彻〈劳动法〉的依据和需要立法的项目，应与〈劳动法〉配套的立法项目工作计划表》。

2日，劳动部发出《关于进一步做好〈劳动法〉宣传工作的通知》。

4日，劳动部在人民大会堂小礼堂隆重召开全国职业培训优秀教师和工作者表彰大会。国务院副总理邹家华、全国人大常委会副委员长倪志福、孙起孟、李沛瑶出席会议并讲话。李伯勇部长在会上致辞，朱家甄副部长宣读了劳动部的表彰决定。

同日，刘雅芝副部长出席国家体改委在长春市组织召开的全国城市综合配套改革试点工作会议并讲话。

同日，张左己副部长率团赴韩国、马来西亚访问，考察两国社会保障制度。

4日至5日，应我部邀请，印度劳工国务部长桑玛一行于9月4日抵京对我国进行友好访问。9月5日上午，李伯勇部长会见了桑玛部长一行，双方就劳动立法、失业人员安置等问题进行了会谈。下午，邹家华副总理在钓鱼台国宾馆会见了桑玛部长一行。李伯勇部长陪同会见。晚上，李伯勇部长宴请了印度客人。

6日，李伯勇部长与参加全国培训工作会议代表进行座谈，听取了他们对职业培训工作的意见。

8日，李伯勇部长、王建伦同志前往国务院，出席朱镕基副总理主持召开的会议，研究社会保险体制改革问题。

9日，李伯勇部长主持召开部长办公会，分别讨论了《中华人民共和国企业职工工伤保险条例》、《国务院关于企业职工年休假的规定（代拟搞）》和《关于向外商出售企业国有资产时职工安置的若干意见》等文件的征求意见稿。之后，李伯勇部长主持召开部党组会议，听取了《社会保险法》起草情况汇报和企业收入分配课题小组的调研情况汇报，并就有关问题进行了研究。

10日，劳动部发出《关于加强机关、事业单位工人培训与考核工作综合管理的通知》。

12日，刘雅芝副部长出席劳动部与国际劳工组织亚太分局在济南召开的“亚太地区产训结合研讨会”并讲话。

12日至21日，应新加坡劳工部和国际劳工局亚太分局邀请，李伯勇部长率代表团访问了新加坡和设在泰国曼谷的亚太分局总部，重点考察新加坡的社会保险制度、工资管理和产业关系，并与亚太分局有关人员探讨有关进一步发展技术合作等事宜。

13日，亚太地区就业服务国际研讨会在京召开。朱家甄副部长到会致开幕词，世界公共就业服务协会主席迪克逊先生、国际劳工组织亚太分局局长中村正先生出席了会议。

15日，全国人大副委员长李沛瑶同志会见了参加亚太地区公共就业服务国际研讨会的各国代表和国际组织官员并发表讲话。

20日，张左己副部长前往国务院，出席彭佩云同志主持召开的会议，研究贯彻落实《妇女权益保障法》经验交流及表彰会的准备工作。

同日，刘雅芝副部长出席“94天津国际锅炉压力容器、焊接设备及水处理技术展览会开幕式”。

21日，刘雅芝副部长前往国务院出席李铁映同志主持召开的建立现代企业制度试点第四次协调会议。

23日，张左己副部长出席朱镕基副总理主持召开的会议，研究建立现代企业制度试点工作的有关问题。

同日，王建伦同志率代表团赴澳大利亚悉尼市出席国际社会保障协会第十次亚太地区会议。

26日，劳动部发出《关于下达1994年劳动监察车指标和补充下达1994年劳动安全监察车指标的通知。》。

10　月

3日至5日，张左己副部长出席亚太法协在北京召开的第四届劳动法讨论会，并在开幕式上作了题为“中国劳动立法”的发言。

4日，应我部邀请，澳大利亚社会保障部议会国务秘书克罗西奥夫人一行4人抵京对我国进行正式访问。10月5日下午，李伯勇部长与克罗西奥夫人举行了会谈，晚上宴请代表团一行。

5日，李伯勇部长主持召开部长办公会议，讨论《关于工资支付的意见》和《推行最低工资保障制度的实施意见》的征求意见稿。

8日，李伯勇部长主持召开部长办公会议，讨论了《劳动监察员管理办法》、《集体合同审查管理办法》等文件的征求意见稿。

同日，王建伦同志与澳大利亚社会保障部议会国务秘书克罗西奥夫人就进一步实施两部之间签署的合作项目有关问题举行了会谈。

同日，劳动部印发《全国劳动争议处理工作会议纪要》。

同日，劳动部发出《关于实施最低工资保障制度的通知》。

9日，我部和全国总工会、北京市劳动局在北京组织了《劳动法》知识咨询日活动。李伯勇部长、朱家甄、张左己、刘雅芝副部长、王建伦同志分别参加了工人体育场、东城区、西城区等咨询点的咨询活动，并接受了记者的采访，就《劳动法》颁布的重要意义、社会普遍关注的重点问题回答了记者们的提问。

10日，李伯勇部长会见了韩国驻华大使黄秉泰先生，双方就韩国劳动部长南载熙访华事宜交换了意见。

11日，李伯勇部长会见并宴请了世界雇主组织主席、国际劳工局理事会雇主组织主席、理事会副主席奥克斯兰先生。在会谈中，李伯勇部长向来宾介绍了中国《劳动法》的主要内容、意义和中国政府为贯彻实施该法所做的工作，并与其交换了对国际劳工组织的看法，特别是它的发展方向和中国政府对“社会条款”的基本立场。奥克斯兰对中国《劳动法》的颁布表示祝贺，并强调中国作为世界大国，有众多的企业和庞大的职工队伍，理应在国际劳工组织中发挥更大的作用。中国目前通过和实施《劳动法》是一个好的机会。《劳动法》提出了基本原则，而法的实施需要一个过程，应汲取各国经验，结合本国实际，做好实施工作。朱家甄副部长参加了宴请。

同日，朱家甄副部长会见了世界银行中蒙局贫穷、人口与人力资源处处长巴戈瓦先生一行。双方就世界银行与我部正在准备的“职业培训与劳动力市场建设”项目进行了洽谈。朱家甄副部长向客人介绍了中国劳动力市场与职业培训的改革方向、近期目标及长远目标等情况，并希望世界银行能充分了解我国建立劳动力市场和搞好职业培训的必要性、紧迫性，并对此给予大力支持。最后，双方表示要进一步加强合作。

同日，劳动部颁发《国家职业技能鉴定规范（家用电子产品维修工）》。

13日，李伯勇部长主持召开部党组会议，研究社会保险工作汇报提纲。

同日，劳动部转发《辽宁省人民政府批转省劳动厅关于在全省实施再就业工程意见的通知》。

15日，刘雅芝副部长出席镇江、九江市医疗保险制度改革专家论证会并讲话。

17日，李伯勇部长主持召开部党组会，研究了社会保险有关问题。

同日，朱家甄副部长会见了世界银行“职业培训和劳动力市场建设项目准备团”一行5人，并向他们介绍了我国劳动力市场建设的近期和长远目标及其它相应配套改革情况，回答了客人们提出的有关问题。

同日，刘雅芝副部长出席了国务委员彭佩云同志在镇江市主持召开的医疗保险制度改革座谈会。

同日，王建伦同志前往中央组织部协调辽宁省部分企业离休老干部待遇的有关问题。

18日，朱家甄同志前往厦门市出席第一次全国劳动监察工作会议。

同日，王建伦同志在劳动大厦出席亚太地区部分国家职业安全卫生机构主任研讨会开幕式并讲话。

19日，劳动部颁发《劳动就业服务企业

实行股份合作制规定》。

19日至21日，全国劳动监察工作会议在厦门市召开。这次会议的主要议题是结合贯彻《劳动法》，认真研究探讨了劳动监察体制建设问题，部署了在新形势下劳动监察工作的任务。朱家甄副部长出席会议并作了重要讲话。

21日，李伯勇部长列席了八届人大常委会第十次会议，并在会上作了关于我部提交的《作业场所安全使用化学品公约》议案的说明。下午，李伯勇部长、王建伦同志前往国务院，向邹家华副总理汇报社会保险问题。

22日，李伯勇部长出席了全国社会发展工作会议，并作了题为“深化劳动领域各项改革，促进社会全面发展”的讲话。

同日，王建伦同志会见了英国社会保障部常务次官迈克尔·帕特里奇爵士，双方相互介绍了本国社会保险制度的情况，均表示今后通过加强高层交流促进双边合作。

24日，李伯勇部长主持召开部长办公会，讨论《1994年全国劳动工作会议主报告提纲》、《职业指导办法》、《现代企业制度试点中劳动工资社会保险制度改革办法》等文件的征求意见稿。

同日，李伯勇部长主持召开部党组会议，研究社会保险问题。

25日，李伯勇部长、王建伦同志前往国务院，向朱镕基副总理汇报社会保险有关问题。

同日，邹家华副总理会见了以韩国劳动部部长南载熙为团长的韩国劳动部代表团全体成员，李伯勇部长参加。之后，张左已副部长在部内与南载熙部长举行了工作会谈。韩国劳动部代表团在京期间，中韩两国还将签署会谈纪要。

同日，劳动部发出《关于对就业经费中央扶持生产资金挂帐问题处理的通知》。

同日，国务院副总理邹家华在2758号《国内动态》清样上批示：“要把高压氧舱严格像高压容器那样管理起来。各地劳动部门负责。从生产、安装、人员培训都要严格管起来”。

26日，王建伦同志前往国务院，向朱镕基副总理汇报医疗体制改革问题。

同日，劳动部颁发《国家职业技能鉴定规范（无线电装接工）》。

31日，劳动部发出《关于开展医用高压氧舱安全检查的紧急通知》。

同日，劳动部颁发《职业指导办法》。

11 月

1日，李伯勇部长主持召开部长办公会，讨论《裁减人员规定》、《履行和解除劳动合同的经济补偿办法》等文件的征求意见稿。

同日，朱家甄副部长会见并宴请了法国国家社会保障高级研究中心主任雅尼克·达思和国际劳工组织北京局局长圭亚夫妇，共同回顾了近年来在保险领域的合作成果。法国客人还介绍了今后合作的主要内容。

3日，朱家甄副部长会见美国FM公司副总裁裁姚峥先生，听取客人介绍了FM公司是如何为美国保险业服务的，以及美国一家公司与我部检测中心联合成立检验公司事宜。

同日，国务院副总理邹家华在劳动部上报的《关于完善失业保险制度与分流安置企业富余职工情况和建议的报告》上批示：“谨慎从事，不断总结”。

同日，邹家华副总理在农业部上报的《关于乡镇企业生产情况的报告》上批示：“拟同意此报告，希和劳动部及有关部一起抓好。请俊生同志批示”。

国务委员陈俊生11月19日阅后批示：“乡镇企业的安全生产工作必须抓好，绝不能一般论论或等闲视之。要主动与劳动部门配合”。

5日，中央通知：同意张左已任国务院副

秘书长，免去其劳动部副部长职务。

7日，朱家甄副部长出席国务院副秘书长何椿霖同志主持召开的会议，研究国务院关于控制消费基金增长过快和加强现金管理的通知。

8日，李伯勇部长主持召开部党组会议，研究社会保险工作的总体安排及计发办法新方案等问题。

9日，李伯勇部长主持召开部党组会议，研究养老保险金计发办法等事项。

10日，刘雅芝副部长前往国务院出席罗干同志主持召开的研究民工有序流动工作会议，并汇报有关情况。

同日，李伯勇部长、朱家甄副部长出席李鹏总理主持召开的“全国严格控制消费基金过快增长和加强基金现金管理”电视电话会议。

11日，朱家甄副部长会见并宴请了应全总中国职工对外交流中心邀请来访的中日技能者交流中心理事长瞋枝元文一行，双方着重就扩大我部对日研修生派遣工作以及其它共同感兴趣的问题交换了意见。

同日，劳动部颁布《炉室护目镜和面罩》等4项劳动安全行业标准。

同日，中编办、劳动部联合发出《关于建立劳动监察机构配置劳动监察和劳动争议处理人员编制意见的通知》。

13日，国务院副总理邹家华在李伯勇部长上报的“关于辽宁省贯彻《国务院调整企业离退休人员离退休金的通知》有关情况的报告”上批示：“请邦国、贵鲜同志阅示。”

国务委员李贵鲜11月15日阅后批示：“文中所及第一条，建议组织、人事、劳动等部门统一研究提出方案，机关事业单位离退休人员调整方案已出台，企业离退休人员待遇比较复杂，需要统筹研究。以上建议供参考。”

中央书记处书记吴邦国11月17日阅后批示：“照贵鲜同志批示办。”

13日，国务院副总理邹家华在劳动部上报的《关于请示召开全国城镇企业职工养老保险改革试点工作会议的报告》上批示：“请铁映、贵鲜、邦国、镕基、李鹏同志阅示”。

国务院副总理朱镕基12月6日阅后批示：“养老保险制度改革是明年改革的一项重点，试点工作会议务必早日召开，建议在12月25日前以国务院名义召开。会议具体工作由李伯勇、刘志锋同志牵头与有关部门负责同志一起组成领导小组负责筹办；劳动部、体改委负责会议的具体筹备和会务工作；李世忠、张左己同志帮助协调。劳动部的方案按国务院45次总理办公会议关于社会统筹和个人帐户相结合的精神修改后可作为国务院的改革方案之一提交会议。请李鹏、家华、邦国、铁映、贵鲜同志批示。”

李鹏、家华、邦国、铁映、贵鲜同志分别圈阅。

14日，李伯勇部长主持召开部长办公会议，讨论了《农村劳动力跨地区就业管理规定》、《劳动部门参加矿山建设工程安全设施设计和峻工验收规定》、《改进我国就业与失业统计的基本方法》等文件的征求意见稿。

14日，劳动部发出《关于开展社会保障基金财务大检查的通知》。

同日，劳动部颁布《劳动监察员管理办法》。

15日，李伯勇部长主持召开部长办公会议，讨论《基本养老保险当前发展情况及其解决突出问题的建议》（征求意见稿）。

同日，国务院副总理邹家华在国务院研究室上报的“企业职工收入超效益增长亟待解决”上批示：“请李伯勇同志阅研，请劳动部仔细研究，按照不同类型的企业状况，研究如何正常规范化？山东潍坊柴油机厂据说办得很好，厂内没有奖金制，只有工资制，请了解和总结，这是一个大问题，要着重研究，提出意见”。

16日，李伯勇部长前往国务院，出席李

鹏总理主持召开的会议，研究城镇户籍管理和疏导“民工潮”有关问题。

17日，劳动部颁布《农村劳动力跨省流动就业管理暂行规定》。

19日，李伯勇部长主持召开部党组会，讨论了社会保险工作和召开全国劳动工作会议有关事项。

21日，李伯勇部长主持召开部长办公会，听取主要业务司局汇报贯彻《劳动法》中存在的问题及意见；讨论《社会保险法》、《集体合同规定》和《关于解决困难国有企业职工和离退休人员生活问题的请示》等文件草案。

22日，李伯勇部长前往中南海，向尉健行同志汇报贯彻《劳动法》有关情况。

同日，我部召开了向各国驻华使馆和国际组织代表介绍《劳动法》会议，刘雅芝副部长向来宾介绍了《劳动法》的有关情况，各主要业务司局的负责同志回答了客人提出的问题。35个驻华使领馆、国际组织的代表及各主要业务司局的负责同志参加了会议。

同日，劳动部发出《关于全面开展劳动监察工作的通知》。

同日，劳动部发出《关于尽快制定劳动合同制度实施方案的通知》。

23日，李伯勇部长主持召开部长办公会，讨论《劳动者患病或非因公负伤医疗期规定》、《矿山安全监察员管理办法》、《矿山安全卫生监测检验机构管理办法》等文件的征求意见稿。

24日，李伯勇部长主持召开部党组会议，研究《工资工作汇报提纲》、《关于工资总额计划检查情况的报告》和《关于当前进一步加强企业工资收入宏观调控的意见》等文件的讨论稿。

同日，李伯勇部长主持召开部长办公会，讨论《劳动监察条例》、《未成年工劳动保护规定》、《劳动事业发展2010年长远规划与第九个五年计划基本思路》等文件的征求意见稿。

同日，劳动部发出《关于进一步加强劳动争议处理工作的通知》。

25日，劳动部发出《关于解决部分困难企业离退休人员基本生活问题的通知》。

同日，李伯勇部长前往国务院，出席罗干秘书长主持召开的部署春运期间组织民工有序流动工作会议。

29日，王建伦同志前往辽宁省阜新市，参加“10·27”特大火灾事故的调查处理工作。

30日，劳动部发出《关于认真贯彻国务院会议精神，做好1995年春运期间组织民工有序流动工作的紧急通知》。

同日，朱家甄副部长主持召开部长办公会，讨论《劳动监察条例》、《劳动事业发展2010年长远规划与第九个五年计划基本思路》等文件的征求意见稿。

12　月

1日，朱家甄副部长主持召开部长办公会议，讨论《就业训练规定》、《职业培训实体管理规定》和《企业实行不定时工作和休息制度的审批办法》等文件的征求意见稿。

3日，李伯勇部长主持召开部长办公会议，讨论《全国劳动工作会议主报告》及《1995年劳动工作要点》的征求意见稿。

同日，劳动部颁布《违反和解除劳动合同的经济补偿办法》。

5日，李伯勇部长主持召开部长办公会议，讨论邹家华副总理、李伯勇部长在国务院关于认真贯彻实施《劳动法》电视电话会议上的讲话稿。

同日，劳动部颁布《集体合同规定》。

同日，劳动部颁布《民航运输空勤人员定额定员》等9项劳动定额定员行业标准。

同日，劳动部印发《关于进行集体协商签订集体合同试点工作的意见》。

同日，李伯勇部长前往人大财经委，向在京的人大财经委委员汇报了《矿山安全法》实施以来的工作情况。下午，主持召开部民工有序流动领导小组联席会议。

6日，劳动部颁布《铁路工业车床加工劳动定额标准》等14项劳动定额行业标准。

同日，劳动部颁布《供电劳动定员标准》。

同日，劳动部颁布《工资支付暂行规定》。

7日，朱家甄副部长出席国务院副秘书长李树文同志主持召开的1995年劳模表彰大会筹委会办公室主任会议，研究劳模表彰有关事宜。

同日，国务院秘书长罗干在公安部上报的《关于对河南遂平县一些窑厂非法拘禁外地民工强迫劳动的查处情况报告》上批示："请劳动部、全国总工会阅，要切实维护职工的合法权益，对违法犯罪人员，可报请公安部门依法惩处"。

同日，李伯勇部长主持召开部长办公会议，讨论《企业职工生育保险试行办法》、《违反〈劳动法〉的行政处罚办法》、《劳动行政执法监督规定》、《中华人民共和国安全生产法》、《特别重大事故调查程序暂行规定》的征求意见稿。

8日，李伯勇部长主持召开部党组会议，研究社会保险问题、中央组织工作会议和中央国家机关第九次党的工作会议精神传达贯彻问题及《劳动部人事管理暂行规定》等。

9日，李伯勇、朱家甄同志前往国务院，向邹家华副总理汇报劳动工作情况。

同日，王建伦同志前往新疆克拉玛依处理火灾事故。

同日，劳动部印发《就业训练规定》。

10日，国务院秘书长罗干在辽宁省上报的"关于阜新市艺苑歌舞厅特大火灾伤亡事故原因调查和善后处理工作进展情况的报告"上批示："请劳动部、监察部阅，对其他负有领导责任的人员也要按国办紧急通知的要求，予以追究并严肃处理"。

11日至13日，全国劳动工作会议在劳动大厦召开。国务院副总理邹家华同志出席会议并作重要讲话。李伯勇部长在会上作了题为《着力抓好〈劳动法〉的贯彻实施，加快建立新型劳动制度的进程》的工作报告，并在会议结束时发表讲话。朱家甄副部长作了会议总结。

13日，劳动部颁发《国家职业技能鉴定规范（计算机系统操作）》。

14日，劳动部、国家体改委联合颁发《股份有限公司劳动工资管理规定》。

同日，劳动部颁布《未成年工特殊保护规定》。

同日，劳动部印发《矿山安全监察员管理办法》。

同日，劳动部印发《企业实行不定时工作制和综合计算工时工作制的审批办法》。

同日，劳动部颁布《职业培训实体管理规定》。

同日，劳动部颁布《矿山建设工程安全监察实施办法》。

同日，劳动部颁布《企业职工生育保险试行办法》。

15日，王建伦同志前往国务院，出席罗干秘书长主持召开的会议，研究新疆克拉玛依火灾事故的查处问题。

同日，劳动部发出《关于开展劳动合同鉴证工作有关问题的通知》。

同日，劳动部印发《关于认真做好城镇就业与失业调查试点工作的通知》。

同日，劳动部发出《关于编制1995年度劳动保护专项措施项目计划有关事项的通知》。

16日，国务院召开认真贯彻《劳动法》全国电视电话会议。邹家华副总理发表重要讲话，李伯勇部长和经贸委、全总的负责同志出席会议并讲话。

同日，劳动部颁布《国家职业技能鉴定规范（摩托车调试修理工）》。

18日，朱家甄副部长出席了在九江市召开的医疗保险制度改革试点动员大会并讲话。

19日，李伯勇部长、王建伦同志前往国务院，出席张左己副秘书长主持召开的会议，研究“全国城镇企业职工养老保险制度改革试点工作会议”准备工作。

同日，李伯勇部长、王建伦同志前往国务院，向邹家华副总理汇报保险会议有关问题。

20日，国务院秘书长罗干在劳动部上报的“关于申请组织民工有序流动工作经费”的请示上批示：“请财政部阅，李鹏同志确实在会上表示过，如财政部没钱，可动用一点预备费”。

21日，劳动部发出《关于加强计算机文字录入处理员技能培训和考核工作的通知》。

同日，劳动部发出《关于企业缴纳养老保险费仍由银行代扣的紧急通知》。

同日，劳动部印发《全国劳动工作会议文件》。

26日，劳动部发出《关于做好西藏退休职工跨省安置工作的通知》。

同日，劳动部颁布《违反〈劳动法〉行政处罚办法》。

27日，全国城镇企业职工养老保险制度改革试点工作会议在京召开。国务院副总理邹家华作了重要讲话，劳动部李伯勇部长、体改委刘志峰副主任分别介绍了养老保险改革方案。会议由国务委员、国务院秘书长罗干同志主持，

29日，朱家甄副部长前往国务院，出席罗干秘书长主持召开的“95年全国劳模和先进工作者表彰大会筹委会第二次全体会议”。

同日，劳动部发出《关于各类企业全面实行工资总额使用手册》制度的通知。

同日，劳动部发出《关于对就业经营中扶持资金挂帐问题处理的通知》。

30日，李伯勇部长主持召开部长办公会议，讨论《安全生产法（草案）》和《特别重大事故调查处理程序暂行规定》的征求意见稿。

31日，李伯勇主持召开部党组会，研究贯彻全国城镇企业职工养老保险试点工作会议精神问题。

杭州市是全国再就业工程试点城市。左图为杭州市劳动局史文林局长（中）、刘庆龙副局长（右四）正在与市就业管理服务局领导班子一起研究全面实施再就业工程方案。

▶ 杭州市开展向失业职工送温暖活动，对特困人员给予生活补助。

杭州市加强劳动力市场建设，兴办职业介绍服务中心。左图为举办劳动力交流日场景。

▶ 杭州市召开劳服企业先进表彰会，市委常委、常务副市长马时雍出席会议。

深圳市 职业技能训练中心

中心地址：深圳市罗湖区红桂路11号
（市劳动局原办公大楼）
联系电话：5593195　　5564787
邮政编码：518001

深圳市职业技能训练中心是深圳市劳动局直属事业单位，全市职业技能训练示范点和职业技能鉴定中心基地。

中心主要承担：各类岗位技能培训、新成长劳动力就业前培训、失业人员的就业指导及转业训练、特种作业培训、安全管理人员培训、劳动管理人员培训，以及劳务输出人员的培训等。同时，作为“深圳市第一职业技能鉴定所”，负责全市初、中级维修电工、计算机软件工和计算机文字录入处理员等的技能考核鉴定。

中心以质量为本，尤其注重学员实际操作能力的训练，并在师资、教学管理、培训方式及学风上努力追求高标准。中心主任许少英率全体同仁竭诚欢迎各界人士及用人单位前来参加培训、联系业务。

深圳市 职业介绍中心

地址：深圳市红桂路
职业介绍中心大楼
电话：5566060
传真：5575815
邮编：518001

深圳市职业介绍中心是市劳动局下属的大型职业介绍机构。经扩建装修后，场地面积达2000平方米，装饰高雅，宽敞明亮，设有信息、招聘两个大厅，24个招聘摊位，配备了深圳第一个室内大屏幕视频电子显示系统和先进的多媒体电脑网络管理系统，建立了电脑供求信息库，汇集全市各类招聘单位、各种招聘信息和大量求职者资料。为用人单位招聘员工和求职人员寻求职业提供优质配套服务。到目前为止，是全市规模最大、设备最先进的职业介绍机构，是劳动力供求双方沟通信息和直接交流洽谈的理想场所。

本中心立足深圳，面向全国和海外，为广大用人单位和求职人员提供多功能、一体化的服务，竭诚欢迎各用人单位和各类求职人员光临交流。

高州市劳动局

高州市位于广东省西南部，全市人口130万。近年来，高州市劳动局认真贯彻中央20字基本方针，围绕建立社会主义市场经济和培育发展劳动力市场这个中心，积极推进以全面实行劳动合同制为“龙头”的综合配套改革，加强劳动领域各项宏观调控和管理，努力转变工作职能，热情为企业转换经营机制服务，为促进经济发展和社会稳定做出了贡献，连续多年被评为茂名市劳动系统先进单位，劳动就业、劳动争议仲裁等多项工作也在全省被评为先进。

◀高州市劳动局办公大楼

湛江市劳动建筑工程公司

本公司系国营二级建筑施工企业，以房屋建筑为主，集土建施工、基础打椿、室内装修、水电安装、公路桥梁、房地产开发于一体，实行经理负责制多元化经营。

本公司在册员工2160人，各类专业技术人员200多人，高、中、初级专业人才结构合理，机械设备齐全，组成严密的生产经营机制和质量安全保证体系，推进公司的经营不断发展。近年承建的廉江公路、高州公路、纪家糖厂、三星汽车集团厂房，高级别墅式渡假村，以及几百幢工业与民用建筑，均以其质量可靠、交工快捷而享有良好的信誉。由本公司总体承建的珠海港都花园，包括二幢25层塔楼。22层的和平大厦、19层的中侨大厦、11层的新意工业大厦 多层结构的东风、百园大型综合市场 东方明珠城、怡景花园小区等工程正在紧张施工中。

本公司坚持高效优质、用户至上、安全生产、质量第一，热切希望国内外广大客户前来洽谈业务。携手合作!

总经理（法人代表）：李家干 地址：湛江市赤坎百园小区东园路（市劳动局侧） 电话：3323598 3323561 3339356

邮编：524043

图为湛江市劳动建筑工程公司承建的雷州市日榨量4000吨的广东纪家糖厂（优良工程）

雷霆电视系列

尽显自然风采

PT7498W2

74厘米（29"）彩色电视机

- ■双高频画中画（四画面）功能，同时可监看四个频道节目
- ■强劲立体声“多梦”柱形音响系统
- ■26制式真正国际线路
- ■视频700线高清晰画面
- ■视频/音频输出/输入
- ■S-VHS端子，外接扬声器端子
- ■40个电视频道节目预置
- ■完善的屏幕显示功能
- ■全功能遥控

CT6388W

63厘米(25")彩色电视机

●强劲立体声“多梦”柱形音响系统●26制式真正国际线路●视频700线高清晰画面●视频/音频输出/输入●S-VHS端子、外接扬声器端子●40个电视频道节目预置●完善的屏幕显示功能●定时开机、关机●全功能遥控

ROWA 乐华牌

- 1994年荣获“电子部产品质量检测监督中心优等产品”称号。
- 乐华电视荣获1994中国消费者协会推荐商品。

乐华电子集团

广州广播设备厂

地址：广州市新市松岭

电话：6627653

邮编：510410

传真：6627447

青岛市劳动局局长徐淑贞（右二）、副局长邹德远（右三）等领导同志与劳动服务公司领导一起研究劳服企业的发展问题。

青岛市劳服企业经过15年风雨历程，目前已发展多行业、多门类的企业1294个，固定资产1.3亿元，从业人员4.3万人，其中安置富余职工2.1万人，累计完成生产经营收入47.6亿元，实现利润3.6亿元，上缴税金2.2亿元。

◀市劳动局、市劳动服务公司领导一起研究劳服企业的发展。

▼ZJ型1T有轨夹持式装取料机械手。

青岛北海通用设备厂是中国船舶工业总公司所属劳服企业，位于青岛市中心东部沿海黄金开发地带。

该厂拥有先进的机械加工设备，雄厚的技术设计制造力量，是通用机械和锻压辅助设备、橡胶机械及各类非标准设备的专业化生产厂。该厂生产的锻造加热用装取料机械手、锻造操作机、橡胶运输带生产线、钢板预处理生产线、轻烃横块回收装置等产品深受用户青睐。（图为：ZJ型1T有轨夹持式装取料机械手）

我厂愿以优良的质量、及时的交货期，竭诚为国内外客户服务，欢迎来厂参观指导，竭盼建立业务联系。

通讯地址：青岛市市南区燕儿岛路1号
邮编：266071 联系电话：0532-5812233转2414
传真：0532-5814466 电报挂号：5307 青岛

黄海牌摩托车轮胎

青岛第二橡胶厂劳动服务公司是具有一定经济规模的综合性经济实体。所属企业有：橡胶综合加工厂、塑料制品厂、橡胶制品厂、印刷厂、橡塑设备安装队。我公司生产的“黄海牌”摩托车胎采用汽车轮胎的骨架材料，胎体强度高、耐磨性能好，使我们有幸向您提供型号齐全的黄海牌轮胎。

以优质的服务，承接橡胶制品、塑料制品、印刷、橡塑设备安装维修等工程（项目）。愿与各行业精成合作。

企业法人代表：史修章
地址：青岛市李沧区沧台路175号　邮编：266041
电话：4843321　传真：4843310　电挂：2895

广州市
劳动资源开发中心

广州市劳动资源开发中心是广州市劳动局下属的全民所有制事业单位。其宗旨是为社会服务，为企业服务，为群众服务。

业务范围：

一、劳动力资源开发交流。为企业引进各类技术人才和专业人才，介绍就业，为技术攻关、工程承包提供牵线借调服务。

二、提供职工流动和挂靠服务。负责代办挂靠人员的退休统筹费手续，建立劳动力资源档案。

三、开办劳动政策及有关业务咨询服务，接受委托编制劳动工资有关制度，提供和向社会发布劳动力供求信息、劳动定员定额标准等服务。

四、职业、文化、技术培训考核。根据本市和企业的要求，举办各种讲座和培训班，帮助企业培训各类人才。

五、向各类企业及其在穗机构提供劳务输出服务。